Folker Siegert
Einleitung in die hellenistisch-jüdische Literatur

Folker Siegert

Einleitung in die hellenistisch-jüdische Literatur

Apokrypha, Pseudepigrapha und
Fragmente verlorener Autorenwerke

DE GRUYTER

ISBN 978-3-11-064563-7
e-ISBN (PDF) 978-3-11-035377-8
e-ISBN (EPUB) 978-3-11-038789-6

Library of Congress Cataloging-in-Publication Data
A CIP catalog record for this book has been applied for at the Library of Congress.

Bibliografische Information der Deutschen Nationalbibliothek
Die Deutsche Nationalbibliothek verzeichnet diese Publikation in der Deutschen Nationalbibliografie;
detaillierte bibliografische Daten sind im Internet über http://dnb.dnb.de abrufbar.

© 2019 Walter de Gruyter GmbH, Berlin/Boston
Dieser Band ist text- und seitenidentisch mit der 2016 erschienenen gebundenen Ausgabe.
Fotonachweis: Mosaik in der Synagoge von Hulda (Syrien, 6.Jh.), die Hauptsymbole des Judentums zeigend. Inschrift: „Segen dem (Erwählten) Volk". © Erich Lessing
Druck und Bindung: Hubert & Co. GmbH & Co. KG, Göttingen
Gedruckt auf säurefreiem Papier
Printed in Germany

www.degruyter.com

Inhalt

0.	**Einleitung** —— 1	
0.1	Umfang und Begrenzung des Materials —— 1	
0.2	Benennungen und Begriffe —— 8	
0.3	Historisches. Alexandrien als Kulturzentrum und die „Jerusalemer Publizistik" —— 29	
0.4	Aufbau und Anordnung dieser Übersicht. Das Schema der Darbietung —— 38	
0.5	Die Übersetzungen und ihre Sprachen —— 48	
0.6	Jüdisch oder christlich? Probleme der Zuordnung —— 56	
0.7	Hilfsmittel, Vorarbeiten, Vorklärungen —— 67	
0.8	Abkürzungen und Schreibkonventionen —— 89	
0.9	Literaturverzeichnis —— 93	
1	**Übersetzungen aus dem Hebräischen bzw. Aramäischen** —— 102	
1.1	Erzähltexte im Anschluss an die Genesis —— 103	
	1.1.1	Das *Jubiläen*-Buch als „verbesserte" Genesis —— 103
	1.1.2	Der *Liber Antiquitatum* (sog. Ps.-Philon) —— 111
1.2	Erzählungen nach dem Vorbild biblischer Geschichtsbücher —— 118	
	1.2.0	Bemerkung zum Aramäischen —— 119
	1.2.1	Das Buch *Tobit*: Toratreue in der Diaspora —— 120
	1.2.2	Das Buch *Judith*: Gottes Hilfe durch die Hand einer jüdischen Frau —— 128
	1.2.3	*Susanna*: von der Politik zur Moral —— 134
1.3	Außerkanonische Weisheitsbücher —— 140	
	1.3.0	Hinweis auf das *Buch des Aḥiqar* —— 140
	1.3.1	Die *Weisheit des Ben Sira*: Weisheit als Halten der Tora —— 141
	1.3.2	Außerkanonische Psalmen (LXX: *Ps.* 151; syr.: *Ps.* 151–155) —— 157
	1.3.3	Die *Psalmen Salomos*: Pharisäische Frömmigkeit und antirömischer Protest —— 161
1.4	Ursprünglich Hebräisches zur Geschichte Israels —— 171	
	1.4.1	Das *1.Esra*-Buch, Erstentwurf zu Esr/Neh (Vulgata-Anhang: 3Esr.) —— 171
	1.4.2	Das *1.Makkabäerbuch*, letzter Band einer hebräischen Geschichte Israels —— 177
1.5	Das *Henoch*-Buch und sein Wachstum —— 190	
	1.5.0	Erster Blick auf ein komplexes Gebilde —— 190
	1.5.1	Das aramäische *Henoch*-Buch aus Qumran —— 196
	1.5.2	Die griechische Übersetzung des *Henoch*-Buchs (*1Hen.* 1–36 und 72–107) —— 202

1.5.3 Das *1.(Äthiopische) Henochbuch (1Hen. 1–108)* und die *Bilderreden des Henoch* —— **208**

1.5.4 Hinweis auf rabbinische Apokalypsen (einschl. *3.Henoch*) —— **216**

1.6 Anfänge der „Testamenten"-Literatur —— **224**

    1.6.0 Zur Textsorte „Testament" —— **224**

    1.6.1 Die aramäischen *Levi*-Texte —— **225**

    1.6.2 Das sog. *Testament Naphthalis* —— **227**

1.7 Verlorene semitische Vorlagen zu Septuaginta-Schriften —— **228**

    1.7.1 Hebräische und aramäische Vorlagen des *Baruch*-Buchs der Septuaginta —— **228**

    1.7.2 Verlorenes und Zweifelhaftes —— **229**

2 Original Griechisches in bibelähnlicher Pseudepigraphie —— **230**

2.0 Die Septuaginta als Beginn einer jüdisch-griechischen Nationalliteratur —— **230**

    2.0.1 Eine Übersetzungsleistung sondergleichen —— **230**

    2.0.2 Hebräisch-griechische Onomastika —— **233**

2.1 Überschüsse in LXX-Fassungen biblischer Bücher —— **238**

    2.1.1 Alternative und zusätzliche Passagen, v. a. in Pentateuch und Geschichtsbüchern —— **239**

    2.1.2 Die *Oden* der Septuaginta —— **240**

    2.1.3 Das *Gebet Manasses* und sein ursprünglicher Kontext —— **241**

    2.1.4 Zusätze zu *Hiob* und den *Sprüchen* —— **245**

    2.1.5 Die griechischen Fassungen des *Esther*-Buches und ihre Textüberschüsse —— **247**

    2.1.6 Das *Gebet Esthers* aus der armenischen Bibel —— **256**

    2.1.7 Die griechischen Fassungen des *Daniel*-Buches und ihre Textüberschüsse —— **257**

    2.1.8 Der *Brief Jeremias* —— **273**

2.2 Hellenistisch-jüdischer Midrasch und romanhafte Dichtungen —— **276**

    2.2.0 Vorbemerkung über Alexandrien —— **276**

    2.2.1 Artapanos' Mose-Erzählung —— **277**

    2.2.2 Die *Geschichte der Aseneth* und ihre Fortsetzung —— **281**

    2.2.3 Weitere Joseph-Erzählungen. Das *Gebet Josephs* —— **289**

    2.2.4 Narrative Magiekritik: *Jannes und Mambres* —— **293**

    2.2.5 *Eldad und Modad* —— **296**

    2.2.6 Die *Geschichte Melchisedeks* —— **297**

    2.2.7 Die *Rechabiten-Erzählung* und Verwandtes —— **300**

    2.2.8 Das *Testament Abrahams* —— **302**

    2.2.9 Das *Hesekiel-Apokryphon* —— **308**

2.3 Aus dem Gottesdienst der griechischsprachigen Synagogen —— **312**

    2.3.0 Die antiken Synagogen: Das Gebet „besser als Opfer"; das Problem des Gottesnamens —— **312**

	2.3.1	Jüdische Gebete auf Inschriften und Papyri —— 318

- 2.3.1 Jüdische Gebete auf Inschriften und Papyri —— 318
- 2.3.2 Jüdische Gebete in den *Apostolischen Konstitutionen* —— 319
- 2.3.3 Synagogale Festreden: Ps.-Philon, *De Jona* und *De Sampsone* —— 323
- 2.3.4 Spuren synagogaler Homilie —— 329

2.4 Politisches aus der Zeit des Zweiten Tempels —— 330
- 2.4.1 Das sog. *3.Makkabäerbuch* —— 330
- 2.4.2 Die *Himmelfahrt Moses (Testament Moses)* —— 336

2.5 Apokalypsen in Reaktion auf den Verlust des Tempels —— 347
- 2.5.0 Zur Textsorte „Apokalypse" —— 347
- 2.5.1 Die *Esra-Apokalypse* (Vulgata: *4.Esra* 3–14) —— 350
- 2.5.2 Die *Baruch-Apokalypse (2Bar.; Syrischer Baruch)* —— 369
- 2.5.3 Der (erste) *Brief Baruchs* —— 378
- 2.5.4 Der *Zweite Brief Baruchs* (= *Baruch*-Buch der Septuaginta) —— 382

3 Autorenwerke (Prosa) in fragmentarischer Überlieferung —— 390

3.0 Die Überlieferungswege —— 390
- 3.0.1 Die pagane Überlieferung: Alexander Polyhistor —— 390
- 3.0.2 Die christliche Überlieferung: Clemens v. Alexandrien und Euseb —— 391

3.1 Werke zu Exegese und Hermeneutik —— 392
- 3.1.0 Homer und Mose: Die stoische Hermeneutik bei den Juden —— 392
- 3.1.1 Das Quaestionen-Werk des Aristobulos —— 397
- 3.1.2 Demetrios „der Chronograph" —— 401

3.2 Zur biblischen Genealogie und Chronologie —— 405
- 3.2.1 Kleodemos/Malchas (Malchos) —— 405
- 3.2.2 Aristeas „der Exeget" —— 406

3.3 Ausweitungen der biblischen Geschichte —— 407
- 3.3.1 Ps-Eupolemos (der samaritanische Anonymus) —— 407
- 3.3.2 Eupolemos, ein zweisprachiger Judäer —— 409
- 3.3.3 Theophilos —— 413

3.4 Iason von Kyrene und das *2.Makkabäerbuch* —— 415
- 3.4.1 Iason v. Kyrenes fünf Bücher *Makkabaïka* —— 415
- 3.4.2 Die Epitome —— 423
- 3.4.3 Das *2.Makkabäerbuch* der Septuaginta —— 430

3.5 Sachliteratur —— 444
- 3.5.1 Rhetorisches: Caecilius von Kale Akte, ein Gottesfürchtiger —— 444
- 3.5.2 Ästhetisches: Der pseudonym gewordene Traktat *De sublimi* —— 445

		3.5.3	Naturwissenschaft (bzw. magische Medizin): Zacharias v. Babylon —— 448
		3.5.4	Technologie: Miriams *Kaminographie* —— 449
		3.5.5	Juristisches: Die *Lex Dei* (*Collatio*) —— 452
	3.6	Nachrichten über Verlorenes —— 456	
		3.6.0	Irrige Nachrichten —— 456
		3.6.1	Justus v. Tiberias —— 457
		3.6.2	Thallos und andere —— 459

4		Jüdische Prosaschriften unter pagan-griechischem Pseudonym —— 465
	4.1	Pseudo-Aristaeos, *Brief an Philokrates* (*Aristeasbrief*) —— 465
		4.1.1 Ein pseudonymes Sammelwerk. Bemerkungen zur Rahmenerzählung —— 465
		4.1.2 Das hermeneutische Programm (§ 128–171) —— 472
		4.1.3 Das Gelehrtengastmahl (§ 172–300) —— 473
	4.2	Fragmente unter Namen griechischer Autoren —— 474
		4.2.1 Ps.-Hekataeos (von Abdera) —— 474
		4.2.2 Ps.-Hekataeos (von Milet) —— 477
		4.2.3 Ps.-Klearchos —— 479
		4.2.4 Ps.-Kallisthenes (Zusätze zum Alexanderroman) —— 480
		4.2.5 Vermutetes und Verlorenes —— 482

5		Metrisches —— 483
	5.1	Bibeldichtung in griechischen Versen —— 483
		5.1.0 Sosates, der „jüdische Homer" —— 483
		5.1.1 Philon der Epiker („der Ältere"), *Über Jerusalem* —— 484
		5.1.2 Theodotos' Patriarchen-Epos —— 486
		5.1.3 Ezekiels Exodus-Drama *Exagōgē* —— 488
	5.2	Jüdisches unter den Namen griechischer Weiser und Dichter —— 492
		5.2.1 Der jüdische Ps.-Orpheus —— 492
		5.2.2 Das Lehrgedicht des Ps.-Phokylides —— 495
		5.2.3 Imitierte Epiker- und Tragikerverse —— 499
	5.3	Ethik und Apokalyptik im Namen der Sibylle —— 501
		5.3.1 Jüdische Passagen in den *Sibyllinischen Orakeln* —— 501
		5.3.2 Zusatz: Die christliche Fortschreibung der Sibyllinen —— 510

6		Sonstige jüdische Texte —— 513
	6.1	Quellenstücke bei Josephus —— 513
		6.1.1 Die Tobiadenerzählung bei Josephus, *Ant.* 12, 154–236 —— 514
		6.1.2 Zusammenfassungen der Tora bei Josephus —— 516
		6.1.3 Hinweis auf den slavischen Josephus —— 518
	6.2	Fiktive Briefe zwischen Prominenten —— 519
		6.2.0 Ein Irrläufer: Der *Brief des Hannas an Seneca* —— 519

	6.2.1	Der *Brief des Mordechai an Alexander* —— 520
	6.2.2	Die ps.-herakliteischen Briefe —— 522
6.3	Astrologisches, Magie, Okkultes —— 523	
	6.3.0	Magie im Judentum? —— 523
	6.3.1	Das *Testament Salomos*, Übernahme (oder Imitation) jüdischer Magie —— 525
	6.3.2	Das *Gebet Jakobs* aus den Berliner Zauberpapyri und Verwandtes —— 529
	6.3.3	Der syrische *Traktat des Sem* —— 531
	6.3.4	Die *Benennungen der Stunden* (Horarium, Teil des syrischen *Testaments Adams*) —— 533
6.4	Fragmente, Verlorenes, Reste —— 536	
	6.4.1	Das *Buch Nimrod* —— 536
	6.4.2	Anonyme Prophetien —— 537
	6.4.3	Anonym Zitiertes im Neuen Testament —— 538
	6.4.4	Anonym Zitiertes bei Apologeten und Kirchenvätern —— 539
	6.4.5	Anonym Zitiertes bei paganen Autoren —— 542
6.5	Jüdisches Eingehen auf Christliches —— 543	
	6.5.1	Ps.-Philon bzw. Ps.-Salomo: die *Sapientia* —— 544
	6.5.2	Der Jude bei Kelsos: Evangelienkritik aufgrund griechischer Bildung —— 560
	6.5.3	Der Traktat *Von der Selbstherrschaft der Überlegung* (*4.Makkabäerbuch*) —— 564
	6.5.4	Das *Testament Hiobs* —— 583
	6.5.5	Das *Testament des Schweinchens* —— 588

7 Texte von unsicherer Zuordnung —— 591

7.1	Ethisches; Weisheitsschriften —— 592	
	7.1.0	Das *Evangelium nach Matthäus* und anderes Frühchristliche —— 592
	7.1.1	Die *Zwei-Wege-Lehre*, ein jüdischer Ethik-Traktat? —— 595
	7.1.2	*Menandros der Weise* (syrisch) —— 596
7.2	Das Sündenproblem: Adam-Literatur —— 598	
	7.2.0	Das verlorene Adam-Buch —— 598
	7.2.1	Das *Leben Adams und Evas* (*Apokalypse des Mose*) —— 600
	7.2.2	Der *Tod Adams* (Teil des syr. *Testaments Adams*) —— 606
7.3	Weitere Texte über den Verlust des Tempels —— 608	
	7.3.1	Das *Griechische Baruch*-Buch (*3.Baruch*) —— 609
	7.3.2	Die *Paralipomena Jeremiae* (*4.Baruch*) und Verwandtes —— 612
7.4	Apokalypsen im Namen alttestamentlicher Personen —— 625	
	7.4.1	Das *Buch der Geheimnisse Henochs* (*2.Henoch, Slavischer Henoch*) —— 625
	7.4.2	Die *Apokalypse Abrahams* —— 633

7.4.3 Die *Himmelfahrt Jesajas* —— **636**
7.4.4 Zutaten zur *Esra-Apk.*: das sog. *5.* und *6.Esra*-Buch —— **640**
7.4.5 Die *Vision Esras*, die *Apokalypse Esdrams* und die *Sedrach-Apokalypse* —— **644**
7.4.6 Die *Fragen Esras* und die *Offenbarung Esras* —— **649**
7.4.7 Die *Elia-Apokalypsen* und die *Zephanja-Apokalypse* —— **651**
7.4.8 Zusätzliche *Daniel*-Apokalypsen —— **661**
7.5 Weitere Testamente —— **663**
7.5.1 Die *Testamente der Zwölf Patriarchen* —— **663**
7.5.2 *Testament Isaaks* und *Testament Jakobs* —— **670**
7.6 Übergang zur Gnosis —— **676**
7.6.0 Jüdisches in der Gnosis —— **676**
7.6.1 Die *Oden Salomos* —— **677**
7.6.2 Gnostische Apokalypsen —— **680**

8 Jüdisches Erzählgut in kirchlichen Sammelwerken und Kompendien —— 691
8.1 Nachschlagewerke zum Alten Testament —— **691**
8.1.1 Notizen über die Propheten (sog. *Vitae prophetarum*) —— **692**
8.1.2 Das *Hypomnēstikon* des Ioseppos —— **700**
8.2 „Biblische Geschichte" des Alten Testaments —— **704**
8.2.1 Die *Palaea Historica*, Nacherzählung der Geschichtsbücher der Septuaginta —— **704**
8.2.2 Aus der *Erklärenden Palaea*: Die *Jakobsleiter* u. a. —— **712**
8.2.3 Die syrische *Schatzhöhle* und ihre Derivate —— **714**
8.3 Ps.-Sabas, *Das Mysterium der Buchstaben* —— **716**

Register —— 721
   Buchtitel —— **721**
   Textanfänge —— **729**
   Autoren —— **732**
      Antike Autoren —— **732**
      Moderne Autorinnen und Autoren —— **735**
   Stichwörter —— **744**
   Bibelstellen —— **762**

0. Einleitung

Als Israel im babylonischen Exil war und seine heiligen Schriften verloren hatte, so erzählt das *4.Esrabuch* (14,37–46), wurde Esra, der Schreiber, in nächtlichen Visionen mit Weisheit getränkt, dass er seinen Helfern, geschickten Schreibern, die aber von alledem nichts verstanden, vierundneunzig Bücher diktieren konnte. Vierundzwanzig davon seien (wieder) zu veröffentlichen – das meint offenbar die Hebräische Bibel, deren Bestand uns Josephus mit einer ähnlichen Zahl wiedergibt;[1] weitere 70 jedoch seien geheim zu halten zum Gebrauch nur für die Wissenden. Das ist bescheiden geschätzt angesichts der Masse an Schriften, die hier zu behandeln sein wird. Nicht wenige davon erheben sogar Offenbarungsanspruch. Auch auf diesen werden wir zu gegebener Zeit zurückkommen.

0.1 Umfang und Begrenzung des Materials

In diesem Band ist alles aufgeführt, was man als „Apokrypha" oder „Pseudepigrapha des Alten Testaments" bezeichnet. Der Genitiv „des Alten Testaments" in der herkömmlichen Benennung suggeriert, dass die Verfasser ihrerseits dem Alten Bund angehören, oder religionsgeschichtlich gesprochen: dem Judentum des Zweiten Tempels bzw. dem synagogalen Judentum. Das ist aber eine jeweils erst noch zu klärende Frage. Alttestamentlich bzw. jüdisch ist öfters nur der Inhalt, nicht aber die Zugehörigkeit des Autors – wofern sich diese denn überhaupt klären lässt.

Zusätzlich erfasst ist alles an Werken jüdischer Autoren in griechischer Sprache, wovon wir überhaupt Kenntnis haben – außer Philon und Josephus, zu denen es zahlreiche und gute Einführungen bereits gibt. Auch Fragmente ohne Autorennamen, die aber vielleicht einmal einen hatten, Anonyma also (griechisch sagt man: *adespota*, „herrenlose"), sind aufgenommen sowie solche Werke, für die uns zwar ein glaubwürdiger Autor genannt wird, die aber nicht mehr als ganze, sondern nur noch in Zitaten erhalten sind,[2] was der Erschließung dieser Texte analoge Schwierigkeiten bereitet (Abschn. 3). Anderes ist nur titellos überliefert, wie überhaupt Titel von Bü-

---

[1] *C.Ap.* 1, 38 spricht von 22 Büchern: Um bei der Zahl der Buchstaben des hebr. Alphabets zu bleiben, zählt Josephus offenbar Rt zu Ri und Klag zu Jer. – Hier zitiert sind die Zahlen des syr. Textes; die der Vulgata sind verschrieben bzw. ohne erkennbaren Sinn („204" Bücher, davon 70 geheim). Der arm. Text nennt nur eine Gesamtzahl von 94 Büchern, was aber dieselbe Aufteilung in 24+70 nahelegt. Im Latein ist da wohl ein XCIV verlesen worden zu CCIV bzw. in den Handschriften, die „904" haben, ein *nongenti quattuor* für *nonaginta quattuor*. Eine Textsituation wie diese ist typisch für alles hier zu Besprechende. Zu diesem Buch unten 2.5.1.

[2] Eine Übersicht über das Vorhandene in tabellarischer Form, mit Datierungsvorschlägen sowie Zuordnung zu den Sprachen Hebräisch – Aramäisch – Griechisch, wurde schon einmal an unerwarteter Stelle gegeben von Günter MAYER: *Die jüdische Frau in der hellenistisch-römischen Antike*, 1987, 18–21 (für das im Mutterland Entstandene) und 26 (für das in Ägypten Entstandene).

chern in der Antike selten von den Autoren abhingen, häufiger aber von den Käufern und Tradenten (s. u. 0.2.11).

In die Auswahl kommt schließlich noch manches nichtbiblisch Aussehende, Sachliteratur und Profanes, was aber dem antiken Judentum zugehört oder doch zugehören könnte.

Generell soll als Begrenzung gelten, dass es nur um solche Texte gehen wird, die durch Abfassung auf Griechisch oder durch Übersetzung ins Griechische den jüdischen Innenraum verlassen haben. Erfasst ist somit,

1. was zu den Erzeugnissen des nichtbiblischen, auch des vor- und nichtrabbinischen Judentums gehört oder gehören könnte;
2. was über das Medium des Griechischen Eingang fand in die übrige Welt;
3. was nicht Philon oder Josephus zum Autor hat.

Mit folgenden Schwierigkeiten ist zu rechnen:

1. Die Texte sind unvollständig überliefert, manchmal nur in knappen Zitaten;
2. vielfach sind es nur Übersetzungen, und das Griechische (das vielleicht selbst schon übersetzt war) ist verloren;
3. alles hier zu Behandelnde ist nur aus christlicher Rezeption bekannt, und wir wissen nicht, wie weit diese verändernd eingewirkt hat. Insbesondere Schriften ohne historischen Autor waren nicht „geschützt".

0.1.1 Pseudepigraph (also unter falschem Autorennamen oder falscher Herkunftsangabe laufend) ist nur ein Teil des zu Erwähnenden, also nicht das in Abschnitt 3 oder in 5.1 Erfasste, auch nicht das schlichtweg Anonyme, das nur nach Textsorte irgendwo beigeordnet werden konnte. Die Sammelbezeichnung *Pseudepigrapha* trifft nicht auf alles zu, was unter diesem Namen z. B. bei Charlesworth geführt wird.

Hier zeigt sich ein Unterschied der Kulturen und der Konventionen. Im semitischsprachigen Judentum schrieb man nie unter Autorennamen (Josephus gebrauchte den seinen ja auch erst in Rom); in griechischer Literatur jedoch war seit Herodot und den nachhomerischen Poeten[3] Autorschaft üblich. Das gilt sogar im Hinblick auf Pseudepigraphie selbst. Es gab sie auch im Griechentum, nur waren da die Regeln andere. Dem *Corpus Hippocrateum* sind im Laufe der Jahrhunderte zahlreiche Abhandlungen – passenderweise in ionischem Dialekt – hinzugefügt worden, ebenso den Schriftencorpora Platons (auf Attisch) und des Aristoteles und anderen mehr. Hatte ein Autor zu gewissen Fragen, die erst nach ihm auftraten, keine seinen Lesern genügende Antwort gegeben, so konnten anonyme Imitatoren das Corpus seiner Schriften ungestraft erweitern, wenn sie es nur gut machten und den Stil ihres Vorbilds exakt zu imitieren wussten. Die Lesergemeinde war es, die über die Akzeptanz ent-

---

[3] Wie weit einem Mann namens Homer die Autorschaft an allen 48 ihm zugeschriebenen Gesängen zuzutrauen sei, ist eine alte Debatte; Josephus weiß davon (*C.Ap.* 1, 12). Der Name „Aesop" war eher eine Sammelbezeichnung für Fabelgut überhaupt, zuletzt auch christliches.

schied – manchmal durchaus im Wissen um die Nachträglichkeit des Produkts.[4] Gefiel dieses nicht, standen die Mittel der Echtheitsprüfung zumindest der alexandrinischen Philologie durchaus zur Verfügung, und man konnte ein ganzes Werk oder auch Passagen daraus als unecht (νόθα, *spuria*) verwerfen. Der Gegenbegriff war γνήσια, *genuina*. Bei Bedarf, wie gesagt, ließ sich das prüfen. Der Nachtrag konnte aber auch Gefallen finden und eine lange Wirkung entfalten. Unter den pseudepigraphen Bestandteilen des aristotelischen Corpus ist die Schrift Περὶ κόσμου (*De mundo*) sogar der klassische Ausdruck des antiken Weltbilds geworden, gültig von Philon (der als erster daraus zehrt) bis in die frühe Neuzeit, bis zum Prozess gegen Galilei (1600). Im Übrigen war Täuschen in der Antike keine Sünde, hatte sogar seinen Gott (Hermes). Der Gott der Kommunikation war auch der des Handels. „Wo getauscht wird, da wird auch getäuscht."

In hebräischer Literatur war Pseudepigraphie bis nahe zur Gegenwart die Regel und nicht die Ausnahme.[5] Bereits die Mose- und Prophetenbücher, der Psalter u. a. m. sind nicht anders entstanden und zu ihrer kanonischen Länge angewachsen, und wenn die rabbinische Jurisprudenz sich zur reinsten Zitierwissenschaft entwickelte, wo Namen ständig genannt werden, Rabbinennamen, dann geschah das erklärtermaßen als Niederschlag von Mündlichem und war dem Gedächtnis der Hörer, als Gruppe zumindest, nachprüfbar. Kurz, allerlei Konventionen, die in der Antike galten und nicht geschrieben zu werden brauchten, sind auch in unserem Material festzustellen und sind fraglos gültig, wohingegen wir sie erst ermitteln müssen. Historisch-kritische Forschung arbeitet hier der Hermeneutik insofern vor, als sie die Brücke zeigt zwischen den Rezeptionsgewohnheiten von einst und denen von jetzt. Letztere verlieren dabei ihre Selbstverständlichkeit, was kein Schade ist.

Ein Beispiel: Wenn jüdische Pseudepigrapha wie das *Daniel*-Buch mit gewissen, den Zeitgenossen durchaus dechiffrierbaren Andeutungen die Fiktionalität ihrer Rahmenerzählung kundgaben, war das einst ein Appell an die Intelligenz des angezielten Auditoriums. Unter der Maske des Alten wurde der Gegenwart politische Brisanz geboten. Das verdeckte Spiel war ein Schutz des anonym bleiben müssenden Autors. Mit der Zeit aber und in fortgehender Rezeption konnte die Fiktion dann für Geschichte gelten; so regelmäßig im Christentum. So wurde *Daniel*, der zunächst ein Pseudepigraphon war wie das *Henoch*-Buch auch (das sogar älter ist), ein Bibeltext; ja er wurde im Christentum zu den Großen Propheten gerechnet (s. u. 2.1.7). Das liegt natürlich an der großen Beliebtheit der „Menschensohn"-Stelle 7,13 schon im Neuen Testament, mit der wir uns werden beschäftigen müssen (a. a. O.).

Wie kurzschlüssig Naivität in diesen Dingen sein kann und wie wenig es angeht, einen Text zu nehmen, „wie er ist" und wie er gedruckt steht, das zeigen die Ana-

---

4 Im Falle der pseudo-platonischen *Epinomis* ist sogar noch bekannt, wer ihr Verfasser war: ein gewisser Philipp von Opūs. Trotzdem hat sie ihren Platz den Platon-Gesamtausgaben bis heute.
5 Ein Beispiel aus dem 20. Jh. ist Emmanuel (Pseud.): *Commentaire juif des Psaumes*, 1963, oder vom selben: *Pour commenter la Genèse*, 1971. Beide Bände dienen dem religiösen Ausdruck (es gibt auch andere) jüdischer Identität, gespeist allein aus hebräischer Literatur.

chronismen, die schon in der antiken Rezeption vieler hier zu nennender Bücher unterlaufen sind, etwa bei dem völlig unmethodischen Clemens v. Alexandrien. Er glaubt alles, denn in seine Art von Gnosis passt alles. So bedeutet es denn auch für unsere Frage gar nichts, wenn dieser unermüdliche Leser und Überlieferer von Pseudepigraphem jede Überschrift für historisch nimmt, und ebenso mancher frühe Autor der lateinischen Kirche wie Tertullian oder Cyprian mit ihrer Halbbildung. Den Begriff „pseudepigraph" kennen sie nicht; auch Clemens hat ihn nicht in seinem sonst so reichen Vokabular. Dieser für uns so unentbehrliche Tradent ist kein Gelehrter, jedenfalls kein alexandrinischer, trotz seines Wohnorts. Er glaubt alles, wie gesagt, denn ihm passt alles. Ein kritischerer Geist wie Hieronymus kam zu spät mit seiner Mahnung, dass doch manche Schrift, die sich mit einem berühmten Namen nennt, nicht von ihrem Namensträger stammen könne.[6] Zu Recht hat er Origenes, einem Mann mit Bildung, aber ohne historischen Sinn, widersprochen, als dieser die berühmte Paulusstelle 1Kor 2,9 – ein zugegebenermaßen schwierig nachzuweisendes Mischzitat – aus ihrem Vorkommen auch in der *Elia-Apokalypse* herleiten wollte; Elia schien gegenüber Paulus der ältere zu sein.[7] Dass auch die *Himmelfahrt Jesajas* diese Stelle aufweist, machte die Verwirrung nicht geringer, denn die Frage: Wer hat hier was von wem? erhält nun einige Antwortmöglichkeiten mehr. Hier war erst Hieronymus derjenige, der erkannte: Was nach dem ältesten „Autor" heißt – hier Elia –, könnte gut das Jüngste sein und am stärksten Pseudepigraphe (7.4.7a).

Eine Faustregel lässt sich aufstellen: Je älter der beanspruchte Autor, umso jünger die Schrift. Je weiter der Ausgriff in die Zukunft sein soll, umso weiter entfernt man sich nach hinten hin aus der Geschichte.

0.1.2 Manches in bisherigen Sammlungen Fehlende, was aber durchaus seinen Ort hat in der Geschichte, ist nunmehr aufgenommen, darunter schriftliche Niederschläge aus griechischsprachigem Synagogengottesdienst (hier 2.3) sowie Nichtreligiöses, aber gleichwohl Jüdisches (3.5). Auf Vollständigkeit ist diese Übersicht auch insofern angelegt, als alles von der Forschung als jüdisch in Betracht Gezogene genannt werden soll, auch wenn christliche Autorschaft erweislich ist. Dass es darüber hinaus in byzantinischen Klosterbibliotheken noch viele „Diegesen" (Nacherzählungen), Apokalypsen und Legenden gibt, die allemal Anregungen aus dem Judentum enthalten können,[8] wird hier in der Rubrik „Ähnliche Texte" nur angedeutet.

---

6 So z. B. im Prolog seines *Jeremia-Kommentars* (MPL 24, 680 B) über den angeblichen *Brief Jeremias* (2.1.8). Dies im Unterschied zu Origenes, der sehr viel jüdische Pseudepigrapha zitiert, mehr als Clemens v. Alexandrien (wie Bammel, *Judaica et Paulina* 161–167 beobachtet). Clem.Al. ist v. a. wichtig als Tradent von Fragmenten aus namentlich Überliefertem, v. a. in Abschn. 3.
7 Harnack I 854 oben; folgendes ebd. 855 unten. Noch der Randapparat in Aland, *NT Graece* trägt Spuren dieser Auseinandersetzung, und Hegesipp bezeugt sie uns schon für das 2.Jh. (vgl. 7.4.7).
8 Als Probe vgl. Bauckham, *Jew. World* (s. 0.9.5) 117–120. Eine 188 Einträge umfassende Liste von eindeutig späten, größtenteils hier nicht mehr behandelten Pseudepigrapha findet sich bei Berger, *Daniel-Diegese* (s. u. 7.4.8), S. XI–XXXIII.

Ein echtes Problem ist bei vielen hier zu nennenden Schriften, dass wir nicht wissen, welche jüdische Gruppe oder Gemeinschaft sie jemals rezipierte, ehe sie Bestandteil kirchlicher Bibliotheken wurden. Der glückliche Zufall der Qumran-Funde zu Texten wie dem *Henoch-* oder dem *Jubiläen*-Buch ist die Ausnahme, und dass sogar der *Brief Jeremias* (2.1.8) dort auf Griechisch belegt ist (offenbar seine Urfassung), ist es noch mehr. Was aber ist zu halten von all den nur auf Griechisch erhaltenen oder überhaupt erst auf Griechisch geschriebenen Schriften, die wir nur in späten Kopien oder in Weiterverarbeitungen antreffen? Zusätzlich zur Frage der jüdischen Authentizität (unten 0.6) ist selbst die christliche Rezeption nicht ohne Probleme: Welches Christentum hat den fraglichen Text rezipiert, und als was? Hielt man – und wer hielt – diese *Apokalypse*, jenes *Testament* für eine heilige Schrift?

Die Rubriken „Früheste Erwähnung" sowie „Rezeption" sollen zu dieser Frage wenigstens das Feststellbare verzeichnen. Nicht alle antiken Christen sind so naiv gewesen wie der Vielleser Clemens von Alexandrien, der alles an Schriften, was jüdische Namen trug, gelten ließ, um es mit seiner christlichen Gnosis dann zu übertreffen. Einer der wenigen hingegen, die damals schon unsere Fragen stellten und deren Auskünfte uns wichtig sind, war Hieronymus; im Heidentum, kirchenkritisch überdies und darum kirchlicherseits abgelehnt, war es der Philosoph Porphyrios. In der Art dieser Spitzengelehrten hat auch heutige wissenschaftliche Lektüre dieser Texte die Pflicht zu kritischem Fragen, und wäre es nur der historischen Konkretion zuliebe, nämlich um die Texte in Raum und Zeit zu verorten. Gerade wenn sie Prophetie sein sollten und Offenbarung, bräuchten sie das (s. u. 0.7.4).

0.1.3 Diejenige Bibel, an deren Rand – teils außerhalb, teils sogar innerhalb – viele hier zu behandelnden Schriften sich anlegten, ist die seit den Kirchenvätern als Septuaginta bezeichnete Sammlung heiliger Schriften auf Griechisch, die, zunächst nur als Pentateuch existierend, ihre Begrenzung für die griechische Kirche erst 367 n. Chr. durch Athanasios erhielt.[9] Weit später, 1672,[10] hat eine Synode in Jerusalem diesen Kanon erweitert um die Bücher *Sapientia, Sirach, Judith, Tobit*, offenbar im Nachgang zur Entscheidung des Konzils von Trient von 1546, die Vulgata betreffend.

Hier ist, wenn man zurückfragt bis zum griechischsprachigen Judentum der Antike, Vorsicht geboten: Die Septuaginta als *ein* Buch zwischen zwei Deckeln ist eine christliche Schöpfung, nicht älter als die Einführung der Codexform justament in Zeiten der Alten Kirche; der Hellenismus hat schon rein buchtechnisch so etwas noch nicht haben können. Auch inhaltlich ist bemerkenswert, dass der *Gloria*-Text aus der

---

9 Text dieses *39. Osterfestbriefs* z. B. bei Th. ZAHN: *Grundriss der Geschichte des Neutestamentlichen Kanons*, 2.Aufl., 1904, S. 87 f, oder bei Preuschen, *Analecta* 42–45. Dort folgt auf eine Liste der Bücher der Hebräischen Bibel (§ 3–5), wo übrigens *Esther* fehlt, dafür aber dem Jer.-Buch *Baruch* beigesellt ist, eine der neutestamentlichen (§ 7–9) und dann schließlich eine der „übrigen Bücher, außerhalb von diesen, nicht kanonisch", die immerhin für die Katechese nützlich seien (§ 11 f): *Sapientia, Sirach, Esther* (erst hier), *Judith, Tobit* – „und die sog. *Didachē der Apostel* und der *Hirt*" (sc. des Hermas).
10 E. SELLIN/G. FOHRER: *Einleitung in das Alte Testament* (1965), 1979, S. 538.

Messe in der Septuaginta steht – sogar in einer trinitarisch korrekteren Form, als der Westen sie hat (Rahlfs II S. 181 f; s. u. 2.1.2). Die heute gängigen Septuaginta-Ausgaben enthalten mithin nicht nur alles von Athanasios hierfür Genannte, sondern, gewissen fast ebenso alten Codices folgend, darüber hinaus noch einiges mehr: Außer den *Oden,* um die es eben ging, sind das die *Psalmen Salomos,* die *Sapientia* und das *3.* und *4.Makkabäerbuch.* Bestellt man heute in Athen eine Septuaginta, findet man darin zwar nicht *Oden* und *Psalmen Salomos,* aber doch die von Athanasios noch nicht genannten *Makkabäer*-Bücher allesamt; nur das 4., als Anhang geboten, gilt als „apokryph".[11]

Wir wissen nicht, ob das hellenistische Judentum, solange es bestand, jemals irgendwo eine ähnlich große Büchersammlung auf einer Stelle (Alexandrien etwa) besaß, wissen auch nicht, ob es irgendwo denjenigen dreiteiligen Kanon kannte und akzeptierte, wie er vom Mutterland aus (s. u. 1.3.1) sich nachmals über den Rabbinat durchsetzte. Was man hatte, war eine Sammlung von übersetzten Schriften, aus denen nur der als *Nomos* bezeichnete Pentateuch (griechisch geschrieben sind es fünf Rollen) normativ war. Das ist noch Philons Kanon, das sind seine „heiligen Bücher". Anderes – Propheten, Psalmen – wird von ihm gelegentlich zitiert, ohne aber etwas gegenüber dem *Nomos* Neues sagen zu dürfen.

Was die sehr komplexen Einleitungsfragen der Septuaginta angeht, so habe ich diese, so kurz es ging (das meint 464 Seiten), anderwärts bereits dargestellt (0.9.5) und werde nur möglichst wenig darauf zurückkommen. Jene Arbeit war allerdings umständebedingt ein Provisorium und ist nicht frei von Flüchtigkeitsfehlern.[12] An sie schließt sich die hier zu gebende Übersicht nahtlos an, mit geringen Überlappungen.

Der solchermaßen bis in die Neuzeit gewachsene Quasi-Kanon des *Apokryphen*[13] ist von der religionsgeschichtlichen Forschung nun zusehends erweitert worden um den Pseudo-Kanon des *Pseudepigraphen*. Krassestes Beispiel hierfür ist *La Bible: Ecrits intertestamentaires* in der renommierten Bibliothèque de la Pléiade, 1987.[14] Hier wird eine Zusatz-Bibel angeboten (anscheinend für diejenigen, die ihre Bibel schon zu gut kennen) und es wird unter vielem anderen sogar die Sektenregel aus Qumran als

---

11 Η ΠΑΛΑΙΑ ΔΙΑΘΗΚΗ ΚΑΤΑ ΤΟΥΣ ΕΒΔΟΜΗΚΟΝΤΑ, hg. K. Papathanasios/E. Lekkos, Athen: Apostolikē Diakonia (o. J.); zitiert: S. 1485, Fußnote. Dies ist weitgehend ein Nachdruck der Ausg. Tischendorf mit einzelnen Übernahmen aus Rahlfs, wobei aber die *Sapientia* (6.5.1) nicht mitkam und das *4Makk.,* wie gesagt, in den Anhang verwiesen wurde.
12 Inzwischen ist eine Einführung angekündigt als Beiband zur *Septuaginta deutsch,* zu schreiben von Siegfried Kreuzer.
13 Als neueste Darstellung vgl. L. Stuckenbruck: „Apocrypha and the Septuagint. Exploring the Christian canon", in: T. S. Caulley/H. Lichtenberger (Hg.): *Die Septuaginta und das frühe Christentum* (WUNT 277), 2011, 177–201; dort auch Einblick in die weiten, gar manches einschließenden Bibeln des christlichen Ostens. Allerdings ist dort nicht der Bibelkanon die *norma normans* der kirchlichen Lehre, sondern es sind diejenigen Texte, die zu Liturgien verwendet werden.
14 S. u. 0.9.1 unter Dupont-Sommer. – Vorsichtiger war man bei dem Folgeband: F. Bovon/E. Norelli/ P. Geoltrain (Übers., Hg.): *Ecrits apocryphes chrétiens,* 2 Bde. (Bd. 442 bzw. 516), 1997.2005. Mancher nachstehend zu besprechende Text ist auch dort zu finden, worauf nicht mehr eigens hingewiesen wird.

„Bibel" verkauft. In wissenschaftlicher Hinsicht drückt sich hier das Bedürfnis aus, die Zeitlücke zwischen Hebräischer Bibel und Neuem Testament mit jüdischen Dokumenten aufzufüllen, unabhängig von dem, was der ziemlich Rom-konforme Josephus sagt. Dabei springt man aber leichtfüßig – um nur den fragwürdigsten Bestandteil dieser Sammlung zu nennen – von jenen Qumran-Fragmenten, die die Forschung als *Testament Levis* bezeichnet, in die erst ein halbes Jahrtausend später belegten *Testamente der Zwölf Patriarchen*, als könnten uns auch diese noch etwas sagen über judäische Verhältnisse in hasmonäischer Zeit. An dieser Montage hat offensichtlich kein Historiker mitgewirkt. Kritik dieses Forschungszweigs aus der Feder eines heutigen Historikers bei Eckhardt, *Ethnos und Herrschaft* 221–223.

0.1.4 Was Philon und Josephus betrifft, die einzigen hier ausgelassenen hellenistisch-jüdischen Schriftsteller und ihre umfangreichen Textcorpora, über sie gibt es reichlich Einführungen und Übersichten. Für Philon lässt sich widerspruchsfrei anschließen meine eigene auf S. 162–189 in Sæbø, *Hebrew Bible* I/1,[15] und auch zu Josephus habe ich eine literarische Einleitung gegeben in der „Münsteraner" *Contra-Apionem*-Ausgabe (0.9.1 unter „Josephus"), fortan: Siegert, „Einleitung". Die sollen hier mein Ausweis sein, was das Philologenhandwerk betrifft. Zum Gesichtspunkt einer „umgeschriebenen Bibel", bes. in den *Antiquitates*, kann auf Louis FELDMAN als den großen Spezialisten verwiesen werden; sein Josephus-Abschnitt in Neusner/Avery-Peck, *Midrash* 316–333 fasst an die hundert seiner eigenen Einzelstudien zusammen.

Soviel zum literarischen Umfeld der Apokrypha und Pseudepigrapha. Alles, was sich „hellenistisch-jüdische Literatur" nennen lässt, ist damit abgedeckt hinsichtlich der Einleitungsfragen.

0.1.5 Eine schon genannte Begrenzung des Materials für das vorliegende Buch besteht darin, dass nur das geboten werden soll, was durch das **Medium des Griechischen** ging. Um die Qumran-Schriften als solche oder auch um die Mischna wird es also nicht gehen, obwohl sie ganz zweifellos jüdisch wären. Einleitungen dazu gibt es inzwischen in allen gelehrten Sprachen. Auch ein modernes Machwerk wie das sog. *6. und 7. Buch Mose*, das im Versandhandel vertrieben wird, wird uns nicht aufhalten; es existiert nicht auf Griechisch. Eher kämen das *9. und 10. Buch Mose* in Frage, wovon der große Pariser Zauberpapyrus, immerhin ein Dokument des 4. Jh., Auszüge bietet. Dass diese Texte von jüdischer Hand stammten, behauptet freilich niemand, und so mögen sie am Rande bleiben (6.3.2), wobei dort die Grenze zum Okkultismus nicht ganz wird gewahrt werden können.

---

[15] Kürzer ist der Philon-Abschnitt in Neusner/Avery-Peck, *Midrash*, S. 223–232.

0.2 Benennungen und Begriffe

Manche alteingeführte Benennung ist im Laufe des 20.Jh. fraglich geworden, in Deutschland insbes. in der Nachkriegszeit mit der (reichlich verspäteten) Rezeption der Linguistik und mit der Wiederaufnahme des christlich-jüdischen Dialogs. Neue Definitionen und ein differenzierteres Vokabular sind nötig geworden. Im Folgenden werden solche Begriffe und Benennungen, die dem heutigen Reflexionsstand entsprechen, in **Fettdruck** hervorgehoben – im Gegensatz zu anderen, die, als weniger dienlich, fallen gelassen werden. Zunächst noch zu den schon gebrauchten Ausdrücken „Apokryphon" und „Peudepigraphon" etwas Sprachgeschichtliches.

0.2.1 Die Anwendung des Ausdrucks „pseudepigraph" auf Schriften, die zum Alten Testament thematisch oder auch in der Textsorte parallel gehen, war einst die Entscheidung des großen Hamburger Bibliographen Johann Albert FABRICIUS, der nächst seinem *Codex apocryphus Novi Testamenti* 1703 (2.Aufl. 1719) die uns hier interessierenden zwei Bände seines *Codex pseudepigraphus Veteris Testamenti* 1713 (2.Aufl. 1722) und 1723 erscheinen ließ, u.z. als Teile einer umfassenden Bibliographie der griechischen Literatur. Bis dahin Ungedrucktes hat er bei dieser Gelegenheit auch gleich ediert. Hier findet sich erstmals die Fülle des Parabiblischen mit größtmöglicher wissenschaftlicher Exaktheit inventarisiert und eine Sammelbezeichnung vorgeschlagen.[16]

Die Benennungen, die Fabricius wählte, sind gerade in ihrer Unterschiedlichkeit zwischen AT und NT ein Spiegel der damaligen Forschungslage. Während das Neue Testament bis dahin keine „Apokryphen" gehabt hatte, das Wort *apocryphus* also frei war, waren diejenigen Schriften der Vulgata, die über den Bestand der Masoretischen Bibel hinausgingen, seit der Reformation – und im Rückgriff auf Hieronymus – bereits als deren „Apokryphen" bezeichnet worden. Da musste Fabricius ein in der Bibelwissenschaft unverbrauchtes Wort wählen, und er nahm es aus der griechischen Philologie, wie Hieronymus schon getan hatte:[17] „pseudepigraph". Fabricius warnte so bereits im Titel vor den Herkunftsangaben dieser Texte, die nicht im Wortsinn historisch genommen werden durften.

Aus Mangel an bibliographisch relevanten Autorenangaben hat Fabricius seine Materialien nicht anders zu ordnen gewusst als nach Personen der Hebräischen Bibel. Noch die *Introduction* von Denis verfährt so (in der Folge der Bibelbücher) und die Bibliographie von DiTommaso (alphabetisch). Man erfährt alles über die Manuskripte und Editionen (Denis) und die Sekundärliteratur (DiTommaso), aber fast nichts über die Situationen, in denen die Texte entstanden sind, sein könnten oder sein müssten:

---

16 Hierzu Yoshiko Reed, „Pseudepigrapha", 406 ff. 425 ff sowie unten 0.7.6.
17 Hieronymus hatte mit dem Ausdruck ἀπόκρυφος vor allem gewarnt, was nicht dem hebr. Kanon angehört (*Praef. in 1Sam.*, MPL 28, 556 A; als lat. Lehnwort *apocryphin* in *Vir.ill.* 1 u. ö.). Das Fremdwort ψευδεπίγραφος findet sich in seiner *Praef. in libros Salomonis* (MPL 28, 1242) mit Bezug auf die *Weisheit Salomos* (6.5.1).

Das aber ist zugegebenermaßen die schwierigste aller Einleitungsfragen, da in den Originalen die Antwort, oft schon um der Titelfiktion willen, verborgen gehalten wird. Eine *Einleitung* im vollen Sinne aber soll sichtbar machen, dass es einst Worte in die Zeit waren mit einer mitunter höchst konkreten Botschaft. Sie soll ein Schritt werden zu einer Literaturgeschichte dieser Texte, die wir noch nicht haben, in keiner Sprache.

Vor hundert Jahren schien es noch einfach, zwei gleich große Übersetzungsbände herauszugeben, betitelt *Die Apokryphen und Pseudepigraphen des Alten Testaments* (hg. E. KAUTZSCH, 1900 u. ö.) bzw. *The Apocrypha and Pseudepigrapha of the Old Testament in English* (hg. R. H. CHARLES, 1913 u. ö.). Der Genitiv „des Alten Testaments" wäre hier, wie schon gesagt, keine Herkunfts- oder Zeitangabe, sondern nur eine thematische Zuordnung und insofern sehr vage. Mit Rücksicht auf die jüdische Forschung kommt er nun außer Gebrauch. Hier war nie klar, ob der Bezug auf die Hebräische Bibel in ihren Originaltexten oder auf die Schriften der Septuaginta geht. Ersteres hätte man gerne gehabt, kam aber regelmäßig bei letzterem an, was aber durch die stereotype Annahme hebräischer Vorlagen wieder verdeckt wurde. Im Übrigen sind wichtige Stücke der Sammlung, etwa das *Baruch*-Schrifttum (2.5.2–4), gesamtbiblisch gehalten und voll von neutestamentlichen Bezügen, und aus nicht wenigen muss man die Nennungen Jesu erst löschen, um sie „alttestamentlich" zu machen. Soviel zu diesem Adjektiv.

Doch auch die Benennungen „apokryph" oder „pseudepigraph" sind nicht belastbar, schon weil nicht klar ist, auf welchen Kanon man sich bezieht. Katholiken lassen das *Baruch*-Buch und die *Sapientia* so selbstverständlich biblisch sein, wie Protestanten sie unter den „Apokryphen" führen, und die *Psalmen Salomos*, bei Rahlfs Bestandteil seiner Septuaginta-Ausgabe, sind bei Kautzsch nur „pseudepigraph"; Denis reiht sie unter die nichtbiblischen Psalmen ein. Auf die Undeutlichkeiten der schon in der Alten Kirche verschiedentlich aufgestellten Apokryphen- oder Pseudepigraphenlisten[18] mit den ihnen eigenen Textproblemen und den Vagheiten der Titelnennungen hier einzugehen, wäre keine Hilfe; ihre Klärung wäre nicht früher möglich als nach Abschluss der historisch-kritischen Arbeit selbst. Nicht klarer ist darum der Ausdruck „deuterokanonisch".[19] Wir werden ihn vermeiden, denn Kanons- und damit Geltungsfragen sind nicht Gegenstand dieser Übersicht.

---

18 Gewisse Dienste leisten wird immerhin die Liste in den *Apostolische Konstitutionen* 6, 16,3 Περὶ τῶν ψευδεπιγράφων βιβλίων, wo gesagt wird, nicht auf die klingenden Namen sei zu achten, sondern auf den Inhalt. Besonders gewarnt wird dort vor βιβλία ἀπόκρυφα Moses, Henochs, Adams, Jesajas, Davids, Elias und der drei Patriarchen, die „verderblich und der Wahrheit feind" seien. Vgl. Harnack I 853 mit Präzisierungen, welche Titel im Einzelnen gemeint sein könnten. Mehr bei Schürer/V. 796–798; Denis 6 f (Anm.: Lit.). Über eine von Anastasios v. Sinai übernommene armenische Liste von „60 Büchern, die die Juden geheim halten", s. Robinson, *The Testament of Adam* 6 f. Das Problem ist allemal, dass die Titelangaben zu kurz sind für eine Identifizierung der gemeinten Schrift.
19 Als Autor dieser Wortbildung gilt Sixtus v. Siena, ein zum Katholizismus konvertierter Jude, in einer Veröffentlichung von 1566 (Yoshiko Reed, „Pseudepigrapha" 421).

In mancher Hinsicht glücklicher ist der unlängst erst in Umlauf gekommene Ausdruck **Parabiblica**, und er hat auch schon als Buchtitel gedient (0.9.2: Woschitz). Er ist eine Neubildung, unbelastet von bisherigen, unterschiedlich fragwürdigen Einordnungen. In der Tat fällt vieles von dem, was in den Abschnitten 3.2–3, 5.1 und 7.2–5 zu behandeln sein wird, unter diese oder unter die gleichfalls moderne Bezeichnung „umgeschriebene Bibel" (*rewritten Bible*).[20] Wir benutzen sie nicht, denn ob die ursprünglichen Autoren dieser Texte die Absicht hatten, einer schon vorhandenen „heiligen" Schrift Besseres entgegenzusetzen oder dieses gar in sie einverleibt zu sehen, lässt sich selten sagen; höchstens bei Essener-Schriften kommt es einem manchmal so vor (1.1). Heiligen Schriften beigeordnet wurden sie meist erst von weit späteren Generationen bis hin zu dem modernen Curiosum einer „Bibel" aus „Zwischentestamentlichen Schriften" (oben 0.1.3). Außerdem kann das, was unter 3.4 bis 4.2 und 5.2 bis 6.2 und auch später noch zu unserem Inventar zählt, nicht als Para-Text zur Hebräischen Bibel oder zur Septuaginta aufgefasst werden, jedenfalls nicht primär, von der Autorenabsicht her, und sekundär, von der Rezeption, oft auch nicht. Wir konnten uns also, um die Vielfalt des Erhaltenen nicht zu verengen, einen verhältnismäßig umständlichen Buchtitel nicht ersparen.

0.2.2 Könnte man die zu behandelnden Texte nicht einfach „zwischentestamentlich" nennen, auch ohne einen Anspruch auf Gleichrangigkeit? – So war es in der Tat eine Zeit lang üblich, als man aufgehört hatte, den Ausdruck „spätjüdisch" zu gebrauchen. Doch auch hier lehnt die jüdische oder überhaupt die neutrale Forschung heute ab: Die Einordnung dieser Bücher „zwischen" Altem und Neuem Testament lässt sie auf letzteres zulaufen und dient mithin einer nur im Christentum akzeptierten theologischen These. Das Judentum hat kein Altes Testament, es hat seine **Hebräische Bibel**, die dort auch in Übersetzung so genannt wird.

Vor allem aber stimmt die Bezeichnung „zwischentestamentlich" vielfach chronologisch nicht. Es handelt sich bei näherem Hinsehen um Literatur, die zu guten Teilen erst neben, ja nach dem Neuen Testament entstand. Die herkömmliche Auffassung, es handle sich um „Epiloge der Propheten und Prologe des Evangeliums" (Rießler 5), war dem Bedürfnis geschuldet, eine von der Gen bis zur Apk kontinuierliche Bibel zu erhalten; sie ist aber chronologisch nicht länger haltbar (Kraft, *Exploring* 102f).

Daran mag es liegen, dass die Terminologie der alttestamentlichen Wissenschaft, wie sie z. B. dem Aufbau der Reihe JSHRZ (Jüdische Schriften aus hellenistisch-römischer Zeit) zugrunde liegt, so wenig greift. Das hier zu Behandelnde kann um ein Jahrtausend neuer sein als die auch schon „späten" Texte von Qumran, und so hätte, zumal es auch in JSHRZ überwiegend um griechische Texte geht, die Klassische

---

[20] Im Französischen benutzt man für Umschreibungen (auf der 1. Silbe betont) den Ausdruck *relecture*, eher irreführend, denn die dort gern gemachte Voraussetzung, dass Lesen stets ein kreativer Vorgang sei, wird überzogen. Das Wort *ré-écriture* existiert auch, ist nur weniger elegant.

Philologie ein Wörtchen mitzureden. Was soll der Unterschied sein zwischen „historischen und legendarischen Erzählungen" (Bd. I) und „Unterweisung in erzählender Form" (Bd. II)? Auch wundert man sich, welch verschiedene Dinge in Bd. III/2 unter der Rubrik „Unterweisung in lehrhafter Form" nebeneinander stehen, wohingegen die Unterscheidung zwischen „jüdisch-hellenistischen Historikern" (in Bd. I/2) und „jüdisch-hellenistischen Exegeten" (in Bd. III/2) Gleiches auseinanderreißt: Demetrios „der Chronograph", der einzige unter ihnen, der auch mal ein absolutes Datum notiert, kommt erst an letzterer Stelle. – Häufig war die Auffassung offenbar nicht, dass es sich um einen griechischen Text handle, und die Sorgfaltspflichten der klassischen Philologie wurden ignoriert. Auf welchen Handschriften, welcher Edition beruht die gebotene Übersetzung? Das ist nicht immer zu erfahren und steht jedenfalls nicht da, wo man es erwartet.

Ungenutzt blieb in JSHRZ die von Jacob Freudenthal, dem ersten jüdischen Erforscher der hellenistisch-jüdischen Literatur (0.7.2), bereits vorgeschlagene Textsortenbezeichnung „Hellenistisch-jüdischer Midrasch", die auf vieles Parabiblische passen würde, zumal auch auf hebräischer Seite zu solch „biblischem" Erzählen keine strikte Definition gegeben werden kann und auch nicht nötig ist (Maier, *Zwischen* 132–143; vgl. hier 1.2.1). Nach dem Aufgreifen von Freudenthals Vorschlag in Neusner/Avery-Peck, *Encyclopedia of Midrash* könnte dieser nunmehr in allgemeinen Gebrauch übergehen. – Weitere Vorschläge für Textsortenbenennungen werden unter 0.2.12 zu unterbreiten sein.

0.2.3 Zur Periodisierung des Judentums: Schon lange hat die Forschung den Ausdruck „spätjüdisch" für das hier zu würdigende Judentum aus dem Gebrauch gezogen. Das klang ja, als sei alles neben der Kirche fortexistierende Judentum zum Zerfall bestimmt gewesen. Zweitausend Jahre später sieht man das anders. So wird nun in heutiger Bibel- und Religionswissenschaft die Periodisierung weitgehend so vorgenommen:

- **Frühjüdisch** ist die Zeit ab Esra (vorher wäre: israelitisch); synonym hierzu: „Zeit des Zweiten Tempels"; im Englischen spricht man von *Second Temple Judaism*.
- Als **Judentum der Spätzeit des Zweiten Tempels** gilt hierbei die Zeit von der abgewehrten Kultreform und der Neueinweihung des Tempels (168 v. Chr.) bis zum Ende des Tempelkults i.J. 70 n. Chr.
- **Rabbinisches Judentum:** Seit 70 n. Chr. (Begründung des Rabbinats durch Joḥanan ben Zakkai)[21] löste ein Gelehrtenstand, der das Wort „Rabbi" nunmehr als

---

[21] Er dürfte „der Lehrer Israels" sein (im Urtext mit bestimmtem Artikel), den Joh 3,10 unter dem Pseudonym Nikodemus auftreten lässt. Josephus, der als potentieller Reformer des Judentums (dessen Geschichtsschreiber für das Kaiserhaus er ja war) sich sicherlich in einem Konkurrenzverhältnis zu ihm befand, erwähnt ihn nicht namentlich (sondern nur sehr indirekt seine ganze Gruppe: *Bell.* 4, 438.444; vgl. 130) und muss mit ihm in der Überlieferung die Prophetenrolle teilen, wonach er Vespasian die Kaiserwürde vorausgesagt habe. Details bei G. ALON: „Rabban Joḥanan b. Zakkai's removal to Jabneh", in: ders.: *Jews, Judaism and the Classical World*, 1977, 269–313 (276f); dort auch S. 296ff die rabbinischen Umerzählungen des Vorgangs. Dies als ein Beispiel unter vielen, wie schwer die Rubrik „his-

Namenszusatz führt, die alten Tempelberufe ab. Auf dieses Judentum zielen bereits die Polemiken der späteren ntl. Texte gegen „Pharisäer". Es hatte seine „formative Periode" in der Zeit bis ca. 200 n. Chr., als die Mischna schriftlich fixiert wurde.[22] Allgemein durchgesetzt hat sich jedoch die rabbinische Bibelauslegung und Torapraxis in der griechischsprachigen Diaspora erst am Übergang der Antike zum Mittelalter. So wird denn für das hier viel stärker vertretene nichtrabbinische Judentum eine Bezeichnung noch gefunden werden müssen (s.u. 0.2.5).

0.2.4 Unter der Bezeichnung **hellenistisches Judentum** versteht sich, im Hinblick auf die Sprache, diejenige jüdische Population der Antike, die muttersprachlich griechisch war. Hier ist Vorsicht nötig: In einem weiteren Sinn wird auch das mit Zweitsprache Griechisch ausgestattete Judentum so benannt; da wäre dann das Mutterland vom 3.Jh. v.Chr. bis in byzantinische Zeit mehr oder weniger, d.h. im Hinblick auf seine Oberschicht (v. a. den Priesteradel) und auf Handel und Politik mit erfasst. Hier dürfte man eigentlich nicht „hellenistisches", sondern nur „hellenisiertes" Judentum sagen; mehr hätte das Selbstverständnis der Betreffenden nicht zugelassen. Die frühen Rabbinen (die der Mischna, die „Tannaiten") bedienten sich problemlos des Griechischen (Bill. IV/1, 405–414); erst im Babylonischen Talmud lässt das nach. „Die Schönheit Japheths (*jofjuto šel Jafet*) sei in den Zelten Sems" – so soll noch Rabbi Ḥijja bar Abba gesagt haben (spätes 3.Jh., *Megilla* 9 b).

Von allerlei griechisch verfassten oder ins Griechische übersetzten Schriften wird zu erwägen sein, ob sie nicht aus dem Lande Israel kommen bzw. – nach 70 n.Chr. – aus dessen Umgebung; eine Liste wird unten folgen. Die Vermutung, alles Jüdische müsse einmal hebräisch gewesen sein, gilt also nicht für die Jahrhunderte, aus denen das hier vorzulegende Material größtenteils stammt. Vergessen wurde allein schon, dass in Zeiten des Zweiten Tempels Aramäisch gängiger war, wo es um Weltliches und um Unterhaltung ging. Selbst Apokalypsen, u.z. gerade die ältesten, wurden auf Aramäisch abgefasst (1.5.1), ehe nach mehrmaligem Weiterübersetzen man meinte, sie seien auf Hebräisch geschrieben worden. Vieles andere aber, was für eine Leserschaft außerhalb Judäas bestimmt war, schrieb man gleich auf Griechisch.

Diese Leserschaft ist zunächst als eine jüdische zu denken. Die Zeit ist vorbei, wo man griechisch Geschriebenes im Judentum *ipso facto* als Apologetik gegenüber der nichtjüdischen Außenwelt ansah.[23] Nein, auch intern, gegenüber der eigenen Diaspora, war das Griechische nötig, und da besonders. Günter Mayers oben (Anm. 2) genannte Übersicht bietet denn ganz richtig drei Spalten für alles im Lande Israel

---

torischer Bezug" in dem nachstehend gebotenen Schema auszufüllen sein mag, selbst bei eindeutig erinnerungshaltigen Erzähltexten.

22 Für (b) und (c) zusammen gibt es den Benennungsvorschlag von G. Boccaccini: *Middle Judaism. Jewish Thought 300 B.C.E. – 200 C.E.*, 1991. Er umreißt den hier am meisten interessierenden Zeitraum, überspielt jedoch den tiefen Einschnitt, den das Ende des Tempelkults für das Judentum bedeutete. Kritik bei Bauckham 176.

23 Vgl. 0.3.5 zu dem heute nicht mehr üblichen Begriff „Missionsliteratur".

Geschriebene; nur vermutet auch er noch zu oft eine hebräische Grundschrift. Judäern, deren Muttersprache Aramäisch war, war das Schreiben auf Griechisch vermutlich nicht weniger vertraut – und wurde öfter verlangt – als Schreiben auf Hebräisch.

0.2.5 Nun ist noch ein Benennungsproblem offen, was Judentum betrifft. Es gibt keinen zeitgenössischen und keinen modernen Namen für jenes Judentum, das lange Zeit weder die Mischna noch das Hebräische als Kult- und Rechtssprache annahm, weil es entweder der rabbinischen Reform vorausliegt oder neben ihm auf seine eigene Art fortbestand, und zwar bis zum Ende der Antike (vgl. Maier, *Zwischen* 289–291). Noch die Schreiber derjenigen Eingabe an den Kaiserhof, die i.J. 553 n.Chr. die 146. Novelle Justinians zur Antwort erhielten, versuchten sich mit kaiserlicher Hilfe gegen das Hebräische zu sperren, was ihnen natürlich gern genehmigt wurde.[24]

Einem Vorschlag von Doron Mendels folgend,[25] nennen wir dieses nichtrabbinische Judentum nunmehr in Anführungszeichen **„biblisches" Judentum** und meinen damit jene Populationen v.a. der Diaspora, wo man zwar die biblischen Feste feierte (immerhin synchron zum Tempel, was eine funktionierende Verständigung voraussetzt) und biblische Bräuche einhielt, vorab die Beschneidung, das Schweinefleischverbot und den Sabbat, im Übrigen aber unabhängig blieb von kultischen wie politischen Belangen des Mutterlandes. Man sieht den Unterschied am Verhalten: Die Essener haben sich am Aufstand gegen Rom beteiligt, trotz aller Differenzen mit der Tempelhierarchie. Von Hilfstruppen aus der Diaspora hingegen ist mit einer geringen Ausnahme nichts bekannt.[26]

Das Verhältnis zwischen Mutterland und Diaspora war in all den Jahrhunderten, die hier in Betracht kommen, sicherlich nicht einfach. Die Blamage des Jahres 63 v.Chr., wo das einstige Priesterkönigtum Judäas vor den Augen des Pompejus in einem Bürgerkrieg unterging, war vermutlich noch nicht vergessen, als der Krieg gegen Rom 70 n.Chr. im Erliegen des Tempelkults und unter Hadrian sogar im Abbruch der gesamten Tempelanlage und in der Profanierung der Stadt ausmündete. Zwar hat die auswärtige Judenschaft es – nach allem, was wir an Texten haben – vermieden, sich

---

24 Hierzu erschöpfend V. Colorni: „L'uso del greco nella liturgia del giudaismo ellenistico e la novella 146 di Giustiniano", *Annali di storia del diritto* 8, 1964, 19–80. – Irrigerweise hält die kaiserliche Kanzlei diese *deuterosis* für ein Targum und möchte stattdessen die Septuaginta vorschreiben, mit Ausweichmöglichkeit auf Aquila.
25 D. Mendels/E. Edrei: *Zweierlei Diaspora. Zur Spaltung der antiken jüdischen Welt* (Toldot 8), 2010. Wir lassen das Adjektiv „biblisch" in Anführungszeichen, denn diese Bezeichnung ist noch nicht eingeführt und wird wohl auch noch durch eine bessere ersetzt werden, denn an das Judentum der biblischen Zeit (im Sinne der Hebräischen Bibel) ist nicht gedacht.
26 Diese Ausnahme, die die Regel bestätigt, betrifft Mitglieder des Königshauses der Adiabene (im früheren Assyrien), die ca. 30 n.Chr. Gottesfürchtige und z.T. sogar Proselyten geworden waren (s.u. Anm. 77) und Residenzen unterhielten in Jerusalem. Josephus berichtet einmal ganz beiläufig von einem gewissen militärischen Engagement in einer Frühphase des Aufstands (*Bell.* 2, 520); da gab es offenbar nichts zu übertreiben. In *Bell.* 6, 356 erfahren wir von der Begnadigung dieser Adligen durch Titus, woraufhin sie sich als Geiseln mitnehmen lassen mussten.

schriftlich in die judäischen Belange einzumischen, und wir finden keinen Kommentar zu dem, was moderne Sympathie „die große Revolte" nennt. Hätte es einen gegeben, wäre er mit hoher Wahrscheinlichkeit den Christen in die Hände gefallen und zu Zwecken ihrer Polemik verwendet worden. Aber wir haben keinen. Ein Iason v. Kyrene (3.4.1) oder gar ein ägyptisch-jüdischer Propagandist wie der (oder die) hinter dem *3Makk.* (2.4.1) stehenden sind nach 70 nicht mehr aufgetreten, zumal Alexandriens Judenschaft alsbald ihren eigenen Untergang erfuhr.

Noch ein halbes Jahrtausend lang blieb in selbstgenügsamer Stille das, was wir hier „biblisches" Judentum nennen, für sich. Bezugspunkt bei dieser Benennung bei Mendels u. a. ist darum die Hebräische Bibel in denjenigen Bestandteilen, die dort bekannt gewesen sein müssen. Das war auf jeden Fall der *Nomos* auf Griechisch (die ursprüngliche Septuaginta), und er war es asbald auch als *Lex Mosis* auf Latein. Diese, samt der Weiterübersetzung anderer Septuaginta-Schriften über den Pentateuch hinaus, ist die christlicherseits so genannte *Vetus Latina* (s. u. 0.5.1). Als Gegenstück auf östlicher Seite, im Grundbestand wohl auch noch jüdisch, ist die Peschitta vergleichbar (0.5.2).

Das kulturelle Zentrum des Diasporajudentums vom Beginn der Tora-Übersetzung bis zu Philon und noch etwas darüber hinaus war Alexandrien, das wir wegen ungewöhnlicher literarischer Aktivität auch auf jüdischer Seite ausführlicher würdigen werden (0.3.2). Rom kommt literarisch erst durch Josephus, Antiochien erst durch das *4Makk.* (6.5.3) in den Blick. Was man sich in dem sehr schweigsamen Judentum Babyloniens dachte, ist hier nicht die Frage, denn es wäre nicht auf Griechisch geäußert worden. Immerhin wird sich noch zeigen, dass die „Jerusalemer Publizistik" nicht nur auf den Westen, sondern auch auf den Osten zielte; die Fragen und die Bedürfnisse waren offenbar ähnlich. Zwar wissen wir über die östliche Diaspora in vortalmudischer Zeit nur sehr wenig (Maier, *Zwischen* 178 f; Schürer/V. III, 5–10); doch war der Kontakt eng genug, dass ein so bedeutender Lehrer aus Zeiten des Zweiten Tempels wie Hillel aus Babylonien kommen konnte (jPes. 6,1), und als der Krieg gegen Rom tobte, versuchte Jerusalem, durch Gesandtschaften (πρεσβεῖαι) jenseits des Euphrat von dort Unterstützung zu kriegen – so lautet zumindest ein römischer Vorwurf (Josephus, *Bell.* 6, 343). Als i.J. 115 n.Chr., während eines Parther-Feldzugs Trajans, die Juden der Cyrenaika die Gelegenheit nützten zu einem (messianischen?) Aufstand, schlossen auch Ägyptens Juden sich an und schließlich auch die babylonischen (Schürer/V. I 529–532). Dieser „Krieg des Quietus", wie er in rabbinischen Quellen nach dem kommandoführenden General benannt ist, hat mit einem Sieg i.J. 117 eine für uns einschneidende Wirkung gehabt, nämlich die – zumindest kulturelle – Auslöschung des alexandrinischen Judentums (s. u. 0.3.2).

Für das sehr selbstständige, literarisch aber außer in Alexandrien wenig produktive Judentum der Mittelmeerwelt gibt es in antiker Literatur zahlreiche Erwähnungen und Darstellungen aus der Außensicht.[27] Was solche aus der Innensicht be-

---

[27] Die maßgebliche Textsammlung hierzu ist die von Stern, *Authors* (s. 0.9.1). Zur Selbstunterschei-

trifft, so gibt einiges an Inschriften[28] nebst den üblichen Symbolen einen gewissen Einblick in sein Brauchtum und seine religiösen Überzeugungen. Aus christlicher Zeit ist sodann, wenn der Eindruck nicht täuscht, einiges an Selbstdarstellung gegenüber der ihre Überlegenheit behauptenden Kirche auszumachen – nicht viel vielleicht, aber es ist in einer alles andere als schüchternen, sprachlich und literarisch sogar geschliffenen Form gehalten (6.5). Provoziert von christlicher Mission, war das „biblische" Judentum nicht so stumm, wie es sonst scheint.

Ein letzter Widerstand gegen die Einführung der Mischna und damit einer orientalischen Sprache im Westen ist uns in konstantinischer Zeit belegt.[29] Im Osten war längst der Talmud im Entstehen; der Westen hat literarisch nicht gegengehalten. Wir wissen überhaupt nur wenig darüber, welche Schriften man in Synagogengemeinden Roms oder gar Nordafrikas benutzte, und ob etwa das Werk des Iason v. Kyrene (3.4.1) in dessen Heimat gelesen wurde. Wir können uns nur mit der Annahme behelfen, dass die Vetus Latina, was auch immer im Einzelfall dazu gehört haben mag, jene Bibel des „biblischen" Judentums war, die dessen Zusammenhalt sicherte.

0.2.6 Was wir uns bei alledem versagen werden, einem Rat von Richard Bauckham folgend (Bauckham 178 f), ist, von „Judentümern" im Plural zu sprechen, auch wenn es im Moment modisch ist. Allen feststellbaren Verschiedenheiten voraus liegt ja doch ein „gemeinsames/gewöhnliches Judentum" (*common Judaism*), geeint durch seine Riten und Gebräuche, gruppiert um den (wenn auch umstrittenen) Tempel und selbst den Römern auffällig durch jährliches Steuernzahlen ebendorthin. Als „Sekte"[30] und als Judentum in der Sezession müssen lediglich, und in mancher Hinsicht, die **Essener** für sich genommen werden, deren Kalender und Riten von denen des Tempels abwichen. Sie werden aber innerhalb unseres Materials, abgesehen von 1.1 und 1.5, kaum eine Rolle spielen. Ihr Einfluss auf die griechischsprachige Welt beschränkt sich auf versprengte Nachrichten über ihre Eigenarten in Ketzerkatalogen und auf eine maßlos idealisierende Darstellung bei Philon v. a. in *De vita contemplativa*, worin die (wieder mal nur christliche) Rezeption das erste Kloster erblickte.

Kultisch separat, das aber durch Ausgrenzung seitens der Judäer (4Kön 17,24–41; *Sir.* 50,26; Josephus, *Ant.* 13, 275–283 usw.), waren die **Samaritaner**, die nur in der

---

dung des antiken Judentums von seiner Umwelt darf ich meinen literarischen Erstling nennen: „Gottesfürchtige und Sympathisanten", *JSJ* 4, 1973, 109–161. Das Gleiche kürzer bei Stern II S. 103–164, länger bei B. WANDER: *Gottesfürchtige und Sympathisanten* (WUNT 104), 1998.
28 Eine ungewöhnlich explizite sei genannt, die Grabinschrift der Regina, *CIJ* I Nr. 476 mit ihrer als *vera fides* bezeichneten Auferstehungshoffnung. Näheres in meinem Johannes-Kommentar (s. u. 0.9.5) 437 f.
29 Zu der bekannten Novelle 146 Justinians (vgl. Simon, *Verus Israel* 341–351) lässt sich beifügen, was uns über die Ablehnung der δευτερωταί (der Mischna-Autoren) seitens der Nazoräer gemeldet wird in Hieronymus' *Jesajakommentar*, MPL 24, 119 A und 336 C (zu Jes 8,11–15 bzw. 29,17–21), allerdings polemisch. Die Haltung des „biblischen" Judentums dürfte lange Zeit in stiller Ignorierung der rabbinischen Halacha bestanden haben.
30 Der rabb. Terminus, der aber erst später vorkommt, ist *min* „Verschiedenheit", zunächst meist das Judenchristentum treffend.

paganen Außensicht etwa eines Alexander Polyhistor auch als Judäer gelten konnten. Getrennt waren sie vom Judentum seit dem 3.Jh. v.Chr., und zwar ähnlich scharf, wie man sich im 2.Jh. n.Chr. von den Christen absetzte. Mit samaritanischen Autoren ist in unserem Material mitunter zu rechnen (3.3.1). – Soviel zu den Namen für Gruppierungen und Identitäten. Wir kehren zurück zur literarischen bzw. linguistischen Terminologie.

0.2.7 Autor eines Textes sei diejenige Person, welcher seine Gesamtkonzeption – sei es als Erzählverlauf,[31] sei es als argumentativer Längsfaden (sofern es einen gibt) – sich verdankt, je nach Textsorte. Manche Texte haben weder das eine noch das andere, sondern sind Sammlungen (von Weisheitssprüchen etwa); da wird dann die assoziative Ordnung als Argumentation gewertet, liefert aber, schwach wie sie ist, kaum Kohärenzkriterien. Autor soll jedenfalls diejenige Person sein, ob wir sie kennen oder nicht, auf welche die Gesamttendenz zurückgeht und die ihn im Großen und Ganzen – mit Ausnahme der Zitate natürlich, der ausgewiesenen und der unausgewiesenen – formuliert hat. Und selbst Zitate müssen ja von jemand gewählt worden sein. Mit Rücksicht auf das zu behandelnde Material formulieren wir hier absichtlich sehr weich; denn, wie gesagt, in semitischen Kulturen gibt es kaum Autoren als Individuum mit eigenem Namen. Selbst Dinge wie die Denkschrift Nehemias (Neh 1–7), zu schweigen von früheren Aufzeichnungen von Propheten (Jes 30,8; Jer 36,2), finden sich in größere, anonyme Zusammenhänge eingeschmolzen. Der in letzterem Zusammenhang namentlich hervortretende Sekretär Baruch wurde Namensgeber für eine Reihe von Schriften aus viel späterer, in mancher Hinsicht jedoch vergleichbarer Zeit. Ähnlich erging es dem persischen Staatssekretär und Wiederbegründer des Judentums nach dem Exil, Esra. Sich orientierend am Ideal der Prophetie, nahm man diese Männer als Schreiber, nicht Autoren, ihrer auf den Gott der Tora zurückzuführenden Botschaft. Nur in einem griechisch akkulturierten Judentum galt Mose auch als Autor und gab es Autoren neben – oder besser – nach ihm. Dass wir für das Buch des Ben Sira einen Autorennamen erfahren, sieht zunächst wie eine Ausnahme aus, natürlich in hellenistischer Zeit gelegen; sieht man jedoch näher hin (1.3.1), so war hier ursprünglich eine ganze Tradentenkette angegeben, und nur die Zitiergewohnheit verkürzt sie auf einen oder zwei Namen.

Wo die Zitate überwiegen, spricht man von einem **Kompilator.** Manche Schriften haben geradezu Listencharakter (8.1); da ist „Autor" zu viel gesagt. Lexika haben heutzutage „Herausgeber". – **Redaktor** oder Bearbeiter nennt man denjenigen, der einem Text seine letzte, uns materiell vorliegende Form gegeben hat,[32] bei welcher Gelegenheit die Gesamtabsicht und der Verwendungszweck sich durchaus gewandelt

---

[31] Auch „Intrige" genannt, engl. *plot* oder *story line*. In vielen Kulturen und Sprachen lässt sich allein schon nach dem Tempusgebrauch unterscheiden zwischen „narrativen" und „argumentativen" Texten bzw. inhaltsbezogen zwischen „erzählter" und „besprochener Welt" (Harald Weinrich).
[32] Nicht zu verwechseln mit dem Redakteur = Verfasser von Zeitungsartikeln. Im Französischen hingegen bedeutet *rédiger* „abfassen".

haben können. Beim Redigieren (Bearbeiten) von Texten ergeben sich Verlängerungen wie auch Kürzungen, meist ersteres. Dass von zwei alternativen Fassungen die kürzere die jüngere sein könnte und deswegen die längere mehr Beachtung verdient, ist in 1.2.1 so gut wie sicher; in Fällen wie 2.2.8 und 7.4.1 wird es weithin angenommen, weil dort der längere Text mehr Jüdisches bietet. Hierbei wäre freilich Acht zu geben auf Pseudo-Jüdisches, etwa die unten noch zu benennende Tempelromantik (0.6.6; betrifft 7.4.1). Wer verkürzt, tut es meist nicht nur um ein bisschen – es sei denn, er möchte Anstößiges zensieren (denkbar für 2.2.8) –, sondern stellt eine **Epitome** (ἐπιτομή) her, einen Extrakt des Wichtigsten, auch in der Absicht der Verkäuflichkeit des Produkts. So kann eine Mehrzahl von Buchrollen auf eine einzige reduziert werden (3.4.2).[33] Zusätzlich kann vorkommen, dass durch erneutes Redigieren solch ein Text dann wieder wächst (3.4.3).

Es gibt so etwas wie editorische Eingriffe, was unser Schrifttum betrifft, bereits in der Septuaginta, vorgenommen entweder anlässlich des Übersetzens oder auch später, bei Revisionen, die in der Philologie **Rezensionen** genannt werden.[34] Im Laufe diverser Veränderungen, insbes. solcher, die aus Geschichte Hagiographie machen, kann es vorkommen, dass ein Autorenwerk im Laufe der Bearbeitung(en) anonymisiert wird: 3.4.2–3.

Schwierigkeiten bereiten diese zunächst einleuchtenden Unterscheidungen bei solchen Texten, wo undeklariert zitiert oder vorliegendes paraphrasiert wird. Die Grundfrage der Einleitungswissenschaft: „Wer sagt hier was, und zu wem?" wird dann ein Vorstoß ins Ungewisse. Hier bestehen gleitende Übergänge, denen man nur mit Einzelnachweisen einigermaßen beikommt. In vielen Fällen sind solche Nachweise bereits geleistet worden, in anderen nicht; das hat einige Abschnitte des vorliegenden Buches länger werden lassen als andere.

---

33 Weitere Beispiele hierfür s. 2.1.5; 3.6.2 a; 6.1.2 b; 6.5.3 („Übersetzungen"), 7.1.2 B u. ö. Ein rein griechisches Beispiel aus dem Unterhaltungssektor ist der Roman *Anthea und Habrokomes (Ephesiaka)* des Xenophon v. Ephesus, ein schmales Bändchen, von dem wir aus der *Suda* wissen, dass es einst zehn Bücher waren.

34 Siegert, *Septuaginta* 287–340 („Übersetzen und Edieren"); vgl. 68–72.74.82–91.165–177. – Im Philologenlatein etwa der Teubner-Ausgaben meint *recensio* freilich keine verändernde Bearbeitung, sondern eine kritische Ausgabe mit reduziertem, ausgewähltem Apparat, eine *editio minor*. In diesem Sinne ist z. B. die zweibändige Septuaginta-Ausgabe von Rahlfs eine *recensio*. Das Fremdwort „Rezension" dagegen bezeichnet die Beurteilung eines veröffentlichten Buches. – Eine interkulturelle Differenz haftet desweiteren an dem Wort „Herausgeber": Im Deutschen bezeichnet es bei Textausgaben die Person, die die kritische Textherstellung (v. a. Überprüfung), z. B. eine *recensio*, geleistet hat oder aber, bei Sammelbänden, der die organisatorische Hauptleistung und inhaltliche Überwachung oblag, wohingegen *editor* in diversen modernen Sprachen der Verleger ist, noch moderner: der Verlag. Vorform des Verlegers in der Antike ist der Sponsor und Widmungsempfänger (Lk 1,3; Apg 1,1). Einen solchen kann das Werk des Aristobul (3.1.1) gehabt haben in Gestalt des dort angeredeten Ptolemaeos VI.

0.2.8 Literarkritik ist der Herkunftsnachweis solcher Textteile, von denen sich erkennen lässt, dass sie vorher schon formuliert waren. Gefragt ist hier, anders als im Bereich der Traditionsgeschichte, nach *schriftlich* Formuliertem. Entweder es lassen textinterne Merkmale erkennen, dass Schriftliches übernommen wurde – der einfachste Fall davon ist das ausdrückliche Zitat –, oder es existiert noch der frühere Text; aber das ist gerade im Bereich des griechischschreibenden Judentums fast nie der Fall, wo man noch nicht mal die früheren Autoren mit Namen nennt. Hier muss also konjektural gearbeitet werden, mag auch die Literarkritik im Bereich der Theologie momentan „schlechte Presse" haben (wir werden darauf zurückkommen). **Redaktionskritik** ist eine Spezialisierung der Literarkritik auf Fälle, wo ein Text überarbeitet scheint, ohne dass er durch mehrere Hände gegangen sein müsste. Der Einfachheit halber wird sie im Folgenden unter der Rubrik „Literarkritik" mit unterkommen.

Zwar werden die alten Theorien von Papier, Schere und Leim (einschließlich eines evtl. Windstoßes während einer Arbeitspause) heute mit Recht belächelt; seit Tiziano Dorandi (*Le stylet* 77–101) wissen wir hierüber mehr. Das Gängigste, wenn ein Text umgemodelt wurde, war das Neudiktieren anhand des alten Manuskripts, und da durchdringt sich Altes und Neues dann auf das Innigste. Eine Scheidung von Text-„Schichten" ist unter solchen Umständen nur anfangsweise möglich und funktioniert nicht flächendeckend; doch ist selbst der Versuch manchmal schon einleitungswissenschaftlich unumgänglich, und wäre es nur, um die Frage nach Alter und Herkunft eines Textes mit brauchbaren Antworten zu versehen. Ein Konvolut wie das noch von Charlesworth so genannte *Testament Adams* (6.3.4; 7.2.2) war einfach zu zerlegen und seine Bestandteile früheren Zwecken zuzuweisen. „Das" *Äthiopische Henochbuch* hingegen und „das" *2.Makkabäerbuch* sind schwierige Fälle (1.5.1–3 und 3.4.1–3), insbesondere letzteres, wo alle Veränderungen sich innerhalb derselben Sprache abspielten. Hier sind künftiger Forschung noch einige Fragen aufgegeben, und sie lassen sich immerhin genau stellen.

Das derzeit herrschende Vorurteil gegen Literarkritik kommt im Falle der Parabiblica schwerlich aus dogmatischer Ängstlichkeit (außer wo etwa gewisse religionsgeschichtliche Lieblingsgedanken geschützt werden müssen); es kommt jedoch aus schlechter Erfahrung mit dilettantischen Übertreibungen, die unter dieser Bezeichnung in den biblischen Disziplinen üblich waren und sich v. a. durch Ergebnislosigkeit unbeliebt machten.[35] Um es zeitkritisch zu sagen: Was an Literarkritik in alt- oder neutestamentlichen Pro- und Hauptseminaren des derzeitigen akademischen Lehrbetriebs geübt wird, sofern es überhaupt noch vorkommt, das ist, verglichen mit

---

35 Ganz neu ist dieser Zustand freilich nicht. Wer den Pfarrdienst von innen kennt, wird genug „biblische Besinnungen" auf Pfarrkonferenzen miterlebt haben, um zu beklagen, dass schon in der großen Zeit der Bultmann-Schule literarkritische Überlegungen zu biblischen Texten nur noch als Trockenübungen ohne nennenswertes Ergebnis bekannt waren. Er selbst, Bultmann, hat in seinem Johanneskommentar nur noch eine Zerlegung, keine Zusammenfügung des Joh zustande gebracht. – Dieses wird nachgeholt bei F. Siegert/S. Bergler: *Synopse der vorkanonischen Jesusüberlieferungen* (SIJD 8/1), 2010.

den Musterleistungen der Klassischen Philologie von einst, wie sie z. B. in Felix JACOBYS *Fragmenten der griechischen Historiker* niedergelegt sind,[36] nur noch ein kläglicher Rest, und er führt zu keinerlei praktischem Können. Mehr ist auch nicht zu erwarten angesichts des Umstands, dass diejenigen Griechischkenntnisse, die zur Zeit eines Jacoby oder – um Theologen zu nennen – Julius Wellhausen, Theodor Zahn oder Hans Lietzmann bereits aus dem Gymnasium mitgebracht wurden, nach heutigen Studienplänen noch nicht einmal in den Examenssemestern erreicht werden. Diejenige Vertrautheit mit der Klassischen Philologie, die man als Geisteswissenschaftler vor hundert Jahren vom Abitur her hatte, lässt sich dem Abgänger eines Griechischkurses heute nicht mehr abverlangen – nicht von den Studierenden und auch nicht von den Lehrenden. Man bekommt zwar im Studium gewohnheitsmäßig noch allerlei Entstehungshypothesen zum Pentateuch zu hören und auch solche über die Evangelien (bisher nur Teiltheorien, die sich widersprechen),[37] aber zu einer produktiven Anwendung der Literarkritik als Methode reicht das nicht. Ich würde aber auch keine Wette wagen, welche Apokryphen- oder Pseudepigraphenforscher außer denen, deren Material ohnehin fragmentarisch war (etwa Nikolaus Walter und Carl Holladay), die Bände von Jacoby schon von innen gesehen haben. Sie muten freilich an wie die Edition eines Papierkorbs, was sie in gewisser Weise ja auch sind, wie auf hebräisch-aramäischer Seite die Qumran-Ausgaben. Doch ließe sich gerade bei Jacoby nachvollziehen, wie Texte sich aus Texten zusammensetzen und wie die Grade von Sicherheit bei der Rekonstruktion unterschieden werden.

So hat denn Literarkritik, mit Verstand ausgeführt und mit der nötigen Übung, durchaus ein konstruktives Ziel. Konventionen, die während der Textweitergabe entstanden, wird sie notieren, wird sie aber nicht befolgen. So wird hier unter 2.3.2–4 ein alter, aber vergessener Zusammenhang der *Baruch-Apokalypse* mit dem *Baruch*-Buch der Septuaginta wieder herzustellen sein, über Kanonsgrenzen hinweg also, und ein verloren geglaubtes Produkt wie die Epitome der *Makkabäergeschichte* des Iason v. Kyrene wird wenigstens Umrisse bekommen und seinen eigenen Reiz zurückerhalten (3.4.2), auch wenn die einzig erhaltene Verarbeitungsstufe, das sog. *2.Makkabäerbuch*, dies nur unvollkommen zulässt. Mit Lücken und mit Unschärfen weiß die kritische Philologie durchaus umzugehen und wird sie jedenfalls nicht positivistisch oder integristisch überspielen.

---

36 1923 ff, unabgeschlossen (Jacoby starb 1959) und in Deutschland, aus dem er hatte emigrieren müssen, wohin er aber zurückgekehrt war, aufgegeben. Den Arbeiten von Schürer/V., Hengel und vielen anderen, auch den JSHRZ-Faszikeln von N. Walter und dem „Münsteraner" Josephus (0.9.1: *Josephus, Ursprünglichkeit*) liegen die Aufbereitungen der Texte durch Jacoby zugrunde. Leider bedarf es zur Benutzung der Geduld, da die Nummerierung der Bände nach dem Tode des Verfassers verwilderte. Einzelfaszikel eines Bd. IV, jeweils mit eigener Paginierung, sind in engl. Sprache erschienen. Auch dieses Unternehmen endet, ehe es fertig wird, im bibliographischen Chaos.
37 Eine Zusammenführung all dieser Hypothesen zu einem Gesamtstemma findet sich bei Siegert/ Wittkowsky, *Von der Zwei- zur Vier-Quellen-Hypothese*.

In diesem Zusammenhang sei ein Wort erlaubt zum Wert von **Konjekturen** (= gelehrten Vermutungen) auch im Detail. Der Integrismus und Biblizismus unserer Tage wehrt sie ab mit der Vorwurf: Alles nur Hypothesen! Als wäre es keine Hypothese, dass die in vorchristlicher Zeit nicht belegten *Bilderreden Henochs* mit ihrem himmlischen Messias der Forschung für jüdisch gelten, oder gar die *Geschichte der Aseneth* mit ihrer Sakramentsmystik! Die Mehrzahl der Texte, die hier behandelt werden, sind nur aus christlichem Gebrauch bekannt; es ist zunächst Hypothese, sie für jüdisch zu halten, so wie es Konjekturen sind, mit denen die christlichen Bestandteile aus Texten, die man für jüdisch hält, herausgestrichen werden. Die Mühe der Beweisführung nach Wahrscheinlichkeiten bleibt einem nicht erspart.

Was Konjekturen im engeren, textkritischen Sinne betrifft, nämlich verbessernde Eingriffe in den Urtext da, wo man sich sicher glaubt: Die wenigsten Benutzer der Rahlfsschen oder sonst einer Septuaginta sind sich bewusst, wie häufig dort ohne weitere Warnung Lesarten im Text stehen, die von keinem griechischen Manuskript geboten werden, sondern sonstwoher gewonnen sind – rückübersetzt oder überhaupt vermutet.[38] Solche Fälle erschließen sich nur bei sehr sorgfältigem Mitlesen des Apparats.[39]

0.2.9 Um fortzufahren mit der Terminologie: Unter **Intertextualität** versteht man alle Arten von Beziehungen zwischen Texten, und Literarkritik ist die Kunst, diese aufzuspüren.[40] Da sind nicht nur Zitate zu erkennen und nachzuweisen, sondern auch Bearbeitungsstufen ein- und desselben Textes zu unterscheiden, wo er denn hinter den Kohärenzerfordernissen der betr. Textsorte zurückbleibt und den Verdacht erweckt, „gestückelt" zu sein. Wichtig angesichts einer wachsenden Masse von „Parallelen", wie die Fachliteratur sie darbietet und wie sie anhand des *TLG* nach Belieben vermehrt werden können, bleibt die Frage, in welcher Richtung die Intertextualität verläuft. Ohne zeitliche Einordnung besagen die Parallelen weniger als sie könnten, und oft Falsches. Dazu muss man freilich das Alter der Texte entweder wissen oder schätzen, und man muss die innertextlichen Entstehungsverhältnisse im Blick behalten, beweisbare oder geschätzte. Aus den Ungewissheiten der Literarkritik kommt man hier nicht heraus, kommt vielmehr gefährlich nahe an einen logischen Zirkel. Doch ist die

---

38 Bis heute existiert keine durchgehende Liste der von Rahlfs oder den Bearbeitern der Göttinger Septuaginta aufgenommenen Konjekturen; man muss sie sich aus dem Apparat heraussuchen oder auch aus dem Kapitel von Siegfried Kreuzer in *Septuaginta deutsch.E* 103–142. Auch dort aber sind solche Konjekturen nicht erfasst, wo aus Tochterübersetzungen der Septuaginta rückübersetzt wird, etwa in der Datumsangabe von *2Makk.* 1,9b (LXX Göttingen: 1,10a).
39 Eine Teilstudie hierzu, etwa ein Drittel der Septuaginta abdeckend, ist F. SIEGERT: „Kanonischer oder rekonstruierter Text? Zur Handhabung der Konjekturen in der Septuaginta deutsch", in: Caulley/Lichentberger, *Die Septuaginta und das frühe Christentum* 66–84. Bis heute gibt es keine fortlaufende Liste der Konjekturen, die Rahlfs in seinem Text hat, vgl. vorige Anm.
40 Sie hat also in unserem Zusammenhang nichts oder nur wenig mit Ästhetik zu tun und liefert keine Rezensionen („Literaturkritik"), auch wenn Gérard Genette, ein Literaturtheoretiker, es ist, der den Begriff „Intertextualität" aufgebracht hat.

Philologie in dieser Hinsicht Kummer gewöhnt; sie arbeitet schon immer mit größeren und kleineren Zirkeln und prüft wieder und wieder deren Zusammenspiel. Sicherheit liefert immer erst der Anhalt an der bekannten, belegten Geschichte.

0.2.10 Unerlässlich für die Datierung und für die Zuweisung zu Zielgruppen ist die genaue Kenntnis des Sprachgebrauchs. Um bei der Intertextualität zu bleiben: Der Grad an Wörtlichkeit, womit antike Autoren Gelesenes zitieren, kann in der Regel an den dabei gebrauchten Formeln abgelesen werden, zumindest im Griechischen.[41] „Wie N. sagt" lässt nur ein **Referat** erwarten mit freier, oft verkürzender Wortwahl. Wörtliches ist erst zu erwarten, wenn es heißt: „Wie N. wörtlich sagt" o. ä. Da folgt dann – zumal bei dem hier sehr wichtigen Eusebios – ein **Zitat** im heutigen Sinne.

In der folgenden Übersicht wird nur Weniges an inhaltlichen oder sprachlichen **Parallelen** erwähnt werden, und zwar besonders das, was Rückschlüsse auf die Richtung der Intertextualität zulässt. Wo es schien, dass eine Schrift auf Fragen einer anderen geradezu antwortet, wird dies dargestellt und wird als Kriterium der Einordnung genutzt. Im Übrigen stehen die unter „Anmerkungen", „Kommentar" o. ä. genannten Werke der Parallelensuche zur Verfügung. Zusätzlich sind oftmals Louis Ginzbergs sechs Bände *Legends of the Jews* erwähnt, schon weil sie das Vor- oder Nichtrabbinische mit berücksichtigen, sonst aber als Einblick in die zu unseren Schriften parallele, meist freilich jüngere rabbinische Tradition. Ausdrücklich verwiesen sei auf den siebten Band, ein ausführliches Register.[42]

Quelle ist ein Text, der in einem Folgetext wörtlich oder annähernd wörtlich wiederkehrt. Es gibt mündliche und schriftliche Quellen. Mit **Vorlage** ist ein schriftlicher Text gemeint, der im Folgetext verarbeitet wird, ohne Wiederholung des Wortlauts: Hier kann es sich um einen Übersetzungs- oder einen Bearbeitungsvorgang handeln oder um beides. So dürften diverse hebräische und aramäische Texte (1.7.1) die Vorlage gewesen sein für das griechische *Baruch*-Buch der Septuaginta (2.5.4). Von einer **Vorstufe** spricht man, wenn verschiedene Bearbeitungsstufen eines Textes einander folgen, wie in 1.5.1–3 und 3.4.1–3 zu beobachten sein wird.[43]

0.2.11 Titel einer Schrift (stets in *Kursive* gegeben) ist das, womit man sie zitiert, heute zumindest, und hier liegt schon ein Problem. Der Titel in den Handschriften kann sich

---

41 Grundsätzliches und Lit. zu dieser Frage s. Siegert, „Einleitung" 20–23: „Zur Feststellung von Wörtlichkeit und Echtheit".
42 Dort insbes. auf das Stellenregister, wovon die S. 529–541.550 f.586 die hier behandelte Literatur betreffen, von mir unbenutzt. Dieses könnte zum Auffüllen der Rubrik „Nachwirkung" konsultiert werden.
43 Das Wort „Vorbild" hingegen gebraucht man besser von Personen. Im Folgenden wird es vermieden, wie auch das Wort „Modell", worunter unterschiedliche Sprachen, obwohl sie es gemeinsam haben, unterschiedliches verstehen. Im Deutschen denkt man an ein Abbildverhältnis („Modelleisenbahn"), im Französischen und Englischen eher an ein Vorbildverhältnis.

davon unterscheiden, schon der Sprache wegen,[44] und wird jedenfalls separat erfragt; in vielen Ausgaben, zumal wenn sie nur eine Übersetzung bieten, wird man da rasch allein gelassen. Man versuche nur einmal, herauszufinden, wie lange die *Psalmen Salomos* schon so heißen, und wird es unerwartet schwer finden. Selbst die griechische Fassung trägt diesen Titel erst seit der Spätantike. Und wer sagt uns schon, dass die sog. *Vitae prophetarum* in keinem einzigen Manuskript so heißen? und dass der *Liber Antiquitatum Biblicarum* (der Titel schon ist Philologenlatein), den man, um Silben zu sparen, „Pseudo-Philon" nennt, in keinem einzigen Manuskript für philonisch ausgegeben wird (1.1.2)? Dann wird es wohl ratsam sein, es auch hier nicht zu tun und vor allem nicht von „dem" Pseudo-Philon zu sprechen, zumal es inzwischen mindestens einen mehr gibt, und nur dieser ist ein hellenistisch-jüdischer Autor (2.3.3). Wenn man's bedenkt, so können doch Titel wie *2.Makkabäerbuch* oder *4.Esra* nicht original sein. Sie verdanken sich der Einreihung der betr. Schrift in einen größeren Codex und verraten schon damit die Indienstnahme für einen späteren und in aller Regel christlichen Zweck. Die Kirche ist es, die sich von vorherein der Codex-Form bedient hat, auch und gerade für ihre heiligen Schriften (vgl. Siegert, Septuaginta 92–95), und damit auch mehrere solche Schriften zwischen zwei Buchdeckel nahm. So ist denn die Frage nach der ursprünglichen oder jedenfalls vorkirchlichen Benennung der Texte sehr geeignet, bewusst zu machen, wie alt oder jung die Konventionen sind, die unsere Wahrnehmung bestimmen.

Das gilt auch und gerade für solche Texte, die als „Apokrypha" im Laufe der Zeit Bestandteil christlicher Bibeln wurden. Ältere, vorkanonische Titel zu ermitteln, die diese Bücher je einzeln gehabt haben müssen, ist vielleicht schwierig und wenig üblich, aber es ist lohnend und ergibt Hinweise auf Übermittlungswege, die den großen christlichen Bibelcodices des 5.Jh. vorausliegen. Ein Paradebeispiel ist das *Baruch*-Buch. Hier ist, geht man nach der syrischen Überlieferung, ein Teil der Überschrift weggelassen und eine Zugehörigkeit zur *Baruch-Apokalypse* aufgelöst worden, um die Einfügung in ein Corpus von nunmehr biblischen Jeremia-Schriften zu erleichtern (2.5.4). Gewiss, Überschriften können sekundär sein, den Manuskripten bereits nachträglich zugesetzt, und sind es wohl auch in der Mehrzahl der Fälle. Das ist jedoch kein Grund, sich gar nicht um sie zu kümmern, wie im eben gegebenen Beispiel die konsultierte Sekundärliteratur erwies. Alte Titel bieten die Chance einer Auskunft aus Zeiten, die früher liegen als die kirchliche Rezeption der betr. jüdischen Schriften. Die Septuaginta insgesamt ist in Reihenfolge und Titelgebung der Schriften das Dokument einer kirchlichen Rezeption.

An einem weiteren Beispiel, dem *Brief Jeremias* (2.1.8), lässt sich studieren, wie zunächst aus den Anfangszeilen eines Textes ein Kurztitel extrahiert werden konnte.

---

44 Für Zwecke der Katalogisierung werden auch heute noch lateinische Titelübersetzungen bevorzugt, um eine gemeinsame Sprache zu haben, die auch Altes erfasst, und weil diese Konvention mit dem lateinischen Alphabet am besten übereinkommt (keine Sonderzeichen). Das führt bei der Unterscheidung diverser Joseph-Erzählungen auch heute noch zu lateinischen Titelvorschlägen (z.B. in 2.2.3).

An einer Nebenüberlieferung, die älter ist als die großen ägyptischen Codices, nämlich einem unlängst edierten koptischen Papyrus, sieht man noch: Hier beginnt diese Epistel titellos mit ihrem **Präskript** und hat „Der Brief Jeremias" nur als Schlusstitel. Erst in den großen Codices wird daraus ein Anfangstitel. Gleiches wird man aufgrund dessen für *Tobit, Judith* u. a. annehmen dürfen. Auch *Susanna* ist erst sekundär ein Teil des *Daniel*-Buchs geworden. – Ein anderes Beispiel für „nach vorn" wachsende Textanfänge bieten die *Bilderreden Henochs* (1.5.3 b) mit ihren mehrfach wechselnden Titel- und Textsortenangaben zu Beginn, wechselnde Benutzerinteressen anzeigend.

Titel (*tituli*) waren einst angehängte Zettel, von den waagrecht gelagerten Papyrusrollen herabhängend, mit der Funktion dessen, was bei den nachmaligen Codices das Rückenschild wurde und bei den Druckausgaben – mit neuen Erweiterungen – das Titelblatt.[45] Ihre Beschriftung war einst Sache des Buchhändlers oder gar erst des Käufers. So findet sich in dem Material des Abschn. 3 fast stereotyp: Περὶ Ἰουδαίων, was kein individueller Buchtitel war, sondern ein Schlagwort[46] für inhaltlich Vergleichbares. Doch war bei solchen *tituli* immerhin die Angabe des Autors üblich (dem Schlagwort vorgesetzt, im Genitiv) zur Unterscheidung inhaltlich vergleichbarer Bücher. In Codex-Zeiten, wo mehrere Rollen in einen Codex eingingen, wurden *tituli* eher Schluss- als Anfangstitel. Daneben dürfte die Funktion eines Buchtitels von dem ausgefüllt worden sein, was wir hier „Vorspann" nennen oder „Präskript". Die Chance, dass dieses vom Autor kommt, ist höher als bei den Titeln.

Was man erst merken wird, wenn man antike Texte sich in Form einer Codex-Kopie vorlegen lässt, ist folgendes: Die meisten Handschriften sind nicht nur um Jahrhunderte jünger als die Texte, die sie wiedergeben, sondern es sind auch Miszellaneen, also Sammelhandschriften, zuallermeist ohne Ordnung.[47] Schon beim Umschreiben von Rollen in Codices – die Christen verwendeten von Anfang an die Codexform – fand mehreres hintereinander Platz. Der Zufall dessen, was da in engere Nachbarschaft geriet, bestimmte in der Folgezeit oftmals die Namensgebung und beeinflusst auch die Wiedergabe im Zeitalter der Drucke, ja des Internet. Was uns als *Testament Adams* noch in den modernsten Wiedergaben angeboten wird, ist eine Montage aus mehreren sehr verschiedenen Texten (hier 6.3.4 und 7.2.2). So ist es nicht die Ausnahme, sondern die

---

45 Erschöpfende Auskunft über das Technische antiker Buchproduktion und -verbreitung bietet Dorandi: *Le stylet* (0.9.5). Details, auf das NT bezogen, zu Überschriften, *tituli* und dergleichen bei M. HENGEL: *Die vier Evangelien und das eine Evangelium von Jesus Christus* (WUNT 224), 2008, 87–95. Noch heute ist es so, dass die Titel von Büchern in letzter Instanz vom Verlag gewählt werden, nicht vom Autor.
46 „Schlagwort" ist ein vom Benutzer (z. B. Bibliothekar) gewählter Kurzausdruck für den Inhalt, „Stichwort" hingegen ein aus gegebenem Text zitiertes Einzelwort. Darum sind Schlagwortkataloge etwas anderes als solche, die nur auf Stichworte reagieren. Die *Pinakes* des Kallimachos waren ein Schlagwortkatalog, alphabetisch dann auch die Autoren aufführend, übrigens damals schon mit beigefügten Anfangsworten der Werke zum Zweck ihrer sicheren Identifizierung.
47 So meine Erfahrung, geschildert in *Josephus, Ursprünglichkeit* Bd. 2, S. 9.21.34–39 am Beispiel von Josephus-Handschriften. Das Gleiche ist, was Albert-Marie Denis (S. 14–16) beim Überprüfen von Manuskripten für seine Edition der griechischen Reste von *1Hen.* (1.5.2) widerfuhr.

Regel. Gar rasch aber, zumal wenn eine Druckausgabe dem Gegebenen einfach nur folgt, wird aus Schreiberentscheidungen oder aus puren Zufällen eine Konvention, und man zitiert fortan „das" *Testament Adams* usw.

Hinter solche Verklammerungen geht die Einleitungswissenschaft zurück; sie widersteht der Suggestion gebundener Bücher. Ab wann ist das *4Makk.* ein „viertes" Makkabäerbuch? Doch wohl erst seit seiner Zusammenstellung mit drei anderen. Und wer sagt, dass sie alle jüdisch seien von vorn bis hinten? Die Buchdeckel der Septuaginta-Codices und der Ausgaben garantieren es uns nicht, zumal die Schöpfer des Septuaginta-Kanons Christen waren (0.1.3). Ihrer keiner hatte historisch-kritische Schulung; man lehnte deren Fragen vielmehr ab (Origenes gegen Porphyrios). Schon Philon, das Vorbild so vieler kirchlicher Exegeten, hat die kritische Philologie des alexandrinischen Museons zwar gekannt, hat sie aber nicht auf sein heiliges Buch, die Moseschriften, angewendet, jedenfalls nicht in kritischem Sinn.[48]

Die Reihe der möglichen Veränderungen gerade am Anfang eines handgeschriebenen Buches kann lang sein. Nicht immer lässt sie sich so weit verfolgen wie bei der *Esra-Apk.* (2.5.1), wo sich die Verhältnisse folgendermaßen rekonstruieren lassen:

Original: vom Autor gewollter Titel (ggf. im Textanfang verankert); *Anochi Šᵉaltiʼel*
↓ die Hinweise im Präskript oder in den Anfangsworten können hierbei ausführlicher sein;
Übersetzung: transkribierter oder übersetzter Titel, ΣΑΑΛΘΙΗΛ ΕΣΔΡΑΣ
↓ *titulus* außen und Schlusstitel innen evtl. verschieden;
Abschrift(en) auf eine Rolle: Zusatz eines (gewussten oder vermuteten) Autornamens, Verschreibung,
↓ dies evtl. zunächst nur auf dem *titulus;* ΣΑΛΑΘΙΗΛ ΕΣΔΡΑΣ
Übertragung in einen Codex: Anfangs- und Schlusstitel,
↓ bei fehlendem Autornamen, aber gleichen Titeln: Nummerierung; *liber Ezrae prophetae secundus*
Titel in der ersten Druckausgabe (im gegebenen Beispiel ein erweiterter Text);
↓ spätestens hier kommt ein lat. Titelvorschlag ins Spiel. *liber quartus Esdrae*
Konventionstitel in Sammlungen von Parabiblica; *Esra-Apokalypse* (u. a.)
  hier können erneut Nummern ins Spiel kommen, bis „6." *Esra.*

Einzig sicher für die Identifikation antiker Texte deshalb ist nichts von alledem, sondern es sind die Textanfänge und -schlüsse, dies freilich immer noch vorbehaltlich unterschiedlicher Bearbeitung; doch sind gerade Textanfänge das Robusteste: Es müsste einer schon sehr schlecht gewählt sein, um durch einen besseren ersetzt werden zu können. Vorbauten sind leichter. Als **Textanfang** gelten diejenigen Worte, mit denen der kontinuierliche Text einsetzt, also der narrative oder diskursive Gedankengang (s. o. 0.2.7, Anfang). Spätestens hier ist mit den Worten des Autors zu rechnen. Weniger sicher, aber doch notierenswert ist der **Textschluss**; deren kann es nämlich bei mehreren Bearbeitungsstufen mehrere geben (z. B. 2.2.2). Textanfänge und -schlüsse zu den Parabiblica verzeichnet das allein deswegen schon unersetzliche

---

[48] F. SIEGERT: „Philon et la philologie alexandrine. Aux origines du fondamentalisme chrétien", in: S. INOWLOCKI/B. DECHARNEUX (Hg.): *Philon d'Alexandrie. Un penseur à l'intersection des cultures gréco-romaine, orientale, juive et chrétienne* (Monothéismes et Philosophie), 2011, 393–402.

Repertorium von Stegmüller; in protestantischer Forschung blieb dieses zufällig in Madrid veröffentlichte Werk unbegreiflicherweise unbenutzt. Für das nach 1940 Publizierte ist das vorliegende Buch auf seine Weise eine Fortsetzung „des" Stegmüller.

0.2.12 Der hier angelegte Begriff von **Text** ist der der Linguistik, die damit eine selbstständig verwendbare sprachliche Mitteilungseinheit meint; in diesem Sinne gibt es auch mündliche Texte. Ein Problem für sich, worauf wir uns rein sprachlich schon gefasst gemacht haben, ist hierbei der Übergang von der **Mündlichkeit** zur **Schriftlichkeit**. In umgekehrter Blickrichtung bezeichnet, ist es die Intertextualität zurück zu etwas uns nicht mehr Fassbarem. Was wir aus der Antike schriftlich haben, ist ja nur ein Ausschnitt aus all dem, was man sich so dachte und sagte, und so wird denn für möglich gehalten, dass selbst ein im Hochmittelalter erst greifbarer Text[49] noch etwas festhält, was zufällig nie geschrieben, wohl aber im Gedächtnis geblieben war. Das *kann* auch jüdischer Traditionsstoff sein, wobei dann allerdings die Annahme mündlicher Kommunikation zwischen Juden und Christen, was Glaubensdinge angeht, wenig für sich hat – selbst wenn man berücksichtigt, dass in niederen Bevölkerungsschichten die Abgrenzungen geringer waren; aber da war auch das Wissen geringer. Grundsätzlich aber gilt: In der gesamten Antike geschah die Weitergabe von Texten und Ideen vor allem mündlich; Schriftlichkeit war die Ausnahme, war ja auch mühsam und teuer.[50] – Der andere Begriff von „Text" als autoritativer Verlautbarung, die (in der westlichen Welt von heute) schriftlich festgelegt sein muss („Gesetzestext", „Perikopentext"), wird hier nicht gebraucht; auch muss es kein literarischer Text sein. Der Begriff der narrativen oder logischen **Kohärenz** (Geschlossenheit, Schlüssigkeit) des Textes wird unterschiedlich streng gehandhabt werden, je nach Textsorte, und wird eines der Kriterien für die Integrität des Textes abgeben.

Der Ausdruck **Textsorte** (Texttyp), den wir nun schon mehrmals gebraucht haben, meint dasselbe wie „(literarische) Form" oder „Gattung"; früher sagte man: „Genre" (*genre littéraire*). Gehen wir nach dem linguistischen Textbegriff, gehorchen auch mündliche Äußerungen gewissen Formgesetzen, bilden also Textsorten, und natürlich kann eine Textsorte A eine andere Textsorte B in sich aufnehmen („einbetten"), auch wiederholt, sodass man hier nicht vor Entscheidungsfragen steht, sondern mit Hilfe mehrerer Termini die Komplexität von Texten beschreiben kann. Günstig ist hierbei freilich, wenn eine bestimmte Textsorte für das Gesamtgebilde benannt werden kann, ehe auf dessen Teile eingegangen wird.[51] Grenzfälle werden dabei umso sichtbarer. Ein

---

49 Beispiele bietet v. a. Abschnitt 8.
50 Billig waren nur Wachstäfelchen und Ostraka (für Kurznotizen); Papyrus hingegen, ein raffiniert hergestellter Exportartikel ägyptischer Monopole, war teuer. Judäisches Autarkiebestreben bediente sich im Falle der Qumran-Schriften fast ausschließlich des einheimischen Leders, also einer Vorform des Pergaments.
51 Eine nähere Analyse wird hierbei zu „hierarchisierten" Angaben gelangen: Trägt die Erzählung die Dialoge oder müssen – wie in zahlreichen Apokalypsen – die Offenbarungsdialoge (auch eine Textsorte) den dürftigen narrativen Rahmen rechtfertigen, der sie einleitet und die Anfangs- und

Gebilde wie der *Brief des Aristaeos an Philokrates* (4.1) ist trotz seines Titels kaum ein Brief, sondern es ist ein Omnibus aus allem Möglichen; da wird die Beschreibung mehrere Worte brauchen. Man war ja im Judentum an die literarischen Konventionen der hellenistischen Kultur nicht gebunden, außer man wollte mit ihr kommunizieren. – Dienlich als Termini sind hier insbesondere die vom Griechentum selbst herkommenden Bezeichnungen, zu ergänzen aus moderneren, kulturübergreifenden bis hin zu denen der heutigen Linguistik.

Die wichtigste Unterscheidung, was Textsorten betrifft, ist die zwischen den erzählenden (narrativen) und den argumentierenden (diskursiven). Nicht wenige von ihnen lassen sich mit Begriffen aus der Antike benennen, was ggf. umso günstiger ist, als Autoren wie Aristoteles u. a. uns dann öfters auch die Regeln mitteilen, nach welchen man sich dieser Textsorten bediente; das war Teil des Rhetorikunterrichts. Weitere Termini werden zusätzlich aus rabbinischer Tradition entlehnt (etwa „Midrasch") und nunmehr v. a. aus der Linguistik. Die Absicht ist, hinauszukommen über die völlig unzureichende Terminologie der JSHRZ-Titelblätter. Diese hatte noch nicht einmal Rücksicht darauf genommen, ob die Textsorte einer gegebenen Schrift der hebräischen oder einer anderen Kultur angehört. Letztere Möglichkeit blieb außer Betracht offenbar aufgrund der damals (die Reihe begann 1973) noch gängigen Annahme, es sei doch alles mehr oder weniger aus dem Hebräischen übersetzt.

Eine Textsorte zu benennen, grenzt auch schon ein, was sich formal wie inhaltlich erwarten lässt. Wenn der *Brief Jeremias* die Form von Jer 29 (Brief) mit dem Inhalt von Jer 10 verbindet (Götzenpolemik), so verwundert es dann nicht mehr, dass die Botenformel („So spricht JHWH"), die in Jer 29 ab V. 8 mehrfach gebraucht wird, im *Brief Jeremias* nicht wiederkehrt: In einem Brief ist sie nicht am Platze, sondern gehört in das mündliche Auftreten eines Propheten. Das führt sogar zu der rückwirkenden Beobachtung, dass in Jer 29 (der biblischen Vorlage) mit V. 7 der Brief zu Ende ist; V. 8 ff sind Prophetien, in diesem Fall schriftlich imitierte.

0.2.13 Hier ist nicht der Platz und auch nicht die Notwendigkeit, alle in der Rubrik „Textsorte" gebrauchten Termini zu definieren. Nur zu der wichtigen Gattung **Apokalypse** ist eine Bemerkung nötig. Geht man nach den Belegen, so war die neutestamentliche *Apokalypse des Johannes* offenbar namengebend für diese ganze Textgattung. Doch ist die Forschung sich einig, den Ausdruck auch rückwirkend zu verwenden, wobei man bis zu Hag/Sach, ja bis zu Ez 1–2 und 10 zurückgehen kann, auch zu den zugesetzten (und undatierbaren) Kapiteln Jes 24–27.[52] Wichtig, und in seinen Hauptbestandteilen vor-danielisch, ist das *Henoch*-Buch (hier: 1.5.1–2). Für eine Definition vgl. z. B. Kurt Rudolph in seinem Resümee bei Hellholm, *Apocalypticism* 783

Schlusssignale abgibt? Zur formalen Analyse kommen Gewichtungen. Doch wird in der vorliegenden Übersicht selten so weit gegangen.

52 A. Kulik: „Genre without a name: Was there a Hebrew term for 'apocalypse'?" *JSJ* 40, 2009 540–550 (Antwort: nein). Ein semitisches Wort für diese Art von Mitteilungen ist am ehesten das aram. *raz* („Himmels-) Geheimnis"; gr. wiedergegeben mit μυστήριον (z. B. Mk 4,11; Röm 11,25; pluralisch Q 8,10).

oder, vielleicht noch deutlicher, John COLLINS (Hg.): *Apocalypse. The Morphology of a Genre* (Semeia 14), 1979, bes. S. 9, zitiert auch bei Stone, *Writings* 393:

> 'Apocalypse' is a genre of revelatory literature with a narrative framework, in which a revelation is mediated by an otherworldly being to a human recipient, disclosing a transcendent reality which is both temporal, insofar as it envisages eschatological salvation, and spatial insofar as it involves another, supernatural world.

So wird definiert im Sinne des Anspruchs dieser Bücher, den zu prüfen freilich nicht Sache der Philologie ist. Angesichts der viel diskutierten Frage, ob Apokalypsen mit prophetischen Büchern oder mit Weisheitsliteratur eher vergleichbar seien, hat Michael Stone (*Studies* 194 f) 1978 auf ein Drittes hingewiesen: Es gibt Literatur, die sich kommentierend zum Zeitgeschehen verhält und aus einer sakralen Erlebniswelt heraus Allegorien entwickelt, um in dieses einzuwirken. Das gilt gerade für die Apokalyptik, *ehe* sie so hieß. Und als dann der „Seher von Patmos" *Apokalypsis* auf sein Buch setzte, war es auch im Christentum so: Das Buch war ein Protest gegen die für diesen Autor skandalöse Religionspolitik Hadrians.[53] Ältere, nun bereits christliche Texte sind hier eingeflossen; wir wissen aber nicht, wie sie hießen.[54] Genau zur selben Zeit, um 100, entstanden auf jüdischer und/oder judenchristlicher Seite die *Esra-* und die *Baruch-Apokalypse,* denen wir eine eigene Einleitung noch vorausschicken werden (2.5.0). – Bei späteren Apokalypsen verschwimmt die Wirkabsicht mehr und mehr, und man vertröstet sich auf Himmlisches; dafür gilt dann die nachstehend noch zu erläuternde Bezeichnung „Himmelsreise".

Bei Schürer/Vermes 240 – 244 wird als erste Apokalypse im vollen Sinne erst *Daniel* geführt, wegen der voll ausgebildeten Rahmenerzählung.[55] Verschiedene vormals eigenständige Textsorten finden sich damit kombiniert, darunter bes. das prophetische Unheilsorakel. Außerbiblische Einflüsse formaler wie inhaltlicher Art – persische, ägyptische, auch griechische – werden von der Forschung bereitwillig wahrgenommen.[56] Das bei Schürer/V. erst im Anschluss daran behandelte *Henoch*-Buch ist jedoch in seinem Grundbestand eindeutig das ältere, wie gesagt. Blicken wir auf den Titel, so

---

[53] Detaillierte Nachweise bei Witulski, *Die Johannesoffenbarung und Kaiser Hadrian.*
[54] Wittkowsky, *Den Heiden* 146 – 165 nennt diese auch bei Lk schon verwendeten Stücke „Proto-Apk".
[55] Der autobiographische Rahmen hat ältere Vorbilder: Ez 1 ff; 10; Sach 1,8 ff. So wächst die Apokalyptik aus den Großen wie Kleinen Propheten heraus. Vgl. Bauckham 39 – 64 („The rise of apocalyptic" [1987]) und als Studie zu den Hauptthemen dieser Literatur dens.: „Covenant, Law and salvation in the Jewish apocalypses" (2001), ebd. 269 – 323. Unüberschaubar ist die Menge christlicher Apokalypsen, die zwischen 200 und 1000 datiert werden (ebd. 119); vgl. unten 7.4.8 zu den nach Daniel benannten.
[56] Ein nun schon alter, in seiner Reichhaltigkeit aber kaum zu überbietender Überblick ist in Hellholm, *Apocalypticism* geboten, aus der Arbeit von nicht weniger als 38 Autoren. Zum persischen Vier-Reiche-Schema bei Hesiod und im *Daniel*-Buch s. z. B. G. WIDENGREN ebd. 151 – 154. Zu ägyptischer Apokalyptik s. u. 5.3.1 Anm. 21 und 7.4.7 b (Lit.); ferner M. WITTE/J. DIEHL (Übers., Komm.): *Orakel und Gebete* (FAT 2/38), 2009; F. HOFFMANN/J. QUACK (Übers., Hg.): *Anthologie der demotischen Literatur,* 2007.

hat es im Äthiopischen (nur da ist der Textanfang erhalten) zwar auch noch nicht den Titel „Apokalypse", beginnt vielmehr mit „Der Segen Henochs". Doch immerhin besitzen wir von der griechischen Fassung, woraus die äthiopische übersetzt ist, bereits den Folgevers (1,2), und dort ist die Rede von einer ὅρασις ἐκ θεοῦ (äth. dann: „Vision aus dem Himmel"), womit wenigstens ein Synonym an prominenter Stelle im Text verankert ist: „Vision". Das ist schon fast eine Textsortenbezeichnung (natürlich keine aus der griechischen Grammatik); vgl. Dan 8,1 und sodann, aber redaktionell, die von 1–12 nummerierten ὅρασις-Überschriften in der Textmontage Sus.-Dan.-Bel, wie die sog. Theodotion-Ausgabe sie bietet. Zum Offenbarungsanspruch, der sich damit verbindet, s.u. 0.7.3–4.

Von der Gattung „Apokalypse" wird eine andere, mit den Henochschriften einsetzende Untergattung gelegentlich unterschieden: die **Himmelsreise** in jenem Sinne, in welchem die Religionswissenschaft seit Wilhelm Bousset von einer „Himmelsreise der Seele" spricht.[57] Diese Bezeichnung hat für moderne Leser den Reiz, dass sie zu einer psychologischen Auffassung einlädt, nicht zu einer kosmologischen (die hoffnungslos veraltet sein müsste). Erlebnisse wie das von Paulus in 1Kor 12,2–4 angedeutete werden ausgebreitet – je mehr, so ist zu vermuten, umso imitierter – und dienen als Rahmenerzählung für einen Inhalt, der in der Regel weniger die Zukunft betrifft und vielleicht auch gar nichts Irdisches mehr, sondern Überirdisches, eben die Himmel, und wie immer man sich den Weg ins Jenseits denkt. Schon Spinoza (*Tractatus* 2,20–24.42f) hat bemerkt und wagte zu sagen, dass Visionen, auch die biblischen, sich aus mitgebrachten Vorstellungen speisen. Im Hinblick auf die Unterschiedlichkeit der Himmelseinblicke von Jes 6 und Ez 1–2 z.B. sagt er: „Jeder sah Gott so, wie er ihn sich vorstellte". Wer wüsste es anders, und welche Kirchenlehre verlangte hier, mehr zu glauben?

Wir geraten damit in die Grauzone des Vorgestellten. Doch sofern dieses Text wird, kann eine Wissenschaft sich damit befassen. Bekannt und bei Denis z.B. verwendet ist der Unterschied zwischen „historischer" – will sagen: zeitbezogener – und „kosmischer" Apokalypse. Die erstere Sorte ist die ältere, der alttestamentlichen Prophetie nähere. In letzterer muss heutige Lektüre sich damit abfinden, dass zwischen „Himmel" i.S.v. *heaven* und dem astronomischen Himmel i.S.v. *sky* nicht unterschieden

---

[57] W. Bousset: „Die Himmelsreise der Seele", ARW 4, 1901, 136–169.229–273 (auch Separatdruck 1960). Aus neuerer Lit. vgl. Collins/Fishbane, *Death*, auch Bernstein, *Hell*; Neutestamentliches: Heininger, *Paulus*; Malina, *Revelation* – um nur einiges bei DiTommaso nicht Erfasste zu nennen. Klassisch für die Vorstellung einer Himmelsreise ist einerseits die Entrückung des Elia 4Kön 2, andrerseits die des Parmenides (Frg. 1 = Z. 1–32), wo der Philosoph sich in einem Wagen, an dem immerhin die Achsen glühen, zur Göttin der Erkenntnis (Athene) emportragen lässt (Heininger, *Paulus* 102–104) – beides noch ohne Verwendung des Begriffs „Seele". Dieser wird dann zentral in der Erzählung des Er in Platons *Staat* 614 A ff (dazu z.B. Heininger 99.106–108), von Plutarch verstärkt in der Erzählung des Thespesios in *De sera numinis vindicta* 563 B ff. Lateinisch vgl. den *Traum Scipios* in Cicero, *De re publica* 6, 9–26 (Heininger 107f; dort 108–110 über „Die Karikatur der Himmelsreise" bei Lukian).

wird;⁵⁸ auch ist vom astronomischen Wissen der Antike nur das Wenigste in diesen Texten wiederzufinden. Von solchen „Himmelsreisen", die nach der Rückkehr berichtet werden, lässt sich „Himmelfahrt" (lat. *assumptio*, „Aufnahme", und nur für Christus *ascensio*, „Aufstieg") unterscheiden als ein Weg ohne Rückkehr. Biblische Beispiele dafür sind Henoch oder Elia – was freilich die religiöse Phantasie nicht gehindert hat, diese Heroen auch aus dem Jenseits noch zum Sprechen zu bringen.

0.3 Historisches. Alexandrien als Kulturzentrum und die „Jerusalemer Publizistik"

0.3.1 Als historische Perioden werden, wie gewöhnlich so auch hier, unterschieden:

- die **hellenistische**, genauer: von den Alexanderzügen bis zur Selbstauflösung der Hasmonäerherrschaft in Judäa (Bürgerkrieg um Jerusalem 65–63 v.Chr.);
- die **römische:** Für Judäa beginnt sie mit dem Eingreifen des Pompejus 63 v.Chr. zur Beendigung des genannten Bürgerkriegs, worauf nach mehreren Kompromisslösungen das Vasallenkönigtum des Herodes folgte. Die „herodianische Zeit" ist die seiner Herrschaft (37–4 v.Chr.). In Alexandrien beginnt die römische Zeit mit der Aneignung Ägyptens durch das Kaiserhaus 30 v.Chr. Während in Alexandrien damals sehr rasch ein Census durchgeführt wurde zur Erhebung der Kopfsteuer von allen Nichtrömern, erfolgte diese Maßnahme in Judäa (das seit den Makkabäern als befreundetes Land galt) erst 6/7 n.Chr. nach der Entmachtung mehrerer Herodes-Abkömmlinge, die sich in die römische Politik nicht fügten, und der Niederschlagung von Aufständen selbsternannter (messianischer?) Prätendenten auf die Herrschaft. Vgl. 2.4.2.

Das Weitere darf als Geschichte der neutestamentlichen Zeit bzw. der Alten Kirche hier für bekannt gelten.

Die vorliegende *Einleitung* versucht, Nickelsburgs Vorbild folgend, so stark wie möglich die Texte zu verankern in der Geschichte, u.z. der tatsächlichen, auch profan überlieferten, nicht in einer erdachten oder nachträglich „korrigierten". Leider finden sich gerade in „parabiblischen" Texten nur selten oder nur andeutungsweise Bezugnahmen auf außertextliche **Ereignisse**,⁵⁹ die sich dann ihrerseits datieren ließen. In

---

⁵⁸ Wie auch in AT und NT nicht oder nur *ad hoc*, wenn etwa der Anfang des Vaterunsers (Mt 6,9) οὐρανοί im Plural setzt, als Ausnahmeform gegenüber dem gängigeren οὐρανός; so auch in βασιλεία τῶν οὐρανῶν dort wie schon in *PsSal.* 2,30 (1.3.3). – Zu dem hier implizierten, nur wenig variierenden antiken Weltbild s. E. WRIGHT: *The Early History of Heaven*, 2000. Gemeint ist eine Geschichte der Vorstellungen vom *heaven* aufgrund solcher des *sky*. Biblisches und Jüdisches ist dort ausgebreitet auf S. 117–202; die Verwechslung der Sphären (oder auch die Vorstellung, sie würden sich aufeinander abbilden) schlägt sich nieder in solch postmodernen Undingen wie einer *geography of heaven* (186 ff).
⁵⁹ „Ereignis", etymologisch von „Auge" kommend („Eräugnis"), sei definiert als wahrgenommener Vorgang. Stärker ist der Terminus „Tatsache" für ein festgestelltes Ereignis (überindividuell). Eine

„biblischem" Anachronismus meint man seine Gegenwart (z. B. *Daniel*, 2.1.7), und um dieser verdeckten, verschlüsselten Kommunikation willen darf diese nicht mit konkreten Namen bezeichnet werden. Eine Rubrik „Historischer Bezug" ist dennoch im Fragenschema vorgesehen, wenn sie auch nicht immer mit Konkretem befüllbar ist. Und auch dann ist oftmals nur ein Datum objektiv gegeben, die Bezugnahme jedoch Interpretationssache. Man hat Gleichnisse mit mehr Variablen als Zeilen zu lösen, und Unsicherheiten werden bleiben, wie ja auch jeder Fund die bisherigen Annahmen verschiebt (s. wiederum 7.4.1). Doch wen darf das wundern? Der „hermeneutische Zirkel" insgesamt (Interpretationen beruhen auf Annahmen, die sich aus ihnen dann wieder bestätigen sollen) funktioniert auch in der Geschichtswissenschaft nicht anders. So ist denn die letzte, die wirkungsgeschichtliche Rubrik eine wichtige Ergänzung und Kontrolle des Vorangehenden.

Der Ausdruck **Hellenismus**, bekannt als eine von Johann Gustav Droysen eingeführte Epochenbezeichnung für die Zeit von den Alexanderzügen bis zur Römerherrschaft, wird in unserem Schrifttum bereits bei Iason v. Kyrene gebraucht (2*Makk.* 4,13; 3.4.1) im Sinne von: „griechische Lebensweise". Ironischerweise ist dies einer der beiden ältesten Belege überhaupt. Zeitgenössisch zu Iason definiert der Stoiker Diogenes v. Babylon, Schüler Zenons v. Kition und Lehrer des Panaetios, ἑλληνισμός als die Kunst, korrekt griechisch zu sprechen (v. Arnim, *SVF* 3, S. 214 Nr. 24), und so war es der pagan-antike Sprachgebrauch (analog: *latinitas*). Wer in Judäa Außenpolitik zu treiben hatte – das war unter damaligen Verhältnissen der Priesteradel – musste wenigstens in letzterer Hinsicht firm sein, musste auch städtische Umgangsformen beherrschen, und so mag sich erklären, dass die Hellenisierung Judäas gerade von Israels Priestern ausging.

0.3.2 Alexandrien als kulturelles Zentrum

Die Makedonier-Polis *Alexandreia*, von Alexander selbst i.J. 332 gegründet und von seinem Diadochen Ptolemaeos und dessen Dynastie nach seinem Tod übernommen, samt dem daran hängenden Ägypten, wurde ganz rasch eine Kulturhauptstadt für den gesamten, inzwischen griechischsprachig gewordenen, östlichen Mittelmeerraum. Ägypten hatte unter der Führung seiner Priesterschaft, die Alexander zum Göttersohn erklärte, die Herrschaft der Pharaonen auf ihn und seine Nachfolger übertragen

Berühmt sind Alexandriens Bildungsinstitutionen, bes. die seit Ptolemaeos II. planmäßig gefüllte Bibliothek und die „Professuren" an seinem Musentempel (Museon). Spätestens seit diesem Ptolemäer gab es eine nachmals auch sehr zahlreiche jüdische Population in dieser Stadt, deren soziale Zugehörigkeit allerdings nie ganz klar war: Ägypter wollten sie auf keinen Fall sein, sondern Griechen; sie hatten jedoch

---

„Theologie der Tatsachen" kann es nicht geben; ihr Gegenstand sind vielmehr *gedeutete* Ereignisse, und der Streit geht meist um die Deutung.

unter den Ptolemäern auch ihre eigene *boulē* und wohl auch eine gewisse Eigengerichtsbarkeit, wofür eine griechische Übersetzung des Mosegesetzes nötig wurde (2.0.1). Andere Städte des Ostens, mochten sie auch groß sein wie Antiochien, sind in kultureller Hinsicht nicht entfernt vergleichbar, Jerusalem auch nicht. Dort herrschten besondere Verhältnisse (0.3.3). Der Befund in vorchristlicher Zeit ist jedenfalls, dass fast alle griechisch-jüdischen Texte, die nicht im Mutterland ihren Ursprung hatten, ihn in Alexandrien hatten. So jedenfalls wird meist vermutet, und manchmal wissen wir es auch.

Eine Zusammenstellung der wenigen und überwiegend legendären Auskünfte über die Anfänge der Judengemeinde Alexandriens gibt Collins, *Identity* 64–69. Es handelt sich um:

1. eine Notiz bei Josephus, *C.Ap.* 2, 35, wonach Alexander d.Gr. selbst den Judäern das Siedeln in dieser von ihm gegründeten Stadt genehmigt hätte, sogar mit gleichen Rechten, wie seine eigenen (die makedonischen) Veteranen sie hatten;
2. eine Notiz aus ps.-Hekataeos, zitiert von Josephus ebd. 1, 186–189 (dazu aber unten 4.2.1);
3. *EpArist.* (4.1.1) 12–14: Dort soll Ptolemaeos I. deportierte Juden in seinem Land angesiedelt und als Soldaten verwendet haben. Bis auf die beigefügten Zahlen hat das wenigstens Plusibilität, denn es ist kein Ausdruck von Selbstruhm wie die anderen Stellen.

Das jüdische Alexandrien des 3.Jh. v.Chr.[60] bis zum Anfang des 2.Jh. n.Chr. ist kulturgeschichtlich vergleichbar mit dem Berlin der Zeit von Moses Mendelssohn bis 1938 oder auch, mit weit längerer Dauer, dem jüdischen New York. Leute wie Philon (*Mos.* 1, 36) konnten es als „zweite Heimat" des Judentums bezeichnen, mit Bezug auf die Erfolgsgeschichte des biblischen Joseph.[61] Insbesondere die alexandrinischen Synagogenzusammenkünfte am Sabbat müssen eine Gelegenheit zur Pflege von Wissen, ja sogar Beredsamkeit gewesen sein; Philon jedenfalls schildert sie wie das Geschehen an einer Philosophenschule.[62]

---

[60] Klassiker: P. M. Fraser: *Ptolemaic Alexandria*, 3 Bde., 1972; vgl. C. Jacob/F. de Polignac (Hg.): *Alexandrie IIIe siècle av. J.-C.*, 1992 [ohne Erwähnung der Juden]; M. Pfrommer: „Alexandria in hellenistischer Zeit", in: Kreuzer/Lesch, *Septuaginta* 10–23 [mit Erwähnung der Juden; gibt aber dem Ps.-Aristaeos (4.1) zu viel Kredit]; dazu die im selben Band folgenden Artikel; T. Georges/F. Albrecht/R. Feldmeier (Hg.): *Alexandria*, 2013.
[61] Stellvertretend für vieles seien hier zwei Aufsätze genannt: J. Mélèze Modrzejewski: „How to be a Jew in Hellenistic Egypt?", in: Cohen/Frerichs, *Diasporas* 65–92; S. Honigman: „The birth of a diaspora: The emergence of a Jewish self-definition in Ptolemaic Egypt in the Light of onomastics", ebd. 93–127. Hier meint „onomastics" soviel wie „Namengebung", nicht die Textsorte „Onomastica".
[62] S. z.B. D. Boesenberg: „Philo's descriptions of Jewish Sabbath practice", *SPhA* 22, 2010, 143–163. Synagogenvorträge auf der Höhe hellenistischer Rhetorik s.u. 2.3.3.

Seine Vernichtung erlebte das alexandrinische Judentum – das einzig kulturtragende in Ägypten, wie es scheint[63] – in einem von den Juden der Kyrenaika ausgegangenen Krieg gegen Rom, dem oben schon erwähnten „Krieg des Quietus" der Jahre 115–117 n. Chr., worüber leider nur ganz spärliche Nachrichten vorliegen (denn damit konnte sich hinterher niemand mehr rühmen).[64] Jüdische Präsenz in Ägypten ist danach nur noch in spärlichen Papyri belegt, die von keiner kulturellen oder gar schriftstellerischen Aktivität mehr zeugen. Damit ist ein jüdischer Einfluss auf das, was uns ab dem 3. Jh. in koptischer Sprache auf Papyri begegnet, *a priori* unwahrscheinlich und wird unten (7.4.7; 7.5.2) nicht mehr in Betracht zu ziehen sein.

0.3.3 Griechisch, die Sprache der hellenistischen Weltkultur, war zugleich die *lingua franca* der Reisenden und der Händler, das Englisch der damaligen Zeit. Damit wurde das Stammland des Judentums schon zu Beginn unseres Berichtszeitraums dreisprachig. Was wissen wir über die **Sprachen in Judäa?**

Soweit sich erkennen lässt, sprach schon im 2. Jh. v. Chr. in Judäa niemand mehr Hebräisch. Längst war die „heilige Sprache" (wie sie später heißen sollte) passiv geworden gegenüber den Verkehrssprachen Aramäisch und Griechisch. Vor ihrer Wiederbelebung durch die Rabbinen, wovon in 1.1.2, 1.5.4, 2.5.1 u. ö. mit Bezug auf die Zeit nach 70 die Rede sein wird, diente sie – so lässt sich der Befund in Qumran wie im Neuen Testament auf eine Formel bringen – dem Kult, der Psalmendichtung (hier 1.3.2) und der Jurisprudenz, aber nicht dem Alltag und nicht der Unterhaltung. Erzählen auf Hebräisch hätte auch allmählich künstlich geklungen, nachdem das biblische Erzähltempus, die nur dem biblischen Hebräisch eigene *wajjiqṭol*-Form (die stets ein *waw* vor sich brauchte, das „umkehrende *waw*"), inzwischen eher als Futur empfunden wurde, ausweislich der damals entstandenen Psalmenübersetzung der Septuaginta (Siegert, Septuaginta 157 § 41).

In Judäa konnte man, so ist inzwischen sicher, schon längst in vorrömischer und vorchristlicher Zeit ebenso gut Griechisch wie heute Englisch. Wem keine griechische Schulbildung vergönnt war, musste es vom Hören lernen.[65] Wie hätte man sonst mit der Diaspora kommunizieren können? Um auch die Politik nicht zu vergessen: Jene Vertreter des antihellenistischen Widerstands, die als Sprecher des neu etablierten Hasmonäerhauses vor den Senat in Rom traten (1.4.2), mussten ihre Sache auf Griechisch vorbringen, und zwar nicht stotternd, sondern mit Schwung. Allmählich wird

---

63 Von dem jüdischen Exilheiligtum in Leontopolis, das so lange existierte wie der Jerusalemer Tempel, sogar etwas länger, scheinen keine kulturellen Impulse ausgegangen zu sein. Die in 2.4.1 zu vermutende Intervention der dortigen Tempelwache kann man nicht als solchen rechnen.
64 Schürer/V. I 532f; Schimanowski, *Juden* 200–210. Dieser Sieg Roms muss für Ägypten so wichtig gewesen sein, dass er noch um 200 n. Chr. in einem jährlichen Fest gefeiert wurde (Schürer/V. I 531).
65 Der Talmud, *'Eruvin* 53b bietet hierzu die Anekdote von einer Frau aus Galiläa, die bei einem Funktionär abblitzte, weil sie die Anrede κύριε nicht korrekt auszusprechen wusste: Sie hatte *kirie* gesagt (mit כ statt mit ק), was dem hohen Herrn nach χείριε („Sklave!") klang. Ein *ü* [y] hat sie sicher auch nicht sprechen können; das gibt es in keiner semitischen Sprache.

rezipiert, was Saul Lieberman[66] in den 40er-Jahren, sodann Martin Hengel (*Judentum und Hellenismus* 108 – 120)[67] und zuletzt Pieter van der Horst (*Japheth* 9 – 26) im Detail nachgewiesen haben, dass nämlich Judäa seit dem Einzug des Hellenismus mehrsprachig war. Mit dem römischen Heer und mit römischen Münzen kam dann auch noch etwas Latein hinzu. Die Amtssprache der Fremdmacht war in unserem ganzen Zeitraum nicht mehr das Aramäische für den Westen Persiens, sondern das Griechische für den Osten Roms. Die Bevölkerung hatte sich danach zu richten. Von Dolmetschern ist in unserer gesamten Literatur und auch im ganzen Neuen Testament nicht die Rede. Wie hat wohl Jesus verstanden, was ihn Pilatus fragte?

Rabbi Šimʻon ben Gamliʼel II., der Vater R. Judas I., überliefert in der Mischna (*Megilla* 1,8), dass nur das Griechische zum Übersetzen der heiligen Bücher erlaubt sei. Dazu findet sich im „Jerusalemer" Talmud, *Megilla* 71b 63ff[68] der Kommentar, dass vier Sprachen in der Welt nützlich seien: *laʻaz* (Griechisch) für den Gesang, *romi* (Latein)[69] für den Krieg, *sursi* (Aramäisch) für das Lallen,[70] *ʻivri* für die (Gottes)rede (*lad-dibbur*)."[71] R. Juda, der Herausgeber der Mischna, soll selbst gesagt haben (*Soṭa* 49b; Bill. II 451 Punkt c): „Was soll mir das *sursi* (Aramäisch)[72] im Heiligen Land? Entweder die Heilige Sprache oder Griechisch." In j*Megilla* 71c 9 heißt es dazu: „Man prüfte und fand, dass die Tora nach all ihren Bedürfnissen nur ins Griechische übersetzt werden kann." Nach der eben zitierten Bavli-Stelle soll der eben genannte R. Gamliel (II.) ebenso viele Schüler auf Griechisch wie auf Hebräisch unterrichtet haben, und noch im 4.Jh. soll rabbinischer Unterricht auch auf Griechisch erteilt worden sein (Hieronymus, *Ep.* 121, 10; MPL 22, 1034).

---

66 S. LIEBERMAN: *Greek in Jewish Palestine*, 1941; *Hellenism in Jewish Palestine*, 1950 (beides in einem Bd. 1994). Das waren seinerzeit Vorarbeiten für einen Kommentar zur *Tosefta*, einem palästinischrabbinischen Werk des 3.Jh. n.Chr., das voll ist von griechischen Brocken. – Vgl. C. HEZSER: *Jewish Literacy in Roman Palestine* (TSAJ 81), 2004; J. POIRIER: „The linguistic situation in Jewish Palestine in Late Antiquity", *Journal of Greco-Roman Christianity and Judaism* 4, 2007, 55 – 134.

67 Künftig nur zitiert: Hengel. Vgl. dens.: „Jerusalem als jüdische *und* hellenistische Stadt", in: B. FUNCK (Hg.): *Hellenismus. Beiträge zur Erforschung von Akkulturation und politischer Ordnung in den Staaten des hellenistischen Zeitalters*, 1996, 269 – 306; L. GRABBE: „The Hellenistic City of Jerusalem", in: W. BARTLETT: *Jews in the Hellenistic and Roman Cities*, 2002, 6 – 21; W. AMELING: „Jerusalem als hellenistische Polis. 2Makk 4,9 – 12 und eine neue Inschrift", *BZ* 46, 2002, 105 – 111.

68 Dt. bei Bill. II 444 oben. Die hebräischen Texte variieren. Auch geht in den von Bill. weiter zitierten Stellen die Diskussion der Sprachen mit der der Schriften durcheinander, was Scheinprobleme erzeugt.

69 Vgl. Ῥωμαϊστί in Joh 19,20.

70 אילים, gewöhnlich „Klage" übersetzt, ist aram. Ableitung von einer in Joel 1,8 auch hebr. nachgewiesenen Wurzel, m.E. Lautmalerei für „Lallen". Es ist eine Alltagssprache mit sehr vielen Unschärfen. Dass Jesusworte sich so plausibel ins Aramäische rücküberzetsen lassen, liegt an ihrer extremen Einfachheit.

71 Details zu dieser vielbeachteten Stelle z.B. bei Bill. II 444; Simon, *Verus Israel* 346 f.

72 Hier wird es „Syrisch" genannt als gleichsam „verstümmeltes" Hebräisch (Wurzel *s-r-s*). Tatsächlich kennt es viele apokopierte Wurzeln und ist eine Sprache von geringer terminologischer oder syntaktischer Trennschärfe, eine typische Umgangssprache eben, voll von Fremdwörtern.

Alles über **Schulen** und Bildung in Judäa Bekannte ist bei Hengel 130 – 152 und bei Schürer/V. II 415 – 422 zusammengestellt, wobei allerdings für die Zeit des Zweiten Tempels die Warnung gilt (Maier, *Zwischen* 97): „Über die bildungstragenden Institutionen dieser Zeit ist erstaunlich wenig bekannt; daher werden gern rabbinische Erziehungsverhältnisse aus der Zeit nach 70 n. Chr. in die Periode des zweiten Tempels zurückprojiziert." Bekannt ist der Spruch der Mischna (*Avot* 5,21, Parallelen bei Bill. III 664 f zu 2Tim 3,15), mit Fünf sei man (auch als Mädchen?) alt genug „zur Schrift", mit Zehn zur Mischna; mit Dreizehn beginne dann die Pflicht zur Observanz. Origenes erwähnt in seinem *Hohenliedkommentar* seinerseits den judäischen Bildungsgang als dreistufig (MPG 13, 64 A): Erst werden „die Schriften" gelernt (das meint, wie auch in der Mischna, das Lesenlernen an Tora-Texten), wobei hier schon „Lehrer" und „Weise" ins Amt treten; „zugleich" dann auch schon die δευτερώσεις (also Mischna; der Plural deutet auf eine abschnittsweise Weitergabe, vielleicht auf Auswendiglernen) und schließlich „jene vier, nämlich der Anfang der *Genesis*, wo die Erschaffung der Welt beschrieben wird, und die Anfangsworte *Hesekiels*, worin von den Cherubim die Rede ist, und sein Ende, das die Erbauung des (neuen) Tempels enthält, und dieses Buch, das *Hohelied*." Das sind die klassischen Texte der jüdischen Mystik und Apokalyptik, die uns – mit Ausnahme von Ez 40 – 48 und dem Hhld[73] – hier fast ständig beschäftigen werden. So weit führte maximal der hebräische Bildungskanon, wobei die mystischen Lehren, gefährlich wie sie waren und offen zur Gnosis, bei den Rabbinen sehr zurückgehalten wurden.[74]

In griechischen Texten jener Zeit wird auch öfter noch mit δευτέρωσις in ganz wörtlicher Übersetzung die Mischna bezeichnet (von š-n-h „zwei");[75] auch als Fremdwort *deuterosis* im Latein (Blaise s.v.). „Gesetz und Propheten" waren jedem Juden vom Hören wenigstens bekannt (*2Makk*. 15,9; *4Makk*. 18,10; dazu 6.5.3); wie weit aber die Bildung auch literarisch war, ist schwer zu sagen. Obwohl es Schulen hellenistischen Typs, wo die Grammatik einer nun schon jahrhundertealten Sprache anhand von Homerversen geübt wurde, in Judäa nicht gab und jedenfalls keine als „Nacktturnstätten" konzipierten Gymnasien, geht aus den (leider nicht sehr deutli-

---

[73] Ez 40 – 48 mag in Hoffnungen auf einen dritten Tempel eine Rolle gespielt haben; davon ist aber nichts ins Griechische gelangt. Zum Hhld hat Hugo Odeberg im Joh konkrete Verwendungen entdeckt, die bei diesem erst von der Aquila-Schule übersetzten Text auf das hebr. Original zurückgehen müssen; vgl. Siegert, *Das Evangelium des Johannes* 672 – 676.

[74] In den o.g. Lebensaltern sind sie natürlich nicht enthalten. Stattdessen gibt es in der Mischna, Ḥag. 2,1 einen abwärts laufenden Abzählvers betreffs der Schülerzahl, wonach die Inzestgesetze höchstens vor drei, die Spekulationen zu Gen 1 – 2 vor zwei und die zu Ez 1 nur vor einem Einzigen vorgetragen werden dürfen, und auch dieser muss so verständig sein, den Vortrag gar nicht mehr zu brauchen.

[75] Simon, *Verus Israel* 114 ff; 378 f. Ebd. 346 der Hinweis auf Hieronymus, *Ep.* 121, 10 (MPL 22, 1034), von den „Weisen" bei den Juden: „Wenn sie an bestimmten Tagen ihre Traditionen ihren Schülern darlegen, pflegen [diese] zu sagen: οἱ σοφοὶ δευτερῶσιν, die Weisen tradieren ihre Traditionen." Lebhaften Einblick in dieses Geschehen geben die Talmudim, bes. seit man sie bequem übersetzt zur Verfügung hat; das war bis in die Neuzeit nicht der Fall.

chen) Quellen hervor, dass die Alphabetisierung, zumindest was die Kunst des Lesens betrifft, in Judäa mindestens gleich hoch gewesen sein muss wie in der hellenistischen Welt. Philon, *Leg.* 115 würdigt als Erzieher im Judentum außer den Eltern auch Elementarlehrer (παιδαγωγοί) und Präzeptoren (ὑφηγηταί), mit Bezug auf städtische Verhältnisse, ganz wie Plutarch in seinem *Demosthenes* 5 es für das klassische Athen berichtet. Übrigens werden nicht alle Lehrer, die Philon hörte, selbst Juden gewesen sein; in Judäa aber dürfte die Unterrichtung durch Landsleute die einzige, und auch ausreichende, gewesen sein.

Soweit zur Bildung und überhaupt zur Alphabetisierung. Wer in Judäa selbst etwas schrieb, tat am ehesten auf Aramäisch, die o.g. besonderen Zwecke ausgenommen. Zusätzlich hatte man für Hören, Lesen und – in Rechtsfragen und in der Kommunikation auf Distanz – auch fürs Schreiben das Griechische. Man schätzte auch die „Schönheit Japheths".

0.3.4 Achten wir auf die Mehrsprachigkeit Judäas und überblicken wir das Überlieferte im Ganzen, so zeigt sich ein historisches Phänomen, das es verdient hat, einen Namen zu bekommen: Ich schlage vor, es **Jerusalemer Publizistik** zu nennen. Gemeint ist eine ziemlich umfangreiche, von Judäa ausgehende, auf die westliche Diaspora zielende Schreibe- und Übersetzungstätigkeit in griechischer Sprache – für den Osten zugleich in Aramäisch; aber das interessiert hier weniger. Sowohl in ihrem Umfang wie in ihrer Zielrichtung ist diese Aktivität höchst beachtenswert. Sie umfasst sowohl Übersetztes und neu Herausgegebenes wie auch gänzlich Neugeschriebenes. In den zwei Jahrhunderten von den Hasmonäern bis in die ersten Jahrzehnte ohne Tempel lassen sich hierfür benennen:

(a) in der Hasmonäerzeit:
- vom bereits vorhandenen aramäischen *Tobit*-Buch sowohl eine hebräische wie eine griechische Fassung (1.2.1);
- das *Judith*-Buch, hebräisch und griechisch (1.2.2);
- *Susanna* hebräisch und griechisch (1.2.3);
- die griechische Übersetzung des *Sirach* (1.3.1) und wohl noch mancher der unter 2.1 zu erwähnenden Septuaginta-Teile;

(b) in römischer Zeit:
- die *Psalmen Salomos*, hebräisch und (irgendwann später) griechisch (1.3.3);
- die *Himmelfahrt Moses*, vielleicht anfangs hebräisch, dann griechisch (und heute nur noch auf Latein: 2.4.2);

(c) nach der Tempelzerstörung, aber noch vor Hadrian:
- die *Esra-Apokalypse*, wohl hebräisch und (als Zwischenstufe zum erhaltenen Latein dann jedenfalls auch) griechisch (2.5.1);
- die *Baruch-Apokalypse* mit den angehängten Briefen nach Ost und West (2.5.2–4), möglicherweise auch als mehrsprachige Kommunikation und jedenfalls griechisch;

- der *Liber Antiquitatum* (1.1.2), hebräisch und (als Zwischenstufe zum erhaltenen Latein sicher auch) griechisch.
- die verlorene *Adam*-Schrift, griechisch, die mehrere ihrer Art nach sich zog und leider nur in christlichen Fortschreibungen erhalten ist (7.2.1–2).

Da vom *Judith*-Buch und von manchem anderen eine *aramäische* Fassung bezeugt ist, hat diese Publizistik offenbar eine doppelte Richtung gehabt, nämlich auch auf den Osten, auf Babylonien, wo seit dem Babylonischen Exil eine zahlenstarke jüdische Population zu Hause war und auch dort, wie jene des Westens, ihre Eigenart zu wahren verstand. Dieser östliche Flügel der „Jerusalemer Publizistik" ist aber hier nicht Untersuchungsgegenstand. Erwähnt sei immerhin, dass der vormalige Jerusalemer Priester Josephus die (wohl nur ein Buch umfassende) Erstfassung seines *Bellum* zunächst auf Aramäisch in den Osten schickte, zu den Juden Babyloniens, wie er selbst sagt (*Bell.* 1, 3). Die ausführliche griechische Fassung in sieben Büchern war dann freilich nicht nur für Juden des Westens, sondern auftragsgemäß (so seine *Vita* 363) auch und zunächst für Römer gedacht. Alles in der obigen Liste Genannte dürfte hingegen von Judäa aus an das Judentum der Diaspora gerichtet worden sein. So ist denn, wenn hier nicht alles täuscht, Jerusalem ein genauso bedeutendes Zentrum für hellenistisch-jüdische Literatur gewesen wie Alexandrien.

Die Schriften unter (c) sind besonders aufschlussreich; sie waren nötig zur Justierung des Geschichtsbildes. Die Erwartungen, die man in Gottes Eintreten für seinen heiligen Ort gesetzt hatte und überhaupt der biblische Tun-Ergehens-Zusammenhang musste korrigiert werden, sei es in den Voraussetzungen (*Esra-Apk.*: es hat an Israels Treue gefehlt), sei es in den Konsequenzen (*Baruch-Apk.*: das Verlorene wird besseren Ersatz finden). Alles was Josephus schrieb, gehört situationsgemäß in diesen Zusammenhang und wohl auch der verlorene Justus v. Tiberias (3.6.1).

Auslöser der Kommunikation mit dem Judentum des Ostens (aramäisch) und des Westens (griechisch) waren jeweils Krisen. Schon aus der Hellenisierungskrise in Jerusalem sind Schriften erwachsen, die dann auch in der Diaspora kursierten (*2Makk.*, später auch die griechische Übersetzung von *1Makk.*), die aber noch keine gezielte Publikation von Jerusalem aus erkennen lassen; erstere kommt aus der Initiative eines Diasporajuden und die Übersetzung von letzterer möglicherweise auch. Mit Königin Salome (Šelamṣion) Alexandra jedoch, in ihrer Mitregentschaft und (ab 76 v. Chr.; 1.2.2) ihrer Regierung setzt das hier beschriebene Phänomen ein, wobei allein schon der Herrschaftsantritt einer Frau für damalige Mehrheitsmentalität eine Krise war. – Phase (b) reagiert auf Missstände in römischer Zeit und (c) schließlich auf die größte Krise des Judentums in unserem gesamten Zeitraum. Auch diese war nicht ohne Verschulden maßgeblicher judäischer Kreise zustande gekommen; so war man eine Auskunft schuldig. Erst mit der Verschriftlichung der Mischna wohl unter Antoninus Caracalla (reg. 211–217 – er ist der „Antoninus" zahlreicher rabbinischer Anekdoten) änderte sich die Politik: Man äußerte sich nur noch in der Heiligen Sprache und später, mit sich verlagerndem Schwerpunkt nach Osten, auf Aramäisch, im dortigen Dialekt. Vom Westen wurde erwartet, sich anzupassen, war er sehr zögernd tat.

Die griechischen Fassungen der o.g. Schriften wurden sicherlich noch in Judäa selbst verfertigt, wo man mit dieser Sprache, solange es nicht um rhetorische Virtuosität gehen sollte, keine Schwierigkeiten hatte. Mehr als korrekt und ihren Empfängern verständlich mussten die Texte nicht sein; ja ein gewisses semitisierendes Kolorit mochte ihnen bekannt vorkommen. Lateinische Übersetzungen dürften dann von den Empfängern selbst, am ehsten in Rom, verfertigt worden sein. So war denn bis hin zur Mischna die Regel: Der Austausch zwischen Mutterland und Diaspora geschah in vorrabbinischer Zeit grundsätzlich in den Sprachen der Diaspora, sprach doch auch Rom auf Griechisch mit seinen östlichen Untertanen.

0.3.5 All das war nicht „Missionsliteratur", wie man früher sagte.[76] Weder historisch würde das stimmen noch theologisch. Theologisch nicht: Hier ist kein Sendungsauftrag im Spiel und kein Sendender. Als historischer Beweis aber taugt der Hauptbeleg Mt 23,15 nur wenig; es ist christliche Polemik aus Zeiten der beginnenden Konkurrenz. Diese Stelle wird heute weder für Jesus persönlich noch für jüdische „Mission" in Anspruch genommen.[77] Eine Stelle wie *2Makk.* 9,17, von unbestimmbarem Alter (vgl. 3.4.3), ist, im Kontext gesehen, viel zu legendär, um historisch etwas zu beweisen.

Literaturgeschichtlich gesehen, könnte immerhin bei den nach griechisch-literarischen Regeln ausgearbeiteten Schriften (Abschn. 3; dazu evtl. manches aus Abschn. 4–6) damit gerechnet werden, dass sie auch in die Hände von Nichtjuden gerieten und dort vielleicht Gefallen fanden, zumal eine gewisse, aber über die Anfangsseiten nie hinausgekommene Lektüre der jüdischen Bibel bei römischen bzw. orientalischen Schriftstellern griechischer Sprache ab dem 1.Jh. n.Chr. feststellbar ist (3.5.2; 7.6.0). Missionsliteratur war es mit alledem noch nicht, sondern es diente zunächst, wo nicht überhaupt, einer notwendigen Verständigung mit der jüdischen Diaspora. Das war sozusagen „Radio Jerusalem", damals noch auf Papyrus (oder Leder) und funktionierend dank jenes Kommunikationsnetzes, das ohnehin Jahr für Jahr die Tempelsteuer nach Jerusalem brachte. Noch nach dem Debakel d.J. 70 scheint solche Publizistik nötig gewesen zu sein, sei es in apologetischer, sei es in paränetischer Absicht, jeweils aber nach innen.

---

76 Dalbert, *Theologie* (1954) ging in dieser Hinsicht allzu selbstverständlich von christlichen Prinzipien aus. Victor Tcherikover widersprach ihm bereits 1956, was nach und nach zum Ende dieser Hypothese führte; s. C. WERMAN: „Jubilees in the Hellenistic context", in: LiDonnici/Lieber, *Heavenly Tablets* 133–158 (141 Anm. 42).
77 Möglicherweise aber ist es der Kommentar zu einem Ereignis, das sich wenig nach Jesu Tod abgespielt haben muss, nämlich zur Konversion des Prinzen Izat von Adiabene (vgl. oben Anm. 26). In diesem Zusammenhang berichtet Josephus die Intervention eines Galiläers (und wohl auch Pharisäers, wenn die Lesart ἀκριβής in § 43 die richtige ist) El'azar, um dem Prinzen Izat zu sagen, dass man, um Jude zu sein, sich beschneiden lassen müsse, was dieser schließlich tut (*Ant.* 20, 41–46). Da ist, sieht man auf den Zeitpunkt, der urchristlichen Mission möglicherweise eine Erfolgsaussicht versagt geblieben. – Der Ausgang der Sache wurde schon gemeldet. Was dann an christlicher Mission gelang und Dauer hatte, ist mit der Stadt Edessa verbunden.

Für Apologetik nach außen hin haben wir Josephus, zweimal sogar (in der *Vita* verteidigt er sich selbst, in der *Ursprünglichkeit* dann das Judentum überhaupt). Gewisse Stücke in unserer Sammlung könnten gleichfalls nach außen gesprochen sein, so die *Sibyllinen* (5.3), der *Brief des Mordechai an Alexander* (6.2.1) und manches an Versen (5.2).

0.4 Aufbau und Anordnung dieser Übersicht. Das Schema der Darbietung

0.4.1 Mehrere Möglichkeiten gibt es, die Vielfalt des Materials in eine Gliederung zu geben, und man kann die eine nicht wählen, ohne die anderen zurückzustellen. Gängige Gliederungen sind:

- alphabetisch nach Benennungen: so etwa der Online-Index (s. 0.9.2 Ende), der infolgedessen zahlreiche Mehrfacheintragungen hat, wo unterschiedliche Namen dieselbe Schrift bezeichnen;[78]
- in biblischer Reihenfolge, je nachdem, wo die namengebende Person im Verlauf der Hebräischen Bibel vorkommt: so etwa in der ausführlichsten aller bisher publizierten Einleitungen, der von Denis;
- in historischer Reihenfolge nach Entstehungszeit der Schriften: Diese sollte dafür einigermaßen bekannt oder wenigstens einschätzbar sein, und es kann nötig werden, dass über längere Zeit hin entstandene Texte mehrere Einträge brauchen (so etwa das *Henoch*-Buch bei Nickelsburg);
- nach Textsorten geordnet: Apokalypsen, Testamente, Legenden, Weisheitsliteratur u.a.m. So bei Charlesworth oder vorher schon bei Kautzsch (der aber nur vollständig erhaltene Bücher aufnahm); so auch wieder in JSHRZ.

Letztere Gliederung ist am ehesten geeignet, das beisammen zu lassen, was sich vergleichen lässt, und so wird sie auch hier angelegt, mit der Chronologie als zweitem Ordnungskriterium.

0.4.2 Das Schema der Darbietung ist orientiert an der Frage: Wie geht ein Altphilologe an solche Texte heran? Dabei soll nicht nur Fachleuten, sondern auch Studierenden und sonstigen Benutzer/innen, die mit historisch-philologischer Methodik wenig vertraut sind, eine rasche, effektive Anleitung geboten werden. So wird der Einstieg zunächst beim leicht Erreichbaren genommen, bei den gängigen Sammlungen in Deutsch oder Englisch, wird aber von dort alsbald zu den „harten" Gegeben-

---

[78] Ebenso geht auch die Bibliographie von DiTommaso nach den Anfangsbuchstaben der in den Titeln enthaltenen Personennamen, und zwar in ihrer englischen Fassung. So muss man Salomo-Schriften hinter den Sibyllinen suchen (wegen „Solomon"). Das Interesse gilt hier nicht den historischen Zusammenhängen.

heiten überleiten. Ab jetzt gelten auch die Stichworte und Abkürzungen im Literaturverzeichnis (0.9):

Online-Index Nr.; Harnack Nr.; Stegmüller Nr.; **Inhaltsangabe** z. B. bei... (hierzu ist auch die Rubrik „Gliederung" zu vergleichen); **Paraphrase** mit Kommentar: Woschitz (ggf. andere).
Einleitung und Übersetzung: Charlesworth I oder II S. (Bearbeiter);[79] JSHRZ Bd./Fasz. (Bearbeiter).
(Nur) **Einleitung:** Denis (*Introduction*, wichtig für philologische Details, insbes. für den Nachweis der Handschriften); Schürer/V. (*History*, Bd. 3);[80] Nickelsburg (*Jewish Literature*, 2.Aufl.); Bauckham (*Jewish World*); Kraft (*Exploring*); Gruen (*Hellenism*); deSilva (*Introducing*), ggf. andere, nicht in chronologischer Folge. **Nur Text:** Hier wird auf den Textanhang bei Denis, *Conc.* verwiesen; das ist ein Abdruck der *PVTG*-Texte oder der sonst bis dahin (1987) besten kritischen Ausgabe. **Anmerkungen:** Rießler;[81] (andere).
Literatur nach den Bibliographien von Lehnardt[82] und DiTommaso (besser); **neuere Monographie, neuerer Kommentar** (nur Beispiele, ausgewählt aus dem, was zu den Einleitungsfragen konsultiert wurde; in chronologischer Folge).

Die in diesen Rubriken zu nennenden modernen Autor/innen werden nur einmal, in KAPITÄLCHEN, und mit vollem Buchtitel genannt; das gilt dann als Abkürzungsauflösung für den gesamten Dezimalabschnitt, nach oben wie unten. Die fast stets einschlägigen Standardwerke: Denis, Schürer/V. usw. werden nur mit Autorennamen zitiert. Angaben nach dem Muster „Autor/in, *Kurztitel*" hingegen, ohne Kapitälchen, verweisen auf das Literaturverzeichnis (hier 0.9). – Erwähnt sei noch, dass annähernd dieselben Angaben, die sich in den Bibliographien von Lehnardt und DiTommaso finden, auch in den unerschöpflichen Fußnoten bei Denis enthalten sind, zwar nicht so übersichtlich, aber aus eigener Kenntnis geschöpft und damit umso verlässlicher: Hier ist zur Vermeidung von Fehlern das Menschenmögliche getan.

Was Inhaltsangaben der vorzustellenden Schriften betrifft, wie sie bei Woschitz manchmal mehrere Seiten füllen, bei Denis wenigstens eine und sonst (bei deSilva und in anderen Einleitungen) mindestens eine halbe, so wird auf solche hier nur hinge-

---

[79] Dies ist die neueste vollständige Sammlung, und sie ist eine typographische Meisterleistung, sehr leicht nachzuschlagen, was von der – immer noch unvollständigen – Reihe der JSHRZ leider nicht gesagt werden kann.
[80] Wo nicht anders angegeben, ist es dieser Bd. 3, erste oder (ab S. 705) zweite Hälfte.
[81] Rießlers Anmerkungen, kurz, präzise und aus der Kenntnis des gesamten Corpus erwachsen, sind bei Charlesworth nicht eingearbeitet und vermögen diesen glücklich zu ergänzen. Die Übersetzungen hingegen, die Rießler im selben Band bietet, werden nur in Klammern genannt als nicht zitierfähig. Es sind freie Paraphrasen bestehender moderner Übersetzungen mit dem Ziel, sie durch Herstellung semitisierender Zweizeiler oder durch archaisierenden Erzählstil „biblischer" klingen zu lassen.
[82] Besteht leider aus Ungeprüftem und ersetzt nicht die Bibliographien der Einzelfaszikel von JSHRZ, auf die hiermit zusätzlich verwiesen sei. – Bd. VI (*Supplementa*) bietet Ergänzungen.

wiesen. Dieses Buch soll die Lektüre der Texte nicht ersetzen, noch weniger als das von Woschitz. Es geht um Einleitungswissen im strikten Sinne. Das wird uns aber nicht hindern, zur Klärung schwieriger Fragen Leseproben zu nehmen, mitunter sogar sehr genaue. – Das Schema fährt fort:

Handschriften (mit Aufbewahrungsort und Alter, chronologisch);[83] **Erstausgabe** (Ort und Jahr; ab 19.Jh. Name und Jahr);[84]
Titel in den Handschriften; andere Benennungen (Konventionstitel);
Neuere kritische Ausgabe (ggf. LXX; Jacoby, *FGH*);
Textanfang (in der Sprache der ältesten erhaltenen Fassung;[85] dient zur Identifikation und zugleich als Stilprobe); **Textschluss;**
Wortindex (ggf. Siglum bei Denis, *Conc.* bzw. *Concordance latine*);
Alte Übersetzungen (Sprachen, Alter);
Synopse verschiedensprachiger oder sonst verschiedener Fassungen;
Früheste Bezeugung, ggf. aufzugliedern in: **frühestes Zitat** (Autor; Stelle); **früheste Erwähnung;**
Ähnliche oder ähnlich benannte Texte (hier auch Verweise auf nicht Behandeltes).[86]

Rubriken, für die im Einzelfall nichts Positives zu melden ist, entfallen einfach; das ist dann eine Fehlanzeige. Die Rubrik „Handschriften" entfällt überall da, wo es sich um Fragmente handelt, die wir nur durch Dritte (meist ist es Clemens v. Alexandrien oder Euseb) kennen; hierzu s. 3.0.2. – Nach diesen „textexternen" Angaben folgt der „textimmanente" Zugang:

Autor(in) (nur bei namentlich Überliefertem);
Textsorte (Benennungsvorschlag; vgl. 0.2.12); **literarische Besonderheiten;**
Zählung (und Varianten);
Gliederung (Zusammensetzung im Groben, Aufbau);

---

[83] Die älteste Handschrift muss nicht die wichtigste sein, ist auch oft nur unvollständig, gibt hier aber jedenfalls einen *terminus ad quem* für das Alter des Textes. – Von den LXX-Codices B und S gilt: 4.Jh., von A und C: 5.Jh., von Q (Marchalianus, im Vatikan): 6.Jh.; von V (Venetus, auch im Vatikan): 8.Jh. (Siegert, *Septuaginta* 101–103). Insbesondere letzterer hat einige sehr archaische Züge, die in die Zeit *vor* B und S zurückreichen.
[84] Bei LXX-Büchern meint „Venedig 1518" die Septuaginta-Ausgabe des Aldus Manutius. Lateinische Bibeln gingen ihr voran, d.h. die Bekanntheit ist meist älter.
[85] Für die Übersetzungssprachen des Mittelalters, bes. das Äthiopische und die slavischen Sprachen, tritt eine moderne Übersetzung ein, vorzugsweise die in JSHRZ.
[86] Insbesondere Denis und Stegmüller nennen noch vieles selten Beachtete, wo nicht Unedierte, wovon nicht ausgeschlossen werden kann, dass es Überschneidungen enthält mit hier behandelten Texten. Was hier zu nennen ist – an Titelzahl ist es weit mehr als das Behandelte –, darf bis zum Erweis des Gegenteils für mittelalterlich gelten.

Literarische Integrität (ist der Text in erkennbarer Weise manipuliert)? Auch Fragen der **textlichen Integrität** (also Probleme der Textkritik) werden, sofern wichtig, miterwähnt.

Alles in diesen Rubriken Aufzuführende sind nachprüfbare Details. Selbst unter „Gliederung" wird v. a. auf feststellbare Merkmale der Textsyntax hingewiesen; Gliederungsvorschläge hingegen, die allzu wenig Rücksicht nehmen auf die ursprachlichen Textsignale (also etwa bloße Themenangaben wie bei Rießler), bleiben ungenannt. Nicht dazu habe ich Textlinguistik erlernt und sie auch für Theologen verständlich dargestellt,[87] um sie hier zu verleugnen oder durch Meinungsspiegel (auch ein Platzproblem) zu ersetzen.

Meinungssache ist dann aber manches in den Rubriken „Literarische" bzw. „Textliche Integrität". Ab hier betreten wir das Gelände der sog. höheren Kritik, die nicht immer so eindeutige Kriterien hat wie die Textlinguistik (oder Makrosyntax), sondern auch auf das philologische Fingerspitzengefühl angewiesen ist. Gute kritische Ausgaben solcher antiker Texte, die viel zitieren oder sonstwie zusammengesetzt sind, machen die Zusammensetzung sichtbar; so hat die in Münster erarbeitete Ausgabe von Josephus' *Contra Apionem* erstmals einen nicht nur textkritischen Apparat, sondern durchgängig auch einen literarkritischen. Sehr häufig kann man nämlich feststellen, dass Josephus für dieses Werk Vorlagen hatte, und oft auch, welche. Vorarbeiten von Philologen und Historikern wie Théodore Reinach und Felix Jacoby (letzterer hat alle griechischen Historiker unter diesem Gesichtspunkt durchgekämmt – 0.2.8) kamen diesem Unternehmen zunutze. Für die Parabiblica bleibt hier vieles noch zu tun; und so wird manche Beobachtung hier schon einmal festgehalten werden, die noch nicht in der Literatur steht und erst noch der Diskussion bedürfte. Das gilt etwa für die Vorschläge zur Wiedergewinnung der Iason-Epitome (3.4.2), die immer noch das Jüdische wäre in diesem schon des (Vulgär-)Christentums verdächtigen *2.Makkabäerbuch*. An vielen Stellen kann nur angedeutet werden, was noch zu tun wäre, wollte man denn auf die Merkmale der Inhomogenität (in der Form) und der Ungleichzeitigkeit (im Inhalt) besser achten. Dass ich diese Arbeit, die Zeit braucht und nicht überall so eindeutig zu leisten ist wie in Josephus' Apologien, nicht gleich selber erledige, wird man mir hoffentlich nicht vorwerfen. Gemessen an den Gepflogenheiten dieses Forschungszweiges, habe ich hier eher schon zu viel getan.

Das Schema fährt fort mit Angaben, die aus dem Text wieder herausführen in „Intertextualität" aller Art:

Biblischer Bezug (exemplarische Angaben; ggf. Hinweis auf Zusammenstellungen);
Historischer Bezug (hier interessieren v. a. namentliche oder auch verschlüsselte Hinweise auf Orte, Personen und Ereignisse);[88]

---

[87] Siegert, *Argumentation* 97–100 (Terminologie); 114–119 (Anwendungsbeispiel).
[88] Zu den Schwierigkeiten dieser Fragestellung, die doch eine der interessantesten ist, vgl. 0.3.1 sowie oben Anm. 21.

Quellen bzw. **Vorlagen** (sofern ermittelbar);
Hebraismen wie etwa ein Anfang mit „Und es geschah"; **(griechischer) Stil** (zur Wichtigkeit dieser Frage s. 0.4.4);
Christlicher Einfluss? (dazu 0.6);
Bemerkenswerte Stellen (v. a. in Bezug auf die Einleitungsfragen), **Theologisches** (exemplarisch);
Abfassungszeit und -ort; Adressaten; Sitz im Leben (sofern erkennbar);
Abfassungszweck (hierzu kann oft nur eine kluge Vermutung weitergegeben werden);
Rezeption (einige Beispiele, Tendenzen, Kontraste, auch Kuriositäten).

Inhaltliche Überschneidungen zwischen einzelnen Rubriken – ähnliche Auskünfte können an mehreren Stellen relevant sein – sind nicht vermieden, sondern sollen das schnelle Nachschlagen erleichtern. Das Schema ermöglichte Antworten im Telegrammstil oder genauer: im Lexikonstil, mit vielen Einschüben und wenigen ganzen Sätzen. Die Masse des Materials möge die Kürze entschuldigen.

Nicht selten werden den antiken Namen Angaben zur Aussprache beigefügt; denn die aus der Antike direkt kommende Aussprachetradition ist mit dem Verschwinden des Lateins aus den Gymnasien hörbar abgerissen, und man bekommt Anglizismen zugemutet, die mit der Sache nichts zu tun haben.[89] Da mag dann der eine oder andere Hinweis willkommen sein, was es mit dem *j*-Laut und auch anderen Lauten in den Sprachen der Antike auf sich hat.[90]

0.4.3 Eine Rubrik **Originalsprache** konnte eingespart werden dank der Gliederung. Alles auf Hebräisch oder Aramäisch Verfasste ist in Abschn. 1 zusammengestellt, mit einer gewissen, Sprachübergreifendes betreffenden Nachlese in 2.1, evtl. 2.4.2 und, wahrscheinlicher, 2.5.1. Überall sonst ist Griechisch die bei weitem wahrscheinlichere, oft sogar gesicherte Sprache der Abfassung. Hebraismen, die man fast überall findet außer bei den Autorenwerken (Abschn. 3), den imitierten Autorenwerken (Abschn. 4) und den griechisch-metrischen Dichtungen (Abschn. 5), beweisen für sich noch nichts, da sie ein gern imitiertes Stilmittel waren. In den Texten von Abschn. 6–8 wollte man sich nicht literarisch, sondern „biblisch" ausdrücken. Schon Lukas, der sicher kein Hebräisch konnte, war in der Lage, wo immer es passte, Septuaginta-Griechisch zu schreiben. Gleich in Lk 1,5ff schaltet er dahin um.

Rückschlüsse auf eine verlorene hebräische Vorlage, wie sie bisher nötig schienen, damit ein Text jüdisch sei, legen sich bei einem griechisch-jüdischen Text erst dann nahe, wenn gezeigt werden kann, wie man einen anzunehmenden semitischen Aus-

---

[89] Als Pfarrer im Konfirmandenunterricht bin ich schon nach einem Propheten „Dschoel" gefragt worden.

[90] Gewisse Unklarheiten im Bereich der Zischlaute sind allerdings unbehebbar mit den Schreibungen biblischer Namen verbunden, seit der Buchstabe z von einem stimmhaften Laut (so noch im Latein) zu einem stimmlosen in der Lutherbibel überging. In wissenschaftlichen Transkriptionen (hier stets in *Kursive*) bleibt *z* stimmhaft, entweder als τ der Semiten oder als ζ der Griechen.

druck viel besser hätte übersetzen können, oder wenn typische Übersetzungsmissverständnisse aufgedeckt werden können. Semitisierende Syntax genügt nicht; die war leicht zu imitieren.[91] Die Rubrik **Hebraismus** verzeichnet dergleichen. Geradezu gewarnt wird vor Pseudo-Hebraismen, wenn etwa der Name „Esra", der im Griechischen der Septuaginta Ἐσδρᾶς geworden war, seiner griechischen Endung beraubt wird, um nunmehr „Esdram" zu lauten (7.4.5 b)[92]: Das ist, wie auch mancherlei ungrammatische Namensbildungen auf -el, kein Beweis, sondern eher ein Gegenbeweis von Hebräischkenntnissen, nicht anders, als wenn Johannes der Täufer in Richard Strauß' *Salome* auf einmal „Jochanaan" heißt. Ebenso sind es Pseudo-Gräzismen, wenn im Mittelalter aus Akakios ein „Achatius" wurde und aus Makkabäern „Machabaei" (so noch in den Seitentiteln der Rahlfs-Septuaginta).

In einigen Fällen gibt der Text Hinweise auf semitisch-griechische Zweisprachigkeit des Autors: so in 2.0.2 mit Sicherheit (doch sind Onomastika eine besondere Textsorte und eigentlich keine Literatur), sonst aber auch in 3.2.1; 3.6.1–2.[93] Dort ist mit spontanen Übersetzungsleistungen zu rechnen: Es wird in einer Sprache gedacht und in einer anderen geschrieben. Das ist aber kein Erweis einer Vorlage.

Hebraismen unterscheiden sich von **Aramaismen** v. a. durch die Stellung des Verbs im Satz. In Erzähltexten findet es sich hebräisch stets am Anfang, mit „und" davor: Das ist die sog. *wajjiqtol*-Form, die nur mit vorgesetztem *wa-* „und" funktioniert (als Textanfang: Gen 6,1; 14,1; 22,1 u. ö.; sogar als Buchanfang: Jos 1,1; Ri 1,1; Rt 1,1 u. ö.). Das im Original verlorene *Judith*-Buch hat sie noch, ja sogar noch der nur noch übersetzt erhaltene *Liber Antiquitatum* (1.1.2). Die Rabbinen aber gebrauchen sie nicht mehr;[94] sie bedienen sich der einfacheren aramäischen Tempora.

0.4.4 Was den griechischen **Stil** betrifft,[95] diese Rubrik trägt bei zur bildungssoziologischen Einschätzung des Auditoriums, für das geschrieben wird, sowie zur Datie-

---

91 Ein Exkurs hierzu findet sich bei Stone, *A History of the Literature of Adam and Eve* (s. u. 7.2), 42–53.
92 Offenbar galt bei Nicht-Kennern das *m* als typisch-hebräische Nominalendung. Sogar in die Septuaginta ist es, wie auch immer, eingedrungen. So erhält der Name „Naphthali" fast stets ein *m* hinzu (Νεφθαλίμ), das Land Gosen heißt *Gesem*, und Philon schreibt konsequent *Edem*, nicht *Eden*. Im NT vgl. „Siloam" in Lk 13,4; Joh 9,7.11. Ruben heißt im *TestRuben* stets „Rubēm" (mit *m*, in slav. Texten dann, gemäß byz. Aussprache des Griechischen, „Ruvim"). Ein „Esdram" aber ist erst in der sicher späten gr. Esra-Apk. von 7.4.5 b zu verzeichnen.
93 Weitere Beispiele aus dem palästinischen Judenchristentum bietet L. LAHEY: „Hebrew and Aramaic in the Dialogue of Timothy and Aquila" in: Horbury, *Hebrew Study* 106–121.
94 Eine merkwürdige Ausnahme ist die Geschichte aus der Hasmonäerzeit, die Abbajje (Abbaji), ein vielzitierter Amoräer des frühen 4.Jh., in *Qid*. 66a erzählt (mit Parallele bei Josephus, *Ant*. 13, 288–298) und wo v. a. *wajjo'mer* vorkommt, aber auch zwei andere derartige Formen.
95 „Stil" sei hier definiert als die Wahl zwischen sprachlichen Ausdrucksalternativen (insofern ist auch dies kein Gesichtspunkt textimmanenter Betrachtung, sondern vielmehr ein intertextueller). Um die Ausdrucksalternativen zu beurteilen, muss man freilich wissen, welche es gab, d. h. welche das antike Griechisch für die jeweiligen Textgattungen zur Verfügung stellte. Eine mitten aus dem hier behandelten Zeitraum, nämlich aus dem 1.Jh. n.Chr. stammende Stilkunde enthalten die Schriften des

rung, wobei diese beiden Aspekte sich überlagern: „Niederes" kann „spät" sein und umgekehrt. Die Sprachregeln des hellenistischen Griechisch, die in Abschn. 3.0 – 6.2 voll greifen (mit beginnenden Ausnahmen in späten Texten wie 5.3) mochten zunächst eine gesprochene und damit auch allgemein bekannte Sprache wiedergeben; von Jahrhundert zu Jahrhundert jedoch wurden sie zu einer nur noch von den Gebildeten beherrschten, vom Alltag sich lösenden Hochsprache, und der Versuch, diese zu handhaben, führt bei den weniger Gebildeten, den weniger Ambitionierten oder einfach nur den Späteren zu charakteristischen Fehlern. Die „Kontrolle durch das Ohr", die bei einer sich stark verflachenden Aussprache mehr und mehr versagen musste,[96] konnte durch ein umso sorgfältigeres Hinsehen auf das Geschriebene nicht auf Dauer ersetzt werden. Die Folge waren beträchtliche Erosionen im Bereich der Formenbildung oder aber, wollte man die alte Vielfalt beibehalten, Versehen, wie man sie früher „gehört" hätte, ehe man sie etwa schrieb. Die Schrift rettet keine Sprache, sie rettet nur Texte. Das sieht man an zahlreichen Produkten unserer Sammlung, und nach einer bisher nur selten gehörten Mahnung von Robert Kraft (5; vgl. 123) ist die Sprachgeschichte des Griechischen, wovon es gute, kurzgefasste Darstellungen gibt,[97] zur Deutung der Beobachtungen herangezogen worden.

Um nur zwei typische Elemente des Sprachwandels zu nennen: 1. Die Ignorierung des sog. *schema Atticum* (Verb im Sg. bei Subjekt im Ntr. Pl.)[98] ist seit dem Mittelgriechischen die Regel. 2. Die Verwechslung von Dativ und Akkusativ, die im NT bereits einsetzt; sie spiegelt das Verschwinden des ersteren in der gesprochenen Sprache wider und ist zunächst ein Anzeichen geringerer Stilhöhe. Dass aber ein Dativ bei Ortsangaben nunmehr auch als Richtungscasus dienen muss, wirkt künstlich und scheint ein Mittel subliterarischer Feierlichkeit gewesen zu sein (frühe Beispiele: Lk 2,7; 7,17).[99] Älter wäre *Tob.* 9,1, wenn denn Cod. B, A usw. gegen S Recht haben, alles

---

Dionysios v. Halikarnass (der des Josephus literarisches Vorbild war), insbes. sein Traktat Nr. 6 (*De compositione*); vgl. Anm. 101. Als antik-jüdische (?) Stimme zur Stilistik vgl. unten 3.5.2.

96 Bekannt ist der Wandel des η von dunklem *ē* (archaisch) über helles *ē* (hellenistisch) zu langem *i* (so schon 2.Jh. n.Chr.). Da der h-Laut der gesprochenen Sprache auch verloren ging, wurden Wörter wie εἰς, εἷς, εἴς (von ἵημι), ἴς, ἧς, die zu Homers Zeiten alle verschieden geklungen hatten, zu jener Zeit gleichlautend *is*. In byzantinischer Zeit (und in Gegenden wie Ägypten auch schon vorher) kamen auch noch οἷς und ὓς dazu: aus *hüs* und danach *üs* wurde gleichfalls *is*. All diese Wörter mussten für akustische Verständigung (welche der Normalfall ist) durch mehrsilbige ersetzt werden.

97 Als Überblick über die Entwicklung der gr. Sprache sei empfohlen R. BROWNING: *Medieval and Modern Greek*, 1969 (1983). Eine Kurzgrammatik der Septuaginta s. Siegert, *Septuaginta* 141–162. Der dort S. 144 wiedergegebene Lautstand des Griechischen ist der des 4.Jh. (maßgeblich für die großen LXX-Codices), von dem aus Browning den Weg geht bis in die Moderne. – Über das neben der gesprochenen Sprache herlaufende „Kirchengriechisch" der Byzantiner informiert das in 7.2.1 unter „Spezialgrammatik" erwähnte Kapitel von J. Tromp.

98 Verletzungen dieser Regel in älteren Texten sind entweder als „natürlicher" Numerus erklärlich (LXX Gen 22,18: offenbar dachte der Übersetzer an Einzelpersonen; ebenso Ps 12[11],3) oder erst in späten Handschriften nachgewiesen (Siegert, *Septuaginta* 160 § 52).

99 Mk 6,29 und 15,46 parr. sind motiviert durch die Sonderbedeutung von τιθέναι: „beisetzen".

leider erst Zeugen aus der Spätantike. In den Papyri gehen die Casus erst in der Kaiserzeit durcheinander.

Die wenigsten Bearbeiter von Parabiblica scheinen sich der beträchtlichen Unterschiede zwischen *Koinē* und Mittelgriechisch bewusst zu sein. Man merkt das an den Fehleinschätzungen, die Schriften wie etwa *Joseph und Aseneth* (2.2.2) in der Fachliteratur hervorgerufen haben. Dies ist, in welcher Ausgabe man ihn auch nimmt, kein „alexandrinischer" Text, sondern ein rustikal-barbarischer oder ein byzantinischer; es ist fehlerhaft nachempfundenes Altgriechisch. So beschaffen war das Schreibgriechisch ungebildeter Mönche, bis der Klassizismus des 10. Jh. in der Gestalt des Simeon Metaphrastes sich solcher Texte (dieses aber nicht) annahm und sie für die liturgischen Lesungen[100] in grammatisch korrekte Gestalt brachte. Ein antikes Publikum, zumal ein gebildetes, hätte diesen Versuch, „vornehm" zu reden, sei es die kurze Fassung oder die lange, wegen der zahlreichen Barbarismen nur verlacht.

Die Rubrik „Stil" wird also genützt werden, um Besonderheiten des Sprachgebrauchs in Proben vorzuführen, u.z. solche, die Rückschlüsse zulassen zu den übrigen Rubriken. Nicht Orthographiefragen (die waren Sache der Abschreiber), sondern solche der Formenlehre und der Syntax finden Beachtung, ebenso auch die manchmal sehr eigentümliche Semantik. Die besondere Frömmigkeitssprache der *Psalmen Salomos* (1.3.3) z. B. ist ein klarer Beweis der Unabhängigkeit vom Neuen Testament, was man von der *Sapientia* (6.5.1) oder dem *4Makk.* (6.5.3) nicht wird sagen können; da steht dann eine Intertextualität zur Klärung an. Manches Mal wird auf diese Weise der zeitgeschichtliche und politische Anspielungsreichtum der Texte und damit die ihnen eigene Konkretheit allererst fassbar. – In modernen Übersetzungen dürfte davon das Wenigste zu spüren sein; da klingt es einfach nur „fromm".

Im Blick ist also stets der griechische Text oder, wo er fehlt, die ihm nächststehende antike Übersetzung. Als zeitgenössischer *arbiter elegantiarum*, was Stilfragen betrifft, diente mir Dionysios v. Halikarnass, der „Literaturpapst" der frühen Kaiserzeit, ein in Rom wirkender Grieche.[101] Hierbei ist immer die beanspruchte Stilhöhe zu berücksichtigen: Der Philosoph (und freigelassene Sklave) Epiktet, dessen Vorträge Arrian in Nachschrift erhalten hat, musste sich von römischen Snobs Sprachfehler vorhalten lassen (Epiktet, *Diss.* 3, 9,14). Das war insofern ungerecht, als sein Vortrag gerade keine Feierlichkeit suchte. Arrian gibt es zu erkennen, indem er seine Nachschriften als διατριβαί, „Gespräche", betitelt. So wird auch von uns jeder Text an seinem Anspruch gemessen werden.

---

100 Ein Überblick mit Auszügen aus diesen Texten ist das Menologion in *Synekdēmos* 656–962.
101 Eine sehr ansprechende Ausgabe ist *Denys d'Halicarnasse: La composition stylistique*, (gr.-frz.) hg. G. Aujac/M. Lebel (Budé), 1981. Dies ist in vieler Hinsicht das antike Vorgängerwerk zu Norden, *Kunstprosa*. Konsultiert wurde zusätzlich *Denys d'Halicarnasse: Thucydide*, (gr.-frz.) hg. G. Aujac (Budé), 1991. Als griechische Grammatik noch aus der Antike, die die einstige Hochsprache rückblickend in allen Einzelheiten korrekt festhält, sei empfohlen: A. Hilgard (Hg): *Theodosii Alexandrini Canones, Georgii Choerobosci Scholia* (etc.), 2 Bde. (Grammataici Graeci 4,1.2), 1889.1894, mit detailliertem Register.

Prosarhythmen, immerhin etwas objektiv Messbares, sind ein zusätzliches Mittel zur Bestimmung der Stilhöhe. Sie bestehen im ein- oder mehrfachen Vorkommen eines Versfußes, den die Poesie nicht hat, nämlich – ⏑ – (sog. *versus Creticus;* Alternative: – – – bzw., mit nicht gemessener Schlusssilbe, – – x, also Längenhäufung und Verlangsamung des Redeflusses vor Satzenden bzw. Atempausen). Man muss nur die Regeln der klassischen „Prosodik" kennen (die aber keine Akzentlehre ist, sondern eine Rhythmik), um dieses Stilmittel wahrzunehmen. Eduard Nordens klassisches Werk hierzu (*Kunstprosa*) muss nicht mehr neu geschrieben werden; es erschöpft seinen Gegenstand. Es wird aber auch nicht mehr gelesen (ist in der Forschung nicht „aktuell"), und in der Praxis begnügt sich die Altphilologie mit den Barbarismen der herkömmlichen deutschen Schulaussprache. Der Rhythmus der langen und der kurzen Silben und die „dazu gesungene" Melodie (*ac-centus*), die in antikem Griechisch von der Versbildung grundsätzlich unabhängig war, verschwinden heute durch die neugriechische Gleichheit aller Akzente als Tonstärkenzeichen.[102] Diese Entwicklung ist alt: Neben besagten Lautwandeln, die den einst so reichen Vokalbestand auf weniges zusammenschrumpfen ließen, wurde in der Kaiserzeit die „Isochronie" (Gleichlänge) der Vokale üblich, womit abermals Unterschiede wegfielen. Das soll uns aber nicht davon abhalten, sie zu notieren, wo sie sich denn messen lassen.

Rhetoren wie der genannte Dionysios und dann vielleicht noch mancher kirchliche Anagnost dürften zu den letzten zählen, die bei lautem Lesen diese „quantitierenden" Rhythmen noch hörbar machten. Wenn sie in Texten nachweislich später Herkunft immer noch auftreten, sind sie entweder eine bloße Schreibübung ohne Publikumswirkung (für wen dann?), oder sie sind ein Anzeichen, dass ein älterer Text eingeschmolzen wurde. Gerade bei der *Aseneth*-Geschichte wird auffallen, wie die kurz vor Satzschluss vorhandenen Klauseln durch Zusätze wieder zunichte gemacht wurden. Das haben die Redaktoren offenbar nicht mehr „gehört". Sie können also nicht der schreibenden Bildungsschicht des alexandrinischen Judentums angehört haben; es werden ägyptische Mönche späterer Zeiten gewesen sein.

Die griechische Sprache hat sich in dem Jahrtausend, das zwischen Abschn. 2 und Abschn. 8 abläuft, stark, aber nicht sprunghaft verändert. Die vielen Zwischenstufen sind es, die uns hier angehen und von denen heute eher die Epigraphiker als die Literaten in der Klassischen Philologie und der Byzantinistik nähere Kenntnis haben. Wieder und wieder wird hinzuweisen sein auf eine Art von „Pseudo-Altgriechisch" oder „Kirchengriechisch" (wie wir es auch nennen werden),[103] die den Absolventen

---

[102] Aus ästhetischer Sicht wäre für antikes Griechisch die sog. henninische Aussprache (in England und z.T. in den USA üblich) vorzuziehen, die Griechisches betont wie Latein. Das hat den Vorteil, dass einem Namen wie Σωκράτης die Struktur – ⏑ – verbleibt statt neugriechisch ⏑ – ⏑. Die dt. Schulaussprache hingegen macht die „Musik" des Altgriechischen zunichte, sowohl den Rhythmus wie die Melodie.

[103] Ihm nahe ist die sog. *katharevusa*, wie sie bis ins 20.Jh. in Griechenland noch geschrieben wurde, die aber doch festere Regeln hat. So kommen in ihr keine fehlplatzierten Dative mehr vor (um nur das Auffälligste zu nennen): Man geht nicht ἐν τῇ Ἰουδαίᾳ, sondern στὴν Ἰουδαία(ν). – Eine ähnliche Art

heutiger Griechischkurse unverdächtig erscheinen mag, die in der Antike aber Protest oder Gelächter hervorgerufen hätte, je nachdem. Die *Aseneth*-Geschichte (um bei dem Beispiel zu bleiben) strotzt vor Dativen, wo weder das Altgriechische einschließlich der *Koinē* einen gesetzt hätte noch das Mittelgriechische, das gar keinen Dativ mehr hat.[104] Konjunktiv und Optativ verschwimmen ineinander, Perfekt und Aorist vertauschen ihre Funktionen – Zeichen eines Sprachverfalls, dem erst durch die Einführung neuer Partikeln (in 7.2.1 oder 8.2.1 finden sich schon welche) wieder abgeholfen wurde. Dass diese Kunstsprache je von Juden gebraucht worden wäre, bleibt noch zu erweisen.[105]

0.4.5 Die Rubrik **bemerkenswerte Stellen** erhebt keinen wissenschaftlichen Anspruch; es sind Lesefrüchte. Naturgemäß kann sie nur eine Auswahl bieten, die mit anderen Rubriken korrespondieren kann, vom Kopftext bis hin zur Rubrik „Nachwirkung". Manche begriffliche Besonderheit findet *en passant* eine Erklärung, gern aus vergleichbaren Texten innerhalb der Sammlung. Man könnte noch sehr viel intensiver nachfragen, wo sich jeweils – und wie sich – in den Texten ein Gottesverhältnis ausdrückt. Dieser Frage ist v. a. Woschitz nachgegangen, auf den unter „Inhaltsangabe und Kommentar" jeweils hingewiesen wird, wenn auch nicht ohne Reserve.[106]

0.4.6 Was die **Datierung** angeht, also das Schätzen eines Datums[107] für Texte, die gerade keines tragen (oder, wie in der auf Hag/Sach folgenden Apokalyptik, allenfalls Pseudo-Daten), so wäre kein Nutzen dabei gewesen, jede Schätzung, welche die Sekundärliteratur bietet, zu verzeichnen und ggf. zu kritisieren. Zu gern wird von Philologen, die keine Historiker sind, das ältestmögliche Datum vorgeschlagen, schon um die betr. Schrift dem Leserinteresse zu empfehlen. Selbst das *2.Henochbuch*, zwischen dessen ältester Bezeugung in einem Fragment (4.Jh.) und ältester Bezeugung als

---

von Latein ist jedem Mediävisten vertraut, etwa aus der *Glosa psalmorum ex traditione seniorum* (6./ 7.Jh.), wo schon französische Elemente vorkommen (*inde* = en, *ibi* = y). Ebenso ging es im Armenischen, wovon Stone, *Apocrypha* 52.58–77 ein Beispiel bietet und weitere im 1. Apparat auf jeder Seite. Das sind Sprachen, die nie gesprochen wurden außer bei Festreden, wo Künstlichkeit geschätzt war. Sie dienten v. a. der Schriftlichkeit, und zwar im Rahmen konservativer Institutionen.

104 Gerade in Zeiten, wo kein Dativ mehr gesprochen wurde, muss sein Klang etwas Hieratisches gewonnen haben – bis heute, wo in gr.-orthodoxer Liturgie das *si kirie* (σοί, κύριε) in besonders langen Notenwerten gesungen wird.

105 Zahlreiche Proben späten Gebrauchs der gr. Sprache bei Juden (meist in hebr. Transkription) verzeichnet das seit 1987 erscheinende *Bulletin of Judaeo-Greek Studies*. Stets ist es die Gebrauchssprache. Eine Imitation des Altgriechischen, ja selbst der Septuaginta müsste dort erst noch gefunden werden.

106 Leider ist er nicht auf der Höhe der hier angestellten historisch-kritischen Reflexionen. Vgl. noch 0.7.3–4 zum Begriff „Offenbarung".

107 Hilfe in chronologischen Fragen leisteten folgende Handbücher bzw. Broschüren: E. BICKERMAN(N): *Chronologie* (1933), 1963; M. DEISSMANN: *Daten zur antiken Chronologie und Geschichte* (Reclams Universalbibliothek 8628), 1990 (Kurzfassung von E. BICKERMAN: *Chronology of the Ancient World*, 1968). Vgl. die spezialisierteren Studien von R. Beckwith in 1.1.1.

Ganzes immer noch tausend Jahre liegen (14.Jh.), wird mit einem Entstehungsdatum „vor 70 n.Chr." verbreitet. Als Argument dafür gilt die Erwähnung des Tempels, als wäre er noch in Betrieb.

Diese Datierung ist bis heute dermaßen häufig, dass hier vorauslaufend Einspruch erhoben werden muss. Jedem Autor der Antike oder des Mittelalters stand es frei, sich in die Zeit des salomonischen, nehemianischen oder herodianischen Tempels zurückzuversetzen und Aaroniten darin auftreten zu lassen. Wieso wäre das eine Datumsangabe? Sie ist es nicht stärker, als ein *argumentum e silentio* aus der nicht erwähnten Tempelzerstörung es wäre. Da wäre die Voraussetzung, ein Text, der später liegt als diese und Jüdisches behandle, müsse sie auch erwähnen – aber warum nur? War sie nicht in höchstem Grade peinlich und der Gedanke daran störend?

Das Mindeste bei solcher Datumsschätzung wäre, zu unterscheiden zwischen dem Tempelbrand nach Aufhören des Opferkults i.J. 70, der immerhin noch Hoffnung ließ auf eine Wiederinbetriebnahme, und dem Abtragen der Tempelgebäude ab dem Jahr 135. Doch bleibt auch dann noch ein Moment unbemerkt, das alle Gruppierungen betrifft, die sich vom Bestehen des Tempels etwas erwartet hatten und deren Mentalität geprägt war von der Kultzentralisation des letzten halben Millenniums: die Scham. Die Zerstörung des Tempels erwähnen? Kein Jude und auch Christ, der mit dem Judentum Sympathien hatte, tat das ohne Not. Selbst Josephus, der genau dazu gezwungen war, als er in römischem Auftrag sein *Bellum* schrieb, denkt sich an anderen, später und freiwillig verfassten Stellen den Tempel wieder intakt. So berichtet er in *Ant.* 12, 325 mit vielen ortstypischen, insofern sogar nachprüfbaren Details: „Bis jetzt" feiern wir das Laubhüttenfest! Noch seine Altersschrift *Contra Apionem* müsste „vor 70" datiert werden, weil er dort gleich eingangs von dem Land spricht, „das wir nun innehaben (ἔχομεν)" – hatte nicht ihn selbst der Krieg ins Exil getrieben? In 2, 77 bezeugt er: „Tatsächlich bringen wir für sie (die Kaiser) ständige Opfer (...) jeden Tag auf öffentliche Kosten aller Juden". Tatsache? Auch in 2, 196 spricht er nochmals vom Kult im Präsens: War er nicht persönlich an dieser Tätigkeit gehindert worden, zu seinem großen Leidwesen? – Nicht in der Phantasie! Dieser aber entspringen, weit mehr als bei ihm, gar manche der hier zu besprechenden Schriften.

0.5 Die Übersetzungen und ihre Sprachen

Vieles einstens Griechische – ob bereits übersetzt oder original griechisch – ist nicht mehr in der Weltsprache von einst erhalten. Einige Informationen hier werden am Platze sein über die antiken, ja manchmal auch nachantiken Übersetzungen des hellenistisch-jüdischen Schrifttums. Oft werden alte Übersetzungen auch „Versionen" genannt, womit angedeutet ist, dass die Übersetzer oftmals auch Herausgeber und Redaktoren waren, also Bearbeitungsfreiheit hatten, zumal bei offensichtlich pseudepigraphen Schriften. Jede Stufe der Weitergabe bringt eigene Schwierigkeiten mit sich. Das Extrem ist die heutige Zitierweise aus einer so wichtigen Schrift wie dem *Henoch*-Buch (1.5): Man zitiert aus Übersetzungen einer Übersetzung einer Übersetzung. Dabei wäre die älteste noch erhaltene Form, die letztgenannte (griechische), immerhin in einigen Portionen noch da. Abweichend vom Usus der bisherigen Einführungen, werden wir uns „das" *Henoch*-Buch nicht schon als ein äthiopisches vornehmen, sondern seine diversen Fassungen in ihre jeweilige Zeit setzen.

0.5.1 Westlicher Kultur am zugänglichsten, schon des Alphabets wegen, sind **lateinische** Übersetzungen. Sie empfehlen sich ihrer Zugänglichkeit (z.T. in der Vulgata) und oft auch ihres hohen Alters wegen. Sie könnte in Form der bereits erwähnten **Vetus Latina**[108] eine Leistung des westlichen Diasporajudentums gewesen sein (0.2.5).[109] Manches davon ist unverändert Bestandteil der **Vulgata**[110] geworden: Wo für Hieronymus kein hebräischer Text mehr auffindbar war, hat er auch nicht überarbeitet. Das Latein dieser Bibel des Westens wurde durch Hieronymus erst korrekt; ja es setzte einen neuen Stilmaßstab, und dies vermutlich nicht ohne eine gewisse jüdische Vorarbeit (vgl. 3.5.2).

Als Referenztext dient uns die unter Papst Clemens VIII. herausgekommene offizielle Ausgabe von 1592; ihre Ausgaben sind im Text wörtlich gleich. In den Überschriften sind sie es allerdings nicht: Verglichen wurde, was diese betrifft, die kritische Ausgabe von Weber/Gryson, welche die (frühmittelalterliche) Orthographie der ältesten erreichbaren Handschriften wiedergibt: Hier ist deutlicher zu sehen, welche Schriften unter welcher Benennung und Autorenzuweisung rezipiert worden waren, ehe mit dem Aufkommen gedruckter Bibeln die Inhaltsverzeichnisse der unterschiedlichsten Bibeln sich anzugleichen begannen. Wovon wir aber absehen, sind die offensichtlich sekundären Namensformen wie „Hester" oder „Danihel", die dieser Bibelausgabe ein bizarres Aussehen geben. Ihr Wert liegt in dem (hier nicht benutzten, nur empfohlenen) Variantenapparat. Obwohl ihr Textbestand, wie das Vorwort versichert, derjenige der offiziellen Ausgabe von 1592 ist, der o.g. Clementina, enthält sie doch eine Überraschung: Zunächst beschließen *1.2Makk.*, hinter den Zwölf Propheten kommend, den atl. Kanon, ehe eine „Appendix" das *Gebet Manasses*, das *3.* (LXX: *1.*) *Esra*-Buch, die erweiterte *Esra-Apk.* (unser *4–6Esr.*), *Ps. 151* und – eine *Epistula ad Laodicenses* bietet. Irgendwann muss letztere aus der amtlichen Vulgata veschwunden sein. Die Clementina bietet in ihrem Anhang nur noch das *Gebet Manasses* sowie *3Esr.* und *4–6Esr.*, und zwar hinter dem Neuen Testament. Dort findet sich zunächst ein redaktioneller Vermerk der Kommission, welche die Vulgata damals, übrigens noch im Auftrag des Konzils von Trient, amtlich zu edieren hatte; er lautet übersetzt:

---

108 Ihr nördlicher (europäischer) Überlieferungszweig wurde früher auch *Itala* genannt; doch bereitet die Für-Sich-Nahme Schwierigkeiten.
109 Dass auch Nichtbiblisches über das Griechische ins Latein kam, wird sich in 1.1.2, 2.5.1 u.ö. nahe legen, wie ja auch Philons *Quaestiones in Genesim* in verkürzter Form lateinisch erhalten geblieben sind. Was wir hingegen von den Schriften des Josephus auf Latein besitzen, ist erst auf Veranlassung Cassiodors in Klöstern des Westens übersetzt worden.
110 Wo hingegen Hieronymus von einer „Vulgata" spricht, meint er die Septuaginta. Seine eigene Bibeledition erhielt erst später diesen Namen.

Das *Gebet Manasses* sowie die zwei Bücher, die unter dem Titel *3.* und *4.Esra* umlaufen, sind hier, nämlich außerhalb der Reihe der kanonischen Bücher, welche die heilige Tridentinische Synode rezipierte und als kanonisch zu rezipieren verordnete, separat gesetzt, um nicht gänzlich unterzugehen; sie werden ja von einigen heiligen Vätern mitunter zitiert und finden sich in einigen lateinischen Bibeln, sowohl handgeschriebenen wie gedruckten.

In Zitaten aus der Vulgata und aus anderen lateinischen Texteditionen wird unten, was die Rechschreibung betrifft, der Namen halber eine i-j-Differenzierung vorgenommen, wie sie in Wörterbüchern auch mitunter gebraucht wird; im Italienischen gibt es das nicht.

0.5.2 Hohes Ansehen genießt die **syrische** Tradition; Charlesworth hat sich ihrer persönlich angenommen. Syrisch ist das Aramäisch der christlichen Literatur des Zweistromlandes. Diese setzt ein mit Schriften des Bardaișan (Bardesanes) um 200 n.Chr., und ab da ist mit einer regen Übersetzungstätigkeit aus dem Griechischen zu rechnen. Das normierende Zentrum dieser Sprache[111] war Edessa, wie hierzulande für das Hochdeutsche Wittenberg. Diese Sprache und die ihr eigentümliche Schrift wurde nur von Christen geschrieben.[112] Ältestes Denkmal dieser Sprache dürften die *Oden Salomos* sein (7.6.1). „Zeitlich sind sie frühestens in den letzten Jahrzehnten des 2.Jh. anzusetzen. Mit ihnen, dem Diatessaron und den Schriften des Bardesanes begann die christliche syrische Literatur" (Hengel, *JJS* 1990, 60). Die syrischen Manuskripte, z.T. im trockenen Sand Ägyptens erhalten (wo syrische Mönche lebten) und in Klöstern, die seit der Antike ununterbrochen bestehen (der Islam ließ sie bestehen; der Islamismus wird sie beseitigen), haben ein Alter, das jenes der griechischen nicht selten um fast ein Jahrtausend übertrifft: Vieles an syrischen Manuskripten stammt schon aus dem 6.Jh., erhalten in den Klöstern der Nitrischen Wüste (Natron-Tal, *Wadi Natrun*) und ist von dort ins Britische Museum gelangt, aus dessen Schätzen Paul (oder Paul Anton) de Lagarde sie bereits 1861 edierte, oder nach Mailand, wo die syrischen Codices Ambrosiani sich noch besserer Editionen erfreuen (durch Antonio Maria Ceriani u.a.), wohingegen man für das Griechische, wenn es nicht gerade Bibelcodices sind, sich häufig mit Abschriften aus der Renaissance begnügen muss, voll von Verschreibungen derer, die diese Sprache nicht mehr beherrschen.

Literaturgeschichtlich interessant als Gegenstück zur Vetus Latina des Westens ist die **Peschitta**.[113] Diese wohl noch von jüdischer Hand kommende, aber höchstens

---

[111] Sie hat auch eine eigene Schrift, die später mit Hilfe von Punkten (im Osten) oder griechischen Buchstaben (im Westen) vokalisiert wurde.

[112] Übernahmen von Jüdischem, insbes. von aramäisch formulierten Traditionen oder gar Schriften, müssen durch das Stadium einer grammatischen Überarbeitung gegangen sein. Eine solche lässt sich nachweisen an Dan 2,4b ff im Vergleich zum Aramäischen des MT. Im Übrigen wird hinter Autoren wie Aphrahat (4. Jh.) immer noch viel Mündliches vermutet.

[113] Einführung: M. WEITZMAN: *The Syriac Version of the Old Testament* (UCOP 56), 1999 (vgl. Siegert, *Septuaginta* 384). Dort 244–246 der Nachweis jüdischer Glaubenszugehörigkeit der Übersetzer wenigstens von Esr und 1.2Chr, der spätest-übersetzten kanonischen Bücher. *Sirach* wurde noch aus dem

stilistisch, d. h. in der Formenlehre, dem besonderen ostaramäischen Dialekt[114] der Christen angepasste Übersetzung der gesamten Hebräischen Bibel bietet in einigen seltenen Textzeugen, darunter dem Codex aus Mossul (jetzt Bagdad)[115] sowie dem Mailänder Codex und den von de Lagarde edierten Londoner Handschriften nicht nur die in 1.2–4 aufzuführenden Texte, sondern auch einzig auf der Welt die komplette *Baruch*-Apokalypse (2.5.2–4). Folgende Publikationsweise hat sich eingespielt:

- Der Mailänder Codex Ambrosianus B 21 inf. (s. u. 2.5.1) ist bzw. wird noch ediert in der „Leidener Peschitta" (s. 0.9.1). Sie ist unpunktiert, und leider fehlen auch manchmal jene diakritischen Punkte, womit die Handschriften solche Formen unterscheiden, die im Konsonantentext gleich sind.
- Die Handschriften des Britischen Museums sind verlässlich, aber extrem karg und wenig benutzerfreundlich ediert durch de Lagarde (s. 0.9.1). Auch er gibt keine Vokale.
- Die Handschriften des Chaldäischen Patriarchats von Mossul (nachmals Bagdad), woraus eine normative Ausgabe entstand (Anm. 115), sind für die Christenheit mit syrischer Liturgie das, was der Codex Vaticanus der Septuaginta für die ganze westliche Christenheit ist. Dieser Druck ist die Grundlage einer neuen, punktiertsyrischen Ausgabe mit englischer Übersetzung (ebd., vgl. 2.5.3–4), die bestimmt ist zum Gebrauch der syrischen (oder „assyrischen") Christenheit v. a. im Exil.

Der Unterschied zwischen diesen Texten ist minimal; die Texttreue der Überlieferung ist der des Masoretischen Textes vergleichbar. Abgelöst sind damit die zur Verwischung von Unterschieden (zumindest im Beiwerk) tendierenden Polyglottenbibeln.[116]

Hebr. übersetzt (1.3.1). Für später aus dem Griechischen Hinzugekommenes vgl. 1.3.2; 2.5.2–4. – Zu Alter und Entstehungsort der Peschitta s. Weitzman 258: Mitte des 2.Jh. n.Chr., Edessa. AT-Zitate im syr. NT richten sich bereits nach ihr.

114 Ein signifikantes Beispiel für dessen Eigenart ist die *jiqṭol*-Form, die in biblischem Aramäisch (also Westaramäisch) gebräuchlich ist, wenn auch in veränderter Verwendung (nicht mehr narrativ, auch nicht futurisch, sondern modal) und sich so auch im Babylonischen Talmud wiederfindet: Im Syrischen schreibt sie sich *nqṭwl* und wird ostsyrisch vokalisiert *neqṭol*, westsyrisch *neqṭul*.

115 Denis 526. Dieser und einige ihm offenbar ähnelnde sind Grundlage der Druckausgabe: *Biblia Sacra juxta versionem simplicem quae dicitur Pschitta*, Mossul 1887–91 (Nachdrucke Beirut 1951; Piscataway [N.J.] 2010). Dort findet sich eine bei uns nicht übliche Kapitelzählung, und sie ist punktiert, um für liturgischen Gebrauch, sprich lautes Lesen, geeignet zu sein. Letzteres gilt auch für die Neuausgabe von Kiraz/Bali (vgl. 2.5.3). Aus deren AT sind bis jetzt veröffentlicht: Dt, Jes, Jer, Dodekapropheton; Lev, 1–2Sam und Ez sind nächstens zu erwarten. – Dass *VTS* und die syrischen CSCO-Texte nicht punktiert sind, liegt allein daran, dass man die Vokalisation der Entstehungszeit nicht genau weiß und dass später, in Zeiten der Punktierung, ost- und westsyrische Vokalisation sich bereits geteilt hatten. Beim Nicht-Vokalisieren aber und gleichzeitigem Nicht-Übersetzen (so *VTS*) geht von dem Spezialwissen der Editoren allzu viel verloren.

116 Sofern ihr Apparat nicht weiterhilft. B. WALTON (Hg.): *Biblia sacra polyglotta*, Bd. 4, 1657 (und Nachdrucke; auch online) gibt Handschriften wieder, die schon vor de Lagarde bekannt waren, vorzugsweise in London. De Lagardes Siglum w bezieht sich hierauf und repräsentiert innersyrische Weiterverarbeitung der Texte.

Andere, populäre Ausgaben westlicher Bibelgesellschaften sind in den Einleitungsfragen nicht zuverlässig.[117]

Längst nach der Peschitta ist das ganze Alte Testament nochmals ins Syrische übersetzt worden, nach der Septuaginta, genauer: nach der fünften Kolumne von Origenes' *Hexapla*, die den von Origenes zustande gebrachten Fusionstext enthielt. Das war eine Art Sicherheitskopie dieses Textes im Auftrag des Bischofs Paulus v. Tella kurz vor den Persereinfällen des 7.Jh.,[118] bei welchen die Bibliothek von Caearea (wo allein die Hexapla-Bände konsultiert werden konnten) verloren ging. Die Spitze der syrischen Kirche flüchtete damals bis nach Ägypten. Man nennt diese Übersetzung die **Syro-Hexapla**, auch wo (außerhalb des Pentateuch) ihre Vorlage nur vier Kolumnen hatte, also eine Tetrapla war.[119]

Eine Übersicht über Außerbiblisch-Jüdisches in syrischer Anverwandlung gibt Brock, „Jewish traditions in Syriac sources" (0.9.5). An hilfreichen Arbeiten fehlt es also nicht. Allerdings, Syrischlesen ist keine reine Freude. Die kritischen Ausgaben sind unvokalisiert, und die ornamentale Schrift, so aufwändig ihre typographische Wiedergabe auch sein mag, ist ein geringer Trost bei der Verwechselbarkeit ganzer Gruppen von Buchstaben.

Dem allzu fraglosen Übergehen des Syrischen in der Pseudepigraphenforschung versucht Charlesworth entgegenzuwirken und bevorzugt nunmehr syrische Überlieferungen, wo immer sie sich finden; dennoch ist ihm der in 2.5.2–4 darzustellende, nur syrisch überlieferte Zusammenhang entgangen, und in dem sog. *Testament Adams* (6.3.4) mutet er heutigen Lesern ein Konvolut zu. Auch bleibt bei ihm die armenische Tradition (s.u.) ungebührlich im Schatten; er hat sie anderen überlassen.

0.5.3 Koptische Übersetzungen sind aus dem trockenen Sand Ägyptens in Papyri schon ab dem 4.Jh. greifbar. Geschrieben (mit einem weitgehend griechischen Alphabet) wird das Koptische spätestens seit dem 3.Jh., als nämlich christliche Mission (so wird vermutet) aus Alexandrien in die Fläche ging. Es ist eine Mischsprache aus spätestem Ägyptisch und vielen griechischen Fremdwörtern, die mit der Wortwahl der Vorlage allerdings nicht identisch sein müssen.

---

[117] Gebrauchsausgaben der Peschitta, wie westliche Bibelgesellschaften sie verbreiten, sind zwar punktiert (so der mit „J. E. Y. K." signierte Nachdruck einer 1852-er Ausgabe 1913 bzw. 1954), aber in all den Fragen, die hier interessieren, überarbeitet nach Maßgabe europäischer (im angegebenen Fall sogar protestantischer) Bibeln. Für Einleitungsfragen muss also das *Vetus Testamentum Syriace* (*VTS*) konsultiert werden, zusätzlich zu den (präzisen, aber wortkargen) Angaben bei de Lagarde. – Erwähnt sei noch, dass die Wiedergabe von *JHWH* in der Peschitta ebenso eindeutig ist wie in der Septuaginta das artikellose *kyrios*; es ist das Kunstwort *mārjā*, offenbar eine Nachbildung von hebr. *adonaj*.
[118] Eroberung Jerusalems: 614 n.Chr.
[119] Es ist der Cod. Ambrosianus (also in Mailand) C 313 inf. Dazu Rahlfs II 864; Siegert, *Septuaginta* 383f sowie unten 1.2.1; 1.2.3; 1.3.2 u.ö. Das NT wurde damals gleichfalls erneut übersetzt, u.z. nach dem im byzantinischen Reich gültigen NT-Text. Dies war die Arbeit des Thomas von Heraklea (syr. Ḥarqel; darum sog. Harklensis). Beide sind heute nur noch für die Textkritik von Interesse.

Hier kommen die Vorlagen nie direkt aus den Judentum, dessen literarisch so produktiver alexandrinischer Zweig 117 n. Chr. in einer Art Bürgerkrieg untergegangen war, sondern es sind stets schon Schöpfungen der griechischsprachigen Kirche, wenn nicht gar der koptischen, einheimischen. Da die erstere, und mehr als sie die letztere, bis zum heutigen Tage viele alttestamentliche Heilige verehrt, auch „Mose" als christlichen Vornamen kennt (sonst nur armenisch), ist diesen Himmelspatronen zu Ehren noch manches auf Koptisch geschrieben worden (bes. 7.5.2), im Homilie-Stil.

Bis ins 10.Jh. war der sahidische Dialekt vorherrschend; ab da ist es der bohairische. Bohairisch Geschriebenes ist also *ipso facto* mittelalterlich und kommt für unsere Zwecke nur in Frage, falls eine sahidische oder besser noch eine griechische Vorlage angenommen werden kann. Das gleiche gilt für die **arabischen** Texte. Diejenigen unter den Pseudepigraphenforschern, die Arabisch können, sind meist Alttestamentler, die sich damit, wie auch die Semitisten, geistig in die Antike zurückversetzen wollen. Der christlich-arabische Dialekt jedoch ist ein Dialekt des Mittelalters (s.u. 0.5.7). Erst durch Rückdenken ins Griechische kommt man in die Antike.

0.5.4 Sehr reichhaltig ist die mit dem 5.Jh. einsetzende **armenische** Schriftkultur.[120] Das Armenische erlaubt besonders genaue Übersetzungen, da es dem Griechischen in der Syntax ähnelt.[121] Am Beginn steht, als klassisches Denkmal des literarischen Armenisch für über tausend Jahre, die Bibel der „Heiligen Übersetzer". Sie wurde den Armeniern das, was viel später Luthers Bibel im Deutschen wurde. Auch sie schon war eine „zielsprachliche" Übersetzung, also nicht so sehr wörtlich gehalten als vielmehr sinngemäß. Erst später, im 6. und 7.Jh., wurde bis zur Servilität „ausgangssprachlich" übersetzt, bis hin zur Unverständlichkeit. Beim Weiterübersetzen in moderne Sprachen können also gerade bei den alten Übersetzungen Differenzen zum Griechischen auftreten, von denen nicht auf eine abweichende griechische Vorlage geschlossen werden kann, sondern es ist die Idiomatik, wofür der Venediger Thesaurus (0.9.4: Awetik'ean) reichlich Beispiele gibt, mit zu berücksichtigen.

In dem ganzen Fächer der hier zu betrachtenden orientalischen Sprachen ist diese die einzige, die griechische Konstruktionen nachzubauen vermag. Überdies verfügt sie, anders als das Latein, über einen Artikel. Sie hat einen sehr reichen, wenn auch etymologisch obskuren Wortschatz und vermag z.B. Wortbildungen wie die mit α *privativum* nachzubilden. So können denn Textvergleiche sehr genau vorgenommen werden.

Zwar stammt das Meiste an Handschriften – nach sehr turbulenten Verfolgungszeiten – erst aus dem „Kleinarmenien" (Kilikien) des 13. und 14.Jh.; doch ist ihre

---

120 F. SIEGERT: „Die Armenier, Volk der Schrift. Eine späte Parallele zum jüdischen Schicksal", in: H.-P. MÜLLER/ders. (Hg.): *Antike Randgesellschaften und Randgruppen im östlichen Mittelmeerraum* (MJSt 5), 2000, 87–115.
121 Das Armenische steht in dem Ruf, schwer zu sein, weil es 37 Buchstaben hat. Die Differenzierung der Phoneme und damit auch der Wörter ist jedoch perfekt. Mein Lehrer in orientalischen Sprachen, Alexander Böhlig, pflegte zu sagen: „Was wollen Sie denn? Es steht doch alles da."

Qualität vorzüglich, bedingt durch eine klare, fast ohne Abkürzungen geschriebene Schrift sowie durch einen sehr viel langsameren Sprachwandel: Das Mittelarmenische, Muttersprache jener Schreiber, hatte längst nicht die phonetische Erosion erlitten, die die griechischen Manuskripte derselben Zeit vor Fehlern strotzen lässt. – Der armenische Thesaurus (0.9.4) gibt all die griechisch-armenischen Wortäquivalenzen, die in den bis zu seinem Erscheinen bekannten Quellen nachweisbar sind.

Was aber die Bearbeitungen und Nachempfindungen betrifft, worin auch in der armenischen Christenheit große Freiheit herrscht, so ist der Antijudaismus eines Euseb, Hieronymus oder Ephraem ihr so fremd gewesen, wie die Nähe zum semitischen Sprachraum förderlich war für fortdauernde Berührung mit jüdischem Gedankengut.[122] Die Armenier waren, anders als die Byzantiner, zu allen Zeiten mehrsprachig. Sie übersetzten bzw. adaptierten, was sie brauchen konnten, aus den Nachbarsprachen Griechisch, Syrisch, Arabisch und „Fränkisch" (Latein). Ihre Bibel war seit ihrer Entstehung im 5.Jh. ein Nationalheiligtum, und bis heute ist die Zugänglichkeit der armenischen Bibel und alles dessen, was sie literarisch umgibt, weit höher als sonst im Orient. Denn anders als die syrische und die koptische Tradition, deren Manuskriptbestand weitgehend auf Veröffentlichungen seitens westlicher Institutionen angewiesen ist, sind die Armenier eine Kulturnation, die den Anschluss an die westliche Welt schon im Mittelalter und den an die Druckkunst im 17.Jh. gefunden hat. Der armenisch-römisch unierte Mechitaristen-Orden unterhält seither Schulen und Verlage in der westlichen Welt (v. a. in Venedig und in Wien). Eine armenische Bibel, eine des erweiterten Kanons, liegt seit 1805 in einer verlässlichen Ausgabe vor (Nachdruck 1984), und vieles Pseudepigraphe ist 1896 im Armenischen und 1901 (1934, 1967) in englischer Übersetzung (allerdings weniger verlässlich) veröffentlicht worden.[123]

Diese Arbeit ist im letzten halben Jahrhundert von dem israelischen Forscher Michael Stone von der Hebräischen Universität Jerusalem in mustergültiger Weise fortgesetzt worden. Er hat für die armenischen Pseudepigrapha so viel geleistet wie James Charlesworth für die syrischen, schon quantitativ gesehen. Qualitativ gesehen, ist er ganz auf der Höhe der Klassischen Philologie, insbesondere beherrscht er die stemmatische Methode. Seine Leistungen bleiben leider in den deutschsprachigen Nachschlagewerken allzu sehr in den Fußnoten verborgen, und auch an Charlesworths Sammlung ist er nur an einigen Stellen beteiligt. Die Armeniaca liegen eben außerhalb des Kompetenzbereichs der Alttestamentlichen Wissenschaft bzw. Semitistik und damit offenbar im toten Winkel der Pseudepigraphenforschung. Dem abzuhelfen, ist eines der Vorhaben der hier vorliegenden *Einleitung*.

---

122 Ein Beispiel ist die arm. *Verkündigung Jonas in Ninive*; s. u. 2.3.3 a „Ähnliche Texte".
123 DiTommaso, *Bibliography* (s. 0.9.3.) 167 unten (u. ö.). Den armenischen Editionen des Nichtbiblischen gelten im Folgenden die Siglen Y. und Iss. (s. 0.9.1), wobei die Unzuverlässigkeit der engl. Übers. von Issaverdens v. a. darin besteht, dass er unausgewiesene Korrekturen vornimmt. So lässt er in *De Jona* (2.3.3 a) 104 die „drei Tage" von Jon 3,4 LXX doch wieder 40 Tage sein; der Kürbis bzw. Rizinus braucht schließlich Zeit zum Wachsen.

0.5.5 Die **äthiopische** Tradition hat ihre Wortführer unter den Semitisten und Alttestamentlern schon seit hundertfünfzig Jahren. Indes, der Anschein des Archaischen, der diesen Texten anhaftet, ist trügerisch. Die äthiopische Schrift, seit etwa 350 n. Chr. im Gebrauch, ist kaum älter als die armenische, und gerade die „parabiblischen" Manuskripte gehören sämtlich erst dem Mittelalter an, meist sogar dem späten. Dass das Äthiopische eine semitische Sprache ist, darf nicht vergessen lassen, dass alles hier zu Nennende, wie schon im Koptischen, (Weiter-)Übersetzungen sind aus dem Griechischen, manchmal mit Koptisch als Zwischenstufe.

Zitate aus diesem Fundus erfolgen hier nach den deutschen Übersetzungen in JSHRZ. Mehr wird auf diesem Gebiet in absehbarer Zeit nicht zu erwarten sein als Neuausgaben des *Äthiopischen Henoch* auf der Grundlage von noch mehr Manuskripten (inzwischen über 100; das Buch gilt dort als biblisch) sowie Archäologisches über das sagenhafte Reich von Axum.

0.5.6 Das überaus reiche Gebiet **slavischer** (meint: altkirchenslavischer, altrussischer usw.) Pseudepigrapha wird gleichfalls hier nur aus zweiter Hand dargestellt. Diese Texte, die in ihrer überlieferten Sprachgestalt zwangsläufig jünger sein müssen als die im 9.Jh. erst erfundene kyrillische Schrift, sind nur im besseren Fall Übersetzungen aus griechischen Vorlagen; im schlechteren und häufigeren sind es freie Bearbeitungen. Was wenig bedacht wird: Alle slavischen Dialekte sind Sprachen des Mittelalters, wo nicht der Neuzeit. Wer slavische Literatur, die jüdische Themen aufgreift, zurückreichen lassen will in die Zeit des Zweiten Tempels, muss, wo die Stütze des Griechischen fehlt, einen Sprung von tausend Jahren machen. Das ist ein Jahrtausend, von dem niemand weiß, was mit den Texten geschehen ist. Nur das ist sicher, dass die meiste Zeit Christen, zumal Mönche, darüber gesessen haben und nicht Juden.

0.5.7 Nur beiläufig und aufgrund der Angaben bei Denis u. a. wird die **georgische** Überlieferung erwähnt werden. Georgische Manuskripte gibt es auch auf dem Sinai und ein Georgierkloster (Iviron) auf dem Athos. Georgisch, die Sprache der Einheimischen der einstigen Kolchis (wohin die Fahrt der Argonauten ging), eine nicht-indogermanische Sprache mit 38 Zeichen (immerhin wird hier „alles geschrieben"), hat eine stark flektierende, höchst gewöhnungsbedürftige Grammatik. Das georgische Alphabet ist, nach Inschriften zu schließen, mindestens so alt wie das armenische, dem es in der Phonemaufteilung (nicht in den Formen) ähnelt; literarisch genutzt, u.z. zunächst für Übersetzungen, wird es seit dem 5.Jh. Diejenige georgische Bibel, die seit 1743 im Druck zugänglich ist, war zunächst aus der kirchenslavischen übersetzt. Ausgaben der altgeorgischen, nach der Septuaginta (und für *4Esr.* offenbar nach der Vulgata) gefertigten Bibel sind erst während des 20.Jh. in diversen Reihen erschienen. Zwei Bände *Apokryphen des Alten Testaments in georgischer Übersetzung* sind auf Altgeorgisch, auf Neugeorgisch und mit russischen Resümees 1970 und 1973 veröffentlicht worden von C. Kurcik'ize (der Name wird auch Kourtsikidzé geschrieben); eine Inhaltsangabe findet sich bei B. Outtier: „Langue et littérature géorgiennes" in: M. Albert/M. Beylot (u.a., Hg.): *Christianismes orientaux*, 1993, 261–296 (278), sie lautet: „3 Esd, Tb, Sg, Ba, 4 Esd", also unser *1Esr.*, *Tob.*, *Sapientia*, *Baruch* (der LXX, nicht die Apokalypse) und *4Esra*. Der Begleittext bei Kurcikʻize müsste konsultiert werden[124] für die Frage, ob diese Übersetzungen jeweils aus den griechischen Vorlagen kommen. Es können, zumal für die hier nicht aufgezählten atl. Legenden des Christentums, auch sog. Afterübersetzungen sein aus dem Armenischen, dem Syrischen oder gar dem Arabischen, je nachdem was gerade greifbar war.

Auf Deutsch kann konsultiert werden M. TARCHNIŠVILI/J. ASSFALG: *Geschichte der georgischen kirchlichen Literatur* (StT 185), 1955, Klassiker seines Fachs, aber veraltet. Was das Arabische betrifft, so ist eine *Geschichte der christlich-arabischen Literatur* von G. GRAF in derselben Reihe erschienen (StT 118.133.146.147.172), 1944–1953; hier meint „christlich-arabisch" allerdings den Dialekt, nicht den Inhalt. Über religiöse Literatur des arabischsprachigen (hauptsächlich koptischen) Christentums gibt es weitere Nachschlagewerke; s. R. COQUIN: „Langue et littérature arabe-chrétiennes" in Albert/Beylot (wie eben), 35–106 (zum Parabiblischen: 44.53 f).

0.5.8 Soviel zu den Nationaltraditionen. Deren jüngste ist dann wieder eine hebräische. Zeitgleich mit den genannten slavischen Übersetzungen bzw. Bearbeitungen, z.T. aber noch später, kamen (neu-)**hebräische** Übersetzungen zu Papier, oft aus Septuaginta- oder Vulgata-Ausgaben gefertigt und darum ohne Quellenwert für uns. Sie sollen aber trotzdem genannt sein, weil sie im Falle dass sie zitiert werden, in „originaler" Quadratschrift etwa gar, auf einmal sehr alt wirken. Doch ist der „alttestamentliche" Anblick solcher Zitate durchaus trügerisch. Sie könnten, was unser Schema betrifft, genauso gut in die Rubrik „Nachwirkung" gruppiert werden.

0.6 Jüdisch oder christlich? Probleme der Zuordnung

0.6.1 Die hier zu behandelnde Literatur ist mit Ausnahme der nichtreligiösen Texte unter 3.5 nur auf kirchlichen Übermittlungswegen zu uns gelangt. Autorenwerke blieben hierbei, der Konvention entsprechend, unverändert; alles andere war freigegeben zur Bearbeitung. Es gab keine Konvention, die Schriften unter einem Namen wie „Henoch" oder gar „Adam" unter Autorenschutz gestellt hätte. Das ist das Problem der nicht erst heute so genannten Pseudepigrapha. Die Frage, wie weit ein uns überlieferter Text jüdisch ist, nötigt zu einem wenigstens gedanklichen Weg zurück hinter die christliche Verwendungsweise. Robert Kraft (*Exploring* 7) mahnt zu solcher Vorsicht schon seit dem Aufschwung der englischsprachigen Pseudepigraphenforschung in den 1970-er Jahren, und neuerdings mehren sich die Reserven insbesondere auf jüdischer Seite.

---

[124] Denis hat dieses Werk nur einmal einsehen lassen (845 Anm. 106), nämlich zum *4Esr.* (hier 2.5.1), mit dem Ergebnis, dass diese Übersetzung rein morphologisch frühestens aus dem 9.Jh. kommen kann. Damit ist keine Chance, dass sie etwa noch nach dem verlorenen griechischen oder gar dem ursprünglichen hebräischen Text gefertigt wurde.

Besonders delikat ist der Unterschied zwischen einem jüdischen Buch, das durch Zusätze (ggf. auch Weglassungen) christlichem Gebrauch angepasst wurde, und einer christlichen Komposition aus jüdischen Stoffen – wie immer sie jeweils vorgegeben sein mochten, schriftlich oder nur mündlich. Meist wird fraglos jüdische Autorschaft angenommen, und so entsteht eine Unzahl „jüdischer" Bücher, die immer nur christlich gebraucht werden – ist das wahrscheinlich? So wird denn diese zweite, oft nicht bedachte Möglichkeit hier v. a. in Abschnitt 7 in Betracht gezogen werden, aber auch vorher schon (2.5.2–4) für die ältere *Baruch*-Literatur insgesamt. Als Corpus zusammengehöriger Bücher ist sie in den letzten hundert Jahren nicht mehr wahrgenommen worden; nunmehr ergeben sich Überraschungen.

0.6.2 Ein Kurzschluss, der hier vermieden werden soll, besteht im Rückeintrag christlicher Meinungen über das Judentum, mögen sie auch schon alt sein, in unser eigenes Bild vom vorchristlichen Judentum. Ein christlich gedachtes Judentum, gemischt aus Reminiszenzen aus der Zeit des Zweiten Tempels und Wunschvorstellungen der eigenen Tradition, ist eine nun schon alte Kulturfracht der Theologie. Hat nicht die Alte Kirche, sowohl in ihren offiziellen Sprechern wie in ihrer Populärtheologie, sich in dem Bewusstsein gewiegt, das abgelöst zu haben, was man noch bis ins 19.Jh. die „Kirche des Alten Bundes" nannte: das biblische Israel? Gar manche Reminiszenz an biblische Zeiten, so jüdisch sie zunächst aussieht, ist von diesem Bewusstsein getragen. In dem nun schon genannten *2.Henochbuch* z. B. wird solche Ablösungstheologie aufzuweisen sein.

Man kann sich angesichts dieser Unklarheiten auf den postmodernen Standpunkt stellen: Wir konstruieren uns doch ohnehin die Vergangenheit, die wir brauchen – und kann sich damit berechtigt fühlen, genau das zu wiederholen, was damals schon geschah. Dieser Relativismus wird hier vermieden, auch wenn eine sich auf Hans-Georg Gadamer berufende Rezeptionsforschung behauptet, es gebe sowieso nichts anderes als „Bilder von" etwas. Man kann es resignierend, man kann es aber auch differenzierend aufnehmen, wenn Jacques Cazeaux sagt (s.u. 3.1.0 a, S. 267): „Abraham war kein Jude; Jesus war kein Christ."

Unsere Bilder von der Vergangenheit können besser oder schlechter sein, mehr oder weniger zutreffend; Aufgabe der Wissenschaft ist, zum Besseren zu helfen. Wir werden hierfür bei den zuständigen Historikern zur Schule gehen, insbesondere bei Schürer/Vermes/Millar/Goodman, also dem christlich-jüdischen Team hinter dem „neuen" Schürer, und ebenso bei Felix Jacoby und Menaḥem Stern, den Pionieren in der Quellensichtung, was das Umfeld der Parabiblica betrifft. Unter den neueren Spezialisten für die Parabiblica sind bes. Carl Holladay (Schüler von Martin Hengel wie auch von Nikolaus Walter), George Nickelsburg, Robert Kraft und Richard Bauckham sichere Führer.

0.6.3 Wie schützt man sich quellenkundlich vor einem kirchlich entworfenen oder übermalten Bild des vorrabbinischen Judentums? – Folgende nur allzu bekannte

Schwierigkeiten stehen einer Unterscheidung von echtem und erfundenem Judentum entgegen:

- Alles außer den unter 1.5–6 zu erwähnenden Qumran-Fragmenten ist nur aus christlicher Verwendung und Überlieferung erhalten. Die Vermutung jüdischen Ursprungs mag jeweils naheliegen; damit ist aber noch nicht geklärt, ob der Text, wie er steht, oder auch nur seine Vorstufe(n), seine Vorlage(n) oder wenigstens die Grundidee dem antiken Judentum angehört.[125]
- Vieles Pseudepigraphe trägt die Spuren christlicher Aneignung und Anverwandlung. Autorenlos, wie sie waren, boten diese Texte die Gelegenheit, eigene Parusie-Erwartungen hineinzuschreiben oder überhaupt eigene Zukunftsvorstellungen den großen Sehern der Menschheit, bes. den vorabrahamitischen, in den Mund zu legen. Noch viele Daniel-Apokalypsen sind von Christen geschrieben oder zumindest angereichert worden (7.4.8), obwohl das *Daniel*-Buch inzwischen als Autorenwerk galt; warum also nicht auch eine im Namen Henochs (7.4.1)?
- Und schließlich, religionssoziologisch: Worin sich Christen (die Bezeichnung erstmals: Apg 11,36) und Juden in neutestamentlicher Zeit unterschieden, ist, trotz heftiger Polemik von beiden Seiten, in den Zeitdokumenten nur schwer zu erkennen. Man war sich zu nahe, um sich richtig sehen zu können. Die Frage nach der „Trennung der Wege" hat eine umfangreiche Literatur erzeugt,[126] auf deren Fragestellung wir werden eingehen müssen.

Ein derzeit häufig gemachter Versuch, das christlich-jüdische Verhältnis in römischer Zeit zu bestimmen, besteht darin, die Polemik der Texte, ja auch solch handgreifliche Konflikte wie den von Apg 21,27 ff als innerjüdische Richtungskämpfe zu verorten. So tut es Lukas selbst in Apg 23,6–9, wo er Paulus letztmalig sein Pharisäertum geltend machen lässt. Da wäre dann die eine Partei des Konflikts so jüdisch oder fast so jüdisch wie die andere. Das stimmt aber nicht einmal nach damaligen Begriffen bzw. Empfindungen, und Lukas überspielt, wie so oft, eine Schwierigkeit. Woher käme wohl der unharmonische Schluss seiner *Apostelgeschichte* (28,24–28)? Noch vor jenem römischen Schluss erfahren wir von ihm: Der von Paulus in den Tempel mitgebrachte ephesinische Heidenchrist Trophimos riskierte den Tod (Apg 21,29). Das war kein innerjüdisches Problem; Trophimos war kein Jude. Hier liegt der Streitpunkt. Die Öffnung, zu der die Kirche sich entschieden hatte, ist von den meisten Strömungen des Judentums, zumal von der rabbinischen, abgelehnt worden; hier teilten sich die Wege.

Was bis heute oft übersehen wird: Nicht Lehren, sondern Riten waren das Trennende. Strittig war bereits für die ersten, noch aus dem Judentum des Mutterlandes hervorgegangenen Jesusgruppen, wie weit ihnen Tisch- und sonstige Gemeinschaft mit den rasch hinzukommenden Nichtjuden erlaubt sei (Gal 2,12 ff usw.). Strittig war, ob

---

125 *Joseph und Aseneth* (2.2.2) ist das Extrembeispiel einer jüdischen Idee in einem Griechisch, wie es erst Jahrhunderte nach dem Untergang des alexandrinischen Judentums geschrieben wurde.
126 S. z. B. Bauckham 175–192: „The parting of the ways: What happened and why?"

die in Entwicklung befindliche Halacha (die „Überlieferungen der Älteren" von Mk 7,3.5 parr., dort von Jesus abgelehnt) für die Christen jüdischer Abstammung gleichermaßen verbindlich sei (so immerhin Mt 23,3). Während die Nazoräer – so nannte man alsbald die Christen des semitischen Sprachraums (vgl. Apg 24,5) – in dieser Hinsicht eher dem „biblischen" Judentum geglichen haben dürften, ist für die seit Irenaeos (1, 26,2) bekannten Ebioniten eine Halacha im eben genannten Sinne bezeugt (ebd.),[127] von der sich nur noch fragt, wie weit oder wie lange sie mit der sich entwickelnden pharisäisch-rabbinischen konform ging und wie weit sie die Kontakte zu nichthalachisch Lebenden, auch Christen, behinderte. Ersteres ist wohl eher negativ zu beantworten angesichts der rabbinischen Feindschaft gegen die *minim* (die „Verschiedenen"), letzteres positiv, jedoch als fortgesetzter Konflikt von Gal 2,12ff. Sicher ist, dass sie die rabbinische Halacha nicht übernahmen, sondern bei ihrer Art von Toragehorsam blieben, ohne diesen gegenüber nicht Jüdischstämmigen für verbindlich zu erklären. Hierin waren sie ganz loyal zu Paulus und zu Apg 15. Wir werden auf das Thema „Judenchristentum" zurückkommen (0.6.6).

Es wäre also wenig damit gewonnen, Autoren, die sich *auch* als Juden ansahen, dem Judentum zuzurechnen – so ein Vorschlag von John Marshall bezüglich der *Johannesapokalypse*, referiert bei Kraft 53, womit dann dieser Text auch noch in unsere Sammlung kommen müsste, in die Nähe von 7.1.0. Weit wahrscheinlicher ist, dass gerade in diesem Buch das kleinasiatische Christentum gegen die Angepasstheit des dortigen Judentums protestiert (darum „des Satans Synagoge", 2,9; 3,9), selbst auf dem Weg in die Märtyrerkirche befindlich (Apk 2,13).

Trennlinien liefen also im Bereich der Verhaltensvorschriften zwischen Heiden- und Judenchristentum sowie zwischen beiden und rabbinischem Judentum. Die Evangelien wären nicht so antijüdisch, wie sie sind, wenn eine Kirche, die auch Unbeschnittene zuließ, sich unbestritten als Volk Israel hätte verstehen dürfen. Wenn in Apk 2,9 und 3,9 heftigste Abgrenzung erfolgt gegen „diejenigen, die sagen, sie seien Juden und sind es nicht", so ist für Richard Bauckham (181) kein Zweifel: „Diese Beschreibung wirft nichtchristlichen Juden das vor, was nichtchristliche Juden über christliche Juden sagen." Ebenso ist schon im Johannesevangelium einer seiner spätesten Einträge eine Absage an das Judenchristentum: Joh 8,37–59 (Adresse: V. 31).

---

[127] Die dort auch zu findende Bemerkung, die Ebioniten hätten „Jerusalem angebetet, als ob es das Haus Gottes sei", enthält ein Missverständnis spätestens auf Seiten des (auch sonst ungeschickten) lat. Übersetzers, auf den wir hier angewiesen sind. Gemeint sein muss ein Anbeten *in* Jerusalem oder in Richtung auf Jerusalem, immerhin auch etwas Halachisches. – Auch Montanus, von dem die Großkirche sich trennte, erließ halachische Bestimmungen: Verbot der zweiten Ehe und Verschleierung der unverheirateten Mädchen (propagiert bei Tertullian, *De monogamia* und *De virginibus velandis*); hinzu kamen Fastenbestimmungen. Ist hier zwar inhaltlich keine Nähe zum Judentum erkennbar, so besteht sie doch in der Bestimmung der drei schwersten Sünden, die auch von der Kirche nicht vergeben werden könnten (Tert., *De pudicitia* 21): Ehebruch, Mord und Götzendienst. Das ist das sogar noch verschärfte *jehareg w^{e}lo' ja'avor* der Rabbinen (s. u. 3.4.3).

0.6.4 Wenn bei Harnack galt: „Was nicht klar christlich ist, ist jüdisch", so wird dieses Prinzip heute eher umgekehrt. Das Fehlen christlicher Hinweise oder auch die leichte Behebbarkeit solcher als nicht sinntragender Zusätze reichte bisher für diese Annahme. Doch so gesehen, müssten auch heutige Gesangbuchlieder wie *EG* 380 oder 382 jüdische Verfasser haben (um nur zwei Beispiele zu nennen unter vielen) – wüssten wir nicht, dass es im einen Falle Jochen Klepper ist, im andern Lothar Zenetti. Im französischsprachigen Protestantismus wird Luthers Lied *Ein' feste Burg ist unser Gott* auf den Text *C'est un rempart que notre Dieu* gesungen; dieser Fassung (von A. H. Lutteroth 1845) fehlt jeder Christusbezug. Das Gesangbuch als solches ist betitelt *Psaumes et cantiques*, als wäre es ein Auszug aus der Septuaginta. Die sich hier darstellende Kirche wurde reformiert nach dem Gesetz des Mose.

Mit James Davila, *The Provenance of the Pseudepigrapha* liegt die Frage, wie weit die alttestamentlichen Pseudepigrapha jüdische Verfasser haben, erneut auf dem Tisch. Er schlägt die *Sapientia* (6.5.1), das *Testament Hiobs* (6.5.4) und sogar das *Testament Abrahams* (2.2.8) nunmehr dem Christentum zu, will sagen: schon als Entwurf, nicht erst in der Aneignung und eventuellen Veränderung. Nach Richard Bauckhams Forschungsbericht von 2008[128] verlagert sich die Beweislast gegenüber Harnacks These auf die andere Seite, gemäß der Frage: Wer konnte so etwas brauchen? Texte, die wir in den Händen von Christen finden, erweisen sich darin zunächst und immerhin als etwas für den christlichen Gebrauch Geeignetes;[129] eine vor- oder außerchristliche Autorschaft und Zielgruppe bedarf demgegenüber des Beweises.

Ein solcher Beweis mag zu führen sein, auch wenn die Anzeichen, die sich finden, wenig klar sind; doch jedenfalls muss er geführt werden. Um etwa das *2Makk.* jüdisch sein zu lassen, reicht es nicht, das Buch – unter diesem Namen – in der Septuaginta vorzufinden. Die es dorthin setzten und mit dieser Nummer versahen, waren Christen; sie hatten die makkabäischen Brüder in ihrem Heiligenkalender und hielten sich für Gottes einziges Volk auf Erden. Sie sind die ersten uns bekannten Benutzer dieses Textes, wie er steht. Später greift auch das *4Makk.* auf ihn zurück. Gewiss, es muss einen jüdischen Vorgängertext gegeben haben, und dessen Wachstum dürfte, wie auch sonst so oft, in Schüben vonstatten gegangen sein. Es ist die Pflicht der Einleitungs-

---

128 „The continuing quest for the provenance of Old Testament Pseudepigrapha", Bauckham 461–483, bes. 469 ff Referat und Diskussion der methodologischen Vorschläge von Rivka Nir, Robert (Alan) Kraft, James Davila, David Satran, Daniel Harlow, Martha Himmelfarb u. a. Im selben Sinne bewegt sich seit längerem de Jonge, *Pseudepigrapha*, bes. 9–68 (und 71 ff Fallstudien zu *TestXII* und *VitaAd.;* hier 7.5.1 und 7.2.1). – In den Autorennennungen tauchen nun endlich, und verstärkt, jüdische Namen auf, nachdem Samuel Sandmel bereits das jüdische Vorwort zu Charlesworth (Bd. 1, S. XI–XIII) geschrieben hatte.

129 Insbes. Robert Kraft (54 f; vgl. Bauckham 469 f) gibt zu erwägen, dass Christen durchaus Anlass hatten, über ihr Altes Testament nachzudenken, und zwar innerhalb von dessen eigenen Voraussetzungen. Poetische Versuche dieser Art sind dem, was wir heute Alttestamentliche Theologie nennen, vorausgegangen, angefangen von dem geradezu nostalgischen Umgang des Lukas mit dem Jerusalemer Tempel und den in schönstem Septuaginta-Griechisch abgefassten Prosagedichten von Lk 1,46–55; 1,68–79 und 2,29–32.

wissenschaft, Spuren solcher gestreckten Entstehungsvorgänge aufzuzeigen (3.4.1–3), womit dann auch die Spur zurück ins Judentum methodisch gesichert wird.

0.6.5 Eine Gegenprobe schlägt Bauckham vor (477; vgl. schon R. Kraft in 0.6.1): „Die Gründe, derenthalben ein Werk geschätzt, bewahrt und benutzt wurde, müssen nicht der Zweck sein, wofür es geschrieben wurde". In christlichen Händen mag das *Griechische Baruch*-Buch Hagiographie sein; war es das schon immer? (Bauckham 478; hier 7.3.1). Könnte ihm nicht auf eben die Weise Jüdisches abzugewinnen sein, wie es bei dem nur teilweise übermalten *Baruch*-Buch der Septuaginta möglich war (2.5.4 < 1.7.1)? Hier ist die Phantasie gefordert, die historisch informierte, um einen „Sitz im Leben" in antiken Synagogengemeinden, so wie sie nach unserer Kenntnis beschaffen waren, wenigstens zu erdenken. Wo das nicht gelingt (bei dem eben genannten *GrBar*.-Buch dürfte das schwer sein), bleibt der Verdacht bestehen, dass wir es der Papierwelt einer gedachten Vergangenheit zu tun haben – so wie das Griechisch dieses Textes vom hellenistischen Griechisch bereits weit entfernt ist.

Nochmals eine Rückfrage ist: Woran soll das Christentum des Verfassers oder Kompilators sich überhaupt zeigen? Die Nennung des Jesusnamens oder der Gebrauch spezifisch christlicher Ausdrücke war nicht verpflichtend, hätte vielmehr die literarische Fiktion gestört und war gerade da nicht angezeigt, wo etwa die Kirche sich ein Bild von ihrer eigenen Vergangenheit geben wollte, nämlich von jener langen Zeit, die vom ersten Menschenpaar bis hin zu Jesus verstrichen war. Überdies handelt es sich hier fast immer um Vulgärtheologie, deren Sprecher gut daran taten, solche Ausdrücke zu vermeiden, für welche die genauen Sprachregeln auf den Konzilien gerade erst erstritten wurden. Darum: So wenig die Nennung Jesu einen Text im Ganzen schon unjüdisch macht, so wenig macht die Nichtnennung ihn unchristlich; gleiches gilt von christlicher Terminologie. Anderes ist da weit bezeichnender: Ein himmlicher „Herr", der auf Erden wandelt, wie in der Hebräischen Bibel der Schöpfer es nur im Garten Eden tut (Gen 2–3), ist ein ziemlich sicheres Anzeichen einer selbstverständlich gewordenen Inkarnationstheologie. Insbesondere die „Binität" der einstigen wie heutigen Populärtheologie (Gott der Herr und der Herr Jesus) wird uns öfters begegnen (7.2.1; 7.3.2 a) und dann als christlich einzustufen sein, abzüglich ihrer allerdings im Judentum gelegenen Ursprungsstelle Dan 7,13 (2.1.7 a).

0.6.6 Nur selten wird in diesem Zusammenhang bedacht, dass es eine vom Rabbinat nicht anerkannte und christlicherseits seit nachkonstantinischer Zeit gleichfalls marginalisierte Überlappung von Juden- und Christentum gab, das **Judenchristentum** der Antike in seinen schon benannten Varianten.[130] Erst neuerdings wird es in der

---

130 Ein Pionier auf diesem Gebiet war Schoeps, *Theologie*, dessen Quellenbasis v. a. die Schriften des Ps.-Clemens (v. Rom) sind, die seither einen ganzen Forschungszweig hervorgerufen haben (hier nicht zu dokumentieren). Gleichfalls von jüdischer Seite hat sich dieses Themas angenommen S. C. MIMOUNI: *Le Judéo-christianisme dans tous ses états*, 2001; vgl. dens.: *Le Judéo-christianisme ancien. Essais historiques*, 1998 (engl. 2011), und schließlich: *Les chrétiens d'origine juive dans l'Antiquité*, 2004. Dort 46 f

Erforschung „alttestamentlicher" Parabiblica in Betracht gezogen, von Robert Kraft (38 f und 53–56) z. B. und in Philip Kurowskis Arbeit zum *TestLevi*, dem immer noch „jüdischsten" der *Testamente der zwölf Patriarchen* (7.5.1). Die Erwartung eines Messias für Jerusalem mochte diesem Christentum mit dem synagogalen Judentum noch gemeinsam sein (bei ihnen nämlich als Parusie-Erwartung); die Verehrung eines himmlischen Christus war es aber nicht, und die Taufe als Einbezug in einen „Leib Christi" war es auch nicht. Die Nichtbeteiligung der Christen an den Kämpfen um Jerusalem 66–70 n. Chr. (wo die Essener dabei waren) und unter Bar Kochba erweist ohnehin, dass ihr Messianismus[131] anders beschaffen war als der bisherige oder die bisherigen.

Noch in neutestamentlicher Zeit begannen sie, das zu entwickeln, was wir hier „Tempelromantik" nennen. Lk 2,22–39 und Apg 2,46; 3,1 ff gaben das Vorbild hierzu; Beispiele s. 7.4.1; 7.5.1. Dies ist leider gerade bei Lukas der Hintergrund zu seiner Polemik gegen das bestehende Judentum im Apg-Schluss. Es handelt sich also um ein ebenso emotionales wie brisantes Gemisch; Philo- wie Antijudaismus wurzeln im selben Boden. Letzterer bleibt oft und bis zum heutigen Tage unbemerkt in solchen Veröffentlichungen, deren Verfasser/innen sich selbst keines Antijudaismus bewusst sind.

Im *Hebräerbrief* hingegen, der die Epochen deutlich scheidet (das ist sogar sein Thema), wird nur das Ende des Tempelkults und des irdischen Hohenpriestertums angesagt – ob aus vorheriger oder nachheriger Perspektive, kann hier unerörtert bleiben – und nicht etwa ein Ende des Alten Bundes, wie meist behauptet wird; die „Athetese" (7,18) gilt nur dem irdischen (Jerusalemer) Hohenpriesterdienst.

Ein Aufhören des Alten Bundes ist übrigens, geht man nach den einstmals wie heute gültigen kirchlichen Bekenntnissen, nie offizielle Lehre gewesen; Lukas hat es nur insinuiert, und es ist ihm nachgeredet worden. Die Sondermeinung des *Barnabasbriefs*, dass der Alte Bund gar nicht erst zustande gekommen sei (≠ Ex 34), blieb auf diesen beschränkt. Paulus, der geistige Wegbereiter des Heidenchristentums, hätte sofort widersprochen (Röm 9,4).

0.6.7 Ein Umstand, der es schwer macht, die Strömungen zu erkennen und die Tendenzen richtig einzuschätzen, ist bereits sprachlicher Natur: „Judenchristentum" wird, wie so vieles andere auch, erst neuzeitlich so benannt; in der Antike musste man zu

---

der Hinweis auf Epiphanios, *Haer.* 29,7 (123 A), wo die Observanz von Beschneidung und Sabbat bei den Nazoräern, der ältesten und größten Strömung im Judenchristentum, ausdrücklich bestätigt wird.
131 Auch dies ein Begriff, der sich kaum definieren lässt und der hier weitestgehend vermieden wird. Vgl. P. PILHOFER: „Wer salbt den Messias? Zum Streit um die Christologie im ersten Jahrhundert des jüdisch-christlichen Dialogs", in: Koch/Lichtenberger, *Begegnungen* 335–345; Überblick über die Diskussion der letzten Jahrzehnte bei Knibb, *Essays* 349–366. Die Infragestellung eines allzu bequemen Sprachgebrauchs betrifft natürlich den Ausdruck „Christologie", ein spätes Kunstwort, *a fortiori*; auch dieses wird hier nur in Bezug auf die Entscheidungen der ökumenischen Konzilien gebraucht werden.

umständlichen Umschreibungen greifen wie: „die Gläubigen aus der Beschneidung" (Apg 10,45; verkürzt 11,2; Kol 4,11; Tit 1,10) o. ä., sofern man sie nicht einfach nur weiterhin „Judäer" nannte.[132] Dieses Christentum war anfangs, nämlich bis kurz vor 70, loyaler zu Jerusalem als die Essener, was den Tempel als Gebetsstätte betrifft (Apg 2,46; 3,1 usw.). Offen bleiben muss allerdings, ob je ein Judenchrist aus eigenem Antrieb (Apg 21,23 ff zählt hier nicht) in den Tempel ging, um zu *opfern*. Solches ist noch nicht einmal von Jesus überliefert. Im Krieg mit Rom dann waren es dann die Essener, die für den Tempel die Waffen führten (Josephus, *Bell*. 2, 151 f), nicht die Christen; und wir sehen jetzt, warum. Deutlich ist, dass man sich gerade in diesem Christentum selber als neuen Tempel verstand, einen „aus lebendigen Steinen" gefügten (1Petr 2,5), und Jakobus, Petrus und der Zebedaide Johannes waren darin die „Säulen" (Gal 2,9), was der spekulativ gewordenen Tempeltheologie der Essener schon wieder ähnelt (Bauckham 185 f), aber nur als Parallele. Im Aufgreifen einer bis dahin unbedeutenden Psalmenstelle war Christus nunmehr „der Stein, den die Bauleute verworfen hatten" (Ps 118,22 f in Mk 12,10 parr. und 1Petr 2,4.7), und er ist es, in Erinnerung an einen unvergänglichen Justizirrtum, in der Osterliturgie der Christen seither geblieben.

Der Status der judenchristlichen Gemeinden war lange ungeklärt – was aber die Frage der Zuordnung nicht gleichgültig macht, sondern erschwert. So wissen wir nicht, ob Judenchristen den Fiscus Judaicus entrichteten, solange bzw. sooft er verlangt wurde, und haben auch keine Auskünfte darüber, wie lange sie die Beschneidung neben der Taufe weiterpraktizierten.[133] Christlicherseits war man in dieser Frage stets offener, bei aller sonst üblichen Polemik gegen das Judentum. Nur in den Synagogen des rabbinischen Ritus – welcher das „biblische" Judentum nach und nach ablöste – wurde verlangt, dass die „Nazarener" (wie man die Christen in seiner Nachbarschaft nannte) sich selbst verwünschen, und erst die Rabbinen haben entschieden, dass, wer Israelit sein wolle, sich nicht taufen lassen dürfe.

Zudem gab es recht verschiedene Arten von Judenchristentum: Nazoräer, Ebioniten, Elkesaiten und nach manchen Listen noch vieles mehr, mit unterschiedlicher Nähe zum großkirchlichen Heidenchristentum, zu nichtrabbinischen Täufersekten (Vorläufern des Manichäismus) und zum Rabbinat. In keiner dieser Spielarten ist mit der uns vertrauten Theologie zu rechnen, so wie, von Paulus und vom Joh ausgehend, die großen Konzilien sie in Begriffe fassten. Wir wissen nur, dass zu den **Nazoräern** hin, also (grob gesprochen) zu den Christen im semitischen Sprachraum, keine

---

132 Z.B. im *Martyrium des Pionios* (4.Jh.) 13,1, wo der angehende Märtyrer, im Gefängnis zu den ihn besuchenden Christen sprechend, in einer Rundum-Kritik des erlahmten Gemeindelebens ausfällig wird: „Ich höre, dass einige *Ioudaioi* unter euch in die Synagogen rufen" (was ihm als Sünde wider den Heiligen Geist erscheint): Hier ist m.E. mit „Judenchristen" zu übersetzen.
133 Hierzu Schoeps, *Judenchristentum* 136 f. Sowohl das Mt als auch die *Didachē* lassen diese Frage unbestimmt – vermutlich weil bei einem Weiterpraktizieren der Tora, nach welcher Halacha auch immer, die Beschneidung selbstverständlich war. Eher verschob man die Taufe. In der Frage „Sabbat oder Sonntag" hat es gleichfalls immer wieder kumulative Lösungen gegeben, bis in das „messianische Judentum" unserer Tage.

Lehrdifferenzen bestanden, jedenfalls nichts Konkretes, allenfalls Verdachte; man hielt Kirchengemeinschaft, und bis ins 4.Jh. blieb das Christentum seinem Selbstverständnis nach eine Kirche „aus Juden und Heiden".[134]

Anders stand es mit den doktrinär nicht mit der großkirchlichen Entwicklung gehenden **Ebioniten**. Als „Arme" bezeichnen sich seit Ps 40,14–18 = Ps 70 die Frommen Israels und dementsprechend auch die Essener (Hengel 100; vgl. 1.2.1. Anm. 29), u.z. wohl deswegen, weil sie im Einhalten agrarischer und geldpolitischer Restriktionen der Tora wirtschaftlich in Rückstand kamen gegenüber der Umwelt (Globalisierungsproblem von damals). Mit solch einem Wort bezeichneten sich also auch diese Christen als toratreu. Sie entwickelten, wenn etwas, dann keine Theologie, sondern ihre Halacha und im Übrigen Legendengut von Natur und Niveau der Pseudoclementinen (s. Anm. 130). Sie mögen sich mit der Zeit, teilweise zumindest, rückfusioniert haben in das – seinerseits aber nun weiter entwickelte, nicht mehr nur „biblische" – Judentum. Noch in Adolf Jellineks *Bet ha-Midrasch* finden sich hebräische Legenden von Petrus, der für friedliche Koexistenz zwischen Anhängern Jesu und Juden wirbt, wohingegen ein gewisser Elia (= Paulus; vgl. Röm 11,2–4) den Abfall von der Tora predigt (Bd. 5, S. xxvIf und 60–62; Bd. 6, S. IX–XIII und 9–14.155f).

0.6.8 So lässt sich fragen, auf welchen Ebenen ein Nebeneinander von Judentumsvarianten, die christlichen eingeschlossen, gut ging. In den Katakomben von Rom und anderwärts sehen wir es noch im 4.Jh.;[135] in den Synagogen aber endet es – nachdem man Paulus an mehreren Orten mit Nachdruck vor die Tür gesetzt hatte – schon früh im 2.Jh., wie gesagt, in einer Ausschlussmaßnahme. Schriften wie die *Didachē* (7.1.1), aber auch die *Sapientia* (6.5.1) und die erneuten *Esra*- und *Baruch*-Schriften (2.3.1–4) könnte man in einer Zeit der Unentschiedenheit um 100 n.Chr. ansetzen, und warum nicht das Mt gleich mit? Dessen Polemik (die ohnehin erst der spätesten Redaktionsschicht angehören dürfte – 7.1.0) ginge dann nur gegen einen Teil des Judentums, den rabbinischen, der nicht überall als die Lösung der Fragen empfunden wurde.

Man sieht also: Es *gab* Trennlinien, wenn auch nicht in allen Lebensbereichen. Allmählich aber bildeten sich nach der Verwüstung des Tempels und dem Funktionsverlust der einstigen Jerusalemer Priesterelite neue Autoritäten, die eine mehrheitlich akzeptierte Mitte einnahmen im Unterschied zu Gruppen, die damit an den Rand gerieten. Alles ab dieser Zeit an Schriften Entstandene ist, sofern es im Osten entstand, auch schon im Gegenüber zum Rabbinat zu sehen; andere Titel auf unserer Liste entstammen ihm sogar (1.1.2; 1.5.4).

Um von hier nochmals auf den 1Petr zurückzukommen: Sich selbst als „neuen Tempel" zu verstehen, war ein zu großer Anstoß für das verfasste (nämlich gerade im

---

[134] So bebilderte und beschriftete man damals die Rückwand der Kirche Santa Sabina in Rom in einem noch heute erhaltenen großflächigen Mosaik.
[135] Um nur die seit 1955 entdeckten Katakomben an der Via Latina in Rom hierfür zu nennen; deren reiche Dekoration ist multireligiös. Näheres bei P. PRIGENT: *Le judaïsme et l'image* (TSAJ 24), 1990, 315–344.

Blick auf den Tempel römisch privilegiert gewesene) Judentum. Die Ausgrenzung über die sog. Ketzerbitte (rabbinisch: *birkat ham-minim*), die Justin, *Dial.* 16,4 uns für die Mitte des 2.Jh. bereits in Kleinasien bezeugt,[136] wird damit begreiflich. Chronologisch liegt diese kultisch-rituelle Maßnahme, eine als andersartig empfundene Religiosität auszuscheiden (nämlich durch Selbstverfluchung), später als die Einführung der Taufe und dürfte damit bereits auf diese antworten. Ein Ritus der Exklusivität antwortet auf einen inklusiven. So ist denn, bei aller Ähnlichkeit in den vertretenen Anschauungen und bei aller Möglichkeit, gewisse Schriften gemeinsam zu benutzen, der Unterschied zwischen Judentum verschiedener Art einerseits und Christentum verschiedener Art andrerseits zu Beginn des 2.Jh. rituell definiert gewesen,[137] und Personen oder Familien, die die Riten beider Seiten in Anspruch nahmen (sog. Synkretismus, belegt mindestens bis ins 4.Jh.), hätten zumindest den Widerspruch des Kultpersonals provoziert – in dem Maße, wie dieses informiert war –, evtl. auch dessen Weigerung.

0.6.9 Was noch die den Riten zugrunde liegenden Anschauungen betrifft, so hat das antike Judenchristentum ausweislich des Mt, des Jak und des Jud keinen Unterschied gemacht zwischen Altem und Neuem Bund und insofern den Eindruck gefördert, es handle sich immer nur um Varianten von Judentum. Nur im paulinischen Christentum war das Abendmahl die Gemeinschaft des „Neuen" Bundes (1Kor 11,25 par. Lk); so übernahm es dann die Mehrheitskirche, die Großkirche. Dass die bisher gelesenen heiligen Schriften die eines „Alten Bundes" seien, ein „Altes Testament" (2Kor 3,14), ist seine Auffassung – womit dann übrigens seine eigenen Briefe ein „Neues Testament" zu begründen bekamen. Seine Auffassung fand ihre Verstärkung in der Botschaft des *Hebräerbriefs,* Christus sei der Mittler (d. h. der Mose) und der Hohepriester (d. h. der Aaron) eines „besseren Bundes" (Hebr 7,22; 8,6; 9,15; 12,24). Das dürfte, wenn der Titel korrekt ist und „Hebräer", wie oben gesagt, Judenchristen meint, ein judenchristlicher Text sein, aber keiner aus dem Osten, sondern eher aus Rom, und jedenfalls keiner aus

---

136 Zur *birkat ham-minim* und ihrem Kontext, dem Achtzehngebet, s. z.B. Bill. IV/1, 208–249. Aus der reichen Lit. sei nur das Neueste und Umfassendste genannt: Y. TEPPLER: *Birkat haMinim. Jews and Christians in Conflict in the Ancient World* (aus d. Hebr.; TSAJ 120), 2007 [hebr. Texte: 371–375].
137 Sh. COHEN: „'Those who say they are Jews and are not': How do you know a Jew in Antiquity when you see one?" in: ders./Frerichs, *Diasporas* 1–46, bes. 31ff („Jewish by observance"). Das Zitat in diesem Titel ist aus Apk 2,9; 3,9, wo wegen der polemischen Verzerrung heute nicht mehr klar ist, ob eine christlich-jüdische, eine jüdisch-jüdische oder (woran oft nicht einmal gedacht wird) eine heidenchristlich-judenchristliche Abgrenzung beabsichtigt ist; vgl. Gal 2,14. Zur „mosaischen Unterscheidung" des Judentums von anderen Religionen (J. Assmann), die eine rituelle war, vgl. Siegert, „Einleitung" 51–53 (Lit.), zu der des rabbinischen Judentums vom Christentum z.B. Bedenbender, *Judäo-Christentum.* Inmitten der dort nachgewiesenen Gemeinsamkeiten habe ich unter der Überschrift „Thesen zum christlich-jüdischen Verhältnis im Johannesevangelium" (83f) und „Judäo-Christentum im Johannesevangelium: Schlussthesen" (101–103) die Abgrenzungen von Joh 9,22; 12,42; 16,2 u.a.m. der Endredaktion dieses Evangeliums (2.Viertel des 2.Jh.) zugewiesen. In Rom liegt die Unterscheidung bereits früher, nämlich unter Nero: Tacitus, *Annalen* 15, 44,2 (Stern II S. 88–93).

dem Milieu der Nazoräer oder gar der Ebioniten. Das Judenchristentum des Ostens hat Altes und Neues Testament nicht unterschieden; man verstand sich dort weiterhin als die „Synagoge" des lokalen Israel (Jak 2,2). Das mag die These von den „Judentümern" in damaliger Fassung gewesen sein. Man musste es aber hinnehmen, wenn die besagten Unterschiede von rabbinischer Seite einerseits und von großkirchlicher Seite andrerseits geltend gemacht wurden.

Die historische Schwerfasslichkeit des Judenchristentums hat viel mit Pseudepigraphie zu tun. Man blieb, von Hegesipp (wenn er denn Judenchrist war) abgesehen,[138] bei dem Brauch, sich als Autor nicht zu nennen, und der Bezug auf Zeitereignisse blieb allegorisch. Diese Haltung macht uns Heutigen ein Verständnis schwer und macht Sicherheit unmöglich. Wissenschaftliche Hermeneutik verlangt Haftpunkte im Diesseits. In der parabiblischen Phantasiewelt hingegen, woran selbst moderne Interpretationen sich manchmal genügen lassen (etwa im Sinne der in Anm. 58 genannten *geography of heaven*) und die leider auch in der *Introduction* von Denis nicht verlassen wird, wenn sie sich bei aller Meisterschaft doch nur zwischen Manuskripten und Editionen aufhält, lässt sich nicht erkennen, was in vorrabbinischen Zeiten real existierendes, gelebtes Judentum war.

0.6.10 Wenig oder gar nicht versucht wurde bei all den Schriften, die bereits in christliche Zeit fallen, der folgende Gesichtspunkt: Könnte es nicht sein, dass hier auf christliche Mission bereits geantwortet wird? Gab es denn kein **jüdisch-christliches Gespräch** wenigstens unter vorgehaltener Hand? Wir werden diese Frage an solch rätselhafte Gebilde wie die *Sapientia* (6.5.1), ja auch schon das *2Makk.* (3.4.3) und *a fortiori* an das daraus entwickelte *4Makk.* (6.5.3) anlegen und einen immerhin versuchenswerten hermeneutischen Schlüssel dabei gewinnen. Es wäre doch höchst verwunderlich, wenn angesichts des missionarischen Andrängens der Kirche keine darauf abgestimmte Selbstvergewisserung von jüdischer Seite erfolgt wäre.[139] Namensnennungen dürfen wir da nicht erwarten, wo nicht einmal die Namen der eigenen griechischsprachigen Vorläufer genannt werden, geschweige denn die Namen von

---

138 Und auch von ihm wird nur angenommen, dass er Judenchrist war. Die wenigen Fragmente seiner Schriften sind zusammengestellt z. B. bei Preuschen, *Antilegomena* 107–113 (dt. 210–216). Er dürfte der Nazoräer-Richtung zuzurechnen sein, war jedenfalls bei seinem Rombesuch (um 160) um Abstimmung mit der sich formierenden Großkirche bemüht.

139 Johann MAIER: Jüdische *Auseinandersetzung mit dem Christentum in der Antike* (EdF 177), 1982, berührt die hier darzustellenden Texte, von Justin (hier 6.4.4) abgesehen, sehr wenig, ist vielmehr bemüht, die o.g. Fragestellung von den Rabbinica fernzuhalten. Man könnte auch umgekehrt vorgehen und dabei manches Rätsel einer Lösung näher bringen. Ein Beispiel dafür bietet für die Rabbinica Schäfer, *Die Geburt des Judentums aus dem Geist des Christentums*. – Eine mehr formale als inhaltliche, dabei aber doch bedenkenswerte Kritik an Schäfers einschlägigen Veröffentlichungen übt Daniel BOYARIN: „Sehnsucht nach dem Christentum" in Bedenbender, *Judäo-Christentum* 121–158. Sie richtet sich gegen dramatisierende Formulierungen (im Grunde Amerikanismen) wie „Kampf auf Leben und Tod". Im Französischen nennt man so etwas gelassener, wenn auch im Ton der Warnung, *un débat identitaire*.

Autoren oder Schriften der Gegenseite.[140] So selbstgenügsam aber, wie es in der Fachliteratur weithin dargestellt wird und wie es sich vielleicht auch selber sah (1.3.1), ist das „biblische" und auch das rabbinische Judentum nie gewesen.

Abschließend hierzu kann ich nur versichern: Ich habe mein Bestes getan, um die in Rede stehenden Texte als jüdisch zu erweisen, ja auch, wo nötig, sie bestimmten Varianten von Judentum zuzuweisen, und habe keineswegs (wie inzwischen auch geschieht) Mischna und Talmud dafür als Maßstab genommen. Das Judentum der Antike war reicher und vielfältiger. Jedoch, wenn wir wissen: Die Alte Kirche hat sich das Judentum geschaffen, das sie brauchte, dann werden wir es wohl vermeiden, es ihr nachzutun, und lieber versuchen, neutral zu bleiben und zu beobachten, ohne zu vereinahmen. Unsere Frage zielt auf die Anfänge der in den Quellen vertretenen Anschauungen – etwa die eines himmlischen Sündenfalls, eines vorchristlichen Gottessohns im Himmel oder einen präexistenten Messias –, und auf die Weitergabe und Veränderung dieser Anschauungen sowie auf ihre Wirkung zu verschiedenen Zeiten und an verschiedenen Orten.

0.7 Hilfsmittel, Vorarbeiten, Vorklärungen

Was in dem vorliegenden Band angedacht ist, aber nicht beansprucht wird, ist eine Literaturgeschichte all des Griechischen aus dem antiken Judentum. Sie ist ein Desiderat, nicht nur in deutscher Sprache, sondern in jeder. Was eine solche verarbeiten müsste, ist hier immerhin vollständig aufgeführt. Zusammengeführt werden hierbei folgende Vorarbeiten:

0.7.1 Adolf (von) Harnacks mustergültige, noch immer unersetzte *Geschichte der altchristlichen Literatur* hat sich beiläufig auch mit den Pseudepigrapha befasst, u.z. unter der Überschrift: „Übersicht über die von den Christen angeeignete und zum Teil bearbeitete jüdische Literatur" (Bd. 1/2, 843–865, mit Ergänzungen im Folgeband 2/1, 560–589). Als Summe einer lebenslangen Beschäftigung mit eben dieser hat Albert-Marie Denis i.J. 2000 seine *Introduction à la littérature religieuse judéo-hellénistique* vorgelegt (versteht sich: ohne Philon und Josephus, auch ohne die Apokrypha, die für ihn Bestandteil der Bibel sind), ein Grundlagenwerk, dessen methodische Beschränkung aber nicht vergessen werden darf: Historische Orientierung gibt es kaum; vielmehr geht Denis midraschartig, wie schon Ginzberg, *Legends*, an den als Ideengebern dienenden biblischen Büchern entlang und umrankt diese mit Schriften aus allen Jahrhunderten.

Stattliche Sammlungen parabiblischer Texte sind in den wichtigsten Bildungssprachen Europas, auch auf Neuhebräisch (Ivrit) und auf Neugriechisch (Kathare-

---

[140] Es ist schon viel, wenn verballhornte Namen von Jesusjüngern und ein *ewen giljon* („Evangelium") angeführt werden (Texte z. B. bei Maier [vorige Anm.] 47–93). Legendäre Polemik gegen *Ješu* s.u. 6.5.2.

vusa), seither erschienen (Lehnardt Nr. 353–399). Für den deutschen Sprachraum gedacht ist die 1973 begonnene, fünfbändig geplante, inzwischen aber in mehrere Reihen von Faszikeln zerfallende Serie der Jüdischen Schriften aus hellenistisch-römischer Zeit (JSHRZ).[141] In ihrer Titelwahl hält sie sich immerhin außerhalb der oben skizzierten Definitionsprobleme (0.2.1), was nicht gesagt werden kann von Charlesworths zweibändiger Sammlung *The Old Testament Pseudepigrapha*. Mit ihrem bestimmtem Artikel suggeriert sie eine Vollständigkeit, die in nichts begründet ist.[142] Für rasches Nachschlagen der Texte ist sie indes konkurrenzlos praktisch, ist benutzerfreundlich in ihrer Typographie und mit einem sehr nützlichen Gesamtindex versehen.[143] Etwa 90 % des hier Angezeigten sind dort zu finden, in JSHRZ indes deutlich weniger. Vorsicht ist allerdings geboten angesichts überaus optimistischer Datierungen und der bibelähnlichen Anordnung bei Charlesworth; sie suggeriert den Benutzern eine Para-Bibel, wie sie erst durch die neuere Forschung erzeugt wurde. Wenige Bearbeiter waren dort so ehrlich wie Michael Stone, der über die *Fragen Esras* (hier 7.4.6) setzen ließ: „Date unknown". Auch lässt die Darbietung gerade von *1Hen.* und *2Hen.* viel zu wünschen übrig und leistet keineswegs den Anschluss an die historisch-kritische Bibelwissenschaft, so sehr diese ihrerseits an ihnen interessiert sein mag.

Doch auch die Bezeichnung *Jüdische Schriften* im Titel der JSHRZ suggeriert eine Sicherheit in der Zuschreibung, die heute nicht mehr besteht. Einer ihrer letzten Vertreter ist Karl Matthäus Woschitz mit seinem über 900-seitigen Band *Parabiblica*. Den Anspruch einer Literaturgeschichte erhebt auch sein Buch freilich nicht; es ist hermeneutisch (im Sinne Gadamers), nicht historisch angelegt. Gerade der Hermeneutik geht aber einiges verloren dadurch, dass nicht konkreter nach den historischen Anlässen gefragt wird.[144] – Seit Woschitz sind, zumindest auf Englisch, in rascher

---

141 In steigendem Maße werden Texte jetzt doppelt behandelt, z.T. von denselben Leuten, während andere Texte trotz jahrzehntelanger Ankündigung fehlen. Die seit 2005 erscheinende „Neue Folge", die hinter der als Bd. VI bezeichneten Folge von aktualisierten Einführungen in die bisherigen Bände zu stehen kommt (2000 ff, noch unvollständig) und wo nunmehr jedes Faszikel mit S. I und S. 1 beginnt, macht die anfangs angestrebte Übersicht, so gefährdet sie schon immer war, zunichte, zumal nun auch eine Reihe „Studien" dem Bd. VI Konkurrenz macht (s. 0.9.1: JSHRZ). Da die Faszikelnummern auf den älteren Titelblättern nicht immer genannt sind und die Umschläge eine Tendenz haben zu verschwinden, entsteht nun je länger, je mehr ein bibliographisches Monstrum. Ohne dass die 1. Reihe schon fertig wäre, beginnen drei andere zu wachsen.
142 Eine Kritik der von Charlesworth vorgenommenen Auswahl, dass sie nämlich vieles Christliche einschließt und vieles genauso Jüdische ausschließt, gibt Bauckham 119 f (bes. 120, 2. Abs.) und 462–468. Ebenso Kraft 98 f. Ankündigung einer stark erweiterten Sammlung bei Bauckham 465 Anm. 21.
143 Zusätzlich ist auch das ausführliche, aber auf eine engere Textauswahl bezogene Register in Dupont-Sommer, *Ecrits intertestamentaires* (von J.-M. Rosenstiehl) zu empfehlen.
144 Immerhin gibt S. 1–93 den historischen, v. a. geistesgeschichtlichen Rahmen des Ganzen; doch wird gerade da das Corpus des Parabiblischen insgesamt für jüdisch genommen. Demgegenüber ist den hier zu stellenden historischen Fragen nur mit einem strikten Nominalismus beizukommen (von der methodischen Distanznahme von bisherigen Benennungen bis hin zu der Rubrik „ähnliche oder ähnlich benannte Texte") und nicht mit der bei Woschitz zu beobachtenden Neigung, Begriffe für Sachen zu nehmen.

Folge Einführungen in Teile, manchmal auch große Teile, des hier Vorgestellten erschienen; hier kann nur noch summarisch darauf hingewiesen werden.[145]

Was bisher fehlte, zumal in deutscher Sprache, ist eine nicht nur philologisch und literarisch, sondern auch historisch orientierende Übersicht, die überdies vollständig wäre – das war bisher keine. Die philologische Genauigkeit eines Albert-Marie Denis war zu verbinden mit dem historischen Sinn „des" Schürer in seiner verdienstvollen Neubearbeitung durch Geza Vermes, Fergus Millar und Martin Goodman. Der Positivismus einer Betrachtung „vorhandener" und dabei wer-weiß-wie-oft überarbeiteter Texte hatte das Gegengewicht konsequenten Fragens nach deren Entstehung (Situation, Anlass, Zweck) verdient. Mehr als bisher kann getan werden für den Aufweis von Entwicklungslinien, insbesondere wo diese aus dem Judentum herausführen und in solche Formen von Christentum münden, die nicht mehr „synagogal" oder „biblisch-jüdisch" genannt werden können.

0.7.2 Aus der **Forschungsgeschichte** sind, außer dem Anstoß durch Fabricius (0.2.1; auch unten 0.7.6), v. a. einige Namen aus der deutsch- und englischsprachigen Bibelwissenschaft zu nennen, aber auch solche aus der Wissenschaft des Judentums im 19.Jh. Von christlicher Seite ist es in Deutschland v. a. der Neutestamentler Carl Ludwig Wilibald GRIMM mit mehreren Untersuchungen und Kommentaren.[146] Ihm folgte jüdischerseits 1875 Jacob FREUDENTHAL mit seinen *Hellenistischen Studien;*[147] sie waren ein Klassiker für hundert Jahre. Namen wie die von Emil Kautzsch, Robert Henry Charles, Albert-Marie Denis, James Hamilton Charlesworth[148] und vieler anderer,

---

145 L. FELDMAN/J. KUGEL/L. SCHIFFMAN (Hg.): *Outside the Bible. Ancient Jewish Writings Related to Scripture*, 3 Bde., 2013 (eine Popularisierungsleistung konservativer Art, empfehlenswert für die beigegebenen Kommentare); ferner F. MURPHY: *Apocalypticism in the Bible and Its World. A Comprehensive Introduction*, 2012; V. DOBRORUKA: *Second Temple Pseudepigraphy. A Cross-Cultural Comparison of Apocalyptic Texts and Related Jewish Literature* (Ekstasis, 4), 2013; J. COLLINS (Hg.): *The Oxford Handbook of Apocalyptic Literature*, 2014.
146 Jenaer Exeget und Dogmatiker (1807–91), zugleich der zwischen Ch. G. Wilke und W. Bauer wichtigste Lexikograph des Neuen Testaments; schrieb vieles noch auf Latein. Über ihn und seine der *Sapientia* gewidmete Habil.-Schrift s. *RE* (3. Aufl.) 7, 172–174, über seine Kommentare zum *1.* und *2Makk.* (diese auf Deutsch) s. Arenhoevel, *Theokratie* XIX. Auch ein Kommentar zur *Sapientia* von ihm erschien 1860 auf Deutsch.
147 Untertitel: *Alexander Polyhistor und die von ihm erhaltenen Reste judäischer und samaritanischer Geschichtswerke*. Vorangegangen war 1869 eine Arbeit vom selben über das *4Makk*. Der Autor ist ein herausragender Vertreter jener in Deutschland einst blühenden, an den Universitäten freilich marginalisierten und 1938 schließlich gewaltsam beendeten „Wissenschaft des Judentums". Deren Hauptorgan war von 1851–1939 die *Monatsschrift für Geschichte und Wissenschaft des Judentums*.
148 Vgl. J. H. CHARLESWORTH: *The Old Testament Pseudepigrapha and the New Testament*, 1985 (u. ö.): Darstellung der einschlägigen Forschung von den Reformatoren und v.a. von J. A. Fabricius' *Codex Pseudepigraphus Veteris Testamenti* (s.o., 1.) über Jacob Freudenthal (s.u. 0.7.2) bis zu den SNTS-Seminaren zu dieser Thematik seit 1976. – Bei Kraft s. S. 3f.36–60.

schon erwähnt, zieren das 20. Jahrhundert. Nikolaus WALTERS Kapitel[149] in der *Cambridge History of Judaism* ist ein Überblick über das Projekt der JSHRZ aus dessen besten Zeiten. Bahnbrechende Einzelstudien der Vor- und Nachkriegszeit stammen von jüdischen Historikern wie Elias Bickerman(n), Ben-Zion Wacholder und Bezalel Bar-Kochva – zahlreiche Philon- und Josephusforscher hier nicht zu nennen –;[150] sie zusammen mit Walters *Aristobulos* (s. 3.1.1) erreichten die Konsolidierung dessen, was Freudenthals *Studien* bereits beabsichtigten.

Diese Forschung fand und findet nicht im luftleeren Raum statt; die „Wissenschaft des Judentums", von Deutschlands liberalem Judentum betrieben, war lange akademisch verhindert und wurde 1938 auf unsägliche Art gänzlich unterbrochen. Einer der ersten Erforscher des christlich-jüdischen Unverhältnisses im Geiste der Unparteilichkeit ist der französische Religionshistoriker Marcel SIMON. Sein klassisches Werk über den Anspruch der Kirche, *Verus Israel* zu sein, war bei Kriegsbeginn (1939) geschrieben (S. 5), konnte aber erst 1948 erstmals erscheinen. Zur Verhinderung des gewaltsamen Antisemitismus in Deutschland wäre es in jedem Fall zu spät gekommen. In ganz ruhigem Ton weist Simon auf die Schärfe hin, die die Enterbungstheologie der Apologeten und Kirchenväter im christlich-jüdischen Verhältnis erzeugt hat,[151] und macht auf die versteckte Polemik in manchem quasi-jüdischen Text aufmerksam – eine Spur, die wir hier weiter verfolgen – sowie auf das, was wir hier „Tempelromantik" nennen und worin gleichfalls ein starkes antijüdisches Potenzial liegt.[152] Es stellt der Theologie Aufgaben, deren Bewältigung ein halbes Jahrhundert gedauert hat. – Leider wurden seine Arbeiten diesseits des Rheins nur wenig rezipiert (vgl. 3.4.3, Kopftext), wie überhaupt Französisches von der Bibelwissenschaft Nachkriegsdeutschlands kaum mehr gelesen wird. Das ist eine Frage an die künftige Gestalt Europas: Wollen wir denn warten, bis man auch in Frankreich Englisch schreibt?

---

149 „Jewish-Greek Literature of the Greek Period", in: W. D. DAVIES/L. FINKELSTEIN (Hg.): *The Cambridge History of Judaism* II, 1989, 385–408 (folgt der Gliederung der JSHRZ-Bände). Auch die Folgekapitel bis S. 562 sind einschlägig.
150 Oder doch einen: Samuel SANDMEL, einen der besten Kenner des NT auf jüdischer Seite. Sein Vortrag gegen „Parallelomanie" vor der Society of Biblical Literature 1961 (*JBL* 81, 1962, 1–13) reklamierte für das hellenistische Judentum die Selbstständigkeit gegenüber allem „Heimholen" in die rabbinische Tradition. Diese Kritik trifft nicht nur solche jüdischen Veröffentlichungen, die den Talmud zur Messschnur haben, sondern m. E. auch das jerusalemische Idealjudentum eines Adolf SCHLATTER: *Die Theologie des Judentums nach dem Bericht des Josefus* (BFChTh 2/26), 1932 (1979) und darüber hinaus jedes Zitieren aus dem Werk von Billerbeck, das nicht die Warnung vor Anachronismus gleich in Bd. 1, S. 6 berücksichtigt.
151 Ein englischsprachiger Vorgänger (hier nicht benutzt) war A. Lukyn WILLIAMS: *Adversus Judaeos. A Bird's-eye view of Christian Apologiae until the Renaissance*, 1935. Vgl. H. SCHRECKENBERG: *Die christlichen Adversus-Judaeos-Texte und ihr literarisches und historisches Umfeld;* hier einschlägig: Bd. 1: *1.–11.Jh.* (1982, 1990), 1995. Dies ist eine Literaturgeschichte des *offen* Antijüdischen und noch nicht der Enterbungstheologie als solcher.
152 Simon, *Verus Israel* 167: „Nie war der Tempel populärer als nach seiner Zerstörung". Ein Wunsch-Judentum durfte die Literatur beherrschen, dem zu entsprechen das wirkliche Judentum zu keiner Zeit in der Lage war.

Sehr nahe kommt dem Bedürfnis einer jüdischen Literaturgeschichte der vorrabbinischen Zeit George Nickelsburgs *Jewish Literature between the Bible and the Mishnah*, Standardwerk eines amerikanischen Lutheraners, oben schon gebührend empfohlen. Als Spiegel für den Stand der Spezialforschung dient uns dessen 2. Auflage (2005), von der sogar eine deutsche Übersetzung angekündigt ist. Hinzu kommen die kenntnisreichen und verlässlich informierenden Aufsätze von Richard Bauckham (2008), Robert Kraft (2009) und Martha Himmelfarb (2013) sowie mit eigenen Gesichtspunkten Erich Gruen, der v. a. die bis dahin noch wenig beachtete Textpragmatik ins Auge fasst, also die Propaganda- oder Unterhaltungsabsichten, oder wie immer sie sich innerhalb antiker Kulturgegebenheiten bestimmen lassen.

Mein methodisches Vorbild auf deutscher Seite war *Wilhelm von Christs Geschichte der Griechischen Litteratur*, hg. W. SCHMID/O. STÄHLIN (HAW 7), besonders Bd. 7/1,1 – 2: *Die nachklassische Periode der griechischen Litteratur*, 1920.1926, noch heute nützlich. So etwas für die hellenistisch-jüdische Literatur hätte man sich gewünscht, und es wäre auf dem jetzigen Stand der Forschung vielleicht sogar möglich, wenn auch nicht für einen Einzelnen. Doch werden Bücher dieser Art bei dem Zerfall der zuständigen Wissenschaften in Einzelgebiete und Kurzzeitprojekte nie mehr geschrieben werden.

Was Popularisierung im Hinblick auf Studierende betrifft, so lässt sich als knappe Übersicht in deutscher Sprache nennen Leonhard ROST: *Einleitung in die alttestamentlichen Apokryphen und Pseudepigraphen* (1970), 1979 (150 Seiten) und Otto EISSFELDT: *Einleitung in das Alte Testament*, 3. Aufl. 1964 (1976), 773 – 864 und 897 – 900, beides längst veraltet.[153]

An Einführungen im Stile von Forschungsberichten ist im Übrigen kein Mangel.[154] Die hier beabsichtigte *Einleitung* hingegen setzt direkt bei den Texten an und bei den Hilfsmitteln zu ihrer philologisch-historischen Erschließung. Nur in diesem Bereich ist Vollständigkeit angestrebt. Ihm dient der Fragenkatalog, der im Hauptteil dieses Buches nahezu hundert Mal durchzugehen sein wird. Ein Katalog bisher gegebener Antworten zu Einzelfragen ist es nicht. Eine Übersicht all des bisher zu den Schriften Gesagten hätte viele Bände gebraucht und wäre nicht mehr von einem Einzelnen zu leisten, wäre auch von zweifelhaftem Nutzen. Hierfür sei auf Bd. VI von JSHRZ verwiesen.

0.7.3 Zur Hermeneutik: Wer hinter den folgenden Ausführungen gelegentlich eine theologische Position vermutet, kann sie in aller Ausführlichkeit anderwärts darge-

---

[153] Ausführlicher, aber dennoch weit weniger orientierend und noch nicht im christlich-jüdischen Gespräch angekommen ist H. CONZELMANN: *Heiden – Juden – Christen. Auseinandersetzungen in der Literatur der hellenistisch-römischen Zeit* (BHTh 62), 1981.

[154] Lehnardt Nr. 110 – 253 dokumentiert 150 Einführungen, wozu nunmehr manches hinzukommt, z. B. Carson/O'Brien/Seifrid, *Justification and Variegated Nomism* (s. 0.9.5); partiell auch O. KAISER: *Die alttestamentlichen Apokryphen*, 2000. Die neuesten Auflagen von J. Collins, *Identity* (2000) und deSilva, *Apocrypha* (2002) sind im Folgenden eingearbeitet. – Eine Neufassung von Stone, *Jewish Writings* ist angekündigt von A. KULIK u.d.T. *The Voice of Jacob*.

stellt finden.¹⁵⁵ Ich will sie an dieser Stelle nicht ableugnen, werde vielmehr noch einiges mehr dazu sagen (0.7.4). Wichtig war mir nur, sie von den philologischen und historischen Feststellungen unseres Fragebogens getrennt zu halten.

Wenig bedacht wurde bisher die Möglichkeit von Ironie. Ein spezifisch jüdischer Beitrag hierzu stammt von dem noch im deutschsprachigen Judentum vor-diktatorischer Zeiten geborenen Erich Gruen, *Heritage and Hellenism* 137–188; vgl. dens., *Diaspora* 183–193. Beispiele finden sich in 2.2.8 u. ö., auch 4.1.3. Sie kommen übrigens fast alle aus der Diaspora; das, was wir „Jerusalemer Publizistik" nannten, entspringt einer anderen Mentalität.¹⁵⁶ Die unsere ist offenbar eher die letztere. Als gälte die Regel: In der Heiligen Schrift wird nicht gescherzt, übersah bisher eine allzu ernste Lektüre in all dem Spät- und Parabiblischen nicht nur die Freiheit der Fiktion, sondern auch den überlegenen Humor, mit dem das Judentum dort seiner Umwelt begegnet. In der Kirche hingegen ist Ironie nie gepflegt worden, und sie war auch, solange man sich in der Position des Stärkeren befand, nicht naheliegend. Das Neue Testament selber hat schon wenig Ironie; einem Paulus schlägt sie um in Sarkasmus.¹⁵⁷ Hingegen ist der Talmud in vielen Partien ein Spiel des Intellekts, wie wir es bei den Kirchenvätern nicht finden, und bis heute äußert sich eher ein Rabbi ironisch als ein Pfarrer.

In der Antike – das gilt quer durch die Kulturen einschließlich der semitischen – konnte mit der Historizität des Erzählten spielerisch umgegangen werden. Erst die christlichen Exegeten hörten Gottesstimmen statt jüdischen Lachens, und die Chronisten kamen auf die falsche Spur, wenn sie Belsazar nach dem *Daniel*-Buch einordnen wollten oder Darius nach dem *1.(3.)Esra*. Der Umgang mit dem Unernst muss erst noch gelernt werden.¹⁵⁸

Diese Überlegung wird gestützt durch den Nachweis, dass auf jüdischer Seite wiederum heidnischer Unernst missverstanden und für Ernst genommen werden konnte. Das anschaulichste Beispiel liefert Gruen selbst:¹⁵⁹ Die Art, wie Caligula sich vor seinem Hofstaat wie ein olympischer Gott oder auch eine Göttin verkleidete und die

---

155 F. SIEGERT (Hg.): *Kirche und Synagoge. Ein lutherisches Votum*, 2012, wo u. a. eine Alternative angeboten wird zu der lukanisch-eusebianischen Substitutionstheologie (engl. *supersessionism*). Sie läuft hinaus auf ein „geschwisterliches" Verhältnis (so z. B. J. Svartvik nach A. Segal, a.a.O. 325). Ein solches fügt sich in bisherige Dogmatik, auch und gerade die lutherische, bruchlos ein, ohne selbst ein Dogma werden zu müssen.
156 Wenn die Septuaginta im Vergleich zum Hebräischen deutlich humorloser ist (Siegert, *Septuaginta* 169f), so ist das die Ausnahme, die die Regel bestätigt; entstanden ist sie schließlich mehr oder weniger, und in zunehmendem Maße, unter Jerusalemer Aufsicht (ebd. 41 f.82–87.334–337). Hier zeigt sich auch der Unterschied zwischen Autoren und Epigonen.
157 Siegert, *Argumentation* 240f (Lit.); vgl. ebd. 53 zur Definition und zum Vorkommen in Hebräischer Bibel und Septuaginta; letztere neigt bereits zum Tilgen von Ironien.
158 Ein Philosoph unserer Tage hat das Problem auf seinem Gebiet aufgewiesen: J. L. H. THOMAS: *En quête du sérieux*, 1998. Seine Frage ist: Wo wird überhaupt ernst mit uns geredet? Manches an virtuoser Dialektik fällt bei ihm unter die Gedankenspiele, die man treiben, aber auch lassen kann, und ist damit immer noch Rhetorik, keine Philosophie.
159 E. GRUEN: „Caligula, the imperial cult, and Philo's Legatio", *SPhA* 24, 2012, 135–147.

Philon so bitter ernst nahm, war ein für Juden gänzlich unverständlicher Scherz. – Ein bei Christen nicht verstandener war dann wohl das *Testament des Schweinchens*, das hier erstmals in den Rang der Pseudepigrapha erhoben wird (6.5.5); nicht einmal Hieronymus hat die Pointe bemerkt.

Was die eigentlich theologische Hermeneutik betrifft, so sei hier ein unkomplizierter Vorschlag gegeben, der sich vielleicht nicht mit jeder Theologie verträgt, aber doch mit vielen. Um Religion in diesen Texten nicht einfach ein Kind der Phantasie sein zu lassen, wie eine rein säkulare Lektüre vermuten würde, werden folgende Begriffe gebraucht:

1. Biblische Tradition *bezeugt* Geschehenes und sie *deutet* es als Selbsterweis Gottes. Nur die Vermischung von Bezeugen und Deuten, hier vermieden, wäre Fundamentalismus.
2. Die Ermittlung des Geschehenen, wovon die Texte Zeugnis geben, ist Aufgabe *historisch-kritischer* Wissenschaft, die auf Objektivität zielt. Ihre Methodik ist rein profan und verlangt das Beiseitestellen persönlicher Wünsche.
3. Der Nachvollzug der in den Quellen angebotenen Deutungen ist Aufgabe der *Hermeneutik*, zu leisten auf dem besten erreichbaren Kenntnisstand, jedoch (hier liegt die größte Schwierigkeit) in einer Umgangssprache der Gegenwart.
4. Die *Imagination*, insbesondere die des Zukünftigen, ist frei. Sie hat darum auch keinen Offenbarungscharakter.

Die so definierte Theologie – die selbst nicht Prophetie ist, solche aber zu würdigen weiß (s. u.) – braucht weder noch beansprucht sie ein Zukunftswissen. Diese kritische Position, die in einem nachmythischen Zeitalter der Pflicht zu intellektueller Redlichkeit entspricht, unterscheidet sich merklich von den Ansprüchen nicht weniger der hier vorzustellenden Texte – sollten sie denn wörtlich genommen werden, was aber offen ist und vom Leser/der Leserin in jedem Falle selbst entschieden werden muss. Ob diese Texte, bloß weil sie oft von Zukunft reden, sich theologisch unter dem Begriff der „Verheißung" fassen lassen oder gar zu rezipieren seien, ist wiederum Leserentscheidung. Nur weniges hat, wenn auch unter irrigen Voraussetzungen,[160] kirchliche Approbation erhalten.

In jedem Falle geht es hier um Lebensäußerungen von Menschen oder Gruppen. Wo diese Menschen sich verbergen bzw. verbergen müssen, aus welchem Grund auch immer, ist der Offenbarungsanspruch manchmal umso höher, entzieht sich aber auch

---

160 Dass auch Kanonisches unter irrigen Voraussetzungen rezipiert bzw., da es schon rezipiert war, verteidigt wurde, von Irenaeos bis hin zu Theodor Zahn, wird hiermit frei zugegeben. Ich habe mich um den schwierigsten aller Fälle im Detail gekümmert: *Das Evangelium des Johannes* 15–99. Dass selbst Jesus bei der Übernahme apokalyptischen Gedankenguts sich irrigen Vorstellungen, insbesondere Zeitvorstellungen, hingegeben hat, war selbst dem großen Albert Schweitzer eine Anfechtung, und nicht nur ihm. Hierzu und zu der apokalyptisch motivierten Tat des Judas, einem weltgeschichtlich wirksamen Irrtum (der ihm aber nicht vorzuwerfen ist) s. ebd. 734–745 und, kürzer, mein *Leben Jesu* 171–174.

umso mehr der Prüfung. Er steigt in dem Maße, wie die Autoren sich verbergen und nicht etwa, wie die biblischen Propheten und Apostel, als Zeugen auftreten. Umso disponibler wird damit ihr Gedankengut im Laufe der Rezeption; kein bestimmter Anlass ist mehr zu berücksichtigen, der zum Verständnis maßgeblich wäre. Einer naiven Lektüre ist das ebenso förderlich wie es eine wissenschaftliche erschwert. Charlesworths Sammlung rechnet auf eine naive Lektüre, wenn sie diese Texte dem christlichen (bzw. jüdischen) Haus als eine Art von Andachtsbuch empfiehlt. Sie kommen aus einer Zeit bzw. einer Kultur, wo man Überzeugungen als Offenbarungen ausdrückte. Unter den griechischen Intellektuellen tat es nur noch Parmenides (oben Anm. 57); weiter im Osten jedoch tat man es ungebrochen bis ins Mittelalter, und dieses ist noch nicht überall vergangen.

Soll also der Vergleich mit dem Neuen Testament, der sich motivlich ja oftmals nahelegt, sachlich bleiben, ist im Blick auf letzteres festzuhalten: Offenbarung ist immer auch Geschichte. Jesus ist keine Idee. Darum gilt im Christentum auch der Kehrsatz: Historisches Fragen hat theologische Würden. Solange unter **Offenbarung** verstanden wird: die Deutbarkeit gewisser Ereignisse als Selbstäußerungen Gottes (worüber eine Religionsgemeinschaft sich dann auch einigen muss), sind diese Ereignisse in Form weitergegebener Erzählung nötig, damit auch eine Deutung stattfinden kann, und die Geschichtswissenschaft mit all ihrer Methodik ist einschlägig. Worte nur aus Worten abzuleiten, wäre ein unendlicher Regress und ginge an dem, was biblische Offenbarung ist, vorbei.

0.7.4 Damit sind wir bei der **Theologie** angekommen, deren Einbezug, ich wiederhole es, vollkommen frei ist, aber doch helfen kann, sollten sich dahingehende Fragen ergeben. Zugegeben, es ist in der Parabiblica-Forschung nicht üblich, sich dem Offenbarungsanspruch der Texte zu stellen. Man begnügt sich damit, sie als Ausdruck menschlicher Religion zu beschreiben. Wenn hier gelegentlich mehr geschieht, kann ja, wer es nicht schätzt, darüber hinweglesen. Doch schon rein religionswissenschaftlich gilt: Apokalyptik und Offenbarung sind von der Definition her verschiedene Dinge, auch wenn beides begriffsgeschichtlich von ἀποκάλυψις herkommt. Mit vollem Recht gibt die *RGG* dem letzten Buch der Bibel das (auch hier bevorzugte) Kürzel „Apk" und nicht etwa „Offb". Zwischen **Apokalypse** (als literarischer Gattung) und Offenbarung als von einer Gemeinschaft anerkannter Selbstäußerung Gottes, in Raum und Zeit geschehen, liegen mitunter buchstäblich Welten. Wie soll das im fünften oder gar achten Himmel Geschaute gelten, wenn Paulus uns noch nicht einmal sagt, was er im dritten Himmel gehört hat? Folgendes schreibt Gerhard v. Rad von der Apokalyptik:[161]

---

[161] *Theologie des Alten Testaments* II 320 f. Vgl. Maier, *Zwischen* 122–125.263–266. Albertz, *Religionsgeschichte* 639 bis Ende befasst sich mit diesem Phänomen, beginnend mit einer religionssoziologischen Einordnung als Klage Zurückgebliebener – so wie sich ab dem Moment, wo Christliches mit in unseren Gesichtskreis kommt, v. a. Populärtheologie ausdrücken wird (2.1.7 a; 7.2.0 u. ö.).

Daß sie sich selber nicht als Prophetie versteht, daß sie gelegentlich von deren Ende spricht („die Propheten haben sich schlafen gelegt", Syr. Bar. 85,3), soll nicht überbewertet werden. Entscheidend ist die Unvereinbarkeit ihres Geschichtsverständnisses mit dem der Propheten. Von der spezifisch heilsgeschichtlichen Verankerung der prophetischen Botschaft, d. h. von ihrer Verankerung in bestimmten Erwählungstraditionen, führt kein Weg zu dem Geschichtsbild der Apokalyptik, ebensowenig wie zu ihrer Vorstellung, daß die Eschata seit Urbeginn festliegen. In dem Geschichtsaspekt der beiden großen Traumvisionen in Daniel, in der [Traumvision] von dem Monarchienbild und in der Viertierversion ist von Israels Geschichte überhaupt nicht die Rede. Hier ist Gott mit den Weltreichen allein; auch der Menschensohn kommt ja nicht aus Israel, sondern „mit den Wolken des Himmels". Hier ist also das gesamte Heilsgeschehen eschatologisch-zukünftig.

Nun sind wir im Falle des *Daniel*-Buches immer noch in der glücklichen Lage, die Situation ermitteln zu können, in die hinein es sprach. Diese Konkretion seiner Botschaft wird allerdings hier wie bei vielen ähnlichen Texten erkauft mit der Erkenntnis ihrer Zeitgebundenheit, und manche Wolke des scheinbar Transzendenten regnet sich ab auf die Gefilde des Irdischen. Man meinte im Himmel zu sein und landet in der Politik.

Daraus folgt jedoch nicht, dass religiöse Texte den Zugriff historisch-kritischer Forschung nicht vertrügen und dass dieser „nicht angemessen" sei. Nur so nämlich, im Insistieren auf der Anbindung an die profane Geschichte, nimmt man die Texte ernst als Lebensäußerungen konkreter Menschen. Es hat – sieht man auf die Wirkung – noch nie ein Engel ohne Menschenzungen gesprochen.

Verweilen wir noch einen Moment bei dem nun schon öfter gebrauchten Begriff der **Prophetie.** Jahrzehntelang hat sich die Apokalypsenforschung erhitzt an der Frage: Sind diese Schriften, wo sie es denn beanspruchen, als Prophetie aufzufassen? Oder wenigstens als Offenbarung (mit der Frage: an wen?)? Gerhard von Rads distanzierte Auffassung hat eine Mehrzahl von Forschern[162] und auch Liebhabern gegen sich, die in den Apokalypsen und überhaupt in sonstigen Formen umgeschriebener oder fortgeschriebener Bibel auch ein Gotteswort finden wollen. Dafür fehlen dann aber die Kriterien, und es gilt in akademischen Veranstaltungen als unfein, solche zu verlangen. Die Texte selber lassen uns im Patt; denn so stark die Offenbarungsszenerie ausgemalt und als Ereignis oder (subjektiv gesprochen) als Erlebnis dargestellt sein kann, so überwiegend ist dann doch die Terminologie der Weisheit an denjenigen Stellen, die etwas über die Textsorte sagen könnten. „Henoch" hat „himmlische"

---

[162] V. Rad hat von reformierter Seite unfreundliche Rezensionen bekommen. Als moderate Stimme aus dieser Richtung vgl. W. ZIMMERLI: *Grundriß der alttestamentlichen Theologie* (ThW 3) (1972) 1978, 203 ff, der bes. das *Daniel*-Buch der Moderne noch vermitteln möchte. Ein Schlüsselsatz, womit auch er Apokalyptik rückbinden will an die Erwählungsgeschichte ist, „daß solche Führung auf dem Wege durch die Zeiten nicht nur in der Rückschau beschrieben, sondern in der Hoffnung erwartet werden durfte" (212). Da bleibt freilich unkommentiert, wie sehr die Erwartung im Einzelnen (zu schweigen von ihren kosmischen Zügen) getrogen hat. So wird nur umso deutlicher, was v. Rads Kritiker ihm bestreiten wollten: die Angewiesenheit des Alten Testaments auf das Neue, soll es denn christlichen Lesern etwas Gültiges sagen.

Bücher gelesen (82,1; 93,1 – wohl die in *Jub.* gleichfalls erwähnten; 1.1.1) und gibt seinerseits Bücherwissen von sich (14,1; 33,4; 72,1; 81,1; 108,1), nicht weniger der Autor der *AssMos.* (1,16; 10,12; 11,1 – hier 2.4.2), und der Schreiber Esra von *Esra-Apk.* 14,24.44 produziert Bücher *en masse*, die ganze Literatur Israels. Der Anspruch auf Offenbarung, so stark er sein mag, ergibt noch keinen Anschluss an die Schriftpropheten, ist er doch der Tora schon eigen (Ex 19–20 usw.) und darüber hinaus der Weisheit des Orients überhaupt. Traumdeutung ist Sache des Weisen; das Charisma eines Joseph (Gen 41,25 ff) ist auch das eines Daniel (Dan 2, gesteigert um ein Erraten des Traums selbst). Der „Daniel" dieses Buches hat *Jeremia* gelesen und bezieht sich auf ihn zurück, namentlich sogar (Dan 9,2). Das Beantworten einer Kette von Fragen, typische Lehreraufgabe, ist Formschema der *Esra-* wie der *Baruch-Apk.* (2.5). Der Gewinn von Wissen (*daʿat*, σοφία) ist Sache der Weisen (Dan 1,4; 12,4 MT). Selbst der Über-Weise der *Bilderreden Henochs* (1.5.3 b) bedient sich noch dieser Sprache (37,3 f). Am deutlichsten tut er es gleich in der Überschrift (37,2), die das Folgende als „Weisheitsreden" qualifiziert. Erst die davor gesetzte Überschrift, die nachträglich beim Zusammenfügen des *ÄthHen.* notwendig gewordene, qualifiziert es als „Vision". Hier zeichnet sich der Gang der Rezeption ab, wie er bis in unsere jüngste Gegenwart bleiben würde: Im Christentum wollte man Prophetien haben.

In einem Wort gefasst, ist es nicht Prophetie, was diese Texte beanspruchen, sondern sozusagen „Himmelsweisheit". Was daran himmlisch sein soll, ist rasch benannt und ist, wie bei Israels Weisheit überhaupt, kein Geheimnis. Der Titel „Schreiber der Gerechtigkeit", den Henoch an einigen der genannten Stellen führt, deutet es schon an: Es ist die Rückbindung an die Tora. Diesen Autoren, wie übrigens auch einem Philon, ist die Tora ein ewiges Gesetz, darum schon vorsinaitisch; und so kann sie auch gelten in räumlicher Lösung vom Tempel.

Ein weiterer Charakterzug der von uns so genannten Apokalypsen gehört der Weisheit an und nicht der Prophetie: der Determinismus des Weltgeschehens, es sei natürlich oder von Menschen beeinflusst und scheinbar beherrscht. Schon *Sir.* 39,25 bietet ihn recht deutlich, aufgrund älterer Weisheitsregeln, die immer schon auf das Beachten des rechten Zeitpunkts abgehoben hatten (Pred 3; *Sir.* 4,20; 27,12). Das was v. Rad, *Theologie des Alten Testaments* II 318–327 hierzu sagte mit Belegen wie den eben genannten und *Esra-Apk.* 4,37 (2.5.1), ist durch das Bekanntwerden der restlichen Qumran-Texte nur noch bestätigt worden. So wie die Weisheit (= Wissenschaft) des Alten Orients die Regelmäßigkeiten des Naturgeschehens aufzuspüren suchte und darin auf dem Gebiet der Astronomie ja schon sehr differenzierte Erkenntnisse erreicht hat, weiter gehende als sie in unserer Literatur überhaupt vorkommen (wo eher die astrologischen Ausläufer belegt sind: 6.3.3–4), so hat sie auch Regeln zu erkennen gesucht, die die Schicksale der (vermeintlich) Mächtigen und ihrer Völker bestimmen. Was darin an politischer Kritik enthalten ist, gibt diesen Texten eine noch heute mitunter angenehme Frische (z.B. Dan 2,21); in keinem einzigen Fall aber waren die Regeln, die man vermutete, zutreffend bestimmt. Welche Prognose welchen Apokalyptikers wäre je eingetroffen? Warum wohl sind ihre Texte, einer wie der andere, generationenlang umgeschrieben worden, bis man es Mal um Mal aufgab und neue schrieb unter neuen Namen? Hier liegt ein Fehler in den Voraussetzungen, und es ist kein solcher, den man den Propheten anlasten könnte. – Übrigens denken heute nicht einmal die Naturwissenschaften so deterministisch, sondern ein Quantum Zufall ist in allem dabei, und es sind Wahrscheinlichkeitsrechnungen, die dem, was wir beobachten können, am nächsten kommen.

Unter den vielen Unterschieden, die *Henoch, Daniel* und alles daraus Folgende gegenüber der biblischen Prophetie aufweisen, befindet sich, einleitungswissenschaftlich gesehen, der Umstand, dass diese Bücher *nicht von den Ereignissen herkommen, die sie berichten*, sondern Schreibtischerzeugnisse sind aus anderen Zeiten. Überdies wurden sie redigiert, revidiert und ediert über Generationen hin. Man schrieb sich seine Offenbarungen zurecht, wie man sie brauchte. Sind Jesaja, Jeremia und Hesekiel, ja auch Haggai und Sacharja als Personen in Israels Geschichte historisch-kritisch immerhin noch fassbar, so gilt dies nach ihnen nicht mehr. Davon lässt sich nicht absehen, wenn etwa die Frage aufkommt, was von diesen Büchern theologisch zu halten sei. Eine Wahrheit mit einem Zeugen ist etwas anderes als ohne einen solchen; das ist auch im Neuen Testament so.

Hierzu möge nun ein ganz unmaßgeblicher Vorschlag folgen, ein biblischer sogar, der aber nicht zeitlos-biblizistisch gemeint ist, sondern die Erfahrung einbezieht, die die Kirche mit „ihrem" Buch gemacht hat, dem von Israel ererbten (griechisch) bzw. erborgten (hebräisch). Die Hebräische Bibel nennt durchaus ein Kriterium: **Dtn 18,21f**. Gemeint ist dort, zumal wenn man es in seinem Kontext versteht, ganz schlicht das Eintreffen der Prophetie. Während seines Lebens, ja mit seinem Leben bürgt der Prophet (das meint auch die Prophetin) für seine (oder ihre) Worte. Beispiele finden sich genug, um nur an Jesajas kühne Entwarnung angesichts der aramäischen Gefahr (Jes 7,1–7)[163] zu denken. König Ahas hat es erlebt, wie diese Gefahr vorbei war, schneller als ein Säugling sich entwöhnen lässt. Anders ist es Jesus ergangen: Seine Ankündigung eines unmittelbar bevorstehenden Gottesreiches hat sich nicht bewahrheitet. Es kam das Gericht... aber nur über ihn. Das Weitere ist Theologie. Weniger berühmt sind die Gegenbeispiele aus der Anfangszeit des Zweiten Tempels.[164] Die Freiheit, an solche Stellen bzw. Ereignisse einen *sensus plenior*, sprich Allegorien oder Typologien, anzuschließen,[165] ist davon unbenommen; das geschieht dann aber auf neue Verantwortung.

---

163 Der Rest des Kapitels sind Fortschreibungen, sozusagen para-prophetisch, ehe das überhaupt para-biblische Fortschreiben einsetzt.
164 Albertz, *Religionsgeschichte* 483: „Die Prophezeiungen Haggais und Sacharjas haben sich nicht erfüllt." Was dann dafür kompensiert, das nennt Albertz passend ihre „Eschatologisierung", also ihre Ausdehnung in eine unbestimmte Zukunft, zugleich auch ihre Verbindung mit anderen unerfüllten Prophetien zu einer Art von Lehre. Dabei wollte die Prophetie, und wohl auch das meiste an Apokalyptik, keine Lehre sein. – Was indes seine Wichtigkeit behält, ist der sog. eschatologische Vorbehalt, also die Reserve gegenüber allem „Bauen"-Wollen des Reiches Gottes: „Wenn der HERR nicht das Haus baut, so arbeiten umsonst, die daran bauen" (Ps 127,1).
165 Einen Anlass im Falle von Jes 7,14 gab der Text selbst durch den bestimmten Artikel bei *ha-'aleˢma*, unterstützt von der Beobachtung, dass Jungfrauen sonst keine Kinder kriegen. Doch wer ist „der"

Gleiches gilt von dem Bestreben einer Verstetigung von ursprünglich situationsverhafteten Prophetentraditionen zu einem „zeitlosen" Gotteswort: Andreas Vonach hat in Septuaginta *deutsch.E* 2691–2695 diesen Prozess in der – wohl stets erst in hellenistischer Zeit liegenden – Endredaktion der hebräischen Prophetenbücher und vollends in der Septuaginta aufgewiesen samt den dann allerdings unausweichlichen Folgen entweder einer Ethisierung oder einer Eschatologisierung.

Außer jenem warnenden Passus in Dtn 18 enthält die Hebräische Bibel einige ganz unantike Warnungen vor Träumen; im Dtn ist es bereits 13,1–5, auch hier mit dem o.g. Kriterium und zusätzlich dem Kriterium des Ersten Gebotes. In **Jer 23,9–40** wird unter eigener Überschrift „Über die Propheten" geklagt; ihr Gewerbe – das war es inzwischen – war in vollstem Verfall (vgl. schon Jes 28,7–13), und mehr als nur das Erste Gebot wurde offen missachtet. Jeremia geriet in die Minderheit (V. 28). Was er für seine Zeit als Kritik an den Träumen vorbringt, lässt sich heute so fassen: Das Unterbewusstsein ist nicht Gott. Es mag *mir* etwas zu sagen haben über meine Lage, damit aber noch nicht den anderen.

Mehr als einmal standen echte Propheten in der Gefahr, getötet zu werden aus dem Aberglauben heraus, das Eintreffen einer unangenehmen Botschaft könne damit verhindert werden. Indes wäre es ein Aberglaube von Seiten der Rezeption, wenn man an ein Eintreffen des Verhinderten noch Jahrtausende später denken wollte. Manches an fortgeschriebener Prophetie (Maier, *Zwischen* 121f) geht bereits in diese Richtung und versucht die Zeit zu strecken; aber Jahrtausende gewinnt man dabei nicht.[166] Sollte hingegen Apokalyptik als der Versuch zu begreifen sein, aus den Zeitgrenzen der Prophetie auszubrechen (wie es etwa mit dem *Daniel*-Buch geschah), so ist sie gerade darum keine Prophetie.

Die Kopftexte in den Abschnitten dieses Buches und gelegentliche Exkurse werden immer wieder theologische Orientierungshilfen leisten, unerbeten vielleicht für die einen, hilfreich hoffentlich für die anderen, und zwar v. a. da, wo ein Text besonders hintergründig ist und besonders undurchsichtig für seine inhaltlichen Voraussetzungen. Mit Bedacht ist keiner zum Thema „Messias, Messianismus" dabei. Diejenigen Kombinationen von Begriffen und Motiven aus Schriften verschiedener Zeiten, die in der Literatur zu Überschriften wie „Geist-Messianismus" und „Engelchristologie" geführt haben, sind einleitungswissenschaftlich nicht nachvollziehbar. Kein Text, der

---

Sämann von Mk 4,3 parr.? Will man hier auch nur Einen suchen? Das ist kein deiktischer, sondern ein rein illustrativer Singular. Wieso aber und mit welcher Absicht παρθένος übersetzt wurde, weiß bis heute niemand. In der Rezeption dieser Stelle ist das Hebräische missverstanden oder überhaupt ignoriert worden. Derselbe Matthäus, der in 1,23 auf παρθένος pocht (vgl. Lk 1,27), hat den *parallelismus membrorum* in Sach 9,9 missverstanden und lässt Jesus zwei Esel holen, um darauf (wie wohl?) in Jerusalem einzureiten (Mt 21,2f – das fällt in dt. Bibeln nur deswegen nicht auf, weil die Pluralformen des Gr. hier als dt. Femininum aufgefasst werden können). Da sind wiederum Hebraismen missverstanden worden. Das Mt ist teilweise so hebräischkundig wie anderwärts unkundig.

166 Der übliche Verweis auf das 1:1000 von Ps 90,4 ist hermeneutisch unzulässig; dort ist nicht von der Legitimität von Prophetien die Rede. Es ist der Fehler aller apokalyptischen und neo-apokalyptischen Rechnungen, dass Menschen versuchen, mit Gottes Maß zu messen. Genau das will der Psalmist nicht.

in sich einheitlich wäre, bietet derlei Kombinationen; auch ist für die wichtigsten einschlägigen Quellentexte, die *Bilderreden Henochs* und die *Testamente der Zwölf Patriarchen*, eine vorchristliche Entstehung nicht nachzuweisen. Als einigermaßen explizite und dabei auch authentische Auskunft können nur die *PsSal*. 17 und 18 (1.3.3) empfohlen werden. So sei hier nur auf den ältesten und den jüngsten Klassiker dieser kumulativen Messianologie hingewiesen, nämlich für die Textgrundlage auf Hilgenfeld, *Messias Judaeorum*, der unten gelegentlich wegen seines Angebots von Rückübersetzungen zu nennen sein wird, und als Rückblick auf den ganzen Forschungszweig auf Horbury, *Jewish Messianism and the Cult of Christ*, dort bes. S. 86–108. War anfangs der Beweiszweck dieser Literatur – oder wenigstens einer der Verwendungszwecke – noch darauf hinaus gelaufen, dass Jesus der Messias der Juden sei (was konkurrierende Ableitungen aus dem Griechentum provozierte), so geht bei Horbury das Bestreben nochmals dahin, dem Paganismus-Vorwurf gegen die kirchliche Theologie zu begegnen und sie wenigstens als jüdisch auszuweisen. Jüdisch ist dann aber auch die „Binität" Gott-Christus in vielen Texten christlicher Populärtheologie. Dazu folgt unter 2.1.7 ein Exkurs, Dan 7,13 betreffend.

Wenn ich dabei das antike Juden*christen*tum immer wieder aus der Vergessenheit hole (0.6.7) angesichts einer von Qumran faszinierten und alles Vorrabbinische dorthin projizierenden Pseudepigraphenforschung, dann tue ich es um der historischen Neutralität willen und nicht weil ich dem Judenchristentum in irgendeiner Weise anhinge oder ihm (wie mancher meiner Vorgänger in diesem Forschungszweig) heute noch eine weltgeschichtliche Rolle zuspräche.

0.7.5 Der **Kanon**, sei es der rabbinische oder einer der kirchlich-christlichen, wird im Folgenden weder problematisiert noch vorausgesetzt;[167] es genüge das oben schon historisch Gesagte (0.1.3). Biblische Theologie unserer Tage geht mehr und mehr nach der Septuaginta, der „Bibel der Kirche".[168] Das wird aber zu überdenken sein, wenn sich denn bewahrheiten sollte, dass *Baruch*, *Sapientia*, *2Makk.* und *4Makk.* bereits Christliches enthalten oder auf Christliches antworten. Vollends vermieden wird ein darüber noch hinausgehender Quasi-Kanon aus zusätzlichen Texten, die auch schon bemüht wurden, um die Lücke zwischen den Geschichtsschreibern Israels und seinen Propheten einerseits und den Aposteln und Evangelisten andrerseits zu füllen.

Stattdessen wird auf den folgenden Seiten die genauere historische Situierung mancher für zwischentestamentlich gehaltenen Schrift eher Enttäuschung erzeugen. Jenes Lieblingskind der religionsgeschichtlichen Forschung, der vorchristliche Messias im Himmel, verliert seine Geburtsurkunde und bekommt stattdessen einen

---

[167] Außer bei den Abkürzungen, wo wir, der *RGG* folgend, alle unbestritten kanonischen Buchtitel ohne Kursivierung und Punktsetzung anzeigen. So wird „Ps 150" geschrieben, aber „*Ps*. 151".
[168] So z. B. Feldmeier/Spieckermann, *Der Gott der Lebendigen*. Dort sind im Stellenregister unter „Altes Testament" alle vier *Makkabäer*-Bücher, *Sir.*, *Sapientia*, ja sogar die *Psalmen Salomos* mit jeweils zahlreichen Belegen vertreten; es gilt also die Septuaginta für kanonisch. Weislich ungenutzt bleibt demgegenüber die *Henoch*-Literatur und vieles ihr Ähnliche.

Taufschein – tut mir leid! Habe es selbst ein Berufsleben lang anders gelehrt und sehe jetzt, wie unbegründet die Zeitvorstellungen waren, die v. a. von der sog. Religionsgeschichtlichen Schule verbreitet wurden und die uns im 20.Jh. ja auch eine „vorchristliche" Gnosis beschert haben (dazu noch 7.6).

0.7.6 Demgegenüber ist diese *Einleitung* ganz im Sinne des Begründers ihres Forschungzweiges gehalten, des Theologen, Altphilologen und Orientalisten Johann Albert Fabricius (0.2.1), und der ihm folgenden Hamburger „Philalethie".[169] Dieser Name („Wahrheitsliebe") war und ist Programm für eine **Geisteswissenschaft**, die kritisch ist auch auf eigene Kosten und Autoritäten hinterfragt. Das Wort *Codex* in seiner Wahl des Titels darf nicht im Sinne einer irgendwie gearteten Normativität überfrachtet werden. Vielmehr agiert er als neutraler und hinsichtlich Autoritätsansprüchen kritischer Bibliograph. Hier darf hinter der Forschungsgeschichte auch ein Stück Theologiegeschichte Erwähnung finden.

In theologischer Hinsicht nämlich gründet diese Philalethie in einem Luthertum, das sich den Gebrauch der Vernunft nicht zu versagen brauchte: So sehr auch in der sog. Altlutherischen Orthodoxie die „postlapsarischen" Einschränkungen des Menschen betont wurden, so war doch die Vernunft in weltlichen Dingen freigegeben und stand nicht unter kirchlicher Aufsicht. Fabricius durfte seine Quellenforschung als weltliche Kunst betreiben, und selbst was an der *historia sacra* Offenbarung ist, das ist ihr Heilscharakter, nicht ihr Ereignisgehalt. Dem Luthertum gilt Geschichte, im Prinzip erforschbar, für eine verlässlichere Orientierung als jede vermeintlich vorhergewusste Zukunft. Man ließ Apokalypsen auf sich beruhen, so schon Luther die *Johannesapokalyse*. Wir werden es, wo immer ein Anspruch auf „höhere" Wahrheit erhoben wird, genauso halten: Der Wahrheitsanspruch all jener Texte, die unter Christen (wir sind es doch vielfach selber!) mit dem Titel *Apokalypse* versehen und bis heute für parabiblisch genommen werden (bei Charlesworth ist das fast sein ganzer Bd. 1), unterliegt für die „Philalethie" einer Verortung des gesamten Textes und seines evtl. noch wahrnehmbaren Entstehungsprozesses in den Lebens- und Denkgewohnheiten seiner Ursprungszeit.

Die so umrissene Forschungsrichtung geht zurück auf ein einzigartiges Beispiel christlich-jüdischer Zusammenarbeit. In Fragen der eben genannten Art hat noch im Jahrhundert vor Fabricius der berühmt-berüchtigte Baruch DE SPINOZA,[170] der erst von

---

169 Außer seinem Schwiegersohn Hermann Samuel Reimarus, dessen Anfragen an die Evangelien erst das 20.Jh. beantworten konnte, ist dafür namengebend Johann Bernhard BASEDOW *(Philalethie,* 2 Bde., Altona 1764). Hierzu F. LÖTZSCH: „Ein Jude, das Luthertum und die 'Luthertümer': Lessings Nathan" (2002) in: ders.: *Philosophie der Neuzeit im Spiegel des Judentums* (MJSt 19), 2005, 103–115 (111).

170 Sein *Tractatus theologico-politicus* (1670), das einzige von ihm selbst veröffentlichte Buch, packt den Stier bei den Hörnern und beginnt gleich in Kap. 1 mit dem Thema *De prophetia;* ihm ist das unter 0.7.4 Gesagte durchaus verpflichtet. Das Kap. 7 *De interpretatione Scripturae* und die folgenden (bis 13) könnten heute geschrieben sein, und Kap. 6 *De miraculis* liegt dem noch immer voraus, was ich in meinen Studienjahren als Exegese gehört habe.

den Weimarer Klassikern Rehabilitierte und in den deutschen Sprachraum Rezipierte, klarer gesehen als die amtliche Theologie seiner Zeit. Das was später als „Spinozismus" weitergetragen und natürlich auch kritisiert worden ist, seine Vagheiten in der Rede von Gott, soll uns nicht verdecken, wie sorgfältig und klar er in historischen Dingen zu urteilen wusste. Spinoza hat ein Beispiel historisch-kritischen Forschens gegeben, dessen Nachvollzug in der Christenheit bis zur Gegenwart andauert. Er wagte es, nach den Autoren und nach der Entstehungsgeschichte der heiligen Bücher zu fragen, und zwar um des Wortsinnes willen, der allemal mehr Autorität haben müsse als all das, was sich sonst noch hineinlegen lasse.[171] Zug um Zug hat dieser „Kritiker" der Bibel, der doch so viel zu ihrem Verständnis beitrug, von der Bibelwissenschaft späterer Jahrhunderte Recht erhalten, im 19. Jh. weniger, jetzt wieder mehr.[172] Zu seiner Zeit fand seine Wahrheitsliebe wenig Freunde, aber doch einige gerade im Luthertum.[173] Diese Denkfreiheit, die beiderseits auf dem Freisein von jedem räumlich-physikalischen Weltbild gründet,[174] ist nachmals verdeckt worden von einem konfessionsübergreifenden Supranaturalismus, der, sich mit der Romantik verbündend, die Theologie des 19.Jh. beherrschte und sogar Außerkanonisches bis heute mit einer Aura von Unberührbarkeit umgibt.

0.7.7 Als **Bibliographien** stehen die von Lehnardt (1999) und DiTommaso (2000) zur Verfügung; aus deren Angaben wird hier möglichst nichts wiederholt. Nur das Wenigste wird nochmals genannt, nämlich die neuesten Textausgaben und Übersetzungen und die evtl. vorhandenen, spezialisierten Hilfsmittel. Aus den Jahren nach 2000 wird gleichfalls nur das für die Einleitungsfragen Relevante angegeben und im Übrigen auf den Online-Index verwiesen (0.9.2 Ende), der dazu angelegt wurde, Angaben dieser Art zu sammeln. Momentan ist er eine der vielen Investitionsruinen der

---

171 *Tractatus* 8, gegen Maimonides, aber mit Ibn Ezra. Die Bemerkungen des letzteren, die über die Rabbinerbibeln bis heute ihre Leser haben, nehmen blitzlichtartig manches von der kritischen Bibelwissenschaft vorweg – was im Judentum als Minderheitsmeinung toleriert wurde. Nicht jedoch diejenige Spinozas.
172 Folgendes aus P. GIBERT: *L'invention critique de la Bible* [gemeint ist: l'invention de la critique de la Bible], 2010, 148–175.
173 Immerhin, der erste Schüler Spinozas, der in Dingen der Bibelwissenschaft publizierte, früher noch als er selbst (wenn auch weniger Epochales), ein gewisser Louis Meyer, war lutherischer Pastor ebenso wie sein erster Biograph, Johannes Colerus. Natürlich war die Einheit von Wissen und Glauben so schnell nicht gefunden, und die Abwehrreaktionen überwogen. Nicht dazu zählen möchte ich Colerus' Behauptung der Auferstehung Christi gegen Spinoza, die in einer Aufzählung von Apologien des Christentums in FABRICIUS' eigener *Bibliotheca Graeca*, Bd. 7, 1715, 96–144 im Nachgang zu Julians *Adversus Christianos* unter Nr. 180 aufgeführt ist – in einer Reihe allerdings mit vielem Anti-Spinozismus.
174 W. ELERT: *Morphologie des Luthertums*, Bd. 1, 1931 (1952), 355–393 mit vielen Belegen. Kepler z. B. war Astronomieprofessor in Wittenberg, hat allerdings für seine Hauptveröffentlichung, einen Privatdruck, kaiserlichen Schutz gesucht. – In Rom hingegen verurteilte man Galilei wegen seines Abgehens vom Weltbild der antiken Astronomie, und noch Karl Barth insistiert, reformierte Prämissen wiederholend, auf dem, was er die „Diastase" nennt.

deutschsprachigen Forschung. Auf seine Wiederbelebung kann nur gehofft, ein Ersatz für ihn hier nicht geboten werden. Man behilft sich derzeit mit allgemeineren Datenbanken wie *Ioudaios, Perseus* oder *Pace*.

Die Breite der Meinungen darzustellen, ist nicht der Zweck dieser *Einleitung*. Das geschieht nun schon in Bd. VI von JSHRZ, wird allerdings nie so viele Schriften berücksichtigen, wie hier erfasst sind, und platzt auch so schon aus den Gelenken. Was würde es helfen, bei fast jedem Titel dazuzuschreiben, wie in älteren Einleitungen: „Ein hebräisches Original wird vermutet", und Namen zu nennen, vielleicht auch noch Titel und Seitenzahlen? Irgendeinen gibt es immer, der wegen jüdischen Inhalts diese Vermutung hegt, und man findet die Angabe in den Tausenden von Fußnoten bei Denis. Darum die oben unter 0.4.3 getroffene Entscheidung zur Kürze.

Beabsichtigt ist nur eine kritische Sichtung des *an Texten* Vorhandenen, nicht des an Traditionen Vermutbaren und an Meinungen Gedruckten, sowie die Darbietung derjenigen Daten und Textdetails, auf welchen die Urteile der Fachleute beruhen. Durchgehend hingewiesen habe ich jedoch auf eine kleine Zahl vorbildlicher Arbeiten, die aus historischer Warte Überblick gewähren. Fehlschlüsse, die auch dort gelegentlich unterlaufen, bleiben unkritisiert, aber auch unerwähnt.[175]

Ab 2000 Erschienenes ist aus eigener Kenntnisnahme nachgetragen aufgrund der in Münster vorhandenen Bestände, die bis vor kurzem ganz ausgezeichnet waren, und aufgrund von Zeitschriftendurchsicht bis hin zu dem sicher wenig bekannten *Bulletin of Judaeo-Greek Studies*. Leider haben Haushaltssperren seitens der Universität Münster[176] ab 2010 die Angaben spärlicher gemacht, als ich es gewünscht hätte. Zusätzlich hat eine Mittelkürzung für die Universitäts- und Landesbibliothek[177] den Forschungsschwerpunkt, der hier kultiviert wird, praktisch abgeschafft; eine Wiederbelebung wird nur über Nachbeschaffungen möglich sein. So musste ich auf die Library of Second Temple Studies (= Fortsetzung von JSPs.S ab Band 45), die in acht Jahren über Bd. 80 hinausgewachsen ist, weitestgehend verzichten, ebenso auf die mittlerweile sieben Bände umfassenden Studia Judaeoslavica. Es war ein Gebot der Stunde, eine Übersicht wenigstens auf dem Stand von 2010 zustande zu bringen. Informationen aus der Folgezeit (bis 2014) sind in keinem Sinne vollständig und beruhen nur teilweise auf Autopsie.[178]

---

175 Nur ein Beispiel: Bei Kraft 160, und längst nicht nur bei ihm, gilt 4Q 246 als Beweis für vorchristlichen Gebrauch des Gottessohn-Titels in politischem Zusammenhang; da ist die Ironie dieses Textes nicht beachtet, mit welcher solch ein Anspruch gerade auf Abstand gehalten wird vom wahren Israel.
176 Hier bekommt die Wissenschaft nicht nur das Erliegen des Bergbaus in der Region zu spüren, sondern auch das der Finanzspekulation. Die Staatsbank des Landes Nordrhein-Westfalen ist bankrott; ihre letzten Aktiva werden derzeit versteigert.
177 Von 2010 bis 2013 verlor sie 38 % ihres Jahresbudgets. So ist die Zeitschrift *Henoch* seit 2010 in ganz Münster nicht mehr zu greifen, und von der Reihe DCLS, die ich gern komplett erfasst hätte, werden nur noch die elektronischen Bände gekauft. Auf Fernleihen habe ich aus Zeitgründen verzichtet.
178 Als Spiegel des Fragenstandes nach Redaktionsschluss sei noch genannt: E. TIGCHELAAR (Hg.): *Old Testament Pseudepigrapha and the Scriptures* (BEThL 270), 2014. Bei M. HENZE (Hg.): *A Companion*

Für eine Synthese ist die Situation jedoch, blickt man auf die Forschung nicht nur in unserem Lande, sondern international, jetzt günstig: Fast alle Forschungslücken, was Editionsarbeit und Hilfsmittel angeht, sind im Bereich der Parabiblica nunmehr geschlossen (Ausnahme: 8.2.1–2); Detailstudien sind in Menge vorhanden. Die große Göttinger Septuaginta-Ausgabe, unvollständig wie sie ist, bietet doch außer dem (angeblich fast fertigen) *4Makk.* alles hier zu Erwartende, ebenso die gleichfalls lückenhafte, in Wichtigem aber greifbare Leidener Peschitta-Ausgabe.[179] Die Zeit für Synthesen ist gekommen.

0.7.8 Ich behaupte nicht, all das gelesen zu haben, was hier vorzustellen ist, weder an Primärtexten noch gar an Sekundärliteratur. Letzteres wäre eine Unmöglichkeit, ersteres ist auch eine Frage des Geschmacks. Nicht auf jede Himmelsreise lasse ich mich mitnehmen. Seit ich Erich Gruens Zugang kenne, der weniger fromm ist als der übliche, dafür aber jüdisch, lässt mich mancher Abraham- oder Hiob-Text im Zweifel, ob ich staunen oder lachen soll. Mehr aber als alle Himmelsreisen berührt und betrifft mich jene Reise zu uns auf Erden, die in Phil 2,6–11 und in Joh 1 beschrieben ist; darüber ist hier freilich nicht weiter zu sprechen.

Alle Texte habe ich im Original vor Augen gehabt, in den genannten kritischen Ausgaben, und mich von dem vergewissert, was hier zu sagen war – außer bei Äthiopischem und bei Slavischem; dort musste es bei der Benutzung von Übersetzungen und Fremdnachrichten sein Bewenden haben. Für Äthiopisches und Slavisches begnüge ich mich also mit Übersetzungen; sie finden sich in JSHRZ. Besonders knapp ist dann aber auch, was ich, ohne es noch prüfen zu können, aus der Sekundärliteratur wiedergebe.[180] Selber durchgelesen habe ich vor allem solche Texte, über die bis dahin nichts Sicheres zu erfahren war (z. B. 2.1.6 und 2.3.3–4) oder die in den hergebrachten Sammlungen fehlen (3.5–6; 6.2–3; 8.2.1). Da musste denn Griechisches oder Lateinisches, gelegentlich auch Koptisches, Syrisches oder Armenisches mit dem Bleistift durchgepflügt werden, sollte das Fragenschema überall adäquate Antworten bekommen. Nicht die Motive sollten der Leitfaden sein – für Motivforschung haben wir schon Woschitz und all die Kommentare, und sie führen leicht in eine Scheinwelt

---

to Biblical Interpretation in Early Judaism, 2012, finden sich gleichfalls Aufsätze zu Aspekten von *Jub., LibAnt., Sir., 4Esr./2Bar., Text.XII* und *Sapientia,* d. h. keine Einleitung im hier verlangten Sinne, sondern was hier in die Rubriken „Biblischer Bezug" und „Nachwirkung" fällt.

179 Für den dort noch fehlenden *1. und 2. Brief Baruchs* (2.5.3–4) mag die dort genannte, von syrischen Christen getragene Neuausgabe der Peschitta empfohlen werden, deren erste Lieferung diese beiden Texte umfasst. – Wenig Hilfe dürfte die Beuroner Vetus-Latina-Ausgabe bieten, von der aus dem Bereich der atl. Apokryphen überhaupt nur der *Sapientia*-Band vorliegt (s. 6.5.1): Der Versuch, aus Hunderten und Tausenden von Zitaten das wiederzugewinnen, was uns an Handschriften fehlt, ist an seiner Materialfülle förmlich erstickt. Lachmanns Methode, das Sekundäre und für die Textkritik Irrelevante beiseite zu halten, war hier nicht anwendbar.

180 Es ist zum Verzweifeln, wie schnell eine philologische Angabe aus zweiter Hand, die man meint verstanden zu haben und in eigenen Worten wiedergeben will, allein davon schon falsch wird. Verlässlich ist nur, was mit Textbeleg gesagt werden kann, u.z. nach Prüfung dieses Belegs.

zeitloser Ideen –, sondern es sind die Merkmale der Textentstehung und -veränderung, wonach die Einleitungswissenschaft zuallererst fragt.

Genau geprüft habe ich stets die Textanfänge und -schlüsse sowie die Übergänge, wo immer sie sich finden ließen. Gute Ausgaben erleichtern das. Auf Inhaltsfragen und auf solche der von den Texten geforderten Hermeneutik bin ich nur in den schwierigeren Fällen eingegangen, wo heutigen LeserInnen eine Hilfe nötig ist. Wenn ich darüber hinaus gelegentlich Vorschläge mache, wie sich mit dem betr. Text theologisch umgehen lasse, so ist dies ein ganz unverbindliches Angebot. Nicht selten war hier die Gelegenheit, auf Problemlagen aufmerksam zu machen, die sich im derzeitigen christlich-jüdischen Gespräch wiederfinden.

Neben das Altbekannte treten nunmehr neue Ergebnisse, die noch der Prüfung bedürfen bzw. auf ihre Kenntnisnahme warten, nachdem sie schon einmal vergessen waren. Wenn von den beiden Briefen Baruchs, die am Ende der *Baruch-Apokalypse* (2.5.2) angekündigt werden, einer scheinbar fehlt, so erwies sich nunmehr die Überschrift *Zweiter Brief Baruchs*, die in syrischer Überlieferung dem *Baruch*-Buch der Septuaginta vorausgeht und dort anscheinend von keinem Pseudepigraphenforscher gelesen wird (oben 0.2.11), unversehens als der Ariadne-Faden. Dieser Text versteckte sich da, wo man ihn am wenigsten suchen wird: mitten in der griechischen Bibel. Es ist ein alter Bekannter. Dass alle Lehrbücher ihn für vermisst erklären, beeindruckt mich nicht, solange ihnen die Unkenntnis der besagten Stelle anzusehen ist. Ähnlich ist es mit den Verfasser- und Titelangaben des *Sirach*-Buchs. Traut sich denn keiner, die diversen hebräischen und griechischen Angaben in einen genetischen Zusammenhang zu bringen, der widerspruchsfrei möglich wäre, und die älteste von ihnen auf diese Weise zu ermitteln? Hier kann ich was übersehen haben; die einschlägige Literatur füllt bereits eine eigene Bibliographie (1.3.1), und ich orientierte mich demgegenüber lieber an den *Erläuterungen* von Septuaginta *deutsch*. Doch wie dem sei, ich musste mir selber helfen.

„Alleingang!" wird der Tadel lauten seitens derer, die von historisch-kritischer Forschung nichts Neues mehr erwarten, sondern sich auf das Wiederholen des Bekannten (und von ihnen selbst schon Geschriebenen) eingestellt haben.[181] Es mag sogar eine Textsortenregel sein, ein Handbuch dürfe nichts Neues bringen. Doch wie viele Aufsätze müsste ich schreiben und wie viele Kongresse abwarten, bis die hier entdeckten Zusammenhänge, im Großen wie auch im Detail, als Rückfluss aus „der" Forschung hier archiviert werden dürften? Es bleibe den nächsten Generationen überlassen, das hier Neue mit allem Behagen „kontrovers zu diskutieren". Wichtig war mir der Aufweis solcher literaturgeschichtlicher Zusammenhänge, die man bei Nickelsburg nicht immer und bei Denis gar nicht erkennt – von der Atomisierung des Wissens in JSHRZ zu schweigen. Anders gesagt: Eine Literaturgeschichte des Griechisch-Jüdischen könnte jetzt erst geschrieben werden und wird auch hoffentlich ihren

---

181 In der *Society of New Testament Studies* begegnete mir, solange ich ihre Kongresse besuchte, das Verdikt: „In our discipline what is true is not new and what is new is not true."

Autor/ihre Autorin noch finden.¹⁸² Ich sage das mit Erschrecken: Jahrelang habe ich auf diesem Gebiet Vorlesungen gehalten und dürfte eigentlich jetzt erst anfangen.

Im Nachhinein sehe ich übrigens, wer in Bezug auf *Baruch* meine Vorgänger waren in längst vergangnen Zeiten. Der eine war Robert Henry Charles (s. 2.5.2), der englischsprachige Herausgeber der *Apocrypha and Pseudepigrapha of the Old Testament* vor hundert Jahren; der andere war Louis Ginzberg (s. 2.5.4 Ende) in dem gleichfalls 1913 erschienenen Bd. 4 seiner *Legends of the Jews* (er ist der einzige mir bekannte Forscher, der dieses Material komplett kennt). Dass so etwas vergessen wurde, ist das typische Ergebnis einer fortschreitenden Spezialisierung und immer enger werdenden Parzellierung der Forschungsgebiete. Sie beginnt schon bei Charles selbst, der zwar in dem *Pseudepigrapha*-Band sagt, was er gefunden hat; der *Baruch*-Bearbeiter im *Apocrypha*-Band aber brauchte sich daran nicht zu halten, gerade dass eine einzige Anmerkung zu Beginn seines Beitrags, von Charles eingefügt, einen schüchternen Hinweis bietet. Der tridentinische Kanon, nach dem das eine Buch zu den Apokrypha zählt (nämlich noch in ihm enthalten ist), das andere nicht und damit der Pseudepigraphen-Forschung verbleibt, schlug also durch, und er schlägt sogar auf jüdische Arbeiten durch wie neuerdings Louis Feldmans *Outside the Bible* oder demnächst Alexander Kuliks *Voice of Jacob* (s.o. Anm. 154).

So mag es denn zu rechtfertigen sein, wenn ein Einzelner, der zwar mit den Methoden vertraut ist, aber berufsmäßig weder der Apokryphen- noch der Pseudepigraphenforschung angehört, sich an einer solchen *Einleitung* versucht. Der Blick aus der Distanz ergänzt den aus der Nähe. Auch wechseln bei dem sonst üblichen, verteilten Arbeiten zwangsläufig die Gesichtspunkte und die Maßstäbe, wie das Schicksal der JSHRZ zeigt, und die Gefahren der Betriebsblindheit werden beim Zusammenführen von Einzelarbeiten keineswegs gebannt. Viele Spezialisten machen noch keinen Generalisten. Wem wäre denn das schon aufgefallen, was wir hier „Jerusalemer Publizistik" nennen (0.3.4)? Zwei Augen sehen manchmal mehr als zwanzig. Zu beklagen sind demgegenüber die epidemisch vielen Sammelbände, in welchen die Kurzzeitprojekte der momentanen Forschungsförderung meist enden. Als Referenz und Orientierung wird demgegenüber stillschweigend und schon längst das Internet benutzt, und anonyme Enzyklopädien, der „Weltgeist" unsrer Tage, sowie elektronische Suchmaschinen sollen anhand von Stichwörtern zusammenführen, was auch dort in alle Richtungen auseinanderläuft.

0.7.9 Ein Überblick über die Fachliteratur, die sich im Laufe des 20. Jh. angehäuft hat, war nicht der Zweck; das wird in JSHRZ im mehreren Anläufen schon längst versucht, denen gegenüber ich bestimmt vieles übersehen habe. Mein Anliegen war vielmehr, einen Ariadnefaden zu legen durch den Urwald sich anhäufender Vermutungen,

---

182 Stattdessen sei hier ein Projekt genannt, lange schon angekündigt, dem ich meine letzten Jahre konzentrierter Arbeit zu widmen gedenke: ein gleichfalls noch nie geschriebener *Rechtsgeschichtlicher Kommentar zum Neuen Testament,* herauszugeben im Verbund mit Johann Maier (Judaistik), Joachim Hengstl (Papyrologie) und Fabian Wittreck (Recht).

nämlich Zuschreibungs- und Datierungsvorschläge, die bisher nie im Gesamtumfang miteinander vermittelt wurden.[183] Das Werk von Nickelsburg ist als Syntheseleistung eine rühmliche Ausnahme, doch geht er nicht so weit in die Details, wie es hier geschieht, und wird es auch in seiner deutschen Übersetzung nicht tun.

Hilfreich waren Stichproben außerhalb der „Textwelten", etwa der Einbezug der Rechtsgeschichte, naheliegend für eine Religion der Tora und damit des Rechtes (vgl. Maier, *Zwischen* 97–102.128 f). Hierfür habe ich Ze'ev Falk, *Introduction to Jewish Law of the Second Commonwealth* zu Rate gezogen mit dem Ergebnis, dass mitunter auch bei Texten oder Szenen ohne historischen Gehalt sich doch wenigstens ein Wirklichkeitsbezug zur Lebenswelt des Autors und seines Auditoriums finden ließ (z. B. 1.2.1–2; 1.3.1). Auch ist es für die Datierung eines Textes nicht unwichtig, welches Stadium der Inkraftsetzung oder Weiterentwicklung der Tora er repräsentiert. Was biblische Berichte wie Esr 9–10 und Neh 9–10 (ein Zahlenzufall) als geschehen ausgeben, ist, historisch gesehen, anfangs noch utopisch gewesen (Albertz, *Religionsgeschichte* 497 ff); erst nach langen Jahrhunderten eines Neben- und Durcheinanders von mosaischen Vorschriften und hellenistischem Gewohnheitsrecht ist den Rabbinen jene Aktualisierung der Tora gelungen, die als „Mündliche Tora" das jüdische Leben seither bestimmen sollte.

0.7.10 Gedacht ist dieses Buch vor allem für Studierende, u.z. solche, die gelegentlich auch Urtexte nachschlagen oder gar an solchen arbeiten wollen. Mit Hinweisen auf deutsche und englische Übersetzungen fängt darum jeder Abschnitt an, dem schnellen Zugang zuliebe; danach folgen Angaben zur Identifikation der Texte. Methodik und Metasprache sind die der Klassischen Philologie; schließlich geht es um griechische Texte, wenn auch um solche von oftmals ungewöhnlichem Ursprung und Charakter. Zusätzlich ist ein Hintergrund an Bibelwissenschaft nötig, also gewisse Mindestkenntnisse bzw. Nachschlagemöglichkeiten in Alter Geschichte, Orientalistik und Religionswissenschaft; biblische Sondermethoden sind nirgends nötig und haben sich auch nie auf längere Zeit bewährt.

Ich weiß noch sehr wohl, wie sehr eine historisch-kritische Einstiegshilfe in die Parabiblica mir in meiner Studienzeit gefehlt hat und wie wehrlos ich deren manchmal geradezu „sinaitischen" Offenbarungsszenen gegenüber stand.[184] Ich sollte eine Wort-

---

[183] Bei Charlesworth und bei Denis sind die Angaben zur Datierung unselbstständig gegenüber der jeweils referierten Spezialliteratur. – Ein analoger Vorschlag, alle vorhandenen Theorien zur Entstehung der Evangelien miteinander zu vernetzen (denn jede bietet eine *particula veri*), ist Siegert/Wittkowsky, *Vier-Quellen-Hypothese* (0.9.5).

[184] Gleich in meinem ersten Studienjahr trat ich in eine Falle, als ich für eine Proseminararbeit in NT zu einem Reich-Gottes-Gleichnis die Rubrik „Religionsgeschichtliches" füllen wollte und dazu die Register bei Charles und in den anderen Pseudepigrapha-Sammlungen öffnete: Da fand ich mich einem Wust an Vorstellungen ausgesetzt, von denen mangels Datierung und Zuordnung völlig unklar blieb, was davon mit den Worten und dem Wirken Jesu verbunden werden könne. Dass im *ThWNT* s.v. βασιλεία die Rabbinen *vor* dem NT rangieren, war in dieser Frage auch nicht gerade hilfreich. Die

Gottes-Theologie erlernen und war von anonymer bzw. pseudonymer Seite solchen Wahrheitsansprüchen ausgesetzt, wie sie mir selbst in der Bibel nur selten begegnet waren. Der Kanon löste das Problem nicht, denn spätestens mit dem *Daniel*-Buch setzt es bereits ein. So habe ich nun schließlich, obwohl ich meine Berufsjahre eher mit Paulus, Philon und Josephus verbracht habe und zuletzt mit den Evangelien, zur Selbsthilfe gegriffen. Sie folgt, wie schon Fabricius, keiner anderen Methodik als der klassisch-philologischen. Gegenüber allen oben genannten Himmelsreisen der Religionswissenschaft mit ihren Anachronismen verbleibe ich unerbittlich, und um den Preis des Tadels, auf dem Boden der historisch-kritischen Altertumswissenschaft.

„Suchet als erstes nach der ursprünglichen Bedeutung, und alles andere wird euch zufallen", sagt Bischof Krister Stendahl.[185] Das hat sich mir unerwartet bewahrheitet. Hatte ich einst in jugendlichem Leichtsinn eine *Theologie des hellenistischen Judentums* angekündigt,[186] deren unvermeidliche Heterogenität mich dann aber bald wieder abgeschreckt hat, so ist diese jetzt als Zugabe zu der philologisch-historischen Vorarbeit, welche hier vorliegt, unvermerkt doch noch zustande gekommen: Man möge die eingestreuten Exkurse, womit die einigermaßen sicheren thematischen Linien festgehalten sind, dafür nehmen. Mehr an Synthese würde der Verschiedenheit des Materials nicht mehr entsprechen.

0.7.11 Für persönliche Beratung und hilfreiche Hinweise danke ich den Kollegen und künftigen Kollegen (um Titel hier einzusparen) Johann Maier, Joseph Sievers und Clemens Leonhard (Judaistik), Jan Dochhorn (Judaistik, Orientalistik), Rainer Stichel (Byzantinistik, Slavistik), Andreas Juckel (Syrisch), Linus Hauser (Religionswissenschaft), Jean-Jacques Aubert (Klassische Philologie, Rechtsgeschichte), Fabian Wittreck (Rechtsgeschichte) und Benedikt Eckhardt (Alte Geschichte) sowie meinen neutestamentlichen Gesprächspartnern und Fachkollegen hier in Münster und anderwärts: Niclas Förster, Cor de Vos, Jens Herzer und Karl-Wilhelm Niebuhr. Herr Dr.phil. Hans-Achim Stössel (†) hat mit geübtem Auge das Manuskript in einem bereits fortgeschrittenen Stadium auf Schreib- und Sprachfehler durchgelesen, manche Partien sogar mehrmals; gleiches danke ich meinem Gesprächspartner und Lehrbeauftragen am Institutum Judaicum Delitzschianum während vieler Jahre, Herrn Pfr. Dr. Dr. Frieder Lötzsch. Andere Partien las kritisch Herr Dipl.-Theol. Christian Gers-Uphaus. Als Gutachter gegenüber dem Verlag dienten mit wichtigen Hinweisen und Kritiken die Kollegen Christfried Böttrich (Neues Testament, Slavistik) und v. a. Markus Witte (Altes Testament), der das Skriptum in weiten Teilen durchgesehen und mit vielerlei Korrekturen und Ergänzungen aus der Sicht des Alttestamentlers versehen

---

Annahme, Hebräisches müsse alt sein, ist ebenso ungesichert wie jene andere, alles Alte müsse einmal hebräisch gewesen sein.
185 K. Stendahl: *Der Jude Paulus und wir Heiden* (engl. 1977), 1978, 53.
186 F. Siegert: „La culture grecque, le message chrétien et l'origine de la théologie", *Revue de Théologie et de Philosophie* 125, 1993, 321–341 (Antrittsvorlesung; zuvor veröff. in: *Université de Neuchâtel, Annales* 1991–1992, 246–264).

hat. Bei den Jahrestreffen der International Society for the Study of Deuterocanonical and Cognate Literature (ISDSL) durfte ich 2013 und 2014 zu Gast sein und bedanke mich bei ihm und seinen dortigen Kolleginnen und Kollegen für fachkundiges Gehör und für hilfreiche Gespräche noch in der Abschlussphase. Der Verlagslektor schließlich, Herr Dr.theol. Albrecht Döhnert und sein Team, hat die Publikation mit Wohlwollen begleitet und aufmerksam betreut. Eine bessere Stelle als die jetzt gewählte hätte diese nicht finden können.

Wie weit diese *Einleitung* noch immer von der wünschenswerten Vollkommenheit entfernt ist, wird der Gebrauch erweisen. Allein schon der vielen Zahlenangaben wegen kann nicht alles beim ersten Mal schon richtig sein. Auch soll es mich wundern, wenn ich mich in dem Urwald von Abschnitt 7 nirgends verirrt haben sollte. Hinweise auf Versehen aller Art sowie Angaben zur Ergänzung, gern auch im Detail, erbitte ich an siegert@uni-muenster.de.

Münster, im Januar 2015 F. S.

0.8 Abkürzungen und Schreibkonventionen

0.8.1 Abkürzungen

Die Abkürzungen folgen dem Nachschlagewerk *Religion in Geschichte und Gegenwart,* 4. Aufl., dort am Beginn jedes Bandes. Hinzu kommen:

*	erschlossene Wortform, so nicht belegt
<	aus (allgemeines Herkunftszeichen)
>	geworden zu, aufgenommen in
AJEC	=Ancient Judaism and Early Christianity
ALGHJ	=Arbeiten zur Literatur und Geschichte des hellenistischen Judentums
arm. (Arm.)	=armenisch (Armenisch)
BM	=Britisches Museum, London (und Add. = additional manuscript)
CD	=*Damaskusschrift*[187]
CEJL	=Commentaries on Early Jewish Literature
DCLS	=Deuterocanonical and Cognate Literature Studies
DCLY	=Deuterocanonical and Cognate Literature Yearbook[188]
Frg.	=Fragment
FoSub	=Fontes et subsidia ad Bibliam pertinentes
gr. (Gr.)	=griechisch (Griechisch)
HCS	=Hellenistic Culture and Society
HUAS	=Hebrew University Armenian Studies
ICDB	=International Conference on the Deuterocanonical Books
i.e.S.	=im eigentlichen Sinne; im engeren Sinne
Iss.	=Issaverdens (s.u. 0.9.1)
i.S.v.	=im Sinne von
JGRCJ	=*Journal of Greco-Roman Christianity and Judaism*
JSPs	=*Journal for the Study of the Pseudepigrapha*
JSS	=*Journal of Semitic Studies*
Kap.	=Kapitel
MJSt	=Münsteraner Judaistische Studien
m.n.e.	=mehr nicht erschienen
P	=Papyrus (der Septuaginta, gezählt nach der Rahlfs-Liste)[189]

---

[187] Text (hebr./engl.) z.B. in García-Martínez/Tigchelaar (s.u. 0.9.1: Qumran) I 550–627; hier zitiert nach Kolumne und Zeile der Handschrift A.

[188] Diese teils mit laufender Nr., teils nach Veranstaltungsjahr der betr. Tagung zitierte Serie war mir nur in Teilen greifbar.

[189] A. RAHLFS: *Verzeichnis der griechischen Handschriften des Alten Testamens*, Bd. I/1: *Die Überlieferung bis zum VIII. Jahrhundert* (1914), bearb. D. FRAENKEL, 2004. Dort S. 450–463 „Numerisches Verzeichnis", 545–562 Liste nach Aufbewahrungsorten, 563f Liste nach Fundorten. Die Papyri sind erfasst v.a. in den 600er-, 800er-, 900er- und 2000er-Nummern. – Nomenklatur: „Codex" meint der Kürze halber einen Pergament- (oder Papier-) Codex, „Papyrus" einen Papyruscodex, d.h. meist ja nur Reste von solchen.

POxy	=Oxyrhynchos-Papyrus[190]
Q	=Quelle Q (in Mt und Lk verwendet; Kapitel- und Verszahlen nach Lk; Ausgabe s. 0.9.1: Hoffmann/Heil)
reg.	=regierte
S.	=Supplement, Supplement Series (o. ä.)
SBL.EJL	=Society of Biblical Literature, Early Judaism and its Literature
SBL.TT	=Society of Biblical Literature, Texts and Translations
SIJD	=Schriften des Institutum Judaicum Delitzschianum
TLG	=*Thesaurus Linguae Graecae* (Datenbank, benutzt im Stand von 2013)
u.d.T.	=unter dem Titel
UPATS	=University of Pennsylvania Armenian Texts and Studies
u.z.	=und zwar
vs.	=versus (im Gegensatz zu)
VTS	=*Vetus Testamentum Syriace* (s. 0.9.1)
Wahl (Bauer), *Clavis* s. 0.9.4: Wahl	
Y.	=Yovsēpʻean (s. 0.9.1).

Die Abkürzungen biblischer Bücher folgen gleichfalls der *RGG*. Unbestritten Kanonisches wird ohne Abkürzungspunkt genannt, auch ohne Kursivsetzung. Beim Zitieren der Septuaginta (LXX) gilt im Bereich der Samuel- und Königsbücher die vereinfachte Notierung 1Sam, 2Sam, 3Kön, 4Kön.

Für die zahlreichen Fragmente hellenistisch-jüdischer Dichter und Schriftsteller, die entweder über Clemens v. Alexandrien oder über Euseb auf uns gekommen sind, werden folgende Angaben immer nur verkürzt gemacht:

Clem.Al., *Strom.* = Clemens v. Alexandrien (gest. vor 215 n. Chr.), *Stromata*:
  Clemens Alexandrinus, 2. Bd.: *Stromata Buch I–VI*, hg. O. STÄHLIN (GCS) 1906 (1939), 3. Aufl. [mit Nachträgen], hg. L. FRÜCHTEL, 1960 (1985); dito, 3. Bd.: *Stromata Buch VII und VIII* (etc.), 1909 , 2. Aufl. [mit Nachträgen], hg. L. FRÜCHTEL, 1970

Eus., *Praep.* = Eusebios v. Caesarea (gest. 339 n. Chr.), *Praeparatio Evangelica*:
  Eusebius[,] Werke, 8. Bd. (in 2 Teilbänden): *Die Praeparatio Evangelica*, hg. K. MRAS (GCS), 1954.

0.8.2 Zitier- und Schreibkonventionen

HERR (in Kapitälchen) steht für artikelloses *kyrios*, einen seit der Septuaginta (außer teilweise im Psalter) gültigen Neologismus zum Ersatz für JHWH.

Im Übrigen dienen KAPITÄLCHEN für die Namen von Autoren und Autorinnen an den Stellen, wo eine Literaturangabe beigefügt ist.

---

[190] Dieser größte Papyrusfund aller Zeiten, gemacht im einstigen Oxyrhynchos (200 km südlich von Kairo, westlich des Nils), wird seit 1898 von B. P. GRENFELL/A. S. HUNT u. a. ediert (derzeit über 70 Bände, auch im Internet).

Kursive dient zur Transkription von Fremdsprachigem sowie zur Markierung von Buchtiteln (auch Zeitschriftennamen): Baruch ist der Schreiber Jeremias, *Baruch* ein nach ihm benanntes Buch.

Bei der Wiedergabe beschädigter Textoriginale dient [...] für eine Lücke im Material, deren Länge bekannt ist, hingegen ...] und [... für Lücken von unbekannter Länge. Sonst dient die eckige Klammer für Tilgungsvorschläge, also Textbestandteile, die überflüssig erscheinen. In <...> hingegen stehen Einfügungen von versehentlich Fehlendem durch einen modernen Herausgeber, in (...) Auflösungen von Kürzeln.

Metrische Zeichen für das Griechische sind – für die Länge, ᴗ für die Kürze, x für die nicht gemessene Schlusssilbe, | für die Abteilung zwischen einzelnen *versus Cretici*.

Nummern antiker „Bücher" haben einen Leerraum nach sich. Römische Ziffern werden vermieden, außer bei einigen modernen Publikationen als Kürzel für „Bd. 1" usw. sowie für Kolumnenangaben in den Qumran-Handschriften. Wo bei antiken Texten (ältere) Kapitel- und (neuere) Paragraphenzählung parallel laufen, ist der Paragraphenzahl ein § vorangestellt; die Kapitelzahl, wo sie überhaupt noch genannt wird, ist nur zum Nachschlagen in älteren Ausgaben dienlich. Die Werke des Josephus und des Clem.Al. werden nur noch nach Buch und Paragraph zitiert.

Keine Ordnung war möglich angesichts von Versangaben im Bereich der sog. Apokryphen, also der in „erweiterten" Bibeln zu findenden Schriften außerhalb des hebräischen Kanons. Jede Ausgabe zählt anders, je nach der gerade wiedergegebenen (oder gerade erst hergestellten!) Textfassung; Abweichungen um bis zu fünf Einheiten sind nicht selten. Im Folgenden wird nur nach der jeweils angezeigten kritischen Ausgabe zitiert; für die Septuaginta ist das die Ausgabe von Rahlfs.

Alle Übersetzungen ins Deutsche, ob aus Quellen oder Sekundärliteratur, sind, wo nicht anders angegeben (vgl. 0.7.8) die meinen. In den Zitaten sind Angleichungen an die hier geltenden Abkürzungs- und Schreibgewohnheiten vorgenommen.

0.8.3 Zur Transkription der Quellensprachen

Hebräisches wird meist transkribiert in vereinfachter, heutigem Hebräisch (Ivrit) entgegenkommender Vokalisation.[191] An Spirantien werden *b* und *v*, *k* und *ch*, *p* und *f* unterschieden. Aleph als Vokalbuchstabe bleibt an Wortanfängen, He als Vokalbuchstabe an den Wortenden unbezeichnet.

Bei griechischen Transkriptionen ist ein *i* stets der Vokal i, wohingegen das „halbvokalische" *i* im Latein in diesem Buch als *j* wiedergegeben wird (so wie halbvokalisches *u* als *v*). So ist *Iob* (Ἰώβ) im Griechischen ein zweisilbiger Name, ganz wie im Hebräischen, und *Joseph* im Latein zweisilbig, auch wie im Hebräischen; gr. *Iosēph*

---

[191] Viele Unterschiede gegenüber dem Hebräisch der Masoreten sind also aufgegeben. Wie sehr davon nun wiederum vormasoretisches Hebräisch abweichen kann, ist aus antiken Transkribierungen ins Griechische ersichtlich (z. B. *Abdias* LXX für *Ovadja* MT; *Sophonias* LXX für *Sᵉfanja* MT). Davon wird hier abgesehen.

hingegen wäre dreisilbig.¹⁹² Der Name Iason ist dreisilbig, und der Name *Iēsous* im Griechischen auch.

Was noch das Griechische betrifft, so wird hier das Doppelgraphem (ein Diphthong im heutigen Sinn war es nie) ει mit *i* wiedergegeben, wie seinem Lautwert in den Handschriften entspricht,¹⁹³ sowie αι mit *ae*, οι mit *oe* (um die deutsche Gleichlautung mit *eu* zu vermeiden).¹⁹⁴ Archaisierende Umschriften nach dem Muster von „Eirenaios", wie sie durch *PRE* und viele anderen Nachschlagewerke üblich wurden, sogar in der Byzantinistik, sind hier vermieden zugunsten eines Lautbilds, das eher der Entstehungszeit dieser Schriften entspricht, also „Irenaeos". Das mag von der Bequemlichkeit bloßen Transliterierens¹⁹⁵ abweichen, die sonst üblich ist, respektiert aber das antike Griechisch weit mehr als jene Publikationen, die *Septuaginta deutsch* inbegriffen, wo in griechischen Namen ein *j* verwendet wird (diesen Laut hatte, wie schon gesagt, das antike Latein, aber nicht das Griechische), dafür aber die durchaus wichtige Unterscheidung von ε und η unbezeichnet bleibt. – Nur in Eigennamen, die nicht in Kursive geschrieben sind, unterbleibt die Setzung diakritischer Zeichen.

Die Vokalisation des Syrischen folgt der von R. PAYNE SMITH: *A Compendious Syriac Dictionary*, 1903 (u. ö.), westsyrisch also, wobei für offenes å (den zu *o* gewordenen *qameṣ*-Laut) gesetzt wird: *ā*. Der Murmelvokal bleibt im Syrischen wie im Koptischen unbezeichnet, die spirantische Aussprache von Konsonanten ebenfalls.¹⁹⁶ „Stumme" Konsonanten des Syrischen, bloße Grapheme, werden in Klammern gesetzt; stummes Aleph im Auslaut bleibt überhaupt unnotiert. – Koptisches wird transkribiert (mit *ei* als *i* oder *j* und *ou* als *u* oder *w*, je nach Lautwert), wobei das vorletzte der fünf Sonderzeichen für das Sahidische als *č* wiedergegeben wird (bohairisch als *ǰ*), das letzte als *q*. – Armenisches wird transliteriert, wobei ʻ hinter *k, p, t*

---

192 Unterschiede dieser Art zeigen sich in den Texten selbst an der Setzung von *a* oder *ab* vor solchen Namen im Latein, im Gr. ganz ähnlich an der Setzung oder Nicht-Setzung des Schluss-ν am vorangehenden Wort.

193 Der ursprüngliche Lautwert war der eines geschlossenen *e* (daher noch LXX Λεία = Lea). In den ersten christlichen Jahrhunderten wurde das Graphem ει dann für langes *i* und schließlich (in byzantinischem Griechisch, auch im Koptischen) auch für kurzes *i*, ja auch für *j* verwendet. Eine Transkription mit „ei" ist in keinem Falle angezeigt; darum geben wir Σειράχ (wie die Manuskripte fast stets schreiben) mit „Sirach" wieder.

194 Die spätantike Aussprache für οι war langes *y*, für ευ war es *ew* (darum Λευί, bei Josephus gelegentlich sogar genauer Λητυΐ). Die Eva der Septuaginta (Εὔα) heißt also nicht Oja, sondern Ewa. – Näheres zur antiken Aussprache des Griechischen, die im Latein besser gewahrt ist als in bloßer Transliteration ins Deutsche, s. F. SIEGERT: „Josephus und das Alphabet der Römer. Überlegungen zur Schreibung griechischer Eigennamen in lateinischer Schrift", in: J. SIEVERS/G. LEMBI (Hg.): *Josephus and Jewish History in Flavian Rome and Beyond* (JSJ.S 104), 2005, 405–421.

195 Eine Transliteration setzt Buchstabe für Buchstabe, z. B. *Mouseion* – so wird unten gelegentlich geschehen, immer in Kursive –; eine Transkription hingegen berücksichtigt auch die Aussprache, möglichst sogar in der betr. Epoche: Museon. Die Lateiner, die nach dem Ohr transkribierten, hatten Grund, *Museum* zu schreiben.

196 Selbst *p* hat im Ostsyrischen den Lautwert p behalten.

als Aspirationszeichen dient; *ow* oder bloßes *w* wird je nach Lautwert als *u* oder *w* wiedergegeben.

0.9 Literaturverzeichnis

Im Folgenden werden Vornamen abgekürzt, abgekürzte Vornamen weggelassen, Untertitel z.T. gekürzt oder auch weggelassen. Neuauflagen mit gleicher Seitenzahl werden so angegeben: 2000 (2001), die mit veränderter Seitenzahl hingegen so: (2000), 2001.

Die hier aufgeführten Werke werden im Weiteren ohne Titelangabe oder nur mit einem Titelstichwort zitiert.

0.9.1 Texte und Textsammlungen (in antiken Sprachen und/oder in moderner Übersetzung)

Ohne die allgemein zugänglichen antiken Klassiker; auch Kirchenväter werden meist nur nach Migne aufgeführt, dessen Band- und Spaltenzählung sich in moderneren Ausgaben wiederfindet. Genannt sind im Folgenden v.a. praktische Handausgaben, wie sie in größeren Bibliotheken oftmals schon in den Lesesälen anzutreffen sind sowie im größten Lesesaal aller Zeiten, dem Internet.

Die Septuaginta wird nach der Ausgabe von Rahlfs (s.u.) zitiert; „Septuaginta (Göttingen)" meint die nach wie vor unvollständige[197] große Ausgabe (Band, Faszikel, Herausgeber, Jahr); Details bei Siegert, Septuaginta 7f.

Die Namenszusätze VON und DE sind alphabetisch nicht relevant, wohl aber die Namensbestandteile LE/LA und DE (Artikel, frz. bzw. niederländisch).

(*Apostolische Konstitutionen*) METZGER, M. (Hg., Übers.): *Les Constitutions Apostoliques*, 3 Bde. (SC 320.329.336), 1985–1987 [Buch 1–2/3–6/7–8 gr./frz.]

armenische Bibel s. Zōhrapean

Ausgewählte Märtyrerakten. Neubearbeitung der Knopfschen Ausgabe von G. KRÜGER/ G. RUHBACH, 1965

BEYER, K. (Hg., Komm.): *Die aramäischen Texte vom Toten Meer*, 1984; dito, *Ergänzungsband*, 1994 [zit.: Beyer, *Die aramäischen Texte* I bzw. II]

BUDGE, E. W. (Hg.): *Coptic Apocrypha in the Dialect of Upper Egypt*, 1913 (1977)

---

[197] Zum Zeitpunkt der momentanen Auflösung des in hundert Jahren nicht fertig gewordenen Göttinger Septuaginta-Unternehmens stehen noch aus die Bände Jos, Ri+Rt, 1–4Kön und 1.Chr. 4Makk ist den Ankündigungen zufolge noch zu erwarten, eine Wiederbelebung des Unternehmens in neuer Trägerschaft vielleicht auch. – Für Variantenangaben, die über Rahlfs hinausgehen, wird demnach vorerst auf die ihrerseits unvollständige, für diese Bücher immerhin vorliegende Ausgabe von Brooke/ McLean, Bd. 2, zurückgegriffen werden (über sie vgl. Siegert, *Septuaginta* 7; über neuere Ausgaben eines Teils der Bezeugung ebd. 89).

CHARLESWORTH, J. (Hg.): *The Old Testament Pseudepigrapha*, 2 Bde., 1983.1985 (zit.: Charlesworth); dazu S. DELAMARTER: *A Scripture Index to Charlesworth's The Old Testament Pseudepigrapha*, 2002

DUPONT-SOMMER (Hg.): *La Bible. Ecrits intertestamentaires* (Bibliothèque de la Pléiade, 337), 1987 (zit. Dupont-Sommer, *Ecrits intertestamentaires*)

García Martínez/Tigchelaar s. u.: Qumran-Schriften

GIANNANTONI, G. (Hg.): *Socraticorum reliquiae*, 4 Bde., 1983–1985

HILGENFELD, A.: *Messias Judaeorum libris eorum paulo ante et paulo post Christum natum conscriptis illustratus*, 1869

Hoffmann, P./Heil, Ch. (Hg.): *Die Spruchquelle Q. Studienausgabe griechisch und deutsch* (2002), 3. Aufl. 2009

HOLLADAY, C. (Hg.): *Fragments from Hellenistic Jewish Authors*, 4 Bde., 1983.1989.1995.1996 (SBL.TT, 20, 30, 39, 40 = PsS, 10, 12, 13, 14) [gr. Texte entnommen aus der jeweils neuesten kritischen Ausgabe]

(Horst s. van der Horst)

ISSAVERDENS, J. (Isaverdeanc`, Y.): *The Uncanonical Writings of the Old Testament*, Venedig 1901 (1934)

JACOBY, F. (Hg., Komm.):[198] *Die Fragmente der griechischen Historiker* – hier benutzt:
Zweiter Teil, B, 1929 (1962) (zit.: Jacoby, *FGH* II B)
Zweiter Teil, D: Kommentar, 1930, Nachdr. als: Zweiter Teil, b: Kommentar 1962 (zit.: Jacoby, *FGH* II b)[199]
Dritter Teil, A, 1940 (1964)
Dritter Teil, C [2. Teilband, beginnend mit S. 587], 1958 (1969) (zit.: Jacoby, *FGH* III C)[200]

JELLINEK, A.: *Bet ha-Midrasch. Sammlung kleiner Midraschim und vermischter Abhandlungen aus der ältern jüdischen Literatur*, 6 Bde. (1853–1877), 3. Aufl. 1967 [Texte hebräisch][201]

(Josephus) *Flavius Josephus: Über die Ursprünglichkeit des Judentums (Contra Apionem)*, 2 Bde., hg. F. SIEGERT (SIJD 6/1.2), 2008 [zit: Josephus, *Ursprünglichkeit*]

—— *Flavius Josephus: Aus meinem Leben (Vita)*, hg. F. SIEGERT/H. SCHRECKENBERG/M. VOGEL, 2001 (2011) [zit: Josephus, *Vita*]

(JSHRZ) *Jüdische Schriften aus hellenistisch-römischer Zeit*, hg. W. G. KÜMMEL (u. a.), 5 Bde. in zahlreichen Lieferungen, 1973 ff [zit.: JSHRZ, jeweils mit Band- und Faszikel-Nummer[202] sowie Jahr der Erstauflage;[203] einige Bände sind unvollständig]

---

198 Ein Kommentar existiert zur zum Teil und nicht zu den Bänden, die Autoren aus oder über Judäa betreffen.

199 Wird auf dem Buchrücken irrig mit groß-B bezeichnet, wie der vorgenannte.

200 Enthält auf S. 947–964 den Gesamtindex der wiedergegebenen Autoren, nach laufender Nummer. Diese interne Nummerierung bleibt hier unbenutzt zugunsten einfacher Seitenzahlen.

201 Wie alt diese aus Privatsammlungen von Hebraica zusammengetragenen Texte jeweils sind, vermag Jellinek selten zu sagen; gar manches ist aus westlichen Sprachen (rück)übersetzt. Das ist durchwegs der Fall bei den hebr. Texten aus der Sammlung Fraenkel; s. Lehnardt, *Bibliographie* Nr. 1030.

202 Seitenzahlen nur bei Bedarf. Jedes Faszikel wird als eigenes Buch behandelt, so wie sie auch meist benutzt werden. Dem Bd. V fehlen die Faszikelnummern: V/2 beginnt bei S. 55, V/3 bei S. 191, V/4 bei S. 285, V/5 bei S. 409. – Eine Übersicht über den ursprünglichen Plan (vgl. oben 0.7.2) gibt Maier, *Zwischen* 68–72; neuere Übersichten (die über die Jahre hin schwanken) finden sich jeweils auf den Rückendeckeln der einzelnen Lieferungen.

203 Jüngere Erscheinungsjahre, wie sie sich auf Titelblättern oder in Katalogen finden mögen, bezeichnen Nachdrucke, auch wo diese als „2. Auflage" benannt sein mögen.

—— Bd. VI: *Supplementa:* VI/1,1, hg. U. MITTMANN-RICHERT, 2000; VI/1,2, hg. G. OEGEMA, 2005 [zit.: JSHRZ VI mit Angabe des jeweiligen Bearbeiters/der Bearbeiterin]
—— *Neue Folge*, hg. H. LICHTENBERGER/G. OEGEMA, 2005 ff [zit.: JSHRZ.NF I/1ff; II/1ff, noch unvollständig]
—— *Studien*, Bd. 1: *Jüdische Schriften in ihrem antik-jüdischen und urchristlichen Kontext*, hg. H. LICHTENBERGER/G. OEGEMA, 2002 [zit.: JSHRZ.S]
(Julius Africanus) *Iulius Africanus: Chronographiae. The Extant Fragments*, hg. M. WALLRAFF (u. a.), übers. W. ADLER (GCS, NF, 15), 2007
KAUTZSCH, E. (Hg.): *Die Apokryphen und Pseudepigraphen des Alten Testaments*, 2 Bde., 1900 (u. ö.) [Auswahl, bietet nur komplett erhaltene Schriften]
kopt. Bibel s. Budge; Thompson
DE LAGARDE, P. A. (Hg.): *Libri Veteris Testamenti apocryphi Syriace*, 1861 (1972) [zit. de Lagarde; Text: S. 3–273; Apparat und Corrigenda: S. III–XXXIX]
Leidener Peschitta s. Peschitta
(Lutherbibel, Ausg. Volz) *D. Martin Luther: Die gantze Heilige Schrifft Deudsch, Wittenberg 1545. Letzte zu Luthers Lebzeiten erschienene Ausgabe*, hg. H. VOLZ (und H. BLANKE, F. KUR, Mitarb.), 2 Bde. und 1 Begleitheft, 1972
(Nag-Hammadi-Codices) H.-M. SCHENKE/H.-G. BETHGE/U. U. KAISER (Übers.): *Nag Hammadi Deutsch*, 2 Bde. (GCS.NF 8.12), 2001.2003; dies.: *Nag Hammadi Deutsch. Studienausgabe*, 1Band, 1007 [letzterer ist verwendet und zit. als Schenke u. a., *NH deutsch*][204]
(Peschitta) *Vetus Testamentum Syriace. The Old Testament in Syriac according to the Peshiṭta Version* [zit. VTS mit jeweiligem Herausgeber. Ein Teil der Bände hat nur den Titel *The Old Testament in Syriac...* Jeder neue Text beginnt auch innerhalb eines Faszikels mit S. 1]
PREUSCHEN, E. (Hg.): *Analecta. Kürzere Texte zur Geschichte der Alten Kirche und des Kanons*, Bd. 2, 1910
—— (Hg., Übers.): *Antilegomena. Die Reste der außerkanonischen Evangelien und urchristlichen Überlieferungen* (1901), 1905 [S. 135–216: Übersetzung]
Pseudepigrapha Veteris Testamenti Graece, ed. A. M. DENIS/ M. de JONGE (u. a.), 1964 ff [zit. PVTG mit Bearbeiter-Namen und Jahr]
(Qumran-Schriften) *The Dead Sea Scrolls. Study Edition*, (hebr.-engl.) ed. and trans. F. GARCÍA MARTÍNEZ, 2 Bde., 1997 (1999) [zit.: García Martínez/E. Tigchelaar]
Rahlfs s. Septuaginta
RIESSLER, P. (Übers., Bearb.): *Altjüdisches Schrifttum außerhalb der Bibel*, übers. u. erl., 1928 (1966) [Erläuterungen: S. 1266–1339][205]
SCHNEEMELCHER, W. (Hg., Übers.): *Neutestamentliche Apokryphen in deutscher Übersetzung*, Bd. 2, 6. Aufl., 1990 (1997) [zit.: Schneemelcher, ggf. mit Angabe des Bearbeiters]
(Septuaginta) *The Old Testament in Greek*, ed. H. B. SWETE, [hier nur benutzt:] Bd. 3, (1894) 1899 (u. ö.) [neuere Ausgaben s. Notiz oben im Kopftext]
Septuaginta, id est Vetus Testamentum Graece, ed. A. RAHLFS, 2 Bde. [1935 und Nachdrucke, auch in 1 Band]; *La Bible d'Alexandrie*, (Bd. 1:) *La Genèse*, (übers. u. komm.) M. HARL, 1986 [und Folgebände]
Septuaginta deutsch, hg. W. KRAUS/M. KARRER, 2009[206]

---

[204] Die Einleitungen in der Erstauflage sind z.T. ausführlicher und werden hiermit zusätzlich zur Konsultation empfohlen. Register befinden sich nur in der Erstauflage.
[205] Leider ist dort drucktechnisch kein Unterschied gemacht zwischen Kapitel- und Verszahlen.
[206] Kann auch für die jeweils beigegebenen, allerdings kurzen Einleitungen konsultiert werden. Ähnliche Titel s.u. 0.9.5.

Septuaginta *deutsch. Erläuterungen und Kommentare,* hg. M. KARRER/W. KRAUS, 2 Bde. (durchpaginiert), 2011 [zit. Septuaginta *deutsch.E;* ab S. 1477 ist es Bd. 2]

STERN, M. (Hg.): *Greek and Latin Authors on Jews and Judaism,* 3 Bde., 1976–1984 [zit. Stern mit Bd. und Seite][207]

STONE, M. (Hg., Übers., Komm.): *Armenian Apocrypha Relating to the Patriarchs and Prophets* (PIASH 1982) [zit. Stone, *Apocrypha* I]

—— *Selected Studies in Pseudepigrapha and Apocrypha With Special Reference to the Armenian Tradition* (SVTP 9), 1991

—— (Hg., Übers., Komm.): *Armenian Apocrypha Relating to Adam and Eve* (SVTP 14), 1996 [zit. Stone, *Apocrypha* II]

STONE, M./STRUGNELL, J. (Hg., Übers.): *The Books of Elijah, Parts 1–2* (SBL.TT 18), 1979

(*Suda*) *Suidae lexicon,* ed. A. ADLER, 5 Bde., 1928–1938 (1994–2001)

(*Synekdēmos*) ΜΕΓΑΣ ΙΕΡΟΣ ΣΥΝΕΚΔΗΜΟΣ, Athen 1959 [Messbuch der gr. Kirche][208]

(Synkellos) *Georgii Syncelli Ecloga chronographica,* ed. A. MOSSHAMMER (Teubner), 1984

syr. Bibel s. Peschitta; de Lagarde

Targum s. 6.4.1 Anm. 37; A. Sperber (Hg.): *The Bible in Aramaic,* Bd. 1–3 (1959–62), 2004 [=Targum Onqelos bzw. Jonatan]

THOMPSON, H. (Hg.): *A Coptic Palimpsest Containing Joshua, Judges, Ruth, Judith and Esther in the Sahidic Dialect,* 1911 (Nachdruck u.d.T. *Coptic Biblical Texts in the Dialect of Upper Egypt,* 1977)

VAN DER HORST, P./NEWMAN, J.: *Early Jewish Prayers in Greek* (CEJL), 2008 [S. 1–214: Autor: van der Horst; 215–258 Autorin: Newman]

VASSILIEV, A. (Hg.): *Anecdota Graeco-Byzantina. Pars prior,* Mosquae (Moskau) 1893 [Texte griechisch; m.n.e.]

(Vetus Latina) *Bibliorum sacrorum Latinae versiones antiquae,* hg. P. SABATIER, 3 Bde., 1751 (1976) [Bd. 1–2: AT, weitgehend unersetzt]

(Vulgata) *Bibliorum sacrorum iuxta Vulgatam Clementinam nova editio,* ed. A. GRAMATICA, 1959; *Biblia sacra iuxta Vulgatam versionem* ed. R. WEBER/R. GRYSON (u. a.) (1969), 1994 [zit. Vulgata (ed. W./G.)][209]

WÜNSCHE, A.: *Aus Israels Lehrhallen. Kleine Midraschim (...), zum ersten Male übersetzt,* 5 Bde. (in 2), 1907–1910 (1967) [Die einleitenden Bemerkungen sind hier den Übersetzungen nachgestellt]

[YOVSĒP'EAN, S., (Hg.)]: *Ankanon girk' hin ktakaranac'* (Außerkanonische Schriften des Alten Testaments), Venedig 1896 [zit.: Y; engl. Übers. u. Bearb. s. Issaverdens]

ZŌHRAPEAN, Y., (Hg.): *Astowacašunč' matean hin ew nor ktakaranac'* (Inspirierte Bibliothek [= Bibel] Alten und Neuen Testaments), Venedig 1805 (Nachdruck 1984, hg. C. COX)

Weitere Textausgaben s. Lehnardt, *Bibliographie* Nr. 353–408

---

[207] Bietet auch Pseudepigraphes, nämlich *scheinbar* pagane Würdigungen des Judentums.

[208] Dient hier anstelle von vielem für stichprobenartige Einblicke in die liturgische Tradition des Ostens. Das *Mēnologion*, von September bis August geführt, steht auf S. 656–962; kleine schwarze Zahlen markieren die Tage im Monat.

[209] Nicht benutzt wurde: *Nova vulgata bibliorum sacrorum editio (...) iussu Pauli pp. VI recognita, auctoritate Ioannis Pauli pp. II promulgata,* 1979 (und Nachdrucke). Hier fehlen die *Esther*-Zusätze, *3(=1) Esr., 4(=4–6)Esr.* und das *Gebet Manasses*.

Datenbank

http://www.uni-leipzig.de/~nt/asp/index.htm (zit. als „Online-Index"; Zugriff 31.5.2012, zur Zeit nicht online erreichbar)

0.9.2 Einleitungen und Übersichten

Eine erschöpfende Liste von Einleitungsliteratur zu den Pseudepigraphen bis 1999 findet sich bei Lehnardt, *Bibliographie* (s. u.) Nr. 110–253. Wörterbücher, Konkordanzen u. dgl. ebd. Nr. 409–420.

DENIS, A.-M. (u. a.): *Introduction à la littérature religieuse judéo-hellénistique,* 2 Bde. (durchpaginiert; S. 889ff = Bd. 2), 2000 [zit.: Denis]
DESILVA, D. *Introducing the Apocrypha,* 2002 [zit.: DeSilva]
MAIER, J.: *Geschichte der jüdischen Religion,* 1972; 2. Aufl. 1992
—— *Zwischen den Testamenten. Geschichte und Religion in der Zeit des Zweiten Tempels* (NEB.E 3), 1990 [zit.: Maier, *Zwischen*]
—— „Der Lehrer der Gerechtigkeit" (1996), in: de Vos/Siegert, *Interesse* 72–103 (s. u. 0.9.5)
NICKELSBURG, G.: *Jewish Literature Between the Bible and the Mishnah* (1981), 2005 [zit.: Nickelsburg; dt. Übers. in Vorbereitung]
STEGMÜLLER, E.: *Repertorium Biblicum Medii Aevi,* Bd. 1: *Initia biblica. Apocrypha. Prologi,* Madrid 1940 [zit.: Stegmüller]
STONE, M.: *Jewish Writings of the Second Temple Period. Apocrypha, Pseudepigrapha, Qumran Sectarian Writings, Philo, Josephus* (CRINT II/2), 1984 [zit.: Stone, *Writings*][210]
WOSCHITZ, K. M.: *Parabiblica. Studien zur jüdischen Literatur in der hellenistisch-römischen Epoche,* 2005 [zit.: Woschitz]

0.9.3 Spezialbibliographien (außer zur Septuaginta, zu Philon und zu Josephus)

LEHNARDT, A.: *Bibliographie zu den Jüdischen Schriften aus hellenistisch-römischer Zeit,* 1999 (JSHRZ 6/2) [vgl. oben 0.7.7. – S. 645–501: Index der modernen Autoren]
DITOMMASO, L.: *A Bibliography of Pseudepigrapha Research 1850–1999* (JSPs.S 39), 2001 [sehr gut gegliedert, bietet ggf. Übersichten über Rezensionen, Manuskripte usw.]
ORLOV, A.: „Selected Bibliography on the Transmission of the Jewish Pseudepigrapha in the Slavic Milieux", in: ders.: *Studies* (s. u.) 201–434 [hier nur für 7.4.1–2 und 8.1–2 benutzt]

0.9.4 Konkordanzen, Wortregister, Spezialwörterbücher

AWETIK'EAN, G./SIURMELEAN, X./AWGEREAN, M.: *Nor baṛgirkʻ haykazean lezui,* 2 Bde., Venedig 1836 [zit: arm. Thesaurus]

---

[210] Die Beiträge von Nickelsburg aus diesem Band werden nicht genannt, da ihr Autor mit einer weit neueren, eigenen Monographie (s. zwei Einträge vorher) ohnehin vertreten ist.

BAUER, W./ALAND, K./ALAND, B.: *Griechisch-deutsches Wörterbuch zu den Schriften des Neuen Testaments und der frühchristlichen Literatur*, 6. Aufl., 1988
BLAISE, A.: *Dictionnaire latin-français des auteurs chrétiens*, 1954 [erfasst auch lat. Apokrypha und Pseudepigrapha]
BOCIAN, M. (u. a.): *Lexikon der biblischen Personen mit ihrem Fortleben in Judentum, Christentum, Islam, Dichtung, Musik und Kunst*, 1989 [zit.: Bocian]
CHAMBERLAIN, G. A.: *The Greek of the Septuagint. A Supplemental Lexicon*, 2011[211]
DENIS, A.-M. (und Y. JANSSENS): *Concordance grecque des pseudépigraphes d'Ancien Testament*, 1987 [enthält auf S. 813–925 unter „Corpus des textes" den gesamten ausgewerteten Textbestand und 9 Microfiches mit statistischen Angaben sowie zu den Partikeln]
DENIS, A.-M.: *Concordance latine des pseudépigraphes d'Ancien Testament* (CC.S), 1973 (1993) [enthält auch auf S. 545–639 unter „Corpus des textes" den ausgewerteten Textbestand]
HATCH, E./REDPATH, H.: *A Concordance to the Septuagint and to the Other Greek Versions of the Old Testament*, 3 Bde. 1897–1906 (2 Bde. 1975; 1 Bd. 1998) [zit.: Hatch/Redpath]
LAMPE, G. W. H.: *A Patristic Greek Lexicon*, 1961 (u. ö.)
LECHNER-SCHMIDT, W.: *Wortindex der lateinisch erhaltenen Pseudepigraphen zum Alten Testament* (TANZ 3), 1990 [S. 212–241: Textanhang; Herkunftsnachweise dazu S. VIIf]
LUST, J./EYNIKEL, E./HAUSPIE, K.: *A Greek-English Lexicon of the Septuagint* (2001), 2003
MURAOKA, T.: *A Greek-English Lexicon of the Septuagint*, 2009
STROTHMANN, W.: *Wörterverzeichnis der apokryphen-deuterokanonischen Schriften des Alten Testaments in der Peschitta* (Göttinger Orient-Forschungen 1/27), 1988
WAHL, Ch. A.: *Clavis librorum Veteris Testamenti apocryphorum philologica* (1853), 1972[212]

0.9.5 Mehrfach zitierte Sekundärliteratur

Nur einmal Zitiertes findet sich an seiner jeweiligen Stelle mit kompletten Angaben. Titel von Aufsätzen oder Buchkapiteln können verkürzt oder weggelassen sein.

ALBERTZ, R.: *Religionsgeschichte Israels in Alttestamentlicher Zeit*, Bd. 2 (ATD.E 8/2), 1992 (1997)
ARENHOEVEL, D.: *Die Theokratie nach dem 1. und 2.Makkabäerbuch* (Walberberger Studien, theol. Reihe, 3), 1967
BAKHOS, C. (Hg.): *Ancient Judaism in its Hellenistic Context* (JSJ.S 95), 2005
BERNSTEIN, A.: *The Formation of Hell. Death and Retribution in the Ancient and Early Christian World*, 1993
BAMMEL, E.: *Judaica. Kleine Schriften I* (WUNT 37), 1986
— *Judaica et Paulina. Kleine Schriften II*, hg. P. PILHOFER (WUNT 91), 1997
BAUCKHAM, R.: *The Jewish World Around the New Testament. Collected Essays I* (WUNT 233), 2008 [zit.: Bauckham]

---

[211] Ergänzt z. B. Bauer/Aland (dort als „BDAG" zitiert) um den LXX-Wortschatz. Alle auf S. 203ff in Fettdruck aufgeführten Wörter gehen über diesen hinaus und werden im Hauptteil des Wörterbuchs (S. 1–185) erläutert.
[212] Der Nachdruck bietet auf S. 511–827 als Supplement einen *Index verborum in libris pseudepigraphis usurpatorum* von J. B. BAUER, aufgegliedert nach Flexionsformen und auch die Partikeln bietend. Für insgesamt zehn Pseudepigrapha ist hier die Nachsuche separat möglich; so ist denn „Wahl (Bauer), *Clavis*" im Folgenden zu diesen Schriften jeweils notiert.

BEDENBENDER, A. (Hg.): *Judäo-Christentum. Die gemeinsame Wurzel von rabbinischem Judentum und früher Kirche*, 2012

BERNER, Ch.: *Jahre, Jahrwochen und Jubiläen. Heptadische Geschichtskonzeptionen im antiken Judentum* (BZAW 363), 2006

BONWETSCH, N.: „Die christliche vornicänische Litteratur (mit Einschluss der jüdisch-hellenistischen und apokalyptischen) in altslavischen Handschriften", in: Harnack I (s. u.) 886–917

BROCK, S.: „Jewish traditions in Syriac sources", *JJS* 30, 1979, 212–232

CARSON, D./O'BRIEN, P./SEIFRID, M. (Hg.): *Justification and Variegated Nomism* (WUNT II/140), S. 7–260 [vgl. oben Anm. 154]

COHEN, Sh./FRERICHS, E. (Hg.): *Diasporas in Antiquity* (Brown Judaic Studies, 288), 1993

COLLINS, J.: *Between Athens and Jerusalem. Jewish Identity in the Hellenistic Diaspora* (1983), 2000 [zit. Collins, Identity]

COLLINS, J./FISHBANE, M. (Hg.): *Death, Extasy, and Other Worldly Journeys* [sic], 1995

DALBERT, P.: *Die Theologie der hellenistisch-jüdischen Missions-Literatur unter Ausschluss von Philo und Josephus* (ThF 4), 1954

DAVILA, J.: *The Provenance of the Pseudepigrapha: Jewish, Christian, or Other* (JSJ.S 105), 2005

DE JONGE, M.: *Pseudepigrapha of the Old Testament as Part of Christian Literature. The Case of the Testaments of the Twelve Patriarchs and the Greek Life of Adam and Eve* (SVTP 18), 2003

DE TROYER, K.: *Rewriting the Sacred Text* (SBL Text Critical Studies, 4), 2003

DE VOS, C./SIEGERT, F. (Hg.): *Interesse am Judentum. Die Franz-Delitzsch-Vorlesungen 1989–2008* (MJSt 23) 2008

DITOMMASO, L./ BÖTTRICH, Ch. (Hg.): *The Old Testament Apocrypha in the Slavonic Tradition* (TSAJ 140), 2011.

DOCHHORN, J.: „Zur Krise der Gerechtigkeit im frühen Judentum", *BN* 36, 2012, 77–111

Dorandi, T.: *Le stylet et la tablette*, 2000

ECKHARDT, B.: *Ethnos und Herrschaft. Politische Figurationen judäischer Identität von Antiochos III. bis Herodes I.* (SJ 72), 2013

EGO, B./LANGE, A./PILHOFER, P. (Hg.): *Gemeinde ohne Tempel. Zur Substituierung und Transformation des Jerusalemer Tempels und seines Kults im Alten Testament, antiken Judentum und frühen Christentum* (WUNT 118), 1999

ELBOGEN, I.: *Der jüdische Gottesdienst in seiner geschichtlichen Entwicklung* (1913) 1924 (u. ö.)

FALK, Z.: *Introduction to Jewish Law of the Second Commonwealth*, 2 Bde. (AGAJU 11/1.2), 1972.1978 [durchpaginiert; ab S. 145 ist es Bd. 2]

FELDMEIER, R./SPIECKERMANN, H.: *Der Gott der Lebendigen* (Topoi Biblischer Theologie, 1), 2011

FÖRSTER, N.: *Das gemeinschaftliche Gebet in der Sicht des Lukas* (Biblical Tools and Studies, 4), 2007

FRANKFURTER, D. (Übers., Komm.): *Elijah in Upper Egypt. The Apocalypse of Elijah and Early Egyptian Christianity* (Studies in Antiquity and Christianity), 1993

GINZBERG, L.: *The Legends of the Jews*, Bd. 1–6, 1909–1928 (1968 u. ö.) [Liste der verarbeiteten Lit.: Bd. 5,441–446; 6,483–490]; Bd. 7: B. COHEN: *Index*, 1938 (u. ö.)

GRUEN, E.: *Heritage and Hellenism. The Reinvention of Jewish Tradition* (HCS 30), 1998

— *Diaspora. Jews amidst Greeks and Romans*, 2002

GURTNER, D. (Hg.): *This World and the World to Come. Soteriology in Early Judaism*, 2011

HARNACK, A.: *Geschichte der altchristlichen Literatur bis Eusebius*, Bd. 1 (in 2 Teilbänden, duchpaginiert): *Die Überlieferung und der Bestand*, 1893 (1958), bes. S. 843–865; Nachträge hierzu in Bd. 2/1: *Die Chronologie der Literatur bis Irenäus*, 1897 (1958), 560–589 [zit.: Harnack I und Harnack II]

HELLHOLM, D. (Hg.): *Apocalypticism in the Mediterranean World and the Near East*, 1983 (1989)

HENGEL, M.: *Judentum und Hellenismus. Studien zu ihrer Begegnung (...) bis zur Mitte des 2.Jh. v. Chr.* (WUNT 10), 1969 (1973, 1988) [zit.: Hengel]

— „Der alte und der neue 'Schürer'", in: *Journal of Semitic Studies* 35, 1990, 19–64 [zit.: Hengel, JJS 1990]
HENGEL, M./ SCHWEMER, A. M. (Hg.): *Königsherrschaft Gottes und himmlischer Kult im Judentum, Urchristentum und in der hellenistischen Welt* (WUNT 55), 1991
HEININGER, B.: *Paulus als Visionär* (HBS 9), 1996
HIMMELFARB, M.: *Between Temple and Torah. Essays on Priests, Scribes, and Visionaries in the Second Temple Period and Beyond* (TSAJ 151), 2013 [zit.: Himmelfarb, Essays]
HIRSCHBERGER, M.: *Jüdisch-hellenistische Literatur in ihrem interkulturellen Kontext*, 2012
HORBURY, W. (Hg.): *Hebrew Study from Ezra to Ben-Yehuda*, 1999
— *Jewish Messianism and the Cult of Christ*, 1998
(Horst s. van der Horst)
ILAN, T.: *Integrating Women into Second Temple History* (TSAJ 76), 1999
— *Silencing the Queen. The Literary Histories of Shelamzion and other Jewish Women* (TSAJ 115), 2006
— „The Torah of the Jews of Ancient Rome", *JSQ* 16, 2009, 363–395
(Jonge s. de Jonge)
KARRER, M./KRAUS, W. (und M. MEISER): *Die* Septuaginta: *Texte, Kontexte, Lebenswelten* (WUNT 219), 2008 (zit. Karrer/Kraus, Septuaginta)
KLEIN, G.: *Der älteste christliche Katechismus und die jüdische Propaganda-Literatur*, 1909
KNIBB, M.: *Essays on the Book of Enoch an Other Early Jewish Texts and Traditions* (SVTP 22), 2009 [hieraus werden nur solche Beiträge nochmals erwähnt, die, ab 2000 erschienen, noch nicht in den Bibliographien erfasst sind]
KOCH, D.-A./LICHTENBERGER, H. (Hg.): *Begegnungen zwischen Christentum und Judentum in Antike und Mittelalter*, FS Heinz Schreckenberg (SIJD 1), 1993
KRAFT, R. A.: *Exploring the Scripturesque. Jewish Texts and their Christian Contexts* (JSJ.S 137), 2009 [Aufsatzsammlung; zit: Kraft]
KREUZER, S./LESCH, J. P.: *Im Brennpunkt: die* Septuaginta. *Studien zur Entstehung und Bedeutung der Griechischen Bibel*, Bd. 2 (BWANT 161), 2004 [zit. Kreuzer/Lesch, Septuaginta]
KUNTZMANN, R./SCHLOSSER, J. (Hg.): *Etudes sur le judaïsme hellénistique* (LeDiv 119), 1984
LEVISON, J.: *Portraits of Adam in Early Judaism from Sirach to 2Baruch* (JSPs.S 1), 1988
LIDONNICI, L./LIEBER, A. (Hg.): *Heavenly Tablets. Interpretation, Identity and Tradition in Ancient Judaism*, FS Betsy Halpern-Amaru (JSJ.S 119), 2007
MAIER, J.: „Israel als Gegenüber der Diadochenreiche", in: F. SIEGERT (Hg.): *Israel als Gegenüber* (SIJD 5), 2000, 53–72
MALINA, B.: *On the Genre and Message of Revelation. Star Visions and Sky Journeys*, 1995
NEUSNER, J./ AVERY-PECK, A. (u.a., Hg.): *Encyclopedia of Midrash. Biblical Interpretation in Formative Judaism*, 2 Bde. (durchpaginiert), 2005 [zit.: Neusner/A., Midrash]
NIEHOFF, M.: *Jewish Exegesis and Homeric Scholarship in Alexandria*, 2001
NORDEN, E.: *Die antike Kunstprosa vom VI. Jh.v.Chr. bis in die Zeit der Renaissance*, 2 Bde. (2. bzw. 3. Aufl. 1909.1915) 1974
ORLOV, A.: *The Enoch-Metatron Tradition* (TSAJ 107), 2005
— *From Apocalypticism to Merkabah Mysticism. Studies in the Slavonic Pseudepigrapha* (JSJ.S 114), 2007
— *Selected Studies in the Slavonic Pseudepigrapha* (SVTP 23), 2009[213]
V. RAD, G.: *Theologie des Alten Testaments*, 2 Bde. (1960), 4. Aufl. 1962.1965 (1969 u. ö.)

---

[213] Vom selben, aber hier nicht benutzt: *Divine Manifestations in the Slavonic Pseudepigrapha* (Orientalia Judaica Christiana, 2), 2009.

SÆBØ, M. (Hg.): *Hebrew Bible/Old Testament. The History of its Interpretation*, Bd. I/1, 1996 (bzw. sofern ausdrücklich vermerkt, Bd. I/2, 2000)
SCHÄFER, P.: *Die Geburt des Judentums aus dem Geist des Christentums* (Tria Corda, 6), 2010
SCHIMANOWSKI, G.: *Juden und Nichtjuden in Alexandrien. Koexistenz und Konflikte bis zum Pogrom unter Trajan (117 n. Chr.)* (MJSt 18), 2006 [Quellenanhang gr. und dt.: 231–255]
SCHOEPS, H. J.: *Theologie und Geschichte des Judenchristentums*, 1949
SCHÜRER, E.: *The History of the Jewish people in the Age of Jesus Christ*, revised and ed. by G. VERMES/F. MILLAR/M. GOODMAN, 3 Bde. in 4, 1973.79.86.87 [der hier einschlägige Bd. 3 wird zitiert als: Schürer/V.; ab S. 705 ist es der Teilband 3/2. – Als Ergänzung s. Hengel, *JJS* 1990]
SIEGERT, F.: *Argumentation bei Paulus, gezeigt an Röm 9–11* (WUNT 34), 1985
—— *Zwischen Hebräischer Bibel und Altem Testament. Eine Einführung in die Septuaginta* (MJSt 9.13), 2 Bde. (durchpaginiert) 2001.2003 [zit.: Siegert, *Septuaginta*. Nachträge und Berichtigungen: Bd. 2, S. 9*–16*]
—— „Einleitung", in: *Josephus, Ursprünglichkeit* (s. o. 0.9.1), 11–95
—— *Das Evangelium des Johannes in seiner ursprünglichen Gestalt. Wiederherstellung und Kommentar* (SIJD 7), 2008
—— *Das Leben Jesu. Eine Biographie aufgrund der vorkanonischen Überlieferungen* (SIJD 8/2), 2010
SIEGERT, F./WITTKOWSKY, V.: *Von der Zwei- zur Vier-Quellen-Hypothese. Vorschlag für ein vollständiges Stemma der Evangelienüberlieferungen*, 2015 (erschien 2014)
SIMON, M.: *Verus Israel. Etude sur les relations entre chrétiens et juifs dans l'empire romain (135–425)* (1948), 1964 (1983)
—— *Recherches d'histoire judéo-chrétienne* (Etudes juives, 6), 1962
SPINOZA, B. DE: *Tractatus theologico-politicus* (1670), ed. C. H. Bruder (Benedicti de Spinza opera, 3), 1846, 1–271[214]
TROPPER, A.: *Simeon the Righteous in Rabbinic Literature* (AJEC 84), 2013
VAN DER HORST, P. W.: *Japheth in the Tents of Shem. Studies on Jewish Hellenism in Antiquity* (CBET 32), 2002
—— *Hellenism, Judaism, Christianity. Essays on their Interaction* (CBET 8), 1995
VANDERKAM, J.: *From Revelation to Canon. Studies in Hebrew Bible and Second Temple Literature* (JSJ.S 62), 2010
(de Vos s. unter DE)
WACHOLDER, B.-Z.: *Eupolemus. A Study of Judaeo-Greek Literature*, 1974 (bes. S. 259–287: „The Graeco-Palestinian Literature") [zit.: Wacholder]
WITULSKI, Th.: *Die Johannesoffenbarung und Kaiser Hadrian* (FRLANT 221), 2007
WITTKOWSKY, V.: *Den Heiden ist dies Heil Gottes gesandt. Studien zur literarischen Konstruierung des Heidenchristentums im historischen Kontext des Judenchristentums* (MJSt 21), 2012
XERAVITS, G./ZSENGELLÉR, J. (Hg.): *The Books of the Maccabees: History, Theology, Ideology* (SJS.S 118), 2007 [zit.: Xeravits/Zsengellér, *Maccabees*]
YOSHIKO REED, A.: „The modern invention of 'Old Testament Pseudepigrapha'", *JThS* 60, 2009, 403–436
ZIADÉ, R.: *Les martyrs Maccabées: de l'histoire juive au culte chrétien* (VigChr.S 80), 2007.

---

214 Diese Ausgabe hat außer den Kapitel- auch Paragraphenzahlen. Bibelstellenindex: S. XIII–XVIII.

1 Übersetzungen aus dem Hebräischen bzw. Aramäischen

Alle Schriften dieses 1. Abschnitts wurden zunächst auf Hebräisch oder auf Aramäisch geschrieben. Alle sind sie auf irgendeine Weise bezogen auf die Hebräische Bibel, also auf das, was in dem Zeitraum zwischen Ben Sira (unten 1.3.1) und einer von Meliton v. Sardes (2.Jh. n. Chr.) berichteten Entscheidung des Rabbinats[1] die Bibel des Judentums künftiger Zeiten werden sollte, später dann auch das Alte Testament der protestantischen Kirchen. Auf all das, was darüber hinaus geht und in der Septuaginta (einer kirchlichen Sammlung) Platz finden sollte, wird erst der 2. Abschnitt eingehen und damit auf das Alte Testament der vorreformatorischen Kirchen.

Von den hebräischen bzw. aramäischen Erstfassungen der Texte dieses 1. Abschnitts haben wir meist nur noch Fragmente, da die Rabbinen sich für alles außerhalb ihrer Entscheidung Gelegene nicht mehr interessierten. Komplett – dabei aber oft auch schon erweitert – sind allenfalls die Übersetzungen. Sie sind es denn auch, deretwegen unter dem Titel *Hellenistisch-jüdische Literatur* Übersetztes zu präsentieren sein wird, im Hinblick nämlich auf seine Rezeption in dieser übersetzten Form. Es werden also, wie unter 0.1.5 bereits definiert, nur solche Texte vorgestellt, die irgendwann eine Übersetzung in die damalige Weltsprache Griechisch erfuhren – sei sie uns erhalten oder auch nicht –, und von da aus oft noch in andere Sprachen. Wo wir beides haben, Original und Übersetzung (1.3.1), richtet sich das Hauptinteresse auf die Übersetzung. Manchmal aber, so gleich zu Beginn (1.1.1–2), werden wir es nur mit Übersetzungen von Übersetzungen zu tun haben, ehe dann (1.2) wenigstens griechische Texte fassbar werden und anschließend (1.3) auch semitische Originale.

Inhaltlich fällt auf, dass vieles in diesem 1. Abschnitt sich mit der *Genesis* beschäftigt. Das wird auch später immer wieder so sein. Hier zeigt sich ein Kontrast: Während die rabbinischen Schriften sich, sobald man im Rabbinat überhaupt zu schreiben anfing, auf die gesetzlichen Bestimmungen der Tora konzentrierten und daher die *Genesis* lange unkommentiert ließen und auch beim Buche *Exodus* erst im Kap. 12 einsetzten, wo die ersten Bestimmungen kommen (so in der *Mechilta*), haben die Autoren der Pseudepigrapha ein auffälliges Interesse an allem, das davor kommt. Gleiches gilt für das Christentum, das uns diese Schriften wie auch die Schriften eines Philon aufbewahrte.[2]

---

[1] Dazu Siegert, *Septuaginta* 373, mit Zitat des Textes aus Euseb, *H.e.* 4, 26,14. Dies ist die früheste detaillierte Liste über den Kanon der Hebräischen Bibel; die hebr. Buchtitel bietet er in Transkription. Die früheste detaillierte Liste zum Kanon der Septuaginta s. o. 0.1.3 (Athanasios, 4.Jh.).

[2] Für Philon gilt: 26 von 38 seiner Schriften in der Ausg. Cohn/Wendland haben Themen aus der *Genesis* und sind darum erhalten. Unter seinen nur armenisch überlieferten Schriften fällt wiederum auf, dass *Quaestiones in Genesim* komplett erhalten sind (vielleicht ohne Prolog), die *in Exodum* jedoch nur in Auszügen.

1.1 Erzähltexte im Anschluss an die Genesis

Den Anfang soll eine Schrift machen, die auf Hebräisch abgefasst wurde und auch inhaltlich „parabiblisch" ist, nämlich parallel laufend zu *Genesis–Exodus*. Sie ist, wie auch das später zu nennende *Henoch*-Buch, als erster Entwurf noch dem 3. Jh. v. Chr. zuzuordnen, dann aber mit vielerlei Bezügen auf später sich Ereignendes aufgefüllt worden.

Heutige Leser von Lev 25 wundern sich, wie auf ein 49. Jahr, das als Sabbatjahr ohne Landarbeit bleiben sollte und wo die Felder und Obstplantagen brach liegen mussten, noch ein ebensolches folgen sollte mit Schuldenerlass und anderen Annehmlichkeiten, die die judäische Gesellschaft sich nie leisten konnte. Dieses sog. Jobeljahr ist eine der aus dem Exil mitgebrachten Utopien, die sich nicht verwirklichen ließen, u.z. schon rechnerisch nicht: Selbst die Rabbinen können uns nicht sagen, ob das Jobeljahr zugleich 1. Jahr einer neuen Siebener-Periode sein sollte oder ob diese erst danach einsetzte.[3] Diejenige Jerusalemer Priesterschaft, die im 3. Jh. v. Chr. einen rechnerisch wie praktisch möglichen Lösungsvorschlag gemacht hatte und nachmals als „Essener" in die Sezession ging, war zu ihrer Zeit längst vergessen.

Jener in Qumran gut belegten Kalenderrechnung aus spätpersischer oder frühhellenistischer Zeit, in welcher 50 Mondjahre (der Tora) 49 Sonnenjahre sind (die Differenz pro Jahr beläuft sich auf knapp 11 Tage), verdanken wir das Grundgerüst und den Leitgedanken des *Jubiläenbuchs*.

1.1.1 Das *Jubiläen*-Buch als „verbesserte" Genesis

Eine neugeschriebene Urgeschichte Israels teilt den Weltlauf in „Jubiläen", d. h. Jobel-Perioden auf (nach Lev 25); dies sind Zeiträume von 50 Mondjahren = 49 Sonnenjahren. Die Auffassung ist, es seien von der Schöpfung bis zum Einzug des Volkes Israel ins Verheißene Land 50 Jubiläen à 50 Jahre vergangen. Das Rechnen mit Daten seit der Weltschöpfung (in christlichen Chroniken dann: *anno mundi*) hat hier seinen Anfang. So fällt das Begräbnis der Söhne Jakobs (in der Hebr. Bibel nicht erwähnt; vgl. aber Josephus, *Ant.* 2, 199; Apg 7,16) in *Jub.* 46,9 ins 2. Jahr der 2. Jahrwoche des 47. Jubiläums = *a.m.* 2263.[4] Dass historische Daten im Judentum eher postuliert als aus vergleichender Chronologie ermittelt wurden (wozu die Benutzung externer Quellen und das

---

[3] Babylonischer Talmud, *Nedarim* 61a; vgl. *RHSh.* 8b–9a. Was Josephus in *Ant.* 3, 282–284 schildert, ist unspezifisch, ist nämlich auch Sabbatjahr-Praxis. – Die Angaben über den jüdischen Kalender bei Schürer/V. I 587–601 und in vielen anderen Auskunftsquellen sind für die Essener ergänzt worden durch Johann MAIER: *Die Qumran-Essener: Die Texte vom Toten Meer*, Bd. 3, 1996, 52–160, bes. 109 f; vgl. zuletzt Beckwith, *Calendar and Chronology* (s.u.) 131 f.
[4] Hierzu Beckwith, *Calendar, Chronology and Worship* 120 mit dem Hinweis auf interne Unstimmigkeit im Vergleich zu 28,14. – Zum Vergleich: Die Ära, womit die Rabbinen rechnen, beginnt am 7.10.3761 v. Chr.

Nennen paganer Herrschernamen nötig gewesen wäre), erweist sich noch bei Josephus (s. u. 2.1.7 c). Eine Übersicht über den Weltablauf, wie er in *Jub.* gemeint sein dürfte, gibt Beckwith, *Calendar and Chronology* (s. u.) 249–251.

Auf heutige Bibelleser mag es befremdlich wirken, wie im *Jubiläen*-Buch mit allen, nicht nur den chronologischen Details der biblischen Vorlage umgegangen wird; sie hat jedoch im selben Jahrhundert, dem 2. v. Chr., in der Diaspora durchaus ihre griechischsprachigen Entsprechungen (s. u. 3.2). Hier zeigt sich ein Paradox: In eben jenem Jahrhundert, wo auf beiden Seiten ein Bedürfnis dokumentiert ist, den Tora-Text bzw. den des *Nomos* wörtlich festzulegen,[5] hat auch noch die größte Freiheit geherrscht im Umerzählen eben dieser Tora. Selbst deren normativer Inhalt, jedenfalls was den Kultkalender betrifft, wurde hier einer Art von „2. Auflage" unterworfen.

Von dem lange vermuteten hebräischen Original sind Fragmente in Qumran identifiziert worden: 1Q 17–19; 2Q 19f; 3Q 5; 4Q 176a.b.216–228; 11Q 12,[6] insgesamt leider nur wenige Seiten ausmachend, aber paläographisch datierbar (im Falle von 4Q 216) auf die Mitte des 2.Jh. v. Chr. Jedes dieser Fragmente ist auf Hebräisch geschrieben, einer Sprache, die in der Zeit des Zweiten Tempels v. a. für juridische und kultische Zwecke diente: Hier ist, wie auch in der *Sektenregel* oder im *Halachischen Brief*, der Anspruch eines „Toragebers" (*more* – in *more haṣ-ṣedeq* steckt das Partizip Präsens Aktiv zu *Tora*) impliziert.[7] Gewissermaßen wird hier versucht, eine vormosaische Tora in Kraft zu setzen. Anscheinend soll sie das „erste Gesetz" sein (2,24; 6,22), dem gegenüber die Mose-Tora dann das zweite sein wird. Faktisch war es natürlich eine Reform, oder vielmehr der Versuch einer solchen; doch durfte man in religiösen Dingen nicht innovieren, nicht in der biblischen Welt und nicht in der außerbiblischen, und so entging man dem Vorwurf mangelnden Respekts vor der Tradition mit der Fiktion höheren Alters. Wurde diese von der Gesellschaft, d. h. von ihren maßgeblichen Kreisen, akzeptiert, hätte dies ein neues gemeinsames Geschichtsbild bedeutet.

Im Gegensatz zu dieser Teil-Tora ist das sog. *Genesis-Apokryphon* aus Kairo bzw. Qumran[8] durch seine aramäische Sprache deutlich als nichtbiblisch, bestenfalls „parabiblisch" ausgewiesen. Dieses in der Antike unübersetzt gebliebene Buch wird hier nicht weiter behandelt; vgl. E. ESHEL in: LiDonnici/Lieber, *Heavenly Tablets* 111–141 über dessen Weltbild im Vergleich mit *Jub.*; Synopse ebd. 136–141. – Eine inhaltliche Nähe zu dem aram. *Buch der Wachenden* (unten 1.5.1) und dem gleichfalls

---

5 Für die griechische Tora – die „Septuaginta" im Ursinn – belegt dies der *Aristaeosbrief* (4.1.1), für die hebr. Texte die bemerkenswert hohe Sorgfalt, mit welcher die in Qumran gefundenen Manuskripte kopiert worden waren. Der Bestand an Varianten, die bisher noch nicht bekannt waren, auch nicht durch die samaritanische Überlieferung, ist bemerkenswert gering.

6 So die Liste bei DiTommaso 649–655, mit jeweiligen Literaturangaben; ebenso Denis 365–369.

7 Im Fall des sog. *Halachischen Briefs* (4Q 494–499) vermutet man ihn sogar als den Absender. Der dt. Ausdruck „Lehrer der Gerechtigkeit" ist zu schwach; er beruht *more* = „Lehrer" im Neuhebräischen.

8 1Q 20 und 4Q 537f. Hierzu z. B. Heininger, *Paulus* 164f. Zu der modernen Titelgebung „Apokryphon" vgl. 2.2.9 und 7.3.2 c.

älteren, noch schlechter erhaltenen *Buch der Giganten* (ebd., Zusatz) besteht in Spekulationen über diejenige Engelklasse, welcher der Engelfall von Gen 6,1–4 zuzuschreiben ist (*Jub.* 5), und in ihrer in aramäischer Tradition hinzugekommenen Bezeichnung mit dem Wort '*irin*, die auch das *Daniel*-Buch kennt (Dan 4,10.14.20). Umgeschriebene Geschichte und Apokalyptik gehen fortan Hand in Hand.

Zur historischen Situation: Der Versuch einer Reform des Jerusalemer Tempelkults im 3.Jh. v.Chr., insbesondere des ihm zugrunde liegenden, Israelitisches mit Babylonischem mischenden Kalenders (Denis 359–363), war fehlgeschlagen, und die Minderheit derer, die nicht zum Zuge gekommen waren, bildeten als „Zadokiden" (benannt nach dem ersten Hohenpriester des Jerusalemer Tempels; vgl. Ez 44,15 ff; Maier, *Zwischen* 257–259; ausführlich und bis Ez 40–48 zurückgehend Albertz, *Religionsgeschichte* 447–459) eine eigene Religionspartei, die ihre Feste – nach eigenem Kalender – für sich feierte und darum gezwungen war, abseits des Tempels und damit ohne Opfer ihre Gottesdienste zu halten (wegen der Kultzentralisation, die sie akzeptierten). Der Zwist zementierte sich dadurch, dass infolge der Hasmonäersiege die Familie der Zadokiden aus dem Hohenpriesteramt verdrängt wurde. Was sich im NT dann „Sadduzäer" nennt, ist – trotz Etymologie – die Gegenpartei; es sind die Anhänger des Kultes, so wie er vor wie nach der Hellenisierungskrise von 175–168 im Schwange ging. Auch sie freilich dürften überwiegend Mitglieder von Priesterfamilien gewesen sein, also Judäas Quasi-Adel.

Dies ist der – im Detail wenig bekannte, weil von Josephus nicht geschilderte – Hintergrund der Eigenarten von vielem, was sich in Qumran gefunden hat. Auf die Details der damals vorgeschlagenen Reformen kann hier nicht eingegangen werden; für Kurzinformation s. Johann Maier, „Der Lehrer der Gerechtigkeit", bes. S. 95 f zur Kalender- und Geschichtsauffassung der Zadokiden, zu den Kalenderfragen im Detail s.u. (Beckwith).

Online-Index Nr. 49; Harnack I 858 Nr. 73; Stegmüller Nr. 77 und 77.1–8; Schürer/V. 308–318.
Inhaltsangaben z.B. bei Denis; Nickelsburg. **Paraphrase** und Kommentar: Woschitz 457–491.
Einleitung und Übersetzung: Charlesworth II 35–142 (O. S. WINTERMUTE); JSHRZ II/3 (K. BERGER) 1981 [dort 284: Weltkarte nach den geographischen Angaben in *Jub.*]; Dupont-Sommer, *Ecrits intertestamentaires* 629–810 (A. CAQUOT).
Einleitung: Denis 349–403; Levison, *Adam* 89–97; Nickelsburg 69–77 (und 66: Foto von 4Q 216, Kol. I). **Text** der gr. Frg. auch bei Denis, *Conc.* 902 f.; **lat.** bei Denis, *Conc. latine* 552–565 (13,10–49,22 mit Lücken). **Anmerkungen:** Rießler (539–666) 1304–1311.
Literatur: Lehnardt Nr. 3523–3913; DiTommaso 617–672; M. HIMMELFARB: „Torah, testimony, and heavenly tablets. The claim to authority of the Book of Jubilees" (1999) in: dies., *Essays* 49–59; vgl. dies. in 1.6.1. Neueres bei Heininger, *Paulus* 160–163 und in *Henoch* 31/1 (s. nächste Rubrik); dazu J. VAN RUITEN: *Abraham in the Book of Jubilees. The Rewriting of Genesis 11:26–25:10 in the Book of Jubilees*

11:14 – 23:8 (JSJ.S 161), 2012. **Neuerer Kommentar:** J. VAN RUITEN: *Primaeval History Interpreted. The Rewriting of Genesis 1 – 11 in the Book of Jubilees* (JSJ.S 66), 2000; M. SEGAL: *The Book of Jubilees*, 2007.

Neuere Studien: SEGAL, M.: *The Book of Jubilees, Rewritten Bible, Redaction, Ideology and Theology* (JSJ.S 117) 2006; ferner VanderKam, *Studies* 276 – 331 [*1Hen.* und *Jub.*] sowie 332 – 412 [div. Themen]; Berner, *Jahre* 234 – 328; C. WERMAN in LiDonnici/Lieber, *Heavenly Tablets* 133 – 158 [bes. 142 – 157 über die gespaltene Haltung zur hellenistischen Kultur]; SCHIFFMAN, L. H.: „The Maccabean Halakhah in the Dead Sea Scrolls and the Biblical Tradition", *DSD* 13, 2006, 348 – 361. Mehr in *Henoch* 28, 2006, 125 – 159 sowie das Themenheft *Henoch* 31/1, 2009: *Enoch and Jubilees* (darin 123 – 164: Bibliographie zu *Jub.*). **Zu den Kalenderfragen:** R. BECKWITH: *Calendar and Chronology, Jewish and Christian* (AGAJU 33), 1996 [bes. 131 f.249 – 251]; ders., *Calendar, Chronology and Worship* (AJEC 61), 2005, 119 – 124. **Zur impliziten Geographie:** J. SCOTT: *Geography in Early Judaism and Christianity: The Book of Jubilees* (SNTS.MS 113), 2001 [bes. 23 – 43 zu *Jub.* 8 – 9]; N. COBLENTZ BANTEL: *A Study of the Geography of 1Enoch 17 – 19* (JSJ.S 81), 2003.

Handschriften: hebr. Fragmente s. Kopftext; Denis 365 – 369; J. STÖKL: „A list of the extant Hebrew text<s> of the Book of Jubilees", *Henoch* 28, 2006, 97 – 124. **Gr.** ist der Titel erwähnt auf auf P.Oxy. 4365, einer Bitte, die *Kleine Genesis* gegen ein *Esra*-Buch zu tauschen (Denis 830); sonst nur Zitate bei diversen Autoren (Denis 370) oder Randglossen unbekannter Herkunft (ebd. 381). **Äth.** Handschriften des 15.-20.Jh. s. Berger 290; dort auch Hinweis auf die „Kaiserliche Bibel" der Äth. Kirche. **Erstausgabe** des äth. Gesamttextes: Dillmann 1859; **lat.** (Fragment) Ceriani 1861.

Titel laut *CD* (= Kairoer Damaskus-Dokument) A XVI, 3 f, einem hebr. Text, der in einem Depot (hebr. *g^{e}niza*) der Alt-Kairoer Synagoge der Karäer schon Ende des 19.Jh. gefunden wurde (Text auch in García-Martínez/Tigchelaar I 564 oben): *Sefer maḥl^{e}qot ha-'ittim l^e-jov^{e}lehem u-l^{e}šavu'otehem*, „Buch der Einteilungen der Zeiten nach ihren Jubiläen und Wochen". **Andere Titel:** In gr. Zitierungen begegnet fast nur Λεπτὴ Γένεσις = *Kleine* (wörtl.: *schmale;* soll vielleicht heißen: *detaillierte*) *Genesis* (s. Ausg. Denis S. 71.76 u. ö.), frz. *Leptogenèse*. Meist wird, ohne Herkunftsangabe, nur ein mehr oder weniger kurzes Zitat, etwa eine Datumsangabe, übernommen. Epiphanios aber, *Haer.* 39, 6, gibt den hebr. Titel als Fremdwort:[9] ἐν τοῖς Ἰωβηλαίοις..., ehe er den gr. Konventionstitel hinzufügt: τῇ καὶ Λεπτῇ Γενέσει καλουμένῃ. Verwirrungen um den Titel (Wortlaut wie Sinn) im Gr. bei Denis 350 f.

Neuere kritische Ausgabe: hebr. Fragmente bei García Martínez/Tigchelaar unter den o. a. Nummern (auch der Geniza-Text); **gr.** Fragmente in PVTG 3 (A.-M. DENIS) 1970, S. 70 – 102 (synoptisch mit jeweils einer Weiterübersetzung aus dem Äth.); **lat.**

---

9 Aus dem hebr. *jovel* wurde in der LXX-Überarbeitung Theodotions transkribiertes ΙΩΒΗΛ und bei den Kirchenvätern schließlich das Fremdwort ἰωβηλαῖον, im Kirchenlatein dann: *annus jubilaeus,* daraus „Jubiläum" und schließlich verballhornt „Jubeljahr".

Fragmente in Denis, *Concordance latine* 552–565; **äth.** Text: J. C. VANDERKAM (Hg., Übers.): *The Book of Jubilees*, 2 Bde. (CSCO 510–511 = CSCO.Ae 87.88), 1989.

Textanfang hebr. und gr. nicht erhalten; **äth.** (eine christliche Segensformel, die frühestens im Gr. hinzugekommen sein kann, ist wegzudenken): „Dies ist die Rede [wie gr. λόγος = der Traktat von] der Einteilung der Tage". **Textschluss** (50,13a): „jedes einzelne nach der Einteilung seiner Tage." Folgt (50,13b) Schlussvermerk: „Beendet ist hier die Rede der Einteilung der Tage", Doxologie, Schreiberzusatz.

Wortindex: dt. Namen- und Stichwortregister bei Berger 557–561. Gr. Fragmente: Siglum bei Denis, *Conc.:* „FJub.", bei Denis, *Conc. latine:* „Jubi"; separat: A.-M. DENIS/Y. JANSSENS: *Concordance latine du Liber Jubilaeorum*, 1973.

Alte Übersetzungen und Bearbeitungen: zunächst griechisch (Denis 370–383, mit Nachweis der Rezeption; sadduzäische Züge: 395), davon lat. (Denis 383f gibt das Erhaltene an; es ist nur etwa ein Viertel; zum einzigen Codex s.u. 2.4.2); Auszüge auf Syr. (Denis 384–388; s.u. „Rezeption") und Arm. (ebd. 393f). Die äth. Übers. (Mss.: Denis 390–393) kommt aus dem Gr., ebenso wie die Spuren im Kopt. und Arab. (ebd. 388f). – Inhaltlich nichtidentisch ist im Bereich des nachantiken Hebräisch Jellinek, *BHM* 2, 1–11 (trotz Einl. S. VII–XI); dazu Schürer/V. 315; Di-Tommaso 621 oben; dt.: Wünsche I 61–80.

Früheste Erwähnung, frühestes Zitat: Die Zitierung des hebr. Titels in der *Damaskusschrift* wurde oben erwähnt („Titel"); vgl. Denis 369. **Gr.:** Schürer/V. 308.315 nennt Didymos v. Alexandrien, Epiphanios (*Haer.* 39, 6,1–7 ἐν τοῖς Ἰωβηλαίοις) und Hieronymus (*Ep.* 78, MPL 22,711, mit gr. Titel); vielleicht schon Hippolyt (unsicher). POxy. 4365 (4. Jh.) erwähnt den gr. Buchtitel; s. DiTommaso 618.

Ähnliche oder ähnlich benannte Texte: Im 19.Jh. wurde dieser Text (wegen Ähnlichkeit des Anfangs) noch verwechselt mit *Apokalypse des Mose = Leben Adams und Evas;* dazu vgl. 7.2.1. – Zum aram. *Genesis-Apokryphon* s. Kopftext. – Als nacherzählte Mosebücher oder richtiger: als nacherzählten Heptateuch vgl. den *Liber Antiquitatum* (1.1.2); dieser ist ein typischer Midrasch. Spuren anderer Mose- und Josua-Midraschim von Qumran an bei Denis 460–471.473–475. – Unklar ist die Beziehung zu dem *Buch des Bundes,* das Didymos zitiert; vgl. Zusatz hinter „Rezeption".

Textsorte: umgeschriebene Geschichte; exegetischer Midrasch; Geschichtsparänese (Levison: „parenetic history"). *Jub.* 23,16–32 ist eine Apokalypse im Kleinen, datierbar in die Zeit des Antiochos Epiphanes (Nickelsburg 71f). Über Gebete in *Jub.* s. J. ENDRES: „Prayers in Jubilees", in: LiDonnici/Lieber, *Heavenly Tablets* 31–47. – **Literarische Besonderheit:** Das Original war hebr. geschrieben, in der „Sprache der Schöpfung" (12,26), sogar unter Verwendung des Tetragramms (4Q 216 I 5). Das ganze Buch ist stilisiert als Anrede Gottes an Mose, wie schon Lev und Num; genauerhin ist es ein Offenbarungsdialog, nämlich mit dem „Engel des Angesichts" (s.u.: „Theologisches"), was durch die Verwendung der hebr. Sprache noch unterstrichen wird. In dieser Rahmung wirkt es zunächst wie eine Apokalypse, ist in der Hauptsache jedoch eine Nacherzählung oder besser: Umerzählung der Urgeschichte Israels bis zum Sinai, u.z. bis zum Sabbatgebot, mit dem der

Siebenerrhythmus auch für Israel gilt. Die Kap. 20–22 sind ein letzter Wille Abrahams, vergleichbar den selbstständigen literarischen Testamenten unter 2.2.8 und 7.5.

Zählung in 50 eher langen Kapiteln (und Versen) nach der Erstausgabe.

Gliederung: z. B. bei Wintermute 35 (wo Kap. 1 als Einleitung und 23,9–32 für sich bezeichnet werden als die einzigen Teile, die in der Zeitperspektive über Mose hinausreichen). Genauer gesagt beginnt der Hauptteil des Buches, nämlich die neuerzählte *Genesis*, bei 2,2. Gliederung desweiteren nach biblischen Personen bei Berger 301. Eigentümlich ist dem Buch ein System von Neudatierungen der Ereignisse der *Genesis* nach einem Rhythmus von 7 Jahren (sog. Jahrwochen) und zusätzlichen Jobeljahren (s. Kopftext). Die Nähe zum Gedankengut der Essener und dem nur von ihnen befolgten Reformkalender ist hier zu erkennen.

Literarische Integrität: Ein gewisses Wachstum dieses Textes ist anzunehmen; er antwortet auf wechselnde Zeitlagen des 3. und 2.Jh. Stellen wie 1,7–25.28; 23,11–32 und 24,28b–30 werden als später eingestuft. Die Endfassung könnte später liegen als die o.g. ausdrücklichen Erwähnungen dieser Schrift in Qumran. – Stemma der anzunehmenden oder belegbaren (Weiter-)Bearbeitungen bei Berger 294.

Biblischer Bezug: Gen 1,4–Ex 20,20 (mit Auslassungen). Der Sinai, in 1,1 bereits erwähnt, ist Ausgangs- und Zielpunkt. Der zugrundeliegende Bibeltext ist vormasoretisch, der Septuaginta-Vorlage nahestehend (Denis 353f). Zu Gen 1–11 im Besonderen s. van Ruiten. Zur Freiheit im Umgang mit dem Bibeltext s. Schürer/V. 310f. Übergangen werden Gen 1,28; 2,4–17; 3,8–13.22.24. Zufügungen sind *Jub.* 2,17–33 (über den Sabbat); 3,8–14 (über Heiligkeit); 3,27–32 (gegen Nacktheit – letzteres ein Problem, das mit der vorübergehenden Einführung griechischen Sports in Judäa verbunden war; vgl. *1Makk.* 1,14; *2Makk.* 4,9). In 10,5 ist Bezug genommen auf den Fall der „Wachenden" von Gen 6,1–4, letztere benannt nach Dan 4,10 u. ö.; mehr hierzu s. 1.5.0.

Historischer Bezug: Das Beklagen korrupter Zustände in Israel, das ab 1,19 die Fürbitte Moses auslöst, dürfte noch eine Klage sein über die fehlgeschlagene Kultreform des späten 3.Jh. v.Chr., nach deren Scheitern die Essener sich vom Tempelgottesdienst (der ihrer Meinung nach zu falschen Zeitpunkten stattfand) weitgehend fern hielten und ihre eigenen, opferlosen Feiern dafür als Ersatz einrichten mussten. Doch auch die Hohepriesterfamilien waren nach Simon „dem Gerechten" (s. u. 1.3.1) in der Krise. – Andere Stellen dürften sich gegen jene Welle der Überfremdung im frühen 2.Jh. v.Chr. wenden, wovon *1.* und *2Makk.* berichten, insbes. auf die versuchte Kultreform von 175/167. – *Jub.* 50,12 (Ende) kennt noch nicht die Sabbat-Halacha von *1Makk.* 2,41. Weiteres für das 2.Jh. v.Chr. Typische bei Schürer/V. 311; Umrisse der sich dabei ergebenden, vormischnaischen Halacha ebd. 312.[10]

---

10 Zur Entstehung und Entwicklung der vorrabbinischen Halacha s. A. TEETER: *Scribal Laws. Exegetical Variation in the Textual Transmission of Biblical Law in the Late Second Temple Period* (FAT 92),

Bemerkenswerte Stellen: 7,20 bietet eine frühe Fassung der Noachidischen Gebote (vgl. Apg 15,29). Halachisches (= auf jüdische Verhaltensregeln gerichtetes) Interesse s. Nickelsburg 70, „agadische" Ausschmückungen des Bibeltextes ebd. 71. In 45,16 vererbt Jakob seine Bücher und die seines Vaters (Var.: seiner Väter) an Levi.[11] Abrahams Lossagung vom Götzendienst, in 12,1–7 ausgemalt, wurde ein Standardthema des Midrasch; vgl. Josephus, *Ant.* 1, 154–157; *ApkAbr.* 1–8 (7.4.2), und auch bei Philon gilt, dass Abraham alle Gebote der Tora erfüllte, schon bevor sie erlassen wurden; er war eine Tora in Person (*De Abr.* 275f, aus Gen 26,5). Das Sabbatgebot wird auf Adam zurückdatiert in 2,17f. Über die sehr strenge, typisch essenische Sabbat-Halacha in 50,6–13 s. J. VANDERKAM in: LiDonnici/Lieber, *Heavenly Tablets* 267–284. – **Theologisches:** Adam gilt als der erste, der bereits nach der Tora lebte, auch der kultischen (3,27ff), wie nach ihm Abraham und alle Patriarchen. Züge apokalyptischen Denkens zeigen sich in gewissen Namen und Rollen: „Engel des Angesichts" (= des Stehens vor Gott) in 1,27ff im Gegensatz zu „Mastema" bzw. „Beliar", auch „Belchor", als essenischer Name für Satan (NT nur 2Kor 6,15). Aus dem „Engel des Angesichts" in seiner Rolle als Offenbarer gegenüber Israel (vgl. den namentragenden Engel in Ex 23,20f und Jes 63,9) ist in späteren Apokalypsen Meṭaṭron geworden, der Beisitzer auf Gottes Thron; s. u. 1.5.4 b. – Kap. 8–9 sind eine Ausweitung der Völkertafel von Gen 10 (bzw. 1Chr 1). Die dabei entstehende Geographie (Karte bei Berger 284) scheint typisch zu sein für die Selbstwahrnehmung des damaligen Israel; auch bei Paulus hat sie sich wiedergefunden.[12] – Ein Segen Isaaks über Juda in 31,18f nimmt messianische Erwartungen aus Gen 49,8–10 auf, wobei „Rettung Israels" sicherlich noch politisch gedacht ist.[13] Vgl. noch 22,11f als Auftrag für Jakob (Israel). Es gibt hier, der Vorlage Gen-Ex entsprechend, einen sozusagen vordavidischen Messianismus.

Quellen bzw. **Vorlage:** zusätzlich zu Gen-Ex außerbiblische Henoch-Überlieferungen (5,10–16 vgl. *1Hen.* 10). 4,17–24 u. ö. ist Rückbezug auf schriftliche „Zeugnisse"

2014. Vgl. schon Tomson, „Les systèmes de halakha" (6.1.2 b) und A. TEETER/B. SCHIPPER (Hg.): *Wisdom and Torah* (JSJ.S 163), 2013.

11 Hier verfolgt Berger (JSHRZ) die Spur des „himmlischen Buches" (dazu unten 1.5.1) und die Idealisierung des Levitenstandes als Volkslehrer. – Falk als Jurist bemerkt die Absicht, den landlosen Levi nicht leer ausgehen zu lassen: Mosaisches Erbrecht, auf Grundbesitz bezogen, hätte Jakob veranlasst, ihn zu übergehen; so gibt er ihm das Wertvollste aus seiner beweglichen Habe.

12 Lit. bei DiTommaso 671f; Denis 354; dazu: de Vos, *Heiliges Land und Nähe Gottes* (s. u. 6.4.3.) 64–66. – An den Missionsreisen des Paulus – denen im Osten (Gal 1,15–17) wie auch den besser bekannten im Westen (Apg 13–28) – zeigt sich eine ganz ähnliche geographische Orientierung. Den Juden bzw. „Judäern", zu Hause wie anderwärts, fühlte Paulus sich verpflichtet (Röm 1,16), ebenso aber auch – da das judäische Kernland der Mission des Petrus zugeteilt war (Gal 2,7) – deren nächsten Nachbarn, deren Liste sich hier bereits findet. Vgl. M. HENGEL: „Paulus in Arabien", in: Müller/Siegert, *Antike Randgesellschaften* 137–157 sowie dens.: „Ἰουδαία in der geographischen Liste Apg 2,9–11" (2000) in: ders., *Studien zum Urchristentum. Kleine Schriften VI* (WUNT 234), 2008, 191–211. – Ähnliches zum *Henoch-Buch* s. u. 1.5.1.

13 Die (selbstkritische) Umdeutung auf Befreiung von Sünden (Mt 1,29) ist noch nicht in Sicht. Lk 1,69, ein bewusst archaisierender Text, mag in dieser Hinsicht in der Schwebe bleiben.

Henochs; gemeint ist das *Buch der himmlischen Leuchter* (72–82). 10,12 und 21,10 zitiert ein bis auf vermutbare Reste verlorenes *Noah*-Buch; dazu Schürer/V. 332.

Abfassungszeit und -ort: Während die kleine Apokalypse in 23,16–32 noch in die Zeit vor 167 v.Chr. gehört und 4Q 216 das Kap. 1 schon im 2.Jh. v.Chr. bezeugt (s.o.), werden andere Teile sowie die Schlussredaktion später angesetzt. Berger 298–300 plädiert für einen Abschluss zwischen 145 und 140 v.Chr., Schürer/V. und Werman: um 100 v.Chr. Als Ursprungsregion kommt schon rein sprachlich Judäa am ehesten in Betracht. **Adressaten:** Essener im Lande Israel. Insbesondere den hinter *1Hen.* 72ff stehenden Gruppen ist diese Schrift nahe.

Abfassungszweck: Abgrenzung Israels von jeder anderen Lebensweise (z.B. 3,31; 15,33f; 22,16), Warnung vor Kompromissen mit dem Hellenismus; dann aber gegenüber Jerusalem: Bestätigung des Eigenrhythmus des essenischen Gottesdienstes.

Rezeption: Das Mehrheitsjudentum der Antike schweigt von diesem Text völlig. Im Christentum ist eine Kenntnis dieser Schrift ab dem 3.Jh. feststellbar (Schürer/V. 314f); kam die gr. Übers. (dazu Denis 370ff) vielleicht erst so spät? Erster bekannter Benutzer ist jedenfalls Hippolyt v. Rom in seinen *Chronika* (234 n.Chr.), Kap. 44: Die dortige „Aufteilung der Erde" setzt *Jub.* 8,11–9,15 voraus (J. Scott). Epiphanios (2.Hälfte 4.Jh.) hat es viel benutzt, bes. in dem an jüdischen Materialien sehr reichen Traktat *De mensuris et ponderibus*, auch in *De haeresibus*[14] (Denis 1283f). Bis zum 12.Jh. ist das Vorhandensein dieser Schrift in der gr. Kirche belegt, wenn auch vielleicht nur noch in Auszügen.[15] Denis nennt Georgios Kedrenos, Epiphanios, Georgios Synkellos, Michael Glykas, den Baseler Codex Graecus Nr. 1 sowie die Catene des Nikephoros. Auch der Athos-Codex Koutloumousiou 178 kommt mit einigen kurzen Passagen in Betracht sowie die *Annalen* des Johannes Zonaras (Denis 381f). Die meisten der Genannten sind byzantinische Chronisten; sie bedienten sich für den Anfangsteil ihrer Chroniken aus den Zahlenangaben, die das *Jubiläenbuch* über die kanonische Bibel hinaus anbietet. – Auf syrisch existiert u.a. ein Auszug u.d.T. *Namen der Frauen der alten Patriarchen nach dem hebräischen Buch Jubelaia* (Denis 385; BM Add. 12154, 8./9. Jh.). Wenn hier „hebräisch" nicht einfach „jüdisch" heißen soll, wäre das der letzte Beleg für die Existenz der Urfassung. Anderes s. unter „Alte Übersetzungen", dazu M. HIMMELFARB: „Some echoes of Jubilees in Medieval Hebrew literature" (1994) in: dies., *Essays* 351–370.

---

14 Dasselbe Werk wird auch als *Panarion* zitiert, „Arzneikasten" (sc. gegen Infektion durch Häresie).
15 Ein solcher mag die Liste von Namen der Patriarchenfrauen sein, die Stegmüller Nr. 82.8 erwähnt. Vgl. *Jub.* 4,8ff, aber auch *LibAnt.* 1,6ff und weiter. Ioseppos (8.1.2) hat sie nicht.

Zusatz: Das sog. Buch des Bundes.
In den durch Papyrusfunde immer mehr bekannt werdenden exegetischen Werken Didymos „des Blinden" aus Alexandrien wird mehrfach eine βίβλος τῆς διαθήκης oder einfach nur διαθήκη erwähnt. Hier ist Vorsicht geboten; Didymos, als Kind schon erblindet, musste aus dem Kopf zitieren. Die insgesamt sieben Nennungen eines *(Buches des) Bundes*, um die es jetzt geht, finden sich nur bei ihm; jetzt in dt. Übers. bei D. LÜHRMANN (Einl., Übers.): *Bundesbuch* (JSHRZ.NF 2/2), 2006, mit Anzeige der jeweiligen gr. Urtextausgabe in der mit * gekennzeichneten Anmerkung. „Gemeint ist sicherlich das Bundesbuch von Ex 24,7" – so Lührmann S. 4 mit Bezug auf jenen Teil der Hebräischen Bibel, den wir heute etwa mit Ex 20,22 – 23,19 gleichsetzen. Er wird so benannt nach Ex 24,7, was man für eine Schlussansage nehmen kann und jedenfalls für einen Rückgriff auf vorher Geschriebenes. Nach 4Kön 23,2.21, wo im Zusammenhang mit Josias Reformen dieser Ausdruck ein zweites Mal in der Hebräischen Bibel begegnet, wäre eine Kern-Tora darunter zu verstehen.

Nachkanonisch allerdings, in Zeiten des gefestigten Bibeltextes, ist der Sprachgebrauch anders; da ist βίβλος (βιβλίον) διαθήκης schlicht die Tora (*Sir.* 24,23; *1Makk.* 1,56f). Sehen wir nach, was Didymos diesem Werk entnimmt, so gehen die Bezüge stets auf die *Genesis*. Eine eigene Nummer hierfür ist also nicht angezeigt. Überdies: Sechs der sieben „Fragmente", die Lührmann anbietet, sind keine solchen, sondern nur Testimonien, u.z Bezeugungen des besagten Buchtitels. Was bleibt, die Nr. 6, ein kurzes Zitat, ist von Denis in PVTG 3, 87f bereits geboten und den *Jubiläen* zugeordnet worden; es entspricht inhaltlich (nicht in der Syntax) *Jub.* 10,21. Insofern bekommen wir hier nichts Neues zu fassen. Das Wenige, was wir aus den Testimonien sonst erfahren, lässt allenfalls auf eine *Genesis*-Paraphrase schließen, und nur des Titels wegen könnte man vermuten, sie müsse wenigstens *Exodus* noch umfasst haben. Doch nicht einmal in dieser Hinsicht ist sie vom *Jubiläen*-Buch verschieden, welches mit der Gesetzgebung – und da dann besonders mit dem Sabbatgebot – schließt.

Um keinen falschen Erwartungen Vorschub zu leisten, die sich auf ein griechisches *Bundesbuch* richten könnten, nennen wir das Buch hier vorsichtshalber *Buch des Bundes* und lassen offen, ob es nicht einfach eine Fassung des *Jubiläen*-Buchs war – oder einfach der Septuaginta-*Nomos* wie an den o. g. Stellen.

1.1.2 Der *Liber Antiquitatum* (sog. Ps.-Philon)

Vom vorigen zu diesem Text liegt ein Sprung über mehrere Jahrhunderte, in welchen der Gebrauch des Hebräischen zunächst immer seltener geworden war, ehe er mit dem Beginn des Rabbinats eine Neubelebung erfuhr. Hatte das Hebräische in der letzten Zeit des Zweiten Tempels als „heilige Sprache" nur noch für Rechtliches und Kultisches gedient – Tora im weitesten Sinne –, nicht aber zur Unterhaltung, so wird es jetzt, offenbar nach einer Pause, erneut für Erzählzwecke in Dienst genommen, rabbinisch benannt: für eine frühe Art von Agada.

Das folgende Buch, ein ursprünglich hebräischer, heute aber nur auf Latein erhaltener Midrasch, hat mit Philon absolut nichts zu tun, außer dass in fast allen Manuskripten der Philon-Eintrag aus Hieronymus' *Vir.ill.* vorausgeht. Was auch oft vorausgeht, ist eine lat. Übersetzung von Philons *Quaestiones in Genesim* und damit dann auch dessen Name. So ist der *LibAnt.* denn von seinem Erstherausgeber unter dem klingenden Namen „Philon" in Umlauf gesetzt worden, was die Forschung zu „Ps.-Philon" verbesserte. Ein anderer Ps.-Philon, der inzwischen bekannt wurde, ist der Autor der immerhin ursprünglich griechischen Synagogenpredigten (2.3.3 – 4).

Niemand bis zur Neuzeit hat behauptet, dass der nun vorzustellende Midrasch Philon angehöre. Vielmehr war das Original mit hoher Sicherheit hebräisch. Allein schon die Namensformen sind von der Septuaginta unabhängig. Jedoch, direkt aus dem Hebräischen kommt unser lateinischer Text auch nicht; das *h* wird in Eigennamen nicht etwa da gesetzt, wo die Hebräische Form ein ה oder ein ח aufweist, sondern wo aus griechischen Anlogien eine Aspiration fällig wäre: So wird aus עלי ein *Heli* (wegen *Helios*) und aus *Eldad* und *Medad* (Num 11,26 > *LibAnt.* 20,5) *Heldat et Medat*. Henoch (חנוך) hingegen wird *Enoch*. So ist auch hier eine griechische Zwischenstufe für den uns allein bekannten lateinischen Text anzunehmen.

In der Textsorte ist der *LibAnt.* dem *Jubiläenbuch* verwandt. Beide gehen am Text der Hebräischen Bibel entlang, der *LibAnt.* jedoch eher kürzend als ausweitend, jedenfalls aber harmonisierend. Otto Eißfeldt, Verfasser einer einstmals vielbeachteten *Hexateuch-Synopse* und Klassiker der Quellenscheidung in den Mosebüchern, hat die Machart des *LibAnt.* näher untersucht; sie ist zu einer Synopse wie der seinigen, die die Quellen auseinander hält, das genaue Gegenteil: Doppelungen werden, sooft der Bearbeiter sie für solche hält,[16] vereinfacht zu jeweils *einem* Text, damit sich ein gleichmäßig fortlaufender Erzählfaden ergibt. Der biblische Text wird neu formuliert und in vielen Einzelheiten abgeändert.

Möglicherweise war dieser Text Teil eines literarischen Projekts, einer Trilogie: Denis 406 bemerkt eine Folge der besprochenen Geschichtsabschnitte zwischen (1) *LibAnt.* (bis Saul), (2) 1.2Chr (wird ausführlich ab Saul, reicht bis zum Exil), (3) *AssMos.* (von da bis zur Hasmonäerzeit), wobei letztere Schrift freilich in ihrer erhaltenen Gestalt einer um Jahrhunderte neueren Zeit entspringen dürfte.[17] Das ist, wenn schon, keine Trilogie der Produktion, sondern allenfalls eine der (Re-)Edition, denn der *LibAnt.* kann nicht vor 1.2Chr verfasst sein, folgt vielmehr mit seinen Anfangsgenealogien deren Vorbild.

Das Ganze ist Deutung der biblischen Geschichte. Es fehlen der Offenbarungsanspruch und jegliches apokalyptische Kolorit. Man kann in gewissen Grenzen den *LibAnt.* für das mehrheits-jüdische Pendant zum *Jub.* auffassen, ohne dass damit

---

16 Ein Gegenbeispiel sind die beiden Henochs von Gen 4,17 (> *LibAnt.* 2,1) und 5,19 (> *LibAnt.* 1,15), die auch dem *Jubiläenbuch* als zwei verschiedene Personen gelten. Eißfeldts *Hexateuch-Synopse* (1922), 1969, S. 6*–8* bietet hierfür zwei konkurrierende Stammbäume Seths.
17 S.u. 2.4.2. Denis möchte als noch vor *LibAnt.* liegend *Jub.* einstufen (das ergäbe eine Tetralogie); doch ist der *LibAnt.* nicht dessen Fortsetzung, sondern eher eine Neuschreibung.

gesagt sein soll, dass dies das Motiv seiner Entstehung war. Gegen diese Annahme spricht schon die sehr viel spätere Entstehung. Der bezeichnendste aller Kontraste ist jedoch der zur *Esra-Apk.* (2.5.1): Wo deren Pessimismus keine Antwort findet, ist der *LibAnt.* affirmativ gehalten, als Trostschrift in gleicher Situation (s. u.: „Theologisches"). Insofern könnte man den *LibAnt.* auch unter 2.5 platzieren; nur hat er nicht die Form einer Apokalypse. Vermuten lässt sich aber ein enger Zusammenhang gerade mit der *Esra-Apk.*: Deren offen endender Offenbarungsdialog (wie man dessen Textsorte benennt) findet hier ein affirmatives Gegenstück in der Form nacherzählter Bibel. Möglicherweise kannten sich diese Autoren, und jedenfalls kommen sie aus demselben judäischen Milieu.

Online-Index Nr. 54; Stegmüller Nr. 89.6 – 7; 89.16; 91,4 – 5; 105 und 105.1 sind Auszüge; Schürer/V. 325 – 333. **Inhaltsangaben** z. B. bei Flusser; Denis; Levison; **Paraphrase** und Kommentar: Woschitz 492 – 516.

Einleitung und Übersetzung: Charlesworth II 297 – 377 (D. HARRINGTON); JSHRZ II/2 (C. DIETZFELBINGER) 1975; Dupont-Sommer, *Ecrits intertestamentaires* 1227 – 1392 (J. HADOT).

Einleitung: Denis 404 – 429 (zur *Chronik des Jerahmeel:* 213.225 ff); Nickelsburg 265 – 270; D. Flusser in Stone, *Writings* 107 – 110; zu den Gebetstexten ders. ebd. 574 f.

Nur Text: Denis, *Conc. latine* 565 – 598. **Anmerkungen:** Rießler (735 – 861) 1315 – 1318; ausführlicher: Harrington/Cazeaux (s. u.).

Literatur: Lehnardt Nr. 3363 – 3522; DiTommaso 765 – 784; wichtig: O. EISSFELDT: „Zur Kompositionstechnik des pseudo-philonischen Liber Antiquitatum Biblicarum", in: N. A. DAHL/A. KAPELRUD (Hg.): *Interpretationes ad Vetus Testamentum pertinentes.* FS Sigmund Mowinckel, 1955, 53 – 71; M. VOGEL: „Geschichtstheologie bei Pseudo-Philo" in: F. SIEGERT/U. KALMS (Hg.): *Internationales Josephus-Kolloquium Münster 1997* (MJSt 2), 1998, 175 – 195. **Neuere Studien:** J. HARRINGTON: „Pseudo-Philo's Biblical Antiquites", in: Neusner/A., *Midrash* 679 – 694; Ilan, „The Torah" 373 – 383; M. VOGEL: „Israel inmitten seiner Geschichte als Mittler der Geschichte nach dem Liber Antiquitatum Biblicarum", in: U. MELL (Hg.): *Der eine Gott und die Geschichte der Völker* (BTS 123), 2011, 53 – 78.

Handschriften: Fulda/Kassel (11.Jh.), Lorsch (verloren, war vielleicht älter), Admont (11./12.Jh), und ca. 20 weitere (Denis 413 – 416; Harrington/Cazeaux I 16 – 19; Stemma 54). **Erstausgabe:** Basel 1527.

Titel in den Handschriften: keiner oder (wohl sekundär und in Anlehnung an Josephus, *Ant.*) *Liber Antiquitatum.* Erst das Humanistenlatein machte daraus *Liber Antiquitatum Biblicarum.* **Weitere Benennungen:** *Pseudo-Philons Chronik* oder kurz: *Pseudo-Philon* – inzwischen irreführend (s. Kopftext). – Als Abkürzungen, die ohne Nennung Philons auskommen, dienen *LibAnt.* und *LAB.* – Die rückübersetzten hebr. Fragmente laufen unter dem Titel *Chronik des Jerahmeel* (s. u.). Namengebend hierfür war möglicherweise der Prinz Jerachmeel aus Jer 36,26.

Neuere kritische Ausgabe mit Einl. u. Übers.: D. HARRINGTON/J. CAZEAUX (u. a., Hg., Übers., Komm.): *Pseudo-Philon: Les Antiquités Bibliques,* 2 Bde. (SC 229.230), 1976.

Textanfang: *Initio mundi Adam genuit tres filios.* **Textschluss:** *neque iniusticie mee* (mittelalterliche Schreibweise).
Wortindex: Siglum bei Denis, *Conc.* „FJub.", bei Denis, *Conc. latine* „Anti". Namenindex bei Harrington/Cazeaux II 265–275; folgen Bibelstellen- u. a. Register.
Alte Übersetzungen: Das Werk ist nur in dieser lateinischen Übersetzung bekannt, ähnlich wie 2.4.2 und 2.5.1. Zahlreiche Gräzismen verraten die gr. Zwischenstufe. – Hebr. Rückübersetzung (Ms. des 14.Jh. in Oxford, Bodleian Library, Ms. Heb. d. 11): D. HARRINGTON (Hg., Übers.): *The Hebrew Fragments of Pseudo-Philo Preserved in the Chronicles of Jeraḥmeel* (SBL.TT 3 = PsS 3), 1974; Auszüge auch in Stone/Strugnell, *Elijah* 16–24 (Anmerkungen: 25f.). Lit.: Di Tommaso 766. Anderes hieraus s. u. 2.1.7 b.
Zitate oder Erwähnungen aus der Antike sind nicht bekannt. Was Denis 412 aus Origenes anführt, ist ein Motiv, das genausogut aus der Mündlichkeit kommen kann.
Ähnliche oder ähnlich benannte Texte: nicht zu verwechseln mit den ps.-philonischen Predigten, die in den Handschriften selbst nach Philon benannt sind (2.3.3). – DiTommaso 351f nennt eine *Epistula Titi discipuli Pauli de dispositione sanctimonii,* die eine zur *Chronik des Jeraḥmeel* vergleichbare Schilderung der Höllenstrafen aufweise. Dazu Stegmüller Nr. 263: von Priscillianern auf Latein im 6.Jh. verfasst. Text lat./engl. bei Stone/Strugnell, *Elijah* 14f.
Textsorte: Bibelparaphrase, exegetischer Midrasch in rabbinischer Manier; vgl. Harrington/Cazeaux II 22–28. In 60,2f eingeschaltet: ein „Psalm" (so angekündigt, ist aber in Prosa) über die Schöpfung, von David dem Saul vorgesungen. – Nächste Parallele in unserem Material ist nach Form und Inhalt – wenn auch in Sprache und Überlieferungsweg völlig verschieden – die *Palaea Historica* (8.2.1). – **Literarische Besonderheit:** Dass die anzunehmende griechische Zwischenstufe gänzlich verloren ging, mag daran liegen, dass sie für den Geschmack eines griechischen Lesepublikums weder pagan-literarisches noch biblisches Griechisch hinreichend getroffen hat. – Ausführliche literarische Charakteristik des lat. Textes bei Harrington/Cazeaux II 9–78.
Zählung (seit M. R. James): 65 Kapitel und (eher große) Verse.
Gliederung: geht dem Bibeltext entlang bei gleichzeitigem Bemühen, dessen Erzählinhalt durch Vor- und Rückverweise übersichtlicher zu machen; damit werden auch theologische Akzente gesetzt, insbes. auf die Verheißungen an die Patriarchen und auf deren Erfüllung (Eißfeldt 65). Neueinsätze werden markiert durch *et in illo tempore* oder andere Zeitangaben. Typologische Angleichungen inhaltlich verwandter Passagen s. Eißfeldt 67.
Literarische Integrität: unbestritten; nur fehlt dem Werk ein förmlicher Schluss, und auch vorher werden Lücken vermutet (oder aber der Autor arbeitete selektiv). Harrington/Cazeaux II 21f: Das Buch ist komplett überliefert, wurde aber nicht vollendet. Es gibt jedoch auch einen Grund, warum die Bibelparaphrase just vor der Königszeit endet: s. nächste Rubrik.

Biblischer Bezug: Gen 1,1–2Sam 1,9 (Tod Sauls); Details bei Harrington/Cazeaux II 10–21. Liste nicht aufgenommener Bibelpassagen bei Nickelsburg 266 (oben). Die Freiheit des Nacherzählens erklärt sich daraus, dass der kanonische Text als bekannt vorausgesetzt und darum auch nicht angetastet wird, dass aber die geschichtstheologischen Linien nachgezogen werden; dem dient dann auch das Zufügen von Details (Vogel, „Geschichtstheologie" 176; Liste innerbiblischer Entsprechungen, die auf diese Weise herausgearbeitet werden, ebd. 188–192).

Historischer Bezug: 19,7 blickt zurück auf die Eroberung Jerusalems 70 n. Chr. (Schürer/V. 328), welche hier auf den 17. Tammuz datiert wird. Die Korrespondenz besteht hier mit dem Tag, wo Mose die ersten Bundestafeln zerbrach (Mischna, *Ta'an.* 4,6, ein Bußmotiv; dazu Talmud *Ta'an.* 28 b) und jenem Tag, wo der Opferkult im Jerusalemer Tempel eingestellt wurde (ebd. und Josephus, *Bell.* 6, 94); die Mischna-Stelle nennt noch einige Unglücke mehr. Von da bis zum 9. Av (das ist der Folgemonat) dauerten die letzten Kriegsereignisse in der Stadt.

Umso erstaunlicher ist das Vorkommen eines Adlers in 48,1 (statt des Raben, der Elia ernährt, 3Kön 17,4–6); damals war er v. a. ein Symbol Roms. In Tora, Propheten und Psalter ursprünglich positiv konnotiert (Ex 19,4; Dtn 32,11; Jes 40,31; Ps 103,5 usw.), kann er darum im NT auch negativ besetzt sein (Mt 24,28 par. Lk 17,37),[18] dient doch dieser Vogel in der ganzen römischen Welt als Symbol des Zeus/Juppiter und damit der römischen Staatsmacht. Dieser wird hier – so soll man das wohl deuten – ganz unpolemisch die Macht des Gottes Israels entgegengesetzt, so wie späterhin in der *Esra-Apk.* (2.5.1) und in der *ApkAbr.* (7.4.2).[19] Die noch spätere *Chronik des Jeraḥmeel* 59,17 setzt ihn in den unauffälligeren Plural und behandelt ihn als Nachtrag zu den (auch pluralisch genannten) biblischen Raben.

Quellen bzw. **Vorlage:** vgl. „Biblischer Bezug"; zum Einfluss des Ri-Buchs s. u. 1.2.1 „Quellen". Griechisches ist nicht bekannt; Überschneidungen mit den in Abschn. 2 genannten Texten gehen nicht ins Wörtliche.

---

[18] Luther wollte das biologisch richtiger machen und übersetzte „Geier". – Die Übernahme in christliche Apokalyptik beginnt mit Apk 4,7; 8,13 (mit Var.); 12,14.

[19] Details bei Bauckham 21 f und zuletzt wieder bei N. FÖRSTER: *Jesus und die Steuerfrage* (WUNT 294), 2012, 102–106. E. GOODENOUGH: *Jewish Symbols of the Greco-Roman Period*, Bd. 8, 1958, 125–142 will zwischen einer westlichen Verwendung von Adlerbildern als Symbol der Macht Jupiters und Roms und einer östlichen unterscheiden, die ein ganz allgemeines Licht- und Lebenssymbol gewesen sei (vgl. Dtn 32,11 usw.), mit der Begründung, nirgends im Westen finde sich der Adler in jüdischer Darstellung. Genau dies aber berechtigt uns zu dem Schluss, dass im Westen, also unter römischer Dominanz, eine Konkurrenz empfunden wurde zwischen Jupiter und JHWH, und die Darstellungen gerade deswegen normalerweise unterblieben. Jene Adlerskulptur, die Herodes im Jerusalemer Tempel anbringen ließ (Josephus, *Bell.* 1, 650), dürfte aus genau diesem Grund so umstritten gewesen sein. Goodenoughs Unterscheidung betrifft weniger die geographischen Räume als die historischen Epochen: Jener Adler, der in Dtn 28,49 (die LXX stilisiert das zur Vision) aus Babylonien herabstößt (Übernahme aus Jer 5,15), kam fünfhundert Jahre später aus Rom.

Hebraismen: Die sehr schlichte Erzählweise (s. Kopftext) folgt ganz klar dem Hebräischen. Die verwendeten Namensformen sind von der Septuaginta unabhängig. Andere Hebraismen sind die *figura etymologica* z. B. 7,15: *dormiens dormiebam* und ein Hilfsverbgebrauch wie in 24,1: *adjecit congregare* („er versammelte erneut") aus *hosif le'esof*, ein über Jos 24,1 hinausgehendes Wortspiel mit den Wurzeln *j-s-p* und *'-s-p*. – Was noch hebr. Denken i.w.S. angeht, so bietet 32,16 eine interessante Parallele zu jener Emphase, mit der Josua 10,12b Sonne und Mond Einhalt gebietet, bis seine siegreiche Schlacht zu Ende ist: Dies wird, wie die Vollzugsmeldung des Erzählers in V. 13,[20] in *LibAnt*. 32,10 zunächst wiedergegeben, sodann aber aus freien Stücken verdoppelt: Gleiches tut nunmehr auch noch Debora in 32,16 (< Ri 5,20), allerdings ohne dass der Paraphrast es wagte, eine Vollzugsmeldung hinzuzusetzen. Fast wurde da ein weiteres Mal aus Poesie „biblische Geschichte" im schlechten Sinne einer Fiktion von Wundern. – **Gräzismen** der lat. Übersetzung sind häufig und von der Art, wie sie auch in der Vetus Latina begegnen, z. B. *(h)ymnizare* 32,14.17 (ὑμνεῖν, *h-l-l*; vgl. 2Makk. 12,37 Cod. M), *pausare* (παύειν, *š-b-t;* vgl. *Esra-Apk*. 2,24, daher auch unser „pausieren"), *plasmatio* (πλάσις, bei Irenaeos öfters; *jᵉṣira*) usw. Auffälligstes Beispiel ist *psalphinx, psalphidiare* in 32,18 (σάλπιγξ, σαλπίζειν). Bei gleichzeitigem Hebraismus entsteht so ein dreisprachiger, damit natürlich völlig subliterarischer Mischstil, auch syntaktisch: *Et tunc pausabo de hymno meo* (32,17; das *de* kommt von hebr. *min*).
Bemerkenswerte Stellen, Theologisches: Ein hermeneutischer Leitfaden, ausführlicher diesmal als Woschitz, ist Vogel, „Geschichtstheologie", bes. 180: „Die Verhältnisbestimmung zwischen göttlicher Barmherzigkeit und Gerechtigkeit, die im DtrG noch deutlich zugunsten letzterer ausfällt, ist im *LibAnt.* in Richtung einer Theologie der Gnade verschoben." Ebd. 185: „Was im *LibAnt.* geschieht, ist erfüllte Weissagung, Ereignis gewordenes Gotteswort". Dies ist, bei gleicher Thematik und Situation, der Hauptunterschied zur *Esra-Apk.* (2.5.1; Vogel 181 mit Anm. 20). Der Stab, mit dem Mose einst das Meer teilte, soll für alle Zeiten Gott gegenüber als Zeichen dienen, ihn an seine Gnade zu erinnern; er wird – so sieht es *LibAnt*. 19,11 – „dem (Regen-)Bogen gleich sein, mit welchem du den Bund mit Noah schlossest". – Auffällig ist der „Zeugen"-Begriff: An kein Martyrium ist gedacht, sondern Himmel und Erde sind Zeugen (32,8f; vgl. Dtn 30,19 u. ö.; Vogel 177). Mose ist Gottes großer „Zeuge" gegenüber Israel (32,8f). Die Spitze, dass die Israeliten gegen sich selbst Zeugen seien (Jos 24,2), wird in 24,1 abgebogen: „Siehe, nun ist der HERR Zeuge gegen euch (*in vobis;* Hebraismus); ich habe es euch bezeugt bei Himmel

---

20 Sie gehört nicht dazu, auch wenn sie in manchen Bibeln so gedruckt ist. Erst sie ist das sog. *factum Josuae,* wonach noch in der frühen Neuzeit Theologen den Astronomen meinten sagen zu können, hier sei belegt, dass die Erde stehe und die Fixsterne normalerweise sich drehten. Wie subjektiv dieses kleine Gedichtchen ist, wollte man nicht sehen, postulierte vielmehr einen Ausnahmetag von mehr als 24 Stunden.

und Erde...".²¹ Die ganze biblische Geschichte aber bezeugt, dass Gott gerecht war, wenn er Israel bestrafte, aber auch verlässlich bleiben wird in seinen ungekündigten Verheißungen. Entfremdungen aufgrund von Ungehorsam Israels sind immer nur temporär (19,8 f) und wurden von Gott vorausgesehen, ja durch seine „Zeugen" im voraus angekündigt: Ein Netz von Analogien (im Sinne von 1Kor 10,11 sagt man auch: Typologien) durchzieht die ganze Geschichte Israels; sie zu kennen ist die beste Warnung und Anleitung. Die religiöse Gemeinschaft bildet eine Geschichtstheologie zum Zwecke der Selbsterziehung.

An dieser Übergangsstelle vom hellenistisch-jüdischen zum rabbinischen Midrasch ist Abraham nun kein Kulturbringer mehr (wie in 3.3); in *LibAnt.* 4,16 gilt die Astrologie für so schlimm wie Kinderopfer. Aber auch Henoch ist hier kein Visionär, sondern bleibt auf seine biblische Erwähnung beschränkt. Typologisches Denken zeigt sich an Stellen wie 48,1, wo Pinhas als Elia wiederkommt, mit Aussicht auf nochmalige Wiederkehr. Die kollektive Erwählung Israels durch Gott zu seinem „Sohn" (so noch Lk 1,54) wird in Abraham personalisiert: 7,4 (*puerum meum Abraham*). – Anstößiges wird als Folge von Götzendienst oder Immoralität motiviert (Beispiele bei Nickelsburg 266).

Vor David aber macht diese Theologie halt: Es ist wohl kein Zufall, dass die Nacherzählung endet, ehe die erste (und vielleicht einzige) messianische Herrschaft in Israel beginnt, die Davids. Breit ausgeführt hingegen wird das Ri-Buch (25–49; dazu vgl. 1.2.1 „Quellen"): Das mag der Situation der Rabbinen entsprechen, die nunmehr einen rein halachischen Gerichtshof (den *bet din*) einrichteten. Drei große Führer hat Israel nach diesem Geschichtsrückblick gehabt: Mose (10–19), Josua (20–24) und Kenas (Cenez, 25–28; vgl. 49,1), den Vater des ersten aller Richter (Ri 1,13), der sie hier gewissermaßen alle verkörpert. Nach einer Unterbrechung (49–50) kommt Samuel hinzu (51 ff), der nach dem Fehlschlag Sauls den Übergang zum *Christus Domini*, David, zu vollziehen hat (59). Dessen Durchsetzung gegen Saul bildet das Ende (60–65). Ein Vorgriff auf Salomo und auf die Ablösung des Bundeszelts durch den Tempel stand in 22,9.

Ein bemerkenswertes Interesse liegt auf biblischen Frauen, deren mehrere, wie schon im *Jub.*, nunmehr Namen erhalten (Denis 418). – *LibAnt.* 33,4 f verneint, wie auch *Esra-Apk* 7,105, himmlische Fürbitte Gestorbener für die noch Lebenden (dazu vgl. 2.2.8). Jedoch wird gegenüber der Hebräischen Bibel die Scheol ein Stück weit geöffnet: In 21,4.9 u. ö. gibt es eine Kommunikation mit ihr (Vogel 187 f), zeitgleich zu 1Petr 3,19.²²

---

21 Eine weit verbreitete pagane Schwurformel, die, inschriftlichen Zeugnissen zufolge, auch von Juden im Rechtsverkehr mit ihrer Umwelt gebraucht wurde, lautet ὑπὸ Δία, γῆν, ἥλιον = „Bei Zeus, Erde und Sonne".

22 Über einen Zusammenhang schon des Engelgefängnisses von *1Hen.* 7,1–3; 18,3–6 (1.5.1–3) mit der Wortwahl φυλακή in 1Petr 3,19, die nicht allein aus Scheol-Vorstellungen erklärbar ist, s. Ch. PIERCE: „Reexamining Christ's proclamation to the spirits in prison: Punishment traditions in the Book of Watchers and their influence on 1 Peter 3:18–22", *Henoch* 28, 2006, 27–42.

Abfassungszeit und -ort: Geschätzt wird das späte 1.Jh. Jedenfalls liegt der Text in einer Zeit, wo der entstehende Rabbinat bemüht war, das Hebräische als Unterrichtssprache durchzusetzen, u.z. nicht nur für Halachisches (wofür es immer schon gedient hatte). Als Entstehungszeit der lat. Übers. wird das 2. bis 4.Jh. geschätzt. Schreibungen wie *ymniza* (34,14.17) sind spätantik. – **Adressaten, Sitz im Leben:** Die verlorene hebr. Fassung dürfte gedacht gewesen sein für die Anfänge des rabbinischen Lehrhauses. Adressat der lat. Übersetzung war sicher zunächst das „biblische" Judentum des Westens. Diese Übersetzung ist einer der wenigen Texte, die uns dieses Judentum bezeugen. Das ist sonst neben der Vetus Latina (d.h. der lat. Übersetzung der meisten Bücher der Septuaginta) nur noch die *Esra-Apk.* und vielleicht – als Kompilation immerhin, nicht nur als Übersetzung – die *Lex Dei* (3.5.5).

Abfassungszweck: Selbstvergewisserung des in die Krise (des gewaltsam beendeten Tempelkults) geratenen Judentums bei gleichzeitiger (Rück-)Gewöhnung an die hebräische Sprache. Ein Vergleich mit der Apg mag hier lehrreich sein: Auch sie dient der Selbstvergewisserung einer religiösen Gemeinschaft durch Darstellung von deren Geschichte, das aber in der jüngsten Gegenwart und nicht in einer – wenn auch vorbildlichen – Epoche der Vergangenheit. Eine gewisse Erfolgsbestätigung ist das Erhaltenbleiben wenigstens einer lat. Fassung.

Rezeption: Hier beginnt die Tradition des „exegetischen" Midrasch – auch wenn der hebr. Text dieses Werkes verschwunden ist ebenso wie seine anzunehmende gr. Übersetzung (Fehlanzeige bei Schürer/V. 329: Was dort dem *LibAnt.* ähnelt, sind ähnliche Traditionen, z.B. über die Namen Moses). Oder man lässt die von den Rabbinen betriebene Sammlung hebräischen Erzählguts zur Bibel, die mit Ex 12 einsetzte (*Mechilta*) und die *Genesis* lange ausließ, einen nochmaligen Neueinsatz sein. – Was den Text selbst angeht, so beschränkt sich seine Rezeption auf den lat. Sprachraum, und dort alsbald auf das Christentum. Dort ist der *LibAnt.* schließlich auch als Klosterlektüre nördlich der Alpen belegt, ehe er durch Humanismus und Druckkunst erneut in Umlauf kam.

1.2 Erzählungen nach dem Vorbild biblischer Geschichtsbücher

In diesem Abschnitt sind einige Beispiele dessen zu würdigen, was man als „jüdische Novellen" bezeichnet hat,[23] nämlich an Personen und an deren Bewährung interessierte Erzählungen. Außer den biblischen Büchern *Esther* und *Daniel* (nämlich dessen hebräisch berichteter Rahmenhandlung) können auch *Tobit* und *Judith* dazugezählt

---

[23] L. WILLS: „Jewish novellas in a Greek and Roman age: Fiction and identity", *JSJ* 42, 2011, 141–165. Im Englischen mag *novella* manches von dem mit erfassen, was man eher als *novel*, „Roman", bezeichnen könnte; doch soll von „Novelle" hier in dem Sinn die Rede sein, dass es eine um eine einzige Person herum konstruierte Erzählung ist. Im Falle der Aseneth (2.2.2) ist auch eine geradezu dramatische persönliche Veränderung mitgemeint.

werden, dies jedoch auf unterschiedliche Weise. Das ältere *Tobit*-Buch gehört der „leichten Muse" aramäischen Erzählens an, wie auch die im *1Esr.* enthaltene Anekdote von den drei Pagen (1.4.1 b); schon dadurch sind sie weniger „parabiblisch" als das danach zu Nennende.

1.2.0 Bemerkung zum Aramäischen

Hier mag ein Wort zum Aramäischen in damaliger Zeit am Platze sein. Man nannte es noch nicht mit eigenem Namen, sondern fasste es als eine Art Hebräisch auf, sozusagen als das Hebräisch des Alltags, Gebrauchs-„Hebräisch" im Gegensatz zu Sakralhebräisch. Das „reine" Hebräisch, die Sprache der heiligen Schriften und der Liturgie, war etwas für die Schreiber, die Leviten und überhaupt die „Weisen" (ḥachamim). Sie wurde von Alltagsdingen verschont – offenbar aus Respektsgründen, die erst mit dem Zionismus des 19.Jh. weggefallen sind.

Alles, was wir im Neuen Testament an Aramäisch zitiert bekommen, wird, wenn überhaupt, als Ἑβραϊστί bezeichnet.[24] Die Alltäglichkeit von Jesu Art zu beten war gegenüber der eben erwähnten Regel unerhört: *Abba!* Das hat er im Tempel nicht gesagt, wo andere für ihn Hebräisch gesprochen hätten; deren Dienste freilich hat er nie beansprucht.

In der Spätzeit des Zweiten Tempels sind Hebräisch und Aramäisch v. a. „Soziolekte" – ähnlich wie es zu Luthers Zeiten mit dem Deutschen war. Wenn er in seiner Bibel drucken ließ: „Er sprach", so empfanden es nördlich von ihm seine Leser nicht weniger deutsch, jedoch ein Stück lebensnäher, wenn es bei ihnen hieß: „he sät", und südlich: „er hot gsaid". Wenn Luther schrieb: „ich war", lautete das nördlich von ihm „ik was" (wie Bugenhagen es in seiner niederdeutschen Bibel paraphrasierte); im Süden hieß es: „i bi gsi" oder „i bi gwä", je nachdem (es gibt noch heute eine „Gsi-gwä-Grenze"). Das war kein nationaler Unterschied; sehr wohl aber war es ein stilistischer. Mit „gsi" und „gwä" konnte man sich bei der Arbeit verständigen oder am Kamin unterhalten; „ich war" musste gelernt werden und war bzw. ist bis heute in vielen Gegenden des deutschen Sprachraums, zumal im Alpenland, nur „Schriftdeutsch".

Anders verhält es sich mit den stärker nationalistisch orientierten, auf Hebräisch konzipierten Texten, wie eben 1.1.2, den wir in zeitlichem Vorgriff behandelten, und den unter 1.2.2–3 zu würdigenden Texten, die aber auch jünger sind als das Buch *Tobit*. Sie verraten schon in ihrer Sprache ein politisches Programm, und davon haben wir den schriftlichen Ausdruck in der zugehörigen Geschichtsschreibung, dem *1Makk.* (1.4.2). Die dort dokumentierte Neubelebung des Hebräischen liegt in der Hasmonäerzeit mit ihrem erstarkenden Nationalbewusstsein. Aus der römischen Zeit ist kein

---

[24] Wollte man genau sein, sagte man Χαλδαϊστί oder Συριστί (so auch Rabbi Juda in 0.3.3), wohingegen Philon mit „Chaldäisch" sogar das Hebräische meinen kann, offenbar im Hinblick auf die aus Babylonien mitgebrachte Quadratschrift.

hebräischer Erzähltext bekannt, sondern (außer einigen halachischen Überlieferungen) nur ein Pendant zu der auch in Qumran weitergehenden Psalmendichtung (1.3.3). Erst nach dem Ende des Zweiten Tempels setzt eine erneute Ausweitung im Gebrauch des Hebräischen ein, wovon wir unter 1.1.2 das Beispiel hatten; eine Apokalypse wird noch hinzukommen, sozusagen versuchsweise (2.5.1) und, so weit wir sehen können, zunächst ohne Wiederholung. Späteres ist unter 1.5.4 erwähnt; doch wurden diese Texte nach allem, was wir wissen, nicht mehr ins Griechische übersetzt. In talmudischer Zeit (ab 3.Jh.) sendete „Radio Jerusalem" (0.3.4) nur noch Hebräisch.

1.2.1 Das Buch *Tobit:* Toratreue in der Diaspora

Das Folgende ist vom Erzählinhalt her das kleinere (und wohl auch ältere) Gegenstück zu dem anschließend zu besprechenden *Judith*-Buch, reduziert auf die Welt der Familie. Die großen Politik ist zwar auch hier Horizont, in Herrscher- und Ortsnamen präsent, aber die Erzählung bleibt ohne Berührung mit ihr. Sie ist eine Novelle mit einem Tobi(t), Sohn des Tobias, vom Stamm Naphthali, als Hauptperson; je nach Fassung ist sie sogar weitgehend als Ich-Bericht formuliert. Bekannter ist ihre Hauptperson unter dem Namen, den die Vulgata bietet und auch als Titel hat: *Tobias* (*liber Tobiae*), was aber zu Verwechslungen führt zwischen Tobit und seinem Vater: Beide heißen sie in der Vulgata Tobias, was umso verwirrender ist, als diese Fassung alles in der dritten Person erzählt. In Qumran aber sind belegt die Namensformen Ṭovi für den Vater und Ṭovijja für die Hauptperson. Umgekehrt nennen die griechischen Fassungen und auch die Peschitta den Vater Tobiel, den Sohn aber Tobit.

Zur Namensform: Hebr. belegt sind die männlichen Personennamen Ṭabbai, Ṭᵉvi, Ṭovi, Ṭovijja („gütig ist JHWH", „meine Güte ist JHWH"). Ursprünglich ist an unserer Stelle, entwicklungslogisch gesehen wie auch aus Qumran belegt, טובי Ṭovi. Ein zusätzliches *ṭ* am Ende ist semitistisch nicht erklärlich und dürfte ein erst nach der Übersetzung hinzugekommener Zusatz sein. Das gilt umso mehr von einem ת am Wortende, das eine Feminininform ergäbe (wie „Judith", auf -θ).[25] Dass Cod. S ΤΩΒΕΙΘ schreibt, erklärt sich als sekundäre Hebraisierung (vgl. 0.4.3). Gerade dieser Codex hat aber in der Akkusativbildung Τωβίν (3,17) noch das ursprüngliche Τωβί aufbewahrt. – Gegenprobe aus der übrigen Septuaginta: *Tovijja* wurde zunächst ΤΩΒΙΑ transkribiert (2Esr 17,62), was aber eine Feminin-Form ergab. In Tob. steht darum besser: Τωβίας. Vulg.: *Tobias*; die Nova Vulgata hingegen: *Thobis* (sic).

Inhaltliche Besonderheit ist, dass dieses Buch in der Diaspora spielt, und ferner, dass diese nicht als gefährlich empfunden wird (wie in 2.4.1, wo die Angst zur Phobie wird), sondern als ein Ort, wo sich Toratreue gleichfalls leben lässt, ja wo sie gleichfalls belohnt wird. Gleich 1,6–8 betont die Jerusalem-Reisen zur Teilnahme an Tempel-

---

[25] Ein einziges, seinerseits unerklärtes Analogon ist das seinerseits rätselhafte *Qohelet* (mit Taw), das sogar syrisch als *Quhlat* wiederkehrt.

festen, „wie geschrieben steht jedem Israel(iten) in ewiger Anordnung": Erstlinge und Kultussteuern sind zu überbringen.[26] – Bedroht hingegen erscheint das Heidentum; Ninive ist vor seiner (im *Nahum*-Buch längst angekündigten, jedoch nicht eingetroffenen) Zerstörung zu verlassen. Das ist wohl eher eine Warnung vor Großstädten als eine Warnung vor dem Wohnen unter Heiden.

Dieses Buch wurde nach allem, was wir wissen, auf Aramäisch verfasst. Jedenfalls kommen die griechischen Fassungen, die wir haben, klar aus einer aramäischen. Von dieser haben sich in 4Q 196–199 Reste gefunden, die Vers für Vers zugeordnet werden können. Noch Hieronymus hat diesen Text in Bethlehem gezeigt bekommen und, da er im Aramäischen nicht firm war, sich von einem „Sprecher beider Sprachen" (sc. des Hebräischen und des Aramäischen; das muss ein Jude gewesen sein) ins Hebräische übersetzen lassen und von da auf Latein einem Stenographen (*notarius*)[27] diktiert – an einem einzigen Tag, wie er voll Stolz bemerkt (MPL 29, 26 A). Das ist nunmehr das *Tobias*-Buch der Vulgata, eine zensierte Fassung (vgl. unten „Christliches"), die übrigens doch nicht ohne Kenntnisnahme der Vetus Latina entstanden sein dürfte.

Völlig überraschend aber erwies sich 4Q 200 als *hebräische* Bezeugung von etwa 30 Versen dieses Buches, verteilt über Kap. 3, 4, 10, 11, 12 und 13/14; das muss einst das ganze Buch gewesen sein. Dies wird für den Ausnahmefall einer alten hebräischen Übersetzung gehalten oder auch für eine Umschreibung (Ton auf U) aus der Zeit der Hasmonäer (zu dieser vgl. 1.2.2).

Die griechische Übersetzung existiert in zwei unterschiedlichen Fassungen, die nicht unabhängig sind voneinander. In den neueren Septuaginta-Ausgaben sind sie beide abgedruckt:

G 1 (Kurztext) ist die Fassung aller gr. Textzeugen außer einem. Sie wird, als die verbreitetere (wenn auch jüngere) bei Rahlfs und bei Hanhart auf der oberen Seitenhälfte abgedruckt. Auf ihr beruht, wenn auch mit weiteren Veränderungen, die Vulgata.

G 2 (Langtext) ist die Fassung des Cod. S allein (ihm fehlt 4,8–18); daraus kommt die Vetus Latina. Es ist dieser Text, der in den Funden von Qumran Bestätigung fand. Auch innergriechische Vergleiche sprechen für ihn als den älteren (s.u."literarische Integrität").

Erst mittelalterlich bezeugt ist eine „G 3"-Fassung in Cod. 106 und 107 der Rahlfs-Liste, eine Kreuzung aus G 1 und G 2 (Ego, *Septuaginta deutsch.E* 1318). Ihr lässt sich die armenische Bibel beigesellen.

Die Reihenfolge *Tob. – Jdt. – Esther* in griechisch-orthodoxen bzw. römisch-katholischen Septuaginta-Ausgaben und in der Vulgata ist chronologisch korrekter als

---

26 Details zu solcher Wahrnehmung der Kulttora auch von der Diaspora aus in jener frühen Zeit s. Falk, *Introduction to Jewish Law* 63–66.

27 Über *notarii* s. Dorandi, *Le stylet* 37f. Die Verkehrssprache bei diesem Vorgang war vermutlich Griechisch. Origenes hat sich mitunter mehrerer solcher ταχυγράφοι bedient (Euseb, *H.e.* 6, 23,2). – Es versteht sich, dass die *notae* (Kürzel) dieses Schreibers anschließend einer sorgfältigen Transkription bedurften und einer Revision durch den Autor.

diejenige bei Rahlfs, wo *Jdt.* vor *Tob.* kommt und beide dem *Esther*-Buch erst folgen: Letzteres kommt offenbar aus dem Bedürfnis des Beisammenlassens des rabbinischen Kanons, den *Tob.* und *Jdt.* sonst unterbrechen. Das ist aber kein historisch-kritischer Gesichtspunkt, sondern konfessionell bedingt.

Einleitung, Übersetzung, Kommentar: JSHRZ II/6 (B. EGO) 1999; dazu dies. in JSHRZ VI/1,2, 115–150. **Inhaltsangabe:** Ego (wie eben) 884 bzw. 116–118; deSilva 63–66; Nickelsburg 30–32.

Einleitung: Schürer/V. 222–232; deSilva 63–84; Nickelsburg 29–35. **Anmerkungen:** *Septuaginta deutsch.E* 1316–1352.

Übersetzung: *Septuaginta deutsch* 635–663 (G 1 und G 2 synoptisch) und in Bibeln mit Apokryphen (dort aber immer nur eine Fassung).

Literatur: Lehnardt Nr. 4098–4391; dazu Bauckham 433–459; deSilva 74–81. Zum Verhältnis G 1/G 2 s. bes. M. Philonenko: „De l'intérêt des deutérocanoniques pour l'interprétation du Nouveau Testament", *RevSR* 73, 1999, 177–183. Zu den Rechtsverhältnissen im Besonderen (frühe Halacha): Falk, *Introduction to Jewish Law* (passim; s.u.).

Neuere Kommentare: H. SCHÜNGEL-STRAUMANN (Übers., Komm.): *Tobit* (HThKAT 19), 2000; J. FITZMYER (Komm.): *Tobit* (CEJL), 2003; R. LITTMAN: *The Book of Tobit in Codex Sinaiticus* (Septuagint Commentary Series), 2008.

Neuere Studien: R. EGGER-WENZEL (Hg.): *Prayer from Tobit to Qumran* (DCLY 1), 2004; G. XERAVITS/K. SZENGELLÉR (Hg.): *The Book of Tobit* (JSJ.S 98; ICDB 1), 2005; M. BREDIN (Hg.): *Studies in the Book of Tobit. A Multidisciplinary Approach* (Library of Second Temple Studies, 55), 2006; M. HALLERMAYER: *Text und Überlieferung des Buches Tobit* (DCLS 3), 2007; F. MACATANGAY: *The Wisdom Instructions in the Book of Tobit* (DCLS 12), 2011; U. KELLERMANN: „Der Beitrag des Tobitbuchs zum Bild der Eheschließung im Frühjudentum und in der rabbinischen Zeit", in: ders.: *Eheschließungen im frühen Judentum* (DCLS 21), 2014, 117–213.

Handschriften: Übersicht bei Weeks/G./St. (s.u.) 17–48. **Aram.:** Fragmente 4Q 196–199 (Ego 876–879; Hallermayer 13–19 sowie 33–174: Texte mit Komm.); **hebr.** Fragmente 4Q 200 (s. Kopftext). Hebräisches aus Rückübersetzung s.u. „Übersetzungen". – **Gr.:** 12,6–11 ist erhalten auf Papyrus PSI inv. cap. 46 (Florenz, 3.Jh.), 12,14–19 auf P.Oxyrhynchos 1594 (spätes 3.Jh.). Gesamttext in den großen LXX-Handschriften (B, A u.a.; eine nur ihm eigene Rezension, oben genannt G 2, bietet S; Hallermayer 8–11). – **Lat.:** Vetus Latina (Codices des 8./9. Jh., München, und einige mehr aus karolingischer Zeit) sowie Vulgata (Cod. Amiatinus, frühes 8.Jh., usw.) s. Hallermayer 11–13.

Titel in den Handschriften: aram. nicht erhalten; **gr.** identisch mit dem Textanfang (1,1f): Βίβλος λόγων Τωβὶτ τοῦ Τωβιὴλ τοῦ... (usw.); entsprechend auch **syr.**; also: „Buch der Worte [Semitismus für: Angelegenheiten] Tobi(t)s, des (Sohnes) des Tobiel (usw. usw.) aus dem Stamme Naphthali, welcher in Kriegsgefangenschaft weggeführt wurde in den Tagen Enemessars [syr.: Salmanassars], des Königs der Assyrer, aus Thisbe (...) in Galiläa [syr.: in Obergaliläa]..." [es folgen divergierende

Beschreibungen der Ortslage]. In den LXX-Codices steht noch darüber: ΤΩΒ(Ε)ΙΤ, daraus syr.: *ktābā d-Ṭubit*. – Die Vulgata hat 1,1 f nur in Verkürzung; Obertitel: *Liber Tobiae* (vgl. Kopftext). Ein lat. Zeuge von G 2, der Cod. W (9. Jh., Rom) sagt ausdrücklich: *Liber Tobi juxta editionem septuaginta interpretum* und bietet diesen Text bis 6,11, danach den der Vulgata.

Neuere kritische Ausgaben: S. WEEKS/S. GATHERCOLE/L. STUCKENBRUCK (Hg.): *The Book of Tobit. Texts From the Principal Ancient and Medieval Traditions. With Synopsis, Concordances, and Annoteted Texts in Aramaic, Greek, Hebrew, Latin, and Syriac* (FoSub 3), 2004 [dort auch 734–745 Text des Cod. A in diplomatischer Wiedergabe; 746–792 mehrere lat. Texte. Cod. S hingegen ist bei Littman wiedergegeben]. Die aram. Fragmente aus Qumran auch bei García Martínez/Tigchelaar unter den o. a. Nummern. Septuaginta (Rahlfs) I 1002–1039; Septuaginta (Göttingen) 8/5: *Tobit* (R. HANHART) 1983. **Syr.:** De Lagarde 74–88 (nach Waltons Polyglotte, paraphrasiert G 1) ist überholt durch *VTS* 4/6, S. I–XIV, 1–55 der fünften Zählung (J. C. H. LEBRAM) 1972 [ab 7,12 zweispaltig: rechts übersetzt nach G 1, links nach G 2].

Textanfang in beiden gr. Fassungen: 1,3: Ἐγὼ Τωβὶτ(θ) ὁδοῖς ἀληθείας ἐπορευόμην; **Textschluss:** ἐχάρη πρὶν (G 1 dafür korrekt: πρὸ) τοῦ ἀποθανεῖν ἐπὶ Νινευή (G 2 weiter: καὶ εὐλόγησεν κύριον τὸν θεὸν εἰς τοὺς αἰῶνας τῶν αἰώνων). Varianten aus diversen Fassungen bei Weeks/G./St.

Wortindex gr. bei Weeks/G./St. 406–471 (vgl. Hatch/Redpath, Siglum: „To."), lat. 473–587; hebr. 589–712; aram. 713–732.

Alte und mittelalterliche Übersetzungen: Fragmente einer hebr. Fassung wurden als Überraschung aus Qumran schon erwähnt; s. García Martínez/Tigchelaar I S. 396–399 (= 4Q 200); Hallermayer 18 f; Ego in JSHRZ VI/1,2, 124. **Syr.** (aus G 1) s. o. „Neuere kritische Ausgaben". **Lat.:** Vetus Latina (aus G 2, wofür sie ein wichtiger Zeuge ist). Für die Vulgata (s. Kopftext) hat Hieronymus den Text rückversetzt in die neutrale Perspektive. **Arm.** Zōhrapean 332–338 (Mischform aus G 1 und G 2). Die **äth.** Bibel hat das Werk. – **Hebr.** Übersetzungen, andere als die in Qumran gefundene, sind in mittelalterlichen Handschriften erhalten, wovon eine schon 1516 gedruckt wurde; alle sind sekundär (Hanhart 15; Schürer/V. 230). Erzählung in der 3.Pers. erweisen sie als aus der Vulgata abkünftig.

Synopse aller erhaltenen Fassungen (Vers für Vers untereinander gestellt) bei Weeks/ G./St. (s. o.) 61–333; Ch. WAGNER: *Polyglotte Tobit-Synopse, griechisch, lateinisch, syrisch, hebräisch, aramäisch, mit einem Index zu den Tobit-Fragmenten vom Toten Meer* (MSU 28), 2003.

Früheste Bezeugung in der *De-Tobia*-Schrift des Ambrosius (s. u.).

Textsorte: Reiseroman, insofern er an einer Person und ihrem Charakter orientiert ist, genauer also: Novelle, ursprünglich aus der neutralen Perspektive erzählt. Cod. S hat *Tob.* bei den historischen Büchern stehen, Cod. B bei den Weisheitsschriften. Die Umsetzung in die Ich-Form nähert den Text einem Testament, womit 4,5–21 (s. u.) der Kern wäre. – Kap. 13, unter eigener Überschrift stehend, ist ein „Gebet" (LXX) bzw. „Psalm" (4Q 200, Frg. 6, Z. 4), woran sich die B/A-Fassung G 1 als überarbeitet erweist. – Die gr. Übersetzung ist ganz in der wirkungsvollen Ich-Perspektive gehalten. 4,5 – 21 kann als Muster dessen gelten, was man im Judentum „moralisches Testament" genannt hat (nachdem es Testamente im Sinne der bei den Römern bekannten Testierfreiheit im mosaischen Recht gar nicht gibt; vgl. 1.6.0). – Inhaltlich bietet diese Novelle die bis heute beliebten Themen der Unterhaltungsliteratur: Medizin, Sexualität, Dämonisches. Vor Magie (vgl. 6.3) besteht keine Scheu; erst Hieronymus hat das geändert (s. u.: „Christliches"). **Literarische Besonderheit:** Züge von Humor s. Nickelsburg 31; Gruen, *Diaspora* 148 – 158.

Zählung: 14 Kapitel. **Gliederung:** Ego 885 – 887 bzw. 118 f.

Literarische Integrität: Die etwas längere G 2-Fassung gilt heute für die im Griechischen ursprüngliche, sofern denn die vorher noch nicht da gewesene Ich-Perspektive direkt vom Übersetzer kommt. Dem steht nichts entgegen als die eine 3.Pers. in 13,1 (καὶ εἶπεν), die man als Rest einer früheren gr. Fassung überbewerten würde; näher liegt die Annahme einer momentanen Unaufmerksamkeit des Übersetzers/Umsetzers oder, noch einfacher, die eines Abschreibversehens, das aus καὶ εἶπον ein καὶ εἶπεν machte.[28] – G 1 wird erklärt als sprachliche Glättung und dabei auch Kürzung (ähnliches nimmt man an im Falle von 7.4.1). Als Detailstudie hierzu vgl. Philonenko.[29] – In G 2 fehlt 4,8 – 18 infolge einer *aberratio oculi* (Springen von einer Stelle auf eine ihr ähnliche); auch fehlt, wohl aus ähnlicher Ursache, 13,8 – 10. Mehr bei Ego 889 f. – **Textliche Integrität:** Liste von Konjekturen, die Rahlfs anzubringen nötig fand, in *Septuaginta deutsch.E* 140, zu ergänzen aus S. 141 unter „Fritzsche". Sie betreffen fast alle die sehr verwilderte, aber nur in dieser einen Handschrift greifbare G 2-Fassung.

Biblischer Bezug: Schon der Vorspann nimmt Bezug auf das assyrische Exil (4Kön 17). 2,6 zitiert Am 8,10, gibt sich also schon nachbiblisch. Im Gr. ist diese Stelle übrigens nicht aus der LXX-Fassung des Zwölfprophetenbuchs genommen, sondern selbstständig übersetzt. 14,4 bezieht sich namentlich auf *Jona* bzw. (in G 2) auf *Nahum,* 14,8 (G 1). Daran ist theologisch bemerkenswert, dass mit „schlum-

---

28 Auch hier erweist sich die G 1-Fassung, trotz Kürze im Allgemeinen, als Paraphrase. Hingegen hat *wa'omar* als Gebetseinleitung biblische Würden: Gen 24,39 (Stoßgebet eines Brautwerbers); Dtn 9,26 – 31 (ein Bittgebet).

29 Sein Textbeispiel, *Tob.* 12,8, ein in G 1 zunächst unverdächtiger Text, erweist sich im Vergleich mit G 2 als nachträgliche Reparatur einer Verlesung von πλοῦτος zu πολύ, dem ein ὀλίγον dann sekundär entgegengesetzt wurde. Nebenbei klärt sich hier, wenn Philonenko Recht hat, der Ursprung der Redewendung „Mammon der Ungerechtigkeit" in Lk 16,9.11; es ist ein Reichwerden im Nichteinhalten von Tora-Restriktionen. Im Kontrast dazu nannten schon die Frommen von 1Q pHab XII 3 und 4Q pPs 37 II 10 sich „die Armen" (*evjonim*), ein Wort und ein Ideal, das in „Ebioniten" wiederkehrt (0.6.7). Philonenko (181) macht auf das (von den Psalmen her schon bekannte) Synonym *'anawim* in 4Q 521 Frg. 2 II 5 aufmerksam: „Sein Geist wird schweben [Verb wie Gen 1,2] auf den Armen": In diesem Sinne könnten die „Armen im Geiste" von Mt 5,3 (eine im ganzen NT unerklärte Formel) als die „Armen *des* Geistes" oder „…wegen des Geistes" verstanden werden, als die Toratreuen nämlich, die dafür Gottes Geist haben.

mernden", erst nach vielen Jahrhunderten sich bewahrheitenden Prophetensprüchen gerechnet wird; vgl. 2.1.7 c. Der Dankpsalm Kap. 13 zitiert in V. 2 1Sam 2,6. Weiteres v. a. aus der *Genesis*, dann auch aus Propheten usw. bis *Aḥiqar* (1.3.0) s. Ego 887–889. Die Eheschließung von 7,13f geschieht ausdrücklich „nach dem Gesetz des Mose"; doch gerade da wird eine Urkunde (συγγραφή) zusätzlich geschrieben: frühe Erwähnung einer Ketubba (Falk 280–285).[30]

Historischer Bezug: fiktiv. Dass Tobit dem Stamm Naphthali angehören soll, verlegt das Ganze in ferne Vergangenheit, nämlich die Folgezeit der assyrischen Deportation. Auf eine Wiedererbauung der Stadt Jerusalem wird „voraus"-geblickt in 13,10–13. Die vielen Anachronismen, die das Fiktive des Buches kenntlich machen (sollen), s. Gruen, *Diaspora* 156 und 319 Anm. 82. – Daneben aber werden die rechtlichen Verhältnisse der Entstehungszeit dieses Buches treu abgebildet. Weitere Beispiele, zusätzlich zum eben gegebenen, sind die Lohnarbeit (ἐριθεύεσθαι, ein LXX-Hapax) der Frau Tobits in 2,11–14 einschließlich der Modalitäten ihrer Entlohnung (Falk 214f)[31] sowie die schriftliche Vollmacht in 5,2f (Falk 193).

Quellen bzw. Vorlage: Gen 24 und 29 waren auch schon gewissermaßen Reiseberichte. Eine heimliche Matrix scheint, wie auch später wieder im *LibAnt.* (1.1.2), das Ri-Buch gewesen zu sein: A. DI LELLA: „The Book of Tobit and the Book of Judges. An intertextual analysis", *Henoch* 22, 2000, 197–205. Dtr Denken wiegt vor (deSilva 73: Stellen). 12,7 ist ein Weisheitsspruch noch aus bester Tradition.

Hebraismen finden sich in dieser aramäisch geschriebenen Erzählung keine, darum auch in der gr. Übers. nicht, auch nicht das sonst so typische „und es geschah". **Gr. Stil:** schlichtes Septuaginta-Griechisch, was dieser jedenfalls „gut erzählten" Geschichte nichts nimmt, ihr vielmehr durchaus zukommt. Sie etwa rhetorisch zu erzählen, wie im *2Makk.* geschieht (3.4.1–3), hätte ihr geschadet.[32] – 5,3 in G 1 und 9,5 in beiden Fassungen bietet einen frühen Beleg für den Terminus χειρόγραφον „Schuldschein" (Vulg. Fremdwort; sonst nicht in LXX; NT nur: Kol 2,14).

Bemerkenswerte Stellen: In 5,4 u.ö. tritt, zunächst unter falschem Namen, der Erzengel Raphael in Existenz; in 12,15 gibt er sich vollends zu erkennen, übrigens nicht als einen von vier, sondern von sieben Engeln der Präsenz (sc. vor dem

---

30 Offenbar ist k*tubba* die Übersetzung dieses gr. Wortes. Der Zweck war, wie aus erhaltenen Exemplaren solcher „Verschreibungen" schon in vorrabbinischer Zeit hervorgeht, dass die Mitgift Eigentum der Frau blieb, insbes. im Fall einer Scheidung. Das gab ihr einen hohen Grad an Selbstständigkeit und wirtschaftlicher Sicherung.

31 Das Fehlen eines Arbeitsvertrags (da er nicht schriftlich war, hätte er wenigstens Zeugen gebraucht) führt hier zu einem Missverständnis, und Hanna (so heißt die Frau) wirft ihrem Mann vor, all seine milden Spenden (ἐλεημοσύναι καὶ δικαιοσύναι – so schon in 1,3 u.ö.; vgl. Mt 6,1f) hätten ihm nichts geholfen gegen diesen Konflikt. Offenbar glaubt sie, Gott sei verpflichtet gewesen zu steuerndem Eingreifen.

32 Man denke sich die Evangelien im Rhetorengriechisch des *Hebräerbriefs!* Sie hätten nicht die Hälfte ihrer Wirkung. Dass wenigstens Lukas dazu in der Lage gewesen wäre, davon gibt er Proben (bes. Apg 24,2–8).

Angesicht Gottes).³³ Umschreibungen des Gottesnamens: 12,12 hat in G 2 „die Herrlichkeit des HERRn", in G 1 „der Heilige" (ὁ ἅγιος; später hieß die rabbinische Formel: „der Heilige, gepriesen sei er"). – 4,15 bietet die Goldene Regel in ihrer älteren, negativen Fassung,³⁴ wie sie aramäisch auch als Ausspruch Hillels belegt ist (Šab. 31a). Die sonst als johanneisch bekannte Formulierung „(die) Wahrheit tun" (Joh 3,21; 7,17) hat neben Neh 9,33 (LXX 2Esr. 19,33) in Tob. 4,6 ihren ältesten Beleg, wobei dort der Kontext als Synonyme anbietet: „(die) Gerechtigkeit tun" (vgl. Mt 6,1); dies wiederum wird erklärt als ποιεῖν ἐλεημοσύνην, „Almosen geben".³⁵ – Johanneisch klingt auch 12,20 „Ich steige auf zu dem, der mich gesandt hat" (von dem Engel gesagt, der sich im Vers zuvor zur „Vision" erklärt hatte); vgl. Joh 5,36+20,17 u.a. – **Theologisches:** „Licht" (vs. „Blindheit") ist hier stehende Metapher für die Tora. – Gott ist der „König des Himmels" (1,18 G 2), der „König der Ewigkeiten" (13,7 G 2), der „große König" (13,15 beide Fassungen) u.ö.; 13,2 (beide Fassungen) preist „seine Königsherrschaft (βασιλεία)". Bemerkenswert 13,4: „Er ist unser Vater". – Jerusalem ist „die Heilige Stadt" (13,10). Ein Neubau aus Edelsteinen wird in 13,17 f angekündigt (vgl. Apk 21,10 ff), was Schürer/V. 224 als Indiz dafür nimmt, dass der prachtvolle Neubau des Tempels durch Herodes noch nicht im Gang war. Das Land Israel ist „das gute Land" (14,4 G 1), und eine Sammlung Israels um einen neu zu bauenden Tempel wird erwartet (14,5). Dennoch wird, wie eben zitiert, die Diaspora und die Entscheidung, dort zu bleiben, gerechtfertigt. – **Christliches** begegnet in der Vulgata: Das magische Rezept von 6,17–19, wie der Dämon, der sieben früheren Bräutigame von Tobits Braut getötet hatte, zu vertreiben sei, ist dort seit Hieronymus ersetzt durch eine Probe auf sexuelle Beherrschung, nämlich die Anweisung des Engels an Tobit, erst drei Tage nach der Hochzeit mit dem Geschlechtsverkehr zu beginnen (6,17–21 Vulg.). Von Hieronymus kommen auch die ausdrücklichen Bezugnahmen auf das Hiob-Buch in Tob 2,12 ff Vulg.

Abfassungszeit: Der Verweis auf „die Propheten" (ebd.) wird auf ein schon vorhandenes Schriftpropheten-Corpus gedeutet, das erst ab ca. 200 v. Chr. gegeben war. Die Ankündigung eines Tempelneubaus (14,5) hingegen fällt spätestens in die Zeit ihrer wenigstens begonnenen Erfüllung ca. 22 v. Chr. – Der **Ort** dürfte irgendwo in

---

33 So v.a. nach Cod. S. Dies sind die „Fürsten des Angesichts" der rabbinischen Mystik (1.5.4 b).
34 Luthers Übersetzung gab sie (als V. 16) sogar positiv wieder, was aber aus Mt 7,12 (Lk 6,31) kommt, nicht aus der Septuaginta; vgl. höchstens Sir. 31,15 (s. u. 1.3.1). – Zur Rezeption dieser Regel, die bis an die Ohren des Kaisers Alexander Severus drang und die dieser erneut propagieren ließ (*Historia Augusta, Alexander Severus* 51,6–8), s. Stern II 633 f.
35 Vgl. Sir. 3,30; 7,10; 12,3; 44,10. Eine alte Bundesformel, wonach ḥesed („Gnade" = bundesgemäßes Sozialverhalten) und emet („Wahrheit" = Treue zur Vorschrift) zu üben seien (Gen 24,49; 47,29; Jos 2,14), wird hier gleichsam zerlegt und verkleinert. Dass aber auch Almosen eine „(Leistung der) Gerechtigkeit" sein kann, erklärt sich mosaisch: Im Judentum ist Fürsorge für die Armen eine Torapflicht (Dtn 24,10–22; Mischna-Traktat *Pe'a*). Dies sind Vorläufer der modernen Sozialversicherungen und des Sozialstaats.

der östlichen, aramäischsprachigen Diaspora liegen:[36] Vom Babylonischen Exil bis zur Redaktion des Babylonischen Talmuds ist dort ja eine große jüdische Population bezeugt, und wir hätten hier eines ihrer ganz wenigen vortalmudischen Produkte. **Adressaten, Sitz im Leben:** Dies ist eine Geschichte zum Weitererzählen in der Diaspora. – Seit sie im Judentum durch das rabbinische Erzählgut ersetzt wurde, ist *Tobit* ein Buch christlicher Erbauung zum Thema „Führung".

Abfassungszweck: s. Kopftext. 14,9: „Du aber halte die Tora und die Einzelgebote (τὸν νόμον καὶ τὰ προστάγματα) und werde barmherzig und gerecht, damit es dir gut gehe"; folgt die Pietätspflicht des Beerdigens (nicht in der Tora).[37] – Mit Blick auf Jerusalem wird die Existenz der Diaspora und damit der Umstand, dass die Mehrheit der nach Babylonien Exilierten sich entschied, dort zu bleiben, gerechtfertigt. Das nicht nur durch den guten Verlauf der Erzählung als solcher, sondern auch explizit: „Ihr Kinder Israels vor den Heiden, er (Gott) hat euch unter ihnen zerstreut!" (13,3 G 2; in „wir"-Form in G 1).

Rezeption: Nach einer gewissen anfänglichen Rezeption (Qumran) verliert sich im Judentum jede Spur.[38] Den Eingang in den sich bildenden jüdischen Kanon dürfte dieses Buch durch seine zunächst aramäische Textgestalt gewissermaßen „verpasst" haben. Das aber auch in seiner gr. Form. Philon und Josephus erwähnen nichts daraus, und im Judentum des Mutterlandes z. Zt. des Origenes war es vergessen (Schürer/V. 227). Die Nachwirkung liegt im Christentum (Hallermayer 3–7; deSilva 81–84). Clem. Al. zitiert *Tobit* als γραφή (s. ebd.).

Auslegungen aus der Alten Kirche gibt es für diese kaum erklärungsbedürftige Erzählung allerdings nur wenige. Die erste, allerdings nur bis 4,11 (= 4,12 Vulg.) reichend, ist Ambrosius, *De Tobia,* beginnend als Paraphrase des Buches in der 3. Person, dann aber übergehend in eine Themapredigt über das Pfand- und Zinsnehmen, und wie wohltätig man auch dabei – nach Tobits Vorbild – zu sein habe. Ambrosius hält *Tob.* für ein „prophetisches Buch", gewinnt aber aus dem Lob der Tugenden, Werke und Verdienste des Tobias teils Wirtschaftsethik, teils allgemeine Spruchweisheit. – Luther bezeichnet das Buch als eine „Fabel", manchmal närrisch (wohl wegen der abergläubischen Einlagen; WA.TR 1, Nr. 475, S. 208,37–46). Die Gemütswerte dieser Legende haben ihr viele Darstellungen in christlicher Kunst verschafft (Ego 900; Bocian 500–502). Gleiches gilt von literarischen Darbietungen: Lehnardt verzeichnet über 60 übersetzte und/oder kommentierte Ausgaben. Mehr bei Bredin.

---

36 Ego 898f verweist auf Iranisches. Dass dennoch immer wieder die Perspektive des Mutterlandes eingenommen wird, ergibt eine Umkehrung des Verhältnisses, das für *Judith* (1.2.2) zu vermuten ist.
37 Bis heute ist eine jüdische Gemeinde diejenige, die einen eigenen Friedhof hat.
38 Ein aramäisch geschriebenes Buch machte *eo ipso* keinen Anspruch, heilige Schrift zu sein. Störend waren wohl auch Differenzen zu der alsbald sich bildenden Halacha (Ego 900).

1.2.2 Das Buch *Judith:* Gottes Hilfe durch die Hand einer jüdischen Frau

Der Name dieses Buches ist Programm; er heißt einfach nur: „Jüdin". Biblische Vorbilder für Bücher unter dem Namen einer Frau gibt es zwar; aber das Buch *Ruth* ist schon quantitativ wenig bedeutend und hat eine Proselytin zur Hauptperson. *Esther* wiederum legt gegenüber dem heidnischen König ein nicht gerade toragemäßes Verhalten an den Tag. Alles was an Esthers Erfolgsrezept tadelnswert scheinen könnte, wird hier nun, im *Judith*-Buch, ganz jüdisch. Judith ist keine Nebenfrau eines fremden Königs, sondern eine ehrbare Witwe in Israel. Dass sie einen Tyrannenmord begeht, hat mehrere Vorbilder in den biblischen Geschichtsbüchern (s. u.); das Tötungsverbot des Dekalogs wurde hierauf nicht bezogen.

Gottes Hilfe durch die Hand einer jüdischen Frau – so könnte man das Thema dieser Erzählung benennen. Als fiktional gibt sie sich gleich im ersten Satz zu erkennen (1,1): Jeder wird damals gewusst haben, dass Nebukadnezar nicht König der Assyrer war (sondern der Babylonier). Auch soll Judith dem nicht mehr existierenden Stamm Simeon angehört haben (9,2). Luther hat den rein fiktiven Charakter des Buches erkannt, v. a. an seiner Ortlosigkeit (WA.TR 1, Nr. 475, S. 208,11–28; vgl. Nr. 478); er vergleicht es mit den Legenden von St. Margareta oder St. Georg.

Dieses Buch ist zunächst gewissermaßen die literarische Rache an Nebukadnezar, dem einstigen Zerstörer Jerusalems, hier als König von Assyrien bezeichnet: Die ganze Welt möchte er mit Krieg überziehen, aber seine Westprovinzen (hier ist schon an das persische Reich gedacht) verweigern sich.[39] In seinem (angeblichen) Oberfeldherrn Holophernes (den die Geschichte sonst nicht kennt)[40] wird er hier in aller Breite lächerlich gemacht. Die Tötung des Tyrannen wird gerechtfertigt, wie vorher schon mehrfach in der Hebräischen Bibel (s. u. „Biblische Bezüge") – ethisch könnte man sagen: als Maßnahme der geringsten Gewalt.

In diesem Buch, das wir nur noch auf Griechisch haben, sind die Hebraismen geradezu penetrant: Nach einer Datumsangabe in 1,1 wird das *wajjiqṭol*-Tempus in καὶ ᾠκοδόμησεν (mit pleonastischem καί), das vermutlich damals schon literarisch war und im mischnaischen Hebräisch der Rabbinen nicht wiederkehrt, ganz betont eingesetzt. Das *kann* imitiert sein in dem einzig erhaltenen gr. Text; eher aber war es schon im Hebräischen eine Fortführung biblischer Erzählweise, also der „Märchenton" nationalen Erzählens.[41] Dass die Ursprache Hebräisch war, passt in die Wiederbelebung dieser Sprache wenigstens für Schriftzwecke, wie wir sie für hasmonäische Zeit im *1Makk.* (1.4.2) belegt finden.

Tal Ilan hat als Historikerin in mehreren Veröffentlichungen die These eines literarischen Feminismus im damaligen Judäa aufgestellt: Der Umstand, dass die gr. Übersetzung des *Esther*-Buchs datiert ist auf das Jahr vor dem Ableben des Has-

---

[39] 1,11 bietet schon einmal den Gedanken: „Stell dir vor: 'S ist Krieg und keiner geht hin" (Bert Brecht).
[40] Der Name selbst aber ist persisch und ist auf Inschriften belegt.
[41] Auch heute kann man Grimms Märchen im Präteritum vorgetragen hören von Personen, die mündlich sonst nur das Perfekt gebrauchen.

monäerkönigs Alexander Jannai, lässt darauf schließen, dass dessen Frau und Nachfolgerin Alexandra Salome (Šᵉlamṣion, „Zions Heil"),[42] einzige Königin in der ganzen Hasmonäerlinie (reg. 76–67 v.Chr.), hier ihre geplante Machtübernahme, nämlich aus dem Testament ihres inzwischen erkrankten Mannes, publizistisch vorbereitete. Bestimmt wollte sie nicht, wie ihre Schwiegermutter, die Frau des Joḥanan Hyrkanos (s.u. 1.4.2), ihre bevorstehenden Witwenjahre durch Verhungern in einem Kerker verkürzt bekommen. Das dürfte ein Anlass gewesen sein, den Topos der „starken Frau", der ohnehin in der Antike eine gewisse Beliebtheit hatte und jedenfalls hohen Unterhaltungswert,[43] aufleben zu lassen.

Vieles spricht dafür, dass Alexandra, im Gegensatz zu manchem Priesterkönigen vor und nach ihr, ein echtes politisches Talent war. Für sie, zumal als Frau, war Regieren nicht einfach Befehlen, sondern Vernetzen, Veranlassen, Freiwilligkeit mobilisieren, kurz: *governance*. Sie verstand sich gut (Josephus meint: zu gut) mit den Pharisäern (*Bell.* 1, 110–114). – Mit Tal Ilan lässt sich vermuten, dass im Zusammenhang einer vorzubereitenden Übernahme ihrer Herrschaft folgende literarische Daten gesetzt wurden:

– die Übersetzung und Ausbreitung des *Esther*-Buchs in Kreise der Diaspora (2.1.5), mit entscheidend verbesserter Rolle der weiblichen Protagonistin;
– die Übersetzung und Anfügung der *Susanna*-Geschichte an das griechische Buch *Daniel* (1.2.3; 2.1.7 b);
– die Verbreitung eines feministischen Romans wie eben des *Judith*-Buchs, womit sich dann auch erklärt, warum dieses, gut patriotisch, auf Hebräisch geschrieben war, dann aber nicht im Hebräischen allein belassen wurde.

Dem Nationalgefühl entspricht es, wenn schon in *Tob.*, dann aber auch hier in *Jdt.* und in *Sus.* die Juden, auch und gerade die in der Diaspora, nicht als „Judäer" bezeichnet werden, sondern stets, unter Wahrung der Innensicht, als „Kinder Israels".[44] So gesehen, sind die benannten Texte ein Beispiel nicht nur für ein verstärktes nationales Selbstbewusstsein, sondern auch für einen gewissen, sogar politischen Feminismus. Die Reaktion war natürlich Antifeminismus, insbesondere bei Josephus.[45] Damit ist

---

42 So wird ihr Name geschrieben in den leider nur ganz fragmentarischen Textresten 4Q 322 und 324b.
43 Belege bei Siegert, *Hellenistisch-jüdische Predigten* II (2.3.3), 260–262. Am bekanntesten war die Königin Artemisia v. Halikarnass (Herodot 7, 99 u.ö.).
44 Eine Ausnahme in *Sus.* ist der schon durch den Singular außergewöhnliche Ausdruck „Jüdin" in V. 22, was die sog. Theodotion-Fassung (s.u.) durch Renominalisierung behob: „Susanna". – Wenn die Münzen der Hasmonäer den politischen, nicht den religiösen Ausdruck verwenden, also von „Judäern" sprechen, ist das völlig korrekt, waren doch die Hasmonäer selbst nur Könige der Judäer (ohne Salbung), nicht Könige Israels. Details s. D. GOODBLATT: „Varieties of Identity in Late Second Temple Judah" in: B. ECKHARDT (Hg.): *Jewish Identity and Politics between the Maccabees and Bar Kokhba* (JSJ.S 155), 11–27.
45 Josephus, weit davon entfernt, das politische Geschick der Alexandra zu würdigen, hält das Abweichen von der männlichen Linie im Hasmonäerhaus für eine Ursache für dessen Untergang; s. D. LAMBERS-PETRY: „Shelomzion ha-malka. The Hasmonean queen and her enigmatic portrayal by Jo-

auch klar, warum diese Texte in Qumran nicht bezeugt sind: Dort fanden weder die hasmonäische Politik noch der Feminismus ein freundliches Echo.

Einleitung und Übersetzung: JSHRZ I/6 (E. ZENGER) 1981; **Inhaltsangabe** ebd. 432–434; Nickelsburg 97–99. Vgl. JSHRZ VI/1,1 (MITTMANN-RICHERT) 92–96; Inhaltsangabe 82f; Gliederung 83.
Einleitung: deSilva 85–109; Nickelsburg 97–102; vgl. Gruen, *Heritage* 94.125; ders., *Diaspora* 158–170. **Anmerkungen:** *Septuaginta deutsch.E* 1297–1315.
Übersetzung: *Septuaginta deutsch* 618–635 und in Bibeln mit Apokryphen.
Kommentare (Auswahl): E. HAAG (Komm.): *Das Buch Judit* (GSL.AT) 1995; C. RAKEL: *Judit. Über Schönheit, Macht und Widerstand im Krieg. Eine feministisch-intertextuelle Lektüre* (BZAW 334), 2003; D. L. GERA: *Judith. Introd., Transl., and Comm.* (CEJL), 2014; H. ENGEL/B. SCHMITZ: *Judith* (HThK), 2014. Zu **Kap. 7–13.** J. W. VAN HENTEN: „Judith as alternative leader. A Rereading of Judith 7–13", in: A. BRENNER (Hg.): *A Feminist Companion to Esther, Judith and Susannah*, 1995, 224–252.
Literatur: Lehnardt Nr. 2573–2817. Zu den Rechtsverhältnissen im Besonderen: Falk, *Introduction to Jewish Law* (Näheres s.u.). **Kommentar** z. B. E. HAAG (Übers., Komm.): *Das Buch Judit* (GSL.AT 15), 1995. **Neuere Studien:** T. ILAN: „Esther, Judith and Susanna as propaganda for Shelamzion's queenship", in: dies., *Integrating* 127–153 (bes. 138–148); B. SCHMITZ: *Gedeutete Geschichte. Die Funktion der Reden und Gebete im Buch Judit* (HBS 40), 2004; S. VAN DEN EYNDE: „Crying to God: prayer and plot in the Book of Judith", *Biblica* 85, 2004, 217–231; J. BURNS: „The special Purim and the reception of the book of Esther in the Hellenistic and early Roman eras'", *JSJ* 37, 2006, 1–34.
Handschriften: Vom hebr. Urtext ist keine Spur mehr, auch nicht in Qumran; vgl. unten aber die Erwähnungen bei Kirchenvätern. **Gr.:** Die drei großen LXX-Manuskripte (B, S, A) haben dieses Buch. Über die zahlreichen Handschriften der Vetus-Latina-Übers. s. Schürer/V. 221. **Syr.:** BM Add. 14447 (10.Jh.; hg. de Lagarde) u.a. **Kopt.:** BM Add. 17183 (7.Jh.), Ausgabe: H. THOMPSON (Hg.): *A Coptic Palimpsest*, 1911, 269–337. Dieser Codex war Bd. 2 einer kopt. Gesamtbibel. Bd. 1 muss den Pentateuch umfasst haben; dieser Bd. 2 bot (vor seiner Neubeschriftung mit syr. Texten) Jos, Ri, Rt, Jdt, Est. Damit ist anzunehmen, dass die Geschichtsbücher 1–4Kön wieder einen füllten; weiteres wird spekulativ.
Titel in den Handschriften: gr. in den LXX-Codices: ΙΟΥΔΙΘ; syr. (Add. 14447): *taš'itā d-Ihudit* („Judith-Erzählung"); das lässt auf gr. *ἱστορία Ἰουδίθ schließen.
Ausgaben: Septuaginta (Rahlfs) I 973–1002; Septuaginta (Göttingen) 8/4: *Iudith* (R. HANHART) 1979. – Ausgabe des Kopt. s. „Handschriften".

---

sephus", in: J. KALMS/F. SIEGERT (Hg.): *Internationales Josephus-Kolloquium Dortmund 2002* (SIJD 14), 2003, 65–77. Tatsächlich sind es ihre beiden Söhne Hyrkan II. und Aristobul II., deren Zerstrittenheit den Fall des Hasmonäerhauses nach sich zog.

Textanfang: Ἔτους δωδεκάτου τῆς βασιλείας Ναβουχοδονόσορ; **Textschluss:** ἡμέρας πολλάς.
Wortindex: P. ARZT: *Sprachlicher Schlüssel zu Judit. Mit dem Text der Göttinger Septuaginta*, 1997.
Alte Übersetzungen und Bearbeitungen: lat. (Vetus Latina; Vulgata, beide wenig genau und stark gekürzt;[46] s. deSilva 90), syr. (de Lagarde 104–126), arm. (Zōhrapean 323–332, gekürzt); äth.; Details bei Schürer/V. 221. – Das „hebr." Judith-Buch, das Origenes erwähnt, hat sich für Hieronymus, der so etwas lesen konnte, als *Chaldaeo sermone conscriptus*, also als die (immer noch existierende) aram. Fassung herausgestellt. – Was sich hebr. bei Jellinek, *BHM* 1, S. xxiif.130 f und 2, 12–22 (Einl. S. xi) findet, ist rückübersetzt aus christlichen Bibeln.
Frühestes Zitat: Origenes (Schürer/V 220); **früheste Erwähnung:** *1Clem.* 55,4. Bei Clem.Al., *Strom.* 4, 118,4 (mit Miriam verwechselt ebd. 119,3).
Ähnliche oder ähnlich benannte Texte: Zwei hebr. Judith-Midraschim bei Jellinek, *BHM* 1, 130 f; 2, 12–22; dt.: Wünsche II 183–185.164–182.
Textsorte: Legende; Nähe zum Roman (Zenger 436–439). **Literarische Besonderheit:** Kap. 1 imitiert hellenistische Geschichtsschreibung des „pragmatischen" Typs.[47] Im Weiteren wird dann eher das biblische Ri-Buch imitiert, auch inhaltlich. Doppelsinnigkeiten s. Gruen, *Diaspora* 162; Humor ebd. 164; vgl. van Henten 227 (Lit.).
Zählung: 16 Kapitel. Die Verszählungen weichen zwischen den Fassungen stark ab.
Gliederung: Teil A (vor Judiths Auftreten): V. 1–3 Nebukadnezars Siege; 4–7: Krise Israels. Teil B (mit Judith): 8: Judith bereitet ihren Anschlag vor; 9: ihr Gebet; 10–12 Judith im feindlichen Lager; sie macht Holophernes betrunken; 13 seine Enthauptung (nach Stoßgebet V. 7); ab 13,11 Rückkehr Judiths und Feier des Erfolgs; darin: 16,1–17 Psalm der Judith. 16,21–25 Schluss: Politische Neuordnung Israels. – Gliederung nach Leitworten bei Zenger 432–234; vgl. deSilva 88 f.
Literarische Integrität: Vier Rezensionen werden unterschieden (Schürer/V. 220; deSilva 90). Dies war ein Text „im Fluss".
Biblische Bezüge gehen unausdrücklich auf Gen 14; Ex 15; Ex 17 (Liste der Bezüge bei van Henten 235; vgl. deSilva 95–98); Ri 3,12–31 (die listige, linkshändige Ermordung des Moabiterkönigs durch Ehud u. a.; 1Sam 17 (David und Goliath); 2Chr 20 (Sieg über Ammoniter und Moabiter); 32 (Rettung Hiskias vor Sanherib) u. a.; auch *2Makk* 15 bzw. *1Makk* 17 (die Nikanor-Affäre). Zu 16,17 < Jes 66,24 s. u. „Bemerkenswerte Stellen". Details bei Zenger 440–446. Es handelt sich also um eine Art von „Bibelfilm".

---

[46] In der Vulgata hat Kap. 1 nur 12 Verse (LXX: 16), 2 nur 17 (LXX: 28) usw.
[47] Diese Einleitung ist für ihre Zeit das, was der Ton der Nachrichtensendung heute ist (sog. *Infotainment*). Es gibt in der ganzen Septuaginta keine wirrere Folge von Ereignismeldungen auf so kurzem Raum (1 Seite) wie diese. Sie springt frei durch die Länder und die Epochen, was auf ein Auditorium, das die „große" Politik ohnehin nur vom Hörensagen kennt, einen komischen Effekt haben muss.

Historischer Bezug: Die Geschichte, erdacht für die Zeit nach dem Wiederaufbau des Tempels (3,3) und der Wiederaufnahme der Opfer (16,18), ist fiktiv, was später nicht mehr bemerkt wurde. Sie spiegelt aber Zustände wider, die der Durchsetzung der Tora im nachexilischen Judäa teilweise immer noch vorausgehen (vgl. 6.1.1): Dass ein Ehemann seine Frau (hier die Witwe Judith) testamentarisch mit seinen Gütern bedenkt (8,7), ist nicht nach der Tora, wohl aber nach hellenistischem Recht möglich (Falk 341). – Der Hohepriester Joakim wird in 4,6f als oberster Kriegsherr gesehen (Falk 62 mit Parallelen aus Josephus). Er wird unterstützt von einem Ältestenrat (γερουσία 4,8; 11,14; 15,8),[48] der, als Vertretung des δῆμος Israels[49] offenbar nicht nur aus Gliedern des Stammes Levi besetzt ist. Dies ist der Vorläufer des in der Hasmonäer- und Römerzeit so genannten Synhedrion. 6,16 erwähnt dann auch noch Stadtälteste und die Bürgerversammlung (ἐκκλησία im hellenistischen Sinn). 11,13 bezeugt die minutiöse Einhaltung der Kultgesetze, die die Einkünfte des Tempels und seines Personals betreffen (Falk 59.64).

Von Sulpicius Severus (*Chronicon* 2, 21) bis in neueste Zeit reichen die Versuche, wenigstens den Rahmen der Erzählung in der persischen Geschichte zu verankern, also in gewissen Ereignissen des 4.Jh. v.Chr.[50] Da ist das offen Fiktionale des Buches verkannt (Ilan 139f), ebenso wie der wahre historische Anlass (s. Kopftext).

Quellen und Vorlagen: Da Judith erst ab 8,1 auftritt, kann bis dahin einiges Fertige vermutet werden, der Unterhaltungsliteratur zugehörig, was durch Wiederverwendung dem eigentlich propagandistischen zweiten Teil dienstbar gemacht wurde. – In 14,10 ist Aḥiqar (1.3.0) erwähnt.

Hebraismen, Stil: 1,2 gibt ganz klar den Übergang ins hebr. Erzähltempus (*wajjiqṭol*) wieder, s. Kopftext; so noch oft. Die Übersetzung hat Septuagintismen hinzugebracht: ἐν αἰσθήσει (1,22) soll heißen: „Wenn sie es merken/einsehen". Ein hebr. Original ist anzunehmen; die o.g. aramäische Fassung dürfte eine Übersetzung gewesen sein für die östliche Diaspora. Ein Septuagintismus wie der in der nächsten Rubrik erwähnte (9,10; 16,3) beweist nicht die gr. Abfassung des *Jdt.*, sondern Kenntnis dieser Stelle durch dessen Übersetzer; *pace* J. CORLEY: „Septuagintalisms, Semitic interference, and the original language of the Book of Judith", in: ders./V. SKEMP (Hg.): *Studies in the Greek Bible*. FS Francis T. Gignac (CBQ.MS 44), 65–96. Ein Vorgriff auf späteres Griechisch ist in 11,11 die Verstärkung eines Konjunktivs durch ἵνα (kein Nebensatz!); vgl. *2Makk.* 1,9 (3.4.2).

Bemerkenswerte Stellen, Theologisches: Der in einer Nebenrolle begegnende Ammoniterfeldherr Achior (5,5ff) sieht Judiths Erfolg, „und er begann, an Gott sehr zu glauben" und beschneidet sich (14,10), wird also Proselyt, wenn auch noch

---

[48] Dazu Falk 52f mit vielen weiteren Belegen, von denen aber dieser im Judentum der älteste sei.
[49] Dieser hellenistisch-laizistische Ausdruck steht hier anstelle des biblisch-kultischen λαός.
[50] Wie Josephus von der Historizität dachte, erfahren wir von ihm nicht; er meidet *Jdt.* schon wegen des offenkundigen Feminismus. – Bei Esther übrigens gibt Sulpicius Severus (2, 17) zu, dass es ihm schwer fällt, sie chronologisch zu verorten.

nicht nach rabbinischen Regeln. Judiths Triumphlied, mit Zymbeln und Handpauken getanzt, läuft aus in ewiger Rache Gottes an den Feinden Israels (16,1–17;[51] zu V. 17 vgl. Jes 66,24, also den Jes-Schluss; auch Mk 9,48 klingt an ihn an). Die Polemik gegen Heidentum ist sehr plump: Holofernes, oberster General der Assyrer, hält Nebukadnezar für den einzigen Gott (6,2). – In einer aus Ex 15,3 LXX (vgl. Jes 42,13) genommenen Formel ist Jhwh der συντρίβων πολέμους, „der Kriege anfacht" (9,10; 16,3).[52] In 9,6 der Begriff eines „Vorherwissens" (πρόγνωσις) Gottes. – Würdigung der „frühpharisäischen" Frömmigkeit dieses Buches bei deSilva 99–106.

Abfassungszeit: Schätzungen, die bis ins 3.Jh. zurückgreifen, passen nur auf Teile. Wenn die eingangs getroffenen Feststellungen stimmen, ist die Gesamterzählung erst im 1.Jh. v.Chr., zur Zeit der politischen Wirksamkeit der Königin Alexandra in Umlauf gekommen. Ein implizites Datum ist aus 2,28 gewonnen worden: Jamnia und Asdod sind dort noch nicht Teil des judäischen Königreiches, was sie unter Alexander Jannai (103–76) aber wurden. Das ist aber kein *terminus ante quem*, sondern es besagt nur, dass die erzählte Zeit früher liegt.[53] – **Ort:** Wegen des Hebräischen: Judäa. Das schließt nicht aus, dass an Stellen wie 4,6 die Perspektive der Diaspora eingenommen wird, mit welcher man ja kommunizieren möchte (vgl. Zenger 431). **Adressat:** das Staatsvolk der Hasmonäermonarchie. – Adressat der gr. Fassung hingegen ist die jüdische Diaspora, v.a. im Süden, Norden und Westen. Adressat der aram. Fassung müsste die Diaspora des Ostens gewesen sein, welche bereits das *Tob.*-Buch ihr eigen nannte.

Abfassungszweck: Stärkung des Zusammenhalts zwischen Mutterland und Diaspora; Ermutigung „zur geistigen oder eher sehr realen Rückkehr nach Jerusalem" (Zenger 431).

Rezeption: nicht bei Philon, nicht bei Josephus (die aber beide keine frauenfreundlichen Autoren sind). Da *Jdt.* in erkennbarer Weise unhistorisch war, sondern Unterhaltungsliteratur, kam ein Platz im sich bildenden Kanon nie in Frage. Auch passt die Konversion des Ammoniters Achior in 14,6–10 nicht zu Dtn 23,3.[54] Die

---

[51] Die Grausamkeit der Vorstellung, mit der dieses Lied schließt, ruft bei seinem Autor (seiner Autorin?) Behagen hervor: Die ganze Zeile δοῦναι πῦρ καὶ σκώληκας εἰς σάρκας αὐτῶν ist rhythmisch (– – – – – |– ᴗ – |– ᴗ – | –), der Schluss ἕως αἰῶνος auch (...|– ᴗ – |x).

[52] Diese Formel wird meist falsch übersetzt und in einen modernen Pazifismus umgewandelt, so noch bei Siegert, *Septuaginta* und in den Bänden von *Septuaginta deutsch*. Zum richtigen Verständnis s. J. Maier: „Der Herr ist Kriegsmann" in: U. Dahmen/J. Schnocks (Hg.): *Juda und Jerusalem in der Seleukidenzeit.* FS Heinz-Josef Fabry (BBB 159), 2010, 281–295. Die Metapher ist genommen von einer frühen Form des Feuerzeugs, dem Reibholz.

[53] Das mag sogar Absicht sein: Man geht zurück hinter die unstrittenen, nämlich Nichtjuden in das Hasmonäerreich einbeziehenden Eroberungen König Alexanders.

[54] Dieser Achior dürfte identisch gedacht sein mit dem von *Tob.* 11,19, worin man wiederum Achikar (vgl. 1.3.0) erkennt. – Hier zeigt sich, wie auch vielfach sonst, dass noch im 2.Jh. v.Chr. vieles an der Tora in der Vergangenheit belassen wurde, wohingegen die Rabbinen es wieder wörtlich nahmen, die Anwendung dann aber bei Bedarf auch einschränkten. Details bei DeSilva a.a.O.

Rabbinen hielten sich eher an die Tora (deSilva 106–108 – dort auch versuchter Nachweis von jüdischer Aufnahme des *Jdt.*-Buches wenigstens in Motiven).[55] Erst mit der Vetus Latina beginnt die für uns sichtbare Rezeption. Sie setzt sich fort im Christentum und auch dort v. a. im Westen, wo sie reichlich belegt ist (deSilva 108 f; vgl. oben: „historischer Bezug"). Auch die bildende Kunst des Westens hat sich der Judith häufig angenommen (Gruen, *Diaspora* 159; Bocian 293 f). Mehr bei A. M. MISIAK: *Judit – Gestalt ohne Grenzen,* 2010.

1.2.3 *Susanna:* von der Politik zur Moral

Das *Susanna*-Büchlein mit seinen maximal 64 Versen wird in den Ausgaben als Vorspann oder als Anhang zum *Daniel*-Buch der Septuaginta überliefert. Erstere Stelle hat es aber erst durch Theodotion erhalten, einen ephesinischen Proselyten oder Judenchristen des späten 2.Jh. n.Chr.,[56] letztere durch Hieronymus. Inhaltlich und entstehungsgeschichtlich gehört es weder an die eine noch die andere Stelle, sondern in die Nähe der Propaganda-Erzählungen aus hasmonäischer Zeit, wie v. a. *Judith* und *Esther* (1.2.2; 2.1.5) welche waren. Nur war solch ein Text zu klein, um als selbstständige Schrift sich über die Jahrhunderte zu halten; er musste schon in Papyrus-Zeiten irgendwo beigeschrieben werden, so wie am hinteren Ende des *Daniel*-Buchs noch einige mehr (2.1.7 b), und vorher schon am hinteren Ende des Jer-Buchs (2.1.8; 2.5.4).

Verloren in seinem hebräischen Original, ist *Sus.* nur in einer abgeleiteten und einer doppelt abgeleiteten Form erhalten:

a) als „Septuaginta"- oder „Old Greek"-Version (Siglum: LXX, engl. auch OG);
b) als deren nach Theodotion benannte Überarbeitung (Siglum: Θ oder θ, Th', th). Diese ist älter als Theodotions Wirkungszeit, nämlich dem 1.Jh. v.Chr. zugehörig; vgl. 2.1.7 a.

Letztere wiederum ist die einzige, die ins Latein kam und in die westlichen Volkssprachen. Ihr Erfolg ist so groß, dass sie die Fassung (a) für zweitausend Jahre hat vergessen lassen. Noch in den Septuaginta-Ausgaben des 20.Jh. hat (a) nur den Platz, den Theodotion diesen Büchlein ließ, nämlich als Einleitung zu *Daniel*. Allein Swete (s. u.) führt (a) als eigenes Buch.

Den klar sichtbaren Hebraismen nach (καί mit Verb vorangestellt) war das Original zu (a) hebräisch, wie für die Publizistik der Hasmonäerzeit auch sonst belegt ist. Die

---

[55] Was sich hier nennen lässt, sind abgewandelte Gemeinplätze. – *Jdt.* 8,14 könnte in 1Kor 2,10–11,16 aufgenommen sein (DeSilva 108), aber warum nicht auch Jes 40,13, wie in Röm 11,33–35, wo man es jedenfalls am Zitat merkt? Dazwischen lagen für Paulus die Überlegungen von Röm 7.
[56] Er ist der Herausgeber einer überarbeiteten Septuaginta, konnte selbst vermutlich kein Hebräisch, hatte aber Vorlagen aus dem palästinischen Judentum zur Verfügung, die mitunter schon lange vorher von Kennern beider Sprachen überarbeitet worden waren; s. Siegert, *Septuaginta*, bes. 86 und 365. Zu *Daniel* LXX und *Daniel* Θ sowie zum Cod. 88 s. ebd. 334–336.

Urform kann sogar noch älter sein: Ingo Kottsieper hat einen über ein Jahrhundert sich erstreckenden Entstehungsprozess der erhaltenen Textformen hypothetisch nachkonstruiert. Er ermittelt, wie eine allgemein-orientalische Weisheitserzählung[57] in hasmonäischer Zeit „judaisiert" wurde durch Eintrag des Daniel-Namens (damals wohl noch aus Ez 28,3) und in hasmonäischer Zeit einige machtkritische Spitzen dazu erhielt: Das ist die Fassung, die wir in ganz schwacher Überlieferung griechisch als Septuaginta oder „Old Greek" noch haben und die bei ihm, im Kontrast zu den konventionellen Kommentaren, separat gewürdigt wird. Eine ursprüngliche Erzählung E (7–62) mit vor- wie nachhasmonäischen Zusätzen[58] wird dort gerahmt von den beiden Dreizeilern (5b-6 und der Schlussvers ab εὐσεβήσουσι), von ihm „poetischer Makkabäertext" genannt, nebst dessen prosaischen Zusätzen. Davon in Kursive abgesetzt werden „spätere Zusätze" (dazu unten: „Literarische Integrität").

Der älteste Textzeuge, P 967, bietet Sus noch nicht als Vorspann zu Dan, sondern hat folgende Reihung: *Hesekiel, Daniel, Bel, Susanna, Esther,* und dies offenbar als Anhang zum AT insgesamt.[59] Denkt man sich *Jdt.* und *Tob.* dazu, die in anderen und längeren Textzeugen des Prophetencorpus vielfach folgen, hat man die hasmonäischen Propaganda-Erzählungen noch beisammen.

In den großen Septuaginta-Codices steht jedoch stets etwas anderes, nämlich Fassung (b), nunmehr als erstes Stück eines danielischen Corpus. Diese lässt Daniel nunmehr denjenigen der (mittlerweile entstandenen) *Daniel*-Apokalypse sein und verallgemeinert ihre Vorlage in mancher Hinsicht ins Moralisch-Zeitlose. Erst in (b) gibt es dann auch Susanna im Bade zu beobachten (V. 15–18), was die Malerei späterer Zeiten wiederum ausgenützt hat; vgl. „Rezeption".

Einleitung und Übersetzung: I. KOTTSIEPER (Übers., Komm.): „Susanna", in: O. H. STECK/R. G. KRATZ/ders.: *Das Buch Baruch (...) Zu Ester und Daniel* (ATD.A 5), 1998, 286–328; hier wird (a), im Kontrast zu den üblichen Kommentaren, separat gewürdigt. Weitere Übersetzungen s. „Synopse".
Einleitung: Schürer/V. 723 u.ö.; Gruen, *Diaspora* 170–174; Nickelsburg 23f; deSilva 231–236.
Inhaltsangabe: Kottsieper 286; **Anmerkungen:** *Septuaginta deutsch.E* 3009–3015.
Literatur s. Kottsieper 211f; *Septuaginta deutsch.E* 3010. **Neuere Monographie:** Ch. LEISERING: *Susanna und der Sündenfall der Ältesten. Eine vergleichende Studie zu den Geschlechterkonstruktionen der Septuaginta- und Theodotionfassung von Dan 13 und ihren intertextuellen Bezügen,* 2008. **Sammelband:** G. XERAVITS/K. SZEN-

---

57 Zum Motiv des klugen Kindes s.u. 3.3.2 „Ähnliche Texte", wiederum außerisraelitisch. Aus der Hebräischen Bibel lässt sich der singuläre Vers Ps 119(118),100 anführen (s.u.). Hier nun dient es recht offenkundig einem Generationenkonflikt.
58 Tabelle der Siglen bei Kottsieper 294. Ob E auch noch eine „sadduzäische" Erweiterung erfahren hat (in der Tabelle nicht erwähnt, aber z.B. S. 295.322), bleibe dahingestellt.
59 Ziegler u.a. 20; zu diesem Codex s.u. 2.1.5, Anm. 29; 2.1.7, Anm. 55. Ähnlich sind Cod. 88 und SyH; Details bei Ziegler u.a. 21f.

GELLÉR (Hg.): *Deuterocanonical Additions of the Old Testament Books. Selected Studies* (DCLS 5), 2010 [auch zu 2.1.5 und 2.1.7].

Handschriften: (a) P 967 (frühes 3.Jh., erhalten ab V. 5) und Cod. 88 (der „Chigi-Codex", 10.Jh.) und Fragmente (Ziegler u. a. 9 – 20; zu P 967 besonders 63 – 76.109 – 111). Als „Sy" bezeichnet Rahlfs die syr. Übers. (s. u.), die er als indirekten dritten Zeugen mitbenutzt. – (b) P 861 (um 400; Ziegler u. a. 170 – 176); Cod. B, A (S hat Lücke) und alle anderen, dieselben wie auch für Ez. – **Syr.:** (a) Codex syro-hexaplaris Ambrosianus (Ziegler u. a. 18); (b) BM Add. 14447 (10.Jh., dort in der Folge von *Jdt.*), BM Add. 14445 u. a. in Waltons Polyglotte. **Erstausgabe:** (a) S. de Magistris 1772 (nach Cod. 88; Ziegler u. a. 100). In den Septuaginta-Ausgaben findet sich dieser Text seit Swete (Bd. III S. 576 – 584, jeweils linke Seite). Syr.: Ceriani 1874 (genannt bei Swete III VI Anm. 1; vgl. Rahlfs II 864). (b) Venedig 1518; aus lat. Bibeln war diese Fassung auch vorher bekannt.

Titel in den Handschriften: (a) Σουσάννα; so auch als Anfangs- oder Schlusstitel in einigen Zeugen von (b), häufiger jedoch, da hier das *Daniel*-Buch beginnt: Δανιήλ. Syr.: *Ktābā d-Šušan ṭubnitā* („Buch der seligen Susanna", Cod. 14445) bzw. *'Al Šušan nakptā* („Über die sittsame Susanna", Cod. 14447).

Neuere kritische Ausgabe: Veraltet ist Rahlfs II 864 – 870, wo P 967 noch nicht bekannt ist. Von der Göttinger Septuaginta ist diesbezüglich die 2.Aufl. zu benutzen (16/2): *Susanna, Daniel, Bel et Draco*, hg. J. ZIEGLER/O. MUNNICH/D. FRAENKEL, 1999 [Text von *Sus.*: 216 – 233; (a) jeweils linke Seite, (b) jeweils rechte].

Textanfang von (a) nicht erhalten;[60] (b): Καὶ ἦν ἀνὴρ οἰκῶν ἐν Βαβυλῶνι, **Textschluss** (a): πνεῦμα ἐπιστήμης καὶ συνέσεως εἰς αἰῶνα αἰῶνος, Textschluss (b): ἀπὸ τῆς ἡμέρας ἐκείνης καὶ ἐπέκεινα.

Wortindex: Hatch/Redpath (Siglum: „Da. LXX. Su." bzw. „Da. TH. Su.").

Alte Übersetzungen: Text (a) gibt es sonst nur noch syrisch in der sog. Syro-Hexapla; genauer ist es die Übersetzung der LXX-Kolumne aus der hinter dem Pentateuch nur noch vierfachen Tetrapla (Ziegler u. a. 18). Text (b) **lat.:** Vetus Latina, übernommen in der Vulgata mit einem Vermerk des Hieronymus: „Bis hierher haben wir *Daniel* im hebräischen Band gelesen. Was folgt bis zum Ende des Buches, ist aus Theodotions Ausgabe übersetzt"; **syr.** de Lagarde 132 – 138 (BM Add. 14447 und 14445;[61] nicht in *VTS*); **arm.:** Zōhrapean 599f (als „1. Vision Daniels" gezählt; s. u. „Zählung"); kopt., äth., arab. (bis hierher: Ziegler u. a. 129 – 136); hebr. in Jellinek, *BHM* 6, 126 – 128 (dazu XXXI Nr. 4).

---

60 Was Swete als V. 1–5 aus Cod. 87 abdruckt, ist Text (b). Eine Vermutung, was der verlorene Satz (mehr war es wohl nicht) besagt haben könnte, bei Kottsieper 300 unten. Offen bleibt dort, wen man unter „der Herrscher" verstehen soll.

61 De Lagarde in seinem Apparat (S. XXII) bedauert, seine beiden Handschriften in der Eile des Aufbruchs aus London nicht exakt auseinandergehalten zu haben; sein Apparat sei nun teilweise unklar. In seinem Text gibt er ab V. 41 Parallelfassungen wieder sowie im Apparat (S.XXIIIf) zum Vergleich den bis dahin bekannten Text aus Waltons Polyglotte (Siglum: w). Eine übersichtliche Neuedition und die Ermittlung eines Stemmas der Textverschiedenheiten wären hier wünschenswert.

Synopse der beiden Fassungen in dt. Übers. bei Kottsieper 294–300, ebenfalls in *Septuaginta deutsch* 1418–1423.

Frühestes Zitat: (b) V. 46 wird leicht verändert in der sprichwörtlich gewordenen Stelle Mt 27,24 sowie in Apg 20,26 zitiert. **Früheste Erwähnung:** Clem.Al., *Strom.* 4, 119,3 (namentlich, aber wohl in Verwechslung mit Debora, so wie anschließend Miriam mit Judith verwechselt wird).

Textsorte: (a) ursprünglich Weisheitserzählung mit erotischer Note, verfremdet durch das Motiv eines Generationenkonflikts, wo der Jüngere gegen die Alten Recht erhält; „dramatische Erzählung" (Kottsieper). Zusätzlich zu ihrem Unterhaltungswert konnte diese Geschichte in ihrer Urfassung auch als politische Allegorie dienen, gerichtet gegen das „Fremdgehen" mit torafremden Mächten (s.u. „Abfassungszweck"). In Susanna konnte Šelamṣion sich selber sehen bzw. sich sehen lassen. – (b) ist ärmer um den poetischen Rahmen und um einige politischen Anspielungen, also eher eine moralische Exempelgeschichte. – **Literarische Besonderheit** sind Wortspiele im Griechischen, die im Hebräischen ähnlich funktioniert haben müssen, als solche jedenfalls sehr stark semitischem Geschmack entsprechen (vgl. Am 8,2; Jes 5,7 sowie viele Namensgebungen schon in der *Genesis*; elaboriert: Dan 5,25–28; Talmudisches in ʿEr. 53 b): Aus den Bezeichnungen der Bäume, unter deren Schatten das Delikt stattgefunden haben soll, gewinnt Daniel als geistreicher Richter das Stichwort für das Strafmaß (V. 54 f: σχῖνον/σχίσει; V. 58 f: πρῖνον/καταπρίσει, in b noch besser: πρίσαι); Kottsieper 317 f. Die Wiederkehr dieses Wortspiels in (b) ist der stärkste Beweis der Abhängigkeit von (a). Porphyrios meinte zwar, hieraus griechische Abfassung von *Sus.*, ja von Dan überhaupt beweisen zu können (s. 2.1.7 Anm. 48); doch lassen sich solche Wortspiele in semitischen Sprachen gleich leicht zustande bringen. In der Wahl der Baumnamen war der Übersetzer ebenso frei wie vorher schon der Erzähler.

Zählung: nach (b) in 64 Versen, in (a) z.T. unbelegt. – Das Buch als Ganzes ist im P 967 ein Anhang zu *Daniel*, in Cod. 88 und in der Syro-Hexapla (Tetrapla) hinter *Bel* (Kottsieper 292 Anm. 364). In der Vulgata zählt es als Dan 13,1–64 (ehe nach einem V. 65 *Bel* als Kap. 14 anschließt), abgetrennt durch einen redaktionellen Vermerk des Hieronymus. In Cod. A etc., der arm. und der äth. Bibel zählt es in Anfangs- oder (eher) Schlusstiteln als „1. Vision Daniels"; vgl. 2.1.7 c.

Gliederung von (a) lt. Kottsieper: Die beiden poetischen Dreizeiler (s. Kopftext) bilden den Rahmen um die Erzählung. Diese enthält Szenenwechsel in V. 12 (neuer Tag), V. 28 (zur συναγωγὴ τῆς πόλεως),[62] V. 44 (hier tritt Daniel in die Geschichte ein), V. 51 A (sein Revisionsprozess, 1. Phase), V. 56 (dito, 2. Phase), V. 60 („Chorschluss"; Steinigung der Überführten). (b) bringt diese Rahmung zum Verschwinden[63] und setzt in seinen Expansionen teilweise andere Einschnitte.

---

62 Hier sollte man unbedingt „Versammlung" übersetzen. An Synagogen im Sinne von Kultstätten ist nicht gedacht. Ebenso in (b), wo dieses Wort übrigens auf V. 41 und V. 60 begrenzt ist.
63 Genauer: Ihren ersten Teil hat sie in V. 5 eingeschmolzen und ihren zweiten ganz weggelassen.

Literarische Integrität: (a) Was im Kopftext als „späte Zusätze" bezeichnet wurde und bei Kottsieper in Kursive abgehoben ist, dürfte nicht mehr der hebr. Erstfassung zuzurechnen sein, insbesondere nicht das erzähltechnisch völlig redundante Eintreten des Engels in V. 44 und V. 62 Ende. Immerhin ist P 967 dann der *griechische* Originaltext. – (b) ist eine Bearbeitung davon; zu partiellen Weiterbearbeitungen (Erweiterungen) im Syrischen s. Anm. 56.59; Ziegler u. a. 133. **Textliche Integrität:** (a) An dem nur schwach überlieferten LXX-Text bringt Rahlfs gelegentlich Konjekturen an; Liste in *Septuaginta deutsch.E* 132 (diejenige in V. 56 LXX ist lt. Kottsieper 316 Anm. 473 unnötig). Hingegen hat sich in V. 45 das merkwürdige ὄντι Δανιήλ dank P 967 als Verschreibung von ὀνόματι Δανιήλ erwiesen.

Biblischer Bezug: Lev 20,10; Dtn 22,22 (Todesstrafe bei Ehebruch). Man kann das Buch als Midrasch lesen zu der prozessrechtlichen Vorschrift von Dtn 19,15–21. Was erst eine persönliche Schlauheit war, nämlich die Zeugen getrennt zu befragen und Falschaussagen anhand von Widersprüchen auszusondern, wurde in der Mischna (*Sanh.* 3,6; 5,1–4) schließlich kodifiziert.[64] Die Szenerie in einem „Paradies" aber ist die des Hhld., jedoch gestört durch Fremdeinfluss; Bäume als Ort der Sünde vgl. Jer 2,20; 3,6.13. „Es ging Gesetzlosigkeit aus Babylon aus" (V. 5) ist negative Parodie von Mi 4,2 (Jes 2,3). Das Schwert von Mi 4,3 wird wieder gebraucht (V. 59); ein Gericht ist nötig (ebd.; die Verben für das Töten der Gottesfeinde erinnern an Am 1,3.5). – Zum Motiv des klügeren Jüngeren vgl. Ps 119 (118),100: „Mehr als die Älteren (πρεσβύτεροι, Schlüsselwort in *Sus.!*) habe ich begriffen, denn ich habe nach deinen Geboten geforscht."

Historischer Bezug: (a) lässt allerlei Spitzen gegen vor- wie nachhasmonäische Verhältnisse erkennen (Kottsieper): War erst die Ignorierung der Tora in Fragen der Rechtspflege der anzugreifende Schaden, so war er es nachher wieder, nämlich in der sehr hellenistischen Gewaltherrschaft des Alexander Jannai (104–76 v.Chr.). Erst dessen Witwe Alexandra (s. 1.2.2) arrangierte sich mit den Pharisäern und mit deren Forderung, die Tora auch im öffentlichen Leben gelten zu lassen. (b) verflacht die Zeitanspielungen und lässt auch die Sidonier = Syrer (die in V. 56 LXX die negative Folie waren) unerwähnt. Diese Version ist in die römische Zeit zu setzen, wo das Judentum, selbst das der Diaspora, für seine wichtigsten Verschiedenheiten Privilegien genoss. Ja es war in der Diaspora geschützter als im Mutterland, wo das halb heidnische Gebahren des Herodes und seiner Abkömmlinge ein neues Ärgernis wurden (vgl. 1.3.3).

Quellen bzw. Vorlage: Hier ist wohl, ähnlich wie bei den drei Pagen (1.4.1 b), eine ältere Erzählung (*Tausendundeine Nacht* kennt sie noch; s. Bocian 488) mit dem Namen „Daniel" erst sekundär verbunden worden; (a) lässt es in V. 45 noch erkennen. Vgl. Kopftext. Das kleine Gedicht, das in V. 5 die Erzählung eröffnet (s. nächste Rubrik),

---

64 Falk, *Introduction to Jewish Law* 124–127; zum frühjüdischen Gerichtswesen ebd. 90–92. Allerdings haben die Rabbinen dann keinen Schluss mehr zugelassen von nebensächlichen Details auf die Hauptsache.

wird in beiden Fassungen mit „es sprach der Herrscher" eingeleitet, wobei diese Gotteskennzeichnung (ὁ δεσπότης) im *Sus.*-Text nicht weiter vorkommt, erst in 3,37 wieder und später oft in dem großen Bußgebet, Dan 9, dort aber nur in der LXX-Fassung; in Dan 9 Θ hingegen steht das gängigere κύριος. Entweder war das damals gängiger Sprachgebrauch, oder *Sus.* ist doch als Zusatz zu *Daniel* LXX entstanden.

Hebraismen: (a) ist von zwei typisch hebr. Dreizeilern gerahmt; die Erzählpartien bevorzugen „und"+Verbum an den Satzanfängen. Letzteres auch in (b). Unter „LXX hat falsch" bietet Kottsieper S. 300 Berichtigungsvorschläge (natürlich nur nachträglich) für vermutete Übersetzungsfehler. Rückschlüsse auf hebr. Rechtstermini ebd. 313.318. – **Griechischer Stil:** Schlichtes Septuaginta-Griechisch, jedoch gerade in (a) mit gewählten Worten: V. 8 hat für „schön" das seltene ἀστεῖος, das zugleich „kultiviert" (wörtl. „städtisch") bedeutet: Vgl. Ex 2,2 vom Mose-Knäblein, Ri 3,17 von Eglon, *Jdt.* 11,23 von Judith, übertragen vom Lebenswandel in Num 22,32 und in *2Makk.* 6,23. Der erste, prosaische Schluss (63a) lobt die ἁπλότης (etwa: „Geradheit") im Verhalten Daniels, ein Wort, das in der Septuaginta an sehr bezeichnenden Stellen wiederkehrt. (b) hat demgegenüber semantisch wie auch poetisch-pragmatisch weniger Profil. In syntaktischer Hinsicht ist die Eleganz griechischer Partizipialformen in (a) auffallend häufig (Kottsieper 292). Schon das bestätigt die ursprüngliche Unabhängigkeit von Dan LXX.

Bemerkenswerte Stellen: In (a) wird dem Daniel durch einen Engel der „Geist der Einsicht" zuteil (V. 45), eine der messianischen Gaben von Jes 11,2. In (b) wird daraus, ob mit Absicht oder durch redaktionelle Ungeschicklichkeit, die singuläre Aussage, der Engel habe den heiligen Geist Daniels erweckt (Kottsieper 325). – V. 62 berichtet eine mosaische Exekution, wobei nun aber gerade (a) es ist, wo ein nachgetragener Engel das Töten besorgt. Die Stelle ist aber durch Fehlübersetzung fast unverständlich und wohl deswegen bei der Anfertigung von (b) entfallen.

Abfassungszeit und -ort: (a) Hasmonäerzeit (Mitte 2.Jh. v. Chr. oder später, nicht nach 63 v. Chr.); (b) in der dann folgenden römischen Zeit, vor 70 n. Chr., Judäa.

Abfassungszweck: (a) Gelesen als politische Allegorie, ist *Sus.*, wie gesagt, eine Warnung vor „Fremdgehen" mit auswärtigen Mächten, ein Urthema in Israel seit den Propheten. Hierbei sind sind die Fremdmächte jedoch nicht extern, sondern es sind die „Senioren" der eigenen Gesellschaft: *Sus.* agitiert verdeckt gegen ein schon wieder hellenisiertes Establishment, das sich in den Generationen der Hasmonäerherrschaft gebildet hatte (vgl. Albertz, *Religionsgeschichte* 604). „Die Geschichte ist (...) nicht nur eine dramatische Erzählung, sondern sie gibt auch dem vergewaltigten Menschen eine Stimme, die das ihm angetane Verbrechen deutlich macht. Der Leser kann sich nicht des Wunsches erwehren, dass es doch immer solche jungen Menschen gäbe, die furchtlos die Wahrheit an den Tag brächten – und dass sie dabei wie Daniel gehört würden" (Kottsieper 286). Allerdings, die Einführung der Tora in den von Israel eroberten Gebieten (Mitte 2.Jh. v. Chr.; Details bei Kottsieper 290) geschah vermutlich weniger zartfühlend; ihr vorgeordnet war dann doch das „Recht" des Stärkeren.[65] In (b) kein Bezug mehr zur Tagespolitik.

Rezeption: Schon die Θ-Fassung hat diesen einst doppelbödigen Text vereinfacht; aus Halacha mit Erotik als Vehikel wurde einfach Moral – und für Daniel, nunmehr den „Propheten" (2.1.7 c), wurde daraus Hagiographie. Origenes, *Epistula ad Africanum* (s. 2.1.7 Anm. 48) erwähnt die *Susanna*-Geschichte im Kontext eines Gesprächs mit Juden. Im rabbinischen Judentum ist *Susanna* kaum und nur spät zu fassen (Ginzberg, *Legends* 6, 415 Anm. 79), jedenfalls eher motivisch als namentlich. Die christliche Rezeption zeigt sich bei Clem.Al.,[66] Athanasios, Augustin und sehr viel in der Neuzeit (Bocian 488–492). Schürer/V. I 563 erwähnt ein verlorenes *Susanna*-Drama des (ps.-) Johannes v. Damaskus. Maler der Neuzeit liebten die *Sus.*-Geschichte als Vorwand für Aktdarstellungen, sozusagen als biblische Venus Anadyomene, ebenso wie das Martyrium des hl. Sebastian apollinische Züge bekam.

1.3 Außerkanonische Weisheitsbücher

1.3.0 Hinweis auf das *Buch des Aḥiqar*

Dem ganzen Orient zugehörig ist das *Buch (des) Aḥiqar (Achikar)*, eine Samlung von Weisheitssprüchen, eingebettet in eine im neuassyrischen Reich spielende Rahmenerzählung, die ursprünglich sogar akkadisch gewesen sein dürfte und hier nur gestreift zu werden braucht, weil sie erstens keine jüdische Schöpfung ist und zweitens nur schwerlich als „parabiblisch" bezeichnet werden kann. Sie gehört vielmehr in die allgemeine Literaturgeschichte des Orients. Einige Angaben mögen hier folgen, weil dieser Text in der Sekundärliteratur unter den Parabiblica geführt wird.

Noch in biblischer Zeit hat das Judentum – in diesem Fall die von 495–399 v. Chr. historisch belegte jüdische Militärkolonie von Elephantine (Assuan) in Oberägypten, also eine Diasporagemeinschaft – sich diesen Text zu eigen gemacht; eine aramäische Version davon befindet sich (fragmentarisch) unter den Elephantine-Papyri als Nr. 49–59. *Tob.* 14,10 (1.2.1) erwähnt das Schicksal Aḥiqars, nennt aber auch schon einen Aḥiqar in 1,21 f. Inhaltliche Ähnlichkeiten zwischen Aḥiqar-Sprüchen und Biblischem (AT wie NT) s. Denis 1014–1018.

Eine griechische Fassung von wenigen Seiten (der Name Aḥiqar schreibt sich dort Ἀχίκαρος, auch Ἀκίκαρος, ja selbst Ἀχίχαρος) ist im Rahmen der Aesop-Vita überliefert, war also nie „parabiblisch".

---

65 Eine Distanznahme zu dieser Politik, wie oben (1.2.2) zu Jdt 2,28 bemerkt, ist hier nicht ausgedrückt, aber vielleicht doch mitzudenken.
66 *Strom.* 4, 118,1, wieder aufgegriffen an der etwas wirren Stelle 119,3–120,1. Sie belegt bereits die Konzentration auf das Moralische: Clem.Al. vergleicht die „überaus würdevolle" jüdische Dame mit einer Griechin, die selbst beim Baden ihren Rock nicht auszog, sondern nur hochhob.

Online-Index Nr. 2; Stegmüller Nr. 100 und 100.1–27. **Inhaltsangaben** und Paraphrase bei Denis; **Paraphrase** und Kommentar: Woschitz 243–260.
Einleitung und Übersetzung: Charlesworth II 479–507 (J. LINDENBERGER); JSHRZ.NF II/2 (H. NIEHR) 2007 (dort 38–52 dt. Text nach dem Elephantine-Papyrus, gezählt in 210 Zeilen des Papyrus bzw. in 14 Kapiteln).
Einleitung: Hengel 284–292; Schürer/V. 232–239; Denis 993–1036.
Literatur: DiTommaso 221–237; dazu M. WEIGL: *Die aramäischen Achikar-Sprüche aus Elephantine und die alttestamentliche Weisheitsliteratur* (BZAW 399), 2010.
Neuere Ausgabe des aram. Textes: D. SCHWIDERSKI (Hg.): *Die alt- und reichsaramäischen Inschriften*, Bd. 2 (FoSub 2), 2004, 84–90. – **Gr. Fragmente** aus der *Vita Aesopi:* PVTG 3 (A.-M. DENIS) 1970, S. 133–148 (synoptisch in zwei Fassungen); Text auch bei Denis, *Conc.* 907 f (= Anhang). Siglum ebd. im Hauptteil: „FAch."
Alte Übersetzungen: Das Aramäische wurde umgeschrieben ins Syrische (das Aramäisch der Christen, mit einer eigenen Schrift); gr. auszugsweise als Teil der *Vita Aesopi*. Weiter gibt es arm., arab., äth., slav., altürkische und rumänische Übersetzungen. Schürer/V. 237 f; Denis 1018–1022.1026–1036.
Literarische Besonderheit: Aḥiqar stellt sich im Ich-Stil als „Schreiber" vor; dies war neben den Priestern der einzige Gelehrtenstand seiner Zeit.

Zusatz: Was (nachantik-)Hebräisches betrifft, sei hier noch auf den 1902–04 von A. E. Harkavy/S. Schechter erstmals veröffentlichten, von Klaus BERGER u.d.T. *Die Weisheitsschrift aus der Kairoer Geniza* 1989 erneut edierten Text verwiesen. Dazu H. P. RÜGER (Hg., Übers., Komm.): *Die Weisheitsschrift aus der Kairoer Geniza* (WUNT 53), 1991 mit Datierung ins Mittelalter; Denis 1045. Einzelheiten sind hier ohne Interesse, da es sich um eine hebräische Schrift handelt, die nicht in Kontakt kam mit der griechischen Welt.

1.3.1 Die *Weisheit des Ben Sira:* Weisheit als Halten der Tora

Das Folgende ist für lange Zeit die letzte Weisheitsschrift, die noch auf Hebräisch geschrieben wurde. Beim ersten Lesen würde man diesen Text schwerlich in hellenistische Zeit datieren, sondern weit früher: Einzelsatz kommt nach Einzelsatz, Gegensatzpaar nach Gegensatzpaar.[67] Dieses Buch hat abgesehen davon, dass es in der Verherrlichung des Jerusalemer Tempelkults und eines bestimmten Hohenpriesters (er

---

[67] Dass selbst die *Sprüche* in dieser Hinsicht schon elaborierter gewesen waren, zeigt anhand von Spr 10–11 deSilva 170 f, auch im Vergleich mit der äg. *Unterweisung des Amenemope*. „Es wäre sehr gewagt zu behaupten, dass Ben Sira irgendetwas wie griechische Bildung hatte; doch ist es wahrscheinlich dass er auf seinen Reisen und Erkundungen induktiv vieles von dem lernte, was griechische Studenten deduktiv lernten, indem sie die *Progymnasmata*, die 'Vorübungen' rhetorischen Ausdrucks durcharbeiteten" (171). Bei näherem Hinsehen finden sich dann doch allerlei Bezugnahmen auf Gedankengut der hellenistischen Zeit; s. die Kommentare.

wird mit Namen genannt: Simon) kulminiert, nur wenig argumentativen Zusammenhang. Dass mitten im Text der griechischen Übersetzung vier Blätter verstellt waren, ist jahrhundertelang nicht aufgefallen. Das schließt nicht aus, dass elaborierte Giederungsvorschläge gemacht werden konnten, dann eben auf assoziativer Basis.

Der Vergleich mit den nun schon hundert Jahre älteren Ethik-Schriften des Aristoteles, will man ihn denn vornehmen, könnte nur befremden: So differenzierend diese gehalten sind, so pauschalisierend ist diese *Weisheit*. Mit Konfliktlösung hat sie nichts zu tun, vielmehr lehrt sie das Schwarz-Weiß-Sehen (Hengel 263 f). Dabei ist der Anspruch dieses gesamten israelitischen Literaturzweigs keineswegs gering. Das Buch der *Sprüche* hatte angekündigt, es diene dazu, „zu erkennen Weisheit und Bildung" (Spr 1,2), wobei *ḥåchma* in der Septuaginta mit *sophia* wiedergegeben wird und *musar* („Erziehungsmaßnahme, Züchtigung") sehr aufwertend mit *paideia*. Hatte Spr 15,33 verkündet: „Furcht vor dem HERRn ist *paideia* und *sophia;* so wird nunmehr die *philosophia* der Griechen dem Anspruch nach überboten von der *sophia* der Israeliten.[68] So rühmt denn der Verfasser des griechischen Prologs (V. 4.10) zu unserer Schrift die *paideia* und *sophia* der Israeliten und empfiehlt den Empfängern, hier dem Diaspora-Judentum Ägyptens, solches aus dem nun folgenden Text zu lernen.

Konnte diese überaus schlichte, polarisierende Ethik den Erfordernissen der hellenistischen Zeit überhaupt gerecht werden? War nicht schon der Begriff einer „Furcht" (φόβος) vor Gott genau das, weswegen der Epikureismus Religion überhaupt ablehnte[69] und weswegen der Stoizismus in konservativ-modernisierender Absicht seine Mythenkritik betrieb? – Zwar kannte auch der Hellenismus eine Art von Simplizität, nämlich Spruchweisheit in pointierter Form, wie die weit verzweigte Schule der „Sokratiker" (Diogenes, Antisthenes und zahlreiche weitere Populärphilosophen bis ins 2.Jh. n.Chr.) sie kultivierte. Doch war dies inhaltlich keine Entgegensetzung von Schwarz und Weiß, sondern ein Spiel mit sehr unterschiedlichen Pointen.[70] Vor allem aber war der Hellenismus eine Stadtkultur, sozusagen die Verstädterung der bewohnten Welt. Was wir an judäischem Widerstand in diesem 1. Abschnitt kennenlernen, ist demgegenüber geschrieben für ein toragemäß agrarisches Israel mit patriarchalischen Strukturen anstelle demokratischer Ämter.[71]

---

[68] *4Makk.* hat das späterhin in anderer Weise aufgegriffen unter programmatischer Verwendung von φιλόσοφος, φιλοσοφία im Text selbst (s. 6.5.3). Hier geht es bereits um die Abgrenzung von Christentum (und wohl auch Gnosis), und der jüdische Autor stellt sich auf griechische Seite.

[69] Versteht sich: bis auf das äußere Zeremoniell, das meist ins Kulinarische auslief. Um genau zu sein: Was Epikur an der ihm bekannten Religion ablehnte, war der „Schrecken" (τάραχος) vor den Göttern (*Ep. ad Herodotum* 78.81 f).

[70] Texte s. 0.9.1: Giannantoni. Vieles davon sind Apophthegmen, ganz wie in der Quelle Q der Evangelien, erwachsen aus dem Gespräch, nicht dem Monolog.

[71] Man könnte ins Detail gehen: Der eine zukunftsweisende Zug der Tora, was Institutionen betrifft, nämlich der Ansatz zur Selbstständigkeit des Richteramtes (Dtn 16,18–20) kehrt im Lob des Richters *Sir.* 10,1–11, nicht wieder, und ein Richteramt soll man nicht begehren (7,6). Richter zählen in die Klasse der Herrscher (10,24).

Dieses Buch bietet eine Ethik für eine insulare, sich selbst genügende judäische Gesellschaft, die es schon zu seiner Zeit nicht mehr gab. Man hat sie sich allerdings noch gewünscht, und Judäas Hohepriester haben versucht, die Autonomie ihres Gemeinwesens durch Tributzahlungen an die Seleukiden aufrecht zu erhalten, wobei die Zahlungen aber in Geld erfolgen mussten und nicht in Naturalien. Diese neue Lage im Hellenismus wird im Text vornehm ignoriert: Ackerbau (dazu gehört dann Tauschhandel) ist für ihn anständig, Handel hingegen (sc. mit Geld und gegen Gewinn) eine Verführung zur Sünde (26,29 ff);[72] sein Standardvergleich hierzu ist die untreue Frau (37,11; 42,5–8).

Statt eines bestimmten Verfassers wird uns in der (erst im 20.Jh. bekannt gewordenen) vollen hebräischen Fassung des Titels eine viergliedrige Namenskette genannt, wohl als Tradentenkette aufzufassen, deren zweites Glied Ješua' = 'Ιησοῦς ist und deren drittes (rückwärtsschreitend) Sira' = Σ(ε)ιράχ.[73] Der Umstand, dass im Prolog der griechischen Übersetzung, verfasst von einer Person aus dem fünften Glied dieser Familie, dieser Anonyme uns seinen Großvater Jesus besonders nennt als den, der sich „noch mehr auf die Lektüre von Gesetz, Propheten und den übrigen Schriften" verlegt habe, hat dazu geführt, dass man das Buch überhaupt unter dessen Namen zitiert. Das zugehörige Patronym „Sira(ch)" ist im ursprünglichen Buchschluss 50,27–29 in beiden Sprachen erhalten. Rabbinischer Kurztitel ist *Sefer ben Sira'*. So kommt es zu einem *Sirach*-Buch und zu der Abkürzung „Sir".

Die Rabbinen kannten dieses Buch noch, machten aber kaum Gebrauch davon. Die Tosefta, *Jadajim* 2,13 erklärt es für profan. So ist denn der hebr. Text nur fragmentarisch und auf sehr marginale Weisen auf uns gekommen. – Die griechische Überlieferung dieses Textes ist ihrerseits durch ein Nadelöhr gegangen: Alle erhaltenen gr. Handschriften stammen von einem einzigen Codex ab, der einen Verheftungsfehler hatte (Lagenvertauschung; s. u. „Zählung").

Einleitung und Übersetzung: JSHRZ III/5 (G. Sauer), 1981; Schürer/V. 198–212; zum Vorspann des Übersetzers 506 f (dt. auch bei Siegert, *Septuaginta* 34 f).

Inhaltsangabe bei Nickelsburg 54–56; vgl. „Gliederung".

Einleitung: Hengel 241–292; M. Gilbert in Stone, *Writings* 290–300; Levison, *Adam* 33–48; Siegert, *Septuaginta* 34 f; 71 f; Nickelsburg 53–63 (und S. 40 Foto des Masada-Papyrus); M. Witte: „Der ‚Kanon' heiliger Schriften des antiken Judentums im Spiegel des Buches Ben Sira/Jesus Sirach", in: E.-M. Becker/St. Scholz

---

[72] Der Ausdruck διάφορον im Folgevers (27,1), vielfach missverstanden (s. die Varianten), meint hier nicht einfach nur „(Klein-)Geld", wie manchmal übersetzt wird (entsprechend *2Makk.* 3,6; 4,28), sondern den im Preis enthaltenen Gewinn, den „Aufschlag". Dieser Ausdruck war offenbar nur zeitweise gebräuchlich; die Belege für diese Wortbedeutung liegen in hellenistischer Zeit (z. B. P.Oxy. 1040 Z. 8). Ähnlich meint διαφορά bei Josephus, *C.Ap.* 1, 189 (aus Ps.-Hekataeos I, hier 4.2.1 a) wohl eine (steuerliche) „Einstufung" – auch eine viel verschriebene Stelle, weil die Verwaltungssprache der Seleukiden schon nicht mehr die der Römerzeit war.

[73] Zur Schreibweise s. u. „Autor".

(Hg.): *Kanon in Konstruktion und Dekonstruktion. Kanonisierungsprozesse religiöser Texte von der Antike bis zur Gegenwart*, 2012, 229–255 [neuester Stand der Forschung].

Übersetzung mit Kommentar: G. SAUER (Übers., Komm.): *Jesus Sirach. Ben Sira* (ATD.A 1), 2000; J. SCHREINER (Übers., Komm.): *Jesus Sirach 1–24* (NEB.AT 38/1), 2002; Ch. MOPSIK: *La Sagesse de ben Sira. Traduction de l'hébreu, introduction et annotation*, 2003; O. KAISER (Übers., Komm.): *Weisheit für das Leben. Das Buch Sirach übersetzt und eingeleitet*, 2005; B. ZAPFF (Übers., Komm.): *Jesus Sirach 25–51* (NEB.AT 38/1), 2010; J. MARBÖCK (Übers., Komm.): *Jesus Sirach 1–23* (HThKAT 28/1), 2010. **Übersetzung** auch in *Septuaginta deutsch* 1090–1163; Exkurse ebd. 2164–2690. **Anmerkungen:** *Septuaginta deutsch.E* 2158–2272.

Literatur: Lehnardt Nr. 5955–6741; neueres s. Nickelsburg 360 Anm. 115–117; Zapff 136–139; Marböck (HThKAT 28/1; s.u.) 11–18; *Septuaginta deutsch.E* 2168–2171; ausführlicher, aber nicht mehr ganz aktuell als **Bibliographie:** F. REITERER (u. a.): *Bibliographie zu Ben Sira* (BZAW 266), 1998. **Neuere Monographien**, auch Hilfsmittel, sind sehr zahlreich; in DCLS allein schon sind es die Bände 1, 2, 8, 11 und 13. Hier nur wenige Hinweise: J. MARBÖCK: *Weisheit im Wandel. Untersuchungen zur Weisheitstheologie bei Ben Sira* (1970), 2. Aufl. m. Bibliogr. (BZAW 272), 1999; J. AITKEN: „Biblical Interpretation as Political Manifesto: Ben Sira in his Seleucid Setting", *JJS* 51, 2000, 191–208 [v. a. zum hebr. Ben Sira]; U. WICKE-REUTER: *Göttliche Providenz und menschliche Verantwortung bei Ben Sira und in der Alten Stoa* (BZAW 298), 2001; A. PASSARO/G. BELLIA (Hg.): *The Wisdom of Ben Sira. Studies on Tradition, Redaction, and Theology* (DLCS 1), 2008; G. XERAVITS (Hg.): *Studies in the Book of Ben Sira* (JSJ.S 127), 2008. **Zu Kap. 24:** B. JANOWSKI: „Gottes Weisheit in Jerusalem. Sirach 24 und die biblische Schekina-Theologie", in: H. LICHTENBERGER/U. MITTMANN-RICHERT (Hg.), *Biblical Figures in Deuterocanonical and Cognate Literature* (DCLY 2008), 2009, S. 1–29. **Zu Kap. 50:** J. VANDERKAM: „Simon the Just: Simon I or Simon II?" (1995) in: ders.: *From Revelation to Canon. Studies in the Hebrew Bible and Second Temple Literature*, 2000, 224–240; O. MULDER: *Simon the High Priest in Sirach 50* (JSJ.S 78), 2003; S. SCHWARTZ: „A God of Reciprocity", in: J.-J. AUBERT/ Z. VÁRHELYI (Hg.): *A Tall Order*. FS William Harris (Beitr. z. Altertumskunde, 216), 2005, 3–36; O. AMITAY: „Shim'on ha-Ṣadiq in his historical context", *JJS* 58, 2007, 237–49; Tropper, *Simeon* 157–19. **Zur Kanonsfrage:** P. BEENTJES: „Canon and Scripture in the Book of Ben Sira", in: M. SÆBØ u. a. (Hg.): *Hebrew Bible/Old Testament. The History of Its Interpretation*, I/2, 2000, 591–605; Witte (s. o. „Einleitung") 232f.237–239.

Handschriften: z.T. einsehbar unter http://www.bensira.org/. Etwa zwei Drittel des Hebr. sind seit über hundert Jahren aus der Kairoer Geniza bekannt, dort sauber in poetischen Halbzeilen geschrieben. Hinzu kommen seither 2Q 18 (Reste aus Kap. 6); 11Q 5, Kol. XXIf (*Sir.* 51,13–30; mit Lücken, im Rahmen einer Psalmen-Anthologie) und ein Papyrus aus Masada (s.o.; Nickelsburg 360 Anm. 116). Auf Hebr. erhalten sind: 3,6–16,26; 18,31–19,3; 20,4–7.13.22f; 25,8.13–24; 26,1–3.13–17; 27,5f.16 und 30,11–51,30 mit kleineren Lücken. – **Gr.:** P. Antinoupolis 210 (= P

928, 3.Jh., jetzt in Oxford, bietet 45,14 f. 20 – 22); Septuaginta-Cod. B, A, S u. a. **Syr.:** BM Add. 12141 (6. Jh.); Mailand, Biblioteca Ambrosiana, Cod. B 21 inf. (6./7. Jh.).[74] – **Erstausgabe** des Hebr.: W. Bacher 1897 (die Kairoer Fragmente); **gr.** in der Septuaginta seit der Aldina; die Fassung Gr. II (Münchener Cod. 493) Augsburg 1604.
Titel in den Handschriften: hebr. am Ende von Kap. 51 der Fassung B: *Ḥochmat Šimʻon ben Ješuaʻ ben Elʻazar ben Sira'*; rabbinischer Kurztitel: *Sefer ben Sira'*. Vgl. Kopftext sowie unten „Autor". – Hieronymus, *Praefatio in libros Salomonis* (MPL 28, 1242 A) meldet vom hebr. Text, den er immerhin sah (mit dem er aber nicht weiter arbeitete), sein Titel sei *Parabolae* gewesen (das wäre משלי, wohl mit folgendem Namenszusatz). **Gr.:** Σοφία Ἰησοῦ υἱοῦ Σειράχ; hier fehlt der Name Simons.[75] **Syr.** Ḥekmtā d-barsirā. **Andere Benennungen:** *Jesus Sirach; liber Ecclesiastici* oder kurz *Ecclesiasticus* (was zu Verwechslungen führt mit *Ecclesiastes = Qohelet*). Abkürzung im Englischen: *Ecclus.*
Ausgaben: hebr.: *Sefer Ben Sira' haš-šalem*, hg. M. Š. Segal (1953, 1972), 1997 [punktierter Text, ergänzt,[76] mit Komm. in Ivrit]; Y. Yadin (Hg.): *The Ben Sira Scroll from Masada*, 1965; F. Vattioni (Hg.): *Ecclesiastico. Testo ebraico con apparato critico e versioni greca, latina e siriaca*, 1968; P. Beentjes (Hg.): *The Book of Ben Sira in Hebrew* (VT.S 68), 1997 [provisorisch, nicht fehlerlos]. Eine kritische Edition der hebr. Sira-Texte ist in Vorbereitung durch J. Joosten, J.-S. Rey und E. Reymond. – **Griechisch:** LXX ed. Rahlfs II 378–471; Septuaginta (Göttingen) 12/2: *Sapientia Iesu Filii Sirach* (J. Ziegler) (1965) 1980. – **Syrisch:** de Lagarde 2–51 (nach BM Add. 12141); N. Calduch-Benages/J. Ferrer y Costa/J. Liesen (Hg., Übers.): *La sabiduría del escriba. Edición diplomatica de la versión siriaca del libro de Ben Sira según el codice Ambrosiano*, 2003 (syr., span., engl.). Vgl. M. D. Nelson: *The Syriac Version of the Wisdom of Ben Sira Compared to the Greek and Hebrew Materials* (SBL.DS 107), 1988 und Reiterer, *Zählsynopse* (s. u.) 21 f.
Textanfang: hebr. (rückübersetzt) *Kål ḥåchma meʻet JHWH*; gr.: Πᾶσα σοφία παρὰ κυρίου. **Textschlüsse:** 50,24 *kime šamajim*. Das gr. λυτρωσάσθω ἡμᾶς (rhythmisch: – – | – ᴗ – | –) ändert eine sehr patriotische Fürbitte für Simon (über ihn s. u.) bereits ab, die nämlich der Wunsch gewesen war, er möge den „Bund des Pinhas" aufrecht erhalten, d. h. kompromisslos sein – das war er nicht, und überdies war seine ganze Dynastie inzwischen entmachtet. – Letzter Schluss:

---

[74] Dieser auch für 2.3.1 und 2.5.1–4 wichtige Codex, zugleich *codex unicus* der *Baruch-Apk.*, läuft auch unter der Bezeichnung „7a1" (so in *VTS*) oder „Ceriani-Ms." (wegen seiner Erstedition durch A. M. Ceriani 1868).

[75] Auch die eine Erwähnung Elʻazars in 50,27 ist bereits gekürzt um dasjenige syntaktische Element, das sie verständlich machen würde: Ἰησοῦς υἱὸς Σειράχ <υἱὸς> Ἐλεαζάρ: Das zweite υἱός muss konjiziert werden.

[76] Wo die hebr. Bezeugung fehlt, ist aus dem Gr. rückübersetzt, was man aber nur durch ein kleingedrucktes חתות „übersetzt" in den Fußnoten erfährt, z. B. in der sehr lückenhaften Strecke von 19,3 bis 30,11.

51,30 *šᵉcharchem bᵉ'itto* (V. 31 und die folgende Segensformel sind hebr. Zusätze); gr.: τὸν μισθὸν ὑμῶν ἐν καιρῷ αὐτοῦ (rhythmisch: – – – | – – – | – ᴗ – | –).
Wortindex: Siglum bei Hatch/Redpath: „Si."; Zuordnung der bis 1897 bekannten hebr. Äquivalente ebd. im Anhang, 163–196; R. SMEND: *Griechisch-syrisch-hebräischer Index zur Weisheit des Jesus Sirach,* 1907. Beides ist überholt durch (anon.): *Sefer Ben Sira'. Ham-maqor, qonqordansja wᵉnittuah osar ham-millim (Ham-millon ha-histori la-lašon ha-'ivrit,* hg. Akademie für die Hebr. Sprache), 1973.
Alte Übersetzungen: Die **gr.** Übers., deren Prolog schon erwähnt wurde, stammt vom Enkel dieses Jesus (der selbst ein Enkel Sirachs ist). Sie ist nicht sehr genau und v. a. nicht frei von gewollten Veränderungen (s. u. zu 50,12).[77] – **Syr.** s. G. RIZZI: „Christian interpretations in the Syriac version of Sirach", in: Passaro/Bellia (s. o.) 277–308, dort bes. 280–282 über die Peschitta als Wiedergabe eines alten, noch ziemlich kurzen hebr. Textes. – Andere syr. Übersetzungen beruhen auf dem Griechischen (so die syro-hexaplarische auf einem Text nahe dem gr. Cod. 253); gleiches gilt von der kopt. und der äth. Übersetzung. – **Lat.:** Wichtig als indirekter Zeuge für ein spätes Entwicklungsstadium ist die Vetus Latina (2.Hälfte 2.Jh.), die auch in die Vulgata einging. – Der **arm.** Bibel hat *Sir.* anfangs nicht angehört. Was Zōhrapean im Anhang (S. 2–12) veröffentlicht, ist aus der Peschitta weiterübersetzt (Ziegler 36), oft verkürzt und überdies unvollständig; es fehlen der Prolog und Kap. 44ff, also der Väterkatalog und die diversen Schlüsse bzw. Anhänge. Ziegler 34f gibt eine Liste der Fehlbestände, 35f auch Beispiele von Textüberschüssen.[78] Eine andere arm. Übersetzung, nach dem Gr. gefertigt, wird von Ziegler genannt; sie steht in der arm. Bibel von Bagratuni, Venedig 1860, S. 681–704.
Synoptische Edition der vorhandenen hebr. Texte bei Beentjes (s. o.). – Beispielartige **Synopse** mehrerer Fassungen von *Sir.* 51,13–22 auf Deutsch in *Septuaginta deutsch.E* 2269 f.
Frühestes Zitat: In der bei Schürer/V. I 222 mitgeteilten rabb. Überlieferung (*BerR* 91,3 usw.) zitiert bereits Šim'on ben Šetah gegenüber König Alexander Jannai die Stelle *Sir.* 11,1. In chr. Zeit finden sich Anspielungen im Jak (etwa Jak 1,13 vgl. *Sir.* 15,11 f.21), in der *Didachē* und auch sonst oft (Schürer/V. 207), manchmal als γραφή; ausdrückliche Zitate seit ClemAl. bei Ziegler 37–40. **Früheste Erwähnung** mit Titel: Šim'on (wie eben): „das Buch ben Siras"; chr.: Clem.Al., *Strom.* 1, 27,2 (ἡ τοῦ Ἰησοῦ Σοφία); 1, 47,3. Noch Hieronymus will einen hebr. Text gesehen haben (s. o.), hat ihn aber nicht verwendet, da das Buch nicht dem rabbinischen Kanon angehört.
Ähnliche oder ähnlich benannte Texte: nicht zu verwechseln mit *Ecclesiastes* (Vulgata-Benennung des *Kohelet* oder *Prediger Salomo,* der Hebräischen Bibel zugehörig). Seit Cyprian das Werk für salomonisch hielt (oder geboten bekam),

---

[77] Derselbe Vers (wie auch V. 14) weist einen seltsamen Fehlgriff im Vokabular auf: Das Wort *ma'arachot* „Holzstöße" wird mit βωμός übersetzt, was in den übrigen LXX-Schriften stets einen Altar für Götzenopfer meint. Hat der Sirach-Enkel diese Sprachregelung nicht gekannt?
[78] Um darüber Auskunft geben zu können, bediente sich Ziegler einer unpublizierten lat. Weiterübersetzung von Louis Leloir.

rangiert es auch in Listen „salomonischer" Schriften; Details bei Schürer/V. 208. – Im Talmud, *Šab.* 100b wird *Sir.* zitiert, aber auch verwechselt mit folgendem: D. BÖRNER-KLEIN (Hg., Übers., Komm.): *Das Alphabet des Ben Sira*, 2007. – Eine Sammlung von hebr. *Sirach*-Zitaten aus dem Talmud s. Stegmüller Nr. 115 und 115.1–3, eine arab. Legende, Aphikia, die Frau Jesus Sirachs betreffend, ebd. Nr. 109 und 109.1. – Die arm. Bibel von Zōhrapean hat hinter ihrer unvollständigen *Sir.*-Fassung, d. h. hinter *Sir.* 43,33 (Vulg. 34,37) und dem folgenden Schlussvermerk „Zu Ende sind die Worte Sirachs" einen neuen Titel: *Reden Sirachs* (arm. *Xōskʻ Sirakʻay*, was leider mehrere gr. Rückübersetzungen zulässt) von etwa vier Normalseiten Länge, lauter ganz kurze Weisheitssprüche; Anfang: *Mitkʻ hnazand ew orkor parkešt* („Ein folgsamer Geist und ein genügsamer Schlund"); Ende: „Nicht gehört es sich, dass ein vernünftiger Mann die ganze Nacht schläft [*Ilias* 2, 24], *oroy išxanutʻiun ew pētkʻ yanjin ē* – "dessen Vollmacht und Beschäftigung bei ihm selbst liegt". Kein Schlussvermerk. Die Herkunft bleibt zu ermitteln.

Autor: Im Postskript des Hebräischen, Fassung B, wird uns ein solcher genannt: Šimʻon ben Ješuaʻ ben Elʻazar ben Siraʻ (50,27); so auch gr. ohne Erwähnung Simons. Eine erneute Nennung steht in dem Postskript hinter Kap. 51 (gr. nicht erhalten): „Šimʻon ben Ješuaʻ, der genannt wird ben Siraʻ", worauf der o.g. Schlusstitel folgt. Dieser Jesus ist also nur einer in einer Traditionskette von insgesamt fünf Generationen, war aber offenbar der bedeutendste, und so wurde das Buch schließlich nur noch nach ihm benannt. Von ihm wird betont in 50,27 LXX, dass er Jerusalemer war. Seinen Beruf gibt er im Text selbst als *sofer* an (γραμματεύς, 38,24; Berufsbild: bis 39,11); das war eine Art Privatgelehrtentum (Hengel 241–246).[79] – Zur Schreibung des Namens: In der gr. Transkription Σ(ε)ιράχ ist das Schluss-Aleph in סירא als Konsonant wiedergegeben worden.[80] Wenn im Gr. Σ(ε)ιράχ fast stets mit ει geschrieben wird, setzt das die Aussprache ει = langes *i* voraus.[81]

Der **Übersetzer** bleibt für uns ohne eigenen Namen, tritt aber doch in seinem Prolog als Enkel des (Haupt-)Verfassers und als ein „Ich" hervor.

Textsorte: Weisheitsschrift nach biblisch-hebräischem Muster, durchgängig in parallel angeordneten Kurzsätzen gehalten. Untergattung in **44–49**: Lob der Väter (dazu Hengel 249). – **Literarische Besonderheit:** Der gr. Prolog unterrichtet uns

---

79 Daneben können auch Toraschreiber und überhaupt Berufsschreiber für Briefliches, Behördenkorrespondenz u. dgl. so bezeichnet werden. Die im NT auftretenden „Schreiber" (Luther: „Schriftgelehrte") sind wohl weniger Tora-Gelehrte als Notare gewesen.

80 Das war damals schon ein Archaismus; vgl. Beyer, *Die aramäischen Texte* I 104–106. Doch noch im NT findet sich Ἀκελδαμάχ als vermutlich älteste Lesart in Apg 1,19. Hingegen, als man den Namen „Esra" (עזרא) transkribierte, wählte man eine gr. Nominativendung: Ἔσδρας.

81 Diese Schreibweise legte sich nahe wegen der Nähe zu einem gr. Wort (σειρά „Kette"). Wenn Luther schrieb: *Jesus Syrach*, so beruht das nicht auf Ignoranz des Griechischen (welches er ja übersetzte, unterstützt von Philipp Melanchthon und Caspar Cruciger), sondern ganz analog auf damaliger dt. Orthographie: *y* für langes *i*. „Huldrych" (süddt.) für „Huldreich", „Wyss" (gespr.: Wies) für „Weiß".

über Datum (132 v.Chr.) und Umstände der Übersetzung ins Griechische und platziert die Schrift am offenen Ende der gerade noch entstehenden dreiteiligen Bibel (s. u. „Biblischer Bezug").

Zählung: 51 Kapitel; vor 18,30; 20,27; 23,7; 24,1; 30,1.14.16; 32,1; 33,25; 44,1 und 51 stehen in den großen Codices eigene Überschriften.[82] – Die Partie **30,25–33,10** steht in allen gr. Handschriften und älteren Ausgaben (aber nicht in den lat. Texten) versehentlich hinter 36,10, was auf einer Verheftung beruht: Die gesamte gr. Überlieferung kommt offenbar aus einem einzigen Codex. Rahlfs' Vorgänger haben diesen Schaden nicht nur durch Rückstellung der verschobenen Partie, sondern auch durch Neuzählung der Kapitel und Verse behoben. Die geänderten Kapitelzahlen sind (bei gleichbleibenden Verszahlen) von Hatch/R. in Klammern angegeben.

In der Verszählung aber gibt es zwischen den diversen Übersetzungen keine Einheitlichkeit, da weder die Septuaginta- noch die Vulgataausgaben die Regelmäßigkeit eines Gedichts in Doppelzeilen einhalten.[83] Die Verszahlen diverser Ausgaben variieren rasch um bis zu 5. – Segals hebr. Ausgabe zählt mit Recht die Verse ganz neu und kommt jeweils auf höhere Zahlen. – Zusätzlich gehen auf beiden Seiten je zwei Rezensionen auseinander (s. u.), weswegen eine Einheitszählung für alle sich nicht wird herstellen lassen. **Konkordanz** der Zählungen bei F. REITERER: *Zählsynopse zum Buch Ben Sira* (FoSub 1), 2002.

Gliederung nach Themen z. B. bei Sauer 5; vgl. E.-M. Becker in *Septuaginta deutsch.E* 2163 ff, bes. 2168. – Nach formalen Gliederungssignalen: **0.** (nur gr.) der o.g. Vorspann (ein Prolog im literarischen Sinne ist es nicht, denn er ist nicht vom Autor und gehört nicht in dessen Konzeption). – **1.** Hauptteil, sofort (und sehr wuchtig) mit der Hauptthese einsetzend („Alle Weisheit ist von JHWH, bei ihm ist sie in Ewigkeit") und nur wenig gegliedert, außer durch Themenwechsel mit Überschriften (LXX s. vorige Rubrik), auch Übergänge (42,25; 43,33; 49,16) und die nicht weniger als 17mal begegnende Anrede *b^{e}ni*, τέκνον. Inhaltlich gesehen, ist das Lob des Schöpfers (42,15–43,33) hiervon der Höhepunkt. – **2.** Ab 44,1, mit einem Hortativ beginnend, ein Lob der Gerechten in Israels Geschichte, von Henoch bis Serubbabel – ohne Esra – und am Ende von 49 nochmals auf Henoch zurückgreifend, ausmündend in ein besonders ausführliches Lob des Hohenpriesters Simon (50,1–21; reicht bis in die Gegenwart, wenn denn Simon II. gemeint ist; s. u.); doxologischer Schluss (50,21–24). – **3.** Ab 50,25 folgen Zusätze.

Literarische Integrität: 1,1–50,24 dürfte, ungeachtet vorher zu vermutender Redaktionsvorgänge, die noch zum Entstehungsprozess gehören (dazu Gilbert), das ursprüngliche Buch sein. 50,25 f, polemischer Zusatz, kann unmöglich der ur-

---

[82] Die letzte davon, „Ein Gebet Jesu, des Sohnes Sirachs" steht in der Lutherbibel *anstelle* der Kapitelzahl 51.
[83] In Kap. 24 z. B. ist die Vulgata-Zählung weit besser. Rahlfs behält, offenbar aus rein praktischen Gründen, die Zählung seiner Vorgängerausgaben bei, sodass Hatch/R. benutzbar bleibt, mit geringen Abweichungen. – Wir zitieren hier nur nach Rahlfs.

sprüngliche Buchschluss gewesen sein. Das dann folgende Postskript 50,27–29 jedoch ist unverdächtig. Kap. 51 ist ein zwischen den Fassungen stark wechselnder Zusatz. – In der Weitergabe dieses Buches teilt es sich in hebr. wie gr. Rezensionen. Im Großen und Ganzen unterscheidet man die hebr. Rezensionen A und B sowie auf gr. Seite „die ursprüngliche Übersetzung des Enkels (Gr I) und die sekundäre Wiedergabe (Gr II)", wobei Gr I dem hebr. B ähnelt[84] und Gr II dem hebr. A, die Benennungen also über Kreuz gehen (Ziegler 83 unten; vgl. Siegert, *Septuaginta* 87–91).

Der Hauptunfall, was die gr. Fassungen betrifft, ist oben unter „Zählung" schon erwähnt: Beide, Gr I wie Gr II, beruhen auf demselben, durch Lagenverheftung schon einmal durcheinandergekommenen Text – ein Fehler, der in den Ausgaben dezent behoben wird, schon seit für die korrekte Textfolge die Vulgata zur Verfügung steht.

Das Sonderproblem der griechischen Rezensionen: Dafür, dass sie auf einen einzigen Codex zurückgeht (s. o.), ist die griechische Überlieferung nach ihrem Auseinandergehen in Rezensionen noch unglaublich kompliziert geworden. Ziegler 69–80 unterscheidet:
– die „lukianische" Rezension (Siglum: „*L*", wie Lukian);
– die hexaplarische Rezension (Siglum: „*Or*", wie Origenes).

Beide Rezensionen lassen, obwohl ihre Namensgeber kein Hebräisch konnten, Einflüsse aus Nachvergleichen mit dem seinerseits wachsenden hebräischen Text erkennen.[85] Die Vielzahl der Änderungen hat den Eindruck erweckt, es habe eine zweite griechische Übersetzung gegeben („Gr. II") noch in der 2.Hälfte des 2.Jh. n.Chr. (Gilbert 291). Der Befund in den Handschriften und auch in den antiken Weiterübersetzungen, deren keine diese angebliche Neuübersetzung in Reinkultur bietet (das zeigt auch die stets gestörte Kapitelfolge), wird durch Ziegler (73–75) einfacher erklärt als Niederschlag zahlreicher inzwischen vorgenommener Einzeländerungen.

So haben die gr. Ausgaben einen komplizierten Apparat nötig, ohne dass die syr. Übersetzung (zu der es auch noch interne Alternativen gibt, aber unvollständige) inhaltlich mitverglichen wäre; diese muss man extra nachschlagen, will man denn den dritten Überlieferungsstrang mitvergleichen. Und obwohl die gr. Handschriften Varianten in unerschöpflicher Menge anbieten, gibt es doch Stellen, wo ihrer keine etwas sprachlich Korrektes oder inhaltlich Glaubwürdiges bietet, wo also konjiziert werden muss. Z. B. lässt Rahlfs ἐπιτίμοις (8,5) neben ἐπιτιμίοις (9,5)

---

84 Die *Einheitsübersetzung der Heiligen Schrift* (1980) geht nach dem hebr. B-Text und ergänzt ihn in seinen Lücken aus Gr I – womit eine Rezension mehr entstanden ist. Gleiches ist für die Revision dieser Ausgabe angekündigt.
85 Zu dieser noch im Judentum anzusetzenden, aber immer nur punktuell, nicht flächendeckend durchgeführen Arbeit s. Siegert, *Septuaginta* 82–84. Auch die Neuübersetzungen des Aquila und des Symmachos (ebd. 362–364) geschahen nicht ganz unabhängig, sondern suchten nur dem Judentum eine von der kirchlich gewordenen Septuaginta verschiedene Übersetzung anzubieten.

unbeanstandet stehen, worüber Ziegler 75 sich Gedanken macht, ob nicht ein seltenes Wort für „Schminke" hier verschrieben worden sei – in *Septuaginta deutsch.E* nicht erwähnt, auch nicht das Folgende. In 37,2 ersetzt Ziegler konjektural das mittelgriechische ἔνι (wo die Koinē noch immer ἐστι verlangt hätte)[86] durch ἐγγιεῖ, was inhaltlich besser und sprachgeschichtlich überhaupt erst akzeptabel ist.

Dieser in Rahlfs' Ausgabe kaum zu ahnende Sachverhalt wird bei Ziegler auf S. 70 – 73 näher illustriert, wobei auch klar wird, wieso er die späteren Zeugen so sorgfältig durchvergleicht: Seine Absicht ist nicht, deren Verbesserungen aufzunehmen (die ja immer nur „Gr II" wären), sondern im Rückgewinnen von Gr I (das ist sein ganzes Ziel) Lesarten wiederzufinden, die zufällig nur in späten Textzeugen *nicht* verschrieben sind.[87]

Ein Beispiel hierfür ist 43,23: Die großen Codices nennen hier den Jesus-Namen, wobei nicht Jesus Sirach, sondern der Jesus von Mk 4,39 vorgeschwebt haben dürfte. Man muss auf spätere Zeugen zurückgreifen, um die Verlesung Ἰησοῦς (Subvariante: κύριος oder Ἰησοῦς κύριος) rückzubilden in νήσους „Inseln".[88]

Als Zusätze sind im Hebr. wie Gr. erkennbar: (a) 50,25 f, ein Ausfall gegen die Samaritaner (s. o. sowie Anm. 101); (b) 50,27–29, ein Epilog, der die Autoren nennt; (c) Kap. 51, ein eigener Psalm, im Gr. und Syr. gegenüber dem Hebr. stark gekürzt.[89] Außerdem wird das Gebet von 36,1–17 aus inhaltlichen Gründen als spätere Zutat angesehen. – Nicht belegt durch die hebr. oder lat. Überlieferung, sondern nur im Gr. vorhanden sind folgende Stellen: 1,5.7; 3,19.25; 11,15 f; 13,13; 16,15 f; 17,5 (eine gelehrte Glosse).16.18.21; 18,3 (vielleicht auch Glosse); 19,6.18–21; 22,7 f; 24,18.24; 25,12; 26,19–27, um nur das Wichtigste zu nennen. 26,19–27, nur in wenigen gr. Handschriften vorhanden, wird von Rahlfs in den Apparat verwiesen.

Sonderüberlieferungen im Latein: Innerhalb der großen Lücke des Hebräischen von Kap. 19–30 ist besonders Kap. 24 interessant wegen des Auseinandergehens von gr. und lat. Überlieferung, wobei auch letztere noch auf ursprünglich Hebräisches zurückgehen dürfte. So M. GILBERT: „Les additions grecques et latines à Siracide 24", in: J.-M. AUVERS/A. WÉNIN (Hg.): *Lectures et relectures de la Bible*. FS P.-M. Bogaert (BETL 114), 1999, 195–208.

---

[86] Korrekter sogar ἐστιν. Offenbar hat es in dem einen Ur-Codex, von dem die gr. Textzeugen alle kommen, nicht so gestanden, sondern war schlichtweg verschrieben (oder Materialfehler), ist aber auch nie korrigiert worden. – Die Peschitta hat hier *māṭe'* „er kommt nahe".

[87] Hier zeigt sich, dass Bibelabschreiben ein gutes Werk ungebildeter Mönche war – gerade die großen ägyptischen Codices strotzen vor Rechtschreibfehlern –, wohingegen ein Platon oder Aristoteles oder Euklid von Gebildeten abgeschrieben wurden, die selbst Philologen waren. Dort kennt man nicht annähernd solchen Wildwuchs in der Schreibung der Wörter.

[88] Bei Rahlfs im Apparat erfährt man immerhin: *pau(ci)* = wenige (das sind bei ihm stets Minuskelhandschriften) haben es so.

[89] Ein Grund für die Kürzung mag sein, dass hier noch die Zadokitenfamilie als „auserwählt" gilt (sc. zum Hohenpriesteramt); dieses hatte sie infolge der Makkabäersiege verloren (s.u. 1.4.2, „Bemerkenswerte Stellen").

Textliche Integrität: Der Text des *Sir.* hat nie ganz festgestanden. Absichtliche und unabsichtliche Änderungen, literarkritische und textkritische Probleme verschwimmen ineinander. Manche Stellen sind trotz der vielfältigen Überlieferung noch kurrupt; eine Liste der Konjekturen aus Zieglers Ausgabe s. *Septuaginta deutsch.E* 121–123; vgl. 142. Sie ist nächst der zum *Daniel*-Buch die längste.

Biblischer Bezug: Was hier „Weisheit" heißt, ist die Tora, wie schon im Buch der *Sprüche.* Sie ist das „Buch des Bundes des Höchsten Gottes", das in 24,23 empfohlen wird.[90] „Wenn du Weisheit begehrst, halte die Gebote!" (1,25). – „Für Sirach waren auf jeden Fall auch die 'prophetischen Schriften' von Josua bis zum Dodekapropheton eine feststehende Autorität" (Hengel 247; s. *Sir.* 38,34; 39,1). Im Einzelnen zehrt er stark von bisheriger hebr. Weisheitsliteratur: Der Grundsatz „Anfang der Weisheit ist die Furcht Gottes" (Ps 111[110],10; Spr 1,7) wird bei ihm vielfältig variiert: 1,1.11.26 u. ö.; gemeint ist kein aus einer gedachten (intelligiblen) ἀρχή sich ergebendes System von Begriffen, sondern die konkret gegebene Tora mit dem Nebeneinander ihrer diversen Kult- und Lebensregeln. Sie ist eine „Fessel", die aber schützt; ihr „Joch", schön wie Goldschmuck, soll man auf sich nehmen (6,29 f).[91] Entsprechend nebeneinander stehen ja auch die Ratschläge des *Sirach*-Buchs.

Von der gr. Fassung haben besonders die Z. 1f, 8–10 und 24f des Prologs die Aufmerksamkeit auf sich gezogen als ältester literarischer Beleg für die – offenbar vom Mutterland ausgegangene – Dreiteilung der Hebräischen Bibel in Tora, Propheten und sonstige Bücher (wobei der dritte Teil der offenste war). Dasselbe bestätigt der in frühhasmonäische Zeit anzusetzende *Halachische Brief* 4Q MMT (hier 4Q 397 Frg. 14–21):[92] „das Mosebuch, die Prophetenbücher und David". Hingegen waren „heilige Schriften" bzw. „heilige Bücher", ob im Plural oder im Singular benannt, noch für Philon – obwohl er auch Schriftpropheten und Psalmen zitiert und deren Autoren für inspiriert hält – die fünf Bücher des *Nomos.* Sie genügten der Diaspora als Identifikationsmerkmal. Zum *Nomos* im Singular s. u. 2.0.

Historischer Bezug: In der Nennung Moabs in 36,12 (nur hebr.) ist Rom gemeint, gegen das Ben Sira ablehnend eingestellt ist (Hengel 274).[93] – Der Hohepriester von **Kap. 50** ist höchstwahrscheinlich Simon II., „der nach Josephus (*Ant.* 12, 224.229.238; 19, 298) zur Zeit der Eroberung Jerusalems durch Antiochos II. 199/8

---

[90] Über die Nähe dieser Stelle zu Weisheitsspekulationen in Auslegung von Gen 1 s. Levison 35.
[91] Die gr. Übersetzung mildert „Joch" ab zu „Halsband". – Der Pharisaismus sprach vom „Joch der Gottesherrschaft" (sc. des Toragehorsams), das man auf sich zu nehmen habe.
[92] Auch gezählt als 4Q 398 C; García-Martínez/Tigchelaar II S. 801. Zur Datierung: Dieser Brief, wie auch manches andere der typischen Sektenschriften, ist vermutlich geschrieben in Auseinandersetzung mit dem ersten hasmonäischen Hohenpriester, Jonatan (gest. 142 v. Chr.). Auch dieser war (wie die von ihm abgelösten Oniaden) für die essenischen Reformvorschläge nicht zu gewinnen gewesen.
[93] Diese Einstellung war unter den Hasmonäern obsolet, die es erreicht hatten, als „Freunde" (Bündnispartner) Roms zu gelten (*1Makk.* 14,40).

amtierte und wohl auch mit dem [in *Avot*] 1,2 erwähnten Šim'on dem Gerechten identisch ist" (Hengel 241; vgl. ebd. 493 f und Schürer/V 202, auch II 359; Mulder, *Simon* passim); alternativ lässt sich denken, dass der am Anfang des 3.Jh. v.Chr. schon amtierende Simon I. es ist, dem der Beiname „der Gerechte" zukommt (*Sir.* 50 nennt ihn nämlich nicht so), und dass Josephus wie auch später die Rabbinen nur irrigerweise diesen Beinamen dem weitaus bekannteren Simon II. beilegen (Tropper, *Simeon* 157–190; bes. 170.188). Die kultische Tätigkeit Simons II. wird in Kap. 50 in großer Frische, wohl aus eigenem Erleben, dargestellt; von seinen politischen Aktivitäten freilich melden andere Quellen, und schon die gr. Übers. lässt erkennen, dass sein Ruhm in hasmonäischer Zeit verblasst war (s.o. „Textschluss"). Simon hatte von den Seleukiden die Erlaubnis erwirkt, dass die Tora in Judäa Nationalgesetz bleiben dürfe (so jedenfalls Josephus, *Ant.* 12, 142). Was ihm jedoch misslang, war die Weitergabe seiner Würde: Jene Söhne, die ihn in V. 12[94] bei der Opferzeremonie „wie Zedern im Libanon" umstehen, sind es, die sich gleich nach seinem Tod mit Intrigen gegenseitig ausmanövrierten.[95] Ihre Uneinigkeit auch in der Frage einer Modernisierung des Kultes und in der außenpolitischen Orientierung zählt zu den Ursachen der Wirren von 175–167, die den Hasmonäern, einer bislang marginalen Aaronidenfamilie (s. 1.4.2), die Chance gaben, die Oniadenfamilie insgesamt zu entmachten (zur Flucht Onias' III. oder IV. nach Ägypten s. 2.4.1) und eine neue Art von Theokratie einzurichten. Dazu ferner 1.3.3; 3.4.1–2.

Quellen bzw. **Vorlage:** v.a. Spr; einige Belege s.u. – Rückgriffe auf *Aḥiqar* (1.3.0) s. Charlesworth II 490.

Hebräischer Stil: sehr schlicht, jedoch ästhetisch im Einhalten eines sehr regelmäßigen *parallelismus membrorum*. Vgl. W. TH. VAN PERUSEN: *The Verbal System in the Hebrew Text of Ben Sira*, 2004. – Der **griechische Stil** des Prologs ist genau das Gegenteil, sehr geschwollen (Asianismus). Monographien: A. MINISSALE: *La versione greca del Siracide. Confronto con il testo ebraico alla luce dell'attività midrascica e del metodo targumico* (AnBib 133), 1995; Ch. WAGNER: *Die Septuaginta-Hapaxlegomena im Buch Jesus Sirach* (BZAW 282), 1999. Zahllose Hebraismen (z. B. 43,28 μέγας παρά statt μείζων c. gen.; in 31,17 χάριν παιδείας statt παιδείας χάριν) passen zu Unsicherheiten in gr. Konstruktion (ἀπειθεῖν τινος statt τινι 16,26).

---

[94] Rahlfs-Zählung. Wiedergabe hier nach dem Hebräischen. Die Übersetzung des Sirach-Enkels verdeckt die einstige Peinlichkeit, indem sie aus Simons Söhnen an dieser Stelle seine Brüder macht (und vorher, wo „Brüder" steht, interpretierend „Priester" setzt). Die Vetus Latina = Vulgata folgt dem Griechischen, wie zu erwarten; das Syrische hingegen hat beide Male „Brüder".

[95] Josephus schweigt von den Details, verständlicherweise; immerhin erwähnt er ein Zerwürfnis zwischen den Brüdern Onias III. und Iason. Rabbinische Reminiszenzen bieten noch weitere Namen und wissen sogar ein pikantes Detail der einstigen Intrige zu erwähnen (sofern es nicht erfunden ist): Ein älterer Simons-Sohn habe dem zur Nachfolge ihm vorgezogenen jüngeren statt der leinenen Priester-Unterwäsche die seiner Geliebten gereicht, was ihn infolge des Travestie-Verbots Dtn 22,5 dienstuntauglich machte (Tropper, *Simeon* 166).

Bemerkenswerte Stellen: Übersicht über die Hauptthemen z. B. bei Nickelsburg 56–62; Gilbert 292–298. Im Lob der Väter (Kap. 44–50) findet Mose weniger Beachtung als Aaron. Selbst die gr. Fassung, die 45,2a und 45,3b zusätzlich hat, nennt ihn insgesamt nur fünfmal. Im Judäa des Zweiten Tempels war Mose weniger die Identifikationsfigur als in der Diaspora und nachmals bei den Rabbinen.[96] Auffälliger noch: Es fehlt Esra, der sonst als Wiederbegründer des Judentums gilt und dessen Rolle in parabiblischer Literatur sonst bis zur Prophetie gesteigert wird.[97] Gelegentlich findet sich die Erweiterung von Tora in Halacha: *Sir.* 33,20–24 bezeugt ein (später erst in der Mischna *N^edarim* geregeltes) Vererbungsrecht über bewegliche Habe, in der Warnung nämlich, früher als im Moment des Sterbens irgendetwas aus der Hand zu geben (dem gr. διάδος κληρονομίαν entspricht hebr. *hanḥel naḥala*). Das ergänzt Dtn 21,16f in Richtung auf größere Testierfreiheit. Insgesamt propagiert diese Spätform hebräischer Weisheit ein *désengagement*, ein Sich-Zurücknehmen des Toratreuen auf seine kleine Welt. „Gib dem Frommen und nimm dich nicht des Sünders an!" (12,4). Die Regel der Nächstenliebe (d. h. Mitisraelitenliebe) von Lev 19,18 wird in 31,15 so variiert: „Kenne deinen Nächsten wie dich selbst, und alles, was du hasst, dem sinne nach!" (so hebr.) Das ist ja wohl der Vorsatz, sich in Acht zu nehmen, so sehr die Vokabeln bereits an die positive Fassung der Goldenen Regel bei Jesus erinnern.[98] Die gr. Übers. mildert das ab: „Verstehe die (Belange) des Nächsten von dir aus, und über jede Sache [sic] sinne nach": Die erste Satzhälfte hat sich hier der Goldenen Regel genähert, die zweite allerdings ihren Inhalt verloren. – Mitunter wird der antithetische Parallelismus ins Kosmologische gesteigert: „Blick auf alle Werke des Höchsten (hebr.: Gottes): zwei und zwei, eines dem anderen gegenüber" (d. h., es sind Paare von Gegensätzen; 32,15 [hebr.] = 33,15 LXX).[99] Das Verb *tikken* = κοσμεῖν „ordnen" (16,27; 42,21 u.ö.) ist ein Lieblingswort.[100] Ebenso gehören von den über 30 Vorkommen von *naval* = μωρός („töricht") in der Septuaginta fast alle dem *Sir.*-Buch an.[101]

Kap. 37,16–26 zeichnet das Ideal eines Weisen in Israel, und 38,24–39,11 präzisiert das Berufsbild des „Schreibers", was wohl dasselbe sein dürfte, da auch Tradi-

---

96 Das judäische *1Makk.* nennt Mose gar nicht.
97 P. Höffken: „Warum schwieg Jesus Sirach über Esra?", *ZAW* 87, 1975, 184–212 vermutet hier eine „Negierung des chr[onistischen] Werks" und seines Esra-Bildes.
98 S. 1.2.1, Anm. 34.
99 Das hatte zwar Empedokles auch schon gelehrt, und Philon bietet es auf seine Weise (z. B. *De Deo* 10), doch war hier philosophisch (auch bei Philon) den Antagonismus der kosmischen Kräfte gemeint, der als solcher gut ist; die Schöpfung besteht nun mal aus Hervorbringen und Auslöschen. Das wird hier nun einfacher; es wird moralisiert: alles ist geordnet nach Gut und Böse.
100 Das ist aufschlussreich, um den rabb. Begriff *tikkun 'olam* = „(Mit)gestalten der Welt" zu verstehen.
101 Auch die Samaritaner gelten in 50,26 schlichtweg als Toren, ohne dass gesagt werden müsste, warum. Wahrscheinlich geht der Bezug auf dortige Hellenisierungsbereitschaft. I.J. 166 v.Chr. bezeichneten sie sich Antiochos IV. gegenüber als „Sidonier in Sichem", d. h. sie gaben sich eine sidonische Verfassung (Josephus, *Ant.* 12, 258; Hengel 535f). Der Hasmonäerkönig Joḥanan Hyrkanos hielt es für nötig, Sichem samt dem Heiligtum auf dem Garizim zu zerstören (Jos., *Ant.* 13, 280f).

tionspflege mit eingeschlossen ist.[102] Hier wird dann erstaunlicherweise in 39,4 die Bildungsreise empfohlen und das Sich-Einlassen auf diplomatische Dienste. – Das Selbstlob der Weisheit in **Kap. 24**, ab V. 3 in Ich-Form, erinnert nicht nur an Spr 8, sondern auch an inschriftlich belegte Selbstvorstellungen der Isis (Nickelsburg 57; Janowski). Sie „zeltet" in der Höhe, dann aber auch „in Jakob" (V. 4.8; vgl. Joh 1,14); sie ruft „Kommt her zu mir" (V. 19) wie nachmals der matthäische Jesus (Mt 11,28; vgl. Jes 55,3 MT). „Wer mich isst, wird davon Hunger bekommen" (V. 21; anders dann Joh 4,14f; 6,35).

Kap. 25,8 – 26,18 ist ein Lob der Frau (natürlich der Hausfrau), das in der kanonischen Bibel seinesgleichen sucht. Dagegen stehen an anderer Stelle ganz extreme Ausfälle gegen die Frau. Wie kommt Ben Sira zu der Behauptung: „Besser ist die Bosheit des Mannes als das Guttun der Frau" (42,14)?[103] Schon in 25,24 hatte gestanden: „Von einer Frau kommt der Anfang der Sünde, und ihretwegen sterben wir alle" (vgl. 1Tim 2,15). Ist das – oder was ist nun – seine Meinung? Hier ist vielleicht noch eine Echtheitsfrage offen. Vgl. J. Cook: „Ben Sira's perspective on women: Jewish and/or Hellenistic?", *Journal for Semitics* 17, 2008, 1–18; T. Ilan: „Ben Sira's misogyny and its reception by the Babylonian Talmud", in: dies., *Integrating* 155 – 174; T. A. Ellis: *Gender in the Book of Ben Sira* (BZAW 453), 2013. Geschichtstheologisches: 40 – 45 verzeichnet nicht weniger als acht verschiedene Bundessetzungen (vgl. Röm 9,4: αἱ διαθῆκαι). Hier liegt ein Ansatzpunkt zu der „Föderaltheologie" eines Johannes Coccejus u. a. – Was die Tora als Grundlage des Ganzen betrifft, so ist die Überzeugung, frei sei der Mensch, Selbstzucht vorausgesetzt, in der Beherrschung der Triebe, wozu eben die Tora die beste Anleitung sei (Belege: Hengel 254 – 257; vgl. Levison 35f). – Apokalyptische Anspielungen s. Hengel 273f; 36,7 ist ein Wunsch nach baldigem Weltende.

Der Tod ist hier immer noch, gut biblisch, etwas Natürliches und nicht Sündenfolge (Levison 43). Einzig 25,24, oben zitiert, steht dem entgegen und verstärkt die sonst nur in *Sapientia* 2,23 (6.5.1) zu findende, im Christentum aber häufig gewordene Anschauung, Adam sei zunächst unsterblich erschaffen worden, was in Gen 1–3 aber nicht steht; dort wird der Mensch nur daran gehindert, sich eine ihm nicht zustehende Unsterblichkeit zu verschaffen (Gen 3,22), nachdem er im Wissen um Gut und Böse bereits Gott gleich geworden ist. Demgegenüber wird nun in *Sir.* 25,24 behauptet: Evas wegen ἀποθνήσκομεν πάντες. Das Hebr. hat hier nicht *m-w-t*, sondern das biblische *g-w-'* „absterben" (Gen 6,17 u. ö.), ein schwächeres Wort,

---

102 Luther (der dies als Kap. 39 zählt) überträgt es in seiner Randnotiz auf den Pfarrerstand, wie er ihn sich wünscht. In den Evangelien übersetzte er γραμματεῖς mit „Schriftgelehrte".

103 Sollte diese Stelle jüngeren Datums sein als die Erstfassung, könnte sie einen konkreten Anlass haben. Die Intrige zwischen den Söhnen Simons II., die dessen gesamte Familie schießlich das Hohepriesteramt kostete, beruhte auf der bekannt starken Zuneigung des designierten Nachfolgers Simons „des Gerechten" zu seiner „Geliebten" (so wird sie genannt, auch wenn es vermutlich seine ganz legale Frau war); s.o. Anm. 95. Auch das freilich war, als Intrige seitens eines Konkurrenten, „Bosheit des Mannes".

womit der Geschöpflichkeit des Sterbenmüssens nicht widersprochen wird. Allenfalls kann gemeint sein: Wir haben die Chance der Unsterblichkeit verpasst. **Zu Kap. 50** s. o. „Historischer Bezug". Abdruck des hebr. Textes in Verszeilen mit engl. Übers. auch bei Tropper 202–204.

Bemerkenswert an der gr. Übersetzung ist gelegentliches Eingehen auf hellenistische Vorstellungen, wenn etwa 24,9 („Von Ewigkeit her, von Anfang seines Schaffens, gründete er mich") die Weisheit πρὸ τοῦ αἰῶνος, „vor" der Weltzeit, erschaffen wird (Verb κτίζειν): Das ist eine Schöpfung vor der Schöpfung, ganz im Sinne platonischer Weltverdopplung. Auch die Gotteskennzeichnung „der Höchste" (in 50,15 sogar ausgedehnt zu ὕψιστος παμβασιλεύς) ist Eingehen auf hellenistisches Sprachgut.

Zum Anhang: In 51,10 wird im Hebr. der aus Jes 63,16 bekannte Ausruf [104] „unser Vater bist du" ganz exzeptionell in den Singular versetzt: *avi atta*, „mein Vater bist du! Denn du bist der Held, der mich rettet."

Die **Abfassungszeit** der hebr. Erstfassung liegt zwischen Šim'on II. und dem (noch nicht zu ahnenden) Konflikt um die Kultreform, also zwischen 196 und 175 v. Chr. Auch Kap. 51 noch sieht das zadokitische Priestertum unter Gottes Schutz; da ist noch kein Wechsel in Sicht. **Adressaten:** Die Mahnung geht an ganz Israel; doch als Empfängergruppe denkt man sich v. a. Leute von eher zurückgezogener, jedenfalls zum Hellenismus distanzierter Lebensweise wie etwa die in *1.2Makk* erwähnten Ἀσιδαῖοι (*ḥasidim*, vgl. Spr 2) des 2.Jh. v. Chr. (Hengel 319–330). Seinen **Sitz im Leben** nennt uns möglicherweise der Anhang: das „Lehrhaus" (51,23), womit wohl die Wohnung des Lehrers gemeint ist, die auch als Unterrichtsraum dient, wo nicht gar als Pension. – **Herkunftsort** des hebr. Textes ist Jerusalem (50,27). Als **Adressaten der gr. Fassung** nennt der Prolog des Übersetzers ausdrücklich: Auch „die in der Diaspora", hier: Ägyptens. Sie sollen darin bestärkt werden, „nach vorheriger Ausrichtung ihrer Sitten toragemäß (zu) leben" (ἐννόμως βιοτεύειν). Der Umstand, dass die Vetus Latina von dem Verheftungsfehler der gr. Texte nicht betroffen ist, lässt auf ein hohes Alter schließen und auf Rezeption noch im westlich-lateinsprachigen Judentum.

Datum der Übersetzung: Die wahrscheinlichste Auflösung der (an sich nicht sehr klaren) Datumsangaben im gr. Prolog ergibt 132 v. Chr.

Abfassungszweck: Stärkung der Toratreue, Freihalten Israels von fremden Einflüssen (so ausdrücklich 11,34).

Rezeption: Der hebr. Text ist durch Handschriftenfunde aus vorchristlicher Zeit und bis zum Ende des Zweiten Tempels belegt, war also zunächst verbreitet. Bei den Rabbinen ist er dann nur noch eine schwache Reminiszenz. – Zum Griechischen: Was Alexandriens Judenheit mit der gr. Fassung hat anfangen können, dürfte schwer zu sagen sein. Bei Philon findet sich kein Zitat, auch nicht der Name dieses Buches. Nur die Grundthese, Weisheit sei die Tora und die Tora sei Weisheit

---

[104] In der Septuaginta ist er freilich zur Begründung verdünnt.

(24,23 ff), ist auch die seine.[105] – Das „biblische Judentum" des Westens hat das Buch rezipiert, wenn denn die Vetus-Latina-Übersetzung ihm zugehört. Mehr über diese Übersetzung bei Wagner (s. o. „Hebr./gr. Stil"). Über einen möglichen Rückbezug im *4Makk.* s. 6.5.3.

Im NT ähnelt ihm manches, besonders wo es Gemeinplätze sind (deSilva193 – 197); die Zutat μὴ ἀποστερήσῃς in Mk 10,19 wird auf *Sir.* 4,1 zurückgeführt. Der Text selbst ging im Christentum durch das Nadelöhr eines einzigen Codex (s. o. „Zählung"). Aus der Vetus Latina ist *Sir.* in die Vulgata eingegangen und wurde in der lat. Kirche z. B. von Cyprian (1. Hälfte 3.Jh.) und von Rufin (2. Hälfte 4.Jh.) benutzt.

Im Rabbinat ging der Text verloren bis auf den Autornamen und einige z. T. unechte Zitate (z. B. *Sanh.* 100b); hierzu Ilan (s. o.: „Bemerkenswerte Stellen") und deSilva 192 f.

Luther hat *Sir.* übersetzt und ihm damit einigen Einfluss verschafft. Seit seiner Wiedergabe von ἔργον 11,20 f mit „Beruf" (statt 11,21 f Vulg.: *opus*) haben sämtliche evangelischen Bibelübersetzungen hier den (auch in 1Kor 7,20 nur interpretativ hineingekommenen) „Berufs"-Begriff, und das Luthertum, die Stelle im Kontext lesend, bekam einen quietistischen Zug, klassisch beschrieben von MAX WEBER.[106] – Aus *Sir.* 50,22 – 24 (Luther) speist sich Martin Rinckarts Lied *Nun danket alle Gott* (*EG* 321,1 – 2). Weitere Hinweise bei Witte (s. o. „Einleitung") 248 – 250. – Im Übrigen aber hat christlicher Gebrauch des Sir-Buchs eine Moral der Rückständigkeit gefestigt und hat immunisiert gegen Neuerungen im Bereich der politischen Strukturen (vgl. oben Anm. 71 zum Richteramt – demgegenüber waren selbst die Rabbinen weiter). Luthers Mut, sich „neue Dekaloge zu setzen", hat sich gegen die Torafrömmigkeit des Sir-Buches im kirchlichen Denken nicht durchsetzen können, nur im weltlichen.[107]

Bildliche Darstellungen Jesus Sirachs sind selten. Eine gr. Buchillustration des 10./ 11.Jh., Ben Sira mit König Salomo und der Weisheit im Hintergrund zeigend, ist abgebildet bei Wright (1.3.3: „Ausgaben") 53.

---

105 Für ihn ist die Tora (der *Nomos*) trotz gewisser Eigenheiten (z. B. der Beschneidung der männlichen Israeliten und der Speisegesetze) der Ausdruck des für alle Menschen gleichermaßen gültigen Naturrechts. Freilich hat er das Wort σοφία dann meist gegen λόγος ausgetauscht, einen Lieblingsbegriff Heraklits und der Stoiker, und nutzt das für spekulative Zwecke.

106 In *Die protestantische Ethik und der „Geist" des Kapitalismus* (1904) 1920 (u. ö.).

107 Über diesen in politischer Hinsicht doppelten Ausgang der Reformation s. F. SIEGERT: *Luther und das Recht*, 2014, 36 – 53. So kann es sein, dass die Tora, die ja ein Recht sein will, ein mustergültiges sogar (das sagte selbst Luther), die Rechtsentwicklung außerhalb Israels hemmt.

1.3.2 Außerkanonische Psalmen (LXX: *Ps.* 151; syr.: *Ps.* 151–155)

Bevor die biblischen Psalmen in ihrer Zahl begrenzt wurden und schließlich auch Nummern erhielten,[108] war schon ein gewisser Überschuss entstanden über den 150. Psalm hinaus. *Ps.* 151 LXX ist nur *eine* Probe aus einer hebräischen Psalmendichtung, die auch in hellenistischer Zeit noch weiterging. Der Peschitta-Codex von Mossul (s. u.) hat diesen Psalm und vier weitere, bis 155 nummerierte. Drei davon sind in Qumran nun auch im hebräischen Original aufgetaucht, wobei nunmehr klar wird, dass *Ps.* 151 LXX ein Stückwerk war aus zwei Psalmen, die beide nicht mehr vollständig sind. Diesen Textzustand belegt auch die syr. Überlieferung, die sog. Syro-Hexapla (eine ältere, die das Hebräische zur Vorlage hätte, gibt es nicht). Auch die *Hexapla* ging demnach bis zum 155. Psalm. Dass alle fünf zusätzlichen Psalmen einstmals hebräisch waren, ist nunmehr anzunehmen.[109] Die syrische Überlieferung freilich beruht auf der griechischen.

Psalmendichtung ist also in Zeiten des Zweiten Tempels noch üblich gewesen. Von einigen Psalmen der Hebräischen Bibel (44, 74, 79, 83) wird ohnehin eine Entstehung erst in hasmonäischer Zeit erwogen (Schürer/V. 187 f); dann wären sie mit den nunmehr zu behandelnden gleichzeitig.

Was sich in Qumran auf Hebräisch fand, sind – nach nunmehr konventioneller Nummerierung – *Ps.* 151 (vollständiger als in der Septuaginta), 154 und 155. Sie stehen dort weder in einem „kanonischen", davidischen Psalter noch separat, sondern finden sich im Rahmen von Anthologien, die Stücke des Davids-Psalters mit Anderweitigem verbinden. Eine Übersicht über die reichhaltige Rolle 11Q 5 (= 11Q Psalms.a), eine mit *Ps.* 101 einsetzende und mit Lücken und Umstellungen bis *Ps.* 151 reichende, zwischendurch auch *Ps.* 154 und 155 bietende Anthologie, sowie über 11Q 6, 4Q 88 und 4Q 448 gibt DiTommaso 902 f; vgl. García Martínez/Tigchelaar 1173.

Online-Index Nr. 91; Stegmüller Nr. 105.2–7; Schürer/V. 188–192. **Paraphrase** und Kommentar: Woschitz 536–542.

---

[108] Siegert, *Septuaginta* 49 f. Das NT kennt erst *eine* Ps.-Nummer, die 2 (Apg 13,33), die immerhin schon bezeugt, dass dem messianischen Anfang des einstigen Psalters (wofür Ps 2 gilt) der privat-kontemplative Ps 1 als eine – offenbar pharisäische – Einleitung vorangesetzt wurde (vgl. unten Anm. 112). Um die Gesamtzahl von 150 zu erreichen, die auch ohne diesen Psalm und ohne *Ps.* 151 die Sammlung bereits hatte, musste irgendwo eine Fusion stattfinden. Die LXX hat in ihrem Ps 9 ab V. 22 einen neuen Psalm angeklebt (= Ps 10 MT, von da ab der Zählunterschied), in ihrem Ps 113 ab V. 9 sogar wieder einen (womit der Zählunterschied auf 2 steigt, um in 115,1 = 116,10 MT wieder auf 1 zu fallen); der MT hingegen klebt in seinem Ps 147 die Pss 146.147 LXX zusammen, um seinerseits nicht über 150 zu kommen.
[109] Für *Ps.* 152 hat Noths Rückübersetzung ins Hebr. einen klaren 4+4-Rhythmus ergeben. Seine Vermutung, dass *Ps.* 151 hingegen auf Gr. verfasst sei, hat sich durch den Qumran-Fund erledigt: hier ist das Syrische aus dem Gr. nur weiterübersetzt. In Ps. 153 meint Noth, der Nebensatz zweiten Grades in V. 4 (bei ihm: Z. 7 f) schließe ein hebr. Original aus, zumindest für dieses Verspaar. Doch dies, sieht man genauer hin, nur ein sehr sanfter Regelverstoß.

Einleitung und Übersetzung: Charlesworth II 609–615 (J. CHARLESWORTH/J. SANDERS); JSHRZ IV/1, S. 29–47 (A. S. VAN DER WOUDE) 1974. Übersetzung von *Ps.* 151 auch in *Septuaginta deutsch* 898. Dt. Übers. aller fünf Psalmen bei M. NOTH: „Die fünf syrisch überlieferten apokryphen Psalmen", *ZAW* 48, 1930, 1–23; **hebr. Rückübersetzung** ebd. 14 f (*Ps.* 155).17 f. (*Ps.* 154).20 f (*Ps.* 152).

Einleitung: Denis 523–530. **Anmerkungen** zu *Ps.* 151 in *Septuaginta deutsch.E* 1884 f; deSilva 301–303.

Literatur: Lehnardt Nr. 6918–7088; DiTommaso 901–918. **Zu Ps. 151:** R. MEYER: „Bemerkungen zum literargeschichtlichen Hintergrund der Kanontheorie des Josefus" (1974) in: ders.: *Zur Geschichte und Theologie des Judentums in hellenistisch-römischer Zeit,* 1989, 196–207 (201 ff); R. STICHEL: *Beiträge zur frühen Geschichte des Psalters und zur Wirkungsgeschichte der Psalmen* (Abh. d. Nordrhein-Westf. Akad. d. Wiss., 116), 2007. **Zu Ps. 154:** G. XERAVITS: „From the forefathers to the 'angry lion'. Qumran and the Hasmoneans", in: ders./Szengellér, *Maccabees* 211–221 [214: Wiedergabe von 4Q 448, Kol. B/C].

Handschriften: hebr.: 11Q 5 XVIII.XXIV.XXVIII; gr.: LXX Cod. B, S, A u. a.; **syr.:** London (datiert 598/99, nur fragmentarisch, Siglum: B), Bagdad (früher Mossul, 12.Jh., Siglum: A; nur diese ist auch eine Bibelhandschrift) u. a. (Denis 526 f). Erstveröffentlichung: W. Wright 1887.

Titel in den Handschriften: hebr. nur zu *Ps.* 151 in 11Q 5 XXVIII 3: *Hallᵉluja lᵉ-Dawid ben Jišaj.* Syr.: *Ps.* 151–153 jeweils „Gesprochen von David...", mit Angabe einer biblischen Situation; ebenso *Ps.* 154 f mit Nennung des Hiskia.[110] Diese z.T. nur in 1 Ms. befindlichen Überschriften gelten, wie auch die Unterschrift zu *Ps.* 155, als späte Zusätze. Gr. Präskript zu *Ps.* 151: „Dieser Psalm (ist) selbstgeschrieben (ἰδιόγραφος) auf (εἰς) David[111] und außerhalb der Zahl, als er den Zweikampf bestanden hatte gegen Goliath". – **Andere Benennung:** *Syrische Psalmen* (nunmehr veraltet, passt aber noch auf die Fünfergruppe); *Weitere Psalmen Davids* (doch zwei von ihnen nennen sich nach Hiskia); *Nichtbiblische Psalmen* (davon gibt es in Qumran aber noch einige mehr). „5ApocSyrPs" bei Charlesworth/Sanders meint offenbar *Five Apocryphal Syriac Psalms.* Ein syr. Anfangs- und Schlussvermerk in denjenigen Hss., die ihn als eigene Fünfergruppe führen (bei Baars im App.), besagt: „Fünf Gesänge Davids, die nicht geschrieben sind in der Ordnung der Psalmen."

Neuere kritische Ausgabe: hebr. in den Qumran-Ausgaben unter den o. a. Nummern; gr. (Ps. 101) in den LXX-Ausgaben. – **Syr.:** W. BAARS (Hg.): *Apocryphal Psalms* (VTS 4/6), 1972, S. I–X, 1–12 der dritten Zählung. Hier wird für *Ps.* 151 Hs. A in der linken Kolumne wiedergegeben; der Text der übrigen Handschriften steht rechts. Die anderen vier Psalmen werden nur nach A gegeben mit Abweichungen bzw. Zutaten

---

110 Dort nur in 1 Ms., ohne inhaltlichen Bezug. All diese Überschriften sind gegenüber dem Hebr. sekundär, dürften aber in der Hexapla (die wir hierfür nicht mehr im Original haben) schon so gestanden haben.

111 Sinn unklar. Wer soll diesen Psalm „selbst" geschrieben haben? David auf sich selbst?

der übrigen Hss. im Apparat. Ein dortiges *om. omnes* ist nicht wörtlich zu nehmen; gemeint ist: *omittunt ceteri*, nämlich alle außer A. – **Lat.:** Vulgata (ed. W./G.) S. 1975.

Textanfang von *Ps.* 151: *Qaṭan hajiti me'aḥai*; **Textschluss:** *bi-v^{e}ne v^{e}rito*. Folgt nach Leerraum ein nicht vollständig erhaltener Zusatz. – **Textanfang** von *Ps.* 155: *JHWH qara'ti elecha*; **Textschluss** von *Ps.* 155: hebr. nicht erhalten; syr.: *wal-dabet Ja'qub bḥirāk*.

Alte Übersetzungen: komplett nur syrisch (s. Kopftext); *Ps.* 151 auch gr. (LXX) und lat. (Vetus Latina; von dort auch in Hss. der Vulgata; Text bei Denis, *Conc. latine* 630). Die syr. Übers. ist für *Ps.* 151 nach dem Gr. gefertigt. Für die beiden anderen in Qumran gefundenen Psalmen (also 154.155) vermutete John Strugnell eine Übersetzung direkt aus dem Hebräischen, allerdings aufgrund der Annahme, die Höhle sei i.J. 786/787 schon einmal entdeckt und die Übersetzung dann erst gefertigt worden (Denis 527f). – Mittelalterlich oder modern sind die Übers. ins Arab., Äth. und Kopt.

Früheste und einzige **Erwähnung** vielleicht in den *Apostolischen Konstitutionen* 6, 16,3 (s. nächstes).

Ähnliche oder ähnlich benannte Texte: 11Q 5 bietet – zwischen *Sir.* 51,13–19 und *Ps.* 155 – einen akrostichischen Zions-Psalm, der sonst nur aus 11Q 6, Frg. 6 bekannt ist; hebr.-engl. bei García Martínez/Tigchelaar 1176f (und Übersicht 1172f); dt. bei Meyer 204f, ein Zionspsalm mit alphabetischer Akrostichis, im Gegensatz zu *Ps.* 155 komplett; Datum: ca. 1.Jh. v.Chr. – Die *Apostolischen Konstitutionen* 6, 16,3 erwähnen ein apokryphes *David*-Buch, von dem aber sonst nichts bekannt ist. Die aus den sog. Hechalot-Texten bekannte sog. David-Apokalypse (1.5.4 c) kann es nicht sein, wenn sie überhaupt schon existierte; die war nämlich hebräisch. – Ein muslimischer Psalter, arab., in nochmals 150 Nummern ist bei Noth 11 Anm. 1 erwähnt. – Sonst wird für späte Psalmendichtungen der Name Salomos bemüht, wie anfangsweise schon im Psalter selbst geschieht (Ps 72; 127): s. nächstes (1.3.3, allerdings mit sekundärer Überschrift); ferner 6.5.1. – Ein Psalm unter dem Namen König Manasses ist 2.1.3.

Textsorte: Psalmen in biblischer Tradition. **Literarische Besonderheit:** Davids „Ich" in *Ps.* 151.152; Bukolik in *Ps.* 151, in der gr. wie syr. Fassung abgeschwächt. Zum Gottesnamen im geschriebenen Text (*Ps.* 155,1 u.ö.) s.u. 2.3.0, Exkurs.

Zählung: *Ps.* 151 trägt bei Rahlfs gemäß Cod. A u.a. diese Nummer, und schon sie lässt ihn als überzählig erscheinen.[112] Die gr. Überschrift bezeichnet ihn im Weiteren als ἔξωθεν τοῦ ἀριθμοῦ, also „außerhalb der Zahl" der Psalmen liegend. – Die Verszahlen schwanken zwischen den Ausgaben; hier nur Zahlen nach Rahlfs. Noths Rückübersetzung hat eine eigene Zeilenzählung. – Cod. B hat nach *Ps.* 150

---

[112] Der jetzige Ps 1 ist nicht von Anfang der Ps 1 gewesen, wie die Textvarianten zu Apg 13,33 heute noch verraten. Allerdings ist er weit eher für einen Anfang der Gesamtsammlung geeignet als etwa *Ps.* 151 für ihren Schluss; diesen Vorrang muss man dem Ps 150 lassen. Nur ist Ps 1 spät, ein Vorsatz „für den Hausgebrauch" (Siegert, *Septuaginta* 49).

einen Schlusstitel, bietet dann aber doch den überzähligen Psalm. – Im Syr. gibt Ms. A diesen Psalmen die Nrn. 151–155. Dort aber, wo sie als Fünfergruppe außerbiblisch geführt werden, ist die Reihenfolge anders. Zählkonkordanz:

Ms. A		„Apokrypher Psalm"	Qumran	LXX
151	(5 Verse)	1	11Q 5 XXVII 3–12	151,1–5
–	(2 weitere Verse)	–	(dazugehörig)	–

Es folgt in 11Q 5 der Anfang eines neuen Psalms, thematisch aus 1Sam 17,8 ff genommen, ehe das Ms. abbricht. Was hingegen im Gr. und im Syr. folgt, ist nur inhaltlich vergleichbar:

151	(Fortsetzung, zwei Verse)	1 (Forts.)	–	151,6 f

Diese zwei Verse werden auch gezählt als 151 B, und das davor Liegende als 151 A.

152	(6 Verse)	4	–	–
153	(6 Verse)	5	–	–
154	(20 Verse)	2	11Q 5 XVIII	–
155	(21 Verse)	3	11Q 5 XXI 1–15	–

Die erstgenannte Nummerierung lässt ein kleines (ps.-) davidisches Psalmencorpus beieinander; die folgende lässt das in Qumran Bezeugte beieinander. Weitere Unterschiede im Detail s. Charlesworth/Sanders; das Problem ist einmal mehr das folgende:

Literarische Integrität: Die gr. Fassung von *Ps.* 151 ist nur noch ein Torso mit angeklebtem Zusatz; entsprechend auch die syrische. Die inzwischen aus Qumran bekannte hebr. Fassung, aus sieben Strophen bestehend (dt. bei Meyer 202 f), ist von ästhetischem Wert; überdies bezeugt sie die Übernahme griechischer Bukolik (= Hirtenromantik) ins Hebräische. – *Ps.* 154 wirkt zusammengesetzt (Noth 17 f). – *Ps.* 155 beginnt als Akrostichis mit *alef*, endet aber schon bei *nun*.
Biblischer Bezug für Psalm 151: 1Sam 16,1–13; für 151,6 f: 1Sam 17,8 ff.51; für 152–153: 1Sam 17,34–36; für 155: 4Kön 18–19. **Vorlage** für *Ps.* 155 war Ps 22. Sonst sind diese Psalmen, bei sprachlich-formaler Gleichheit mit den kanonischen, inhaltlich bemerkenswert unabhängig (Noth 11).
Stil ursprünglich: reinstes Bibelhebräisch; s. allerdings Anm. 109 zu *Ps.* 153,4. Im nur syr. erhaltenen *Ps.* 152 sind, anders als im 153., sehr deutliche Hebraismen; Charlesworth/Sanders 615 halten ihn für aus dem Hebr. direkt übersetzt; der Übermittlungsweg wäre in diesem Falle sehr seltsam (s.o. „Alte Übersetzungen").
Bemerkenswerte Stellen, Theologisches: Die Bukolik von *Ps.* 151 und das Thema von David als Hirten (unkriegerisch) sind im Judentum selten (vgl. immerhin Denis 546 und zur Synagogenkunst Meyer 204). Sie ist aber eine Vorliebe der Spätantike, gerade der großstädtischen.[113]
Abfassungszeit und -ort: In Qumran ist Psalmendichtung für das Land Israel noch im 1.Jh. v.Chr. belegt. **Sitz im Leben:** Aus dem Vorkommen von Psalmen, kanonischen und anderen, in unterschiedlichen Zusammenstellungen (Anthologien), die

---

[113] Aufgekommen ist sie in der Neubau- und Großstadt Alexandrien, sozusagen als Kompensation: Theokrit und andere Idyllen-Dichter. Vgl. noch Joh 10,1–18; hier ist der Entstehungsort Ephesus, gleichfalls eine Großstadt.

schon an Gebet- oder Gesangbücher erinnern, wird auf eigenständige, nicht an den Tempel gebundene Verwendung dieser Dichtungen im Wortgottesdienst zumindestens der Qumran-Gemeinde(n) geschlossen. Wie weit der Psalter oder auch seine Erweiterungen im Gottesdienst der (Diaspora-)Synagogen vorkamen, ist noch ungeklärt; gewisse Schlüsse aus den Ps-Überschriften s. Siegert, *Septuaginta* 322–324. Das Fehlen griechischer Fassungen von *Ps.* 152–155 spricht nicht dafür, dass auch diese noch in den Synagogen gedient hätten.

Rezeption: In Byzanz und im Westen hat nur *Ps.* 151 eine solche; dazu Stichel 329– 533; z. B. (S. 370) reicht eine Verbindung zu dem „ewigen Evangelium" von Apk 14,6 f und von dort zu Joachim v. Fiore.

1.3.3 Die *Psalmen Salomos:* Pharisäische Frömmigkeit und antirömischer Protest

Das Folgende ist keine Septuaginta-Schrift, auch wenn sie in den Septuaginta-Ausgaben seit Swete geführt wird, als letzte der Weisheitsschriften. Sie war nie kirchlich rezipiert, als Lesung etwa, war auch nie Bestandteil der Vulgata, sondern findet sich in einigen Separat-Handschriften von Septuaginta-Weisheitsbüchern. Der LXX-Codex A,[114] eine Gesamtbibel, hat sie zwar im Inhaltsverzeichnis als Anhang (ähnlich wie das *4Esr.* in der Vulgata als Anhang geführt wird), bietet dann aber (aufgrund von Zensur?) keinen Text. Syrische Handschriften gibt es erst ab dem 10. Jh.; sie beruhen auf dem Griechischen.

Gemeinsam ist diesen Psalmen eine pharisäische (jedenfalls nicht essenische, auch nicht sadduzäische) Torafrömmigkeit. Die Rahmenstücke (*PsSal.* 1f und 17f) haben einen Zeitbezug, nämlich auf die mit der Bestellung des Herodes zum König von Judäa 40 v. Chr. einsetzende „herodianische" Zeit. Der Titel *Psalmen Salomos* findet sich nur für die gr. Übersetzung; die syrische hat dieses Gedichtcorpus ganz anders zugeordnet (s. u.).

Dies sind ganz klar hebräisch gedichtete Psalmen, auch wenn wir sie nur mehr in Übersetzung haben. Dass kein Rest davon in Qumran aufgetaucht ist, erklärt sich sehr einfach durch die nicht nur antihasmonäische, sondern auch antipharisäische Einstellung der dort im Abseits Wohnenden (s. 2.1.7, Anm. 73). – Die *PsSal.* ihrerseits zeugen von einer doppelten Frontstellung. Sie polemisieren ziemlich offen gegen die neue Oberherrschaft, Rom, können bei alledem aber auch nicht vergessen machen, was diese ins Land geholt hat: Es war der innere Zerfall der Hasmonäerherrschaft in einem Bürgerkrieg (65–63 v. Chr.). Zwei Brüder, Söhne der Alexandra (vgl. 1.2.2), stritten sich um die Priester- und Königswürde und bekämpften sich schließlich militärisch. In der Bevölkerung bildeten sich drei Parteien, die dritte gegen beide gerichtet, und alle drei wandten sich an den gerade in der Nähe agierenden römischen Feldherrn Cnaeus Pompejus Magnus, der bereits Serien von Siegen in diversen Län-

---

114 Nicht Cod. B (irrige Angabe bei Schürer/V.).

dern hinter sich hatte. Er rückte gegen Jerusalem vor; die Stadt ergab sich, nicht aber der Tempel, und dessen Eroberung geriet daraufhin just am Versöhnungstag zum Blutbad (ausführlich Schürer/V. I 238–242 mit vielen Quellenangaben; vgl. Albertz, *Religionsgeschichte* 604f). Cicero war damals Consul, ein Sohn Sullas war Kommandant der Eingreiftruppe. – Rom verfügte, was bis dahin offenbar intern nicht in Frage kam (auch wenn es in Alexandras Sinne gewesen zu sein scheint): die Trennung von Königs- und die Hohenpriesterrolle. Während Hyrkan II. Hoherpriester bleiben durfte, musste Aristobul II., der den Tempel zur Festung gemacht hatte, schließlich als besiegter König Judäas vor Pompejus' Triumphwagen herlaufen. – Erinnerungen an beide und an den Hass unter ihnen haben sich lange gehalten, z. B. im Talmud, *Soṭa* 49b.

Die Bedeutung dieser Psalmen liegt in ihrem klaren Bezug auf die Situation des Landes Israel unter römischer Herrschaft und die Bezeugung eines spezifisch-pharisäischen Messianismus, d. h. der Erwartung eines messianischen Reiches im Lande Israel. Es gibt kein Sprachdenkmal, das authentischer und anschaulicher das Lebensgefühl und die Vorstellungswelt des vor-neutestamentlichen Pharisaismus wiedergäbe.

Online-Index Nr. 62; Stegmüller Nr. 106 und 106.1–7; Schürer/V. 193–197. **Inhaltsangabe** bei Nickelsburg; vgl. „Gliederung". **Paraphrase** und Kommentar: Woschitz 542–567.
Einleitung und Übersetzung: Charlesworth II 639–670 (R. WRIGHT); JSHRZ IV/2 (S. HOLM-NIELSEN), 1977; Dupont-Sommer, *Ecrits intertestamentaires* 847–992 (P. PRIGENT). **Übersetzung** auch in *Septuaginta deutsch* 915–931.
Einleitung: Denis 507–546; Nickelsburg 238–247 (und 230: Foto aus der Kopenhagener Hs.). **Nur Text:** Denis, *Conc.* 859–862. **Anmerkungen:** Rießler (881–902) 1322f; *Septuaginta deutsch.E* 1900–1940.
Literatur: Lehnardt Nr. 7089–7239; DiTommaso 873–893.
Neuere Monographie: K. ATKINSON: *I Cried to the Lord. A Study of the Psalms of Solomon's Historical Background and Social Setting* (JSJ.S 84), 2004. **Neuere Studien:** O. KAISER: „Beobachtungen zur Komposition und Redaktion der Psalmen Salomos" in: F.-L. HOSSFELD/L. SCHWIENHORST-SCHÖNBERGER (Hg.): *Das Manna fällt auch heute noch.* FS Erich Zenger (HBS 44), 2004, 362–378; B. ECKHARDT: „PsSal 17, die Hasmonäer und der Herodompeius", *JSJ* 40, 2009, 465–492 [470–473: dt. Übers. u. Textkritik von *PsSal.* 17]. Zu **PsSal.** 14 im Vergleich mit Ps 1: S. GILLINGHAM: *A Journey of Two Psalms*, 2013.
Handschriften: gr.: Kopenhagen (10./11.Jh.), Wien (11.Jh.) und zehn weitere (Denis 512–514; Wright 13–25; Stemma: v. Gebhardt 90, vollständig erst bei Wright 27; vgl. dort auch den Hinweis S. 40 Anm. 177. **Syr.:** 10.Jh. und einige spätere (Denis 515; Wright gibt keine neue Liste). **Erstausgabe** gr.: Lyon 1626; **syr.:** R. Harris 1909.

1.3.3 Die *Psalmen Salomos:* Pharisäische Frömmigkeit und antirömischer Protest — 163

Titel in den Handschriften: keiner oder Ψαλμοὶ Σολομῶντος (Var. -όμωνος); ähnlich auch die Schlusstitel (v. Gebhardt 47 f);[115] früheste Bezeugung im Inhaltsverzeichnis des Cod. Alexandrinus (wo allerdings der Text fehlt; s.o.). – Zu den Einzelüberschriften, die diese Psalmen im Gr. (und nur dort) tragen, s.u. „Gliederung". – **Syr.** keine Gesamtüberschrift, sondern Weiterzählung als „43. Ode" der *Oden Salomos,* „44. Ode" usw.; s. 7.6.1. Nur eine Hs. des 16.Jh. hat die Überschrift: „Aus den Psalmen Salomos, des Sohnes Davids".
Ausgaben: LXX ed. Rahlfs II 471–489 nach O. v. GEBHARDT (Hg., Komm.): *Die Psalmen Salomo's* (TU 13), 1895 (Kritik dieser Ausg. bei Wright 39; durch ihn erst abgelöst) und LXX ed. Swete, Bd. 3, S. 765–787. Die Vorgängerausgabe von H. E. RYLE/ M. R. JAMES: *Psalms of the Pharisees,* 1891, bleibt wertvoll dank Übersetzung und Kommentar.[116] **Neuere kritische Ausgaben:** R. WRIGHT (Hg.): *Psalms of Solomon. A Critical Edition of the Greek Text,* 2007 [54–207: gr.-engl. Text mit Varianten, auch aus dem Syr.]. **Syr.:** *VTS* 4/6 (W. BAARS) 1972, S. I–VI, 1–27 der vierten Zählung [bietet 1,1–18,7 (= 18,6 LXX)].
Textanfang: Ἐβόησα πρὸς κύριον; **Textschluss** LXX (18,12): ἐν ἐπιταγῇ δούλων αὐτοῦ. Letzter erhaltener syr. Vers ist 18,6 (in *VTS* als 18,7 gezählt); danach bricht das für diesen Psalm einzige Ms. ab.
Wortindex: Wahl (Bauer), *Clavis* 557–582; Siglum bei Denis, *Conc.:* „Sal.", mit Zählung nach Rahlfs. Nicht in Hatch/Redpath. Ein gr. Auswahlindex bei Ryle/James 163–172 und v. Gebhardt 140–150.
Alte Übersetzungen: Was wir haben, ist höchstwahrscheinlich eine (wohl nur für den innerjudäischen Gebrauch gedachte) gr. Übersetzung von sehr geringer Verständlichkeit für Außenstehende. Angekündigt ist jedoch eine Arbeit von J. JOOSTEN und E. BONS, die imitiertes Septuaginta-Griechisch als Ursprache vorschlägt. – Außer dieser Fassung gibt es die *PsSal.* nur noch auf Syrisch (nach dem Gr.; s.u. „Hebraismen"). – Eine moderne Rückübersetzung ins Hebräische ist bei Wright 39 Anm. 166 angezeigt.
Früheste Erwähnung: gr. im Inhaltsverzeichnis am Anfang des Codex Alexandrinus (5.Jh., Britisches Museum) als Ankündigung eines Anhangs hinter dem NT. Dieser ist heute unvollständig und hat die *PsSal.* nicht mehr. – Lat. vielleicht schon 4.Jh. (Denis 510 f). **Frühestes Zitat:** syrisch um 700 (Denis 516).

---

115 Zum Vergleich: Im biblischen Psalter hat der MT eine Verfasserangabe *li-šᵉlomo* nur in Ps 72(71) und 127(126), wobei die Septuaginta dies im ersten Fall einen Psalm „auf Salomo" sein lässt und im letzteren in Cod. S und A diese Angabe gar nicht hat; auch mehrere lateinische Fassungen haben sie nicht. Sie mag jünger sein als die Betitelung der *PsSal.* – Was noch letztere betrifft, so äußert Theodoret (MPG 80, 1892 A) die Vermutung, der „Salomo" dieser Überschrift sei der (eigentlich vorgesehene) Erbauer des Zweiten Tempels, Serubbabel.
116 Der griech. Text und sein Apparat sind jedoch unzuverlässig, wie schon die Nachkollationen aus Cod. V (S. XCIIf) erweisen; v.a. wurde die Identität dieses Codex mit dem längst zitierten Cod. A nicht bemerkt. Mängel dieser Art sind typisch für Ausgaben des 19. und früherer Jahrhunderte, die wegen technischer Schwierigkeiten nicht aus der Autopsie des gesamten Materials gemacht werden konnten.

Ähnliche oder ähnlich benannte Texte: Anderes unter Salomos Namen: 6.3.1; Verwechslung mit den *Oden Salomos* (7.6.1) bereits bei Laktanz (Denis 510) und in der *Pistis Sophia* (s. u. „Zählung"). Eine *Buße Salomos* ist armenisch mit engl. Übers. und Komm. veröffentlicht bei Stone, *Studies* 58–76 (arm. Text: 65–68). – Über nichtkanonische Psalmen s. 1.3.2. Vieles dieser Art scheint verloren gegangen zu sein (Schürer/V. 188 Anm 3; 205 f).

Textsorte: Psalmen (typisch jeweils: Kurzzeilen im *parallelismus membrorum*) in einer kleinen Sammlung (Anthologie, vgl. 1.3.2). Im Gr. sind sie z. T. mit Prosarhythmen versehen (*PsSal* 1 ganz, die anderen teilweise, *PsSal*. 18 wieder fast ganz), analog zu vielen LXX-Psalmen. – Nickelsburg unterscheidet nach Inhalt „Psalmen der Nation" (1.2.7.8.9.18) und „Psalmen des Gerechten und Frommen" (3–6.10.12–16). Einen anderen Vorschlag s. u.: „Gliederung".

Zählung nach den gr. Handschriften: 18 Psalmen von ungleicher Länge (zwischen 8 und 46 Versen bei Rahlfs). Die Verszahlen sind bei Rahlfs manchmal um einiges höher als in der älteren Literatur; bei v. Gebhardt beide Zählungen. Andere Verszahlen in *VTS*. – Die letzten 4 Doppelverse nach dem διάψαλμα von 18,9 werden in der Ausg. Ryle/James als *PsSal*. 19 gezählt – in berechtigtem Widerspruch zu den (sicher sekundären) Schlusstiteln der Handschriften, die, sofern sie eine Gesamtzahl der Psalmen erwähnen, die Zahl 18 geben (durch Ms. 3004 bestätigt; Ausg. Wright z. St.). Indirekt aber wird die Zahl 18 vorausgesetzt in der *Pistis Sophia*, wo *OdSal*. 1 als Nr. 19 zitiert wird (Denis 516): Dort sind nach plausibler Vermutung die 18 *PsSal*. unmittelbar vorausgegangen. Offen bleibt, wie lang der *PsSal*. 18 damals war; sein Weiterwachsen könnte jünger sein.

Gliederung: Der Gesamtaufbau dieses kleinen Psalmenbuchs kann unter Zuhilfenahme der griechischen Überschriften (vgl. Ausg. Wright 33), deren jede übrigens sich notdürftig übersetzter hebr. Ausdrücke bedient, folgendermaßen dargestellt werden:

Politisches: Protest gegen gegenwärtige Verhältnisse und messianische Hoffnung
   (eingerückt:) Ausdruck persönlicher Frömmigkeit und religiöser (Selbst-)Kritik
      (doppelt eingerückt:) Bemerkung

PsSal. 1   (hat keine eigene Überschrift; anscheinend stand hier nur die Gesamtüberschrift)
ab V. 4 Umschlag ins Politische
      Mit der Lesart διεδόθη (statt der bei Rahlfs nicht erwähnten Var. διέλθοι) wäre ab hier ein Zerstreuen der Reichtümer der Kinder Israels gemeint (Tribute an Rom), wobei der weitere Kontext dann aber obskur bleibt und konjekturbedürftig.

PsSal. 2:   „Psalm, dem Salomo, über Jerusalem"
      sc. über die Eroberung Jerusalems, aber auch den Tod des Eroberers (V. 26).

PsSal. 3:   „Psalm, dem Salomo, über die Gerechten" –
      sie geben Gott recht, auch wo er straft. In V. 3 betont ψάλλειν, ψαλμός.

1.3.3 Die *Psalmen Salomos:* Pharisäische Frömmigkeit und antirömischer Protest — 165

PsSal. 4: „Gespräch Salomos, für die Schmeichler"
Hier beginnt eine philologische Spur: Das seltene διαλογή i.S.v. „Gespräch" (hebr. *śiaḥ*) begegnet in der ganzen Septuaginta nur in Ps 104(103),34, einer, wie bei Siegert, *Septuaginta* 184 vermutet wird, palästinisch nachkorrigierten Stelle. – Ein anderes Hapax ist gleich anschließend ἀνθρωπάρεσκος: LXX nur Ps 52(53),6 (NT dann Eph 6,6; Kol 3,22).

PsSal. 5: „Psalm, dem Salomo"
Hier hofft ein Armer (*sic!* V. 2.11) auf die Königsherrschaft Gottes.

PsSal. 6: „Auf Hoffnung, dem Salomo"
Zum Thema der Gebetserhörung.

PsSal. 7: „Dem Salomo, [zum Thema] der Buße"
Der Anfang „Zelte nicht fern von uns" nimmt ein Hapax aus Gen 13,18 auf (ἀποσκηνοῦν);[117] es folgt, fast wörtlich, Ps 35(34),16 bzw. 69(68),5, jedoch mit finitem Verbum wie in Ps 109(108),3, eine Kombination, die genau so in Joh 15,25 vorkommt.

PsSal. 8: „Dem Salomo, auf den (End-)Sieg"
Zu diesem LXX-Wort (νῖκος), dessen MT-Entsprechung erst seit dem Mittelalter für etwas Musikalisches genommen wird („für den Dirigenten"), s. Siegert, *Septuaginta* 321.

PsSal. 9: „Dem Salomo, zur Zurechtweisung"
Israel tadelt sich selbst, die Strafen des Exils und der Diaspora verdient zu haben.

PsSal. 10: „Unter (den) Hymnen, dem Salomo"
Imitiert, wie auch der ähnlich überschriebene *PsSal.* 14, den kanonischen Ps 1. „Hymnus" ist in der Antike nicht nur etwas Feierliches, sondern auch etwas inhaltlich Fröhliches, Ausdruck der Verbindung mit einer freundlich gesinnten Gottheit.

PsSal. 11: „Dem Salomo, zur Erwartung"
Diese Erwartung richtet sich auf die endzeitliche Sammlung Israels. Gedankliche und sprachliche Nähe besteht zu Lk 1,46–55.68–79.

PsSal. 12: „Dem Salomo, mit der Zunge der Gesetzesübertreter"
So wörtlich; „mit" (wörtl.: „in", < hebr. *b*) steht für „gegen", ein extremer Hebraismus.

PsSal. 13: „Dem Salomo, ein Psalm, Trost der Gerechten"
Das Wort παράκλησις i.S.v. „Trost" ist Septuaginta-Sprache (Jes 40,1 usw.).

PsSal. 14: „Hymnus, dem Salomo"
Vgl. 10, wobei hier ab V. 6 die Zweiteiligkeit von Ps 1 imitiert ist (s. Gillingham).

---

117 Im Hebräischen begegnet '-h-l im Qal auch nur in Gen 13,12 (wo die LXX unspezifisch übersetzt) und hier. Die Übersetzer haben nicht nur den Psalter in beiden Sprachen gut im Ohr gehabt (wenn denn stimmt, was wir hier vermuten, dass es dieselben sind, die im LXX-Psalter Verwörtlichungen anbrachten), sondern sie kannten auch die *Genesis* in beiden Sprachen. Ähnlich kann man in Joh 1,51 feststellen, dass der zitierte Text (wo sonst ja oft die LXX gebraucht wird) der hebräische ist: Dort steigen die Engel nicht nur die Leiter auf und ab (LXX), sondern herab „auf ihn" (hier dann: den Menschensohn). Andere Beispiele liefern alte Mt-Schichten und Paulus.

PsSal. 15: „Psalm, dem Salomo, mit Gesang"
Ein Danklied des Geretteten. Welche Nuance ᾠδή „Gesang" gegenüber „Hymnus" (s.o.) haben soll, lässt sich evtl. aus dem Inhalt ermessen, der hier doch etwas ernster ist: Vgl. die *Oden* von 2.1.2. Obwohl sich also am Metrum nichts ändert, ist doch eine Stimmung oder eine Vortragsweise angegeben. In heutiger musikalischer Sprache wäre das „beschwingt" im Falle des Hymnus, für die Ode aber: „getragen".

PsSal. 16: „Hymnus, dem Salomo, auf das Angenommenwerden, den Heiligen"
Zu ἀντίληψις „Sich-jemandes-Annehmen" (auch 7,10), hier aber im Sinne von V. 3 passivisch zu nehmen, s.u. „Stil", ebenso zu ὅσιοι „Heilige". Dem Frommen ist verziehen worden, dass er „ein wenig vom HERRn weggeschlafen ist".

PsSal. 17: „Psalm, dem Salomo, mit Gesang, dem König"
Gerade hier, wo an Jerusalems Schmach unter „dem Gesetzlosen" (s.u.) erinnert wird, gilt schon in V. 3 der Glaubenssatz: „Die Königsherrschaft (gehört) unserem Gott in Ewigkeit über die Völker durch Gericht." V. 21 ff Bitte um einen König wie David. In V. 42 trägt er den korrekt-messianischen Titel „König Israels" und ist „über das Haus Israel" gesetzt, u.z. „um es anzuleiten" (wörtl.: „es zu erziehen", παιδεῦσαι).

PsSal. 18,1–9: „Psalm, dem Salomo, nochmals (ein Psalm) des Gesalbten des HERRn"
Das knüpft an bei 17,21 ff. Mit διάψαλμα wird abgetrennt:[118]
Zusatz: 18,10–12: Dies ist vielleicht ein Psalm für sich gewesen und im jetzigen Kontext ein unvorbereiteter Wechsel in Schöpfungstheologie – soll vielleicht die sehr irdische Eschatologie des vorher Gesagten in einem kosmischen Rahmen absichern.

Literarische Integrität: unbestritten; offen ist die Frage nur für den syr. nicht überlieferten letzten Teil von *PsSal.* 18 (s.o. „Ausgaben"; dazu gehört, was auch als Nr. 19 gezählt wurde). – **Textliche Integrität:** gering; die Ausgaben sind voll von Konjekturen; Liste in *Septuaginta deutsch.E* 137. Weitere werden in den Ausgaben nur mitgeteilt als Vorschläge.[119]

Biblische Bezüge: s. die Besprechung der einzelnen Psalmen (insbes. 2 und 17) bei Woschitz und bei Nickelsburg. Schon die Überschrift dürfte authentisch sein, denn insgesamt wird angeknüpft an der Herrlichkeit des davidischen Reiches, so wie es sich unter Salomo konsolidiert hatte, also 3Kön 3–10. „König Israels" in *PsSal.* 17 meint nicht nur das Reich Juda und schon gar keinen „König der Judäer" von Roms Gnaden.[120]

---

[118] Das Wort διάψαλμα begegnet sonst nur noch in 17,29 in der gr. Fassung; dort halbiert es den längsten aller *PsSal.*, wohl nachträglich, denn der Satz geht danach weiter. Die Peschitta hat zwischen den dort im *VTS* entsprechenden V. 31 und 32 nichts Derartiges.

[119] Dazu hier einer mehr: In 5,11 steht ἄρχοντας καὶ λαούς statt zu erwartenden ἄρχοντας τῶν λαῶν, was im Hebr. nur ein Buchstabe Unterschied wäre.

[120] Hieraus lässt sich das Missverständnis oder auch die Ironie und der Spott im *titutulus crucis* von Mk 15,26 parr. ermessen.

1.3.3 Die *Psalmen Salomos:* Pharisäische Frömmigkeit und antirömischer Protest — 167

Historischer Bezug: Manche Anspielungen gehen noch auf Verhältnisse der Hasmonäerzeit: *PsSal.* 2 bezieht sich auf eine frühere Öffnung der Stadt; der „Sünder", dessen Arroganz sie anzulasten ist, ist wohl König Aristobul II. Die Anspielung in 2,26–30 geht auf die Ermordung des Pompejus i.J. 48 v.Chr. in Ägypten; sie wird mit Befriedigung notiert: der „König in den Himmeln" habe „die Könige und Herrschaften" gerichtet. – *PsSal.* 8 geht auf die Eroberung Jerusalems durch Pompejus, ebenso 17,11ff, wo sie fast wie ein Weltuntergang geschildert wird. In „der Gesetzlose" (ὁ ἄνομος)[121] ist Pompejus zu erkennen, der i.J. 63 v.Chr. nach seiner Beilegung der hasmonäischen Zerwürfnisse das Heiligtum betrat, auch das Allerheiligste (Josephus, *Ant.* 14, 72), woraufhin allerdings erst Crassus es beraubte (ebd. 105–109), nach erneuter Besiegung von Hasmonäerabkömmlingen.[122] Das Land wurde von dieser Intervention keineswegs „wüst"; doch hat Pompejus gerade solche Städte an den Rändern aufbauen lassen und zur Blüte gebracht, die von der Politik der Hasmonäer Schaden erlitten hatten (Josephus ebd. § 73), und hat Judäa tributpflichtig gemacht (§ 74), d.h. die Kosten für das Besiegen Aristobuls II und das Erobern des Tempels mussten an Rom zurückerstattet werden. Übrigens nahm Rom den Judäern insgesamt die Sache nicht übel; die unter Judas Makkabäus schon geschlossene „Freundschaft" des judäischen Volkes mit dem römischen (1.4.2 „Quellen") blieb ungekündigt. Sie bestand bis zum Krieg von 66–70 n.Chr. Man hatte also eine Bestandsgarantie, die aber nirgends außer im *1Makk.* etwas wie Befriedigung oder gar Dankbarkeit auslöst. – Anderes kann sowohl auf Ereignisse der Hasmonäerzeit wie auf die römische gedeutet werden (Eckhardt), was gerade bei poetischen Texten nicht wundert; man sah die einen in Analogie zu den anderen.

Quellen und Vorlage: der biblische Psalter einschließlich seiner wohl damals schon recht bunten Überschriften. *PsSal.* 14 imitiert in Thematik und Zweiteiligkeit den biblischen Ps 1. Exemplarische Einzelbeobachtungen s. in den folgenden Rubriken.

Hebraismen sind so häufig, dass ein hebr. Original weithin angenommen wird (aber vgl. oben: „Alte Übersetzungen"). Erwogen wird, ob gewisse Stellen, die im Gr. wenig Sinn geben, im Syr. aber mehr (2,46; 4,4; 17,19; s. Denis 516; Wright 40), dort etwa einen Rückgriff auf das Hebr. bezeugen. Da bleibt aber die Frage offen, warum dann nicht gleich aus dem Hebr. übersetzt wurde. **Stil:** Eine Würdigung im Rahmen zeitgenössischer liturgischer Dichtung findet sich z.B. bei D. Flusser in Stone, *Writings* 573f. – Der **gr.** Text gleicht in allem den Septuaginta-Psalmen; man

---

121 Ältere Ausgaben hatten hier ὁ ἄνεμος „der Wind", was wenig Sinn macht und schon im 19.Jh. zu der Konjektur ὁ ἄνεμος führte (s. von Gebhardt z.St.). Diese Konjektur hat sich seither in den Handschriften R, J und L bestätigt.
122 M.a.W., er holte sich, ohne zu fragen, die Kriegskosten aus der dortigen Staatskasse. Kriegsrecht und Sakralrecht waren damals noch nicht getrennt; die Kriegskassen lagen in den Tempeln. – Dieser Zugriff des Crassus könnte in 8,11 gemeint sein, sofern man nicht an ältere Übergriffe der Hasmonäer denkt.

vgl. nur den Artikelgebrauch im o.g. Textschluss. Und zwar ist es, auch in den Überschriften, derjenige sehr hebraisierende Sprachgebrauch, der auch den überarbeiteten Stellen im LXX-Psalter eigen ist (vgl. oben Anm. 56); die Übersetzer waren anscheinend dieselben wie diejenigen, die den LXX-Psalter teilweise (und sehr pedantisch) revidierten. Das zeigt sich auch an dem seltenen Wort γρηγόρησις „Wachsein" 3,2; 16,4; es findet sich in der Septuaginta sonst nur in Dan 5.11.14 der Θ-Fassung (2.1.7 a), also in der Sprache der judäischen Bibelrevisoren, dort als Synonym zu σύνεσις „Achtgeben". Die völlig ungriechische Wortverbindung „sein (Gottes) Wachsein" muss also etwas wie den Toragehorsam des seiner Verpflichtung bewussten Israeliten meinen. – Der Versuch, in der **syr.** Fassung Hebraismen zu finden, die nicht aus dem Gr. kommen (2,46; usw., s. o.), hat die Fachwelt nicht überzeugt (ein Wiederaufgreifen dieser Hypothese s. Wright 41 Anm. 190). Einfacher bleibt die Annahme, dass derjenige, der diese Psalmen aus dem Griechischen ins Syrische übersetzte, sich ins Hebräische der biblischen Psalmen hineindachte.

Bemerkenswerte Stellen: 17,5 ist die Ablehnung eines Königtums, dem Gott „keine Verheißung gegeben" hat, nämlich des hasmonäischen. 17,20 resümiert diese Zeit so: „Der König im Gesetzesbruch, der Richter in der Unverlässlichkeit, das Volk in der Sünde." Wenn 17,11 (oben zitiert) beklagt: „Entleert (ἠρήμωσεν) hat der Gesetzlose unser Land von seinen Bewohnern", so ist das Verbum im Sinne einer LXX-Vokabelgleichung als Wiedergabe von š-m-m zu nehmen: „wüst/abscheulich machen" (vgl. den „Greuel der Verwüstung" in Dan 9,27 > Mk 13,14 par.), was an Unreinheit selbst am Ort des Kultes denken lässt, also fremde Elemente in der Heiligen Stadt und deren Eindringen bis in den Tempel. Positiver Gegensatz dazu ist „der Gesalbte des HERRN" (17,32 nach plausibler Konjektur),[123] der hier ganz konkret-irdisch erwartete Messiaskönig, der innerhalb der ἅγιοι (der Israeliten als Gottes heiliges Volk) den Vorzug hat, persönlich „frei von Sünde" zu sein (17,36). Die mittleren Psalmen dieser Sammlung sind Ausdruck persönlicher, am Tempelkult orientierter Frömmigkeit. Der Tempel ist ein Symbol der Reinheit Israels (8,12f); seinetwegen ist Jerusalem „die Stadt der Heiligung" (18,4). Es herrscht die deuteronomistisch-pharisäische (und nicht die deterministisch-weisheitliche) Auffassung von der Willensfreiheit, welcher ein Gerechtwerden durch Toragehorsam möglich ist (9,4; 15,17). – 4,1ff übt Kritik an ostentativer Frömmigkeit und an Selbstgerechtigkeit; das hat nicht erst Jesus getan. – Wenn Jesus im Schlusssatz der Quelle Q den Jüngern die Aufgabe ankündigt, dereinst die zwölf Stämme Israels zu richten (Lk 22,26; Paulus in 1Kor 6,2f weitet dies aus auf ein Gericht über die Welt, ja sogar über Engel), so ist dies die Aufgabe des zu sammelnden „heiligen Volkes) bereits in *PsSal* 17,26f. – Ein sehr derber Supranaturalismus ist im Zusatz 18,12 die Vorstellung, die Sterne würden ihren Lauf nur ändern, wenn Gott es ihnen

---

[123] Was in den Codices steht, müsste man hingegen übersetzen: „Christus, der Herr". Zu der gleich noch zu erwähnenden Sündlosigkeit vgl. Hebr 4,15 u. ö.

gebiete ἐν ἐπιταγῇ δούλων αὐτοῦ „durch einen Befehl seiner Knechte", letzteres eine dtr. Formel für „Propheten": Gemeint ist das sog. *factum Josuae,* der nach Jos 10,12f in der Schlacht bei Gibeon der Sonne Stillstand geboten haben soll, dazu 1.1.2 „bemerkenswerte Stellen".

Christliches fehlt. Die Ausdrucksweise dieser Psalmen und die semantischen Besonderheiten des dort verwendeten Griechisch sind älter als die des NT und jedenfalls unabhängig von ihm. So meint das seltene, in der Septuaginta sonst nicht begegnende Wort ἀνάλημψις in 4,18 nicht „Himmelfahrt", sondern „Verschwinden" (eines glücklos, nämlich kinderlos Sterbenden) – zu unterscheiden von ἀντίλημψις „Sich-jemandes-Annehmen" in 7,10; vgl. 1Kor 12,28; verbal 16,3 wie Lk 1,54. Der Ausdruck ὅσιοι „Heilige" (2,36 und oft) wird gebraucht wie im NT ἅγιοι, wobei hier aber eine Assonanz besteht an *ḥasidim.* – Israel ist Gottes „erstgeborener Sohn" in 13,9. – 11,1 φωνὴ εὐαγγελιζομένου „die Stimme des Frohbotschafters" ist Rückgriff auf Jes 40,9 usw. Das Wort εἴσοδος 11,4 ist, vom Lande Israel aus gesehen, der Gegenbegriff zu „Exodus". – Εὐδοκία 8,33 ist „Wohlgefallen (Gottes)" wie in Lk 2,14; er allein ist der „Heiland" (σωτήρ) Israels (8,30). Das Wort δικαιοσύνη 5,17 meint Gottgefälligkeit durch Toragehorsam (in 14,2 mit den προστάγματα = Einzelgeboten verbunden), 8,24 die Gerechtigkeit Gottes des Richters. – 9,2 lässt die „in jedem Volk" bestehende „Diaspora Israels" geschehen „nach dem Wort Gottes, damit du gerecht werdest, Gott, in deiner Gerechtigkeit in unseren Sünden": Das ist eine Rechtfertigung Gottes i.S.v. Ps 51 (50),6 oder Röm 3,4; es läuft also in Gegenrichtung zu dem, was Paulus sonst mit diesem Wort ausdrückt. 9,5 „Wer Gerechtigkeit übt, legt sich einen Schatz an Leben an beim HERRn" nimmt – immer noch rein torabezogen – Evangelienstellen wie Mt 6,19 usw. vorweg; κληρονομήσουσι ζωήν 14,10 wie Mk 10,17 parr. Der Ausdruck „Königsherrschaft Gottes" (17,3; vgl. 5,18) findet sich hier ganz ähnlich wie im Munde Johannes des Täufers oder Jesu.[124] *PsSal.* 6 bezeugt eine Frömmigkeit des *Namens* Gottes, die christlichen ὄνομα-Stellen wie Apg 3,6.16; 4,7.10 usw. vorausgeht.

Zum Christus-Titel: In 17,32 steht in den (ausnahmslos christlichen) Handschriften versehentlich Χριστὸς κύριος, was bei Rahlfs zu Recht emendiert wird in χριστὸς κυρίου „der Gesalbte des HERRn". Auch in 18,5.7 ist keineswegs schon „Christus der Herr" gemeint, sondern „der Gesalbte des HERRn". Vgl. 18,5:

> Es reinige Gott Israel zum Tag des Erbarmens mit Segen;
> zum Tag der Erwählung[125] im Heraufbringen seines Gesalbten.

---

124 Er ist sonst nicht so häufig, wie man denken sollte; man prüfe Denis, *Concordance* s.v. βασιλεία. Das Meiste liegt in den *TestXII* und anderen unsicheren, hier in Abschn. 7 aufgeführten Schriften. Als lat. Beleg sei immerhin genannt *AssMos.* (2.4.2) 10,7.
125 Auch ἐκλογή wird hier untypisch verwendet, nicht etwa auf die Erwählung Israels bezogen (wie in Röm 11,7), sondern auf die des neuen David (vgl. 17,21). Dass Israel heute, respektablen Stimmen zu-

Textkritisch verdächtig ist der öfters gesetzte Artikel in ὁ κύριος (2,32.36 u. ö.) bei sonst überwiegend artikellosem κύριος. Ursprünglich dürfte hier das Tetragramm gestanden haben, durch bloßes κύριος zu ersetzen. Christliche Abschreiber denken oft an den himmlischen Christus, der (als der *maran* der Urgemeinde) den Titel auch griechisch in determinierter Form trägt.[126]

Abfassungszeit und -ort: für den hebr. Text jedenfalls das Land Israel nach der Auflösung der Hasmonäerherrschaft; Nickelsburg 203: Mitte 1.Jh. v.Chr. – Die gr. Übers. erfolgte vermutlich nicht fern davon (πυργοβάρεις 8,19 ist ein Regionalismus), ist zeitlich aber kaum näher bestimmbar. Ein Querbezug zu *Bar.* 5,5–9 bleibt chronologisch noch zu deuten, könnte aber auch paralleler Rückgriff auf kanonisch-biblische Stellen sein (Jes 40,9 u.a.m.).

Adressaten: die pharisäische Laienelite der nachhasmonäisch-judäischen Gesellschaft. **Sitz im Leben:** jedenfalls private Lektüre. Über eine kultische Verwendung lässt sich umso weniger sagen, als wir nicht einmal für die kanonischen Psalmen eine Verwendung außerhalb des Tempels kennen. Musik und Gesang scheinen Sache der Leviten, im übrigen aber der Profanität gewesen zu sein. – Immerhin machen die teilweise angebrachten Prosarhythmen selbst den gr. Text zu lautem Vorlesen geeignet. Spätere Weisheitstexte waren nur noch Prosa.

Abfassungszweck: Stärkung des Toragehorsams im Land Israel; Herbeiführen jener Reinheit und jenes Zustands der Bereitschaft, die das Auftreten des Messiaskönigs erwarten lassen.

Rezeption: *PsSal.* 7,1 scheint für Joh 15,25 als Vorlage gedient zu haben, *PsSal.* 11 für *Bar.* 5; letzteres s. Ryle/James LXXIIIf und Wright 647f. Der „Gesetzlose" (Pompejus) von *PsSal* 2 ist wohl Vorbild gewesen für den „Menschen der Gesetzlosigkeit" in 2Thess 2,3: Nimmt man diese Beziehung an, ist diese NT-Stelle antirömisch zu verstehen (ganz wie die Apk), und die Emphase auf „Mensch" erklärt sich aus *PsSal.* 2,28 („Er bedachte nicht, dass er ein Mensch sei"), was nunmehr Kaiserpolemik wird. Anderes sind wohl nur Wanderungen und Anpassungen von Motiven und Formulierungen; Beispiele bei Wright 646f. – Wenn der Codex Alexandrinus, dessen Entstehung in Byzanz angesetzt wird, die *PsSal.* einst im Anhang hatte, wie übrigens (heute noch) *1Clem.* und *2Clem.*, so dürfte das nicht ohne Grund sein: Hier waren Vorbilder christlichen Regierens zu gewinnen. Hingegen hielt der Eigentümer während vieler Jahrhunderte, der Patriarch von Alexandrien, sich offenbar an Alexandriens eigenen Kanon (s. o. 0.1.3). – Eine dt. Übersetzung wurde

---

folge, sich als „Messiasvolk" begreift, ist sozusagen eine Demokratisierung dieser nie eingetroffenen Erwartung.

126 Ältere Ausgaben setzten an solchen Stellen öfters noch den Artikel, wo nur wenige oder schlechtere Hss. ihn haben. Noch nicht saniert ist selbst bei Rahlfs 2,33 οἱ φοβούμενοι τὸν κύριον, wo, gemäß der hier gebrauchten Psalmensprache – Ps 15(14),4; 22(21),24 u.ö. – die Teilnehmer des Tempelkults (hier geht es nicht um „Gottesfürchtige" i.S.d. Apg) als οἱ φοβούμενοι κύριον anzusprechen sind; so korrekt in 5,18. – Ähnliche Konjekturalkritik wäre auch noch an manchen kanonischen Ps-Stellen nötig (vgl. Siegert, *Septuaginta* 204f.380f).

1742 dem letzten Band der sog. Berleburger (Berlenburger) Bibel, einem Programmwerk des Pietismus, beigegeben (Wright 35 Anm. 145) – sicherlich wegen der starken Ausdrücke persönlicher Frömmigkeit in mehreren von ihnen, bes. den oben eingerückten.

1.4 Ursprünglich Hebräisches zur Geschichte Israels

1.4.1 Das *1.Esra*-Buch, Erstentwurf zu Esr/Neh (Vulgata-Anhang: *3Esr.*)

Mögen viele der hier zu besprechenden Texte nachkanonisch sein, dieser ist vorkanonisch. Vorzustellen ist die griechische Übersetzung einer *früheren* Fassung von Esr/Neh, als wir sie in der masoretischen Bibel haben, daher in der Septuaginta als *1Esr.* gezählt, welche Nummer wir diesem Buch darum belassen. Eines nur ist unklar: ob die Montage der hebräischen und der aramäischen Bestandteile dieses Buches vor seiner Übersetzung ins Griechische schon erfolgte oder erst während dieser. In der optimistischen Annahme des ersteren sei das *1Esr.* schon hier, vor dem Eingehen auf die Septuaginta, behandelt; andere Fälle, wo die Montage wohl erst nach der Übersetzung ins Griechische erfolgte, werden später zu behandeln sein (2.1.7; 2.5.4).

Die Vulgata erhielt nur Esr und Neh einverleibt, als 1Esr und 2Esr gezählt. In demjenigen *Esra*-Buch aber, das vor der MT-Fassung von Esr/Neh bereits in Griechische kam, sind zwei Bestandteile klar unterscheidbar:

a) die ursprünglich hebräische Fortsetzung der *Chronik*-Bücher (Kap. 1–2 und 5ff);
b) die ursprünglich aramäische Anekdote von den drei Pagen (Kap. 3–4).

Manche lassen dieses letztere Stück erst mit 5,3 enden. 5,4–6 ist jedenfalls eine Übergangspassage, die den Anschluss zu (a) wieder herstellen soll. Ab 5,7 ist wieder eine hebräische Vorlage anzunehmen.

Die Wechselwirkungen, die diese beiden Teile nach ihrem Zusammenfügen aufeinander ausgeübt haben könnten, sind Ursache chronologischer Verwirrungen: Teil (b) lässt Darios eine Rolle spielen, die in Teil (a) Kyros gehabt haben muss als derjenige, der die Rückkehr vom Exil erlaubt. Auch ist unklar, wer der 6,2 u. ö. genannte Serubbabel, Sohn des Schealtiel (hier, wie bei Haggai, im Gespann mit Josua, Sohn des Jozedek) an anderen Stellen, insbesondere der offensichtlich nachgetragenen in 4,13 (also in Teil b), sein soll. An manchen Stellen scheint sein Name gestrichen worden zu sein; hier ist er deplatziert.

Die Traditionen, die Serubbabel umranken, bringen ihn z. T. mit Esra, z. T. mit Nehemia in familiären Zusammenhang[127] und lassen ihn entweder eine ruhmreiche oder auch weniger ruhmreiche Rolle spielen, ohne noch eine Spur historischer

---

[127] Börner-Klein 177f. Rabbinisches über Serubbabel bei Ginzberg, *Legends* 4, 349.351–354 (6, 436–441).

Kenntnisse zu verraten. Den Schreibern ist nicht mehr klar – oder sie wollen nicht mehr klar sein lassen –, ob er oder ein anderer, nämlich Scheschbazzar (Esr 1,8), i.J. 515 v. Chr. den Grundstein des Zweiten Tempels legte. Anscheinend wurde Serubbabel, der Davidide und Enkel Jojachins, von persischer Seite kurz vor dem Ereignis zurückbeordert, um keine messianische Rolle zu spielen (Albertz, *Religionsgeschichte* 471). Doch noch Theodoret glaubte, Serubbabel sei der „Salomo" des zweiten Tempelbaus gewesen (s. o. 1.3.3, Anm. 115). Je nach Meinung erwarten auch die Rabbinen mitunter einen neuen Serubbabel für die Wiedergründung des Tempels (Börner-Klein).

Stegmüller Nr. 94 und 94.1–10.
Einleitung und Übersetzung: JSHRZ I/5 (K.-F. POHLMANN) 1980; dazu VI/1,1 (MITTMANN-RICHERT) 4–19; Inhaltsangabe 4f; Gliederung 6. **Anmerkungen:** Rießler (247–254) 1281f (nur zu Kap. 3–4); *Septuaginta deutsch.E* 1165–1197; vgl. Nickelsburg 27–29. Übersetzung auch in *Septuaginta deutsch* 551–566.
Einleitung: Schürer/V. 708–718; Siegert, *Septuaginta* 80.339f; H. Attridge in: Stone, *Writings* 157–160; deSilva 280–295; zu (b) allein: Nickelsburg 27–29. Als **Inhaltsangabe** s. u. „Synoptische Tabelle". Paraphrase von (b) z.B. bei Pohlmann 380; Nickelsburg 27f.
Literatur: Lehnardt Nr. 2409–2572; bes. K.-F. POHLMANN: *Studien zum dritten Esra. Ein Beitrag zur Frage nach dem ursprünglichen Schluss des chronistischen Geschichtswerkes* (FRLANT 104), 1970; D. BÖHLER: *Die heilige Stadt in Esdras α* (OBO 158), 1997. Wichtig als **Kommentar:** J. MYERS (Übers., Komm.): *I and II Esdras* (AncB), 1974 (u. ö.), 1–104. – Neuere: Z. TALSHIR (Übers., Komm.): *1 Esdras. From Origin to Translation* (SCLS 49), 1999; dies. (und D. TALSHIR): *1 Esdras: A Text Critical Commentary. The Story of the Three Youths (1 Esdras 3–4)* (dito, 50), 2001.
Neuere Studien zu (a): K. DE TROYER: „A lost Hebrew Vorlage? A closer look at the Temple builder in 1 Esdras", in: dies., *Rewriting* 91–126; S. GRÄTZ: *Das Edikt des Artaxerxes* (BZAW 337), 2004. **Zu (b):** T. SANDOVAL: „The strength of women and truth. The Tale of the Three Bodyguards and Ezra's prayer in First Esdras', *JJS* 58, 2007, 210–227; D. BÖRNER-KLEIN: „Der Wettstreit der drei Leibwächter des Darius und die Figur des Serubbabel", in: Hirschberger, *Hell.-jüd. Literatur* 173–181.
Handschriften: LXX-Codices A, B (hier weniger gut) und Minuskeln; **lat.:** Amiens (10.Jh.) und viele andere; Alternativfassung (sog. Vetus Latina, weil von Sabatier unter diesem Namen ediert): Paris (B. N. 111, 10.Jh.); Vercelli (Ms. 22, 12.Jh.); Details bei de Bruyne (1.4.2) S. XL–XLIII mit Variantenapparat. **Syr.:** Mailand, Ambrosianus B 21 inf. (6./7. Jh.); London, BM 14446 (7.Jh.).
Titel in den Handschriften: Ἐσδρᾶς[128] bzw. Ἐσδρᾶς ὁ ἱερεύς. Im Gegensatz dazu geben andere, spätere Esra-Schriften ihrem Eponym den Titel „Prophet".[129] Syr.:

---

128 Die Schreibweise *Esdras* (mit zusätzlichem *d*) hat den Zweck, stimmhafte Aussprache des *s* zu markieren (aram. עזרא). Man hätte gr. wie lat. auch *Ezras* transkribieren können; doch ist die Konsonantengruppe -*zr*- ungebräuchlich; *z* wird in antikem Griechisch nur vor Vokalen und vor stimmhaften Konsonanten geschrieben.

ktābā qadmājā d-ʿEzrā („1. Buch Esra"). **Andere Benennungen:** *3Esr.* (*liber tertius Esdrae* als Vulgata-Anhang zwischen Apk und *4Esr.*), *2Esr.* (in der äthiop. Bibel), modern: *Greek Ezra, Apocryphal Ezra*. In der Vulgata und bei Spinoza (*Tractatus* 10,23.31–36) hingegen heißt Esr MT *1.Esra* und Neh *2.Esra*.[130]

Neuere kritische Ausgabe: Septuaginta (Rahlfs) I 873–903; Septuaginta (Göttingen) 8/1: *Esdrae Liber I* (R. HANHART) 1974 (1991). **Syr.:** *VTS* 4/6, sechste Zählung (W. BAARS/J. C. H. LEBRAM) 1972.[131] **Lat.:** Vulgata (ed. W./G.) 1910–1930.

Textanfang (a): Καὶ ἤγαγεν Ἰωσίας τὸ πάσχα (Anknüpfung bei 4Kön 23,21). **Textschluss (a):** καὶ ἐπισυνήχθησαν. Lat. länger: *Et congregati sunt universi in Jerusalem celebrare laetitiam secundum testamentum Domini dei Israel*. Das eine ist kein klarer Anfang, das andere kein klarer Schluss. Das Ganze macht einen provisorischen Eindruck und ist in der kanonischen Fassung tatsächlich auch ersetzt worden, unter Verzicht auf Text (b). **Textanfang (b):** Καὶ βασιλεὺς Δαρεῖος ἐποίησεν; **Textschluss (b):** 4,63 καὶ ἐκωθωνίζοντο μετὰ μουσικῶν καὶ χαρᾶς ἡμέρας ἑπτά oder 5,3: συναναβῆναι μετ' ἐκείνων.

Wortindex: Siglum bei Hatch/Redpath: „I Es.", wo aber die Paralleltexte in Esr/Neh MT nicht mitverglichen werden; dies wird nachgeholt bei T. MURAOKA: *A Greek-Hebrew/Aramaic Index to I Esdras* (SBL.SCS 16), 1984.

Alte Übersetzungen: lat. (2 Fassungen, s. o.); syr. (nach BM 14446: de Lagarde 138–162; nach Cod. Ambrosianus: *VTS*, s. o.); arm. (Zōhrapean 290–300), äth. (Schürer/V. 715). **Gr. Paraphrase** bei Josephus, *Ant*. 11, 1–158; dem Teil (b) entsprechen dort §§ 33–66 bzw. 67. – Mittelalterlich-**hebr.** Paraphrase nach der Vulgata in *Josippon* 7 (Börner-Klein 176 f.).

Synoptische Tabelle der Übereinstimmungen mit 2Chr und Esr/Neh: Pohlmann 377; vgl. Schürer/V. 709; deSilva 284. Es entsprechen sich:

1Esr.	Hebräische Bibel	*1Esr.*	Hebräische Bibel
1	2Chr 35–36	6	Esr 5,1–6,12
2,1–11	Esr 1	7	Esr 6,13–22
2,12–26	Esr 4,7–24	8	Esr 7,1–10,5
3,1–5,6	–	9,1–36	Esr 10,6–44
5,7–70	Esr 2,1–4,5 (vgl. Neh 7,6–73)	9,37–Ende	Neh 7,73b[132]–8,13
5,71	Esr 4,24 (Alternativformulierung)		(LXX 2Esr. 17,73b–18,13).

Genauere Tabelle, zugleich detaillierte Inhaltsübersicht, bei Myers 3 f.

---

129 Sein biblischer (und historischer) Titel „der Schreiber" tritt dahinter zurück. Einen Übergang zwischen beiden Rollen kann man sehen in dem Ps.-Esra-Zitat bei Justin, *Dial*. 72 (s. u.).
130 Zu diesen beiden kanonischen Büchern (er geht stets nach der Hebräischen Bibel) bemerkt er noch, beide seien erst nach dem Makkabäeraufstand entstanden und trotzdem im masoretischen Text voll von Übermittlungsfehlern.
131 Das Esr/Neh-Buch, wie es auch die Hebräische Bibel hat, findet sich hingegen in *VTS* 4/4, S. 1–24.25–57 der ersten Zählung.
132 Viele Bibeln zählen diesen Versteil, Datumsangabe für das Folgende, zu Recht als 8,1.

Früheste Zitate: Origenes; Cyprian (Schürer/V. 714); **früheste Erwähnung:** Clem.Al., Strom 1, 124 (ebd.).

Ähnliche oder ähnlich benannte Texte: Esr/Neh der Hebräischen Bibel (LXX 2Esr.) sowie die Esrabücher unter 2.5.1 und 7.4.4 – 6. Das kopt. *Jeremia-Apokryphon* 32 – 34 (7.3.2 c) enthält einen kleinen Esra-Midrasch. Justin, *Dial*. 72,1 bietet ein zehn Zeilen langes Ps.-Esra-Zitat (lat. bei Lactantius, *Inst*. 4, 18,22; vgl. Harnack I 850; Kraft 137 f.141 f), das an Neh 9 anknüpft und übrigens gefolgt ist von einem ebenso obskuren und doch wohl christlich interpolierten Ps.-Jeremia-Zitat (*Dial*. 72,2). Der ganze Kontext sind christliche Anreicherungen der Septuaginta, wie sie damals noch stattfanden, alsbald aber unterblieben (Siegert, *Septuaginta* 356 f). – Ein hebr. *Buch des Serubbabel* bei Jellinek, *BHM* 2, 55 – 57 (und xxIf); dazu Börner-Klein 178 – 180. Vgl. L. Navtanovich: „The Slavonic Apocryphon of Zorobabel" in: DiTommaso/Böttrich, *Apocrypha* 303 – 335.

Textsorte insgesamt: Geschichtsbuch in biblischer Tradition; darin **(b)** Anekdote, im Typ ähnlich der von 3.3.2 (Befragung des Weisen unter Umkehrung des Altersverhältnisses).

Zählung: 9 Kapitel, z. T. sehr lang; Verszahlen zwischen den Ausgaben abweichend und ebenfalls zwischen den Übersetzungen. – **Gliederung** durch gelegentliche Datumsangaben oder auch nur „und danach", wie in den Chr-Büchern. Eingestreute Dokumente s. u.

Literarische Integrität: vgl. „Textanfang". Das Hauptproblem für historische Benutzung ist, wie auch bei Esr/Neh MT, die chronologische Konfusion (Schürer/V. 709); Artaxerxes liegt nicht zwischen Kyros und Darios.[133] Eine Absicht wie die in 2.1.7 c erwähnte, dass nämlich die Leser auf das Fiktive des Berichts hingewiesen werden sollen, ist hier weniger wahrscheinlich als ein schlichtes Versehen: Unbekümmert um Chronologie und Identitäten war es der zunächst mündliche Text **(b)**, der in 4,47 die Meinung bietet, Darios sei es gewesen, der den Israeliten die Heimkehr in ihr Land genehmigte. Diese wurde beim Einbezug in **(a)** nicht korrigiert; 4,6 zeigt lediglich eine Absicht der Redaktoren, das nunmehr zu Überliefernde nach oben anzupassen. Die Nichtakzeptanz dieses Anachronismus, der Jes 45,1 widerspricht, mag ein Grund gewesen sein, dass dieses Buch von der jüngeren, schließlich kanonisch gewordenen Fassung ersetzt wurde. – **Zu (b):** Eine typische Glosse, im Text einige Worte zu spät erscheinend, ist in 4,13 „das ist Serubbabel". – Die **textliche Integrität** ist v. a. in (a) gering; Listen von Konjekturen diverser Ausgaben in *Septuaginta deutsch.E* 112 f.139.141.

Biblischer Bezug: (a) noch wenig; hier wird Bibel fortgesetzt – das aber in ausdrücklicher Erfüllung dessen, was „im Buch Moses, des Mannes Gottes" vorgeschrieben ist (5,48). – Text (b) erweist seinen separaten und sogar außerjüdischen

---

[133] Selbst die Annahme einer Verwechslung von Artaxerxes mit Xerxes (dem Ahasver des Est-Buches; s. 2.1.5) würde das nicht beheben. – Darios hat lediglich das Rückkehrdekret des Kyros wiederholt.

Ursprung daran, dass er sich nicht an den biblischen Kyros (Jes 45,1) anschließt, sondern an den in Persien populäreren Darios.

Historischer Bezug: Teil (a) Ereignisse der Jahre 597–458 v. Chr. (Schürer/V. 709), dazu das undatierbare Ideal-Ereignis von Neh 8. Als Tag der Vollendung des Tempel-„Hauses" wird in 7,5 der 23. Adar im 6. Jahr des Darios angegeben, im Gegensatz zu 2Esr (= Esr MT) 6,15: „3. Adar" desselben Jahres. – Zu Teil (b) Schürer/V. 713: Persischerseits haftete diese Anekdote an Darios (423 – 405/4 v. Chr.), ehe sie durch zwei Elemente judaisiert wurde, nämlich die judäische Herkunft der drei Pagen und die Belohnung mit der Rückkehr nach Judäa.

Quellen und Vorlage zu (a): Hier dürfte der Schlussteil einer früheren Fassung von 2Chr übersetzter Form vorliegen (Schürer/V. 711f), also eine von mehreren Bemühungen, das ChrG fortzusetzen. Zu Vertauschungen der Könige Xerxes und Artaxerxes, die zwischen dem hebr. und dem gr. Est-Buch stattfinden, s. u. 2.1.5: Hier tradieren sich zwei unterschiedliche Auffassungen; die Richtung im Detail wäre noch zu bestimmen. – Für (b) s. vorige Rubrik. – **Dokumente** werden zitiert in 6,7–21.23–25.26–33; 8,9–24; sie sind als aram. Text auch im kanonischen Esr/Neh-Buch erhalten als Esr 5,6–17 (kürzer); 6,3–5.6–12; 7,11–26. Sie können bis auf gewisse Nachbesserungen für echt gelten, am wenigsten allerdings das letzte und interessanteste, wonach die Tora in der neuen persischen Provinz Jehud (so wird sie auch auf Münzen genannt) zum geltenden Gesetz proklamiert worden wäre; Albertz, *Religionsgeschichte* 497 nennt sie „stilisiert". – Von anderer, hier nicht zu erörternder Herkunft sind Namenslisten: 5,7 ff; 8,28 ff; 9,18 ff.43 f, auch diese hebräisch erhalten.

Hebraismus des Beginnens mit „und" sowie kurzer, wenig strukturierter Sätze. Hier wurde das Hebräische (wovon wir eine andere Fassung ja noch haben) Satz für Satz wiedergegeben, wie in der Septuaginta allgemein üblich, syntaktisch also sklavisch, jedoch in verhältnismäßig freier Wortwahl. Sätze wie 1,22 sind trotzdem (und unter Einbezug aller Varianten) unverständlich. – In **(b) Aramaismen:** Zwar auch Beginn mit „und", doch folgt das Verb erst später. Anderes ist gemeinsemitisch: ἕτερος πρὸς τὸν ἕτερον (3,4) entspricht hebr. *ze el ze* (so jedenfalls in Jes 6,3).[134] Am Ende (4,63) wird ein *d*- (hebr. *ašer*)-Nebensatz ganz besonders plump so wiedergegeben: οὗ ὠνομάσθη τὸ ὄνομα αὐτοῦ ἐπ' αὐτῷ, ehe dann im selben Satz das seltene, gewählte Verb κωθωνίζεσθαι „schmausen" begegnet,[135] gefolgt von einem der wenigen Vorkommen des Wortes μουσικός (vgl. Dan 3,5; 7,10.15 und sonst nur wenige Stellen). Das ist im **Griechischen** der typische Hybridstil der Septuaginta-Übersetzer. Zum Übersetzungskolorit, durchsetzt mit Fachausdrücken des Hoflebens, passt subliterarische Sprache mit Verbformen wie ἐφάγοσαν

---

134 Der Prophetentargum hat dort etwas verändert; dort steht: *den mid-den*; vgl. aber wörtlich *den l*ᵉ*wat den* in Ex 14,20.
135 Dieses ist, wie auch κώθων „Gelage", beschränkt auf Est 3,15; 8,17; *3Makk.* 6,31 und unsere Stelle.

und ἐπίοσαν (3,3).[136] Andrerseits stehen den Übersetzern Fachausdrücke zu Gebote wie ἀντίγραφον („Kopie"), βιβλιοφυλάκιον („Archiv"), ὀνοματογραφία („Personenliste"), δογματίζειν („einen Erlass ausgeben"), προσφωνεῖν („vorsprechen" sc. vor dem König), μεριδαρχία „Teilherrschaft" (1,5.12; 5,4; 8,28; ein Teil des Perserreiches ist gemeint), ἱερόδουλος („Tempelsklave"), ἀναγνώστης („Vorleser" der Tora – hier für Esra) – teils *hapax legomena* dieses Buches, teils nur in nahe verwandten Texten wie dem *1Makk.* und sonst außerhalb des Kanons, aber innerhalb hellenistischer bzw. christlicher Literatur zu finden. Ein Nachschlagen der semitischen Äquivalente bei Muraoka, *Index* ergibt Schlaglichter auf die Kulturgeschichte: Im Falle von ἀντίγραφον findet sich dort aram. *paršenen*, ein Lehnwort aus dem Persischen. Die anderen Ausdrücke existieren zwar im Aramäischen, *natin* für einen Tempelsklaven sogar schon im Hebräischen, aber meist als wechselnde Ableitungen oder als Composita *ad hoc* aus mehreren Wörtern; d. h. die eigentlichen Termini standen erst im Griechischen zur Verfügung. Das ist typisch für die sprachliche Situation zur Zeit der Übersetzer, ist auch bezeichnend für ihre Leistung. Mitunter haben sie sich Präzisierungen zugetraut, etwa bei ἀναγνώστης, wo die Vorlagen einfach nur hebr. *sofer* bzw. aram. *safar* hatten.

Abfassungszeit des hebr. Originals von (a) jedenfalls vor seiner gr. Übersetzung, die vor seiner hebr. Überarbeitung liegt; gr. Fassung: 2.Jh. v.Chr. – **Ort:** Judäa, vermutlich Jerusalem. Ein Wort wie βᾶρις in der Bedeutung „Festung" (6,22) ist auf Texte Palästinas beschränkt (Siegert, *Septuaginta* 41).

Abfassungszweck: Fortsetzung der Geschichte Israels, insbes. Fortschreibung des ChrG. Dabei auch leichte Geschichtskorrektur: In (a) wie (b) geht es darum, die Rolle des Davididen Serubbabel beim Neubau des Tempels in den Vordergrund zu rücken. Er soll (wie im ChrG David) als Erbauer des Tempels gelten.

Rezeption: Dass *1Esr.* überhaupt überliefert ist, muss daran liegen, dass die gr. Übersetzung in der Diaspora bereits rezipiert war, ehe Teil (a) revidiert und zum masoretischen Esr/Neh-Buch erweitert wurde. Zeuge dafür ist, was das Griechische betrifft, Josephus, der in *Ant.* 11, 1–158 dieses Buch insgesamt nacherzählt, mit freihändigen Berichtigungen (Austausch von „Artaxerxes" gegen „Kambyses" u. a. m.; Schürer/V. 714), womit allerdings der historische Wert bei ihm noch weiter sinkt. Vermutlich geht die lat. Übersetzung – oder deren eine – gleichfalls auf das antike Judentum zurück und repräsentiert uns dasjenige *Esra*-Buch, das vom „biblischen" Judentum des Westens rezipiert wurde. Das jüngere, kanonische Esr/Neh-Buch hingegen ist eine Revision der hebr. Vorlage von Teil (a) (Siegert, *Septuaginta* 80), und *2Esr.* LXX ist deren Neuübersetzung in einer Zeit wohl erst nach 70 n.Chr. (vgl. Zeittafel ebd. 42).

---

136 Letztere wohl auch Anspielung an die Trunkenheit. Josephus konnte diesen Text so nicht übernehmen; er *musste* ihn paraphrasieren.

Die griechische Kirche hat dieses Buch in ihrer Septuaginta, wo es passenderweise vor seiner Überarbeitung, die dort als *2.Esra* gezählt ist (= Esr/Neh MT), Platz fand. Die Vetus-Latina-Fassung dieses Buches führte eine Schattenexistenz, bis die Druckausgaben der nachtridentinischen Vulgata einen überarbeiteten Text als *Liber tertius Esdrae* in den Anhang gesetzt bekamen (nachdem Esr und Neh als *1.2 Esdras* bereits hinter den Chr-Büchern ihren Platz gefunden hatten), zusammen mit dem *Gebet Manasses* (2.1.3) und dem *4–6Esr.* (Vulgata: *4Esr.*). Spinoza, *Tractatus* 10,26 bemerkt, dass das kanonische Esr/Neh-Buch im überlieferten Textbestand seinerseits pseudepigraph sein muss, denn in der Genealogie Neh 12,11 ist auch Jadduaʻ, ein Hoherpriester der Alexanderzeit, erwähnt. – Der erzählenden Phantasie hat Esra, ob kanonisch oder nicht, wenig gegeben. Über sein Leben und Ergehen gibt es in unserem Material keinen Midrasch, und der *Synekdēmos* hat ihn nicht im Register. Bildliche Darstellungen Esras sind selten (Bocian 116).

1.4.2 Das *1.Makkabäerbuch*, letzter Band einer hebräischen Geschichte Israels

Mit dem folgenden Text verlassen wir den Zeitrahmen dessen, was Hebräische Bibel wurde. Der hohe Respekt der Judäer für ihre heiligen Bücher hat es ihnen in der Zeit, als diese bereits für die Diaspora übersetzt wurden, nicht leicht gemacht, ihnen etwas hinzuzufügen. Josephus, *C.Ap.* 1, 37–46 vertrat zur Zeit des beginnenden Rabbinats (Ende 1.Jh. n.Chr.) die auch dort herrschende Auffassung, dass die auf die Tora folgenden Bücher (rabbinisch: die „Vorderen Propheten") jeweils Propheten zu Autoren hatten und man infolge dessen selbst Prophet zu sein habe, um sie fortzusetzen.[137] Nachdem er selbst gegenüber Vespasian eine Prophetie geäußert hatte, die sich erfüllte (nämlich dass er Kaiser werden würde – Philons Neffe Tiberius Julius Alexander hat sie tatkräftig erfüllen helfen – Josephus, *Bell.* 4, 616–629), mochte er sich hinreichend qualifiziert fühlen, sagt es allerdings nie selbst, sondern kann nur auf Anerkennung hoffen – die ihm von jüdischer Seite versagt blieb.

Zweihundert Jahre vor ihm und gewissermaßen „außer Konkurrenz" hatte die jüdische Diaspora bereits begonnen, beizutragen zur schriftlichen Geschichte Israels: Verborgen im *2Makk.* ist ein sogar namentlich bekannter Geschichtsschreiber, der aber erst später zu behandeln sein wird, weil er Griechisch schrieb (3.4.1). – Wenig jünger als er ist nun jener Judäer, der in hebräischer Sprache ein Geschichtswerk verfasst hat, wovon sich der Urtext jedoch nicht erhielt, während die griechische Übersetzung als *1.Makkabäerbuch* Bestandteil der (kirchlichen) Septuaginta wurde.[138]

---

[137] S. Mason (und R. Kraft): „Josephus on Canon and Scriptures", in: Sæbø, *Hebrew Bible* 217–237.
[138] Auch die Qumran-Funde haben an dieser merkwürdigen Überlieferunglage nichts geändert, wie bei der antihasmonäischen Grundhaltung dieser Sezessionisten auch nicht verwundert. Ihre eigene Geschichte zu schreiben und sie dagegen zu setzen, sahen die Essener keinen Anlass, lebten sie doch in der Vorläufigkeit einer fehlgeschlagenen Tempelreform.

Zu den Namen und zum Sprachgebrauch: Von „Makkabäern" im Plural ist überhaupt nur in christlichen Texten die Rede,[139] u.z. in Bezug auf:

a) Judas Makkabäus und seine Brüder Joḥanan, Šimʿon, Elʿazar, Jonatan,[140] insgesamt fünf, sämtlich Helden des Widerstandskrieges gegen die hellenistische Überfremdung 175–164 v. Chr., des Hauptgegenstandes des *1Makk.*;
b) sieben namenlose Söhne einer namenlosen Mutter, die, zusammen mit dieser und mit einem Schriftgelehrten namens Elʿazar[141] wehrlos umgebracht wurden, weil sie sich weigerten, Schweinefleisch zu essen – Gegenstand von *2Makk.* 6–7 und *4Makk.*

Jüdische Quellen nennen nur Judas Makkabäus selbst mit diesem Namen, seine Familie jedoch „Hasmonäer"; so auch die Geschichtsschreibung seither. Was die durchaus legendäre Personengruppe (b) betrifft, so sind sie in jüdischen Quellen anonym; nur in christlichen Texten heißen sie „die makkabäischen Brüder". Hieronymus, der sonst so gut informierte, ist der erste, bei dem sich die christliche Verwechslung der Personengruppen (a) und (b) textlich niederschlägt (s. u. 6.5.3). Bei den Rabbinen bleibt Gruppe (b) anonym; sie fällt unter die Sammelbezeichnung *haruge malchut* („Getötete der Herrschaft").

Das nun zu behandelnde Werk verherrlicht Gruppe (a), und nur diese. Es ist die historische und implizit auch theologische Begründung des Königtums der Hasmonäerdynastie, einer Familie von Priestern (nämlich Aaroniden) und bald auch Priesterkönigen, die von der Geschichtsschreibung so benannt wird nach einem ihrer Vorfahren, der den Zunamen Ḥašmon trug (*1Makk.* 2,1; Josephus, *Bell.* 1, 19.36; *Ant.* 12, 265). Von dessen Abkömmling Mat(tat)hias stammen die hier gefeierten fünf Söhne, deren mittlerer, *Jehuda Maqqavai* (hebr. *Maqqavi*), gr. Ἰούδας Μακκαβαῖος, lat. *Judas Maccabaeus*, unter ihnen führend war. Er hat in den bürgerkriegsähnlichen Wirren um die Kultreform von 175–164 v. Chr. diejenigen Milizen angeführt, welche die Rücknahme der Änderungen und die Wiedergeltung der Kulttora zu erkämpfen vermochten.

Für die Folgezeit ist ein sprachlicher Unterschied bezeichnend. Der Titel, den die Hasmonäerkönige ab der Folgegenerationen von seleukidischer Seite erhielten und der nachmals von Rom aus auf Herodes und einige seiner Nachkommen übertragen wurde, ist nicht der messianische Titel „König Israels" (der nur einem Davididen zugekommen wäre), sondern „König Judäas" oder „König der Judäer" (so dann auch die als bitterer Spott gemeinte Aufschrift auf dem Kreuz Jesu). Wenn nachmals Josephus die Führungsrolle der Priesterschaft im judäischen Gemeinwesen als „Theokratie" bezeichnet (*C.Ap.* 2, 165), was zu vielfacher Übertragung auf die Hasmonäerzeit veranlasst hat, so ist da ein Moment von Gewaltenteilung überspielt, das die Tora in

---

139 Lit.: Ziadé, *Martyrs* 55 Anm. 116. Vgl. unten 3.4.3 und 6.5.3.
140 So *1Makk.* 2,3–5. – Dass Männernamen in Jesu Familie und Jüngerschar oft Namen dieser Brüder sind, ist Nachwirkung der Makkabäergeschichte, allerdings v. a. der mündlich weitergegebenen.
141 Dieser Name ist symbolisch für einen idealen aaronitischen Priester: *EpArist.* 1.33 u.ö. (4.1.); *3Makk.* 6,1.16. Hier soll es sich um einen Schriftgelehrten handeln.

ihrer Trennung der Rollen Moses und Aarons schon innerhalb einer zum Priestertum bestimmten Sippe vorgesehen hatte (Ex 28; Lev 8–10) und das ein Legitimationsproblem der Hasmonäer zeit ihres Herrschens gewesen ist (s.u. „Theologisches").

Anfangs erhielten die Hasmonäer Unterstützung durch Gruppen von „Frommen", im Text: Ἀσιδαῖοι: 2,42; 7,13; vgl. *2Makk.* 14,6 (3.4.1). An erstgenannter Stelle sind sie übrigens von militantem Charakter; ein Vergleich mit neuzeitlichen Ḥasidim wäre voreilig. Zur Vorgeschichte der hier berichteten Ereignisse, ohne welche sie überhaupt unverständlich und unmotiviert bleiben, müssen andere Quellen herangezogen werden; s. u. 3.4. Elias BICKERMANN: *Der Gott der Makkabäer* (1937 u.ö.; engl. 1979) hat aus *1.2Makk.* und aus Josephus erwiesen: Am Anfang stand eine vom Jerusalemer Priesteradel selbst ausgehende, nach hellenistischem Geschmack ausgerichtete Kultreform. Dass ein verrückt gewordener Grieche den nichtsahnenden Judäern auf einmal zugesetzt hätte, ist eine sehr derbe Geschichtsklitterung, die schon innerjüdisch widerlegt wird durch den Umstand, dass in *1Hen.* 90,6–19, einer aus ziemlich frischem Erleben geschriebenen Allegorie auf diese Ereignisse (s.u. 1.5.1), die Rolle des Antiochos nicht auszumachen ist.[142]

Ergebnis der zunächst internen Kämpfe war die Verdrängung der bisherigen Hohenpriesterfamilie – es ist die der Oniaden, der Simon „der Gerechte" angehört hatte (1.3.1) – durch eine andere, welcher es in der (hier nicht mehr berichteten) Folgezeit auch gelang, in Abstimmung mit Antiochien den Königstitel zu erlangen. Im weiteren, nur noch durch Josephus bekannten Verlauf der Ereignisse zeigte sich eine Ironie der Geschichte: Mit demonstrativer Toratreue hatte die Familie der Hasmonäer die Macht erreicht, wurde dann aber rasch doppelgesichtig und ging zu einer rein hellenistischen Machtpolitik über, auch nach innen, welcher die Essener, wie aus den Qumran-Schriften bekannt ist, sich widersetzten, und nicht sie allein. Die damals sich bildende Gruppierung der Pharisäer wurde nach anfänglichen Protesten gegen unpriesterliches Verhalten der neuen Herrscher erst durch Mitwirkungsangebote der Königin Alexandra/Šelamṣion (vgl. oben 1.2.2) gewonnen und in einen Kompromiss eingebunden. Was sich im Neuen Testament und bei Josephus dann „Sadduzäer" nennt, könnten vormals die Parteigänger der hasmonäischen Theokratie gewesen sein. Das *1Makk.* ist ein fast so deutliches Abbild ihrer Gesinnung, wie die *PsSal.* (1.3.3) ein Abbild der pharisäischen waren.

---

142 Eher kann man in dem „Widder" Judas Makkabäus erkennen als unter den vielen Raubvögeln. – Hieran knüpft sich ein Treppenwitz der Weltgeschichte: Für verrückt galt Antiochos IV. dem Historiker Polybios (Buch 26, Frg. 10, aus Athenaeos 439 A) durchaus, und er nennt ihn statt Epiphanes einen *Epimanes* – weil er es unbeschreiblich findet, wie der König sich in den Tavernen „mit Trommel und Dudelsack" mit dem niederen Volk gemein machte. – Ist es wohl ein Zufall, dass das Wort συμφωνία für das hier gemeinte mehrstimmige Blasinstrument zeitgenössisch auch als Fremdwort in Dan 3,5.10.15 begegnet? Da hatte man nun, zumal Epiphanes auch gegenüber Rom in Misskredit gefallen war, einen Verlierer der Weltgeschichte zur Verfügung, dem sich von allen Seiten Missliebiges andichten ließ. Das Getöse am babylonischen Hof des *Daniel*-Buches – hier haben wir seinen „Sitz im Leben" in Judäas unmittelbarer Nachbarschaft.

Vom ruhmlosen Ende ihrer Herrschaft war unter 1.3.3 schon die Rede. Dass im Rabbinat von ihnen nur wenig die Rede ist und dass das *1.Makk.* im hebräischen Original nicht überliefert wurde, liegt an den Peinlichkeiten der Folgezeit; s. Arenhoevel, *Theokratie* XIX.

Innerhalb der hebräischen Literatur endet mit diesem Buch eine schriftstellerische Tradition. In hebräischer oder aramäischer Sprache ist bis zur Neuzeit kein Geschichtswerk mehr überliefert, seit die aramäische Erstfassung von Josephus' *Bellum* (von ihm erwähnt in seinem griechischen *Bell.* 1, 6) verloren ging. In talmudischer Zeit, vielleicht auch erst danach, entstand eine chronologische Aufstellung all dessen, was der Talmud an historischen Notizen erhält, der *Seder 'olam rabba'* mit einem Seitenstück, *Seder 'olam zoṭa'*, einer Generationenliste anhand eponymer Personen von Abraham bis zum letzten davidischen Exilarchen Babylons.

Schürer/V. 180 – 185; vgl. ebd. I 17 – 19.
Einleitung und Übersetzung: JSHRZ I/4 (K.-D. SCHUNCK) 1980; dazu VI/1,1 (MITTMANN-RICHERT) 20 – 39; Inhaltsangabe 20 f; Gliederung 21. **Inhaltsangabe** z. B. bei Nickelsburg.
Einleitung: Hengel 511 – 550; Nickelsburg 102 – 106; H. Attridge in: Stone, *Writings* 171 – 176; deSilva 244 – 279. **Anmerkungen:** *Septuaginta deutsch.E* 1353 – 1375.
Übersetzung: *Septuaginta deutsch* 663 – 694 sowie in Bibeln mit Apokryphen. – Neuere **Kommentare:** J. BARTLETT (Übers., Komm.): *1 Maccabees*, 1998; U. RAPPAPORT (Übers., Komm.): *Sefer Maqqavim A*, 2004 (hebr.). Wichtig für die implizite Theologie bleibt Arenhoevel, *Theokratie* (0.9.5).
Literatur: Lehnardt Nr. 1687 – 2168; vgl. Williams (nächste Rubrik) 181 – 184. Vorschlag einer hebr. Rückübersetzung der poetischen Partien bei G. NEUHAUS: *Studien zu den poetischen Stücken im 1.Makkabäerbuch* (FzB), 1974, bes. 52 – 75. Dort S. 47 auch Hinweis auf Missverständnisse des Hebr. beim Übersetzen ins Griechische.
Forschungsbericht 1975 – 2000: D. WILLIAMS: „Recent research in 1 Maccabees", *Current Research: Biblical Studies* 9, 2001, 169 – 184. – **Sammelband** zu *1 – 4Makk.*: Xeravits/Zsengellér, *Maccabees;* zu *1.2Makk.*: D. MENDELS: „Memory and memories. The attitude of 1 – 2 Maccabees toward Hellenization and Hellenism", in: L. LEVINE/D. SCHWARTZ (Hg.): *Jewish Identities in Antiquity* (TSAJ 130), 2009, 41 – 54. – **Neuere Studien:** Gruen, *Heritage* 1 – 40; E. HAAG „Die Theokratie und der Antijahwe nach 1 Makkabäer 1 – 2", *TThZ* 109 (2000), 24 – 37; B. NONGBRI: „The Motivations of the Maccabees and Judean Rhetoric of Ancestral Tradition", in: Bakhos, *Ancient Judaism* 85 – 111; E. NODET: *La crise maccabéenne. Historiographie juive et traditions bibliques*, 2005; M. MARCIAK: „Antiochus IV Epiphanes and the Jews", *Polish Journal of Biblical Research* 5, 2006, 61 – 74; L. ZOLLSCHAN: „Justinus 36.3.9 and Roman-Judaean diplomatic relations in 161 BCE", *Athenaeum* 96, 2008, 117 – 152 [zu 1Makk 8,17 – 32]; V. PARKER: „Judas Maccabaeus' Campaigns against Timothy", *Biblica* 87, 2006, 457 – 476; Th. HIEKE: „The role of 'Scripture' in the last words of Mattathias (1Macc 2:49 – 70)", in: Xeravits/Zsengellér, *Maccabees* 61 – 74; F. REITERER: „Die Vergangenheit als Basis für die Zukunft. Mattatias' Lehre für

1.4.2 Das *1.Makkabäerbuch*, letzter Band einer hebräischen Geschichte Israels — 181

seine Söhne aus der Geschichte in 1Makk 2:52–60", ebd. 75–100; M. HIMMELFARB: „'He was renowned to the ends of the Earth' (1Macc 3:9). Judaism and Hellenism in 1 Maccabees" (2008) in: dies., *Essays* 235–254. – **Monographie über Antiochos IV.:** P. F. MITTAG: *Antiochos IV. Epiphanes. Eine politische Biographie* (Klio, Beihefte, N.F. 11), 2006 (bes. S. 225–281: „Der Konflikt in Judaia"). Mehr zur Hasmonäergeschichte insgesamt s. u. 3.4.1. – Zur **Wiederbelebung des Hebräischen** unter den Hasmonäern: S. SCHWARTZ: „Hebrew and Imperialism in Jewish Palestine", in: Bakhos, *Ancient Judaism* 53–84.

Handschriften: LXX-Cod. A, S, V u. a. (nicht B); **Erstausgabe:** mit der Septuaginta. **Lat.:** Cod. Amiatinus[143] (frühes 8.Jh.) u. a. für den Text der Vulgata; andere lat. Fassungen in Lyon, Madrid, Paris (jeweils 9.Jh.), Bologna (11.Jh.); de Bruyne (nächste Rubrik) XIIf. **Syr.:** Mailand, Ambrosianus B 21 inf. (6./7. Jh.); London, BM 14446 (7.Jh.).

Titel des Buches: Von dem ursprünglichen Titel ist nur die entstellte Transkription ΣΑΡΒΗΘΣΑΒΑΝΑΙΕΛ o. ä. erhalten (Euseb, *H.e.* 6, 25,2, aus Origenes; auch Ioseppos [8.1.2] 25; vgl. Anm. in der Ausg. Menzies); gr. τὰ Μακκαβαϊκά (ebd.).[144] Da das Psalmenbuch ebd. ΣΦΑΡΘΕΛΛΕΙΜ heißt, vermutet man auch hier einen mit ΣΦΑΡ- beginnenden Titel (hebr. *sefer*, aram. vokalisiert); ΒΗΘ wäre „Haus" (der Tempel? das Herrscherhaus?). Der Rest kommt dann wohl von Ḥašmonajje „Hasmonäer" (also hebr. *Sefer bet Ḥašmona'im*); doch gibt es noch zahlreiche andere Auflösungsvorschläge. – Der gr. Titel hat als ältesten Beleg Clem.Al., *Strom.* 1, 123,2: τὸ τῶν Μακκαβαϊκῶν. Als Septuaginta-Schrift trägt das Buch sodann den Titel Μακκαβαίων πρῶτον bzw. πρώτη oder ähnlich, erstmals bei Hippolyt, *Danielkommentar* 4, 3 (Ende); er zitiert: ἐν τῇ πρώτῃ βίβλῳ τῶν Μακκαβαϊκῶν ἀναγέγραπται („...ist aufgeschrieben"; das soll vielleicht nicht gleichrangig sein mit: ist geschrieben), womit bei ihm wie auch bei Origenes und bei Euseb bereits der Anschluss eines weiteren Makkabäerbuches (doch wohl *2Makk.*) bezeugt ist; vgl. Schürer/V. 183.535; Ziadé, *Martyrs* 31. – Im Lat. wird *Maccabaei, -orum* oft in mittelalterlicher Verschreibung als *Machabaei, -orum* wiedergegeben, ein Pseudo-Gräzismus.[145]

Neuere kritische Ausgabe: Septuaginta (Rahlfs) II 1039–1099; Septuaginta (Göttingen) 9/1: *Maccabaeorum Liber I* (W. KAPPLER) 1936 (1967, 1990). **Lat.** in den Vulgata-Ausgaben; zwei weitere Fassungen dazu synoptisch bei D. DE BRUYNE (und B. SODAR): *Les anciennes traductions latines des Machabées* (Analecta Ma-

---

[143] Dieser Codex, heute in Florenz, wurde in Jarrow oder Wearmouth (England) als Geschenk für den Papst gefertigt und ist der älteste annähernd vollständige Vulgata-Codex, auch einer der besten.

[144] Dieser Plural wird oft missverstanden, als sei von „den Makkabäerbüchern" die Rede (was man dann auf *1–2Makk.* bezieht); er meint aber „Makkabäus-Ereignisse" (i.S.v. Siege und Erfolge des Judas Makkabäus) und bezieht sich auf dieses eine Buch, das allein von allen vier „Makkabäer"-Büchern jemals einen hebräischen Titel hatte.

[145] So wie „Achatius" für *Akakios*. Auch Namen wie „Anthonius" und „Margaretha" sollten wohl besonders griechisch aussehen.

redsolana, 4), S. 4–101, Sp. 1–2. Vgl. *Biblia sacra iuxta Latinam Vulgatam versionem ad codicum fidem, cura et studio monachorum Abbatiae ponificiae sancti Hieronymi in Urbe edita,* nicht nummeriertes Faszikel: *Libri I-II Macchabaeorum,* 1995. **Syr.** VTS 4/4 (A. PENNA/K. D. KENNER), 2013, S. 2–139 der zweiten Zählung.
Textanfang: Καὶ ἐγένετο μετὰ τὸ πατάξαι; **Textschluss:** μετὰ τὸν πατέρα αὐτοῦ (beides nicht rhythmisch).
Wortindex: Siglum bei Hatch/Redpath: „I Ma."; die Makkabäerbücher kommen hinter *Daniel.* – Bibelstellenregister bei Neuhaus 263–277.
Übersetzungen: Alle alten Übersetzungen kommen aus dem Griechischen. Was sich „Vulgata" nennt, ist nur eine von mehreren konkurrierenden Vetus-Latina-Fassungen (dieses Buch hat keine Überarbeitung durch Hieronymus erfahren). **Syr.** nach Cod. Ambrosianus in *VTS* (s. o.); nach BM 14446 in de Lagarde 162–213 (mit einer nochmals verballhornten Transkription des einstigen hebr. Titels); vgl. „Literarische Integrität". **Arm.** bei Zōhrapean 339–362 (sehr frei). Es gibt auch eine hebr. Übersetzung nach der Vulgata, gefertigt in Deutschland ca. 1160–80 (Neuhaus 49) und eine arab. Bearbeitung von *1.2Makk* und einschlägigen Josephus-Passagen sowie eine 1671 für Missionszwecke gefertigte arab. Übers., wiederum nach der Vulgata.
Frühestes Zitat: Hippolyt s. o. „Titel", auch in *De Christo et Antichristo* 49 (aus 1,51) ohne Herkunftsangabe; lat.: Tertullian, *Adv. Judaeos* 4, 10. **Früheste Nennung** des Titels s. o. „Titel". **Früheste erkennbare Verwendung** schon bei Josephus: In *Ant.* 12, 240–13, 214 gibt er *1Makk.* 1,11–13,42 wieder, mit Vorwegnahme von 12,20 schon in *Ant.* 12, 225 f.
Ähnliche oder ähnlich benannte Texte: andere Makkabäerbücher s. 2.4.1; 3.4.1–3; andere Geschichtswerke jener Zeit s. u. „Quellen". Für eine gewisse Fortsetzung s. 3.6.2 c. – Eine mittelalterliche *Megillat Anṭiochos* (die Titel variieren), zusammengesetzt aus Motiven von *Est, ZusEst.* und *1.2Makk.* (sicherlich nach der Vulgata) und nur 5 Druckseiten lang, ist in aramäischen und hebräischen Fassungen erhalten in spanischen Maḥzorim (Sammlungen liturgischer Texte) zum Hanukka-Fest: Text hebr. bei Jellinek, *BHM* 1, 142–146 (vgl. XXV); aram. ebd. 6, 4–8 (vgl. VII-IX);[146] dt.: Wünsche II 186–192; Lit.: Schürer/V. 1, 116.
Textsorte: Geschichtsbuch im Überschneidungsbereich von biblischer Geschichte im Sinne von 1Sam–4Kön und pragmatischer Geschichtsschreibung des Hellenismus (etwa Polybios). Einschaltungen aus anderen (Klein-)Gattungen sind hierbei üblich, ja verlangt, insbes. Reden (2,7–13 u. ö., nicht sehr elaboriert). In 2,49–69 letzte Worte (vgl. 1.6.0) des Mattathias, zugleich Väterkatalog von Abraham bis zu den Helden des *Daniel*-Buches. Dokumente sind eingesetzt in 5,10 ff; 8,22 ff u. ö.; s. u. „Quellen". **Literarische Besonderheiten:** in 14,4 f gleitender Übergang vom Bericht in einen Psalm (**14,6–15**) in synonymen Parallelismen (gelegentlich

---

[146] Die allzu naiven Angaben in Bd. 1 (der Text sei, weil aramäisch, „sehr alt") werden hier korrigiert. Hier auch der Hinweis auf eine persische Fassung.

dreigliedrig);[147] dieser schildert die Friedenszeit unter Simon, dem ersten faktisch regierenden Hasmonäer[148] in leuchtenden messianischen Farben.[149]

Die o.g. Rückübersetzung der poetischen Stücke ins Hebräische durch Günter Neuhaus (in Umschrift) bietet folgende Partien (Teilverse hier nicht berücksichtigt):

1,25 – 28	3,3 – 9	4,38
1,36 – 40	3,45	7,17
2,7 – 13	3,50 – 53	9,21
2,44	4,24	9,41
2,49 – 68	4,30 – 33	14,4 – 15

und ermittelt dabei eine Fülle biblischer Anspielungen; s.o. „Wortindex", Bibelstellenregister.

Zählung: 16 (lange) Kapitel.

Gliederung: Einem Anfang mit καί folgt noch 11mal καί, ehe in 1,11 mit einer anderen Formel die eigentliche Erzählung beginnt; 1,1 – 10 sind also eine Art Prolog. Dieser zieht das Geschehen zwischen Alexander d.Gr. und Antiochos IV. derart zusammen, dass es scheint, die nunmehr zu berichtende Paganisierung des Kultes in Jerusalem sei dessen Initiative gewesen (vgl. Kopftext). – Der Hauptteil ab 1,11 lässt sich in Perioden gliedern: (1) eine Periode bis zum Tod des Antiochos und seiner Ablösung (6,17); wichtig ist darin in 2,1ff die Vorstellung der Hasmonäerfamilie und ihrer künftigen Helden. Es folgt, allerdings nur mit καί angeschlossen, (2) eine Periode danach mit Neubesetzung des Hohenpriesteramts aus der Hasmonäerfamilie, nämlich mit Judas' Bruder Jonathan (6,18 – 14,15). – Ein Schlussteil (14,16 – 16,22) berichtet von der sich festigenden Herrschaft der Hohenpriester Simon I.[150] und Johannes I. (Joḥanan Hyrkanos). Ein Verweis auf die Amtschronik des letzteren (16,23f) dient als Schluss. Details bei Nickelsburg 103.

Besser memorieren lässt sich der Inhalt anhand der handelnden Personen:

Kap. 1: das Problem der Überfremdung;
Kap. 2: Mattathias (der Vater der fünf Brüder) und sein politisches Testament;
3,1 – 9,22: Judas Makkabäus als Anführer seiner Brüder (Judas' Tod in einer Schlacht: 9,18 – 22);

---

147 Die Verszahlen in den gedruckten Bibeln passen öfters nicht dazu. – Die gr. Übers. hat in V. 6 – 8.10.12 – 14 Prosarhythmen hinzugebracht, oft sogar in beiden Halbzeilen.
148 Zu seiner durchaus militärisch ausgeübten Herrschaft gehörte damals die Ausdehnung des judäischen Staatsgebiets bis zur Erreichung eines eigenen Hafens, Joppe/Jaffa als „Zugang zu den Inseln des Meeres" (Griechenland).
149 Vgl. 3Kön 5,5; 4Kön 18,31; Mi 4,4. – Die Essener östlich Jerusalems auf dem Gebirge Judas sahen dieselben Ereignisse völlig anders, wie wir aus diversen Qumranschriften wissen; vgl. Schürer/V. II 587; Maier, „Israel" 60 – 63.
150 Neu gezählt innerhalb der Hasmonäer-Dynastie. Vorher, innerhalb der Zadokitenlinie, waren auch zwei Hohepriester dieses Namens zu unterscheiden (1.3.1). – Dass diese Ernennung durch einen Usurpator des Seleukidenthrones, Alexander Balas, geschah, hat diesem Amt nicht weiter geschadet. Man akzeptierte, dass damit die Hellenisierungspartei ausmanövriert war.

> 9,23–12,53: Jonathan; erhält nach einer Vakanz des Hohenpriesteramtes als erster Hasmonäer dieses Amt verliehen. Nach dessen Tod (beim Versuch, Ptolemais zu erobern) folgt:
> 13,1–14,3: Simon (sein Bruder, zweiter Hoherpriester dieser neuen Linie und erster seines Namens innerhalb derselben; von Antiochien und Rom trug er den Titel „Ethnarch")[151] poetische Einbettung (ursprünglicher Schluss?) 14,4–15: Nachricht vom erreichten Frieden, übergehend in einen messianischen Psalm.
> 14,16–16,22: Politische Konsolidierung: Simon erneuert den Bund mit Rom, auch mit Sparta usw.
> Der Schlussvermerk (16,23 f) bietet die Ankündigung der 3. Generation, nämlich des Joḥanan Hyrkanos.

Es ist möglich, dass das Buch ursprünglich (in „1. Auflage") bei 14,15 schloss, wenn nicht gar schon vorher; Josephus (s. o.) kennt bzw. benutzt es nur bis 13,42. Danach Folgendes kann nach und nach angehängt worden sein (wie bei Chroniken ja häufig geschieht) und ist für die Datierung des Erstentwurfs nicht maßgeblich. Vgl. Williams 172–174 und dens.: *The Structure of 1 Maccabees* (CBQ.MS 31), 1999 für weitere Strukturierungsvorschläge.

Literarische Integrität: Außer dem eben benannten Problem des anscheinend langsam weitergewachsenen Buchschlusses gibt es Echtheitszweifel betr. Kap. 8 und 12,1–32 (Williams 172). – Die syr. Handschriften bieten den Text in verschiedenen **Rezensionen.** Die jüngste (?) Untersuchung hierzu ist G. SCHMIDT: „Die beiden syrischen Übersetzungen des 1.Maccabäerbuches", *ZNW* 17, 1987, 1–47.233–262. Ein Vergleich mit den lat. und arm. Bearbeitungen ist noch nicht angestellt worden.

Biblischer Bezug: Gedanklich steht hinter dem Ganzen der Eifer des Pinhas (Num 22), zumal wo die Vernichtung der Gottlosen durch Judas Makkabäus „den Zorn [Gottes] von Israel abwendet" (3,8), sowie der Klagepsalm 79,1–4. *1Makk.* 4,24 zit. Ps 136,1 usw. – Der neu gebildete Psalm in *1Makk.* 14,6–15 (s. o.) vereint messianische Motive bis zurück zum Jakobssegen für Juda (der Name lässt an Judas Makkabäus denken!) in Gen 49,8–12. – Weitere biblische Vorbilder s. u. „Theologisches".

Historischer Bezug: Der Bericht deckt die Ereignisse in Judäa in der Zeit zwischen 175 v.Chr. (dem Beginn der versuchten Kultreform) und 135/134 v.Chr. (dem Tod des hasmonäischen Hohenpriesters Simon). Öfters werden textintern Daten angegeben: 4,52; 7,43; 16,14. Probleme bereiten hierbei die unterschiedlichen Datierungssysteme; es ist nicht immer die makedonische, sondern manchmal auch die babylonische Seleukidenära, die eine im Herbst 312, die andere im Frühjahr 311 beginnend (Hengel 178; Schürer/V. 181; vgl. I 17 f.127 f). Ist dies einmal festgestellt, ergibt sich daraus ein Vorteil für die Authentizität: Der Autor hat seine Dokumente nicht verändert und keine Umrechnungen vorgenommen (die fehlerhaft sein könnten).

---

[151] In 15,1 offiziell von Rom aus: „(Hoher-)Priester und Ethnarch der Judäer". Man nennt dies die makkabäische Theokratie.

1.4.2 Das *1.Makkabäerbuch*, letzter Band einer hebräischen Geschichte Israels — 185

Quellen bzw. **Vorlage:** Dank ausgiebiger Quellenbenutzung enthält das Buch etwa 20 Daten nach externer (hellenistischer) Chronologie; hier „vernetzt" sich die Geschichte Israels endlich mit der Weltgeschichte. Auf eine gewisse, selber quellenbedingte Inhomogenität in den Datumsangaben wurde eben schon hingewiesen. Dem Verfasser standen die Unterlagen des Hasmonäerhofes zur Verfügung, wobei er selbst erwähnt, dass man zunächst versäumt habe, die Großtaten des Judas Makkabäus aufzuschreiben (9,22). In 16,23 f erwähnt er die Hofchronik des Hasmonäerkönigs Johannes Hyrkan/Joḥanan Hyrkanos.[152] Weiteres bei Schunck 291 f (Lit.); insbesondere ist an Eupolemos zu denken (3.3.2), der in 8,17 ff (vgl. *2Makk.* 4,11) auch handelnd vorkommt. – Dokumente, die wohl schon Teil der Hofchronik waren, werden angekündigt und zitiert in:

5,10 – 13	10,18 – 20.25 – 45	12,20 – 23	14,27 – 45
8,22 – 32	11,30 – 37.57	13,36 – 40	15,2 – 9
10,3 – 5	12,6 – 18	14,20 – 23	15,16 – 21.

Zu letzterem Rundschreiben gibt 15,22 – 24 noch den genauen Verteiler. Wichtigstes unter den Dokumenten ist der „Freundschafts-" (Kooperations-) Vertrag mit Rom 8,22 – 32, zugleich Militärbündnis (συμμαχία), womit das judäische Staatswesen eine international anerkannte Souveränität erhielt. Zu diesem Zweck hatte Judas Makkabäus zwei Jerusalemer Aristokraten (sicherlich Priester), nämlich Eupolemos ben Joḥanan und Iason ben El'azar nach Rom entsandt.[153] Schon die Namen sind sprechend für fortschreitende Hellenisierung: Nach außen trug man griechische Rufnamen, denen meist nach innen hin etwas Hebräisches entsprach, mit und ohne Klangähnlichkeit (Iason z. B. ist intern ein Ješua'; s. Josephus, *Ant.* 12, 239). – In 12,1 – 4 schickt Jonathan eine Delegation nach Rom, die dort vor dem Senat spricht (das musste in flüssigem Griechisch gehen) und den Bündnisvertrag erneuert.

Details z. B. bei deSilva 252 f. Der angebliche Brief des Spartanerkönigs Areos in 12,20 – 23 ist unecht,[154] wie schon der (dort nicht passende) Hebraismus εἰρήνη für hebr. *šalom* erweist (ähnlich *2Makk.* 3,1). Auch weiß man: Die Herrschaft des letzten Spartanerkönigs, Nabis, endete 192 v. Chr. – Ein Beispiel übelwollender Verzerrung dürfte der nur referierte (was sowieso eine Warnung ist) Erlass An-

---

152 Eine Tempelchronik muss es daneben auch gegeben haben (Josephus, *C.Ap.* 1, 36); doch war diese schwerlich etwas anderes als eine genealogische Liste von Priesterehen (Siegert, „Einleitung" 41 f). Ins Griechische kamen diese Dokumente nur in der Form, wie *1Makk.* und *2Makk.* sie bieten. Josephus konnte dergleichen auch nur aus Vermittlungen erfahren, bei ihm v. a. durch Nikolaos v. Damaskus (3.6.2 c).
153 Letzterer ist nicht zu verwechseln mit dem Oniaden Iason, der von seinem Bruder Menelaos, dem Motor der Hellenisierung, verdrängt wurde (*2Makk.* 1,7; 2,23 und 4,7 ff). – Von Iason ben El'azar wird in *1Makk.* 12,16 und 14,22 ein Sohn genannt, Antipater, in gleicher Funktion wie er. Man sieht eine neue Elite sich etablieren.
154 Das hat Josephus, der Fiktionen dieser Art gern unterstützt, nicht davon abgehalten, den Brief anzuführen in *Ant.* 12, 226 f. Diese Fassung ist umformuliert im Sinne größerer Eleganz (Vermeidung von Septuagintismen) und erweitert um legendäre Elemente (v. a. den Boten Demoteles) – Josephus' Erfindung?

tiochos' IV. sein in 1,44–50 (genauso indirekt in *2Makk.* 6,1–11); hierzu Albertz, *Religionsgeschichte* 602. – Als mögliche Intertextualität innerhalb jüdischer Literatur ist für die gr. Fassung 1,37 zu erwähnen, wo die im (älteren) *2Makk.* 1,8 bereits zu findende Formulierung ἐξέχεαν αἷμα ἀθῷον wiederkehrt.

Hebraismen: Schon der Anfang mit καί ist ein Hebraismus (nicht Aramaismus), wiederholt in den Folgesätzen; das Ende mit einem pleonastischen αὐτοῦ ist es ebenso. Sehr viele Sätze beginnen mit „und" plus Verb. Häufig fehlen Artikel vor zusammengesetzter Nominalgruppe; noch häufiger steht pleonastisches αὐτοῦ, αὐτῷ usw. In 1,44 übersetzt ἐν χειρί ganz offensichtlich b^ejad „durch". Das alles könnte auch imitierter LXX-Stil sein; doch „frische" Hebraismen kommen hinzu: Kollektiv verwendetes ἵππος (12,69, statt ἱππεῖς) steht offenbar für hebr. *sus*. Der Relativsatz in 5,62 (s. u.) ist ganz offensichtlich hebräisch konstruiert. 5,60 bietet Numerus- und Casusfehler, usw. Im Hebräischen hingegen muss dieser Text literarische Qualitäten gehabt haben (die er in guten Übersetzungen auch wieder gewinnt), wie sie sich z. B. an der durchaus vielfältigen Verwendung von Metaphern noch erweist (darunter auch wieder an Idiomatisch-Hebräischem, z. B. „Herz" 1,3; 6,10; 9,7.14; 12,28; „Nieren" 2,24). Das reiche und durchaus treffende Vokabular der Übersetzung zeigt, dass der Übersetzer sich auch besser hätte ausdrücken können, hätte er sich nicht an die Syntax des Hebräischen gebunden gefühlt. **Griechischer Stil:** Hebraisierendes Bibelgriechisch ohne eigenen Schwung. Das gilt auch für die Dokumente, die einmal griechisch gewesen sein müssen: Da erinnert sich der Übersetzer zwar an gängige Formeln (etwa die Einführung des Sachstandes mit ἐπεί in 10,26); doch knapp dahinter (10,28) kommt dann schon wieder zweimal die *figura etymologica*. Hier ist nicht anzunehmen, dass er die Originale sich aus dem Archiv hat zeigen lassen, sondern er hat einfach rückübersetzt.[155] – Seltene Wörter werden nicht gemieden, können aber auf ihre Art Hebraismus sein: Das seltene κατάγελως „Verlachung" (10,70), innerhalb der Septuaginta sonst nur noch in Mi 1,10; Ps 44(43),14; *Tob.* 8,10 (Cod. S) und *PsSal.* 4,7 begegnend, ist vermutlich Weiterbenutzung von Mi 1,10 (dort zweimal) und hat von daher einen Beiklang von Spott über das Heidentum.

Bemerkenswerte Stellen: 1,54 nennt mit genauem Datum die Entweihung des Jerusalemer Opferaltars (θυσιαστήριον) zu einem paganen βωμός (Altar); die Formel βδέλυγμα ἐρημώσεως („Abscheu der Verlassenheit") ist dieser Stelle mit Dan 9,27 und Mk 13,14 parr. gemeinsam. Ab 1,51 ff wird behauptet, die Befolgung des Mosegesetzes habe unter Todesstrafe gestanden; V. 60 f berichtet die Ausführung in der Form, dass Frauen, die ihre Söhne beschnitten hatten, getötet und die Säuglinge ihnen um den Hals gehängt wurden; auch die Angehörigen (οἶκος Hebraismus) seien getötet worden. V. 62 f setzt hinzu, „viele in Israel" seien lieber ge-

---

[155] Ob absichtlich oder nicht, ist in 12,17.18 ein rhythmischer Schluss entstanden; so auch in 13,40 direkt nach einem Hebraismus (ἀνὰ μέσον = b^etoch) und in 15,9 (hinter einer *figura etymologica*). Das ist sozusagen Psalmenstil, u.z. der der Septuaginta.

storben, als unerlaubte Nahrung zu sich zu nehmen. Dies ist der Quellort der bei Josephus noch ganz knappen (*Ant.* 12, 255f), in *2Makk.* 6–7 jedoch stark ausgeweiteten und in *4Makk.* überhaupt zum Thema gewordenen Märtyrerlegende.

Es herrscht ein sehr vereinfachtes Geschichtsbild. Die Fehler liegen nur auf der anderen Seite, der heidnischen. Ein politisch-theologischer Schlüsselbegriff ist immerhin καιρός, bes. 15,33f. Als Erfolg des Aufstands wird in 9,73 beschrieben die Beseitigung der Gottlosen aus Israel. Ein neuer Höhepunkt, durch Datumsangabe markiert, ist 10,21, die Investitur[156] Jonathans, des ersten hasmonäischen Hohenpriesters, durch den Seleukidenkönig (damals noch Usurpator und Gegenkönig) Alexander Balas, angeblicher Sohn des Antiochos Epiphanes, zum Laubhüttenfest d.J. 160 der Seleukidenära (= 153 oder 152 v.Chr.; Schürer/V. I 177f). Das politische Motiv wird ganz offen angegeben (V. 15ff); es ist Anerkenntnis des politisch-militärischen Erfolgs. Der Dienstantritt dieses Hohenpriesters war begleitet von Rüstungsmaßnahmen. In 11,57 erhält er sein Amt von Antiochos V. bestätigt („Ich bestätige dir das Hohepriestertum"). Dieser außenpolitische Erfolg war das Ende für den noch auf Davids Zeiten zurückgehenden Primat der Zadokidenfamilie, der anstelle einer hierfür nicht vorhandenen Torabestimmung gegolten hatte. Jonathans Nachfolger Simon tituliert sich sodann „großer Hoherpriester, Feldherr und Führer der Judäer" (13,42).[157]

Eigentümlich ist das völlige Fehlen des Mose in diesem Buch. Vgl. hierzu 1.3.1 (wenig Nennungen in *Sir.*) im Kontrast zu 3.1.0 (Diaspora-Bezug auf Mose und auf die für fertig geltende Tora).

Politisch-Theologisches: „*1Makk.* ist geschrieben, um die Herrschaft der Hasmonäer zu rechtfertigen" (Arenhoevel 40). Dazu gehört eine behutsam gehandhabte, implizite Theologie: „Die ganze Geschichte ist von einem festen Plan durchwaltet, in dessen Mittelpunkt Israel, der Gottesstaat, steht" (ebd.), was sich mit dem biblischen Davids-Zyklus vergleichen lässt (2Sam 16–23).[158] Die Entscheidungen rechtfertigen sich durch ihren Erfolg. Es bleibt aber das Problem der Legitimation für die Ämterhäufung, dass nämlich Priester nun auch Könige sein wollen. Den Einwand insbes. der Pharisäer (die ja entstanden sind als politischer Widerstand just dagegen), formuliert auf den Spuren des Josephus (*Ant.* 13, 288–291) Arenhoevel 50 folgendermaßen:

---

156 Eine Salbung war es nicht (mehr). Bis zum Ende des Jerusalemer Hohenpriestertums musste dieser Ritus genügen. Ein Prophet mit Ölfläschchen ist nicht mehr aufgetreten, sondern, ein Stück später, nur noch einer, der mit Wasser arbeitete, jedoch ein großes Feuer ankündigte (Lk [Q] 3,16).
157 In Jes 65,25 wurde auch schon Jes 11,6–8 aufgegriffen (Zusammenleben von Wolf und Lamm), was hier, immer noch kongenial, als politische Metapher genommen wird, nämlich auf den gesellschaftlichen Frieden unter den ungleich Mächtigen und ihr gemeinsames Gedeihen. Noch hat sich kein Supranaturalismus dieser Bildersprache bemächtigt, um sie zu verwörtlichen.
158 Auch an das Ri-Buch finden sich Anklänge (ebd. 47–49), ähnlich denen im *LibAnt.* (1.1.2); nur ist der Hintergrund in letzterem gerade ein Verzicht auf Königtum.

> Ein Königtum aus dem Stamme Levi war der Überlieferung unbekannt. Mehr noch: Wo man eine Erneuerung des Königtumes erwartet hatte, war dieses gebunden an die Familie des David, mit dem Gott einen „ewigen Bund" *(1Makk.* 2,57) geschlossen hatte. Das schloss den König aus Levi aus.
> Ferner: Eine Erneuerung des Königtumes war in der Überlieferung eng mit dem Vorstellungskreis verbunden, den man „messianisch" nennt. Konnte man in der Herrschaft der Hasmonäer die Ankunft der messianischen Zeit erblicken?
> Und schließlich: Nach der geltenden Auffassung waren die Ämter des Priestertums und des Königtums nicht miteinander vereinbar. Wie konnten die makkabäischen Hohenpriester zugleich Könige, oder die makkabäischen Könige zugleich Hohepriester sein?
> Aus der Tradition waren die Fragen nicht zu beantworten, – wenigstens nicht zugunsten der Hasmonäer. Man hätte eine völlig neue Tradition schaffen müssen (...).

Dass dies nicht geschah, erweist sich an just der Stelle, wo Simons Einsetzung ins Hohepriesteramt seitens der Judäer und ihrer Priesterschaft berichtet wird, 14,41–46, an seinem Dienstvertrag sozusagen. Der gilt zwar dem Wortlaut nach unbegrenzt (Hebraismus: εἰς τὸν αἰῶνα, also mit automatischer Erneuerung von Generation zu Generation), aber doch nur, „bis ein verlässlicher Prophet auftritt" (V. 41; Arenhoevel 66–69). Diesem als einem neuen Samuel greift man nicht vor. Einen solchen hatte man schon in 4,46 vermisst, wo die Entscheidung offen war, ob die Steine des entweihten Altars bei dessen Neuweihe wiederzuverwenden oder zu ersetzen waren. Um nichts falsch zu machen, ersetzte man sie provisorisch, hob sie aber zugleich auf.

Was der Berichterstatter aber nun doch behauptet, ist eine ganz partikulare Erwählung der Familie des Mattathias, also des Hasmonäerhauses. In 5,55–62 geht eine Schlacht verloren, denn ihre Anführer „waren nicht aus dem Samen jener, denen Heil Israel durch ihre Hände gegeben wurde" (so V. 62b wörtlich).[159]

Das theologische Vokabular ist eher arm. Ein Wechselwort für „Gott" ist „Himmel": Man betet „zum Himmel" 3,50; 4,10.24; 9,46. Umso konkreter aber ist das theologische Leitwort „Bund": 1,15.57 (die Tora als das „Buch des Bundes").63 usw., das allerdings in 4,10 letztmalig im theologischen Sinn begegnet. Theologie, wo es sie denn gibt, steht im Dienst der Politik: In 12,21 wird den Spartiaten die Abrahamskindschaft zugesprochen. Theologisches ist in der Berichterstattung sonst nur implizit; die Erfolge sollen für sich selbst sprechen.

14,6–15 (s. o.: Textsorte[n]) ist ein in synonymen Parallelismen gehaltener Dankpsalm; die Bildwelt von Jes 11,1–10; 65,21–25; Ps 67 u. a. wird wiedererweckt: Die Erde gibt ihre Frucht; die Alten sitzen in Muße auf den Plätzen. V. 11 ff:

> Er (Simon) machte Frieden auf Erden,
>   und Israel freute sich in großer Fröhlichkeit.
> Jeder saß unter seinem Weinstock und unter seinem Feigenbaum,
>   und niemand schreckte sie.
> Es verschwand, wer sie auf Erden bekriegt hatte,

---

[159] Hebraismus für: „...durch deren Hände das Heil Israels bewirkt wurde (werden sollte)".

> und die Könige wurden in jenen Tagen zerrieben.
> Er stärkte alle Niedrigen seines Volkes;
>> er bemühte sich um das Gesetz und hob hinweg jeden Gesetzlosen und Bösen.
> Er machte das Heiligtum herrlich
>> und machte zahlreich die heiligen Gefäße.

So V. 11–15. Dies ist das Ideal eines von seinen Agrarerträgen lebenden Israel ohne kompromittierende Außenbeziehungen – kein utopisches freilich, sondern ein nostalgisches; denn schon auf die Hasmonäerzeit trifft es nicht zu.

Abfassungszeit: Eine nur bis 14,15 reichende Fassung ist in die Zeit um 130 v.Chr. datiert worden. Der komplette Text fällt in die Zeit wohl kurz nach dem Tod Joḥanan Hyrkans (gest. 104 v.Chr.), dessen Chronik bereits verwendet ist (16,23f), also um 100. **Ort:** Jerusalem. **Adressaten:** Leser des Hebräischen im Lande Israel.

Abfassungszweck: Rechtfertigung der kultisch-politischen Rolle der Hasmonäer-Dynastie aus den Erfolgen ihrer Begründer (implizite Theologie, s.o.).

Rezeption: Vom hebr. Text ist eine Nachwirkung kaum festzustellen, nachdem der Pharisaismus zur Hasmonäer-Dynastie kritisch stand (vgl. 1.3.3 und oben: „Politisch-Theologisches") und der Essenismus sogar rundweg ablehnend, zumal seit der Hasmonäer Alexander Jannai, der „Zorneslöwe", in jener Weise gegen sein Volk gewütet hatte, wie Josephus, *Ant.* 13, 372ff es beschreibt. Immerhin ist sein Vorgänger „Joḥanan der Hohepriester" (also Johannes Hyrkan) nächst dem hundert Jahre früheren Simon „dem Gerechten" derjenige Hohepriester der vorherodianischen Zeit, von dem die Rabbinen am ehesten noch eine Erinnerung haben.[160] – Josephus, in Rom schreibend, hat das Buch in seiner griechischen Form benutzt, u.z. bis in Kap. 14. Es dürfte auf das römische Judentum (vielleicht sogar auf die Vetus-Latina-Übersetzung?) zurückgehen, wenn Tacitus (*Hist.* 5, 8,2) die Auffassung übernimmt, Antiochos IV. sei es gewesen, der versucht habe, den Judäern ihren Kult zu verbessern. Diese Auffassung, der Hellenismus sei einst durch einen Überfall aus Syrien nach Judäa gekommen, Gründungsmythos der Hasmonäerdynastie, macht noch immer die Runde durch Geschichtsbetrachtungen und Bibelkommentare von der naiveren Sorte. – Derzeit ausgegraben wird eine Synagoge in Ḥuqoq (Israel), wo die Makkabäerkämpfer auf einem Mosaik dargestellt sind (Bericht zu erwarten von J. Magness).

In der Kirche beginnt die Benutzung des Buches, natürlich in seiner gr. Fassung, erst im 3.Jh. mit Clem.Al., der ihm eine chronologische Zuordnung zuweist, und mit Origenes (beides s.o. „erste Erwähnung"), der es im Zusammenhang einer Kanonsliste erwähnt, u.z. ausdrücklich als außerhalb liegend (ἔξω τούτων). Als *1Makk.* hat es seinen Weg gefunden in einige der großen Septuaginta-Handschriften (s.o.), aber nicht in den Codex Vaticanus, welcher dem Kanon des

---

160 Als „Priesterkönig Johannes" hatte er im Mittelalter ein Fortleben, dem hier aber nicht nachgegangen werden kann. Erinnerungen an die Mandäer als „Johannesjünger" oder „Johanneschristen" sind hier mit eingegangen.

Athanasios (0.1.3) folgt, übrigens auch nicht ins Äthiopische. Es hat sich späterhin in den LXX- und Vulgata-Ausgaben durchgesetzt, wobei sein Platz als „1." Makkabäerbuch (obwohl es von der Entstehung wie vom beschriebenen Zeitraum her das spätere ist) davon kommt, dass es im 2.Jh. schon rezipiert wurde, das *2Makk.* jedoch, denselben Nachrichten zufolge, erst im 3.Jh. – Für Euseb könnte *1Makk.* mit ein Vorbild gegeben haben zu seiner Art von „dokumentarischer" Geschichtsschreibung, neben dem zitatengesättigten, aber nicht der historischen Textsorte zugehörigen *C.Ap.* des Josephus. – Für Augustin, *Civ.* 18, 36 sind „die" Makkabäerbücher (muss *1.2Makk.* meinen) der Kirche, nicht den Juden, kanonisch, u.z. „wegen der *passiones* gewisser Märtyrer, die für das Gesetz Gottes stritten". – Luther (oder eher Melanchthon) hat dieses Buch übersetzt (Ausg. Volz II 1841–1900, vgl. I 78 f); er findet es „sehr nötig und nützlich (...), zu verstehen den Propheten Daniel im 11. Kapitel". – Das Konzil von Trient erklärte auf seiner Sitzung vom 8.4.1546 beide Makkabäerbücher für kanonisch. – Händels Oratorium *Judas Makkabäus* (1746), auf *1Makk.* beruhend, begeisterte das puritanische England. Weniger bekannt wurde sein *Alexander Balus* (sic) von 1747. – Im Zionismus des 19.Jh. wurden die Makkabäer – die Kämpfer, nicht die Märtyrer – erneut jüdische Nationalhelden; s. z.B. J.-M. DELMAIRE: „La mort héroïque dans le judaïsme", in: M. SOETARD (Hg.): *Valeurs dans le stoïcisme*. FS Michel Spanneut, 1993, 43–55 (52–55); R. MAYER/I. RÜHLE: „Die makkabäische Bewegung im Talmud und im jüdischen Gebetbuch", *BiKi* 57, 2002, 89–92. Viele jüdische Sportvereine nennen sich auch heute „Makkabi".

1.5 Das *Henoch*-Buch und sein Wachstum

1.5.0 Erster Blick auf ein komplexes Gebilde

Älter als das *Daniel*-Buch ist in weiten Teilen das *Henoch*-Buch. Wir nennen es zunächst im Singular, da von ihm bis ins 3.Jh. n. Chr. immer nur im Singular gesprochen wird. Alle Referenzen – wir haben solche nur bei Griechen und Lateinern – beziehen sich aber bereits auf seine griechische Fassung, die, hier als 1.5.2 separat vorgestellt, ein zweites Stadium der Textmontage bezeugt. Von diesem unterscheidet sich nochmals das letzte Stadium, das dem Buch den Namen *Äthiopischer Henoch* eingetragen hat (1.5.3). „Die älteste Form, die aramäische, ist jüdischer, die jüngste, äthiopische, christlicher Herkunft" (S. Beyerle).[161]

Zählkonvention: Das Siglum *1Hen.* mit folgenden Zahlen bezieht sich auf die längste, die äthiopische Fassung und deren immerhin schon in den Handschriften zu findende Kapiteleinteilung. Die älteren Fassungen sind zu fragmentarisch erhalten, als dass eine eigene Zählung für sie möglich wäre. Sie sind also, sofern erhalten, bei den

---

[161] Rez. von Knibb, *Essays* in *JSJ* 42, 2011, 109–111 (109).

Kapitel- und Versangaben stets mitgemeint, sogar primär. – Deutlich jünger und unter sich nicht verbunden sind das sog. *2Hen.* (7.4.1) und das sog. *3Hen.* (1.5.4 b).

Wir nehmen im Folgenden jedes noch unterscheidbare Stadium des vorchristlichen *Henoch*-Buchs für sich, auch wenn dieses Verfahren in der überaus reichen Sekundärliteratur eher selten sein sollte (hier hat sich ein gewisser Integrismus den Analysen Józef Tadeusz Miliks entgegengesetzt; vgl. 1.5.3 b). Doch nirgends in dem Parabiblica-Material ist der Entstehungsprozess in Stufen so klar wie im Falle des *Henoch*-Buchs, wo sogar die Sprache von Mal zu Mal wechselt, Zeit und Situation sowieso. Verschiedenen Epochen gehören an:

- der aramäische Urtext, der Kap. 1–36 und 72–107 umfasste, dazwischen aber noch etwas anderes hatte (s. u.); davon wie auch von dem äthiopisch nicht erhaltenen Zwischenstück gibt es Qumran-Funde;
- die griechische Übersetzung, gleichen Umfangs wie der aramäische Text; sie ist es, die von den Kirchenvätern zitiert wird;
- die äthiopische Fassung, frühmittelalterlich, der auch die bis dahin nicht belegten Kap. 37–71 und 108 angehören.

Letztere ist die Meistbenutzte. Man bedient sich also moderner Übersetzungen der äthiopischen Übersetzung der griechischen Übersetzung eines für hebräisch gehaltenen, in Wahrheit jedoch aramäischen Originals. Diese Bequemlichkeit ist pannenträchtig.

Zur narrativen Fiktion in der Rahmung des Textes: Wollte man die Nennung Henochs als „Autor" auch nur der ältesten Fassung wörtlich nehmen, müsste man diesen Text für das älteste Buch der Menschheit halten und jedenfalls noch für vorsintflutlich (worin dann erst, aber viel später, auch Offenbarungen an Adam ihm den Rang streitig machen: 7.2). Doch ist dieses Buch – seinen Zeitgenossen vollkommen verständlich – eine Allegorie auf Verhältnisse Judäas in der bewegten Epoche der Hellenisierung. Seine Anfänge liegen im 3. Jh. v. Chr., sogar noch vor der Jerusalemer Hellenisierungskrise. Innerhalb des gesamten hier zu behandelnden Schrifttums ist das sehr „alt" und mit wenigem vergleichbar: 1.1.1; 1.2.1; 1.3.1; 1.4.1.

Was noch die Autorenfiktion betrifft, so war diese auch aus einem anderen Grund dem ursprünglichen Lesepublikum offenkundig: Dieses Buch ist nicht in der „Sprache der Schöpfung" geschrieben, Hebräisch, sondern in ganz zeitgenössischem, profanem Aramäisch.

Ausgangspunkt für die Rahmenerzählung ist der Kontrast zwischen Henoch, einem exzeptionellen Gerechten,[162] dem das Sterben erspart blieb (Gen 5,22.24), und dem Fall der Engel, wie man die Perikope Gen 6,1–4 kurzerhand nennt. Für „Söhne Gottes" (*bᵉne ha-elohim*) hatte die Septuaginta interpretierend „die Engel Gottes"

---

162 Der Henoch von Gen 4,17, dort Erstgeborener Kains, ist von diesem Henoch (heute der sog. Priesterschrift zugeteilt) offenbar unterschieden worden. Vgl. *Jub.* 4,9 gegenüber 4,16 und *LibAnt.* 1,13 gegenüber 2,2 (1.1.2 Anm. 16).

(sogar mit Artikel) eingesetzt. So bezeugt es Philons Zitat dieser Stelle in *Gig.* 6 (sonst nennt er diese von ihm ungeliebte Stelle nicht), und noch eine Korrektur im Codex Alexandrinus erinnert an diese auch sonst in der Septuaginta begegnende, Anthropomorphismen mildernde Übersetzungsweise, die Rahlfs und auch die Göttinger Ausgabe an unserer Stelle ihrer schwachen Bezeugung wegen in den Apparat relegiert haben; hier ist aber höchstwahrscheinlich die Mehrheitsüberlieferung hebraisierend korrigiert worden: vgl. *La Bible d'Alexandrie* (0.9.1: Septuaginta) z.St. Auch Josephus' Paraphrase in *Ant.* 1, 73 hat „viele Engel Gottes", und noch Euseb, *Praep.* 4, 9 zitiert Gen 6,2 LXX wie oben angegeben mit οἱ ἄγγελοι τοῦ θεοῦ.

Soviel zur biblischen Textvorlage in vorchristlicher Zeit. Das *Henoch*-Buch, das schon in seiner ältesten Fassung jünger ist als die Gen-Übersetzung, bezeugt beim Zitieren von Gen 6,2 in 6,2 (Nummernzufall) noch ein gewisses Zögern. Den aramäischen Wortlaut haben wir nicht mehr; der griechische aber ist: οἱ ἄγγελοι, υἱοὶ οὐρανοῦ. Ähnlich im Äthiopischen: „die Engel, die Söhne der Himmel" (Uhlig JSHRZ). Da hat man neben dem Interpretament, das judäischer Auffassung nicht weniger entsprach als alexandrinischer, noch eine Erinnerung an den Originalwortlaut stehen lassen, hat jedoch für „Gott" vorsichtiger „Himmel" gesetzt – vorsichtig, denn es handelt sich ja um den Ursprung des Bösen. Übrigens ist auch dies ein judäischer Zug; „Himmel" zur Vermeidung eines Gottesnamens ist nicht nur dem Mt, sondern auch den Rabbinen geläufig, wobei sowohl Mt wie die äthiopische *Henoch*-Übersetzung den Hebraismus eines Plurals für „Himmel" nützen, um den Himmel der Transzendenz (engl. *heaven*) vom Sternen- und Wetterhimmel (engl. *sky*) zu unterscheiden.

Dies sei vorausgeschickt zu dieser in den Parabiblica überaus häufig wiederkehrenden Tora-Stelle. Sie hat ihre religionsgeschichtlich ältere Parallele, Jes 14,12–15, völlig in den Schatten gestellt. Zum Vergleich: *Jub.* 5,1 (1.1.1) sagt: „die Engel des Herrn" – nochmals eine judäische Bezeugung des genannten Interpretaments, wobei dieses Buch keine Scheu zeigt, den JHWH-Namen zu schreiben, sogar in Quadratschrift (wie z.B. in 4Q 216 I 5 bezeugt ist). Unter den Rabbinen hingegen kehrte man zum hebräischen Wortlaut zurück: „Söhne Gottes" sagt *LibAnt.* 3,1 (1.1.2) und geht sehr schnell über diese Stelle hinweg.

So klar ist, dass *bᵉne ha-elohim* in diesem Textstück Engel meint oder besser: Himmelswesen, den Heerscharen des JHWH Zebaoth zugehörig (denn „Boten" sind sie nicht), so rätselhaft ist, was „die *nᵉfilim*" in V. 4 sein sollen, mit Artikel versehen, als kennte man sie schon. Eine unter 1.1.1 schon erwähnte aramäische Tradition bezeichnet sie mit dem *Daniel*-Wort ʿ*irin* „Wächter" (1.5.1), was an ʿ*ir* „Stadt" anklingt,[163] so wie *nᵉfilin* auf Aramäisch schlicht „Gefallene" heißt: Da hat man den ganzen, bereits

---

[163] Vielleicht liegt hierin auch die Anspielung an eine gewisse Nachtaktivität der Städte, die jener der „Wachenden" durchaus gleicht. Die Verästelungen dieses Themas reichen weit: Im Hellenismus bestand infolge Kindesaussetzung insbes. von Mädchen durchaus Frauenmangel, dem zwei Dinge abhalfen, die im Judentum keine Nachsicht fanden: Homosexualität und Bordelle. Philon v. Alexandrien macht sie öfters zum Thema. Den Vorfall von Gen 38 hingegen stilisiert er um zu einer „unter Lebensgefahr" erfolgten Konversion der Thamar zum Judentum (*Virt.* 221f).

komplexen Assoziationskern beisammen. Auf diese Nicht-Menschen wird, im Guten wie im Schlechten, der Ursprung der Kultur zurückgeführt, also das, was die Griechenstädte in extrem positivem Sinne mit ihren Gründerheroen zu tun pflegten. Dass diese Rätselwesen in der Septuaginta als „Riesen" (γίγαντες) bezeichnet werden, im Targum *gibbarajja'*, entspricht derselben Auslegungstradition.[164] – Hierher also, aus aramäischer Übersetzungstradition, kommen die „Giganten", die im *Henoch*-Buch die Rolle der Gottfeinde spielen werden.

Der Eloquenz der abgelehnten griechischen Kultur wird, wie auch nachher im *Daniel*-Buch, imposante Phantasie entgegengesetzt. Henoch, der Vertraute Gottes, der ohne zu sterben vom Erdboden verschwand, wird zum Sprechen gebracht, um Auskunft zu geben über den Himmel, den er lebend durchschritt. Daraus ergeben sich Spekulationen im Sinne einer „Himmelskunde", Mittelwert von Theologie und Astronomie, deren Himmel *heaven* und *sky* zugleich ist, οὐρανοί und οὐρανός (s. o. 0.2.13). Wissenschaft das nicht, auch nicht im antiken Sinne; aber es ist Religionskritik – Polytheismuskritik – und zugleich Kulturkritik, also Hellenismuskritik (Maier, *Zwischen* 118 f). Noch vor der Jerusalemer Kultkrise der Jahre 175–168 v. Chr. schieden sich in Judäa die Geister.

Für Ben Sira ist Henoch ein „Zeichen der Erkenntnis, Geschlecht für Geschlecht" (*Sir.* 44,16), was über das in der *Genesis* Gesagte hinausgeht; man erfährt allerdings nicht, in welchem Sinn. Die gr. Fassung interpretiert das als „Beispiel für Buße" (ὑπόδειγμα μετανοίας). Hier nun aber, im *Henoch*-Buch, wird Henoch, gleich wie Elia in den nach ihm benannten Apokalypsen (und wie der himmlische Jesus der Apk) zum Sprecher für das, was man sich im Jenseits dachte. Während jedoch das *Elia*-Schrifttum, ob jüdisch oder christlich, erst später bezeugt ist als die *Johannesapokalypse* (vgl. 1.5.4 a; 7.4.7), lässt sich der Rollengewinn des nachbiblischen Henoch schon seit dem 3. Jh. v. Chr. beobachten. In *Jub.* (1.1.1) 10,17 gilt seine Buße, ebd. 21,10 sein Buch als „Zeugnis" gegenüber der Menschheit.

Der kulturkritische Zug dieses Henoch-Midraschs, der mit gewissen Dekadenzmythen seit Hesiod übereinkommt, markiert hier, gegenüber dem ganz anders beschaffenen Optimismus der hellenistischen Zeit, für Judäa eine beginnende Distanznahme von der griechischen Weltkultur. Weisheit kommt davon, dass Adam und Eva vom Baum der Erkenntnis gegessen haben (32,6); sie ist dann auch die Einsicht in die Notwendigkeit der Ausweisung aus dem Garten. Im Anpassungsdruck der sich bildenden Weltkultur empfindet unser Autor den Hochmut, der die Sintflut nötig machte (vgl. Josephus, *Ant.* 1, 72–74). Er entdeckt, dass bereits die Geschichte vom Turmbau zu Babel (Gen 11) gegen das Großstadtleben gerichtet war. Paradoxerweise aber ist Henoch in einer Hinsicht selbst ein Erfinder: In 4,17–19 bedient er sich immerhin der Schrift, sogar als erster aller Menschen; das wäre im Hellenismus ein πρῶτος εὑρετής.

---

164 Details z. B. bei R. LE DÉAUT: „La Septante: un targum?" in: Kuntzmann/Schlosser, *Etudes* 147–195 (167); Kurzübersicht über Targumim von berufener Seite ebd. 154.

Er tut es allerdings nicht zum Zwecke der Poesie; vom Erzengel Uriel übernimmt er die Tätigkeit des „Aufschreibens" von Menschenschicksalen.

Eine Grundlage zur Klärung der Entstehungsfragen sind nunmehr die Fragmente des ursprünglichen *Henoch*-Buchs, die in Qumran zutage getreten sind. Es ergibt sich ein klares Bild:

- Alle gefundenen Texte sind aramäisch, geben sich also nicht als Heilige Schrift.
- Von Kap. 37–71 ist in Qumran keine Spur.
- Stattdessen fanden sich Fragmente eines sonst nur durch vage Nachrichten bekannten *Buchs der Giganten*, von dem längst bekannt war, dass es mit *Henoch* zusammenhängt.

Man setzt das Wiedergefundene zusammen nach dem Muster des *ÄthHen.*-Buchs, dessen Teile sich durch Zwischenüberschriften klar unterscheiden, und benennt dementsprechend:

> 1–36: *Buch der Wachenden* (gr. ἐγρήγοροι; s.u.); interne Gliederung z.B. bei Nickelsburg 46.47f (wo Kap. 1–5, zusammen 24 Verse, als Einleitung zu diesem 1. Teil ausgewiesen ist sowie 19,3 als Einschnitt).
>
>> 37–71 („Die 2. Vision, die Henoch sah..."): Man nennt dies die *Bilderreden* (oder *Gleichnisse* oder *Parabeln*) *des Henoch;* hierzu s. u. 1.5.3 b. Vorher stand hier, wie J. T. Milik vermutet, das aram. *Buch der Giganten* (1.5.1, Zusatz).
>
> 72–82 („3.: Das Buch von der Bewegung der Himmelslichter...") *Buch der Himmelslichter* (engl. *Book of the Heavenly Luminaries*) oder *Astronomisches Buch*. Der Engel Uriel („Gotteslicht") ist dort der Offenbarer. Wiederholt (76,14; 79,1) wendet Henoch sich an seinen Sohn Metušelaḥ (Methusalah, Methusalem), wozu er nach seiner Rückkehr aus dem Himmel (81,5) auch nachträglich beauftragt wird;[165] in 82,1 und auch im folgenden (Teil-)Buch wendet er sich an diesen.
>
> 83–90 („4.", keine weitere Überschrift): *Traumgesichte Henochs;* auf eine narrative Einleitung (83, an Methusalah gerichtet) und ein Gebet (84) folgt in 85–90 die *Tierapokalypse;* dieser Teil weist eigene, sonst nicht gebrauchte Ausdrücke auf.
>
> 91 („5.",[166] keine weitere Überschrift): *Buch der Ermahnungen* oder (unpassend) *Brief Henochs* (so lautet vielmehr der gr. Schlusstitel hinter 107).
>
> 92–105 (Hs. A hat hier „5"): Auf eine kurze Einleitung (92) folgt in 93,1–10 + 91,12–19 (sic; der Text ist verstellt) die *Zehn-Wochen-Apokalypse* (oder kurz: *Wochenapokalypse*). Danach setzen sich die Ermahnungen fort bis zu einem „Amen"-Schluss in 105,2.
>
>> 106–107 (mit einem bloßen „Und" anschließend): Anhang ohne Titel; Uhlig gibt ihm den Titel: „Wunder bei der Geburt Noahs".[167]

---

165 Nach und nach geht ab hier die Gliederung aus den Fugen. Dennoch kann die Nennung Methusalahs (wie auch die Noahs) als Gliederungsmerkmal genommen werden. Sie markiert in 91,1 einen Neueinsatz.

166 Unpassend. Dem Inhalt nach ist Kap. 91 jedenfalls ein Abschluss, nämlich letzte Worte Henochs an seine Söhne (übrigens auch kein Brief, sondern mündliche Rede). V. 12–19 gelten als verstellt (s. nächstes).

167 Der eben erwähnte gr. Schlusstitel „Brief Henochs" ist unpassend.

108 („Ein weiteres Buch Henochs, das er schrieb für seinen Sohn Methusala"). Dieser Anhang, nur äth. überliefert, trägt den Schlussvermerk des *1Hen.* (s. u.).

Im Ergebnis sind das fünf Bücher mit einigen Zusätzen (hier durch Einrücken kenntlich gemacht). Nach diesen fünf Büchern wird auch in der Fachliteratur zitiert, und sie sind jeweils Gegenstand von Spezialstudien geworden (DiTommaso 394 ff).

Albertz, *Religionsgeschichte* 651 hat für die diversen Teile des *Henoch*-Buches Datierungsvorschläge erarbeitet anhand der Frage: Was passt in welche geschichtliche Situation? Diese kommen bestens überein mit dem, was die Untersuchung des „Textflusses" rein philologisch in den nächsten Abschnitten ergeben wird. Gemäß Albertz „ergibt sich für die Geschichte der frühen apokalyptischen Literatur folgende ungefähre Chronologie:

Vorphase (3.]h. bis ca. 221):

Ptolemäerherrschaft bis zum Regierungsantritt Antiochos III.

> Sammlung griechischer Danielerzählungen (Dan 4–6* LXX)
>
> Erzählung vom Fall der Engel (1.Hen 6–11 einschließlich 'Asa'el-Bearbeitung)

1. Hauptphase (ca. 221–200): Antiptolemäische Unruhen (Dan 11,14)

> *Wächter-Buch* (1.Hen 1–19/36)
>
> aramäisches Danielbuch (Dan 2–7*)

2. Hauptphase (167–160): Makkabäischer Aufstand

> *Tier-Apokalypse* (1.Hen 85–90)
>
> hebräisches Danielbuch (Dan 1–12)

Nachphase (ca. 110–75); Antihasmonäische Aufstände

> *Brief des Henoch* einschl. *Wochen-Apokalypse* (1.Hen 91–105)."

Zum Titel *Buch der Wachenden* für Kap. 1–36: Die weithin übliche Übersetzung „Wächter" ist irreführend; es sind zwei unterschiedliche Wurzeln bzw. Wortstämme im Spiel:

- Hebr. š-m-r, gr. φυλάττειν steht für „(be-)wachen", Subst. „Wächter" (*šomerim*, φύλακες); solche kennt Philon (*QE* 2, 65; *De Deo* 12) als die ganz hohen kosmischen Kräfte, und sie begehen nie einen Fehler, halten vielmehr den Kosmos unverbrüchlich zusammen;
- hebr./aram. 'ur „wach sein" liefert in Dan 4,10.14.20 das Subst. *'irin*, wieder aufgegriffen in *HebrHen.* 28,1 (1.5.4 b): Nur diese Bezeichnung wird auf Himmelsmächte angewendet wie die in Gen 6 zu Fall kommenden; die Übersetzung ist darum besser: „Wachende".[168] Mehr hierzu im *DDD* s.v. „watcher".[169]

---

168 Die Gedankenassoziation geht hier nicht auf den Wächter Israels, sondern in eine ganz andere

In 6.3.4 wird aus einem tausend Jahre später entstandenen, aber immer noch dieser Traditionslinie angehörigen Text zu erfahren sein, dass jeder dieser Wachenden eine Nacht- oder auch Tagwache von 1 Stunde auszufüllen hat. Die Nacht wird hierbei zuerst genannt gemäß dem Umstand, dass bei der Schöpfung in Gen 1 jeder Tag erst einmal mit Dunkelheit beginnt; er ist eine Herausführung aus dem Chaos. Diese „Wachhabenden" regeln Stunde für Stunde deren Geschehnisse.[170] In der späten Überlieferung werden ihnen auch Namen gegeben im Interesse der Dämonologie, damit der darüber unterrichtete Mensch sich seinem Schicksal besser anpassen, d. h. dieses besser nutzen kann. Dass schon die Essener Fatalisten waren und genau deswegen in Kalenderfragen keine Kompromisse kannten, zeigt die gemeinsame Voraussetzung.

1.5.1 Das aramäische *Henoch*-Buch aus Qumran

Von dieser ersten, aramäischen Fassung sind fragmentarisch erhalten: 4Q 201–212, zus. etwa 10 Druckseiten Text; Liste bei DiTommaso 419–421; vgl. Denis 100–103; Langlois 51–55. Einige Manuskripte, das *Buch der Wachenden* und die *Mahnreden Henochs* bezeugend, werden paläographisch auf die 1.Hälfte des 2.Jh. v.Chr. datiert, sofern nicht schon vorher, in jenes uns so dunkle 3.Jh. v.Chr.

Aus den genannten Texten belegt 4Q 203 das eben erwähnte, griechisch wie äthiopisch fehlende *Buch der Giganten* und 4Q 208–212 ein astronomisches Buch, das teilweise mit *1Hen.* 76.79.91–93 parallelisiert werden kann, aber nicht derselbe Text ist. Das war also ein Text „im Fluss".

Das in Qumran aramäisch Erhaltene, von 1,1b an mit Lücken bis 107,2 reichend, lässt sich auf das äthiopisch Erhaltene unter der dort zu findenden Kapitelzählung folgendermaßen auftragen:

> 1–36: das Buch der Wachenden;
>> statt 37–71: das Buch der Giganten (in 4Q 204 nicht enthalten bzw. nicht erhalten; als eigene Schrift: 4Q 203); s. u. „Zusatz";
>
> 72–82 das Buch der himmlischen Leuchter (auch: Astronomisches Buch); in Kap. 79–82 lässt innere Unordnung auf Überarbeitung schließen;

Richtung (um es in modernerer Apokalyptik auszudrücken): „Der Klassenfeind schläft nicht". – *Jub.* 10,5 (1.1.1) hatte von diesen Wachenden gesagt: „zum Vernichten sind sie geschaffen".

169 Ein Stichwort „guardian" fehlt hingegen; es hätte freilich nicht viel geliefert. Gegenprobe: Philons Traktat *Gig.* (über Gen 6,1–5) liefert eine psychologisierende Erklärung dieser Stelle, wobei Philon, um nicht mythisch zu reden, beide Ausdrücke meidet. – Singulär ist die positive Rolle dieser Wachenden in *Jub.* 4,15 (1.1.1): Dort sind sie den Menschenkindern Lehrer der Rechtlichkeit. Berger (JSHRZ z.St.) ekärt dies als ältere Variante desselben Mythos vom Engelabstieg als Auslöser von Kultur.

170 Auch sie verbildlichen also, was Philon u. a. dann mit gr. Begriff die Vorsehung nennen (πρόνοια, eigtl. „Vorbedacht"). Damit ähneln sie, um eine Hierarchiestufe tiefer, den beiden „Wächtern" ganz oben; doch auch dann ist der Unterschied der Benennungen nicht ohne Grund.

85–90 die Tierapokalypse (ohne die Einleitung, Kap. 83–84);

91–105 (wobei 91,12–19 nach 93,10 zu setzen ist):[171] das Buch der Ermahnungen (oder Mahnreden Henochs)[172] mit der Wochenapokalypse und einem Amen als Schluss.

Gesichert durch 4Q 204 ist ferner:

106–107 Anhang, betreffend Henochs Sohn Metušelaḥ.

Nicht exakt zuzuordnen sind 4Q 208–211 (sie ähneln nur dem *Astronomischen* Buch) und die knapp 20 Worte von 4Q 247 (sie ähneln nur der *Wochenapokalypse*). Liste weiterer fraglicher Zuordnungen bei DiTommaso 421 oben. Die Henoch-Überlieferung hat allerlei „Streugut" erzeugt, und auch unter Hinzunahme des unter 1.5.3 b und 7.4.1 zu Bietenden (*Bilderreden* und *2Hen.*) wird sie nicht komplett erfasst sein.

Als **Inhaltsangaben** zu Kap. 1–36 s. Woschitz 616–626; zu 72–82 ebd. 642–646; zu 83–91 ebd. 649–656; zu 92–107 ebd. 656–667; zu 108 ebd. 667f.
Einleitung: Stone, *Writings* 395–406; mehr s.u. 1.5.3. Zum *Buch der himmlischen Leuchter* Nickelsburg 44–46; zum *Buch der Wachenden* ebd. 46–53; zur *Tierapokalypse* ebd. 83–86, zum sog. *Brief Henochs* 110–115 (und S. 90: Foto von 4Q 212). **Kommentar:** M. Black (Übers., Komm.): *The Book of Enoch or I Enoch* (SVTPs 7), 1985; Neueres s. folgende Rubriken.
Literatur (z.T. auch zu 1.5.2–3): DiTommaso 418–427; Lehnardt s.u. 1.5.3 a. Wichtig: M. STONE: „The Book of Enoch and Judaism in the third century B.C.E." (1978) in: ders., *Studies* 184–197 und dort folgende Beiträge. Dazu neuerdings Bernstein, *Hell* 179–190.199–202; Collins/Fishbane, *Death* (Stellenindex: 416a: „1Enoch"); ebd. 121–137; M. HIMMELFARB: „The practice of ascent in the ancient Mediterranean world" (= dies., *Essays* 295–305; dort insgesamt einschlägig: 257–325); dies.: „Temple and priests in the Book of the Watchers, the Animal Apocalypse, and the Apocalypse of Weeks" (2007) in: dies., *Essays* 79–92; Heininger, *Paulus* 111–122. Zum *Buch der Wachenden* insbesondere: DiTommaso 394ff (Hengel 348f.371; Albertz, *Religionsgeschichte* 649–659.664); P. SACCHI: „The Book of the Watchers as an apocalyptic and apocryphal text", *Henoch* 29, 2007, 9–79; A. YOSHIKO REED: „Heavenly ascent, angelic descent, and the transmission of knowledge in 1Enoch 6–16", in: R. BOUSTAN/dies. (Hg.): *Heavenly Realms and Earthly Realities in Late Antique Religions*, 2004, 47–66; L. STUCKENBRUCK: „The origins of evil in Jewish apocalyptic tradition. The interpretation of Genesis 6:1–4 in the second and third centuries B.C.E.", in: Ch. AUFFARTH/ders. (Hg.): *The Fall of the Angels* (Themes in

---

[171] Rekonstruktion der ursprünglichen Textfolge aufgrund der Qumran-Fragmente z.B. bei Albertz 673–676.
[172] Manche (Nickelsburg; Albertz) nennen diese Kapitel *Brief Henochs*; vgl. aber oben Anm. 166f. Auch in 100,6 (worauf Nickelsburg sich beruft) spricht erst die gr. Übers. von einem „Brief" Henochs. Auffallend ist jedenfalls der Ich-Ihr-Stil, wie er in 1.6 wiederkehren wird.

Biblical Narrative 6), 2004, 87–118 [und weitere Beiträge ebd.]; G. BOCCACCINI/J. COLLINS (Hg.): *The Early Enoch Literature* (JSJ.S 121), 2007; C. LOSEKAM: *Die Sünde der Engel. Die Engelfalltradition in frühjüdischen und gnostischen Texten* (TANZ 41), 2010.

Zum *Astronomischen Buch:* DiTommaso 409 ff (Hengel 372 f); M. ALBANI: *Astronomie und Schöpfungsglaube* (WMANT 68), 1994.

Zur *Tierapokalypse* mit den Traumgesichten DiTommaso 411 ff (Hengel 328 f.342 f; Albertz 664–669); J. VANDERKAM: „Open and closed eyes in the Animal Apocalypse (1 Enoch 85–90)", in: H. NAJMAN/J. NEWMAN (Hg.): *The Idea of Biblical Interpretation.* FS James L. Kugel, 2004, 279–292; B. EGO: „Vergangenheit im Horizont eschatologischer Hoffnung. Die Tiervision (1Hen 85–90) als Beispiel apokalyptischer Geschichtskonzeption", in: E.-M. BECKER (Hg.): *Die antike Historiographie und die Anfänge der christlichen Geschichtsschreibung* (BZNW 129), 2005, 171–195; D. ASSEFA: *L'Apocalypse des animaux (1 Hen 85–90), une propagande militaire?* (JSJ.S 120), 2007; D. OLSON: *A New Reading of the Animal Apocalypse in 1 Enoch. With a New Translation and Commentary* (SVTP 24), 2013. Zur *Wochenapokalypse* DiTommaso 414 ff (Hengel 344 f.365 f und zu den *Mahnreden* eigens ebd. 363; Albertz 673–676; L. STUCKENBRUCK (Übers., Komm.): *1Henoch 91–108* (CEJL), 2007. Weitere Lit. s. u. „Adressaten".

Neuere Studien: Knibb, *Essays* 17–35 (neueste Forschung); ebd. 36–55 (Henoch-Buch in Wandlung); 65–76 (chr. Rezeption) u. a. im selben Band; VanderKam, *Studies* 332–379.

Handschriften: s. Kopftext. **Erstausgabe:** J. T. MILIK (und M. BLACK) (Hg., Übers., Komm.): *The Books of Enoch of Qumrân Cave 4*, 1976 [139–339 Texte mit Ergänzungen, Übers. u. Komm.; 340–362 Texte ohne alle Zutat; 363 f gr. Fragmente: Mailänder Cod. Gr. 259 synoptisch mit Meteori, Verklärungskloster, Ms. 392, eher dem *TestAbr.* B (2.2.8) zugehörig].

Neuere kritische Ausgabe: aram. Fragmente (Liste bei DiTommaso 419–421) bei García Martínez/Tigchelaar I S. 398–445; Beyer, *Die aramäischen Texte* I 225–258 (II 117 f). Zu 4Q 201 besonders: M. LANGLOIS: *Le premier manuscrit du livre d'Hénoch* (Lectio divina), 2008 [genaueste Wiedergabe aller acht Fragmente von 4Q 201; betrifft Sätze aus Kap. 1, 6, 8, 9 und Minimales vielleicht aus 93, aus 102 und aus dem *Buch der Giganten;* Übersicht: 455 f].

Alte Übersetzungen: s. 1.5.2 (antik); daraus 1.5.3 (mittelalterlich).

Konkordanz der aram. Fragmente mit dem gr. und äth. Entsprechenden bei Langlois 511–582.

Früheste Erwähnung: *Jub.* 4,17–24 u. ö. (s. Kopftext) nennt ein „Zeugnis", das Henoch „aufgeschrieben" habe, und gibt eine knappe Inhaltsangabe nicht nur des *Buchs der Wachenden,* sondern auch des *Buchs der himmlischen Leuchter.*

Ähnliche oder ähnlich benannte Texte sind unter 1.5.2 zu nennen; die Anregung oder die Vorlage bei der Verfassung weiterer Henoch-Texte dürfte stets erst die griechische Übersetzung gewesen sein.

Literarische Integrität: Selbst als rekonstruiertes ist dieses aram. *Henoch*-Buch bereits ein Compositum: Das allmähliche Wachstum dieser Schrift, das linear von vorn nach hinten verlief (ehe der 2. Teil, der in gewisser Weise ein Alternative zum 1. gewesen sein dürfte, durch etwas Neueres ersetzt wurde), kommt bes. in Nickelsburgs Darstellung zum Ausdruck, die jede Etappe einzeln würdigt einschließlich der sich dabei ergebenden Rückbezüge, also der Intertextualität der einzelnen Teile. – Zu der Unordnung im Bereich 92–103 bietet Albertz 673f den Vorschlag einer Rückordnung, wie er aufgrund der aram. Fragmente jetzt möglich ist.

Biblischer Bezug: Für die Person Henochs: Gen 5,18–24, für seinen Sohn Metušelaḥ: Gen 5,22.25–27. Biblische Anknüpfung im 1. Teil ist näherhin der Engelfall in Gen 6,1–4; hierzu H. KVANVIG: „Gen 6,3 and the watchers story", *Henoch* 25, 2003, 277–300. In 32,3.6 findet sich der Bezug auf den „Baum der Erkenntnis" von Gen 2,17 (3,3.11.17).[173] – Im *Buch der Giganten* war es offenbar dieselbe Stelle unter anderem Gesichtspunkt. – Im *Buch der Himmelslichter:* Gen 1,14–18. Überhaupt, Urzeit- und Endzeittexte, die *Genesis* einerseits und Eschatologisches aus den Propheten andrerseits (z.B. 1,3 vgl. Jes 26,1) werden in der Annahme einer Analogie miteinander verbunden. Öfters begegnen Anspielungen an die großen Visionsszenen Jes 6 und Ez 1.

Historischer Bezug: Der 1. Teil lässt sich verstehen als (polemisch gefasster) Ursprungsmythos für die hellenistische Kultur, deren Ausbreitung im Orient seit den Alexanderzügen jüdischerseits zunächst auf Beifall gestoßen war (s.u. 4.2.4), hier aber eine (vielleicht noch minderheitliche) Kritik erhält. Doch reflektiert er noch nicht die Konflikte des frühen 2.Jh., die durch Hellenisierung sogar des Tempelkults entstanden (vgl. 1.4.2). Solches ist der Fall erst in der *Tierapokalypse* (Kap. 85–90; Nickelsburg 46.83f), die die Hasmonäersiege feiert. Die „Schafe" sind dort die gesetzestreuen Israeliten, die „Wölfe" die Gegner des Judas Makkabäus. Manches in Kap. 10 wird freilich auch schon auf Verhältnisse unter den dann folgenden Hasmonäern gedeutet. Weit überzeugender aber geht dies mit der ausführlichen Allegorie in Kap. 90. Gerade dort aber fällt auf (Nickelsburg 86), dass es keine Anspielung gibt an das Wirken des Antiochos Epiphanes: Die Kritik scheint sich gegen die Paganisierung *innerhalb* Israels zu richten, von welcher die Berichterstattung des *1Makk.* abgelenkt hatte (1.4.2).

Quellen und **Vorlage:** Die *Tierapokalypse* hatte *Jub.* 23 und Dan 10–12 zur Vorlage. Über ein verlorenes hebr. *Noahbuch,* das man hinter Kap. 6–11 unseres Textes vermutet,[174] s. DiTommaso 427–430; Denis 93–96.140; schon *Jub.* 10,13 und 21,10 beruft sich auf ein solches. Reste daraus (?), nämlich 4Q 534–536.561, bei Beyer,

---

173 Statt ξύλον τοῦ γινώσκειν καλὸν καὶ πονηρόν (so Gen 2,17 LXX) steht nunmehr, durch das Aramäische vermittelt, δένδρον (τῆς) φρονήσεως, was unserer Formel „Baum der Erkenntnis" nahe kommt, jedoch verschieden ist sowohl vom Sprachgebrauch der biblischen Schriften (LXX wie NT) wie dem der Kirchenliteratur, der Gr. Parabiblica und auch dem der Targumim.

174 Stegmüller Nr. 82.12 nennt als vermutete *Noah-Apokalypse:* Kap. 2–11; 54,7–55,2; 60; 65,1–69,25 und 106–107 des *Henoch*-Buchs, dazu *Jub.* (1.1.1) 7,20–39; 10,1–15 und *Sib.* 1 (5.3.1).

Die aramäischen Texte II 125–127 (eine im Futur gehaltene Personenbeschreibung).

Bemerkenswerte Stellen: Was in christlicher Dogmatik als „gefallene Schöpfung" zu stehen kam (eine heute nur noch subjektiv, im Sinne eines gestörten menschlichen Verhältnisses zur Schöpfung, verstehbare Lehre), findet seinen objektiv gefassten Ausdruck in Kap. 21, wo Henoch auf seiner Himmelsreise ein Loch, ein Chaos gezeigt bekommt, worin sich gefallene Sterne befinden. – In 90,24–39 (Ende der *Tierapokalypse*) sowie in 103–104 wird das Problem von Ps 73, dass das Ergehen vieler Menschen nicht ihrer Gerechtigkeit oder ihrem Verdienst entspricht, über das in Ps 73,17 ff Gesagte (sie sterben unglücklich) hinaus in ein Jenseits-Gemälde verlängert: Aus der Scheol wird – hier wohl erstmals – ein Strafort, eine Feuerhölle (90,24; 103,7). Konsequenterweise beginnt die Bestrafung bei denjenigen Sternen, die „schuldig" waren (90,24). Gute Taten sollen auch noch im Himmel belohnt werden, nach schriftlichen Registern; das große Gericht ist jenseitig. In 81,4; 98,7; 104,1.7 werden himmlische Tafeln, auch singularisch als „Buch" bezeichnet,[175] zu diesem Zwecke eingeführt, Grundmotiv der Apokalyptik fortan.[176] Vgl. noch Bill. IV 1016–1065 (bes. 1022). Nickelsburg 113 findet hier eine Verlagerung der in Dtn 28 angedrohten Strafen für Nichtbefolgung der Tora ins Jenseits – umso bemerkenswerter, als dieser Tora-Abschnitt im Judentum nur wenig kommentiert wird.

Abfassungszeit: Rein paläographisch liegen Fragmente aus dem *Buch der himmlischen Leuchter* (Kap. 72–82) noch im 3.Jh. v.Chr. Auch die *Zehn-Wochen-Apokalypse* in Kap. 93 und 91,12–19 ist noch nicht gegen das Seleukidenreich gerichtet und datiert vor dem Konflikt um die Kultreform des frühen 2.Jh. Die Lage wird als bedrohlich empfunden, der Konflikt ist aber noch nicht da. – **Ort:** Inhalt wie Sprache weisen auf das Land Israel, wo die zunehmende Hellenisierung schon im 3.Jh. v.Chr. für die Toratreuen zum Problem wurde.

Die **Adressaten** dürften sich gegenüber dem kulturell-politischen Geschehen im Lande Israel marginalisiert gefühlt haben. Vermutungen über ein spezielles „Henoch-Judentum", wofür man dann auch noch die *Bilderreden* (1.5.3 b), das *Buch der Geheimnisse Henochs* (7.4.1) und die Hechalot (1.5.4 b) benennt, s. *Henoch* 24/1, 2002, Themenheft: *The Rediscovery of Enochic Judaism and the Enoch Seminar*; Bibliographie dort: 235–254; ferner G. MACASKILL: „Priestly purity, Mosaic Torah and the emergence of Enochic Judaism", *Henoch* 29, 2007, 67–90. – Skeptisch gegenüber der Hypothese eines einstigen „Henoch-Judentums": P. HEGER:

---

[175] Vgl. die βίβλοι bzw. βιβλία von Dan 7,10; *Baruch-Apk.* 24,1 (2.5.2); Apk 20,12. Stets singularisch benannt wird hingegen das „Buch (der Lebenden)" von Ex 32,32f; Ps 40(39),8; 69(68),29; Mal 3,16; Dan 12,1 (vgl. Jes 4,3; 65,6). Noch in Phil 4,3 und Apk 3,5; 20,15 ist dieses ein „Buch (βίβλος) des Lebens", wobei allerdings an letztgenannter Stelle sich zeigen kann, dass man nicht darin geschrieben ist. – Von nochmals anderer Art sind die Bücher über Heilkunde, die lt. *Jub.* 10,12–14; 21,10 Noah seinen Nachkommen hinterlassen haben soll. Dazu wiederum 1.1.1 Anm. 11.

[176] *Baruch-Apk.* 24,1; *Esra-Apk.* 6,20 u.v.a.m, auch Rabbinisches; s. Ed Sanders, Anm. zu *TestAbr.* 12,12 in Charlesworth I S. 889.

„1Enoch – complementary or alternative to Mosaic Torah?", *JSJ* 41, 2010, 29 – 62; Schäfer, *Mysticism* 53 – 67.

Abfassungszweck: Ein Anliegen der alten Henoch-Literatur ist die Warnung vor hellenistischer Kultur, die, als Globalisierung von damals, einen starken Trend zur Angleichung der Lebensweisen auslöste. Dieser Hellenisierung (die in *2Makk.* 4,13 schließlich auch ihren Namen bekam, 3.4.1) wird als Ursprungsmythos der Engelfall von Gen 6,1 – 4 zugeordnet:[177] Henoch habe die Folgen schon vorausgesehen. In den hinzukommenden Teilen, schon ab dem *Buch der himmlischen Leuchter*, werden mystisch-spekulative Anliegen bedient, und der apokalyptisch-warnende Tenor steigert sich zu Schilderungen eines Weltuntergangs.

Rezeption: vgl. „Adressaten". Zum Einfluss auf *Jub.* (1.1.1), ein gleichfalls essenisches Buch, s. VanderKam, *Studies* 305 – 331. Zur Rezeption der gr. Fassung, die ungleich größer ist, s. 1.5.2, zur Rezeption der äth. Fassung seit ihrem Bekanntwerden im späten 19.Jh. s. 1.5.3. – Rabbinisches über den Engelfall und über Henoch s. Ginzberg, *Legends* 1, 124 – 140.147 – 151 (dies ist weitgehend eine Nacherzählung der *Henoch*-Bücher; Anm. und Parallelen s. 5,153 – 164.169 – 172); vgl. Langlois 24 – 36 sowie unten 1.5.4 b; weiteres, auch über (seltene) Darstellungen Henochs in der Kunst s. Bocian 142 – 144.

Unabhängig von allem Geschriebenen war der Mythos vom Engelfall (Gen 6,1 – 4) ein Selbstläufer, auch noch im Judenchristentum: Wenn 1Kor 11,10 vorschreibt, Frauen müssten ein „Hoheit(szeichen)" auf dem Kopf tragen – ein Schleier soll gemeint sein als Zeichen der Hoheit ihres Mannes über sie, so wie im Islam die Gewandung der Frau im Ganzen religiös-rechtlich begründet wird –, so lautet ja die höchst wortkarge Begründung: „um der Engel willen", dass sie nicht noch einmal begehrlich werden.

Zusatz: *Das Buch der Giganten*

Was das in der aram. Endfassung ausgeschiedene, darum auch nicht ins Griechische gekommene sog. *Buch der Giganten (der Riesen)* betrifft, davon finden sich Reste an vielen Stellen, meist nicht in räumlicher Nähe zum *Henoch*-Buch, nämlich in 1Q 23.24; 2Q 26; 4Q 203.206.530 – 532.556; 6Q 8 (Liste bei DiTommaso 420 unten); Texte auch bei Beyer, *Die aramäischen Texte* II 119 – 124. Ein antiker Titel ist nicht erhalten. Einleitung: Denis 96 – 100. Dt. Übers.: JSHRZ V/6 (S. UHLIG) 1984, S. 755 – 760; aram./dt. bei Beyer a.a.O. I 258 – 268 und II 119 – 124. – Mani schrieb ein eigenes *Buch der Giganten*, bei Photios, *Bibl.*, Cod. 85 als *Giganteios biblos* bezeichnet, wovon noch iranische Fragmente erhalten sind.[178]

---

177 Wie lebendig der Mythos vom Engelfall auch in der Entstehungszeit des NT noch war, zeigt die sicherlich noch aus dem Judenchristentum kommende Kleidervorschrift 1Kor 11,10.

178 Dt. in A. BÖHLIG (Übers., Hg.): *Die Gnosis*, Bd. 3: *Der Manichäismus*, 1980, 226 f (und 46). Nicht ohne Grund wird dort Henoch erwähnt, übrigens mit seiner gr. Namensform „Enoch". So auch in den *Kephalaia* 1 (ebd. 83). – Vgl. noch Denis 115 f.133.

Ähnlich benannte Texte: Stegmüller Nr. 89.15 verzeichnet ein mit dem *Buch der Giganten* nicht verwandtes *Buch Ogs des Riesen* (sc. dessen von Num 21,33 und Dtn 1,4), bekannt, aber nur als Titel, durch sein Verbot im *Decretum* (ps.-)*Gelasianum* (6.Jh.).

1.5.2 Die griechische Übersetzung des *Henoch*-Buchs (*1Hen.* 1–36 und 72–107)

Dass es eine solche noch zu Zeiten des Zweiten Tempels gegeben hat, ist nunmehr bewiesen anhand winziger, aber eben griechischer Fragmente in Qumran und sonst (Lit. bei DiTommaso 356 f.). Die Regel bestätigt sich, wonach stets Juden selbst es waren, die ihre Texte ins Griechische brachten; die Christen bedienten sich sodann der griechischen Fassungen.

Das nun Vorzustellende ist das *Henoch*-Buch der Kirchenschriftsteller. Eine Übersicht über das Erhaltene geben Denis 104–112 und DiTommaso 356–358; vgl. Langlois (1.5.1) 12 f. Die Liste umfasst (chronologisch geordnet nach Alter der Schriftstücke):

7Q 4.8.11–14, winzige Reste aus Kap. 100.103.105 auf Griechisch;

P. Chester Beatty 185 (Dublin, ca. 4.Jh.), enthaltend 97,6–104 und 106–107 (Ausgabe s. u.: Bonner);

POxy. 2069 (Ende 4.Jh.), enthaltend Teile aus 77–89;

einen Papyrus des ca. 6.Jh. (Schätzungen variieren), genannt Codex Panopolitanus, aus Panopolis (Ägypten, = „Gizeh-Papyrus"),[179] umfassend 1,1–32,6 (also fast das ganze *Buch der Wachenden*) mit großen Lücken (Text auch in LXX ed. Swete, Bd. 3, 789–809);

Zitate in der *Chronik* des Georgios Synkellos (8.Jh), umfassend 6,1–10,14; 15,8–16,1 (s. u. in Nr. 1) sowie ein nicht lokalisierbares Fragment (s. u. Nr. 4);

Codex Vaticanus Graecus 1809 (= LXX-Codex V), der 89,42–49 als Exzerpt bietet.

Die *Chronik* (oder *Chronographie*) des Georgios Synkellos ist erhalten im Pariser Cod. Gr. 1711 und in Druckausgaben zugänglich seit 1652. Synkellos ist der erste, der auf das *Buch der Wachenden* den Titel „1.Henochbuch" anwendet (Untertitel: Περὶ τῶν ἐγρηγόρων). Das danach folgende 2. Buch dürfte für ihn nicht dasjenige gewesen sein, das erst in der modernen Forschung diese Nummer trägt (7.4.1), sondern eher das, was er dann auch (wenngleich ohne Nummer) noch zitiert: Kap. 72 ff. – Die Zitate bis zu Origenes (Denis 113–115) bezeugen hingegen immer nur das *Buch der Wachenden* und, weniger klar, das *Astronomische Buch* (*1Hen.* 72–82).

---

179 Dieser von zwei Schreibern stammende, bei Flemming/Radermacher (GCS) für *zwei* Papyri angesehen Zeuge (Details bei Denis 106 f; gewisse Passagen sind doppelt erhalten) wurde in einem christlichen Grab in Gizeh (= Achmim, Ägypten) gefunden und enthielt außerdem das *Petrusevangelium* und die *Petrusapokalypse,* war also eine Art Totenbuch – eilig und schlampig abgeschrieben, wie das bei ägyptischen Totenbüchern zu sein pflegt. Über das Projekt einer Neuausgabe s. M. DEL VERME in *Henoch* 28, 2006, 139–159. Erschienen ist L. ARCARI: „Il papiro Gizeh: un testimone della tradizione enochica greca e altri testi ad esso collegabili", *Bibbia e Oriente* 50, 2008, 3–77.

Der erste Autor, der *Henoch*-Bücher im Plural zitiert, bestätigt diese Regel: Origenes, *Contra Celsum* 5, 54 führt gewisse Fehlmeinungen des Kelsos auf „im *Henoch* Geschriebenes" zurück, wiederholt diesen Verweis zwei Sätze weiter und geht von da in den Plural: Kelsos habe „die *Henoch* überschriebenen Bücher" offenbar nicht gelesen, wisse auch nicht, dass sie „in den Kirchen überhaupt nicht als göttlich gelten". Derselbe, *In Numeros homilia* 28,2 (zu Num 34; MPG 12, 802 B; zit. bei Schürer/V. 262)[180] nennt *libelli qui appellantur Henoch* mit Bezug auf das *Astronomische Buch*. Seit Origenes ist also dieses letztere auch auf Griechisch belegt (und der sog. *Brief Henochs* sogar schon im 2.Jh. v.Chr., dieser jedoch, ohne schon ein Teil unseres *Henoch*-Buchs sein zu müssen); das *Buch der Wachenden* und das von uns sog. *Astronomische Buch* bildeten auf Griechisch eine Komposition, sozusagen das erweiterte gr. *Henoch*-Buch.

Eine Gegenprobe unter der Frage, welch Reste von Henoch-Büchern auf griechisch belegbar sind, ergibt folgendes Bild. Innerhalb des *1Hen.* liegen:

1. aus dem Buch der Wachenden:

– der Gizeh-Papyrus (Cod. Panopolitanus) für 1,1–32,6;

– die besagten Exzerpte in der Chronik des Georgios Synkellos;[181]

2. aus den Bilderreden: nichts;

3. aus späteren Kapiteln, mit Titelangabe:

– in Barn. 16,5 ein Zitat aus 89,56–58.66 f („Denn es sagt die Schrift:...");[182]

– in Barn. 16,6 eine mögliche Anspielung an 91,13 („Denn es steht geschrieben:..."), die aber eher eine freie Kombination ist aus Hag 2,9 und Dan 9,24 f (Denis 787);

– im TestLevi 10,5 ein kurzer Satz aus 89,50, eingeleitet: „wie es das Buch Henochs des Gerechten hat";

sowie, ohne Titelangabe:

– POxy. 2069 für 77–78 und 86–87;

– vatikanischer Codex Graecus 1809 (= Codex Venetus) für 89,42–49, ein Auszug, überschrieben: ἐκ τοῦ τοῦ Ἐνώχ βιβλίου χρῆσις („eine Orakelerteilung aus dem Buch des Henoch");

– P. Chester Beatty 185 für 97,6–104 und 106–107 (mit Schlusstitel hinter 107: Ἐπιστολὴ Ἐνώχ, womit wohl diese beiden – hinzugesetzten – Kapitel gemeint sind; deren Alter ist durch das aram. Frg. 4Q 204 als vorchristlich gesichert);

– 7Q 4.8.11–14 für Reste aus Kap. 100, 103 und 105.

Außerhalb des im 1Hen. Erhaltenen liegen:

---

180 Die Worte „nentur e" auf S. 263 sind als Dublette zu streichen.
181 Nummernkonkordanz: Es handelt sich um **Kap. 6–10** in Synkellos (ed. Mosshammer) auf S. 11,19–13,19; **8,4–10,14** auf S. 24,12–26,8; **8,9** auf S. 29,15; **8,10** auf S. 25,9; **15,8–12** auf S. 26,9–25; **16,1** auf S. 26,20–25; und schließlich ein Resümee aus **72–73** auf S. 34,14–18.
182 Dies kann, wie Denis 117 vermutet, aus einem Florilegium zitiert sein, das die übergangenen Verse bereits ausließ.

4. ein Zitat, 15 Druckzeilen lang, bei Synkellos (S. 26,26 – 27,7), dort mit der Schlussansage versehen, all dies (Nr. 1 und Nr. 4) komme aus dem Ersten Buch Henoch, Über die Wachenden. Dieses Buch war also einst länger. Text auch in LXX (Swete) Bd. 3, S. 809 unten und bei Black S. 37 unten; dt. bei Uhlig 754.

5. Zusätzlich findet sich in der Ausg. Black, S. 13, untere Hälfte, eine kleine Liste von Zitaten unter dem Namen Henochs, die bisher nicht lokalisiert werden konnten:

– TestSim. 5,4 mit der seltsamen Zitierformel ἑώρακα ἐν χαρακτῆρι γραφῆς Ἐνώχ;

– TestLevi B 14,1: ἔγνων ἀπὸ γραφῆς Ἐνώχ;

– ebd. 16,1: ἔγνων ἐν βιβλίῳ Ἐνώχ.

„Das" Henoch-Buch der Antike waren offenbar nur die Teile (1) und (3). – Text (4) erweist sich als spätes Fabrikat durch den Super-Hebraismus, es gebe für die Menschheit nach jenem zweiten Sündenfall (Gen 6) über 120 Lebensjahre hinaus „nicht jeden [statt: keinen] Weg des Entfliehens": Sagte man im Hebr. (oder, hier passender, im Aram.) je: *lo' ješ kol derech* bzw. *let kol darka'*? Dieser Text war wohl ein weitergeschriebenes *Buch der Wachenden;* die seltene Bezeichnung Gottes „als König aller Äonen" (ebd.) hat einen Anhalt in 9,4 und 12,3 („König der Äonen"). – Die drei Referate unter (5) bleiben erratisch, da sie auch im *2Hen.* keine Parallele haben (dort ist Levi nicht erwähnt). Alle drei haben sie die Entartung des Priestertums zum Thema; wie dieses Problem die Seiten wechselte zwischen Juden- und Christentum, wird unten anhand des gr. *TestLevi* zu bedenken sein (in 7.5.1).

Stegmüller Nr. 78.15; DiTommaso 356 – 360. Als neueren Kommentar s. Nickelsburg (unten 1.5.3; er sucht hinter die äth. Textgestalt zurückzugehen).

Literatur: L. ARCARI: „Il vocabolario della conoscenza nel testo greco del Libro dei Vigilanti. Per una definizione del Sitz im Leben della versione greca di 1 Enoc", *Materia Giudaica* 8, 2003, 95 – 104; ders.: „Il papiro Gizeh: un testimone della tradizione enochica greca e altri testi ad esso collegabili", *Bibbia e Oriente* 50, 2008, 3 – 77.

Handschriften: keine; es gibt keine Primärüberlieferung mehr, nur Auszüge und Zitate. **Erstveröffentlichung** griechischer *Henoch*-Fragmente bei J. J. Scaliger 1658 (Yoshiko Reed, „Pseudepigrapha" 413).

Titel im Inhaltsverzeichnis von Cod. A: Ἐνώχ (ein Text ist dort nicht erhalten);[183] im *TestLevi* 10,5 und *TestDan* 5,6: βίβλος Ἐνώχ τοῦ δικαίου. Zitierformel bei Synkellos (S. 11,20 Mosshammer): Ἐκ τοῦ πρώτου βιβλίου Ἐνώχ, περὶ τῶν ἐγρηγόρων, bei Wiederaufnahme (S. 24,10): Ἐκ τοῦ λόγου Ἐνώχ, τὰ λοιπὰ περὶ τῶν ἐγρηγόρων. Schlussansage nach einem Resümee aus Kap. 72 – 73 bei Synkellos (S. 34,18 f Mosshammmer): ὡς ἐν τῇ βίβλῳ αὐτοῦ Ἐνώχ φέρεται. **Schlusstitel** auf dem Pa-

---

[183] Zur Namensform: Nach dem Gesetz der Hauchdissimulation war im Gr. nicht *Henoch*, sondern nur *Enoch* zu sprechen. Dass damit das Indiz eines Übermittlungsweges gegeben sein kann, s. o. Anm. 178.

pyrus nach 107,3: Ἐπιστολὴ Ἐνώχ (zu beziehen wohl nur auf die Anhänge 106– 107).[184]

Andere Benennungen: *das Buch Henochs* bzw. *die Schrift Henochs* (so in den Zitaten in den *TestXII*). Die Zitierformel „Ich las im *Buch Henochs des Gerechten*" (*TestDan* 5,6) dürfte immer noch dieses Buch meinen; die Stelle ähnelt Kap. 54,6 der Bilderreden (1.5.3 b), ebenso aber auch *Jub.* 10,11. Black (1.5.1) S. 13, 2.Hälfte bis 14 bietet griechische Belege aus *TestXII* (7.5.1); vgl. obige Liste, Nr. 5.[185]

Neuere kritische Ausgabe: PVTG 3 (M. BLACK) 1970, S. 1–44 (gr. Text: 19–44). Vgl. schon LXX ed. Swete, Bd. 3 (2. Aufl.), 1899, 789–809; J. FLEMMING/C. RADERMACHER (Hg.): *Das Buch Henoch* (GCS); Textbestand dort jeweils: 1,1–3,1; 5,1–32,6 mit kleinen Lücken; 89,42–49 und lat. 106,1–8 in viel kürzerer Fassung als das Äthiopische.[186] Für den danach gefundenen Chester-Beatty-Papyrus, 97,6–104 und 106–107 enthaltend, s. C. BONNER (Hg.): *The Last Chapters of Enoch in Greek* (StD 8), 1937. Der gesamte gr. Textbestand bei Black a.a.O. sowie bei Denis, *Conc.* 818–824.

Präskript: Λόγος εὐλογίας Ἐνώχ…,[187] danach **Textanfang:** Καὶ ἀναλαβὼν τὴν παραβολὴν αὐτοῦ εἶπεν Ἐνώχ. **Textschluss** ist eine Etymologie des Noah-Namens, 107,3: Νῶε, εὐφραίνων τὴν γῆν ἀπὸ τῆς ἀπωλείας. Zum Vergleich äth. (Übers. Uhlig): „Noah, denn er wird der Erde Freude von aller Vernichtung bringen."

Wortindex: Siglum bei Denis, *Conc.*: „Hen.", ebenso bei Denis, *Conc. latine*. Auch bei Wahl (Bauer), *Clavis* 517–556; Bonner (vorige Rubrik) 97–106.

Alte Übersetzungen: Auf **Lat.** sind erhalten: 1,9 (in zwei verschiedenen Fassungen); 99,6 f; 106,1–18 (letzteres Stegmüller Nr. 78.16; dazu Uhlig 483; Denis 121 f.; 8.Jh.); Texte bei Denis, *Conc. latine* 628 f; Lechner-Schmidt, *Wortindex* 239 f. Die äth. Übers. (und Bearbeitung) kommt aus dieser griechischen; dazu 1.5.3. Auf **Kopt.** belegt ist 93,3–8 auf einem Papyrus des 6./7. Jh.; auf **Syr.** 6,1–6 bei Michael dem Syrer (12.Jh.); s. Uhlig 482f; Denis 123 f.

Früheste Bezeugung: Der *Barnabasbrief* 16,5 bietet mit einem „Denn es spricht die Schrift" den ungefähren Wortlaut von *1Hen.* 89,56 oder 66 (allerdings ohne Er-

---

184 Nickelsburg 110 versteht darunter die Kap. 92–105; dann bleibt das Problem der Anhänge 106–107.

185 Deren einer, der gar nichts Apokalyptisches an sich hat, sondern den Ritus der ḥaliṣa (Dtn 35,10) präzisiert, trägt den Titel ἐν γραφῇ Νόμου Ἐνώχ γέγραπται (*TestZab.* 3,4 B). Die Stelle ist aber korrupt; sie meint das Mosegesetz, in dem *von* Henoch geschrieben steht.

186 Methodisch fragwürdig und gelegentlich irreführend ist an dieser Ausgabe das synoptische Gegenüberstellen der gr. Fragmente (links), soweit erhalten, mit einer kompletten Übersetzung der äth. Fassung (rechts): Das lässt niemanden ahnen, wie sehr die letztere in den nicht mehr kontrollierbaren Textbereichen überarbeitet und erweitert sein kann. Die Nichtübereinstimmung mit dem lat. Fragment zu 106,1–18 ist in dieser Hinsicht eine Warnung.

187 Der äth. Text beginnt auch genau hier, wie bei Charlesworth I S. 13 zu sehen. Der dort in Anm. a getadelte Gräzismus ist einfach nur die Folge wörtlichen Übersetzens.

wähnung der „Löwen"); *Barn.* 16,6.8 zitiert verkürzt *1Hen.* 91,13. Kelsos (2.Jh., bei Origenes, *C.Cels.* 5, 52) kennt Motive aus Kap. 6–10 und 89,59 ff;[188] vgl. Kopftext.

Ähnliche oder ähnlich benannte Texte s. DiTommaso 361 f. Eine *Apokalypse des Enos* wird im Kölner Mani-Codex (Text: 3.Jh.) S. 52 Z. 8 erwähnt. Ob dieser Buchtitel aus vorchristlicher Zeit stammt oder abhängig ist vom Titel der Apk (s. 0.2.13), bleibt offen. – Ein *Buch der Noria*, der Frau Henochs (s. u. 7.6.0), ist bei Epiphanios erwähnt; s. Stegmüller Nr. 82.13 sowie den *Gedanken der Norea* in NHC IX 2. – Weitere *Henoch*-Bücher unter 1.5.4 b und 7.4.1. Uhlig 467 nennt weitere Titel; ebd. 761–763 gibt in dt. Übers. einen *Midrasch von Semjaza und 'Azazel* aus hebr. Handschriften des 12.–16.Jh. – Bücher im Namen diverser vornoachidischer Patriarchen bei Denis 162–171.214–220.

Früheste Nennung: s. o. „Titel". **Frühestes Zitat:** Unter der Formel „Es prophezeite ihnen als siebter nach Adam Henoch mit den Worten" (Ἐπροφήτευσεν... λέγων) gibt **Jud 14 f** ein Zitat, auf das Weltgericht bezogen („Es kam [sic] der HERR...") aus *1Hen.* 1,9 (dort: „Es kommt...") in einem mal dem Griechischen, mal dem (nachmaligen) Äthiopischen stärker ähnelnden Wortlaut, der darauf schließen lässt, dass dies kein fixierter Text war.[189] *Barn.* 4,3 nimmt unter „wie Henoch sagt" auf dieselbe Stelle Bezug. Weiteres s. Kopftext.

Ein **Semitismus** ist „nicht jede" statt „keine" 102,10. Ein anderer, auch aus der Übersetzung kommender das „und jetzt" in 106,10 (als Einleitung zu Aufforderungen);[190] vgl. 98,1.10; 104,8; 106,18; 107,2. **Gr. Stil:** Barbarisches Übersetzungsgriechisch, nicht der Septuaginta, sondern eher Aquila vergleichbar; man betrachte allein den völlig amorphen Anfangssatz 1,2 oder die zahlreichen Grammatikfehler (aber auch Verschreibungen) in 10,19. Über Nähe zu (nachmaligem) christlichem Sprachgebrauch s. J. JEREMIAS: „Beobachtungen zu neutestamentlichen Stellen an Hand des neugefundenen griechischen Henoch-Textes", *ZNW* 38, 1939, 115–124: *Hen.* 104,9 belegt vorpaulinisch das sonst seltene δικαίωμα „Rechtserfüllung" (vgl. Röm 5,18); 102,5 „fleischlicher Leib" wie *Sir.* 23,17, sonst Kol 1,22; 2,11. Hier ist jüdischer Sprachgebrauch in christlichen übergegangen.

Zeit der Übersetzung: vorchristlich, aber im Vergleich zur Septuaginta (wo die Tendenz zur Wörtlichkeit vom 3. zum 1.Jh. v.Chr. stark zunimmt) spät. **Anliegen** der Übersetzung: Vielleicht sollte sie die griechisch-jüdische Originalliteratur ergänzen durch ein Werk, das – anders als Philon und die hier in Abschn. 3 nachgewiesenen Autoren, die durchwegs Intellektuelle waren – Fragen kosmologischer und eschatologischer Art nach populärem Geschmack beantwortete.

Rezeption: Anders als die aram. Urfassung, ist die gr. Übersetzung des *Henoch*-Buchs in griechisch-jüdischer Literatur nicht weiter zu verfolgen. Man ist auf Motive des Grundmythos angewiesen, wie etwa E. PETERSON: „Henoch im jüdischen Gebet

---

[188] Die dort gleichfalls zu findende Parallele mit *1Hen.* 47,11 (*Bilderreden*) wird unter 1.5.3 b zu behandeln sein.
[189] Zu den Formulierungsunterschieden s. Bauckham 89–91.
[190] Das hebr. *we'atta*, auch aram. belegt: *uch^e'an* Dan 2,23; 5,15; Esr 5,17.

und in jüdischer Kunst" (1948) in: ders.: *Frühkirche, Judentum und Gnosis*, 1959, 36–42. Als frühe, eigenständige Bezugnahmen auf den Mythos vom Engelfall vgl. auf christlicher Seite 2Petr 2,4; Jud 6.

Zitate aus „dem" *Henoch*-Buch durchziehen von da ab die Literatur der Alten Kirche; Liste in chronologischer Folge bei Schürer/V. 261–264 und Denis 117–119, in nummerischer (nach Kapiteln) in der Ausg. Black (1.5.1) S. 10–14.[191] Wenn am Beginn des 3.Jh. der christliche Apologet Hermias in seiner *Irrisio gentilium philosophorum* 1 nicht nur die Astrologie, das Waffenschmieden und die Kosmetik, sondern auch die Philosophie von einem Fall der Engel (ἀγγέλων ἀποστασία) herleitet, ist das immer noch Auswirkung der hier in Henochs Namen vorgetragenen jüdischen Kulturkritik; vgl. van der Horst, *Japheth* 156 f.

Zur Rezeption mag gehören, dass in Apk 2,7 ff ein himmlischer Kampf, nämlich Michaels mit dem Drachen, stattfindet; dessen Wurf auf die Erde, der den Rest des Debakels unten stattfinden lässt, ist dann wiederum ein Echo auf das Jesuswort in Lk [Q?] 10,18, das seinerseits eine Vision wiedergeben mag. Dies ist zunächst ein Kampf im Himmel, denn dort lag seine Ursache. – Clem.Al., *Strom.* 5, 10,1 spielt in apologetischer Absicht an Kap. 16,3 an; namentlich zitiert er 19,3 in *Eclogae e propheticis* 2,1 und resümiert 8,3 bzw. 16,3 ebd. 53,4. Vgl. noch Denis 119–121 sowie 1.1.2, Anm. 22.

Die Art, wie das *Buch der Wachenden* die Verantwortung für überpersönliches Böse auf Engelmächte abschiebt und auf einen kosmischen Unfall, hat faktisch die Gnosis vorbereitet, ja er ist ihr Grundgedanke.[192] Davon geleitet, hat die – bald nach dem Fall Jerusalems textlich greifbar werdende[193] – Gnosis die Ursache der Sünde und des Bösen zurückverlegt von Gen 6 (essenisch) und Gen 3 (christlich) nach Gen 1 und hat die gesamte Schöpfung einen Unfall sein lassen, der nur durch Verlassen des (Un-)Kosmos zu beheben ist. Hierzu z. B. B. Pearson in Stone, *Writings* 451–455. Dass Henochs Name in den Nag-Hammadi-Schriften nur einmal vorkommt (IX *1*, 12,9), sagt wenig; man war eben schon hinter dessen „Offenbarung" zurückgegangen. Aber noch der Religionsstifter Mani (geb. 230 n.Chr.) zitiert, wie kirchlicherseits Origenes, die *Apokalypse Henochs* (im Singular) als eine seiner Quellen.[194]

„Henoch" als Autor hat in späterer Gnosis noch einmal Karriere gemacht: Die koptisch erhaltenen *Bücher des Je'u* sollen von ihm geschrieben sein (Harnack I

---

191 Als Expansion (nicht nur Zitation) von 10,19 kann genannt werden das Papias-Frg. bei Irenaeos 5, 33,3.
192 Die Adam-Literatur hingegen (7.2) und manches im Namen Esras Verfasste (7.4.4–6) sucht, dem Christentum und auch dem Rabbinat näher, die Schuld auf menschlicher Seite, beim Einzelnen.
193 Die Berufung gewisser Gnostiker auf den Simon von Apg 8,9 ff (so die Simonianer) hat historisch nicht mehr Glaubwürdigkeit als die auf Adam, Eva und die Schlange (so die Ophiten).
194 Die Schreibweise „Enoch" verrät hier die Benutzung eines gr. Textes. Offen bleibt die Frage, ob Mani hierbei das gr. *Henoch*-Buch sich zunutze macht oder eher andere Henoch-Texte; Stone, *Studies* 208–210 optiert für letzteres.

852 Nr. 55 Ende).¹⁹⁵ Auf Seiten der Kirche hingegen widersprach Theodoret (5.Jh.) mit Heftigkeit jener Auffassung, Engel hätten die Menschheit zum Sündigen veranlasst: „Dass für die Lüsternheit von Engeln die Menschen selbst bestraft worden seien, würde nicht einmal der Vater der Lüge (vgl. Joh 8,44) zu sagen wagen." Er bietet eine euhemeristische Deutung von Gen 6,1–4: „Göttersöhne" hätten ehrenhalber damals die Menschen geheißen, hier: die Nachkommen Seths, und nur für eigene Verfehlungen seien sie belangt worden (MPG 80, 148 A–151 A), ebenso Prokopios v. Gaza (MPG 87, 265 C–269 A) nach einer Reduktion der Rolle Henochs: Der „Erstling aus den Entschlafenen" (1Kor 15,20) sei nicht er und auch nicht Elia, sondern Christus (265 A).

Im byzantinischen Reich blieb das *Henoch*-Buch bekannt (Synkellos benutzt es gelegentlich), wurde aber wohl nur wenig benutzt; der *2.Henoch* (7.4.1) greift ein letztes Mal darauf zurück. Liturgie: Der unter 7.5.2 a zu erwähnende „Sonntag der heiligen Vorväter" diente einst auch der Erwähnung Henochs. – Kunst: Darstellungen Henochs sind selten und spät (Bocian 144: 9. Jh. und später).

Im lateinischen Westen wird *Henoch* öfters zitiert (Denis 122f). Tertullian erwähnt, dass *Henoch* bei den Juden nicht rezipiert sei (*De cultu feminarum* 1, 3; Bezug auf Kap. 10,3 und 93,4), verteidigt es aber: Auch als „vorsintflutlicher" Text könne es in Noahs Gedächtnis erhalten geblieben sein, und dass die Juden ihn nicht „in ihrem Bücherschrank haben", beruhe darauf, dass es bereits „den Herrn verkündige".¹⁹⁶ Augustin, *Civ. Dei* 15, 23,4 und 18,38 referiert die jüdische Ablehnung und schließt sich ihr an.

Was noch Henochs Sohn Methusela (Methusalem) angeht, dem der Midrasch im Anhang (106–107) gilt, dieser hat im Judentum sonst nur wenig Aufmerksamkeit erhalten (Ginzberg, *Legends* 1, 141f; 5, 165f im Rahmen der „zehn Generationen" zwischen Schöpfung und Sintflut), mehr dann im Christentum: 7.4.1; Bocian 369.

1.5.3 Das *1.(Äthiopische) Henochbuch (1Hen. 1–108)* und die *Bilderreden des Henoch*

Nunmehr sind wir bei demjenigen Text angelangt, dem (in westlichen Weiterübersetzungen) die meiste Literatur gewidmet ist: dem *Äthiopischen Henochbuch*, wie es 1773 erstmals in den Westen gelangte, 1821 erstmals auf Englisch und 1838 auf Äthiopisch veröffentlicht wurde. Es sind zu nennen:

---

195 Genaueres z. B. bei K. RUDOLPH: *Die Gnosis*, 1977, 32. Es handelt sich um Schriften des sog. Codex Brucianus (Oxford, Bodleian Library), die in der gleichfalls erst dem 3.Jh. angehörenden, nur koptisch erhaltenen *Pistis Sophia* unter diesem Titel und mit dieser „Autoren"-Zuweisung zitiert werden.

196 *...etiam de Domino praedicarit.* Wenn das ein Argument wäre, ließe sich nicht mehr erklären, warum sie dann das *Jesaja*-Buch noch haben. Sie hätten es, sagt er weiter, verworfen, „wie auch fast alles andere, was nach Christus klingt (*quae Christum sonant*)": Bezieht sich das vielleicht auf so explizit christliche Stellen wie die *Bilderreden*? Dann wäre es der erste Hinweis auf ihre Existenz.

1.5.3 Das 1.(Äthiopische) Henochbuch (1Hen. 1–108) und die Bilderreden des Henoch — 209

a) allgemeine Daten über das Buch in seiner äthiopischen Form,

und es ist zu würdigen:

b) der Zuwachs der Bilderreden (37–71);

c) der Anhang eines 108. Kapitels, nochmals, wie schon 106f, Methuselah betreffend.

Was diesen Anhang angeht: An diesem vorsintflutlichen Patriarchen ist nicht nur sein exzeptionelles Lebensalter auffällig, sondern – beim Addieren der Septuaginta-Zahlen –, dass er die Sintflut überlebt haben müsste. „Da er nun, der Bibel zufolge, nicht unter den Insassen der Arche war, ließ diese Schwierigkeit sich nur so lösen, dass er von dieser Welt geholt worden sein musste, um wenigstens eine Zeitlang im Paradies zu leben": so Ginzberg, *Legends* 5, 165. Im *2Hen.* ab 68,5 wächst das Interesse an seiner Person weiter.

a) Das *Äthiopische Henochbuch* in seiner Endgestalt

Online-Index Nr. 1; Harnack I 847 und 852 Nr. 55; II 563f; Stegmüller Nr. 78 und 78.1–14; Schürer/V. 250–268. Gesamtübersicht über die Teile s. o. 1.5.0.; **Lit.** s. 1.5.1–2. **Paraphrasen** und Kommentar: Woschitz 607–686 (kurze Inhaltsangabe 610–612, längere 612–626).

Einleitung und Übersetzung: Charlesworth I 5–83 (E. Isaac);[197] JSHRZ V/6 (S. Uhlig) 1984; Dupont-Sommer, *Ecrits intertestamentaires* 465–625 (A. Caquot).

Einleitung: Denis 59–144 (bes. 125ff sowie 141f zur Datierung). **Anmerkungen:** Rießler (355–451) 1291–1297.

Übersetzung mit Anmerkungen: G. Nickelsburg/J. VanderKam (Übers.): *1Enoch. A New Translation*, 2004; dazu: Knibb, *Essays* 77–90.

Literatur: Lehnardt Nr. 8331–8920; DiTommaso 355–430. **Neuerer Kommentar:** G. Nickelsburg (Übers., Komm.): *1 Enoch 1. A Commentary on the Book of 1 Enoch, Chapters 1–36; 81–108* (Hermeneia), 2001 [Bd. 2 erschienen 2012, konnte umständehalber nicht berücksichtigt werden]. **Neuere Studien:** Berner, *Jahre* 100–233; VanderKam, *Studies* 380–395.396–412.

Handschriften: DiTommaso 362 nennt deren 45; vgl. Uhlig 473–476; Langlois [1.5.1] 13–16; Denis 126–132; inzwischen sind über 100 bekannt. Sie kommen alle erst aus dem 15.Jh. oder später. **Erstausgabe:** R. Laurence 1838 (vorher engl. ders. 1821). Mit einer lat. Übersetzung (1851) und einer deutschen (1853) etablierte August Dillmann die Äthiopistik an dt. Universitäten.

Titel in den Handschriften: „Das Segenswort Henochs, wie er die Auserwählten und Gerechten segnete, die am Tage der Bedrängnis dasein werden, damit alle Bösen und Frevler vernichtet werden." **Schlusstitel** 108,15: „Hier enden die Geheimnisse

---

[197] Dieser Übersetzung fehlt fast gänzlich der Randapparat mit dem Nachweis der angezogenen Bibelstellen und mit Parallelenangaben. Hier muss man sich bei Uhlig bzw. Rießler bedienen.

Henochs". Dieser Schluss war vermutlich der Stichwortgeber für die nächste größere *Henoch*-Komposition (7.4.1).
Neuere kritische Ausgabe: M. KNIBB/E. ULLENDORFF (Hg., Übers., Komm.): *The Ethiopic Book of Enoch. A New Edition in the Light of the Aramaic Dead Sea Fragments*, 2 Bde., 1978. In Bd. 1 Fotografie des Ms. Rylands Ethiopic 23 mit Apparat: Varianten aus äth., gr. und aram. Überlieferung. Bd. 2 Kommentar unter besonderer Rücksicht auf die aram. Fragmente.
Textanfang: „Und es redete und sprach Henoch, ein gerechter Mann:..." **Textschluss** s. u. (c).
Wortindex für das Äth.: keiner. Namen- und Stellenregister zu dieser Fassung bei Uhlig 764–780.
Früheste Bezeugung: Diese Fassung hat keine antiken Zeugen.
Ähnliche oder ähnlich benannte Texte: zum *2.Henoch* s. 7.4.1, zum *3. (Hebr.) Henoch* s. 1.5.4 b. Weitere, späte *Henoch*-Bücher auf Syr. und Äth. bei Denis 162f. Bücher im Namen vornoachidischer Patriarchen s. o. 1.5.2 „Ähnliche Texte".
Textsorte: Sammlung von Apokalypsen. Ab 1,2 Visionsbericht als Ich-Rede; mit jeder der Überschriften (s. o. 1.5.0) setzt eine weitere, andersartige Apokalypse ein. Die Anhänge sind Mischgattungen, auch Mahnrede und moralisches Testament. Viele Partien sind Dialoge mit wechselnden Partnern (vgl. oben zur Textgliederung). Henoch kann Empfänger wie Geber der Auskünfte sein.[198] – **Literarische Besonderheit:** Die Bestandteile der Komposition sind durch Zwischenüberschriften markiert, auch nummeriert.
Zählung: Den schon in den äth. Handschriften befindlichen Kapitelzahlen folgend (offensichtlich ist dies schon in den Handschriften ein „edierter" Text), unterteilt man 108 z. T. sehr kurze Kapitel. Die von Dillmann aufgebrachte Verszählung ergibt eine Kapitellänge zwischen 1 und 77 Versen.
Gliederung: s. o. 1.5.0. Das als 1,1 Gezählte ist ein Präskript (gr. s. o. 1.5.2).
Literarische Integrität: Das Buch gibt sich als Montage auch jetzt noch zu erkennen, ist in dieser Form jedoch „gewachsen" bzw. gewollt, bis auf Versehen; einiges ist verstellt (90,31 kommt nach 90,20–27 zu spät, usw.). Manche entstehungsgeschichtlichen oder auch literarkritischen Nähte, wo keine Überschriften stehen, mögen schwierig auszumachen sein, zumal auch 91,12–19 verstellt ist.
Christliches ist nur auffällig in den unter (b) darzustellenden *Bilderreden*.
Datum der äth. Endredaktion: 13.Jh. (Knibb, *Essays* 53).
Zur **Rezeption** in der äth. Kirche (andere sind schon besprochen) s. Denis 132; Knibb, *Essays* 63–65 und 74f. Außerhalb der Äthiopischen Kirche beginnt sie im 18.Jh. mit ersten Nachrichten (Uhlig 469f) und setzt sich fort mit Druckausgaben in Europa. Die heutige Forschung zitiert moderne Übersetzungen des äth. Textes, als

---

198 So wie in den streckenweise gleichfalls dialogisierten Traktaten des *Corpus Hermeticum* Hermes mit seinem ägyptischen Alias Tat (Tot, Thoth) sozusagen Selbstgespräche führt.

wäre es noch das aram. oder gr. *Henoch*-Buch, nicht ohne Anachronismen dabei zu riskieren. Siehe Folgendes.

b) Die Bilderreden des Henoch *(1Hen. 37–71)*

Ein – bereits in den Manuskripten abgesetzter – Bestandteil des *Äthiopischen Henochbuchs* bedarf, wie oben begründet, der separaten Behandlung: die sog. *Bilderreden* der Kap. 37–71. Sie seien hier genannt im Vorgriff auf Abschn. 7, denn genauer besehen gehören sie unter diejenigen Texte, deren Entstehung (als Schriftstück) im antiken Judentum nicht gesichert ist. Trotz seines geradezu sensationellen Inhalts wird es auch in der Alten Kirche nie erwähnt. Zur Annahme einer aramäischen Fassung ist hier kein Grund (Denis 143 mit Anm. 351).

Ein Datum für diesen Text konnte bis jetzt nicht gewonnen werden, und jüdischer Ursprung wird immer nur vermutet. Nichts schützt die religionsgeschichtliche Auswertung vor Rückkopplungen zum Neuen Testament oder dem ihm folgenden Christentum.

Kein vornicänischer Autor, er sei Jude oder Christ, kennt die *Bilderreden*, wo doch der ebenso belesene wie zitierfreudige Clemens v. Alexandrien sie hätte bestens brauchen können. Im Bezug auf ihn ist ein *argumentum e silentio* berechtigt: Bei seiner Kenntnis des griechischen *Henoch*-Buches und seiner Absicht, die Grundlehren des Christentums älter als die des erst von Mose begründeten Judentums sein zu lassen, hätte er einen Henoch, der den Menschensohn schon vor seiner Inkarnation kennenlernte, auf keinen Fall übergangen.

Bereits 1977 erwog Józef Tadeusz Milik die Möglichkeit, dass die Kap. 37–71 christlich seien, eingefügt um 400 n. Chr. als Ersatz für das *Buch der Giganten* (1.5.1, Zusatz); Details hierüber bei Charlesworth I S. 7 und Schürer/V. 257 f. Seine Vermutung stieß auf eine Front der Ablehnung; man wollte auf „das" *Äthiopische Henochbuch* nicht verzichten. Doch mit keinem Wort behauptet dieser äthiopische Text einen Platz im Judentum, nicht einmal in seinen immerhin drei Überschriften (s. u.). Die Fachwelt ist dennoch bemüht, ihn insgesamt für das Judentum zu halten; so z. B. Boccaccini (nachstehend); so auch Stone, *Studies* 198–212; so P. SACCHI: „Qumran e la datazione del libro delle Parabole di Enoc", *Henoch* 25, 2003, 149–166.

Um eine Einsicht wird man nicht umhin können: Dies ist ein später Text; er kann erst in christlicher Zeit angesetzt werden. Das ist die Zeit, wo die Kirche ihr Verhältnis zum Judentum klärt – abgrenzend, überbietend, enterbend, oder wie auch immer – und wo auch auf jüdischer Seite nicht mehr damit zu rechnen ist, dass unbeeinflusst von allem Christentum einfach nur „jüdisch" gedacht wird – nicht, solange man Griechisch schreibt und dieselben Themen behandelt, etwa den himmlischen Menschensohn. Dann aber gibt es zwei Möglichkeiten:

– Entweder ein jüdischer Autor überbietet die Christologie anhand seines Henoch (vgl. hier 6.5);

– oder ein Christ imitiert jüdisch vorgegebene Henoch-Texte, um sie „christlicher" zu machen (vgl. hier 7.4).

Beide Annahmen ergeben weit reichende Perspektiven für die Interpretation. Erstere mag die interessantere sein, und sie entspricht einem gerade erst beginnenden Trend in der judaistischen Forschung. Aber auch letztere sollte nicht übersehen werden angesichts des riesigen Fundus „alttestamentlicher" Legenden, den Stegmüllers *Repertorium* ausweist. Wie es scheint, spielte christliche Populärtheologie gern in „Parallelwelten", und sie tut es noch heute, wenn in der Alttestamentlichen Wissenschaft das ausprobiert und durchgespielt wird (Quellenscheidung etwa), was im Neuen Testament zu gefährlich erscheint.

Online-Index, Stegmüller-Nr. usw. s. 1.5.2. **Inhaltsangabe** (außer bei Denis; Nickelsburg) auch bei Collins/Fishbane, *Hell* 103 f; **Paraphrase** und Kommentar: Woschitz 627–642.
Einleitung: Denis 73–81.137 f; Nickelsburg 248–256.
Lit.: DiTommaso 401–409; dazu Bernstein, *Hell* 190–199. **Neuere Studien:** Ch. Böttrich: „Konturen des Menschensohnes in äthHen 37–71" in: D. Sänger (Hg.): *Gottessohn und Menschensohn* (BThSt 67), 2004, 53–90; D. Dimant: „The Book of Parables (1Enoch 37–71) and the Qumran Scrolls" in: M. Bar-Asher/dies.: *Meghillot. Studies in the Dead Sea Scrolls III*, 2005, 49–67; E. Erho: „The ahistorical nature of 1Enoch 56.5–8 and its ramifications upon the opinio communis on the dating of the Similitudes of Enoch", *JSJ* 40, 2009, 23–54; G. Boccaccini (Hg.): *Enoch and the Messiah Son of Man: revisiting the Book of Parables*, 2007 [ausführliche Rez. in *REJ* 167, 2008, 592–594]; Schäfer, *Mysticism* 72–77; Knibb, *Essays* 124–142 (Textaufbau).143–160 (Datierung); VanderKam, *Studies* 413–438; Schäfer, *Die Geburt* 84–96.
Titel in den Handschriften: Dieser Teil trägt in den äth. Manuskripten drei aufeinander folgende Überschriften:

> (37,1) Die zweite Vision, die er sah,
> die Vision der Weisheit, die Henoch sah, der Sohn des Jared (usw.), der Sohn des Adam.
> (37,2) Und das ist der Beginn der Weisheitsrede, die ich anhob zu sprechen, zu reden zu denen, die auf dem Festland wohnen:
> (37,3–5) Hört, ihr Alten, und seht, ihr Letztgeborenen, die heilige Rede, die ich vor dem Herrn der Geister vortragen werde!

Die 2. und 3. Überschrift meint diesen Teil des *1Hen.* als Compositum, so wie vor Kap. 72 dann die Nr. 3 steht. Dieser Textanfang ist nach vorne hin gewachsen; einen Titel i.e.S. bietet er nicht. Man sagt: *Bilderreden.*
Andere Benennung: *Parabeln Henochs* gemäß den Zwischenüberschriften 45,1; 58,1.
Textanfang s.o. „Titel"; **Textschluss:** „...ein ebener Weg für die Gerechten – im Namen des Herrn der Geister für immer und ewig."

1.5.3 Das *1.(Äthiopische) Henochbuch (1Hen.* 1–108) und die *Bilderreden des Henoch* — 213

Frühestes Zitat (?): Kelsos (2.Jh.; s.u. 6.5.2) bei Origenes, *C.Cels.* 5, 52 bietet – nichtnamentlich – einige Motive des Legendenkreises um Henoch (welchem Origenes ebd. 5, 54 sie denn auch zuschreibt), darunter das Motiv der Tränen der gefallenen und unter die Erde verbannten Engel, welches die warmen Quellen seien: Dazu ist als Parallele nur bekannt: *1Hen.* 57,11. Die Frage der Priorität und des Übermittlungsweges ist hier offen, ebenso beim Folgenden: **Früheste Erwähnung:** *TestDan* 5,6 „Ich las im *Buch Henochs des Gerechten*" (oben unter 1.5.2 „ähnliche Texte" zitiert) bietet eine vage Ähnlichkeit mit *1Hen.* 54,6, aber auch mit *Jub.* 10,11. Die Datierung des *TestDan* ist ihrerseits offen (7.5.1). – Weiteres s. „Rezeption".

Textsorte: Der oben zitierte Vorspann (Kap. 37) qualifiziert das Folgende sowohl als „Vision" wie auch als „Weisheitsrede"; im Blick auf den in 37,2–5 erhobenen Anspruch wird man sagen: Offenbarungsrede (aber nicht, wie in 2.5.1–2, Offenbarungsdialog); Visionsbericht. Den hier befindlichen Zwischenüberschriften folgend (s. „Gliederung"), sagt man auch „Bilderreden", will sagen: Allegorien, die dazu auffordern, gewisse Träume als Zukunftsschau auszudeuten.

Zählung: als *1Hen.* 37–71.

Gliederung: Zwischenüberschriften innerhalb des Textes unterscheiden drei Teile: (1) „Erstens" 38ff; (2) „Zweite Parabel" 45ff; (3) „die dritte (Var.: eine weitere) Parabel" 58ff. – Kap. 64 („Danach sah ich...") setzt eine Zäsur, auch im Hinblick auf das Voranschreiten in den biblischen Bezügen (s.u.). In 68,1 („Danach...") bezieht Noah – seit 65,1 überhaupt erst im Text[199] – sich zurück auf „das Buch meines Großvaters Henoch und die Gleichnisse, die ihm gegeben wurden"; das könnte Kap. 36–64 meinen und sie damit als eigenen Teil kennzeichnen, dem gegenüber 65–71 der zweite wäre. – Einer Detailgliederung dienen häufige Zeitadverbien; vgl. Uhlig 495–497.

Literarische Integrität: unsicher. Kap. 64ff gehören nicht zur Struktur der drei „Parabeln". 68,1ff, als Rückverweis auf die Parabeln formuliert, ist ein erneuter Zusatz, 71 ein zweiter Schluss. – Will man jüdischen Ursprung annehmen, so stellt sich von Kapitel zu Kapitel dringender die Frage christlicher Überarbeitung (s.u.).

Biblischer Bezug wie 1.5.2: Gen 5,22.24. Kap. 64,1–2 bezieht sich zurück auf Gen 6,1–4 (also den Anlass des vorangegangenen *Buchs der Wachenden*), Kap. 65ff auf Gen 6,5ff (die Sintflut).

Historischen Bezug gibt es, von allerlei schwachen Anspielungen abgesehen (Denis 81), nur einen: In 56,5–8 wird eine vorübergehende Eroberung Jerusalems durch die Parther erwähnt, was auf ein Ereignis d.J. 40 v.Chr. schließen lässt (Josephus, *Ant.* 14, 363) und sogar zu der Meinung geführt hat, die Nichterwähnung der römischen Eroberung Jerusalems i.J. 70 n.Chr. ergebe eine Datierung der *Bilderreden*

---

199 In einem Teil der Überlieferung ist das schon in 10,1 der Fall, und Noah begegnet in seiner in außerbiblisch-jüdischen Texten häufigen Rolle als Bußprediger an die gesamte Menschheit (eine Rolle, in der das Judentum sich z.B. in den *Sibyllinischen Orakeln* dann konkret betätigt; s.u. 5.3.1).

zwischen diesen beiden Ereignissen.²⁰⁰ Solches Schließen ignoriert aber die übertragene Redeweise der Apokalyptiker; ganz regelmäßig wird Aktuelles im Gewande des früher Geschehenen dargestellt, zumal wo die Annahme herrscht, die Geschichte wiederhole sich.

Quellen und **Vorlage:** Anregungen aus dem *Henoch*-Buch s. Nickelsburg 249. Insbesondere wurden *1Hen.* 14 und Dan 7 kombiniert (VanderKam). – Von 46,1 an sind die Bilderreden gestaltet als Vision des „Alten der Tage" und des „Menschensohns" von Dan 7,9.13, u. z. in der überarbeiteten Fassung dieser Stelle, wie sie seit der Θ-Fassung (1. Jh. v. Chr.) griechisch sowie im MT dann auch aramäisch belegt ist (s. u. 2.1.7 a). Kap. 71 beruht auf Dan 8,15; 9,21; 10,5; 12,6.

Hebraismen: Imitiert (wo nicht übersetzt) wird auf jeden Fall die Sprache bisheriger Apokalypsen, insbes. das Aramäisch des *Daniel*-Buches. **Stil:** Eigentümlich ist die über hundertmal vorkommende Gottesbezeichnung „Herr der Geister"; vgl. „Gott der Geister" in Jub 10,3 (zit. Num 16,22; vgl. Num 27,16) und „der HERR, der Gott der Geister" in Apk 22,6, ferner „Vater der Lichter" in Jak 1,17.

Christlicher Einfluss wird diskutiert angesichts einer Klimax aufsehenerregender „Menschensohn"-Stellen:

– 46,1–6: „Und ich sah dort (einen), der ein Haupt der Tage (= betagtes Haupt) hatte, und sein Haupt (war) wie Wolle so weiß, und bei ihm war ein anderer, dessen Gestalt wie das Aussehen eines Menschen (war), und sein Angesicht voller Güte wie (das) von einem der heiligen Engel (...)" – dies ist ja wohl Dan 7,13 nachgebildet, einer v. a. im Christentum viel beachteten Stelle.

– 48,2–7: „Und in dieser Stunde wurde jener Menschensohn in Gegenwart des Herrn der Geister genannt, und sein Name vor dem Haupt der Tage (...)" – vgl. Phil 2,6–11, hier wirkungsvoll in Verbindung gesetzt mit Ps 90,2.

– 62,7–9: „Denn zuvor ist der Menschensohn verborgen gewesen, und der Höchste hat ihn angesichts seiner Macht bewahrt und ihn den Auserwählten offenbart (...)" –vgl. Dan 7,13 in Verbindung mit 2Kor 5,10 (vgl. Röm 14,4; Kol 4,12). Auch in Apk 6,17 wird die Metapher des „Stehens" im Gericht eingetragen in diverse Prophetenstellen der Septuaginta, die dieses Wort noch nicht haben.

– 71,10 ff ist der krönende Abschluss dieser Bilderreden: Die drei Erzengel Michael, Gabriel, Raphael treten auf und einer mehr, der hier Phanuel heißt: „Und mit ihnen war das Haupt der Tage, und sein Haupt war gleich der Wolle weiß und rein, und sein Gewand war nicht zu beschreiben" (...) (14) „Und er [das kann je nach Handschrift auch einer der Engel sein] kam zu mir und grüßte mich mit seiner Stimme und sprach zu mir: 'Du bist der Menschensohn,²⁰¹ der zur Gerechtigkeit

---

200 So Beyer, *Die aramäischen Texte* I 226 mit dem weiteren, davon nun aber gar nicht mehr gedeckten Schluss, die Bilderreden müssten auf Hebräisch geschrieben worden sein. Gerade in herodianischer Zeit war Hebräisch selten geworden.

201 Ganz ähnlich wird in *Melchisedek* (7.6.2 e) der biblische Melchisedek vorgreifend mit Jesus Christus identifiziert. Das sind anscheinend Versuche, die Präexistenz Christi zu denken, genauer: sie sich mythisch zu veranschaulichen.

geboren ist, und Gerechtigkeit wohnt über dir, und die Gerechtigkeit des Hauptes der Tage verlässt dich nicht.' (...) (17) Und so wird die Länge der Tage bei jenem Menschensohn sein, und es wird Heil für die Gerechten sein und ein ebener Weg für die Gerechten – im Namen des Herrn der Geister für immer und ewig." (Ende des Buches)

An allen vier Stellen ist zu beobachten, dass die Bilderreden gegenüber Dan 7,13 die ausführlichere Formulierung bieten; sie sind demnach die Expansion unter Einbeziehung von Neutestamentlichem. Hier findet eine Fusion von Menschensohn- und Messiaserwartung statt, wie sie den ntl. Jesusüberlieferungen (also dem Überlieferungsgut, woraus die Evangelisten schöpften)[202] noch fremd ist. Vgl. 2.1.7 a.

Weitere **bemerkenswerte Stellen:** Das Wohnen der Weisheit bei den Menschen (meint: in Israel) wird in 42,2 förmlich zurückgenommen: Enttäuscht zieht sie sich in den Himmel zurück und wird Gefährtin der Engel (letztere stationär gesehen, nicht im Dienst – auch das ein später Zug). Ab 46,1 sind diese Reden gestaltet als Vision des „Alten der Tage" und des „Menschensohns" von Dan 7,13, wie schon bemerkt. Ein seltener Einfall ist die Diskussion zwischen zwei Erzengeln (Michael und Raphael) in Kap. 68.

Abfassungszeit: frühestens 1.Jh. v. Chr. (wegen der benutzten *Daniel*-Fassung); Knibb, *Essays* 160: Ende des 1.Jh. Ein *terminus ad quem* wäre ein datierbares Zitat aus dieser Schrift; ein solches wird noch gesucht. Uhlig 575 resümiert die Annahmen, von denen die Forschung vielfach ausgeht, obwohl sie sich nicht beweisen lassen: (1) „Der Traktat ist nicht in christlichen, sondern in jüdischen Kreisen entstanden und wurde auch dort tradiert" – von diesem Vorgang fehlt jede Spur. (2) „Dass frühchristliche Gruppen wegen der Entfaltung ihrer messianisch-eschatologischen und christologischen Dogmen die Aufnahme der Bilderreden propagierten, ist ein Moment der Wirkungs- und nicht der Entstehungsgeschichte" – dem steht das völlige Schweigen z. B. des Clem.Al. gegenüber, der diese Reden gerade als Henoch-Äußerungen sehr gut hätte brauchen können. (3) „Dieser Traktat, der – zumindest zum Teil – in vorchristlicher Zeit abgefasst wurde, findet sich deshalb nicht im Henochkorpus von Qumran, weil ihn die Qumrangemeinschaft ablehnte." Doch was die Qumran-Gemeinschaft in 4Q 246 ablehnt, ist der Anspruch hochrangiger Politiker, wahrscheinlich der Hasmonäer selbst, im Namen der Gottheit zu handeln. Der dort abgelehnte „Gottessohn" hat mit dem hier erwarteten „Menschensohn" so gut wie nichts gemeinsam. In den himmlischen Heiligtümern der Qumran-Schriften oder auch der zu ihnen zeitgenössischen jüdischen Literatur kommt ein Menschensohn nicht vor, obwohl er dort viel Platz hätte.

Rezeption: Als frühestes indirektes Zeugnis für die Menschensohn-Stellen, u.z. gerade für die vierte, lässt sich *2Hen.* 22 benennen (für die Datierungsprobleme s. u. 7.4.1:

---

[202] Dessen Bestand, von Paulus angefangen, ist dargestellt bei Siegert/Bergler (0.2.8 Anm. 35).

ein kleines Stückchen ist für das 4./5. Jh. gesichert), wo der vierte Erzengel den in den *Bilderreden* nicht begegnenden, wohl aber in *1Hen* 72,1 sogleich wieder auftretenden Engelnamen „Uriel" erhält. Dem Kompilator von *2Hen.* lag also, nach dieser Stelle zu schließen, *1Hen.* griechisch in derjenigen Form vor, wie wir es heute nur noch äthiopisch haben. – Vgl. ferner 56,5 mit *OrSib.* 5, 93–110. – Der äth. Kirche sind die *Bilderreden* als Teil ihres *Henoch*-Buchs Teil ihrer Bibel. In Europa hingegen beginnt die Rezeption dieser *Bilderreden* mit den Übersetzungen des *ÄthHen.* in moderne Sprachen im 19.Jh.

c) Der Anhang *1Hen.* 108

Auch dieses Kapitel ist nur äthiopisch belegt. **Textanfang:** „Ein anderes Buch, das Henoch für seinen Sohn Methusala und für die schrieb, die nach ihm kommen und das Gesetz in den letzten Tagen halten werden." – **Textschluss** (zugleich Schluss des *1Hen*): „wo ihnen Tage und Zeiten (vor)geschrieben sind."
Vergleichbarer Text ist möglicherweise ein slav. Buch *Vom Priestertum Methusalems* (Stegmüller Nr. 82 und 82.1).

1.5.4 Hinweis auf rabbinische Apokalypsen (einschl. *3.Henoch*)

Hätten wir auch nur eine einzige Apokalypse der Antike in hebräischer Sprache, müsste sie spätestens jetzt, ehe wir von dieser Textsorte zu anderen übergehen, an die Reihe kommen. Es gibt aber keine aus der Zeit des Zweiten Tempels und auch danach noch lange keine. Die einzige wenigstens wahrscheinliche Ausnahme ist das als 4. gezählte *Esra*-Buch, kurz nach der Tempelzerstörung d.J. 70 entstanden, von dem wir aber nur noch die lateinische Übersetzung ihrer griechischen Fassung haben (2.5.1). Anders als der mit ihr gleichzeitige *LibAnt.* (1.1.2) und das im jetzt begonnenen Abschnitt zu Behandelnde kann sie jedoch nicht für rabbinisch gelten; vielmehr ist die rabbinische Reform gerade als Antwort auf den beispiellosen Pessimismus der *Esra-Apk.* erst richtig zu verstehen. So wird die Behandlung dieses Buches bis dahin verschoben, wo sein nichthebräischer Zwilling, die *Baruch-Apokalypse*, frühestens genannt werden kann: 2.5.2.

Was nun noch folgt, kann, wie schon 1.3.0, nur als „Hinweis" betitelt werden; weder sind es noch wurden es je griechische Texte. Nachdem jedoch das sog. *3Hen.* durch Forscherlaune in den Rang eines „alttestamentlichen" Pseudepigraphons aufgerückt ist, soll hier einiges Wenige über rabbinische Apokalypsen gesagt sein, schon um den weiterenVerlauf einiger Entwicklungslinien aufzuzeigen, die im Bisherigen (1.5) immerhin ansetzen.

Als Leistung des beginnenden Rabbinats wurde der *LibAnt.* schon gewürdigt (1.1.2), und auch die *Esra-Apk.* führt nahe an dieses Milieu (2.5.1). Literatur vom Typ der Himmelsreise wurde im Rabbinat zunächst verhindert; Warnungen vor derartigem

Lehrgut, auch mündlichem schon, stehen in der Mischna (*Ḥag.* 2,1) und im Talmud (*Ḥag.* 14a–15a). Später aber, lange nach den Qumran-Texten,[203] hat hebräischsprachige Apokalyptik eine gewisse Blüte erfahren (vgl. im Talmud *BB* 73a–75b), von der hier, auch wenn es keine griechischen Übersetzungen gab (um die Zeit nicht mehr), einige Proben folgen sollen. Verwandtschaft besteht mit der sog. Hechalot-Literatur, benannt nach den himmlischen „Heiligtümern" (hebr. *hechalot*), worüber unter (b) und (c) zu berichten sein wird. Sie sind verbunden mit Spekulationen über den himmlischen Thronwagen von Ez 1 und 10, Gegenstand der synagogalen Prophetenlesung für das Šavu'ot-Fest. Innerbiblisch erwähnt wird dieser Wagen (ein Kriegwagen ist es, keine Kutsche und kein Transportgerät) auch in Verbindung mit den Cherubim über der Bundeslade in 1Chr 28,18 und *Sir.* 49,8). Dies sind die von den Rabbinen sog. *ma'aśe merkava*, „was mit dem Thronwagen zusammenhängt". Ein Klassiker hierzu ist D. HALPERIN: *The Faces of the Chariot* (TSAJ 16), 1988. Lit. s. Schwemer (unten: b) 310 in den Anmerkungen.

Eine höchst paradoxe Verbindung geht von diesen illustren Stellen hin zu dem wenig rühmlichen Goldenen Kalb von Ex 32. Der dortige V. 24, der klingt, als habe Aaron gezaubert, führte zu der Annahme, den Israeliten sei am Sinai bereits eine Vision des Thronwagens zuteil geworden, die ihnen Lust auf Magie ausgelöst habe, und sie hätten eines der vier Tiere nachbilden wollen, nicht achtend, dass eben dies gerade verboten worden war und dass deswegen der Zweck, ein Bild Gottes zu bekommen, misslingen musste. Es ist dieser Gedanke, der sich andeutungsweise auch schon außer- und vorrabbinisch finden lässt; s. P. LINDQVIST: *Sin At Sinai* (2002) 2008, bes. 35 f. 195–205. 295–305. Hier muss freilich auch die Hermeneutik des Verdachts herhalten, wenn etwa die „Fußsohlen" (also die Hufe) dieses Rindes in Ez 1,7 durch Flügel ersetzt werden: Das soll, meint Lindqvist (302–304), ablenken von einer später dann bei den Rabbinen belegbaren Tradition, die selbst der Koran noch kennt (20,97), dass nämlich der Staub von diesem *Huf* Aaron zu seinem Zauber geholfen habe.

Einmal auf diese Spur gelangt, finden wir in der Göttinger Ausgabe des LXX-Ez „die Spur des Kalbes" und „die Spur vom Fuß des Kalbes" am Ende von Ez 1,7 in gewissen Zeugen nachgetragen, die auf Aquila (2.Jh.) zurückgehen könnnten.[204] Rabbinisches bietet Ginzberg, *Legends* 3, 123 (6, 52 f.). Was die anderen drei Lebewesen des Thronwagens betrifft, so werden wir ihr sporadisches Aufblitzen an anderer Stelle nochmals bemerken (2.1.7, Exkurs). Die Seltenheit und scheinbare Zusammenhangs-

---

203 Vorformen von Hechalot-Texten sind unter den Qumran-Funden zutage getreten, insbes. in den *Sabbatopferliedern* (4Q 400–407; 11Q 17), wo auch schon himmlische Heiligtümer geschaut werden. Dort soll es erstaunlicherweise Bilder geben: Da ist wohl auch an die vier Motive aus Ez 1–2 gedacht.
204 Zeugen sind: die Hexapla (Siglum: O), allerdings ohne ihren (auf S. 32 der großen Ausgabe benannten) Hauptvertreter Q (das Siglum „Arm." an dieser Stelle ist dem vorangegangenen Subtraktionszeichen zuzurechnen); desweiteren sind es Cod. 62 und 311 (11. und 12.Jh.). Auch hier können Worte manchmal tausend Jahre „schlafen", bis sie plötzlich wieder Leben zeigen. Von den Lesarten des Cod. 62 ist auf S. 35 der Göttinger Ausgabe zu erfahren, dass sie „auf Aquila zurückgehen". Der Proselyt und Bibelübersetzer Aquila lebte im 2.Jh. (Siegert, *Septuaginta* 362 f.).

losigkeit der Belege zeigt, wie sehr es insgesamt gelungen ist, diese Lehre geheim zu halten, nämlich *beinahe*. Mischna wie Talmud verbieten, wie gesagt, sie zu Papier zu bringen und damit aus der Hand zu geben.

Den Rabbinen war all das Midrasch, u.z. einer, der sich mit den *hechalot* befasst, den „Tempelgebäuden" des Jenseits (jenseits des Wetterhimmels der alten Henoch-Texte; das war also *heaven*, nicht mehr *sky*), wie man sie eben aus *Hesekiel* ahnte. Als Prophetie haben sie rabbinisch nie gegolten. Diese hatte ihre Zeit gehabt, und die Propheten und Prophetinnen, die es je gegeben hatte, ließen sich aufzählen.[205] Inhaltlich hatten sie über die Tora und das *Esther*-Buch hinaus nichts zu sagen, sondern galten nur als deren Illustration.

In diesem Rahmen ist es also zu sehen, wenn in rabbinischer Literatur mitunter einiges leidlich Zusammenhängende aus diesen Geheimlehren zu lesen steht und wenn Details dieser Vorstellungswelt erneut ausgeweitet werden. Einige Beispiele davon sollen nun genannt sein, zumal einer davon, der Verwendung der Henoch-Figur wegen, von Hugo Odeberg den Titel *3.Henoch*-Buch bekam und damit unter die „alttestamentlichen Pseudepigrapha" aufgerückt ist (hier: b). Es hat ihn aber nie auf Griechisch gegeben; der Zugang zu Hechalot-Texten ist bis ins späte 19.Jh. auf Leser des Hebräischen beschränkt geblieben. Querverbindungen in europäische Literaturen gibt es nur im Bereich einzelner Motive; diese konnten, wie vorhin gezeigt, ihre eigenen Wege gehen.

a) Die hebräische *Elia*-Apokalypse

Der nun zu nennende Text gehört in die Zeit des literarisch wiederbelebten Hebräisch – was eine der Reaktionen des Rabbinats auf die Tempelzerstörung war (s.o. 1.1.2). Mit den unter 7.4.7 a–b erwähnten hat er nur den im Titel genannten Namen gemein, der angesichts von Elias Himmelfahrt (2Kön 2 – Hauptmotiv aller Elia-Darstellungen, wo es überhaupt Bilder gibt) nicht weiter verwundert. Hier haben wir endlich ein Beispiel, wie eine Apokalypse ganz auf Hebräisch aussehen konnte.

Schon das Wort „Apokalypse" fehlt jedoch der rabbinischen Literatur und ist nicht nachgebildet worden. Der Titel lautet schlicht: *Buch des Elia*. Teile lassen sich datieren in das 3.Jh. n.Chr. anhand von Anspielungen, die sich am besten auf einen erfolglosen Krieg Roms gegen Persien unter Valerian (253–260) beziehen lassen. Dessen überlegener Gegner Schahpur I. war freilich nicht der letzte König der Perser (2,1); diese Bemerkung müsste man der Endbearbeitung zuschlagen, die bereits auf Chosrau II. (590–628) zurückblickt.

---

[205] *Meg.* 14a. Dies und weitere Belege und Ausführungen z.B. bei Rudolf Meyer in *ThW* 6, 819–821; zu den rabbinisch nicht anerkannten Propheten nichtbiblischer Zeiten: 827.

1.5.4 Hinweis auf rabbinische Apokalypsen (einschl. *3.Henoch*)

Stegmüller Nr. 90.7–10; Schürer/V. 803 Mitte.
Einleitung: Charlesworth I 728; Denis 630 f. **Text mit Einleitung:** Jellinek, *BHM* 3, 65–68 (Einl. S. XVIIf; dt.: Wünsche II 33–38) ist abgelöst durch Buttenwieser (s. u.) 8–11.15–26.
Übersetzung mit Anmerkungen: Buttenwieser (s. u.) 61–67; Rießler (234–240) 1279 f.
Literatur: DiTommaso 348–350; vgl. 752 oben; R. KIRSCHNER: „Apocalyptic and Rabbinic responses to the destruction of 70", *HThR* 78, 1985, 27–46; G. STEMBERGER: „Das Fortleben der Apokalyptik in der rabbinischen Literatur", in: A. VIVIAN (Hg.): *Biblische und Judaistische Studien.* FS Paolo Sacchi (Judentum und Umwelt, 29), 1990, 335–347; I. FRÖHLICH: „*Time and Times and Half a Time". Historical Consciousness in the Jewish Literature of the Persian and Hellenistic Eras,* 1998 (JSPS 19), 174–196 („Rewritten Bible" and visionary literature after the Jewish Revolt); J. KALMS: „Apokalyptisches im rabbinischen Judentum", in: ders./F. SIEGERT (Hg.): *Internationales Josephus-Kolloquium Brüssel 1998* (MJSt 4), 1999, 307–320; G. OEGEMA: *Zwischen Hoffnung und Gericht. Untersuchungen zur Rezeption der Apokalyptik im frühen Christentum und Judentum* (WMANT 82), 1999 [bes. 185–208].
Handschrift: München, Hebr. 222 (15.Jh.; Denis 630); **Erstdruck:** Saloniki 1743. **Titel:** *Sefer Elijahu,* **dt. auch:** *Buch des Elia(s).*
Neuere kritische Ausgabe: M. BUTTENWIESER (Hg., Übers.): *Die hebräische Eliasapokalypse und ihre Stellung in der apokalyptischen Litteratur des rabbinischen Schrifttums und der Kirche,* 1. Hälfte (m.n.e.), 1897; hebr. Text mit Apparat: 15–26.
Textanfang: *Wajjiškav wajjišan taḥat rotem;* **Textschluss:** *ašer ṣafanta lᵉjir'echa wech(ullo)* (= „usw."; Zitat von Ps 31,20).
Alte Übersetzungen: keine. Der Text kommt aus einer Zeit, wo man hebräisch oder aramäisch Verfasstes nicht mehr übersetzte, sondern von der westlichen Diaspora erwartete, dass sie die Sprachen des Talmud erlernt.
Ähnliche oder ähnlich benannte Texte: Von anderem Inhalt sind die gr. und die kopt. *Elia-Apokalypse* (7.4.7 a–b; dort weitere Verweise). Die in 1.1.2 erwähnte *Epistula Titi* wird als Apokalypse an Elia eingeleitet. – Im Talmud gibt es eine Reihe von Sprüchen, auch eschatologischen Inhalts, in Elias Namen,[206] die aus einer kleinen Sammlung kommen; s. W. BACHER: *Tradition und Tradenten in den Schulen Palästinas und Babyloniens,* 1914, 233 f.[207] – Inhaltlich und jedenfalls hand-

---

[206] Einleitungsformel: *Tᵉna' dᵉve Elijjahu* „Es überlieferte (einer) aus dem Hause Elias". Vgl. nächste Anm.
[207] Von deren einem ('A.Z. 9a = San. 97a/b) hat sich noch Melanchthon beeindrucken lassen (eine Abschrift auf Hebr. von seiner Hand ist erhalten), und noch die *Loci theologici* Johann GERHARDS zitieren sie lat. in Locus 26, 3,7,77 (Ausg. G. H. Müller, Bd. 9, 1875, S. 72b): 6000 Jahre werde die Welt dauern (6 Schöpfungstage x 1000, gemäß Ps 90,4), je 2000 ohne Tora, mit Tora und schließlich unter dem Messias. Im 16.Jh. war das eine Entlastung angesichts einer vom Vormarsch des Islam genährten Naherwartung.

schriftlich schließen sich bei Jellinek zwei weitere Titel an: *Pirqe ham-mašiaḥ* und *Nistarot r(abbi) Šim'on ben Joḥaj* (S. 68–78.78–82), also „Abschnitte über den Messias" und „Geheimnisse Rabbi Šim'ons ben Joḥaj" (dt.: Wünsche III 126–154; vgl. auch die Stücke im Kontext) – letzteres in Erwähnung jenes galiläischen Mystikers aus dem 2.Jh. n.Chr., der neben dem vom sog. *3Hen.* beanspruchten Rabbi Jišma'el und dem in den *Hechalot* hervortretenden Rabbi 'Aqiva der Stammvater und Namensgeber spekulativen Denkens in hebräischer Sprache geworden ist. – Über einen frühbyzantinischen *Sefer Zerubbavel* s. DiTommaso 350 f.

Textsorte: Apokalypse. **Literarische Besonderheit:** viele ausdrückliche Schriftzitate (in 2,4 namentlich aus *Daniel*, was übrigens nicht stimmt), Stil noch „schriftgelehrter" als im *3Hen.* (s.u.: b). Zu dem eigentümlichen Messiasnamen *Winun* (aus der Verbform *jinnun* Ps 72,17) s. Buttenwieser 54–56.

Zählung: bei Rießler in 10 Kapiteln.

Gliederung: s. folgendes: **Literarische Integrität:** (a) Die noch dem 3.Jh. zuschreibbare Grund-Apokalypse dürfte sich von 1,4 bis 5,5 erstrecken. Der Einschub 1,11–13 lässt Rabbinen über den Namen und die Identität eines zuvor gemeinten Perserkönigs diskutieren; sie kommen auf Chosrau II. (s. Kopftext). 5,6 bringt Abraham ins Spiel und gehört vielleicht schon zum nächsten, auch als *Abraham-Apokalypse* bezeichneten Teil: (b) 6,1–8,2 scheint eine eigene kleine Apokalypse zu sein, von Rießler in die 2.Hälfte des 3.Jh. datiert. (c) 6,3–10,8 setzt nochmals neu ein mit „Elia sprach"; so wieder 9,1; 10,1.4.6. In 10,8 Schlussvermerk.

Biblischer Bezug: 1Kön 19,5; Dan 7,7 ff u.v.a.m.; s. Rießler.

Historische Bezüge: s. Kopftext. Details bei Buttenwieser 68–79.

Stil: rabbinisches Hebräisch; Zitierwissenschaft des Talmud.

Christliches? In 2,4b–5 findet sich die Schilderung des Perserkönigs, von Rießler willkürlich als „Antichrist" bezeichnet (dazu unten 7.4.7 a–b), die jedoch auf gemeinantike Topoi zurückgeht.[208]

Abfassungszeit und -ort: s. Kopftext. Der Blickwinkel ist klar vom Osten her (östlich Byzanz).

Abfassungszweck: Selbstvergewisserung der jüdischen Diaspora des Ostens angesichts zu erwartender Ablösung der Großmächte.

b) Das sog. *Hebräische Henoch*-Buch (*3.Henoch*)

Das folgende Buch, das handschriftlich als Teil größerer Kompositionen von der Gattung *hechalot* (s.u.) begegnet, trägt erst seit Hugo Odeberg (1928) diesen Namen und diese Nummer. Es war seine Entscheidung, es herauszulösen und als vermutlich

---

[208] Vgl. die verschlüsselt geschriebenen, astrologisch aufgemachten Beschreibungen in 4Q 186; dazu M. POPOVIC (Hg.): *Reading the Human Body. Physiognomics and Astrology in the Dead Sea Scrolls and Hellenistic-Early Roman Period Judaism* (Studies on the Texts of the Desert of Judah, 67), 2007.

ältesten Bestandteil dieses ohnehin zusammengesetzten Corpus separat zu veröffentlichen. Wenn es je selbstständig existierte (was eine umstrittene These bleibt), dann nicht unter diesem Titel, schon gar nicht mit beigesetzter Nummer. Einflüsse des einstigen aram. *Henoch*-Buches (1.5.1) mögen zu verzeichnen sein, ja auch solche aus Vorstufen des *2.Henoch* (7.4.1); sie sind aber so vage, dass es bei „Parallelen" bleibt (Liste bei Alexander 247f), deren Übermittlungsweg nicht näher feststellbar ist. Gleiches gilt für Parallelen zu *TestLevi* (in 7.5.1), *Himmelfahrt Jesajas* und *ApkAbr.* (7.4.2–3; Alexander 248f).

Hier nun geht es um einen Ausschnitt aus dem *sefer Hechalot,* dem (mittelalterlichen) *Buch der (himmlischen) Heiligtümer.* Im Eröffnungssatz jedes Abschnitts gibt dieser Text sich als Lehre eines der ersten Rabbinen, Rabbi Jišmaʻel, was die Forschung zwar nicht wörtlich nimmt; doch gilt der an dieser Stelle beginnende Text für ein relativ altes Stück der sonst mittelalterlichen Literatur der *Hechalot*. Eine Besonderheit dieser Literatur sind Gedankenspiele polytheistischer Art in der Spur von Dan 7,13 Θ (s.u. 2.1.7 a) und Spekulationen über Throngenossen Gottes, insbesondere einen sog. *Meṭaṭron* (von *μετάθρονος? oder von lat. *metator*, „Abmesser", sc. mit Gerichtsbefugnis).

Wie alt die jeweils vorgeschalteten Spekulationen über die Schichtungen des Himmels und seiner Bewohner sind, erhellt nicht nur aus dem aram. *Henoch*-Buch und seinen Abkömmlingen, sondern auch aus den *Sabbatopferliedern* aus Qumran (4Q 400–407; 11Q 17) und anderen Qumran-Schriften (Alexander 249f). Die klassische Talmudstelle über Himmelsreisen gewisser, ganz früher Rabbinen (deren alle außer einem dabei Schaden nahmen, wird erzählt) ist Ḥagiga 15a; dazu z.B. Schäfer, *Die Geburt* 114–119. Auch Meṭaṭron gilt in den rabbinischen Texten als übermütig und muss sich bestrafen lassen, ja wird in späteren Texten wieder entthront (ebd. 118).

Online-Index Nr. 42; Stegmüller Nr. 80 und 80.1; Schürer/V. 269–279 (P. Alexander).
  Inhaltsangabe z.B. bei Denis; **Paraphrase** und Kommentar: Woschitz 704–710.
Einleitung und Übersetzung: Charlesworth I 223–315 (P. ALEXANDER); H. HOFMANN:
  Das sogenannte hebräische Henochbuch (3 Henoch) nach dem von Hugo Odeberg vorgelegten Material zum ersten Mal ins Dt. übers. (BBB 58), 1984 (1985).
Einleitung: Denis 159–162; Hengel, *JJS* 1990, 48f.
Übersetzung mit Anmerkungen: P. SCHÄFER (u.a., Übers.): *Übersetzung der Hechalot-Literatur*, 4 Bde. (TSAJ 46.17.22.29), 1987–1995, unter den u.a. Paragraphen (§ 1–10 in Bd. 1, § 882–938 in Bd. 4).
Literatur: DiTommaso 451–456. **Neuere Studien:** Orlov, *The Enoch-Metatron Tradition* (bes. 86–147); P. SCHÄFER: „Gott und Metatron", in: ders., *die Geburt* 97–132; vgl. 0.6.10.
Handschriften: Liste bei Alexander 224 (mit anderen Siglen als bei Odeberg); auch die Fragmente aus der Kairoer Geniza sind erst frühmittelalterlich. **Erstausgabe:** Kap. 48 (*Alphabet des ʻAqiva*): Krakau 1579; andere Partien o.O. ca. 1650 (Alexander 224 unten); Kap. 1–28,5 und 48 als *Sefer Hechalot*: Lemberg (Lvov) 1864.

Titel in den Handschriften: *Hechalot;* **andere Benennungen** hebr. in Schürer/V. 269 (engl. Alexander 224). Titel am Anfang der Handschriften (lt. Schäfer): *Sefer hechalot* (als Gattungsbezeichnung; es sind Sammelhandschriften).

Neuere kritische Ausgabe: Die Texte bei Jellinek, *BHM* 5, 170–190 (Titel: *Sefer hechalot* oder auch: *Sefer Ḥanoch,* also *Henochbuch*; Einl.: S. XLI–XLIII) und *BHM* 3, 12–49 (Titel: *Alphabet des R. 'Aqiva;* Einl.: S. XIV–XVII), dt. bei Wünsche IV 168 – 274, sind überholt für das *Henochbuch* zunächst durch H. ODEBERG (Hg., Übers., Komm.): *3 Enoch,* 1928 (1973) (nach dem Oxforder Cod. Bodleianus 1656) und dies alles wiederum durch P. SCHÄFER (Hg.): *Synopse zur Hechalot-Literatur* (TSAJ 2), 1981, § 1–80 (nach dem Münchener hebr. Cod. 40) bzw. § 882–938 (nach Cod. Vaticanus Hebr. 228).

Textanfang: *Amar rabbi Jišma'el: kᵉše'aliti.* **Textschluss** in jeder Ausgabe anders; der Text „zerfasert" gegen Ende in andere Hechalot-Texte hinein, je nach Handschrift.

Wortindex: P. SCHÄFER: *Konkordanz zur Hechalot-Literatur,* 2 Bde. (TSAJ 12.13), 1986.1988 [zum Gesamtbestand der Hechalot-Texte, also auch zu unten (c)].

Ähnliche oder ähnlich benannte Texte: Wichtig als Vergleich ist im Talmud die mystische Passage *Ḥagiga* 11b–16a, wo aber Henoch nicht erwähnt ist. Ferner P. SCHÄFER: *Geniza-Fragmente zur Hechalot-Literatur* (TSAJ 6), 1984 (ohne Bezug zu den hier vorkommenden Titeln und Zählungen). – Ein sehr schlichtes *Leben Henochs* von 3 Seiten Länge findet sich bei Jellinek, *BHM* 4, 129–132 (Einl. S. XIf); dt.: Wünsche I 1–6. – Das Fragment (14 Zeilen) eines pers. *Henoch*-Buchs s. Stegmüller Nr. 80.2.

Griechischerseits vergleicht Hengel, *JSS* 1990, 49 die *Himmelfahrt Jesajas* (7.4.3) und die *Visio Dorothei* eines Presbyters Dorotheos in Antiochien (3./4.Jh.), der Hebräisch und Griechisch beherrscht haben soll; dieser Text ist 1984 aus dem Bodmer-Papyrus 29 ediert worden (Lit. ebd.).

Textsorte: Himmelsreise. **Literarische Besonderheit:** Der Text gibt sich als Lehre eines der frühesten Rabbinen, R. Jišma'el, der ab Kap. 3 mit Meṭaṭron in Dialog tritt und dann seinerseits ab Kap. 5 dessen Antworten weitergibt. Viele Bibelzitate (und nicht nur Anspielungen) geben diesem Text einen noch „schriftgelehrteren" Charakter, als ihn die früheren Apokalypsen haben, die ntl. *Johannes-Apokalypse* eingeschlossen.

Zählung: bei Alexander, Odebergs Ausgabe folgend, 48 Kapitel. Kap. 48 heißt auch *Alphabet des 'Aqiva.*

Gliederung durch die wiederkehrende (Pseudo-)Zitierformel „Es sprach R. Jišma'el".

Literarische Integrität: Die Fassungen variieren stark, wie bei dieser Art von Texten üblich. Die Kapitelfolge beruht z.T. auf Vermutungen Odebergs, die nicht allgemein geteilt werden. – Bei Alexander 303–315 findet sich eine Nachlese dessen, was in der von ihm vorher wiedergegebenen Fassung nicht stand; Kap. 15 der Fassung B, 22B, 22C, 23, 24, 48B, 48C, 48D.

Biblischer Bezug: Dem Text voran steht Gen 5,24 (die klassische Henoch-Stelle). Im Buch folgen viele Zitate aus der Hebr. Bibel: 1,12 und 20,2 (Jes 6,3; Ez 3,12); Kap. 2 (Ps 144,15); Kap. 5 (Ps 47,5); Kap. 18,19 (Dan 7,10); Kap. 28,9 (Dan 4,10f; עיר = „ein

Wachender"); Kap. 32 (Jes 66,16); Kap. 33 (Jer 23,19); Kap. 35 (Dan 7,10; Jer 10,23); Kap. 38 (Ps 77,18; Hi 38,7); Kap. 40 (Ps 97,3); Kap. 42 (Ps 104,13); Kap. 46 (Ps 147,4; Ps 19,1); Kap. 48, Fassung A (Jes 24,19 f; 52,10; Dtn 32,12; Sach 14,9 = Schluss).
Quellen und **Vorlage:** s. Kopftext.
Hebräischer Stil: mischnaisch-talmudisches Hebräisch, sehr schlicht.
Bemerkenswerte Stellen, Theologisches: In 12,5 wird Henoch von Meṭaṭron zum „kleinen JHWH" (קטן ה')[209] ernannt im Sinne des namentragenden Engels (Ex 23,21). In Kap. 15 wird Henoch in einen Engel aus Feuer verwandelt. In Kap. 16 ein Ich-Bericht Meṭaṭrons, wie er sich auf Gottes Thron setzte und dafür dann doch bestraft wurde. Vgl. J. FOSSUM: *The Name of God and the Angel of the Lord* (WUNT 36), 1985 [auch zu samaritanischen Überlieferungen]; Schäfer, *Die Geburt* 97–132.
Abfassungszeit: Die Schätzungen reichen vom 4.Jh. (Bauckham 119) über die nachtalmudische Zeit (Hengel, *JSS* 1990, 48) bis ins 9.Jh. Bei Schäfer, *Geburt* wird das Wiederaufleben der Apokalyptik ins 7.Jh. datiert. **Ort:** Den Rabbinennamen nach ist es Babylonien. Ihre Berufung auf gewisse Tannaiten des Mutterlandes (R. Jišmaʻel; R. Šimʻon ben Joḥai) gilt als fiktiv und als literarische Konvention; es fehlt eine Traditionskette. **Adressaten; Sitz im Leben:** kein öffentlicher. Hatte die Mischna, *Ḥagiga* 2,1 esoterische Lehren dieser Art der Öffentlichkeit des Lehrhauses (zu schweigen von der Synagoge) entzogen, unter Anspielung an die typischen Fragen der Gnosis, so macht sie doch eine Ausnahme gegenüber solchen Schülern, die die Geheimlehren betreffs Gen 1 (*maʻaśe bᵉrešit*, „was mit der Schöpfung zusammenhängt") und betreffs Ez 1 (*maʻaśe merkava*, „was mit dem [Thron]wagen zusammenhängt") den Bibeltexten selbst zu entnehmen wüssten; insbesondere über letztere dürfe nur noch unter vier Augen gesprochen werden. Ähnliche Restriktionen empfiehlt auch Hieronymus im Vorwort seines Ez-Kommentars (MPL 25, 17 A). – Über ekstatische Techniken im talmudischen Judentum s. Alexander 233.

c) Die hebräische *David*-Apokalypse, das *Buch Serubbabels* u. a.

Weitere Abschnitte aus den *Hechalot* sind gleichfalls als Apokalypsen bezeichnet und unter eigenem Titel separat vorgestellt worden von A. M. SCHWEMER: „Irdischer und himmlischer König. Beobachtungen zur sog. David-Apokalypse in Hekhalot Rabbati §§ 122–126", in: Hengel/dies., *Königsherrschaft* 309–359. Diese Partie wird bei Schäfer, *Die Geburt* 19–21.134 f ins 7.Jh. datiert und auf dem Hintergrund der byzantinisch-persischen Kriege von 604–630 sowie inhaltlich auf dem Hintergrund des Christentums gewürdigt. – Bauckham 119 verweist ferner auf das *Buch Serubbabels* (Jellinek,

---

[209] Der älteste Beleg für diesen Namen ist paradoxerweise ein gnostischer: Einen „kleinen IAO" kennt auch die sog. *Pistis Sophia* 1, 7, dort im Jenseits flankiert von Elia und Johannes dem Täufer. Man datiert diesen im Codex Askewianus überlieferten Text ins 3. Jh. Ein „Jaoel" kehrt wieder in *ApkAbr.* 10,3 (7.4.2) u. ö.

BHM 2, 54–57; dt.: Wünsche II 81–88) und *Geheimnisse des Rabbi Šim'on ben Joḥai;* dazu Schäfer 134f.

d) Das hebr. *Gebet unseres Vaters Jakob*

Bei P. SCHÄFER/S. SHAKED (Hg.): *Magische Texte aus der Kairoer Geniza*, Bd. 2 (TSAJ 64), 1997, 27–78; bes. Bl. 2a bis 3a Z. 2; dt. S. 50–53 (Komm. S. 66–69; Einl. S. 29f) begegnet ein *Gebet unseres Vaters Jakob* (im Ms.: *Tᵉfillat Ja'[aqov] avinu*), auf das hier nur hingewiesen werden muss, damit es nicht verwechselt wird mit dem griechischen Text unter 6.3.2. „Der hebräische Text stellt vermutlich eine Übersetzung aus einer syrischen und vielleicht einer zusätzlichen griechischen Vorlage dar" (Schäfer/Shaked 29f). **Textanfang:** *JJ*[210] *elohim Ad[... Ja]red Ḥanoch;* **Textschluss:** *lᵉhallelcha lᵉ'olam wᵉ'olame 'olamim, amen.*

1.6 Anfänge der „Testamenten"-Literatur

1.6.0 Zur Textsorte „Testament"

Der Titel „Testament" für die jetzt zu erwähnenden Texte ist ein Gräzismus seitens der Forschung. Es gibt ihn nicht auf Hebräisch. Testamente im Sinne letztwilliger Verfügung eines Erblassers an seine Erbberechtigten und ggf. auch an Nichtberechtigte (hierin liegt die sog. Testierfreiheit) kennt die Tora nicht, und auch in der Halacha gibt es dergleichen nur unter den griechischen Bezeichnungen *diathēkē* oder *epistolē* (hebr. als Fremdwörter *dᵉjatiqi, eppisṭoli*). Es sind Schenkungen von Todes wegen, und sie dürfen sich nur auf bewegliche Habe erstrecken; ein Rat hierzu ist bereits *Sir.* 33,21–24. Immobilien hingegen – es sind Anteile am Verheißenen Land – sind unverfügbar; für sie gilt gesetzliche Erbfolge auf den ältesten Sohn, ersatzweise die älteste Tochter. Konnte Abraham noch einen seiner Söhne, Isaak, mit allem beschenken (Gen 24,36; 25,5), ist genau dies seit der Landgabe untersagt (Dtn 21,15–17). Das im Falle des nächsten Generationenwechsels, nämlich von Isaak auf Jakob (Gen 27) gerade noch umgangene Erbrecht des erstgeborenen Sohnes wurde nunmehr Tora: Der Erstgeborene erhält das Erbgrundstück, und nur wo kein Sohn vorhanden ist, können Töchter eintreten (Num 27,1–11).[211]

---

210 ״ ist eine verkürzte Schreibweise des Tetragramms.
211 Details bei Falk, *Introduction to Jewish Law* 332–349. Sehr zahlreich waren, wie schon das NT bezeugt sowie die Urkundenfunde in der Wüste Juda (die Yadin-Papyri) und sodann Mischna und Talmud, die Verfahren, mit denen die rings um Judäa ja selbstverständliche Testierfreiheit doch weitgehend hergestellt wurde: Es sind Schenkungen von Todes wegen, die aber, um zu gelten, auf keinen Fall „Testament" genannt werden durften, und es durfte nicht von „Vererben" darin die Rede sein.

Was aber schon seit der *Genesis* möglich und üblich ist, sind sog. moralische Testamente, nämlich letzte Worte eines Sterbenden an seine Familie. Sie sind immer noch mündliche Rede, können aber schriftlich werden als Teil eines biographischen Berichts. Da ist dann die Anredeform typisch, ein Ich-Ihr, anders als es bei schriftlichen Testamenten nach römischem Recht wäre. Als Vehikel von Verheißungen und Ermahnungen zehrt diese Textsorte von der manchmal zu beobachtenden Hellsichtigkeit Sterbender, denen ihr gesamtes Leben in einer Art Zeitraffer vor Augen steht, und bezieht sich auf deren gesamte Lebenserfahrung. Das ist ein hoher Anspruch, der allerdings von denjenigen Texten, die am allermeisten davon Gebrauch machen, den *Testamenten der Zwölf Patriarchen* (unten 7.5.1), am wenigsten eingelöst wird.

Biblische Vorbilder[212] solcher Abschiedsreden sind v. a. Gen 47,29 – 50,14 (vgl. auch 48,15 – 22 sowie Isaak, Gen 27,27 – 29 sowie, sehr kurz, Joseph in Gen 50,24 f); Dtn 31 – 33 (Mose); sodann Jos 23 – 24 und in unserer Literatur *Jub*. 20 – 22 (Sprecher: Abraham; oben 1.1.1); *Tob*. 14,3 – 11, wobei auch hier auffällt, dass in Moses Namen kein Testament erhalten ist, auch nicht als nachträglich formuliertes; höchstens könnte die *AssMos*. (2.4.2) in ihrem verlorenen Teil derartiges geboten haben. Die *Henoch*-Literatur ihrerseits hat Testamentform überall da, wo der von seiner Himmelsreise zurückgekehrte Henoch, solchermaßen auch am Ende seines Lebens angekommen, sein Jenseitswissen an seine Kinder und Enkel weiterreicht.

Ein rein moralisches Testament ist immer noch *1Makk*. 2,49 – 69 (Mahnrede des Mattathias an seine Söhne, darin Väterkatalog); vgl. *2Makk*. 6,30 (Eleazar); *2Makk*. 7 (letzte Worte der Märtyrer) u. ö.; hierzu J. COLLINS: „Testaments" in: Stone, *Writings* 325 – 331. Später wurde die Gattung weitergepflegt (2.2.8; 6.3.1; 7.5); sogar ein Martyrium konnte in der Ich-Form geboten werden.[213]

Letzte Worte auf aramäisch finden sich in einigen Qumran-Fragmenten, die möglicherweise selbstständige Texte waren; zumindest zitiert man sie so. Nebenfiguren wie Kahat und Amram können die Sprecher sein (4Q 542 – 548),[214] aber auch, leider nur in einem winzigen Fragment (4Q 539), Joseph in einer Anrede an seine Söhne (sog. *Joseph-Apokryphon*) sowie – für uns am relevantesten – Fragmente eines *Levi*-Textes, die im Namen des Stammvaters des Tempelpriestertums eine gewisse Priester-Ethik bieten. Mit ihm soll die Durchsicht beginnen; hier scheint für diese ganze Gattung der Kristallisationskern zu liegen.

1.6.1 Die aramäischen *Levi*-Texte

Der Bestand an aramäischen *Levi*-Texten ist dieser: 1Q 21; 4Q 213, 213a, 213b, 214, 214a, 214b, 540, 541. Hinzu kommt das Fragment eines *Testaments Levis* aus der Kairoer

---

212 Für die außerbiblischen, insbes. das „Königstestament", vgl. Hengel 213.238.390 f.
213 So die *Passio Perpetuae et Felicitatis* (in: *Ausgewählte Märtyrerakten* 35 – 44; s. 0.9.1) in Kap. 1 – 10.
214 Dazu Schürer/V. 333 – 335; Denis 288 f. Seit auch der Textanfang des letzteren, den Titel enthaltend, bekannt ist, zitiert man es als *Vision Amrams*. Text aram./dt. bei Beyer, *Die aramäischen Texte* II 82 – 92.

Geniza (Schürer/V. 776; s.u. Greenfield/Stone/Eshel). Diese Fragmente mögen hier erwähnt werden für den Fall, dass jemals eine griechische Übersetzung davon schriftlich wurde. Für das *Testament Naphthalis* (1.6.2) ist das immerhin für 1 Satz wahrscheinlich.

Schürer/V. 769–778. Die Übersetzung bei Rießler (1171–1173) ist überholt durch Beyer (s.u.) II 78–82. **Anmerkungen:** Rießler 1338.
Einleitung: Denis 243–247; Nickelsburg 159–165. **Literatur:** DiTommaso 948–959 (bes. M STONE: „Enoch, Aramaic Levi and sectarian origins" (1988) in: ders., *Studies* 247–258). **Neueres:** H. DRAWNELL: *An Aramaic Wisdom Text from Qumran. A New Interpretation of the Levi Document* (JSJ.S 86), 2004; M. HIMMELFARB: „Earthly sacrifice and heavenly incense. The law of the priesthood in Aramic Levi and Jubilees" (2004) in: dies., *Essays* 61–77; Berner, *Jahre* 466–497; H. ESHEL in LiDonnici/Lieber, *Heavenly Tablets* 243–255 [Benutzung des *Levi*-Textes in *CD* 4,15].
Titel sind im Original nicht erhalten, auch kein Textanfang oder -schluss.
Neuere kritische Ausgabe von 4Q 540.541: Beyer, *Die aramäischen Texte* II 78–82 (aram./dt.); Stone, *Studies* 228–246 und García Martínez I 49–58 sind nunmehr überholt durch J. GREENFIELD/M. STONE/E. ESHEL (Hg., Übers., Komm.): *The Aramaic Levi Document* (SVTP 19), 2004 [S. 48–50 Konkordanz bisheriger Zählungen; 52–55 Fotos aus den Geniza-Hss. in Cambridge und Oxford; 56–109 aram. Text und engl. Übers.; gr. Parallelen aus *TestLevi* sind beigegeben].
Alte Übersetzungen: Es ist nichts erhalten; das gr. *TestLevi* (s.u. in 7.5.1) ist eine Neuschöpfung, die sich mit diesem Text nur punktuell berührt. Mündliche Überlieferung einschließlich spontaner Übersetzung ins Griechische würde als Brücke reichen. So passen die Levi-Fragmente in die vorliegende Übersicht nur unter der – unbelegten – Annahme, dass es davon auch eine gr. Übersetzung gegeben hat, deren der Autor des *TestLevi* sich bediente.
Früheste Bezeugung des Erzählgehalts: lt. Nickelsburg 164 (385) bereits in *Jub.* 30,18 ff u.ö. (1.1.1).
Ähnliche oder ähnlich benannte Texte: Außer dem in 1.6.2 zu Nennenden ist, was noch den Namen Levi betrifft, hinter *CD* 4,14–18 ein hebr. *Testament Levis* vermutet worden.
Textsorte: literarisches Testament. **Literarische Integrität:** Erhalten sind Fragmente aus verschiedenen Fassungen.
Biblischer Bezug: für die Person Levis: Gen 29,34; 35,23; 49,5–7. Der Stamm Levi besaß kein Land, sondern hatte als „Erbe" die Privilegien des Priesterstandes.
Bemerkenswerte Stellen, Theologisches: Der „Sohn Josephs" in 4Q 541, Frg. 4 wird von Schäfer, *Die Geburt* 151–165 auf den Messias ben Josef (= ben Efrajim) bei den Rabbinen (bes. *Pesiqta Rabbati* 36) gedeutet; von ihm sagt Frg. 9 I 2: „Dieser wird alle Söhne seiner Generation entsühnen", eine bemerkenswerte Steigerung von Jes 53,10. Sie kehrt im gr. *TestLevi* nicht wieder, wohl aber in christlicher wie rabbinischer Literatur.

Abfassungszeit: paläographisch gesichert ist bereits das 1.Jh. v.Chr. – **Ort:** nach Sprache und Fundort das Land Israel. **Adressaten, Sitz im Leben:** vermutlich wie in 1.1.1. **Zweck** vielleicht: Kritik der Hasmonäerherrschaft.

1.6.2 Das sog. *Testament Naphthalis*

Der folgende Text, modern als *Testament Naphthalis* benannt, ist in reinstem Bibelhebräisch[215] gehalten: Gemeint ist das leider nur sehr kleine Fragment 4Q 215, bestehend aus Z. 1–5, einer Leerzeile und Z. 6–9, wo es abbricht. Sowohl die Ich-Form des Rahmentextes als auch die Selbstidentifikation des textinternen Sprechers als Bruder Dans (das ist dann zwangsläufig Naphthali) hängen hier an einem einzigen, jedoch mit hinreichender Sicherheit annehmbaren Textdetail.[216] Geht man nach den Analogien in unserem Material (s. o. 1.2), so ist der Gebrauch des Hebräischen für literarische[217] Zwecke Indiz für eine Abfassung in der Hasmonäerzeit.

Ein Satz aus dem ersten Abschnitt dieses Frg. kehrt wieder im griechischen *TestNaph* 1,6–8. In dieser Entsprechung stecken zwei verwirrende Details, nämlich:

(a) die außerbiblische Auskunft, dass die in Gen 24,29 u. ö. erwähnte Silpa ihren Namen erhalten habe nahe der Stadt, wo Jakob Gefangener gewesen sei;

(b) in *TestNaph.* 1,12 einen gr. Neologismus (καινόσπουδος), der sonst in der gesamten gr. Literatur nur noch einmal belegt ist, in *De sublimi* (3.5.2) Kap. 5.[218]

Leider ist gerade an letzterer Stelle die Parallele im Qumran-Text beschädigt und lückenhaft. Danach teilen sich die zwei Texte und sind inhaltlich nicht mehr gleich. – Offenbar ist das griechische *TestNaph.* (in 7.5.1) keine Übersetzung hiervon, sondern eine Neuschöpfung aufgrund von Vorlagen bei gleichzeitiger (oder vorher schon geschehener?) Überschreitung der Sprachgrenze. Von diesem widerum, und nicht von dem Qumran-Text, ist das bei Schürer/V. 776 f erwähnte (neu-)hebr. *Testament Naphthalis* abhängig.

---

215 Dort wird die *waj-jiqṭol*-Form durchgehend noch gebraucht.
216 Genauer gesagt, ist es der erste *nicht* mehr vorhandene Buchstabe in dem Wort אחי „mein Bruder" (unvollständige Z. 10). Vgl. Denis 248. Näheres bei M. STONE: „Testament of Naphtali", *JJS* 47, 1996, 311–321; vgl. 2.4.1. Zur Nachwirkung finden sich dort Verweise auf Rabbi Moše had-Daršan (11.Jh., Provence) und den gleichfalls mittelalterlichen Midrasch *Berešit Rabbati*.
217 Und nicht für juridische; Testamente nach hellenistischer oder römischer Art kennt weder die Tora noch die Halacha, wie unter 1.6.0 gesagt.
218 Geprüft am *TLG*. Im *TestNaph*. Femininum: als „von neuartiger Flinkheit" wird Silpas Tochter Bilha bezeichnet, die sofort bei der Geburt zu saugen anfängt. *De sublimi* 5 tadelt das abstrahierende Neutrum: τὸ καινόσπουδον „das Bemühen um Neuheit". Die ps.-philonischen Predigten (2.3.3) sind voll von solchem Haschen nach Unerhörtem.

1.7 Verlorene semitische Vorlagen zu Septuaginta-Schriften

War unter 1.4 zu sehen, dass mancher hebräische Text nur noch postuliert werden kann aufgrund eindeutiger Anzeichen des Übersetztseins in den erhaltenen griechischen Fassungen, so sind jetzt aus anderen als den historischen Textgattungen noch weitere Fälle zu nennen.

1.7.1 Hebräische und aramäische Vorlagen des *Baruch*-Buchs der Septuaginta

Von den Vorlagen des in der Septuaginta griechisch erhaltenen und von dort auch in die Vulgata eingegangenen *Baruch*-Buchs (dazu 2.5.4) ist kein Wort erhalten geblieben. Hebraismen im griechischen Text sind offenkundig, z. B. 1,15 καὶ ἐρεῖτε (*wᵉjo'mru* als Gebetsaufforderung – noch heute im synagogalen *Qaddiš*); 2,11 καὶ νῦν (*wᵉ'atta*) als Neueinsatz. Erkennbare Einzelteile:

- für 1,15 – 2,35 nimmt Gunneweg (s. 2.5.4) 170 eine hebräische Vorlage an;
- 3,9 – 4,4 ist nach Hengel 307 ein ursprünglich hebräischer, von *Sir*. 24 abhängiger Weisheitspsalm, der Hi 28 variiert, dabei aber auf die „Jakob" eigene Weisheitserkenntnis einengt (3,36 f.).

„Bar 1,1 – 3,8 ist aus dem Hebräischen übersetzt, 3,9 – 4,4 aus dem Aramäischen; 4,5 – 5,9 wiederum aus dem Hebräischen, aber freier" (Siegert, *Septuaginta* 164, nach R. Martin). Dieser letzte Teil kann also auch in imitiertem Septuaginta-Griechisch geschrieben sein. Zu **1,4 – 3,8** hat Emanuel Tovs Dissertation *The Septuagint Translation of Jeremiah and Baruch: A Discussion of an Early Revision of Jeremiah 29 – 52 and Baruch 1:1 – 3:8* (HSM 8) 1976 den Nachweis erbracht, dass die griechische Fassung dieser Partie sprachlich mit Jer LXX völlig gleich ist. Tov ist sogar überzeugt, dass beides von ein und demselben Übersetzer stammt – ein seltener Fall, aber nicht ohne Parallele, blickt man auf die Untersuchungen seines Zeitgenossen (und gleichfalls Altmeisters der Septuaginta-Forschung) Pierre-Maurice Bogaert zum *Daniel*-Buch (2.1.7 a). Eine Rückübersetzung von 1,1 – 3,8 ins Hebräische mit Weiterübersetzung ins Englische ist E. Tov (Hg., Übers.): *The Book of Baruch, Also Called I Baruch, Greek and Hebrew* (SBL.TT 8 = PS 6), 1975, S. 12 – 27. Für den Rest der Schrift gibt Tov den griechischen Text, wie er steht, auch mit englischer Übersetzung.

Welchen Zweck die semitischen Vorstufen dieses Textes gehabt haben mögen und ob ein Zusammenhang besteht mit der Tempelkrise von 175 – 168, ist eine noch zu klärende Frage. D. Flusser in Stone, *Writings* 571 sieht in 2,6 – 3,8 die Lage d.J. 168 v. Chr. widergespiegelt; aber warum erst in dieser „2. Strophe" des in 1,15 bereits beginnenden Gebets?

Wir wissen nicht, ob die Textmontage, wie sie uns griechisch vorliegt, noch vor der Übersetzung ihrer Teile ins Griechische erfolgte oder erst gleichzeitig mit dieser; doch ist letzteres wahrscheinlicher. Ein Buch, das gerade an der Stelle ins Aramäische wechselt, wo das *Šᵉma' Jiśra'el* zitiert wird (3,9), wäre ein Unding. So mag denn das Endprodukt unter neuer Rubrik als ein griechisches gewürdigt werden: 2.5.4.

1.7.2 Verlorenes und Zweifelhaftes

Am Ende dieses Abschnitts 1, der dem auf Hebräisch oder Aramäisch Konzipierten gewidmet war, sofern es eine Verwendung im Griechischen fand, muss eine Öffnungsklausel bleiben für Verlorenes, wovon wir kaum noch den Titel wissen und die Ursprache nur aus spärlichen Notizen erschließen können.

1Makk 16,23 f (1.4.2) erwähnt eine heute verlorene Hofchronik des Hasmonäerkönigs Johannes (= Joḥanan Hyrkanos, Johannes Hyrkan) als Quelle und gibt eine ganz knappe Inhaltsangabe. Die Spur dieses Werkes verliert sich sehr früh (Schürer/V. 185 f; vgl. ebd. I 20). Dass nur das *1.* und nicht das *2Makk.* darauf Bezug nimmt, dürfte schlicht an der noch immer – oder besser gesagt: wieder einmal – hebräischen Sprachgestalt liegen. Sieht man nämlich den Titel an, wie er uns genannt wird, so ist dieser klar aus dem Hebräischen übersetzt: „Siehe, das ist geschrieben im *Buch der Tage* seines Hohenpriestertums". *Buch der Tage* entspricht genau *divre haj-jamim*, dem hebräischen Ausdruck für eine Chronik, der dort übrigens berechtigter gewesen sein mag als über den biblischen Büchern, die so heißen.[219] Dieser Titel lässt freilich eher ein Archivstück vermuten als eine Buchveröffentlichung. Dass nichts davon in Qumran gefunden wurde, wie auch nicht vom *1Makk.*, darf niemand wundern angesichts der völlig ablehnenden Haltung der Qumran-Gruppe(n) zur Politik der Hasmonäer.

„Hellenistisch-jüdisch" ist dieses Werk also weder gewesen noch geworden. Soweit der Inhalt politisch war und über bloße Hof- und Tempelbelange hinausging, dürfte er uns im *1Makk.* erhalten sein (1.4.2).

Eine Öffnungsklausel ist schließlich noch nötig für die möglichen semitischen Vorlagen von Texten wie den unter 2.1.1 zu erwähnenden Textüberschüssen der Septuaginta, einigen Zusätzen zu *Esther* (2.1.5) und schließlich auch der *Esra-Apk.* (2.5.1) insgesamt. Überall sonst werden die Hebraismen sich einfacher als Stilmittel einer griechischen Bibelsprache auffassen lassen.

---

[219] Diese, weit nachexilisch, geben vor, aus solchen vorexilischen Quellen (4Kön 1,18; 10,34; 13,8 u. ö.) gespeist zu sein, was sie aber nicht sind. Wer hätte damals schon das Hofarchiv hin- und hergetragen?

2 Original Griechisches in bibelähnlicher Pseudepigraphie

Ab jetzt haben wir es mit griechisch verfasster Literatur zu tun. Die Hebraismen, so zahlreich sie mitunter sein mögen, lassen sich als Stilisierung nach der Septuaginta erklären, die einen neuen „Bibelstil" geschaffen hatte. Auch Lukas weiß ihn zu schreiben, wenngleich er in seinen Prologen und mitunter auch sonst bestes Literaten- und Rhetorengriechisch beherrscht, bis zur Übertreibung.[1] Nur für die Apokalypsen von 2.4.2 und 2.5.1 ist ein hebräisches Original erwägenswert, dem freilich noch im Mutterland die Übersetzung gefolgt sein dürfte; nur diese oder eine Weiterübersetzung haben wir noch.

2.0 Die Septuaginta als Beginn einer jüdisch-griechischen Nationalliteratur

2.0.1 Eine Übersetzungsleistung sondergleichen

Alles, was jetzt folgt, setzt die Existenz der Bibelübersetzung „der Siebzig" (Septuaginta) voraus. Warum diese so heißt, sagt uns eine noch zu besprechende Ursprungslegende (4.1.1). Hier ist zunächst wichtig zu wissen, um welche Bibel es sich dabei handelt: Es sind die fünf Bücher Moses, das also, was in nachantikem Griechisch „Pentateuch" heißt. In ihrer griechischen Form, wo ein einzelnes Wort durchaus zehn, zwölf Buchstaben lang sein kann und wo jedenfalls auch die Vokale geschrieben wurden, gingen diese „fünf Bände" nicht auf eine einzige Rolle. Hier war nun die Sprache merkwürdig unabhängig von den materiellen Gegebenheiten, schuf vielmehr ideelle: In einer Kreuzvertauschung mit dem Sprachgebrauch des Mutterlandes, wo es sowohl *Tora* gab im Singular wie auch *torot* im Plural, nannten die Empfänger und Benutzer dieser Pentateuch-Übersetzung diese singularisch *Nomos*, „Gesetz", und sahen darin ihr wichtigstes Identitätsmerkmal gegenüber der hellenistischen Umwelt. Sie beanspruchten auch in der „Zerstreuung" ein Volk zu sein, das eine eigene Verfassung hat, und verlangten das Recht, danach zu leben, zumindest in internen Belangen.[2] – In Rückübersetzung dieses Singulars wurde daraus der Name *Tora*.[3]

---

[1] Man beachte nur das lächerlich geschraubte Satzgebilde von Apg 24,2–9 (24,1 ist das einzige Vorkommen von ῥήτωρ im NT), das eben darin an den Ps.-Hekataeos von 4.2.1 b erinnert.
[2] Beispiele der damit verbundenen Verhandlungen haben wir bei Josephus, *Ant.* 12, 125–127 und v. a. 16, 29–58, wo der unter 3.6.2c noch zu erwähnende Nikolaos von Damaskus, ein Diplomat im Dienst des Herodes, zugunsten jüdischer Siedlungsinseln in kleinasiatischen Städten erfolgreich deren Sonderrechte aushandelt.
[3] Siegert, *Septuaginta* 264; G. MILETTO: „Von den Torot zur Torah", *Henoch* 26, 2004, 1–13. Im *2Makk.* ist der Sprachgebrauch noch geteilt, wohl je nach Schicht (3.4.2/3). Vgl. unten 4.1.1, „biblischer Bezug".

Die in den letzten Jahrzehnten stark aufgeblühte Septuaginta-Forschung ist ein weites Gebiet, das hier nicht dokumentiert werden kann. Die bisher erste deutschsprachige Übersicht über ihre Probleme und bisherigen Ergebnisse (Siegert, *Septuaginta*) umfasst 464 Seiten und ist in manchem noch provisorisch (vgl. 0.1.3). Eine geschätzte chronologische Übersicht, wie nach und nach Buch an Buch kam, ist dort auf S. 42 gegeben. Eine Modifikation hat sich, was die noch im 3.Jh. v.Chr., spätestens um 200 geleistete Pentateuch-Übersetzung angeht, aus dem Nachweis ergeben, dass das *Deuteronomium* früher übersetzt worden sein muss als das *Exodus*-Buch.[4] Man ging also nicht Buch für Buch vor, sondern nach Interesse. Die Kultgesetze des Lev waren in Ägypten als solche nicht anwendbar, sondern nur in Übertragung in andere Bereiche.

Die Übersetzung, die damals Satz für Satz geschah (und nicht, wie später bei Aquila, Wort für Wort), ist bei Siegert, Septuaginta 121–141 als sprachliche Leistung gewürdigt,[5] ohnegleichen in ihrer Zeit und auch noch lange danach. Sie ist – um es kurz zu umreißen – um semantische Genauigkeit, nicht um Schönheit oder Klang bemüht (wenige Ausnahmen s.u.). Syntaktisch blieb es mehr oder weniger ein Hebräisch, nicht nur schlicht und anspruchslos im Vergleich zu den Möglichkeiten des Griechischen, sondern in der Wirkung geradezu plump. Man richtete sich überhaupt nicht nach dem Sprachgebrauch; man schuf aber einen, und der prägt die ganze parabiblische Literatur, von der hier die Rede sein soll, sofern es nicht Autorenwerke sind (also ohne Abschn. 3–5, auch ohne 6.1–2). Er hat im Endeffekt eine eigene Art von Feierlichkeit erzeugt, insbesondere in den Weiterübersetzungen (vgl. 3.5.1).

Der Zweck dieser Übersetzung war zunächst ein didaktischer und ein liturgischer, nämlich: über das Mosegesetz detailliert Auskunft zu geben. Als Gegenstand synagogaler Lesungen musste sie auf Anhieb verständlich sein. Hierzu R. LE DÉAUT: „La Septante: un targum?" in: Kuntzmann/Schlosser, *Etudes* 147–195 (165f); Siegert 121–123. So erklären sich die wenigen Übersetzungsfreiheiten: Es war ein notwendiges, kein freiwilliges Ausführlicherwerden; weder ein Targum noch gar ein Midrasch lag in der Absicht. Das Bemühen um Genauigkeit ist gewürdigt desweiteren bei J. DE WAARD: „La Septante: une traduction", ebd. 133–154, und zuletzt bei K. USENER: „Die Sprache der Septuaginta", in: Septuaginta *deutsch.E* 40–52.

Was Chronologie betrifft, so ist der *Nomos* noch im 3.Jh. v.Chr. entstanden – derselben Zeit übrigens, wo auch ägyptische Gesetze aus dem Demotischen ins Griechische kamen. Die Geschichts- und Prophetenbücher sowie der Psalter kamen im Laufe 2.Jh. v.Chr. hinzu, andere Hagiographa nach und nach. Das *Esra(-Nehemia)-* Buch (1.4.1) und *Daniel* (2.1.7) wurden nach jeweiliger Überarbeitung des Hebräischen ein zweites Mal ins Griechische übersetzt. *Qohelet* und das *Hohelied* kamen erst in

---

[4] C. DEN HERTOG: „Erwägungen zur relativen Chronologie der Bücher Levitikus und Deuteronomium innerhalb der Pentateuchübersetzung", in: Kreuzer/Lesch, *Septuaginta* 216–228. Tatsächlich ist Lev LXX ein Stück steifer und wörtlicher geraten als Dtn LXX, einer dann auch in der Folgezeit waltenden Tendenz gehorchend.
[5] Eine Charakteristik des dabei verwendeten *Koinē*-Griechisch gibt auch K. USENER: „Die Septuaginta im Horizont des Hellenismus", in: Kreuzer/Lesch, *Septuaginta* 78–118 mit weiterer Lit.

christlicher Zeit an die Reihe;⁶ diese nach anderen, nämlich ganz pedantischen Prinzipien gefertigten Übersetzungen gehören bereits in den Wirkungskreis des Rabbinenschülers Aquila.

Die Hauptleistung geschah wohl, wie die Legende selbst angibt, durch zweisprachige Judäer in Alexandrien, wohingegen Revisionen, die schon vor Aquila streckenweise stattfanden, eher den Einfluss aus dem Mutterland aufweisen.⁷ Nur dort war und blieb man auch in späthellenistischer und römischer Zeit zweisprachig. Alexandrien wird als Zentrum hellenistisch-jüdischer Kultur noch zu würdigen sein (2.2.0). Bereits hier aber kann gesagt werden, dass ein Corpus übersetzter Texte von solcher Größe, wie der *Nomos* und all das, was noch hinzukam, schließlich darstellten, in der ganzen Antike beispiellos ist. Christlicherseits erhielt dieses komplexe Ganze, das in jüdischen Händen immer nur eine Sammlung von Rollen gewesen war, den Namen „Septuaginta" und wurde dann auch, sobald Beschreibstoffe und Bindetechnik es erlaubten, als großes dickes Buch, als „die" Bibel verfertigt: Das ist der Ursprung der großen ägyptischen Bibelcodices B, S und A, die übrigens vor Schreibfehlern strotzen und nicht das Werk literarisch gebildeter Abschreiber waren.

Doch zurück zum Judentum: Wie weit der ins Griechische übersetzte *Nomos* auch praktischen Wert hatte im Umgang mit nichtjüdischen Behörden oder gar Gerichten, ist schwer zu ermessen. Joseph Mélèze-Modrzejewski hat Fälle aufgespürt, wo Juden und Ägypter zu Kontrahenten wurden und jede Seite ihre angestammten Rechte berücksichtigt haben wollte; einige Fragmente von Prozessakten solchen Inhalts sind auf Papyrus erhalten.⁸ Dass der LXX-Wortlaut seinerseits an ägyptische Verhältnisse behutsam angepasst wurde, u.z. in Bereichen des Privatrechts, hat Elias Bickermann an einzelnen Stellen herausgefunden (Siegert, Septuaginta 294).

Eine Rezeption von Septuaginta-Schriften als Literatur setzt außerhalb des synagogalen Judentums erst mit den neutestamentlichen Schriften ein, wo nämlich auch heidenchristliche Autoren – namentlich Lukas – mit großem Geschick sich des besonderen Kolorits dieser neuen Art von Sakralsprache zu bedienen verstehen, auch über die Zitate hinaus. In der paganen Welt hingegen ist eine Beachtung der Septuaginta-Schriften, meist auf die *Genesis* oder gar auf deren Anfang beschränkt, erst ab dem 2.Jh. n.Chr. feststellbar (Siegert, Septuaginta 359–361). Der Grund für dieses Zögern ist das holprige, völlig stillose Griechisch, das ohne Rücksicht auf literarische Konventionen „hohe" mit „niederen" Ausdrücken mischt, auch korrekte Flexionen und Konstruktionen mit inkorrekten, und in einseitiger Konzentration auf die Se-

---

6 Die Rückgriffe auf das Hhld in Joh 12,3 (Hhld 4,14 f) und 19,39 (Hhld 5,1 u.ö.) beruhen noch auf dem Hebräischen.
7 Verräterisch ist in dem stark überarbeiteten Psalter, dass der Stammesname „Juda" gelegentlich personalisiert wird zu „Judas", was offenbar an Judas Makkabäus denken lassen soll; s. Siegert, *Septuaginta* 214 zu Ps 60(59),9 = 108(107),9.
8 J. Mélèze-Modrzejewski: „La Septante comme nomos: comment la Torah est devenue une 'loi civique' pour les Juifs d'Égypte", in: *Annali di Scienze Religiose* 2, 1997, 143–158; gr. Fragmente: 150–156; engl. 188–194.

mantik ihrern Hörern eine sehr arme, eintönige Syntax zumutet und auf „pragmatischer" Ebene (die Luther später im Deutschen so meisterhaft beherrschte) überhaupt nicht auf Wirkung, Schönheit oder Schicklichkeit achtet. Gewisse Ausnahmen, wo Poetisches im Urtext anklingt an rhetorische Prosa – die aber niemals „rein" ist von stilistisch nicht passenden Ausdrücken – finden sich ab Gen 49 und v. a. im Psalter (F. SIEGERT in Septuaginta *deutsch.E* 53–63).

Die aus den Septuaginta-Büchern gefertigten lateinischen Übersetzungen (sog. Vetus Latina) teilen mit ihr diese Eigenschaften. Erst Hieronymus, dessen Revision der Vetus Latina dann als „Vulgata" für seine Übersetzung galt, hat eine nicht nur grammatisch korrekte, sondern auch *im Latein* wirkungsvolle, „lapidare" Ausdrucksweise gefunden (lapidares Griechisch gibt es nicht). Dass er damit in einem noch jüdischerseits vorgezeichneten Trend lag, wird in 3.5.2 wahrscheinlich werden.

2.0.2 Hebräisch-griechische Onomastika

Ein Neben- oder Folgeprodukt der Übersetzungsarbeit, nicht eigentlich Literatur, sei hier eigens erwähnt. Parabiblisch auf ihre Art müssen diejenigen Wörterlisten gewesen sein, die schon Philon benutzte, um das Wenige an Hebräisch zu bieten, das seine Schriften enthalten. Als *Onomastika* bezeichnet man zweisprachige Namenslisten, Vorformen unserer Lexika, wie sie im Judentum zunächst nur für die Personennamen der Bibel angelegt wurden. Man kann sie auch als „Glossare" bezeichnen, zumal sie außer Namen auch Fachausdrücke boten, die in der Septuaginta hebräisch geblieben, d. h. nur transkribiert worden waren. Sie sind als Gattung eine Erfindung solcher – ja wohl im Land Israel beheimateter – Juden, die den nur einsprachigen Diasporajuden zuliebe ihr Verständnis für die hebräischen Namen auf Griechisch auszudrücken vermochten. So entstanden zweispaltige Wörterlisten, Gegenüberstellungen der semitischen Wörter in griechischer Transkription mit ihren Übersetzungsäquivalenten, ggf. auch deren mehreren. Für Leute wie Philon oder nachmals Origenes[9] war dies ihre einzige Verbindung zur „Sprache der Schöpfung".

Solche Listen anzulegen, war nicht ganz ungefährlich, da sie Namen aus Sakraltexten enthielten.[10] Einmal aus den Händen gegeben, konnten sie auch zu Zau-

---

9 Natürlich setzte die Tradition dann rasch Philons Namen über die anonymen Listen, schon damit diese weiterhin überliefert würden; s. Schürer/V. 869f; B. KRAMER/J. KRAMER: „Eléments linguistiques hébreux chez Didyme l'Aveugle", in: *Alexandrina. Hellénisme, judaïsme et christianisme à Alexandrie.* FS Claude Mondésert, 1987, 313–323 (314f) mit der These: Am Anfang unserer Ära existierte ein Onomastikon zur Hebräischen Bibel, bestimmt für die Juden der Diaspora. Womit übrigens gesagt ist, dass die Übersetzer der Septuaginta ein derartiges Hilfsmittel noch nicht hatten. Ein solches könnte sich höchstens nebenher akkumuliert haben. Sicher ist nur, dass die ältesten Formen an einem gegebenen Übersetzungstext entlanggehen.

10 Sog. *nomina sacra*, eine allerdings erst seit Ludwig TRAUBE (*Nomina sacra*, 1907) übliche Bezeichnung für diejenigen Wörter in christlichen Manuskripten, die durch Abkürzung mit übergesetztem Strich eine besondere Würde erhielten. Das Phänomen aber ist altbekannt und unterlag gewissen

berzwecken missbraucht werden; dazu 2.3.0; 6.3.1. Es handelt sich also gewiss nicht um „veröffentlichte" Texte im Sinne des Buchmarkts, sondern um intern weitergereichte Arbeitsmittel.

Eine heute befremdliche Eigentümlichkeit dieser Onomastika ist die Nichtunterscheidung der Sibilanten ס, שׁ, שׂ und צ: Es ist, als gelte nur die transkribierte Form in den Restriktionen des gr. Alphabets (die für all dies nur σ hat) als Ausgangspunkt (Siegert, Septuaginta 197 f; viele Details bei Wutz, s. u.). Ebenso gelten die vier hebr. Gutturale א, ה, ח, ע (die in galiläischer wie auch in samaritanischer Aussprache ohnehin zu alef konvergierten) als ein und derselbe Laut (gr. wiedergebbar allenfalls durch Aspiration am Wortanfang oder als Vokalverdoppelung im Wortinneren). All das war Konvention und ist kein Beweis gegen die Hebräischkenntnisse der Autoren solcher Listen.

Die Frage nach dem Onomastikon (oder vielleicht waren es mehrere), das Philon einst vor sich hatte, hat einen kleinen, aber ertragreichen Forschungszweig in Gang gesetzt, der den Mindestinhalt des Philon Vorliegenden aus dessen eigenen Schriften, d. h. aus den dort gegebenen Worterklärungen, extrahiert hat; Carl Siegfried, Franz Wutz und zuletzt Lester Grabbe haben ihn in moderner, nämlich alphabetischer Anordnung geboten. Die Urform dürfte anders angeordnet gewesen sein, nämlich in der Reihe des Vorkommens der Wörter im Pentateuch.[11] Alles war in griechischen Buchstaben geschrieben; die Beigabe einer Kolumne in Quadratschrift, heute drucktechnisch einigermaßen einfach zu bewerkstelligen, hätte damals einen eigenen Schreiber benötigt und ist darum nicht anzunehmen, ist auch paläographisch nicht belegt.[12] Die ältesten Onomastika-Handschriften, die wir haben, noch auf Papyrus, sind bereits christlich und bezeugen den Übergang zur alphabetischen Anordnung, schließen auch schon Neutestamentliches mit ein.

Umfassendste Sammlung: F. Wutz (Hg.): *Onomastica sacra*, 2 Bde. (TU 41/1.2, durchpaginiert). Diese Untersuchung, die ursprünglich nur das Onomastikon Philons sicherstellen sollte, enthält:
– in Bd. 1, *Quellen und System der Onomastika,* 1914: Einleitung; darin XVII–XIX (und ff.) Übersicht über die verwendeten Quellen; 355–422 Phonetisches und Orthographisches; 464–522 (und ff.) feststellbare oder vermutbare Regeln der Ableitung;
– in Bd. 2, *Texte und Register,* 1915: 673–748 gr. Listen unterschiedlicher Herkunft (MPG-Exzerpte); 676 f Heidelberger Papyrus (s. u.); 677–679 Onomasticon Marchalianum, 679 f Vaticanum, 680–684 Coislinianum (auch nach Tischendorf

---

Regeln. Das Abkürzen als solches galt nicht als Nachlässigkeit, im Gegenteil: Der Abkürzungsstrich heißt im Armenischen *patiw*, „Ehre".

11 Listen in dieser Anordnung haben sich verschiedentlich erhalten; s. Anm. 13.

12 In der Antike hat ein und derselbe Schreiber allenfalls Varianten eines Nationalalphabets, aber nicht mehrere Nationalalphabete beherrscht. Selbt von der *Hexapla* des Origenes ist nahezu sicher, dass schon die erste, „hebr." Kolumne bereits die Transkription war (Siegert, *Septuaginta* 366).

benannt; ein anderes Coislinianum: 714–717)¹³ und weitere, die z. T. schon von Paul de Lagarde aus mehreren Hss. ineinander gearbeitet worden waren, dazu Unediertes; 733–739 die Zusammenstellung der bei Philon verwendeten Etymologien nach C. Siegfried; 739–748 diejenigen des Origenes. Auf S. 748–791 folgen **lat.** Listen (aus gr. Vorlagen übersetzte oder auch neu zusammengestellte), darunter auch die des Hieronymus zu 3Kön–2Chr; 792–847 **syr.** Listen mit Rückübersetzung; 847–849 ein **arab.** Onomastikon; 849–1003 **arm.** Onomastika mit gr. Rückübers. oder lat. Übers.; 1004–1035 **äth.** Listen mit gr. Rückübers.; 1036–1048 **slav.** Listen mit gr. Rückübersetzung. Unter den Nachträgen folgen 1056–1070 weitere gr. Listen, aus diversen Kirchenvätern extrahiert. Benutzbar wird das ganze über die Register (s. u.: „Wortindex").¹⁴

Literatur: Kamesar, *Jerome* (s. u., b) 103–126 [über den griech. *Liber nominum Hebraicorum*, der Hieronymus noch vorlag]; F. SIEGERT in Neusner/A., *Midrash* 203f [zu den Onomastika]; ders.: „Philo of Alexandria", in: Sæbø, *Hebrew Bible* 162–189 [bes. 174.185f über Philons Etymologien und Sprachphilosophie]; A. VAN DEN HOEK: „Etymologizing in a Christian context. The techniques of Clement and Origen", *SPhA* 16, 2004, 168 [Glossar: 141–168]; D. DEL BELLO: *Forgotten Paths. Etymology and the Allegorical Mindset*, 2007.

Handschriftlich, auf Papyri, sind nur christlich redigierte und angereicherte Listen erhalten. Der Heidelberger Papyrus 1359 (3./4.Jh., Wutz 5; Text 676 bzw. Grabbe 15; Text 239) bietet 1 Kolumne aus einer kurzen, ungefähr alphabetischen Liste, Neutestamentliches eingeschlossen. P. Oxy. 2745 (Grabbe 16f; Text: 240; Datierung: 3.Jh.)¹⁵ bietet auf 1 Kolumne den Buchstaben ι eines alphabetischen Onomastikon. Auch dieses dürfte christlich sein (wegen der Abkürzung ΘΥ für θεοῦ); öfters verwendet es aber noch den Gottesnamen ΙΑΩ. Über den Fund eines dreisprachigen Glossars in der Oase Daḫle (Ägypten) s. u. „Ähnliche Texte".

Titel in den Handschriften: Ἑρμηνεία (Ἑβραϊκῶν) ὀνομάτων oder ähnlich; oft gar keiner.

Neuere kritische Ausgabe des sog. Philon-Glossars: L. GRABBE: *Etymology in Early Jewish Interpretation. The Hebrew Names in Philo* (Brown Judaic Studies, 115), 1988 [124–222: alphabetische Zusammenstellung sämtlicher von Philon verwendeten Etymologien, mit den Belegen; zum Vergleich: 237f griechische Etymologien

---

13 Die in MPL 23, 1145–1270 (unter den Schriften des Hieronymus) abgedruckten gr. Onomastika, die eher in die Origenes-Bände gehört hätten als Wiedergabe von Rohmaterial zu dessen Exegesen, sind hier einzuordnen. Vgl. unten (a)–(c).
14 Nach Abschluss dieser Arbeit war der Autor – er hatte die gesamte Kirchenväterliteratur nach semitischen Wörtern und Namen durchgekämmt – in bürgerlichen Berufen nicht mehr einsatzfähig. Auf seine Transkriptionen ist jedoch Verlass; den vielen semitistischen Ableitungen seines Bd. I hingegen begegnet die Fachwissenschaft mit Skepsis.
15 Als Vorausveröffentlichung (noch vor dem einschlägigen Bd. 36 [1970] der *Oxyrhynchus Papyri*) s. D. ROKEAH: „A new onomasticon fragment from Oxyrhynchus and Philo's etymologies", *JThS* 19, 1968, 70–82.

Philons]. – Sonstige Glossare: **Lat.**: *Hieronymus: Opera,* Reihe 1: *Opera exegetica,* Bd. 1: *Hebraicae quaestiones in libro Geneseos. Liber interpretationis Hebraicorum nominum* (u. a.), ed. P. DE LAGARDE/G. MORIN/M. ADRIAEN, 1959 (CCL 72); vgl. noch „Rezeption". **Arm.**: M. STONE (Hg., Übers.): *Signs of the Judgement, Onomastica Sacra and The Generations From Adam* (UPATS 3), 1981, bes. 70 – 161.

Wortindex: Wutz 1071 – 1114 Gesamtindex in lat. Schrift, 1115 – 1154 in gr. Schrift. Die übrigen Alphabete folgen; hebr. Index: 1189 – 1200. Bei Grabbe hebr. Index: 253 – 255.

Alte Übersetzungen und Bearbeitungen: In allen Sprachen des christlichen Orients sind solche Listen angelegt worden, die ausführlichsten auf Armenisch (Wutz 849 – 957 – ein einziges, allerdings aus 9 verschiedenen hs. Fassungen von ihm zusammengesetztes Onomastikon). Dass wir keines auf Koptisch haben, muss Zufall sein; vgl. aber „Ähnliche Texte".

Zitat: Ps.-Origenes (vielmehr Diodor v. Tarsus, spätes 4.Jh.) beruft sich auf eine solche Liste; s. Wutz 51f. Der echte Origenes zehrt eher von Philons Verwendung einer solchen.

Ähnliche oder ähnlich benannte Texte: vgl. schon MPL 23,[16] 1281 – 1290; ähnliches aus Josephus ebd. bis 1296). Grabbe 225 – 231 gibt diese Liste in ihrem Mindestbestand (nämlich dem von Philon faktisch gebrauchten), alphabetisch geordnet. Ein mehrsprachiges Glossar syrisch-griechisch-koptisch, in diesen jeweiligen Schriften geschrieben und einer gnostischen Übersetzerwerkstatt dienend, fand sich in der äg. Daḫle-Oase; s. die Reihe Dakhleh Oasis Project Monographs, hg. M. FRANZMANN/I. GARDNER; vgl. dies. in *Kellis Literary Texts,* Bd. 1, 1996, S. 129 [Syrisch-Griechisches].105ff.112ff [Syrisch-Koptisches]. Hier geht es nicht mehr nur um Namen, sondern um Begriffe, auch um deren Normierung in der Zielsprache. – Vgl. unten 8.1.

Handschriften: gr.: Papyrus Bodmer (Genf) 9 (3.Jh.); **syr.:** London (9./10.Jh.), Manchester (15./16.Jh.); **kopt.** s. vorige Rubrik.

Textsorte: Onomastikon (als Buchtitel seit Julius Pollux, gr. Grammatiker, 2.Hälfte 2.Jh. n.Chr.), d. h. eine nach anderen als alphabetischen Gesichtspunkten angeordnete Wörterliste, vorzugsweise von ὀνόματα, also Substantiven, mit Erläuterungen zum Sprachgebrauch (so bei Pollux), hier mit Angaben zur Herkunft und Umsetzung von Namen in Begriffe oder Sätze. **Literarische Besonderheit** der biblischen Onomastika: 1. Zweisprachigkeit; 2. (ursprünglich) Entlanggehen an einem gegebenen Text.

Anordnung der Lemmata (= Stichworte) zunächst in der Reihenfolge ihres Vorkommens im übersetzten Bibeltext; erst seit Hieronymus (so Wutz 15) alphabetisch, zumindest nach Anfangsbuchstaben.

---

[16] Hier zit. nach der 1.Aufl. 1845. Die Spaltennummern der 2.Aufl. 1883 liegen um ca. 50 höher.

Literarische Integrität: Diese Listen wuchsen. Das sog. *Onomasticon Philonis,* in Reinform nicht überliefert, ist Hieronymus' Bearbeitung einer gr. Vorlage, die bis in die Zeit Philons, ja hinter ihn zurückreichen kann (Wutz 13–29).

Biblischer Bezug: Die Philon vorliegende(n) Liste(n) dürfte(n) sich auf den Pentateuch beschränkt haben. Hieronymus erstellte eine Liste nur zur *Genesis,* andere gelten anderen Büchern. Christliche Listen sind in der Regel gesamtbiblisch, unter Einschluss des NT.

Theologisches: Philons Interesse an hebr. Etymologien kommt aus seiner Annahme einer adamitischen Ursprache, die das Hebräische gewesen sei. Herder hat sie propagiert, und noch Franz Delitzsch (gest. 1890) hat sie verteidigt.

Christlicher Einfluss? Alle alphabetisch angeordneten Onomastika haben auch schon ntl. Einträge (Wutz 15). Bei den in biblischer Anordnung gehaltenen steht naturgemäß das AT für sich und hat in den erhaltenen Exemplaren wohl schon denselben Bearbeiter gehabt wie das dann folgende NT.

Abfassungszeit und -ort: Schon Philon muss über eine solche Liste verfügt haben. **Adressaten** zunächst: Toralehrer der Diaspora. **Sitz im Leben:** deren Studierstube.

Abfassungszweck: Übermittlung des in hebr. Namen, auch in transkribierten Termini, verborgenen Sinnes.

Rezeption: Philons ganze Hebräischkenntnis besteht in der Benutzung solcher Listen. Missverständnisse waren dabei nicht ausgeschlossen. So wird in der von ihm benutzten Liste der Name „Šišai" (Num 13,22; LXX: ΣΕΣΕΙΝ) mit ΕΚΤΟΣ ΜΟΥ übersetzt, was Philon als ἐκτός μου liest („außerhalb meiner") und in dieser Form für höhere Wahrheit hält (*Post.* 61); gemeint war aber ἕκτος μου „mein sechster (Sohn)", von hebr. *šeš* „sechs", *šišši* „sechster".

Auf christlicher Seite diffundieren die Angaben aus diesen Listen in die gesamte exegetische Literatur; indirekte Überlieferung ist die Regel (Wutz S. XX). Wutz kanalisiert die Überlieferung in folgenden Strömen: „OGr" = philonisch-origenianische Gruppe (51: Weder Philon noch Origenes können als Verf. gelten; 56 offene Fragen); „LGr" = Laktanz-Gruppe (58.96: bereits christlichen Ursprungs, gr., später – wohl in Afrika – mit lat. Parallelkolumne versehen; dem Hieronymus noch nicht bekannt); „VGr" = Vatikanische Gruppe (101: gr., christlichen Ursprungs, auch sie Hieronymus noch nicht bekannt); „CGr" = Colbertinische Gruppe (241: Fusion der bisher genannten, immer noch Gr.). Hieronymus hat unter Einbezug von OGr und einer ntl. Liste eigene Onomastika aufgestellt (272.290); er ist der einzige uns bekannte Bearbeiter, der eigene Hebräischkenntnisse einbrachte.[17] In seinem Namen sind überliefert und in dem o.g. Band CCL 72 z.T. neu ediert:

---

[17] Mancher gr. Kirchenvater aus Syrien, Epiphanios etwa oder Theodoret, mochte zweisprachig sein und das Aramäische seiner Region wenigstens mündlich beherrschen; doch hat sich ihrer keiner zu exegetischen Zwecken solcher Kenntnisse bedient. Da war man sich des Unterschieds zwischen Hebräisch und Aramäisch wohl schon hinreichend bewusst.

a) *Liber de nominibus Hebraicis* (MPL 23, 771–858, auch zit. als *Liber interpretationis Hebraicorum nominum*), von Hieronymus gleich im Anfangssatz irrig auf Philon zurückgeführt (der so etwas höchstens benutzt, aber nicht selbst angelegt haben kann);

b) *Liber Hebraicarum quaestionum in Genesim* (ebd. 935–1010); **Übers.:** C. T. R. HAYWARD (Übers., Komm.): *Saint Jerome's Hebrew Questions on Genesis*, 1995; **Lit.:** A. KAMESAR: *Jerome, Greek Scholarship, and the Hebrew Bible. Study of the Quaestiones Hebraicae in Genesim*, 1993;

c) *Quaestiones Hebraicae in libros Regum et Paralipomenon* (ebd. 1329–1402); für 1–2Sam (Vulg. 1–2Kön) neu ediert von A. SALTMAN (Hg.): *Pseudo-Jerome: Quaestiones on the Book of Samuel* (SPB 27), 1975: Es handle sich um ein Werk der Karolingischen Renaissance.

Bemerkung zu Hieronymus bei B. ALTANER/A. STUIBER, *Patrologie*, 9. Aufl. 1978, 400: „Die *Quaestiones hebraicae in Genesim* sind durch den Konflikt veranlasst, in den ihn sein allmählich aufgegebener Glaube an die Inspiration der LXX gebracht hatte" (vgl. hier 4.1).

Nicht mehr hierher gehören Arbeiten über Ortsnamen und -lagen, auf Euseb beruhend, die zwar palästinischen, aber doch bereits christlichen Ursprungs sind. Im Übrigen ist die Spätantike reich an Lexika, die nicht nur veraltende Ausdrücke erklären, sondern auch ein mächtig angewachsenes Wissen überschaubar halten sollen. Die heute übliche Unterscheidung innerhalb der Lexika in „Wörterbuch" und „Enzyklopädie" hat sich erst neuzeitlich herausgebildet.

Hesychios (4.Jh.) blickt in seinem *Lexikon* bereits auf eine lange Reihe von Vorgängern zurück, die mit einsprachigen Homer-Glossaren und Glossaren zu den (sprachlich ja auch schwierigen, seltene Attizismen pflegenden) Komikern und Tragikern einst begonnen hatte. Sein Werk ist immer noch ein Wörterbuch. Das *Lexikon* des Photios hingegen (9.Jh., erhalten mit einer Lücke von β–δ) bietet vereinzelt und die *Suda* (10.Jh., ganz erhalten) sogar häufig Einträge enzyklopädischen Charakters. Auf erweiterte Werke dieser Art in jüdisch-christlicher Tradition wird unter 8.1 zurückzukommen sein.

2.1 Überschüsse in LXX-Fassungen biblischer Bücher

Manches hier zunächst zu Nennende lässt noch eine hebräische Vorlage vermuten und unterscheidet sich darin von den ab 2.2 aufgeführten, stets schon auf Griechisch konzipierten Texten, mit einer einzigen Ausnahme in 2.5.1. Dass manches teilweise hebräisch oder aramäisch, teilweise griechisch entstanden sein könnte, ließ sich an 1.7.1 (> 2.5.4) wenigstens konjektural ein Stück weit nachverfolgen.

2.1.1 Alternative und zusätzliche Passagen, v. a. in Pentateuch und Geschichtsbüchern

Die auffälligsten Passagen, die gegenüber dem MT anders oder überschüssig[18] sind und manchmal zusätzliche historische Information bieten, manchmal aber auch nur ausschmückenden Charakter haben, sind die folgenden:

Ex 38,12–20 und 39,12 (Bau des Bundeszeltes);
Ri 20,31 und 21,22 (länger);
Jos 9,2 a–f (Josua habe das Dtn niedergeschrieben);
Jos 24,33 a.b (Abfall der Israeliten von JHWH. Dies ist der ältere Jos.-Schluss, verworfen von den Rabbinen);
1Sam 1–2 (Hanna und Samuel; verschiedene Erweiterungen; 2,10 stammt aus Jer 9,22);
1Sam 10,1 b (Saul als königlicher Messias);
1Sam 14,23 f (Kriegsbericht ausführlicher);
2Sam 14,30 b (Detail der Absalom-Joab-Auseinandersetzung. Text hebräisch teilweise in 4Q 53 = 4QSam.c);
2Sam 24,25 (Vergrößerung von Davids Brandopferaltar durch Salomo);
3Kön 2,35 a–k.l–o (die Herrlichkeit Salomos [Verse anders gestellt als im MT]; Notiz zur Nachfolgefrage);
3Kön 2,46 a–g.h–l (Salomos Regierung; MT viel kürzer);
3Kön 5,14 a–b (Salomos Hochzeit mit einer Pharaonentochter; vgl. 3,1 und 9,16 f MT);
   dazu 9,9a (Einzug dieser Dame in Salomos neu erbauten Palast; vgl. 9,24 MT);
3Kön 6,1 a–d (Notiz zum Tempelbau; vgl. 5,31 f MT);
3Kön 6,36 a (Erwähnung des äußeren Vorhangs am Tempel);
3Kön 8,53 a (Lied Salomos beim Abschluss des Tempelbaus, auch bei 8,11 zu finden);
3Kön 9,9 a (Salomos Hochzeit – oben genannt);
3Kön 10,22 a–c; 26 a (Salomos Bautätigkeit und Unterjochung der Nachbarvölker; vgl. 9,15–22 MT);
3Kön 12,24 a–z (alternative Darstellung der Teilung von Davids Reich. Dem MT entspricht, was Origenes in seine *Hexapla* einsetzte; Rahlfs I S. 668);
3Kön 16,28 a–h (über Josaphat; Dublette zu 22,41–51);
3Kön 21, der Konflikt Ahabs mit Nabot, steht vor Kap. 20 und bietet historisch ernstzunehmende Ergänzungen und Alternativen zu der eher geglätteten Berichterstattung des Masoretischen Textes;
4Kön 1,17 Var. (Daten zu Joram);
4Kön 1,18 a–d (Jorams Vielgötterei);
2Chr 35,19 a–d (Präzisierungen zu Josias Reform);
2Chr 36,2 a–c, 4 a; 5 a–d (Maßnahmen der Könige Joahas und Jojakim; Tadel).

Hier wird, sofern der Anschein historischen Wissens besteht, immer noch ein hebräischer Ursprung angenommen. Man sieht an all den Zufügungen oder Umstellungen (Weglassungen wie 1Chr 1,11–16.18–24 in B nicht zu erwähnen), wie gerade am 1Kön (LXX 3Kön) noch weiterredigiert wurde, nachdem die griechische Übersetzung bereits gefertigt war.

---

18 Diese Begriffe hier in rein deskriptivem, nicht genetischem Sinn. D.h., was wie eine Weglassung in der Septuaginta aussieht, könnte genauso gut eine Zufügung im noch nicht zu Ende redigierten hebr. Text gewesen sein. Das kann immer nur im Einzelfall geprüft werden.

Bemerkung zu den Prophetenbüchern
Am wenigsten betroffen von Änderungen oder Zusätzen sind die Propheten *Jesaja* und *Hesekiel*. Das Jer-Buch ist in der ab 25,14 anders angeordneten LXX-Fassung sogar das kürzere und wohl auch das ursprünglichere. *Jesaja* ist schon beim Übersetzen in vielen Details an die Sprachregelungen des LXX-Pentateuch angeglichen worden (Siegert, Septuaginta 328–332, nach J. Koenig), und es gibt gelegentlich auch ein Plus: Jes 31,9b ist die Seligpreisung solcher Israeliten, die in Jerusalem Verwandte wohnen haben). Hierzu mag aus dem NT angemerkt werden: Ein Neffe des Paulus bewohnte Jerusalem (Apg 23,16).

2.1.2 Die *Oden* der Septuaginta

Schon Philon sagt in einer Inhaltsangabe der Mosebücher (*Mos.* 2, 45 ff), dass dort nicht nur Vorschriften stehen, sondern auch viel Narratives (ἱστορικόν). Desweiteren bemerkt er in *Virt.* 95 zu der Szenerie von Dtn 26, dass die Priester Erstlingsopfer darbringen „mit Gesängen, die auf Gott gedichtet sind, welche in geschriebener Form die heiligen Bücher als Denkmal aufsetzen" (στηλιτεύουσιν, wörtl. „zur Stele machen". Hier ist nicht an Hagiographa gedacht; „heilige Bücher" (oder wörtlicher sogar: „heiligste Bücher") sind für Philon nur die fünf Rollen des Pentateuch. Sondern er ist stolz darauf, dass diese Bücher auch Gesänge enthalten, deren längsten, das *Moselied* (Dtn 32), er regelmäßig als „das Größere Lied" (ἡ μείζων ᾠδή) bezeichnet.

Sammlungen solcher Texte sind von den Redaktoren der Septuaginta-Codices, Christen also, angelegt worden, sicher im Hinblick auf liturgischen Gebrauch. So war etwa der Festtag der drei jungen Männer im Feuerofen der 17. Dezember (*Synekdēmos* 741 f). Diese *Oden* sollen hier erwähnt werden, weil sie auf ihre Weise, als eine Art von Gesangbuch, „parabiblisch" sind. Beschränkt sich die syrische Fassung noch auf das Alttestamentliche, so ist die griechische „gesamtbiblisch" angelegt.

Rahlfs' beide Ausgaben, die des Psalters 1931 (1979), 341–365 wie die der Septuaginta in zwei Bänden, II 164–183, geben die *Oden* nach Cod. A (u.a.) folgendermaßen:

(1) Ex 15,1–19 (8) Dan 3,52–88 (aus Dan Θ, mit Varianten)[19]
(2) Dtn 32,1–43 (9) Lk 1,46–55 (das *Magnificat*).68–79 (*Benedictus*)
(3) 1Sam 2,1–10 (10) Jes 5,1–9
(4) Hab 3,2–19 (11) Jes 38,10–20
(5) Jes 26,9–20 (12) *Gebet Manasses* (hier 2.1.3)
(6) Jon 2,3–10 (13) Lk 2,29–32 (*Nunc dimittis*)
(7) Dan 3,26–45 (14) das *Gloria* der christlichen Liturgie (vgl. *ConstAp.* 7, 47),

---

[19] Über den Unterschied der beiden *Daniel*-Rezensionen s.o. 1.2.3; zu dieser Ode im Besonderen Ziegler u.a. (wie 1.2.3) 212 f.

dazu (ohne Nr.) ein jüdischer Psalm (Z. 31–46).

An der *Gloria*-Fassung ist bemerkenswert, dass nur sie, und nicht die lateinische des Westens, trinitarisch korrekt ist, indem sie in Z. 15 den Heiligen Geist nennt. Im Westen wird dort Christus als der „Allerhöchste" angeredet; das entspricht jener „binitarischen" Populärtheologie, deren jüdischen Ursprüngen unter 2.1.7 a nachgegangen werden soll. – Übersetzung der *Oden* auch in Septuaginta *deutsch* 899–914; Anmerkungen: Septuaginta *deutsch.E* 1886–1899. Eine tabellarische Übersicht über ähnliche Zusammenstellungen in gr. Manuskripten geben van der Horst/Newman, *Early Jewish Prayers* 158. Details anhand von (8) bei Ziegler u. a. (oben 1.2.3) 197–213. Einsetzend im 4.Jh., häufen sich die Textzeugen im 7. Als Buch für sich sind sie in P 2036 (= Wiener P. Copt. K 8706) erhalten, gr. und kopt.

Die **syr.** Tradition ist offenbar die ältere, beschränkt sich jedenfalls auf das Jüdische: In *VTS* 4/6 S. I–XVI, 1–35 der ersten Zählung (H. SCHNEIDER) 1972 finden sich nur Nr. 1–8 (wobei Nr. 7 bis V. 88 reicht), nicht die Nrn. 12–14, dafür aber zusätzlich (an dritter Stelle) Jes 42,10–13 + 45,8 sowie (als Anhang, der zunächst diese Nr. 11 bietet) Ps 63,2–12, wo statt V. 1 die Überschrift lautet: „Lobgesang Davids".

2.1.3 Das *Gebet Manasses* und sein ursprünglicher Kontext

Eine eigene Bewandtnis hat es mit Nr. 12, dem *Gebet Manasses*, das eigene Überlieferungswege ging, ehe es, seines Kontextes beraubt, in den *Oden* Aufnahme fand. Dieser Text ist mit seiner Rahmenerzählung, aber ohne einen eigenen Titel in den Kirchenordnungen der *Didascalia Apostolorum* (3.Jh., nur syr. erhalten) und den aus ihr entwickelten *Apostolischen Konstitutionen* 2, 22,3–23,1 (darin das Gebet: 2, 22,12–14) enthalten. Nur das zentrale Stück daraus, das *Gebet*, ist in einige Septuaginta-Handschriften übernommen worden (Nickelsburg 340) und findet sich auch – nachdem das Kanonisierungsdekret von Trient sie zunächst übersehen hatte – in den nachtridentinischen Vulgata-Ausgaben wieder.[20] Über 2Chr 33 hinausgehend, auch über das bei Josephus, *Ant.* 10, 41–46 hierzu Gesagte (dort übrigens im Stil einer hellenistischen Chronik), wird in der Rahmenerzählung eine mirakulöse Befreiung Manasses aus seiner Gefangenschaft berichtet; darauf bezieht sich im Gebet der sonst unverständliche V. 10. So ist anzunehmen, dass nicht eine Erzählung um den Text herum wuchs, sondern dass aus einer Erzählung ein poetisches Stück herausgelöst wurde, wie bei den *Oden* ja überall. Sie sind ja auch nicht alle biblisch. – Die **syr.** Überlieferung hat das Gebet seit dem 9.Jh. auch in Peschitta-Handschriften sowie in Horologien; beides s. u. „Ausgabe" (*VTS*).

---

20 Die Vulgata (ed. W./G.) bietet als Anhang (*Appendix*) folgendes: *Oratio Manasse; liber Ezrae III* (hier: 1.4.1); *liber Ezrae IV* (2.5.1 + 7.4.4); *Psalmus CLI* (1.3.2); *Epistula ad Laodicenses*. Diese letzte ist wiederum stillschweigend fallen gelassen worden.

Online-Index Nr. 35; Stegmüller Nr. 93.1–11; Schürer/V. 730–733. **Paraphrase** des Gebets und Kommentar: Woschitz 527–536.

Einleitung und Übersetzung: Nur das Gebet wird geboten in Charlesworth II 625–637 (J. CHARLESWORTH); JSHRZ IV/1 (E. OSWALD [Außentitel: Oßwald]), 1974; van der Horst/Newman, *Early Jewish Prayers* 147–180 (J. NEWMAN; engl. Übers.: 165f).

Einleitung: Denis 659–679; Nickelsburg 338–340; deSilva 296–300. **Nur Text:** Denis, *Conc.* 905 oben (das Gebet und 1 Vers aus dem Kontext).

Übersetzung mit Anmerkungen: H. ACHELIS/J. FLEMMING (Übers., Komm.): *Die ältesten Quellen des orientalischen Kirchenrechts, 2. Buch: Die syrische Didaskalia* (TU, NF 10,2), 1904, dort S. 34–39 (philologischer Kommentar: 168–170). **Nur zum Gebet:** Rießler (348f) 1291. **Übers. mit Kommentar:** Newman 147–180.

Literatur: Lehnardt Nr. 6814–6917; DiTommaso 717–726; Newman 159–164. **Neuere Studie:** R. DAVILA: „Is the Prayer of Manasseh a Jewish Work?", in: LiDonnici/Lieber, *Heavenly Tablets* 75–85 [unentschieden; möchte es besser nicht als jüdische Quelle verwenden].

Handschriften: LXX Cod. A, T u. a. (Denis 667f); hinzu kommen die Handschriften der *Apostolischen Konstitutionen* (s. 2.3.2) und byz. Horologien (Denis 664); **lat.** ab 6.Jh. (Denis 668–670); **syr.** in der *Didaskalie* (9.Jh. und spätere; Charlesworth 625; Denis 670; Newman 148); **kopt.** auf Papyri ab 6.Jh. (Denis 673).

Titel des Gebets in den Handschriften (auch in denen der *Apost. Konstitutionen*, dort als Zwischentitel): Προσευχὴ Μανασσή; **syr.:** Ṣlutā da-Mnaše; **lat.** (in der Vulgata als 1. Anhang gleich hinter dem NT): *Oratio Manasse (...)*.[21]

Neuere kritische Ausgabe: (a) mit Kontext (syr.): P. DE LAGARDE (Hg.): *Didascalia Apostolorum Syriace,* 1854, hier S. 29–31; *Apostolische Konstitutionen* (0.9.1), Bd. 1 (Metzger) S. 210–222 (gr.-frz.). – (b) Nur das Gebet: Septuaginta (Rahlfs) II S. 180f; PVTG 3 (A.-M. DENIS) 1970, S. 115–117 (synoptisch mit Fragmenten der lat. Übers. der *Konstitutionen*); syr.: W. BAARS/H. SCHNEIDER (Hg.): *Prayer of Manasseh* (VTS 4/6) 1972, S. I–VII, 1–9 der zweiten Zählung (zweispaltig: rechts *Didaskalie,* verglichen mit der Peschitta; links die Fassung der Horologien). Ausgaben der *Didaskalie* im Ganzen s. Schürer/V. 731. **Lat.:** Vulgata (ed. W./G.) S. 1909.

Textanfang des unten („Gliederung") als B bezeichneten Teils: Μανασσῆς υἱὸς Ἐζεκίου. Anfang des Gebets: Κύριε παντοκράτωρ,[22] ὁ θεὸς τῶν πατέρων ἡμῶν; Schluss des Gebets: ἡ δόξα εἰς τοὺς αἰῶνας, ἀμήν (hier ist die Schlussdoxologie gattungsgemäß Bestandteil des Textes). Beide Textfassungen (*Konstitutionen* wie *Oden*) stimmen überein. **Textschluss** des unten als B' bezeichneten Schlusses der ursprünglichen Rahmung: παρώξυνεν Κύριον τὸν θεὸν αὐτοῦ.

Wortindex: Siglum bei Denis: „FMan."; bei Denis, *Conc. latine:* „Mana".

---

[21] In der Kirchensprache heißt *oratio* meist nicht „Rede" (wie etwa bei Cicero), sondern „Gebet". – Der Titel fährt fort: *...regis Juda, cum captus teneretur in Babylone.*
[22] In einer der syr. Fassungen kann dieses Adjektiv fehlen.

Alte Übersetzungen: Fragmente einer lat. Übers. der *Didaskalie* (Hs. des 6.Jh.) bieten noch einen Rest der Rahmenerzählung (s. Achelis/Flemming im Kommentar; Text bei Denis, *Conc. latine* 631: 15 Verse des Gebets + 2,23 isoliert). Diese lat. Übers. ist wohl erst *nach* Hieronymus aus den *Apost. Konstitutionen* hineingekommen. – Charlesworth 626f erwägt, die syrische *Didaskalie* in unserem Fall für das Griechische die Vorlage sein zu lassen; der Text sei stellenweise der bessere;[23] Metzger (SC 320, 217 Anm.) hingegen hält das Griechische für den Urtext. – Ferner existieren Fassungen auf Äth., Arab. und Armenisch (Y. 235f; fehlt bei Iss.) sowie auf Slavisch; s. Denis 674–676. Die hebr. Übers., die sich in der Kairoer Geniza fand, beruht auf dem Griechischen; hierzu Newman 149; Text hg. R. LEICHT in *JSQ* 3, 1996, 359–373 [hebr. 369f; engl. 371–373].

Frühestes Zitat: Als Bestandteil der syr. *Didaskalie* (frühes 3.Jh.) war dieser Text, so nimmt man an, bereits eine Übernahme. Zitate bei Kirchenvätern ab dem späten 4.Jh. bei Denis 662f.

Ähnliche oder ähnlich benannte Texte: In der Gebets-Anthologie 4Q 381 findet sich ein längeres Stück, überschrieben *Gebet Manasses* (4Q 381 Frg. 33 Z. 8ff; ging möglicherweise bis zu dem Leerraum in Fr. 48), das die gleiche Situation voraussetzt und auch ein Sündenbekenntnis ist, aber in anderen Worten und sehr viel länger. – DiTommaso 720 verweist auf weitere byzantinische Manasse-Texte. – Eine Gegentradition liegt in denjenigen Texten vor, wo König Manasse mit der Tötung Jesajas belastet wird (7.4.3; 8.1.1). – Diverse, sich mehr oder weniger überlappende byz. Texte mit Titeln wie *Diegese und Didaskalie der heiligen Apostel* sind aus gr. und slav. Überlieferung verzeichnet bei A. DE SANTOS OTERO: *Die handschriftliche Überlieferung der altslavischen Apokryphen*, Bd. 2 (PTS 23), 1981, 233–236.

Textsorte: Der Kontext ist ein Midrasch, mit ausführlicher Zitierung der Ausgangstexte bereits „rabbinisch" aussehend. Das eingeschaltete Gebet hat die Form eines hebr. Psalms. **Zählung** des Gebets: 15 Verse.

Gliederung des in Frage kommenden Abschnitts der *Didaskalie* (nach Seite und Zeile bei Achelis/Flemming):

> (A) christliche Einleitung (Mahnung an die Bischöfe): 34,33–35,6
>> (B) Midrasch: 35,5ff Zitat von 4Kön 21,1–16 + 2Chr 33,11f (mit Erweiterung nach V. 11)
>>> (C) Gebet: 36,31–37,36 (eingeschaltet hinter 2Chr 33,13a)
>> (B') Fortsetzung des Midrasch (Erweiterung von 2Chr 33,13b): 37,37–38,7
> (A') christliche Schlussansage I (Anrede an die Gemeinde): 38,8–26
> (A'') christliche Schlussansage II (Mahnung an die Bischöfe): 38,27–39,10

---

23 Damit ist er zunächst der besser überlieferte, aber nicht schon der ältere. Dass sich die griechische Christenheit in Dingen der Kirchenordnung und der Liturgie von der syrischen etwa helfen ließ, müsste an einem konkreten Fall erst noch gezeigt werden. Was man aus dem Syrischen ins Griechische übernahm, war Homiletisches (Ephraem) und überhaupt die Kirchenmusik mit ihren neuen Metren, denen das „isochron" gewordene (= keine Silbenlängen unterscheidende) Griechisch sich dank der nunmehr metrisch relevanten Akzente anschließen konnte.

Dies ist eine konzentrische (chiastische) Struktur, wobei die Erzählteile (die man den „Midrasch" nennen könnte) ihrerseits mit einem Schriftzitat beginnen bzw. schließen. All dies außer A" kehrt in den *Apost. Konstitutionen* wörtlich wieder.

Das Gebet seinerseits ist gerahmt: V. 1 Anrede; V. 15b Schlussdoxologie.

Literarische Integrität: wird für (C) nicht bezweifelt; darf auch für (B-C-B') gelten. Der Rest ist spätere Rahmung.

Biblischer Bezug: 4Kön 21,1–16 und v. a. die Erweiterung, 2Chr 33,11–13.18 f.

Vorlage ferner: Ps 51(50),1.3 f.9.11.14 (synoptisch dargestellt bei Charlesworth 628.630). Als Bußgebete vgl. Esr 9, Neh 9, Dan 9, Dan 3,24–45, Bar 1,15–3,8, und *Tob.* 3,2–6. Eine Reue Manasses wird nachgetragen in Tob 14,10 Cod. B (usw.).

Hebraismen: V. 4 ἀπὸ προσώπου (*mip-p^{e}ne*); V. 11 καὶ νῦν (*w^e'atta*) als Neueinsatz u. a. – **Gr. Stil** wie in den LXX-Psalmen, fast alle Versschlüsse auch rhythmisiert (in Cretici).

Bemerkenswerte Stellen: Die seltsame Wendung „die Knie des Herzens beugen" (V. 11) ist ein Neologismus, der an kniende Gebetshaltung denken lässt (für Privatgebete bekannt: Esr 9,5 u. ö.; Newman 177). – **Theologisches:** Abraham, Isaak und Jakob haben nicht gesündigt (V. 8); dies gilt (wohl *sub conditione*) auch für deren „gerechte Nachkommenschaft" (ebd.). Gott ist aber nicht nur ein Gott der Gerechten, sondern auch der Sünder. „Sogar Manasse, dessen Abfall von Gott Ursache war für die Zerstörung des Tempels und der Heiligen Stadt, konnte Vergebung erhalten und, gemäß der Rahmenerzählung, für so gerecht gelten wie Abraham" (Nickelsburg 340). Hier fragt sich, wessen Rechtfertigungslehre das war. Wenn 2Chr 33 die Geschichte „korrigiert", indem sie dem erfolgreichsten und – nächst David – längstregierenden König in Israel eine Abkehr von seinem zeitlebens praktizierten Polytheismus zuschreibt, ist das eine *petitio principii* gewesen auf dem Hintergrund einer dtr. Vergeltungslehre. Wenn diese sich in der Zeit nach der Tempelzerstörung in eine Rechtfertigungslehre wandelt, impliziert dies jüdischerseits ein kollektives Schuldbekenntnis, wie es in der Tat in den Apokalypsen unter 2.5 vorliegt. Diese Berufung auf die Verdienste Abrahams und der Erzväter ist sehr verhalten; sie kann nur in V. 1d impliziert gesehen werden, in der Bezeichnung ihrer Nachkommenschaft als „Gerechte".

Christlicher Einfluss? Was die Nichterwähnung des Tempels und der Opfer angeht, so kann diese aus der Situation nach 70 n. Chr. erklärt werden. Sie könnte aber auf Kürzung beruhen; in der Rahmenerzählung geht es um den Tempel durchaus.

Abfassungszeit und -ort: nach Charlesworths Vermutung wie bei den späten Psalmen von 1.3.2; doch lässt die *nach* der Tempelzerstörung liegende Rahmenerzählung auch an eine Abfassung nach der zweiten Tempelzerstörung, also nach 70 n. Chr. denken. – **Sitz im Leben:** Gottesdienst in Synagogen Syriens? (Newman 155). Ein christlicher Sitz im Leben ist überliefert in den genannten Kirchen- (und

Gottesdienst-)Ordnungen. Sie geben es als Beispiel derjenigen Bußpraxis, deren Aufsicht im Kontext den Bischöfen aufgetragen ist.[24]

Rezeption: Die *Didaskalie* kehrt redigiert und erweitert wieder in den *Apostolischen Konstitutionen* (s. o.).[25] Diese, obwohl nie offiziell gültig (zumal in ihrer arianischen Endredaktion), waren weit verbreitet, bis Sammlungen von Konzilsbeschlüssen sie schließlich ersetzten. Was als Bestandteil der byzantinischen Liturgie für jeden Sonntag kanonisch wurde, ist die *Ode* 12. – Thomas v. Aquin zitiert aus dem *Gebet*, als gehörte es zu 2Chr 33 (Denis 662). Hieronymus' Bibelübersetzung jedoch wie auch die tridentinische Vulgata hat weder die *Oden* noch das *Gebet Manasses*; letzteres wurde später in den amtlichen Vulgata-Ausgaben als nichtkanonisch im Anhang mitgeteilt. – Luther fand das Evangelium einer Rechtfertigung nicht aus Werken (genauer: einer Buße, die schon vor der *satisfactio operis* angenommen wird) in diesem Text vorgebildet; er berief sich auf ihn gegenüber dem Herzog von Braunschweig und gab ihn in dt. Übers. seiner erweiterten Bibel bei (Ausg. Volz II 1960 f). Doch auf die Jahrhunderte gesehen, blieb die Wirkung gering (Charlesworth 632).

2.1.4 Zusätze zu *Hiob* und den *Sprüchen*

Die komplizierte Textgeschichte des Hi-Buchs ist hier nicht zu erörtern. Es hatte immerhin schon alle seine im MT dokumentierten Bestandteile, als es ins Griechische kam (Siegert, Septuaginta 324 f), war jedoch an vielen Stellen kürzer, die Origenes dann in seiner *Hexapla* auffüllen ließ. Im Folgenden geht es um die Zusätze.

a) Zusätze im *Hiob*-Buch der Septuaginta sind vor allem:
  – 2,9 a–e (eine Rede der Frau Hiobs);
  – 14,14 die eingetragene Hoffnung einer Palingenesie (verbal: „ich werde aushalten, bis ich wieder entstehe" – das scheint nicht weniger deutlich zu sein, als was die Vulgata aus 19,25 zu machen wusste);[26]
  – 42,17a der *Hiob*-Schluss LXX („Es steht aber geschrieben, er werde wieder erweckt werden mit denen, welche der Herr auferweckt");
  – das *Hiob*-Postskript, bei Rahlfs gezählt als 42,17b–e.

---

24 Bei Newman 155 wird hierin ein Gegensatz gesehen, als gehe es um eine Buße ohne Bischöfe. Für einen jüdischen Text nach 70 ist klar, dass er keinen Hohenpriester mehr ins Spiel bringt. Doch auch als christlicher Text könnte er für die *contritio cordis*, Teil des kirchlichen Bußsakraments, die Illustration sein, ja auch für die *confessio oris* (das Gebet) und die *satisfactio operis* (in der weiteren Rahmenerzählung) – um es an der mittelalterlichen Bußlehre zu messen.
25 Ein Stemma des Textflusses zwischen den antiken Kirchenordnungen von der *Didachē* bis zu den letzten Weiterverarbeitungen der *Apost. Konstitutionen* gibt Metzger, Bd. 1, S. 41. Sowohl die *Didachē* wie die *Didaskalie* sind fast komplett in die *Apost. Konstitutionen* eingegangen.
26 Da diese Stelle aber im Hi-Buch selbst der Septuaginta allein dasteht, wird in *Septuaginta deutsch.E* (z.St.) erwogen, diese Verszeile als Frage zu lesen.

Letztere beiden sind getrennt zu betrachten, da sie verschiedene Funktionen erfüllen (bei Rahlfs durch Trennungsstrich angedeutet). 42,17a ist, wie es steht, christlich; ὁ κύριος (mit Artikel) ist nach ntl. Sprachregel der himmlische Christus (Siegert, *Septuaginta* 380–382); doch kann diese Regel von Abschreibern ignoriert worden sein. Die in 14,14 schon eingetragene Auferweckungshoffnung wird bekräftigt.

Das Postskript ist möglicherweise ein Rückgriff auf den Exegeten Aristeas (3.2.2) in Aufnahme der dort vorgeschlagenen genealogischen Einordnung Hiobs, die diesem eine abrahamitische Abstammung zuspricht. Oder aber die Abhängigkeit ist umgekehrt zu sehen; das ist unentschieden. Übersetzung auch bei Siegert, Septuaginta 36; Anmerkungen: Septuaginta *deutsch.E* 1056.

Häufiger als solche Zusätze sind in Hi (LXX) Lücken, die erst unter Origenes nachübersetzt und aus der *Hexapla* eingefügt wurden (Zeichen: der Asterisk), so etwa an der Nahtstelle 40,1–2 (Beginn der Gottesrede), wo ursprünglich die drei Folgeverse noch Hiobs Redeschluss waren (in älteren Ausgaben ist diese Partie darum als 39,1–5 gezählt). Das komplizierte Wachstum des *Hiob*-Buches, hebräisch wie griechisch, ist hier aber nicht zu untersuchen (vgl. Siegert, Septuaginta 69–71). Es genüge als Befund, dass keine griechische Fassung, die wir kennen, älter ist als der Zusatz der Elihu-Reden (Kap. 32–37). Auch die abschließende JHWH-Rede (Kap. 40–42) fehlt nie; nur ist sie kürzer in Details.

b) Die Septuaginta-Fassung der *Sprüche* ist an vielen Stellen erweitert und bearbeitet. Zusätzlich gibt es die Verse:
3,16a; 4,27a–b; 6,8a–c (das Gleichnis von der Biene).11a; 8,21a; 9,10a.12a–c.18a–d; 10,4a; 12,11a.13a; 13,9a.13a; 15,18a; 17,6a; 22,8a.9a; 24,22a–e; 25,10a.20a; 26,11a; 27,20a.21a –

nicht gerechnet diejenigen Verse, die gegenüber dem Masoretischen Text umgestellt sind und darum bei Rahlfs eine a- oder b-Nummer bekamen. Hinzu kommen kleinere Zusätze, die keine eigene Nummer führen. Spr 2,21 z. B. ist von einer auf zwei Doppelzeilen expandiert, die den χρηστοί und ἄκακοι, also den Milden und nichts Böses Wollenden verspricht, „Bewohner der Erde" zu sein (vgl. Mt 5,5). Spr 16,1–9 hingegen findet sich nur in einer verkürzten Form, inhaltlich und in der Reihenfolge anders.

Literarische Integrität: Ein wohl unabsichtliches Durcheinander blattgroßer Textteile herrscht ab 24,22e; Kap. 30,1–31,9 sind so nach vorn gewandert. Das dürfte ein Schaden aus der Zeit der Codices sein, also schon aus der christlichen Überlieferung.

Bemerkenswert an den Zusätzen ist, dass in ihnen traditionell-jüdische (auch orientalische) Weisheit ungebrochen weitergebildet wird, in der Spruchform paralleler Kurzzeilen und inhaltlich unabhängig von ethischen Diskussionen und Begriffsbildungen der Griechen.

Nicht selten gehen die Eingriffe über das hinaus, was man für den Auftrag eines Übersetzers halten möchte. War vielleicht schon die Vorlage eine Bearbeitung oder eine Alternativfassung des uns bekannten hebräischen Textes? Man fragt es sich an Stellen wie Spr 11,7:

MT: Beim Tod eines bösen Mannes vergeht die Hoffnung.
LXX: Wenn ein gerechter Mann stirbt, vergeht die Hoffnung nicht.

Emanuel Tov: „Die griechischen Bibelübersetzungen" in: *ANRW* 2/20,1, 1987, 121–189 (hier: 149): „Das griechische Proverbienbuch versucht, mehr als dass es die Wörter übersetzt, seine Inhalte auszulegen, als ob es ein griechisch-hellenistischer Midrasch zum Buch der Sprüche wäre". Solche Auslegung kann auch eine Reduktion sein, paradoxerweise gerade da, wo der hebr. Text sich in eine Spekulation vorwagt. Spr 8,22:

MT: JHWH gewann mich (als) Anfang seiner Wege, längst vor seinen Taten von jeher.
LXX: Der HERR gründete mich als Anfang seiner Wege zu seinen Werken (εἰς ἔργα αὐτοῦ).

2.1.5 Die griechischen Fassungen des *Esther*-Buches und ihre Textüberschüsse

Das Buch *Esther* kann lange Zeit nicht „Bibel" gewesen sein, sonst gäbe es nicht unüberschaubar viele Fassungen. Seine überaus verwickelte antike Editionsgeschichte kann hier nicht dargestellt werden; allein eine Zählsynopse der diversen Fassungen, wie wir sie zu *Sirach* haben (1.3.1), müsste ein eigenes Buch werden. Der ursprüngliche hebr. Text, der spätestens aus Königin Alexandras Zeiten kommen müsste (vgl. 1.2.2), ist verloren. Was wir als MT haben, ist eine Verkürzung, fehlt ihm doch jede Erwähnung Gottes, sei es unter dem Namen *JHWH*, sei es als *el* oder als *elohim*, gerade dass er unter *maqom aḥer* („ein andrer Ort") ganz verschlüsselt einmal erwähnt wird (4,14). Es ist anzunehmen,[27] dass die MT-Fassung von den Rabbinen verkürzt wurde (auch die Est-Rolle ist ja laut Mischna, *Megilla* ein stark verkleinertes Abbild einer Tora-Rolle). Sie haben das Purim-Fest zwar gebilligt, ließen es dabei aber deutlich zurückstehen hinter den toragebotenen Festen.

Demgegenüber sind die jetzt v. a. zu würdigenden Textüberschüsse der Wortzahl nach sogar mehr als das, was die Rabbinen gelassen haben. Rein griechisch und mit Sicherheit nicht übersetzt sind nur die Zusätze B und E der unten wiederzugebenden Liste; alles andere kann Bestandteil jener hebräischen (oder in quasi-Zitaten auch aramäischen) Fassung gewesen sein, welche die Rabbinen erst kürzten.

Die Frage ist noch unentschieden. Hanhart 96 urteilt rundheraus: „Die apokryphen Partien sind ursprünglich griechisch." Da hätten dann die Bearbeiter dieser „Diaspora-Ausgabe" sich um zweierlei Stilimitation bemüht, hebraisierendes Septuaginta-Griechisch einerseits, geschwollenes Rhetorengriechisch andrerseits. Tov hingegen (in Karrer/Kraus, Septuaginta 379–384) hält die Zusätze A, C, D und F für übersetzt aus dem Hebräischen, u. z. von derselben Person, die die griechische Fassung dieses Buches überhaupt produziert hat; dieses käme insofern aus *einer* Hand (vgl. 2.5.4 zu *Baruch*). Gerade dann aber muss das Wechselbad der Stile kalkuliert sein. Deren Gegensatz innerhalb ein und desselben Buches ist geradezu grotesk; er sucht in

---

27 Siegert, *Septuaginta* 305 nach Etienne Nodet.

griechischer Literatur seinesgleichen. Für griechische Ohren muss er einen erheiternden Effekt gehabt haben, u.z. ironischerweise gerade bei den Abstechern in den „hohen" Stil, ins Pompöse.[28] Mitten in das gutherzige Bibelgriechisch passt solches Getön überhaupt nicht. – Textausgaben:

1) Die Septuaginta:
   - Rahlfs I 951–973 nach den drei großen Codices B, S, A (letzterer durchsetzt mit hexaplarischen Lesarten; hier mischen sich schon die Überlieferungen);
   - die Göttinger Ausgabe (8/3): *Esther* (R. HANHART, 1966) 1983 mit ausführlicher Einleitung (7–130) unter Einbeziehung des P 697 (frühes 3.Jh.).[29] Textanfang (= ZusEst A): Ἔτους δευτέρου βασιλεύοντος Ἀρταξέρξου; Textschluss (10,3k Rahlfs = 10,10 Hanhart): ἐν τῷ λαῷ αὐτοῦ Ἰσραήλ; folgt Nachschrift (10,11).
2) Alles Folgende ist aus der Septuaginta übersetzt:
   - die **Vetus Latina** in diversen Fassungen (Hanhart 16–26); Ausg. SABATIER, Bd. 1, S. 796–822 (dort durchgängig mit Text der Vulgata in Parallele und angeordnet nach deren Kapiteln), mit den Zusätzen,[30] außer dass ZusEst A dort kürzer ist, um eine Überlappung mit einem später noch stehenden Stück der Grunderzählung zu vermeiden, und dafür hinter 3,15 noch einen eigenen Zusatz bietet, ein Gebet der Juden (s. Kottsieper 133);
   - die **koptische** Übersetzung, beschrieben bei Hanhart 26–29 als frei von redaktionellen Änderungen; Text bei H. THOMPSON (Hg.): *A Coptic Palimpsest*, 1911, 337–372 (nach dem in 1.2.2 erwähnten Ms.);
   - die **armenische** Übersetzung (Hanhart 32–36): Text bei Zōhrapean 315a–322b (angeordnet nach LXX, aber mit den Kapitelzahlen der Vulgata), auch mit den Zusätzen, von denen C hier die ausführlichste Fassung hat; ein weiterer Überschuss dortselbst wird noch zu würdigen sein (2.1.6).
3) Nach einem vormasoretisch-rabbinischen Text neu geordnet und überarbeitet, mit den Zusätzen gesammelt am Ende (s.u. „Zählung"):
   - die **Vulgata**, in der Ausgabe von Weber/Gryson u.d.T. *Liber Hester;* Textanfang: *In diebus Assueri;* Textschluss (16,24, Ende des letzten Nachtrags): *pro exemplo contemptus et inoboedientiae.* So kann ein Buch natürlich nicht aufhören; das ist das Ergebnis des Zerstückelns der gr. Fassung durch Hieronymus. Dieser übertrug die Zusätze erneut aus dem Griechischen (Hanhart 19).

---

28 Vgl. 4.2.1 b und 4.2.3 zu Ironisierungen der Rhetorik.
29 Zu diesem Codex s. Hanhart 12f; Siegert, *Septuaginta* 98 (Mitte). Einige Seiten dieses Papyrus, einmal mit dem Schlusstitel ΕΖΕΚΙΗΛ, einmal mit ΔΑΝΙΗΛ, sind abgebildet in *Septuaginta deutsch.E* I und II jeweils als Frontispiz; Text dazu II 3005–3007. Näheres bei S. KREUZER: „Papyrus 967. Bemerkungen zu seiner buchtechnischen, textgeschichtlichen und kanongeschichtlichen Bedeutung" in: Karrer/Kraus, *Septuaginta* 64–82. Er bietet Ez, Dan und Est, wobei ein Schlusssegen am Ende von Dan ein Hinweis sein dürfte, dass Est hier im Ganzen als Zusatz betrachtet wird zu einem mit Dan abgeschlossenen AT (a.a.O. 79–81).
30 Das allerdings aufgrund einer Montage aus verschiedenen Quellen. Eine Revision im Rahmen der „Beuroner" Vetus Latina steckt etwa in der Mitte; ein Fortgang ist nicht abzusehen.

2.1.5 Die griechischen Fassungen des *Esther*-Buches und ihre Textüberschüsse — 249

Die Platzierung in den Codices ist in der Regel: *Tob., Jdt., Esther*. Dass in modernen Septuaginta-Ausgaben Est vor die beiden anderen rückt, berücksichtigt offenbar die rabbinische Entscheidung, ein (allerdings kürzeres) Est-Buch in die Hebräische Bibel aufzunehmen, ist also angreifbar, was den historischen Platz oder gar die Kanonizität[31] dieser erweiterten Form betrifft.

Zu betrachten ist nunmehr Fassung (1), die man mit Fug und Recht als die Diaspora-Edition des Buches *Esther* bezeichnen kann. Sie ist in keiner Handschrift mehr rein erhalten, sondern hat sich auf dem Wege der Rezeption in Unter-Rezensionen aufgespalten, die sich gegenseitig beeinflussen. Im Groben unterscheidet man eine ältere und eine jüngere Fassung, die beide bei Hanhart auf geteilten Seiten abgedruckt sind, nämlich:

- die ursprüngliche **LXX-Fassung**, deren Übersetzer (und Bearbeiter?), wie wir aus der Nachschrift erfahren, der Jerusalemer Lysimachos, Sohn des Ptolemaeos, war. Sie ist erhalten in P 967 und in Cod. B, A, S, V u. a., mit nachlassender Genauigkeit; d. h. es mischen sich andere Fassungen hinein. Ihr gilt bei Hanhart ein sehr großer Variantenapparat.
- Die sog. „Lukian-Fassung" ist eine in Details überarbeitete Rezension des Septuaginta-Textes, die aber älter sein muss als die Zeit des LXX-Revisors Lukian v. Antiochien und ihm schon deswegen nicht angehört, weil sie erneute Berührungen mit dem Hebräischen zeigt (Lukian konnte kein Hebräisch); zumindest hat es so den Anschein. Verwirrenderweise heißt sie auch „**A-Fassung**", was nichts mit Cod. A oder ZusEst A (nächste Liste) zu tun hat. Andere Kürzel sind AT (auch verwirrend; meint „Alpha-Text")[32] oder Est α, bei Hanhart *L* (dort zu unterscheiden von *a* als einer Untergruppe von 1). Ihr Zielsatz lag bei dem Konversionserfolg von 8,17. Neueste Anläufe, sie extra zu bieten (K. de Troyer) s. Siegert, Septuaginta 16. Sie ist verhältnismäßig wenig bezeugt: Anscheinend war Est mittlerweile, d. h. in Zeiten der beginnenden Kirche, nun doch schon „Bibel", und man wechselte nicht mehr den gewohnten, im Christentum sakrosankt gewordenen Text.[33] Vgl. des Origenes quasi-theologische Argumentation unten, „Rezeption".

Als unabhängig von allen anderen Textformen, seien sie griechisch oder hebräisch, ist zu erwähnen:

4) Josephus, *Ant*. 11, 184–296: Hier paraphrasiert er eine sonst verlorene Vorlage, worin manches anders abläuft; doch sind die Zusätze außer A und F (außer dem Rahmen also, den er nicht brauchen konnte, weil sein Kontext schon einen lie-

---

31 In dieser Hinsicht hatte die Kirche durchaus Recht, die theologisch weit explizitere, übrigens auch ausgewogenere LXX-Fassung in ihre Bibel aufzunehmen.
32 De Troyer, „AT Esther" (s. u.) will mit diesem Kürzel sogar verbinden: „Agrippa-Text"; dieser sei während des Besuchs Philons in Rom 40/41 n.Chr. im Benehmen mit König Agrippa I. von Judäa verfertigt worden. Zur hebräischen Überlieferung sieht sie keine Verbindung.
33 Vorher, das sei hier noch betont, war das noch nicht „Bibel", nicht im Judentum. Die Rede von *rewritten Bible* ist hier weit weniger angebracht als etwa in den Texten von 1.1, wo es um die Tora ging.

ferte) vorausgesetzt, und auch die Einführung des Purim-Festes am Ende wird ähnlich erwähnt wie in 10,3 LXX. So dürfte die Vorlage im Ganzen schon eine griechische gewesen sein. Damit schließt bei ihm übrigens diejenige Hälfte der *Antiquitates*, die Israels heilige Schriften paraphrasiert.[34]

Aus all den bisher abgeschrittenen Zeiträumen ist kein hebräischer Textzeuge bekannt – aus Qumran ja auch nicht, denn dort feierte man keine nicht toragebotenen Feste, hatte auch gegen Hasmonäer, gegen Feminismus und vollends gegen hasmonäischen Feminismus alle erdenklichen Ressentiments. Demgegenüber ist nun ziemlich isoliert –

5) der masoretische Text, kürzester von allen und in seiner überlieferten Sprachgestalt sicherlich jüngster. Er ist bereits in rabbinischem Hebräisch gehalten, erzählt also weitgehend im *qal*, was bisher in unserem Bestand an Texten nicht der Fall war.[35] Ihr ältester, wenn auch indirekter Zeuge ist die Peschitta, die immerhin aus vormasoretischer Zeit stammt. Sie hat schon die Kürzen des MT.

Dass aus der hebr. Fassung jeglicher Gottesname verschwand, war offenbar die Bedingung dafür, dass sie, toraähnlich auf Rollen geschrieben, aber deutlich kleiner als die Tora, zum Kultgegenstand und Träger der Festlegende für das Purim-Fest dienen konnte. Ihr gelten primär die Vorschriften des Mischna-Traktats *Megilla,* aus dem nebenbei noch manches über die bis heute gültige Anfertigungsweise von Tora-Rollen zu erfahren ist.

Folgendermaßen werden die größeren Textüberschüsse der LXX und ihrer Abkömmlinge gezählt:

ZusEst A (Est 1,1 a–s): Mordechais Traum; Beginn der Erzählung (in schlichtem Bibelgriechisch);

ZusEst B (Est 3,13 a–g): Dekret des Artaxerxes (nicht des Xerxes, wie in Est; s.u.) zur Vernichtung der Juden (mit zahlreichen Hapax der ganzen Septuaginta: ἀκύματος, συναρχία, διαγωγή, ἀντιπαραγωγή, ὁλορριζεί – dies ist keine Übersetzung, sondern ein absichtlich gestelztes Griechisch);

ZusEst C (Est 4,17 a–z): Gebet Mardochais und Gebet Esthers (in stark rhythmisiertem Griechisch, ähnlich gewissen LXX-Psalmen), in drei noch zu unterscheidenden Teilen;

ZusEst D (Est 5,1 a–f; 6,2 a–b): Begegnung Esthers mit dem König (in schlichtem Bibelgriechisch);

ZusEst E (Est 8,12 a–x): Rehabilitationsdekret des Artaxerxes (in gleichem Stil wie B, keine Übersetzung);

---

34 Es folgen Notizen über einige auch in Neh 12–13 (LXX: *2Esr.* 22–23) erwähnte Hohepriester, ehe in § 304 Alexander d.Gr. die Bühne betritt.

35 Formell beginnt das Buch zwar mit *wa-jᵉhi*, wie auch Rt u.a., und auch *waj-jo'mer* ist noch im Gebrauch; aber für die wechselnden Verben der Erzählung bevorzugt man die *qal*-Formen, wie auch in der Mischna, und profiliert die Erzählung dann eben durch Adverbien, bes. durch Zeitangaben.

ZusEst F (Est 10,3 a–k): Mardochai deutet seinen Traum (in schlichtem Bibelgriechisch); Einrichtung eines Freudenfestes jeden 14. und 15. Adar;

Nachschrift (Kolophon;[36] Est 10,3 l): Angaben zur Entstehung dieser gr. Fassung. Der Kürze halber sind hier die stilistischen Merkmale mit notiert, woraus sich für B und E erweist, dass sie jedenfalls keine Übersetzung semitischer Originale sind. Für die übrigen ist Übersetzung möglich; eher aber ist sie nur imitiert.

Bisher nicht gezählt, weil nur armenisch erhalten, ist ein Teil von C, der dort zwischen C 16 und C 17 (= Est 4,17 m/n Rahlfs; 14,5/6 Vulg.), wo sowieso ein Einschnitt ist,[37] eintritt. Das gerade anfangende Gebet Esthers, das zu einem Geschichtsrückblick kaum angesetzt hatte, in der LXX aber zwischen zwei Halbversen abbricht, wird fortgesetzt durch eine namentliche Berufung auf Heilstaten Gottes an den Vätern, gebetsartig auch mit ihrer feierlichen Anapher (Anfangsrefrain). Sie passt insofern vorzüglich zu diesem Gebet, als erst jetzt ein Gleichgewicht zwischen dessen beiden Hälften entsteht.[38] Da sie aber in ihrer Einleitungsformel sich als Einfügung zu erkennen gibt und inhaltlich eine eigene Tendenz verfolgt, behandeln wir sie eigens (2.1.6). Insgesamt hat C folgende Struktur:

	Rahlfs	Hanhart	Vulgata
C 1 Gebet Marochais:			
C 1.1 narrative Einleitung	4,17a	C 1–2a	13,8
C 1.2 Gebet Mardochais	4,17b–i	C 2b–11	13,9–18
C 2 Gebet Esthers:			
C 2.1 narrative Einleitung	4,17k–m	C 12f	14,1–3a
C 2.1 Anrufung	4,17k–m	C 14–16	14,3b–5
in arm. Bibel eingeschaltet: Geschichtsaretalogie (2.1.6)			
C 2.2 („und nun")[39] Sündenbekenntnis	4,17n–p	C 17–21	14,6–10
C 2.3 Bitte um Rettung	4,17q–z	C 22–29	14,11–19

Nicht auf der obigen Liste stehen gewisse Textüberschüsse im Detail, etwa in 2,20; 8,17 (s.u.: „Bemerkenswert"). Auch schwanken die Zahlen getöteter Nichtisraeliten sehr stark: Wenn in 9,16 die Juden Babyloniens die Gelegenheit ergreifen, 75000 Anhänger Hamans zu erschlagen (etwaige Beute lassen sie unberührt), so sinkt in der Diaspora-

---

36 Kleine Korrektur gegenüber Siegert, *Septuaginta* 35: Mit Artikel ist es „der" (nicht: das) „Kolophon".
37 Das zeigt der folgende καὶ νῦν-Einsatz; er imitiert hebr. $w^{e\,}atta$, Partikel der Aufforderung. Der vorangegangene Halbvers fehlt in der LXX-Überlieferung, was auch das Anzeichen einer Bruchstelle ist. Nur der A-Text hat ihn. Die Verhältnisse sind (ohne Berücksichtigung des Arm.) graphisch verdeutlicht bei Kottsieper 167, wo auch der Grundbestand von den Zutaten konjektural geschieden wird.
38 Da wären also die vorangegangenen anderthalb Verse als Dreier aufgefasst worden. Demgegenüber ist freilich der A-Text (vorige Anm.) die regelmäßigere Lösung. Nur bleibt dann diese Gebetseröffnung zu wenig explizit, als dass dann ein „und nun" schon am Platze wäre.
39 Das zweite καὶ νῦν in 17o (C 19) ist deplatziert im Vergleich zu dem als **C 2.3** bezeichneten Teil. Angesichts dessen, dass die Vulgata ihr *et nunc* überhaupt nur an der falschen Stelle hat, nämlich ihrem V. 8, die arm. Bibel jedoch nur an der richtigen Stelle, nämlich V. 11, und in V. 8 stattdessen *ew aysu* „und so", sei hiermit die Konjektur vorgeschlagen: καὶ νῦν 17o (C 19) lies: καὶ οὕτως, was ja auch einen leicht konsekutiven Sinn hat, der hier sehr gut passt.

Ausgabe diese Zahl auf 15000 (*A*-Fassung: 70100). Letzteres ist vielleicht die ursprüngliche Zahl, die im LXX-Text stark vermindert, im MT jedoch abgerundet wurde.

Die Zusätze A und F sind offensichtlich gedacht als Rahmen um das Ganze. Als solche braucht Josephus sie nicht und lässt sie unbeachtet. Ein griechisches Buch hingegen konnte unmöglich mit „Und es geschah" anfangen. Das Publikum wird vielmehr im ersten Zusatz „abgeholt". Auch der Schluss ist ausführlicher: 10,3, wo der MT überhaupt endet, lässt Mardochai nicht einfach die Stelle Hamans einnehmen als Zweiter nach dem König, sondern lässt ihn sogar Artaxerxes' Nachfolger werden – eine durchschaubere Übertreibung, auf welche dann aber in F die Rückkehr ins gelebte Leben folgt, nämlich die Vorschrift des Purim-Festes für die Judäer.[40] Sie ist in gewohntem Bibelgriechisch gehalten, kann also durchaus übersetzt sein, und schließt ein Buch ab, das in sich ein stilistisches Wechselbad war: Die Feierlichkeit in dem Gebet C sticht positiv heraus, das übertriebene Rhetorengriechisch in B und E hingegen, die sich inhaltlich entsprechen und um C herum einen Chiasmus bilden, wirkt gerade in ihrer Übertreibung eher komisch.

An F schließt sich an, offenkundig als Spätestes, die **Nachschrift**. Sie ist neben dem *Sir.*-Prolog und allenfalls noch dem *Hiob*-Postskript die einzige überlieferte Äußerung eines Septuaginta-Übersetzers, und er nennt sich (wie auch der des *Sir.*) sogar namentlich: Lysimachos, im Auftrag eines levitischen (also aaronitischen) Priesters Dositheos und seines Sohnes Ptolemaeos.[41] Sie ist bei Hengel 187 f gewürdigt, ebenso bei Schürer/V. 505 und deSilva 117; vgl. (mit dt. Übers.) Siegert, Septuaginta 35. Das dort gegebene Datum entspricht wahrscheinlich 78/77 v. Chr., also kurz vor dem Herrschaftsantritt Alexandras; vgl. 1.2.2, Kopftext.

Schürer/V. 718–722; Septuaginta *deutsch.E* 1253–1296. **Inhaltsangaben** zu den „Zusätzen" z. B. bei deSilva 109–113; Bardtke (nächste Rubrik) 18 f sowie 20 f zu den Stellen der vormasoretischen Est-Fassungen, die im MT nicht mehr stehen.
Einleitung und Übersetzung: JSHRZ I/1 (H. BARDTKE) 1973; dazu VI/1,1 (MITTMANN-RICHERT) 97–113; I. KOTTSIEPER (Übers., Komm.): „Zusätze zu Ester", in: *NTD.A* 5 (1998) 111–207. Übersetzt auch in allen Bibeln mit Apokryphen.
Einleitung: deSilva 109–126; Nickelsburg 202–205; Gruen, *Heritage* 177–186; Collins, *Identity* 110–112; Siegert, Septuaginta 53.304–306. **Literatur:** Lehnardt Nr. 1277–1439. **Neuere Studien:** T. ILAN (wie 1.2.2); K. DE TROYER: „A rewritten Hebrew biblical text: On the help of God in the Old Greek of Esther" in: dies., *Rewriting* 9–28; dies: „A rewritten Greek biblical text: The final chapter of AT Esther", ebd. 59–89. – Mehr unter 1.2.3.
Neuere kritische Ausgaben: oben unter (1) und (2) schon genannt.

---

[40] Dieses wird, wie auch in analogen Fällen sonst in der Septuaginta, nicht mit seinem erst durch die Rabbinen populär gewordenen hebr. Namen benannt, sondern mit dem umgangssprachlich-aramäischen: ΦΟΥΡΑΙ, Var. ΦΟΥΡΑΙΑ, offenkundig verschrieben (wie auch in Jos., *Ant.* 11, 295) aus ΦΟΥΡΑΙΑ < *purajja'*, so wie Πάσχα aus *pasha'* kommt (spätere Vokalisation: *pisha'*); Siegert, *Septuaginta* 128.
[41] Im Urkundenstil der Zeit präzisiert Lysimachos, dass dies des Dositheos eigene Angabe sei.

Alte Übersetzungen: Vetus Latina, Kopt. und Arm. s. o. unter (2); ferner äth. Zur Vulgata und ihrer besonderen Textanordnung s. u. „Zählung". – Text D hat hebr. Eingang gefunden in den *Josippon* und in die *Chronik des Jeraḥmeel* (Ginzberg, *Legends* 4, 427 und 6, 472). Andere hebr. Weiter- oder Rückübersetzungen von Est-Zusätzen finden sich bei Jellinek, *BHM* 5, 9–16, weitere hebr. und nunmehr (obwohl es Gebete sein sollen) auch aram. Zusätze ebd. S. 1–8 (Einl. zu beidem S. vii–x).[42]

Früheste Bezeugung: *1Clem.* 55,6; Clem.Al., *Strom.* 4, 119,1f (jeweils C).

Textsorte: Gruen, *Diaspora* 135–181 behandelt vieles ab jetzt zu Nennende unter der Überschrift „historische Fiktion": Das Anknüpfen an geschichtlich Bekanntem schafft Vertrautheit, doch lässt sich die Phantasie der Erzähler davon nicht einengen. Das gilt vom *Esther*-Buch in all seinen Stadien; dessen Übertreibungen passen zu dem Karneval, den es auslösen soll (137–148). Doch zeigt sich an den Unterschieden, dass die gr. Fassungen dann doch auf moralische, ja halachische Korrektheit bedacht sind; die Erzählung gewinnt erzieherischen und protreptischen Charakter.

Gliederung: Mittmann-Richert 97; über Strukturänderungen am Gesamtbuch, die sich aus den Zusätzen ergeben, ebd. 98 f.

Zählung: ZusEst A ist vorgeschaltet, sozusagen ein Kap. 0. Er wurde früher auch als Kap. 1 gezählt, mit Verschiebung für das Weitere. Die Vulgata hat – hinter *Tob.*, *Jdt.* und der lat. Wiedergabe von Est MT (gezählt als 1,1–10,3) – die Zusätze separat, nämlich abgetrennt durch redaktionelle Bemerkungen des Hieronymus,[43] als Anhänge in der Folge: F (gezählt als 10,4–12) – Nachschrift (11,1) – A (11,2–12,6) – B (13,1–7) – C (13,8–14,19) – D (15,1–19) – E (16,1–24). Die Lutherbibel hat für diese Texte den Namen *Stücke in Esther* und nummeriert sie eigens als „Kap." 1–6. – Die Septuaginta-Ausgaben folgen im Est-Buch den 10 Kapiteln des MT, in welche die Überschüsse mit Zusatznummern eingefügt werden; bei Rahlfs: 1,1a–s usw.,[44] bei Hanhart: A 1ff usw. Bei ihm kann also hinter 3,13 ein B 1 folgen, hinter B 7 dann wieder 3,14. Der Versuch aber, die LXX-Abkömmlinge (oben Nr. 2) „einzuzählen", führt zu unübersehbar vielen Abweichungen in der Verszählung, denn außer den großen gibt es auch noch viele kleinere Textüberschüsse, die je nach Ausgabe und Fall mal gezählt, mal nicht gezählt, mal extra gezählt werden.

Vorlagen für B: *3Makk.* 3,12–29, für C: *3Makk.* 1–2; 5,42f (Nickelsburg 202.204; s. 2.4.1). Zwischen C 12–30 (Gebet der Esther) und D (Esthers Auftreten vor dem König) und ihrer Zusammenfügung in *Jdt.* 9–11 besteht eine noch ungeklärte Abhängigkeit

---

[42] Im Mittelalter, in nachtalmudischer Zeit, galt Aramäisch als Sprache der Mystik. Für uns ergibt sich hier ein spätes Analogon zum Aramäisch der ersten Apokalypsen (1.5.1; 2.1.7), nur dass Aramäisch jetzt nicht die Alltagssprache ist, sondern die vom Alltag entfernteste.

[43] Vorsicht: Was er dort *Vulgata* nennt, ist nach heutigem Sprachgebrauch die Septuaginta, nämlich die zu Hieronymus' Zeiten verbreitetste Fassung des AT. Dass seine eigene Überarbeitung der Vetus Latina einmal die „Verbreitete" sein würde, konnte er höchstens hoffen.

[44] 5,2 ist also auch hebr. zu finden, 5,2a hingegen nur griechisch. In der Vulgata findet sich dieser Vers zweimal, einmal 5,2 und das andre Mal 15,15, unterschiedlich paraphrasiert.

(Kottsieper 135f). Nimmt man beides für zeitgenössisch, kann man es auch derselben Werkstatt hasmonäisch-hebräischer Publizistik zuweisen; vgl. 0.3.4.

Historischer Bezug: Hervorstechendster Zug der Diaspora-Fassung ist die (Neu-?) Bestimmung des Perserkönigs, dessen Nebenfrau Esther werden soll. In Est MT ist es Xerxes (reg. 496–465 v.Chr.), dessen Namen man, in Imitation seiner hebr. Namensform, auch Assueros transkribiert.[45] Die gr. Fassungen aber einschließlich aller Zusätze (und ebenso natürlich auch deren Abkömmlinge) bieten stattdessen den Namen seines Nachfolgers Artaxerxes (I., reg. 465–424). Ursache für diesen Namenswechsel mag das Nebeneinander beider Namen in Esr (LXX 2Esr) 4,6/7 gewesen sein: Dies ist eine Nahtstelle, wie der Neueinsatz *1Esr.* 2,12 erweist, wo nämlich nur Esr 4,7ff aufgenommen wird (im Anschluss an Esr 1); dort folgt jener an Artaxerxes gerichtete Beschwerdebrief, der für B das Modell gewesen sein dürfte. – Eine Übertragung von dieser Esther auf Königin Alexandra scheint beabsichtigt. Dass die Anerkennung des Hasmonäerhauses in Judäa durchaus geteilt war, erweisen außer den meist ablehnenden Qumran-Texten aus jener Zeit die in 2.1.6 zu vernehmenden kritischen Töne.

Bemerkenswert ist an diesen Textüberschüssen, dass sie aus Esther eine bessere Jüdin machen wollen als der in dieser Hinsicht allzu unvorsichtige hebr. Text, und dass das Verhältnis zur nichtjüdischen Umwelt genauer bestimmt wird (deSilva 123–125). Das erweist sich auch in kleinen Zusätzen, die keine eigene Nummer tragen. So führt in Est 8,17 LXX in einem zusätzlichen Versteil (man hätte ihn auch 8,17a nummerieren können) Esthers und Mardochais Erfolg dazu, dass „viele der Völker sich beschneiden ließen und jüdisch lebten aus Furcht vor den Judäern". Hier erfährt man, was ἰουδαΐζειν ursprünglich heißt: jüdisch leben (so auch Gal 2,14 von Petrus).[46] Ebenso wird zeitgleich in *2Makk.* 2,21 (u.ö.) das Substantiv ἰουδαϊσμός eingesetzt:[47] „jüdische Lebensweise". – Ein Zusatz zu 10,3 (also eigentlich ein 10,3a) lässt Mardochai einen Lehrer der Halacha sein (ἀγωγή, dieses Wort auch im selben Sinne für Esther in 2,20, Zusatz) gegenüber dem ganzen Volke. – **Theologisches:** Das Weltgeschehen ist geordnet nach dtr. Begriffen von

---

45 Mit pers. *Khšajāršā*, hebr. *Aḥašweroš*, war das gr. Alphabet überfordert. Daraus wurde bei Herodot Ξέρξης, lat. *Xerxes,* in biblischer Tradition jedoch Ἀσσυῆρος (meist mit σσ zur Wiedergabe von š, wie in „Messias" usw.). Eigentlich hätte man ΑΑΣΣΟΥΗΡΟΣ schreiben müssen, was aber allzu barbarisch gewesen wäre. Lat. wurde das *Assuerus,* neuzeitlich auch *Ahasvērus,* dt. Ahasver. Dass dann auch noch der „ewige Jude" jener Volkstradition, wonach ein Zeuge der Kreuzigung Jesu noch immer am Leben sei (weil er nicht sterben könne und nicht dürfe), diesen Namen erhielt, muss (psychologisch gesprochen) eine Übertragung sein. Theologisch ist es die Übertragung einer nicht erfüllten Naherwartung (Mk 9,1) auf den nichtchristlichen Kontrahenten.

46 Wenig bemerkt wurde bisher, dass „aus Furcht vor den Judäern" in Joh 7,13; 19,38; 20,19 ein Zitat dieser Est-Stelle ist, ein deplatziertes übrigens, denn die, die sich hier fürchten, sind selber Judäer. Die aber, die das schrieben, waren es nicht; hier beginnt die christliche Wirkungsgeschichte des Est-Buches, wörtlich nach der Septuaginta.

47 Dazu wiederum kritisch-distanzierend Gal 1,13f. Paulus hat sich in seiner Pharisäerzeit auf diesem Gebiet anscheinend überanstrengt und leitet daraus ein sehr negatives Urteil über „das" Judentum ab.

Gerechtigkeit und Vergeltung (deSilva 122). Hatte weisheitliche Theologie schon immer gesagt: „Wie Wasserläufe ist das Herz des Königs in der Hand JHWHs" (Spr 21,1), so vermag Esthers Gebet (D) die Einstellung des Königs zum Volk der Juden zu ändern – ein leicht psychologischer Zug, der in die hellenistische Zeit gut passt. Auch dass Minderheiten allein schon durch ihre Andersartigkeit Aggression wecken (in heutiger Sprache gesagt), ist eine psychologische Beobachtung in B.

Abfassungszweck: *Ioudaïsmos* im eben beschriebenen Sinne ist es, was gestärkt werden soll, wohingegen es in der hebr. Vorlage wohl nur um das physische Überleben ging. Nunmehr aber, in der Hasmonäerzeit, ist dieses nicht in Gefahr; wohl aber hat die jüdische Identität der diversen Diaspora-Populationen eine Stärkung nötig. **Sitz im Leben:** s.o. zu F und zur Nachschrift. Eine so genaue Auskunft wie hier erhalten wir kein zweites Mal in der gesamten jüdisch-hellenistischen Literatur.

Datierung: Fassung (1) passt in die Publizistik der späteren Hasmonäerzeit, insbesondere in die Regierungszeit der Königin Alexandra (76–67 v.Chr.) einschließlich der Jahre direkt davor; de Troyer („AT Esther" 88): 78/77 v.Chr. – Fassung (4) steht bei Josephus (ca. 37–100 n.Chr.) – Kurzer Überblick über die komplexe Textgeschichte bei Kottsieper 129–131.

Zur **Rezeption** s. z.B. deSilva 125f. Die Qumran-Essener haben das Purim-Fest nicht mitgemacht (ihre Feste waren nur die von der Tora vorgeschriebenen) und dieses Buch nicht gehabt, was insofern schade ist, als die rabbinische Fassung offenbar gekürzt wurde für den Gebrauch nach 70 n.Chr. Dass Josephus die von ihm referierte Version der Esther-Geschichte für historisch nahm (oder wenigstens bot er sie so), schien die Kirche zu verpflichten, sie ihrerseits für faktisch zu nehmen, war doch Josephus anerkannt als Historiker. – Origenes versucht in seiner *Epistula ad Africanum* 3–4[48] die ihm geläufige gr. Fassung des Est-Buches gegen Porphyrios zu verteidigen, der kritisch bemerkt hatte, dass Teile des Est im Hebräischen nicht vorhanden waren; dagegen bemüht er nun Gottes Vorsehung und seine Hingabe des eigenen Sohnes (Röm 8,32) als „Beweis" dafür, dass sein Est-Text keine unechten Passagen haben könne. – Rabbinische Legenden zu Esther s. Ginzberg, *Legends* 4, 365–448 (6, 451–481); sie zehren aus eigenen, sehr reichlich sprudelnden Quellen.

Unter die Nachwirkungen im lat. Westen zählt die mariologische (mariolatrische) Neuanwendung von Esthers Fürbitte für ihr Volk in C: Das *Tu invoca Dominum et loquere regi pro nobis et libera nos de morte* (15,3 Vulg.) gehört zur Liturgie am Erscheinungsfest der Hl. Jungfrau in Lourdes (11. Februar). Doch schon zu Alexandras Zeiten hat sich ein gewisser Feminismus – jener von 1.2.2–3 – in dieser Edition des Est-Buches ausgedrückt in einem Volk, für dessen Frauen keine Priesterrolle vorgesehen war.

---

48 N. DE LANGE (Hg., Übers.): „Lettre à Africanus", in: E. JUNOD (Hg.): *Origène: Philocalie 1–20* (SC 302), 1983, 469–578.

2.1.6 Das *Gebet Esthers* aus der armenischen Bibel

Bisher unbeachtet blieb ein Zusatz zu *Esther*, der nur in der armenischen Bibel steht. Dieser kommt, wie alles in der armenischen Bibel, eindeutig aus dem Griechischen, in diesem Fall aus einem Septuaginta-Exemplar des 5.Jh. (wo die Übersetzung gemacht wurde), das wir nicht mehr haben. Wäre da nicht die explizite Einleitungsformel, die den Text als neues Gebet markiert, könnte man überlegen, ihn da, wo er sich findet – ZusEst C – für ursprünglich zu halten; er ergänzt ein an dieser Stelle schon begonnenes Gebet der Esther durchaus glücklich. In seinen politischen Anspielungen lässt er jedoch kritische Töne vernehmen und muss deswegen einen eigenen Ursprung haben. Dies ist keine hasmonäische Propaganda, sondern eher eine Reaktion darauf.

Der Text steht bei Zōhrapean S. 318b als nicht nummerierte Verlängerung von Kap. 14 (*bis*), V. 5. Die Einleitung zu Est in der Göttinger Septuaginta (8/3, hg. Hanhart) S. 34 zitiert ihn in lateinischer Übersetzung. In einer noch etwas wörtlicheren Wiedergabe als derjenigen, die Hanhart sich hat machen lassen (von Louis Leloir) und unter Beigabe der angezogenen Bibelstellen sowie einer provisorischen Zählung (Vers a–h) liest der Text sich folgendermaßen:

(a) Und wiederum fortfahrend in ihrem Gebet sprach sie so: Gott Abrahams, Gott Isaaks, Gott Jakobs, du bist preiswürdig (εὐλογητός)[49] in Ewigkeit!

(b) Ich habe gehört aus väterlichen Schriften, dass du, HERR, von der Erde zum Himmel hast wechseln lassen (μεταλλάσσειν) Henoch, aufgrund seiner Reue (μετάνοια) zu ewigem Leben.

(c) Ich habe vernommen[50] aus väterlichen Schriften, HERR, dass du Noah aus den Wassern der Sintflut gerettet hast (Gen 6,6–8,19).

(d) Ich habe vernommen aus väterlichen Schriften, HERR, dass du dem Abraham vor seinen Männern inmitten der Könige Ehre gabst (Gen 14,17–20).

(e) Ich habe vernommen aus väterlichen Schriften, HERR, dass du Jona im Ungeheuer des Fisches gerettet hast (Jon 2).

(f) Ich habe vernommen aus meinen väterlichen Schriften, HERR, dass du die drei Jünglinge aus dem Feuerofen befreit hast (Dan 3) [und Daniel in der Löwengrube gerettet hast (Dan 6)].[51]

(g) Ich habe vernommen aus meinen väterlichen Schriften, HERR, dass du Hiskia, den Herrscher (ἄρχων)[52] Judäas, den zum Tode verurteilten, gerettet hast und aufgrund seines Bittgebets zu dir, seines Lebens wegen, dich erbarmt hast, (ihm) gnädig wurdest und hinzufügtest zu seinem Leben fünfzehn Jahre (4Kön 20 par.)

(h) Ich habe vernommen aus meinen väterlichen Schriften, HERR, dass du der von dir, HERR, erbittenden Hanna in Gebeten und Anflehungen ein Kind schenktest, den großen Samuel (1Sam 1–2).

---

49 Die manchmal recht eindeutig nachweisbaren gr. Grundworte werden hier nach dem Wörterbuch von Awetikʻean/Siurmelean/Awgerean gegeben.

50 Ab hier Aorist; vorher war es das Imperfekt.

51 Dieser Satzteil steht nicht in allen Handschriften.

52 Typisches Septuaginta-Wort zur Vermeidung von „König" (Siegert, *Septuaginta* 274). Wo von Gott die Rede ist, wird hingegen βασιλεύς, βασιλεύειν belassen: verbal Ex 15,18; Ps 10,16 (9,37) etc., das Substantiv sogar zugesetzt in Dtn 9,26 (κύριε, βασιλεῦ τῶν θεῶν).

Für alle Einleitungsfragen zu diesem Text sei auf 2.1.5 verwiesen, wo sie im Zusammenhang geklärt werden. Formal interessant ist dieses literarische Gebet durch seine Ähnlichkeit mit dem *Gebet Manasses*, auch was die für die Abfassung vorauszusetzende historische Situation betrifft. Judäische Intellektuelle haben in der Hasmonäerzeit ihre Königsgeschichte bereinigt und sich v. a. mit deren Flecken auseinandergesetzt. Das mochte hilfreich sein nicht nur als Entschuldigung der bestehenden Verhältnisse, die ja problematisch waren (die Essener wieder zu integrieren, war nicht gelungen, eher im Gegenteil), sondern sogar als politische Wegweisung in einer Zeit, wo man wieder Könige hatte und Politik gestalten konnte.

Inhaltlich gesehen, muss die Wendung am Schluss (h) stutzig machen: „den großen Samuel". Was war „groß" an Samuel? Doch wohl, dass er Israel zu einem König verhalf. Zunächst zu einem provisorischen (Saul), dann aber zu einem besseren, ja beinahe schon idealen (David). Das ist dem Autor dieses Gebets anscheinend ein Spiegel seiner eigenen Zeit. „Groß" aber nennt er keinen der Herrscher, sondern allein den Propheten. Zu solcher Zurückhaltung und zur Nicht-Nennung Davids (!) passt auch die Bezeichnung Hiskias nicht etwa als König in Israel, sondern (g) als „Herrscher Judäas"; das ist doppelt gedämpft. Erbarmen haben offenbar auch diejenigen nötig, die sich jetzt wieder Könige nennen. Mehr zu Hiskia s. u. 7.4.3.

Um nach oben zurückzugehen: Eigentümlich ist auch die Akzentsetzung, die Gen 14 in (d) erfährt. Melchisedek wird nicht erwähnt. Im Gegensatz zu allerlei Melchisedek-Texten, die sowohl bei Essenern wie später bei Christen im Schwange gingen, ist hier kein Gedanke daran, dass das aaronitische Priestertum etwa zu überbieten wäre (wie in 2.2.6, Ende). Es wird aber auch nicht thematisiert, sondern „inmitten der Könige" wünscht man seinem Stammvater „Ehre". So nehmen auch die Juden des Est-Buches von ihren Feinden keine Beute, rächen sich aber ausgiebig an ihnen. Ihren Mammon hat man nicht nötig; man will geehrt werden.

Außerdem ist Satz (b) noch in den umfangreichen Fundus der Henoch-Traditionen einzufügen, auch hier mit bezeichnendem Akzent: Henochs Buße, die in der Bibel noch gar nicht erwähnte, wird gelobt. Das ist ein zusätzlicher Wink in Richtung auf Jerusalems neue Potentaten.

Wenn diese Interpretation zutrifft, dann ist aber auch klar, dass dieser Text nicht, wie für das griechische Est-Buch vermutet wurde, der politisch-religiösen Publizistik der Königin Alexandra (1.2.2–3; 2.1.5) zugehören kann; eher ist er eine Antwort darauf. Er gehört nicht zur „offiziellen" Ausgabe und dürfte schon deswegen nicht in alle ihre Exemplare gelangt sein. – Verwandte Texte: 2.3.1–2.

2.1.7 Die griechischen Fassungen des *Daniel*-Buches und ihre Textüberschüsse

Zu den sog. Apokryphen des Alten Testaments zählen auch die Textüberschüsse in den griechischen Fassungen (es gibt nicht nur eine) des *Daniel*-Buches. Nicht nur diese werden im Folgenden zu betrachten sein (a), sondern auch das *Daniel*-Buch im Ganzen als Gegenstand interner Fortschreibungen und sonstiger Manipulationen (b), in deren

Verlauf das Buch sogar zum Prophetenbuch aufrückte – so zumindest in der christlichen, aber auch schon bei Josephus nachweisbaren Tradition.

a) Zur Redaktions- und Übersetzungsgeschichte des Buches *Daniel*
Das *Daniel*-Buch ist in vier Fassungen überliefert, deren älteste bereits eine Übersetzung ist aus dem uns verlorenen aramäischen Erstentwurf. Man unterscheidet (in chronologischer Folge):

1) Dan LXX (kurz; noch ohne die Schrift an der Wand 5,24–27);
2) Dan MT (länger); ihm entspricht –
3) die sog. „Theodotion"-Fassung (Dan Θ, Dan Th) – s. o. 1.2.3;
4) die Nacherzählung bei Josephus, *Ant*. 10, 186–281 (unterbrochen durch nichtbiblische Einlagen in § 219–231).

Die erste ist die unbekannteste, denn schon im Neuen Testament wird nach Dan Θ zitiert (Mk 13,26 parr.), und auch die Vulgata beruht auf Dan Θ. Hingegen kennt das vermutlich weit jüngere *4Makk*. immer noch die LXX-Fassung; ja eine syrische Übersetzung davon ist noch im 7.Jh. angefertigt worden, die sog. Syro-Hexapla (0.5.2, Anm. 119), nachdem auch Origenes diese Fassung für seine *Hexapla* noch zur Verfügung gehabt hatte. Nur in den gr. Fassungen und in deren lat. und syr. Übersetzungen steht 3,24–90, und nur die Θ-Fassung hat in Kap. 5 vor V. 1 eine Zusammenfassung des Folgenden, nämlich des Traumes Nebukadnezars.

Ein Beispiel für Divergenz der beiden Übersetzungen, auch wo die hebr. Vorlage dieselbe oder fast dieselbe gewesen sein dürfte, ist Dan 12,4, wo die Verwendung des seltenen und undeutlichen Verbums *š-w-ṭ* sowie die Verwechselbarkeit von *d* und *r* in den Wörtern für „Wissen" und „Bosheit" zu folgenden gegenteiligen Wiedergaben des Verses geführt hat: Dieses Buch sei zu versiegeln „bis zum Zeitpunkt der Erfüllung" (ἕως καιροῦ συντελείας – so zunächst beide Fassungen einhellig), dann aber:

> LXX: „bis die Menge törichterweise abfällt [sc. von der Tora] und das Land voll wird mit Ungerechtigkeit";
>
> Θ: „bis die Menge unterrichtet wird [sc. in der Tora] und vollständig wird die Erkenntnis."

Beides kann man sich als Erwartung dieses Autors in beginnender Hasmonäerzeit denken, je nachdem ob die Situation ihn pessimistisch stimmte oder optimistisch. Als Erwartung des mitten in dieser Epoche arbeitenden Übersetzers ist eher das zweite plausibel, und so wird der hebräische Text (konkret: der MT) seither verstanden, der am Ende klar *da'at* hat und nicht etwa **rᵉ'ut* (defektiv geschrieben) oder **ra'a* – was dann übrigens einer der vielen weisheitlichen Züge wäre, die wir an der gesamten Apokalyptik beobachtet haben (0.7.4) und die sie der Tora-Paränese näher rücken als etwa der Prophetie.

Als frühe Bezeugung des *Daniel*-Buches lässt sich *1Makk*. 2,59 f angeben; das sind Anspielungen an die beiden Legenden von Dan 3 und Dan 6, die sich im späten 2. oder frühen 1.Jh. v.Chr. datieren lassen (1.4.2). Es stand aber ohnehin außer Frage, dass die großen Visionen im zweiten Teil des *Daniel*-Buchs zeitgenössisch sein müssen zum Makkabäeraufstand.

Exkurs: Der alte Mann und der junge Mann in Dan 7,13. Quellenkritik des christlichen Ditheismus

Im interreligiösen Gespräch unserer Tage wird dem Christentum wieder einmal vorgeworfen, polytheistisch zu sein. Mancherlei Texte und Redewendungen sind es auch. Man ruft Gott *und* Jesus Christus an, den HERRn in Großbuchstaben *und* den Herrn in Kleinbuchstaben. Gewisse neutestamentliche Stellen scheinen das zu rechtfertigen, wenn etwa der johanneische Jesus sagt: „Ich und der Vater..." (Joh 10,30; vgl. 8,16 u.ö.). Das ist, scheint es, „binitarisch" gedacht (scheinbar; denn die Gabe des Heiligen Geistes kommt durchaus noch – nachösterlich: 20,22f). Bis zum heutigen Tage kennt ein gewisser christlicher Sprachgebrauch „Gott" (den Schöpfer) und den „Herrgott" (Jesus Christus).

Paradoxerweise hat dieser fragliche Gedanke – nämlich Gott und einen Quasi-Gott zu haben – eine jüdische Wurzel, und er hat sie im kanonischen Text von Dan 7,13. Da wird Gott nicht nur als alter Mann dargestellt – ein in in der Bibel sehr seltener Anthropomorphismus –, sondern es wird ihm auch ein junger Mann gegenüber gestellt, im Himmel. Da eben hier die nächste Parallele zu Jesu Rede vom „Menschensohn" vorliegt, lohnt sich ein Blick auf die unterschiedlichen Textgestalten. Die Überraschung liegt hier im ursprünglichen Septuaginta-Text, der, in keiner kirchlichen Bibel unserer Tage befindlich (wo nur Θ oder MT vorkommen), auf kuriose Weise apokryph und parabiblisch geworden ist. Bekannt ist heute Dan 7,13 nur noch in einem Wortlaut wie diesem:

> Ich sah in diesem Gesicht in der Nacht, *und siehe, es kam einer mit den Wolken des Himmels wie eines Menschen Sohn* und gelangte zu dem der uralt war, und wurde vor ihn gebracht. (14) Der gab ihm Macht, Ehre und Reich, daß ihm alle Völker und Leute aus so vielen verschiedenen Sprachen dienen sollten. Seine Macht ist ewig und vergeht nicht, und sein Reich hat kein Ende.

So die Lutherbibel unter Beibehaltung ihrer heute üblichen Hervorhebungen. Ein Unterschied zwischen den sukzessiven Fassungen des Dan-Buches, der bisher wenig beachtet wurde trotz seiner Tragweite, besteht nun aber in Folgendem. Die älteste Fassung von Dan 7,13 – das ist für dieses Buch die Septuaginta und nicht Θ, auch nicht der MT – lautet folgendermaßen:

> (...) καὶ ἰδοὺ ἐπὶ τῶν νεφελῶν τοῦ οὐρανοῦ ὡς υἱὸς ἀνθρώπου ἤρχετο, καὶ ὡς παλαιὸς ἡμερῶν παρῆν, καὶ οἱ παρεστηκότες παρῆσαν αὐτῷ. (14) καὶ ἐδόθη αὐτῷ ἐξουσία (...)
>
> „(...) und siehe, auf den Wolken des Himmels schritt einer wie ein Menschensohn, *und als ein Alter an Tagen war er da*, und seine Umgebung umstand ihn. (14) Und ihm wurde Vollmacht gegeben (...).

In dieser Fassung fällt auf, dass keine zwei Männer im Himmel agieren, sondern nur einer. Der Menschensohn selber ist hier der „Alte an Tagen"; er wird in ein Richter- und Herrscheramt eingesetzt, wofür ja ein gewisses Alter passend ist. In V. 22 überträgt er sein Richteramt dann weiter den „Heiligen des Höchsten", also den Israeliten (wie überhaupt deren zu erwartende Weltherrschaft der Inhalt der weiteren Kapitel sein wird). Eine Anthropomorphisierung Gottes ist hier vermieden; Gott bleibt in dieser Fassung über *passiva divina* im Hintergrund. – Um nun in der gängigen, kanonischen Fassung (Θ und MT) keinen Ditheismus zu riskieren, nimmt man an, jener „Mensch" sei das in den Himmel projizierte Abbild des Volkes Israel. So mag sich der hebräische Text, den wir haben, rechtfertigen lassen; es passt allerdings nicht zur christlichen Rezeption dieses Textes, und es passt auch nicht zu den religionsgeschichtlichen Inanspruchnahmen von Dan 7,13 bis heute; diese machen bekanntlich aus dem „Menschensohn" ein Himmelswesen für sich.

Demgegenüber sei daran erinnert (vgl. Siegert, *Septuaginta* 334–338): Die Erstübersetzung des *Daniel*-Buches, die schon kurz nach dessen Erstveröffentlichung um 165 v.Chr. erfolgt sein dürfte, unterscheidet sich in vielem von der hebräisch-aramäischen Fassung, die wir aus einigen Qumran-Fragmenten und dann schließlich, Jahrhunderte später, als Θ (in Übersetzung) und als MT kennen.[53] Zeugen hat diese älteste Fassung nur noch auf Griechisch: die Erstübersetzung, erhalten geblieben in Cod. 88 (10.Jh.) sowie, erst seit 1999 in voller Länge veröffentlicht, auf dem Papyrus 967 der Rahlfs-Liste. Hinzu kommt als nochmals übersetzter Zeuge die Syro-Hexapla (0.5.2). Manche Textpartien hat diese Erstfassung noch nicht, weist dafür aber gelegentlich Überschüsse auf (z.B. Dan 4,17a; 4,33a-b; 5,7), wie überhaupt die sog. *Zusätze zu Daniel* nicht durchwegs Zusätze sind, sondern teilweise auch Stücke, die bei der kanonisch gewordenen „2. Auflage" ausgeschieden wurden.

Die nach Theodotion benannte Fassung des *Daniel*-Buches hat die Septuaginta-Fassung nachmals nahezu verdrängt, auch aus dem Bewusstsein der Apokalypsenforscher. Sie muss zwar ihrerseits noch vorchristlich sein, ist aber nicht die älteste. Ihr gehören jene Zitate des Danielbuchs an, die wir im Neuen Testament finden. Das ist gerade in unserem Vers 7,13 zu sehen an der Formulierung μετὰ τῶν νεφελῶν (Dan 7,13 Θ = Mk 14,62 parr): „mit" und nicht, wie vorher, „auf" den Wolken kommt da „einer wie ein Menschensohn". Das war durchaus nicht gleichgültig: Der Menschensohn der nachmaligen Populärtheologie muss nämlich die Wolken bis auf Erden mitbringen; er muss, um die Erwartungen eines Haggai und Sacharja zu erfüllen, auf Erden wirken, auch in der Parusie. So die Rezeption.

Wir notieren ferner, dass erst im Weiterzitieren der *Daniel*-Stelle jener Artikel hineinkommt, an den wir gewohnt sind: υἱὸς τοῦ ἀνθρώπου. Der findet sich in den beiden griechischen Texten, die hier zum Vergleich anstehen, noch nicht. Er muss

---

[53] Nur wenn man die zeitliche Reihenfolge zwischen Dan LXX und Dan Θ willkürlich umdreht, kann man mit S. Kreuzer (wie 2.1.5, Anm. 29, S. 76–78) eine monotheistische Korrektur seitens der LXX-Übersetzer annehmen.

durch irgendeine Pedanterie hineingekommen sein, die davon ausgeht, dass *(a)nāšā'* doch eine determinierte Form ist. Das stimmt zwar grammatisch, passt aber nicht zum damaligen Sprachgebrauch, der die Determination bereits abgeschliffen hatte zur Normalform (wie auch die Lexika sie geben). Gemeint war urprünglich einfach nur „Mensch", aber nicht generisch wie *Adam*, sondern „Person". So ja auch das hebr. *ben adam* in den Visionen Hesekiels. Dort ist er der so Angeredete. Wie jetzt aber, in Dan 7, ein „Mensch" auch im Himmel vorkommen kann, beibt zu sehen.

In den jüngeren, auf Hebräisch verfassten Kapiteln 8–12 begegnet der „Menschensohn"-Titel noch zweimal: einmal in 8,17 als Anrede an Daniel selbst (als „Mensch, Person, Du" zu übersetzen wie in Ez 2,1.3.6 usw., ohne transzendente Dignität), dann aber in Dan 10,16 (vgl. 18) im Rückbezug auf Kap. 7 für einen visionär geschauten „Menschensohn", der Daniel, ähnlich wie jener Seraph von Jes 6,6 f, an den Lippen berührt, um ihm den Mund zu öffnen; dessen bedarf er zu einem Offenbarungsdialog mit dem in Menschengestalt geschauten Engel. Dieser könnte lt. 8,16 und 9,21 Gabriel sein, aber nur im MT und in Dan Θ; die ältere LXX-Fassung hat diesen Namen nicht, aber auch nicht die Menschengestalt in Kap. 10. Sondern „etwas wie die Hand eines Menschen" (vgl. Ez 1,8) berührt Daniels Lippen (10,16); sie wird in V. 18 „wie die Vision eines Menschen" benannt.

Das ist ja überhaupt die Botschaft dieses Buches für seine Zeit gewesen, ganz offenbar, und sie ist vergleichbar jener auch erst nachträglich messianisch gewordenen Stelle Jes 7,1–9. Jesajas Botschaft an König Ahas war: Du brauchst dich nicht bedroht zu fühlen durch die auswärtigen Mächte; das geht vorbei, so schnell wie die Entwöhnung eines Säuglings. Das ist in der Tat eine „bestimmte" Zeit; irgendwann im zweiten Jahr hört jeder Säugling auf zu saugen. Der *Daniel*-Autor hat das noch verstanden, als er es imitierte und aktualisierte. Erst nach ihm hat man es auf ganz andere Zeiten bezogen und bezieht es mitunter noch auf das 3. Jahrtausend, auf dass „Daniel" ewig und noch länger ein Prophet bleibe.

Exegetisch gesehen, war Dan 7 zunächst eine Neuschreibung von Jes 7, eine Trostbotschaft also für kurze Zeit, insofern sogar von prophetischer Konkretion (vgl. 0.7.4). Der Gegensatz, blickt man auf den Kontext, ist der zu den Tierfratzen ringsum. Die Vision endet mit diesem tröstlichen Anblick, und der *angelus interpres* erläutert dem Seher in V. 26, ein Gerichtshof werde tagen und die Verunreinigung des Landes (Porphyrios erkannte: gemeint ist der Religionskonflikt unter Antiochos IV.) werde nur für eine bestimmte Zeit zugelassen. Das gleiche Problem und eine andere jüdische Antwort wird sich bei Iason v. Kyrene wiederfinden (3.4).

Bisher meist übersehen wurde die Formulierung καὶ ὡς παλαιὸς ἡμερῶν παρῆν, „und als ein Alter an Tagen war er da" oder: „war gegenwärtig" – so die Septuaginta. Dieser leicht unterbestimmte Ausdruck darf synonym gesehen werden mit jenem Anwesendsein der παρεστηκότες; das ist die partizipiale Abwandlung des Substantivs παράστασις „Hofstaat", ein auch in den Nag-Hammadi-Schriften als Lehnwort bezeugter Terminus (NH III 1, 11,5.19). Wir erhalten Einblick in den himmlischen Kronrat; und „einer wie ein Mensch", ein Alter, wie sich's für einen Richter und Herrscher gehört, wird eingesetzt zum Vorsitzenden des Rates, ja er wird Inhaber eines Königtums (βασιλεία, V. 14).

In dieser Szene, wie die Septuaginta sie ursprünglich bot, bleibt Gott, wie gesagt, im Hintergrund. Es gibt hier nichts wie eine Begegnung oder Gegenüberstellung eines alten Mannes mit einem jungen. Ὡς παλαιὸς ἡμερῶν παρῆν, „als ein Alter an Tagen war er da"; wir sagen jetzt: „...stand er zur Verfügung". Ein himmlischer Herrscher tritt ins Amt. Erst die Überarbeitung macht daraus ein ἕως τοῦ παλαιοῦ τῶν ἡμερῶν ἔφθασεν, „er eilte *zu* dem Alten an Tagen". Da haben wir sie nun beide auf der Bühne; und jede Darstellung dieser Szene verletzt fortan sogar noch das Bilderverbot. Sie ist, obwohl jüdisch, nicht ohne Grund im Judentum unterblieben.

Das ist alles zum himmlischen Menschensohn Gesagte in den uns erhaltenen *Daniel*-Fassungen. Bald aber wurde jener geschaute Menschensohn aus Kap. 7 so aufgefasst, als wäre er der menschengestaltige Bestandteil der Thronwagenvision von Ez 1–2. Einer Deutung des rinderförmigen Bestandteils sind wir an anderer Stelle (1.5.4 b) ja schon begegnet; hier ist es – so dürfen wir schließen – der menschengestaltige, für die Spekulation noch viel attraktivere. Trifft diese Vermutung (die in der Alttestamentlichen Wissenschaft schon verschiedentlich verfolgt wurde – v. Rad, *Theologie des AT* II 335) das Richtige, so müssten doch von den anderen beiden Lebewesen auch Spuren zu finden sein, so geheim jene mystischen Wagnisse auch immer gewesen sein mochten. Um aus unserem Material zu antworten: Dem Adler werden wir mehrfach begegnen, zwar als einem von Roms Macht besetzten Symbol, das aber doch von jüdischer Seite zurückgeholt wird, um in den an *Jeremia* angehängten Baruch-Traditionen (2.5.3) und in der gleichfalls noch im Exil situierten *Esra-Apk.* (2.5.1) eine sonst unerklärliche Rolle zu spielen. Man sieht, wie die mystische Phantasie sich an diejenigen Propheten hält, die die Zeugen von Jerusalems erster Katastrophe waren: Jeremia, Hesekiel, „Daniel". Diese Spekulation als solche dient zum Ersatz des verlorenen Tempels. Und was schließlich den Löwen betrifft, der als „Löwe aus Juda" (Gen 49,9) ein Symbol Israels geworden ist, auch in der Synagogenkunst, und Symbol seines Messias (Gen 49,10; Apk 5,5), der gesellt sich zu dem Adler der *Esra-Apk.* 11–12 ab 12,31 in genau der Rolle von Gen 49,10. Auch die *ApkAbr.* kennt ihn (7.4.2). So blitzt diese Vision an den verschiedensten Stellen wieder auf.

All dies mag verständlich machen, wie die jüngere Fassung des Danielbuchs in 7,13 so weit gehen konnte wie sie ging. Später gewinnen dann in der Hechalot-Literatur (1.5.4) Spekulationen Gestalt über einen „Metatron", der auch Henoch und anders noch heißen kann und neben Gott auf den Thron zu sitzen kommt (wie Dike und Themis als *parhedroi* des Zeus), in Anknüpfung an Henoch-Traditionen. Es bestand eigentlich keinerlei Notwendigkeit zu solchen Pluralen, aber sie sind doch etwas Autochthones. Schäfer, *Die Geburt des Judentums,* der christlichen Einflüssen in den Rabbinica auf der Spur ist, betont hier den vorchristlichen Ursprung und sodann die einseitig babylonische (nicht palästinische) Weitergabe dieser Gedanken (104–122).

Und wie war es bei Jesus? Ein automatischer Bezug auf Dan 7,13 oder auf Ez 1–2 ist in seinen „Menschensohn"-Worten keineswegs gegeben. Der Zusammenhang ist ein zunächst ganz banaler und alltäglicher (aber diesen „niederen Stil" ist man bei Jesus ja gewohnt). Im Aramäischen ist *barnāšā'* ein Wort für „Person", „Individuum", oder auch, von der eigenen Person gebraucht: „ich". Jesu Muttersprache, die auch nach allen Zitaten, die wir haben, seine Verkündigungssprache war, hat kein dem hebr. *anochi* entsprechendes Wort für betontes „ich"; man sagt *barnāšā'* „(dieser) Mensch", „(meine) Person", wie man übrigens auch *gufi* oder *garmi* (Peschitta: *pagri*) sagt, wörtl. „mein Leib" (so auch, mit vollerem Sinn aber dann, 1Kor 11,24; Mk 14,22 parr.).[54] Eine Verbindung dieses Ich Jesu mit der Erwartung eines himmlischen Menschensohns setzt ein in Mk 14,62 parr., dort übrigens in textlicher Nachbarschaft zu einem ἐγώ εἰμι, das seinerseits an Ex 3,14 LXX erinnert. Hier legt ein *sensus plenior* sich an ganz schlicht gemeinte Worte Jesu an und dient zur Erklärung einer sonst beispiellosen Autorität (Jesus hat nie eine Botenformel gebraucht!). Die Christologie nahm hier ihren Ausgangspunkt.

Christlicherseits hat man sich gehütet, Jesus in die Vierheit der „Lebewesen" einzuordnen. Das legt nochmals Vorsicht nahe in der Beanspruchung von Dan 7,13, zumal in seiner kanonischen Fassung. Adler und Löwe sind, von Ez-Zitaten der Apk abgesehen, ganz dem Judentum verblieben. Ersterer ist in dem einen Jesuswort, das wir dazu haben (Q 17,37) negativ konnotiert, letzterer, abwesend von den Evangelien, in 1Petr 5,8 gleichfalls (zu schweigen von der Gnosis, die ihn ihrem „Jaldabaoth" beigab). Ihn hat der auf einem jungen Esel einreitende Jesus (Mk 11,7–10 par.) in Vergessenheit gebracht, an Sach 9,9 anspielend, mit Bezügen bis zu Kap. 11 Ende.

Soviel zum vorkanonischen *Daniel*-Buch. Die folgenden Angaben betreffen besonders die sog. Zusätze.

Schürer/V. 722–730. **Inhaltsangaben** z. B. bei Nickelsburg (übernächste Rubrik).
Einleitung und Übersetzung: JSHRZ wie oben (a); dazu VI/1,1 (U. MITTMANN-RICHERT) 114–138; Inhaltsangabe 114 f; I. KOTTSIEPER (Übers., Komm.): „Zusätze zu Daniel", in: *NTD.A* 5 (1998) 211–285. Übersetzung auch in Septuaginta *deutsch*;
Anmerkungen: Septuaginta *deutsch.E* 3009–3015 (zu *Sus.*).3051–3055 (zu *Bel*).
Einleitung: Gruen, *Heritage* 167–177; Nickelsburg 22–26; deSilva 222–231; Albertz, *Religionsgeschichte* 659–664; Siegert, Septuaginta 86.334–339 [S. 36, Punkt d, ist zu streichen; hier sind zwei Dan-Schlüsse verwechselt. Zur vollen Berücksichtigung von P 967 siehe nächste Rubrik.]
Bibliographie: Lehnardt Nr. 1011–1276; kürzer: Septuaginta *deutsch.E* 3017; dort fehlt P.-M. BOGAERT: „Relecture et refonte historicisante du livre de Daniel attestées par la première version grecque (papyrus 967)", in: Kuntzman/Schlosser, *Etudes* 197–224. – Mehr unter 1.2.3. – **Neuere Studien zu 7,13:** B. REYNOLDS: „The Old Greek of Dan 7:13", *Henoch* 30, 2008, 94–103; ders.: „The One like a son of man according to

---

54 Rein sprachlich lässt sich dazu im Englischen die indefinite 3.Person *somebody* vergleichen. – Auch hier sagt also Jesus betont „ich", verteilt dieses Ich allerdings in der Runde – Andeutung des bevorstehenden Todes, aber auch einer bestehen bleibenden Gemeinschaft.

the Old Greek of Daniel 7,13 – 14", *Biblica* 89, 2008, 70 – 80; S. KREUZER in Septuaginta *Deutsch.E* 3007.

Textausgaben usw. s. o. 1.2.3. Die Rezeption des an mehreren Aufbewahrungsorten verteilten P 967 ist entscheidend erleichtert durch die Göttinger Septuaginta-Ausgabe in der 2. Auflage 1999.[55] Für die hebräischen und aramäischen Vorlagen (aramäisch für das eigentlich Apokalyptische) muss man sich mit der neueren, aber jedenfalls noch vorchristlichen Fassung begnügen, als MT überliefert, zu deren Textgeschichte in Qumran immerhin aus allen Kapiteln Fragmente gefunden wurden (García Martínez/ Tigchelaar I S. 290 f; II 1147).

Hier tut sich ein Paradox auf: Dafür, dass es Gottes Plan für die Weltgeschichte bieten soll (s. u.: c), ist an diesem Buch unsäglich viel gebessert und gebastelt worden. Insbesondere in seiner griechischen Fassung, die uns hier vor allem angeht, ist dieses Buch ein literar- wie textkritisches Monstrum. Allein schon die Liste an Konjekturen, die zusätzlich zu dem reichlichen Apparat vorgeschlagen werden, füllt in Septuaginta *deutsch.E* die Seiten 131 – 134.[56]

Bogaert nimmt als Indiz für die Sprache der Vorlage des Septuaginta-Textes das Wort τότε „dann, darauf", aram. *edajin* bzw. *bedajin:* Im Aramäischen, das kein eigentliches Erzähltempus hat, also keinen Aorist und keine *wajjiqtol*-Form, die die Erzählzeit von selber fortschreiten lassen könnte, wird durch diese Partikel (rabbinisch-hebräisch dann gleichfalls durch Zeitadverbien) das Weitergehen angedeutet. Sie ist von 2,12 bis 6 Ende überaus häufig, wie in dieser auch im MT aramäischen Partie zu erwarten ist, und auch der Erzählrahmen des im übrigen betrachtenden Kap. 7 hat in V. 1 LXX das typische τότε, ebenso in V. 11.[57] So weit so gut: Aber wieso, fragt Bogaert (220 f), hat Kap. 4 LXX, das doch auch eine Erzählung ist, kein einziges τότε?[58] War hier die Vorlage hebräisch und ist später erst, um des aramäischen Kontextes willen, umformuliert worden? – Umgekehrt ist in den Partien, wo τότε häufig steht, mit der Möglichkeit zu rechnen, dass echte Aramaismen übergehen in imitierte: Solche hätte man für Visionäres genommen, wohingegen in Erzählpartien der „Bibelton" des Und +Verb das übliche war.

---

[55] Bei Siegert, *Septuaginta* noch nicht berücksichtigt; mehr oben 2.1.5 Anm. 29. Bogaert (s. u.) hatte bereits Zugang zu diesem Text.
[56] Als Einblick in seine äußerst zerklüftete Textgeschichte in ihren ersten vier Jahrhunderten s. O. MUNNICH: „Origène, éditeur de la Septante de Daniel", in: D. FRAENKEL/U. QUAST/J. W. WEVERS (Hg.): *Studien zur Septuaginta*. FS Robert Hanhart, 1990, 187 – 218, und als Detailstudie Bogaert, „Relecture et refonte".
[57] V. 10 hingegen, wo im Aram. die typische Worstellung Subjekt – Verb im *qal* – Komplement steht, ist bereits hebraisiert worden: καί+Aorist, nachweislicher Fall eines sekundären Hebraismus.
[58] Selbst die Θ-Fassung hat es nur einmal in 4,19 (MT 4,16 *edajin*). Hinweis: Die dann folgende, äußerst seltene Verbform ἀπηνεώθη kommt von ἀπενεόομαι „ich verstumme". MT: š-m-m Etpo'el. Das soll sich offenbar jeweils entsprechen. LXX hingegen hat eine andere Vorlage gehabt: Statt „Da wurde Daniel ... stumm für eine Stunde" hat LXX: „Sehr aber verwunderte sich Daniel". Man sieht im neueren Text die Steigerung. Beides kann mit der Wurzel š-m-m (die ein Starrwerden, Dürrwerden impliziert) gemeint gewesen sein.

Dies mag nur ein Beispiel sein, u.z. ein diesseits des Rheins nur wenig bekanntes, für methodisches Vorgehen in diesen Fragen. Bogaert beobachtet darüber hinaus (222f) eine große Ähnlichkeit, inhaltlich wie sprachlich, zwischen Dan 6 in der LXX-Fassung und *1Esr.* 3–4, der Legende von den drei Pagen (1.4.1 b). Der eine νεανίσκος scheint dem anderen gewisse Züge zu leihen. Das mag ein Hinweis auf eine gemeinsame Werkstatt, ja vielleicht auf einen gemeinsamen Übersetzer und Redaktor sein, ähnlich wie Emanuel Tov einen solchen für Teile des *Baruch*-Buchs gefunden hat (1.7.1).

Damit nicht genug: Die Verwendung von φίλος/οι „Freund(e)" nicht nur im persönlich-familiären, sondern auch im politischen Sinn („Bündnispartner";[59] Θ hat: μεγιστᾶνες, δυνάσται)[60] in 3,91.94 (MT 3,24.27), 5,23 (da sind genau sie es, mit denen Belsazar sein Gastmahl hält) und 6,14 (da ist Daniel gemeint, ohne Pendant in Θ oder MT) ist auch ein Stilmerkmal. Aus all seinen Beobachtungen zieht Bogaert den Schluss (223), das Dan 3, 5 und 6 eine „griechische Neubearbeitung" erfahren haben, und zwar eine in Sprache und Anschauungen homogene. Hingegen dürften die Abweichungen in Dan 8–12 eher schon in der hebräischen Vorlage (die wir nicht mehr haben) vorgenommen worden sein.

b) Die Überschüsse

Im Laufe des Übersetzens (ins Griechische) und Neuherausgebens (semitisch wie griechisch) ist das *Daniel*-Buch sowohl gelängt wie auch gekürzt worden. Eine Kürzung betrifft Kap. 4; dieses war in der LXX-Fassung um eine ganze Seite länger (Dan 4,37a–c), die in der Θ-Fassung wie auch im Hebräischen verschwand, und die berühmte Menetekel-Stelle in 5,25–28 stand noch nicht an ihrem Platz, findet sich vielmehr als eine Art Vorspann vor 5,1 (S. 903 Rahlfs). Die Zahlen für die „Wochen" (Siebenjahresperioden) in 9,24–27 schwanken von Fassung zu Fassung. – Anderes aber ist dem Dan-Buch zugewachsen und wurde von Hieronymus, der allem nicht hebräisch Überlieferten misstraute, in einen Anhang verwiesen bzw. im Fall von Dan 3,24–90 mit einer redaktionellen Anfangs- und Schlussnotiz versehen:

- **Susanna:** Über dieses ursprünglich selbstständige Schriftchen s. o. 1.2.3. Dort auch mehr zum *Daniel*-Corpus insgesamt.
- Das **Gebet Asarjas** (Dan 3,24–45 LXX): Hierzu Nickelsburg 26f; van der Horst/Newman, *Early Jewish Prayers* 183–214 (Gliederung: 192; engl. Übers.: 197f; Lit.: 192–196). Vorlagen sind Ps 51(50),19; Ps 148. Ältere westliche Liturgien kennen diesen Text nach seinen Anfangsworten: *Benedicite, opera omnia*.
- Das **Gebet der drei jungen Männer** (Dan 3,52–90 LXX): Dies ist eine 40-fache Anapher mit dem Verbstamm εὐλογ-. Schlicht im Inhalt, folgt sie doch dem feinen

---

59 LXX sonst nur in Est und *1–4Makk.*; Belege aus letzteren bei Wahl, *Clavis* 490 s.v. φίλος (c).
60 In 3,94 lässt die Reihe der Nennungen erkennen, dass die zuletzt gestellten φίλοι die auswärtigen Partner sein müssen. Den Übersetzer, dem wir die Θ-Fassung verdanken, hat das auch sonst vorkommende *haddavra'* „Ratsherr" wörtlicher wiedergegeben.

Unterschied zwischen εὐλογητός und εὐλογημένος, den die Septuaginta in Gen 14,19 zwischen zweimaligem *baruch* macht (erst deontisch: „zu segnend", dann faktisch: „Gegenstand von Segen"). Das weist auf griechische Komposition des Stücks. Oder aber, der Übersetzer hatte bei seiner Arbeit die Gen-LXX im Bewusstsein.

- **Bel** (oder: *Bel und der Drache*, oft als zwei Schriften unterschieden, *Vom Bel zu Babel* und *Vom Drachen zu Babel*): Mit oder ohne eigenen Titel folgt in den meisten LXX-Codices und -Ausgaben eine sehr einfach gestrickte, polemisch gehaltene Legende über die Aufdeckung eines „frommen Betrugs" babylonischer Bel-Priester. Hierzu Nickelsburg 24–26; ausführliche Würdigung bei deSilva 236–243; Lit: Septuaginta *deutsch.E* 3051 f. – Der Gott Bel kommt aus Jes 46,1. Irenaeos (4, 5,2) will das Jesuswort Mk 12,27 parr. aus *Bel* 5 f und 25 ableiten, kennt diese Stelle jedenfalls aus seinem *Daniel*. Wenn Clem.Al., *Strom*. 1, 121,3 Habakkuk für einen Zeitgenossen König Zedekias hält, beruht das auf dessen Eintragung in das *Daniel*-Buch in Gestalt von *Bel* 33–39, der Legende von Habakkuks wunderbarer Luftfahrt bis zu Daniel nach Babylon. Vgl. noch Ginzberg, *Legends* 4, 348 f (6, 435 mit Verweis auf den *Josippon*).

Ausgaben des angereicherten *Daniel*-Buchs: Rahlfs II 963–941 [geteilte Seiten, je nach LXX- und Θ-Fassung; ersteres inzwischen veraltet]; Göttinger Ausgabe (wie 1.2.3) 234–395 (LXX jeweils links, Θ rechts). Der Text folgt in Cod. B auf Dan 12 ohne weitere Überschrift, in Cod. A als „12. Vision" (s.u. „Zählung"). **Übersetzung** beider in Septuaginta *deutsch*. – Die Zusätze **syr.**: de Lagarde 129–132 (nach BM 14445, datiert 843 der Seleukidenära = 532 n. Chr.),[61] überholt durch VTS 3/4 (Th. SPREY) 1980, I–XX, 44–46.47 f. Hier laufen V. 1–22 als *Bel patakrā* (Bel, das Götzenbild) und 23–24 als *Tanīnā* („Drache") unter jeweils eigener Überschrift. Zusammen mit Dan, aber ohne Sus, sind sie betitelt als *ktābā d-Dānī'el* („Danielbuch"). Die Syro-Hexapla, von Rahlfs mitkollationiert, hat den LXX-Text zugrunde liegen, u.z. mit den (zum Glück markierten) Eintragungen des Origenes. **Arm.**: Zōhrapean 599–612 (*Sus.*: 599a–600a; *Bel*: 611a–612a); vgl. P. COWE (Hg.): *The Armenian Version of Daniel* (UPATS 9), 1992.

Kommentare und Literatur, soweit nicht eben genannt, s.o. 1.2.3. Vgl. noch D. HELMS: *Konfliktfelder der Diaspora und die Löwengrube* (BZAW 446), 2014.

Stellung und Zählung der *Daniel*-Zusätze: Hatte die Septuaginta-Fassung, nach P 967 zu gehen, *Sus.* noch im Anhang zu *Daniel*, so stellte die Θ-Fassung im Sinne einer an Daniel orientierten „biographischen" Anordnung das Buch voran, worin ihr die arm. Bibel folgt und auch die modernen gr. Ausgaben. Die Vulgata-Ausgaben führen *Susanna* erneut als Anhang, gezählt als Kap. 13, und *Bel* als Kap. 14. Das

---

61 Zu dieser Ära s.o. 1.4.2. Die Umrechnung (minus 311) ist konventionell und lässt wegen ungleicher Jahresanfänge 1 Jahr Spielraum. Übrigens kann ein solches Datum aus der Vorlage abgeschrieben sein und insofern nicht mehr gelten; in diesem Falle ist es die Pflicht des Herausgebers, auf ein Nichtübereinstimmen des Schriftduktus, Materials usw. mit dem angegebenen Datum hinzuweisen. Das ist hier aber nicht der Fall, und Paul de Lagarde, so wortkarg seine Ausgabe auch sein mag, gilt in diesen Dingen als verlässlich.

Pseudo-Datum zwischen beiden wird als 13,65 gezählt; in der erweiterten Lutherbibel hingegen als *Bel* 1; ab v. 22 dort neue Überschrift: *Vom Drachen zu Babel*. Eine alte Zählung setzt in P 967 Kap. 1–2 vom Folgenden ab durch eine Nr. „2" (= Kap. 3), Nr. „3" (= Kap. 4) und weiter bis Kap. 10 (Text lückenhaft; Angaben nach S. Kreuzer in Karrer/Kraus, Septuaginta 71); man nummeriert also Visionen.

Eine neuere Zählung, seit der Vorschaltung von *Sus.* gültig, gibt diesem Buch (obwohl es keine Vision ist, jedenfalls von nichts Himmlischem) die Nr. 1 und setzt bei Dan 1 bereits die Nr. „2" ein; so Cod. A und die arm. Bibel. In letzterer ist *Sus.* eindeutig überschrieben als „1. Vision Daniels" (Zōhrapean 599 f), und sie zählt die Visionen dann weiter: 2. (Dan 1,1 ff); 3. (Dan 1,21 ff); 4. (Dan 3,1 ff); 5. (Dan 3,98 ff); 6. (Dan 10,1 ff). – *Bel* folgt ohne Titel als „Kap. 14" (statt: 13), V. 65 und danach V. 1–41, also wie in der Vulgata (Zōhrapean 611 f), und mit der Zahl 12 am Rand, wie die „12. Vision" in LXX Cod. A (s. u.: c).

Rezeption: nicht bei Josephus. Was Ginzberg, *Legends* 4, 326–331.333 f.337–339.343–350 (6, 413–437) an rabbinischen Legenden bietet, nährt sich zumeist aus dem kanonischen Dan-Buch; s. immerhin 4, 338 (6, 427) zu einem Nachklang der *Bel*-Geschichte, bis in die *Chronik des Jeraḥmeel*. Vgl. ferner 1.2.3 zu *Sus.* – Das *Gebet der drei jungen Männer* wird im Talmud, *Pes.* 53b von Todos Iš Romi (das könnte Josephus sein oder ein Verwandter von ihm,[62] jedenfalls ein Zeitgenosse) ausgelegt als Beispiel von *qidduš haš-šem* „Heiligung des Namens (Gottes)"; zu diesem Begriff vgl. 3.4.3, Kopftext.

In östlicher Liturgie ist lt. *Synekdēmos* 741 der 17. Dez. Gedenktag Daniels und der drei jungen Männer; ihr Gesang wird ausdrücklich erwähnt. – Eine mittelalterliche hebr. Übersetzung von Dan 7,8–28 MT, deren Vorspann ganz richtig in Erinnerung hält, dass dies (auch) die Θ-Fassung ist, findet sich in dem zu 1.1.2 schon erwähnten Oxforder Ms. der *Chronik des Jeraḥmeel*: R. MEDINA-LECHTENBERG/P.-R. BERGER: „Eine späte Theodotion-Tradition vom Danielbuch?" in: Koch/Lichtenberger, *Begegnungen* 303–311. Dort ist auch das *Gebet der drei jungen Männer* in hebr. Rückübersetzung zu finden; V. 24–37 sind hebr. und dt. mitgeteilt ebd. 309–311. Einige gr. und v. a. arm. Texte, ihren Tod betreffend, s. Stone, *Studies* 90–102.

c) Die Rezeption: *Daniel* unter den Propheten

Zur Überlieferung des *Daniel*-Buchs im Ganzen mögen hier auch noch einige Angaben am Platze sein. Nicht immer und nicht überall galt Daniel als Großer Prophet, und jene Auffassung, wonach er den Plan des Weltablaufs bis zum Ende bereits gekannt habe, ist nicht die älteste, war nur lange die dominierende.

In seiner ersten Fassung, die zunächst erzählend in biblischem Hebräisch beginnt (1,1–2,4a), dann aber angekündigtermaßen ins Aramäische umschlägt (sogar in ein al-

---

[62] s. *Josephus, Vita* (oben 0.9.1), S. 2 Anm. 7.

tertümelndes „Reichsaramäisch"[63] – wirkungsvoller Einsatz von Zeitkolorit), entstand das *Daniel*-Buch während des Widerstandes gegen die (unter 1.4.2 schon gewürdigte) Kultreform. Es war gedacht als Unterstützung des nichtbewaffneten Widerstands gegen diese; der bewaffnete Kampf gilt demgegenüber in 11,34 nur als „kleine Hilfe". Dies ist ein aus Vorsichtsgründen verschlüsselter Text. Schon der Name „Daniel" ist für Bibelkenner eine Entlehnung aus Ez 28,3 und damit ein „sprechender" Name. Ein weiteres Detail, das eine intelligentere Lektüre als die dann üblich gewordene hätte stimulieren sollen, sind die Anachronismen in der Rahmenerzählung. Eigentlich wusste im hellenistischen Osten jeder, dass nicht Belsazar (Dan 5), sondern Nabonid letzter König Babels gewesen war. Für Kundige war dies ein Hinweis auf den nichthistorischen Charakter der Erzählung und eine Aufforderung, aktuellere Namen einzusetzen.

So weit, nämlich bis Kap. 6, ging wohl der Erstentwurf. Die visionär gehaltenen **Kap. 7–13** sind rasch hinzugekommen (Nickelsburg 77–83)[64] und haben ein über den ursprünglichen Anlass hinausreichendes Interesse ausgelöst. Zahlreiche Details dieser Visionen, die ab 11,40 auf den historisch bekannten Gang der Ereignisse bekanntlich nicht mehr zutreffen, erlauben eine Datierung des erweiterten *Daniel*-Buchs auf 165 v.Chr.; 11,34 deutet einen ersten Sieg der Hasmonäer an (164 v.Chr.). Unklar bleibt, in welche Epoche dieser „Seher" sein Auditorium entlässt. Bis zum Ende des erhaltenen Buches (12,13) bleibt offen, ob die nunmehr erreichte Gegenwart – eine Herrschaft der Hasmonäer ist abzusehen – „das Ende" sein soll (von Waffen hielt dieser Autor, insofern Anti-Apokalyptiker, nichts) oder ein neues Reich: Um nicht ein überzähliges fünftes zu sein, müsste dieses dann für ewig gelten oder wenigstens für tausendjährig, wie dann im Christentum (Apk 20). Am ehesten meinte er das Ende aller Fremdherrschaft infolge erneuten Tora-Gehorsams (vgl. 3.4.3, Exkurs); da würde man dann keine Reiche mehr zählen müssen. Dan 12,12 deutet noch den Wiederbeginn der Opfer an; danach gibt es keine Orientierung mehr in der Weltgeschichte.

Sollte man denken! Das Gegenteil davon ist von der Rezeption versucht worden und hat dem Buch eine unüberschaubare Wirkung verschafft. Diese Rezeption des Buchs geschah rasch: Noch ehe die hebr.-aram. Fassung fertig war, entstand die erste, von der Forschung als Septuaginta oder als *Old Greek* bezeichnete Übersetzung (s.o. 1.2.3). Die jüngere, zu Unrecht nach Theodotion benannte, ist die – längst vor der Lebenszeit ihres Namensgebers – bereits im NT zitierte und damit die wirkungsgeschichtlich überragende. Die Septuaginta *deutsch* 1423–1462 bietet den Text in zwei Kolumnen synoptisch.

Diese beiden griechischen Fassungen sind bereits erwähnt worden anlässlich eines ihrer Zuwächse, nämlich des nur noch griechisch erhaltenen *Susanna*-Büchleins (1.2.3).

---

[63] Das Wort für „du" wird in Dan 2,29.31.37 u.ö. immer noch *ant* geschrieben, obwohl man längst *at* sprach (Beyer, *die aram. Texte* I 90 f). Die Punktation der Masoreten lässt das sogar noch gelten: *ant*, Plural: *antun*.

[64] Textpragmatisch wirkungsvoll setzte man weiterhin den Sprachenwechsel ein: Zunächst (Kap. 7) auf Aramäisch fortfahrend, wechselt der Text in dem Moment, wo er in das Sprecher-Ich des Israeliten übergeht (8,1), ins Hebräische zurück.

Diese Erzählung, die in P 967 noch als Anhang geführt wird, später aber als Vorspann dient, zeigt eine Tendenz „von der Politik zur Moral" (s.d.), wie sie dem späteren, dem Neuen Testament dann bekannten Pharisaismus entspricht. Das wäre eine Verharmlosung; doch dabei blieb es nicht. Die Rezeption nahm das Buch als Niederschrift von Visionen, die dieser Daniel am Übergang von der Babylonier- zur Perserzeit gehabt haben soll – womit zwischen Prophetie und Erfüllung auf einmal Jahrhunderte liegen konnten (und nicht erst, was für die Hebräische Bibel schon viel wäre, die in Dan 9,2 genannten 70 Jahre, < Sach 1,12).[65] So bezeugt es im 1.Jh. n.Chr. seine Verwendung bei Josephus, wie allein schon der Platz seiner *Daniel*-Nacherzählung (*Ant.* 10, 188 – 281) erweist. Er möchte, dass sein Auditorium die Rahmenerzählung für historisch nimmt. Was er selbst glaubt, ist damit noch nicht gesagt; jedoch: Für ihn ist dieses Buch ganz klar eine Prophetie (ebd. 269.280), u. z. eine, die bis die Zukunft reicht bis einschließlich zur Römerzeit, nämlich zur Eroberung Jerusalems (276) und noch darüber hinaus (210).[66] Er macht eine Voraussetzung, die im Christentum wie auch im Nachchristentum des Deismus unendlich oft wiederholt worden ist, dass nämlich das Weltgeschehen in einem „Automatismus" abläuft (sein Ausdruck in 280).

Unsre christlichen *Daniel*-Codices gliedern den Text nach Visionen (so wie Hermas seinen *Hirten;* hier gibt es eine Prioritätsfrage).[67] Eine Einteilung in zwölf „Visionen" (ὅρασις α', β' usw.) findet sich im Cod. A und einigen weiteren Textzeugen folgendermaßen durch Anfangs- wie Schlusstitel angegeben:

Vision 1	Sus. (nur Schlusstitel)	Vision 7	Dan 5,30 ff
2	Dan 1,1 ff	8	7,1 ff
3	2,1 ff	9	8,1 ff
4	3,1 ff	10	9,1 ff
5	3,98 ff (3,31 ff MT)	11	10,1 ff
6	5,1 ff	12	*Bel* (nur Anfangstitel).

Beide griechischen Fassungen verstärken das *ma di-lehewe* in 2,28 zu einem ἃ δεῖ γενέσθαι (so zit. in Mk 13,7 parr.). Doch nur in der jüngeren Fassung wird in 7,13, wo vorher nur *eine* Menschengestalt zu sehen war, wie oben bemerkt (2.1.7 a), zur Vision von zwei Männern.

Dass nichts von alledem in der Perserzeit geschrieben wurde, sondern dass auf diese nur erzählerisch zurückgegriffen wird, ist viel verkannt worden, so schon bei

---

[65] Voraus geht in der Hebräischen Bibel der Rückgriff in 2Kön 23,16 – 20 auf 1Kön 13 (bes. V. 32: Die jeweils gemeinten Ereignisse (wie weit historisch, bleibe dahingestellt – Mitagent ist in 1Kön 13 ein Löwe) liegen fast 300 Jahre auseinander. Doch da ist man weit außerhalb der eigentlichen Prophetenbücher.
[66] Nur angedeutet. Hier darf er nicht deutlicher werden, denn er meint das Ende des vierten – für ihn des römischen – Weltreiches.
[67] Hierbei wirkt die Hermas-Schrift (Mitte 2.Jh. n.Chr.) bereits jünger; denn neben 5 „Visionen" stellt sie 12 „Gebote" und 10 „Gleichnisse".

Josephus (*Ant.* 10, 266–281).⁶⁸ Die Rezeption dieses Buches, die jüdische zunächst (durch zweimaliges Übersetzen und dann bei Josephus) und sodann die christliche, hat aus den Worten jenes friedliebenden Widerständlers und seiner Gesinnungsgenossen eine okkulte Wissenschaft gemacht. Bedenkt man, wie oft dieses Buch abgeändert wurde, bis man anfing, es für den Ablaufplan des Weltgeschehens anzusehen, so bleibt an christliche Theologie die Frage offen, wo in diesem Prozess man die vermeintliche Inspiration ansetzen und wem man sie zuschreiben soll.

Zwischenstufe bei der Aufwertung war *Daniels* Eingliederung unter die Großen Propheten in den christlichen Bibelcodices.⁶⁹ Bis dahin konnte jeder die *Daniel*-Rolle hinlegen, wo er wollte. Als dann im späten 3.Jh. der Neuplatoniker Porphyrios (einer der wenigen paganen Philosophen, die sich mit der Bibel befassten) die historische Fiktion des *Daniel*-Buchs erkannte und dieses in die Zeit des Antiochos Epiphanes datierte, schlug ihm eine Welle der Ablehnung entgegen: Origenes, der glaubte, eines einzigen Detailfehlers wegen (Porphyrios hatte *Sus.* mit zu *Daniel* gerechnet) ihn insgesamt widerlegen zu können, hat, im Westen durch Hieronymus verstärkt (*Danielkommentar*, MPL 25, 492 B; 535 D u. ö.), eine historische oder gar kritische Lektüre dieses Buches für anderthalb Jahrtausende verhindert.⁷⁰

Was Porphyrios entdeckt hatte, war der Umstand, dass Dan vom Tod des Antiochos IV. nach Ort und Zeit nichts weiß, jedenfalls nichts Zutreffendes. Diesen können wir inzwischen noch genauer bestimmen als er damals; er liegt nach einer in *Iraq* 16, 1954, 212 veröffentlichten Keilschriftnotiz i.J. 164 v.Chr. Um diese Zeit begann schon wieder die Aufnahme des früheren Kultes in Jerusalem; „Daniel" erwartet sie noch (8,14).

Josephus aber setzt seine schon genannte *Daniel*-Paraphrase (*Ant.* 10, 186–280) in die Perserzeit und bezeichnet Daniel als „einen der größten Propheten" (ebd. 266). Vor der Wiedergabe von Legenden schreckt er nicht zurück: In *Ant.* 11, 326–339 lässt er den Hohepriester Jaddua' dem Eroberer Alexander d. Gr. aus einer *Daniel*-Rolle vorlesen (soll wohl heißen: vorübersetzen), dass die Besiegung des Perserreiches dort bereits

---

68 Dort wirkungsvoll am Buchschluss platziert, als Abschluss des Berichts vom Babylonischen Exil. T. W. MANSON gibt eine eigene Übersetzung und Interpretation dieser Passage: „Some reflections on apocalyptic", in: O. CULLMANN/PH. MENOUD (Hg.): *Aux sources de la tradition chrétienne*. FS Maurice Goguel 1950, 139–146. Vgl. S. MASON: „Josephus, Daniel, and the Flavian House", in: F. PARENTE/J. SIEVERS (Hg.): *Josephus and the History of the Greco-Roman Period*. FS Morton Smith 1994 (StPB 41), 161–191. Auch anderwärts ist Josephus der Klassiker des Geschichtsplandenkens, so in seiner Wiedergabe des Bileam-Orakels in *Ant.* 4, 102–130, bes. 115.

69 Die gängige LXX-Reihenfolge lässt ihn hierbei den Abschluss der gesamten Prophetie bilden (chronologisch sowieso, aber auch inhaltlich), was in der Vulgata die Aufgabe des Maleachi ist (nur inhaltlich, als Verkettung: Mal 4,6 > Mt 3; Lk 1,17). Eigentümlich ist die Anordnung in der arm. Bibel, jedenfalls nach der Ausg. Zohrapean. Dort folgen sich: Jes, Dodekapropheton, Jer (mit *Brief Baruchs* und *Klageliedern*), Dan (mit *Sus.* davor und *Bel* danach), Ez.

70 Die Argumentation des Porphyrios lässt sich erschießen aus der Antwort des Origenes; s. Anm. 48. – Derselbe Porphyrios hat sich übrigens, wie wir aus seiner *Vita Plotini* 16 erfahren, auch die Mühe gemacht, Schriften des Zoroaster als späte Fälschungen zu erweisen und manches andere mehr, womit die Gnostiker ihrerseits sich ein Alterszeugnis hatten ausstellen wollen.

vorhergesagt sei.⁷¹ In *Ant.* 12, 322 macht er geltend, Daniel habe die Wiedereinweihung des Tempels durch Judas Makkabäus „408 Jahre vorher" schon vorausgesagt.

Folgendermaßen lässt sich die Entwicklung und Rezeption dieses Buches bis zu Josephus vorstellen: Da man nach dem Vorübergehen der Situation, für die das Dan-Buch geschrieben worden war, das in Kap. 2 und in Kap. 7 Vorausgesagte weiterhin erwartete, dehnte sich den Auslegern die Zeit bis zum Eintreffen um Jahrhunderte – wie man ja auch den älteren Propheten der Hebräischen Bibel eine ihnen ungeahnte Rolle zuteilte.⁷² Die Pseudepigraphie des *Jesaja*-Buches ab Kap. 40 hatte dazu beigetragen, und die unechte „Jesaja-Apokalypse" Kap. 24–27 mag in jener Zeit entstanden sein. Josephus, *Ant.* 11, 5 f lässt König Kyros sich darüber wundern, wie 240 Jahre vor seiner Herrschaft ein judäischer Prophet schon hatte vorhersagen können, wie er mit dem Volk Israel verfahren würde (Jes 44,28; 45,1).

Unerfüllt geblieben war nun aber die Verheißung einer Gesamtherrschaft des Volkes Israel über die umgebende Welt (Dan 7,27). Zwar hatte damals, wie angekündigt, die Lage sich beruhigt, und eine gewisse Autonomie war erkämpft worden. Jedoch, das Priesterkönigtum, das man nun unter den Hasmonäern bekam, war buchstäblich eine Münze mit zwei Seiten, wie die Prägungen der Hasmonäer tatsächlich sind: Auf der Vorderseite nennt sich ein Hoherpriester in hebräischer Schrift, auf der Rückseite ein hellenistischer König in griechischer (Beispiele bei Schürer/V. I 227.602–606). Das hat, wie mehrere Qumranschriften zeigen,⁷³ die dortigen Essenergruppen dazu gebracht, zu diesen Königen auf Opposition zu gehen.

Die Aktualisierung des *Daniel*-Buchs bei Josephus nimmt bei aller apologetischen Nützlichkeit im Endeffekt eine vorsichtig antirömische Wendung (vorsichtig, denn er schreibt mitten in Rom); nur den Bibelkundigen ist sie erkennbar. Ihm ist Rom das vierte Weltreich und damit das letzte. Das lässt ihn die Verwüstung des Tempels als in

---

71 Einen Durchgang durch jüdische und christliche Alexander-Legenden bietet Simon, *Recherches* 127–139. Tropper, *Simeon* 116–136 diskutiert den möglichen historischen Gehalt der hellenistisch-jüdischen Legenden, ehe er anhand von *Joma'* 69a und Parallelen die rabbinischen Überlieferungen dazusetzt (136–156). Zu den antik-jüdischen Alexanderlegenden, die uns in 2.3.3, 4.2.4 u.ö. wieder begegnen werden, vgl. die Übersicht bei A. BELENKIY: „Der Aufgang des Canopus, die Septuaginta und die Begegnung zwischen Simon dem Gerechten und Antiochus dem Grossen", *Jud.* 61, 2005, 42–54; ferner K. T. HUN: „The dream of Alexander in Josephus Ant. 11.325–39", *JSJ* 34, 2003, 425–442.
72 Vgl. schon 1.2.1 zu Rückbezügen auf *Jona* und *Nahum* im *Tobit*-Buch. Auch dort übrigens wird erzähltechnisch das Zeitteleskop auseinandergezogen; man erzählt eine angeblich schon vor Jahrhunderten erfolgte Geschichte. Auch wusste man wohl, dass die von Nahum angekündigte Zerstörung Ninives bislang ausgeblieben war. Darauf reagiert auf seine Weise das *Jona*-Buch.
73 Außer reinen *Daniel*-Texten (4Q 112–116) zählt dazu die Polemik gegen einen offenbar selbstbenannten „Sohn Gottes" (also König) in 4Q 246 und die bekannten Ausfälle gegen den „Zorneslöwen" (Alexander Jannai) in 4Q 169 I 6–8 (Schürer/V. I 225). Auch die Pharisäerpartei, die sich mit der Macht arrangierte, wird in dem hebr. Wortspiel „Sucher nach glatten Dingen" apostrophiert (wo ḥalaqot eine Verdrehung ist von *halachot*).

Dan 9,27 vorhergesagt akzeptieren (genau wie in Mk 13,14 par. [Mt]),[74] wobei freilich genau diese Stelle, ab V. 24, es gewesen sein müsste, was zunächst wie ein Heilsorakel aussah und im Krieg zu Leichtsinn führte (Josephus, *Bell.* 6, 312).[75] Es gibt ihm andrerseits aber die Gewissheit, dass auch diesem Reich sein rechtzeitiges Ende bestimmt sei: Man möge dies bitte in dem Buch selbst nachlesen (*Ant.* 10, 210).

In den sog. *Vitae prophetarum* (8.1.1) gilt Daniel als Großer Prophet. Nicht nur, dass er, wie in den großen Septuaginta-Codices, direkt auf Hesekiel folgt, er erhält auch den längsten Eintrag, wozu die dem *Daniel*-Buch angelagerten Legenden (1.2.3; 2.1.7) ja reichlich Stoff lieferten. Die Wirkungen davon reichen weit. Die Auffassung, dass nach dem Römischen Reich nur noch die große Weltwende kommen könne, hat die Fiktion eines Römischen Reiches „Deutscher Nation" noch bis 1806 zementiert und die politische Entwicklung Deutschlands in fataler Weise gelähmt.

Demgegenüber ist nicht bekannt, wo *Daniel* oder auch das kleine Corpus, das er mit *Susanna* und *Bel* bildet, im Judentum eingeordnet wurde (wenn denn diese Montage schon jüdisch ist). Diejenige Auffassung, wonach das Dan-Buch zu den Hagiographa gehört, ist von den Rabbinen konserviert (oder wieder aufgefrischt) worden: Sie gruppierten *Daniel* in dem mit den Psalmen beginnenden Teil der sakralen Dichtungen.[76] Dass die Chronologie des Dan-Buches nicht stimmt, war ihnen aufgefallen (*Meg.* 12a Anfang). Hieronymus erwähnt denn auch in seinem Dan-Prolog (MPL 28, 1291 B–1294 B), „dass die Hebräer *Daniel* nicht bei den Propheten haben", und berichtet von den Debatten seiner Zeit um die Echtheit der Dan-Zusätze und den in seinen Augen unzureichenden Versuchen des Methodios, Euseb und Apollinaris, die Kritiken des Porphyrios zu beantworten. – In talmudischer Zeit wurden dann auch rabbinischerseits von Daniel Wunderdinge erzählt; doch galt er selbst nicht als Prophet. Wie um seine Wirkung zurückzunehmen, sagt *BerR.* 98,2, er habe das Ende der Zeiten offenbart bekommen, doch sei es ihm wieder verborgen worden: Ginzberg, *Legends* 4,349 (6, 436).

Nicht mehr aufzuhalten war der Siegeszug des *Daniel*-Buchs, das seit seiner Umsetzung ins Griechische in aller Welt gelesen werden konnte und gelesen wurde. Begonnen als Pamphlet für seine Zeit[77] und fortgeschrieben in raschen Etappen, stieg es noch innerhalb des vorrabbinischen Judentums auf zu einer Offenbarung des Ablaufplanes Gottes für die Welt im Ganzen. Aus Widerstand *ad hoc* wurde eine Ge-

---

[74] Die Rolle des Antiochos Epiphanes rückt dementsprechend um 1 Weltreich zurück: *Ant.* 10, 276 (oben zitiert). Das dort über die Römer Gesagte ist übrigens textlich unsicher und könnte auch etwas anders gelautet haben.

[75] S. u. 2.0, dritter Absatz. Dieses Orakel hatte also den gleichen Bumerang-Effekt wie jenes berühmte Kriegsorakel, das dem Kroesos das Überschreiten des Halys zu raten schien (Herodot 1, 75 und Parallelen).

[76] Nach gewissem Zögern. Besonders aus Palästina weiß Ginzberg, *Legends* 6, 413 Anm. 76 immerhin Beispiele einer Würdigung Daniels als Propheten zu nennen. Die Hebräische Bibel hingegen behielt die Gestalt, die die Masoreten ihr zugedacht hatten.

[77] Eine kabarettistische Anspielung an den Lebensstil des Antiochos Epiphanes in Kap. 3 s. o., 1.4.2 Anm. 142.

schichtstheologie von unermesslichen Ansprüchen, und Einspruch dagegen galt als unfromm. Spinoza z. B. lässt Dan samt Est und Esr-Neh erst nach der makkabäischen Kultreform geschrieben sein, u. z. in Konkurrenz zu gänzlich gefälschten Büchern unter gleichen Namen.[78] Das *4Esr.* einschließlich talmudischer Parallelen gilt ihm als ein Rest jener obskuren Produkte.

Kein Buch hat die Menschheit mehr genarrt als dieses, sooft man es denn als Geschichtsplan missbrauchte und als Fahrplan der Zukunft – ein Schicksal, wie es sich an der *Johannes-Apk.* wiederholte. Ein Beispiel unter vielen sind jene schwäbischen Bauern, die auf Albrecht Bengels Auslegungen hin ihre Höfe verkauften und an den Ararat auswanderten, um dort am 18.6.1836 als erste Christus bei seiner Parusie zu begrüßen. – Rein ästhetisch aber ist Dan, auch und gerade in seinen Übersetzungen, große Literatur.

2.1.8 Der *Brief Jeremias*

Das Alte Testament der Kirche kennt seit den großen Septuaginta-Codices ein jeremianisches Corpus, worin dem *Jeremia*-Buch (in einer älteren als der masoretischen Fassung) einiges folgt: das *Baruch*-Buch (2.5.4), das in gewisser Weise noch eine Übersetzung ist (1.7.1), sowie, nach den *Klageliedern* oder auch nach dem *Baruch*-Buch, der nun zu besprechende *Brief Jeremias (EpJer.)*, der klar vorchristlich ist. Die Vulgata (hier zugleich Vetus Latina) bietet ihn als Kap. 6 ihres *Baruch*-Buchs. Die koptische Bibel hat gleichfalls alle vier Schriften dieses Corpus; dort steht (zumindest in den komplettesten Handschriften) die *EpJer.* noch vor *Baruch*. – Wir behandeln die Bestandteile dieses Corpus separat in dem Bestreben, ihr ursprüngliches Umfeld und ihren vorkirchlichen Zustand zu ermitteln.

Zunächst also der *Brief Jeremias:* In seinem griechischen Text, den wir nur haben und der gut der Urtext sein kann (s.u.), folgt einem in höchst literarischem Stil gehaltenen Vorspann[79] ein Text in gehobenem Septuaginta-Griechisch, reich an Prosarhythmen (V. 6.11.13 u. ö.), wie sie dort seit dem Moselied (Gen 49) öfters anzutreffen sind. Ein semitisches Original ist nie gefunden worden und braucht wohl auch nicht mehr gesucht zu werden, seit das Qumran-Fragment dieses Textes zutage kam (7Q 2), V. 43b–44 umfassend; es ist griechisch.

„In der Überlieferung der ägyptischen Diaspora ist Jeremia der Nationalheros" (A. M. Schwemer zu *VitProph.*, „Jeremia" 15 – hier 8.1.1). In Ägypten hatte er seine Tage beschlossen (Jer 42), hatte auch doch noch prophezeit. Die besagte *VitProph.*-Stelle traut ihm neben Mose einen Platz im Himmel zu.

---

78 Spinoza, *Tractatus* 10,19–23. Immerhin ließ er Dan 8–12 für authentisch gelten, von dem Mann geschrieben, von dem die Kap. 1–7 erzählen.
79 Sie kennt das beim Übersetzen nie verwandte *participium futuri:* τοὺς ἀχθησομέους αἰχμαλώτους.

Schürer/V. 743–745. **Inhaltsangabe** z. B. bei Kratz (nächste Rubrik) 76.
Einleitung und Übersetzung: JSHRZ III/2 (A. H. J. GUNNEWEG) 1975, S. 183–192; R. KRATZ (Übers., Komm.): „Der Brief des Jeremia", in: *NTD.A* 5 (1998) 71–108. Übersetzung auch in Septuaginta *deutsch* 1358–1361; **Anmerkungen:** Septuaginta *deutsch.E* 2842–2848.
Einleitung: Nickelsburg 35–37; deSilva 214–221. **Literatur:** Lehnardt Nr. 5001–5067.
Handschriften: V. 43b–44 ist griechisch erhalten in 7Q 2 (ca. 100 v. Chr.). Septuaginta-Codices: B, S und spätere. **Kopt.:** 4.Jh. und spätere (Feder 27–46).
Der **Titel** in den LXX-Handschriften (Ἐπιστολὴ Ἰερεμίου, manchmal ohne Jeremias Namen, manchmal mit Zusatz: „an Baruch") ist ausweislich der kopt. Überlieferung eine Verkürzung aus dem, was folgt und was nunmehr einem **Präskript** gleicht: „Abschrift des Briefes (Ἀντίγραφον ἐπιστολῆς), den Jeremia an diejenigen sandte, die gefangen nach Babylon geführt werden sollten (τοὺς ἀχθησομένους) vom König der Babylonier, um ihnen Botschaft zu geben (ἀναγγεῖλαι), wie ihm aufgetragen wurde durch Gott." **Kopt.:** *P-antigraphon nt-epistolē entafčoos nqi Ieremias* („Die Abschrift des Briefs, den Jeremia schickte") usw. Erst der Schlusstitel hat daraus die Verkürzung: *t-epistolē n-Ieremias* („Der Brief Jeremias").
Kritische Ausgabe: Septuaginta (Rahlfs) II S. 766–770; Septuaginta (Göttingen) Bd. 15: *Ieremias, Baruch, Threni, Epistula Ieremiae* (J. ZIEGLER) 1952 (1977), 494–504; Nachträge in Bd. 16 (*Ezechiel*) S. 77 f; **syr.:** de Lagarde 100–104 (die Kapitelzahl „6" ist aus der Vulgata entlehnt); **kopt.:** F. FEDER (Hg.): *Biblia Sahidica. Ieremias, Lamentationes (Threni), Epistula Ieremiae et Baruch* (TU 147), 2002, 217–224. Dies ist auch die Reihenfolge, in der die Peschitta ihr Jeremia-Corpus anordnet, außer dass sich dort noch ein *Baruch*-Buch mehr findet (s. 2.5.3, Kopftext).
Textanfang: Διὰ τὰς ἁμαρτίας, ἃς ἡμαρτήκατε; **Textschluss:** μακρὰν ἀπὸ ὀνειδισμοῦ.
Wortindex: Siglum bei Hatch/Redpath: „Ep.Jer."; Zahlen um 1 geringer als bei Rahlfs.
Alte Übersetzungen: syr. (s. o.); kopt. (3.Jh.; Handschriften ab 4. Jh.) s. Kopftext; nicht bei Zōhrapean.
Frühestes Zitat: 2Makk. 2,1f bezieht sich wohl auf diesen Brief.
Ähnliche oder ähnlich benannte Texte: vgl. 1.4.1 „Ähnliche Texte" und die Jeremia-Legende in *2Makk.* 2,1–8, die in V. 1f vielleicht schon auf diesem Text beruht; ferner das nachstehend unter „Textsorte" sowie später unter 7.3.2 Verzeichnete. – Unter Baruchs Namen ist Vergleichbares, formal (Lehrbrief) wie inhaltlich (Kommentar zur Tempelzerstörung), unter 2.5.2–4 aufgeführt, darunter die beiden *Briefe Baruchs*, deren zweiter sogar den Weg in den Septuaginta-Kanon fand.
Textsorte: „Epistel" (Lehrbrief; Instruktion ohne besondere Formerfordernisse); hierzu Bauckham 133 (vgl. 124), mit Typisierungsvorschlägen und Beispielliste, von 2Chr 21,12–15 (einem angeblichen Brief Elias) bis *ParJer.* (7.3.2 a) 6,19–25 und 7,24–34 reichend. Als Lehrbrief im Besonderen nennt Bauckham noch *1Hen.* 92–105, *Baruch* und den *Brief Baruchs* (hier 1.5; 2.5.3–4). – Diese Gattung, die auch in der griechisch-römischen Welt von den Formgesetzen der hohen Literatur

grundsätzlich frei war,[80] wurde im Hellenismus beliebt: Hengel 202f nennt außer dem biblischen Vorbild Jer 29(36) noch Dan 3,31–4,34; *2Makk.* 1,1–9 (ein echter Brief) und die Imitation *2Makk.* 1,10–2,18; Est 9,20–32; Est 3,13a–g; Est 8,12a–x; dazu das sehr expandierte Beispiel der *EpArist.* (hier 4.1) und den seinerseits aus 3Kön 5,15–23 bzw. 2Chr 2,2–15 expandierten Briefwechsel Hirams bzw. Surons mit Salomo bei Eupolemos (hier 3.3.2). **Literarische Besonderheit:** interner Textsortenwechsel: Außer den futurischen Verben in V. 1–2 fehlt jedes prophetische Element; V. 3 bis Ende ist ein schlicht gehaltener, um Begründungen bemühter Traktat gegen Götterbilder. Man kann das Ganze in seiner Schlichtheit doch ein Gedicht in Prosa nennen.

Zählung: 72 Verse (lat.: Bar 6,1–72). Wird der Vorspann mitgezählt, sind es bis zu 74 Verse.

Gliederung: V. 1f ist eine Verbindung mit dem Jer-Buch; ab V. 3 Thema „Götterbilder". Refrainartiges „fürchtet sie nicht" schließt (in Variationen) V. 14.22.28 (vgl. Jer 10,2.5). „Sie sind keine Götter" schließt in Variationen V. 39.44.51.56; dann wieder „fürchtet sie nicht" V. 64.68. – Gliederung nach Themen (mit dieser nicht übereinstimmend): Nickelsburg 35.

Literarische Integrität: außer Zweifel.

Biblischer Bezug: Formales Vorbild ist der Brief Jeremias an die ins Exil gehende Oberschicht Jerusalems in Jer 29(36),4–7 mit seiner Rahmung (1–3) und seinen diversen Fortsetzungen (8 ff, 10 ff, 15 ff, 24 ff). Vgl. „Textsorte".

Historischer Bezug: Die Ankündigung eines Exils von sieben Generationen Länge (V. 2) zielt auf babylonische oder überhaupt Diaspora-Verhältnisse.

Quellen und Vorlage: Außer dem eben unter „Textsorte" Genannten ist es Jer 10,3–16; vgl. Jes 44,9–20; 46,5–7; Ps 115,4–8; 135, 15–18 u. a. m. Zur Sprache: V. 69 greift auf Jer 10,5 im Hebr. (nicht LXX!) zurück.

Hebraismen sind z. B. die *figura etymologica* gleich im Anfangssatz, das νυνὶ δέ für einen Themenwechsel (V. 3) und v. a. die eben genannte Stelle V. 69. Das Präskript hingegen ist reines Griechisch (s. Kopftext). Ein Semitismus in syntaktisch-pragmatischer Hinsicht ist, dass jedes literarische Mittel der Leserlenkung fehlt: Es gibt keine Kontaktnahme mit den (primär oder sekundär) Angeredeten am Anfang und keinen irgendwie sich ankündigenden Schluss. Das Ganze ist ein stilisierter, jedoch für griechische Ansprüche keineswegs literarischer Brief, ist also auf innerjüdische Wirkung bedacht, imitierte Bibel.

Bemerkenswerte Stellen: Mosaischem Ritualempfinden entsprechen V. 29f.43. Hellenistisch hingegen ist in V. 5 das Grundwort der LXX-Psychologie: διάνοια. In seiner „Gesinnung" soll man anders bleiben als die Umwelt, zu anderem als sie

---

80 Das schließt nicht aus, dass ein Horaz in Rom *Epistulae* in Hexametern dichten konnte. Bestimmend für die Titelwahl ist in seinem Fall, dass es an bestimmte Personen gerichtete Texte sind (darum auch *sermones*, entsprechend gr. ὁμιλίαι, wie später im Christentum zunächst die Ansprachen an kleinere Auditorien genannt wurden).

motiviert sein (so auch im *Aristaeosbrief* häufig, 4.1). Ebd. auch die eher seltene Gottesanrede δέσποτα; vgl. Lk 2,29; Apg 4,24.

Abfassungszeit: durch gr. Qumran-Frg. für spätestens 2.Jh. v.Chr. gesichert. Die **Adressaten** sind im Judentum selbst zu suchen; vgl. „Hebraismen". Gunneweg 185: „Heiden hätte die Argumentation, die unreflektiert Götter und Götterbilder identifiziert, kaum imponiert." **Abfassungszweck:** Stärkung jüdischer Observanz in einer Minderheitenposition.

Rezeption: Dieser Text wurde Bestandteil eines jeremianischen Corpus in der Septuaginta. Hieronymus hingegen, der keinen hebr. Text vorfand, qualifizierte ihn als „Pseudpigraphon" (MPL 24,680 A), wie er auch mit *Baruch* tat (2.5.4). Benutzung schon bei Aristides, *Apol.* 3 ist wahrscheinlich (Schürer/V. 745; deSilva 221). Lateinisches bei Tertullian und Cyprian. – Kirchlicherseits wurde später der Gebrauch von Bildern im eigenen Gottesdienst unter gewissen Beschränkungen, die immerhin das Bilderverbot (Ex 20,4–6) reflektieren, zugelassen (2. Chalcedonensisches Konzil 781), und vieles in diesem Brief Kritisierte blieb auch in der Kirche „aus den Heiden" vermieden. – Über die Popularität des Propheten Jeremia im antiken (Juden-) Christentum s.u. 7.3.2. Schon Mt 16,14 schätzt ihn Mose gleich; und diese beiden dürften die „zwei Zeugen" von Mt 11,3 sein (Ginzberg, *Legends* 6, 386).

2.2 Hellenistisch-jüdischer Midrasch und romanhafte Dichtungen

2.2.0 Vorbemerkung über Alexandrien

Ab jetzt werden immer häufiger literarische Schöpfungen des alexandrinischen Judentums zu besprechen sein. Über das Besondere dieser Stadt hat 0.3.2 schon einige Informationen gegeben. Seit Jacob Freudenthal, *Hellenistische Studien* (0.7.2) 76 dient der Ausdruck „hellenistisch-jüdischer Midrasch" für eine Reihe von griechisch verfassten Nach- oder Umerzählungen biblischer Geschichten zum Zweck einer Modernisierung. Ein griechisches Wort für diese bei den Rabbinen dann beliebte, erst von ihnen *midraš* genannte Textsorte gab es zunächst nicht; später wurde in vergleichbarem Sinn „Diegese" gesagt (7.4.8), „Erzählung", „Bericht".

Eine Einleitung in das hier unter 2.2 zu Nennende bietet auf Freudenthals Spuren F. SIEGERT: „Hellenistic Jewish Midrash", in: Neusner/A., *Midrash* I 199–250.[81] Auf rabbinischer Seite ist ein frühes, aber doch erst nach 70 n.Chr. anzusetzendes Beispiel

---

[81] Hätte dieses Sammelwerk, wie anfangs sogar geplant war, eine chronologische statt einer alphabetischen Anordnung bekommen (als Geschichte und nicht als „Enzyklopädie"), hätte dieses Kapitel das erste werden müssen, vor jenen über den *pešer* von Qumran und den *midraš* der Rabbinen. Gleiches gilt betreffs der Synagogenpredigt für den Band von Deeg/Homolka/Schöttler unter 2.3.3. Es fällt heutiger Judaistik nicht leicht, Impulse aus der Diaspora gleich zu werten wie solche aus dem Mutterland.

für exegetischen Midrasch der oben schon gewürdigte *LibAnt.* (1.1.2). Einen Vergleich mit Paulus zieht C. HOLLADAY: „Paul and his predecessors in the diaspora", in: J. FITZGERALD/Th. OLBRICHT/M. WHITE (Hg.): *Early Christianity and Classical Culture*, FS Abraham J. Malherbe (NovTest.S 110), 2003, 429–460.

Literatur über das alexandrische Judentum (zusätzlich zu 0.3.2): Schürer/V. I 389– 394. Dort noch nicht verwendet: E. STAROBINSKI-SAFRAN: „La communauté juive d'Alexandrie à l'époque de Philon", in: *Alexandrina. Hellénisme, judaïsme et christianisme à Alexandrie.* FS Claude Mondésert, 1987, 45–75; M. CLAUSS: *Alexandria. Schicksale einer antiken Weltstadt*, 2003 [über die Juden: 62–67.333 f; Vorsicht: Er glaubt dem Ps.-Aristaeos]; Schimanowski, *Alexandrien* (0.9.5); J. CARLETON PAGET: „Jews and Christians in ancient Alexandria from the Ptolemies to Caracalla", in A. HIRST/M. SILK (Hg.): *Alexandria, Real and Imagined*, 2004, 143–166; S. GAMBETTI: „The Jewish community of Alexandria: The origins", *Henoch* 29, 2007, 213–240 und folgende Artikel; B. BAR-KOCHVA: *The Image of the Jews in Greek Literature*, 2010.
Zum Rechtsstatus der Juden in Alexandrien s. bes. Schürer/V. III 92–94.127–129; Schimanowski, *Alexandrien* 140–175; M. VOGEL: „Exkurs" in *Josephus, Ursprünglichkeit* (0.9.1) Bd. 2, S. 130–135; Collins, *Identity* 113–122.

2.2.1 Artapanos' Mose-Erzählung

In hellenistischer Zeit hat die Persönlichkeit des Mose, so wie sie aus den Erzählungen der Tora (des *Nomos*) hervorging, dem Judentum zu seiner Selbstdarstellung gedient; sie wurde mit allerlei Gründungs-Heroen hellenistischer Städte in eine Reihe gestellt oder besser noch: ihnen vorangestellt (3.1.0). Eine Heroisierung Moses und der Patriarchen wird in den Texten dieses 2. und auch des 3. Abschnitts vielfach zu beobachten sein, in deren Zug übrigens die Ägyptenfeindlichkeit der Exodus-Überlieferung – kaum dass dieses Buch ins Griechische übersetzt war und wohl schon in den Synagogen gelesen wurde – eine bemerkenswerte Aufweichung erfuhr; man vermutete einen intensiven Kulturaustausch in jenen frühen Zeiten vor dem Exodus (und dabei soll, jedenfalls nach Philon, *Mos.* 1, 20 f, Mose seinerseits auch von den Ägyptern und von dorthin eingeladenen Griechen gelernt haben; vgl. Apg 7,22).

Vorzustellen ist nunmehr ein bemerkenswertes Beispiel an Akkulturation des Judentums aus der Frühzeit der – später so heftig gescheiterten – Symbiose in Alexandrien. Es läuft unter einem rätselhaften, weder jüdischen noch griechischen Autorennamen: Artapanos. Sollte das nur ein Schriftstellername sein, ein *nom de plume*, um den Empfängern dieses Textes pagane Herkunft zu suggerieren (etwa im Sinne einer von außen kommenden Bewunderung des Judentums),[82] wäre er neben den pseudonymen *Brief des Aristaeos* (4.1) zu stellen, zu dem er auch mehr oder weniger gleichzeitig ist. Er sei aber hier schon vorgestellt als ein mögliches, und dann sehr frühes, Beispiel der Textsorte „Midrasch". Mit diesem (zugegeben erst späteren, rabbinischen) Ausdruck könnte man die jüdische Abwandlung einer im Hellenismus gängigen Textsorte, hier der Ethnographie, bezeichnen, sofern sie nicht von dem Ethnographen Alexander Polyhistor (3.0.1) herrührt, aus dessen Zitaten wir die Artapanos-Stellen überhaupt nur kennen. Es handelt sich um Fragmente einer vermutlich alexandrinisch-jüdischen Selbstdarstellung des Judentums anhand von dessen Gründerpersönlichkeit Mose. Erhalten ist:

Frg. 1: Euseb, *Praep.* 9, 18,1, über den Namen „Judäer";

Frg. 2: 9, 23,1–4, über Josephs Rolle in Ägypten;

Frg. 3: 9, 27,1–37 (vgl., stark abweichend, Clem.Al., *Strom.* 1, 154,2f), über Mose und den Exodus.

Insgesamt sind das etwa 10 Seiten Text, die auch in der Verkürzung noch Farbe, Fabulierlust und viel Phantasie erkennen lassen. Leider sind es nur Referate, bei Clemens, der Einleitungsformel nach, möglicherweise noch aus dem Originalwerk, bei Euseb aber aus Polyhistor, der seinerseits nicht zitierte, sondern referierte (stets im a.c.i.). Damit ist die Wortwahl wohl weitgehend noch die originale, nicht jedoch die Syntax.

Online-Index Nr. 17; Schürer/V. 521–525. **Inhaltsangabe** z. B. bei Dalbert 43; Denis; **Paraphrase** und Kommmentar: Woschitz 176–187.

Einleitung und Übersetzung: Charlesworth II 889–903 (J. COLLINS); JSHRZ I/2 (N. WALTER) 1976, S. 121–136; dazu VI/1,1 (U. MITTMANN-RICHERT) 191–196; Inhaltsangabe 191f.

Einleitung: Denis 1135–1146; H. ATTRIDGE in: Stone, *Writings* 166–168; Hengel 167–169.171; Gruen, *Heritage* 87–89.153–160; ders., *Diaspora* 201–212; Collins, *Identity* 37–46; Siegert in Neusner/A., *Midrash* 208f. **Nur Text:** Denis, *Conc.* 915f. **Anmerkungen:** Rießler (186–191) 1276f.

Literatur: Lehnardt Nr. 1546–1598; DiTommaso 1009–1014. **Neuere Studien:** R. KUGLER: „Hearing the story of Moses in Ptolemaic Egypt. Artapanus accommodates the tradition", in: A. HILHORST/G. VAN KOOTEN (Hg.): *The Wisdom of Egypt*. FS G. Lattikhuizen, 2005 (AJEC 59), 68–80; H. JACOBSON: „Artapanus Judaeus", *JJS* 77, 2006, 210–221; E.-M. BECKER: „Artapanus: 'Judaica': A Contribution to Early Jewish Historiography", in: N. CALDUCH-BENAGES/J. LIESEN (Hg.): *History and Identity. How Israel's Later Authors Viewed Its Earlier History*, 2006, 297–320; H. ZELLENTIN: „The end of Jewish Egypt", in: G. GARDNER/K. OSTERLOH (Hg.):

---

[82] Josephus, *C.Ap.* 2, 18 stellt davon eine Liste zusammen, ohne wissen zu wollen oder seinen Lesern zu sagen, wie viele davon selbst Juden sind. Vgl. 3.6.0.

Antiquity in Antiquity. Jewish and Christian Pasts in the Greco-Roman World (TSAJ 123), 2008, 27–73; mehr unter 3.1.0.

Handschriften: Text nur noch durch Clemens- und Euseb-Zitate bekannt. Von Clem.Al. gibt es nur 1 Handschrift, den Laurentianus (Florenz) V 3 (11.Jh., Erstausgabe: Florenz 1550; Denis 1068–1071); von Eusebs *Praep.* gibt es Handschriften ab dem Cod. Parisinus von 914 (Denis 1116–1118).

Titel in den Handschriften: Euseb überschreibt seine drei Auszüge jeweils „Über Abraham", „Über Isaak" und „Über Jakob"; das nennt aber nur sein Interesse beim Exzerpieren des von Polyhistor Überlieferten. Dieses aber stand bei Polyhistor unter dem (eher summarischen als individuellen) Buchtitel Ἰουδαϊκά bzw. Περὶ Ἰουδαίων. **Andere Benennung:** *Mose-Roman* (Walter).

Neuere kritische Ausgabe: Jacoby, *FGH* III C 2, S. 680–686; PVTG 3 (A.-M. DENIS) 1970, S. 186–195; Holladay, *Fragments* I 189–243 (jeweils mit Clem.Al.-Parallele zum 3. Frg.).

Textanfang von Frg. 1: τοὺς μὲν Ἰουδαίους; **Textschluss:** von Frg. 3: ἔτη ὄντα ὀγδοήκοντα ἐννέα.

Wortindex: Siglum bei Denis, *Conc.:* „HArt."

Ähnliche oder ähnlich benannte Texte: weiteres zu Mose s.u. 2.4.2; 7.2.1. – Eine Parallelüberlieferung ohne Namen findet sich bei Josephus, *Ant.* 2, 201–349.

Autor: Der Name ist persisch (ein Artabanos, Onkel des Xerxes, ist aus Herodot 7, 44 ff bekannt, und mehrere Könige der Parther haben so geheißen), kann aber auch von einem Juden Alexandriens, in dessen Milieu das Buch entstanden sein dürfte, getragen worden sein. Vgl. Kopftext.

Textsorte: kaum zu bestimmen; überliefert sind nur verkürzte Auszüge. Vergleichbar ist die ihrerseits nur noch in Überarbeitung greifbare *Geschichte Aseneths* (2.2.2; Hengel 203 f).

Zählung: 3 Fragmente, gezählt nach ihrem Vorkommen bei Euseb, mit dortigen §-Nummern.

Literarische Integrität: Die Clem.Al.-Fassung, wo wir sie haben, ist verdächtig, nur eine Paraphrase dessen zu sein, was Polyhistor referierte. Euseb hingegen zitiert diesen verlässlich. – **Textliche Integrität:** Eine Verwechslung Abrahams mit seinem nach Ägypten eingewanderten Enkel in Frg. 1 sowie der Namen „Ismael" und „Israel" in Frg. 2 dürften auf Polyhistor zurückgehen.

Biblischer Bezug: Gen 36 bis Ex 17 (ohne Gen 39–40), umerzählt. Ein Vorgriff in Frg. 3 § 37 nennt die vierzig Jahre der Wüstenwanderung; doch ob und wieviel von der Sinai-Szene und all dem Folgenden noch erzählt wurde, wissen wir nicht.

Historischer Bezug: Manche religions- und zivilisationsgeschichtlichen Gegebenheiten Ägyptens mögen aus authentischer Information erwähnt sein.

Quellen, Vorlagen: Eine synoptische Tabelle aus vergleichbaren Stellen bei Artapanos, in der Septuaginta und bei Diodor v. Sizilien s. Zellentin 35–46. Zellentin geht möglichen Quereinflüssen nach; die Schwierigkeit liegt 1. in dem fragmentarischen Zustand der Artapanos-Texte und 2. darin, dass Diodor seine Quellen (nur die kommen hier in Betracht) nicht nennt.

Stil: Tadelloses hellenistisches Griechisch. Diesem Autor eigen ist die Transkription des Mose-Namens: ΜΩΥΣΟΣ, mit ος-Endung und dem ägyptisierenden Υ in der ersten Silbe, das auf eine äg. Ableitung nicht von *mise* „gebären", sondern von *mow* „Wasser" (wegen Ex 2,10) hinweist (um es gleich koptisch zu benennen); vgl. Philon, *Mos.* 1, 17. Nachmaliges Missverständnis spricht diesen Namen dreisilbig (Μώϋσος); gemeint war aber doch wohl Μωῦσος (mit sog. Langdiphthong *ōw*); vgl. noch die *Suda* unter ΜΩΥ.[83]

Bemerkenswerte Stellen, Theologisches: s. Dalbert 56–65. Mose spricht im Namen des „Herrschers der Erde" (ὁ τῆς οἰκουμένης δεσπότης, Frg. 3 § 22). Dessen unaussprechlicher Name hat sowohl geflüstert wie geschrieben magische Wirkung (ebd. § 24–26).[84] Eigentümlich ist in Frg. 3 § 35f die natürliche neben einer übernatürlichen Wundererklärung. Mit Mirakeln und Zauberei aller Art wird im Übrigen nicht gespart (vgl. 6.3). Das Judentum dieser Texte will Mitbegründer der hellenistischen Kultur gewesen sein: Abraham habe die Astrologie mitgebracht (Frg. 1), Mose sei Musaeos gewesen, der Lehrer des Orpheus, zugleich auch Erfinder der Hieroglyphen[85] und sogar der ägyptischen Kulte bis hin zum Heilighalten der Ibisse (Frg. 3 § 4.9).[86] Die ägyptischen Plagen sind die Erfolge von Moses Zauberei, ja sogar das seither jährliche Anschwellen des Nils (Frg. 3 § 30–33). „Es scheint, dieser jüdische Autor war stärker interessiert an Ruhm und Ehre der jüdischen Nation als an der Reinheit der Gottesverehrung" (Schürer/V. 523). Tadel am Polytheismus war im Ausland nicht angebracht, es sei denn – wie später versucht wurde – unter dem Schutz sibyllinischer Pseudonymie (5.3.1).

Abfassungszeit: zwischen der gr. Pentateuch-Übersetzung (3.Jh. v.Chr.) und Alexander Polyhistor (frühes 1.Jh. v.Chr.), also 2.Jh. **Ort:** sicher Ägypten, vielleicht außerhalb Alexandriens, das an autochthon-ägyptischer Kultur kaum Teil nahm. **Adressaten:** Juden ebendort; **Abfassungszweck:** Kulturbündnis ägyptischer Juden mit ihrer Umwelt; Verantwortung der eigenen Verschiedenheit.

Rezeption: Wie weit der Parallelbericht des Josephus (s. Kopftext) von Artapanos abhängt, ist unklar und eher unwahrscheinlich; seinen Namen nennt er nie, wo er doch auswärtige Bewunderer des Judentums, auch wo sie nur mit *nom de plume* so

---

[83] Dort wiederum kann man in den Ausgaben μῶυ (zweisilbig) finden statt μωῦ (einsilbig). Die Armenier transkribieren den Mose-Namen *Movsēs* (wo aber, wie auch in anderen transkribierten Namen, *ov* für ω steht). Epiphanios, *Haer.* 39,8 setzt ΙΩΥΑΝ für hebr. *Jawan.* – Erst als der akustische Kontakt zum Judentum verlorengegangen war, ist sekundär ein „Moyses" entstanden. Die okzidentale Form (bei Varro u. a.) war bis dahin *Moses* gewesen.

[84] Dieses Motiv dürfte auch hinter Joh 18,6–8 noch stehen, einer Ausschmückung der Gethsemane-Szene.

[85] Dass in dieser Reihe ganz nebenbei „auch die Philosophie" auftaucht, dürfte Missverständnis sein für etwas Spezifischeres. Gruen, *Heritage* 153–160 vermutet hier den – nur innerjüdischen – Ausdruck von Geringschätzung der betr. polytheistischen Anschauungen: Die Legende von den Kulturstiftern wird umgekehrt.

[86] Den kuriosen Tiermythos dieser letzteren Stelle bietet Josephus im Ton des Ernstes in *Ant.* 2, 245–253.

heißen und selber Juden sind, gern zitiert (s.u. 3.6.0). – Die Identifikation Mose-Musaeos findet noch im 2.Jh. bei Numenios, Frg. 9 (bei Euseb, *Praep.* 9, 8,2; Stern II S. 212) ihr Echo. Weiteres in gr. und syr. Kirchenliteratur bei Schürer/V. 522.

2.2.2 Die *Geschichte der Aseneth* und ihre Fortsetzung

Gemeinhin zitiert man diesen Text als *Joseph und Aseneth*, was aber nur auf die ersten 21 Kapitel zutrifft. Geht man nach den textinternen Gliederungssignalen, so unterscheiden sich:

a) **Kap. 1–21** ein Liebesroman oder besser (weil an *einer* Person orientiert): eine Liebesnovelle,[87] wenn auch eine religiös aufgeladene;
b) **Kap. 22–29** als Weitererzählung mit geändertem Zeitpunkt und geändertem Personal.

Überliefert ist beides nur zusammen, als scheinbare Einheit, und leider nur in sprachlich sehr späten, in (a) auch noch stark christlich gefärbten Fassungen. Diese Art von imitiertem Altgriechisch ist nur in kirchlichem Gebrauch bekannt (s.u. „Stil"). Die Fachwelt ist sich aber einig, dass die Grundidee und -erzählung dieses Textes, wonach das Judentum unendlich begehrenswert sei (wie der schöne Joseph für die Ägypterin Aseneth), jüdisch war. Viele andere, zweifellos jüdische Texte wie der *Aristaeosbrief* und anderes Pseudo-Pagane (4.1–2), die Synagogenpredigten (2.3.3 a/b), das *Gebet Josephs* (2.2.3 c) oder Josephus' Apologie *Contra Apionem* (bes. 1, 280–286) belegen für die Antike die gleiche Selbsteinschätzung des Judentums.

a) Die Aseneth-Novelle (*Geschichte der Aseneth, JosAs.* 1–21)

Der Anlass dieser Erzählung ist ein kleines Problem, ein Anstoß im Erzählgut der *Genesis*. Entgegen den (späteren) Vorschriften Moses oder den noch späteren Esras hatte Joseph eine Nichtisraelitin, gar eine Ägypterin, zur Frau genommen: Aseneth (Gen 41,45).[88] Unsere Schrift entschuldigt das nicht etwa durch Verweis auf vormosaische Verhältnisse, sondern „korrigiert die Geschichte" durch den Nachtrag einer Konversion der Braut Josephs zum Judentum. Artapanos (2.2.1, Frg. 2 § 3) hatte dieses Bedürfnis noch nicht, Josephus auch nicht (*Ant.* 2, 91, möglicherweise Artapanos

---

[87] Zu jüdischen Novellen, zunächst hebräischen (in der Bibel), dann aramäischen (in hellenistischer Zeit), s.o. 1.2.
[88] Zum Namen: Der MT schreibt *As^{e}nat;* die LXX-Übersetzer jedoch setzen **Asenet* voraus, also ein sog. *nomen segolatum*, das nach masor. Regeln die Betonung auf der vorletzten Silbe haben müsste. In den gr. Handschriften, sofern sie Akzente haben, wird in Unkenntis dieser Regel Ἀσεν(ν)έθ geschrieben. – Der Name ist theophor, erinnert nämlich an die äg. Göttin Nēith, die auch Platon kennt; er identifiziert sie mit Athene (*Tim.* 21E).

wiedergebend); der Unterschied ist offenbar, ob man nach außen redet oder nach innen. Hier geht es zunächst um die Antwort auf ein innerjüdisches Problem.

Vielleicht sollte der Titel *Gebet Aseneths*, wo er denn steht (s. u. „Titel"), den weitgehend erotischen Charakter des Weiteren nicht jedem verraten. Jedenfalls funktionierte dieser Text von vornherein auf zwei Ebenen: der emotionalen der zugrunde liegenden Handlung, und der religiös-symbolischen der in sie eingesetzten Details und Gesten. Unter diesen ist noch rein jüdisch: Aseneths Hinauswerfen des ihr servierten Essens durch ein Fenster nach einer Richtung, wo nicht einmal ihre Hunde es würden verschlingen können (10,13; vgl. 7,1): Das ist der „Brechreiz" (βδέλυγμα, Gen 43,32), den nicht-koscheres Essen dem schweinefleisch-abstinenten Judentum zu aller Zeit einflößte.[89] Ein toragebundenes Christentum könnte auch noch so empfinden. Hingegen ist die Sakramentsmystik dieses Textes im Judentum so analogielos, wie diese Art von künstlichem Altgriechisch dort ungebräuchlich ist (s. u. „Stil"). Die Aseneth-Novelle kann im gegenwärtigen Abschnitt 2 nur deshalb geboten werden, weil ihr Grundgedanke: Das Judentum (symbolisiert durch Joseph) ist unendlich begehrenswert, jüdisch ist, jüdisch sein muss. Der Text, wie er vorliegt, ist jedoch christlich.

Die unzähligen Manuskripte in allen Sprachen der antiken Christenheit lassen sich, grob gesagt, in eine längere und eine kürzere Rezension unterscheiden. Mark Philonenko hält die kürzere, Christoph Burchard die längere für älter (Fink S. 10). Die Faustregel, wonach Texte eher wachsen als schrumpfen, kennt in der Tat Ausnahmen (2.2.8; 3.4.2); ob dies aber eine solche ist, bleibe dahingestellt.

Der Erstherausgeber, Pierre Batiffol, hielt *JosAs.* für ein christliches Werk des 5.Jh.; so auch Harnack a.a.O. Rein sprachgeschichtlich kann man es nicht ins jüdische Alexandrien zurückverlegen; man müsste schon eine Erstfassung *in toto* konjizieren.

Online-Index Nr. 48; Harnack 853 Nr. 60; II 570; Stegmüller Nr. 88 und 88.1–14; Schürer/V. 546–552. **Inhaltsangabe** z. B. bei Nickelsburg; Denis; **Paraphrase** und Kommentar: Woschitz 269–292.

Einleitung und Übersetzung: Charlesworth II 177–239 (Ch. BURCHARD); JSHRZ II/4 (ders.) 1983; Dupont-Sommer, *Ecrits intertestamentaires* 1561–1601 (M. PHILONENKO).

Einleitung: Denis 291–329; Nickelsburg 332–338; Gruen, *Heritage* 89–99; Collins, *Identity* 103–110.230–239. **Nur Text:** Denis, *Conc.* 851–857. **Anmerkungen:** Rießler (497–538) 1303 f.

Literatur: Lehnardt Nr. 3915–4097; DiTommaso 575–607; **Neuere Studien:** Ch. BURCHARD: „The Text of Joseph and Aseneth reconsidered", *JSPs* 14, 2004, 83–96; S. DOCHERTY: „Joseph and Aseneth: Rewritten Bible or Narrative Expansion?" *JSJ* 35, 2004, 27–48 (Thesen: 45 f); G. OBERHÄNSLI-WIDMER: „Klassiker der jüdischen Literatur: Der antike Liebesroman Joseph und Aseneth", *KuI* 19, 2004, 85–93; C.

---

89 Ein Beleg für das Gegenteil, dass auch die Ägypter vor den Judäern ihres Landes „Brechreiz" empfanden, s. den Papyrus in *CPJ* I Nr. 141 (1.Jh. v.Chr.); Text auch bei Schimanowski, *Alexandrien* 234.

WETZ: *Eros und Bekehrung. Anthropologische und religionsgeschichtliche Untersuchungen zu Joseph und Aseneth* (NTOA 87), 2010; ferner *JSPs* 14, 2005 großenteils.
– **Zur jüd. oder chr. Zuschreibung:** R. SH. KRAEMER: *When Aseneth Met Joseph. A Late Antique Tale of the Biblical Patriarch and His Egyptian Wife, Reconsidered*, 1998; M. PENN: „Identity Transformation and Authorial Identification in Joseph and Aseneth", *JSPs* 13, 2002, 171–183; J. COLLINS: „Joseph and Aseneth: Jewish or Christian?", *JSPs* 14, 2004, 97–112; Ch. BURCHARD: „Küssen in Joseph und Aseneth", *JSJ* 36, 2005, 316–323 [Reaktion auf Kraemer].

Handschriften: gr. zahlreich, ab 10.Jh. Listen z. B. bei Burchard 580–582; Burchard (in Charlesworth II) 178 f; Denis 297–301; kürzer bei DiTommaso 575 f; **syr.** Frg. ca. 600 n.Chr. (BM Add. 17202; Denis 301.307); **arm.** ab 13.Jh., zahlreich, oft in Bibeln. **Erstausgabe:** P. Batiffol 1889/90. **Stemma** der gesamten Überlieferung: Fink 17; dort wird die Kurzfassung („Ahn d", rechts außen) als spät eingestuft.

Titel in den Handschriften: Am ursprünglichsten scheint Ἱστορία Ἀσενέθ (so auch arm.). Länger: Βίος καὶ ἐξομολόγησις Ἀσενέθ; mehr bei Burchard 589. Der Titel Προσευχὴ Ἀσενέθ dürfte ursprünglich nur die Passage 21,11–21 meinen, welche die (als 21,10 gezählte) Überschrift trägt: *Sündenbekenntnis-Hymnus*[90] *Aseneths an den Höchsten Gott* (so auch arm., ohne „den Höchsten"). Wieweit die unter (b) aufgeführten Kapitel hier mitgemeint sein sollen, ist nicht gesagt. – **Gängige Benennung:** *Joseph und Aseneth*.

Neuere kritische Ausgaben: Kurzfassung: M. PHILONENKO (Hg., Übers., Komm.): *Joseph et Aséneth* (SPB 13), 1968. Langfassung: Ch. BURCHARD (u. a., Hg.): *Joseph und Aseneth* (PVTG 5), 2003; U. B. FINK: *Joseph und Aseneth. Revision des gr. Textes* [der Ausg. Burchard] *und Edition der zweiten lateinischen Übersetzung* (FoSub 5), 2008 [gr. Text: 171–197; lat. Text: 259–325, z.T. zwei Fassungen synoptisch; jeweils alle 29 Kap.]; E. REINMUTH (u. a., Hg., Übers., Komm.): *Joseph und Aseneth* (Sapere, 15), 2010. **Arm.:** Ch. BURCHARD/J. WEITENBERG (Hg.): *A Minor Edition of the Armenian Version of Joseph and Aseneth, With an Index of Words* (HUAS 10), 2010.

Textanfang: Καὶ ἐγένετο ἐν τῷ πρώτῳ ἔτει; **Textschluss** 21,21: ἐγενόμην αὐτῷ νύμφη εἰς τοὺς αἰῶνας (Rhythmus: ... – – – | – ᴗ – | – – – | ×).

Wortindex: Siglum bei Denis: „Asen."; arm. Index s. o. Burchard/Weitenberg.

Alte Übersetzungen: syr. (6.Jh.), arm. (Y. 152–198 = Iss. 91–160), lat. (zweimal; s.o.: Fink), äth. (nur einige Bezeugungen), slav. (dazu Bonwetsch 915), neugr., rumän.; Liste bei Denis 301–312; Burchard 621; Burchard (in Charlesworth II) 179. Zur arm. Übers. s. Ch. BURCHARD: „Character and Origin of the Armenian Version of Joseph and Aseneth", in: V. CALZOLARI BOUVIER/J.-D. KAESTLI/B. OUTTIER (Hg.): *Apocryphes arméniens. Transmission – traduction – création – iconographie*, 1999, 73–90; ders.: „The Text of Joseph and Aseneth reconsidered", *JSPs* 14, 2004, 83–96.

---

90 ὕμνος ἐξομολογήσεως, hier ein pathetischer Ausdruck für „Bußgebet". Hymnen solchen Inhalts dürften sonst selten sein.

Als **früheste Bezeugung** gilt die Erwähnung eines „Hauses der Asenec" bei Petrus Diaconus, im Zitat dessen, was wohl der verlorene Anfang des *Itinerarium* der Egeria (4.Jh.) war (Denis 296f). Weiteres frühestens im 5.Jh.

Ähnliche oder ähnlich benannte Texte: Pagane Entsprechungen als Liebesroman sind z.B. Der *Kallirhoë*-Roman des Chariton v. Aphrodisias, erstmals bei Persius (*Sat.* 1, 134) unter diesem Titel erwähnt, bekannter als *Chaereas und Kallirhoë* und noch ins 1.Jh. n.Chr. gehörig, dann auch Longos, *Daphnis und Chloë*, Achilleus Tatios, *Leukippe und Klitophon* u.a.m., die aber alle weit länger sind, keine Novellen mehr, sondern echte Romane. Religiöse, zumal mysterienhafte Züge sind in dieser Gattung durchaus üblich (Burchard 596). – Zu Joseph: Ps.-Ephraem, *In pulcherrimum Joseph* (auch *Leben Josephs* betitelt; Siglum bei Fink: „LJos") ist christlich; es findet sich oftmals neben (d.h. vor oder nach) *JosAs.* in den Handschriften. – Weitere Joseph-Texte im Folgenden.

Textsorte: Gern wird gesagt: Liebesroman; das Interesse an der Entwicklung einer Person legt statt „Roman" jedoch „Novelle" näher (vgl. 1.2.1), und die Josephs-Novelle Gen 37.39–50 könnte ein Vorbild gewesen sein, in Übertragung auf Aseneth. Joseph selbst ist nicht der Protagonist. Mit ihm vollzieht sich keinerlei Entwicklung; seine Exzellenz spiegelt sich nur in den Veränderungen der Aseneth. – Eingeschaltet ist ein Gebet (12–13) sowie nochmals, kurz vor Schluss und fast schon als Epilog, ein „Dankhymnus" oder „hymnisches Bekenntnis" (21,10–21); s.o. „Titel". – **Literarische Besonderheit:** stark dialogisiert; dazu s. DiTommaso 594–606 (allg.) und 606f (zu *JosAs.*). – Die mehr oder weniger christlichen Einträge vollziehen den Übergang zur Hagiographie, insbes. zur Sakramentsmystik.

Zählung: Meist zitiert wird die von Burchard für älter gehaltene lange Rezension mit den Kapitelzahlen von Batiffol und variierten Verszahlen Rießlers.

Gliederung: 3,1 („und es geschah") markiert einen Neueinsatz, nämlich den Übergang von der Exposition in die Erzählung selbst. Ebenso ist 21,9, die andere καὶ-ἐγένετο-Stelle, deren Abschluss mit einer (nur 1 Satz langen) Beschreibung des Erfolgs dieser Ehe. Es folgt in 21,10–21 unter eigener Überschrift ein „Dankhymnus" Aseneths. Soviel zu (a).

(b) Zwei weitere καὶ-ἐγένετο-Stellen setzen den Folgetext ab, wobei der Zeitwechsel („danach", nach sieben Jahren) diesen Einschnitt als den stärksten markiert; auch wechselt hier das Personal, und Josephs Brüder werden aktiv.[91] Ab dem vierten und letzten „Und es geschah" in 23,1 übernimmt der bisher nur in 1,7 genannte „erstgeborene Sohn Pharaos" die (vergebliche) Protagonistenrolle, die er erst mit seinem Tod am Textende ablegt, abgelöst durch Levi (dessen Herausragen aus seinen Brüdern auch in 7.5.1 auffällt). In 22 steht Jakob-Israel im Mittelpunkt, schön trotz seines Alters und glänzend wie Joseph selbst (V. 7), was mit 1–21 eine starke motivische Verkettung ist – so wie andrerseits das hier schon

---

[91] Eine der arm. Handschriften setzt den Schnitt bei 22,2 mit der Überschrift: „Über das Kommen Jakobs mit seinem ganzen Hausstand und seine Ansiedlung in Gesem" (= Gosen).

genannte Neid-Motiv (22,11) das Thema angibt für die restlichen Kapitel. Die Absicht des Weitererzählens (unten: b) ist hier offensichtlich, und ebenso, dass die vorherige Geschichte schon einmal fertig gewesen war.

Literarische und textliche Integrität: Dieser Text bedarf dringend einer Untersuchung aus dem Blickpunkt der Sprachgeschichte des Griechischen (s. o. 0.4.4). Hier scheint eine Vorlage in korrekter, sogar rhetorischer Koinē teils konserviert, teils aber auch verdorben worden zu sein. Sie hatte quantitierende Prosarhythmen, die von den Bearbeitern (zu schweigen von den modernen Herausgebern) nicht mehr gehört wurden.[92] Der Stil ist ein Wechselbad aus Gepflegtem und Bizarrem (Beispiele s. u.).

Biblischer Bezug: Der Anhaltspunkt der Erzählung ist Gen 41,45. Weitere Anspielungen s. Burchard 597f. Auffällig: eine Reihe von Gotteseigenschaften in 11,10, vgl. Ex 34,6; Ps 86(85),15 in der Wortwahl der Septuaginta.

Historischer Bezug: Denis 226 will in *JosAs.* ein Echo auf gewisse Konversionen hochrangiger Personen und Häuser im 1.Jh. n.Chr. erkennen.

Quellen und **Vorlage:** Für die zugrunde liegende Erzählung mag gelten, dass sie „klar jüdischen Ursprungs" ist (Schürer/V. 549). Sie gewinnt bis heute ihr Publikum durch Originalität und freies Spiel der Phantasie. Als Anregung ist v. a. das Buch *Ruth* zu veranschlagen, auch eine Liebesgeschichte, situiert in klassischer Vergangenheit, getragen vom Glauben an die Vorsehung und endend in der Gewinnung der ersten Proselytin aus dem betr. Land; ferner Est, Jdt, auch Tob sowie pagane Liebesromane (Denis 322f.327).

Hebraismen in diesem Buch sind Septuagintismen (vgl. Burchard 593), z. B. 17,1: „du sahst dieses Wort". Ps.-Hebraismus 18,9: „Blut eines Menschensohns" für: „menschliches Blut". – **Stil:** Imitation der feierlichsten Partien der Septuaginta; einfache Syntax.[93] Auffällig bei solcher Schlichtheit sind seltene Wörter. Selbst in der Kurzfassung finden sich ca. 40 Wörter, die nicht in der Septuaginta stehen (Philonenko 28f; dort auch Nachweis einiger *hapax* der gr. Literatur). Vermutlich wird hier ein älterer Text des „hohen" Stils paraphrasiert (s. „Literarische Integrität"). Zahlreiche Casusfehler und späte Verbformen, die der Koinē noch fremd waren, erzeugen im Endergebnis das künstliche Altgriechisch der Kirche, näher bei der *Palaea* (8.2.1) als etwa beim *Aristaeosbrief* (4.1). Typisch nichtliterarische

---

[92] Z.B. 1,3 Ende: πολεμεῖν πρὸς ἀλλήλους δι' αὐτήν. Das -μεῖν πρὸς ἀλλήλους ergibt die Klausel – υ – | – –, gestört nunmehr von dem (wegen Hiatus) rhythmisch unbrauchbaren δι' αὐτήν. Ebenso 3,8 Ende, 8,9 Ende und 17,6 Ende (χρόνον hängt über). In 16,10 Ende ist τῆς τραπέζης rhythmisch (– υ – | –), das in <...> noch Folgende jedoch nicht. Auch sonst sind Wucherungen feststellbar: Woher kommt in 16,8 ein „Geist des Lebens"? Die Ausg. Fink schreibt: πνοὴ <πνεύματος> ζωῆς. Nur wenn man das Eingeklammerte weglässt, erhält man ein Zitat aus Gen 2,7 LXX. Anscheinend ist in dieser Ausgabe <...> als Zeichen für Tilgungsvorschläge zu nehmen.

[93] Dieser Text, so wie wir ihn haben, wäre auch bei phonetisch abgeflachter byz. Aussprache noch verständlich, auch ohne hörbaren Unterschied zwischen λέγει, λέγῃ und λέγοι. Gleiches ließe sich von Philon oder von den ps.-philonischen Predigten (2.3.3) nicht sagen.

Sprachfehler und Verfallssymptome sind z. B. in 8,8 nicht kongruierendes *participium conjunctum*; 9,1 Perfekt statt Aorist; 11,3 Partizip Aorist statt Partizip Präsens; 12,15 und 18,9 deplatzierte Dative; 16,1 Übersehen des *schema Atticum*. In 22,7 begegnet das spätgr. Wort χαροποιός, Volksetymologie des alten, aber seltenen χαροπός Gen 49,12 (dort als Variante). Das Verb κρατεῖν *c.acc.* begegnet nur noch in der neugriechischen Bedeutung „halten".

Bemerkenswerte Stellen, Theologisches: Der Glanz, in dem ab 3,1 Joseph geschildert wird, gilt als Allegorie auf die Vorzüge des Judentums; s. Kopftext. Hier nun findet sich eine vieldiskutierte Steigerung. In 6,3.5 wird von Joseph gesagt: ὅτι υἱὸς Θεοῦ ἐστιν („er ist Sohn Gottes") oder, noch betonter in 21,4, er sei „Gottes erstgeborener Sohn" (vgl. 21,20): Hier divinisiert sich Israel mit einem Ausdruck, der sonst nur vom Volk Israel im Ganzen gilt, im Plural von Engeln.[94] Als individueller Gottessohn, dementsprechend dann auch als Engel, begnet uns ein „Engel Jakob" im *Gebet Josephs* (2.2.3 c), einem erstmals und nur bei Origenes bezeugten Text. Philon nimmt den Ausdruck „Sohn Gottes" für den Logos und nennt als nachgeborenen „Sohn Gottes" erst einmal den Kosmos: Ist *JosAs.*, wie manchmal behauptet wird, alexandrinisch-jüdische Theologie? – In 11,15 betet Aseneth lautlos; das war in biblischen Zeiten die Ausnahme (1Sam 1,13, bedingt durch Scham) und war in der hellenistisch-römischen Zeit v. a. Sache der Magie (van der Horst, *Hellenism* 252–277). Dieses Detail ist nicht mehr so unpassend, wenn man es als spät- oder nachantiken Zug wertet.

Christlicher Einfluss s. Denis 313f. Wenn Schürer/V. 549 zugibt: „Spätere Rezensionen sind von einem Christen überarbeitet worden", so ist das angesichts des sprachlichen Befundes (s. o.) nur allzu wahr: Wir haben *nur* späte Rezensionen. – Details: 4,10 variiert Mk 6,3 par.; 8,5b (Joseph als einer, „der das gesegnete Brot des Lebens isst und den gesegneten Kelch der Unverderblichkeit trinkt und gesalbt wird mit der gesegneten Salbe der Unverderblichkeit") erweitert 1Kor 10,1.[95] – Der Ausdruck „Geist der Wahrheit" (ebd.) ist hebräisch nicht belegt, gr. aber in Joh 14,17; 16,13.[96] Der rituelle Kuss (19,11) ist im Judentum nicht belegt, wohl aber bei Paulus (Röm 16,16 etc.; s. Kraemer). Wenn 2,12 von einer „Quelle reichen, lebenden Wassers" spricht, so ist schon rein sprachlich zum Verständnis Joh 4,14 vorausgesetzt.

---

[94] Übersicht über den Sprachgebrauch nach neuester Quellenlage bei F. GARCÍA MARTÍNEZ: „Divine sonship at Qumran and in Philo", *SPhA* 19, 2007, 85–99.

[95] Letzteres ist, wie die Reihenfolge anzeigt, nicht die Salbung anlässlich der Taufe, sondern eine im Christenstand fortdauernd zu bewährende: Vgl. 7.2.1 zum „Öl" (ἔλαιον) der Barmherzigkeit (ἔλεος), einem christlichen Topos.

[96] Das *TestJuda* (7.5.1) 20 bietet ihn mehrfach einschließlich des auch aus Qumran bekannten Gegenstücks, des „Geistes der Lüge", und Irenaeos, *Haer.* 1, 21,3 kennt sogar das aram. Äquivalent (transkribiert ρουα δα κουστα) bei den Markosiern: All dies spricht für eine besonders lebhafte Rezeption dieser Formel im Judenchristentum.

Entstehungszeit noch antik, wie die Reste von quantitierendem Prosarhythmus erkennen lassen. Die gängige Zuweisung an das alexandrinische Judentum, welches i.J. 115 sein Ende nahm, beruht auf mehreren, hier aufgewiesenen Unmöglichkeiten. Bocian, *Lexikon* 267 (unter „Josef [1]: christl. Trad.") schätzt: 2.Jh., was für eine frühere Fassung der Erzählung zutreffen mag.[97] – Als **Ort** der Abfassung und Milieu der Ursprungsgeschichte vermutet man das jüdische Alexandrien, obwohl zu Philon da noch ein Unterschied wäre (s.o.). Ägyptisches Lokalkolorit liegt in der häufigen Erwähnung von Bienen (Kap. 16), einem heiligen Tier des Landes, dessen Lob in Spr 6,8a–c rabbinischer Zensur zum Opfer fiel, in der Septuaginta aber noch steht. – Ursprünglicher **Sitz im Leben:** private, innerjüdische Erbauung im Hinblick auf das (in römischer Zeit ja blühende) Proselytenwesen. Dieses florierte allerdings gerade in Ägypten (um von Alexandrien ganz zu schweigen) weit weniger als in Syrien oder Rom. – Kirchlich sind als Sitz im Leben sodann Klöster zu denken mit ihrer Gepflogenheit des Vorlesens statt Tischgespräch, insbes. Frauenklöster. Derartige Romane, zumal in rhetorisierter Form (Filme von damals!), waren ein Erlebnisersatz.

Abfassungszweck zunächst wohl: Selbstvergewisserung des Diasporajudentums. Weitergehende Vermutungen bei Burchard 615 f. Die in älterer Literatur vertretene Vermutung, mit dieser Geschichte sollten Proselyten geworben werden, ist schon deshalb unwahrscheinlich, weil der Text (genauer: das was früher, und in korrektem Griechisch, dieser Text gewesen sein könnte) inhaltlich viel zu aggressiv ist gegenüber polytheistischer, bildergebundener Religiosität (3,6; 8,5 usw.).

Rezeption: Über die kirchliche Benutzung dieses im Mittelalter und wieder im 20.Jh. vielgelesenen Werkes s. Burchard 579; Denis 295 f. In seiner christlichen Verwendung mag *Aseneth* Vorleselektüre in Klöstern gewesen sein.[98] Bocian 267 zur *Proseuche der Aseneth:* „Durch die Liebe zu J. wird Asenat bekehrt. Sie erlöst nun, selbst eine Figura Christi, wiederum den J. Der Kirchenvater Ambrosius von Mailand (306–373) nimmt in seine Homilie auf den Patriarchen J. (*De justo J.*) auch außerbiblische Motive auf." Was letztere betrifft, vgl. noch den Hinweis *SPhA* 24, 2012, 192 f nach *VigChr* 63, 2009, 493–521. – Als Personenname ist *Asanēt'* nur (und immerhin) im Armenischen üblich geworden.

---

97 Sie dürfte in genau dem Stil gehalten gewesen sein, den das Judenchristentum des 2.Jh. liebte, ausweislich des Hebr, Jak und 2Petr. Sollte das eine Spur sein, führt sie eher zu den Nazoräern als zu den Ebioniten.

98 Vgl. Siegert, „Das zweite Makkabäerbuch" (s.u. 3.4.1) 163–165 sowie unten 7.3.2 c. Der Brauch des Vorlesens bei Mahlzeiten (statt allzu weltlicher Tischgespräche) durchzieht das Mittelalter. Noch die in der Lutherhalle Wittenberg aufgestellte gotische Kanzel ist keine Kirchenkanzel, sondern die Vorlesekanzel des Refektoriums im vormaligen Augustinerkloster.

b) Ein nachbiblischer Konflikt Josephs mit seinen Brüdern: *JosAs.* 22–29

Das Folgende ist gegenüber *JosAs.* 1–21 eine *fast* eigenständige Erzählung (s. o. unter a: „Gliederung"), jedenfalls mit neuen Protagonisten und neuer Thematik. Der Sohn Pharaos (in 1,7 war er nur eine Nebenfigur), neidisch auf Josephs Frau Aseneth, versucht mit Hilfe von Josephs Brüdern einen Anschlag auf ihn, den diese zwar ablehnen; sodann aber gelingt es Pharao selbst, sie zu dem Anschlag zu bewegen. Benjamin, der, 18-jährig, nunmehr in die Rolle des Jungen und Schönen nachrückt (27,1), weiß das zu vereiteln, sekundiert von Levi, dem prophetische Würde zugetraut wird (23,8), und sowohl Aseneth wie Joseph selbst vergeben schließlich den Ägyptern in Großzügigkeit. Joseph, der den Pharao ablösen darf, übergibt nach 48 Herrschaftsjahren die Krone dem jüngsten Sohn des Pharao (sein ältester erlag den von ihm ausgelösten Wirren, 29,7).

Diese Kapitel sind uns in einer bescheideneren, im Endeffekt allerdings gleichfalls byzantinischen Sprachgestalt erhalten. Sie mögen illustrieren, wie Teil (a) vor seinen christlichen Überschreibungen und Ausweitungen ausgesehen haben mag.

Online-Index etc., auch Inhaltsangabe wie (a). **Einleitung:** Denis 295. **Nur Text:** Denis, *Conc.* 857–859.
Ähnliche oder ähnlich benannte Texte: siehe 2.2.3 sowie das *Testament Josephs* (in 7.5.1).
Textanfang: Καὶ ἐγένετο μετὰ ταῦτα. **Textschluss:** ἐν γῇ Αἰγύπτου [Zusatz: ...τῆς ζωῆς αὐτοῦ], beide Schlüsse rhythmisch.
Wortindex wie (a).
Textsorte: Midrasch. **Zählung** als *JosAs.* 22–29.
Gliederung: schlichte Erzählung mit „und... und..."; zum Anschluss nach oben s. (a) „Gliederung". Geht man nach der Handlung, so folgen sich 23–24 und 25–27 als jeweils geplanter und dann durchgeführter Anschlag auf Aseneth und 28–29 als Reue der Kollaborateure und Wiederherstellung geordneter Verhältnisse.
Literarische Integrität: Auch dies ist ein überarbeiteter Text, doch ist sein jüdischer Charakter davon nicht gestört.
Biblischer Bezug: Gen 46–50. Dass das Verhältnis Josephs zu seinen Brüdern konfliktträchtig war und blieb, wird in Gen 50,15–21 ausdrücklich gesagt. – In 27,1ff wird 1Sam 16,12 und 1Sam 17 imitiert (Benjamin mit den Zügen des jungen David).
Historischer Bezug: Hier mag, solange es ein jüdischer Text war, an Zeitgeschichte angespielt sein; vgl. „Abfassungszweck".
Hebraismen: Septuagintismen wie zuvor; viele Sätze (auch Absätze) beginnen mit καί. **Gr. Stil:** gehobene, quantitierend-rhythmische Prosa, in der Wortwahl weniger schwülstig als Kap. 1–22. Eine homerische Anspielung ist die Rede von einem „fetten (= wohlversorgten) Alter" in 22,6 (< *Od.* 11,136 u. ö.; auch Josephus, *Ant.* 8, 2).

Bemerkenswerte Stellen, Theologisches: Joseph ist auch hier „Sohn Gottes" (23,10), sc. als Verkörperung Israels.[99] Dies ist keine messianische Aussage. In christlicher Lektüre wird man hier typologisch Jesus mitgedacht haben.

Entstehungszeit und **-ort** wie (a); es kann derselbe ursprüngliche Erzähler angenommen werden.[100] **Sitz im Leben:** zunächst wohl synagogale Unterhaltung mit erzieherischem Zweck. Christliches wie oben (a). Die erzähltechnisch heimatlose Stelle 22,13 beschreibt die „geistliche" Liebe eines Klerikers (nämlich des Priesters Levi; dieser kann sogar himmlische Schriften lesen) zu „Aseneth", in deren Person man sich ein ganzes Frauenkloster denken kann.

Abfassungszweck: Sollte hier vielleicht auf Konflikte im Diasporajudentum Ägyptens, bes. Alexandriens, kommentierend-beschwichtigend eingewirkt werden?
Zweck der Redaktion: „Geistliche" Unterhaltung.

2.2.3 Weitere Joseph-Erzählungen. Das *Gebet Josephs*

Das eben benannte Thema der Konflikte unter den zwölf Söhnen Jakobs (also den Israeliten) hat eine mehrfache und doch wohl selbstkritisch gemeinte Aufmerksamkeit gefunden. S. z. B. Gruen, *Heritage* 74–89.99–109 und v. a. den Exkurs „Joseph in postbiblical Literature" bei Dochhorn/Klostergaard Petersen (unten: a) 436–444.

a) Die *Narratio Joseph* (zu Gen 37)

Der folgende Text ist nur in einem einzigen koptischen Fragment bekannt, Bestandteil eines Papyrus von sonst christlichem Inhalt. Jan Dochhorn und Anders Klostergaard Petersen plädieren für jüdischen Ursprung – doch wohl der griechischen Vorlage; denn ein Gebrauch des Koptischen durch Juden müsste erst noch erwiesen werden. Und auch dann bleibt die Frage, wer zuerst, Jude oder Christ, die Geschichte niedergeschrieben hat. – Inhaltlich geht es auch hier um Konflikte zwischen Joseph und seinen Brüdern, u.z. über die biblischen Vorgaben hinaus.

Inhaltsangabe bei Dochhorn/Klostergaard Petersen 435 f.
Literatur: DiTommaso 610; wichtig: J. DOCHHORN/A. KLOSTERGAARD PETERSEN: „Narratio Joseph. A Coptic Joseph-Apocryphon", *JSJ* 30, 1999, 431–463.
Handschrift: Papyrus des 4.Jh.; **Erstausgabe:** J. ZANDEE: „Iosephus contra Apionem. An apocryphal story of Joseph in Coptic", *VigChr* 15, 1961, 193–213 [kopt. Text auf 5 nicht nummerierten Tafeln zwischen S. 200 und 201; engl. Übers. S. 195–200]; dazu Denis 345 Anm. 61.

---

99 Das diesem Ausdruck nachgestellte πρωτότοκος, das die vorangegangene rhythmische Klausel (– – – | – ᴗ – , zwei *Cretici* also) stört, dürfte einer der wenigen christlichen Zusätze sein.
100 Der „Winterbach" in 27,2ff spricht nicht dagegen, sobald man das Wort χείμαρρος mit „Wadi" übersetzt.

Titel in der Handschrift: ...]*ti nnIōsēph*.
Textanfang: *Asšōpe [de] hnuhow*[... („Es geschah aber eines Tages"); **Textschluss:** ...] *hmhal affoq*[... („Sklave ausriss").
Ähnliche oder ähnlich benannte Texte: Ein weiterer kopt. Text ist angezeigt bei Denis 345 Anm. 63. syr. Joseph-Texte (unediert) ebd. 344 f, arab. und äth. 346 f. Ein „Apokryphon der Hebräer" (das meint Juden wie Judenchristen), bei Origenes u. a. erwähnt und den bisherigen ähnelnd, s. Denis 347 mit Anm. 67. Anderes in Byzanz und Islam bei Denis 347 f. Als Beispiel einer christlichen Homilie zum Thema, der die *Narratio Joseph* möglicherweise zugrunde liegt, s. C. WESSELY: „Geschichte von Joseph und seinen Brüdern", in: ders.: *Griechische und koptische Texte theologischen Inhalts* (Studien zur Paläographie u. Papyruskunde, 18), 1917, 22–29; Denis 345 Anm. 62. – Ein kopt., arab. und lat. überlieferter *Tod Josephs* mit viel ägyptischem Kolorit, ins 4.Jh. datierbar oder später, heißt mit vollerem Titel *Tod Josephs des Zimmermanns*...
Textsorte: „Jewish exegetical narrative" (Dochhorn/Klostergaard Petersen), das wäre also: hellenistisch-jüdischer Midrasch – sei es original, sei es in christlicher Nachahmung. **Literarisches Detail:** In 16,26–28 entspricht das Zitat aus Gen 37,20 wörtlich der koptischen (sahidischen) Bibel (Dochhorn/Klostergaard Petersen 445); das spricht nochmals für christliche Herkunft des Textes.
Zählung: nach Kolumnen und Zeilen des (Gesamt-)Papyrus.
Biblischer Bezug: Gen 37, v. a. V. 25, angereichert um das Motiv des Hasses *zwischen* den Brüdern Josephs.
Historischer Bezug: 17,45 und 22,30 erwähnen einen Apion, der aber nicht identisch ist mit dem Apion von Josephus, *Contra Apionem* (gegen Zandee). Der Name „Apion" war in Ägypten, dessen einheimische Religion noch immer Apis-Stiere verehrte, häufig, und inhaltlich spricht nichts für die von Zandee erwogene Indentifikation.
Abfassungszweck, Sitz im Leben: s. u. (c).
Rezeption s. „Ähnliche Texte", Wessely.

b) Die *Historia Joseph* (zu Gen 41–42)
Der folgende griechische Text, nur in wenigen Fetzen auf Papyrus erhalten (keine Zeile ist ganz) und darum ohne Wirkungsgeschichte, dafür aber auf das 4.Jh. datierbar (spätestens), ist aus 6 Fragmenten bekannt, gezählt A–F.

Online-Index Nr. 38; noch nicht bei Stegmüller. **Paraphrase** und Kommentar: Woschitz 306 f.
Einleitung und Übersetzung: Charlesworth II 467–475 (G. T. ZERVOS).
Einleitung: Denis 225. **Nur Text:** Denis, *Conc.* 924b. **Literatur:** DiTommaso 610.
Titel in den Handschriften: nicht erhalten; Anfang und Schluss auch nicht. **Andere Benennungen:** *Historia Joseph filii Jacob*; *Geschichte Josephs*.

Neuere kritische Ausgabe: PVTG 3 (A.-M. DENIS) 1970, 235 f; reproduziert Milnes Edition (1927) von Frg. A und B. Anderes s. DiTommaso.
Anfang von Frg. A: ἀλ]ηθῶς μετ' αὐτα[..., **Ende** von Frg. B: ...]ἐστιν κα[....
Wortindex: Siglum bei Denis: „FrAn." (= fragmentum anonymum) j.
Ähnliche oder ähnlich benannte Texte: Über Fragmente von Paraphrasen zu Gen 41–43 bei K. TREU: „'Apocryphe relatif à Jacob et Joseph' (van Haelst no. 571) und der Sitz im Leben von Apocrypha-Papyri", in: T. BAARDA (u. a., Hg.): *Text and Testimony*, FS A. F. J. Klijn, 1988, 255–261 (neu ediertes gr. Textfragment: 258). – Über einen Papyrus aus dem Fajjum (6./7.Jh.), der Joseph erwähnt mit Elementen aus Gen 42, s. Denis 343 f.
Textsorte: Bibelparaphrase, Midrasch; vielleicht sogar (wenn auch sekundär): liturgischer Hymnus (s. „Sitz im Leben").
Biblischer Bezug: Gen 41,39–42,36.
Abfassungszweck, Sitz im Leben: Treu 260 vermutet für die von ihm behandelten Texte Singbarkeit im Rahmen byzantinischer Liturgie sowie christliche Autorschaft auch bei gänzlichem Fehlen entsprechender Nomenklatur oder Terminologie: „Joseph ist in der ostkirchlichen Tradition so eindeutig Präfiguration Christi, dass sich das gewissermaßen von selbst verstand. Seine Leiden und seine schließliche Erhöhung wurden so gedeutet. So steht es noch im Horologion der heutigen griechischen Kirche. Sein Gedächtnis wird gefeiert an markanter Stelle des Kirchenjahres, am Karmontag, dem 'heiligen und großen Montag'" (ebd.; in *Synekdēmos* 985 s.v. πάγκαλος Ἰωσήφ nur noch als Verweis).

c) Das *Gebet Josephs*

Die folgende Schrift ist nur bekannt aus zwei Stellen, die sich, z.T. mehrfach, bei Origenes und bei anderen Kirchenvätern zitiert finden:

Frg. A: Origenes, *Johanneskommentar* 2, 25 (zu Joh 1,6);
Frg. B: Origenes, *Genesiskommentar* 3, 9 (zu Gen 1,14), auch als Zitat bei Euseb, *Praep.* 6, 11,64 und wiederholt bei Prokopios, *Genesiskommentar* zu 1,14 (MPG 87/1, Sp. 96 C).[101]

Als **Frg. C** gilt die Zitierung von B und Anspielung an A in der *Philocalia Origenis* 23,15.

Der Titel deutet auf einen Erzählrahmen, der uns verloren ist; der Inhalt freilich ist eher magisch. Zur religionsgeschichtlichen Einordnung wichtig ist v. a. das Frg. A, das sich eigentlich nicht mit Joseph, sondern mit Jakob beschäftigt: Mit dem Engel am Jabbok ringend (Gen 32,28), weiß er diesen zu besiegen nicht nur dadurch, dass er ihm seinen Namen auf den Kopf zusagt, sondern auch und vor allem durch die Auskunft, er (Jakob) sei um acht Generationen älter, ja sei einer der Erzengel.

---

[101] Dieser „Kommentar" ist eigentlich eine Catene, nur ohne Nennung von Namen und damit ohne klare Abgrenzung der meistens irgendwo entlehnten Textpartien.

Man hat solche Selbsteinschätzung dem antiken Judentum durchaus zugetraut. Zu vergleichen sind jene für das Judenchristentum bezeugten „Genealogien", vor denen 1Tim 1,4 (μῦθοι καὶ γενεαλογίαι), Tit 1,14 (...μὴ προσέχοντες Ἰουδαϊκοῖς μύθοις καὶ ἐντολαῖς ἀνθρώπων) und 3,9 (...καὶ γενεαλογίας... καὶ μάχας νομικάς) so eindringlich warnen; diese waren vom pseudo-Historischen (3.2.1–2) ins spekulativ-Kosmische übergegangen.

Online-Index Nr. 34; Harnack I 853 Nr. 60; II 570; Stegmüller Nr. 87.15; Schürer/V. 798 f.
   Paraphrase und Kommentar: Woschitz 521–527.
Einleitung und Übersetzung: Charlesworth II 699–714 (J. Z. SMITH); van der Horst/ Newman, *Early Jewish Prayers* 249–258 (J. NEWMAN; engl. Übers.: 253; 254–248: **Kommentar**).
Einleitung: Denis 331–343; Collins, *Identity* 239 f. **Nur Text:** Denis, *Conc.* 901.
Literatur: DiTommaso 611–615. Lit. zu Jakob als Engel s. Charlesworth II 718 Anm. 13.
Titel in den Zitierformeln: Προσευχὴ (τοῦ) Ἰωσήφ; lat. *Oratio Joseph*.
Neuere kritische Ausgabe: PVTG 3 (A.-M. DENIS) 1970, S. 61 f. Text des Frg. auch bei Schürer/V.
Textanfang von Frg. A: ὁ γὰρ λαλῶν πρὸς ὑμᾶς ἐγώ; **Textschluss** von Frg. C: καὶ τοῖς υἱοῖς ὑμῶν, beides rhythmisch.
Wortindex: Siglum bei Denis, *Conc.:* „FJos."
Alte Übersetzung: Die Schriften des Origenes wurden im Westen durch die lat. Übersetzungen seines Schülers Rufinus bekannt.
Frühestes Zitat: Origenes' *Johanneskommentar* wird spätestens 231 n. Chr. datiert. Weitere Erwähnungen s. Denis 337.
Ähnliche oder ähnlich benannte Texte: Ein *Gebet Jakobs* aus paganen Zauberpapyri s. 6.3.2; über den Zusammenhang der beiden Texte s. Newman 254–258. – Das rabbinische *Gebet unseres Vaters Jakob* s.o. 1.5.4 d. – DiTommaso 614 bietet Hinweise auf sog. *Joseph-Apokrypha* in Qumran (2Q 22; 4Q 371–373), ebd. 610 weitere in christlicher Lit. begegnende Joseph-Midraschim: eine äth. und arab. erhaltene *Historia Joseph filii Jacob*, letztere im Anhang an eine arab. *Dormitio Joseph filii Jacob* (nicht bei Stegmüller).
Textsorte der Gesamtschrift: nicht mehr bestimmbar. **Besonderheit:** Der kurze Text bietet nicht weniger als drei *hapax legomena* innerhalb unseres Textbestandes (Newman 250).
Biblischer Bezug: Gen 32,28. Vielleicht war der Text als ganzer, nach seinem Titel zu schließen, an Gen 48 (dem Segen Jakobs) orientiert.
Bemerkenswerte Stellen, Theologisches: s. Kopftext. Im oberen Kontext von Frg. A wird erwogen, ob nicht die Seele Johannes des Täufers schon präexistent gewesen sei. Diese Frage könnte aus einer sonst nur wenig belegten Täufertheologie kommen, wie sie neuerdings auch im Lk nachgewiesen worden ist.[102] Sie beruht

---

[102] Wittkowsky, *Den Heiden* 49–111. – Bei Origenes kann noch verglichen werden seine *Genesis-*

übrigens auf einer Wandlung des „Seelen"-Begriffs ins Platonische; dazu s. Exkurs hinter 2.4.2.

Abfassungszeit: vor Origenes, aber wohl nicht vor Aufkommen der Gnosis (2.Jh.).

2.2.4 Narrative Magiekritik: *Jannes und Mambres*

2Tim 3,8 weiß die Namen der ägyptischen Zauberer zu nennen, deren Künste Mose in Ex 7,11–23 zu übertreffen bekam: Ἰάννης καὶ Ἰαμβρῆς, besser lat. *Jannes et Mambres* (s.u.). Beide Namen und der des Mose dazu kehren auf Papyri wieder, die ihrerseits dem Zauber gedient haben dürften, sowie in gr. wie lat. Literatur (Denis 497–499). Numenios, Frg. 9 (bei Euseb, *Praep.* 9, 8,1f; Stern II S. 212f) und Frg. 10a (bei Origenes, *C.Cels.* 4, 51; Stern II S. 214) erwähnt im 2.Jh. Iannes und Iambres als ἱερογραμματεῖς = Hieroglyphenschreiber, die sich zugleich als beste im Zaubern erwiesen hätten, lässt aber auch in seinem Referat die antijüdische Tendenz der Rahmenerzählung erkennen; es ist die auch bei (Ps.-)Manethon gebotene Gegenversion des *Exodus,* wonach die Judäer aus Ägypten wegen Unreinheit vertrieben worden seien (Josephus, *C.Ap.* 1, 84–102.232–277). Hier nun bekommen wir eine vermutlich ganz jüdische Version vor Augen, die schon deswegen die ältere sein düfte, weil die Namen der Hauptpersonen hebräisch sind. Origenes, *Comm. in Mt.* zu Mt 27,9 (MPG 13, 1769 C) kennt sie, ebenso das *TestSal.* 25,4 (6.3.1). Ps.-Ambrosius gibt im Kommentar zu 2Tim 3,8 ihren Inhalt kurz wieder: Es handle sich um „die Geschichte von den beiden ägyptischen Magiern (...), die zunächst im Vertrauen auf ihre Magie Mose Widerstand leisten zu können glaubten, dann aber gedemütigt 'unter dem Schmerz ihrer Wunden' bekennen mussten, dass Gott in Mose gewirkt habe" (Hirschberger 215). – Über die durchaus unterschiedlichen Einstellungen zur Magie, die man im AT und im Judentum finden kann, s.u. 6.3.0.

Auf den nunmehr vorzustellenden Papyri, welche die ausführlichste Fassung dieser Legende dokumentieren, wird Jannes, einer der beiden Magier-Brüder, krank zur Strafe für seine Zauberei und stirbt trotz seiner Künste, die Mutter der beiden auch;[103] einzig (M)ambres erlebt das – textlich leider nur ganz dürftig erhaltene – Ende der Geschichte, in welchem sein per Totenbeschwörung befragter Bruder ihn nochmals vor Götzendienst und Magie warnt.

Online-Index Nr. 47; Harnack I 858 Nr. 71; II Stegmüller Nr. 89.13–14; Schürer/V. 781–783. Neueste und vollständigste **Inhaltsangabe:** Hirschberger 217–223.

Homilie (nicht identisch mit dem *Kommentar*) 1, 7 (zu Gen 1,16): Dort gilt Mose als „ein Stern in uns, welcher leuchtet und uns erleuchtet mit seinen Taten, auch Abraham, Isaak, Jakob, Jesaja, Jeremia, Hesekiel, David und Daniel": Auch das scheint ein Element jüdischer Theologie zu sein, wie man bei Origenes viele findet.
103 Sie zählt zu den drei Hauptpersonen dieser Fassung; warum? Ein Scheidungsdrama ist mit impliziert; man könnte das Ganze auch psychologisch lesen.

Einleitung und Übersetzung: Charlesworth II 427–442 (A. PIETERSMA/R. T. LUTZ); überholt durch Hirschberger (s. u.).
Einleitung: Denis 491–505; Woschitz 307–309. **Anmerkungen:** Rießler (496) 1303.
Literatur: DiTommaso 559–563; vgl. Hirschberger 226–228.
Handschriften: gr.: Chester-Beatty-P. (Dublin) Nr. 16 (2.Hälfte 4.Jh.); Wiener P. Gr. 29, fol. 456v und 828v; Heidelberger P. Inv. G 1016; **lat.**: BM Cotton, Tiberius B v, fol. 87.
Erstausgaben s. Denis 494 Anm. 4.
Titel in den Handschriften (teilw. ergänzt): Αὕτη ἡ βίβλος λόγων Ἰάννου καὶ Ἰάμβρου τῶν μάγων, lat. (bei Origenes, übers. durch Rufin): *Jamnes et Mambres liber;* auch: *Liber poenitentiae Jannes et Mambre.* Zu den Namen s.u.: „Hebraismen".
Neueste kritische Ausgabe: M. HIRSCHBERGER: „Die Magier des Pharao – Das Buch der Worte von Jannes und Jambres in seinem Kontext", in: dies., *Hell.-jüd. Literatur* 213–260 (bes. 230–254: Wiedergabe der einschlägigen Papyri in einer Gesamtmontage mit dt. Übers.; Rest Fragmente). Das dort nicht einbezogene **lat.** Fragment s. Lechner-Schmidt, *Wortindex* (0.9.4) 241.
Textanfang nicht erhalten (nach der immerhin erhaltenen Überschrift fehlt etwa 1 Kolumne; danach viel Fragmentarisches). **Textschluss:** Auf Kolumne 30 lässt sich noch ἀδελφὲ Ἰάμβρη lesen; weiteres zu fragmentarisch.
Wortindex: Bei Denis, *Conc.* 902 steht nur der eine Satz aus Philostorgios (s.u.). Lechner-Schmidt erfasst seinerseits nur das eine lat. Fragment.
Alte Übersetzungen: Das Londoner Fragment, 13 Zeilen lang, ist lateinisch und angelsächsisch; **Text** bei Denis, *Conc. latine* 629. Es kommt aus einer offenbar expandierten Fassung und füllt, aber mit Erweiterungen, die Lücke der „ca. 7 Zeilen" in Kol. 7 (Hirschberger).
Frühestes Zitat: 2Tim 3,8. Nicht wenige **Erwähnungen** ab dem 2.Jh. s. Kopftext und Schürer/V. 782; Denis 493f.
Ähnliche oder ähnlich benannte Texte: s. Schürer/V. 781 sowie „Rezeption". Als Titelgebung ist 2.2.5 zu vergleichen.
Textsorte: Legende (wie üblich, in wechselnden Fassungen); Midrasch zu Ex 7,11.
Zählung bei Hirschberger in Kolumnen der jeweils benutzten Papyri. Auf Chester-Beatty-P. 16, Kol. 1–16 (mit Parallele aus dem Wiener Papyrus ab Kol. 12, synoptisch) folgen die weiteren Kolumnen des Chester-Beatty-P. mit Parallelen aus dem Heidelberger Papyrus, beide Seiten (neben Kol. 16–19), dann ab Kol. 22 der lat. Londoner Papyrus, der neben Kol. 27 endet. Weiteres bis Kol. 30 sehr lückenhaft; Rest unplatzierte Fragmente.
Gliederung: rein narrativ; vgl. die Abschnittsetzungen in der Paraphrase bei Hirschberger 217–223. Ein Umschlagpunkt könnte an der unten („Christliches?") erwähnten Stelle liegen; das bei Hirschberger 222f Referierte wäre die Kernstelle. „Es folgt eine lange Reihe moralischer Belehrungen in der Tradition der Weisheitsliteratur" (Hirschberger 223).
Literarische Integrität: Martina Hirschberger hat aus mehreren Papyri einen zusammenhängenden Text zu rekonstruieren vermocht, zusammengehalten von

einer stimmigen Erzählung. Da jedoch textsortengemäß jede Handschrift ihre eigene Rezension ist, gehen die Details oft auseinander.

Biblischer Bezug: Ex 7,11–23. Mögliche **Vorlagen:** *Jub.* 48,9–11 (1.1.1) bietet – noch ohne Namen – den Kern der Geschichte; *CD* 5,17–6,2 gleichfalls, dazu den ersten Namen.

Hebraismen sind jedenfalls die beiden Namen: „Iannēs" geht auf eine Verkürzung von *Joḥanan* zurück (*CD* 5,18: יחנה *Jaḥna*; verbreiteter ist die Kurzform *Jannai*); „Mambrēs" kommt von *Mamre* („Widerspenstiger", ein hebr. Personenname), in *CD* noch nicht belegt, wohl aber im *Midraš Rabba* (nämlich *WaR* 9,6 zu Ex 7,11).[104] Die Formen mit *J* dürften aus einer Angleichung kommen.[105] – **Gr. Stil:** schlichte, aber korrekte Koinē.

Christliches? So wie Hirschberger die Erwähnung eines Hades-Abstiegs in Chester-Beatty-P. 16 Kol. 28 Z. 15 übersetzt, wäre es derjenige Christi (1Petr 3,19; Hirschberger 222; vgl. Pietersma/Lutz S. 441 unter 23e). Das ist aber weder textkritisch noch erzähllogisch zwingend; verlangt ist nur der *descensus* des Jannes und sein Antworten aus dem Hades.

Abfassungszeit und -ort; Adressaten; Sitz im Leben: Dieser Text dürfte dem ägyptischen Judentum entstammen, das sich, im Stammland der Magie wohnend, gegen diese zu wappnen sucht, dabei aber deren Vorstellungswelt sich zunutze macht. Dass diese geeignet ist, Selbstläufer zu sein, ist das Risiko dabei: Zauberei mit den Namen dieser beiden Ägypter – die aus jüdischer, nicht äg. Tradition kommen – ist in der Kaiserzeit gr. wie lat. nachgewiesen (6.3.0). Da schon Plinius d.Ä. (starb 79 n.Chr.) diese Namen kannte – ohne Zweifel sind sie ihm durch das „biblische Judentum" des Westens in der o.g. lateinischen Fassung zugekommen –, ist die gr. Fassung in dieser Ausführlichkeit spätestens um die Zeitenwende anzusetzen.

Abfassungszweck: Warnung vor Magie.

Rezeption: Eine Inhaltsangabe – außer den eingangs schon genannten – findet sich auch bei Philostorgios, *H.e.* 9,2; PVTG 3 (A.-M. DENIS) 1970, S. 69. Eine spätere Fassung ist enthalten im georg. *Martyrium des hl. Pansophios v. Alexandrien* (Hirschberger 214). Weitere Reste aus Jannes-und-Mambres-Legenden bis ins Mittelalter bei Denis 503–505. – Rabbinisches bei Schürer/V. 781; Denis 502f; Ginzberg, *Legends* 3, 28f.120 (6, 10.51.127) u.ö. Sie reichen weit und nehmen die verschiedensten Motive in sich auf. Bei Ginzberg 3, 410 (6, 144) gelten die beiden als Söhne Bileams.

---

104 Hebr. Namensgebungen, traditionell Sache der Mutter, beziehen sich oft auf den Geburtsvorgang, in diesem Fall einen schwierigen. – Wenn umgekehrt der erste dieser beiden Namen in rabb. Texten auch *Jannes* geschrieben wird (so *TJ* I zu Ex 7,11), ist das wiederum eine Rückkopplung aus dem Griechischen.

105 Das „euphonische" β in der gr. Namensform hingegen ist eine Aussprachererleichterung, ganz wie „Mamre" > Μαμβρή und insofern ganz korrekt.

2.2.5 Eldad und Modad

Das Folgende ist nur ein einziger Satz; der dürfte – wie auch die ganze Schrift, die dabei genannt ist – jüdisch sein. Sicher ist aber nur die Bezugnahme auf zwei Namen aus dem Pentateuch, u.z. in seiner Septuaginta-Fassung (hebräisch lautet der zweite Name „Medad", im MT *plene* so geschrieben). Das Zitat steht bei Hermas (vor 150 n.Chr.) in seinem *Hirt (Pastor)*, dort *Visio* 2, 3,4, und lautet: Ἐγγὺς κύριος τοῖς ἐπιστρεφομένοις, „der HERR ist nahe denen, die Buße tun." Versuche, Weiteres diesem Buch zuzuordnen, z.B. Jak 4,5, s. Denis 482–485. – Rabbinisches zur Episode von Eldad und Modad (Num 11,26–30) bei Ginzberg, *Legends* 3,251–253 (6, 88f).

Online-Index Nr. 26; Harnack I 853 Nr. 61; Stegmüller Nr. 89.12; Schürer/V. 783. **Inhaltsangabe** bei Denis; **Paraphrase** und Kommentar: Woschitz 329f.
Einleitung und Übersetzung: Charlesworth II 463–465 (E. G. MARTIN).
Einleitung: Denis 477–489.
Literatur: DiTommaso 337–339. Über Magie im Judentum s. z.B. Simon, *Verus Israel* 394–416; dazu die oben unter 1.5.4 d erwähnten Editionsbände P. Schäfers und unten 6.3.
Handschriften: Der *Hirt* des Hermas ist, von allerlei Papyrusfragmenten abgesehen, fragmentarisch bereits im Codex Sinaiticus (4.Jh.) enthalten, dort hinter dem *Barnabasbrief* am Ende des NT.
Titel, unter dem das Zitat gegeben wird: ὡς γέγραπται ἐν τῷ Ἐλδὰδ καὶ Μωδάδ. **Text** z.B. in PVTG 3 (A.-M. DENIS) 1970, S. 68; ders., *Concordance* 901.
Alte Übersetzungen: Die Schrift des Hermas ist zweimal ins Lat. übersetzt worden, einmal schon im 2.Jh., sowie ins Kopt., Äth., Mittelpersische.
Ähnliche oder ähnlich benannte Texte: vgl. Voriges (2.2.4). Im *LibAnt.* 20,5 werden Heldat und Medat (so dort die Namensschreibung, mit Varianten) zu Propheten. Eine Targum-Notiz vergleichbaren Inhalts s. Schürer/V. 783. Ein undatiertes hebr. Buch *Eldad had-Dani* wird bei Ginzberg, *Legends* gelegentlich genannt, aber spät eingeordnet.
Textsorte: Ähnliches steht in der Septuaginta verschiedentlich zu lesen, etwa in Ps 34 (33),19; doch wird es hier als Prophetie geboten durch den Zusatz, Eldad und Medad seien diejenigen gewesen, „die in der Wüste als Propheten dienten".
Biblischer Bezug: Num 11,26–30.
Abfassungszeit: vor Hermas, also vor 150 n.Chr.
Abfassungszweck: Buße. In welcher Situation, ist freilich nicht zu erkennen. Die Verwendung dieses Zitats bei Hermas zieht eine Parallele zwischen der römischen Christengemeinde seiner Zeit und der Wüstenwanderung Israels.
Rezeption: Im NT könnte Jak 4,5 (Warnung vor Neid) nicht nur die biblische Eldad-und-Modad-Episode Num 11,26–30, sondern auch ihre Ausgestaltung in mündlichem oder schriftlichem Midrasch aufgreifen (Bauckham 430–432). Solches wird insbesondere für die *Erzählung des Zosimos* (2.2.7 a) vermutet (Denis 485).

2.2.6 Die *Geschichte Melchisedeks*

Die zwei Stellen, wo ein Priesterkönig von Salem (Jerusalem), Priester schon vor Aaron und König vor (Abimelech, Saul und) David, in der Hebräischen Bibel begegnet, sind nahezu isoliert von ihren Kontexten und wirken archaisch und vormosaisch, auch wenn sie nach heutiger Erkenntnis späte Zutaten sind. Schon früh forderten sie die Phantasie der Bibelkundigen heraus, sie mit der übrigen Bibel enger zu vernetzen, u.z. nicht als theoretisches Spiel, sondern um eine eigene Minderheitenposition abzusichern. Schon 11Q 13, wovon Reste im Umfang von ca. 2 Druckseiten erhalten sind, war ein Melchisedek-Midrasch gewesen, dessen Themenstellung gut erklärlich ist für eine Gruppe, die sich mit dem Jerusalemer Priestertum – dem aaronitischen – überworfen hatte. Gnostisches s.u. 7.6.2 e.

Die Art, wie Melchisedek in dem jetzt zu nennenden Midrasch geschildert wird, nimmt die ausführlichen Überlegungen des *Hebräerbriefs* (Hebr 5,6 – 10 und 7,1 – 10,18) nicht zur Hilfe, zielt auch nicht auf sie ab, darf also für jüdisch gelten, auch wenn die erhaltenen Texte Merkmale christlicher Redaktion aufweisen.

Kirchliche Literatur hat uns diesen Midrasch in drei Fassungen aufbewahrt:
a) Ps.-Athanasios, MPG 28, 525 – 530, kontextlos überliefert, vergleichbar mit einer anonym überlieferten, gekürzten Fassung in einem bisher inedierten Pariser Codex bei Dochhorn 43 – 46;
b) *Palaea historica* 206,26 – 210,27 (Vassiliev; s.u. 8.2.1); am stärksten verchristlicht: Die Abkunft Melchisedeks aus paganem Adel, aber eben von Götzendienern, ist ersetzt durch Zitat von Hebr 7,3;
c) der Rotulus (= Rolle; ein Codex ist es nicht) Palatinus Graecus 431 im Vatikan, entstanden im 10.Jh. in Konstantinopel. Dieses Manuskript, ein Unicum, enthält auf der Innenseite Illuminationen zum Josua-Buch.[106] Die Rückseite trägt diverse Beschriftungen aus dem 13.Jh., darunter, auf Segment 5/6 (die über 10 m lange Rolle wurde vor der Konservierung zerschnitten), Z. 98 – 121 (der durchlaufenden Zählung) einen mit (a) nur ungefähr und mit (b) noch weniger vergleichbaren Melchisedek-Midrasch, im Druck 2 Seiten ausmachend. Dies ist die sog. Josua-Rotulus-Fassung.

Die Abkürzungen bei Böttrich sind: *HistMelchAth*, *HistMelchPal* und *HistMelchRot*; im Folgenden genüge (a), (b) und (c). Gemeinsam ist allen dreien eine Grunderzählung, die *nicht* der Melchisedek-Christus-Typologie dient, außer in abstreifbaren christlichen Zusätzen.

---

[106] Diese Illuminationen in immer noch ganz antiker Formgebung (auch die Rollenform ist antik) haben Anlass gegeben zu zahlreichen Untersuchungen über (christlich-)bildliche Wiedergabe jüdischen Midraschs, ja vielleicht auch über jüdische Ikonographie. Kurt Weitzmanns Hypothese, dass es auch eine jüdische Buchkunst gegeben habe (neben Mosaik-, Fresko- und anderen bildenden Künsten), hat sich jedoch nicht erhärten lassen.

Stegmüller Nr. 85.2–5.
Einleitung und Übersetzung: JSHRZ.NF II/1 (Ch. BÖTTRICH) 2010: (a) 85–105; (b) 107–116; (c) 117–120. – **Einleitung:** Denis 215–220; Dochhorn s.u. „Ausgabe".
Literatur: Böttrich 80–83; M. VON NORDHEIM-DIEHL: *Geboren von der Morgenröte?* (WMANT 117), 2008; G. GRANERØD: *Abraham und Melchizedek* (BZAW 406), 2010.
Handschriften: (a) Venedig (12./13.Jh.) und viele spätere; Liste bei Dochhorn 17–21; (b) s.u. 8.2.1, dazu auch Dochhorn 20f Nr. 23–29; (c) Palatinus Gr. 431 (im Vatikan, für diesen Teil: 13.Jh.). **Erstausgabe** (a) Heidelberg 1600 in den Werken des Athanasios, (b) s.u. 8.2.1; (c) als Faksimile O. Mazal 1984; vgl. „Kritische Ausgaben".
Titel in den Handschriften: (a) variiert; (b) Περὶ τοῦ Μελχισεδέκ; (c) keiner, sondern freie Überleitung. **Andere Benennungen:** *Historia (de) Melchisedec(h)*.
Kritische Ausgaben (zu a und b): J. DOCHHORN: „Die Historia de Melchisedech (HistMelch). Einführung, editorischer Vorbericht und Editiones praeliminares", *Muséon* 117, 2004, 7–48 (gr. Texte: 28–33; 35–39; 43–46). Zu **(c)**: P. SCHREINER: „Die Prachthandschrift als Gebrauchsgegenstand. Theologische und wirtschaftsgeschichtliche Notizen auf dem Verso des Josua-Rotulus", in: *Österreichische Akademie der Wissenschaften. Anzeiger der philosophisch-historischen Klasse* 431, 1997, 43–62 [gr. Text: 48f; dt. Übers.: 49f; dazu Taf. 4–5 S. 60f].
Textanfänge und -schlüsse ähneln sich nicht.
Alte Übersetzungen sind weder von (a) noch von (b) noch von (c) bekannt, dafür aber zahlreiche „Sekundärüberlieferungen" (Böttrich 16–28), d.h. freie Bearbeitungen desselben Stoffes; s. „Ähnliche Texte".
Früheste Bezeugung: aus der Antike nichts Sicheres.
Ähnliche oder ähnlich benannte Texte: Auch *2Hen.* 72,6 in der Langfassung ist ein kleiner Melchisedek-Midrasch (7.4.1; dort Andersen 95 und 96f). Kopt. Melchisedek-Texte finden sich bei Dochhorn 24f und 25–27 (kopt./dt.). – Gnostisch ist die Schrift *Melchisedek* in NHC IX, *1* (7.6.2 e, ca. 3.Jh.). Weiteres Christliche auf Syr., Kopt., Arab., Äth., Arm., Georg., Slav., Rumän. in dt. Übers. bei Dochhorn 21–23; Böttrich 121–135.
Textsorte ursprünglich immer noch: hellenistisch-jüdischer Midrasch. Christlich angepasst oder eingepasst in diverse exegetische oder hagiographische Gattungen bzw. Sammlungen.
Zählung: bei Dochhorn und Böttrich 14 Kapitel mit Versen nach (a); Fassungen (b) und (c) werden mit analogen Ziffern versehen.
Gliederung: Böttrich 77, nach den Etappen des Geschehensablaufs.
Literarische Integrität: keine. Es handelt sich um Traditionen, die *ad hoc* verschriftlicht wurden oder, sofern schriftlich, in Form von Paraphrasen weitergingen.
Biblischer Bezug: Gen 14,18–20; Ps 110(109),4. Die Formulierung πᾶν μουσικὸν μέλος in 6,1 paraphrasiert Dan 3,5.10.15, die (längst nicht mehr verstandene) Dudelsack-Stelle; vgl. 1.4.2 Anm. 142. – Zitate aus Hebr 7,3 oder auch schon 2,10 (das ist in c

sogar das Stichwort im oberen Kontext, das zu seiner Eintragung in die Rolle geführt hat) gelten als chr. Zutat.

Quellen und Vorlagen: Vermutungen (es ist eher Traditionsgeschichte) bei Böttrich 165 f. Parallelen aus *Jub.* (1.1.1) u. a. in den Anmerkungen zur Übersetzung.

Hebraismen sind imitierte Septuaginta. Text (c) verwechselt die Etymologie von „Melchisedek" mit der von „Jerusalem". – **Gr. Stil:** (a) einfache Koinē; (b) und (c) spätes Kirchengriechisch. Zu (b) s.u. 8.2.1. Auch in (c) begegnen die typischen Casusfehler einer nicht mehr gesprochenen Sprache. Weder in der Koinē noch im Mittelgriechischen hätte man ἱκετεύειν mit Dativ konstruiert (9,1); so etwas schrieb man höchstens, um einen Text altgriechisch aussehen zu lassen. In 5,4 ist der Schreiber unentschieden, ob er ἐπὶ τῷ oder εἰς τὸ vor einen Infinitiv des Zwecks setzen soll; er schreibt: ἐπὶ τὸ ἀποκτεῖναι, „auf das Töten". In 8,1 wird an einen immerhin korrekten Dativ eine Apposition im Akk. angehängt – alles Belege, dass kein Gefühl mehr bestand für den Unterschied der Casus.[107] Dies ist nachantikes Griechisch, und nur der Inhalt ist älter und mit Jüdischem vergleichbar.[108]

Christliches: Bezüge zum Hebr u.a.m. lassen sich wegdenken; sie sind ohne notwendigen Bezug zum übrigen Inhalt. Weiteres bei Böttrich 15, letzter Absatz.

Abfassungszeit und -ort: Böttrich 74–76 schlägt das 1.–3.Jh. n.Chr. vor. Ein *terminus ad quem* ist freilich erst die Entstehungszeit der *Schatzhöhle* (8.2.3). – Der eher mythische Berg Thabor, in allen Melchisedek-Traditionen erwähnt, gibt für die Lokalisierung nichts her.

Abfassungszweck, Theologisches: Vermutungen hierzu bei Böttrich 66f. Denkt man sich einen jüdischen Erzähler, so möchte dieser vielleicht sich und sein Auditorium eines unkonventionellen Priestertums versichern: Das mag ein narratives Gegenstück sein zu dem bei Philon (*Spec.* 2, 163; *Mos.* 1, 149) diskursiv belegten Bewusstsein des Diasporajudentums, i.S.v. Ex 19,6 ein Priestervolk zu sein.

Rezeption: Zur christlichen Verwendung dieses Midrasch s. Böttrich 6–11.29–51: auch *2Hen.* (7.4.1) und *Schatzhöhle* (8.2.3), zum Melchisedek-Thema in christlich-jüdischer Auseinandersetzung allgemein Simon, *Recherches* 101–126. Als „Melchisedekianer" ist eine häretische Strömung im Christentum des 2. und v. a. des 4./5. Jh. bekannt, die sich auf eigene Weise jüdischer Melchisedek-Traditionen bediente (Böttrich 3; 74f); sie haben sicherlich auch auf kirchlicher Seite ein Interesse an derlei Gedankengut motiviert. Melchisedek-Stellen aus Kirchenschriftstellern in dt. Übers. bei Böttrich 135–144; Ikonographisches ebd. 145–154 in Reproduktion aus gr. und slav. Hss.

---

[107] Das kann zwar alles noch dem Abschreiber angelastet werden, jedoch mit geringerer Wahrscheinlichkeit; er hätte wohl eher angeglichen als (pseudo-)differenziert. – Folgende Fehler dürften auf das Konto des modernen Herausgebers gehen: ἀκατείνας lies ἀνατείνας, ἀκρούμενος lies ἀρκούμενος, βασιλεῦσα lies βασιλεῦσαι, Μελχισεδκ lies Μελχισεδέκ. Zu den berechtigten Konjekturen wäre hinzuzufügen: ἐγεν[ν]ήθη sowie Vereinfachung der Dublette κε' [καὶ] für „25".

[108] Gerade in (c) wird von einem heidnischen Menschenopfer so kenntnislos phantasiert wie bei Ps.-Hekataeos (4.2.1 b) von einer Vogelschau.

Offenbar war Melchisedek der Patriarch der Häretiker, auch in rabbinischer Sicht. Was Ginzberg, *Legends* 1, 232–234 (5, 225f) zu Gen 14 bietet, ist ganz und gar auf Abraham zentriert, der mit Melchisedeks Instruktion nun selbst Priester wird, und ist in Bezug auf diesen letzteren geradezu ein Anti-Midrasch: Dafür, dass er in seiner Segensformel Abraham früher erwähnt als Gott, wird er mit Absetzung vom Priestertum bestraft.

2.2.7 Die *Rechabiten-Erzählung* und Verwandtes

Unser Durchgang durch hellenistisch-jüdischen Midrasch soll enden mit einigen unter sich verwandten Texten, die ausnahmsweise nicht an der *Genesis* haften, sondern an anderen Erzähltexten der Hebräischen Bibel:

a) Die *Rechabiten-Erzählung (Erzählung des Zosimos)*

Das Folgende hat die seit dem Hellenismus (genauer: seit der *Hiera anagraphē* des Euhemeros)[109] bekannte Form einer Utopie als Reiseroman: Ein gewisser Zosimos (nicht der in 3.5.4 zu erwähnende) begehrt, die Wohnung der Seligen bereisen zu dürfen, und gerät auf eine Insel (vgl. Herodot 3, 26 u. a.), wo Rechabiten wohnen – eine Utopie nach Jer 35.

Online-Index Nr. 37; Stegmüller Nr. 91 und 91.1–3; nicht in Schürer/V. **Inhaltsangabe** z. B. bei Denis; **Paraphrase** und Kommentar: Woschitz 309–313.
Einleitung und Übersetzung: Charlesworth II 443–461 (J. CHARLESWORTH, aus dem Syr., nur Kap. 1–18). Engl. Übers. des Griechischen: ders., *The History* (s. u.) jeweils gegenüber dem gr. Text.
Einleitung: Denis 485–488.
Literatur: DiTommaso 983–993; Dochhorn 360, Anm. 46. **Neuere Studien:** J. DOCHHORN: „Warum der Dämon Eva verführte", JSHRZ.S 347–364; R. NIKOLSKY: „The Adam and Eve traditions in the Journey of Zosimos", in: E. CHAZON (Ḥazon, Hg.): *Things Revealed*. FS Michael E. Stone (JSJ.S 89), 2004, 345–356.
Handschriften: gr.: Vatikan (11.Jh.), Paris (12.Jh., wiedergegeben bei Charlesworth [gr.]), London (12.Jh.) u. a.; **syr.:** Paris (12.Jh.), London (12.Jh.) und neuere. **Erstausgabe:** M. R. James 1893; vom selben Jahr: Vassiliev 166–179. **Syr.:** F. NAU (Hg., Übers.): „La légende inédite des fils de Jonadab, fils de Réchab, et les îles fortu-

---

109 Ein für den gesamten Hellenismus sehr einflussreicher Text war der fiktive Reisebericht des Euhemeros v. Messene (4.Jh. v. Chr.), Ursprungsdokument des sog. Euhemerismus, weil die dort berichtete Entdeckung einer Inschrift auf einer fernen Insel die (rationalistische) Religionstheorie des Verf. enthielt: Zeus u. a. seien verdiente Menschen der Vorzeit gewesen. S. z. B. J. DOCHHORN: „Ein 'Inschriftenfund' auf Panchaia: zur Ἱερὰ Ἀναγραφή des Euhemeros von Messene", in: J. KALMS (Hg.): *Internationales Josephus-Kolloquium Aarhus 1999* (MJSt 6), 2000, 265–297.

nées", *Revue Sémitique* 6, 1899, 263–266 (Einl.); 7, 1899, 54–75 (syr. Text); ebd. 136–146 (frz. Übers.).

Titel im Pariser Ms.: Διήγησις Ζωσίμου εἰς τὸν βίον τῶν μακάρων; Varianten bei Charlesworth (gr.) 2. – *Geschichte der Rechabiten* entspricht dem Syrischen (und wird manchmal nur auf Kap. 8–10 bezogen). Angaben aus den syr. Handschriften bei Charlesworth 444; vgl. noch „Erstausgabe". – **Andere Benennungen:** *Apokalypse des Zosimos;* vgl. „Ähnliche Texte".

Neuere kritische Ausgabe: J. CHARLESWORTH (Hg., Übers.): *The History of the Rechabites,* Bd. 1: *The Greek Recension* (SBL.TT 17 = PsS 10), 1982 (Bd. 2 nicht erschienen); hier zitiert: „Charlesworth (gr.)". Text auch bei Vassiliev, *Anecdota* 166–179.

Textanfang: Κατ' ἐκεῖνον τὸν καιρόν. **Textschluss:** Der syr. Text endet schon bei 18,4. Gr.: 18,5: μετὰ μακάρων κατηριθμήθης. Kap. 22 und 23 haben je eigene Textschlüsse.

Alte Übersetzungen bzw. Weiterverarbeitungen: syr., äth., slav.

Ähnliche oder ähnlich benannte Texte: Ähnlich betitelte Texte des Mittelalters s. DiTommaso 983, die äth. *Wohnung der Seligen* (auch als *Narratio Gerasimi* bekannt) und anderes aus dem äth. Synaxarion ebd. 984, ein *Itinerar von Eden bis ins Land der Römer* ebd. 988f und die *Seefahrt des hl. Brendan* ebd. 989f[110] und viele andere lat., gr. und slav. Reiseberichte, meist Phantasiereisen, oft im (sprechenden) Namen eines St. Makarios. – Angelehnt an jüdische Salomo-Magie, aber auch an die Legende von *Jannes und Mambres* (2.2.4) ist der *Computus finalis* des Alchimisten Zosimos v. Panopolis (3.Jh.). Von diesem gibt es auch eine *Visio Zosimi*; s. Denis 539f.874 und unten 3.5.4; zu Magie in Zosimos' Namen 6.3.1 „Ähnliche Texte".

Textsorte: Reisebericht, Phantasiereise (andere antike Beispiele bei Charlesworth 447). **Besonderheit** dieser Gattung ist v. a. die Ich-Erzählung (Perspektive des Abenteuerromans); inhaltlich ist es der völlig freie Flug der Phantasie.

Zählung: 23 Kapitel; Verszählungen zwischen den Rezensionen oft abweichend. Bei Charlesworth ist Überschuss der (s. E. neueren) gr. Rezension in (...) nummeriert, Überschuss der syr. durch zugesetzte Kleinbuchstaben.

Gliederung: Kap. 1 Vorspann in der 3.Pers.; ab Kap. 2 Ich-Erzählung des Zosimos.

Literarische Integrität: Von diesem Text gibt es so viele Rezensionen wie Handschriften. Gleich gezählte Verse haben oft verschiedenen Inhalt, bes. an den Übergängen; Kap. 17 und 18 haben kaum mehr Ähnlichkeit. Syrisch nicht Über-

---

[110] Die dort erreichte Insel der Seligen ist mit einiger Wahrscheinlichkeit der nordamerikanische Kontinent; St. Brendan (oder Brandon, 484–577 n.Chr.) soll dort über die Grönland-Route schon angekommen sein, und seine Fahrt ist auch schon experimentell nachvollzogen worden. Die *Navigatio sancti Brandani* datiert freilich erst von ca. 1120. Lit. und Warnung vor dem Seemannsgarn der Berichte bei Charlesworth 448 mit Anm. 33. Dass hier eine ganze „Geographie des Jenseits" hineinverschlüsselt sei, findet sich dargestellt bei C. CAROZZI: *Le voyage de l'âme dans l'au-delà d'après la littérature latine (Ve-XIIIe siècle)* (CEFR 189), 1994, 291–297.

liefertes (vermutlich Wucherung im Gr.) ist bei Charlesworth (gr.) durch Einklammerung der Verszahl kenntlich gemacht. – In Kap. 1–17 vermutet Charlesworth die Verarbeitung eines älteren jüdischen Textes. Kap. 18 hat ausdrückliche Schlussvermerke. Es folgen Anhänge: Kap. 19–22 erzählen eine neue Geschichte, je nach Fassung in der 1. oder 3. Person, und lassen das Ganze das Testament des Zosimos an die (äg.) Wüstenväter sein. Kap. 23 lässt dieses Testament durch einen Eremiten, der vorher nicht erwähnt war, veröffentlicht werden.
Biblischer Bezug: Jer 35(42); 4Kön 10,15 f. Die Anrede „Mensch Gottes" (4,5) ist aus Jer 35(42),4 (dort an den Hohenpriester gerichtet).
Quellen und **Vorlage:** Charlesworth II 446 bemerkt inhaltliche Berührungen mit *1Hen.* 39 (1.5.3 b); *Jub.* (1.1.1), *AscJes.* (7.4.3) und der *Baruch-Apk.* (2.5.2); Dochhorn 360–364 analysiert eine Beziehung zurück zu *VitaAd.* (7.2.1).
Hebraismen; griechischer Stil: schlichtes Bibelgriechisch.
Christlicher Einfluss: Insbesondere 12,9–13,5 und 16,1–8 gelten als christlich.
Abfassungszweck: Unterhaltung.
Rezeption: Weiteres zum Nachleben der hier erzählten Legende s. Charlesworth II 447 sowie Charlesworth (gr.) 10 Anm. 10.

b) Weitere midraschähnliche Notizen über biblische Personen (Adam, Noah, Joseph, Mose, Josua, Samuel, David, Salomo) in armenischer Tradition s. u. 8.2.1 „Ähnliche Texte"; anderes über Salomo arm. bei Y. 228–234 = engl. Iss. 204–220.[111] Eine chr. Nacherzählung des Elia-Zyklus (3Kön 17–4Kön 2) findet sich bei Y. 333–342 = engl. Iss. 222–240; Inhaltsangabe hierzu und Nennung weiterer arm. Manuskripte bei Stone/Strugnell, *Elijah* 98–100.

2.2.8 Das *Testament Abrahams*

Der folgende Text gehört rein sprachlich erst in die späteste Antike oder gar, je nach Fassung, ins Mittelalter, ist auch antik sonst nicht bezeugt und könnte insofern gut und gerne unter 7.5 seinen Platz finden. Rein gedanklich gilt er der Forschung aber als jüdisch, was allerdings noch nichts besagt für die religionssoziologische Verortung seines Verfassers (oder seiner Verfasser) bzw. seiner Bearbeiter.

John Collins würdigt das *TestAbr.* im Zusammenhang mit der sog. Adam-Literatur (7.2), zu deren jüdischen Anlässen oder gar Vorlagen er zählen könnte, ist er doch mit dem Sündenproblem befasst – das aber auf eine besondere Art: Der selbst Sündlose, Abraham, bekommt zu bedenken, dass niemand sonst so perfekt ist wie er. Hierin kann eine jüdische Antwort liegen auf das christologische „ohne Sünde" von Hebr 4,15; oder

---

[111] Darunter ein Dialog der Königin von Saba mit Salomo, wo Issaverdens (als armenischer Benediktiner) die Stellen sexuellen Inhalts wie Manuskriptlücken behandelt.

aber, die Christologie hat sich der hier dokumentierten, in vielen jüdischen Quellen ähnlich zu findenden Würdigung Abrahams bedient.

Die Rahmenerzählung ist originell: Abraham als Gerechter hatte es nicht nötig zu sterben. Insofern ist er Henoch und Elia gleich, und es gilt plausibel zu machen, dass und warum sein Tod ja doch in Gen 25,7–10 gemeldet ist. Nur eine List vermag ihn aus seinem irdischen Leben herauszulocken. Solche Ironie *in sacris* ist v. a. im Judentum zu Hause; vgl. 0.7.3. Schon der Titel ist damit ironisch, denn so, wie die Erzählung angelegt ist, „kommt Abraham nicht dazu, sein Testament zu machen" (Nickelsburg 323). – Als Motiv zieht sich die Weigerung des Gottesmannes zu sterben auch noch durch die griechische *Esdram-Apokalypse* 6,3ff (7.4.5 b) und, etwas abgemildert, die *Sedrach-Apokalypse* 10 (7.4.5 c).

Vom *TestAbr.* sind zwei Fassungen überliefert, wobei die längere, genannt **A**, für die ältere gilt gegenüber der kürzeren Fassung **B**.[112] Denn nur sie hat dieses fast blasphemische Detail, dass Michael, der Anführer des himmlischen Heeres (ἀρχιστράτηγος), Abraham, den Gerechten, nicht zum Sterben zu bewegen vermag (A 7,12). Er zieht unverrichteter Dinge von dannen, und es muss Thanatos in Person geschickt werden.[113] Allein schon diese Personifizierung eines Begriffs ist griechisch gedacht. Dass aber einem Ruf in den Himmel widerstanden wird, ist eine im Christentum schwerlich lokalisierbare Vorstellung. An dieser Ironie und Diesseitsbezogenheit liegt es, wenn das *TestAbr.* für jüdisch gilt – so schwer es sein mag, das griechischsprachige Judentum der ausgehenden Antike sich noch einmal literarisch produktiv vorzustellen. Das *4Makk.* (6.5.3) wäre eine zeitliche Brücke zurück in eine Zeit, wo jüdischerseits noch Griechisch geschrieben wurde. Denkbar ist aber auch mündliches Fabulieren, aufgegriffen von Christen, wobei diese den Angriff auf eine ihrer Grundideen, die Jenseitsbezogenheit, noch nicht einmal gemerkt haben dürften: Solches ist beim *Testament des Schweinchens*, einer durchgehenden Ironie, auch anzunehmen (6.5.5; vgl. schon 6.5.4).

Erst der Tod in Person überlistet also den zum Sterben eigentlich nicht verpflichteten Abraham (A 20,8f). Im Gespräch lässt dieser sich verleiten, Thanatos die Hand zu reichen;[114] in dem Moment hat er verloren. B 9 (Anfang = 7,18 Sanders) setzt an diese Stelle den Wunsch Abrahams, bei seinem Tod körperlich „aufgenommen" zu werden; das klingt sehr christlich (1Thess 4,17; 1Kor 15,52ff). Sein Tod in Kap. 14 ist dann aber doch nur eine Seelenwanderung; da hat – vielleicht von anderer Hand – ein

---

[112] Ausführliche Diskussion des Problems bei Kraft 109–127. Analogien wären: *JosAs.* (2.2.2) nach der Meinung Burchards; *2Hen.* nach der Meinung Böttrichs; christlich: die *Passio Perpetuae et Feliciatis*; die *Paulus-Apokalypse* von B. M. Cod. Or. 7023 (kopt.): Diese gilt, wie auch die lat. Fassung, für älter als das vom gr. Text Erhaltene.
[113] Um die komische Wirkung zu ermessen, die das einst gehabt haben muss, kann man sich im Internet einen Schlager von 1932 anhören: *Someone Stole Gabriel's Horn*, das Weltgericht fällt immer noch aus: „(…) And he took so long to learn it! Would the finder please return it?"
[114] Magie beruht auf Berührung, und sei sie vermittelt; auch die Vermittlung muss materiell sein.

ebenso philonischer wie griechisch-kirchlicher Platonismus sich das letzte Wort erlaubt. Hierzu Exkurs hinter 2.4.2.

In A kreist die gesamte Erzählung um das Motiv der Überlistung des sonst Unschlagbaren. B hat nichts dergleichen; der Schluss von B 14 ist abrupt und unmotiviert. Dies dürfte eine von aller Frivolität gereinigte, christliche Fassung zu sein.

Online-Index Nr. 77; Harnack I 857 f Nr. 68; II 580; Stegmüller Nr. 84 und 84.1–16; die Nrn. 84.11 ff auch bei Bonwetsch 914 f; Schürer/V. 761–767. **Inhaltsangabe** z. B. bei Heininger, *Paulus* 132 f; **Paraphrase** und Kommentar: Woschitz 414–423; Ginzberg, *The Legends of the Jews*, Bd. 1, 299–306 bietet eine Nacherzählung der Fassung A.

Einleitung und Übersetzung: Charlesworth I 871–902 (E. SANDERS; A: 882–895; B: 896–902); JSHRZ III/2 (E. JANSSEN; A und B synoptisch) 1975, 193–256; Dupont-Sommer, *Ecrits intertestamentaires* 1649–1690 (F. SCHMIDT). **Einleitung, Übersetzung, Kommentar:** M. DELCOR: *Le Testament d'Abraham. Introduction, traduction du texte grec et commentaire de la recension grecque longue, suivie de la traduction des Testaments d'Abraham, d'Isaac et de Jacob d'après les versions orientales* (SVTP 2), 1973 [1–78: Einleitung; 87–176: Übers. der Rezension A mit Kommentar nach jedem Kapitel; 177–185: Übers. der Rezension B]; D. ALLISON (Komm.): *Testament of Abraham* (CEJL), 2003.

Einleitung: Denis 173–199; Gruen, *Diaspora* 183–193; Nickelsburg 322–327; Stone, *Writings* 420 f; Collins, *Identity* 248–251. **Nur Text:** Denis, *Conc.* 825–829.830–832 (lange und kurze Rezension); Text A auch in Vassiliev, *Anecdota* 292–308. **Anmerkungen:** Rießler (1091–1103) 1332 f (nur zu Rezension B).

Literatur: Lehnardt Nr. 5221–5305; DiTommaso 145–161. **Neuere Studien:** D. ALLISON: „Job in the Testament of Abraham", *JSPs* 12, 2001, 131–47; Dochhorn, „Zur Krise der Gerechtigkeit" (0.9.5) 100–105.

Handschriften: Fassung A: Paris (datiert 1315); Jerusalem (15.Jh.); Fassung B: Mailand (11./12.Jh.); Paris (15.Jh.) und jeweils jüngere; Liste bei Schmidt 1–3, Beschreibung: 6–28; Vergleichstabelle: 27 (vgl. Allison 4–7; Denis 179–182.182 f). – Ein kopt. (sahid.) Papyrus des 4.Jh. (P. Köln Nr. 3221; vgl. 6.5.4) bezeugt ein Fragment von Fassung B; dazu Denis 184 Nr. 2 (dort aufs 5.Jh. datiert). – **Erstausgabe** (A und B): M. R. JAMES 1892; davon unabhängig Fassung A bei Vassiliev 292–308 (vgl. LVI–LIX).

Titel in den Handschriften: A: Διαθήκη τοῦ ὁσίου πατρὸς ἡμῶν πατριάρχου Ἀβραάμ (folgt kurze Inhaltsangabe); B: Ἀποκάλυψις ἀποκαλυφθεῖσα τῷ πατρὶ ἡμῶν Ἀβραάμ (folgt Nennung des Erzengels Michael als Vermittler) bzw. Διήγησις περὶ τῆς διαθήκης (...) Ἀβραάμ (...) mit Varianten.

Neuere kritische Ausgaben: F. SCHMIDT (Hg., Übers.): *Le Testament grec d'Abraham. Edition critique des deux recensions* (TSAJ 11), 1986 [**A:** 95–169; Anhang: 170–173; **B:** 46–82, vgl. 83–95, letztere ohne Übers.]; N. RODDY (Hg., Übers., Komm.): *The Romanian Version of the Testament of Abraham* (SBL.EJL 19), 2001 [Text rumän. u. engl.: 23–52].

Textanfang A: Ἔζησεν᾽ Ἀβραὰμ τὸ μέτρον τῆς ζωῆς αὐτοῦ; **Textschluss** A: ἵνα ἀξιωθῶμεν τῆς αἰωνίου ζωῆς (folgt Segensformel). (B anders und in sich verschieden.)
Wortindex: Wahl (Bauer), *Clavis* 647–675.676–691 (*TestAbr.* A.B); Schmidt 177–198; Siglum bei Denis, *Conc.*: „Abr. 1" bzw. „Abr. 2". Vgl. den Index bei Delcor 268–273.
Alte Übersetzungen (lt. Schmidt 33–44 oft verkürzend oder nur auf B basierend): kopt., davon arab. und äth.; slav.; rumänisch. Details bei Denis 184–191; Allison 8–11.
Frühestes Zitat: keines aus der Antike; **früheste Erwähnung:** s. u. „Rezeption"; Allison 34–39. Die vage Erwähnung einer „Prophetie Abrahams" bei Priscillian s. Schürer/V. 764.
Ähnliche oder ähnlich benannte Texte: Von anderem Inhalt ist die *Apokalypse Abrahams* (7.4.2). Zu einer *Inquisitio Abrahae* (für deren Titel wiederum *Dispositio Adae* konjiziert wurde) vgl. Schürer/V. 290 f; Denis 214 f; dort auch anderes unter Abrahams Namen. – Thematisch vergleichbar ist der Mose-Midrasch bei Jellinek, *BHM* 1, 115–129 (Einl. S. xxif mit Verweis auf andere Fassungen).
Textsorte: Die Gattung „Testament" i.S.v. 1.6.0, deren Aufkommen im Griechischen freilich noch datiert werden müsste (7.5), wird hier ironisiert: Sein Testament zu machen, weigert sich Abraham. Eingebaut ist eine – diesmal eher horizontale – Himmelsreise, eine Weltbesichtigung von oben (A 9–10). Weiteres bei Allison 41 f; dort auch 5 verschiedene gr. Gattungsbezeichnungen aus den Handschriften).
Literarische Besonderheit: Zu der Ironie s. bes. Gruen. Selbst Abrahams so oft im Text genannte Unschuld und Gerechtigkeit können als Übertreibung ironisch sein; s. o. „Neuere Studien" (Dochhorn).
Zählung seit James: A: 20 Kapitel (Verszählung nicht einheitlich; keine in JSHRZ); B: 14 Kapitel (dito; hier weichen sogar die Kapitelzahlen ab; bei Schmidt nach Rießler).
Gliederung nach Handlungsablauf: A 1–7 Rahmenerzählung mit Vision Isaaks (worin Abraham dem Erzengel Michael das Sterben verweigert); 8–9 Sendung Michaels zu Abraham, dieser weigert sich tatsächlich; 10–15 Himmelsreise Abrahams; **2. Teil:** 16–20 (= B 13–14) Entsendung des Todes in Person, Dialog mit Abraham und schließlich dessen Tod durch Ergreifen der Erscheinung. **Synopse** von A und B (dt.) bei Janssen. Synopse der internen Entsprechungen zwischen A 1–15 und A 16–20 bei Nickelsburg 323 f.
Literarische Integrität: Beide Fassungen sind Texte „im Fluss". Stemma bei Allison (20–)27. A trägt (leider) besonders viele Spuren christlichen Einflusses. Auch kann A unmotiviert zwischen Ich- und Er-Erzählung wechseln (11,2 ≠ 11,4 u. ö.) und ist voll von Wucherungen (bei Schmidt in <...>).[115] B ist erzähllogisch noch weniger stringent und zerfällt in noch mehr Unter-Fassungen als A. Alle Fassungen sind

---

[115] Das philologische Zeichen für Tilgungsvorschläge ist sonst in Editionen literarischer Texte dieses: [...]

voll von Varianten; im textkritischen Apparat mischt sich Beabsichtigtes (Redaktionelles) mit unbeabsichtigten Fehlern.[116]

Biblischer Bezug: v. a. Gen 25,7–10. Hinzu kommen Bezüge auf frühere Stellen des Abraham-Zyklus, bes. Gen 18–19 (Engelbesuch und Gastfreundschaft; Fürbitte für Sünder) und 22,17 (Volkwerdung und künftige Stärke). Liste der Zitate bei Allison 49.

Quellen und **Vorlage:** Ein Testament Abrahams, ethischen Inhalts, war schon in *Jub.* 20–22 enthalten (1.1.1), ist aber hier kein unmittelbarer Einfluss. Eines der hier charakteristischen Motive lässt sich entwicklungslogisch verfolgen, das der Fürbitte für Verstorbene. Vorläufer sind die Opfer für Verstorbene in *2Makk.* 12,43–54 (s. u. 3.4.2–3). Das Ansinnen an den himmlischen Abraham, für Verstorbene einzutreten, wird in Lk 16,19–31 noch zurückgewiesen, mit Begründung *ad hoc*; prinzipiell scheint es möglich zu sein, und er ist in der jenseitigen Szene immerhin anwesend. In *TestAbr.* A 14,1–8 ist er das gleichfalls, und seine Fürbitte für bereits im Gericht befindliche Seelen hat Erfolg. So die Entwicklungslinie, die nicht nur ins Christentum führt, sondern auch in den Rabbinat.[117] In der *Esra-Apk.* 7,105 (2.5.1) hingegen und in *LibAnt.* 33,4f (1.1.2) verneinen himmlische Personen das *Ora pro nobis*. Der Rabbinat hat nur die Sündlosigkeit (z^echut) der Erzväter (Abraham, Isaak und Jakob) als einen für Israel wirksamen Schatz angesehen. – Mehr bei Delcor 34–42.

Hebraismen sind in B merkwürdigerweise häufiger, sind aber auch da als Septuagintismen erklärbar (Konvergenz der neueren Forschung lt. Schürer/V. 763). Liste der Semitismen bzw. biblischen Redensarten in A bei Allison 15–19 (gr.). Pseudo-Hebraismen sind Engelnamen wie „Dokiel" (der Prüfungsengel) und „Pyruel" (der Feuerengel).[118] – **Griechischer Stil:** Imitierte Septuaginta-Sprache, in A grammatisch noch korrekt (mit Ausnahme der Textwucherungen), in B schon stark mittelgriechisch: z. B. 3,2, wo das Neutrum δένδρον mit dem Attribut μέγαν (wäre altgriechisch ein Masc.) und dem Partizip ἔχοντα (auch Masc. bzw. erstarrter Akkusativ) verbunden ist. Anspielungen an den byz. Kanzleistil in A begrenzen auch diese Fassung auf frühestens das 3.Jh. (Denis 198). – Der Ausdruck „allesverzehrender Geist (πνεῦμα παμφάγον)" in A 4,10 ist nicht aus biblischer Sprache

---

[116] Dieses Problem, das alle Pseudepigraphen-Editionen haben (ebenso wie die der sog. ntl. Apokryphen), wird hier besonders sichtbar. Dies waren herrenlose Texte, die jeder ändern durfte; doch sieht man nicht immer, ob etwas dabei gedacht wurde, und was. Vor einem Rückbau oder einem Rückgewinn unberührt-jüdischer Texte, seien sie mündlich oder schriftlich, versagen die gängigen Mittel der philologischen Kritik.

[117] Den wenigen Bemerkungen, die Bill. II 231 zu Lk 16,24 bereithält, lässt sich *BerR* 98,2 (Ende) hinzufügen, die Fürbitte der Hanna für die Rotte Korahs. Das Motiv einer erfolgreichen Fürbitte für Verstorbene findet sich weiter entwickelt in der *Passio Perpetuae et Felicitatis* 8, wo die Fürbitte einer Martyrin, die noch nicht einmal anwesend ist, Sündenvergebung erzielt.

[118] Authentisch hingegen, weil auf Hebräisch gebildet, sind solche Engelnamen bei den Rabbinen, die griechische Bestandteile aufweisen, auf bestimmte Betätigungen bezogen (vgl. 6.3.1, Kopftext).

abgeleitet, sondern aus der gr. Gleichsetzung von Pneuma und (feinstem) Feuer; das zeigt die Parallele πῦρ παμφάγον in A 12,10 (vgl. Euripides, *Medea* 1187).

Bemerkenswerte Stellen, Theologisches: Abrahams Gehorsam (Hebr 11,8; Jak 2,31) fehlt hier ganz, zu schweigen von seinem Glauben (Röm 4; beides aus Gen 15,6; vgl. Philon, *Praem.* 27 u. ö.). Er ist der vollkommen Gerechte im Sinne der Tadellosigkeit und Unangreifbarkeit – und wird doch in in A 14 angegriffen für seine Härte im Verurteilen anderer; in A 14,12 tut er dafür Buße. – In A 13,3 gilt Abel, der unschuldig Getötete, als Richter aller Menschen. – Positiv: A 14,1–8: Fürbitte für Verstorbene ändert deren Schicksal selbst nach dem Tod noch; vgl. zu *2Makk.* 12,43–45 (3.4.1). Hier liegt einer der frühesten Belege für die nachmalige Fegefeuerlehre,[119] in welche auch 1Kor 3,13 mit eingegangen ist. – Frühzeitiger Tod gilt bereits als Sühne (A 10; vgl. *1Hen.* 22,12f.). – Der Himmel hat zwei Tore (A 11–12); das breitere führt in die Hölle (vgl. 7.1.0; Mt 7,13f.).[120] Der Totenrichter bedient sich einer Waage (A 13); auch das war, von Ägypten ausgehend, eine verbreitete Vorstellung geworden (Nickelsburg 326). – Die Auffassung, Adam sei „zur Unsterblichkeit" geschaffen worden, ist nachkanonisch; s. 6.5.1 zu *Sapientia* 2,23. – **Psychologisches:** Eine Nähe zu den von Elisabeth Kübler-Ross beschriebenen fünf Phasen menschlichen Sterbens ist beobachtet worden (Janssen 197f).

Christliches findet sich v. a. in A, also derjenigen Fassung, deren Erzählfaden der „jüdische" ist. Beteuerungen mit vorangesetztem „Amen" (hier A 8,7) oder „Amen, amen" (hier A 20,2) sind sonst nur aus Worten Jesu in den Evangelien (doppelt bei Joh) bekannt. Es ist unwahrscheinlich, dass diese Redeweise (die bei Jesus die prophetische Botenformel ersetzt) für das *TestAbr.* erfunden worden sein sollte. – A 11 ist eine Expansion von Mt 7,13f. – A 13,5 „die zweite Parusie" (sc. Christi) kommt aus 1Kor 15,23 etc. – A 13,13 zit. 1Kor 3,13f, das – falls das *TestAbr.* etwa ein judenchristlicher Text ist[121] – die Keimzelle gewesen sein kann.

Von der Tora ist nirgends die Rede, auch wo es um Sünde geht, und eine etwaige Heimatlosigkeit des Gottesvolkes ist nicht das Problem. Man könnte höchstens fragen, ob oder ab wann der Gedanke jüdisch ist, dass ein Gerechter zum Sterben nicht verpflichtet sei (Motiv auch in 2.5.1 und 7.5.2 a). Statt alt und lebenssatt sich aus einer zahlreichen Familie zu verabschieden, meint dieser Abraham, ewig und immer noch auf der Erde bleiben zu dürfen. Jedoch Schürer/V. 763: „The work should be accepted as Jewish." Allison 28–31: Die Endtexte sind christlich, die Vorlagen und der (anzunehmende) erste Entwurf jüdisch.

---

119 Ch. TOUATI: *Le purgatoire* (Diss. Strasbourg/Neuchâtel, noch unveröffentlicht) führt die religiöse Erfahrung eines „Reinigungsfeuers", die in der Antike durchaus präsentisch sein konnte (vgl. 3.5.4), bis auf die ägyptische Alchimie zurück. Die örtliche Festlegung auf ein Jenseits ist erst mittelalterlich.
120 Einen anderen Ausdruck hatte diesem gemeinantiken Volksglauben längst vorher Platon im Er-Mythos gegeben, *Rep.* 614 A – Ende.
121 Um paulinisches Christentum kann es sich nicht handeln, denn von einem „Glauben" Abrahams ist, wie gesagt, nicht die Rede. – Über die Nähe zu Hebr 4,15 s. Kopftext.

Abfassungszeit: ca. 3.Jh. n.Chr. (Allison 34–39), früher jedenfalls nicht (s. „Stil"), auch nicht später als 5.Jh. (s. „Handschriften"). – **Adressaten; Sitz im Leben:** Wenn der Text ins beginnende konstantinische Zeitalter gehört und jüdisch ist, könnte er eine sublim-ironische Opposition gegen eine sich bildende Mehrheitsreligion ausdrücken. Konkret sind jedoch nur kirchliche Angaben erhältlich: Schmidt 30–32 gibt eine Liste der Kontexte, in denen die gr. Codices diese Schrift bieten, was Rückschlüsse zulässt auf die liturgische Verwendung des *TestAbr.* in der byzantinischen Kirche. Mitunter ist eine solche auch ausdrücklich bezeugt.

Ein **Abfassungszweck** kann nur geraten werden (wie eben). Gruen 192 sieht auch hier Selbstbestätigung der jüdischen Diaspora. Die Rezeption änderte dies: Was vielleicht einmal ein freies Spiel des Geistes war (jüdisch), wurde Hagiographie (byzantinisch).

Rezeption: Nach Harnack a.a.O. ein im Westen nur wenig bekanntes Buch. Es konnte zusammen mit zwei anderen als „Testamente der drei Patriarchen" bezeichnet werden und war Gegenstand einer Warnung (*Apostolische Konstitutionen* 6, 16,3; Harnack I 851 Nr. 50; dazu 853 Nr. 59a; Denis 178); ob das die unter 7.5.2 vorzustellenden Texte mit trifft (*TestIs.* und *TestJak.*), ist unklar; Schürer/V. 766 hält letztere für eine späte Reaktion auf diese Notiz. – Der Osten hat als Gedenktag für Abraham den 14. Februar (*Synekdēmos* 680). Jüdische und westlich-christliche Abraham-Traditionen und -Darstellungen s. Bocian 16–24. Einen Versuch Satans, Abraham in eine Sünde zu bringen (Abwandlung von Hi 1 zur Motivierung von Gen 22), berichtet Ginzberg, *Legends* 1, 271–273 (5, 248 f), eine Nacherzählung des *TestAbr.* mit Parallelenangaben ebd. 1, 299–306 (5, 266 f). Abrahams Fürbitte macht sich an Gen 19 fest (1, 250–253; 5, 238–240), wird aber auch, gelöst von der Vergangenheit, am Höllentor platziert, für den Tag des Gerichts: 1, 306 (5, 267 unten).

2.2.9 Das *Hesekiel-Apokryphon*

Der folgende Text, der noch jüdisch sein könnte, ist leider zu lückenhaft und in seinen Fragmenten zu disparat, als dass sein Gesamtcharakter sich noch bestimmen ließe. Schon sein christlich überlieferter Titel *Apokryphon* ist ein Rätsel und bietet ihn als Rätsel. Aus kirchlichem Blickwinkel gelten umgeschriebene Bibelbücher für „apokryph"; so sagen es etwa die *Apostolischen Konstitutionen* 6, 16,3 (βιβλία ἀπόκρυφα). Als Buchtitel, ins Positive gewendet, finden wir dieses Wort im 4.Jh. für das schon im Codex selbst so betitelte, gnostische *Apokryphon des Johannes* im Nag-Hammadi-Fund (NHC 3,1), was ein Kürzel sein dürfte für den vollen Titel *Apokryphes Johannes(evangelium)* in NHC 2,1 und 4,1.[122] Dieser Text verhält sich auch sonst parabiblisch, u.z. zum

---

[122] Dort nämlich lautet der Schlusstitel jeweils: *Kata Iōhannēn n-apokryphon*.

NT, und seine Titelgebung ist so christlich wie die Titelgebung *Apokalypse* in allen Fällen, wo er sich belegen lässt, bereits christlich ist.

Von der nunmehr zu würdigenden Schrift – wenn es denn stets dieselbe ist – existieren nur noch einige Zitate:

Frg. 1 (bei Denis: a), das längste, findet sich bei Epiphanios, *Haer.* 64, 79, 5–17 als „vom Propheten Hesekiel in seinem eigenen *Apokryphon* gesagt". Thema sei das „gerechte (Welt-)Gericht". Der Übergangssatz 1,15b nennt es nochmals ein *Apokryphon*, anschließend aber eine *Diegese* (Nacherzählung; vgl. 7.4.8), was im Sinne einer verändernden Nacherzählung zu nehmen wäre. Das Frg. 1 ist bis auf die Schlussansage, die es mit dem Weltgericht verbindet, eine Anekdote, inhaltlich ein positives Gegenstück zu dem Kurzgleichnis Lk (Q) 6,39.

Frg. 2 (bei Denis: c) ist als namenloses Prophetenzitat in *1Clem.* 8,2f, kürzer bei Clem.Al., *Paed.* 1, 91,2 überliefert: „Er [Christus] spricht durch Hesekiel: …"; anstelle des sonst folgenden Jes-Zitats (s.u.) folgt dort Mt 11,28.

Frg. 3 (bei Denis b): bei Tertullian, *De carne Christi* 23: „Wir lesen bei Hesekiel über die Kuh, die gebar und nicht gebar" (soll bei ihm und anderen die Jungfrauengeburt bezeugen). Epiphanios, *Haer.* 30, 30, 3 bietet in gleichem Zusammenhang einen etwas längeren Wortlaut, dort aber im Anschluss an Jes 7,14. Auch die weiteren 3 Belege der Kurzfassung (Clem.Al., *Strom.* 7, 16,2; Gregor v. Nyssa, *Adv. Judaeos* 3 und *Acta Petri* 24) geben keine Herkunft an.

Frg. 4 (bei Denis: d) ist ein Agraphon, d.h. es begegnet (mehrmals) außer-neutestamentlich als Jesuswort (oder als Wort des himmlischen Christus durch seinen Propheten?); nur eines der Zitate (bei Euagrios v. Antiochien, 2.H. 4.Jh.) und ein noch späteres (bei Johannes Klimakos) bezieht es namentlich auf Hesekiel.

Frg. 5 (bei Denis: e) ist eine bei Clem.Al., *Paed.* 1, 84,2f in zwei Portionen zitierte Erweiterung zu Ez 34,23f, bei ihm auch unter dessen Namen laufend. Weitere, breit gestreute Belege dieses Zitats s. Charlesworth I 488. Ein Papyrus-Frg., länger als das bei Clem.Al. zitierte und dieses mit umfassend, nämlich P. Chester Beatty Nr. 185, gilt als Beleg des verlorenen Originals, denn es war kein Clem.Al.-Papyrus.

Online-Index Nr. 12; **Harnack** II 560f; **Stegmüller** Nr. 116; Schürer/V. 793–796; 807 (8).
Einleitung und Übersetzung: Charlesworth I 487–495 (J. Mueller/S. Robinson); JSHRZ V/1 (K.-G. Eckhart) 1974, 45–55. **Anmerkungen:** Rießler (334–336) 1288f (1,1f sind noch Worte des Epiphanios).
Einleitung: Denis 777–791. **Nur Text:** Denis, *Conc.* 906.
Literatur: Lehnardt Nr. 7603–7635; DiTommaso 457–661. M. Stone/B. Wright/ D. Satran (Hg.): *The Apocryphal Ezekiel* (SBL.EJL 18), 2000.
Titel: Die Zitierformel bei Epiphanios setzt etwas wie Ἀπόκρυφον Ἐζεκιήλ voraus, was als Buchtitel paradox ist. Ein Buchtitel soll das Werk empfehlen. Ist hier ein Publikum angezielt, welchem die kirchliche Unterscheidung zwischen „kanonisch" und „apokryph", seit Hieronymus üblich, missfällt? Ein Beispiel hierfür wäre der

im Kopftext genannte gnostische Taktat. – **Andere Benennung** (bei Rießler): *Ezechiel der Prophet.*

Neuere kritische Ausgabe: PVTG 3 (A.-M. DENIS) 1970, S. 121–128 (bei Mehrfachüberlieferung synoptisch).

Textanfang des Erhaltenen: Frg. 1: Βασιλεύς τις ἐν τῇ αὐτοῦ βασιλείᾳ; **Textschluss:** ὀφθαλμοί μου γέγονας. Die Schlussansage endet: μήτε ἀγαθῶν μήτε φαύλων. Frg. 2 umfast maximal drei Sätze, die übrigen nur je einen.

Wortindex: Siglum bei Denis, *Conc.:* „FEz."

Frühestes Zitat: Frg. 1 hat hebr. Parallelen, die freilich aus selbstständiger Tradition zehren dürften und kaum zur Datierung taugen (s. nächste Rubrik). Frg. 2 wird zitiert in *1Clem.* 8,2f (Ende 1.Jh.). **Früheste Erwähnung:** Vielleicht meint Josephus, *Ant.* 10, 79 in seiner Erwähnung von „zwei" Hesekielbüchern auch dieses, was allerdings wundern müsste, wenn sie in verschiedenen Sprachen waren: Hätte Josephus wohl eine Hesekiel-Prophetie, die es nur auf Griechisch gibt, gelten lassen? Eher war sein Ez-Exemplar in zwei Rollen gefasst (Schürer/V. 795).[123]

Ähnliche oder ähnlich benannte Texte: Ps 65 (64 LXX) ist lt. Überschrift (nicht im MT) „von Jeremia und Hesekiel, aus der Rede über die Deportation, ehe es an den Aufbruch ging". Von einer Schrift dieses Inhalts ist sonst nichts bekannt. – Aus Qumran sind – jeweils in moderner Benennung – außer dem zu 1.1.1 schon erwähnten *Genesis-Apokryphon* ein *Mose-Apokryphon*,[124] ein *Josua-Apokryphon*, ein *Jeremia-Apokryphon*[125] u. a. bekannt. Spätere Schriften unter letzterem Titel s. 7.3.2. – Zahlreiche mit Hesekiel assoziierte Texte sind nachgewiesen bei Denis 787 f. 789– 791 sowie bei Stone/Wright/Satran; sie reichen weit ins Mittelalter. – Über ein arab. *Habakuk-Apokryphon* s. Stegmüller Nr. 118.4–5.

Textsorte: Frg. 1 ist eine Anekdote, der von den drei Pagen vergleichbar (1.4.1 b). Demgegenüber kennzeichnet der Titel *Apokryphon* die so bezeichnete Schrift als „Verborgenes", was gegenüber dem kirchlichen Christentum und seinem öffentlichen Gottesdienst ein vom Klerus nicht geschätztes Sonderwissen gewisser Laien andeutet.

Zählung: 5 Fragmente (= Zitate) sehr verschiedenen Inhalts werden unterschieden (s.o.) und auf unterschiedliche Weisen in (Kapitel und) Verse gebracht. Das Sicherste ist die Zählung nach literarischem oder papyrologischem Fundort (bei Denis mit angegeben).

---

[123] Immerhin ist Ez, geht man nicht nach Kapitel- sondern nach Seitenzahlen, gleichlang wie Jes.
[124] Über die damit gemeinten hebr. (nicht aram.) Texte 1Q 22.29; 2Q 21 (?) und v. a. 4Q 375f s. DiTommaso 747. Mose kommt in solchen Midrasch-Schöpfungen auffallend wenig vor; vgl. aber die in 7.4.2 Anm. 54 genannten hebr. Texte.
[125] 4Q 383.384.385b.387b (letzteres bei García-Martínez/Tigchelaar noch ohne Text).389b (so nach dortigen Überschriften). Hier wird in 4Q 385b Frg. 16 Kol. I Z. 3 sogar das Tetragramm gebraucht. – Vgl Denis 709 sowie D. DIMANT: „A new apocryphon of Jeremiah from Qumran", *Henoch* 22, 2010, 170–196, mit engl. Übers. von 4Q 389.384.385.387.390 (also in weiterer Textauswahl).

Literarische Integrität: Wieweit die Fragmente zusammengehören, ist unklar. Dieser Text bleibt, selbst wenn alles zum selben Buch gehören sollte, ein Apokryphon.

Biblischer Bezug: Frg. 1 wird von Epiphanios angeschlossen an ein Zitat aus Jes 26,19. – Frg. 2 spielt an Ez 18,30 an und zitiert v. a. Jes 1,18. Beide lassen sich in Verbindung bringen mit Ez 18,21 f und 33,11. – Anderes ist schon genannt. Als Vergleich zu Frg. 5 druckt Denis S. 128 Ez 34,4–18.22 f ab.

Historischer Bezug: Zu den Vorzeichen der Zerstörung des Jerusalemer Tempels i. J. 70 zählte nach Josephus, *Bell.* 6, 292, dass eine zum Opfern geführte Kuh mitten im Heiligtum (und zur Unzeit) ein Lamm gebar (also eine Fehlgeburt; man nahm es aber als Monstrum). Das ist nicht nur ein historischer Haftpunkt für Frg. 3, sondern es erlaubt auch eine konjekturale Fortsetzung des überlieferten Satzes: „...die Kuh die gebar und doch nicht gebar, [nämlich kein Kalb, sondern ein Lamm]." So F. COLAUTTI: *Passover in the Works of Josephus* (JSJ.S 75), 2002, 208 f.

Abfassungszeit: vor der jeweiligen Bezeugung; das ist für Frg. 1 das 4.Jh., für Frg. 2 ist es noch das 1. – Ein spätes lat. Lehnwort ist in Frg. 1 (viermal) παγανός „Zivilist"; doch weiß man nicht, wie genau Epiphanios hier zitiert.

Abfassungszweck: in Frg. 1 und 5 eher Unterhaltung, in Frg. 2–4 Buße angesichts des Endgerichts – ein Zusammenhang?

Rezeption: Frg. 1 ist in einem kürzeren hebräischen Wortlaut im Talmud erhalten als eines der Zwiegespräche zwischen „Rabbi" (sc. Jehuda, dem Herausgeber der Mischna) und „Antoninus" (sc. Caracalla, seinem Zeitgenossen): *Sanhedrin* 91 a/b, ganz ohne Bezug auf Hesekiel. Übersetzungen bei Charlesworth und JSHRZ a.a.O.; vgl. Denis 779 f. Dies dürfte weniger ein Stück aus der Vorlage sein als ein Resümee in *wieder* gebrauchtem Hebräisch.[126]

Frg. 2: Dem Vers *1Clem.* 8,3 entspricht koptisch die *Exegese über die Seele* NHC II 6 135–31–136,1. – DiTommaso 461–463 bietet Lit. über hebr. Ps.-Hesekiel-Texte aus Qumran, nämlich 4Q 385.385c.386.388.391, die am ehesten den Fragmenten zur Gerichts-Thematik vergleichbar sind,[127] sowie über *Visionen Hesekiels* in der Kairoer Geniza und in armenischer Überlieferung. Ein sog. *Jeremia-Apokryphon* aus Qumran wurde oben genannt.

Frg. 3: Messianische Überlieferungen im Talmud, aramäisch, die das Muhen einer Kuh zum Ausgangspunkt haben, sind gewürdigt bei Schäfer, *Die Geburt* 3–31 (dt. Übers.; Komm.), u.z. als „ironische Umkehrung" neutestamentlicher Überlieferungen über die Geburt Jesu (24).

Bemerkenswert ist die breite Streuung dieser wenigen Zitate. Ein einst verbreitetes Buch ist später doch wieder verschwunden und hat noch einen Adolf Harnack rätseln lassen.

---

126 Es ist rabbinisches Hebräisch, im *Qal* erzählend (nicht, wie noch in Qumran, im *Waj-jiqṭol*).
127 Dazu gehört dann vielleicht auch, was in 1Q 32; 2Q 24; 4Q 554–555; 5Q 15 und 11Q 18 an Fortschreibungen von Ez 40–48 zu finden ist. Zitiertitel: *Neues-Jerusalem*-Texte. DiTommaso 463–467; Denis 790 f.

2.3 Aus dem Gottesdienst der griechischsprachigen Synagogen

2.3.0 Die antiken Synagogen: Das Gebet „besser als Opfer";
das Problem des Gottesnamens

Nachdem bisher allerlei Literarisches zu würdigen war, das im Anschluss an die Septuaginta entstand, ist auch der Wortgottesdienst in den Diasporasynagogen zu bedenken, der, damals in griechischer Sprache (und im Westen sicherlich auf Latein), auf den Texten und überhaupt auf der Sprache der Septuaginta beruht. Aus ihm sind in sekundärer Verschriftlichung Texte hervorgegangen, die nicht weniger als das eigentlich Literarische Erwähnung verdienen.

Synagogen – zunächst nur als Gebetsstätten – sind anhand griechischer Inschriften in Ägypten schon seit dem 3.Jh. v.Chr. nachgewiesen. Im Mutterland hingegen sind sie erst in Ablösung des Tempels sicher belegt. Ihre älteste Benennung ist προσευχή „Gebet(sstätte)", denn geopfert wurde in oder vor solchen Gebäuden (bzw. Plätzen – Apg 16,13.16) nie, nicht einmal Weihrauch. Was jedoch zu den Gebetsgottesdiensten hinzukam, waren Lesungen aus dem Septuaginta-Pentateuch (dem *Nomos*) und sporadisch auch aus anderen Büchern; dazu Siegert, *Hellenistisch-jüdische Predigten* (s.u. 2.3.3) II 20–25; Förster, *Das gemeinschaftliche Gebet* 105–127.[128] Dies war kein Kult (λατρεία) im antiken Sinn, wozu Opfer gehört hätten, sondern eine Gottesverehrung (θεραπεία)[129] rein sprachlicher Art; vgl. 2.3.1, Kopftext. Da außerdem der Ort als solcher zunächst nicht für sakral galt und jedenfalls keinerlei Reinheitsanforderungen stellte, waren diese Gottesdienste öffentlich, wie uns vielfach bezeugt wird (z.B. Tert., *Apol.* 18,8).

Nachklänge der Gebetssprache der Synagogen werden in hellenistisch-jüdischer Literatur an verschiedensten Stellen vermutet (z.B. Maier, *Zwischen* 104–106), im Neuen Testament ja nicht minder, und wegen der besagten Öffentlichkeit der Wortgottesdienste auch anderwärts noch, etwa im *Corpus Hermeticum* (vgl. 2.3.2). Fern vom Tempel hat sich ja auch die hebräische Gebetssprache der Essener ausgebildet, bekannt durch 1QH, die *Sabbatopferlieder* von 4Q 400–407 u.a.m.

In Judäa allerdings wie auch Galiläa sind Synagogen *als Gottesdienststätten* für die Zeit vor 70 n.Chr. kaum nachzuweisen (van der Horst, *Japheth* 55–82). Das Geschehen in der „Synagoge" (Versammlungshalle, Mehrzweckhalle) von Tiberias bei Josephus, *Vita* 290 ff hat nur sehr beiläufig kultischen Charakter. Es konnte jedoch vorkommen, dass in besonderer Situation in einer dieser kommunalen Hallen die Torarolle (τὸ βιβλίον τοῦ Νόμου) entrollt wurde und kultähnliche Vorgänge stattfanden; so in

---

[128] Nicht einschlägig ist hier, was zum hebräischsprachigen Synagogengottesdienst überliefert ist und die klassischen Darstellungen ausmacht: Dass Mose die Sabbat- und Feiertagslesungen festgesetzt habe, Esra aber diejenigen der Werktage u.a.m. Wo die Nachrichten historischen Charakter annehmen, liegen sie bereits in der Zeit der Rabbinen selbst und damit für diesen Abschnitt zu spät.

[129] Die „Therapeuten" in Ägypten, über die Philon sein *De vita contemplativa* schrieb, könnten davon ihren Namen haben.

1Makk. 3,46–53, in einer Landstadt nahe Jerusalem – das aber notgedrungen und weil der Tempel entweiht war; in V. 54 werden sogar die Trompeten geblasen. Das Ganze ist eine Art Bußtag. Daraus ist kein regelmäßiger Wortgottesdienst in Judäa zu erschließen. Wenn *2Makk.* 8,23 ein Lesen in der ἱερὰ βίβλος direkt vor einer Schlacht erwähnt, so ist das die Einholung eines Kriegsorakels gewesen (Perrot 112), wie der Kontext ja ausdrücklich zugibt. Das ist etwas anderes, als wenn in Philons alexandrinischer Judenschaft in den „Versammlungsgebäuden" (συναγώγια) bei der „gewohnten Zusammenkunft (θίασος)" die „heiligen Bücher" gelesen und die „überkommene Philosophie" gepflegt wird. Diese „Gebetsstätten" (προσευκτήρια) waren zugleich „Lehrhäuser" (διδασκαλεῖα) lt. Philon, *Mos.* 2, 216 u. ö.

Im Jerusalem des Zweiten Tempels begegnen ähnliche Worte, aber mit anderem Sinn. Genau das, wonach wir hier fragen: das liturgische Lesen der heiligen Schriften hatte dort noch keinen Sitz im Leben. Der Sabbat war der Ruhetag, nicht der Kulttag; der Kult lief morgens und abends sieben Tage in der Woche. Die um die Mitte des 1.Jh. n.Chr. bezeugte ΣΥΝΑΓΩΓΗ war laut der Inschrift ihres Stifters Theodotos „zum Lesen des Gesetzes und zum Lehren der Gebote" bestimmt:[130] Das war Unterricht, nicht Kult; denn das gemeinsame Gebet ist dort nicht erwähnt, wäre auch am Hang des Tempelbergs unangebracht, und von einem Wortgottesdienst ist nicht die Rede. Sondern es handelt sich um das, was die Rabbinen „Lehrhaus" nannten, passenderweise (in einer Pilgerstadt) mit einer Herberge kombiniert. Jener Unterricht, der dort erfolgte, dürfte auch die Jerusalemer Berufstätigkeit des Paulus gewesen sein:[131] Unterweisung einwandernder oder auch nur zu den Festen einreisender Diasporajuden in der im Land Israel geforderten Lebensweise (Halacha).

Kultstätten waren die Synagogen damals nur in der Diaspora. Während sie noch den Rabbinen als Profangebäude gelten (*Meg.* 3,1–3: sakral war allein der Tempel und waren alle Schriftstücke, die den Gottesnamen trugen), konnte die alexandrinische Synagoge, jene berühmte, fünfschiffige Basilika, bei Philon (*Leg.* 188 ff) bereits als „Heiligtum" (ἱερόν) bezeichnet werden. Profanität blieb diesen Gebäuden insofern eigen, als es bis heute keine Reinheitsregeln gibt, die vor dem Betreten der Synagogen hindern könnten.

Literatur zur Synagoge z.B. bei Schürer/V. II 423–454; F. HÜTTENMEISTER: „'Synagoge' und 'Proseuche' bei Josephus und in anderen antiken Quellen", in: Koch/

---

[130] J. KLOPPENBORG: „The Theodotos synagogue inscription and the problem of first-century synagogue buildings", in J. CHARLESWORTH (Hg.): *Jesus and Archaeology,* 2006, 236–82; M. MARTIN: „Interpreting the Theodotos inscription", *Ancient Near Eastern Studies* 39, 2002, 160–81. Da „Theodotos" als Name mindestens *eines* in Rom aus der Sklaverei freigelassenen Judäers bekannt ist, könnte dies die „Synagoge der Liberti(ner)" von Apg 6,2 gewesen sein: so Hengel, *JJS* 1990, 39.

[131] M. HENGEL: „Der vorchristliche Paulus", in: ders./U. HECKEL (Hg.): *Paulus und das antike Judentum* (WUNT 58), 1991, 177–291.

Lichtenberger, *Begegnungen* 163–181;[132] L. LEVINE: *The Ancient Synagogue*, 2000; A. RUNESSON: *The Origins of the Synagogue*, 2001; C. CLAUSSEN: „Synagogen Palästinas in neutestamentlicher Zeit", in: S. ALKIER (Hg.): *Zeichen aus Text und Stein* (TANZ 42), 2003, 351–380; P. RICHARDSON: *Building Jewish in the Roman East*, 2004 (JSJ.S 92), bes. 187–221 [Liste von Synagogen des 1.Jh.: 208 f]. – **Zur Heiligkeit** der Synagogengebäude in der Diaspora (im Unterschied zur Auffassung der Rabbinen) s. S. FINE: *This Holy Place*, 1998. Weitere **Lit.** bei T. RAJAK: „The ancient synagogue", *SPhA* 15, 2003, 100–108. – **Zum vorrabbinischen Synagogengottesdienst:** Siegert, *Hellenistisch-jüdische Predigten* (s. u. 2.3.3) II 20–25; Collins, *Identity* 184 f; A. GERHARDS/A. DOEKER/P. EBENBAUER (Hg.): *Identität durch Gebet. Zur gemeinschaftsbildenden Funktion institutionalisierten Betens in Judentum und Christentum* (Studien zu Judentum und Christentum), 2003; T. A. MILLER: „Liturgy and communal identity. Hellenistic Synagogal prayer and the character of early Syrian christianity", in: D. B. CAPES (u.a., Hg.): *Israel's God and Rebecca's Children*. FS Larry W. Hurtado und Alan F. Segal, 2007, 345–358; Förster, *Das gemeinschaftliche Gebet* 105–127; vgl. 162–189 (zu Josephus).309–315 (zu Philon). – **Zum Bußgebet im Besonderen:** M. BODA/D. FALK/R. WERLINE (Hg.): *Seeking the Favor of God*, Bd. 1: *The Origins of Penitential Prayer in Second Temple Judaism* (SBL.EJL 21), 2006. – **Griechisch als Sprache der westlichen Diaspora:** Simon, *Verus Israel* 342–351. – **Zu vorrabbinischen synagogalen Lesezyklen:** J. ROYSE: „The original structure of Philo's Quaestiones", *Studia Philonica* 4, 1976/77, 41–78; Ch. PERROT: „La lecture de la Bible dans la diaspora hellénistique", in: Kuntzmann/Schlosser, *Etudes* 109–132 [131: kritisch zu Royse];[133] Siegert, *Predigten* II (s.o.) 29–31; N. COHEN: „Earliest Evidence of the Haftarah Cycle between j"z btammuz and sukkot in Philo", *JJS* 48, 1997, 225–249; dies.: *Philo's Scriptures. Citations from the Prophets and Writings. Evidence for a Haftarah Cycle in Second Temple Judaism* (JSJ.S 123) 2007.[134]

Das Gebet als „unblutiges Opfer": Eine Theologie des Gebets hat sich in Zeiten des Zweiten Tempels herausgebildet. Schon seit gewissen Psalmen, die ihren Sitz im Leben

---

[132] Wie lange es dauerte, bis das Christentum sich Kultbauten gab, ist in demselben Band, S. 271–292 zu erfahren: P. MASER: „Synagoge und Ekklesia. Erwägungen zur Frühgeschichte des Kirchenbaus".
[133] Eine ganz eigene Theorie vertritt D. MONSHOUWER: „The reading of the Bible in the synagogue in the first century", *Bijdragen* 51, 1990, 68–84, und „The reading of the Scriptures in the early Church", ebd. 54, 1993, 57–71, wonach bis ins 3.Jh. AT-Lesungen in den Synagogen ungefähr dasselbe Publikum gehabt hätten wie NT-Lesungen tags drauf (Sonntags) in den Kirchen. Die o.g. Beobachtungen an Philons *Quaestiones* sind ihm unbekannt.
[134] Nicht einschlägig hingegen sind Untersuchungen über den dreijährigen Lesezyklus, der im Talmud (z. B. *Megilla* 29b) gelegentlich erwähnt ist und auch hinter den exegetischen Midraschim vermutet wird; das betrifft auch das in der vorigen Anmerkung Genannte. Für diesen Zyklus gibt es in Texten der Diaspora keinen Beleg. – Auch was über „Standmannschaften" (*ma'amadot*) und über die Lesungen der vier Ausgezeichneten Sabbate gemeldet wird, betrifft nur Judäa und hat keine Bestätigung im Diasporajudentum.

offenbar außerhalb des Tempels haben, in einer eher privaten Frömmigkeit, gilt Beten als Ersatz für Opfer, ja sogar als „besser denn Opfer": Ps 51(50),19.21, vgl. die Expansion in Dan 3,27 ff (2.1.7 b); Ps 119(118),108; Spr 21,3 (vgl. 1Sam 15,22); *Sir.* 32,1–9 (LXX: 35,2–10) und zahlreiche Prophetenstellen: Hos 6,6; Jes 1,11 u.a.; *Sir.* 31,21ff; 32,15ff). Ps 141 (140),2: „Mein Gebet gelte vor dir als Räucherwerk"; in nachkonstantinischer Zeit ist der Weihrauch dann im Christentum *zusätzlich* zum Gebet wieder üblich geworden. Eine sehr aufgeklärte Auffassung vom Gebet, die Abstand hält zu jedem (etwa noch magischem) Einwirkenwollen auf die Gottheit, wird aus einem vermutlich alexandrinisch-jüdischen Dokument[135] bei Josephus, *C.Ap.* 2, 197 zitiert:

> Anrufung an Gott soll sein im Gebet und (die) Bitte, nicht dass er das Gute gebe – er hat es von sich aus schon freiwillig gegeben und es allen gemeinsam zur Verfügung gestellt –, sondern damit wir es aufzunehmen vermögen und, nachdem wir es empfangen haben, bewahren.

Das hat Luther nicht schöner sagen können.[136] – Dass man für das Gemeindegebet die Dienste eines Priesters anruft wie in 2Makk 3,31ff, ist selten; für die Diaspora vgl. immerhin *3Makk.* 6,1–15, wo es sich allerdings bei näherem Hinsehen um den Priester eines illegitimen Tempels (dessen von Leontopolis, 2.4.1; 3.1.1) handelt. Ein Synagogenamt war das nicht.

Diese Haltung trifft sich mit der Opferkritik im Griechentum seit Pythagoras: Das „unblutige Opfer" der Gewissensreinigung von allem Bösen (durch Selbstprüfung, Buße und Rechttun) ist in jeder Hinsicht besser – wenn auch nicht nahrhafter – als jene archaischen Riten. Unter den Pythagoreern wurde nur noch Pflanzliches geopfert sowie Honig – ein in *JosAs.* (2.2.2) mehrfach wiederkehrendes Motiv. Reinheit der Seele, nämlich ihrer Absichten und Gedanken, gilt dem *Aristaeosbrief* (4.1) für wertvoller als alle Weihegaben und Schlachtopfer (§ 234). Was Paulus in Röm 12,1ff ins Ethische wendet, nämlich das Ideal eines „unblutigen Opfers", dürfte ihm aus dem Judentum der Synagogen zugekommen sein.[137] Auch die himmlischen Heiligtümer, die man sich in Qumran beim Beten vorstellte und die sogar Bilder enthalten durften (4Q 400–407; Bilder: 4Q 405 Fr. 14/15.19 = 1Q 17 IV.VI), sind ein Beispiel, wenn auch ein umständebedingtes; lieber hätten die dortigen Essener den Jerusalemer Tempel benutzt (dessen Festkalender sie aber nicht akzeptierten), statt sich in die Phantasie zu flüchten. In den

---

135 Dazu 6.1.2. Dass die folgenden Worte Josephus' persönliche Meinung wären, ist unwahrscheinlich angesichts des Umstands, dass er auch viel von der Magie hält (6.3.1).
136 *Kleiner Katechismus* III 1 mehrmals, z.B. zur 3. Bitte: „Gottes guter, gnädiger Wille geschieht wohl ohne unser Gebet; aber wir bitten in diesem Gebet, dass er auch bei uns geschehe" (nach *BSLK* 513,20–22).
137 Der Aufsatz von F. SIEGERT: „Die antike Synagoge und das Postulat eines unblutigen Opfers", in: Ego u.a., *Gemeinde ohne Tempel* 335–356 ist allerdings zu korrigieren in einem wichtigen Detail: Das *TestLevi*, das dort als Hauptbeleg gegeben und als jüdisch, darum vorchristlich angesehen wird, kann gerade in diesem Detail schwerlich für älter gelten als Paulus selbst. Vgl. 7.3.1 sowie nunmehr B. ECKHARDT: „A note on Greek cultic language in the imperial era", *GRBS* 54/2, 2014.

Synagogen jedoch war längst eine Tugend, was im Lande Israel aus der Not eines ungelösten Streits gekommen war: das Wort-Opfer.

Exkurs: Der unaussprechliche Gottesname
Gebete aufzuschreiben, war in der klassischen Antike wie auch im Judentum die Ausnahme. Man betete extemporierend, privat sowieso, aber auch öffentlich. Der aus der Agende ablesende Pfarrer oder auch Priester ist der Antike unbekannt. Selbst Rituale, die wörtlich zu wiederholen waren, wurden nicht aufgeschrieben, sondern memoriert. Denn was man schriftlich fixierte, konnte leicht dem Missbrauch zu Zwecken der Magie anheimfallen. Diese Vorsicht war nur da nicht üblich, wo zwischen Religion und Magie ohnehin kein Unterschied bestand, weder begrifflich noch praktisch; das betrifft besonders Ägypten.[138] Gebete aus dem Alten Orient sind in großer Zahl auf Deutsch veröffentlicht bei B. JANOWSKI/D. SCHWEMER (Übers., Komm.): *Hymnen, Klagelieder und Gebete* (TUAT.NF 7), 2013, darunter auch Ägyptisch-Griechisches, aber bezeichnenderweise nichts Jüdisch-Griechisches. Das Aufschreiben hebräischer Gebete zu liturgischem Gebrauch beginnt überhaupt erst im 9.Jh.

Literarische Gebete, vom Schriftsteller nachempfunden, gibt es natürlich, wie das seinerseits vielfach imitierte Tempelweihgebet Salomos (3Kön 8) oder das Gebet im Feuerofen (Dan 3,52–88 LXX). Derlei zu schreiben, war vergleichsweise ungefährlich; da wusste jeder, dass es kein wörtlich überliefertes Kultgeschehen war. Das gilt auch von den Gebeten im *Baruch*-Buch (dort 1,15 – 2,35; 3,1– 8), bei Josephus (z. B. *Ant*. 4, 40 ff nach Num 16,15 und 8, 111 ff nach 3Kön 8,22ff) und in all den Texten, die von David Flusser unter „Psalms, Hymns and Prayers" in Stone, *Writings* 551– 577 gewürdigt sind. Vgl. M. Gilbert ebd. 298 zu *Sir*. 36,1– 17 (Rahlfs-Zählung), wo schon eine inhaltliche Nähe zum rabb. Achtzehn-Gebet festzustellen ist. Inhaltliche Vorschläge für das tägliche Dankgebet des Israeliten gibt Josephus, *Ant*. 4, 212f (in vorsichtiger, dem Kenner aber offenkundiger Anlehnung an das $š^ema$', Dtn 6,4 – 6); vgl. *C.Ap*. 2, 197 (dazu unten). Ein Stilbruch hingegen ist es, wenn das (ohnehin gefälschte) amtliche Schreiben der Jerusalemer Hohenpriester von *2Makk*. 1,10 – 2,18 (3.4.2) deren eigenes Gebet um Sammlung der Diaspora im Wortlaut mitteilt. Mehr als ein Gebetswunsch findet sich sonst nicht in der Textsorte „Epistel". Den Empfängern gegenüber ist das übrigens „über die Schulter" gesprochen, wie später bei Augustin in seinen *Confessiones*.[139]

Am deutlichsten zeigt das literarische bzw. papyrologische Schicksal des Namens *JHWH*, wie gefährlich das Aufschreiben von Gebeten war. In den noch vorhellenistischen Elephantine-Papyri wird er geschrieben, allerdings in seiner verkürzten Form

---

138 Was sich z. B. bei A. DIETERICH/O. WEINREICH unter dem Titel *Eine Mithrasliturgie* (1909) 1923 (1966) ediert findet, ist nicht als solche auf Papyrus gekommen, sondern hat als Teil eines sehr viel längeren Zauberpapyrus, in Ägypten geschrieben, die Zeiten überdauert.
139 Auch diese sind ein Stilbruch (der Antike gegenüber), wurden aber dann auf ihre Art klassisch und dienten als Vorlagen zu säkularisierter Nachahmung (Rousseau).

JHW (in zahlreichen hebr. Eigennamen bis heute). Vereinzelt begegnet die volle Schreibweise noch in hebräischen Texten aus Qumran.[140] Vorsichtiger sind dort jene Schreiber gewesen, die das Tetragramm in althebräischen Buchstaben setzten, wohl als Warnung vor lautem Aussprechen. So ist es durchgehend in 11Q 5, jener Psalmensammlung, der wir auch Ps 151.154.155 verdanken, u.z. auch in diesen letztgenannten (1.3.2).

Um jene Zeit aber fiel eine Entscheidung gegen das Aussprechen des Gottesnamens. Lev 24,15 LXX warnt: „Wer den Namen des Herrn ausspricht, soll des Todes sterben"; so auch die Mischna, *Sanh.* 10,1 (Ende). Das Aussprechen des Gottesnamens war zuletzt dem Hohenpriester am Versöhnungstag vorbehalten: „Der Segen JHs ist auf seinen Lippen, und mit dem Namen JHs verherrlicht er sich" (*sic, Sir.* 50,20; vgl. 45,15).[141] Im Talmud, *Joma'* 39b findet sich die Erinnerung, dass seit Simon „dem Gerechten" (II.) die Tempelpriester auch beim Segen „den Namen" nicht mehr aussprachen. Seit dem Ende des Tempelkults unterblieb es ganz, wohingegen IAΩ längst die Runde machte durch die Zauberpapyri, die Orakel, die Amulette usw., auch durch die Literatur (bereits Varro im frühen 1.Jh. v.Chr.). Er galt als einer der kräftigsten Zaubernamen.[142] Ja sogar die Aussprache IAYE blieb in Erinnerung; wir finden sie, in Parallele zu dem Gottesnamen EΛΩIM, in Nag-Hammadi-Codex II *1*, 18 und Parallelen sowie bei griechischen Kirchenvätern. Verdächtig, wo nicht verpönt war bei den Rabbinen das Aufschreiben von Gebeten: „Wer eine *bᵉracha* aufschreibt, ist wie einer, der eine Tora(rolle) verbrennt" (Tosefta, *Šabbat* 13,4). Doch enthält der erste Traktat der Mischna Beispiele von Berachot, allerdings auf Hebräisch. Das Aufschreiben von Gebeten auf Griechisch (2.3.2?) war gefährlicher.

Liturgisch wurde der Gottesname, auch wo man ihn schrieb (in Bibeltexten) oder verkürzt schrieb (in liturgischen Texten), durch die Aussprache *adonai* (u.U. auch *elohim*) ersetzt.[143] Im Griechischen wählte man artikelloses *Kyrios* „HERR",[144] wovon im

---

140 Belege: 4Q 216 I Z. 5; 4Q 226 Frg. 7 Z. 2; יהוה אל 4Q 225 Frg. 2 II Z. 10. Hingegen אדני 4Q 225 Frg. 2 I Z. 5 und אלואים (so geschrieben) ebd. Z. 10 und überhaupt oft, wie auch אל.
141 So im Hebräischen. Im Gr. wird daraus tatsächlich ein καυχήσασθαι des Hohenpriesters. – Zum Problem des *šem ham-mᵉforaš*, des „ausdrücklichen Namens", vgl. z. B. Klein, *Katechismus* 44–49. Eine alte römische Parallele ist übrigens die Geheimhaltung des Schutzgottes/der Schutzgöttin Roms lt. Plutarch, *Quaestiones Romanae* 278 F: Es sollte den Feinden nicht möglich sein, eine ἔκκλησις (*evocatio*) vorzunehmen, ein „Herausrufen" der Gottheit aus ihrem Sitz. Vor der Eroberung von Städten machte man das regelmäßig, um deren Götter nicht zu erzürnen, sondern möglichst auf die eigene Seite zu bekommen.
142 Seine Faszination für die Berufsmagier bestand im Heimatland der Magie, Ägypten, darin, dass er nur aus Vokalen bestand, und gerade diesen „lebendigen Hauch der Sprache" (Herder) brauchte man gegenüber dem toten Buchstaben der ägyptischen Schrift. Diese war ja in allen ihren Entwicklungsstadien unvokalisiert. So schrieb man Zaubersprüche, auch rein ägyptische, schon längst vor der Erfindung der kopt. Schrift (durch christliche Missionare) in griechischen Buchstaben. Dies ist noch kein Koptisch, sondern „demotisches" (wenn auch in gr. Buchstaben geschriebenes) Ägyptisch.
143 Jedem Benutzer der *Biblia Hebraica* ist vertraut, wie die Masoreten dies in der Punktation des Tetragramms andeuten: in dem Pseudo-Wort *Jᵉhowa*.
144 Details bei Siegert, *Septuaginta* 202–205; vgl. M. RÖSEL in *Septuaginta deutsch.E* 413f.

Pseudepigraphen-Schrifttum leider gesagt werden muss, dass es sich – und wäre es durch theologisch ungebildete Abschreiber – mit *ho kyrios (<* aram. *maran* „unser Herr"), dem gängigsten aller Christustitel, vermischt.

Noch zur Sprache: Griechisch und überhaupt die Landessprachen waren einschl. des „Höre Israel" auch bei den Rabbinen durchaus erlaubt (Mischna, *Soṭa* 7,1 usw.; Bill. IV/1, 196). Nur für gewisse, eher seltene Situationen wurden hebräische Formeln vorgeschrieben (*Soṭa* 7,2). Verbote des Griechischen werden nur aus Stresszeiten gemeldet (*Soṭa* 9,14; Simon, *Verus Israel* 342: Zeit Hadrians). In Caesarea-am-Meer wurde noch im 4.Jh. das „Höre Israel" auf Griechisch gebetet (j*Soṭa* 7, 21 b Z. 49; Bill. a.a.O.). Die Hebraisierung jüdischen Betens in den Jahrhunderten nach der Mischna war ein längerer Prozess, der uns hier nicht mehr berührt.

Literatur zum jüdischen Gottesnamen in heidnischem Gebrauch: G. BOHAK: „The Impact of Jewish Monotheism on the Greco-Roman World", *JSQ* 7, 2000, 1–21; G. VAN KOOTEN: „Moses/Musaeus/Mochos and his God Yahweh, Iao, and Sabaoth, seen from a Greco-Roman perspective", in: ders. (Hg.): *The Revelation of the Name YHWH to Moses. Perspectives from Judaism, the Pagan Graeco-Roman World, and Early Christianity* (Themes in Biblical Narrative, 9), 2006, 107–138.

2.3.1 Jüdische Gebete auf Inschriften und Papyri

Angesichts jüdischer Vorbehalte gegen Magie und überhaupt gegen jeden Missbrauch des Gottesnamens – bes. wo dieser schriftlich in fremde Hände fallen sollte – wird nicht verwundern, dass nur wenige jüdische Gebete der Antike, auf Griechisch formuliert, schriftlich erhalten sind. Sie finden sich gesammelt bei van der Horst/Newman, *Early Jewish Prayers* (P. W. VAN DER HORST) in engl. Übersetzung mit Kommentar:

a) Papyrus Egerton 5 (S. 97–122; engl. Übers. S. 112);
b) Papyrus Fouad 203 (S. 125–133, engl. Übers. S. 127);
c) das Rachegebet von Rhenea (einer Insel nahe Delos), inschriftlich erhalten (S. 137–143 = *CIJ* I 725a.b; engl. Übers. S. 139).

Text **(a)** ist ein starker Ausdruck jüdischen Erwählungsbewusstseins. Text **(b)** hat Nähe zu einem Exorzismus. Text **(c)** hat eher synkretistischen Charakter, wenn er für einen Rachewunsch auf den Versöhnungstag Bezug nimmt (Z. 11f). Letzteres gilt als das älteste erhaltene Gebet aus dem Bereich des Diaspora-Judentums, und es ist stark mit Magie durchsetzt. Allerdings, ob die Schreiber dieser Papyri bzw. Auftraggeber dieser Inschrift selbst Juden waren, ist nicht ganz klar. Synagogen wirkten als Schule des Gebets und als Zentren magischen Empfindens auch für ihre nichtjüdischen Besucher (vgl. unten zu *Corpus Hermeticum* 1, 30 f).

2.3.2 Jüdische Gebete in den *Apostolischen Konstitutionen*

In Buch 7 der *Apostolischen Konstitutionen,* einem Pseudepigraphon des späten 4.Jh., finden sich Gebete, von denen der jüdische Liturgieforscher Kaufmann Kohler und der christliche Religionsgeschichtler Wilhelm Bousset (beide Anf. 20.Jh.) unabhängig voneinander die Annahme äußerten, dass sie der Liturgie der griechischsprachigen (d. h. nichtrabbinischen) Synagogen jener Zeit entlehnt seien (die ja weiterhin nichts Geheimes oder Privates war). Eine Übersicht über die in Frage kommenden Partien gibt DiTommaso 525. Folgende sind bei van der Horst übersetzt (mit Auszeichnung der für jüdisch anzusehenden Partien in Fettdruck) und kommentiert:

(1) S. 35 – 48: *Apostolische Konstitutionen* 7, 33 (Bd. 3, S. 66 – 69 Metzger), eine Anrufung des Gottes Abrahams, Isaaks und Jakobs;

(2) S. 48 – 59 ebd. 7, 34 (S. 70 – 75 M.), Lobpreis Gottes über der Schöpfung (hier ist vielleicht nur die Gebetsanrede das Jüdische);

(3) S. 59 – 73 ebd. 7, 35 (S. 74 – 81 M.), das Dreimalheilig, sehr ähnlich der $q^e du\check{s}\check{s}a$ (s. u.);

(4) S. 73 – 82 ebd. 7, 36 (S. 82 – 87 M.), ein Sabbatgebet; es erwähnt „Lernen der Gesetze" unter den Zwecken des Sabbats;

(5) S. 83 – 87 ebd. 7, 37 (S. 86 – 89 M.), eine Geschichtsdoxologie, 31-teilig, von Abel bis „Matatthias und seinen Söhnen", den Heroen der Makkabäischen Revolte, reichend;

(6) S. 87 – 93 ebd. 7, 38 (S. 88 – 91 M.), gleichfalls eine Geschichtsdoxologie, kürzer und mit z.T. anderen Namen: Enos, Henoch, Judith; auch hier stehen am Ende „Judas Makkabäus und seine Brüder". Dies sind nicht die „Makkabäerbrüder" der chr. Verehrung, nicht die Märtyrer, sondern die in (5) schon gemeinten Freiheitskämpfer (s. 1.4.2, Kopftext).

Dies sind die unumstrittenen Partien; nach dem Einklammern minimaler Zusätze bleibt rein Jüdisches. Die Art z.B., wie das Dreimalheilig von Jes 6,5 mit Ez 3,12 verbunden wird, ist sonst nur in hebräischen Quellen nachweisbar (ab Tosefta, *Ber.* 9 b). Wilhelm Bousset ermittelt als gemeinsame Vorlage die $q^e du\check{s}\check{s}a$ in jener Form, wie sie noch heute mit dem *joṣer*-Gebet (dem Morgengebet für alle Tage)[145] verbunden ist.

Nach Boussets Befund waren die genannten Texte bereits in dieser Folge eine jüdische Sammlung. Diese – so meint er weiter – fand ein weiteres Mal, aber nur sporadisch, Verwendung in Buch 8. Aufgrund seiner Anregungen werden von Fiensy/Darnell aus diesem noch herangezogen:

8, 5,1 – 4	8, 9,8 f	8, 15,7 – 9	8, 40,2 – 4
8, 6,5 – 8	8, 12,6 – 27	8, 16,3	8, 41,2 – 5.

---

[145] Elbogen, *Der jüdische Gottesdienst* 16.61 f; Bousset 436.

Hier wären also die Texte aus Buch 7 christlich variiert worden. Genau dieser Befund aber bestimmt van der Horst dazu, sie aus seiner Wiedergabe auszulassen (S. 18): Hier ist nichts Jüdisches eingekapselt und wäre noch isolierbar, sondern es ist christlich anverwandelt.

Ganz allgemein gilt: Die Sprache der Kirchengebete kommt, wie schon für das NT angenommen wird (1Tim 2,2 u. a.m.), direkt aus den griechischsprachigen Synagogen, zunächst natürlich vom Hören und Mitmachen. Analog zu solchen Gebeten, wie sie sicher schon in vorchristlicher Zeit üblich waren, bildeten sich in der Kirche neue Gebete im selben Vokabular und mit denselben Anschauungen. Schon das eucharistische Dankgebet (*Did.* 9,2; 10,2: εὐχαριστοῦμέν σοι), nach dem sich in erweitertem Sprachgebrauch der gesamte Ritus der Eucharistie benennt, ist nach jüdischen Gebetsformeln gebildet (Klein, *Katechismus* 215: s. u. „Textsorte").

Online-Index Nr. 43; Schürer/V. 807. **Inhaltsangaben** z. B. bei Simon (übernächste Rubrik).
Einleitung und Übersetzung: Charlesworth II 671–697 (D. FIENSY/D. DARNELL).
Einleitung: Denis 665 f.1280 f (zu den *Apost. Konstitutionen*); Simon, *Verus Israel* 74–80 (zu den Gebeten).
Übersetzung mit Kommentar: van der Horst/Newman, *Early Jewish Prayers* 1–93 (P. VAN DER HORST).
Literatur: DiTommaso 525–528. Grundlegend: W. BOUSSET: „Eine jüdische Gebetssammlung im siebenten Buch der apostolischen Konstitutionen", *NGWG.PH* 1915, 435–489, wiederabgedr. in: ders., *Religionsgeschichtliche Studien*, hg. A. VERHEULE (NT.S 50), 1979, 231–285 [hier zitiert nach den am Rande angegebenen Seitenzahlen der Erstveröffentlichung].
Handschriften: Vatikan, Jerusalem, Wien (jeweils 10.Jh.) und spätere; dazu ein lat. Frg. aus Buch 8. **Erstausgabe:** Venedig 1563.
Titel: Dies war kein Buch; so hatte es nie einen. Selbst Zitierformeln in den Handschriften sind nicht vorhanden; die Texte sind eingeschmolzen. **Moderne Benennung:** *Hellenistische Synagogengebete*.
Neuere kritische Ausgabe s. 0.9.1: *Apostolische Konstitutionen*, hg. Metzger. Dort Bd. 1 S. 31 Übersicht über die Bestandteile und das Herauswachsen dieser Kompilation aus der *Didaskalie*.
Textanfang in 7, 33,2: Αἰώνιε σῶτερ ἡμῶν; **Textschluss** in 7, 38,7: μετάνοιαν ἐπηγγείλω (folgt in § 8 Doxologie, chr.).
Alte Übersetzungen: Ins Lat. kamen von diesen Konstitutionen nur Auszüge, aber nichts aus dem 7.Buch.
Synoptische Wiedergabe von Texten aus Buch 7 neben solchen aus Buch 8: Bousset 451–456; für Text (2) ist auch Gen 1,1–26 beigegeben.
Früheste Bezeugung sind die *Apostolischen Konstitutionen* a.a.O.
Ähnliche oder ähnlich benannte Texte: Jüdische Tischgebete in der *Didachē* s. 7.1.1.
Geschichtsrückblicke und „Väterkataloge" sind im Judentum eingeführt; das

2.3.2 Jüdische Gebete in den *Apostolischen Konstitutionen*

längste aller Beispiele ist *Sir.* 44–50.[146] Ein anderes, bisher unbeachtetes bietet 2.1.6. Im NT findet sich das Dreimalheilig in Apk 4,8 u. ö.; frühchristlich: *1Clem.* 33; *Did.* 9–11 u. a., bei Bousset als eher sekundär erwiesen. – Hebr. Gebete, meist als Beispiele gemeint, finden sich im Mischna-Traktat *Berachot*. – Ein paganes Beispiel des Nachempfindens jüdischer Gebete ist der feierliche Schluss von Traktat 1 (auch *Poemandres* betitelt) des *Corpus Hermeticum* (nämlich 1, 30f); zu den jüdischen Einflüssen in dieser byz. Traktatesammlung s. Schürer/V. 697f.

Textsorte: „eine jüdische Gebetssammlung (...), die der Bearbeiter in sehr naiver und dankenswert geringer Umarbeitung in christliche Gebete verwandelt hat" (Bousset 469). Kleinformen sind z. B. Doxologien, wie sie spontan auch im NT bezeugt sind (kürzestes Beispiel: Röm 9,5b) oder Geschichtsrückblicke als Aretalogien von Gottestaten (vgl. vorige Rubrik). Für die Form des Dankgebets verweist Klein, *Katechismus* 215 auf das biblische Vorbild in 1Chr 29,10–19 (*modim anaḥnu lach*);[147] der rabbinische Terminus ist *hoda'a*.

Zählung: nach Kapitel und § in Buch 7 (bzw. 8) der *Apostolischen Konstitutionen*.

Gliederung: Die von Bousset angenommene jüdische Gebetssammlung könnte bereits diese Reihenfolge gehabt haben.

Literarische Integrität: aufgelöst durch Einbezug in einen neuen Text, aber rückbaufähig. Kritische Darbietungen dieser Texte enthalten stets Vorschläge zur Tilgung christlicher Zusätze. **Textliche Integrität:** In Text (5) ist eine Verstellung unterlaufen: Die an 31. und letzter Stelle erwähnte Jael (Ri 4,17–23) gehörte an 14. Stelle, hinter Debora; hier ist ein Nachtrag falsch eingefügt worden. Auch Esra wird versehentlich schon vor Daniel erwähnt.

Biblischer Bezug: Erzählstoff von Ex 12 bis Dan 3; Poetisches aus den LXX-Psalmen. Text (4) beruht ganz auf dem Sabbatgebot (Ex 20,8–11) und könnte jüdischer nicht sein. Zu Text (5) sind die biblischen Bezüge bei van der Horst 83f als Folge der Fußnoten zu finden.

Historischer Bezug: Text (5) geht über die biblische Zeit hinaus bis zur Erwähnung der Freiheitskämpfer um Judas Makkabäus – jener, die das Werk des Iason feiert (3.4.1–2). Späteres, etwa Herodes mit seinem Tempelneubau, zählt nicht zu den Heilsereignissen; auch bleibt der Hohepriester Simon von *Sir.* 50 (1.3.1) unerwähnt. Der letzte vor den Freiheitskämpfern erwähnte Gerechte ist Serubbabel; offenbar gilt er auch hier als der Erbauer des Zweiten Tempels (vgl. 1.4.1).

---

146 Man spricht auch von „Paradigmengebet": *3Makk.* 6,2–15 (Gebet des El'azar); *Esr-Apk.* 7,106–110; Ps.-Philon, *De Jona* 91–94; *De Sampsone* 25 (2.3.3); im NT: Hebr 11, im *1.Clemensbrief* 3,4; 4,7ff und noch sechsmal. Beispiele von Vernichtung der Bösen gehören auch dazu: *3Makk.* 2,5–8; *De-Jona*-Frg. (2.3.4). Als Betrachtung nicht in Gebetsform vgl. Philon, *Virt.* 198ff (bis Ende) und *Sapientia* 10, wobei der Übergang in die Anrede unvermittelt erfolgen kann: *Sapientia* 11 ab V. 23. In der Schwebe ist die lange Geschichtsbetrachtung ebd. 17,1–19,22.

147 Im dortigen Kontext ist das ein legendär vordatiertes Tempelweihgebet Davids, noch ehe der Tempel steht.

Hebraismen: Septuaginta-Vokabular; auch das unverstandene ΦΕΛΜΟΥΝΙ (< *peloni* „irgendwer") von Dan 8,13 LXX/Θ kehrt in (5) wieder. In (5) ist „Passa" als ΦΑΣΣΑ transkribiert, was die Abschreiber teils gar nicht verstanden, teils für einen Ortsnamen ansahen. Einige Ausdrücke kommen aus der Aquila-Übersetzung, so das sehr seltene, offenbar *ad hoc* geboldete ὁραματισμός „Vision" für das *maḥaze* von Gen 15,1 und συνθήκη statt διαθήκη für „Bund" (Bousset 465). – **Stil:** gehobene Koinē mit Rhythmen (so oben bereits Textanfang und -schluss) und einzelnen Hebraismen. Eigentümliche Wörter sind z. B. πνεῦμα ζωτικόν („Lebenshauch") in Paraphrase von Gen 2,7 und die Würdigung des Menschen als κόσμου κόσμος[148] und κοσμοπολίτης (letzteres auch bei Philon) sowie anderes, in der nächsten Rubrik Vermerkte. Allerdings, vieles Originelle konzentriert sich in den bei van der Horst nicht für authentisch gehaltenen Teilen von Text (2). Das Gleiche gilt für den Wortreichtum der „negativen Theologie" von Text (3); s. van der Horst 73.

Bemerkenswerte Stellen: Rückblicke auf die biblische Geschichte bieten den Ansatz einer auf Geschehenes und gemeinsam Bekanntes rückblickenden Geschichtstheologie. Text (3) ist offenbar aus einer frühen Form des synagogalen $q^e duššā$-Ritus gewonnen. – **Theologisches:** Einem hellenistisch-jüdischen, nachphilonischen γνῶσις-Begriff geht Bousset 466–469 nach; hier liegt eine Alternative zur paulinischen Auffassung von Gerechtigkeit vor Gott i.S.v. Gen 15. Die ἔμφυτος γνῶσις (= durch Toralehre „eingepflanzte" Gotteserkenntnis) in Text (3) dürfte darüber hinaus dasselbe sein wie der ἔμφυτος λόγος von Jak 1,21. Hellenistisches Judentum und nichtpaulinisches Judenchristentum hatten eine weitgehend gemeinsame Sprache. Die Gewissheit einer individuellen Auferstehung wird über den bei Philon noch meist kosmologisch gebrauchten, selbst bei Josephus noch nicht einschlägig vorkommenden Ausdruck παλιγγενεσία ausgedrückt. Dieser auch im NT exzeptionelle Ausdruck (nur Tit 3,5) begegnet hier betont in Text (1) wie (2) und zählt entweder zu den späten Hinzugewinnen des hellenistischen Judentums (Bousset 462–464; es gibt im Hebräischen nichts Ähnliches) oder zu den Vorlieben des Redaktors (van der Horst 44). – Vgl. Ende der vorigen Rubrik.

Christliches ist bei van der Horst durch Kursivdruck kenntlich gemacht. Es reicht bis zu der Anschuldigung an die Juden, „Christusmörder" zu sein (Text 6, § 7).

Abfassungszweck, Sitz im Leben lt. Bousset 471: „eine alte Gebetssammlung der jüdischen Synagoge, (...) vielleicht zu Unterrichtszwecken zusammengestellt, verbunden mit einer Anweisung für den Proselytenunterricht". – Über den **Zweck der Übernahme** in die genannten Kirchenordnungen (oder auch der ersten Niederschrift dortselbst) s. die Ausg. Metzger, Bd. 1 S. 39–43; sie würdigt die zu vermutenden Absichten der Kompilatoren dieses in vornicänischer Zeit bedeutenden Literaturzweigs, nämlich: das in Verschiedenheiten zerfallende liturgische Verhalten der Christengemeinden kompatibel zu halten. Die im Mt begonnene, von der *Didachē* weitergeführte Konvention apostolischer Pseudepigraphie bildete das

---

[148] D.h. „eine Welt in der Welt", jene abbildend; das hatte mit anderen Worten schon Philon gesagt.

Bindeglied zurück bis zu den Pastoralbriefen. **Zeit:** Nach Bousset 487 sind „die entdeckten jüdischen Gebete ein Dokument von geradezu einzig dastehender Wichtigkeit für die Geschichte des nachchristlichen griechischen Diasporajudentums. Die Vorstellung, dass das Judentum bald nach 70, oder wenigstens nach 135 sich von der Außenwelt gänzlich zurückgezogen, sich unter Verzicht auf die griechische Sprache im gottesdienstlichen Gebrauch zu dem Judentum der Mischna und des Talmud verengt habe, wird sich nicht halten lassen. In den vorliegenden Gebeten präsentiert sich ein Judentum im Gewand griechischer Sprache, tief berührt von hellenistischem Geiste, das z.T. (vgl. die Beobachtungen über den Terminus γνῶσις) eine Fortentwickelung über Philo hinaus zeigt und im Besitz einer griechischen Liturgie ist." – Ein *terminus ad quem* ist für Text (3) bestimmbar, genauer: für die Gedankenverbindung von Jes 6,5 und Ez 3,12; sie ist nachgewiesen für Rabbi Abbun („vor 354", so Bousset 438).[149]

Rezeption: keine direkte. Die Rezeption der *Apostolischen Konstitutionen* in der Großkirche war begrenzt, nicht weil man die Pseudepigraphie für problematisch empfunden hätte, sondern weil sie von einem Arianer stammen. Über die Liturgie der Arianer wiederum sind wir schlecht informiert.

2.3.3 Synagogale Festreden: Ps.-Philon, *De Jona* und *De Sampsone*

Dass in antiken Synagogen – gemeint sind hier die griechischsprachigen – auch gepredigt wurde, ist uns vielfach bezeugt (Stellen gesammelt bei Siegert II 20–25). Auch Josephus, der sonst nicht viel über die Synagoge sagt, weiß davon (*C.Ap.* 2, 175). Am Tempel gab es Szenen wie die in Neh 8 geschilderte nur an den Sabbatjahren: Dtn 31,10; Josephus, *Ant.* 4, 209–211; Mischna, *Soṭa* 7,8.

Die beiden jetzt zu besprechenden Predigten sind nur in einer armenischen Übersetzung erhalten geblieben, die sich sprachgeschichtlich ins 6.Jh. n.Chr. datieren lässt (Siegert I 2–4). „Asianisches" Griechisch, wie es vom 3.Jh. v.Chr. bis zum 4.Jh. n.Chr. bei professionellen Rednern üblich war, scheint in jedem Satz durch. Es handelt sich um:

(a) *De Jona*, eine hochrhetorische Paraphrase des Jona-Buchs, bisher zweimal ediert, und

(b) *De Sampsone*, eine unvollständige, als Rede aber vielleicht doch komplett erhaltene Paraphrase des Simson-Zyklus, die lt. Überschrift sogar improvisiert war.

Inhaltlich sind es Auserzählungen (Expansionen, Paraphrasen) der betr. Bibelperikopen in historisierender Weise (auch die Wunder werden historisiert), ohne jedes Allegorisieren und unter klaren thematischen Gesichtspunkten: In *De Jona* ist es die Menschenliebe Gottes, wie er sie durch den israelitischen Propheten der Menschheit erweist, in *De S.*

---

149 Er seinerseits hat es aus Elbogen, *Der jüdische Gottesdienst* 62.

hingegen die Ausstattung eines besonderen Israeliten mit Geistesgaben für Körper und Seele, die ihn den „Andersstämmigen" haushoch überlegen machen. Hier konzentriert sich Gottes Menschenliebe auf das Volk Israel, und Simson, obwohl er nicht ohne Makel ist (damit setzt die Predigt sogar ein, mit seiner Schwäche gegenüber einer andersstämmigen Frau), heißt im Schlusssatz dann doch „der Gerechte".

Diese Texte, obwohl es die einzigen sind in ihrer Art, fehlen in allen bisherigen Sammlungen von Pseudepigrapha bzw. Parabiblica.[150] Außer ihnen hat sich in griechischer Literatur sonst nichts an Synagogenpredigten gehalten, sofern man nicht gewisse besonders rhetorische Passagen in Philons Schriften als Niederschlag von Synagogenreden seinerseits werten möchte. So sind diese Texte die einzigen Belege für dasjenige Kulturereignis, als welches Philon den Synagogengottesdienst hinstellt und für dessen philosophischen Charakter („philosophisch" im Sinne des φιλοσοφώτατος λόγος von *4Makk.* 1,1). Festvorträge (Enkomien) hatten also einen Sitz im Leben in den Synagogen antiker Großstädte.

Einleitung und Übersetzung: F. SIEGERT (Übers.): *Drei hellenistisch-jüdische Predigten* I (WUNT 20), 1980, 1–48.51–83 [zit.: Siegert I].[151] **Nur Einleitung:** F. SIEGERT: „Homily and Panegyrical Sermon" in: S. PORTER (Hg.): *Handbook of Classical Rhetoric in the Hellenistic Period*, 1997, 421–443; ders.: „The sermon as an invention of Hellenistic Judaism", in: A. DEEG/W. HOMOLKA/H.-G. SCHÖTTLER (Hg.): *Preaching in Judaism and Christianity* (SJ 41), 2008, 25–44; G. STEMBERGER: „Response", ebd. 45–48. **Kommentar:** ders. (Komm.) *Drei hellenistisch-jüdische Predigten* II (WUNT 61), 1992 [zit.: Siegert II]. Beide Bände in Kurzform: F. SIEGERT (u. a., Übers.): *Prédications synagogales* (SC 435), 1999. **Paraphrase** und Kommentar: Woschitz 585–598.

Literatur: F. SIEGERT: „Griechische Mythen im hellenistischen Judentum" in: R. VON HAEHLING (Hg.): *Griechische Mythologie und frühes Christentum*, 2005, 132–152. **Zu (a):** ders.: „Die Heiden in der pseudo-philonischen Predigt De Jona", in: R. FELDMEIER/U. HECKEL (Hg.): *Die Heiden. Juden, Christen und das Problem des Fremden* (WUNT 70), 1994, 52–58. **Zu (b):** ders.: „L'Héraclès des Juifs", in: M.-M. MACTOUX/E. GENY (Hg.): *Discours religieux dans l'Antiquité*, 1995, 151–171.

Handschriften: Lewy 4–8 beschreibt sechs Hs. des 13.Jh. (Eriwan, Venedig, Jerusalem) und sechs neuere; **Erstausgabe:** J. B. AUCHER (Awgereanc', Hg.): *Philonis Judaei Paralipomena Armena*, Venedig 1826, 549–577 (*De Sampsone*).578–611 (*De Jona*).

---

150 Nur Woschitz hat sie gewürdigt mit deklarierten und undeklarierten Zitaten (auch Anmerkungen) aus den Bänden von Siegert.
151 Der dort S. 84–93 auf Dt. beigegebene Text *De Deo* ist keine Predigt, auch kein Pseudepigraphon, sondern Teil eines echten Traktats von Philon selbst, vermutlich aus einem verlorenen Buch seines *De somniis*. – Siegert II berichtet diese Zufälligkeit der arm. Codices und zählt als dritten Text das unter 2.3.4 Erwähnte.

Titel in den Handschriften: (a) *Yałags Yovnanu* („Über Jona); (b) *Aṙancʿ patrastutʿean i Sampʿsovn* („Ohne Vorbereitung über Simson") – also eine improvisierte Rede; der arm. Ausdruck entspricht gr. αὐτοσχεδίαστος. **Dt. Titel:** (a) *Über Jona;* (b) *Über Simson.*

Neuere kritische Ausgabe nur für (a): H. LEWY (Hg.): *The Pseudo-Philonic De Jona,* part 1 (StD 7), 1936 (m.n.e.).

Textanfang (a): *Aynocʿik orkʿ zmargarēsnʿ goven* („Diejenigen, welche die Propheten loben"); **Textschluss (a):** *hakaṙakamēt zmardasirutʿiunn* („umgekehrt ... Menschenliebe", so die Mss.; Lewys Konjektur: *...zmardasirutʿean*).

Textanfang (b): *Ard ibrew i yorǰanacʿ* (wörtl. „Also, wie er von den Strömen..."); **Textschluss (b):** *kcʿord erewel ardaroyn* („...der Gerechte teilnahm").

Wortindex ausgewählter gr. Ausdrücke (rückübersetzt) in Siegert I 107–109. Index der biblischen Zitate und Anspielungen ebd. 97.

Ähnliche oder ähnlich benannte Texte: Unter „Ps.-Philon" läuft auch der *LibAnt.* (1.1.2), ein Midrasch, keine Predigt. Eine Sammlung all dessen, was an unechten Philon-Fragmenten auf uns gekommen ist, bietet J. ROYSE (Hg.): *The Spurious Texts of Philo of Alexandria* (ALGHJ 22), 1991. – Eine *Verkündigung Jonas in Ninive,* Midrasch armenischer Christen in Anlehnung an Ephraem (Text: Y. 343–348; engl.: Iss. 241–250), ist dt. wiedergegeben bei Siegert, *Predigten* II 220–225 (mit Einleitung). – Vgl. noch Stegmüller Nr. 118.2–3 für syr. und arab. Jona-Erzählungen und Ginzberg, *Legends* 4, 246–253 (6, 348–352) über rabb. Jona-Midraschim.

Autor(en): nicht Philon (Siegert II 40), aber ein Mann (oder ihrer zwei) von gleicher Eloquenz; vgl. auch den Apollos von Apg 18,24. Zu denken ist an einen alexandrinischen Juden, der Berufsredner geworden war (für ein Beispiel aus dem Westen vgl. 3.5.1) und in dieser Fähigkeit auch seiner Synagoge diente.

Textsorte: Prunkrede (gr. πανήγυρις oder ἐγκώμιον, der „epidiktischen" Redegattung – lat. *genus demonstrativum* – zugehörig); zur Terminologie s. Siegert, „Homily and panegyrical sermon". Sind diese Texte manchen Passagen bei Philon vergleichbar, der immerhin auch rhetorische Diktion zu Zwecken der Auslegung heiliger Schriften einsetzte (etwas im Griechentum Seltenes), so kommt im Falle von (a) die Wahrscheinlichkeit und bei (b) sogar der ausdrückliche Vermerk hinzu, dass es zunächst mündlich gehaltene Reden waren. – Predigt (a) bietet zahlreiche Reden in der Rede, darunter Jonas Gebet im Meeresungeheuer (63–98, Ersatz für Jon 2) und Reden der Niniviten an sich selbst (s.u.), Bußpredigten auf der Grundlage natürlicher Theologie und Ethik,[152] ferner eine Apostrophe des Redners an Jona (176 ff) und zuletzt (182 bis Schluss) einen Dialog Gottes mit ihm, an Hi 38–42 erinnernd. – **Literarische Besonderheit:** Bindung an einen auszulegenden Text; hierzu Siegert II 11. Dion v. Prusa (2.Jh. n.Chr.) hat gelegentlich Reden reli-

---

[152] Zwar hatte Jona ihnen nicht nur den einen Satz von Jon 3,4b gesagt, sondern schon etwas mehr (103–107); sie aber erkennen an, dass sie sich all das schon hätten selber sagen können.

giösen Inhalts unter Zugrundelegung von Homer-Versen gehalten (*Or.* 36 = *Borysthenitica*, „Zeusrede"; *Or.* 57 = *Nestor*). – Text (b) ist nach den vorhandenen Angaben die schriftliche Fixierung einer zunächst mitstenographierten Rede. Der Beruf des Schnellschreibers (ταχυγράφος = *notarius;* vgl. 1.2.1, Anm. 26; Siegert II 38 f) ist seit dem 1.Jh. v.Chr. bekannt. Man trug in der Antike Eigenes nicht vom Manuskript vor, sondern memorisierte es – oder man improvisierte.

Zählung: (a) *De J.* nach Paragraphen (Lewy), (b) *De S.* nach Kapiteln (Aucher).

Gliederung: Siegert II 92 f (*De J.*).230 f (*De S.*).

Literarische Integrität: unproblematisch. Die Übersetzung ist sklavisch, bis auf verdeutlichende Zutaten, bes. Doppelausdrücke. Das Wort „Satan" in *De S. 1* dürfte Glosse des Übersetzers sein.

Biblischer Bezug: *De J.* geht das gesamte *Jona*-Buch durch, unter Ersatz des Gebets in Kap. 2 durch einen ganz eigenen Text. *De S.* steigt proleptisch bei Ri 16,16 f ein und behandelt dann Ri 13,2 – 14,20. Die Zitate wechseln in Kap. 40 unvermittelt von Ri LXX auf Ri Θ, wo allein der angekündigte Schriftbeweis gültig wäre. – Nebentexte: *De J.* 176 zitiert unter der Formel „Hast du nicht im Gesetz gelesen" Jes 48,13. *De S.* 24 – 25 beruht auf Jes 11,2 (die sechs Gaben des Geistes).[153] Ebd. 44 („Die Schrift sagt an einer Stelle"): Spr 26,27.[154]

Historischer Bezug: Anspielungen an gesellschaftliche, näherhin: sexuelle Missbräuche der frühen Kaiserzeit sind nachgewiesen bei Siegert II 173 f (zu *De J.* 106).

Quellen bzw. **Vorlage:** *De J.* 64 verrät Bekanntschaft mit einer der ausführlicheren Fassungen des Alexanderromans. Ein anonymes Zitat in *De S.* 18 könnte auf Herodot zurückgehen, aber auch auf andere Quellen (Siegert II 261 f). Der Einfluss des hellenistischen Herakles-Mythos ist in beiden Predigten greifbar (bes. *De J.* 64; *De S.* 20).

Stil: Die gr. Originale waren in blühendem Asianismus gehalten (dazu Siegert II 31– 35), bis auf wenige Zitate aus der Septuaginta. Neologismen der armenischen Übersetzung lassen auf solche des Originals schließen.[155] Die Probe einer Rückübersetzung (Siegert II 176 f) hat für jedes Satzende zwanglos Prosarhythmen (s. o. 0.4.4) ergeben. So sprach man in der Antike, wenn man langsam sprach und vor vielen Leuten. Dies ist ein immer noch lebendes Griechisch, nicht zu vergleichen mit dem museal-konservativen Papiergriechisch byzantinischer Rede- oder vielmehr Schreibübungen (vgl. „Abfassungszeit"). – **Das Armenische** der Übersetzung ist wörtlich bis zur Unverständlichkeit; sie ist ein Werk der sog. Hellenophilen Schule (Siegert I 2– 4); Satz für Satz muss man sich die Konstruktionen ins Griechische zurückdenken. Auch der Wortschatz ist nachklassisch und gehört jener Schriftsprache (*grabaŕ*) an, die vom 6. bis ins 19.Jh. üblich war; geeignetstes

---

153 Kirchlicherseits später, unter Hinzunahme der Überschrift, als sieben gezählt; Siegert II 274– 276.
154 Vgl. *Sir.* 27,26 und – wörtlicher sogar – Pred 10,8; doch dürfte die *Qohelet*-Übersetzung zu spät sein.
155 Ein Beispiel unter vielen ist *ardaradatut'iun* < δικαιοκρισία (*De S.* 25), vor Röm 2,5 nicht nachweisbar (und dort in der arm. Bibel auch nicht so übersetzt), hier im Arm. aber getreulich nachgebildet. Vgl. noch 2.4.1.

Wörterbuch: G. DE LUSIGNAN/K. J. BASMADJIAN: *Dictionnaire portatif arménien moderne-français*, 1915.

Bemerkenswerte Stellen, Theologisches: Leitbegriff in *De J.* ist Gottes Menschenliebe (φιλανθρωπία), u.z. nicht nur für Israel; auf 40 Seiten breitet sich der Prediger über dieses Thema aus, ein Unicum in der Antike und Antwort auf den häufigen Vorwurf jüdischer ἀπανθρωπία = „Menschenscheu" (nämlich Distanz zum sozialen Umfeld). In *De S.* sind es Gottes Gaben (Begabungen) und der Umgang mit ihnen; Simson als „Gerechter" im Gegensatz zur Niedertracht der „Andersstämmigen" (so lautet schon in der Septuaginta die Verallgemeinerung des Philisternamens). So universalistisch wie die eine Predigt ist, so national ist die andere. – **Philosophisches:** Mit „Heil" (*p'rkut'iun* = σωτηρία) wird in diesen Predigten, wie auch bei Philon und anders als in der Apokalyptik, nicht der Umsturz bestehender Verhältnisse bezeichnet (darauf hoffte man nur in Judäa), sondern gerade deren Erhaltung. In *De S.* 19 steht der Begriff der ἀπάθεια (Leidensresistenz), der, vom Stoizismus propagiert, so unjüdisch ist, dass er nicht einmal im *4Makk.* begegnet (obwohl die Sache dort dargestellt ist). – **Ethisch-Politisches:** In *De S.* 9 verdient sich Simson durch Selbstbeherrschung den Titel αὐτοκράτωρ, was sonst ein Titel hoher Politiker ist, insbes. (seit Galba, 68/68 n.Chr.) des Kaisers; ebenso *4Makk.* 1,7 u.ö. – In *De S.*1 ein feministischer Zug: Nach einer konventionellen Beschimpfung der (nicht namentlich genannten) philistäischen Frau Simsons gleich zu Beginn für ihre Verführung, für welche Simson selbst als der eigentlich Stärkere dann noch mehr getadelt wird (21f.26) ist auffällig, wie die Mutter Simsons im Vergleich mit ihrem Mann, Manoah, als die stärkere Persönlichkeit geschildert wird (8–11), mit Bezug auf Beispiele starker Frauen auch sonst (bes. 18). – Weitere Beobachtungen über Anklänge an jüdische Mystik, über die Speise der Engel u.a.m. bei Siegert II, v.a. in den Exkursen; zusammenfassende Charakterisierung ebd. 293–317.

Christlicher Einfluss? Erwägungen bei Siegert II 48 liegen stets im Überschneidungsbereich zwischen Juden- und Christentum. Glossenverdächtig ist jedoch das Wort „Satan" in *De S. 1*.

Abfassungszeit: wahrscheinlich die Blütezeit des alexandrinischen Judentums, also vor 115 n.Chr. (vgl. aber M. Niehoff in 6.5.2). Inhaltlich weist manches auf Problemlagen des 1.Jh. n.Chr. (Siegert II 47). Letzter *Terminus ad quem* ist der Zeitpunkt der Übersetzung (6.Jh.). Da war die Wertung Jonas zumindest im rabb. Judentum ins Negative umgeschlagen (Siegert II 48), weswegen eine analoge Benutzung des *Jona*-Buches bei ihnen nicht zu finden ist. – Stembergers Vorschlag einer Datierung in die Zeit, aus der wir auch die „homiletischen" Midraschim der Rabbinen besitzen (5.Jh.), hat gegen sich, dass der Gebrauch der antikisierenden gr. Hochsprache durch Juden in jener Zeit erst noch zu erweisen wäre. In mündlichem Vortrag war diese Hochsprache – nach all den stattgehabten Lautwandeln – kaum mehr verständlich,[156] und die quantitativen Klauseln wurden durch den Übergang zum akzentuierenden Rhythmus unhörbar. Gelehrte wie Tzetzes haben noch so zu schreiben gewusst;[157] im mündlichen Vortrag indes war dieser Aufwand verlorene Mühe.

Ort und Adressaten: Die Hörerschaft wird gerade in (b) mehrmals angeredet (2; 4 Ende; 10;[158] 26 Ende; 36 Ende); in (a) hingegen wird sie in eine Kommunikationsgeschehen zwischen Jona und den Seeleuten, dann den Niniviten hineingezogen. Zu denken ist an eine großstädtische Synagogengemeinde in hellenistischer oder noch in römischer Zeit, bes. an Alexandrien (Siegert II 49f), dessen Hauptsynagoge gewaltige Ausmaße hatte und diese Art von Rhetorik geradezu nötig machte.

Sitz im Leben: Geschaffen war diese Art von pompösem, durch Rhythmen künstlich verlangsamtem Griechisch (s. „Stil") für Zwecke der Massenkommunikation, etwa in Theatern (den Rundfunkstationen von damals):[159] Ihnen vergleichbar waren im synagogalen Judentum nur gewisse hinreichend große Synagogen, insbesondere diejenige von Alexandrien.[160] Als Anlass im jüdischen Festkalender ist für *De Jona*, wie auch in rabb. Synagogen seit dem Mittelalter, die *Jona*-Lesung am Nachmittag des Versöhnungstages anzunehmen und für *De Sampsone* die *haftara* (der Schlussteil der Liturgie) am Sabbat *naśo'*, benannt nach Num 4,21–7,89, der Lektion über das Nasiräatsgelübde. Die Frage, ob es im jüdischen Alexandrien oder sonst in der damaligen Diaspora bereits einen das ganze Jahr umgreifenden Zyklus von Toralesungen und einen ebensolchen von Schlusslesungen gegeben hat, mag hier offen bleiben; die Ansätze dazu sind klar. – Solche Vorträge an den

---

156 Authentische Beispiele der damit gegebenen Wortverwechslungen enthält die *Palaea historica* in Fülle; vgl. die unter 8.1 zitierten Proben, aber auch schon 7.4.5 b u. a.m.
157 A. Papadopoulos-Kerameus (Hg.): *Varia Graeca sacra*, 1909 (1975), 80f ist eine Probe davon (die danach ohne Rhythmen fortfährt); vgl. ebd. 73–75 (Schluss eines anonymen hagiographischen Textes). Das mag das Auge des Philologen erfreut haben; im Moment des lauten Lesens aber verschwinden die Rhythmen. Überall wo die von Papadopoulos-Kerameus gleichfalls besorgten Ἀνάλεκτα Ἱεροσολυμιτικῆς σταχυολογίας (5 Bde., 1891–1898 [1963]) aus der Prosa in Verse übergehen, wechselt die Sprachstufe und es wird Mittelgriechisch; anders könnte man einen Rhythmus in den Versen nicht hören. Hexameter, wo sie noch vorkommen, sind pures „Augengriechisch". – Noch in neugriechischen Grammatiken wird mitunter von „langen" und „kurzen" Silben geredet; doch man hört es nicht, und die Poesie geht nach den Akzenten.
158 Die Andrede *ov sirelik'*, die ich an der Fußnote z.St. allzu christlich auf ein ὦ ἀγαπητοί zurückgeführt habe, wäre – nach genauso guter Belegung – besser mit ὦ φίλοι gleichzusetzen.
159 Selbst Jerusalem besaß in herodianischer Zeit ein Theater (vermutlich aus Holz, wie auch Pompeji längere Zeit eines hatte): Was Josephus, *Ant.* 15, 268 u. ö. erwähnt, wird schwerlich der Aufführung von Dramen, sondern vielmehr der politischen Kommunikation gedient haben. Vgl. auch die Szene von Apg 12,21f. Eine ähnliche Szene wird dargestellt in *De Jona* 110–140 und 152–156.
160 Der Unterschied zwischen Hausandacht und öffentlicher Rede ist nicht bedacht bei A. Stewart-Sykes: *From Prophecy to Preaching* (VigChr.S 59), 2001. Die „Propheten" im Sinne dieses Titels sind die gelesenen und im kleinen Kreise ausgelegten Prophetenbücher.

Sabbaten hatten Unterhaltungswert[161] und waren eine hohe Form jüdischer „Untätigkeit" am Sabbat bis hin zu dessen Ende – was übrigens auch ihre Länge erklärt (jeweils ca. 25 Druckseiten). – **Zweck der Niederschrift** dürfte gewesen sein: das Festhalten von Musterpredigten. Vorträge allegorisierenden Inhalts hatte man in den Schriften Philons reichlich; dies sind in gewissem Sinne Alternativen.

Rezeption: Nur ein einziges Zitat aus *De S.* 20 hat sich als Zitat auf Griechisch erhalten in der *Sacra Parallela* des Johannes v. Damaskus (gest. vor 754; das Werk wird ihm vielleicht nur zugeschrieben); s. Royse (oben: „Ähnliche Texte") 89–92 mit Kommentar. Im **Arm.** ist die Rezeption infolge der Schwerverständlichkeit minimal geblieben (Siegert II 52f). Die moderne Forschung ist behindert durch die Schwerverständlichkeit dieser Art von Armenisch selbst für Armenier. – Viel weiter reicht die Nachwirkung synagogaler Predigtkunst als solcher. „Hundert, wenn nicht zweihundert Jahre später langt die christliche Predigt da an, wo die jüdische schon zur Zeit eines Philon und seiner anonymen Zeitgenossen gewesen war. Der Hellenisierung des Christentums ist eine solche des Judentums vorausgegangen" (Siegert II 29).

2.3.4 Spuren synagogaler Homilie

Zu reden ist noch von einer halben Seite Text, einer Zugabe in den Handschriften der eben genannten Jona-Predigt. Sie könnte gleichfalls ein Ausschnitt aus einer Predigt sein, aber von einer anderen, schlichteren Sorte. Das *Fragment De Jona*, hinter *De Jona* als Zusatz stehend, ist offenbar gedacht als Alternative zu *De J.* 59, wo Jona in rhetorischer Übertreibung den Seeleuten anbietet, sich selbst ins Meer zu stürzen. Dazu wird eine andere Auslegung begefügt, wo in rascher Folge die Verse Jon 1,8.11.12 (dort: „Werft mich hinaus!") zitiert und kommentiert werden. Dieses Fragment ist einen eigenen Eintrag wert, denn es belegt jene weniger prunkvolle, dafür textnähere Predigtweise, die in der Kirche „Homilie" heißen sollte und möglicherweise auch schon eine jüdische Schöpfung war, ehe sie zahllose Migne-Bände füllen durfte.

Die folgenden Angaben verstehen sich ergänzend zu 2.3.3.

Einleitung und Übersetzung: Siegert I 7f; 49f; II 10–12. **Kommentar:** Siegert II 51f; 227–229; Siegert, „Homily" 442f.
Titel in den Handschriften: *P'iloni Yałags Yovnanu*, wie 2.3.3 a, von Aucher aber nur in der Fußnote mitgeteilt.
Einzige Ausgabe: Aucher 612.
Textanfang: *Ew ēr tesanel i covu* („Und auf dem Meer war zu sehen..."); **Schluss:** *kendanwoyn cackeac'* („...lebend verbarg").

---

[161] Der antike Ausdruck für gehobene Unterhaltung ist ψυχαγωγία: *EpArist.* 78; *2Makk.* 2,25 (3.4.2).

Ähnliche oder ähnlich benannte Texte: Joh. Chrysostomos, *Hom. 5 De poenitentia*, MPG 49, 310 (Siegert II 228). Als frühes Beispiel für die Gattung „Homilie" kann genannt werden: Ps.-Cyprian, *Adversus Aleatores* (wohl noch 2.Jh.);[162] auch G. ZUNTZ: „A piece of early Christian rhetoric in the NT Ms. 1739", *JThS* 47, 1946, 69 – 74 (= ders., *Opuscula selecta*, 1972, 284 – 290). – Zu den noch davor liegenden, neutestamentlichen Anfängen kirchlicher Predigt s. Siegert II 26 – 28: Missionspredigt geht über in Predigt als Teil einer sich bildenden Liturgie.
Biblischer Bezug: Jon 1,8.11.12.
Stil: Sachprosa.
Bemerkenswerte Stellen, Theologisches: Vgl. Kopftext. Dort auch der **Zweck** der Anfügung an die vorgenannte Jona-Predigt und überhaupt in das armenische *Corpus Philoneum*.
Rezeption: Ein armenischer Autor namens Anania (nicht näher identifizierbar; Siegert II 53) hat diesen Text, wie auch *De Jona* selbst, offenbar gekannt. – Ähnlich wie zu 2.3.3 festgestellt, ist es v. a. die Kunst der Auslegungspredigt als solche, die Nachahmung fand und im Christentum fester Kultbestandteil wurde.

2.4 Politisches aus der Zeit des Zweiten Tempels

Die jetzt zu nennenden Schriften sind nicht parabiblisch, gehören aber zum festen Bestand der Pseudepigrapha „des Alten Testaments". Dieses, als Buch der Kirche, umfasst ja in seiner griechischen Gestalt wenigstens zwei *Makkabäerbücher* (1.4.2 und 3.4.3), woran das nun zu nennende immerhin in seiner üblich gewordenen Titelgebung anknüpft, ähnlich wie dem offenen Lebensende Moses am Ende des Pentateuch nun noch eine *Himmelfahrt Moses* folgt, die aber nicht mehr als biblisch rezipiert wurde. Sprechend werden diese Texte erst, wenn man sie in ihre Entstehungszeit und -situation zurückverlegt. Dazu bedurfte es freilich vieler Akribie der neueren Forschung; die Alte Kirche war dazu nicht in der Lage.

2.4.1 Das sog. *3.Makkabäerbuch*

Einzelne Handschriften der Septuaginta und neuere Druckausgaben bieten eine als *3.Makkabäerbuch* gezählte Schrift, die aber mit den beiden ersten Makkabäerbüchern nur wenig zu tun hat, so wenig wie mit den Makkabäern überhaupt, deren keiner genannt ist. Politisch gelesen, steht es sogar in Opposition zu ihnen. Zugleich aber ist es eine von Übertreibungen strotzende Horrorlegende, deren Bezug zur Wirklichkeit der Forschung Mühe macht – eine überflüssige Mühe lt. Gruen, *Heritage* 228: „The

---

[162] Vom selben gibt es auch eine Rede *Adversus Judaeos. Gegen die Judenchristen. Die älteste lateinische Predigt*, hg. D. VAN DAMME (Par. 22), 1969. Das nur als Zeitdokument.

author simply placed his work of fiction within a historical context. His readers would have understood perfectly well."

Literarisch erklärt sich dieses Buch als eine gewisse, außerhalb des Landes Israel entstandene und auch außerhalb seiner fußende Konkurrenz zum *2Makk*. Sollte sich Meron Piotrkowskis unlängst vorgetragene Deutung bewahrheiten, hätten wir im *3Makk*. ungenannterweise einen – allerdings sehr partikularen – Realitätsbezug in der Herkunft unerwarteter Hilfe aus der jüdischen Garnison in Leontopolis, jenem Ort im östlichen Nildelta, wo der aus Jerusalem vertriebene Hohepriester Onias (Ḥonja) III. (oder IV.; beides findet sich bei Josephus) einen Konkurrenztempel errichtete. Alles über diesen Vorfall Bekannte ist zusammengestellt worden von Tropper, *Simeon* 157–197, unter besonderer Berücksichtigung der einschlägigen Talmud-Notizen. Als ebenso neue profanhistorische Gegenprobe s. Eckhardt, *Ethnos und Herrschaft* 82–84.

Online-Index Nr. 24; **Stegmüller** Nr. 101 und 101.1–8; Schürer/V. 537–542. **Inhaltsangabe** s. nächste Rubrik; mit Kommentar: Woschitz 207–219.

Einleitung und Übersetzung: Charlesworth II 509–529 (H. ANDERSON); JSHRZ: sollte in Bd. I erscheinen. Eine Einleitung findet sich in JSHRZ VI/1,1 (U. MITTMANN-RICHERT) 2000, 63–81; Inhaltsangabe: 63f; Gliederung: 65. **Übersetzung** auch in Septuaginta *deutsch* 717–729; frz. Übers. mit Kommentar: J. MÉLÈZE-MODRZEJEWSKI (Übers., Komm.): *3 Maccabees* (La Bible d'Alexandrie 15/3), 2008.

Einleitung: Denis 547–572; Nickelsburg 199–202; Gruen, *Heritage* 222–236; Collins, *Identity* 122–131; deSilva 304–322. **Anmerkungen:** Rießler (682–699) 1312f; Septuaginta *deutsch.E* 1417–1444.

Literatur: Lehnardt Nr. 2818–2921;[163] DiTommaso 673–691. **Neuere Studien:** M. PIOTRKOWSKI: „Re-evaluating 3Maccabees: An Oniad composition?" in: Hirschberger, *Jüd.-Hell. Literatur* 117–142 [das Fragezeichen ist wegzudenken; es ist des Autors These]; Lit. dort S. 139–142. Ferner: N. HACHAM: „3Maccabees and Esther. Parallels, intertetxtuality, and diaspora identity", *JBL* 126, 2007, 765–785; Ph. ALEXANDER/L. ALEXANDER: „The image of the oriental monarch in the Third Book of Maccabees", in: T. RAJAK (u.a., Hg.): *Jewish Perspectives on Hellenistic Rulers* (Hellenistic Culture and Society, 50), 2007, 92–109; J. R. C. COUSLAND in Gurtner, *This World* 31–49 [zur Soteriologie und dem Fehlen eines Jenseits].

Handschriften: LXX-Cod. A und V (wie für *2Makk*.) und spätere; Denis 555. **Erstausgabe:** Venedig 1518.

Titel in den Septuaginta-**Handschriften:** Μακκαβαίων τρίτον oder Μακκαβαίων λόγος τρίτος oder anders, mit vielen Varianten. Offenbar kommt diese Überschrift erst aus der Zeit, wo in Septuaginta-Codices mehrere Makkabäerbücher hintereinander gesetzt wurden. Der Bezug des Namens „Makkabäer" geht hier nicht

---

[163] Der in dieser letzteren Nr. genannte „Zopidakis" ist allerdings ein Kopidakis (Κοπιδάκης). Ihm entnehmen wir die Hinweise auf Aeschylos (dort S. 146f).

mehr auf Judas Makkabäus (1.4.2), sondern allgemein auf verfolgte Judäer (hier: Ägyptens), die zur Lebenshingabe bereit sind.

Neuere kritische Ausgabe: Septuaginta (Rahlfs) II 1139–1156; Septuaginta (Göttingen) 9/3: *Maccabaeorum liber III* (R. Hanhart) 1960 (1980).

Textanfang: Ὁ δὲ Φιλοπάτωρ; das Buch gibt sich also als Einstieg in einen schon laufenden Text.[164] – **Textschluss:** 7,23 Εὐλογητὸς ὁ ῥύστης Ἰσραήλ (soweit typische LXX-Sprache) εἰς τοὺς ἀεὶ χρόνους (diese Formel, singularisch noch in 3,29, kommt aus Xenophon), ἀμήν.[165]

Wortindex: Siglum bei Hatch/Redpath: „III Ma."; die Makkabäerbücher kommen hinter *Daniel*. – Liste seltener Ausdrücke mit Erklärungen bei A. Paul: *Le judaïsme ancien et la Bible*, 1987, 146; vgl. dens. in *ANRW* II/20/1 (1987), 333f.

Alte Übersetzungen: syr. (de Lagarde 255–273; zum Ms. vgl. 1.4.2); arm. (Zōhrapean 381–389); ostslavisch.

Früheste Benutzung des *3Makk.* wohl in ZusEst B und C (2.1.5: Hasmonäerzeit). Die früheste ausdrückliche Erwähnung steht erst in Eusebs *Chronik*, erhalten in lat. Bearbeitung des Hieronymus, zum Jahr 220 v. Chr. (Denis 554); das vom *3Makk.* berichtete Geschehen wird dort, dem Anfangssatz gemäß, in die Zeit des Ptolemaeos IV. Philopator (221–205) eingeordnet.

Ähnliche oder ähnlich benannte Texte: Josephus, *C.Ap.* 2, 49–55 kennt die Grundlegende dieses Buches in einer anderen Fassung, die auf eine etwas spätere Zeit verweist, nämlich auf Ptolemaeos VIII. Physkon (145–116 v. Chr.). Daraus ist über diese Legende zu erfahren:

(a) dass sie als Festlegende diente für ein jährliches Fest der alexandrinischen Juden;

(b) dass der Onias-Tempel von Leontopolis und dessen Militärkolonie involviert waren (s. u.: „Historischer Bezug").

Textsorte: „romantic fiction" (Schürer/V. 537); vgl. Siegert, „Einleitung" 56 f (über „Infotainment" in der Antike). – Eingeschaltet sind zwei offensichtlich fiktive Briefe des Ptolemäers (3,12–29; 7,1–9; die Vorlage zu ersterem s. u.). – Man kann das Ganze auch gemäß oben (a) als Festlegende bezeichnen, gemäß (b) als politisches Pamphlet. Wäre es in sich geschlossener, könnte es auch als „Drama in Prosa" gelten. Der Übergang von historischer Erinnerung in politische Propaganda findet sich im Detail verfolgt bei Piotrkowski. **Literarische Besonderheiten:** Der Stil der pathetischen Geschichtsschreibung wird übersteigert, und Vokabular wird entliehen aus klassischen Dramen: Zu 1,14 f und 4,16 vgl. Aeschylos, *Sieben gegen Theben* 422 ff, in 4,1–9 dessen *Gefesselter Prometheus* 6.108.680 und *Agamemnon* 481, auch *Perser* 537–545. Die Stellen 4,11–15; 5,1–7 und 5,23–26 verwenden Aeschylos-Vokabeln, usw. Der Ptolemäer verfängt sich in der quasi-Tragik eines,

---

[164] Josephus' *Vita* beginnt auch mit einem δέ-Satz, worin sie sich als Zusatz zu einem Werk desselben Autors, nämlich den *Antiquitates*, kenntlich macht.

[165] Nämlich (nach dem Hinweis bei Wahl) aus *Cyrupaedia* 8, 7,8; *Memorabilia* 2, 1,33. Sie hat außerhalb des *3Makk.* keine LXX-Belege.

der (natürlich erfolglos und nur zu eigenem Schaden) gegen Gott kämpft.[166] Es ist eine Quasi-Tragik, denn er kommt – dank seiner Judäer – darin nicht um.

Zählung 7 Kapitel, eher lang bemessen.

Gliederung: 1–2 historische Einleitung; 3–7 Verfolgungslegende (Einlagen außer den genannten Briefen: 4,1–10 ein angebliches Ptolemäerdekret; 6,2–15 Gebet des Priesters Eleazar). Der Umschlagpunkt liegt in der Gebetserhörung 6,16–21.

Literarische Integrität: Der Anfang wirkt gekürzt (Auszug aus einer historischen Quelle?), soll aber vielleicht mit Absicht das Auditorium in das Erzählgeschehen „hineinwerfen". Formal besteht hier wohl eine Intertextualität zu den dem *2Makk.* vorangesetzten (echten wie unechten) Briefen aus Jerusalem; vgl. „historischer Bezug". – Zusätze der lukianischen Rezension[167] sind 2,1, wo ein (im Buch sonst nicht vorhandener) Hoherpriester Simon genannt wird, hier ohne historischen Wert, ebenso eine größere Wucherung hinter 5,29.

Biblischer Bezug: 6,15 zit. Lev 26,44 in einem Gebet, mit der exzeptionellen Zitierformel „du hast gesagt". Den Einfluss später Est- und Dan-Texte s. „Vorlage".

Historischer Bezug: 1,1 knüpft bei der Schlacht von Rhaphia an, wo Ptolemaeos IV. Philopator seinen seleukidischen Konkurrenten besiegte (217 v. Chr.; vgl. Polybios 5, 79–86); doch ist das Geschehen insgesamt eher in die Zeit des Ptolemaeos Physkon (s. o.) anzusetzen. Insgesamt wird das Ansinnen des in *2Makk.* 1,1–9 (also in der Iason-Epitome) mitgeteilten Schreibens zurückgewiesen, die hasmonäische Neueinweihung des Jerusalemer Tempels mitzufeiern. Vielmehr soll gezeigt werden: Die Loyalität der in niederer wie hoher Politik, in Heer wie Diplomatie engagierten ägyptischen Juden zum Ptolemäerhaus war die Rettung beider; das ist die theologisch-politische Botschaft des Buches.

Allerdings, nur bei Josephus ist zu erfahren, wer die konkreten Erfüller der Gebetserhörung und mirakulösen Rettung der alexandrinischen Juden waren, im Text präsent als „zwei furchterregende Engel" (6,18): Bei Josephus sind es die jüdischen Soldaten der Militärkolonie von Leontopolis (3.1.1), auf deren Gelände der Tempel des Onias stand. Das *3Makk.* nimmt implizit Partei für die Oniaden, jene zu Beginn der Jerusalemer Flügelkämpfe nach Ägypten exilierte Hohenpriesterfamilie, welcher einst Simon „der Gerechte" (1.3.1) angehört hatte. Fragt man nach Motiven für diese verdeckte, Namen vermeidende Erzählweise, so erklärt sich diese aus dem Legitimitätsproblem des (in 7,20 immerhin als „Ort des Gebets" erwähnten, dort nicht nur als Synagoge aufzufassenden) Tempels des Onias: War dessen Absetzung in Jerusalem, gefolgt von der Usurpation des Hohenpriesteramts durch die Hasmonäer, torawidrig gewesen, so war dieser Konkurrenztempel es seinerseits. Zu dem Spagat zwischen diesen beiden Ansprüchen kommt, bei Piotrkowski ausführlich dargestellt, jener zwischen Kleopatra II. und

---

166 Vgl. den Terminus θεομαχεῖν in *2Makk.* 7,19 (allerdings nur dort) und wieder θεομάχος in Apg 5,39.
167 Zu dieser allgemein Siegert, *Septuaginta* 89–91; zum *3Makk.* im Besonderen die Ausg. Hanhart 17–27. Das Syrische geht mit ihr. Mehr hierzu bei Tropper, *Simeon* 201 f Anm. 10 (Lit.).

ihrem im Putschversuch unterlegenen (mit jüdischer Hilfe unterlegenen!) Verwandten Ptolemaeos VIII. Physkon („Fettwanst") hinzu, der sich noch zu des Josephus Zeiten in Stellungnahmen des Judenfeindes Apion *für* Physkon, beantwortet durch eine Ehrenrettung Kleopatras II. durch Josephus, abbildet. Das Ptolemäerhaus war zeitweilig gespalten; von 124–116 v.Chr. zählt man einen anderen VIII. Ptolemäer in Konkurrenz zu Physkon. Eine Vielfalt von politischen und religiösen Abgrenzungen überschnitt sich, und in der Situation zumindest war es klug, nicht namentlich Partei zu ergreifen.

Auch sonst begegnet Historisches im *3Makk.* nur in verwirrtem Zustand. Der in 1,3 u.ö. (2,33; 7,10.12) genannte Dositheos ist zwar in mehreren Papyri für 222 v.Chr. und folgende Jahre belegt, wird hier aber fusioniert mit dem jüngeren Dositheos, den Josephus, *C.Ap.* 2, 49 erwähnt (Schürer/V. 539; A. JÖRDENS in: Karrer/Kraus, *Die Septuaginta* 157–165). Wer immer es war, erwähnt wird er wegen seiner Apostasie vom Judentum.[168] Weitere Hinweise bei Hengel, *JSS* 1990, 56 f. Die Laographie von 2,28 ist ein Detail aus römischer Zeit. Mindestens so lange ist also an diesem Buch weitergeschrieben worden. Es ist ein Geschichtspotpourri aus zwei Jahrhunderten.

Quellen bzw. **Vorlage:** Die Besiegung der Feinde durch Engel statt Menschen hat ihre Vorbilder in Ex 11,4 f.29; 1Sam 7,10 (jeweils noch ohne Engel); 4Kön 19,35; Dan 3,25 (92). Dass die Rettungsengel sich historisch materialisieren lassen, s.o. – Über die gr. Tragiker s.o. „Textsorte". Rein sprachlich sind weiterhin *EpArist.* (4.1) und *2Makk.* als Stichwortgeber erweislich (Anderson 516; Denis 555–557; dort auch weiteres). Benutzung gemeinsamer Traditionen über das Judentum in Ägypten wird in *3Makk* 2 und *2Makk.* 3 vermutet.

Stil: Mischstil aus Griechisch-Klassischem und Septuaginta; vgl. oben „Textschluss" und „literarische Besonderheit". Asianismus (pathetische Geschichtsschreibung) ist durchsetzt mit so unverträglichen Dingen wie Tragiker-Anspielungen (s.o. „Textsorte"), LXX-Hebraismen und schließlich Anspielungen an ptolemäische Kanzleisprache, darunter Archaismen wie οὐθείς für οὐδείς (deSilva 308). Rhythmische Klauseln: 2,20.30.33; 3,10 u.ö.

Ein heikles hermeneutisches Problem entsteht durch maßlose Übertreibungen einerseits, völliges Verschweigen andrerseits: So echt die in Kap. 2–5 ausgedrückten Vernichtungsängste der äg. Juden sein mögen und so sehr sie sich auch in dem Bürgerkrieg von 115–117 n.Chr. nachträglich bestätigt haben, so wenig wird es selbst antiken Lesern möglich gewesen sein zu glauben, der Ptolemäerkönig habe Elefanten betrunken gemacht, um so die in Alexandriens Hippodrom zusammengedrängten Juden seines Landes niedertrampeln zu lassen (5,2ff). Hier mischen sich Politik und Mythos, u.z. im selben Kontext und mittels derselben Sprache. Vieles bleibt ungesagt und wird erst deutlich dank der besagten Parallele bei Josephus, die uns überhaupt erst die Agenten mit Namen nennt: Es war die

---

[168] Solche Erwähnungen sind selten, zumal mit Namen. Vgl. Philon, *Virt.* 184; Josephus, *Bell.* 7, 50–53 (hier mit Namen, der übrigens passenderweise „Antiochos" lautet).

jüdische Garnison am Tempel des Onias. Dessen Priester (ἱερεῖς, mehrfach im Text) sind es, die um Rettung beten, und die ihnen beigegebenen Soldaten (nicht im Text) bringen sie dann.

Bemerkenswerte Stellen, Theologisches: Der Deutesatz 4,21 preist die „Wirksamkeit der den Judäern helfenden, aus dem Himmel kommenden, unbesieglichen Vorsorge (πρόνοια)". Vgl. oben „Historischer Bezug." – Priesterliches Denken ist nachgewiesen bei Piotrkowski 134 f.138; es konzentriert sich in der alles entscheidenden Fürbitte des Priesters Eleazar in 6,1–21. – Auffällig sind zahlreiche, variierende Gotteskennzeichnungen: „der Aufseher aller, Gott, und Vorvater, heilig im Heiligen" 2,21; „König der Könige" 5,35 (wie *2Makk.* 13,4); „Heiland und Wundertäter" 6,32; „Beherrscher des Alls" 6,39; ὁ μεγαλόδοξος παντοκράτωρ καὶ ἀληθινὸς θεός 6,18; zu diesen beinahe schon byzantinisch anmutenden Formulierungen vgl. das *2Makk.* (3.4.2). – Die Juden sind „die Söhne des allmächtigen himmlischen Gottes, des lebenden" (6,28); in 6,3.8 die Gebetsanrede πάτερ; vgl. noch (als Aussage) 7,6. Piotrkowski sieht hierin die überbietende Abgrenzung gegen den Tempelkult und das Priesterkönigtum in Jerusalem.

Andrerseits gilt: Religion und Heil überhaupt enden am Hades (ebd 135–137 unter gleichzeitigem Verweis auf die Grabinschriften von Leontopolis; anderwärts wird der Hades auf jüdischen Grabinschriften fast nie genannt). Auch wird in 6,10, deutlicher als irgendwo sonst, zugegeben, dass ein Leben in der Diaspora (ἀποικία) von einem Mangel an Frömmigkeit behaftet ist (ἀσεβείαις ... ἐνέσχηται). Das Ideal aber ist „Eupraxie": 3,5 f. Dieses gut gr. Wort begegnet in der Septuaginta nur hier im Sinne eines „Richtig-Lebens" nach Maßgabe der Tora und – auch das ist in der Wortbildung enthalten – eines „Wohlergehens" gemäß Verheißung der Tora.

Abfassungszeit: Da Historisches oder gar Zeitgeschichtliches nur in großer Verzerrung vorkommt, variieren die Datierungsversuche stark (Schürer/V. 539 f; Nickelsburg 201 f). In Frage kommt die Zeit zwischen der Verschlechterung des äg.-jüdischen Verhältnisses in der 2. Hälfte des 2. Jh. v. Chr. bis zum Ende des Zweiten Tempels (70 n. Chr.) und dem Ende des Onias-Tempels wenig später. **Ort:** Ägypten.

Adressaten, Sitz im Leben: Lt. 6,36 ist das Buch gedacht als Festlegende für ein alexandrinisch-jüdisches Befreiungsfest (dem Passa nachempfunden, aber ohne ein Verlassen Ägyptens). Nach und nach, so ist anzunehmen, verlor dieses Buch seine Bedeutung durch die – möglicherweise direkt dagegen gerichtete – Einführung des griechischen *Esther*-Buchs in Ägypten (2.1.5).

Abfassungszwecke: 1. landespolitisch: Selbstempfehlung der ägyptischen wie der alexandrinischen Juden gegenüber ihrer Umwelt und Stärkung der Loyalität zwischen Ptolemäerhaus und ihnen; 2. innerjüdisch: Unabhängigkeit vom Mutterland und seinem Hasmonäerregime sowie Akzeptanz des (vorsichtshalber ungenannten) Tempels von Leontopolis bei den Juden Alexandriens; s. o. „Vorlage" (zur Ablehnung von *2Makk.* 1,1–9) und Piotrkowski 137: „(...) die Auffassung, dass die Juden Ägyptens keine Unterstützung seitens der Hasmonäer nötig haben"; 3. liturgisch: Begründung eines jährlichen Festes (s. vorige Rubrik; hier zeigt sich die Selbstständigkeit des „biblischen" Judentums), und überhaupt fortan 4.: Unterhaltung, Bedienung der Emotionen, ähnlich der Iason-Epitome (3.4.2), deren vermittelnde Haltung gegenüber den Hasmonäern hier aber abgelehnt wird.

Rezeption: Das Rettungsfest wurde z. Zt. des Josephus (spätes 1.Jh.) noch gefeiert oder war wenigstens noch in Erinnerung und war vielleicht mit dem Purim-Fest fusioniert worden; dieses letztere hatte – wohl im Bewusstsein der im Kopftext erwähnten Konkurrenz – noch in Hasmonäerzeiten die Jerusalemer Priesterschaft in Ägypten offenbar durchgesetzt. Nicht erreicht war damit das Ziel einer Anerkennung für den Tempel des Onias. Weder Philon v. Alexandrien noch irgendein anderer jüdischer Alexandriner noch irgendein Pseudepigraphon erwähnt den Konkurrenztempel. – Als literarische Nachklänge s. ZusEst B und C (2.1.5).

Theodoret kannte das Buch noch, und immerhin existieren orientalische Übersetzungen (s. o.). Gewisse Septuaginta-Codices (nicht der Vaticanus) bieten es, so auch die Septuaginta-Ausgaben wenigstens seit dem 19.Jh. Die Vulgata hingegen hat dieses Buch nicht, und so gibt es auch bis in neueste Zeit keine Rezeption im Westen.

2.4.2 Die *Himmelfahrt Moses (Testament Moses)*

Mose, so ist Philon aufgefallen (*Sacr.* 8–10) und sicher nicht erst ihm, stirbt zwar in Dtn 34,5 f, wird aber nicht zu seinen Vätern versammelt, sondern „der HERR begrub ihn". Was soll das heißen? Die Septuaginta bringt diesen merkwürdigen Anthropomorphismus (der ja impliziert, dass Mose gar nicht begraben wurde, jedenfalls nicht von menschlichen Händen) durch einen Plural zum Verschwinden: „Sie begruben ihn/ man begrub ihn". Damit war weiteres Nachgrübeln verhindert, und eine ganze Literatur, die hier möglich wäre, blieb ungeschrieben. – Philon jedoch zitiert, als stünde es in der Bibel: „'Durch das Wort' des Verursachenden wird er versetzt" (wörtl.: davongehoben, μετανίσταται), wobei aber die zweite Hälfte dieses Satzes an seiner Belegstelle, Dtn 34,5 LXX, gerade nicht geboten wird. Philons weitere Überlegungen lösen sich dann von Mose, um am Logos zu haften und daran, wie dieser die Seele (sc. des Tora-Betrachters) bis zum „Seienden" zu versetzen vermöge.

Der nun vorzustellende Text, der mithin nur einen dünnen Traditionsstrang wiedergibt, existiert nur noch in einem einzigen lateinischen Manuskript, einem überschriebenen (Palimpsest) und am Ende unvollständigen, u.z. als dessen frühere Beschriftung. Vom Griechischen sind nur noch verstreute Zitate erhalten, bei Denis (a) – (k) (ohne i) nummeriert, wobei aber nur die Frg. (a) und (f) im lateinischen Text lokalisierbar sind; die Zuschreibung der übrigen, die aus dem größtenteils verlorenen zweiten Teil kommen dürften, ist entsprechend hypothetisch (Schürer/V. 285). Das Postulat einer hebräischen Vorlage ist nicht mehr nötig,[169] seit bekannt ist, in welchem

---

[169] Eine Rückübersetzung ins Hebr. ist dementsprechend auch nicht da zu finden, wo der Klappentext

Maße auch Judäa zweisprachig war (s.o. 0.3.3). Nicht einmal aus Geheimhaltungsgründen muss ein semitisches Original angenommen werden; der Text ist auch so hinreichend verschlüsselt. Sollte jedoch dem Griechischen eine hebräische Fassung vorausliegen bzw. parallel gegangen sein, wäre dies eine Analogie zu den Bemühungen um ein hebräisches Revirement, wie sie sich in der Makkabäerzeit feststellen lassen (1.4) und nach der Tempelzerstörung wieder (2.5.1). Zwischenzeitlich war Hebräisch nur noch für die Halacha und für Dichtung üblich gewesen.

Folgendes an Fragmenten bzw. (meist nur) Testimonien wird bei Denis geboten:

a) 1,6.9.12–15 wird zitiert bei Gelasios v. Kyzikos, *H.e.* 2, 17,17 (lat. ausführlicher erhalten); dort sagt Mose: „Es erdachte mich Gott vor der Gründung der Welt, dass ich seines Bundes Mittler sei." Gelasios referiert eine Antwort des Konzils von Nicaea, das über die Zulässigkeit dieses Buches befragt wurde und dem ihm vorgelegten Zitat zustimmte.

b) Gelasios ebd. 2, 21,7 referiert eine ebensolche Antwort des Konzils, ebenfalls zustimmend.

c) Clem.Al., *Strom.* 1, 153,1: Mose habe nach seiner ἀνάληψις den Namen „Melchi" erhalten.[170]

d) Ebd. 154,1: Mose „habe nur mit dem Wort den Ägypter getötet" (vgl. das Problem von Frg. h–k).

e) Gelasios (wie oben) 2, 17,18: Mose habe die Weisheit Salomos vorausgesagt. (Das lässt in Bezug auf Frg. d an Magie denken.)

f) zu 11,5: Clem.Al., *Strom.* 6, 132,2f spricht von einer doppelten Vision Josuas: Er habe den Mose bei seiner Auffahrt (ἀναλαμβανόμενον) einmal mit Engeln gesehen, ein andermal „auf dem Gebirge bei der Schlucht, als er die Bestattung verlangte". Augustins Freund und Briefpartner Evodius (MPL 33,695f) berichtet aus *apocryphis et secretis ipsius Mosi*, dass Mose „bei seinem Aufstieg auf den Berg, um zu sterben, mit Körperkraft erreichte, dass es etwas anderes war, was der Erde zu übergeben war, als das, was sich dem begleitenden Engel beigesellte." Ähnliches, aber kürzer, bei Origenes, *Josuakommentar* zu Jos 1,2 (nur lat. erhalten).

g) Epiphanios, *Haer.* 9, 4,13 berichtet als Überlieferung, dass die Engel, die Mose begruben, sich „nicht verunreinigt hätten an dem heiligen Körper".

h) Jud 9, der Disput Michaels mit dem Teufel um Moses Leichnam (ein Referat; s.u.: „frühestes Zitat"). Ein lat. erhaltenes Frg. aus einem Jud-Kommentar des Clem.Al. (zit. bei Schürer/V. 286 oben) sagt zu diesem Vers: *Hic confirmat as-*

---

eines Buches sie in Aussicht stellt, bei A. SCHALIT: *Untersuchungen zur Assumptio Mosis* (ALGHJ 17), 1989. Größere Aussicht, der Forschung zu nützen, hat die nun schon alte gr. Rückübersetzung von Hilgenfeld (s.u., „Einleitung/Text").

170 Das dürfte, zumindest in chr. Lektüre, mit „Melchisedek" als vorausgreifendem Christusnamen (vgl. hier 7.4.1) eine Typologie bilden. Im *LibAnt.* (1.1.2) 9,16 allerdings heißt es, Moses Mutter bereits habe ihn „Melchiel" nennen wollen; s. Denis z.St. (64) mit Parallelen aus gr. Kirchenvätern, wonach beide Eltern bzw. Moses Vater ihn „Melchias" hätten nennen wollen. Das wäre dann sein eigentlicher, hebr. Name, wohingegen „Mose" ja bekanntlich ein ägyptischer Name ist.

sumtionem Moysi. Dies ist der Grund, warum in NT-Ausgaben an dieser Stelle die *AssMos*. am Rand genannt wird. Der Wortlaut von Clemens' Bemerkung belegt freilich nur den Inhalt einer Tradition und nicht einen Buchtitel. Letzteres ist erst die Annahme des Origenes in *Princ.* 3, 2,1 (nur lat. erhalten; Tromp 273 f.).

j) Die Cramer-Catene zu Jud 10 nennt den Gegenstand des Disputs über Moses Leichnam: Der Teufel macht geltend, Mose sei ein Totschläger gewesen (als Antwort s. o.: d). Diese Lästerung sei es gewesen, die Michael ihm mit „Es bedrohe dich der HERR" verwehrte.

k) Oekumenios v. Trikka (10. Jh.) bietet in seinen Epistelkommentaren zu Jud 9 (MPG 119, 713 B/C) eine schlichtere Version davon: Der Teufel habe mit seinem Einwand verhindern wollen, dass Michael Mose begräbt.

Es ist nicht gesichert, dass all diese Texte aus demselben Buch zitieren bzw. referieren. Sie können auch aus mehreren Vorlagen oder aus mündlicher Tradition herrühren. Gelasios, der im 5.Jh. gelebt haben müsste, ist ebenso wie der etwas später liegende Papst gleichen Namens ein Eponym von Unechtem, sollte also „Ps.-Gelasios" oder besser gar nicht genannt werden; s. G. HANSEN (Hg.): *Anonyme Kirchengeschichte (Gelasius Cyzicenus, CPG 6034)* (GCS, NF 9), 2002, IX–XII.

Was die Texte (a)–(k) ergeben, ist immerhin ein Bild vom möglichen Inhalt des Verlorenen. Es ging nicht um eine leibliche Himmelfahrt Moses – die wäre kein Tod gewesen, wie er, gemäß Dtn 34,5, auch hier in 1,15 angekündigt wird –; auch hätte dann kein Begräbnis stattfinden können. Sondern der Text zielte auf die Aufnahme seiner Seele oder seines besseren Seelenteils in den Himmel (Tromp 277–285; s. o.: f). Ab jetzt also spielt die Seele anstelle des ganzen Menschen eine Rolle in unseren Texten, und jener Platonismus hält Einzug, den wir aus Philon, aber auch aus des Josephus Essener- und Pharisäerschilderungen kennen (s. u., Exkurs).

Nach Jan Dochhorns Vermutung ist es diese zweite Hälfte des Textes, die ihm im Christentum ein gewisses Interesse sicherte; die erste hatte sich bereits erledigt. Dass fast nur jene erste textlich erhalten ist, ist ein Zufall der Überlieferung. Ab dem 8.Jh. wurde ja auf das Ganze verzichtet, wie das Abgeschabt- und Zerstückeltwerden der einzigen noch vorhandenen Handschrift bezeugt.

Online-Index Nr. 45; Harnack I 852 Nr. 56; Stegmüller Nr. 89 und 89.1–5; Schürer/V. 278–288. **Inhaltsangabe:** Collins (übernächste Rubrik) 346; vgl. nachstehende Tabelle; mit Kommentar: Woschitz 431–440.

Einleitung und Übersetzung: Charlesworth I 919–934 (J. PRIEST); JSHRZ V/2 (E. BRANDENBURGER) 1976, 57–84; Dupont-Sommer, *Ecrits intertestamentaires* 995–1016 (E.-M. LAPERROUSAZ).

Einleitung: Denis 431–475; Nickelsburg 74–77.247 f; J. Collins in Stone, *Writings* 344–349 und Stone selbst ebd. 419 f. **Text** der gr. Fragmente bei Denis, *Conc.* 901.[171] **Lat.**

---

[171] Eine Rückübersetzung ins Griechische bietet für den kompletten Text Hilgenfeld, *Messias* 435–468. Dies ist ein Klassiker der Auffassung, das Judentum vor Jesus habe bereits einen im Himmel schon

Text des Erhaltenen bei Denis, *Conc. latine* 599–601, Laperrousaz [101]–[111]; Lechner-Schmidt, *Wortindex* 219–224. **Anmerkungen:** Rießler (485–495) 1301–1303.
Literatur: Lehnardt Nr. 7636–7760; DiTommaso 731–746. **Neuere Studien:** N. J. HOFMANN: *Die Assumptio Mosis. Studien zur Rezeption maßgültiger* [sic] *Überlieferung* (JSJ.S 67), 2000 [dort 5–44: „Forschungsüberblick"; 81–189 Kommentar]; S. SCHREIBER: „Hoffnung und Handlungsperspektive in der Assumptio Mosis", *JSJ* 32, 2001, 252–271; Dochhorn, „Zur Krise der Gerechtigkeit" (0.9.5) 88–100; K. ATKINSON: „Herod the Great as Antiochus redivivus. Reading the Testament of Moses as an Anti-Herodian Composition", in: C. EVANS (Hg.): *Of Scribes and Sages*, Bd. 1, 2004, 134–149; E. ISRAELI: „Taxo and the origin of the Assumption of Moses", *JBL* 128, 2009, 735–757. – Zu Jud 9 ist in der in 0.7.8 Anm. 182 angekündigten Veröffentlichung ein Kapitel von M. VOGEL zu erwarten.
Handschrift (lat.): Mailand, Bibl. Ambrosiana, C 73 inf. (6.Jh.), Palimpsest, untere Schrift; Denis 449 f: enthielt einst auch *Jub.* auf Latein (1.1.1). **Erstausgabe:** A. M. Ceriani 1861.
Titel in Frg. (a) und (b): γέγραπται ἐν βίβλῳ ἀναλήψεως Μωσέως; daher lat. *Assumptio Mosis*. Als **Zitierformel** dient in (c) und (d): φασὶν οἱ μύσται, „es sagen die Mystiker", in (e) ἐν βίβλῳ λόγων μυστικῶν Μωσέως; lat. in (f): *in secretis (...) Moysi*. – **Andere Benennungen:** Hierher bezieht man aus antiken Apokryphenlisten auch: διαθήκη Μωυσέως = *Testament Moses*, wobei unklar ist, ob das, partiell oder überhaupt, derselbe Text sein soll. Harnack vermutet, dass die ἀνάληψις nur der Schlussteil des Gesamtwerkes gewesen sei. Dass dieses Wort im Judentum zunächst einen anderen Sinn hatte, ist zu 1.3.3 bemerkt.
Neuere kritische Ausgabe: gr. Fragmente: PVTG 3 (A.-M. DENIS) 1970, 63–67 (10 Fragmente, s.o.); **lat.** Text und Fragmente: G. TROMP (Hg., Übers., Komm.): *The Assumption of Moses* (SVTP 10), 1993 [lat. Text und engl. Übers.: 6–25; Fragmente: 271–275 (Text des gr. Gesicherten: 272 oben); Komm.: 132–269, zu den Fragmenten 270–285]. **Einl. und Komm.:** E.-M. LAPERROUSAZ (Übers., Komm.): *Le Testament de Moïse. Traduction avec introduction et notes* (Semitica 19), 1970.
Textanfang (nach unlesbaren Anfangszeilen) 1,2: *...]qui est bis millesimus et quingentesimus annus*. **Textabbruch** in 12,13: *et stabilitum est testamentum illius. Et jurejurando quod [...*
Wortindex: Tromp 317–323; Lechner-Schmidt, *Wortindex* 219–224; Siglum bei Denis, *Conc.:* „FMos."; Siglum bei Denis, *Conc. latine:* „Mois".
Weiterübersetzungen und Bearbeitungen: ein arm. Frg. s. DiTommaso 733; Slavisches (sofern hierher gehörig) bei Bonwetsch 915 unten.

---

thronenden Menschensohn als Messias erwartet. Die Rätsel der hier vorzustellenden Schrift löst er nicht.

Frühestes Zitat (oder Referat): Clem. Al. hält Jud 9 (hier: Frg. g–h) für ein Zitat aus der *AssMos.*, was aber genauso gut auf eine gemeinsamen Vorlage zurückgehen kann. Andere Erwähnungen s. Denis 439.447 f.

Ähnliche oder ähnlich benannte Texte: Zu *Testament Moses* s. o. „Titel", zu *ApkMos.* 7.2.1. Anderes über den Tod Moses bei Denis 452 Anm. 65. Eine *Vita Mosis* auf slavisch ist angezeigt bei Stegmüller Nr. 89.8–10. – *Gespräche Moses mit Gott* auf Syr., Äth. und Arab. s. Stegmüller Nr. 89.11 und DiTommaso 748f; sie sind dem nahe, was man im Bereich der Qumranfunde als *Mose-Apokryphon* bezeichnet (s. o. 2.2.9) und dort sehr viel älter datieren kann. Aus einem ähnlichen Text soll übrigens Gal 6,16 inspiriert sein (Schürer/V. 285). – Eine arm. *Geschichte Moses* bei Y. 199–206 = Iss. 165–175. Vgl. M. STONE: „Three Armenian accounts of the death of Moses" (1974), in: ders., *Studies* 54–57. Bei dems., *Apocrypha* 134.154 f auch ein chr. Gespräch Moses mit dem Engel, der seine Seele abholen kommt. – Über gnostische Mose-Bücher informiert bereits Epiphanios, *Haer.* 39, 5. – Zu mittelalterlichen *Leben-Moses*-Texten, hebr. und slav., DiTommaso 749 f, zu einer arm. *Geschichte Moses* ebd. 751. Ein *Gebet Moses* am Tage seines Todes, bei Stegmüller Nr. 89.6–7 erwähnt, entstammt dem *LibAnt.* (1.1.2) 19. Eine hebr. *Peṭirat Mošе* („Abschied Moses") s. Jellinek, *BHM* 1, 115–129 (und XXI); 6, 71–78 (und XXI– XXIII). Für Schriften namens *Himmelfahrt* oder *Offenbarung Moses* in mittelalterlich-hebr. und judäo-pers. Lit. s. DiTommaso 751f (wo selbst der Titel einer *Chronik des Mose* begegnet). Mittelalterliche *Tod-Moses*-Lit. auf Hebr. wird ebd. 752 aufgezählt sowie Äthiopisches.

Textsorte: Kombination aus einem Testament (von 1,10 bis 10,15 in Ich-Form) und – vom Titel zumindest angekündigt – einer Aufnahme Moses in den Himmel (nur der vorausgehende Dialog mit Josua ist noch erhalten), also einer Himmelsreise.

Zählung: Der lat. Text wird in 12 (kurze) Kapitel und in Verse geteilt; bei 12,13 bricht er ab.

Gliederung: 1. Teil (Testament): Ein Erzählrahmen umgibt eine von 2,1–10,10 reichende Prophetie Moses, im Schlussvermerk (10,11–15) als „Buch" bezeichnet, ebenso im Rückbezug 11,1 als geschriebenes „Testament". – **2. Teil** (Himmelfahrt): 11,1ff; muss mehr als die noch folgenden zwei Kapitel umfasst haben. – Detailgliederung bei Tromp 129–131 bzw. unten: „Historischer Bezug".

Literarische Integrität: Der lat. Text ist unvollständig; auch ist die Blattfolge beim Neubinden durcheinander gekommen (Priest bezweifelt den Anschluss von 8,5 zu 9,1). Manche Stellen sind unleserlich oder auch ursprünglich schon verschrieben. 5,8 f ist eine Dittographie (ungewollte Wiederholung) des Vorherigen; Tromp hat sie zu Recht in den Apparat verwiesen. Knapp die Hälfte ist verloren. Die eigentliche Himmelfahrt des Mose wird nicht mehr geboten; hierfür werden die Fragmente (g) – (k) herangezogen. Harnack u. a. vermuteten, die *Himmelfahrt* sei eine eigene Schrift gewesen (vgl. Schürer/V. 286 unten; Denis 453). Textintern nötigt dazu aber nichts; der Übergang von Teil 1 zu Teil 2 in 11,1 ist tadellos, und verschiedentlich wird das Geschehen des 2. Teils im ersten schon angekündigt

(1,15; 11,12). So dürfte es sich eher um zwei Benennungen für dieselbe Schrift gehandelt haben.

Biblischer Bezug: Das Erhaltene ist zunächst ein Midrasch zu Dtn 31–34 (Gliederung in Parallele dazu bei Nickelsburg 75, Komm. bei Hofmann 81–189). In 1,5 ausdrückliche Berufung auf das Dtn (wohl auf Dtn 31,14).[172] Expandiert wird v. a. Dtn 34,1–7 (wo außer Mose noch keine Nebenpersonen genannt sind). V. 6 wurde als ein Begräbnis durch Engel aufgefasst. Wichtig ist auch der Vermerk aus Dtn 34,7, Mose sei bis zuletzt im Vollbesitz seiner körperlichen und geistigen Kräfte gewesen. – Frg. **(a)** sieht Mose in Parallele zu Spr 8,22 („Der HERR erschuf mich als Anfang seiner Wege"). – Für **(d)** vgl. Ex 2,12. – Zu **(h)** – **(k):** Das Zitat „Der HERR möge dich bedrohen"[173] steht schon in Sach 3,1f, wo im LXX-Kontext „Jesus, der Hohepriester"[174] in beschmutzten Kleidern vor dem Weltrichter steht und der Anklage durch den Teufel ausgesetzt ist, welcher dann aber in geradezu schonender Weise von seinem Treiben abgehalten wird.

Historischer Bezug: Hofmann behandelt den Text überhaupt nur als Para-Bibel. Anspielungen an Zeitgenössisches, nämlich an politische Wirren sind jedoch zu finden und werden teils auf die Zeit unter Antiochos IV. gedeutet, teils sogar auf vormakkabäische Zeit, letzteres unsicher. Mit hoher Wahrscheinlichkeit geht 6,1ff auf Durchsetzungsmaßnahmen Herodes' I. Der Freitod eines Unbeugsamen mit seinen sieben Söhnen in einer Höhle in Kap. 9 hat in dem, was Josephus, *Bell.* 1, 312f und *Ant.* 14, 420–430 aus Herodes' Anfangszeit berichtet, zumindest ein Vorbild;[175] über den „Krieg des Varus" (also die Thronwirren nach seinem Tod) s. Brandenburger 60; Denis 432.434; Nickelsburg 74, 108 u.ö. Letzterer geht davon aus, dass dieser Text zunächst in der Hitze der makkabäischen Gefechte entstanden, in herodianischer Zeit aber fortgeschrieben worden sei (247f). Neueres

---

172 Solch ausdrückliches Nennen von Bibelbüchern ist in der vermuteten Entstehungszeit dieses Textes noch selten. In der LXX vgl. *2Makk.* 7,2 („Gesang des Mose"); im NT Mk 1,2 parr. („Jesaja"); Lk 13,33 („Ps 2").

173 D.h. „ich selber verfluche dich nicht" – hier liegt die Pointe des Zitats im *Judasbrief,* der gegen das Fluchen, damals Bestandteil des Zaubers, vorgeht. Vgl. die Verwendung von Sach 3,2 im *Leben Adams und Evas* (7.2.1), 39,1 und in der *Palaea Historica* (8.2.1) S. 858 (sofern „Samuel" in „Sammael" zu emendieren ist).

174 Hier ist *Jehošuaʿ* gemeint, der gescheiterte Anführer eines theokratischen Reformversuchs um das Jahr 520 v.Chr. (Albertz, *Religionsgeschichte* 478–487). Es mag sein, dass in (juden-)christlicher Rezeption diese Szene auf den Tod Jesu übertragen wurde, da Namensgleichheiten nie für zufällig galten. Immerhin ist auch Jesu Ankündigung eines Reiches Gottes so nicht eingetroffen, wie man sich das dachte, und er ist aus der Weltgeschichte (nicht aus der kirchlichen Verkündigung) als ein Verurteilter ausgeschieden.

175 Ein Nachklang, bei Schürer/V. nicht mehr erwähnt, ist der essenisch gesinnte, beim Sammeln von Gefolgschaft zunächst im Judentum und dann bei den Samaritanern gescheiterte Dositheos, der schießlich freiwillig in einer Höhle starb: Epiphanios, *Haer.* 1, 13; nach Origenes, *Comm. in Joh.* 13, 27 (zu Joh 4,26f; MPG 14, 445 B) hätte er sich für den Messias ausgegeben. Noch Photios, *Bibl.*, cod. 230 (gegen Ende) weiß im Namen des Eulogios von Alexandrien schlimme Dinge über ihn zu berichten. Vgl. S. J. ISSER: *The Dositheans. A Samaritan Sect in Late Antiquity,* 1976.

reicht bis zu den Anmaßungen der Religionspolitik Hadrians: Er sei der *rex regum terrae* von Kap. 8 (referiert bei Tromp 94 f). – Jan Dochhorn vereint die meisten dieser Beobachtungen in einer Kontinuität, die 2,1–8,1 abdeckt und den Rest der Rede Moses (sie reicht von Kap. 2–10) als Versuch einer Prognose erkennbar werden lässt, womit dann auch die Abfassungszeit bestimmbar wird:

Rückblick (ungenannte Namen nach Indizien hinzugefügt)	Aus anderen Quellen Bekanntes
2,1–6,1 Vorblick (tatsächlich Rückblick) auf Landnahme bis zu den Siegen der Hasmonäer; deren Priesterherrschaft wird als gottlos gebrandmarkt;	164 v. Chr. Neueinweihung des Tempels; 63 Ende der Hasmonäerherrschaft
6,2–6 die Herrschaft des Herodes, 34 Jahre dauernd	37–4 v. Chr. (vgl. Josephus, *Ant*. 17, 191)

Zeitgeschichte	
6,7 die Söhne des Herodes – sollen nicht mehr so lang regieren	zwei von ihnen regierten länger[176]
6,8 f der Krieg des Varus (damals Präfekt in Syrien); teilweiser Brand des Tempels	in den Wirren, die er niederschlagen sollte, brannten die Tore des Tempels ab (Jos., *Ant*. 17, 250–268)
7,1 f Erwartung baldigen Weltendes; (Lücke im Ms.)	Vor- und Nachstehendes: 4 v. Chr.
7,3–9 unerträgliche Herrschaft von Leuten, die sich als „Gerechte" bezeichnen	Aufstände des Simon und des Athronges (Tacitus, *Hist*. 5, 9,2; Jos., *Ant*. 273–285)[177]
8,1a Bestrafung der internen Tyrannen durch einen externen, genannt „König der Könige der Erde"	„Bestrafung" des Simon durch Varus (Tacitus a.a.O.; Jos., *Ant*. 286–298) i.J. 4 v. Chr.

Vorblick	
8,1b–5 jüdisches Leben wird mit Kreuzigung bedroht; Beschneidungen werden rückgängig gemacht	Das Folgende kann nur künstlich auf Caligula (37–41) bezogen werden (der angeblich die Aufstellung seines Standbildes verlangte), und das angebliche Verbot der Beschneidung erst auf Hadrian (nach 130)

---

176 Nämlich Herodes Antipas, Jesu Landesherr in Galiläa (starb i.J. 39 nach 35 Jahren Herrschaft) und Philippus, nach dem Caesarea Philippi benannt ist (starb 33/34 nach 37 Jahren Herrschaft).
177 Details dieser bei Schürer/V. übersehenen, für die Zeitlage aber sehr bezeichnenden Episode bei Stern II, bes. S. 50 f. Wenn eine Akklamation als „König der Judäer" für Jesus gefährlich war, dann wegen dieser Präzedentien.

9,1ff	Ein Levit namens Taxo, untadelig einschließlich seiner Vorfahren und seiner sieben Söhne, beschließt, lieber mit ihnen in einer Höhle zu sterben als die Gebote des HERRn zu übertreten
10,1ff	Gottes[178] Königsherrschaft bricht an über die ganze Welt.

Damit fällt die Endredaktion dieses Textes in die Frühzeit der Herodessöhne, auch noch vor die Einführung des Census i.J. 6 n.Chr.; es handelt sich um einen Kommentar zum Krisenjahr 4 v.Chr. in Erwartung von Schlimmerem danach. Ab 8,1b wird alles Voraussage, erkennbar an ihrem Nichteintreffen bzw. an der nur noch punktuellen Möglichkeit von Zuordnungen zu historischen Ereignissen. Das freiwillige Sterben des Taxo (Kap. 9, s.u.) und seiner sieben Söhne, die Verzweiflung des Autors ausdrückend, erinnert an die o.g. Josephus-Passagen. Selbst wenn man Jesus nur sieben Jünger zuordnet wie Papias, haben doch diese die Krise überlebt; an eine christliche Anspielung ist nicht zu denken. Eher ist es eine Erwartung des Autors für dessen nächste Zukunft, erdacht als Steigerung des heroischen Todes der makkabäischen Witwe mit ihren sieben Söhnen (3.4.1–3).

Quellen und **Vorlage:** Als Anhaltspunkt für Legenden vom Tod des Mose vgl., außer dem bereits genannten Philon, Josephus, *Ant.* 4, 326, wo Mose von Eleazar (Aarons Nachfolger) und Josua (seinem eigenen designierten Nachfolger) Abschied nimmt und, vor einer Schlucht stehend, von einer Wolke unsichtbar gemacht wird (vgl. Apg 1,9 für Jesus). – Die Rahmenhandlung hat eigene Vorgänger (Schürer/V. 284) und kehrt später auch im Rabbinat wieder (ebd. 285). Doch ist die Entrückung Moses, anders als die Henochs, im Judentum wenig ausgestaltet worden. Sie mag aber bei Ezekiel (5.1.3) gestanden haben; vgl. aus dem Erhaltenen die V. 68–82, wo den biblisch bekannten Entrückungen Moses (Ex 20,21; 24,12–18; 34,2–29) eine himmlische Beauftragung vorausgesetzt wird (wohl Ausgestaltung der Dornbusch-Szene Ex 3). Josephus sowie der *LibAnt.* 19,16 (1.1.2) deuten dergleichen nur an. Rabbinisches s.u., „Rezeption". – Zu Kap. 9 vgl. *2Makk.* 6 in seiner vielleicht noch nicht übermalten, ursprünglichen Iason-Fassung (3.4.1). Eine Vermutung, wonach sowohl die wachsenden Legenden von den makkabäischen Märtyrern wie auch diejenige von den hier und bei Josephus a.a.O. gemeinten galiläischen Märtyrern eine gemeinsame, Jer 15,9 ausmalende Volkstradition hinter sich haben, s. F. LOFTUS: „The martyrdom of the Galilean Troglodytes", *JQR* 66, 1976, 212–223 mit Stemma S. 223. Zu erwägen ist dort eine Positionsvertauschung zwischen Josephus und der *AssMos.*, welche in ihrem noch gar nicht geschehenen Kap. 9 etwas vorauszusagen beansprucht, was nach unserer Kenntnis nicht mehr eintraf.

---

178 Sc. die des HERRn (gerade vorher genannt); vgl. „der Höchste", „der Ewige" in 10,7; zu „Königsherrschaft Gottes" oben 1.3.3.

Hebraismen sind die des imitierten Bibelstils, z. B. 9,2: *videte... ecce...* und vieles *et..., et..., et.* Als Hebraismus mag auch der Name „Melchi" Frg. (c) gelten. Mehrere Auflösungsversuche für das (vermutete) Anagramm „Taxo" gehen vom hebr. Alphabet aus, woran die Verfasser, auch wenn sie griechisch schrieben, durchaus gedacht haben können.[179] Vermutungen sonstiger Hebraismen bzw. Aramaismen bei Denis 459f. – Gräzismen im Latein, die dessen Übersetztsein aus dem Griechischen verraten, s. Tromp 78–85. **Grammatik** des hier verwendeten Spätlateins, das bereits undeutlich wird und mancherlei Verwechslungen aufweist,[180] bei Tromp 27–77.

Bemerkenswerte Stellen: Schon der Anfang (s. o.) zählt die Jahre vom Beginn der Welt (*anno mundi*), was sich bei Josephus gelegentlich findet (*Ant.* 1, 82), sowie in *Esra-Apk.* 14,48b (2.5.1), längst vorher bei den Essenern (1.1.1) und sodann bei dem Apologeten Theophilos (*Ad Autolycum* 3, 28), ehe auch die Rabbinen es als die „große Zählung" ihrerseits übernahmen. – Eine Präexistenz Moses wird angenommen in 1,14 bzw. Frg. a. Was über seine himmlischen Postexistenz im Ms. verloren gegangen ist, kann ersatzweise aus Apk 11,3–13 entnommen werden.[181] – Ca. 30 Deutungsvorschläge zu dem Namen Taxo in 9,1 s. Tromp 124–128; Denis 434–436.

Theologisches: Typisch für diese Textsorte ist die deterministische Sicht des Weltgeschehens (Denis 455). Die ab Kap. 8 ausgedrückte Zukunftserwartung ist insgesamt herausvergrößert aus den Ereignissen der makkabäischen Krise, in der Meinung, die Heilsgeschichte, aber auch Unheilsgeschichte wiederhole sich. Ist dies richtig gesehen, dann gilt die Kritik an der Herrschaft der sog. „Gerechten", die in Kap. 7 direkt auf eine Endzeitberechnung folgt (hier liegt der Umschlag in die Zukunftserwartung), der herrschenden Klasse in Judäa in den Jahren des relativen Machtvakuums vor der Einführung der römischen Direktherrschaft. – In 1,17f emphatischer Bezug auf den Jerusalemer Tempel; in 6,1 scharfe Ablehnung eines Königtums von Hohenpriestern, also der einstigen Theokratie. Das künftige Heil ist ab dem Aufflug des Adlers von 10,6 ein himmlisches.

---

[179] Beispiele von mehr oder weniger verdeckter Zweisprachigkeit s. u. 7.2.1 sowie die Zahl 666 in Apk 13,18, die sich am leichtesten als Zahlenwert des hebr. geschriebenen Namens *Adrianos Traianos* auflösen lässt, des Namens, mit dem Hadrian sich auf seinen Inschriften nennt. Andere Auflösungen müssen unregelmäßige Schreibungen annehmen. Zur Datierung der Endfassung der Apk s. Witulski (0.9.5); etwa gleichzeitig ist auch die letzte, kanonische Fassung des Joh herausgekommen (Siegert, *Evangelium des Johannes* 81–87). Die bisherige Forschung war zu sehr orientiert an Eusebs Schema von der ersten Christenverfolgung unter Nero und der angeblichen zweiten unter Domitian. Hadrian ist die *bête noire* der ganzen kleinasiatischen Joh-Schule; er ist der „Fürst (*princeps*) dieser Welt", den diese auch in die Endfassung des Joh noch hineingebracht hat (Siegert a.a.O. 468–470).

[180] Etwa *adducetur* 10,1 für *abducetur* (was semantisch das Gegenteil ist); *vidicavit* 10,2 für *vindicabit* (wo das Tempus ins Gegenteil umschlägt) u.a.m. Übersetzen heißt hier stets auch konjizieren.

[181] Dort ist er neben Elia Gottes großer Zeuge (μάρτυς) gegenüber der Welt, vorher ja schon in der Verklärungsszene Mk 9,2–13 parr. (Hinweis Simon, *Recherches* 165f.)

Der zweite Teil berichtete den Tod Moses. Frg. **(a)**, um dessen Genehmigung für orthodoxes Christentum das Konzil von Nicaea gefragt wurde, lässt Mose gegenüber Josua seine himmlische Präexistenz kundgeben: Καὶ προεθεάσατό με ὁ θεὸς πρὸ καταβολῆς κόσμου εἶναί με τῆς διαθήκης αὐτοῦ μεσίτην, „und noch vor der Gründung der Welt hat Gott mich dafür vorgesehen, ein Mittler des Bundes mit ihm zu sein". – Was die eigentliche Himmelfahrt Moses betrifft, so gibt das unter **(f)** Genannte den springenden Punkt. Was der laufende Text der *AssMos.* als Ausnahme für Mose hinstellt, ist in der Rezeption dann verallgemeinert worden. Sie stellt als räumliches Nebeneinander dar,[182] was für Paulus ein zeitliches Nacheinander ist (1Kor 15,35 – 46; Wechsel des Gesichtspunkts auf dieselbe Sache).

Christliches: Ein Problem ist der Titel: Das Wort ἀνάλη(μ)ψις hat sonst nur in christlichen Texten den Sinn einer „Aufnahme in den Himmel". Leider bietet das lat. Ms. zu diesem Titel keine lesbare Alternative.

Abfassungszeit: nach 4 v.Chr. (s. obige Tabelle) und wohl noch vor dem Census d.J. 6/7 n.Chr. **Ort:** das Land Israel bzw. Palästina (Tromp 117; Denis 559). Angesichts der hier vertretenen Privatmeinungen wird man diesen Text jedoch nicht dem zuschlagen können, was in 0.3.4 als „Radio Jerusalem" charakterisiert wurde; eher ist es ein Privatsender. – **Adressaten:** Als griechischer Text richtete er sich wohl vornehmlich an die jüdische Diaspora des Westens. **Abfassungszweck:** Stärkung des Toragehorsams trotz einer v. a. als intern empfundenen Krise.

Rezeption: nur im Christentum nachzuweisen. Dort war diese Schrift wichtig genug, dass noch im 4.Jh. das Konzil von Nicaea um Stellungnahmen bemüht wurde. Den Arianern gegenüber ging es um die Frage, ob diese Weisheit von Spr 8,22, zugleich Logos der Schöpfung, mit dem präexistenten Gottessohn identisch und dieser damit (gemäß ἔκτισεν Spr 8,22) ein Geschöpf Gottes sei. Auf diese in der antiken Christenheit mehr als alles andere debattierte Frage (die arianische Antwort war ja positiv) gibt Text (a) eine orthodox verwendbare Antwort und wird darum vom Konzil gebilligt. – Aus den Zitierformeln (c) – (f) geht hervor, dass dies für einen Text „der Mystiker" galt, der sich mit der Aura des Geheimnisses umgab – was im Sinne der öffentlichen Lehre der Kirche eher eine Warnung war, nämlich vor allzu freiem Flug der Gedanken mit dem Anspruch auf neue Offenbarung. Wohl deswegen ist die Schrift auch nicht erhalten geblieben, so interessant sie heute wäre. Dass nur der erste Teil einigermaßen vollständig erhalten ist und auch das nur auf Latein, dürfte Zufall sein und entspricht nicht dem Interesse der ersten chr. Rezeption. Späteres s. Ch. RENOUX: „L'Assomption de Moïse d'Origène à la chaîne arménienne sur les épîtres catholiques" in: A. DUPLEIX (Hg.): *Recherches et tra-*

---

[182] Die Vorstellung einer doppelten Leiblichkeit (nicht zu verwechseln mit der Leib-Seele-Dichotomie bei Platon) ist sehr alt und wohl allen Religionen gemeinsam, wird auch von der Psychologie wieder in Anspruch genommen (das kontingente und das eigentliche Ich). Die antike Auslegung von Homer, *Od.* 11, 601 besagte schon das Gleiche: Herakles habe nur Umrisse von sich in den Hades entlassen; „das Reinste seiner Seele, das fortging, war er, Herakles, selbst" (Ps.-Plutarch, *De Homero* 132; vgl. Plutarch, *De facie* 944 F/945 A; Plotin, *Enn.* 1, 1,12).

dition. FS Henri Crouzel, 1992, 239–249 (243 ff: arm. Zitate, die etwas über das bei Origenes Erhaltene hinausgehen; darunter allerdings keine Erwähnung unserer Schrift). – Unter den vielen rabb. Legenden, die Moses letzte Tage umranken (Ginzberg, *Legends* 3, 417–481), ist auch eine Art *evocatio* von Moses Seele durch Gott selbst und ihre Versetzung in den höchsten Himmel (3, 472f; 6, 161f); ja auch der vorgängige Disput mit Satan ist belegt und manches andere, wofür Ginzberg selbst die *AssMos.* zitiert (3, 443–471; 6, 151–161). Der kleine Mose-Midrasch, der sich bei Jellinek, *BHM* 6, S. XXIIf nachgetragen findet, ist bei ihm übersetzt in 3, 446–448 (6, 152): Dort darf Mose am Tag seines Todes nicht nur einen himmlischen Tempel aus Perlen und Edelsteinen schauen,[183] sondern auch den Messias. All das sind selbst im Rabbinat späte Texte.

Mose „der Gottseher" hat im östlichen Christentum einen Heiligentag (4. Sept.; *Synekdēmos* 658; vgl. 991). Daneben gibt es Heilige, die seinen Namen tragen und ihrerseits memoriert werden (ebd. 991 für 23. Febr.; 957 für 28. Aug.). Jüdisches und Westlich-Christliches in Fülle bei Bocian 378–389, wobei zwar die Ägypten- und Exodustraditionen vorwiegen (vgl. hier 2.2.4); doch auch die Todesszene wird gelegentlich ausgestaltet (382 Mitte).

Exkurs: Der Bedeutungswandel im Wort „Seele"

Im obigen Kopftext und eben in Anm. 182 war von „Seele" die Rede in einem Sinn, wie er nicht aus der Hebräischen Bibel kommt, sondern aus dem Platonismus. In der Bibel – auch im Neuen Testament gilt es weithin noch – ist „Seele" der Lebenshauch des Menschen, kann auch Metonymie sein für die ganze Person. Adam bekommt nicht etwa eine Seele, er „wird" eine Seele (Gen 2,7). In noch immer gut hebräischer Anschauung ist das Manna auf der Wüstenwanderung Nahrung nicht nur für den Körper, sondern für die Seele (Ps 78,18 = 77,18 LXX). So war es denn für keinen der in Abschn. 1 vorzustellenden Texte nötig, von einer „Seele" zu reden, um seine Thematik verständlich zu machen.

Hier nun, in Abschn. 2, ändert sich das allmählich: vgl. 2.2.3 c und 2.2.8 für Texte eher des 2.Jh. n.Chr. Auch gewisse Jesusworte können so, wie sie überliefert werden, platonisch aufgefasst werden (bes. Q 12,4f). Noch im selben Jahrhundert bietet die *Sapientia* (6.5.1) zweierlei. Ganz alttestamentlich spricht sie in 3,1 von „Seelen" der Gerechten, die „in Gottes Hand" seien, was keine Existenz unabhängig vom Körper meint, sondern die ganze Person: daher das Masculinum in 3,3b. In 9,15 aber heißt es: „Der sterbliche Körper belastet die Seele". Dass die Seele ihrerseits unsterblich (unvorgreiflich eventueller Bestrafung, also: potentiell unsterblich) sei, wird jedoch auch hier nicht gesagt; sie ist es nur potentiell.[184] In *Sapientia* 2,23 stand bereits die These,

---

183 Vgl. Apk 21, wo es allerdings eine Stadt ist (das himmlische Jerusalem), kein Tempel.
184 Bei Philon – um ihn hier zu vergleichen – sind die Menschenseelen auch nur potentiell unsterblich. D. ZELLER: „Leben und Tod der Seele in der allegorischen Exegese Philo's. Gebrauch und Ursprung einer Metapher" (1995), in: ders., *Studien zu Philo und Paulus* (BBB 165), 2011, 55–99.

Adam sei „zur Unverderblichkeit" geschaffen (ἐπ' ἀφθαρσίᾳ, vgl. 6,19 zu der damit verbundenen Gottähnlichkeit). Solches hat Paulus in 1Kor 15,53 nicht von den geschaffenen, sondern erst von den im Gefolge Christi erlösten Menschen gesagt.

In den hellenistisch beeinflussten Schichten des Judentums war es seit dem 1.Jh. v. Chr. eine ziemlich verbreitete Annahme, der menschliche Körper sei sterblich, seine Seele (oder sein Geist) unsterblich: Jos., *Bell.* 2, 163; *Ant.* 18, 14.[185] Josephus spricht hier von den Pharisäern, die – so meint jedenfalls Billerbeck IV/2, 1017.1022ff – in diesem Punkt vom hellenisierten Diaspora-Judentum abhängig sind. Er folgt hier wohl des Josephus eigenem Urteil, der in *Bell.* 2, 155 den griechischen Einfluss bei den Essenern bemerkt, in ihrem Glauben an ein Land der Seligen seien sie ὁμοδοξοῦντες παισὶν Ἑλλήνων.[186] Die Rabbinen ließen diese Auffassung zu, ohne sie zum Glaubensgut zu erklären;[187] unbestritten wichtig ist das Fortleben der eigenen Familie und des jüdischen Volkes hier auf Erden. Die Auffassung, dass die Seele der Menschen ihren Tod überdaure, wird da zur Hilfe genommen, wo man eine Kette von Wiedergeburten annimmt (Hinduismus; Platon), oder aber, wo man sich die Auferweckung einmalig und als Durchhalten einer Individualität vorstellt (so im Christentum, mit Alternativen, die näher bei Paulus bleiben bzw. bei Johannes).[188] Einmal mehr hat das Judentum Ideen vermittelt, brauchte aber nicht zu entscheiden.

2.5 Apokalypsen in Reaktion auf den Verlust des Tempels

2.5.0 Zur Textsorte „Apokalypse"

Um diesen Buchtitel und diese Textsortenbezeichnung, deren ältester Beleg die neutestamentliche *Johannesapokalypse* ist, wenigstens als moderne Konvention zu rechtfertigen, sei auf 0.2.13 verwiesen. Dort wurde auch der Frage nachgegangen, wo das, was wir „Apokalyptik" nennen, innerjüdisch seinen Anschluss findet, ob eher an den Propheten- oder an den Weisheitstraditionen. Die Himmelsvorstellungen nähren sich aus späten Prophetenschriften; als Traumdeutung jedoch, auch wo es nunmehr

---

185 Hinzu kommt sogar das Zeugnis des Tacitus, *Hist.* 5, 5,3: „Sie halten die *animi* der im Kampf oder durch Todesstrafe Getöteten für ewig." Verdienten Männern wurden allerdings auch im Römertum Apotheosen zugetraut.
186 Allerdings bezieht sich, wörtlich genommen, diese Bemerkung über den „griechischen" Glauben der Essener auf die Vorstellung eines endzeitlichen Elysium – so schlecht wir diese auch aus den Qumran-Texten belegen können; aber Essener gab es auch anderweitig.
187 Erschöpfende Auskunft gibt J. COSTA: *L'au-delà et la résurrection dans la littérature rabbinique ancienne*, 2004.
188 F. SIEGERT: „Von der Sterblichkeit der Seele zur Leiblichkeit der Auferstehung", in: Th. SÖDING/U. SWARAT (Hg.): *Gemeinsame Hoffnung – über den Tod hinaus. Eschatologie im ökumenischen Gespräch* (QD 257), 2013, 50–70. Biblischer Anthropologie zufolge wäre nicht mit einem Fortbestehen eines ewigen Kerns im Menschen zu rechnen, sondern mit einer Neuschöpfung Gottes. Was sich durchhält, ist das in-Christus-Sein (2Kor 5,17; Joh 3,3ff). – Vgl. noch 3.4.3, Exkurs II mit Anm. 72.

die Deutungen eigener Träume sind, gehen schon diese späten Prophetenschriften (Ez, Hag, Sach) in Weisheit über. Auch die Weisen verstanden sich als Charismatiker, in Israel wie anderswo, und alles solide Wissen galt – wo wir Menschen doch fehlbar sind von Natur – irgendwie als überirdisch. Was Berufsbezeichnungen angeht in Selbstaussagen, so nannte schon der Henoch des *Henoch*-Buchs (1.5) sich „Schreiber", wenn auch in allerhöchstem Auftrag (12,4; 15,1; ebenso 92,1), und Baruch war nun mal Schreiber (Sekretär) Jeremias. Gleiches gilt für Esra sowohl als biblische Vorgabe wie auch im Text selbst (*Esra-Apk.* 14,48 bzw. 14,50, Schlussansage).

Man unterscheidet „politische" Apokalypsen, die in das Tagesgeschehen bzw. in die allernächste Zukunft einzugreifen versuchen, von „kosmischen", wo die Zeitbezüge zu vage sind und eine solche Wirkabsicht für uns zumindest sich nicht (mehr) feststellen lässt. In ihrer Vorstellungswelt heben sie ab von dieser Erde und werden darum oft auch als „Himmelsreise der Seele" bezeichnet (s. ebd.). Mancher Text, der in der ersten Art begann, ist nach Verstreichen der Situation und im Zuge allegorisierender Aneignungen und Anreicherungen mutiert in die zweite (1.5.3) – ist es doch selbst der Johannesapokalypse so ergangen, deren einstmals höchst zeitgebundene Frontstellung gegen die Religionspolitik Hadrians, oben erwähnt (Anm. 179), von jener Bibelfrömmigkeit ignoriert wird, die darin, wie im *Daniel*-Buch der zweiten, kanonisch gewordenen Fassung den Ablaufplan des Weltgeschehens sehen möchte.

Der vorige Abschnitt (2.4) hat keine Apokalypse aufgewiesen, die geeignet gewesen wäre, den Konflikt mit Rom zu schüren bzw. ihn zu bewältigen (je nachdem). Anlässe zum Schreiben hätte es gegeben, nicht nur durch skandalöses Verhalten von Herodes-Abkömmlingen – die eben besprochene Reaktion darauf war resignativ –, sondern auch durch die Härte des Prokurators Tiberius Julius Alexander, eines geborenen Juden (und Neffen Philons!), der beginnende Aufstände sofort blutig niederschlagen ließ, und zuletzt das provokante Verhalten des Prokurators Gessius Florus, worüber uns nur Josephus im Nachhinein Auskunft gibt. So hoch die „eschatologische Spannung" und so lebhaft die Reich-Gottes-Erwartung zur Zeit Jesu auch immer gewesen sein mag, literarisch ausgedrückt hat sie sich, soviel wir wissen, erst in der Feder des Markus, als dieser seinem (vermutlich in Rom geschriebenen) Evangelium mitten in der Hitze des Krieges (oder, wie andere schätzen, schon beim Abkühlen seiner Aschen) sein Kap. 13 einverleibte.[189] Auch jener Verrückte mit Namen Jesus, der auf den Mauern der umkämpften Stadt deren Untergang voraussagte (Josephus, *Bell.* 6, 300–309), hat es nicht schriftlich getan. Einzig ein „mehrdeutiges Orakel (χρησμὸς ἀμφίβολος), gefunden in den heiligen Schriften, wonach zu jener Zeit von Jerusalem aus jemand die Welt beherrschen solle" (so Josephus ebd. § 312),[190] soll das Debakel beschleunigt haben:

---

189 Eine Datierung bereits während des jüdischen Konflikts mit Caligula i.J. 40/41 n.Chr. (Josephus, *Ant.* 18, 257 ff; Philon, *Leg.* 188–200 ff; Tacitus, *Hist.* 5, 9,2; Stern II S. 21; der bei Tacitus genannte C [= Gaius] Caesar ist Kaiser Gaius Caligula; s. S. 29.51) ist auch schon vorgeschlagen worden. In jedem Fall ist es die Zeit der bereits entstehenden Kirche.
190 Pagane Bestätigung: Tacitus, *Hist.* 5, 13,2 (Stern II S. 23); Sueton, *Vespasian* 4,5 (ebd. S. 119). Zitiert auch bei Zonaras aus der *Römischen Geschichte* Appians (ebd. S. 185).

Tatsächlich hat Titus, und kein Messias aus Juda, seinen Sieg über Judäa zur Festigung seiner Weltherrschaft ausgenützt. Hier kann Dan 9,24–27 gemeint gewesen sein.[191] Doch was an jüdischer Apokalyptik schriftlich – in welcher Sprache auch immer – bekannt ist, das ist entweder infolge der Hellenisierungskrise Judäas im 3. und 2.Jh. v. Chr. entstanden oder *im Nachgang* zur Zerstörung Jerusalems und des Tempelbrandes, wobei wir noch versuchen werden zu unterscheiden, was vor und was nach der Schleifung des Tempels unter Hadrian anzusetzen ist.

Eine literarische Konvention ist noch zu erwähnen, die im „parabiblischen" Schrifttum reiche Verwendung findet: Sie lässt die Zerstörung des Zweiten Tempels sich spiegeln in derer des Ersten, geschahen sie doch beide am selben Tag des jüdischen Kalenders. Rabbinisch ist es der 9. Av; bei Josephus (*Bell.* 6, 435–437) ein dem 8. Av entsprechender Tag, aber auch wieder für beide Tempel. Auch der 10.Av wird uns benannt werden (2.5.4), und sicherlich hat der Tempel mehr als einen Tag gebrannt.

Zu der nunmehr eingetretenen Situation eines Judentums ohne Tempel s. z. B. Ego u. a., *Gemeinde ohne Tempel* sowie, ohne dessen Kenntnis geschrieben, Knibb, *Essays* 367–406. Auf unterschiedliche Arten wird Trauerarbeit geleistet. Anders als bei Josephus, ähnlich jedoch wie bei den Rabbinen ist man zur Selbstanklage bereit, und man versucht, aus der Geschichte zu lernen.[192] Und wie unter 0.3.4 schon gesagt: Die Erwartungen, die man in Gottes Eintreten für seinen heiligen Ort gesetzt hatte und überhaupt der biblische Tun-Ergehens-Zusammenhang musste korrigiert werden, sei es in den Voraussetzungen (*Esra-Apk.*: es hat an Israels Treue gefehlt), sei es in den Konsequenzen (*Baruch-Apk.*: das Verlorene wird wieder hergestellt werden).

Die nun zu nennenden Texte sind teils noch auf Hebräisch entstanden (so anzunehmen von 2.5.1) oder im anderen Falle (2.5.2–4) doch unter partieller Verwendung einstmals hebräischer Texte zustande gekommen. Wenn wir sie im Folgenden v. a. als griechische Publikationen aus dem vom Krieg gegen Rom verwüsteten Land Israel betrachten, dann unter dem Gesichtspunkt der „judäischen Publizistik" gegenüber der Diaspora (0.3.4): Nach dem Scheitern des einheimischen Messianismus, der in der Diaspora kaum Anhängerschaft gehabt hat, war man eine Antwort schuldig auf Fragen wie: Was war da bei euch los? und: Was soll jetzt werden? – Einige getrauten sich, diese Frage sozusagen vom Himmel herab zu beantworten.

Die Situation der Trauer mag zunächst auch die der im Lande Israel oder nicht fern davon beheimateten (Juden-)Christen gewesen sein. So ist mit deren Einfluss auf den

---

191 A. TOMASINO: „Oracles of insurrection. The prophetic catalyst of the Great Revolt", *JJS* 59, 2008, 86–111.

192 Vgl. z. B. R. KIRSCHNER: „Apocalyptic and Rabbinic responses to the destruction of 70", *HThR* 78, 1985, 27–46; F. SIEGERT: „Le judaïsme au premier siècle et ses ruptures intérieures", in: D. MARGUERAT (Hg.): *Le déchirement. Juifs et chrétiens au premier siècle*, 1996, 25–65. – Wie Philons apologetische Schriften aussähen, hätte er die Katastrophe d.J. 70 oder gar die des alexandrinischen Judentums miterlebt, können wir nicht sagen; er hat die Widerlegung seiner Überzeugungen nicht mehr sehen müssen. Auch er hätte zu lernen gehabt, zumindest was den Stolz angeht, den er als Grieche (und rechtlich auch als Römer) gegenüber den Ägyptern zur Schau trug.

Wortlaut zu rechnen, und wäre es auch nur in der Weise der Übermittlung. Je nach Einschätzung kann man sogar zentrale Anliegen des Judenchristentums in diesen Texten ausgedrückt finden und nicht erst in den unter 7.2–4 zu nennenden späteren Texten.

2.5.1 Die *Esra-Apokalypse* (Vulgata: *4.Esra* 3–14)

Mit dem Namen „Esra", der unter 2.1.1 in historischen Zusammenhängen bereits gefallen ist, verbindet sich eine Literatur, die ihn zum Propheten erhebt (zumindest in westlicher Rezeption) und zugleich ein *Hiob*-Motiv einflicht: Sie ist verbunden mit Vorwürfen gegen Gott, dass er die Zerstörung des Tempels hat geschehen lassen. Aber auch mit Selbstvorwürfen wird in der *Esra-Apk.* nicht gespart.

Eine Übersicht über diesen Literaturzweig gibt R. Kraft: „'Ezra' materials in Judaism and Christianity", *ANRW* II 19/1 (1979), 119–136 = ders., *Exploring* 129–147. Dort findet sich auf S. 133f (der letzteren Fassung) synoptisch das nachbiblisch-jüdische Geschichtsbild von den Ereignissen, die mit Esras Namen zusammenhängen und auf S. 141 eine Synopse sämtlicher nachbiblischer Aussagen über Esra. Übersicht über die Esra-Texte: 142–145. Eine thematisch orientierte Nacherzählung s. Ginzberg, *Legends* 4, 354–359 (6, 441–447).

War in den *Esra*-Büchern der Septuaginta (1.2Esr LXX = 3Esr + 1.2Esr Vulg.) von der Wiederherstellung des jüdischen Gemeinwesens im Mutterland, auch der des Tempelkults, die Rede gewesen, so liegt zwischen der Welt der Perserzeit und den hier zu besprechenden Klagen über die Zerstörung des Tempels jene eingangs (vor 0.1) erwähnte, hier nun erstmals greifbare Legende, wonach Esra „der Schreiber" (wie seine Funktion einst offiziell hieß) auch der Neuschreiber der verlorenen Bibelbücher, ja einer Vielzahl weiterer Bücher gewesen sei. Irenaeos 3, 21,2 bietet diese Legende in folgenden Worten:

> Als nach siebzig Jahren[193] die Judäer zurückkamen in ihr Land, sodann in den Zeiten des Perserkönigs Artaxerxes, inspirierte er (ἐνέπνευσεν, sc. ὁ θεός) dem Esra, Priester aus dem Stamm Levi, die Worte der vorangegangenen Propheten alle noch einmal aufzuschreiben (ἀνατάξασθαι) und dem (Gottes-)Volk die durch Mose ergangene Gesetzgebung wiederherzustellen (ἀποκαταστῆσαι).

---

193 Das ist das danielische, nicht das historische Datum der Rückkehr aus dem Exil. Auch Josephus übernimmt diese Zahl (*C.Ap.* 1, 132) und prüft weder noch rechnet er die Daten nach, obwohl ihm seriöse Chronologien bekannt sind (*C.Ap.* 1, 184f; 2, 83f; vgl. 3.6.1 a); nur sind dies keine jüdischen Leistungen. In dem Moment aber, wo er eine solche benutzt, werden es korrekte 50 Jahre (*C.Ap.* 1, 154 – der Selbstwiderspruch fällt ihm nicht auf).

Das ist neben der noch älteren Septuaginta-Legende (4.1.1) eine von mehreren bereits jüdischen Fassungen der Lehre von der Verbalinspiration der heiligen Schriften.[194] Diese Legende machte Esra nachträglich zum Propheten des nachexilischen Judentums und zum Vermittler des Gotteswillens, nicht weniger als Mose. Einspruch wird eingelegt gegen den Asaph-Psalm 74,9, welcher, die Exilssituation andeutend, bereits geklagt hatte: „Es gibt keinen Propheten mehr".[195] Dem begegnet hier eine Tendenz, aus Schreibern, nämlich Esra und nachher auch Baruch (2.5.2, Kopftext), Propheten zu machen, in einem allerdings sehr eingeschränkten und von den Propheten der Hebräischen Bibel weit abweichenden Sinn.

In Analogie zur einstigen Situation gegen Ende des Babylonischen Exils reflektieren die nun zu besprechenden Schriften die Situation nach dem gewaltsamen Ende des Tempelkults und der weitgehenden Vertreibung der Judäer aus ihrem Heimatland – sei es, dass sie in der Umgebung Zuflucht nahmen, sei es dass sie deportiert wurden, etwa bis nach Rom.

Eine Besonderheit, welche die Vulgata weglässt, die sonst aber erhalten ist, lateinisch wie syrisch wie armenisch, besteht in folgendem: Gleich in 1,1 wird Esra in einer etwas merkwürdigen Formel identifiziert mit „Salathiel" (verschrieben für Šeʾaltiʾel),[196] dem Sohn Jechonjas, des vorletzten Königs zu Jerusalem und Vater bzw. auch Onkel (Esr 3,2; 1Chr 3,17) Serubbabels,[197] des einstigen Erbauers des Zweiten Tempels. Die armenischen Ausleger (s.u. „Rezeption") schlossen daraus, es sei ein anderer Esra als der des kanonischen *Esra*-Buchs. – Wie auch immer, er ist nun der Hiob dieser neuen Situation, mit biblischem Rückhalt in Esras Bußgebet (Neh 9); zusätzlich gibt es bei ihm nun einen deutlichen Unterton an Protest. Ihm antwortet ein Gott, dessen Pläne so unverständlich sind, wie sie doch – das ist hier drastischer gesagt als sonst – unverrückbar festliegen (4,33–43 u.ö.). Dem Nichtverstehen bzw. Nichtakzeptieren des Geschehenen wird, ganz wie in Hi 38–41, Gottes Übermacht entgegen gehalten (5,36–40).

---

194 Der gr. Text des obigen Zitats ist überliefert bei Eus., *H.e.* 5, 8,14 f (dazu Schürer/V. 301), dort zitiert, um die Inspiration der von ihm zitierten Bibel, der Septuaginta, umso glaubwürdiger zu machen. Vgl. Clem.Al., *Strom.* 1, 149,3. – Zu himmlischen Büchern in vorangegangener Apokalyptik s.o. 1.5.1 „Bemerkenswerte Stellen".
195 Die entsprechende Lehre der Rabbinen s.o. 1.5.4, Kopftext. Freilich hatte sich Psalm 74 auf die am Tempel, also in der Priesterschaft lokalisierte Rolle des *more* = Toragebers bezogen, wie sie in Ps 9,21 LXX und 84(83),7 LXX noch deutlicher erkennbar ist (Siegert, *Septuaginta* 125). Dieser Beruf ist von dem aus Qumran bekannten „Anweiser der Gerechtigkeit" (*more haṣ-ṣedeq*, vgl. 1.1.1) offenbar noch beansprucht worden – das aber abseits vom Tempel, dessen Priesterschaft die Wiederbelebung eines solchen Amtes oder auch dessen Beibehaltung am Tempel offenbar abgelehnt hatte.
196 Gr. wurde statt ΣΑΛΛΘΙΗΛ, was wie ein Schreibfehler aussehen musste, gelesen: ΣΑΛΛΘΙΗΛ; diese Namensform hat auch der syr. Übersetzer nicht korrigiert. – Über vermutbare ältere Traditionen unter diesem Namen s. Denis 818 f; evtl. wurden eine Saalthiel- und eine Esra-Apokalypse fusioniert.
197 Diese Genealogie ist schwerlich vereinbar mit der Angabe, Esra sei Priester, mithin Levit, gewesen (Esr 7,7).

Ein hebräisches Original zu diesem Text wird weithin angenommen – so Julius Wellhausen (Schürer/V. 300), so Michael Stone in seinem Kommentar (11), so George Nickelsburg (277); es wäre allerdings zu prüfen, ob das für alle Teile (s. u.: „literarische Integrität") gleichermaßen zutrifft. Die Hebraismen sind in der Tat ähnlich denjenigen des auch nur lateinisch erhaltenen *LibAnt.* (1.1.2). Wie früh man begann, apokalyptische Texte auch auf Hebräisch und nicht auf Aramäisch[198] zu schreiben, wäre damit beantwortet: schon zwischen 70 und 135 n. Chr., zeitgleich zur rabbinischen Reaktivierung des Hebräischen. Das war dann aber ein Start in zwei Etappen, denkt man an den großen zeitlichen Abstand zu den unter 1.5.4 vorgreifend bereits genannten *hechalot*-Texten. Das rabbinische Judentum hat sich erst spät dazu verstanden, Texte apokalyptischen Inhalts (wie wir das nennen) zu verschriftlichen, und auch das nur unter Warnung. Dies hier aber ist kein rabbinischer Text. Anders als beim *LibAnt.* werden hier einige fundamentale Unterschiede inhaltlicher Art zutage treten.

Die *Esra-Apk.* hat in der wohl anfänglich schon griechischen *Baruch-Apk.* (2.5.2–4) ihren jüngeren Bruder, und um dessentwegen, aber auch wegen der Gleichzeitigkeit, behandeln wir sie hier erst und nicht schon da, wo die aramäische Apokalyptik, welche sich Henochs bediente, an der Reihe war (1.5). Beide, *Esra-* wie *Baruch-Apk.* dürften noch der „Jerusalemer Publizistik" (0.3.4) zugehören, für die wir im 1. Abschnitt schon öfters Beispiele hatten (außer dass gerade für die griechische Fassung der *Henoch-*Apokalypse am wenigsten klar war, ob sie aus einem zentralen, einem Jerusalemer Interesse kam. – Nunmehr befinden wir uns in einer Situation, wo die Sprecher der Zentrale ausweichen mussten ins Umland.

Es lässt sich vorstellen, dass zwei inhaltlich ähnliche, im Detail und in der Tendenz aber durchaus verschiedene Texte nebeneinander entstanden, möglicherweise in persönlicher Berührung (aber keinesfalls Identität) ihrer Verfasser. Da wäre dann die *Esra-Apk.* die *eher* jüdische, die andere die *eher* christliche, was zur Symbolik der Personen sogar passt: Der Schreiber und Erneuerer der Tora, Esra, ist Patron der einen, der Prophetenjünger Patron der anderen. Näheres zu sagen wird uns verwehrt bleiben, solange das Ausmaß an christlicher Veränderung in beiden Texten nicht einwandfrei bestimmt ist. Hier liegen wir im Zirkelschluss, weil die Konturen der Religionsgemeinschaften, die hier als Träger anzunehmen sind, sich damals erst bildeten.

Doppelt schade ist darum, dass von beiden Apokalypsen der Urtext verloren ging; so muss in diesen Fragen noch mehr konjiziert werden als ohnehin schon. Die jeweils ersten Adressaten scheinen die Zusendung nicht sehr hilfreich gefunden zu haben. Erst unter Christen blieb sie dann in Kleindruck erhalten. Heute erst trägt sie Wichtiges bei zum religionsgeschichtlichen Verständnis zwar nicht der Zeit Jesu, aber doch der des Lukas, des Ignatius oder Gamaliels II.

---

198 Auch im kanonischen *Daniel*-Buch sind die apokalyptischen Passagen zunächst aramäisch gehalten, und erst der jüngere Teil Kap. 8–12, der hinsichtlich des „Menschensohn"-Titels bereits als Kommentar gelten kann (2.1.7 a), ist durchgehend hebräisch; wir vermuteten: aus der Hasmonäerzeit.

2.5.1 Die *Esra-Apokalypse* (Vulgata: 4.Esra 3 – 14)

Rabbinisch ist die *Esra-Apk.* allerdings, auch wenn sie ursprünglich auf Hebräisch konzipiert wurde, keineswegs. Solchem Pessimismus, wie er sich hier ausdrückt, hat man sich in den neugegründeten Toraschulen nicht hingegeben – es müsste denn ganz zu Anfang gewesen sein, ehe man sich auf die Verdienste Abrahams, Isaaks und Jakobs zu berufen begann. Dieser Trost fehlt hier selbst an denjenigen Stellen, wo ihre Namen genannt sind (3,13 – 15; 7,106 – 115). Als proto-rabbinisch gelten mag immerhin die Rede von einem „bösen Trieb" im Menschen (3,20 – 26; man denkt an den *jeṣer ha-raʿ*); auch dann aber fehlt hier das Gegenstück eines *jeṣer haṭ-ṭov*. Selbst die Struktur eines offen bleibenden Dialogs besagt nicht viel, wo ein Ende des Gesprächs in einer praktikablen Lösung gerade fehlt; es bleibt unerreichbar.

Wenn der Urtext hebräisch war, wie wir annehmen, so ist die Übersetzung dieses Textes ins Griechische (dazu Denis 828: nur eine ist anzunehmen, keine zwei) als eine Leistung des Mutterlandes anzusehen, analog zum Werdegang des *LibAnt*. (1.1.2) und zu anderen Texten. Die beiden Sprachräume – der des Hebräischen und der des Lateins – liegen zu weit auseinander, als dass eine Direktübersetzung wahrscheinlich wäre. Somit zählt auch *4Esr.* mit zur Publizistik des palästinischen Judentums aus einer Zeit, als dem Diasporajudentum Auskunft gegeben werden musste, wie es mit Jerusalem weitergehen soll. Um nicht apologetisch zu sein, also defensiv, wird die Antwort offensiv, nämlich apokalyptisch; ein Engel muss antworten.

Undiskutiert ist bis heute, wie die zahlreichen Abweichungen der armenischen Überlieferung zu bewerten sind. Michael Stone, der die armenischen Fassungen neu ediert und die älteste auch übersetzt hat, benutzt sie in seinem Kommentar (Hermeneia) nur sehr zurückhaltend, als wüsste er nichts von ihrem Wert. Selbst er bequemt sich zu einer Art von *canonical approach* im Sinne der bereits rezipierten Wortlaute. In der Einleitung seines Kommentars reproduziert er z. B. nur ein veraltetes Stemma (S. 3), wo der armenische Zweig noch nicht einmal vorkommt. Wie sehr dessen Einbeziehung von Nutzen sein müsste, mag aus der unten folgenden Liste des Auffälligsten ermessen werden und aus einer Reihe von immer nur exemplarischen Einzelbeobachtungen. Ein Gesamtstemma der Fassungen der *Esra-Apk.* wäre sehr zu wünschen als Grundlage einer erneuten Erforschung dieses beinahe singulären Textes – sofern nicht sein jüngerer Zwilling, die *Baruch-Apk.*, dieses Vorhaben in Form von allzuvielen Quereinflüssen unmöglich macht.[199] In ihrem für uns verlorenen griechischen Stadium können diese beiden Texte sich stärker gegenseitig beeinflusst haben, als die stemmatische Methode es noch darstellen kann. Aber das bleibt zu klären.

---

199 Eine Fallstudie an einem sehr viel kürzeren Text, einem nach Adam bzw. nach Apollonios v. Tyana betitelten Horarium (6.3.4), bietet Stone, *Apocrypha* 51– 57: Dort zeigt die arm. Fassung bereits arabische Einflüsse, jedoch nicht aus den bekannten arab. Texten, bestärkt aber andrerseits die gr. Fassung mit Lesarten, die keine der Übersetzungen (es gibt auch mehrere syrische) bietet. Schon da gibt Stone nur einige Detailstemmata (78 – 80) und erklärt die stemmatische Methode für überfordert, wo jeder Übersetzer, ja jeder Abschreiber schon wieder der Bearbeiter sein konnte.

Online-Index Nr. 88; Harnack I 851f Nr. 52; II 562f; Stegmüller Nr. 95 und 95.1–25; Schürer/V. 294–306; vgl. ebd. II 514–547. **Inhaltsangabe** z. B. bei Nickelsburg; Denis; **Paraphrase** und Kommentar: Woschitz 790–828.

Einleitung und Übersetzung: Charlesworth I 517–559 (B. METZGER [nach der lat. Ausgabe von Bensly]); JSHRZ 5/4 (J. SCHREINER) 1981 [gibt v. a. die syr. Fassung wieder]; Dupont-Sommer, *Ecrits intertestamentaires* 1345–1470 (P. GEOLTRAIN), sämtlich veraltet, denn sie ignorieren die von Michael Stone armenisch und englisch publizierte Fassung. Über deren Qualität insbes. an den anderwärts christlich überarbeiteten Stellen vgl. die folgenden Rubriken.

Einleitung: Denis 815–853; Nickelsburg 270–277.283–285 (und 262: Foto des Codex von Amiens, 9.Jh.); Stone, *Writings* 412–414; vgl. dens., *Studies* 271–309 (und 310: Foto des Codex Erevan Nr. 1500 mit Textanfang der *Esra-Apk.*); ebd. 359–376 („The metamorphosis of Ezra"); deSilva 323–351 („2Esdras"). – **Gr. Text** der Fragmente (12 Zeilen) auch bei Denis, *Conc.* 907; **lat. Text** bei Denis, *Conc. latine* 601–617. Eine Rückübersetzung des Lat. ins Griechische bietet Hilgenfeld, *Messias* 36–113. **Arm. Text** s. u. „Handschriften/Erstausgaben". **Anmerkungen:** Rießler (255–309) 1282–1285.

Kommentare z. B.: J. MYERS (Übers., Komm.): *I and II Esdras* (AncB), 1974 (u. ö.), 107–354; M. STONE (Übers., Komm.): *Fourth Ezra* (Hermeneia), 1990.

Literatur: Lehnardt Nr. 7992–8260; DiTommaso 469–506; Wichtig: Stone, *Studies:* 271–376 (bes. 317–332: „The question of the Messiah in 4Ezra"; 333–347: „'The end' in 4Ezra"). Vgl. Heininger, *Paulus* 128–132. – **Neuere Monographie:** K. MARTIN HOGAN: *Theologies in Conflict in 4 Ezra* (JSJ.S 130), 2008 [Lit.: 237–252]. **Neuere Studien:** Bauckham 294–309; K. SCHMID: „Die Zerstörung Jerusalems und seines Tempels als Heilsparadox. Die Zusammenführung von Geschichtstheologie und Anthropologie im 4. Esrabuch", in: J. HAHN (Hg.): *Zerstörungen des Jerusalemer Tempels*, 2002 (WUNT 147), 183–206; M. STONE: „The interpretation of Song of Songs in 4 Ezra", *JSJ* 38, 2007, 226–233; M. BECKER: „Rewriting the Bible. 4Ezra and Canonization of Scripture" in: A. LAATO/ J. VAN RUITEN (Hg.): *Rewritten Bible reconsidered* (Studies in Rewritten Bible, 1), 2008, 79–101; J. COLLINS: „The Idea of Election in 4 Ezra", *JSQ* 16, 2009, 83–96; M. HENZE/B. BOCCACCINI: *Fourth Ezra and Second Baruch. Reconstruction after the Fall* (JSJ.S 164), 2013.

Handschriften: syr.: Mailand, Bibl. Ambrosiana B 21 inf(erior), fol. 257a–265b (6./7. Jh., einzige vollständige Handschrift, auch für die *Esra-Apk.*);[200] hinzu kommen späte Exzerpte (Denis 835f); **arm.:** Erevan Nr. 1500 (13.Jh., Siglum: H), Jerusalem (um 1600, Siglum: W), beide von Stone erstmals ediert, und viele neuere (Stone, *IV Ezra* 6–11; Stemma: 12; Übersicht über Ms.-Inhalte: 30); **lat.** ab 7.Jh. (Schürer/V.

---

[200] Dies ist eine Peschitta-Handschrift, die in ihrem ersten Teil in Aufbau und Gliederung (nicht im Text) der Septuaginta folgt. Ihr hier interessierendes Ende geht darüber hinaus; hier finden sich nacheinander: 1.2Chr, *Esra-Apk., Baruch-Apk.* mit *1.Brief, 1–4Makk.* Die spärliche Überlieferung aller dieser Schriften im Syrischen (auch *Dbarjāmīn* = 1.2Chr existiert nur noch lückenhaft) lässt darauf schließen, dass sie im syr. Christentum damals nicht für kanonisch galten. Eine Überprüfung müsste sich danach richten, ob und wo sie in den liturgischen Büchern als Lesung dienen.

2.5.1 Die *Esra-Apokalypse* (Vulgata: *4.Esra* 3 – 14)

303; Denis 831–834; Metzger 518; Stemma bei Myers 114); mehrere davon bieten auch 7,36–105. **Erstausgaben** der orientalischen Übersetzungen: syr. Ceriani 1868; arm. Venedig 1805 (Zōhrapean nach Cod. F und N [Stone: beide 17.Jh.]), wiederholt von Y. und Iss. Zuvor war eine arm. Übers. des Vulgata-Textes veröffentlicht worden.

Titel gr. nicht erhalten (trotz Schürer/V. 301, der für Ἔσρα ἀποκάλυψις keinen Beleg hat); **lat.** (Vetus Latina): *liber Ezrae prophetae secundus* (Myers 109); dies meint alle 16 Kapitel dessen, was die Forschung als *5./4./6.Esr.* bezeichnet, u.z. als Folge zum *1Esr.* der LXX (1.4.1). Die Druckausgaben der Vulgata haben jedoch: *Liber Esdrae quartus* (*Liber Ezrae quartus* W./G.) und zählen *1Esr.* als *tertius*. **Syr.** *ktab d-ʿEzrā' sāprā' d-metqre Šlatʾel*; („Buch Esras, des Schreibers, der Šᵉlatʾel heißt"). **Arm.** (bei Stone) *Sałatʾiēl Ezr*; neuere Fassung (ebd. S. 214): *Ezr errord or ē fr(anserēn) čʿerrord* [lies: *čʿorrord*] („3.Esra, auf fränkisch der 4."); nur ein Teiltitel ist Y. 278: *Ałōtʿkʿ margarēin Ezray* („Bittgebet des Propheten Esra").[201] **Moderne Benennungen:** *Esra-Apokalypse* (schlechthin); *Der Prophet Esra* (so H. GUNKEL [Übers.] 1900); *2.Buch Esra* (viele engl. Bibeln im Anhang; Myers; Horbury: *2Esdras*); *3.Esra* (Zōhrapean, Y. und Iss., jeweils für Kap. 3–14).[202] Luthers Äußerungen über das „3." und „4." Esra-Buch (WA.TR 1, Nr. 475, S. 208,3–6) vertauschen deren Vulgata-Nummerierungen; sie dürften auf das gehen, was hier *4Esr.* und *1Esr.* heißt.

Neuere kritische Ausgabe: gr. Fragmente in PVTG 3 (A.-M. DENIS) 1970, S. 130–132; **syr.:** VTS 4/3 (R. J. BIDAWID) 1973, S. 1–47 der zweiten Zählung (Einl.: II–IV; 48–50 Emendationsvorschläge früherer Ausgaben). **Lat.:** R. L. BENSLY (Hg.): *The Fourth Book of Ezra. The Latin Version Edited from the Mss.* (TaS 3/2), 1895 [danach Metzger (engl.)]; Vulgata (ed. W./G.) 1934–1967; F. KLIJN (Hg.): *Der lat. Text der Apokalypse des Esra* (TU 131), 1983 (1992); vgl. dens. (Übers.): *Die Esra-Apokalypse (IV. Esra) nach dem lat. Text unter Benutzung der anderen Versionen übers. und hg.* (GCS), 1992. **Arm.:** M. STONE (Hg., Übers.): *The Armenian Version of IV Ezra* (UPATS 1), 1979, bes. 46–211 (bei Schreiner und Metzger nicht berücksichtigt), nach Cod. H und W. Ebd. 214–315 Text einer jüngeren Handschriftengruppe nach Ms. A (datiert 1645) mit Varianten anderer Hss.; dieselbe Fassung hat auch Zōhrapean; Iss. 488–691 wiederholt sie mit engl. Übers. gegenüber.

Textanfang syr.: *Bašnat tlātin d-mappulteh da-mdintan* („Im 30. Jahr des Falles unserer Stadt"); **arm.** (Stone): *Es Sałatʾiēl or ew Ezr kočʿecʿaw...* („Ich, Salathiel, der ich auch Esra genannt wurde...", derselbe Satz wie syr., nur in anderer Wortstellung); **lat.** (3,1 Vulgata): *Anno tricesimo ruinae civitatis* (im Weiteren ohne Erwähnung der Namen „Esra" und „Salathiel"; ersterer war in den vorgeschalteten Kapiteln [= *5Esr.*] schon mehrmals genannt worden und ist offenbar hier weggekürzt). – Hier war im Hebräischen vielleicht ein Wortspiel beabsichtigt. Wenn dort der Text begann mit

---

[201] Dort folgt ein um seine ersten 4 Kapitel verkürzter Text; Neuausgabe (arm.-engl.) darum bei Iss. 483–691; beides überholt durch Stone. Zum Titel *Gebet Esras* vgl. unten „Gliederung".
[202] Die Kapitel-Nr. „1" bei Zōhrapean ist irrig und meint unser Kap. 3; es folgt als nächste Nr. eine „4".

*Anochi Šeʾalti'el, so hieß dies zugleich: „Ich fragte Gott", und tatsächlich gilt in diesem Offenbarungsdialog außer Uriel auch Gott selbst als der Antwortende (ab 6,17; vgl. 5,38 ff nur syr. und lat.), wie dann auch in der *Baruch-Apk.* (2.5.2).

Textschluss: In der Vulgata ist nach 14,47 (*Et feci sic*) der Schlussvermerk abgeschnitten, weil noch zwei Kapitel (= *5Esr.*) folgen sollen. Die anderen Versionen haben danach (nach syr.: *waʿebdet hākanā* „und ich handelte so"; als 14,48a gezählt) ein 14,48b: Datumsangabe (5000. Jahr der Welt) und Vermerk: „Damals wurde Esra entrückt und an den Ort derer geführt, die ihm gleichen" (so syr., arm., georg.); die georg. Fassung endet hier (s. Schreiner). Es folgen diverse Kolophone, **syr.** endend mit *šlam me'mrā qadmājā d-ʿEzrā* („zu Ende ist die erste [sic] Rede des Esra"). Im **Arm.** Schlussvermerk (wohl sekundär) in der 1.Person: „Ich schrieb dies alles und wurde (Var.: wurde genannt) Schreiber des Höchsten." – Es folgt meist noch eine kurze Doxologie.

Wortindex: Siglum bei Denis, *Conc. latine:* „Esdr".

Alte Übersetzungen: Leicht zugänglich, aber verwildert und am stärksten mit chr. Zusätzen versehen ist die Vetus-Latina- (und damit auch Vulgata-) Fassung, reich bezeugt zwar (Schürer/V. 303 f), aber sehr reparaturbedürftig; Liste der inakzeptablen Stellen bei Klijn (GCS) S. xv–xxiv. Spärlicher, aber besser überliefert ist die von Hause aus leider eher paraphrastische **syr.** Fassung (Denis 835 f), der Schreiners dt. Übers. folgt. In ihrer Verschreibung des Šeʾalti'el-Namens erweist sie sich als abkömmlich aus dem Griechischen. – Unverdient übersehen wurde bisher die **arm.** Übersetzung noch des 5.Jh.;[203] s. Kopftext und folgende Tabelle, auch die Textbeispiele. – Näheres zur **georg.** Übersetzung s. 0.5.7. – Gewisse Fassungen in gr. und georg. Handschriften sind nur Auszüge (Schreiner 293). Daneben ist der Text auch **äth.**, in Fragmenten kopt. und georg. erhalten (Denis 837– 842.844 – 846; viele äth. Mss.). Hinzu kommen zwei oder drei arab. Rezensionen, teils aus dem Gr., teils aus dem Syr. gefertigt (Schürer/V. 304 f; Denis 837– 840). Eine hebr. Übersetzung (Ms. des 16.Jh.) nach der Vulgata, auch 5. und *6Esr.* umfassend, ist in Stones Kommentar (Hermeneia) S. 5 erwähnt.

Synopse verschiedensprachiger Fassungen: B. Violet (Hg.): *Die Esra-Apokalypse (IV. Esra), 1. Teil* (GCS), 1910 (lat. sowie syr., äth., arab. und arm. [jeweils auf Deutsch, arm. auf Latein]); jetzt weitgehend ersetzt durch Klijn (s.o.: „Kritische Ausgabe, lat."). **Synopse der *Esra-Apk.* mit der *Baruch-Apk.*:** K. Berger (u.a., Hg.): *Synopse des Vierten Buches Esra und der Syrischen Baruch-Apokalypse* (TANZ 8), 1992, 147– 278 (lat. und dt.; geht für die *Esra-Apk.* nach dem lat. Text von Klijn, ignoriert weitgehend den armenischen).

Frühestes Zitat: 4,33+5,5 gr. in *Barn.* 12,1 (weiteres im *Barn.* s. Myers 131); ferner 5,35 bei Clem.Al., *Strom.* 3, 100,3 (Zitierformel: „...sagt Esra, der Prophet"); dazu Violet 433; Denis 828 f. **Lat.** bei Ambrosius, *De bono mortis* 10 f § 46.48.50 (als *Scriptura*

---

203 So wird sie bei Stone datiert nach sprachlichen Indizien sowie der früh einsetzenden Rezeption (s.u.).

bzw. als *Esdras*); **arm.** bei Agathangelos (spätes 5.Jh., wohl noch aus dem Gr.), zit. bei Stone 35.

Ähnliche oder ähnlich benannte Texte: Übersichtstabelle über alle in LXX- oder Vulgata-Ausgaben vorkommenden Esra-Bücher bei Charlesworth I 517; vergleichende Inhaltsangaben in PVTG 4 (O. WAHL) 1977, 8–10. Weiteres unter Esras Namen s.u. 7.4.5; die dort zu findenden Texte haben den Namen „Esra" verändert zu *Exdra* bzw. *Esdram*, was die Unterscheidung erleichtert. – Verweise auf syr., arm., arab. und äth. Esra-Texte bei Wahl 16–18 sowie bei Schürer/V. 302. – Eine der Adler-Vision von Kap. 11–12 ähnelnde politische Allegorie aus byzantinischer Zeit, übersetzt im 7./8. Jh. ins Armenische, ist die *Vision Henochs des Gerechten*, Y. 387–399 = Iss. 309–323.

Textsorte: Apokalypse; genauer: ein in der Ich-Form erzählter Offenbarungsdialog. Teilweise ergeht er sich in etwa gleichlangen Kurzzeilen; Myers' Übersetzung rückt diese ein, wie Dichtung. Prosaisch hingegen, von eigener Art, sind Verlautbarungen an das Volk (12,40–50; 14,27–36). Sie dienen, wie in der *Baruch-Apk.*, als Abschluss einzelner Visionen,[204] 14,28–36 (also kurz vor dem ursprünglichen Buchschluss) als Abschiedsrede Esras an sein Volk. Kap. 3,4–19 bietet einen Väterkatalog, von Adam bis zur Entstehung des Volkes Israel reichend. **Literarische Besonderheit:** Angeredet (im Gebet) ist Gott; die Antworten gibt Engel Uriel (4,1 u.ö.). Zu der wohl sekundären Rollenfusion ab 5,40, wonach seit 5,38 Gott selbst der Antwortende wäre, s.u., nach der Tabelle. – Sowohl in Esras wie in Uriels Worten äußert sich der anonyme Verfasser; Esra mit seinen Fragen liefert das primäre Identifikationsangebot (Levison, *Adam* 113–127). In den ersten drei der sieben Episoden (s.u.) divergieren beider Meinungen; nach und nach konvergieren sie, ohne sich ganz zu erreichen. Dies ist ein durchaus jüdisches Element (Aufzählung der Punkte, worin Esra und Uriel verschiedener Meinung sind, bei Martin Hogan 234–236). Uriels Antwort auf Esras Vorwürfe bringen diesen auf das Sündenproblem, das freilich bis zum Ende keine gänzliche Lösung findet.

Zählung: Die Kapitel zitiert man nach den Vulgata-Ausgaben, u.z. den Kapiteln 3–14 des dortigen *liber quartus Esdrae*. Zu den davor und danach liegenden jeweils zwei Kapiteln s.u. 7.4.4. Verszählungen schwanken; die Angaben hier folgen (in Ermangelung eines gr. Textes) der Vulgata, von der auch Schreiner (JSHRZ) und viele andere sie übernehmen. – Hinter 7,35 folgt die Vulgata einem Codex, wo durch Blattausfall[205] das heute von 7,36–105 Gezählte fehlt. Die Zahlen ab 7,36 sind dort

---

[204] Die letzte hat keine solche; Kap. 16 bietet keinen passenden Schluss, auch keine Doxologie wie 13,57 f.

[205] Näheres bei Denis 832: Vermutlich wurde das Blatt herausgerissen, weil darauf die in 7,106 ff so deutlich ausgedrückte Verneinung einer Fürbitte seitens himmlischer Gerechter zu lesen stand. Denis' Liste (vgl. Stone [Hermeneia] 3 f) nennt sodann diejenigen lat. Handschriften, die diesen Passus aber haben. Dass man als Vorlage der amtlichen Druckausgaben (Sixtina, Clementina) der Vulgata den verkürzten Text wählte (sein Zeuge ist formal der älteste, aber eben ein *codex mutilus*; nur dessen Abschriften haben auch den Inhalt des entfernten Blattes), dürfte Absicht sein.

also um rund 60 zu erhöhen (Schwankungen sind auch hier möglich). Abweichungen des Armenischen s.u., Tabelle. – Kapitelzahlen anderer Ausgaben können um 2 tiefer sein, wenn nämlich das nicht zugehörige 1–2 konsequenterweise nicht mitgezählt wird; auch die Verszahlen können um weniges abweichen. Die Konvention behält weitestmöglich die Vulgata-Zählung bei, ab 7,36 mit weiterer Zählung in Klammern.

Gliederung: Man unterscheidet gemeinhin sieben Episoden: 1. Dialog (3,1–5,20); 2. Dialog (5,21–6,34); 3. Dialog (6,35–9,25); 1. Vision (9,26–10,60); 2. Vision (11,1–12,51; die „Adlervision"); 3. Vision (13,1–58); 4. Vision (14,1–48),[206] oder aber Vision 1–7, wovon 4 die Achse des Aufbaus wäre (und nur 3 hätte alle Elemente des Formschemas: Stone [Hermeneia] 51). Diese Gliederung ist allerdings zu einfach: Ab 4,1 trägt der antwortende Engel den Namen Uriel; warum nicht vorher? – In 7,99 schwanken die Rezensionen zwischen einer Über- und einer Unterschrift (s. Tabelle). – 8,20–36, beginnend mit dem Zwischentitel *Initium verborum Esdrae priusquam adsumeretur*, arm. schlicht: „Gebet Esras", steht zu der gängigen Einteilung quer; dieses Stück ist u.d.T. *Oratio Esdrae* oder *Canticum* eigene Wege gegangen (vgl. Schreiner 365 z.St.; bei Schürer/V. 303: *Confession of Ezra*).

Literarische Integrität: Eine Vermutung, dass (und wie) hier zwei Apokalypsen, eine des Esra und eine des Salathiel, ineinandergearbeitet wurden (Denis 818f), betrifft wohl eher noch den Entstehungsvorgang. Sie sei hier mitgeteilt zur Prüfung der Frage, ob hier vielleicht Ursprünglich-Hebräisches mit Aramäischem oder Originär-Griechischem (wie in 1.7.1 bzw. 2.5.4) kombiniert wurde. Folgendes sind nach de Silva 335f die unterscheidbaren Bestandteile:

Salathiel-Apk.: 3,1–31; 4,1–51; 5,13b–6,10; 6,30–7,25; 7,45–8,62; 9,15–10,57; 12,40–48; 14,28–35;

Esra-Apk.: 4,52–5,13a; 6,13–29; 7,26–44; 8,63–9,12.

Diese beiden wären ineinander gearbeitet worden, und folgendes wären (christliche?) Zusätze:
die Adler-Vision: Kap. 11–12;
die Menschensohn-Vision: Kap. 13;
die Legende von Esras Neuschreibung der heiligen Schriften: Kap. 14.
Verbindungsverse in den ersten beiden Teilen kämen vom Kompilator (wäre es teilweise vielleicht auch der Übersetzer?) dieses Textes.

Schon älter ist der Vorschlag, die Adlervision als (allzu) christlich auszuscheiden (Schürer/V. 299). Gerade sie aber gibt in der arm. Fassung den nationalen Konflikt Judäa-Rom wieder, und sie wird durch den Adler im *LibAnt.* (1.1.2) gestützt.

Textliche Integrität: Die schlechteste Überlieferung dieses Gesamtgebildes ist die lateinische, voll von Korruptelen und von christlichen Zusätzen im Detail (s.u.). Kap. 7 wird in den gedruckten Vulgata-Ausgaben nach einem um 1 Blatt reduzierten Codex wiedergegeben (s.o. „Zählung"); so fehlen jene V. 105ff, wonach Verstorbene für die

---

[206] Dies wohl unter dem Einfluss des Hermas, der seinen *Pastor* sogar mit Überschriften gliedert in „Vision" (ἀποκάλυψις) 1–4, dann „Gebot" (ἐντολή) 1–12 und „Gleichnis" (παραβολή) 1–10.

Lebenden keine Fürbitte im Himmel einlegen können, in den amtlichen Drucken. – Besser erhalten ist der syr. Text, auch wenn wir von ihm nur 1 Handschrift haben. – Die arm. Version zerfällt in eine ältere und eine jüngere Rezension, beide von Stone ediert; übersetzt ist die ältere bei ihm, die (nicht viel verschiedene) jüngere bei Issaverdens (s. „Ausgaben"). Der alte arm. Text hat nur sehr wenige Korruptelen;[207] Stone zeigt es an, macht aber keine Konjekturvorschläge.

Besonderheit der arm. überlieferung: Zu bestimmen bleibt der Platz der armenischen Fassungen in einem zu wünschenden Gesamtstemma der Überlieferung. Bisher werden sie unterschätzt, meist sogar gänzlich ignoriert. Folgende Unterschiede zwischen den Konventionstexten (JSHRZ, Charlesworth, Berger) einerseits und dem arm. Text bei Stone andrerseits (dem auch die jüngere Rezension bei Y. in dem jetzt zu Zeigenden weitgehend gleicht) sind schon an der Nummerierung erkennbar:

JSHRZ	arm. (Stone)	Inhalt (*kursiv: Nicht-Inhalt im Armenischen*)
3,6c	–	*„bevor die Erde kam"* (Dass das Paradies nicht irdisch gewesen sei, sondern himmlisch, wird arm. erst in 6,54a–d ausgedrückt)
3,7f	3,7a.8.7b	(andere Reihenfolge)
5,6	5,6a–b	der endzeitliche Betrüger, *eine Art Antichrist*
3,20f	–	*Klage über den bösen Trieb (s. u. „Bemerkenswerte Stellen"), versehentlich fehlend, denn hier ist ein Gedankensprung zu V. 22*
5,11–12	5,11a–d.12a–e	(ausführlicher): die Gottvergessenheit der diversen Länder; 12c Vorwurf: „sie änderten das Gesetz"
5,14	5,14a–b	„Keiner von uns kann gerettet werden"; vorläufige Tröstung Esras durch Uriel
5,24–26	5,24b.26.25.24a	(andere Reihenfolge)
5,35–36.39	5,35a–b.36a–d	(ausführlicherer) Dialog über das nicht Wissbare
6,1	6,1a–l	a: Aufhebung des Verdikts von 5,35a; Esra darf alles fragen b–d: Klage Esras: „Der Höchste spricht nicht mehr deutlich, und die Heiligen[208] sind entrückt von hier." e: Ankündigung: „Der Höchste wird kommen..." [christlich?] f–l: auf die Frage „Wie und wann" wird das Kommen eines Menschensohns angekündigt: Er wird verworfen werden und seinerseits „alle gesetzlosen Arten von Versammlung" verwerfen.[209]

---

207 Z. B. 6,16: „And after I (*sic*) had said that...". Das Ich ist in der Tat deplaziert. Es wäre aber ein Leichtes gewesen, im Arm. *xawseloyn* zu korrigieren in *lseloyn*: „And after I had heard that...", was vom Syr. wie vom Lat. bestätigt wird.

208 Muss sich auf Propheten beziehen. Dass schon lange keiner mehr aufgetreten war, wird reflektiert z. B. in *1Makk.* 4,46 (aus der Zeit der Hasmonäer); Joh 1,21; 4,19 (für die Zeit Jesu).

6,13–17	6,13a.17a.16.17b	*(fehlen V. 13b–15;* Offenbarungsszenerie aber ähnlich. V. 16 verstellt)
6,20–21	6,20a–c.21.20d	(ausführlicher) Entartungen der Endzeit
6,23.26f	–	*Posaune; die einst Entrückten werden sichtbar; „das Böse wird zerstört"*
6,31	hinter 6,33	(anders): „du bist des Gotteswortes würdig geworden"
6,41	6,41a–b	Eine Scheidung zwischen Erde und Firmament schon am 1. Tag; „und noch nicht war die Erde erschienen, denn das Wort des Menschen war noch nicht" [gnostisch?]
6,49–52	–	*Leviathan und Behemoth (am 5. Schöpfungstag)*
6,54	6,54a–d	Adams Rolle in der Schöpfung, hier dargestellt als sein Verhalten am 6. Tag.[210] Er verschmäht die Auszeichnung, ein Gebot zu erhalten, und verliert die Unsterblichkeit.[211]
7,29–31	–	*Das Sterben des Messias und die Neuerweckung der Welt nach 7 Tagen*

Folgendes steht nicht in der gedruckten Vulgata:

7,50	–	*Gott habe nicht eine, sondern zwei Welten geschaffen* (vgl. 8,1)
7,63	–	*Verzweiflung am Gebrauch des Verstandes*
7,68	–	*„denn alle, die geboren wurden, sind von Sünden befleckt..."*
7,88	–	*Tod als Trennung „von diesem vergänglichen Gefäß"*
7,89–99	hinter 7,79	(anders gestellt)

Folgendes wieder mit der gedruckten Vulgata:

8,1	8,1a–d	Warum nur wenige für die künftige Welt bestimmt sind
8,2	8,2a.b.3[212]	(Hier ist das Gleichnis vom Ton und vom Staub im Arm. anders, aber kaum verständlich)
8,3	–	*„Viele sind zwar geschaffen, aber nur wenige werden gerettet"*

---

209 Das eben Übersetzte entspricht gr. γένη συναγωγῶν. „Synagogen" hatte auch das antike Judenchristentum. Oder ist das eine jüdische Verwerfung von „Verschiedenheiten" (*minim*), was gerade das Judenchristentum träfe?
210 In 54d („Aber auch irdischer Geräte machtest du ihn nicht bedürftig") dürfte ein Textfehler stecken. Der Folgesatz ist bei Stone engl. schwer verständlich; er besagt wörtlich: „Und wie eine Schrift der Ehre und Auszeichnung gabst du ihm das Gebot, das er aus den Händen warf."
211 Arm. *anapakanut'iun* = ἀφθαρσία, wörtlich: „Unverderblichkeit" – die These von *Sapientia* 2,23 (6.5.1).
212 Sollte 8,2c heißen. Der Inhalt ist nicht der von 8,3 in den übrigen Fassungen.

8,40	–	(Übergang)
8,41	8,41a–b	Gleichnis von der Saat ausführlicher
8,46–49	–	*Tadel an Esra und Lob seiner Selbstdemütigung*
8,62	8,62a–o	a–d (*statt Auszeichnung Esras*): Esras Bitte an Gott, er möge direkt mit seinem Volk sprechen; er selbst sei nur ein Mensch; e–o: „Warum begehren wir, was du hasst? Warum hast du es geschaffen, dass wir es [das Begehren] haben?" (so f/g); Antwort: Ich (Schöpfer) habe ihm Weisheit, Initiative[213] und das Gesetz gegeben; habe nichts Übles erschaffen.
9,10–12	9,10f	(kürzer; *Thema der Buße ausgelassen*)
9,16a	–	(Die Zahl der Verdammten ist größer als die der Geretteten) „wie die Flut mehr ist als der Tropfen".
nach 9,16	9,16a–i	(erneut die Frage:) Ist es denn möglich, die Tora zu halten? Antwort (u. a.) die Goldene Regel (16c): „Was dir böse erscheint, tu nicht deinem Gefährten."[214] Glanzvolles Ende der Engelerscheinung.
9,17–22	–	*Gott verwirft das meiste, was (= die meisten, die) er erschaffen hat, wegen ihres Verhaltens.*[215]
13,40	13,40a–d	(statt *Bezug auf die 9 1/2 oder 10 Stämme „jenseits des Flusses" [Euphrat]*): „Wohler wird jener Generation sein als der gegenwärtigen Versammlung" (so wörtlich); Abbruch des Gesprächs.
13,41–50	–	*Nachricht von den 9 1/2 (oder 10) Stämmen: Ihre Rückkehr stehe bevor.*

Weiteres zeigt sich beim Lesen; auch Verse mit gleicher Nummer können inhaltlich stark variieren (s. u. das Beispiel 4,36 f). Findet sich in der syr. wie der lat. Fassung ab 5,40 eine unangekündigte Fusion zwischen Uriel und dem HERRn in der Rolle des Antwortenden,[216] so bleibt in der armenischen Fassung Uriel der Antwortende

---

213 Im Gr. dürfte hier ἐξουσία gestanden haben; es geht also um Freiheit i.S.v. r^ešut (zu unterscheiden von ḥerut, der Freiheit von äußerer Beeinflussung). Sie ist es, was dieser Autor lieber nicht hätte, weil der Mensch zu ihrem Gebrauch zu schwach sei. Ein Tier sein will er aber auch nicht. Menschsein ist ihm eine Last.

214 Hillel (Šab. 31a): d'alach s^{e}ni, l^{e}ḥavrach la' ta'aved. In 16d der Versuch, das Gleiche positiv zu sagen: „Und wie du es magst, (die) Wohltat zu empfangen (< εὐεργετεῖσθαι), dass du geliebt wirst, so tue auch du; denn wenn das von deinem Bruder zu ertragen dir angenehm ist, tu du es ihm!" (Kürzer Mt 7,12/Lk 6,31 [Q].) Die Begründung entspricht Dtn 30,14 (Röm 10,8): „Denn was dein ist, das habe ich angeordnet." Das ist die These von der Menschlichkeit (oder Natürlichkeit) der Tora.

215 Die gnostische Haltung, alle Gebote vom ersten (dem der Fortpflanzung, Gen 1,28) an zu verwerfen und den Schöpfer mit (unten 7.7), ist die passgenaue Antwort darauf.

216 Der Gefragte ist aber stets Gott, wie immer wieder durch die Gebetsanrede „Herr, Herrscher" (< *δέσποτα κύριε) klar gemacht wird. Die syr. Fassung hat hier mārjā mār(j); ersteres ist die übliche Wiedergabe des Tetragramms. Insofern behält die Andeutung in der Überschrift Šealtiel Esra ihren vollen Sinn.

bis zu dem Moment, wo mit einem Zitat aus Ez 1,24 (vgl. Apk 1,15 etc.) „wie tosendes Wasser" die Gottesstimme einsetzt, nämlich 6,17. Nur so ist die Komposition stimmig. – Ein Kommentar, der diese Fassung wenigstens gleichberechtigt einbezieht, ist noch ein Desiderat der Forschung.

Biblische Bezüge: Der Einsatz ist bei 4Kön 25,8–11 (Zerstörung Jerusalems). Doch schon ab 1,4 wird die Schöpfungs- und Sündenfallgeschichte (Gen 1–3) reflektiert, im Zusammenhang mit Jes 40 (Levison, *Adam* 120). 7,129 zitiert „Mose" mit Dtn 30,19 (Willensfreiheit). 14,1 ist Rückgriff auf Ex 3,4 (der Dornbusch). 14,28 beginnt wie das *š^{e}ma'* (Dtn 6,4–9), geht dann aber weiter wie das Kleine Geschichtliche Credo (Dtn 26,5 ff). In 11–12 ist Dan 7 verarbeitet (wie in *Baruch-Apk.* 36–40 und in Apk 13); in 12,11 wird Daniel sogar namentlich genannt. Der „Löwe" aus Juda in 12,31 ff kommt aus Gen 49,9 f. Vgl. „Quellen und Vorlage".

Historische Bezüge: „Unser Heiligtum ist verwüstet, unser Altar niedergerissen, unser Tempel zerstört" (10,21). Die Adler-Vision in Kap. 11–12 geht, schon ihres Hauptsymbols wegen, auf Römisches, nämlich auf Vespasian, Titus und schließlich auch auf Domitian (Schürer/V. 299; Nickelsburg 275; Exkurs zur Auslegungsgeschichte bei Myers 299–302; Abbildung eines Adler-Symbols ebd. Tafel 6 nach S. 168). Als kürzeres Pendant vgl. *Sib.* 5, 12–51. Deutung diverser Anspielungen bei Denis 848 f; das Ende des Tempelkults liegt hier möglicherweise schon etwas zurück. Ob die Hoffnungslosigkeit dieses Buches, was irdische Restauration betrifft, auf die Schleifung des Tempels unter Hadrian (135 ff n. Chr.) zurückgeht? Anspielungen auf Hadrian wären noch zu suchen, so wie sie in der Apk auch unlängst erst auf weiten Strecken nachgewiesen wurden.[217]

Quellen und **Vorlage:** Das Buch gibt sich in Kap. 11–12 als fortgeschriebener *Daniel*, unter Nennung seines Namens. Antwortender Engel ist zwischendurch in 4,36 (syr. und lat.) ein gewisser Jeremiel; das lässt an Jeremia denken, jenen Propheten also, der an Israels Unbelehrbarkeit und schließlich an seinem verdienten Exil litt. Die Problemstellung aber und die Theodizeefrage, die sich damit verbindet, ist bis dahin am deutlichsten ausgedrückt gewesen in den *Mahnreden Henochs* (1.5.1), genauerhin in *1Hen.* 103. Vorher vgl. Spr 30,1–14.

Zur Intertextualität mit der *Baruch-Apk.* s. Kopftext; die Verbindung war vielleicht eher persönlich als literarisch. – Eine lange Liste von Entsprechungen zum *LibAnt.* (1.2.1) liefert Myers 132. Beide Bücher sind Zeugen für die Wiederbelebung des Hebräischen in der Zeit der ersten Rabbinen; sie wenden die Heilige Sprache für Zwecke an, wo sie lange Zeit nicht mehr üblich gewesen war. Sie zeugen vermutlich vom selben Schulgespräch irgendwo in Nachkriegs-Palästina. Eine Analogie bereits im hasmonäischen Jerusalem war unter 2.1.5 zu erkennen.

Hebraismen: häufiges *et factum est* (hebr. *wa-j^{e}hi*) gerade am Anfang der Rahmenerzählung oder als Neueinsatz: 3,10.12.13.16b.17.22.25 usw. In 7,92 gibt *plasmatum*

---

[217] Durch Thomas Witulski; s. 0.9.5. Über Vorhadrianisches in der Apk s. Wittkowsky, *Den Heiden* 146–165 (betr. Apk 11,1–13,10).

cogitamentum malum hebr. *jeṣer ha-ra'* wieder, einen aus Gen 6,5 und 8,21 gewonnenen, bei den Rabbinen dann gängigen Begriff für die – der Neigung zum Guten entgegengesetzte und mit dieser gleich starke – Neigung zum Bösen; vgl. schon 3,20; 4,4.28–30; 14,14 und vorher *Sir.* 21,11 (ἐννόημα; vgl. Hengel 255 mit Anm. 224). Die *figura etymologica* wird gepflegt, z. B. 11,45 (arm.): „Durch Vernichtung wirst du vernichtet werden!" (an den Adler gerichtet).[218] Viele weitere Details bei Myers 115–117.

Bemerkenswerte Stellen, Theologisches: Die deterministische Grundthese der gesamten Apokalyptik ist in **4,36f** klassisch formuliert. Auf die Frage, wann das Weltgericht kommt, ist Jeremiels Antwort diese: „Wann die Zahl derer voll ist, die euch ähnlich sind" – so syr. und ähnlich (aber korrupt) lat., was zunächst auf ein Abwarten Gottes hinausläuft, dessen Langmut (V. 34) immerhin ein Motiv noch aus der Prophetie wäre. Die arm. Fassung sagt jedoch stattdessen: „Haltet aus, bis die bestimmten Zeiten geworden sind!" In diesem Sinne fahren nun alle drei Fassungen fort (V. 37, hier nach dem Arm.):

> Denn mit einem Maß bemessen hat er die Zeiten und mit einer Waage gewogen die Äonen und mit Zahl gezählt die Momente. Er wird sich nicht bewegen (*mi šaržescʻē* = οὐ μὴ κινηθῇ) und nicht erheben (*mi zartʻuscʻē* = οὐ μὴ ἐγερθῇ), bis der festgelegte Moment gekommen ist.

Drastischer lässt sich der Determinismus nicht mehr ausdrücken! Dieser Gott ist – wie nachmals der des Deismus – überhaupt nur zweimal tätig, am Anfang der Welt und an ihrem Ende.

Gerechtigkeit vor Gott kommt in diesem Text nur aus den Werken. Weniger klar ist, ob Verdienste ggf. übertragen werden können. Esra erfährt, was seine Person betrifft, er solle sich nicht zu denen zählen, die noch bestraft werden; ein „Schatz an guten Werken" sei für ihn zurückgelegt beim Allerhöchsten (**7,77**).[219] Die arm. Fassung hat die Stelle pluralisch (wie auch sonst Esra der exemplarische Gerechte ist, der sich nur sorgt um die weniger Gerechten): „Denn dir und deinesgleichen ist bereitet ein Schatz voll von Gütern"; *li barutʻeambkʻ* idiomatisch für (πλήρης) ἀγαθῶν: Das geht nicht auf die guten Werke, sondern auf die Belohnung (sc. des Toragehorsams).

Der sonst öfters genannte Abraham ist in allen Fassungen von diesem Kontext abwesend. Was ist mit seinen Verdiensten und deren evtl. Übertragbarkeit – mit dem also, was die Rabbinen als *zᵉchut Avraham* damals ihrer eigenen Heilslehre zugrunde legten? In **7,106–111** fasst Esra nach und stellt diese Frage unter Auf-

---

[218] Bei Schreiner (JSHRZ) ist diese hochpolitische Stelle kaum zu verstehen.
[219] Im NT findet sich ähnliches im Mt, nicht aber bei Jesus selbst, geht man denn nach den ältesten Q-Texten. Aus dem „Schatz" an guten Werken, den Jesus lt. Q 12,33 polemisch-paradox dem Alltags-Materialismus entgegenhält, wird in Mt 6,20 ein ernstlich zu fordernder, positiver Bestand, vom einzelnen Christen zu erwerben. – Die Loslösung der Gerechtigkeit, die vor Gott gilt, vom Handeln des jeweils Einzelnen bei Paulus (Röm 4 usw.; vgl. das *Gebet Manasses*, 2.1.3) bildet demgegenüber einen ganz anderen Überlieferungsstrang.

bietung eines Kataloges fürbittender Gerechter, angeführt von Abraham. Die Antwort (V. 112–115) ist negativ, anders als in den unter 2.2.8, 3.4.3 und 7.4.6 a genannten, z.T. älteren Schriften; sie hat in sich aufschlussreiche Varianten: Nur die arm. Fassung versichert, dass Fürbitte seitens Gerechter in dieser Welt immerhin ihre Wirkung haben werde (V. 112b) und dass „in der Welt des Lebens die Ordnung [= Möglichkeit] der Buße vorbei ist" (V. 113b); gemeinsame Fortsetzung ist dann aber, dass nach Einbruch der anderen Welt niemand mehr auf Erbarmen rechnen könne. „Glaube (syr., lat.: Unglaube) ist beseitigt, Gerechtigkeit erwachsen, Wahrheit gesprosst" – so die arm. Version, die auch hier die profilierteste ist, zumal im Vergleich mit 1Kor 13,13.

Hier wird verständlich, dass von dieser Schrift, auch wenn sie ursprünglich auf Hebräisch verfasst wurde, kein Wort bei den Rabbinen erhalten ist. Wundern muss man sich, was wohl die Christen mit ihr angefangen haben. Es gibt in der *Esra-Apk.* sonst keinen Mittler, auch nicht Esra selbst, und – da der Tempel ja verschwunden ist – auch keine vermittelnde Institution. Gerechtigkeit, so erfahren wir weiter, setzt voraus, dass man den bösen Trieb bekämpft und dabei gesiegt habe (7,92), was gleichbedeutend ist mit Toragehorsam (7,94). Im Blick auf das künftige Gericht werden im Himmel Register der menschlichen Taten geführt (6,20; zu diesem Motiv s. 1.5.1).

In 9,38–10,28 tritt Esra in die Position Uriels ein (ähnlich wie anderwärts Henoch sich zu wandeln vermag: 1.7.1; 7.4.1); die Frau neben ihm verwandelt sich ihrerseits in Jerusalem. Esra erhält die (gesteigerte) Würde eines Offenbarungsempfängers. Was dann inhaltlich kommt, ist freilich traditionell: der Verweis auf ausstehende, Gerechtigkeit noch schaffende Gerichte Gottes.

Dem römischen Adler tritt in der Adlervision ab 12,31 der Messias als der „Löwe" von Gen 49,9 entgegen, weist ihn zurück und betreibt seine Vernichtung. Er ist einer „wie ein Mensch" (so 13,3 arm.; Dan 7,13 idiomatisch verstanden). Der Messianismus dieses Buches ist, bes. in seiner arm. Fassung, noch rein jüdisch: Als Richter über Rom ist er der politische Befreier des „Restes seines Volkes" (12,34), ehe „das Ende, [der Tag] des Gerichts" (ebd., mit Var.) eintritt. Dass dieser Messias vom Himmel käme, ist ein modernes Gerücht; dem Text nach (13,3.5 in allen Fassungen) treibt ihn ein Sturm aus dem Meer empor – ein Zug, der angesichts des Unterschieds zu Apk 13,1; 21,1 noch zu deuten bleibt. Die Vulgata ist hier zunächst unklar, hat aber in 13,5 doch diese Herkunftsangabe: *de mari*.

Was den Erwählungsgedanken betrifft und das Theodizee-Bedürfnis, so stellt die *Esra-Apk.* eine ganze Theologie in Frage. Denkenkönnen ist eine Qual (4,22). Die Zerstörung Jerusalems ist so unbewältigt wie der Sündenfall als solcher. „Als Adam die Gebote übertrat, wurde das Geschaffene gerichtet" (7,11): Dies ist die These von der „gefallenen Schöpfung", die v. a. im Christentum zur Doktrin wurde. Wozu der Aufwand des Sechstagewerks (6,38 ff), wenn das Volk Israel, dessen Ziel, versagt und das Erwählte Volk diese Welt nicht als Erbe erhalten hat (V. 58 f)? Der Grundgedanke ist hier ganz klar jüdisch; man fragt sich nur, ob das Judentum je hoffte, „unsere Welt" (so übersetzt Schreiner) zum Erbe zu erhalten. Das ist doch eher der Blickwinkel der

Kirche! Das Arm. freilich spricht an dieser Stelle vom „guten Land, dem der Verheißung";[220] so ist diese Stelle einwandfrei national-jüdisch.

Die Anthropologie ist, wie schon bemerkt, pessimistisch. Dass der Mensch Entscheidungsfreiheit habe, wie 7,129 aus Dtn 30,19 in allen drei Fassungen betont und die armenische in **8,1b** mit eigenen Worten noch verstärkt (unter Hinzufügung der Präszienz Gottes; *yaṙajgitutʻiunn* = πρόγνωσις; vgl. Jdt 9,6), erhöht nur die Verantwortlichkeit und vertieft das Problem. Eine Vorform der Erbsündenlehre, die zu jener vom freien Willen in ungeklärter Spannung steht, findet sich in 3,4–11 sowie 6,55–59 u. ö. bis hin zu 7,118 ff. Als handfeste Klage gegen Gott finden wir sie schon kurz nach Beginn, direkt nach der Würdigung der Sinai-Wunder und der Gabe der Tora in **3,20–22** (Übers. Schreiner):

> (20) Aber du hast das böse Herz nicht von ihnen weggenommen, damit dein Gesetz in ihnen Frucht brächte. (...) (22) So entstand eine dauernde Krankheit: das Gesetz im Herzen des Volkes zusammen mit der Wurzel des Bösen; das Gute schwand, das Böse blieb.

Das darf man aus der Situation nach 70 konkret verstehen: Die Menschen sind nicht besser geworden, aber das Land ist verwüstet. 7,46 sagt in der Vulgata (nicht bei Schreiner): „Besser wäre es gewesen, die Erde nicht Adam zu geben oder, wenn er (Gott) sie ihm schon gab, ihn zu steuern (*coercere*), dass er nicht sündige." – Das Buch geht über die auch von Paulus gegebene Antwort nicht hinaus: „Der Tod gelangte zu allen, ἐφ᾽ ᾧ = dem gemäß, dass[221] alle sündigten." Dagegen reicht die Tora als Hilfe nicht aus. Schlimmer noch, eine Besserung ist nicht abzusehen: 7,47 (Schreiner): „Jetzt sehe ich, dass die kommende Welt nur wenigen Wonne bringen wird, vielen aber Qualen."[222] – Damit kontrastiert nach der anderen Seite die Aufzählung der sieben Eigenschaften Gottes, die sämtlich Synonyme sind für „Gnade" und „Mitleid" (vgl. Ex 34,6; Ps 86,15). – Dieser Text stellt schon aus jüdischer Sicht die Fragen, die noch im Mt offenbleiben und auf die im Mehrheitschristentum mit Paulus geantwortet wird. Eine Rettung nur aus Gnade oder nur aufgrund von Glauben erscheint in der *Esra-Apk.* als die Ausnahme (8,36; 9,7).

---

220 *zerkrin bari ew zaweteacʻ*; die jüngere Rezension einfacher: *zerkrin xostmancʻ*. Das Wort *erkir* entspricht genau γῆ mit seiner allerdings missverständlichen Mehrdeutigkeit (Mt 5,5.13!); *awetkʻ* entspricht ἐπαγγελία „Verheißung", *xostumn* hingegen wäre eher ὁμολογία „Vereinbarung", weniger passend (geprüft am arm. Thesaurus; 0.9.4).
221 Von Paulus in Röm 5,12 wohl als Neutrum gemeint, wie eine langsam wachsende Mehrheit von Exegeten allmählich erkennt. Die ältere Auffassung hatte mit dem *in quo* der Vulgata ein Masculinum („in welchem" – das lässt an Adam denken) angenommen und Paulus jenen Neomythos zugetraut, der in Adams Lenden schon die ganze Menschheit sündigen ließ. Dazu eine Probe: Luthers Bibel von 1545 traf mit „dieweil" sprachlich das Richtige; die Randanmerkung aber setzt das um ins Kausale einer von Adam ausgehenden Wirkung.
222 Dies ist eine frühe Behauptung der Ewigkeit der Höllenstrafen, von der sich freilich fragen lässt, ob der jüdische Begriff einer „kommenden Welt" derartiges meinte. Was es bei den Rabbinen gibt, im Negativen, ist der Ausschluss aus der kommenden Welt: Mischna, *Sanh.* 10 und Parallelen. Die *Esra-Apk.* 14,35 hingegen lehrt eine Auferweckung der Toten auch zum alleinigen Zweck der Strafe.

Der Determinismus von 4,33–43 führt zu der Frage, ob denn wenigstens der größere Teil der Weltzeit vorbei sei (4,45) mit einer im Vergleich zu Paulus (Röm 13,11) eher vertröstenden, immerhin positiven Antwort. Gerettet wird von der Menschheit allerdings nur ein kleiner Teil (8,1 in allen Fassungen). Der „Gesalbte Gottes" (7,28; die Vulgata nennt ihn „meinen Sohn Jesus") wird erscheinen, 400 Jahre lang herrschen[223] und „Glaube und Geduld" belohnen (so armenisch; vgl. nächste Rubrik).[224] 12,32–34 gibt dem Gesalbten die Rolle eines Richters und Vernichters der Bösen. – Mehr bei Myers 121–129.

Christliches ist – zumal im Vulgatatext – nicht zu übersehen, erklärt sich aber als Ergebnis sekundärer Redaktion (Denis 847f); das umso mehr, je genauer man die arm. Version heranzieht. Diese hat z.B. *nicht* die Stelle 7,29, wonach der Messias mitten im Endzeitgeschehen sterben müsse und die in der ganzen jüdischen Apokalyptik einmalig wäre. Sondern der Messias zeigt sich während des Weltgerichts, und nachdem die „bisher unsichtbare Stadt" ihrerseits erschienen ist; „er wird glücklich machen diejenigen, die verharrten in Glaube und Geduld". Weitere Beispiele wurden schon gegeben.

Die Stelle 3,6, also sechs Verse nach Textanfang, lässt Adam in einem Paradies sich befinden, das der Erschaffung der Erde vorausgeht; erst mit dem in V. 7 beginnenden irdischen Leben kommt der Tod über ihn. Das entspricht der Meinung von *Sapientia* 2,23, die Menschheit sei zunächst unsterblich geschaffen worden (6.5.1). In einem Zusatz (s.o. Liste, 1. Zeile) wird das auf zwei Welten verteilt. Wie alt ist diese Auffassung, und ist sie noch jüdisch? In *Jub.* (1.1.1) 2,7 gehört der Garten Eden, wie überhaupt die Vegetation der Erde, in den 3. Schöpfungstag und liegt nicht etwa der Schöpfung voraus. Ein eschatologisches Paradies i.S.v. 2Kor 12,4 oder Lk 23,34 wartet noch auf eindeutig vorchristliche Belege; die *Bilderreden* (hier: *1Hen.* 60,8) sind ihrerseits ein Datierungsproblem (1.5.3 b).

Verdächtige Stellen sind, außer der im Judentum nicht heimisch gewordenen Erbsündenlehre, weiterhin z.B. folgende: 8,3 ist in erweiterter Form die These von Mt 20,16 (nicht im Arm.); 14,20 ist in der Formulierung verdächtig nahe an 1Joh 5,19 (so in allen Fassungen).[225] 5,42 vgl. 1Thess 4,14; 7,35 vgl. Apk 14,13. – In „mein Sohn" (auch 13,37; 14,9) steckt die auch in Apg 3,13.26 u.ö. bezeugte, an Jes 52,13ff orientierte παῖς-θεοῦ-Christologie. Kap. 8–9 insgesamt beschreiben die Aporie einer Gerechtigkeit aus den Werken, die auch kirchlicherseits da entstehen müsste, wo man das Mt wörtlich nimmt (was im Judenchristentum anzunehmen ist). – Die Auffassung, das Paradies müsse himmlisch gewesen sein und Adam insofern sich selbst präexistent, dürfte eine Neuerung sein; unterschiedliche Platzierung in den

---

223 Also ein knapp „halber" Chiliasmus. Andere Zahlen an dieser Stelle: 30 Jahre; 1000 Jahre. Dazu Denis 837.
224 Was „Glaube" hierbei meint, ist aus der arm. Fassung in 6,1b so zu erfahren: „Unsere Väter glaubten mit Geduld, denn er (Gott) zeigte sich ihnen offen."
225 Auch das Armenische sagt wörtlich: „Es befindet sich die Welt im Dunkeln, und ihre Bewohner (sind) ohne Licht."

Rezensionen (s.o. Liste, 1. Beispiel) macht sie jedoch verdächtig als Zusatz. Sie wurde ihrerseits Grundlage für die gnostische Auffassung, eben dieser himmlische Adam sei in die Schöpfung böswillig eingeschlossen worden, könne sich aber in einer Selbstbesinnung seiner irdischen Abkömmlinge auf ihren Ursprung aus diesem Gefängnis wieder befreien.

Anderes mag offen bleiben: Das Saat-Gleichnis in 8,41 ähnelt vage Mk 4,1–9 parr. und die Bitte um einen glaubwürdigeren (oder besser gar keinen) Offenbarungsmittler in 8,62a–d ähnelt Lk 16,27–31, was aber aus gleichem jüdischem Fundus kommen dürfte.

Abfassungszeit: Der Optimismus, mit dem Geoltrain sie noch in die Hasmonäerzeit legte, hat sich gelegt: Inzwischen wird die *Esra-Apk.* allgemein um 100 angesetzt. Schürer/V. (s.o.: „Historischer Bezug") gibt für Kap. 11 (die Adlervision) die letzten Jahre Domitians (reg. 81–96). Textintern, vergleicht man die (allerdings fiktiven, ins Babylonische Exil weisenden) Daten, gibt sich dieses Buch 15 Jahre jünger als die *Baruch-Apk.* (Denis 738f; dort und bei Gurtner, *This World* 18 Kombination der Daten als Hinweis auf d.J. 95 n.Chr.); Argumente für die umgekehrte Abfolge folgen jedoch bei Denis 742f: Die *Baruch-Apk.* dürfte auf die Probleme der *Esra-Apk.* antworten. – **Ort** wohl am Rande des alten Judäa oder in einem davon nicht zu fernen Zentrum proto-rabbinischer Kultur.

Abfassungszweck: Im rabb. Judentum ist – anders als bei Josephus, jedoch ganz wie hier – die Annahme einer jüdischen Gesamtschuld am Ende des Tempels Gemeingut; mit ihr galt es fertig zu werden. Im Verleich mit rabbinischen Reaktionen (z.B. im Talmud, *Ṭaʿanit* 29a/b und verwandten Stellen) ist die Antwort hier mit weit heftigeren Selbstanklagen verbunden. Es scheint, dass die rabbinische Liturgie des Versöhnungstages die hier gestellten Fragen zur Ruhe brachte. – Deutlicher aber als in jeder anderen Apokalypse ist in der arm. Fassung die Gewissheit ausgedrückt, das römische Reich sei vom Messias zu „richten" und zu „vernichten". Das war sicher als Trost gemeint. Dass dies bei christlicher Übernahme im Westen so nicht stehen bleiben durfte, ist klar; dort schloss man sich (mit Ausnahme zunächst des hinter der Apk stehenden kleinasiatischen Christentums) dem Römischen Reich an (und bildete sogar ein Amalgam, welches, wenigstens dem Namen nach, bis 1806 fortdauerte). Der Kaukasus hingegen litt unter den Machtkämpfen zwischen Rom (auch Neu-Rom, Byzanz) und Persien; da mochte der Trost auch im Christentum noch wirken.

Rezeption: Dieser Text markiert eine theologische Sackgasse, und es ist keine Religionsgemeinschaft der Antike bekannt, die in ihr verblieben wäre. Die Handschriften sind selten, und der Gebrauch, der von dem Text gemacht wurde, ist allenfalls selektiv.

Wieviel anders die Rabbinen dachten, als hier der Fall ist, wurde schon gesagt. Der Umstand aber, dass wir diesen Text auch auf Latein haben, lenkt unseren Blick auf Rom: Kann es wohl sein, dass das „biblische" Judentum des Westens diese aus dem Land der Bibel zu ihm kommende Antwort rezipiert hat und die Christen ihn auf diesem Wege bekamen? Zusammen mit den Büchern der Vetus Latina, mit dem

LibAnt. und einigen, wenn auch wenigen Eigenschöpfungen (3.5.5; 6.5.5) hatte das Bücherregal einer lateinsprachigen Synagoge dann doch einiges zu bieten gehabt.[226] Andernfalls müsste ein Christ den griechischen Text übersetzt haben; dann fragt sich aber, mit welchem Interesse, verstand sich doch das Christentum geradezu als die Lösung der hier offen gelassenen Fragen.

Einflüsse auf Hippolyt, *Contra Gentes (Adversus Platonem)* und v. a. auf Ambrosius sind nachgewiesen (Myers 132 f; anderes Lateinische bei Violet 433–438: 21 Zitate). Im Armenischen setzt die Rezeption noch im Jahrhundert der Bibelübersetzung, dem 5., mit Agathangelos ein (Stone, *IV Ezra* 35–39). Sie greift u. a. die Legende von der Neuschreibung von „Gesetz und Propheten" auf (s. o. vor 0.1), nicht aber die problematischen Punkte.

Diese Apokalypse ist, wie die vielen Übersetzungen zeigen, in diversen Christenheiten des Ostens und des Westens – mit Ausnahme des griechischen Sprachraums (wo die antirömische Spitze nachmals als antibyzantinisch aufgefasst werden musste) – partiell wenigstens akzeptiert gewesen, wenn auch nicht als kanonisch, wie allein schon die große Verschiedenheit der Fassungen erweist (bei Stegmüller 30 Einträge), aber auch die häufige Endstellung in den Bibelausgaben. Sie steht gerade dem westlichen Christentum nahe in ihrer – jedenfalls unrabbinischen – Fixierung auf das Sündenproblem (vgl. noch 7.2). Die Verbreitung der lat. Handschriften in Gallien und Spanien wird mit der dort verbreiteten, gnostisierenden Sekte der Priszillianer in Verbindung gebracht. Aber nicht nur; Einflüsse auf die mozarabische (mittelalterlich-spanische) Liturgie erwähnt Myers 134 oben. Über Zitate aus *4Esr.* in lat. Liturgie s. Denis 834 f, etwa das *Locus iste* für Kirchweihfeste (aus 8,21.24). Die separate Nachwirkung von 8,20–36 in vielen Handschriften s. o. – Pico della Mirandola hielt diesen „Esra" für einen Christen.[227] Luther aber weigerte sich, dieses Buch, das nichts als Träume enthalte, zu übersetzen (Dt. Bibel, hg. Volz, S. 1827).

Über die Weiterentwicklung im gr. Sprachraum bis hin zur *Esdram-Apk.* und ihrem Umfeld (7.4.5) s. Denis 851. Sie tritt zurück hinter den nicht mehr gegen Rom (was man dem Anspruch nach ja selber war), sondern gegen den Islam gerichteten *Daniel*-Neuschreibungen (7.4.8). Auch lag jetzt nicht mehr Jerusalem im Zentrum der Welt, sondern Byzanz. Das Überdauern einer zusätzlichen Adler-Vision im arm. Sprachraum wurde oben genannt („Ähnliche Texte"); vgl. 7.3.2 c. – In den syrischen Kirchen kann die *Esra-Apk.* nicht kanonisch gewesen sein, wenn es nur 1 komplette Handschrift gibt; ihre Edition im Rahmen der Leidener Peschitta (*VTS*) ist insofern eine westliche Erweiterung.

In der lateinischen Kirche, die stets stärker das Sündenproblem reflektierte, wurde die *Esra-Apk.* die verbreitetste nichtkanonische Apokalypse, und das, obwohl

---

[226] Die *Himmelfahrt Moses* hingegen kam erst im Frühmittelalter ins Latein (2.4.2) und hätte in diesem Bücherregal gefehlt. – Ob die im 4. Jh. entstandene lat. Übersetzung von Philon, *QG* 4, 154–245 (= altes Buch 6) und *Cont.* noch von jüdischer Hand kommt, ist sehr fraglich.
[227] *De dignitate hominis*, lat. u. dt. hg. E. GARIN, 1968, S. 76.

Einwände gegen ihre Benutzung schon von Hieronymus erhoben worden waren (Schürer/V. 301.302). Die Legende von den 24+70 neu geschriebenen hl. Schriften dürfte von hier aus ihre Verbreitung gefunden haben (Schürer/V. 301; Liste von Stellen bei Myers 134). – Für Kolumbus hat 6,42.47.50, wonach nur der siebte Teil der Erde von Wasser bedeckt sei, als Argument gedient für die Annahme, die Weltmeere müssten klein genug sein, um überquert werden zu können.

2.5.2 Die *Baruch-Apokalypse (2Bar.; Syrischer Baruch)*

Ähnlich wie Henoch in apokalyptischer Literatur schon der vorhasmonäischen Zeit einen mächtigen Rollengewinn erfährt vom Gerechten, der nicht sterben muss, bis zum Seher, und nunmehr Esra einen solchen erfährt (2.5.1), so häufen sich nun auch auf Jeremias Sekretär Baruch – und später (7.3) sogar noch auf dessen Diener Ebedmelech – Prophetenrollen. Gleich Henoch und gleich Elia soll Baruch in dieser ab 70 n.Chr. fassbaren Legendenbildung zu denjenigen gehört haben, die den Tod nicht kosten mussten (Ginzberg, *Legends* 6, 412). Heininger, *Paulus* 122–135 fasst die Entwicklung zusammen unter der Überschrift „Epigonen: Baruch, Esra, Abraham"; der Unterabschnitt, der hier besonders interessiert, ist betitelt: „Vom Schreiber zum Seher: Baruch" (122–128).

Man kann sich fragen, welche Symbolik der Name „Baruch" um 100 n.Chr. hatte im Vergleich zu dem Esras. Esra war der Neugründer des Judentums; die unter 2.5.1 zitierte Legende belegt dies als Wahrnehmung von innen her und gerade für jene Krisenzeit. Baruch war der Sekretär desjenigen Propheten, der die Zerstörung Jerusalems anzukündigen hatte: Vergeblich warnte er vor ihr (vgl. Jesus in dieser Rolle: Q 13,34 f; Lk 19,41–44) und musste sie in aller Grausamkeit, nebst persönlichem Exil im ägyptischen Ausland, miterleben. So sehr dem (wieder) hebräisch schreibenden Judentum Esra als Gesetz-Geber nahestand, so sehr musste Baruch als Prophetenschüler dem Christentum sympathisch sein. Der Gedanke mag erwogen werden, dass hier die judenchristliche Parallelschöpfung und Alternative zur *Esra-Apk.* vorliegt, griechisch geschrieben, wie alles Christliche von Anfang an.

Literarkritisch aufschlussreich ist die syrische Tradition als die einzig vollständige. Nur sie bietet alle hier in Frage kommenden Baruch-Texte. Gleichwohl ist sie die am wenigsten beachtete (auch bei Heininger, ja selbst bei Charlesworth). Ihr zufolge ist der Grundbestand der nunmehr zu nennenden drei Schriften die *Baruch-Apokalypse*, konventionell als *Syrischer Baruch* 1–78 oder auch 1–87 gezählt, je nachdem ob man den angehängten Brief mitgelten lässt (so weithin). Ein dann noch vermisster zweiter Brief wird uns gleich anhand der syrischen Hinweise identifizierbar werden als sogar noch auf Griechisch bekannt. Was die syrisch-christliche vor der griechisch-christlichen Übermittlung dieses Schrifttums (eine jüdische gibt es nicht) schon von 2.5.1 her empfiehlt, ist ihr konservativer Charakter.[228]

Vorchristlich ist diese literarische Schöpfung nicht. Sie kann nicht vor 70 n. Chr. geschrieben sein und ist somit zeitgenössisch zur zweiten oder gar dritten Generation der Christen, also etwa zum Lk- oder zum Mt-Evangelium. Ihre Entstehung läuft zeitlich – in mancher Hinsicht auch inhaltlich – zu der der Apk[229] parallel. Das literarische Problem wird von Heininger, *Paulus* 123 so benannt:

> Deutlich *literarischen Charakter* hat der Visionsbericht 2Bar 6,1–8,3, zugleich ein glänzendes Exempel für die Austauschbarkeit visionärer Kommunikationsformen. Der Abschnitt weist z.T. bis ins Wörtliche reichende Berührungen mit ParJer 3,1–20 auf, was sich entweder mit gegenseitiger literarischer Abhängigkeit oder mit der Benutzung einer gemeinsamen Quelle erklären lässt. Entscheidet man sich für die erste Alternative, liegt es m.E. (...) näher, 2Bar 6,1–8,3 als den jüngeren Text anzusehen, da sowohl 2Makk 2,1–8 wie auch ParJer 3,1–20 noch Jeremia als Offenbarungsempfänger kennen, während in 2Bar – aus verständlichen Gründen – Baruch an die Stelle Jeremias tritt. Viel hängt davon allerdings nicht ab, weil schon die bloße Existenz der drei genannten Texte für die Feststellung genügt, dass das, was [in] 2Makk 2,4[230] als Gottes*spruch* eingeführt wird, [in] ParJer 3,1–20 im Gewand der *Erscheinung*, und [in] 2Bar 6,1–8,3 im Gewand der *Vision* (im engeren Sinn) daherkommt.

Damit ist eine Entwicklung nachgezeichnet, bei welcher die *Paralipomena Jeremiae*, genauer besehen, sogar den letzten Platz erhalten (s.u. 7.3.2), denn dort ist der „Realismus" (im poetischen Sinne) des Visionsgeschehens am ausgeprägtesten. Mit einer gemeinsamen Vorlage oder wenigstens dem Ursprung gemeinsamen Gedankenguts in einem damals nahe den Trümmern geführten Gespräch lässt sich jedoch rechnen.

Rein literarisch gesehen und mit unvoreingenommenem Blick betrachtet, hält die syrische Überlieferung einige noch nicht bedachte Daten bereit. Dort ist nämlich das *Baruch*-Buch der Kirche nichts anderes als der von der Forschung bisher vermisste zweite Anhang unserer *Baruch-Apk.*, wie unter 2.5.3–4 näher auszuführen sein wird. Der Zusammenhang der nunmehr vorzustellenden *Baruch*-Schriften (2.5.2–4) unter sich ist enger und vermutlich auch älter als das sicherlich sekundäre, höchst heterogene Corpus „jeremianischer" Schriften in Septuaginta und Vulgata. Zwar liegt dessen Zustandekommen noch im selben Jahrhundert wie dem der Entstehung der *Baruch*-Schriften, nämlich dem 2.Jh. n.Chr. und damit in einer Zeit, als die syrische Literatur noch nicht begonnen hatte; dennoch dürfen wir annehmen, dass beim Beginn der Übersetzungstätigkeit aus dem Griechischen ins Syrische (3.Jh. n.Chr.; s.o.

---

228 Im Syrischen ist Esra noch immer „der Schreiber" (*sāprā*), ehe spätere Codices ihm dann auch (wie der Westen bereits im 2.Jh. tat) weitere Würden beilegen.

229 Über eine Proto-Apk. des späten 1.Jh., deren Spuren anhand der Übereinstimmung zahlreicher Lk (S)-Stellen mit Apk 11,1–13,10 feststellbar sind, s. Wittkowski, *Den Heiden* 146–165.

230 *2Makk.* 2,1–9 ist die Paraphrase eines angeblichen Jeremia-Textes, den es jedoch sonst nicht gibt. Aus verständlichen Gründen – weil nämlich der Jer-Text inzwischen kanonisch war und keine Zusätze mehr vertrug – hat man seit jenem Jahrhundert, mit dem die *Baruch*-Literatur einsetzt, sich an seinen nächsten Gefährten gehalten; dieser genoss noch keinen Urheberschutz.

0.5.2) im Orient Vorlagen existierten, die nicht von der westlichen Rezeption geprägt waren. Selber verstand man sich in jener Zeit (und eigentlich bis heute) nicht als produktiv, sondern nur als rezeptiv.

Textlich ist die nun zu besprechende *Baruch-Apk.* nur noch in einer syrischen Übersetzung vorhanden, die aber schon lt. Überschrift von einer griechischen Vorlage stammt. Gleiches kann nunmehr von der Gesamtkomposition gesagt werden: So wie der *Zweite Brief Baruchs* manches vorher Hebräische und Aramäische einbezieht (1.7.1), so mag es mit dem ersten Brief und v. a. mit der Apokalypse selbst bestellt sein. Anknüpfend in biblischem Erzählton (s. u.: „Hebraismen") an der ersten Zerstörung Jerusalems, zielt auch sie auf die Folgen der zweiten. Sie bietet gleich ab 1,2 einen Offenbarungsdialog, der sich bis zum Ende von Kap. 76 erstreckt, zusammengehalten von einem erzählerischen Längsfaden. Jeremia erhält nur eine stumme Nebenrolle; er läuft mit (5,5; 9,1 etc.). Wozu ein ältester Sohn Baruchs eingeführt wird, ist aus den Kontexten (44,1; 46,1) nicht ersichtlich und mag, wie schon Jeremias Statistenrolle, Anzeichen sein für eine nicht ganz homogenisierte Zusammenführung verschiedener Erzählungen. Das Gewicht liegt sowieso auf den Reden bzw. besser: dem Dialog.[231] Eine Rede Baruchs an das Volk (77) ist der Übergang zu den beiden *Briefen Baruchs* (2.5.3 – 4).

Die *Baruch-Apk.* drückt die gleiche Trauer über den Verlust des Tempels aus wie die *Esra-Apk.*, geht aber insofern weiter, als nunmehr der Wiederaufbau des Tempels angekündigt wird (32,4) – das allerdings im Rahmen einer zu erneuernden Schöpfung (V. 6), womit dann evtl. etwas nicht mehr Irdisches gemeint ist. Mit fortschreitender Kapitelzahl und sich mehrenden christlichen Einträgen „hebt" der Text „ab". Da aber noch Kap. 66 ein reiner Ausdruck national-judäischer Theokratiehoffnungen ist (s. „Bemerkenswerte Stellen"), die dem Mehrheitschristentum, wie wir es sonst kennen, schwerlich zugetraut werden kann, wird die wahrscheinlichste Antwort sein: Dies ist eine fortgeschriebene Apokalypse wie *Daniel* auch, aber eine judenchristlich fortgeschriebene. Man könnte einen rein judäischen Text durch Kürzungen zurückgewinnen.

So ungefähr wird sich erklären lassen, dass die traditonelle judäische Messiaserwartung, deren zeitlich letzten Ausdruck wir hier haben, doch noch umschlägt in eine christliche Parusie-Erwartung folgenden Inhalts: Der Messias war schon da und hat sein Werk an Israel verrichtet, wenn auch mit geteiltem Erfolg, und nunmehr richtet sich die Erwartung auf seine Rolle als Weltrichter. Dazu Rivka Nir (s. u.: „Christliches").

Eine in vielen Details bestehende, in ihrer Richtung nicht ganz eindeutige Intertextualität verbindet *Esra-* und *Baruch-Apk.* Die Übereinstimmungen sind so groß, dass Synopsen der beiden Texte haben gefertigt werden können. Sollten beide Bücher über eine gewisse Zeit hin parallel entstanden sein, wäre die Frage nach der Priorität falsch gestellt und wir hätten einen Fall dessen, was sich auf Englisch neuerdings *interfluentiality* nennt. Indes, ein gewisses Gefälle hin zur *Baruch-Apk.* als der jüngeren Schrift wird wahrgenommen, und selbst ohne die christlichen Zusätze lässt die *Baruch-Apk.*

---

[231] Ähnlich sind ja die sog. Abschiedsreden Joh 13,31 – 16,33 eigentlich ein Dialog mit wechselnden Partnern in einem ganz losen Erzählrahmen.

sich interpretieren als partielle Antwort auf die *Esra-Apk.*, ebenso wie – in einer anderen Textsorte allerdings – der *LibAnt.* (1.1.2) eine solche Antwort ist, gegeben vom frühen Rabbinat.

Online-Index Nr. 76; Harnack I 852 Nr. 57; II 565 f; Stegmüller Nr. 113.20 – 25; Schürer/V. 750 – 756. **Inhaltsangabe** z. B. bei Klijn (JSHRZ) 118 f; vgl. „Gliederung". **Paraphrase** und Kommentar: Woschitz 737 – 772. Paraphrase auch bei Gurtner (s. „Ausgabe") 21 – 24.

Einleitung und Übersetzung: Charlesworth I 615 – 647 (F. KLIJN); JSHRZ V/2 (F. KLIJN) 1976, 103 – 175; Dupont-Sommer, *Ecrits intertestamentaires* 1473 – 1557 (J. HADOT); Neuübersetzung aus dem Syr. s. „Synopse" (nach der Ausg. Kmosko 1907).

Einleitung: Denis 719 – 747; Nickelsburg 277 – 285; Stone, *Writings* 408 – 410. **Text** der wenigen gr. Reste (25 Zeilen) auch bei Denis, *Conc.* 905. **Anmerkungen:** Rießler (55 – 113) 1270 – 1272.

Literatur: Lehnardt Nr. 7782 – 7920; DiTommaso 259 – 282; Bauckham 310 – 317. **Neuere Monographien:** R. NIR: *The Destruction of Jerusalem and the Idea of Redemption in the Syriac Apocalypse of Baruch* (SBL.EJL 20), 2003. **Kommentar:** L. I. LIED: *The Other Lands of Israel. Imaginations of the Land in 2Baruch* (JSJ.S 129), 2009 [übergeht die Einleitungsfragen]. **Neuere Studien:** R. NIR: „,This is not the city which I have carved on the palms of my hands': The heavenly Jerusalem in II Baruch", *Zion* 65, 2000, 5 – 44 (hebr., Engl. summary IV – VI); D. GURTNER: „The 'twenty-fifth year of Jeconiah' and the date of 2Baruch", *JSPs* 18, 2008, 23 – 32; Henze/Boccaccini wie oben 2.5.1.

Handschriften: gr. Fragmente (12,1 – 13,2 und 13,11 – 14,3) auf POxy. 403 (4./5. Jh.; Schürer/V. 750; Denis 727 f; Gurtner [s. „Ausgabe"] 7). **Syr.:** Mailand, Ambrosianus B 21 inf(erior),[232] fol. 257b – 265b (6./7. Jh., einzige vollständige Handschrift, auch für die *Esra-Apk.*); Näheres bei Klijn (JSHRZ) 108; Denis 730 – 733; Gurtner 6 f. **Erstausgabe** A. M. Ceriani 1871 (und vorher in lat. Übers. 1866).

Titel in den Handschriften: (*ktab d-)geljāneh d-Bāruk bar Nerjā d-mappaq men Ninve' Ašurjājā* („Offenbarung Baruchs, des Sohnes Nerias, gesandt aus Ninive in Assyrien"); Schlusstitel: *šlam ktābā dBāruk bar Nerjā* („zu Ende ist das Buch Baruchs, des Sohns Nerias"). **Andere Benennung:** *Syrische Baruch-Apokalypse (SyrBar.); Syriac Apocalypse of Baruch (SAB), 2.Baruch*. Letzteres ist irreführend angesichts des hier vorgetragenen Befundes, wonach das „1." *Baruch*-Buch, das der Septuaginta, seine älteste erkennbare Gestalt gewann als zweiter Anhang an

---

[232] Dieselbe Handschrift trägt in der Systematik der Leidener Peschitta (*VTS*) das Siglum 7a1. Als „Codex Ambrosianus" wird jede Handschrift bezeichnet, die in der Biblioteca Ambrosiana in Mailand aufbewahrt ist. Die Frage mag offen bleiben, mit welchem Recht die Forschung diese Handschrift als Peschitta bezeichnet, enthält sie doch auch die *Esra-Apk.* Man gebraucht diese Bezeichnung zur Unterscheidung von der Syro-Hexapla, deren Inhalt zwar kanonisch ist; der Wortlaut aber ist nicht der der Peschitta-Übersetzung, die für alles Hebräische direkt aus dem Hebräischen kommt, sondern es ist die in 0.5.2 erwähnte „Sicherheitskopie" der Septuaginta.

die hier zu behandelnde *Baruch*-Schrift. Besser ist nunmehr der Verzicht auf Nummern.

Neuere kritische Ausgabe: gr. Fragmente in PVTG 3 (A.-M. DENIS) 1970, 118–120 (synoptisch mit engl. Weiterübersetzung des Syrischen); **syr.:** *VTS* 4/3 (S. DEDERING) 1973, 1–44 [der ersten Zählung; Einl.: II–IV; 45–50 Emendationen früherer Ausgaben; hier folgt kein *Brief Baruchs*]; D. GURTNER (Hg., Übers.): *Second Baruch. A Critical Edition of the Syriac Text*, 2009 [30–123: Text einschl. *1.Brief* (mit Mängeln; s.u.) und engl. Übers.].

Textanfang: *Wa(h)wā ba-šnat 'esrin w-ḥameš* („Und es geschah im 25. Jahr" – gemeint als Regierungsjahr Jechonjas, s.u.); **Textschluss** (77,26, d.h. vor den beiden Briefen): *a(j)k d-emret lāk* („wie ich zu dir sagte").

Wortindex syr.-engl. bei Gurtner 149–194.

Alte Übersetzungen: Wir kennen den Text nur in Übersetzungen: syr. (s.o.), arab. (Denis 734; Gurtner 8f). – Ein lat. Fragment, 48,36.33f (*sic*) umfassend, bei Denis, *Conc. latine* 631; Lechner-Schmidt, *Wortindex* 239 (dort als Z. 1–15 gezählt). Zur arab. Übers.: F. KLIJN: „The character of the Arabic version of the Apocalypse of Baruch", in: JSHRZ.S 204–208.[233]

Synopse (lat. und dt.): K. BERGER (u.a., Hg.): *Synopse des Vierten Buches Esra und der Syrischen Baruch-Apokalypse* (TANZ 8), 1992, 147–278; *Baruch-Apk.:* linke Spalte.

Frühestes Zitat: *Barn.* 11,9 (wird vor 140 angesetzt, bei Denis 728 sogar zwischen 117 und 132 n.Chr.) zit. 61,7 (nach Zitat aus Ps 1; „und wiederum sagt ein anderer Prophet: ..."). Papias (dieselbe Zeit), Frg. 1,2 (Funk/Bihlmeyer; aus Irenaeos 5, 33,3 gleicht wörtlich *Baruch-Apk.* 29,5 (kann aber noch mündliche Tradition sein). – **Früheste Erwähnung:** Einige namentliche, im Wortlaut aber stark abweichende „Baruch"-Zitate bei Cyprian s. Schürer/V. 754.

Ähnliche oder ähnlich benannte Texte: zum *GrBar.* s.u. 7.3.1 und dortige Verweise, zu einer davon wohl abhängigen slav. *Vision Baruchs* Denis 774. Zu einer *Professio Jeremiae et Baruch* s. Stegmüller Nr. 112.7–9. Eine äth. *Baruch-Apokalypse (5Bar.)* bei Denis 772. Weiteres s. unter 2.1.8, „Ähnliche Texte". – Von völlig anderer Natur ist das bei Hippolyt, *Haer.* 5,24–27 zitierte *Baruch*-Buch des Gnostikers Justin (ebd. 773). – Im Mittelalter schöpft das syr. *Buch der Biene* aus einer sonst unbekannten Baruch-Schrift (ebd. 774). Ein ganz obskures lat. Zitat aus einer ebensolchen s. ebd. 775.

Textsorte: Apokalypse, stark dialogisiert, mit häufig eingeschalteten Gebeten, gefolgt von Kurzansprachen Baruchs an sein Volk. Deren letzte, 77,2–10, ist seine Abschiedsrede (wie *4Esr* 14,28–36); auch diese geht noch in einen Dialog über (V. 11–16) und in die Ankündigung zweier Briefe (V. 17): Textsortenwechsel in das unter 2.5.3–4 Aufgeführte. **Literarische Besonderheit:** Die Fragen richten sich an den HERRn direkt, und dieser antwortet direkt (in der *Esra-Apk.* ist das erst teilweise der

---

[233] Über den arab. Sinai-Cod. 589, mit weiterer Lit. – Dieser Aufsatz sagt leider nichts zur Platzierung der beiden Briefe. Was kommt hinter fol. 33v? Die *Esra-Apk.* direkt oder auch noch Briefe Baruchs?

Fall); wie an 3,1 zu erkennen, ist das wörtlich Gen 15,1 f.8 nachgebildet. – Baruchs feierlich-hoheitsvolle Art, zum Volk zu reden, kehrt wieder im Koran.

Zählung: 77 bzw. (mit *Brief Baruchs*) 87 sehr unterschiedliche Kapitel, z. T. nur 1 Satz lang, je nach Sprecher- oder Szenenwechsel – so seit Ceriani; der Sprecherwechsel in 23,1/2 ist hierbei übersehen.

Gliederung: Ein der Dialogstruktur übergeordnetes, narratives Gliederungsmerkmal sind Abwesenheiten Baruchs zu jeweils einwöchigem Fasten bzw. (35,1) zu einem Gang zur Tempelruine. Das ergibt lt. Klijn (JSHRZ) 118 f bzw. Klijn (Charlesworth) 615 sechs Episoden: 1– 12/13 – 20/21– 34/35 – 46/47– 52/53 – 76; es folgt (lt. Klijn als siebtes) der Brief 77– 87 – und folgte, wenn die Angaben im Kopftext zutreffen, auch noch der *Zweite Brief*, womit sich die von Klijn vermutete Siebener-Struktur nicht bestätigt.

Literarische Integrität: Entstehungsgeschichtlich dürfte dies eine Montage sein aus mehreren Apokalypsen, wie diverse Nahtstellen erweisen (Schürer/V. 752; Klijn [JSHRZ] 111; Nickelsburg 277; Denis 726 f.735). Nicht alle diese apokalyptischen Texte hatten ein so irdisches Ziel wie das in Kap. 40 oder 66 genannte. – Akzeptiert man jedoch diese Montage als die Abfassung dieses Buches, so sind dieser die beiden *Briefe Baruchs* zuzurechnen (2.5.3 – 4), dies umso mehr, als das Kap. 77, das diese ankündigt, keinen förmlichen Schluss hat.

Biblischer Bezug: Das Buch knüpft an beim 25. (Regierungs-)Jahr König Jechonjas (= Jojachins), also an dessen in 4Kön 24,12 gemeldetem Exil, was allerdings eher ein symbolischer Gegenwartsbezug ist (s. nächste Rubrik). Die Rolle Baruchs erscheint hier weit bedeutender als die Jeremias (2,1; 5,5; 9,1; 10,2), in ungewöhnlicher Freiheit gegenüber biblischen Vorgaben. 39,5 setzt das Vier-Weltreiche-Schema von Dan 2 und Dan 7 voraus. Kap. 66 ist ein Rückgriff auf die Josianische Reform (4Kön 23). Daneben sehr viel biblisches Sprachgut (vgl. Stellenindex bei Gurtner 208 – 222); 61,7 z. B. ist Abwandlung von Ez 20,6.

Historischer Bezug: Zeitgeschichtlich zu nehmen ist das eben genannte „25. Jahr" (des exilierten Königs Jojachin) als ein Datum im neuerlichen Exil, vielleicht in *dessen* 25. Jahr, das wäre 95 n. Chr. (s. u. „Abfassungszeit"). – 32,2 f unterscheidet die erste von der zweiten Tempelzerstörung (70 n. Chr.); mit dieser letzteren befassen sich Kap. 1– 8. Sie gilt als provisorisch (7,1; 32 ganz). Die Stimme aus dem Tempel, die in 8,2 dessen Gottverlassenheit kundgibt, ist auch Josephus bekannt (*Bell.* 6, 300), ja sogar Tacitus (*Hist.* 5, 13,1). Andere mögliche Bezüge bei Klijn (JSHRZ) 113 f.

Quellen und **Vorlage:** vgl. Kopftext. Klijn (JSHRZ) 112 bietet Vermutungen, wo Vorgefertigtes verwendet wurde. Für den *LibAnt.* als Parallele (eine Vorlage ist es schwerlich) s. Berger, *Synopse* 4 f; Bauckham 22 f; Lit.: Denis 744 Anm. 95. Details, worin die *Baruch-Apk.* aus der *Esra-Apk.* abgeleitet werden kann, s. Denis 742 f; Levison, *Adam* 143. – Noch offen ist das Verhältnis zu den Jeremia-Legenden von 7.3.2.

Hebraismen: Der Textanfang mit „Und es geschah" (1,1; auch wieder 6,1; 10,1 usw.) ist ein Merkmal biblischer und parabiblischer Erzähltexte, übersetzter und unübersetzter, seit dem Buche *Ruth*. Zu Rückschlüssen auf eine hebr. Vorlage s. Klijn (JSHRZ) 110 mit Verweis auf von F. Zimmerman ermittelte hebr. Wortspiele. Nimmt man die Texte 2.5.2–4 als vom Endredaktor gewollte Einheit, legt sich ein Rückschluss nahe aus den schon in 1.7.1 aufgezeigten Verhältnissen: Hier mag sowohl Hebräisches wie Aramäisches in einer inzwischen erfolgten gr. Übersetzung eingeflossen sein, und eine quantitative Erhebung, so schwierig sie ist bei Texten des diskursiven Texttyps, könnte sich vielleicht noch lohnen. Die Komposition im Ganzen ist jedoch eher in griechischer Sprache erfolgt.

Bemerkenswerte Stellen, Theologisches: Übersicht über die Hauptthemen bei Klijn (JSHRZ) 113–118; ausführlicher Levison, *Adam* 129–144. Vieles, was oben zur *Esra-Apk.* erwähnt wurde, findet sich auch hier und ist über die Synopsen auffindbar. Nachfolgend einige Besonderheiten.

Noch ganz jüdisch ist, wie König Josia, in *Esra-Apk.* 13,40 nur eben erwähnt (u.z. irrig für König Hosea und nur in einem Teil der Überlieferung – nicht arm., nicht Vulg.), hier nun, in *Baruch-Apk.* 66, ein ganzes Kapitel erhält, worin er für die Abschaffung jeglicher Fremdreligion gerühmt wird. Der Verf. geht hierbei nicht nach dem Bericht von 4Kön 23,1–14, in dessen Verlauf die Baalspriester in Pension geschickt werden, sondern nach dem Zusatz V. 15–20, wonach Josia diese Priester auf ihren eigenen Altären habe schlachten lassen. Bei ihm selbst legen sich auch die Zeiten aufeinander, wenn er Josia eine Zwangsbeschneidung aller unbeschnittenen Landesbewohner nachrühmt (66,5): Das steht nicht einmal in jenem 4Kön-Passus, sondern war eine Aktion des Judas Makkabäus (*1Makk.* 2,46) und ebenso eine des Hasmonäerkönigs Joḥanan Hyrkanos (Josephus, *Ant.* 13, 257 f.). Dass die Meinungen über ihn geteilt waren, belegt der Unterschied zwischen 2.1.5 und 2.1.6. Das Kap. 66 preist noch einmal ungebrochen jene alte Theokratie, deren Untergang unter Pompejus die *PsalSal.* als einigermaßen verdient bedauert hatten (1.3.3), die aber auch später noch als Gegenstand von Gebeten bezeugt ist (2.3.1).

Allgemeinere Themen: Die Herrschaft über die Schöpfung, woran die Menschheit scheiterte, sagt 15,17–19, wird den Gerechten zurückgegeben werden (vgl. Levison, *Adam* 132). 48,39 kündigt das Kommen „des Richters" an, und nicht nur, wie in dem hier nachformulierten Jer-Buch, das des Gerichts. – Eine Identifizierung dieses Richters mit dem „Gesalbten" von 40,1 (s. o.) wäre Interpretation.

Adams Fall wird bedauert (17,2 f), zwar wie in der o. g. *Esra*-Parallele (7,118 ff) und in der gesamten Adam-Literatur (s. u. 7.2); hinzu kommt jedoch die auch in Röm 5,12 zu findende Präzisierung, dass jeder Adamsnachkomme „sein eigener Adam" geworden sei (54,15.19; vgl. Anm. 221). Das hat nun jedem seiner Nachkommen die Lebenserwartung verkürzt (17,3 f; 23,4 f). Verantwortung wird individuell gesehen (48,40; 54,15 f).[234] Gerechtsein nach dem Maßstab der Tora ist die „Herrlichkeit", für die der Mensch geschaffen wurde (51,1–3; vgl. Röm 3,23 und unten 7.2.1); Entscheidungs-

---

[234] *Esra-Apk.* 7,72 hingegen ist noch im Plural formuliert. – Alles hier Gesagte lässt sich nachschlagen auf S. 147 ff von Bergers *Synopse*.

freiheit ist trotz Adams Fall vorausgesetzt. Der Fall der Engel (Gen 6,1–4), der zuvor, in der Henoch-Literatur, die Erklärung abgegeben hatte, wird in 56,11 ff dahingehend kommentiert, dass anfangs auch die Engel Entscheidungsfreiheit gehabt hätten – was es umso bemerkenswerter macht, dass Adam die seine behält. – 21,25 bezeugt die gleiche eschatologische Ungeduld wie Mk 13,20 oder das rabb. *Qaddiš*-Gebet. In 39,8 – 40,3 hat der Gesalbte die Aufgabe, den letzten Herrscher des vierten Weltreichs auf dem Berg Zion zur Rede zu stellen wegen seiner Untaten und ihn zu töten.[235] Ähnlicher Eifer für die Tora kennzeichnet den Gesalbten in 66,1–5; er ist ein neuer Pinhas und ein neuer Josia (dieser Name wird genannt) in einer Person. Allen, die nicht die Tora lieben, steht die gerechte Vernichtung bevor (54,14); das ist wohl nicht nur innerisraelitisch gemeint.

Kap. 24–30 geben eine Gerichtsszenerie, die zusammengestellt sein könnte aus *Esra-Apk.* 7,31 ff und vielen anderen Stellen (s. Berger, *Synopse* 181–190), aber auch Mt 25, Apk. 4 ff u. a.m. Der in der Endzeit zu „offenbarende" Gesalbte (29,3) soll „zurückkehren in Herrlichkeit" (30,1). Das muss, um jüdisch verstanden zu werden, eine Rückkehr in den Himmel sein (Sinn?); als Rückkehr *aus* dem Himmel ist es die im Urchristentum ausgebildete Parusie-Erwartung. – All diese Vergleiche erweisen die *Baruch-Apk.* als die jüngere, zumal wenn man berücksichtigt, dass der Messiastod von *4Esr.* 7,29, der dort eine chr. Besonderheit wäre ohne Parallele in der *Baruch-Apk.*, nur im Latein steht, nicht im Armenischen. Die syrische Fassung dieser *4Esr.*-Stelle, nicht eindeutig, dürfte sich als missverständlicher Ausdruck dessen erklären, was *Baruch-Apk.* 30,1 seinerseits sagt.

Christliches oder nachmals Christliches: Schon in 4,2 f wird klargestellt, dass die Stadt, deren Zerstörung beklagt wird, nicht diejenige ist, deren Plan Gott „in seine Hände gezeichnet" hat (Jes 49,16); sondern es geht um eine noch zu offenbarende Stadt, die älter ist als Gottes Entschluss, das Paradies zu erschaffen. Das „Haus für die Künftigen" (48,6) ähnelt sehr den „Bleiben" von Joh 14,2 ff, wie vorher das „Licht vom Licht" (18,1) Joh 1,9. Die Modalitäten der Auferstehung in Kap. 49–51 haben viel gemeinsam mit 1Kor 15,35 ff, womit sich die Frage der Einflussrichtung oder des gemeinsamen Fundus stellt. In 77,10 übersetzt Klijn (JSHRZ) Baruchs Auskunft, warum Jerusalem zerstört wurde, so:

> Um euretwillen, die ihr sündigtet, ist es zerstört, obschon es nicht gesündigt hat;
> um deretwillen, die gesündigt haben, ist das, was nicht gefrevelt hat, den Feinden überliefert.

Derselbe übersetzt in Charlesworth I das „es" persönlich, auf Jerusalem bezogen, was ein sündloses Rest-Jerusalem voraussetzt (das wäre Jeremia lt. 9,1, vielleicht als inklusive Person zu nehmen). Das syr. Masculinum kann auf *atrā* „Ort" ge-

---

[235] Diese Stelle ist bei Berger eingerahmt (dazu vgl. dort S. 8), was eine besondere Dichte fast wörtlicher Entsprechungen (durch Kursive hervorgehoben) anzeigt. In diesem Falle divergiert die *Esra*-Spalte in sich sehr stark, was auf Nacharbeit schließen lässt und auf Einfluss vonseiten der (allerdings heute nur noch in 1 Fassung erhaltenen) *Baruch-Apk.*

nauso gehen wie auf eine Person, und gr. τόπος konnte die gleiche Doppeldeutigkeit an sich haben. Diejenige Person, an die christliche Leser damals dachten, ist sicherlich Jesus.[236] – Als ntl. Anspielungen gibt Klijn (JSHRZ.S 205 Anm. 8) folgendes an:

3,3	vgl. Phil 1,23	23,5	Röm 11,25
10,6	Mt 26,24	23,7	Lk 21,28
14,5	Röm 3,1	29,3	2Thess 1,7
14,8	Röm 11,32.34–36	30,1	1Thess 4,13
15,5	Röm 4,15	40,3	Gal 4,4
15,8	Röm 8,18; 2Kor 4,17	49,2–50,3	1Kor 15,35–39
21,4	Röm 4,17	73,1	1Kor 15,24f
21,13	1Kor 15,19	78,2	Röm 1,7 etc.
21,20f	2Petr 3,9	86,1	Kol 4,16.

Diese Liste bietet eine Überraschung: Es sind fast alles paulinische Passagen, ohne dass jedoch eine paulinische Theologie entstünde (zu diesem Paradox vgl. 6.5.3). Immerhin jedoch lässt sich 49,1–51,3 als einigermaßen getreue Paraphrase von 1Kor 15,35–55 auffassen. – Dass die Komposition insgesamt christlich sei, ist das Ergebnis der Interpretationen von Rivka Nir: „(...) der Aufbau, die Vorstellungen und Tendenzen können nur verstanden werden auf dem Hintergrund christlicher Theologie" (199).

Abfassungszeit: dürfte wenig nach den Ereignissen d.J. 70 bzw. liegen (Schürer/V. 753; Nickelsburg 283), aber doch schon nach der Abfassung der *Esra-Apk*. Die Situation ist die gleiche wie im *Baruch*-Buch (Bauckham 136), das sich nunmehr ja auch als Teil der Gesamtkomposition erwiesen hat (s.o., Kopftext; 2.5.4). **Ort:** Die Perspektive ist die des Landes Israel oder seiner Umgebung. **Adressaten:** Der gr. Text richtete sich offenbar an die westliche Diaspora (Schürer/V. 753; Denis 735–737), und möglicherweise ist es auch das dortige Judentum, das ihn sich auch auf Latein aneignete. Die syr. Übersetzung ist hingegen als christliche Leistung einzustufen; jüdischerseits hätte man ja wohl auf das semitische Original zurückgegriffen. Beabsichtigt war offenbar die Weiterverwendung dieses im Westen rezipierten Textes in der Christenheit des Ostens.

Abfassungszweck: Verarbeitung des Schreckens über die Zerstörung Jerusalems; Stärkung der Hoffnung auf einen Neubau der Stadt und des Tempels. Die politische Macht, die Jerusalem zerstörte (auf Israels eigene Schuld hin, wie öfter betont wird, auch noch in 77,4), wird „nach einiger Zeit" ihrerseits zerstört werden; so ist die Botschaft hier und auch schon in Kap. 40. Am Berg Zion, heißt es weiter, wird Gott seinen Gegenspieler durch seinen Gesalbten hinrichten lassen.

---

[236] Ja selbst judenchristlicher Ursprung der ganzen Passage ist denkbar: In jenem Christentum, für das der *Jakobusbrief* wortführend eintritt, war der Maßstab des Gerechtseins nach wie vor die Tora, ganz wie in *ApkBar*. 51,1–3.

Rezeption: im Judentum keine Spur. Vermutlich hat das gänzliche Abtragen des Tempels nach dem Bar-Kochba-Krieg Ankündigungen dieser Art nachhaltig widerlegt,[237] und das Buch blieb liegen, bis das Christentum es als Parusie-Schilderung an sich nahm. Hier ist ein Vergleich aufschlussreich: Von den drei christlichen Apokalypsen, die sich um 100 n. Chr. fassen lassen – *Baruch-Apk.*, *Johannesapokalypse* und *Hirt* des Hermas –, ist nur die *Johannesapokalypse* in den sich bildenden neutestamentlichen Kanon gelangt, und auch das nur knapp und ohne Anerkennung im Osten. Dieser zog, wenn schon, die *Baruch-Apk.* vor. – Das rabbinische Judentum kennt kaum noch einen Propheten namens Baruch (im Talmud immerhin: *Meg.* 14b; 161b); Hesekiel sei sein Lehrer gewesen (Ginzberg, *Legends* 4, 324f und 6, 412f, auch über sein Grab). Hingegen findet sich in der Mischna, *Soṭa* 9,15 eine sehr deutliche Gegen-Apokalypse als Stellungnahme in einer Zeit, wo Häretiker den Messias gekommen glaubten.[238]

Im Christentum des griechischen Sprachraums ging die *Baruch-Apk.* nach anfänglicher Benutzung (Denis 728f; vgl. 743: Wirkungen auf die *ParJer.*) verloren; umso mehr *Daniel*-Apokalypsen wurden produziert (7.4.8). Die sog. *Vitae prophetarum* (8.1.1) kennen Baruch nicht, seltsamerweise auch nicht Ioseppos (8.1.2). Stand nicht wenigstens das Bar-Buch in deren Bibeln? – Im lateinischen Sprachraum (dazu Denis 729f) wurde auf Dauer die *Esra-Apk.* vorgezogen und mit einem Rahmen versehen (*5.6Esr.*). Auch im syr. Sprachraum ist die Nachwirkung gering (Denis 733). Der (1.) *Brief Baruchs* hingegen wurde oft abgeschrieben, und der *Zweite Brief Baruchs* wurde Bestandteil sowohl der Septuaginta wie der Peschitta; s. 2.5.3–4.

Eine erneute Rezeption hat diese Apokalypse im späten 19. und im 20. Jh. erfahren, wie allein schon der Nachweis von 50 modernen Übersetzungen in den Bibliographien belegt.

2.5.3 Der (erste) *Brief Baruchs*

Als Kap. 78–87 läuft unter eigener Überschrift (78,1) ein *Brief Baruchs an die neuneinhalb Stämme* Israels, in Erinnerung an diejenigen, die einst im Assyrischen Exil

---

[237] Prägnant bei J. MAIER: *Geschichte der jüdischen Religion*, 1. Aufl., 1972, 96f. Ders.: *Das Judentum*, 1973 (u.ö.), 320 von der jüdischen Apokalyptik: „Sie verstummte jedoch nach der schweren Enttäuschung des Bar-Kochba-Krieges." In diesem Zusammenhang verdient Erwähnung, dass Num 24,17, jene Weissagung eines „Sterns aus Jakob", die noch auf Münzen Bar Kochbas erschienen war, in dem ganzen hier zu behandelnden Material keine Rolle spielt, auch nicht in den sonst fast flächendeckenden Tora-Paraphrasen *Jub.* (1.1.1) und *LibAnt.* (1.1.2). Erst Jellinek, *BHM* 3, 141–143 hat einen Midrasch dazu (dt.: Wünsche III 103–106).

[238] Sie endet mit einer besonderen, auf Mt 6,9 zielenden Spitze: „Auf wen können wir uns verlassen? Auf unseren Vater im Himmel."

verloren gingen. In scheinbarer Ermangelung weiterer Briefe dieser Art nennt man ihn gemeinhin „den" *Brief Baruchs*. Nun hatte aber 77,19 *zwei* Briefe angekündigt:

1. einen durch einen Adler zu verschickenden, an die neuneinhalb Stämme,
2. einen anderen, durch drei Männer zu überbringen (also eher im Nahbereich) „an die (Juden), die in Babylon waren".

Letzteres weist auf die seit dem Babylonischen Exil dort, im Exilsland, Verbliebenen, jene Population also, die bald noch Träger des Babylonischen Talmuds werden sollte. Dieser Brief wird vermisst. Er müsste, wenn wir das Gesagte für historisch nehmen dürfen, auf Aramäisch geschrieben worden sein, so wie Josephus in gleicher Situation die (sicher nur kurze) Erstfassung seines *Bellum* auf Aramäisch verfasste und dorthin schickte (*Bell.* 1, 6). Damit wäre er für die griechische Überlieferung verloren. 85,6 gibt einen internen Verweis auf jenen anscheinend verlorenen Brief,[239] der also mit dem unseren ein Paar bildete. Die syrischen Handschriften, auf griechischer Überlieferung beruhend, bieten mitunter beide Briefe Baruchs nacheinander, mit ausdrücklicher Zählung. Was dort als *Zweiter Brief Baruchs* geführt wird, ist für Septuaginta- und Vulgataleser ein alter Bekannter: das *Baruch*-Buch, in westlicher Überlieferung angehängt an *Jeremia*. Wir werden auf es zurückkommen (2.5.4).

Zunächst aber ist der Brief Nr. 1 zu betrachten. Der großen Entfernung wegen geht er „per Luftpost" (wo unter damaligen Verhältnissen eine Schiffsfracht oder Kurierreiter in Frage gekommen wären); er wird überbracht durch das uns nun schon bekannte Symboltier, den Adler (*LibAnt.* 48,1, zeitgenössisch; s. 1.1.2). Rom ist gemeint, und ihm gebührt dieser erste Brief als größtem Machtzentrum auf Erden und Agenten bei der Zerstörung Jerusalems. Der Adler beansprucht jedoch die Macht, allem Geschehen zum Trotz, für den Gott, der durch den Propheten spricht. Dass er eines der vier Lebewesen von Ez 1–2 sein könnte, wurde unter 2.1.7 a (Exkurs) zu überlegen gegeben.

Dieser *1.Brief Baruchs* ist überlieferungsgeschichtlich eigene Wege gegangen. Das griechische Original ist verloren. Auf syrisch ist er erhalten, ist aber ungleich häufiger abgeschrieben worden als die *Baruch-Apk.* selber, wenn auch nicht so häufig wie der *2.Brief*, der als „das" *Baruch*-Buch in die christliche Septuaginta rezipiert wurde. Die einzige vollständige Handschrift der *Baruch-Apk.* bietet diesen Brief zweimal (Denis 733; Kiraz/Bali S. XI), einmal hinter der *Baruch-Apk.*, wo aber dann durch einen vorangegangenen Überlieferungsfehler (so die Vermutung S. 732 oben) kein zweiter Brief mehr kommt (das hätte der *2.Brief Baruchs*, also das *Baruch*-Buch sein müssen), und ein andermal, in einem früheren Teil des Codex, hinter Jer-Klag-*EpJer.* und direkt vor Bar LXX.[240] An dieser letzteren Stelle haben ihn auch mehrere andere Handschriften,

---

[239] Eine Reihenfolge zwischen Brief 1 und Brief 2 ergibt sich aus dem Vergangenheitstempus an dieser Stelle nicht, denn seit 77,19 gelten beide Briefe als bereits geschrieben. – Denis 731 verwechselt die beiden Briefe, deren einen er für verloren hält.

[240] Diese Mailänder Handschrift, in 0.3.2 und in 2.5.1 schon genannt, ist kanonstheologisch ein Kompromissprodukt. In ihrem ersten Teil bietet sie die im griechischen Westen rezipierten AT-Bücher,

denen die *Baruch-Apk.* sonst fehlt, u.z. in Verbindung mit dem als *2.Brief* bezeichneten Bar-Buch als Teil desjenigen jeremianischen Corpus, wie es sich – ohne den *1.Brief* – in den kirchlichen Septuaginta-Codices findet.

Die folgenden Angaben, zunächst nur den *1. Brief* betreffend, verstehen sich ergänzend zu 2.5.2. Angaben zum *2.Brief* (= *Baruch*-Buch) folgen unter 2.5.4.

Stegmüller Nr. 113 und 113.1– 6. **Inhaltsangabe** z. B. bei Nickelsburg 282. **Übersetzung:** Charlesworth I 647– 652 (s. o. 2.5.2); Klijn (JSHRZ) 175 – 184. **Neuere Studie:** M. F. WHITTERS: „Testament and Canon in the Letter of Second Baruch (2 Baruch 78 – 87)", *JSPs* 12, 2001, 149 – 63.

Handschrift: BM Add. 17105 (6.Jh.), bei de Lagarde 88 – 93 wiedergegeben[241] und mit Waltons Polyglotte verglichen, welche gleichfalls die beiden Briefe nacheinander bringt. Die Mailänder Handschrift B 21 inf. (wie 2.5.2) hat den Text zweimal: 176b– 177b und 265b– 267a (Denis 733), einmal also vor dem *2.Brief (= Baruch* LXX) und einmal hinter der *Baruch-Apk.*, beide Traditionen berücksichtigend. Von einem Verlust des *2.Briefs* ist also keine Rede. **Erstausgabe** in Polyglotten-Bibeln des 17.Jh. (Stegmüller 113). **Neuere Ausgaben:** Gurtner (wie 2.5.2) 124– 147; *Lamentations, Prayer of Jeremiah, Epistle of Jeremiah and Epistles of Baruch*, hg. G. KIRAZ/J. BALI, übers. D. WALTER/G. GREENBERG (The Syriac Peshitta Bible with English Translation), 2013, S. 66 – 93, nach der von den o.g. Handschriften unabhängigen Mossul-Ausgabe (s. o. 0.5.2), punktiert.

Titel (78,1 *VTS*): *Eggartā d-Bāruk sāprā da-šaddar men Urišlem l-Bābel* („Der Brief Baruchs, des Schreibers, den er von Jerusalem nach Babel sandte"); bei Gurtner: *Eggartā d-Bāruk bar Nerjā da-ktab l-teš'ā šablin* [verdruckt für: *šabṭin*] *wapelgeh* („Brief Baruchs, des Sohnes Nerias, den er den neuneinhalb Stämmen schrieb"), mit vielen Varianten, wovon zahlreiche beginnen mit *Eggartā qadmājtā d-Bāruk* („Der erste Brief Baruchs..."). Arm. nur *T'ult' Baruk'ay* („Brief Baruchs"). **Präskript** (ebd.): *W-hālen petgāme* (usw.) („Und das sind die Worte, die Baruch, Sohn des Neria, an die neuneinhalb Stämme schickte, welche jenseits des Euphrat waren") usw., mit Varianten. **Gängige Benennung:** *Brief Baruchs an die neuneinhalb Stämme; Brief Baruchs*.

Textanfang (78,2): *Hākanā āmer Bāruk bar Nerjā* („So spricht Baruch, Sohn des Neria"). **Textschluss** des Briefs (86): *wabkul zban (h)waitun ḥlimin* („und lebt allezeit wohl!"). Der dann folgende Schlussvermerk (87) ist seinerseits gefolgt (hier hätte ein „V. 2" gesetzt werden sollen) von einem rein buchtechnischen **Kolophon**

---

geht also konform mit der Septuaginta (ohne aber deren Übersetzung zu sein; das war erst Jahrhunderte später die Syro-Hexapla); danach kommen solche Bücher, die heute nur der syrischen Überlieferung eigen sind, wenngleich sie vormals griechisch waren (aber nicht biblisch).

241 Seine Angaben, von koketter Kürze, sind nur Eingeweihten verständlich. Ein Inhaltsverzeichnis fehlt ganz, Überschriften auch (außer solchen auf Syrisch); einzige Auskunft bietet er im Apparat. Was er dort auf S. XIII „Baruch" nennt und weiter unten „β", ist im einen Fall der *1.Brief*, im andern Fall der *2.Brief* = *Baruch* LXX, als wüsste man das schon.

(*VTS*): šelmat eggartā qadmājtā d-Bāruk sāprā („zu Ende ist der erste Brief Baruchs des Schreibers"); hingegen bei Gurtner (und in vielen Übersetzungen): šlam ktābā d-Bāruk bar [sic; das folgende *Nerjā* ist vergessen] („zu Ende ist das Buch Baruchs, des Sohnes [des Neria]"), ohne die Zahl. Dieser Vermerk setzt, wie Gurtner ja auch, voraus, dass mit diesem Brief die *Baruch-Apk.* endet.

Alte Übersetzung: arm. (Zōhrapean 591–594; s. „Titel"), arabisch, als Fortsetzung der *Baruch-Apk.* (Denis 734).

Ähnlich benannter Text: Der *Zweite Brief Baruchs* der syr. Bibel (de Lagarde 93–100) ist das *Baruch*-Buch der Septuaginta (Rahlfs II 748–756), nachstehend zu behandeln (2.5.4). Einen *Brief Jeremias* s. 2.1.8; in dessen Nachbarschaft ist unser Text bei der syr. Kanonisierung platziert worden.

Zählung seit Ceriani als Kap. 78–87 der *Baruch-Apk.* Das Kap. 87 findet sich nur im Mailänder Codex da, wo dieser *1.Brief* die *Baruch-Apk.* abschließt, und nicht, wo ihm der *2.Brief* folgt, ist also an dieser Stelle eine redaktionelle Zutat. Syrische Zählungen variieren. De Lagarde bietet es neutral als Sp. 116a–121b des Londoner Codex.

Literarische Integrität: Kap. 87 ist sekundär (s. voriges). Eine ältere Rezension, wo dieser Brief noch mit der *Baruch-Apk.* verbunden ist, wird unterschieden von einer jüngeren, wo er von dieser gelöst ist (Gurtner 9; so auch hier).

Situationsbezug: 85,3b: „Nichts haben wir jetzt mehr, nur den (All-)mächtigen noch und sein Gesetz." Im Talmud vgl. *Ber.* 8a.[242] **Sitz im Leben:** lt. 86 Verlesen an Fasttagen.

Theologisches: 85,1–3a bedauert, dass der Beistand gerechter Israeliten für ihr Volk der Vergangenheit angehört. Da ist an himmlische Fürbitte (noch) nicht gedacht. 84,8 nennt die obersten Werte: „Denkt an Zion, die Tora, das Heilige Land, eure Brüder, den Bund und eure Väter!" Das ist noch so jüdisch wie Röm 9,4f, ja in seiner Landbindung noch jüdischer. Hier scheint keine christliche Überarbeitung stattgefunden zu haben, außer dass der Gruß (78,2 < ἔλεος καὶ εἰρήνη) nicht jüdisch ist, sondern seine Parallelen hat in 1Tim 1,2; 2Tim 1,2; 2Joh 3, Jud 2.

Rezeption: v. a. im syrischen und im armenischen Christentum. So liegt denn die Rezeption dieses Briefes, im Vergleich zu der des nächsten, geographisch vertauscht mit den Bestimmungsrichtungen. – Eine produktive Anwendung der Idee, eine Apokalypse mit Briefen zu verbinden, findet sich zeitgenössisch zur *Baruch-Apk.* in Apk 2–3, wo aber passenderweise – weil es um das Weltende gehen soll – die Briefe nicht erst am Ende kommen, sondern gleich nach dem Proömium[243] mit seiner Offenbarungsszenerie. Die Versendung eines Briefs durch einen Adler kehrt in expandierter Form wieder in *ParJer.* (7.3.2 a) 7 (Schlusskapitel).

---

242 Dort sogar verschärft: Der Allmächtige selbst hat jetzt auf Erden „nichts mehr als die vier Ellen der Halacha", also den (jeweiligen) Studierplatz eines Israeliten.

243 Als unapokalyptisches Vorbild der Anfangsstellung lässt sich das *2Makk.* (3.4.2–3) benennen. Für die Endstellung sei noch der – allerdings erratische – Schlusstitel „Brief Henochs" in der gr. Fassung von *1Hen.* 107 (1.5.2) genannt.

2.5.4 Der *Zweite Brief Baruchs* (= *Baruch*-Buch der Septuaginta)

Angekündigt in *Baruch-Apk.* 77, aber nicht im Zusammenhang mit diesem überliefert, wurde dieser Titel lange vermisst, lag auch im sichersten Versteck, das es dafür gibt: in der griechischen Bibel. Nur aus dem Syrischen ist seine Zugehörigkeit als *Zweiter* zu einem ersten *Brief Baruchs* ersichtlich, wie unter 2.5.2–3 dargelegt. Von dessen hebr. und aram. Bestandteilen war schon die Rede (1.7.1), und dass davon manches früh ins Griechische gekommen sein muss. Es handelt sich also um eine Schrift mit längerer Vorgeschichte, die auf zwei verschiedene Weisen platziert wurde.

Diese Epistel ist also keineswegs verloren, sondern ist das *Baruch*-Buch der Septuaginta – so hat es Robert Henry Charles zu seiner Zeit schon bemerkt,[244] ohne dass die Brücke zwischen Septuaginta- und Pseudepigraphenforschung deswegen schon begangen worden wäre; sie besteht auch bei ihm nur in einer Fußnote. Er selbst beließ es bei der konventionellen Trennung zwischen *Apokrypha* im einen Band seiner Sammlung und *Pseudepigrapha* im andern.

Die Einleitungsformeln beider Baruch-Briefe entsprechen sich; die zweite, mit „Und" beginnend, variiert die erste. Dieser Befund ist so eindeutig wie bisher unbeachtet. Noch Daniel M. Gurtner, dessen Edition der *Baruch-Apk.* mit dem *1.Brief* eben genannt wurde (2.5.2–3), stellt zum Bar-Buch der Septuaginta (wovon er immerhin spricht: S. 1) noch nicht einmal die Frage seines literarischen Verhältnisses zu den von ihm edierten *Baruch*-Texten. Man hat sich in zweitausend Jahren daran gewöhnt, eine *Prophetie Baruchs* (so der Vulgata-Titel) in seiner Bibel zu finden. Der erste Zeuge, den wir für diese Auffassung haben, ist ja schon im 2.Jh. der Apologet Athenagoras: Er zitiert daraus, als gehöre dieses Buch in das Corpus der Großen Propheten (s.u. „Frühestes Zitat").[245]

Beide Episteln, die erste wie die zweite, sind Lehr- oder Mahnschreiben, vergleichbar dem *Brief Jeremias* (2.1.8). Das mag mit dazu geführt haben, dass sie in dessen Nähe kamen. Sobald nämlich im Westen entschieden war (wie auch immer; Nachrichten darüber gibt es nicht), dass von all dem Baruch-Schrifttum nur diese zweite Epistel behalten werden sollte, brauchte diese einen Platz neben etwas, wozu sie passt. In Zeiten der Buchrolle und nicht weniger in denen des Codex hatte Kleinschrifttum es nötig, sich an größeres anzulagern, um nicht verloren zu gehen. Ein solcher Vorgang liegt offenbar am Anfang der mehrheitlichen, nämlich griechisch-

---

244 R. H. Charles (Übers., Hg.): *The Apocrypha and Pseudepigrapha of the Old Testament*, Bd. 2, 1913, 476 (zur *Baruch-Apk.*, mit Verweis auf seine Ausgabe von 1896); vgl. seinen Klammerzusatz ebd. Bd. 1, 1913, 583, in der Anm. zu Bar 1,1 (zur Bar-Übersetzung seines Mitarbeiters O. C. Whitehouse). Die Konsequenz *wäre* gewesen, beide Schriften im selben Band zu bieten. Dem standen jedoch die bisherigen Benennungsgewohnheiten entgegen, gestützt durch den Vulgata-Kanon. Denis, *Introduction* 732 wirft Charles' Bemerkung nebst mehreren anderen, aber rein legendären, in denselben Papierkorb.
245 Unter deren Einfluss wird dann schließlich im armenischen Zweig der *VitaeProph.* Baruch zwischen Jeremia und Hesekiel unter die Propheten eingereiht; s. 8.1.1 „Gliederung".

lateinischen, Rezeption des *Baruch*-Schrifttums: Nur dieser eine Anhang hat unter neuer Platzierung sich im Westen gehalten.

Inhaltlich ist diese zweite Epistel ein Pastiche aus vielen Bibelstellen und -assoziationen, war also von vornherein vielfältig verwendbar. Man könnte sie sich sogar vorchristlich als hebräisch-aramäischen Mischtext denken wie das biblische *Esra-*Buch mit seinen aramäischen Dokumenten, wie die MT-Fassung von *Daniel* und evtl. auch die Vorlage des *1Esr.* (1.4.1); wir haben es oben unter 1.7.1 versucht. In der einzig erhaltenen griechischen Fassung samt ihrer syrischen Weiterübersetzung macht jedoch der christliche Scharniersatz 3,38 mit seinen vielen Varianten[246] misstrauisch. Verdächtiger noch ist die Nachricht in den *Apostolischen Konstitutionen*, dieses Buch sei Synagogenlesung gewesen für das „Fest" des Tages der Tempelzerstörung (s. u. „Sitz im Leben"). In den Synagogen war das ein Trauertag, kein Fest, und als Lesung belegt ist für die hebräischsprachigen Synagogen nur das Buch der *Klagelieder*.

Seit *Baruch* in die Septuaginta einging, als Bestandteil eines jeremianischem Corpus (in der kopt. Übersetzung noch an dessen Ende; s. 2.1.8), konnte diese Epistel, von ihrem Zwilling gelöst, die Nummer „2" nicht behalten. Nur das „Und" im Präskript ist versehentlich stehen geblieben. Wäre der Platz im jeremianischen Corpus der ursprüngliche, müsste dieses „und" an das Jer-Buch anschließen, müsste dann aber über einen Abstand von mehreren Seiten (damals: Kolumnen) vor dessen Schluss (52,24) zurückverweisen auf 51(45 MT),31. Doch nach so langem Abstand erwartet man es nicht mehr. Dass die Editoren des jeremianischen Corpus es dennoch so meinten, als sie diese Epistel noch vor den *Klagelieder*n einordneten, mag man annehmen; doch bleibt es eine sekundäre Platzierung.

Jede Deutung des *Baruch*-Buchs wird davon bestimmt sein, wie man den Situationsbezug in 1,2 auffasst: Dieser lässt die Sünden der einstmals fortgeführten zehn Stämme von jenen der übriggebliebenen zwei übertroffen sein, als hätten letztere sogar ohne den Zwang durch ihre Könige gesündigt. Das klingt glaubwürdig als Buße für die im Ergebnis missratene Politik des einstigen Tempelstaats. Somit ist ein judäischer Ursprung der *Baruch*-Trilogie (2.5.2–4) wahrscheinlich, ja auch jüdischer Ursprung für deren griechische Übersetzung, wobei es, was den hier anstehenden Teil (2.5.4) betrifft, sogar vorchristliche Vorstufen zu ihr gibt. Emanuel Tovs unter 1.7.1 bereits genannte Dissertation hat aus sprachlichen Indizien den Nachweis erbracht, dass die Passage Bar 1,4–3,8 denselben Übersetzer hatte wie die Jer-Septuaginta. *Terminus a quo* ist die Benutzung von Dan und *Sir.* in unserem Text. Die semitischen Bestandteile waren zu Zeiten des Origenes und des Hieronymus nicht mehr auffindbar (Schürer/V. 735.738). Das nunmehr unter rabbinischer Leitung befindliche Judentum hatte für angebliche Prophetien dieser Art keine Verwendung; man ersetzte sie durch Juridisch-Ethisches als gegenwartsbezogene Anleitung, jüdisch zu leben.

So gehört das Buch als Ganzes unter die Reaktionen auf die zweite Tempelzerstörung, und sie hat in der Gesamtheit ihrer 5 Kapitel nur als griechischer Text existiert.

---

[246] Im Gr. (Göttinger Ausgabe) zwar nur Trivialvarianten, im Syr. aber auch von inhaltlichem Interesse.

Der Aufhänger in der Geschichte Israels, den dieses Buch in seinem Anfangsteil hat, ist hier genau der gleiche, den ursprünglichen Lesern wohl offenkundige Anachronismus wie der des *Judith*-Buches (1.2.2), nämlich in Erwähnungen Nebukadnezars (ab 1,9) und v. a. Belsazars (1,11), von dem zumindest in hellenistischer Zeit wohl jeder Israelit noch wusste, dass er nicht sein Sohn war (Schürer/V. 737). Wie man das in der Zeit um 100 n. Chr. auffasste und wie früh man annahm, der Text sei schon anlässlich der *ersten* Tempelzerstörung und des Babylonischen Exils entstanden, ist schwer zu sagen. Die christliche Rezeption hat ihn, wie der Einbezug in die Septuaginta erweist, unter dieser Voraussetzung Teil ihres „Alten" Testaments sein lassen.[247]

Später ging von hier eine neue, Baruchs Namen führende Literatur aus, wo nicht nur die Überarbeitung und Endredaktion, sondern auch die Autorschaft als christlich angenommen werden kann; dazu 7.3.

Einleitung und Übersetzung: JSHRZ III/2 (A. GUNNEWEG) 1975; O. H. STECK (Übers., Komm.): „Das Buch Baruch", in: *NTD.A* 5 (1998) 9–68. Übers. auch in Septuaginta *deutsch* 1343–1348 und in allen „erweiterten" Bibeln. Einleitung in das jeremianische Corpus der Septuaginta in Septuaginta *deutsch.E* 1287. **Frz. Übers. mit Komm.:** I. ASSAN-DHÔTE/J. MOATTI-FINE (Übers.): *Baruch* (La Bible d'Alexandrie 25/2), 2008 [bietet nur die gr. Überlieferung]. – **Inhaltsangabe** z. B. bei Gunneweg 167 f (mit Angabe der biblischen Vorbildtexte); Nickelsburg 94–96.
Einleitung: Hengel 307 f; Schürer/V. 733–745; Nickelsburg 94–97; deSilva 198–213.
Literatur: Lehnardt Nr. 4841–5067. **Neuere Monographie:** R. FEUERSTEIN: *Das Buch Baruch. Studien zur Textgestalt und Auslegungsgeschichte* (EHS.T 614), 1997. **Neuere Studie:** E. BALLHORN: „Weisheit, die zur Tora führt. Die Israel-Mahnrede im Buch Baruch (Bar 3,9–4,4)", in: U. DAHMEN/J. SCHNOCKS (Hg.): *Juda und Jerusalem in der Seleukidenzeit*. FS Heinz-Josef Fabry (BBB 159), 2010, 259–280.
Handschriften: Septuaginta-Codices B, A u. a. (in S Unklarheit wegen Verlust zahlreicher Blätter). Die Vulgata hat es stets, jedoch nicht ihr ältester sonst kompletter Zeuge, der Codex Amiatinus.[248] **Syr.:** BM Add. 17105 (6.Jh.), ediert bei de Lagarde (s. u.; für den Blattverlust in 5,3–Ende tritt Waltons Polyglotte ein, Siglum: w); Mailand, Cod. Ambrosianus B 21 inf. (wie oben), fol. 177b–179a; der Mossul-Ausgabe (0.5.2) folgt diejenige von Kiraz/Bali 94–125. – Vorlage der Syro-Tetrapla (dazu Feuerstein 18; vgl. Rahlfs II S. 864) war derjenige Text, den auch der LXX-Cod. 88 (10.Jh.) noch wiedergibt.
Titel in den Septuaginta-Codices: Βαρούχ (z.T. mit Zusätzen: τοῦ προφήτου o. ä.); dieser Titel begegnet nur, wo dieses Buch im Anschluss an das Jer-Buch geboten wird. Kopt. *[Baru]ch*.[249] **Andere Benennungen:** syr.: *Eggartā d-tarten* = „Zweiter Brief" (so der Londoner Codex); *Eggartā d-tarten d-Baruk* (so Kiraz/Bali nach der

---

[247] Ein ähnlicher Fall von Selbsttäuschung um Jahrhunderte dürfte auch in der *Sapientia* vorliegen (6.5.1).
[248] Zu dessen Bedeutung als ältester und oft auch bester Vulgata-Handschrift s. o. 1.4.2.
[249] In Feders Ausgabe (2.1.8) gerade noch als ...]*ch* nachgewiesen; die Seite mit dem Schlusstitel fehlt.

2.5.4 Der *Zweite Brief Baruchs* (= *Baruch*-Buch der Septuaginta) —— 385

Mossul-Ausgabe); *Eggartā d-tarten dileh d-Baruk sāprā* = „Zweiter Brief desselben Baruch, des Schreibers" (so nach jüngeren Hss. in Waltons Polyglotte).[250] Englisch kann dieses Buch *Epistle of Baruch* heißen.[251] Arm.: *Tʿultʿ Barukʿay* = „Brief Baruchs" (so Zōhrapean 591–594, ohne beigefügte Zahl; andere Baruch-Schriften sind in der arm. Bibel nicht enthalten). – Als Abkürzung wird hier benutzt: Bar, da es „das" *Baruch*-Buch der Septuaginta ist.

Kritische Ausgabe: Septuaginta (Rahlfs) II S. 748–756; Septuaginta (Göttingen) Bd. 15: *Ieremias, Baruch, Threni, Epistula Ieremiae* (J. Ziegler) 1952 (1977), 450–466; Nachträge in Bd. 16 (*Ezechiel*) S. 77 f. Lesarten des Syrischen werden dort nach de Lagarde unter dem Siglum Sy^L mitgeteilt, solche aus Waltons Polyglotte unter dem Siglum Sy^W. Syr. Text bei de Lagarde S. 93–100; nunmehr auch Kiraz/Bali (2.5.3) S. 94–125.[252]

Vorspann (Überleitung vom Jer-Buch): Καὶ[253] οὗτοι οἱ λόγοι τοῦ βιβλίου, οὓς ἔγραψεν Βαρούχ... (usw., in V. 15a endend mit): καὶ ἐρεῖτε·[254] **Textanfang:** Τῷ κυρίῳ θεῷ ἡμῶν ἡ δικαιοσύνη. **Textschluss:** σὺν ἐλεημοσύνῃ καὶ δικαιοσύνῃ τῇ παρ᾽ αὐτοῦ. All dies, wörtlich übersetzt, gleich im Syrischen.

Wortindex: Siglum bei Hatch/Redpath: „Ba."

Alte Übersetzungen: Mehrere vorhieronymianische lat. Übersetzungen und Bearbeitungen s. Schürer/V. 741 f. Dieses Buch hat keine Überarbeitung durch Hieronymus erfahren. Ferner syr. (de Lagarde 93–100), kopt. (sahid., bohair., fajjumisch; erstere bei Feder [s. 2.1.8, Kopftext] 225–239; vgl. 64–69 zu dieser Rezension), arm. (Zōhrapean 591–594), georg., äth., arab. – Eine neuhebr. Rückübersetzung s. Lehnardt Nr. 4848.

Frühestes Zitat: Irenaeos 5,35,2 zitiert 4,36 als „Prophet Jeremia"; Athenagoras, *Legatio* 9 (um 177 n.Chr.) zitiert 3,36 als Wort eines der großen Propheten. – Hieronymus, der keinen hebr. Text vorfand, lehnt dieses Werk ab als „Pseudepigraphon" (MPL 24,680 A). Eine positive Erwähnung in den *Apostolischen Konstitutionen* 5, 20,3, beruhend auf der *Didascalia Apostolorum* (3.Jh.), die hierbei aber missverstanden wurde, s. u.: „Sitz im Leben".

---

250 Zum Vergleich hier auch der syr. Schlusstitel der Ausgabe Walton: *Zweiter Brief Baruchs, des Schreibers*, mitgeteilt bei de Lagarde im Apparat (S. xiv zu 5,9); lat. wiedergegeben in LXX ed. Ziegler. Ebenso war in der syr. Überlieferung des *1.Briefs* Baruchs Titel nur „Schreiber", nicht (wie in Bar Vulgata) „Prophet".

251 So bei H. St. J. Thackeray (Hg., Übers.): *Josephus in Nine Volumes*, Bd. 4, 1930 (u. ö.), S. 538 Anm. a, wo auch an Jes 57,17 LXX erinnert wird als themengebend.

252 In einer Teilauflage ist in der engl. Übers. S. 95 versehentlich Mi 1,1 abgedruckt, als Dublette zu V. 1.

253 Dieses καί müsste dort Anknüpfung an das Jer-Buch sein. Im Syrischen aber, und viel natürlicher, folgt dieser Brief dem als „erster" gezählten von 2.5.3, der ebenso im Präskript mit *w-hālen* („und diese") anfängt.

254 Syr. *wti(ʾ)mrun*. Hierzu vgl. die Formel im *Qaddiš*-Gebet: *wᵉjoʾmru* „und (darauf) sagt:...!" – Im Gegenzug hierzu ist die Artikelsetzung beim *Kyrios*-Namen des Textanfangs christlichen Einflusses verdächtig: Man denkt an den himmlischen Christus, den der Volksglaube „unseren Gott" nannte.

Ähnliche oder ähnlich benannte Texte: Baruchbücher aus späterer Zeit s. 7.3. Bei Lechner-Schmidt, *Wortindex* 239 ist ein „lat. Baruchfragment" von 13 Ms.-Zeilen wiedergegeben; Beginn: *Veniet enim tempus, et quaeretis me;* Ende: *odibiles alieno;* dazu vgl. Jer 11,11 ff; Spr 1,28 ff.

Textsorte: Epistel, Lehrbrief (Bauckham 133–136) wie 2.1.8, genauer noch: protreptische Rede (nämlich Mahnung zur Buße) in Briefform, wie auch der *Erste Brief* (2.5.3), ihm inhaltlich sehr ähnlich. Eingebettetes s. „Gliederung".

Zählung: 5 Kapitel; ein 6. Kapitel in der Vulgata ist der *Brief Jeremias* (2.1.8). Syr. auch 5 Kapitel (mit möglicher Vers-Abweichung um 1). Bei Lagarde zusätzlich nummeriert als Sp. 121c–129d des Codex.

Gliederung: wenig klar. Synchron betrachtet und unter Berücksichtigung wechselnder Sprechakte bzw. Textsorten ergibt sich etwa folgender Vorschlag:

1,1–4 und 3,9–37 (oder bis 4,29?): stilisierter Brief Baruchs an die Exilierten, datiert 5 Jahre nach der Eroberung Jerusalems durch die „Chaldäer"; darin eingebettet:

    1,5–14 Bericht vom Versuch der vor der Eroberung Jerusalems schon Exilierten, mit Tempelgaben Loyalität zu Nebukadnezar und „seinem Sohn" (dazu 1.7.1) Belsazar zu erreichen.

    1,15–2,35 Bußgebet Baruchs (2,6 nimmt refrainartig den Anfang 1,15 wieder auf; dazwischen aber in 2,11 ein Neueinsatz), insgesamt eine Fürbitte für Israel.

    3,1–8 Anonymes Gebet in etwas anderer Sprache (παντοκράτωρ nur hier, τὸν αἰῶνα statt εἰς τὸν αἰῶνα; so auch V. 15).

3,9–37 Text des o.g. (?) Briefes, inhaltlich ein Geschichtsrückblick als Anrede an Israel.

    3,38 Christlicher Einschub: „Danach erschien er auf Erden und hielt sich auf unter den Menschen."

4,1 (sofern αὕτη ἡ βίβλος an ὁδὸν ἐπιστήμης 3,37 anknüpft): Fortsetzung des Briefes (einen förmlichen Schluss findet er nicht); darin eingebettet:

    4,2–4 Bußruf.

4,5–5,9 Trostrede an Israel, gegliedert durch Imperative: „Habt Mut!" (4,5.21.27.30), ab 4,36 übergehend in Imperative an „Jerusalem" (d.h. die von dort Vertriebenen); so auch 5,1.5, wechselnd mit der Anrede „Kinder" (4,19.21.25.27.32, wohl rückbezüglich auf den Nominativ in 4,12). 4,36 f und 5,5 f sind vorläufige Abschlüsse.

Literarische Integrität: Die Bestandteile dieses Buches sind lt. Schürer/V. 734 „vollkommen unabhängig voneinander" entstanden; weit mehr als zwei werden angenommen. 3,1–8 ist ein sprachlich sehr eigentümliches Zwischenstück; dazu Gunneweg 168 f. Aus 1,1–3 und 3,9–4,29 hat man (unter Übersehung der Fuge in 3,38) einen Brief an die verlorenen Stämme Israels rekonstruieren wollen. Tov reklamiert 1,1–3 als Einleitung der alten Partie, die bis 3,8 reicht. Als christliche Zusätze sind mindestens 1,14 und 3,38 einzuklammern. Doch auch die eindeutig jüdischen Bestandteile sind heterogen, schon was ihre Ursprache betrifft. Es scheint, hier sind Reste anderer Schriften in ihrer griechischen (vielleicht auch *ad hoc* erst übersetzten) Form sekundär aneinander montiert worden.

Biblischer Bezug: 4Kön 24–25 (die Exilssituation).

Historische Bezüge: Dass die in 1,11 f genannten Könige Nebukadnezar und „sein Sohn" Belsazar Träger allegorischer Aussagen sind, müsste (wie in Dan 5,22) denjenigen auffallen, die noch wissen, dass Belsazar der Sohn des Nabonid war, des letzten Königs von Babel (s. Kopftext). Man deutet also heute auf Vespasian und seinen Sohn Titus. Der Text als ganzer passt am besten in die Zeit nach der römischen Eroberung Jerusalems, aber noch vor dem Abtragen des Tempels unter Hadrian. – Wenn Nickelsburg hinter „Nebukadnezar" Antiochos IV. zu sehen vorschlägt, mag das zu einer der verarbeiteten Vorstufen immerhin passen. Was aber nicht passt, sondern nur durch eine Textänderung jüdisch zu machen wäre, ist die nur in römischer Zeit belegbare Aufforderung, für eben diese Könige zu opfern und zu beten, auf dass man ihnen lange werde dienen können. Rein historisierend dürfte auch die Wiedergabe der hierarchischen Gesellschaft des Judäischen Tempelstaats in 1,16 gemeint sein: Könige, Herrscher (vgl. Ex 18), Priester, (Tempel-)Propheten, Väter (= Älteste? Oberhäupter von Großfamilien?). Propheten von Amts wegen gab es im 2. und 1.Jh. v.Chr nur noch in Qumran.

Quellen und **Vorlagen:** Die unmittelbaren semitischen Vorlagen, aus denen hier übersetzt ist, s.o. 1.7.1. Diese ihrerseits verarbeiten schon viel Älteres. Bar 5 hat wohl *PsSal* 11 zum Vorbild, u.z. bis in wörtliche Entsprechungen hinein (de Silva 202.209; *PsSal* 11,7 > Bar 5,1). – Insgesamt vorgeschwebt haben wohl v.a. Jer 29 (LXX 36; dort gleichfalls βιβλίον überschrieben), Jer 45 (ein an Baruch gerichteter Text) und Dan 9 (in 1,15ff und 2,20ff expandiert; Feuerstein 415–454; deSilva 207). Zu 2,17 vgl. Ps 6,8f, 30(29),9f; Jes 38,18 u.a., Verneinungen einer Hoffnung jenseits des Todes; das ist ein klarer Beweis des jüdischen Ursprungs dieser Passage. 3,9 zit. Dtn 6,4, den Anfang des šᵉmaʻ. Kap. 3 insgesamt expandiert Dtn 30: Die Tora ist nicht im Himmel. 4,7 bezieht seine Stichworte aus Jes 40,4–7. Überhaupt ist dieser Text ähnlich voll von Anspielungen an biblische Propheten wie die *Johannes-Apk.* – Weisheitliches: Für 3,9ff könnten Hi 28 und *Sir.* 24 die Vorlage gewesen sein. – Steck 21 sagt zu der Eigentümlichkeit des Buches, fast nur aus zitierten oder variierten Stellen der Hebräischen Bibel zu bestehen: „Bar will gegenüber diesem verpflichtend Überkommenen gar nichts Neues sagen, sondern sich durch Textaufnahmen und Assoziationen für jeden Kundigen erkennbar an Überlieferungsvorgaben anschließen."

Hebraismen bzw. Aramaismen: Beides kommt vor (z.B. der Beginn eines Berichts mit „und" in 1,5, Hebraismus, ebenso der Opfertereminus μαναα = *minḥa* 1,10; ältere Aussprache: *manḥa*). **Griechischer Stil:** s.o. 1.7.1 die These von E. Tov, dass Bar 1,1–3,18 noch von demselben Übersetzer herrührt wie Jer LXX, also im 2.Jh. v.Chr. bereits entstanden ist. Dort auch Tovs Rückübersetzung dieser Partie ins Hebräische. – Auch das Übrige ist nicht gerade idiomatisches Griechisch: in 4,25 wird μακροθυμεῖν i.S.v. „ertragen" als transitives Verb gebraucht.[255]

Christlicher Einfluss: Zu dem „Tag des Festes" in 1,14 s.u. „Sitz im Leben". Sollte dieser Satz einem älteren Text angehören, wäre unter „das Fest" noch das Laubhüttenfest zu verstehen, einstiges Hauptfest am Tempel. – Die Stelle **3,38**,

---

[255] Wahl, *Clavis* s.v. μακροθυμέω verweist auch auf derartiges s.v. ἐλεέω und ἀγαλλιάομαι in übersetzten Texten.

über ein „Danach" an das Vorangehende angehängt, lässt sich kaum anders verstehen denn als Hinweis auf die Inkarnation; vgl. Septuaginta *deutsch.E* 2825; zur Auslegungsgeschichte Schürer/V. 740. Demnach ist damit zu rechnen, dass die Endgestalt dieses Textes, vielleicht auch schon seine erste Montage im Griechischen, christliche Urheber hat, genauer: judenchristliche, die diesen *Zweiten Brief Baruchs*, den an die nicht verlorenen Südstämme gerichteten, auf sich bezogen – oder allenfalls, wenn er doch verloren war, aus Resten jüdischen Schrifttums nachproduzierten.

Abfassungszeit: Im Vorspann (hier: 1,1–4) gibt sich die *Baruch-Apk.* insgesamt als schriftliche Botschaft an die nach Babylon Exilierten fünf Jahre nach dem Fall Jerusalems. Das ist zu übertragen auf die Situation nach 70 n.Chr., wie in allen Baruch-Schriften, gleichgültig in welchem Kontext man sie liest (Bauckham 134–137). **Ort:** Palästina/Syrien. **Adressaten:** alle vom plötzlichen Ende des Tempelkults Betroffenen.

Sitz im Leben: 3,9 (zit. Dtn 6,4) erinnert an ein liturgisches Element des Alltags wie der Synagogen. Ein Sitz im Leben für die Gesamtschrift wird in 1,14 angedeutet: Verlesung des Textes „am Tag des Festes" – was ursprünglich das Laubhüttenfest gewesen sein müsste; syr. als „Tag der Feste" übersetzt und gefolgt von „und an den Tagen des Herrn", was freilich die Sonntage meint[256] und nicht mehr jüdisch sein kann. Das dann folgende Bußgebet deutet ohnehin auf eine andere Verwendung. Die *Apostolischen Konstitutionen* 5, 20 nennen den 10. Av[257] (wohl statt des 9.Av, des synagogalen Trauertages) für die Lesung von Klag und Bar in den Synagogen; allerdings spricht die für diese Stelle erhaltene Vorlage, die syr. *Didaskalie*, nur von Klag als Lesung (wie im Rabbinat bis heute); s. Schürer/V. 739 f. So ist die Erwähnung von Bar hier sekundär und christlich, wie ja auch das Gedenken der Tempelzerstörung nur für ein dem Judentum entfremdetes Heidenchristentum ein Fest gewesen sein kann. Es bleibt höchstens noch die Möglichkeit, diesen Vermerk auf einen Brauch in den „Synagogen" des Judenchristentums zu beziehen, aber auch dann ist der Ausdruck „Fest" (ἑορτή, syr. *'ad'idā*) schwierig und unpassend.

Abfassungszweck: Bewältigung des Verlustes des Tempels und der Heiligen Stadt. Heidenchristlich sodann kann es eine Art „Israel-Sonntag" gewesen sein, ein mahnendes Gedenken daran, wie das Judentum durch mangelnden Gehorsam gegenüber Gott seinen Tempel verlor.

---

256 Griechisch ist überliefert: ἐν ἡμέραις καιροῦ (statt *ἐν ἡμέραις κυρίου), was die Rahlfs-Ausgabe unkommentiert übernimmt, obwohl unklar ist, was das neben vorhergegangenem, singularischem ἐν ἡμέρᾳ ἑορτῆς noch heißen soll.

257 Statt des hebr. Monatsnamens steht der makedonische Monatsname Gorpiaeos, wie auch Josephus ihn vielfach verwendet. Der Austausch war problemlos, da alle antiken Kalender des Ostens, anders als der julianische (= von Caesar eingeführte, woraus der noch heute gültige gregorianische hervorging) mit den Mondphasen gingen und den 1. Tag (in Rom einst: die Iden) mit dem Neumond ansetzten.

2.5.4 Der *Zweite Brief Baruchs* (= *Baruch*-Buch der Septuaginta)

Rezeption: Das Judentum hat diesen Text bzw. seine authentischen Bestandteile so früh abgestoßen, dass von den hebr. bzw. aram. Vorlagen keine Spur mehr blieb. Jede heute noch erkennbare Rezeption beschränkt sich auf das Christentum (deSilva 211–213), und auch da ist sie uneinheitlich. Als Negativbeispiel s. Baruchs Nichterwähnung in der sonst so reichen *Palaea historica* (8.2.1); positiv erhielt Bar seinen kanonischen Platz in den Septuaginta-Handschriften hinter Jer und seinen liturgischen Platz am 28. September (*Synekdēmos* 676). Auch christliche Heilige dieses Namens sind bekannt. – Die Einbeziehung als *Baruch-Buch* in das Alte Testament ist eine christliche Entscheidung (der Hieronymus widersprach: MPL 24, 680 A). Schon das o.g. Zitat von 3,36 bei Athenagoras (viele sollten noch folgen: deSilva 213) zitiert Bar als Teil der Großen Propheten. Weiteres s.o. Kopftext, Ende. Solchermaßen erfolgte die Bewältigung der Zerstörung Jerusalems wenig solidarisch mit dem synagogalen Judentum, sondern eher in Ablehnung seiner Ansprüche und Hoffnungen. Das kirchliche Bild von dem um seinen Tempel trauernden Judentum hat sich nach diesem Text geformt bzw. drückt sich darin aus. Die „große Trauer", die Gott über Israel brachte (4,9), wird bei Ps.-Ephraem mit Befriedigung zitiert: Schürer/V. 739 f.

Ginzberg, *Legends* 4, 322 f (6, 411 f) bietet mit eigenen Worten eine Nacherzählung der gesamten *Baruch-Apk.* (2.5.2–4). Es folgt auf S. 323–326 (6, 412 f) Weiteres über Baruch (vgl. hier 7.3.1) mit rabbinischen Parallelen.

3 Autorenwerke (Prosa) in fragmentarischer Überlieferung

Dieser 3. Abschnitt gilt solchen Werken, für die ein Autor mit bürgerlichem Namen genannt wird. Anders als in der hebräischen, ja überhaupt semitischsprachigen Tradition, wo bis ins 20.Jh. biblische oder rabbinische Pseudonymie bevorzugt wurde (s. o. 0.1.1), ist in der griechischsprachigen und ebenso in der lateinischen Literatur Autorennennung üblich. Dort wird weniger eine Tradition wiedergegeben als eine persönliche Meinung. Entsprechend ist unser Fragenraster nunmehr um eine Rubrik „Autor" zu erweitern, auch wenn dazu nur selten nähere Auskünfte erhältlich sind.

Der beklagenswerte Mangel an Nachrichten über jüdische Gelehrte griechischer Sprache hat einen literarischen Hintergrund. Einer ungeschriebenen Zitierregel folgend, nennt kein hellenistisch-jüdischer Autor den anderen – wohingegen die nach ihnen kommenden Rabbinen, die zunächst möglichst wenig schrieben, sondern ihr Berufswissen nur mündlich weitergaben, einander unablässig zitieren. Der Gegensatz könnte nicht größer sein und soll im Falle der Rabbinen unterstreichen, dass sie ein Berufsstand sind. Der Talmud ist so voll von Namen und von Anekdotischem, wie die Texte dieses Abschnitts 3 davon leer sind. Überhaupt gilt: Das hellenistische Judentum hat sich selbst keine Geschichte gegeben – wohl weil es sich immer nur als ein Provisorium verstand.

3.0 Die Überlieferungswege

Das Meiste, was von jetzt ab bis in den 5. Abschnitt zu besprechen sein wird, hat einen seltsamen, sehr engen Weg durch die drei Religionen des Altertums genommen, von dem hier vorab die Rede sein soll.

3.0.1 Die pagane Überlieferung: Alexander Polyhistor

Alexandros von Milet, zubenannt Polyhistor („der vieles erkundet"), ein Ethnograph der 1.Hälfte des 1.Jh. v.Chr., hat über viele Völkerschaften, darunter auch *Über die Judäer*, Darstellungen verfasst. Seine Lebensschicksale sind kurz genannt in der *Suda* unter Ἀλέξανδρος ὁ Μιλήσιος. Josephus zitiert ihn einmal (*Ant.* 1, 240f), um ihm eine Stelle des Kleodemos/Malchas (hier 3.2.1) zu entnehmen, die er offenbar nicht anders erfahren konnte. Für ihn ist das ein Gegenstand des Stolzes: dass ein paganer Autor sich für jüdische Geschichte interessiert. Euseb, *Praep.* 9, 17,1 charakterisiert ihn als „über vieles nachdenkend (πολύνους), kenntnisreich (πολυμαθής) und den Griechen, die nicht nur oberflächlich gebildet sind, höchst bekannt". Er nennt anschließend dessen Sammelwerk (σύνταξις) *Über die Judäer*. Der eben genannte Eintrag der *Suda* bezeugt außerdem für ihn ein Interesse an dem Werk der Moso (3.6.2 h) und gibt uns damit den einzigen erhaltenen Hinweis auf dieses.

Antike Ethnographien speisten sich aus den jeweils auf Griechisch erhältlichen Nachrichten, die die besagten Völkerschaften von sich aus lieferten – das war in hellenistischer Zeit so nötig wie heute der Anschluss ans Internet. Da fand sich dann vor Polyhistors Augen, was das Judentum betraf, nicht etwa dessen Heilige Schrift, die (damals in den wichtigsten Teilen bereits bestehende) Septuaginta; deren überaus holpriges Übersetzungsgriechisch ließ ein Mann von literarischem Geschmack ungelesen. Wohl aber boten sich ihm ansprechende Darstellungen jüdischer Geschichte und jüdischer Eigenart in literarischem Griechisch, Neuschöpfungen also, flüssig zu lesen und in Geschmack und Anschauungen zeitgemäß. Aus solchen hat Alexander Polyhistor sich bedient, hat auch reichlich aus ihnen zitiert oder genauer gesagt: referiert; er verändert nämlich die Syntax, um das Berichtete – bes. durch den *a.c.i.* – als solches kenntlich zu machen, nicht ohne stilistischen Ehrgeiz, wie die fast stets rhythmischen Satzschlüsse erweisen.

Diese Stellen sind es, die von den nunmehr zu nennenden christlichen Autoren ausgehoben wurden und über den Verlust jener ethnographischen Literatur hinaus wenigstens das die Juden Betreffende in Erinnerung hielten.

Lit.: Wacholder 44–57 (mit Liste des bei Polyhistor Nachweisbaren S. 46–48); Stern I S. 157–164 und III 16–22; Schürer/V. 510 f; vgl. ebd. I 41 f; Denis 1109–1116; Siegert, „Einleitung" 24 f.

3.0.2 Die christliche Überlieferung: Clemens v. Alexandrien und Euseb

Clemens v. Alexandrien (gest. vor 215) und Euseb (gest. 339), die großen christlichen Literaten, mussten für ihre Suche nach jüdischen Texten neben der Bibel (schon sie waren interessiert an Parabiblischem) zurückgreifen auf das Sammelwerk des Alexander Polyhistor. Clemens sagt uns nicht klar, was er alles aus Polyhistor hat. Exakter verfährt Eusebs *Praeparatio evangelica* (= „Vorbereitung auf das Evangelium"):[1] Dort in 9, 17–30 kann man sehen, wie er auf der Suche nach Darstellungen und Würdigungen Abrahams (dieser gilt schließlich als gemeinsamer Stammvater für Judentum und Christentum) aus seinem Polyhistor – den er ausdrücklich nennt – einen jüdischen Autor nach dem anderen zurückgewinnt, allerdings immer nur mit Auszügen und Referaten, die er so geben muss, wie er sie bei Polyhistor findet. Fast alles in 3.1–3 zu Findende ist nur auf diesem Übermittlungsweg erhalten geblieben.

Zur Überlieferung der Werke des Clem.Al., wofür wir nur eine Handschrift haben, s. Denis 1068–1070.1118 f (gr. Erstausgabe: Heidelberg 1592). Zu den Werken des durchaus verlässlichen Eusebios s. ebd. 1071 f.1116–1118 (gr. Erstausgabe: Paris 1544).

---

[1] Gemeint ist: Eine solche sei das Judentum gewesen für die übrige Welt. Man kann dieser Rollenzuweisung zustimmen, ohne die Existenzberechtigung des Judentums hierin sehen zu müssen.

Bekannt war Euseb freilich schon lange vorher aus lateinischen Ausgaben und Handschriften; schon der mittelalterlichen Chronistik hat er das Rückgrat geliefert.

3.1 Werke zu Exegese und Hermeneutik

Von der Grammatik bis zur Rhetorik, die Literaturwissenschaft und die Hermeneutik eingeschlossen, ist Metasprache – also Sprache über Sprache – eine Erfindung der Griechen. Deren tausendjähriger Vorsprung vor den semitischen Kulturen und Literaturen ist, was das Hebräische betrifft, nicht früher eingeholt worden als durch Saʻadja (Saʻid, 882–942), der die Grammatik der Araber (die ihrerseits von den Griechen gelernt hatten) auf das Hebräische übertrug.[2]

Die Septuaginta-Übersetzer mussten noch ganz ohne Theorie arbeiten (Siegert, *Septuaginta* 32f.128–131). Einer der wenigen, die Kenntnis hatten von der kritischen Philologie Alexandriens, ist der nachstehend zu würdigende Aristobulos (3.1.1). Er ist der alexandrinischen Methode so nahe, wie der sagenhafte Hohepriester Eleazar im pseudepigraphen *Aristaeosbrief* (4.1) der konkurrierenden „pergamenischen", in welcher die Geschichte versank hinter den ungemessenen Möglichkeiten der Allegorese. Was Philon von alexandrinischer Sprachwissenschaft, also der historisch-kritischen Methode von damals, mitbekommen hat, ist hier nicht darzustellen, auch nicht das Problem, dass er im Alter meinte, die kritischen Fragen zum Mose-Text hinter sich gelassen zu haben.[3]

3.1.0 Homer und Mose: Die stoische Hermeneutik bei den Juden

Bevor wir zu einzelnen Autoren kommen, ist eine folgenreiche Kultursynthese zu bedenken, die hauptsächlich in Alexandriens jüdischer Population stattfand. Nicht ohne Schläue weiß die fiktive Rahmenerzählung des *Aristaeosbriefs* (4.1.1) sie nach Jerusalem zu verlegen, in den Mund des dortigen Hohenpriesters; das ist interne Apologetik. Sie tut ihm damit nicht einmal Unrecht: Wie wir wissen, war der Jerusalemer Priesteradel mehr als jeder andere Bevölkerungsteil Judäas griechischkundig

---

[2] Details z. B. bei G. KHAN: „The Karaite tradition of Hebrew grammatical thought", in Horbury, *Hebrew Study* 186–203. Dort auch das Paradox, dass die Karäer (also nichttalmudische Juden, eine Minderheit) den Rabbaniten (dem rabbinischen Judentum) in dieser Hinsicht den Weg wiesen. Nicht zufällig; denn ihre einzige Heilige Schrift, nach der sie auch benannt werden, war und ist der *Miqra*, die Hebräische Bibel.

[3] Vgl. F. SIEGERT: „Philon et la philologie alexandrine", in: B. DECHARNEUX/S. INOWLOCKI (Hg.): *Philon d'Alexandrie (Bruxelles 26–28 juin 2007)*, 2011, 393–402. Wie viel von der kritischen Methode Philon in seiner Frühzeit noch kannte und schätzte, hat M. NIEHOFF hervorgehoben: *Jewish Exegesis and Homeric Scholarship in Alexandria*, 2011 (vgl. dies. in *CQ* 57, 2007, 166–182). Dass er sich im Alter davon abwandte, hatte Folgen v. a. für die Kirche. Gerade die „alexandrinische" Exegese der Kirchenväter arbeitete nur noch allegorisch.

und angepasst an hellenistische Anschauungen, wo nicht gar Lebensweise. Daher ja das Drama der missratenen Hellenisierung des Tempelkults 175 v. Chr. Das alexandrinische Judentum hingegen hellenisierte sich auf andere Weise, nämlich ohne der Tora untreu zu werden. Es wurde schon bemerkt (2.1.0), dass der Singular *Tora*, zum Namen geworden, rückübersetzt ist aus gr. *nomos*.

Hengel 464–486 und Wacholder 71–96 („The Hellenized Moses") liefern detaillierte Darstellungen dessen, was in allen vom Hellenismus erfassten Ländern seit dem 3. Jh. v. Chr. als *interpretatio Graeca* religiöser Überlieferungen in Gang war.[4] Der Mythos wurde dem Erfahrungswissen und den inzwischen verfeinerten moralischen Werten angepasst und galt nunmehr als deren bildhafter Ausdruck.

a) Griechische Homer-Hermeneutik und ihre Übernahme zur Interpretation des *Nomos*

Homers Epen waren in mancher Hinsicht die Bibel des Hellenismus. Der Reiz seiner Verse blieb unübertroffen, und so wollte man auch alles Wissenswerte an Schulstoff schon bei ihm ausgedrückt wissen – war doch das Memorieren und auch das Nachschreiben seiner Verse Hauptbestandteil des damaligen Schulunterrichts. Dabei wurde aber der zeitliche und kulturelle Abstand spätestens im Hellenismus spürbar, und man griff zu Modernisierungsmaßnahmen, die den Text zwar unangetastet ließen, zeitgenössisches Wissen aber auf dem Weg der Interpretation hineinbrachten. Die allegorisierende Auslegung, mit welcher φυσικαί bzw. ἠθικαὶ ἔννοιαι (naturwissenschaftliche bzw. ethische Inhalte) aus dem Text erwiesen werden sollten, waren das damalige Entmythisierungsverfahren. Als Hypothese, die auch in den interpretierenden Zwischenzeilen des Derveni-Papyrus[5] illustriert wird, diente die Annahme, der Dichter (Homer oder auch, im letztgenannten Beispiel, Orpheus – vgl. 5.2.1) habe sich in Form einer Allegorie – man sagte: ἐν ὑπονοίαις, „in Andeutungen" – ausgedrückt,[6] also anderes (und Tieferes, Schwierigeres) aussagen wollen, als die Worte der Textoberfläche zu sagen scheinen. Die Textoberfläche sei nach Bedürfnissen der Ästhetik

---

4 Der Ausdruck stammt von Plinius d. Ä., *Nat. hist.* 16, 249, wo er sich auch erlaubt, die keltischen Druiden „Magier" zu nennen (was sozialgeschichtlich immerhin zutreffen mag). Er findet sich abgewandelt als *interpretatio Romana* bei Tacitus, *Germania* 43,3, wo er germanische Götter an römische angleicht.

5 Gefunden in Derveni (Nordgriechenland) 1962, ist er erstmals ediert in ZPE 47, 1982, hinter S. 300; vgl. R. JANKO (Hg.): „The Derveni Papyrus. An interim Text", ZPE H. 141, 2002, 1–61; Woschitz 195–197. Offizielle Ausgabe: Th. KOUREMENOS / G. PARÁSSOGLOU / K. TSANTSANOGLOU (Hg.): *The Derveni Papyrus*, 2006. Dass dieser auf ca. 330/20 (Anfangszeit des Hellenismus!) datierbare Papyrus erhalten blieb, sogar in Griechenland selbst, verdankt sich dem Zufall, dass er eine Grabbeigabe war und beim Fast-Verbrennen anlässlich der Einäscherung so konserviert wurde, dass er fortan der Erdfeuchtigkeit widerstand. Der auf dem Papyrus stehende Text wird nochmals um hundert Jahre älter eingeschätzt, zeitgenössisch zu Platon.

6 Das Wort „Allegorie" stand hierbei dem klassischen Athen noch nicht zur Verfügung, sondern ist eine spätere Prägung, wie Plutarch noch weiß: *De audientis poetis* 19 E.

ausgerichtet, auch denen der Eingängigkeit und überhaupt der Pädagogik, der Tiefentext hingegen sei höchst philosophisch. Platon, *Rep.* 598 F–599 D (u. ö.) lehnt dieses Verfahren ab und sähe lieber die traditionellen Mythen durch Philosophie (die seinige) ersetzt. Josephus weiß davon und sagt es voll Stolz: Aus Moses Schriften ist leichter eine richtige Auffassung von Gott zu erlernen (*C.Ap.* 2, 256). Philon hingegen braucht Mose auch als Autor in sonstigen philosophischen Belangen; er kann auf das Bemühen, einen Tiefentext auch dort zu finden, nicht verzichten.

In diesem Zuge wurde nun auch bei den Juden – zunächst ja wohl in Alexandrien – Mose weniger als Sprachrohr einer Offenbarung (etwa i.S.v. Ex 20) gewürdigt denn als ausnehmend intelligenter,[7] vorausblickender Gesetzgeber und überhaupt als Kulturbegründer. Zu diesem Zweck musste er über alle Wissensgebiete Wegweisendes gesagt haben, und das gewann man aus seinen Texten nicht anders als die Griechen aus ihrem Homer.[8] So eröffneten sich für das hellenistische Judentum zur Modernisierung der eigenen Überlieferungen – wo man sie denn wollte – zwei Möglichkeiten, und beide wurden genutzt:

– Option A bestand darin, die übersetzten Tora-, Propheten- und Psalmentexte, die leider alle nur ein subliterarisches Griechisch erreichten, doch als Texte gelten zu lassen und nur auf dem Wege der Allegorisierung *inhaltlich* modern sein zu lassen; man schuf Paratexte: hier 3.1 und 4.1.2. Der Klassiker auf diesem Gebiet wurde Philon, das allerdings nur in der Kirche.

– Option B, die ästhetischere, weil zugleich *formale*, bestand in der Neuformulierung der biblischen Überlieferung, wobei es mit einer Umerzählung oder einer Paraphrase nicht getan war. Es mussten auch ganz andere Textsorten gewählt werden, und zwar solche, die auf dem Buchmarkt gängig waren. Prosabeispiele liefern 3.3 und darüber hinaus die *Antiquitates* des Josephus. Als Poesie, leider immer nur fragmentarisch erhalten, haben wir das unter 5.1 Aufgeführte.

Manche Werke sind zu fragmentarisch überliefert, als dass sich noch erkennen ließe, ob sie kommentierenden Charakter hatten oder selbstständig waren (Problem hier in 3.2). Das Übrige, was die folgenden Abschnitte bieten werden in dem Versuch, gattungsmäßig Vergleichbares zusammenzunehmen, ist nicht parabiblischen Inhalts, bis hin zu 6.4, wo wiederum die Kürze der Fragmente keine Entscheidung erlaubt.

Natürlich haben auch die Anhänger von Option A es sich nicht nehmen lassen, ihre Exegesen in griechisch-literarische Formen zu geben. Das wurde dann gehobene

---

7 Dass Intelligenz ihrerseits eine Gottesgabe sei, wurde auch im Hellenismus von Minos, Solon und all den übrigen Gesetzgebern, die Erfolg gehabt hatten, angenommen und als Götterbegegnung mythisch verbrämt.

8 Porphyrios als Platoniker kam auf diesen Einspruch zurück: In seinem *De antro nympharum* wies er auf immerhin absichtliche Allegorien hin, auch bei Platon, bestritt allerdings das beliebige Allegorisieren und insbesondere den angeblichen Tiefsinn mosaischer αἰνίγματα (so ein Frg. bei Euseb, *H.e.* 6, 19,4).

Sachprosa,[9] die bei Philon bis in Bemühungen des hohen Stils gehen kann – wobei antike Leser sich nur gewundert haben werden, wie viel dort zitiert wird; das Zitieren, wenn es nicht gerade Homerverse waren, galt nur in engen Grenzen für schicklich.

Unberücksichtigt bleiben kann der Widerstand gegen beides, A wie B, da er literarisch unproduktiv blieb. Gegner von A werden bei Aristobul (Frg. 2 § 5) und Philon öfters erwähnt (*Somn.* 1, 102; 2, 301; *Jos.* 125; *Migr.* 89 f); sie mögen eine „schweigende Mehrheit" gewesen sein. Am ehesten sind Gegner von B mit eigenen Produkten hervorgetreten, mit Nach- oder Neuerzählungen kunstloser Art, ohne Autorennamen, die dem internen Gebrauch immerhin genügten. Ein Ausgangstext, dessen Schlichtheit man imitiert, wird inhaltlich erweitert (Beispiele in 2.5). Auf solche Weise entstand im griechischen Sprachraum das, was wir als nacherzählte Bibel im semitischen Sprachraum schon kennen (hier 1.1), was dort aber keineswegs älter ist; schon um 200 v. Chr. haben wir beides. Die Abschnitte 3.2–3 und 5.1 bieten *rewritten Bible* auf Griechisch, erst in Prosa, dann auch in Versen. Zunächst aber sei die Option A gewürdigt, der auch Philon anhing; Josephus hingegen gehört zu der anderen.

Literatur (in enger Auswahl): J. CAZEAUX: „Philon, l'allégorie et l'obsession de la totalité" in: Kuntzmann/Schlosser, *Etudes* 267–313; C. BLÖNNIGEN: *Der griechische Ursprung der jüdisch-hellenistischen Allegorese und ihre Rezeption in der alexandrinischen Patristik* (EHS 15/59), 1992; F. SIEGERT: „Early Jewish interpretation in a Hellenistic style", in; Sæbø, *Hebrew Bible* 130–198; J. F. PROCOPÉ: „Greek Philosophy, Hermeneutics and Alexandrian Understanding of the O.T.", ebd. 451–477; G. SELLIN: „Die Allegorese und die Anfänge der Schriftauslegung", in: H. Graf REVENTLOW (Hg.): *Theologische Probleme der Septuaginta und der hellenistischen Hermeneutik* (Veröff. d. Wiss. Ges. f. Theol., 11), 1997, 91–132; R. WEBER: *Das Gesetz im hellenistischen Judentum. Studien zum Verständnis und zur Funktion der Thora von Demetrios bis Pseudo-Phokylides*, 2000 (ARGU 10); K. BERTHELOT: *Philanthôpia judaica. Le débat autour de la 'misanthropie' des lois juives dans l'Antiquité*, 2003 (JSJ.S 76); E. BIRNBAUM: „Allegorical Interpretation and Jewish Identity among Alexandrian Jewish Writers", in: D. AUNE/T. SELAND/J. ULRICHSEN (Hg.): *Neotestamentica et Philonica*. FS Peder Borgen (NovTest.S 106), 2003, 307–329; G. STERLING: „'The Jewish Philosophy'. The presence of Hellenistic philosophy in Jewish exegesis in the Second Temple period", in: Bakhos, *Ancient Judaism* 131–153; B. VISOTZKY: „Midrash, Christian exegesis, and Hellenistic hermeneutic", in: C. BAKHOS (Hg.): *Current Trends in the Study of Midrash* (JSJ.S 106), 2006, 111–131.

---

[9] Man sagt auch: Fachprosa. Vgl. L. RYDBECK: *Fachprosa, vermeintliche Volkssprache und Neues Testament*, 1967.

b) Der „göttliche" Mose

Jede hellenistische Kultur, auch jede Polis hatte ihren Gründungsheros: Der des Judentums wurde gerade in der Sicht und in der Außendarstellung des Diasporajudentums Mose, dessen Bezeichnung als „Sklave JHWHs" (*'eved JHWH*) schon in der Septuaginta mitunter verschönt wird zu παῖς θεοῦ (Jos 1,13) bzw. παῖς Κυρίου (Jos 11,12). Mochte das in lukanischer Christologie wiederkehren (Apg 3,13 u. ö., dort kombiniert mit Jes 42,1 und 52,13), so war im Hellenismus besonders interessant der Titel „Gottesmann", wörtlich „Gottesmensch" in Dtn 33,1 (ἄνθρωπος θεοῦ, aufgegriffen von Philon etwa in *Mut.* 24 f).[10] „Er geht der unverfälschten Wahrheit nach", sagt Philon, „nicht dem Wahrscheinlichen und Glaubwürdigen" (das meint Aristoteles) noch der „ungewissen Mythologie" (*Sacrif.* 12 f). Der hellenistisch-jüdische Mose vereint in sich die Züge eines griechischen Halbgotts wie Herakles, Asklepios oder Dionysos – das waren Tatmenschen – mit denen der halbmythischen Gesetzgeber wie Minos (in Kreta, der immerhin mit seinem Gott im Gespräch verkehrt haben soll wie der Mose des *Exodus*), Lykurg (in Sparta) und Solon (in Athen). Josephus, *C.Ap.* 2, 151–162 gibt im Sinne dieser Lehrtradition ein Persönlichkeitsbild dieses Ausnahmemenschen, für den freilich der hellenistische Ausdruck θεῖος ἀνήρ gemieden wird, wohl wegen seines Anklangs an Polytheismus. Eine mögliche Quelle des Josephus wird unter 6.1.2 a zu nennen sein; spätestens mit § 163 setzt sie dann ein. Das populärere Gegenstück zu dieser Über-Intelligenz Mose ist der Zauberer Mose (2.2.4; 6.3.0).

Seinen Rang als besonders intelligenter Ausnahmemensch hat Mose erst im Rabbinat insofern wieder verloren, als er hier zur Himmelsstimme wird, zum bloßen Sprachrohr. Die Auseinandersetzung mit anderen Kulturen und ihren Ansprüchen trat zurück angesichts einer von hellenistischer Kultur gelösten Neuprägung des religiösen Lebens – auch des Rechtslebens – unter Diasporabedingungen.

Literatur (nur neuestes): A. GRAUPNER/M. WOLTER (Hg.): *Moses in Biblical and Extra-Biblical Traditions* (BZAW 372), 2007; E. KOSKENNIEMI: „Moses – a well-educated man. A look at the educational idea in early Judaism", *JSPs* 17, 2008, 281–296; Th. RÖMER: „Moses outside the Torah and the construction of a diaspora identity", *Journal of Hebrew Scriptures* 8, 2008 (elektronisch, 12 Seiten); Ph. BORGEAUD (Hg.): *Interprétations de Moïse. Egypte, Judée, Grèce et Rome* (Jerusalem Studies in Rel. and Culture, 10), 2009; R. BLOCH: *Moses und der Mythos. Die Auseinandersetzung mit der griechischen Mythologie bei jüdisch-hellenistischen Autoren*, 2011.

Mose als Religionsstifter aus heidnischer Sicht: J. G. GAGER: *Moses in Greco-Roman Paganism*, 1972 (SBL Monogr. Ser. 16); J. ASSMANN: *Moses der Ägypter. Entzifferung einer Gedächtnisspur*, 1998.

---

[10] Vgl. 3Kön 17,18 im Vokativ, für Elia. Die Behauptung, die Israeliten seien von den Priestern Ägyptens insgesamt ἄνθρωποι θεοῦ genannt worden, bleibt *EpArist.* 140 eigen (4.1.2).

3.1.1 Das Quaestionen-Werk des Aristobulos

Der Sachliteratur dürfte angehören, was wir an Fragmenten von dem jüdischen Alexandriner Aristobul besitzen. Dessen Werk richtete sich lt. Frg. 2 an den Ptolemäerkönig persönlich; das müsste Ptolemaeos VI. gewesen sein (reg. 181–145 v.Chr.; Schürer/V. 579 f). Von ihm ist bekannt, dass er den in seinem Land wohnenden Judäern Avancen machte: Er ist es, der den aus Jerusalem vertriebenen Priestern der Oniaden-Familie die Erlaubnis erteilte, in Leontopolis (im Osten des Deltas, also schon nahe der Landesgrenze) ein JHWH-Heiligtum zu errichten (vgl. 1.4.2; 2.4.1; 3.4.1).[11] Damit stärkte er denjenigen Flügel der Jerusalemer Priesteraristokratie, der ohnehin proptolemäisch gesinnt gewesen war – ein politischer Schachzug, der allerdings ohne Wirkung blieb.

Aristobul, was ihn nun betrifft, ist stolz auf jüdische Beteiligung an hellenistischer Kultur. Er rechtfertigt sie mit der Annahme, Mose sei schon vor Homer und Platon ein Kulturbringer gewesen, von dem jene abhängen. Er überträgt die eben skizzierte Homer-Hermeneutik auf den Mose-Text, obwohl dieser, zumal nach jüdischer Auffassung, keine Poesie war, sondern *nomos,* Gesetz, das kein Spiel mit Worten erlaubt. Doch in welchem Maße die Alltagssprache mit ihren Ausdrücken spielt, hatte er aus griechischer Sprachwissenschaft, insbesondere aus Aristoteles, gelernt, der z. B. zu definieren wusste, was eine Metapher ist (*Rhet.* 1410 b 36 ff u. ö.). Im Hinblick auf dieses Wissen gilt Aristobul bei Clem.Al., *Strom.* 1, 72,4 als Peripatetiker (Aristoteliker).[12] Aus Frg. 2 und 4 ist zu erkennen, „dass Aristobulos sich das hermeneutische Problem" (dass nämlich nicht jeder Ausdruck sich wörtlich nehmen lässt) „erstmals bewusst" gemacht hat (Walter 264), und er weiß das Funktionieren einer Metapher als Übertragungsvorgang ganz aristotelisch zu erklären. In anderen Passagen zeigt er sich jedoch, nicht anders als später Philon, als philosophischer Eklektiker (Walter zu Frg. 5 § 10).

Der Übermittlungsweg der nun mitzuteilenden Fragmente geht ausnahmsweise nicht über Polyhistor (3.0.1), der ihn nicht kennt, sondern ist rein alexandrinisch: Clem.Al. dürfte das Werk als Kulturgut seiner Heimatstadt noch im Ganzen kennengelernt haben (wie Walter zumindest vermutet), und auch der noch zu nennende Anatolios ist von Geburt Alexandriner. Was Euseb bietet, geht über deren Auswahl nicht hinaus, ist aber doch textlich selbstständig; das lässt auf ein gemeinsam benutztes Florilegium (also Auszüge) schließen.

---

11 Gegründet mit ptolemäischer Erlaubnis (Josephus, *Ant.* 13, 62–73) und noch den Rabbinen erinnerlich als *bet Ḥonjo* in der Mischna, *Menaḥot* 13,10 (mit Gemara 109b) und zahlreichen anderen rabbinischen Quellen. Alles darüber Bekannte s. Tropper, *Simeon* 157–197 (zu den nicht lösbaren chronologischen Widersprüchen unter den Quellen ebd. 159f, zu Personen- und sonstigen Verwechslungen 188); Collins, *Identity* 69–78 (unter Einschluss der Tobiadenüberlieferung, 6.1.1).
12 Das ist nur so partiell richtig, wie ebd. die Bezeichnung Philons als Pythagoreer: Letzteres geht auf dessen Zahlenspekulationen zurück, wie sie aber auch Aristobul hat (Frg. 5). – Übrigens scheint Clemens nicht zu wissen, wer von beiden der ältere ist.

Nikolaus Walter nummeriert die Fragmente nach ihrem Vorkommen bei Euseb wie folgt:

Frg. 1 (bei Denis als letztes aufgeführt): Anatolios, *Über das Passa*, erhalten durch Euseb, *H.e.* 7, 32,16 – 18;

Frg. 2: Euseb, *Praep.* 8, 8,38 (Ansage).10,1 – 17 (Text), hat eine Parallele bei Clem.Al., *Strom.* 6, 3 § 32 f;

Frg. 3: ebd. 13, 12,1 f (mit Ansage als ausführliche Überschrift), hat Parallelen bei Clem.Al., *Strom.* 1, 150 und 148;

Frg. 4: ebd. 13, 12,3 – 8 (mit nicht namentlicher Teilparallele bei Clem.Al., *Strom.* 5, 99,3; hier ist bei Euseb ein Echtheitsproblem in § 5; s.u.);

Frg. 5: ebd. 13, 12,9 – 16, teilweise auch 7, 14,1 (mit vagen Parallelen bei Clem.Al., *Strom.* 6, 137 f).

Jeweils lassen die Überleitungen erkennen, dass etwas übersprungen wurde. – Diese Zählung wird von Holladay übernommen. Denis hingegen bietet die Stellen unnummeriert in der Reihenfolge 2 – 5 und 1.

Online-Index Nr. 15; Schürer/V. 579 – 587. **Inhaltsangabe:** Dalbert 102; **Paraphrase** und Kommentar: Woschitz 94 – 107.

Einleitung und Übersetzung: Charlesworth II 831 – 842 (A. YARBRO COLLINS); JSHRZ III/2 (N. WALTER) 1975, 261 – 296.

Einleitung: Denis 1216 – 1237; Hengel 295 – 307.483 f; Gruen, *Heritage* 246 – 253; Collins, *Identity* 186 – 190. **Nur Text:** Denis, *Conc.* 922 f. **Anmerkungen:** Rießler (179 – 185) 1275 f.

Literatur: Lehnardt Nr. 5068 – 5150; Siegert in Neusner/A., *Midrash* I 220 f. Grundlegend bleibt N. WALTER: *Der Thoraausleger Aristobulos* (TU 86), 1964 [hier nur zitiert nach seinen Selbstreferaten in JSHRZ]. **Neueste Monographie:** M. MÜLKE: *Aristobulos peripatetikos. Bibelexegese in Alexandria unter Ptolemaios VI. Philometor* (angekündigt). **Neuere Studien:** Niehoff, *Jewish Exegesis* 58 – 74; R. KNÖBL in Hirschberger, *Hell.-jüd. Literatur* 13 – 28; E. MATUSOVA: „Allegorical interpretation of the Pentateuch in Alexandria. Inscribing Aristobulus and Philo in a wider literary context", *SPhA* 22, 2010, 1 – 51.

Handschriften, Erstausgabe: wie für Clem.Al. und Euseb überhaupt; s.o. 3.0.2. – Einer heute nicht mehr nachprüfbaren Nachricht des 16.Jh. zufolge hätten Bibliotheken in Florenz und Mantua noch Aristobul-Manuskripte besessen (müsste auf Griechisch gewesen sein); vgl. S. INOWLOCKI in *REJ* 165, 2006, 394 (s.u. 3.6.2, Buchst. f).

Titel in den Handschriften: In den Ansagen ist keiner erhalten. Auch Clem.Al. (*Strom.* 5, 14,97) weiß nur, Aristobul habe „etliche Bücher" geschrieben. Offenbar gab es keine anderen Schriften vom selben und auch keine mit ihm synonymen Autoren anderwärts. Nach der im Text selbst gebrauchten Gattungsbestimmung ζητήματα sagt man: *Quaestiones*.

Neuere kritische Ausgabe: PVTG 3 (A.-M. DENIS) 1970, S. 217–228 [synoptisch, sofern auch Clem.Al.-Passagen[13] bzw. die alte lat. Euseb-Übers. vergleichbar sind. Dem Frg. 1 (bei Denis Nr. 3, S. 227 f) wird Rufins Übersetzung der betr. Euseb-Passage in Parallele beigegeben]. – Holladay, *Fragments* III, bes. 128–197 [gr./engl.; bei Mehrfachüberlieferung gleichfalls synoptisch, mit Einl. und Komm.]; R. RADICE (Hg., Übers., Komm.): *La filosofia di Aristobulo e i suoi nessi con il „De mundo" attribuito ad Aristotele*, 1994.

Textanfang: Der in Frg. 2 (bei Denis: d, S. 217) einsetzende Text kann ursprünglich nahe dem Anfang gestanden haben; er enthält eine Anrede an den Widmungsträger: Πλὴν ἱκανῶς εἰρημένων πρὸς τὰ προκείμενα ζητήματα ἐπεφώνησας καὶ σύ, βασιλεῦ. **Textschluss:** keiner erhalten; das letzte Erhaltene ist ein Linos-Zitat, endend: ἐπιτελλομένοις ἐνιαυτοῖς.

Wortindex: Siglum bei Denis, *Conc.:* „LAri." Index ausgewählter gr. Wörter bei Holladay 254 f.

Ähnliche oder ähnlich benannte Texte: Ein anderes Quaestionen-Werk s. 3.2.1 und bei Philon die *Quaestiones in Genesim* und *in Exodum*. – Zu den mehr oder weniger unechten Klassikerzitaten in Frg. 4–5 s. u. 5.2.3.

Autor: Das über ihn Bekannte s. Holladay 114–126 („Testimonia"). Aristobu̱los,[14] ein Mann mit Verbindungen zum ptolemäischen Königshof (s. u.: „Sitz im Leben"), ist nach unserer Kenntnis „der erste jüdische Philosoph in Alexandrien" (Hengel 295). Über seine beiden Lehrer Agathobulos und nochmals Agathobulos (?) s. u. 3.6.2, Buchst. f. Euseb identifiziert ihn in einer seiner Ansagen ausdrücklich mit dem Aristobul von 2Makk 1,10. Allerdings ist dies ein erfundenes Dokument (s. u. 3.4.2); doch kann es gerade als solches unseren Aristobul meinen. Seine philosophische Verortung s. Kopftext.

Textsorte: Die Fragmente gehörten vermutlich, wie auch die des Demetrios (3.1.2), einer im Hellenismus beliebten Sorte von Sachprosa an, den ζητήματα καὶ λύσεις, *quaestiones et solutiones*, wie wir sie auch für Homer besitzen[15] und dann auch wieder, genau unter diesem Titel, von Philon (QG, QE). **Zählung** der Fragmente s. Kopftext.

Literarische Integrität: In Frg. 4 wird eine Version der (ps.)-orphischen Kosmogonie (s. 5.2.1) angekündigt, an deren Stelle, ehe Euseb diesen Text abschrieb, eine spätere Version trat, die jünger sein muss als das, was Clem.Al. bei Aristobul las (so Walter 275, Anm. a z.St.). Der deswegen ausgelassene Text findet sich dt. in JSHRZ

---

13 Auf S. 221/222 hätte noch *Strom.* 1, 150,1 f beigeschrieben werden können.
14 Zur Aussprache: Entgegen der neugriechischen oder auch der gegenwärtigen amerikanischen Aussprache sollte dieser Name mit langem u gesprochen und ruhig auch dort betont werden, da er von βουλή herkommt („der das Beste rät"). Aristóbulos mit kurzem u hingegen wäre * Ἀριστόβολος geschrieben worden und hätte bedeutet: „der am besten Werfende/Geworfene".
15 Die ausführlichste noch erhaltene Schrift dieser Art u.d.T. Ὁμηρικὰ προβλήματα (*Quaestiones Homericae*) kommt von Heraklit dem Stoiker (1.Jh. n.Chr.): *Héraclite: Allégories d'Homère*, hg. u. übers. F. BUFFIÈRE (Budé), 1962. Mehr, auch zur Terminologie, bei Siegert (3.1.0) 137–139.

IV/3, 240–243 im Rahmen des jüdischen Ps.-Orpheus. Die Analyse von Jourdan (5.2.1) lässt hingegen den Euseb-Text für den des Aristobul gelten.

Biblischer Bezug: erläutert werden Stellen aus Gen, Ex und Dtn, jeweils LXX. Frg. 5 bezieht sich auf Spr 8,22–31: Salomo habe gesagt..., womit die Spr-Übersetzung ihren *terminus ad quem* erhält.

Historischer Bezug: Die Anspielung an das ptolemäische Militärwesen lag umso näher, als damals (im 2./1.Jh.) zahlreiche ausgewanderte Judäer in Ägypten als Söldner Dienst taten.

Quellen und Vorlagen: Mit solchen ist kaum zu rechnen. Im Übertragen griechischer Hermeneutik auf einen Bibeltext ist Aristobul möglicherweise der erste gewesen. Höchstens der pseudonyme, aber wohl gleichfalls alexandrinische *Aristaeosbrief* (4.1) könnte ihm diese Priorität streitig machen. – Hinter den z.T. inkorrekten, jüdisch veränderten paganen Zitaten in Frg. 4 und 5 lässt sich ein Florilegium vermuten.

Griechischer Stil: Gepflegte hellenistische Sachprosa.

Bemerkenswert: Frg. 4 § 3.8 formuliert das Programm:

> Man muss die göttliche Stimme nicht als gesprochenes Wort nehmen, sondern als ein Bewirken (οὐ ῥητὸν λόγον, ἀλλ' ἔργων κατασκευάς), wie auch im Verlaufe der Gesetzgebung Mose uns die gesamte Entstehung der Welt als Gottes Worte darstellt: „Und Gott sprach, und es geschah" (vgl. Gen 1,3.6). (...) Unter allen Philosophen ist ja anerkannt, dass man von Gott reine Anschauungen haben muss (περὶ θεοῦ διαλήψεις ὁσίας ἔχειν) – was am allermeisten (und sehr) schön unsere Denkrichtung vorschreibt.

Hierbei ist „unsere Denkrichtung" (ἡ καθ' ἡμᾶς αἵρεσις) eine intellektualisierte Selbstbezeichnung des Judentums; man könnte auch übersetzen: „die bei uns übliche Philosophie", so wie der Peripatos (der Aristotelismus) eine ist (Frg. 5 § 10). Eine Grundbehauptung künftiger Apologetik wurde diese: Pythagoras, Sokrates und Platon seien bereits vom Mosegesetz beeinflusst, woraus ihnen einiges übersetzt worden sein müsse (Frg. 3; vgl. 4 § 4).

Theologisches: Ein Maßstab des theologischen Denkens ist hier das, was man schon in der Antike das „Gottgeziemende" (θεοπρεπές) genannt hat.[16] Damit wird zumindest implizit der Philosophie und mithin auch der Vernunft eine Gotteserkenntnis zugetraut. – Die Annahme der Inspiration für Moses *Nomos* und der Gebrauch der Vernunft zu dessen Auslegung harmonieren für Aristobul durchaus (Hengel 298 f). – Für die Annahme, Mosaisches sei schon vor der LXX-Übersetzung den Griechen bekannt gewesen, s. Eupolemos (3.3.2); sie blieb eine Grundbehauptung der jüdischen (Philon, *Mos.* 2, 23; Josephus, *C.Ap.* 2, 168) wie altchristlichen Apologetik.

---

[16] Vgl. Dalbert 103–106. Monographie: O. DREYER: *Untersuchungen zum Begriff des Gottgeziemenden in der Antike* (Spudasmata 24), 1970 (bes. 125).

In Frg. 5 § 9 steht der Vorschlag, den Sabbat weniger als siebten als vielmehr als ersten Tag zu zählen – sozusagen Tag 0 der Schöpfung, wo Gott erst seinen Plan machte. Das mag jüdischer Lebensweise entsprechen, wo am Sabbat vorbedacht werden kann, was in der nächsten Woche geschehen soll; es nimmt aber auch die christliche Zählung der Woche vom Sonntag als 1. Tag voraus.

Abfassungszeit: Mitte 2.Jh. v.Chr. (s. „Adressat"). Ob die Zeitgenossenschaft zum *Aristaeosbrief* (4.1) vielleicht eine Priorität wäre für den einen oder anderen, ist mangels näherer Indizien nicht entscheidbar. Vgl. Kopftext, Ende. **Ort:** Alexandrien. **Adressat** lt. Frg. 2: Ptolemaeos (VI. Philometor, reg. 181–145 v.Chr.). Natürlich war das Werk auch für andere, zumal Juden, zum „Mitlesen" gedacht. **Sitz im Leben:** Der Text gibt sich als Antwort auf Fragen eines Intellektuellen zum Mosegesetz. Welche Verbindung zum Hof Aristobul hatte, wissen wir nicht; doch ist über jüdische Beteiligung an ptolemäischer Politik mitunter Erstaunliches zu erfahren (am konkretesten: Josephus, *C.Ap.* 2, 49).

Abfassungszweck: Aufweis der Vernünftigkeit der mosaischen Bestimmungen; Apologetik für jüdische Verschiedenheit.

Rezeption: Autoren wie Philon haben auf jeden Fall von ihm gelernt, auch wenn sie ihn nicht nennen; kein hellenistisch-jüdischer Autor nennt einen anderen. Das Bestehen auf der Torapraxis gerade der Symbolik halber (so z.B. *Migr.* 91–94) ist genau das, was schon Aristobul verteidigen will. Leider aber ist die Zeit zwischen Aristobul und Philon ein überlieferungsgeschichtliches Vakuum, was auch die Datierung der eventuellen Aristobul-Nachklänge erschwert. Walter 266f schlägt gewisse *Sirach*-Glossen vor (bes. *Sir.* 17,5) als Einfluss Aristobuls, dazu auch den *Aristaeosbrief* (4.1), den er später einordnen möchte, und die jedenfalls spätere *Sapientia* (6.5.1).

Origenes hat das Werk gekannt (*C.Cels.* 4, 51). Mehr aus Kirchenvätern s. Schürer/V. 581; Denis 1234–1237. Auch ohne genannt zu werden, wirkt er hier. Sein Einfluss und der des *Aristaeosbriefs* (4.1) war durchgedrungen und wurde über die „physischen" und die „ethischen" Allegorisierungen hinaus ins Geschichtstheologische ausgeweitet. Noch die Novelle 146 Justinians (0.2.5 Anm. 29) möchte es den Juden verwehren, bei der Lektüre von Tora und Propheten am Wortlaut zu hängen (*non solis litteris adhaerere*); vielmehr sei auf die verborgenen Prophetien zu achten, die Christus ankündigten. – Von christlicher Apologetik viel wiederholt wurde Aristobuls Postulat, schon die Philosophen Athens müssten Grundeinsichten der Mose-Tora gekannt haben (dazu v.a. Mülke).

3.1.2 Demetrios „der Chronograph"

Wenn stimmt, was Elias Bickermann als Abfassungszeit vorgeschlagen hat, wäre Demetrios, wohl ein alexandrinischer Jude, *der älteste hellenistisch-jüdische Autor, von dem wir wissen*. Der Name „Chronograph" tut ihm freilich zu viel Ehre an, auch wenn er gerne Zahlen nennt; aber mit den unter 3.6.1–2 zu nennenden Historikern ist er nicht zu vergleichen, bewegt er sich doch noch immer in der Freiheit des Mythos. Er ist fast noch ein Zeitgenosse jener „siebzig" Übersetzer, welche die Zahlenangaben in der *Genesis* noch ein Stück höher setzten als im Hebräischen, um jedenfalls bis vor den Trojanischen Krieg zu kommen.[17] So wird vermutet; allerdings vertritt er eine davon nochmals verschiedene Kalkulation.

Fünf der sechs Fragmente, durch Polyhistor vermittelt, finden sich bei Euseb; sie sind (wie bei Polyhistor immer) sämtlich nur als Referate erhalten.

Frg. 1: *Praep.* 9, 19,4, anonym, wird seit Jacob Freudenthal vermutungsweise Demetrios zugeschrieben, und so ist es seither Zitierkonvention;

Frg. 2: ebd. 9, 21 (19 Paragraphen lang), mit eigener Überschrift;

Frg. 3: ebd. 9, 29,1–3;

Frg. 4 ebd. § 15;

Frg. 5 ebd. § 16c.

Das sechste Fragment kommt aus einem Kontext, der jünger sein muss als Polyhistor; man tippt auf Ptolemaeos v. Mendes, einen fast verlorenen ägyptischen Historiker der frühen Kaiserzeit:[18]

Frg. 6: Clem.Al., *Strom.* 1, 141,1 f.

Denis, PVTG 3, S. 178 gibt noch ein Zitat aus vierter oder fünfter Hand bei einem Byzantiner, der es auf die *Chronik* Eusebs zurückführt. Deren 1.Buch, das viele Auszüge aus früheren Historikern bot, ist nur noch bruchstückweise überliefert.

Online-Index Nr. 22; Schürer/V. 513–517. **Inhaltsangabe** und Kommentar: Dalbert 28 f; Woschitz 187–192.

Einleitung und Übersetzung: Charlesworth II 843–854 (J. Hanson); JSHRZ III/2 (N. Walter) 1975, S. 280–292.

Einleitung: Denis 1122–1127; H. Attridge in: Stone, *Writings* 161 f; Wacholder 280–282; Gruen, *Heritage* 112–118; Collins, *Identity* 33–35; Siegert, *Septuaginta* 37. **Nur Text:** Denis, *Conc.* 912 f. **Anmerkungen:** Rießler (241–245) 1280 f.

Literatur: Lehnardt Nr. 5151–5196; DiTommaso 1018–1023.

Neuere Studien: Beckwith, *Calendar, Chronology and Worship* (s.o. 1.1.1) 105–114; Niehoff, *Jewish Exegesis* 38–57; Siegert, „Einleitung" 42f; H. Tervanotko: „Numbers 12 renarrated in Demetrius the Chronographer, 4Q 377" (etc.) in: D. W.

---

[17] Ähnlich ist man zwischen Griechen und Römern verfahren, wobei aber die römischen Historiker den Griechen doch einen – nicht zu großen – Ehrenvorsprung ließen: „Immerhin haben Varro und Livius die Gründung Roms auf das Jahr 753 v.Chr. gelegt, 23 Jahre nach der 1. Olympiade (776 v.Chr.). Jeder gebildete Grieche wusste, was er von dieser Terminierung zu halten hatte. Ein Gentlemens' Agreement war zustande gekommen." So D. Dormeyer: „Des Josephus zwei suasoriae (Übungsreden) Über das Volk der Juden", in: J. Kalms (Hg.): *Internationales Josephus-Kolloquium Amsterdam 2000* (MJSt 10), 2001, 241–261 (257).

[18] Walter (JSHRZ) 280 Anm. 3 mit Verweis auf dens., JSHRZ I/2, S. 94 Anm. 4; ausführlich: Wacholder, *Eupolemus* 40–50.

Rooke (Hg.): *Embroidered Garments. Priests and Gender in Biblical Israel*, 2009, 131–148.

Titel in den Handschriften: Frg. 2 trägt bei Euseb die Überschrift: Περὶ τοῦ Ἰακώβ; hingegen Frg. 6 bei Clem.Al.: Περὶ τῶν ἐν τῇ Ἰουδαίᾳ βασιλέων. Walter 280 vermutet dennoch, dass es sich um dasselbe Werk handelt.

Neuere kritische Ausgabe: Jacoby, *FGH* III C 2, S. 666–671; PVTG 3 (A.-M. Denis) 1970, S. 175–179; Holladay, *Fragments* I 51–91.

Textanfang von Frg. 1: Μετ' οὐ πολὺν δὲ χρόνον; **Textschluss** von Frg. 6: κριὸν καρπῶσαι (mit einem LXX-Wort für „Ganzopfer").

Wortindex: Siglum bei Denis, *Conc.:* „HDem."

Frühestes Zitat: Polyhistor hat ihn schon exzerpiert; **Erwähnung:** sonst keine.

Ähnliche oder ähnlich benannte Texte: v. a. 3.6.2 a. Im Rabbinat enstand weit später der *Seder ʿolam* in zwei Fassungen; vgl. 1.4.2, Kopftext.

Autor: nur durch diese Fragmente bekannt. Josephus wusste von ihm (*C.Ap.* 1, 218), will aber seine Leser glauben machen, er sei ein paganer Autor.

Textsorte: Am ehesten *Quaestiones* (wie 3.1.1); vgl. „Gliederung". – **Literarische Besonderheit:** Demetrios gilt als der früheste bekannte Benutzer der Septuaginta – womit sich freilich chronologische Probleme verbinden (s. „Abfassungszeit"). Der Textschluss ist ein Beleg für Septuaginta-Benutzung; auch die Formulierung τὸ πλάτος τοῦ μηροῦ (Frg. 2 § 7) für die „Spannader" von Gen 32,26 ist ein solcher und die Ortsangabe „nach Luza, das ist Bethel" (Frg. 2 § 10 < Gen 35,6). Ebendort aber ist das unverständliche ΧΑΒΡΑΘΑ von Gen 35,16 mit einem εἰς Χαφραθά besser wiedergegeben („nach Kabrat" [ein Ort]) als in der Septuaginta,[19] und für Angaben aus den weiteren Geschichtsbüchern, die u.W. erst später übersetzt wurden, muss er entweder eine Vorlage *ad hoc* oder einen zweisprachigen Informanten gehabt haben.

Zählung: Fragmente 1–6, mit Nennung des § an der Fundstelle (Clem.Al. oder Euseb).

Gliederung: ursprünglich wohl in Fragen: „Warum..."; sie scheinen im Referat noch durch (Frg. 2 § 14; Frg. 5 § 16).

Literarische Integrität: Korruptelen in den Zahlenangaben, zumal in dem von Clem.Al. Zitierten, werden bei Schürer/V. 514 durch Nachrechnen erwiesen. Vorschläge von Konjekturen z. B. bei Walter 292; Schürer/V. 514 f.

Biblischer Bezug, Vorlage: die Geschichtsbücher der Septuaginta, spätestens ab Gen 12. Berührt werden insbes. Gen 22–50; Ex 2–17; Num 11–12; Dtn 7,3. Es scheint, dass Demetrios an seinem Bibeltext Konjekturen angebracht hat (Schürer/V. 513). Von den – meist niedrigeren – Zahlen im Hebräischen weiß er nichts, oder er setzt sie willkürlich höher.

---

19 Im MT steht *kivrat ha-areṣ*, „eine Wegstrecke"; die hebr. Vorlage der LXX-Übersetzer, die diese Worte nicht verstanden (darum haben sie transkribiert – Siegert, *Septuaginta* 284f), hatte anscheinend von letzterem Wort nur ein Aleph, was den Richtungskasus ergibt: „nach Kivrat".

Historischer Bezug: Frg. 6 leistet den Anschluss an die absolute Chronologie, nämlich an „Ptolemaeos den vierten"[20] (s. „Abfassungszeit"). Eine Bezugnahme auf externe Herrscher ist in biblischer und zumal in parabiblischer Literatur äußerst selten; man wollte sie nicht nennen, um sie nicht zu ehren (zumal sie im Orient nicht selten als Götter galten). Eine Datierung nach Olympiaden kam auch nicht in Frage, da man den Sport (und das Nacktsein) ablehnte. Zur Chronologie bei späteren Autoren vgl. 3.6.1–2.

Griechischer Stil: im Fremdreferat nicht mehr klar zu erkennen; Wacholder 282 vermutet, dass es ein eher formloses Werk war – vielleicht im Quaestionen-Stil, in anspruchsloser Sachprosa, mit Septuaginta-Einschlägen im Vokabular.

Bemerkenswerte Stellen, Theologisches: Frg. 1 befasst sich mit der Opferung Isaaks, ohne inhaltlich zu Gen 22 etwas hinzuzubringen (das war auch nicht das Anliegen). Man schreibt dieses anonyme Zitat Demetrios nur zu, um jemanden zu nennen, von dem Polyhistor etwas wie eine Paraphrase des Pentateuch (den er selbst nicht las) bekommen haben könnte. – Mehr bei Dalbert 30–32.

Abfassungszeit: Frg. 6 nennt Ptolemaeos IV. Philopator (221–204; sein Thronbesteigungsjahr dürfte gemeint sein), was für die LXX-Übersetzung des Pentateuchs immerhin passt, auf die der Kön.-Bücher jedoch kaum mehr (s. o.: er müsste noch zum Original Zugang haben). Niehoff, *Jewish Exegesis* 54 f schlägt vor, Frg. 6 einem anderen, vielleicht gleichnamigen Autor zuzuweisen und setzt Frg. 1–5 umso sicherer ins 2.Jh. v.Chr. **Ort:** am ehesten Alexandrien. **Adressaten:** die dortige jüdische Bildungsschicht.

Abfassungszweck: Hebung der nationalen Überlieferung auf das Niveau von „Geschichte", Altersbeweis für das Judentum (so ausdrücklich Euseb, *H.e.* 6, 13,7).[21] Jetzt war die letzte Gelegenheit, in ethnographischer Selbstdarstellung sehr hohe Zahlen ins Spiel zu bringen. Die Übersetzer der *Genesis* nutzten sie parallel zu Demetrios.

Rezeption: Polyhistor, aus dem die genannten Kirchenväter nur einige sehr trockene Proben dieses Werkes entnehmen konnten (mehr hatte schon er ihm nicht abzugewinnen vermocht), scheint von dem weltgeschichtlichen Rahmen, an dem Demetrios sich versuchte, nicht beeindruckt gewesen zu sein. Auch im Judentum hat seine Arbeit nicht Schule gemacht. – Im Christentum könnte Julius Africanus (1.Hälfte 3.Jh.) von ihm angeregt worden sein. Der Übermittlungsweg zu ihm läuft (nach dem Verschwinden des Polyhistor-Werkes) über Euseb. – Im Rabbinat zählt

---

20 Ausnahmsweise wird hier eine Zahl geboten, wohingegen sonst in der Antike, in regierungsamtlichen Texten wie in der Geschichtsschreibung, meist nur diverse Beinamen zur Unterscheidung gleichnamiger Herrscher dienten, nämlich ihre weit feierlicher klingenden Thronnamen.

21 Dies gilt, sagt Euseb, von „Philon, Aristobul, Iosepos [Josephus], Demetrios und Eupolemos, jüdischen Schriftstellern". Das Ausführlichste in dieser Hinsicht haben wir von Josephus, dessen *C.Ap.* von ihm selber so betitelt wurde: Περὶ ἀρχαιότητος Ἰουδαίων. Hieronymus hingegen, *Vir.ill.* 38,4, zählt Aristobul, Demetrios und Eupolemos (die er aus Clem.Al. kennt) zu den *scriptores adversum gentes*.

man, sofern man überhaupt mit Jahren rechnet, „seit der Schöpfung", aufgrund einer Addition der Zahlen im MT-Pentateuch.

3.2 Zur biblischen Genealogie und Chronologie

3.2.1 Kleodemos/Malchas (Malchos)

Das folgende, nur sieben Zeilen lange Fragment, aus Polyhistor genommen, ist überliefert als Zitat bei Josephus, *Ant.* 1, 293–241 (und von dort übernommen bei Euseb, *Praep.* 9, 20,2–4). Es handelt von den Söhnen Abrahams mit Kettura. Die Einleitung bei Polyhistor ist mit erhalten: „Kleodemos spricht – der Prophet, der auch Malchos heißt, der den Bericht über die Judäer gibt (ἱστορῶν), wie auch Mose berichtet hat (ἱστόρησεν), ihr Gesetzgeber"; es folgt nach einem ὅτι der u. a. Text. So zitiert, könnte er (muss aber nicht) wörtlich sein. – Inhaltlich geht es um die Behauptung, Söhne der Kettura seien dabei gewesen, als Herakles Libyen eroberte und den Riesen Antaeos besiegte.

Online-Index Nr. 21; Schürer/V. 526–528.
Einleitung und Übersetzung: Charlesworth II 883–887 (R. DORAN); JSHRZ I/2 (N. WALTER) 1976, 115–120; dazu VI/1,1 (MITTMANN-RICHERT) 188–191; Inhaltsangabe 191f. **Inhaltsangabe** und Kommentar: Woschitz 330–333.
Einleitung: Denis 1150–1153; H. Attridge in: Stone, *Writings* 168f; Gruen, *Heritage* 151–153; Collins, *Identity* 51f. **Nur Text:** Denis, *Conc.* 917 Mitte. **Anmerkungen:** Rießler (667) 1311.
Literatur: Lehnardt Nr. 1516–1545; DiTommaso 1015–1017.
Titel bei Polyhistor: Περὶ Ἰουδαίων.
Neuere kritische Ausgabe: Jacoby, *FGH* III C 2, S. 686f; PVTG 3 (A.-M. DENIS) 1970, 196f; Holladay, *Fragments* I 245–259.
Textanfang: ἐκ τῆς Χετούρας Ἀβραάμῳ ἐγένοντο. **Textschluss:** Σόφακας λέγεσθαι.
Wortindex: Siglum bei Denis, *Conc.:* „HCle."
Ähnliche oder ähnlich benannte Texte: Ähnliche Eintragungen biblischer Frühgeschichte in den Neo-Mythos der frühhellenistischen Zeit s. nächstes (3.2.2). Collins stellt Kleodemos neben Thallos (3.6.2 a).
Autor: „Malchos/Malchas" ist ein semitischer Name (aram. *Malka';* vgl. Joh 18,10), häufig v. a. bei den Nabatäern. Viele semitischsprachige Randsiedler der griechisch-römischen Welt trugen zwei verschiedene Namen, nämlich auch einen Zweitnamen auf Griechisch, der mit dem Erstnamen nicht unbedingt in Beziehung stand. – Er hat lt. Polyhistor den Anspruch erhoben, ein Prophet zu sein, was vielleicht nur meint: ein Interpret des Judentums nach außen. In griechischen Orakeln war der προφήτης nicht der Orakelgeber (der hieß μάντις, masc. wie fem.), sondern er war der Interpret des Orakels.

Textsorte: Bei der Kürze des Fragments nicht bestimmbar. Der Ansage bei Polyhistor nach kann es sogar eine neugeschriebene *Genesis* gewesen sein, also eine Paraphrase der israelitischen Urgeschichte, wie sie auf hebräischer Seite im *Jub.* vorliegt (1.1.1) und wie Josephus sie einige Zeit später sehr ausführlich in *Ant.* 1–4 zustande bringen sollte. Dann wäre dieser Text unter 3.3 einzuordnen.
Biblischer Bezug: Gen 25,1–4.
Bemerkenswerte Stellen, Theologisches: Herakles gilt in diesem Fragment als Schwiegersohn Abrahams. Spätestens in römischer Zeit hätte man solches Einheiraten jüdischerseits nicht mehr gebilligt und jedenfalls nicht mehr erzählt. Zu dem Namen „Sophax" in dieser Genealogie vgl. Plutarch, *Sertorius* 9, 8–10 in dessen Genealogie des Herakles.
Abfassungszeit: vor Polyhistor, der im frühen 1.Jh. v.Chr. schrieb. **Ort:** Walter 116 vermutet Karthago. Über dessen jüdische Population s. Schürer/V. III 62f.
Abfassungszweck: „Kleodemos/Malchos wollte vielleicht für die Juden einen Anteil gewinnen an dem Ruhm, Afrika kolonisiert zu haben, veranlasst vielleicht durch die Probleme der punischen Kolonien, insbes. Karthagos, seit dem 3. Jh. v.Chr. und der daraus kommenden veränderten Haltung nordafrikanischer Juden zu ihren punischen Nachbarn" (Schürer/V. 527). Ähnliches wird gegenüber Sparta versucht in dem gefälschten Schreiben *1Makk.* 12,5–23 (1.4.2).
Rezeption: s. Kopftext.

3.2.2 Aristeas „der Exeget"

Das Folgende, von Euseb, *Praep.* 9, 25,1–4 wohl wieder aus Polyhistor Zitierte ist ein Referat im *a.c.i*, bei Denis 22 Zeilen lang, mit genealogischen Angaben in der Art des *Hiob*-Postskripts der Septuaginta (2.1.4 a). Die Frage der Priorität zwischen den beiden Texten ist offen. Die Assonanz des Namens ΙΩΒ mit dem ΙΩΒΑΒ von Gen 36,33 LXX ist in beiden Fällen einer der Ausgangspunkte, um hier nun Hiob einen Sohn Esaus und somit, wenn auch über die Nebenlinie, seinen Sohn Abrahams sein zu lassen.

Online-Index Nr. 13; Schürer/V. 525 f; **Inhaltsangabe** und Kommentar: Dalbert 67–70; Woschitz 517 f.
Einleitung und Übersetzung: Charlesworth II 855–859 (R. Doran); JSHRZ III/2 (N. Walter) 1975, S. 293–296. Dt. Text auch bei Siegert, *Septuaginta* 36.
Einleitung: Denis 1146–1150; Gruen, *Heritage* 118–120; Collins, *Identity* 35–37. **Nur Text:** Denis, *Conc.* 917 oben. **Anmerkungen:** Rießler (178) 1275.
Literatur: Lehnardt Nr. 9197–5220; DiTommaso 998–1000.
Titel bei Euseb: Περὶ Ἰουδαίων, wird als 1-bändig (nämlich im Sg.) zitiert.
Neuere kritische Ausgabe: Jacoby, *FGH* III C 2, S. 680; PVTG 3 (A.-M. Denis) 1970, S. 195f; Holladay, *Fragments* I 261–275.
Textanfang: τὸν Ἡσαῦ γήμαντα; **-schluss:** ὑπάρξεων ποιῆσαι.
Wortindex: Siglum bei Denis, *Conc.*: „HAri."

Es ist sonst keine antike **Erwähnung** bekannt.

Autor: sonst nicht bekannt; nicht zu verwechseln mit dem – ohnehin fiktiven – Aristaeos von 4.1.

Textsorte: vielleicht Ethnographie. **Zählung:** § 1–4.

Literarische Integrität: Vorschläge zu Konjekturen an dem von Polyhistor offenbar schon missverstandenen Text finden sich bei Walter in den Anmerkungen.

Biblischer Bezug: LXX Hi 1,3; 2,11. Das Hi-Postskript 42,17b.c LXX, inhaltlich ähnlich, könnte Vorlage gewesen sein, wenn es denn älter ist.

Bemerkenswertes insbes. im Vokabular s. Dalbert 69f.

Abfassungszeit: zwischen der LXX-Gen-Übersetzung (3.Jh. v.Chr.) und Polyhistor (frühes 1.Jh. v.Chr.).

Abfassungszweck: Diese Art von Genealogien war in hellenistischer Zeit ein beliebtes Mittel der Völkerverständigung,[22] hier in freundlicher Absicht auf Israels östliche Nachbarn zielend.

Rezeption: „Von seinem Buch – aber von einem vollständigen Exemplar, nicht von dem mehrfach mit Missverständnissen behafteten Exzerpt des Polyhistors – ist offenbar der Nachtrag zum Hiobbuch der Septuaginta abhängig" (Walter 293); s. 2.1.4. Allerdings wird auch die umgekehrte Auffassung vertreten. – Die Rabbinen haben auf ihre Art, und sehr verschieden, eine Verwandtschaft Hiobs mit Israel hergestellt: Ginzberg, *Legends* 2, 225 und 5, 381f.

3.3 Ausweitungen der biblischen Geschichte

3.3.1 Ps-Eupolemos (der samaritanische Anonymus)

Die Zuschreibung des Folgenden an Eupolemos ist ein Irrtum des Alexander Polyhistor, übernommen von Euseb. Es handelt sich um ein Pseudepigraphon, das diesen Charakter aber erst sekundär erhalten hat; vorher dürfte es ein Autorenwerk gewesen sein. Erhalten ist es in Form zweier Referate:

Frg. 1: *Praep.* 9, 17,2–6 und 7–9, eine rasche Paraphrase von Gen 10–14 zum Lobe Abrahams als Wissenschaftler (auch Astrologe!) und Feldherr;

Frg. 2: *Praep.* 9, 18,2, ausdrücklich als anonym (ἀδέσποτον) geboten; diese Stelle wird von der Forschung demselben Werk, ja derselben Passage zugewiesen, wovon sie eine Zusammenfassung sein dürfte.

Dem Inhalt nach ist beides ganz klar ein samaritanischer Text, auch wenn der beigegebene Buchtitel *Über die Juden* es nicht erkennen lässt. Inhaltlich zeigt sich hier die Akzeptanz hellenistischer Kultur auch bei den Samaritanern.[23] Deren Diaspora – auch

---

22 Vgl. vorige Anm.
23 Schürer/V. II 15–19; P. van der Horst: „Samaritans and Hellenism", *SPhA* 6, 1994, 28–36. – Über die zeitweise engen Beziehungen zum Christentum vgl. R. Pummer: *Early Christian Authors of Antiquity on Samaritans and Samaritanism* (TSAJ 92), 2002.

das gab es und ist sogar inschriftlich belegt (Schürer/V. III 42.45.59 f.71.81.103) – war natürlich ganz griechischsprachig.

Der Umstand, dass uns nunmehr ein samaritanischer Autor vor Augen tritt, gibt die grundsätzliche Frage auf, was von den hier zu behandelnden Texten sonst noch samaritanischen Ursprungs sein könnte – zumal wo Polyhistor der Zwischenträger ist. Ihm war dieser Unterschied nicht wichtig, vielleicht nicht einmal bekannt. Insbesondere für Theodotos (5.1.2) ist das erwogen worden, zumal dort einiges Interesse auf Sichem liegt, dann auch für diverse Texte, die sich für Mose interessieren und für die Patriarchen. Diesbezügliche Vermutungen s. Schürer/V. 283 (vgl. 285) und 511–565; näheres im dortigen Index 989a oben.

Online-Index Nr. 63; Schürer/V. 517 unten; 528–531; ergänzend Hengel, *JSS* 1990, 55 f.
Einleitung und Übersetzung: Charlesworth II 873–882 (R. Doran); JSHRZ I/2 (N. Walter) 1976, 137–143; dazu VI/1,1 (Mittmann-Richert) 196–202; Inhaltsangabe 196 f.
Einleitung: Denis 1154–1160; H. Attridge in: Stone, *Writings* 165 f; Hengel 162–169; Wacholder 287–291; Gruen, *Heritage* 146–150; Collins, *Identity* 47–50. **Nur Text:** Denis, *Conc.* 917 unten. **Anmerkungen:** Rießler (11 f) 1266 f; Wacholder 313 f.
Literatur: Lehnardt Nr. 1599–1635; DiTommaso 1030–1034. **Über Abraham** und die Astrologie: A. Yoshiko Reed: „Abraham as a Chaldean scientist", *JSJ* 35, 2004, 119–158 [auch zu Josephus, *Ant.* 1, 154–168].
Titel bei Polyhistor (und Euseb): ἐν τῷ περὶ Ἰουδαίων, eine sehr ungefähre Angabe; für Polyhistor waren Samaritaner und Judäer dasselbe. Ihr ist nur zu entnehmen, dass es ein Einzelbuch gewesen sein muss.
Neuere kritische Ausgabe: Jacoby, *FGH* III C 2, S. 678 f; PVTG 3 (A.-M. Denis) 1970, S. 197 f; Holladay, *Fragments* I 157–187.
Textanfang nicht wörtlich erhalten; der Übergang in Frg. 1 bei Polyhistor lautet: Εὐπόλεμος δὲ ἐν τῷ περὶ Ἰουδαίων „τῆς Ἀσσυρίας" φησὶ „πόλιν (...)". **Textschluss** von Frg. 2: οὕτως ἐπιγνῶναι.
Wortindex: Siglum bei Denis, *Conc.*: „HAno."
Ähnliche Texte mit dem Titel *Über die Judäer* s. 3.3.2; 4.2.1 (mehrfach) und 4.2.2. – Auf ein samaritanisches Buch der *Geheimnisse des Mose (Asatir)* verweist Walter 140.
Autor: war schon zu Polyhistors Zeiten anonym. Aus dem Inhalt ist zu schließen, dass es ein Samaritaner war. Wacholder 289 vermutet – aufgrund der Analogien zu Manethon, ägyptischem Priester, und Berossos, babylonischem Priester, auch hier Zugehörigkeit zur heimischen Priesterkaste.
Textsorte: Geschichtsschreibung, vermutlich der „pragmatischen" Art; Chronik.
Zählung: Frg. 1–2 mit §-Nummern des Euseb-Textes.
Gliederung: Frg. 1 § 7 setzt mit neuer Zitierformel ein; es sind also eher 3 Fragmente.
Quellen: Frg. 1 § 8–9 zeigt Nähe zu den Henoch-Traditionen (1.5), die offenbar auch von den Samaritanern geteilt wurden.
Biblischer Bezug: v. a. Gen 6, Gen 10, Gen 12.

Historischer Bezug: Der Text spiegelt eine Situation, wo die Samaritaner sich politisch nach Phönizien und Syrien, zu den Seleukiden, orientierten im Gegensatz zu den damals eher ägyptenfreundlichen Judäern (Hengel 164f; Walter 140); vgl. „Abfassungszeit".
Griechischer Stil: Sachprosa; s. „Textsorte".
Bemerkenswerte Stellen, Theologisches: Der samaritanische Blickwinkel zeigt sich in Frg. 1 § 6, wo die Begegnung Abrahams mit Melchisedek von Salem (Jerusalem) wegverlegt wird an den Garizim. – In der Art des Euhemeros (2.2.7 a mit Anm. 109) werden Kulturbringer der Vorzeit als (Halb-)Götter vorgestellt bzw. die Götter des Hellenismus auf diese Art vermenschlicht. Hengel 175 kontrastiert diesen Autor (dem selbst der Turmbau zu Babel als Kulturleistung gilt und Abraham als Urheber der Sternkunde) gegen den Nationalismus des – zeitlich jüngeren – Judäers Eupolemos (s. nächstes).
Abfassungszeit und -ort: „in Palästina zwischen der seleukidischen Eroberung 200 v.Chr. und der makkabäischen Erhebung" (Hengel 162). Die Zerstörung des Heiligtums auf dem Garizim (129 v.Chr.) und die damit endgültig gewordene Zurückweisung der Samaritaner seitens des Judentums sind offenbar noch nicht geschehen.
Abfassungszweck: biblische Kultur als älter zu erweisen als jede andere. Selbsteintragung des samaritanischen Judentums in die Kulturgeschichte der Menschheit.
Rezeption: „Wir haben hier (...) den ersten Beleg für die jüdische und christlich-apologetische Anschauung, dass die griechischen Philosophen ihre Weisheit (...) von den Erzvätern und Mose bezogen hätten" (Hengel 166; vgl. oben 3.1.1 „Theologisches"). Einfluss auf die jüdische Sibylle, insbes. auf *OrSib.* 3,97– 158.218–236 ist plausibel (Wacholder 290). An letzterer *OrSib.*-Stelle wird die Auffassung *getadelt*, Abrahams Nachkommenschaft habe etwas mit der Astrologie zu tun. Genau dies ist übrigens die Sibyllinen-Stelle, deren Paraphrase bei Polyhistor die älteste Bezeugung der *OrSib.* überhaupt liefert (5.3.1, „früheste Erwähnung").

3.3.2 Eupolemos, ein zweisprachiger Judäer

Der jetzt zu besprechende Autor, dessen Kenntnis wir vermutlich, und hauptsächlich, der Vermittlung Polyhistors verdanken, ist der einzige griechisch schreibende Jude neben Josephus und dem Übersetzer des *Sirach*-Buchs, den wir für die seltene Eigenschaft der Zweisprachigkeit namentlich nennen können.[24] Seine Bibel war offenbar die hebräische, anders als bei dem älteren Demetrios (3.1.2). Die leichteste Er-

---

24 Mehrsprachigkeit war im Griechentum kein Bildungsideal, sondern Sache der Kaufleute und der Sklaven. Im Orient war sie zwar gang und gäbe, schon des Handels wegen (Hengel 61–107), und nirgends im NT ist von der Notwendigkeit von Dolmetschern die Rede, nicht einmal im Prozess Jesu. Vgl. 0.3.3.

klärung für den Unterschied ist geographisch: Eupolemos dürfte mit hoher Wahrscheinlichkeit im Mutterland gelebt haben oder wenigstens dort aufgewachsen sein. Sein Name fällt in eine Zeit, wo man gerade in Judäa einen „guten Krieg" geführt hatte.

Fünf Passagen sind – ohne Erwähnung eines Zwischenträgers, der bis zu Frg. 4 wohl meist wieder Polyhistor war – von ihm erhalten:

Frg. 1 ist ein Referat bei Clem. Al., *Strom.* 1, 130,3; verlässlicher bei Euseb, *Praep.* 9, 26,1;

Frg. 2, mehrere Seiten umfassend, bei Euseb, *Praep.* 9, 30 – 34, ist der sagenhafte Briefwechsel Salomos mit benachbarten Königen, gerahmt von einem Referat des bei Eupolemos befindlichen Kontexts, im Übrigen aber wörtlich zitiert;

Frg. 3 ist ein kurzes Referat bei Euseb, *Praep.* 9, 34,20;

Frg. 4 ist ein Zitat bei Euseb, *Praep.* 9, 39,2 – 5;

Frg. 5 findet sich nur bei Clem. Al., *Strom.* 1, 141,4 f, ein Referat. Die Übermittlung dieses Fragments dürfte die gleiche sein wie die von Demetrios' Frg. 6, nämlich durch Ptolemaeos von Mendes.

Alle fünf Fragmente sind genauestens besprochen bei Wacholder (s. u.) 71– 242.

Online-Index Nr. 29; Schürer/V. 517– 525. **Frg. 2:** Stegmüller Nr. 108 und 108.1– 2. **Inhaltsangabe:** Dalbert 35 f.

Einleitung und Übersetzung: Charlesworth II 861– 872 (F. FALLON); JSHRZ I/2 (N. WALTER) 1976, 93 – 108; dazu VI/1,1 (MITTMANN-RICHERT) 174 – 184; Inhaltsangabe 174 f.

Einleitung: Denis 1127– 1135; H. Attridge in: Stone, *Writings* 162– 165; Hengel 169 – 175; Gruen, *Heritage* 138 – 146; Collins, *Identity* 46 f; Siegert, „Einleitung" 45 f. **Nur Text:** Denis, *Conc.* 914 f. **Anmerkungen:** Rießler (328 – 333) 1287 f; Wacholder (s. u.) 307– 312.

Literatur: Lehnardt Nr. 1440 – 1494; DiTommaso 1024 – 1029; grundlegend; B.-Z. WACHOLDER: *Eupolemus*, 1974. **Neuere Studie:** Th. NAEF: „L'histoire d'Israël dans les fragments d'Eupolème", in: G. BROOKE/Th. RÖMER (Hg.): *Ancient and Modern Sciptural Historiography* (BEThL 207), 2007, 203 – 210.

Titel (gegeben zu Frg. 1 bei Clem. Al.): Περὶ τῶν ἐν τῇ Ἰουδαίᾳ βασιλέων.[25] Der bei Euseb für Frg. 2 genannte Titel kann nicht stimmen: Περὶ τῆς ΗΛΙΟΥ προφητείας, denn kein Leser des Griechischen sieht dem Genitiv ΗΛΙΟΥ an, dass er von „Elias" kommt und nicht von „Helios". Kritik dieser Verschreibung bei Wacholder 21– 24. Jedenfalls ist dasselbe Werk gemeint.

Neuere kritische Ausgabe: Jacoby, *FGH* III C 2, S. 672– 678; PVTG 3 (A.-M. DENIS) 1970, S. 179 – 186; Holladay, *Fragments* I 93 – 156.

Textanfang des ersten Briefes in Frg. 2: Γίνωσκέ με παρειληφότα. **Textschluss** des letzten Briefes (34,3): ὅπως χορηγῆται τὰ δέοντα.

---

[25] Für Demetrios (3.1.2) kam dieser Titel auch schon vor, dort aber vermutlich aus einem (Kontext-)Versehen.

Textanfang von Frg. 4: Εἶτα Ἰωναχείμ. **Textschluss:** τὸν Ἰερεμίαν κατασχεῖν.
Wortindex: Siglum bei Denis, *Conc.:* „HEup."
Früheste Bezeugung: Der apokryphe Briefwechsel Salomos mit König Hirom (Hiram) v. Tyrus wird bei Josephus, *C.Ap.* 1, 107–111 in einer anderen Fassung geboten, sodann noch in einer weiteren, nichtjüdischen: § 112–115 kommen aus der (sonst verlorenen) *Geschichte der Phönizier* des Dios; dort übertrifft ein junger Tyrier den König Salomo beim Lösen von Rätseln (vgl. Siegert, „Einleitung" 45 f; dt. Übers. im selben Band 117 f; gr. Text in Bd. 2, Anhang). Denis 539 sieht hier den Ursprung der Salomo-Legenden, in hellenistischer Zeit gelegen.
Ähnliche oder ähnlich benannte Texte: Inhaltlich vergleichbar und vielleicht auch frühhellenistisch ist die Legende von den drei Pagen in *1Esr.* 3–4 (1.4.1 b); auch hier findet sich das Paradox, dass der zu befragende Weise der Jüngere ist. – Es folgen bei Josephus bis § 120 Texte ähnlichen Inhalts, nicht aus jüdischer Feder. – Sagen über Hiram und Salomo auch bei Jellinek, *BHM* 5, 111 f; dt.: Wünsche II 29–32.
Der **Autor** kann gut derselbe sein wie der Eupolemos ben Joḥanan von *1Makk.* 8,17 und *2Makk* 4,11; er ist damit „der älteste hellenistisch-jüdische Historiker im genaueren Sinne des Wortes" (Walter 97), „der einzige griechisch-jüdische Schriftsteller, dessen Kenntnis des Hebräischen belegbar ist" (Wacholder 253). Über seinen Vater, der als Diplomat bereits griechischkundig sein musste; s. Wacholder 10 f, Eupolemos' belegbare bzw. mögliche Biographie ebd. 12–21. Den Daten nach hat er in seiner Jugendzeit Simon II., den „Gerechten", als Hohenpriester noch erlebt und ist i. J. 161 v. Chr. als Mitglied einer judäischen Delegation für Judas Makkabäus in Rom gewesen, welche einen „Freundschafts-" (Bündnis-) Vertrag mit Rom erreichte (s. o. 1.4.2). Dazu passt die Angabe in Frg. 5, dass er eine Chronologie „von Adam bis zum 5. Jahr des Demetrios" (158 v. Chr.)[26] erstellt habe. – Wacholder 12 lässt ihn selbst aus priesterlichem Milieu hervorgehen, wo all diese Beschäftigungen, auch die diplomatische, am besten hinpassen. Seine schriftstellerische Tätigkeit steht in Analogie zu Berossos, dem babylonischen Priester, und Manethon, dem ägyptischen. Nachweis seiner Zweisprachigkeit (die in diesen Kreisen ohnehin unerlässlich war) s. u.: „Stil"; auch „Sitz im Leben".
Textsorte: Geschichtsschreibung, wohl der pragmatischen Richtung, mit allerdings übertriebenen Jahreszahlen (extreme Frühdatierung des Exodus; s. Hengel 173). Frg. 5 lässt auf Ähnliches schließen wie die großen Chronologien der hellenistischen Zeit, namentlich Kastor (s. 3.6.1 a, „Vorbild"). – **Literarische Besonderheit:** Frg. 2 gibt eine Einlage aus der damals sehr beliebten Gattung „Prominentenbrief". Noch Gellius (20, 5,11 f) berichtet und zitiert (gr.) aus einem Briefwechsel zwischen Aristoteles und dessen prominentestem Schüler Alexander, der gerade König von Persien geworden war. Dieser Briefwechsel schmückte den in helle-

---

[26] Gemeint ist jedenfalls ein Seleukide dieses Namens, und ohne Zusatz wohl deren erster, Demetrios I. Soter, nachprüfbar etwa bei Deißmann, *Chronologie* 68.

nistischer Zeit, wohl in Alexandrien, entstandenen *Alexanderroman* (auch: *Alexandervita; Historia Alexandri Magni*) zusammen mit einem angeblichen Briefwechsel des großen Eroberers mit seiner Mutter Olympias.[27] Er ist erhalten in vielen Fassungen, von denen mindestens eine auch im Judentum bekannt war (2.3.3 b); andere wiederum tragen jüdische Zusätze (4.2.4; 6.2.1).

Zählung in 5 Fragmenten nach der Reihenfolge ihres Vorkommens bei Euseb, mit der §-Zahl des Euseb-Textes.

Gliederung in Frg. 2: Die zitierten Briefe tragen jeweils zweierlei Überschriften, die eine literarisch, für den Brief: „Brief Salomos" (bzw. „des Wafres" bzw. „des Suron"),[28] danach die Überschrift *im* Brief: „König Salomo dem König Ägyptens, Wafres" usw., mit dem üblichen Gruß.

Literarische Integrität: Vorschlag einer Konjektur zu Frg. 5 bei Schürer/V. 519 f.

Biblischer Bezug: Frg. 2: 3Kön 5,16–23. Liste aller Bibelbezüge im Einzelnen bei Wacholder 243–248; Untersuchung der Wechselbeziehungen zu den auf Hebr. mehr oder weniger fertigen, auf Gr. aber noch nicht vorliegenden Büchern 3Kön–2Chr, auch zu Prophetenbüchern, ebd. 248–58.

Historischer Bezug: Anspielungen auf Geschehnisse des 2.Jh. v.Chr. werden bei Schürer/V. 518f aufgespürt; ausführlich: Wacholder 12–21. Der Vorschlag eines Bündnisses Judäa-Rom könnte von ihm gekommen sein (ebd. 19). Ein zeitgeschichtliches Element ist Eupolemos' offenkundige Begeisterung für den Tempel, dessen Kult ja seit 164 v.Chr. wieder der mosaischen Norm folgte, also „rein" war.

Quellen: Wacholder 259–298 prüft die Verbindungen zu allem Griechisch-Jüdischen des 2.Jh. v.Chr.; diese dürften stets in der Mündlichkeit liegen. Frg. 4 (Ende) ist eine auch sonst bekannte Jeremia-Legende: vgl. *2Makk.* 2,4–8; *VitProph.* (8.1.1) unter „Jeremia" 9; *ParJer.* 3 (7.3.2 a) als Belege für das gleiche mündliche Traditionsgut. –

Vorlage: Frg. 2 könnte aus einer Kombination der biblischen Vorlage mit einem auf syrischer Seite fingierten Briefwechsel Hiram-Salomo beruhen; letzterer hat sich auch in Josephus, *C.Ap.* 1, 113–115 erhalten.

Griechischer Stil: Wacholder 12f (vgl. Hengel 170): Dieser Autor konnte Griechisch nur als Zweitsprache. Biblisches übersetzt er *ad hoc*. Wacholder 247–258 erweist im Detail die Unabhängigkeit des Eupolemos von der Septuaginta.

Bemerkenswerte Stellen: s. Dalbert 38–42. In Frg. 1 gilt Mose als „erster Weiser", vergleichbar mit dem Hermes der Griechen (und dem Thoth der Ägypter), was ihn für hellenistische Begriffe zu göttlichem Rang erhebt; man verehrte die Kulturbringer. Er soll noch vor den Phöniziern das Alphabet erfunden haben. **Theolo-**

---

27 Gellius (13, 4) berichtet davon und bietet Proben (auf Latein) aus Varro: Dort habe Alexander sich seiner Mutter als Sohn des Zeus Ammonios vorgestellt, woraufhin diese ihn tadelte, er wolle doch nicht etwa den Zorn der Hera auf sie, seine Mutter, herabbeschwören. Das ist ja wohl ein Treppenwitz. Am Bild des „göttlichen" Alexander wird hier spielerisch gekratzt. Andrerseits war man gerade in Alexandrien auf diesen Gründer stolz.

28 Zu den Namen: Οὐαφρῆς soll Pharao Hofra sein sein (Jer 44[51],30; hebr. חפרע); „Suron" ist eine Alternativform zu Ḥiram (helles -ch- wurde zu -š-).

gisches: Eine Spitzenaussage sieht Wacholder 242 in dem o.g. Ende von Frg. 4: Alles Gold habe den Tempel nicht schützen können; doch sei es dem Propheten Jeremia gelungen, die Bundeslade in Sicherheit zu bringen. Ihr und den Gesetzestafeln eigne die Unzerstörbarkeit.[29] – Hengel 175 zieht einen Vergleich zwischen Frg. 1 und Ps.-Eupolemos (3.3.1): „Es ist (..) keineswegs dasselbe, ob Abraham oder Mose als der 'erste Weise' erscheinen. Im einen Falle überwiegt die universale, im andern Falle die nationale Tendenz. Hier wird der Wechsel der Verhältnisse durch die makkabäische Erhebung sichtbar."

Abfassungszeit: Die Datumsangabe in Frg. 5 weist auf 145 v.Chr. (Hengel 170); Wacholder 6f hingegen schließt auf das oben schon genannte Jahr 158/157 v.Chr., was noch näher an die Rom-Mission des in *1Makk.* 8,17 genannten Eupolemos (161) herankommt. **Ort:** Land Israel (wegen Zweisprachigkeit, auch wegen starker Konzentrierung auf Jerusalem und den Zion). **Adressaten; Sitz im Leben:** Der Autor gehörte zur politischen Klasse in Judäa, u.z. zu ihrem auch in Hasmonäerzeiten hellenismusfreundlichen Flügel (Wacholder 12f). Es dürfte seine Absicht gewesen sein, den Platz seines Volkes in der Weltpolitik zu beschreiben und zu festigen.

Abfassungszweck: Schon der Titel, sofern echt, spricht für judäischen Patriotismus: Es geht um den Nachweis, dass es eine erfolgreiche judäische (und mosaische) Politik gab und gibt. Dazu, und überhaupt: Altersbeweis für das Judentum (s. Hengel 171 zu den Zahlen).[30]

Rezeption: Wacholder 27–70 geht allen nur denkbaren Einflüssen des Eupolemos nach, darunter sind *1.2Makk.* (wo sein Name jeweils genannt ist), der pagane Historiker Ptolemaeos v. Mendes, Alexander Polyhistor, Josephus und die Kirchenväter. Auf S. 108f weist er auch den Einfluss des Eupolemos auf LXX 3Kön 2,12 nach und findet Spuren der dort angestellten Berechnung sogar noch im rabbinischen *Seder 'olam rabba'*. „Es ist auch sehr erwägenswert, in ihm den Verfasser jener Quelle zu sehen, aus der das *1Makk.* seine Nachrichten über Judas Makkabaios schöpft" (Walter 96).

3.3.3 Theophilos

Die eine Notiz, die unter diesem Namen überliefert ist (Euseb, *Praep.* 9, 34,19), besteht in der Behauptung, dem König Salomo sei beim Tempelbau Gold übrig geblieben, welches er dem König von Tyrus (der in der Bibel ihm mit Handwerkern und Material

---

29 Hier wird ignoriert, dass der Zweite Tempel keine Bundeslade mehr hatte.
30 Anders als die Griechen, die mit der Eroberung Troias oder, wenn sie vorsichtiger waren, mit der 1. Olympiade zu zählen begannen, meinte er, von Adam ab zählen zu können, wobei ihm die Zahlenunterschiede zwischen dem Hebräischen und der Septuaginta vermutlich noch nicht bekannt waren. Möglich ist vielmehr, dass die Septuaginta-Übersetzer nach seinem Vorbild die Chronologie noch „streckten".

ausgeholfen hatte) zurückgab, und dieser habe einer Statue seiner Tochter daraus einen goldenen Mantel machen lassen. – Hier mag gegenüber Polyhistor etwas ausgefallen sein; denn dieser hätte vermutlich versucht, Theophilos über einen Zunamen oder einen Buchtitel näher zu identifizieren.

Nicht im Online-Index; Schürer/V. 556f; Stern, *Authors* I S. 126f.
Einleitung und Übersetzung: JSHRZ I/2 (N. WALTER) 1976, 109–111; dazu VI/1,1 (MITTMANN-RICHERT) 185–187; Inhaltsangabe 185.
Einleitung: Denis 1160f; H. Attridge in: Stone, *Writings* 169.[31] **Nur Text:** Denis, *Conc.* 918 unten (4 Zeilen).
Literatur: Lehnardt Nr. 1495–1506; DiTommaso 1066f.
Titel: nicht überliefert.
Handschriftliche Überlieferung: Das eine überlieferte Zitat steht bei Euseb, *Praep.* 9, 34,19.
Neuere kritische Ausgabe: Jacoby, *FGH* III C 2, S. 694f; Holladay, *Fragments* I 337–342; Stern, *Authors* I S. 126f (dort auch die Josephus-Stelle *C.Ap.* 1, 215f).
Textanfang mit Zitierformel: Θεόφιλος δέ φησι τὸν περισσεύσαντα χρυσόν. **Textschluss:** κίονα περιθεῖναι.
Wortindex: Siglum bei Denis, *Conc.:* „HThe."
Ähnliche oder ähnlich benannte Texte: Zahlreichen Sagen der hellenistischen Zeit umranken die Zusammenarbeit Hirams und Salomos beim Tempelbau: Bei Stern, *Authors* I vgl. S. 129 (mit der zusätzlichen Angabe, diese Tochter sei eine der Frauen Salomos geworden); bei Josephus: *C.Ap.* 1, 112–115 (dort auch Altersbeweis für die jüdische Zivilisation).
Autor: wohl identisch mit dem von Josephus, *C.Ap.* 1, 216 genannten Theophilos, den Josephus aber in apologetischer Absicht als Nichtjuden ausgeben möchte (mit Erfolg bis hin zu einem Eintrag bei Stern); gleiches tut er gleich danach mit anderen Autoren in § 218. – Dieser Theophilos ist nicht identisch mit dem in 3.5.4 genannten Theophilos, Sohn des Theogenes, auch nicht mit dem in 3.6.2 u.ö. zitierten christlichen Apologeten Theophilos v. Antiochien.
Textsorte, Literarische Integrität: Bericht aus zweiter Hand, im *a.c.i.* formuliert, u.z. wohl schon von Alexander Polyhistor, aus dem Euseb diese Notiz entnimmt.
Biblischer Bezug: 3Kön 9,10–14 (Tempelbau Salomos). Seinen in 3Kön 11 erwähnten Hochzeiten mit Ausländerinnen wird hier noch eine hinzugefügt.
Quellen bzw. **Vorlage:** Der Autor mag Verbindungen nach Tyrus gehabt haben wie die unter 3.3.2 erwähnten.
Abfassungszeit vor Polyhistor. **Abfassungszweck:** Akkulturierung des Judentums, dabei Stärkung jüdischen Selbstbewusstseins. Das in der Tempelbau-Geschichte ja offen zugegebene kulturelle Gefälle Judäas gegenüber seiner Umwelt, ein

---

[31] Bei Wacholder 15 läuft die Episode versehentlich unter dem Namen Eupolemos, jedenfalls im Haupttext; erst Anm. 67 nennt den bei Euseb bezeugten Namen.

Problem auch wieder (und gerade) in hellenistischer Zeit, wird in eine polemische Spitze gegen Polytheismus umgemünzt.

Rezeption: Wie weit die Erwähnung einer Statue für eine durch Tod frühzeitig verlorene Tochter etwa in *Sapientia* 14,12–31 (6.5.1) aufgegriffen wird, wäre noch zu fragen.

3.4 Iason von Kyrene und das *2.Makkabäerbuch*

In diesem Abschnitt gilt es das Schicksal eines Textes zu verfolgen, der – den Nachrichten zufolge – als fünfbändige Geschichte des Makkabäeraufstands begann und als Märtyrerlegende zu (christlichen?) Erbauungszwecken seine Endgestalt erhielt, jedenfalls nur als solche noch erhalten ist.

3.4.1 Iason v. Kyrenes fünf Bücher *Makkabaïka*

Das nun vorzustellende Werk hat vermutlich nicht weniger als drei Entwicklungsstufen durchlaufen (Habicht 169–177; Arenhoevel 113–116; Williams 73), die sich heute nicht mehr einwandfrei trennen lassen, sich aber doch bis in die Textsortenbestimmung hinein unterscheiden:

1) Eine Erstfassung in fünf Büchern, ein Autorenwerk historischen Inhalts, ist als solches leider verloren; wir widmen ihm trotzdem versuchsweise diesen Abschnitt 3.4.1.

2) Eine Epitome (Zusammenfassung) in 1 Buch, deren Verfertiger in 2,23 Iason als ursprünglichen Autor nennt; sein Interesse geht stark auf das Sensationelle, welches er nicht nur belässt, sondern auch expandiert (hier 3.4.2).

3) Die Endredaktion, in christlichen Bibeln als *2.Makkabäerbuch* befindlich: Sie wird uns die Frage nicht ersparen, was an ihr christlich ist (hier 3.4.3).

Denn leider lässt der Text, wie wir ihn haben (als Bestandteil des AT der Kirche, der Septuaginta), sich nicht früher als im 2.Jh. n.Chr. nachweisen. Das Wenige, was es an älteren Hinweisen gibt, sind nur Stichworte und Motive; sie belegen nicht die in der Septuaginta vorliegende Ausarbeitung.

Begonnen hat dieses komplexe Werk als die letzte Schilderung eines JHWH-Krieges, die es noch gibt. Dem Eingreifen von oben, öfters als „Epiphanie" bezeichnet[32]

---

[32] Eine ἐπιφάνεια (Selbstvisualisierung) Gottes wird nicht weniger als 6 Mal berichtet, und „Epiphanie" ist in der Religionswissenschaft ein diesbezüglicher Terminus. Zum Vergleich: *3Makk.* hat das Wort dreimal (wobei 2,9 noch an den älteren Bezug dieses Ausdrucks, die Herrlichkeit des Tempelkults, denken lässt); daneben in LXX nur noch 2Sam 7,23 (wo eine Passivform von *j-r-'* „fürchten" absichtlich missverstanden wird als von *r-'-h* „sehen" herkommend; Bezug ist hier wohl auf die Begleiterscheinungen des Exodus) und Am 5,22 (wo anscheinend an das „Erscheinen" Israels vor Gott im Kult gedacht

oder gar erzählerisch visualisiert, entspricht der Gottesschrecken bei den Feinden Israels, die hier in unglaublicher Menge vernichtet werden. Es ist möglich, dass diese Stilisierung schon Iasons Absicht war und sich somit als Konstante durchhält – mit einer merkwürdigen Wendung allerdings ins Passive, ins Martyrium, in Kap. 7 und auch am Ende von Kap. 14, was Zweifel aufkommen lässt bezüglich dieser am allerstärksten übertriebenen und übrigens den Tempel nicht mehr erwähnenden Textpartien. Sie können dem Epitomator oder auch der Endredaktion geschuldet sein; s. 3.4.2–3.

Unbestritten bietet das Buch, wie zusammengesetzt es auch sein mag, wertvolle historische Informationen über das *1Makk.* hinaus. Nur hier nämlich und teilweise bei Josephus erfahren wir, welche Jerusalemer Aristokraten und Abkömmlinge des Hohenpriesters Simon II. (s. 1.3.1) die Hellenisierung des Tempelkults initiierten, und wir erfahren einen Teil der Wirren, die schließlich einen Nachkömmling Simons II. mit Namen Onias zu jener Flucht veranlassten, von der wir aus Josephus wiederum wissen, dass sie zur Errichtung des schismatischen „Tempels des Onias" in Leontopolis führte (s. 3.1.1).

Erst die Endredaktion steht in dem Verdacht, von Christen zu kommen, und jedenfalls ist der Text überhaupt erst in christlichen Zeiten greifbar. Noch Josephus (spätes 1.Jh. n.Chr.) bietet aus ihm nichts, sondern nur eine sehr karge Fassung der zugrunde liegenden Überlieferung vom Tod wehrloser Zivilisten im Laufe des makkabäischen Aufstands (*Ant.* 12, 255f). Dieser Umschlag von sehr politischer Heldenverehrung in eine Art von Todesverherrlichung, deren Beschreibung sofort christliches Vokabular auslöst („Martyrium" – s.u. 3.4.3) widerrät einer „ganzheitlichen" oder gar „kanonischen" Lektüre dieses Werkes und setzt die kritische Lektüre auf die Spur eines komplexen Werdegangs innerhalb von mehr als zwei Jahrhunderten.

Die folgenden Angaben beziehen sich auf 5-bändige Urfassung, soweit wir noch etwas über sie sagen können.

Einleitung: Hengel 176–186; Schürer/V. 531–537; vgl. ebd. I 19f; H. Attridge in: Stone, *Writings* 176–183; deSilva 266–279; Collins, *Identity* 77–83.
Übersetzung s. 3.4.3. Es gibt keine Separatübersetzung hierzu oder zu 3.4.2.
Literatur: Lehnardt Nr. 2169–2408; vgl. Williams (nächste Rubrik) 80–83. Bahnbrechend war E. BICKERMANN: *Der Gott der Makkabäer,* 1937 u.ö. (engl. 1979); dort S. 12–16 Zeittafel der rekonstruierten Ereignisabfolge. Vgl. M. HIMMELFARB: „Judaism and Hellenism in 2 Maccabees" (1998) in: dies., *Essays* 191–210; dies.: „Elias Bickerman on Judaism and Hellenism", ebd. 211–220 und Folgeaufsätze. – **Neuester Kommentar:** D. SCHWARTZ: *2 Maccabees* (CEJL), 2008, bes. zum Historischen. Wichtig für die implizite Theologie bleibt Arenhoevel, *Theokratie* (0.9.5).

---

ist); politisch: Est 5,1c (= *ZusEst.* D) von der Pracht des Perserkönigs. Auch Antiochos „Epiphanes" wollte in seiner Prachtentfaltung die „Erscheinung" einer Gottheit sein; Antiochos II. führte den schichten Beinamen „Theos" und Kleopatra VII. den Beinamen „Thea". – Die Bezeichnung „Epiphanias" für das Weihnachtsfest der östlichen Christenheit kommt aus 2Tim 1,10.

Neueste Darstellung der Makkabäergeschichte und Kritik der bisherigen Forschung: Eckhardt, *Ethnos und Herrschaft* (0.9.5).
Forschungsbericht 1975–2000: D. WILLIAMS: „Recent research in 2 Maccabees", *Currents in Biblical Research* 2, 2003, 69–83; vgl. Eckhardt (eben genannt). **Neuere Studien:** J.-D. GAUGER: „Der 'Tod des Verfolgers': Überlegungen zur Historizität eines Topos", *JSJ* 33, 2002, 42–64; W. AMELING: „Jerusalem als hellenistische Polis. 2Makk 4,9–12 und eine neue Inschrift", *BZ* 46, 2002, 105–111; J. W. VAN HENTEN: „2 Maccabees as a history of liberation", in: M. MOR (u. a., Hg.): *Jews and Gentiles in the Holy Land in the Days of the Second Temple, the Mishnah and the Talmud*, 2003, 63–86; D. DORMEYER: „Pragmatische und pathetische Geschichtsschreibung in der griechischen Historiographie, im Frühjudentum und im N.T.", in: T. SCHMELLER (Hg.): *Historiographie und Biographie im N.T. und seiner Umwelt* (NTOA 69), 2009, 1–33; J. TORRES: „Τῇ πατρίῳ φωνῇ. Linguistische und kulturelle Alterität im 2.Makkabäerbuch", in: Hirschberger, *Hell.-jüd. Literatur* 107–116; F. SIEGERT: „Das Zweite Makkabäerbuch als christliche Kompilation", ebd. 143–172 [berücksichtigt noch nicht die Eigenart der Epitome, die dem christlichen Endredaktor vermutlich stark vorgearbeitet hat; hiermit überholt]. – **Zu Kap. 3:** J. BRENNER: „Close encounters of the third kind. Heliodorus in the temple and Paul on the Road to Damascus", in: A. HOUTMAN/D. DE JONG/M. MISSET-VAN DE WEG (Hg.): *Empsychoi Logoi. Religious Innovations in Antiquity*, FS Pieter Willem van der Horst (AJEC 73), 2006, 367–384. Zur **Heliodor-Inschrift** s. z. B.: W. AMELING: „Seleukidische Religionspolitik in Koile-Syrien und Phönizien nach der neuen Inschrift von Maresha", in: S. KREUZER/M. MEISER (u. a., Hg.): *Die Septuaginta. Entstehung, Sprache, Geschichte* (WUNT 286), 2012, 337–359; Eckhardt (vorige Rubrik) 45–47.176 f.. – **Zu Kap. 4:** L. ZOLLSCHAN: „The Earliest Jewish Embassy to the Romans: 2Macc. 4:11?", *JJS* 55, 2004, 37–44. – **Zur Sabbat-Halacha:** Ch. BATSCH: *La guerre et les rites de guerre dans le judaïsme du deuxième Temple* (JSJ.S 93), 2005.
Handschriften s. 3.4.3.
Titel zu erschließen aus dem Titel von 3.4.2 als: Μακκαβαϊκά. Jacoby, *FGH* II B S. 910 vermutet: Τὰ κατὰ [besser: κατ'] Ἰούδαν τὸν Μακκαβαῖον.
Neuere kritische Ausgabe: s. 3.4.2 (zu Jacoby) und 3.4.3.
Originaler **Textanfang** nicht mehr erhalten, auch nicht der Textschluss; vgl. 3.4.2.
Frühestes Zitat: Die Urfassung ist durch kein Zitat belegt. **Früheste Erwähnung:** *2Makk.* 2,23 (Bemerkung des Epitomators, dem sie natürlich vorlag).
Ähnliche oder ähnlich benannte Texte: Quellenstücke, wie sie dem Verfasser des *1Makk.* (1.4.2) vorlagen bzw. dort wörtlich eingingen, dürften auch hier zu veranschlagen sein; Iason muss mindestens einen Teil seiner Arbeit in Jerusalem getan haben.
Autor: Iason von Kyrene, nur durch die Notiz in 2,23 bekannt, die freilich auch fiktiv sein kann, aber nur selten bezweifelt wird (Williams 71 f). Er ist von einem Jeru-

salemer Hohenpriester gleichen Namens,[33] der in dem Text vorkommt, leicht zu unterscheiden. Weniger klar ist eine evtl. Identität mit dem Iason von *1Makk.* 8,17, Mitglied einer Gesandtschaft des Judas Makkabäus nach Rom. Chronologisch ist sie immerhin möglich. – Sein Beiname lässt eher auf seine Herkunft (vgl. Anm. 40) schließen als auf seinen Wirkungsort.

Textsorte: Geschichtsschreibung, die pragmatische imitierend, aber auch (unbewusst?) karikierend: Sie liebt Namen, Zahlen und Daten, wobei aber die Zahlen bis ins Groteske übertrieben sind (vom Autor?). **Literarische Besonderheit** waren wohl schon hier (sonst eben in der Bearbeitung) die sehr häufigen, unwahrscheinlich hohen und damit pseudo-genauen Zahlenangaben. Werden schon Entfernungen zwischen Orten gern in Zahlen angegeben (ein Feldherr rechnete in Stadien), so sind die Zahlen gefallener Feinde, manchmal auch Israeliten, grotesk übertrieben. Zählt man die von 5,14 bis 15,25 gemachten Angaben zusammen, so wären es 339.400, nicht gezählt die „vielen" von 5,26 und das Blutbad einer ganzen Stadt in 12,16. Da hilft selbst das sonst übliche Teilen durch 10 nicht mehr. – Eine andere Eigentümlichkeit sind Visionen, Epiphanien und überhaupt das aufweisbare Eingreifen Gottes in den Gang der Dinge. Dass die gefallenen Israeliten von 12,40 Amulette getragen hatten, wie sich an den Leichen erwies, gehört dazu und ist einer der Anlässe für den anschließenden Sühneritus für Verstorbene, auf dessen textliche Expansion wir unter 3.4.3 („bemerkenswerte Stellen") zurückkommen werden. Auch Deuteworte wie 15,21 (Gott verleiht den Sieg nach Würdigkeit) dürften Iasons Geschichtsdeutung wiedergeben. Dass der seinerzeit abgelöste Hohepriester Onias, „ein edler, gerechter Mann", dem Judas Makkabäus in einer Vision erscheint zusammen mit Jeremia, dem himmlischen Fürsprecher für sein Volk (15,12–16), das ist wohl als Versöhnungsangebot zu verstehen: Die alte Elite gibt vom Himmel aus der neuen ihr Placet.

Zählung: Nach dem Textbestand des *2Makk.* (3.4.3).

Gliederung: Der Prolog, mit dem bei einem fünfbändigen Werk zu rechnen wäre, ist durch zwei Dokumente ersetzt, ein echtes und ein erfundenes, wovon das echte seines Datums wegen zu neu ist; beide sind daher dem Epitomator zuzuweisen. – Der weitere Bericht (s. „Textsorte") dürfte noch chronologisch geordnet gewesen sein, was das *2Makk.* inzwischen nicht mehr ist. Zum Aufbau der Epitome s. 3.4.2, „Gliederung".

Literarische Integrität: nicht gegeben; nicht einmal die Textsorte dürfte noch die ursprüngliche sein, hat vielmehr ins Pathetische gewechselt. Fälle chronologischer Unordnung (Hengel 178) dürften auf den Epitomator, spätestens aber auf den Bearbeiter der Endfassung zurückgehen.

Historischer Bezug: Die gescheiterte Jerusalemer Kultreform wird als Krieg geschildert, z.T. mit sehr konkreten Auskünften, z.B. in 3,4; 4,12.19f.28.41.49; 12.34.40; 13,21; 14,24f.38. Im Widerstand befinden sich Gruppierungen, die in 14,6 Ἀσιδαῖοι

---

[33] Zu diesem Hohenpriester Iason (Ješua') s.o. 1.3.1 Anm. 89 und unten „historischer Bezug".

genannt werden (< *ḥasidim*, aram. *ḥasidajje,* wie in *1Makk.* 2,42; 7,13; vgl. noch 1.3.1). Die Schuld an der rücksichtslos durchgesetzten Hellenisierung wird in 4,13 ff dem Bruder Onias' III., Iason, gegeben, der sich das Amt von Antiochos IV. erkaufte; er amtierte wohl 174–171 v. Chr. (Schürer/V. I 149). Hier erst, und nicht im *1Makk.*, erfahren wir auch, wer in der Vorgängergeneration der hohepriesterliche Aristokrat war, der Antiochos IV. in die Jerusalemer Wirren hineinzog: Menelaos (4,23 ff), der vorher Onias geheißen hatte (Josephus, *Ant.* 12, 239);[34] ihm gelang es mit dessen Hilfe, Iason abzulösen. – Das Dargestellte deckt die Jahre 178–160 v. Chr.; detaillierte Rekonstruktion des Ablaufs der Ereignisse bei Hengel 503–550 und Schürer/V. I 125–163. Der in Kap. 3 gemeinte Heliodor ist u. a. durch eine Inschrift bekannt (s. Ameling), einen Text d.J. 178 v. Chr. Auch der seleukidische Feldherr Nikanor ist durch Inschriften belegt. Mit seiner Besiegung 162/161 v. Chr. endet der Bericht (s. u. „Abfassungszweck"). – Zur verworrenen politischen Situation jener Zeit s. Hengel 494 f. Gelegentliche Irrtümer in den Datumsangaben der Berichte ebd. 178 Anm. 300.

Quellen bzw. **Vorlage:** s. o. „Ähnliche Texte", ferner Hengel 177 und Habicht 177–185 (Wiedergabe diverser Vermutungen). Jedenfalls hat Iason Zugang gehabt zum Archiv des Hasmonäerhauses; vielleicht hat er auch aus dem des Tempels sich informieren dürfen. Er bietet eine Sammlung amtlicher Dokumente in:

11,16–21;   11,27–33;
11,22–26;   11,34–38,

– z. T. mit genauen Daten, wobei die Verwendung unterschiedlicher Datierungssysteme Schwierigkeiten macht, als solche aber authentisch ist (vgl. 1.4.2 „Quellen" und Williams 79 f). Hinzu kommt, nur referiert und vermutlich verzerrt, der angebliche Erlass Antiochos' IV. in 6,1–11; vgl. in 1.4.2 das zu *1Makk.* 1,44–50 Gesagte. Der völlig legendäre Widerruf dieses Erlasses in 9,19–27 wird erst unter 3.4.2 zu behandeln sein.

Griechischer Stil: gehobene literarische Koinē mit Vorliebe für seltene und gewählte Ausdrücke, etwa θεόκτιστος 6,23 (sonst nicht in LXX), θεομαχεῖν 7,19 (dito), ὑπεραγόντως (7,20), στοιχείωσις, διαρρυθμίζειν (7,22) u.v.a.m. Das Wort συγκεντεῖν „zugleich niederstechen" (12,23; 13,15) ist sonst aus Herodot 3, 77 bekannt, auch aus Polybios, εὐτολμία („Wagemut" der Israeliten, 13,18) sonst aus Euripides und Aristoteles. Hinzu kommen zahlreiche weitere *hapax legomena* der Septuaginta, an denen sich immerhin eine hohe sprachliche Homogenität auch in fraglichen Passagen noch feststellen lässt (3.4.3 zu Kap. 7). In πικρὰ ἀνάγκη (6,7) steckt

---

[34] Dass er vielleicht nicht einmal Aaronit, sondern aus dem Stamme Benjamin gewesen sei, wird von Schürer/V. I 149 aus 3,4 entnommen, in unnötigem Widerspruch zu 4,23: „Bruder Simons" und in sich auch äußerst unwahrscheinlich. Vielmehr wäre in 3,4 statt Βενιαμιν zu lesen: Βαλγεα (die Priestersippe Bilga' von Neh 12,5.18 = *2Esr.* 22,5.18, an deren anstößiges Verhalten noch die Mischna sich erinnert), mit einer in der Ausg. Kappler/Hanhart zu Recht aufgenommenen Konjektur (Hengel 508).

möglicherweise eine Anspielung an Apollonios Rhodios (3.Jh. v.Chr.), *Argonautica* 2, 232, die freilich auch vom Epitomator hinzugebracht sein kann (eine Frage auch an die bisherigen Stellen). In 15,37 begegnet die Selbstbezeichnung „Hebräer", die, von der Exodus-Geschichte gelöst, nunmehr erneut in Gebrauch kommt als Ehrenname (vgl. 2Kor 11,22; Phil 3,5 sowie unten 3.6.2 h).[35] Im Übrigen wird das Verhältnis zwischen Juden und Griechen rein sprachlich dahingehend umgedreht, dass nunmehr die Griechen als die „Barbaren" gelten (2,21; 10,4; Hengel 182f). Das (in LXX sehr seltene) Adjektiv ἀστεῖος (eigtl. „städtisch", daher: „kultiviert, vornehm") dient in 6,23 und 12,43 (Adverb) für Entscheidungen des Tora-Gehorsams (ähnlich Philon, *Post.* 102). Der seltene Aorist I ἔφησεν (statt Aorist II ἔφη) findet sich in der ganzen Septuaginta nur in *2Makk.* 3,37; 8,18, beide Male zur Hiatvermeidung.

Eine vielleicht noch originale Leseprobe ist Kap. 3 (die Heliodor-Episode), durchsetzt mit Fachausdrücken der Zeit (3,6 τὰ διάφορα „Summe, Geldbetrag"; vgl. 4,28) und gelegentlichen Prosarhythmen (V. 2.6.8a u.ö.). Latinismen: 10,38 „diffuses" Licht; 11,28 die Brieferöffnungsformel *si vales, bene est, et ego valeo.*

Bemerkenswerte Stellen, Politisches, Theologisches: Der Autor ist ein begeisterter Parteigänger des Judas Makkabäus und seines Widerstandskampfes, nicht aber der daraus entsprungenen Hasmonäerdynastie. Judas, der große Krieger, ist sein Held, im Kreise seiner (vom Epitomator sicher schon vernachlässigten) Brüder; von seinem Bruder Simon hingegen, der ihn überlebte und sogar Hoherpriester wurde, weiß er höchst Unrühmliches zu erwähnen: Geldgier und Bestechlichkeit (10,20) sowie Paktieren mit dem Feind (14,17). Ein beredtes Schweigen (wenn es denn nicht auf Kürzungen zurückgeht) übergeht fast gänzlich die beiden ersten hasmonäischen Hohenpriester, Jonathan und Simon (Nickelsburg 109). Das umso leichter, als die Wiedereinweihung des Tempels noch Judas' eigenes Werk gewesen war, auf den Tag genau drei Jahre nach der Entweihung i.J. 164 v.Chr. (10,5 = *1.Makk* 4,54) Zur Namensgebung dieses Festes s.u. 3.4.2, Kopftext.

Als Selbstbezeichnung des Judentums findet sich in 2,21; 8,1; 14,38 ἰουδαϊσμός = „judäische/jüdische Lebensweise" (vgl. Gal 1,13). Der Gegenbegriff ἑλληνισμός (4,13), dort erstmals in gr. Literatur begegnend, ist begleitet von der anderen Neubildung ἀλλοφυλισμός („Lebensweise Fremdstämmiger"; auch 6,25). – Eine eigene Sabbat-Halacha für Kriegszeiten musste gefunden werden, um wenigstens Abwehr zu erlauben: Dem in *1Makk.* 2,40–42 Berichteten entspricht hier 6,11 (provisorischer Rückzug der Kämpfer) und die Entscheidung 8,25–29.[36] – Zahl-

---

[35] Alexander Polyhistor ist auf paganer Seite der erste, der auch „Hebräer" sagt; s. Stern I S. 164 oben (zu Moso). Gängig wurde dieses Wort als (schönere) Alternative zu „Judäer" freilich erst im 2.Jh., nämlich seit Plutarch (Stern I S. 559) und auf Inschriften (Synagogentür in Korinth).

[36] Wie früh diese Entscheidung tatsächlich getroffen wurde, von wem genau und wie sie sich durchsetzte, muss hier offen bleiben (Informationen dazu bei Schürer/V. II 474): Noch Plutarch berichtet in *De superstitione* 169 C von einer Nichtverteidigung der Stadtmauern am Sabbat. Auch im

reiche z.T. recht originelle Gotteskennzeichnungen dürften noch der Sprache Iasons angehören, z. B. ὁ παντεπόπτης κύριος, ὁ θεὸς τοῦ Ἰσραήλ (9,5). Auffällig ist der gegenüber *1.3.4Makk.* zehnmal häufigere Gebrauch von κύριος, allerdings stets mit Artikel, auch wo dieser gut fehlen könnte, was (nach LXX-Sprachregel) das Tetragramm andeuten würde; Ausnahme: die biblische Formel 2,10. War Iason die Sprachregel nicht bewusst, oder war es ein Bearbeiter, der sie schließlich ignorierte?[37]

Israel-Theologie: Nicht um des Tempels willen ist Israel erwählt, sondern umgekehrt: 5,19 (vgl. Mk 2,27 par. zum Sabbat). Dass Gott seinem Volk zeitweise nicht beistand, war Strafe für Nachlässigkeit in der Erfüllung der Tora (5,17); normalerweise macht er Israel unbesiegbar (3,30; 8,36). – Halachisches: Sporttreiben (hier: Diskuswerfen) ist gegen die Tora (4,14) – wohl weil man dafür den Sabbat nutzte. Jerusalem ist die „Heilige Stadt" (3,1; 15,14; älteste Belege für diesen Ausdruck).

Die in 12,43–45 berichtete Entscheidung, für gefallene Krieger nachträglich in Jerusalem ein Sündopfer darbringen zu lassen „im Gedanken an die Auferstehung", mag authentisch sein (vgl. Hengel a.a.O.), hat aber im Judentum der Zeit nach dem Ende des Tempelkults kein Echo mehr gefunden. *Ein* später Beleg ist nennbar, doch er ist schwerlich noch jüdisch: *Bilderreden des Henoch* (1.5.3 b) 39,5. Wahrscheinlich war es bereits Iason, der das mehrfache Eingreifen von Engeln und Visionen hineinbrachte (Stellen bei Hengel 181 Anm. 315).[38]

Abfassungszeit: am ehesten zwischen 160 und 152 v.Chr. (Hengel 180). Das Purim-Fest muss schon in Übung gewesen (15,36; s.u.) und seine Festlegende (vgl. 2.1.5) bekannt gewesen sein, denn es trägt hier den Namen „Mardochai-Tag". Nickelsburg 109 schließt aus den o.g. Reserven gegenüber dem hasmonäischen Priesterkönigtum eine Abfassung in der Regierungszeit des besonders umstrittenen (und im Qumran als „Zorneslöwen" abgelehnten) Alexander Jannai (reg. 103–76).
– **Ort:** Angesichts präziser Kenntnisse auch über den Seleukidenhof und der Benutzung von Jerusalemer Dokumenten ist die Kyrenaika unwahrscheinlich. Iason muss Zugang zu Jerusalemer Quellen, zu Hof- und Tempelarchiven, gehabt haben; so hat er denn mindestens einen Teil seiner Arbeit dort geleistet.

Alexandrien des 1.Jh. n.Chr. scheint der Sabbat ähnlich streng aufgefasst worden zu sein: Kraft 237–248 anhand von Philon, *Somn.* 2, 123–132.

37 Die Visionen dieses Buches wurden von dem unter 3.4.3 anzunehmenden chr. Endredaktor offenbar als Christusvisionen aufgefasst, womit ὁ κύριος sich nahelegte. Nachmals war „Christus, unser Gott" der Schutzpatron des byzantinischen Heeres (und die Zivilbevölkerung und die Mönche riefen Maria an).

38 Auch bei Josephus begegnen Dinge wie Visionen und Orakel (Herodot hatte gerade letztere gern ins Spiel gebracht) öfter als in hellenistischer Geschichtsschreibung üblich, und er changiert darin zwischen pragmatischer und pathetischer Geschichtsschreibung. Zu Josephus vgl. K.-H. PRIDIK: „Josephus' Reden von Offenbarung. Eine Übersicht", in: J. KALMS/F. SIEGERT (Hg.): *Internationales Josephus-Kolloquium Dortmund 2002* (MJSt 14), 2003, 151–168.

Adressaten: Sollte das Werk zunächst für Judengemeinden in Iasons Heimat, der Kyrenaika, bestimmt gewesen sein,[39] so wäre hierzu Schürer/V. 60–62 zu vergleichen; dort auch Näheres zu dem in jener Region, aber erst später, von Jonathan dem Weber angezettelten antirömischen Aufstand (Josephus, *Bell.* 7, 437–450).[40] Doch auch dem alexandrinischen und jedem anderen Diasporajudentum des Westens muss diese Auskunft über die jüngste Geschichte Judäas willkommen gewesen sein. Es ist möglich, dass die gr. Fassung des *1Makk.* ihm als regierungstreue Korrektur auf diesem Wege nachfolgte. – **Sitz im Leben:** Werke dieser Art, in mehreren Buchrollen, waren nur reicheren Leuten erschwinglich. Sie wurden, geht man nach gemeinantikem Brauch, ihren Käufern – und ggf. deren Gästen – von Sklaven vorgelesen. Das lässt sich *mutatis mutandis* als Ereignis kyrenäischer Sabbatnachmittage denken – oder in Alexandrien, oder wo auch immer Iason seine Arbeit zu Gehör brachte. Idealer Tag für ein von der jüdischen Kommune gesponsertes Ereignis dieser Art war der Nikanor-Tag (s. nächste Rubrik), auf welchen der Schlussteil dieses Werkes (wenn Kap. 15 denn dem ursprünglichen Schluss entspricht) geradezu die Festrede ist.

Abfassungszweck (außer dem unter „Adressaten" bereits gesagten): Verherrlichung (Idealisierung) des Jerusalemer Tempelkults und damit Stärkung der judäischen/ jüdischen Nationalität auch in der Diaspora. In 15,37 wird im diesem Sinne die Feier des Nikanor-Tages empfohlen. V. 36 präzisiert das Jahresdatum als den 13. Adar (dazu Schürer/V. I 170), „1 Tag vor dem Mardochai-Tag", also dem Purim-Fest, dem damit vielleicht Konkurrenz gemacht werden werden soll. *De facto* erhält dieses damit einen Tag vorgebaut,[41] wobei der Jerusalemer Anlass zeitlich den Vorrang erhält; thematisch hätte er ihn sowieso. Zufällig wissen wir, dass im ägyptischen Judentum (und damit auch kyrenäischen; das war Ptolemäergebiet) das Purim-Fest erst i.J. 78/77 v.Chr. von Jerusalem aus eingeführt wurde – so die *Esther*-Nachschrift (2.1.5) in der wahrscheinlichsten Auflösung ihrer Datumsangabe. Die Feier des Nikanor-Tages am 13. Tag des 12. Monats[42] ist für die gesamte Zeit des Zweiten Tempels nachweisbar (Jos., *Ant.* 12, 412; Schürer/V. 170).

Rezeption: Der o.g. Aufstand Jonathans des Webers bezeugt einen starken Nationalismus in der kyrenäischen Population von *Ioudaioi:* Diesen wollte Iason vielleicht zu seiner Zeit schon bedienen, dabei aber auch kanalisieren. Jedenfalls betont er

---

[39] Sie ist über ihre Präsenz in Jerusalem dem NT durchaus bekannt: Mk 15,21 par.; Apg 6,9; 11,20; vgl. 13,1. – Der Cyrenius von Lk 2,2 hingegen erwies sich bei genauerer Transkription als ein Quirinius.
[40] Josephus in Rom war davon persönlich betroffen; s. seine *Vita* 424f. Das kyrenäische Judentum scheint in seinen unteren Schichten zumindest einen starken Nationalismus kultiviert zu haben. Die besser gestellten Schichten hingegen waren in der gesamten Diaspora eher kosmopolitisch eingestellt.
[41] D.h. den beiden Purim-Tagen (inzwischen waren es zwei geworden) wird noch einer vorgelagert, wie die aram. *Fastenrolle* zum Monat Adar feststellt. Text z.B. bei Beyer I 358.
[42] Dort mit dem Vermerk: „Adar wird er auf Syrisch [= Aramäisch] genannt". Der Kalender, der gegen den essenischen Reformversuch sich in Jerusalem gehalten hatte, hatte (und hat bis heute) nur teilweise hebräische Monatsnamen.

die kultische Reinheit des Tempels weit mehr als Jerusalems Bedeutung als Sitz eines Herrscherhauses von Priestern. – Pagane Rezeption: Die auch vom *1Makk.* vertretene Auffassung, Antiochos IV. habe den Judäern die Hellenisierung aufgedrängt (Josephus, *Ant.* 12, 240 wusste es noch besser), ist – aufgrund dieser Fassung oder (eher) der Epitome – sogar von Tacitus geglaubt worden (*Hist.* 5, 8,2) und seither (1.4.2, „Rezeption").

3.4.2 Die Epitome

Eine starke Verkürzung und auch eine Verlagerung der Akzente erfuhr Iasons Werk in Form einer Epitome: Als eine solche wird der vorhandene Text in 2,23 (Verb ἐπιτεμεῖν) gekennzeichnet. Eine „Kurzfassung" i. e. S. ist das allerdings nicht; manches ist so breit und pathetisch geblieben, wie es nur sein kann (Kap. 3; 6–7; 9). Wir halten uns deswegen die Option einer das Legendäre expandierenden Endredaktion offen (3.4.3).

Dem Epitomator werden v. a. folgende Partien zugeschrieben, in deren zweiter und vierter sogar sein Ich hervortritt:

Vorspann: Die Sendschreiben 1,1–9[43] und 1,10–2,18;
Anfang: 2,19–32 (eigener Prolog mit Absichtserklärung);
Übergänge: 4,17; 5,17–20; 6,12–17 (dort gilt das Werk als einbändig);
Schluss: 15,17–39 (nochmals mit Absichtserklärung).

Der Vorspann muss Iasons Prolog ersetzt haben, verändert auch gleich die religionspolitische Ausrichtung: Hatte Iasons Werk mit einer Empfehlung des Nikanor-Tages geschlossen (die immerhin stehen bleiben durfte), so beginnt die Epitome nun mit einer Aufforderung zu dem hier noch als „Laubhüttenfest" (dazu s. u.) bezeichneten, drei Monate früher liegenden Tempelweihfest (rabbinisch: Ḥanukka).[44]

Das in **1,1–9** zitierte Schreiben, in V. 9 datiert auf d.J. 188 der Seleukidenära (124 v. Chr.) und seinerseits sich rückbeziehend auf ein Schreiben d.J. 169 Sel. (143 v. Chr.; V. 7), liegt zu spät, um von Iason v. Kyrene bereits verwendet worden zu sein. Erprobt wird derzeit die Möglichkeit, das Schreiben anders zusammengesetzt sein zu lassen und es bereits auf 165 v. Chr. zu datieren (Schwartz).[45] – Die „Judäer in Ägypten" werden hier zu wiederholten Malen aufgefordert, das Tempelweihfest mitzufeiern, also sich mit dem neuen, hasmonäischen Hohenpriestertum zu solidarisieren, in

---

[43] Die Verszahl 10, die in vielen Ausgaben um 5 Wörter zu früh sitzt und vom vorigen Schreiben das Datum abtrennt, ist mit Rahlfs und der *Einheitsübersetzung* erst danach zu setzen. – Das Datum selber ist im gr. Text Konjektur nach dem Syrischen und der Vetus Latina (= Vulgata).
[44] In V. 9 wird es σκηνοπηγία „Laubhüttenfest" genannt, wohl wegen gleicher Zeremonien. Das Wort ἐγκαίνια „Einweihungsfest" ist jünger: Dan 3,2 Θ hat es noch in paganem Gebrauch; in jüdischem begegnet es erstmals in Joh 10,22. Details bei Eckhardt, *Ethnos und Herrschaft* 100–111.
[45] Zu dieser noch laufenden Diskussion s. Eckhardt, *Ethnos und Herrschaft* 16f Anm. 43. Schwartz braucht in 1,9 die Variante des Cod. A*.

namentlicher Ablehnung des früheren Hohenpriesters Iason aus der Oniadenfamilie.[46] Lt. Hengel 186 handelt es sich hier um zwei „Briefe, die in der Kanzlei der Makkabäer [sprich: Hasmonäer] aus dem Aramäischen ins Griechische übersetzt worden waren". Namen der absendenden Priesterschaft sind abgeschnitten; Partisan einzelner Jerusalemer Potentaten will auch der Epitomator, so scheint es, nicht sein. Als gänzlich ablehnende Antwort aus Ägypten vgl. 2.4.1. – Unecht ist das andere Schreiben, **1,10 – 2,18**, dem auch seine Adresse an den berühmten Aristobul (3.1.1) keine Echtheit sichert, „eine wohl noch vor der Eroberung Jerusalems durch Pompeius 63 v. Chr. erfolgte Fälschung" (Hengel a.a.O.; vgl. Schürer/V. 533; Williams 72 f). Judas Makkabäus persönlich verlangt hier das Mitfeiern des Ḥanukka-Festes. Dieser Brief enthält u. a. die stilistische Unmöglichkeit eines wörtlich zitierten Gebets (dazu 2.3.1) und ist schon darum und seiner Emotionalität halber dem Epitomator zuzutrauen.[47]

Gleichfalls vom Epitomator, der eben auch Erweiterer war, dürfte die maßlos übertriebene Behauptung angehören, Antiochos IV. habe vor seinem Tod noch Judäer (also Proselyt) werden und „die Macht Gottes überall verkünden" wollen, einschließlich des Judäer-Privilegs **9,19 – 27**, dem historisch nichts entspricht (zu Kritiken s. Williams 78 f). Hätte bereits Iason – dessen durchaus seriöse Dokumentensammlung in Kap. 11 oben gewürdigt wurde – so etwas gebracht, hätte er seine Glaubwürdigkeit auch nach damaligen Begriffen schon aufs Spiel gesetzt.

Die Desorientierung der Leser, selbst der heutigen, ist umso größer, als ein Buchanfang mit offiziellen Texten, wie die Epitome ihn bietet, eine Erwartung auf „dokumentarische" Geschichtsschreibung[48] weckt. Das Gegenteil folgt. Doch auch als nachträgliche Erfindung müssten diese Briefe, selbst der zweite, einen bestimmten Zweck gehabt haben. Wer hat der ägyptischen Judenheit (sie ist angeredet) das Ḥanukka-Fest zur Pflicht gemacht, und wann? – Bereits für den ersten Brief macht Hengel a.a.O. hasmonäische Kultur-Außenpolitik namhaft, welcher der Epitomator hier Raum gibt, mehr als das Iason getan hatte. Der zweite, erfundene Brief ist eine mit priesterlicher Salbung versehene Aktualisierung dieser Tendenz.

In gewissem Kontrast zum *Sirach*-Buch (1.3.1), einer Anweisung zum unriskanten Leben, wird hier betont, dass die Lebensweise der „Frommen" (*ḥasidim*), die die Hellenisierung des Kultes nicht mitmachten, durchaus gefährlich sein konnte; sie riskierten ihr Leben. Josephus, *Ant.* 12, 255 f (vgl. *C.Ap.* 1, 191) bestätigt, wenn auch nur

---

46 Nach ihr nennt sich ja der Tempel von Leontopolis noch im Talmud *bet Ḥonja*. – Der hier gemeinte Oniade, Iason, hat sein Exil erst bei den Ammonitern und schließlich in Sparta verbracht (*2Makk.* 4,26.33; 5,7 – 10). Möglicherweise war er sogar gegenüber den in Ägypten ihr Exil verbringenden Oniaden isoliert: Eckhardt 295 Anm. 170.
47 Der Vorschlag, ihn erst der dritten Bearbeitungsschicht zuzuweisen (Williams 73), geht von der Vorstellung aus, auch diese sei noch vorchristlich. Diese ist ebenso verbreitet wie unbegründet.
48 Dieser Ausdruck wird mit Erfolg allerdings erst auf Eusebs *Kirchengeschichte* angewendet, die voll ist von Dokumenten, u.z. korrekt zitierten. Ein Vorläufer in dieser für die Antike ungewöhnlichen Zitiertechnik war Josephus; s. Siegert, „Einleitung" 18 f.20 – 23.

in wenigen Worten, diesen Aspekt, auf den, wie er uns bezeugt, das jüdische Volk (das in römischer Zeit ja für unkriegerisch galt)[49] einen gewissen Stolz baute.

Literatur: D. SCHWARTZ: „Divine punishment in Second Maccabees: Vengeance, abandonment or loving discipline?" in: U. MITTMANN-RICHERT (u.a., Hg.): *Der Mensch vor Gott*. FS Hermann Lichtenberger, 2003, 109–116;[50] T. NICKLAS: „Irony in 2 Maccabees?, in: Xeravits/Zsengellér, *Maccabees* 101–111; A. LANGE: „2 Maccabees 2:13–15: Library or canon?", ebd. 155–167. Weiteres s. 3.4.3.
Titel bei Clem.Al., *Strom.* 5, 97,7: ἡ τῶν Μακκαβαϊκῶν ἐπιτομή. Cod. V hat als Unterschrift unter das *2Makk.:* Ἰούδα Μακκαβαίου πράξεων ἐπιτομή.[51] Das ist wenigstens eine korrekte Inhaltsangabe und kann als *titulus* einem Besitzer dieser Buchrolle einst gedient haben.
Ausgabe: Eine Separatausgabe dessen, was aus dem *2Makk.* vorredaktionell sein könnte, ist bisher nicht gewagt worden. Jaoby, *FGH* II B S. 910 bietet nur das Sicherste: 2,19–25.28–31 (dazu Kommentar in *FGH* II b S. 606f.).
Textanfang (1,1): Τοῖς ἀδελφοῖς τοῖς κατ' Αἴγυπτον Ἰουδαίοις; (1,10): Οἱ ἐν Ἱεροσολύμοις. Folgt Inhaltsangabe (2,19–23): Τὰ δὲ κατὰ τὸν Ἰούδαν usw. – **Textschluss:** Der kurze, elegante Epilog 15,37–39 endet: Ἐνταῦθα δὲ ἔσται ἡ τελευτή (... – ᴗ – | –).
Wortindex: s. 3.4.3.
Alte Übersetzung: Keine. Alle Vetus-Latina-Fassungen haben den Text in seinem Endbestand (3.4.3). Möglicherweise ist die Epitome im lat. Westen nicht rezipiert gewesen, weder gr. noch lat.; das mag mit erklären, warum Josephus Iason nicht kennt.
Früheste Erwähnung: Clem.Al. (s. „Titel"), mit Bezug auf 1,10; 2,23. – Eine **Anspielung** an die Legende von 6,18ff ist Hebr 11,35–36a, wo das seltene Wort τυμπανίζειν (wohl für das Enthaupten auf einem tympanonförmigen Hackstock), ein Hapax im NT, sein Pendant hat in *2Makk.* 6,19 ἐπὶ τὸ τύμπανον προσῆγε und 6,28 ἐπὶ τὸ τύμπανον εὐθέως ἦλθεν. Hier oder nicht viel später mag diese Episode in der Epitome (oder in deren sonst verlorener Vorlage) geendet haben. – Hippolyt, *De Christo et Antichristo* 49 Ende spielt – nach Zitat von Apg 12,23 – an 9,9 an;

---

[49] So Apion bei Josephus, *C.Ap.* 2, 148 (δειλία). Auf einen Apion brauchte man zwar nicht zu hören; doch zeigt die Antwort des Josephus (235.292), dass das Kriegsverhalten der Judäer defensiver Natur war. Hier haben sich seit der Antike kontinuierlich die Werte verschoben. Roms Antspruch seit Augustus war, nur noch Verteidigungskriege zu führen, was freilich die „Verteidigung" der Provinzen einschloss (etwa Germaniens durch Varus). Gegenüber den Persern hielt man sich lang an diese Regel, bis Julian sie aufgab, zu seinem Schaden.
[50] Bes. zu 5,17 und 7,33, wobei letztere Stelle bereits der dritten Verarbeitungsstufe angehören dürfte.
[51] Das Gleiche, verschrieben, in A: Ἰούδα Μακκαίου (sic) πράξεων ἐπιστολή (sic). Dieser Abschreiber kannte den Terminus „Epitome" anscheinend nicht, und/oder er ließ sich durch die vorgesetzten Briefe beeinflussen.

Herkunftsangabe: ἐν τοῖς Μακκαβαίοις. Das könnte noch aus der Epitome kommen.

Ähnliche oder ähnlich benannte Texte: Das (*nach* Iason erst entstandene) *1Makk.* (1.4.2) ist in seiner Kürze (nur 1 Buch) und im Einsatz von Dokumenten vergleichbar. Das sog. *3Makk.* trägt seinen Namen insofern mit Grund, als es auf die im *2.Makk.* (und nachmals auch im *1.*) erhobenen politischen Ansprüche Jerusalems antwortet. Das *4Makk.* ist eine Expansion von *2Makk.* 6–7.

Bearbeiter (Epitomator): unbekannt und zeitlich jedenfalls später liegend als das von ihm eingefügte Schreiben v.J. 124 v.Chr. (bzw. 143 v.Chr.; D. Schwartz).

Textsorte: lt. 2,23 (Verb ἐπιτεμεῖν) Epitome (Verkürzung) eines längeren Textes, in diesem Fall eines historischen (3.4.1). Das Interesse des Epitomators liegt jedoch nicht auf dem Historisch-Faktischen (verneint V. 30), sondern, wie er uns selbst erklärt, auf Unterhaltung (Terminus ψυχαγωγία 2,25; vgl. *EpArist.* [4.1] 78). 2,21 benennt ein besonderes Interesse an „Erscheinungen aus dem Himmel" (hier als subtile Polemik gegen den eben vorher genannten Antiochos „Epiphanes"). Zu letzterem vgl. Hengel 179–181 sowie Schwartz, „Divine punishment". Die Proportionen verschieben sich zugunsten des Sensationellen, und was vorher vielleicht pragmatische Geschichtsschreibung war, das lässt der Bearbeiter umschlagen in die pathetische. Dies ist sozusagen die Verfilmung. Man kann es durchaus mit dem Buchmarkt von heute vergleichen: Nur ein Bruchteil dessen, was an Erzählliteratur angeboten wird, ist der getreuen Darstellung historischer Abläufe gewidmet. Vgl. Siegert, „Einleitung" 55f zum Begriff der historischen Wahrheit in der Antike, 58f zur diesbezüglichen Praxis. – **Literarische Besonderheit** sind humoristische oder wenigstens groteske Züge – als Erleichterung zwischen den Grausamkeiten – in Kap. 3; 4,37; 9,4–10; 15,12 (Gruen, *Diaspora* 177–179; vgl. Nicklas, „Irony"), Stellen, die auf den Epitomator zurückgehen dürften, wenn sie nicht schon in der Breite des ursprünglichen Werkes angelegt waren. Dies ist freilich der derbe, wenig humane Humor der Antike.

Zählung: Nach dem Textbestand des *2Makk.* (3.4.3).

Gliederung: nach Themen bei Habicht 166. Andere, auf Leitbegriffen, Symmetrien, Zahlensymbolik u.dgl. beruhende Gliederungsvorschläge bei Williams 76–78. Dies ist ein manipulierter Text, primäre und sekundäre Gliederungssignale dürften sich überschneiden. Die Analyse bei E. BICKERMANN, „Makkabäerbücher (I. und II.)" in *PRE* 27, 1928, 779–800 (793f) verfährt nach Handlungseinheiten, welche anscheinend einem gewissen Ablaufschema folgen: Den Vorspann bilden zwei offizielle Schreiben (genauer: Festbriefe) aus Jerusalem, oben besprochen. Höhepunkt, vom Epitomator mit eigenem Prolog versehen, ist hier bereits die heldenhafte Szene von 6,18–31, fortgesetzt in Kap. 7 (dazu noch 3.4.3). Gleichfalls von ihm ist der Schluss (15,37–39), an die einstige Empfehlung des Nikanor-Tages sich anschließend, die durch den Vorspann bereits entwertet wurde. – Das Ablaufschema ist demnach folgendes:[52]

Vorspann: zwei Episteln	1,1–9; 1,10–2,18	
Prolog zur Erzählung insgesamt	2,19–32	
Erste Bedrohung:		
Das Eindringen **Heliodor**s	3,1 ff	Vision: 3,24–26
Abwendung der Gefahr	3,27 ff	
Der Tempelfeind zeigt Einsicht	3,35 ff (darum keine Bestrafung)	
Zweite Bedrohung:		
Reformversuch durch Iason und Menelaos	4,1 ff	
Steigerung der Gefahr: **Antiochos** interveniert	5,1 ff	Vision: 5,2–4
neuer Prolog	6,12–17	
defensiver Heldentod: Eleazar, die 7 Brüder	6,18 ff	
Bändigung der Gefahr durch Judas Makkabäus	8,1 ff (besiegt Nikanor, Gorgias u. a.)	
Tod des Tempelfeindes Antiochos IV.	9,1 ff	
Reinigung des Tempels, erstes Tempelweihfest	10,1 ff	
Dritte Bedrohung:		
Kurze Regierung Antiochos' V.; Lysias im polit. Amt	10,9 ff	
Gorgias marschiert gegen die Judäer	10,14 ff	Vision: 10,29 f
Besiegung der Feinde	10,31 ff	
Vierte Bedrohung:		
Maßnahmen des **Lysias**	11,1 ff	
Abwendung auch dieser Gefahr durch Judas	11,6 ff	Vision 11,8
Garantieerklärung aus Rom	11,34–37	
Siege des Judas	12,1 ff	
Tod des Tempelfeindes Menelaos	13,1 ff	
Maßnahmen Antiochos' V. werden zurückgeschlagen	13,9 ff	
Fünfte Bedrohung:		
Demetrios I. hört auf den Ex-Hohenpriester Alkimos[53]	14,1 ff	
Nikanor wird tätig zur Einsetzung des Alkimos	14,11 ff	
defensiver Heldentod: Razi	14,37 ff	
Besiegung des Tempelfeindes Nikanor	15,1 ff	Vision 15,11–16
Tod des Tempelfeindes Nikanor	15,30 ff	
Einrichtung des Nikanor-Tages	15,36	
Epilog	15,37–39.	

Redaktionskritik: Zu vermuten sind Umstellungen gegenüber der ursprünglichen Erzählfolge; s. Hengel 178. Möglich ist, dass der Epitomator das an den Tempelfeinden und ihrem Tod orientierte Schema Iasons rigoros handhabte, vor allem aber, dass er das als Sühne für begangenen Gesetzesbruch gedeutete freiwillige Sterben Einzelner (vgl. 3.4.3, Exkurs I) zu gleicher Wichtigkeit erhob und die

---

52 Angaben ungefähr, da mit christlichen Einträgen zu rechnen ist. Zu den vom Epitomator vermutlich nicht gekürzten Passagen gehören Kap. 3 (die Angst des Hohenpriesters und der Jerusalemiten), Kap. 6 (Leiden und Tod des Eleazar) und Kap. 9 (Krankheit und Tod des Antiochos). Anderes in Kap. 7 und 14 dürfte später hinzugekommen sein (3.4.3).
53 Dass dieser bisher in dem Bericht nicht vorkam, zeigt die Kürzung. Josephus kennt ihn: *Ant.* 12, 385.

Szenen jeweils dialogisierte (Kap. 6; 7; 14), dies durchaus auf Iasons Spuren: Die Hoffnung auf Beschwichtigung des Zornes Gottes in 7,38 findet ihre Erfüllung in 8,5, war also im Vorgängertext angelegt. Vermutlich waren V. 38–40 der Schluss zu dem in 6,12 Begonnenen. Der demgegenüber sehr mager ausgefallene, pragmatische V. 41 („Als letzte nach den Söhnen starb auch die Mutter") dürfte hingegen so noch von Iason stammen. Möglicherweise war das Sterben der sieben Brüder bei Iason anfangsweise bereits dialogisiert (V. 38 ist eine Antwort des jüngsten Sohnes) und der Epitomator als Erweiterer alles Emotionalen nimmt daraus seine Gestaltungsidee.

Noch in einer anderen Hinsicht hat der Epitomator eingegriffen und durch gewisse Längungen die Textpragmatik verändert: Er hat die Rettung und Neuweihe des Tempels durch Judas Makkabäus (Kap. 8; 10; Zielsätze 15,34–36),[54] zu feiern als Nikanor-Tag im Monat Adar, im Vorspann schon ersetzt durch die hasmonäische Vorschrift einer Feier des Ḥanukka-Festes im Monat Kislew.

Biblischer Bezug: Der Epitomator zitiert Biblisches (was innerbiblisch selten ist, gleich nach welchem Kanon man geht); er hat dabei jedoch eine merkwürdige Vorliebe für Unechtes: Die Berufung auf Jeremia (2,1) geht literarisch ins Leere, ebenso die auf Mose (2,11) und die auf Nehemia (2,13; s.u.). Verifizierbar ist hingegen in 2,8 die Anspielung an Ex 16,10.

Historischer Bezug: Der Epitomator hat höchstens reduziert, jedenfalls nichts Historisches mehr hinzugebracht, außer in dem immerhin echten Schreiben 1,1–9.

Quellen hatte der Epitomator nicht zur Hand (das war auch nicht seine Aufgabe) außer dem als Einleitung in 1,1–9 zitierten Schreiben und dem (von wem auch immer) fabrizierten zweiten Schreiben in 1,10–2,18. Zu beiden s. Hengel 186 f. **Vorlage:** s. o. „Ähnliche Texte".

Griechischer Stil: Asianismus, schwülstig, voll emotionaler Ausdrücke und noch stärker rhythmisiert als die Vorlage; s. die angegebenen Partien, insbes. Kap. 5, wo außer den geradezu penetranten Häufungen von Silbenlängen kontrastweise schnelle Bewegungen durch Kürzen untermalt werden (V. 5: erst 12, sodann 6 Kürzen). Hier spricht ein „Konzertredner", und zusätzlich zu seinem virtuosen Vortrag führt er sein Publikum, wie schon Iason, an den äußersten Rand seines Wortschatzes. – Zur Syntax: Das ἵνα ἄγητε in dem vorgeschalteten Schreiben 1,9 (d. h. in nichtliterarischem Kontext) ist kein beginnender Nebensatz, sondern eine Jussivform mit ἵνα als bloßer Partikel (nicht Konjunktion), ein später Zug; vgl. neugriechisch να+Konjunktiv.[55]

---

54 „Auch ich selbst", sagt er in 15,37, „beschließe hier meine Rede", übernimmt also Iasons Schluss am Nikanor-Tag; doch ist die Praxis, die das Buch im Ganzen voraussetzt, bereits umgestellt. – Analog dazu dürfte irgendwann im 1.Jh. v. Chr., jedenfalls erst *nach* dem *3Makk.*, das ägyptisch-jüdische Rettungsfest umgestellt worden sein auf das im Est-Präskript angeordnete Purim-Fest.

55 Vgl. *Judith* (1.2.2) 11,11. Dies ist das sog. imperativische ἵνα, wie 1Kor 7,29; Eph 4,29; 5,33; *2Clem.* 17,1; Mark Aurel, *In se ipsum* 11,3. In unserem Beispiel ist Ellipse eines Verbums des Befehlens zu denken, welches aus guten Gründen fehlt: Jerusalems Juden hatten denen in Ägypten nichts zu befehlen.

Bemerkenswerte Stellen: Die Erzählung kreist um den Tempel und seine Heiligkeit (2,19; 3,2.39; 5,19; 9,16; 10,1; 13,8.23; 14,33; 15,32). Mehr bei Arenhoevel, *Theokratie* 161–163 („Das Geschichtsbild des Epitomators"). Paradox liest sich im Vorspann der Gebetswunsch um Rückführung der Diaspora (1,24–29) in einem Werk, das den Namen eines Diaspora-Autors trägt.[56] – Häufig begegnen seltene, inhaltsschwere Gottesepitheta und -kennzeichnungen: 1,24f; 2,29 u.a., Ähnliches aus Iason (etwa 3,24; 13,4) aufgreifend. – In dem unechten Brief 2,13f wird behauptet, bereits Judas Makkabäus habe in Jerusalem eine Bibliothek eingerichtet, unter Erwähnung von „Königsbüchern", „Propheten" und „David"; das ist historisch so fragwürdig, wie die Bildung eines hebr. Kanons hier noch nicht gesehen werden kann (Lange, „2 Maccabbees", s.o.).[57]

Im Erzählteil ist der eigens angekündigte Höhepunkt die Verherrlichung des Sterbens Eleazars (**Kap. 6**). Ungewöhnlich: Gottes „heilige Erkenntnis" (ἁγία γνῶσις, 6,30). Zu dem darauf Folgenden, Kap. 7, s. 3.4.3. – Zweiter Höhepunkt dieser Art ist der Heldentod des Stadtältesten Razi (**14,37–46**);[58] dazu van Henten, *The Maccabean Martyrs* 85–124. Hier ist jedoch Vorsicht geboten; christliche Populärtheologie könnte sich angelagert haben (3.4.3).

Toragehorsam macht die Judäer unbesiegbar (8,36 u.ö.). Die auch in *1Makk.* 7,39–50 berichtete Entscheidungsschlacht, die mit Nikanors Tod am 13. Adar 161 v.Chr. endete (Schürer/V. I 170), wird hier mit den Motiven eines vom Tempel ausgehenden Gottesschreckens (*2Makk.* 15,23ff; vgl. Jos 2,9; Ri 7,22 u.a.) überhöht, u.z. in einer der typischen Hyperbeln: „mit den Händen kämpfend, mit den Herzen zu Gott betend", töten Judas' Leute „nicht weniger als drei Myriaden und fünftausend Mann" (15,27, also 35000). Solchermaßen das Buch mit den Erfolgen des Judas beginnen (2,19) und enden zu lassen, war sicherlich die Entscheidung des Epitomators, worin sich auch wieder sein Interesse zeigt an Einzelpersonen, mehr als an historischen Verkettungen.

Christlicher Einfluss: Verdachte wecken Kap. 7 sowie 14,37ff (s. 3.4.3). Sonst sind Inhalt und Sprachgebrauch genuin jüdisch; χριστοὶ ἱερεῖς (1,10) z.B. sind, wie in der Septuaginta auch sonst, amtierende Aaroniden.

Abfassungszeit: Nach dem bisher Gesagten zwischen 124 (oder schon 143?) und dem Zerfall der Hasmonäerdynastie, also jedenfalls vor 63 v.Chr., aber eher noch in der Blüte- als in der Verfallszeit dieser Monarchie. Schürer/V. erwägt Veröffentlichung

---

56 Im selben Pseudo-Dokument wird verraten, dank welchen Stoffes antike Priester scheinbare Selbstentzündungen von Opfern zustande brachten: Naphtha (1,32–36), eine feine Fraktion des Erdöls.
57 Das Wort βιβλιοθήκη begegnet in der Septuaginta sonst nur noch in Est 2,23 mit babylonischer Lokalisierung sowie in (2)Esr 6,1 mit persischer. Dass der Perserkönig über Annalen seiner Vorgänger verfügte, welche sich in Bücherregalen (so die Urbedeutung von βιβλιοθήκη, ebd. 4,15) aufbewahren ließ, ist sehr wohl glaubhaft oder wird zumindest aus der Sicht hellenistischer Kultur hier angenommen.
58 Das Wort heißt im Aramäischen „stark, heftig", ist aber als Eigenname sonst erst im Arabischen belegt. – Zu 14,46, dem Schlusssatz der Perikope, vgl. 3.4.3.

direkt mit dem Jerusalemer Schreiben von 124 v.Chr. – Das *3Makk.* lässt sich verstehen als eine Reaktion auf dieses Schreiben – und damit vielleicht auch auf die Epitome überhaupt – gegen Ende des 2.Jh. v. Chr. (2.4.1). Ein **Ort** ist nur für 1,1–9 sicher: Jerusalem; doch die inhaltlich-politischen Differenzen mit dem ägyptischen *3Makk.* lassen auch für das Übrige auf Judäa/Jerusalem schließen. Auch dies wäre mithin ein Beispiel für die in 0.3.4 genannte, stets auch politische Jerusalemer Publizistik.

Zweck der Epitome: Unterhaltung (s. o. „Textsorte") sowie „Arbeitserleichterung" (εὐκοπία – sc. des Judeseins) aufgrund von Gedächtniskultur (ebd). Das vorangestellte Sendschreiben 1,1–9 fördert die Einführung des Tempelweihfestes im Wintermonat Kislew; 1,18 präzisiert sodann den 25. Tag. Dies ist, bezogen auf den in Leontopolis bestehenden Konkurrenztempel, eine Loyalitätserklärung gegenüber dem hasmonäisch regierten Jerusalem, stärker als der Kompromiss bei Iason (3.4.1), und soll wohl die in dem Sendschreiben ausgedrückte Absicht gegenüber dem ägyptischen Judentum verstärken.

Rezeption: Josephus kennt das Werk nicht; keine jüdische Quelle der Antike nennt es. Zu bildlichen Darstelungen der Makkabäergeschichte vgl. 1.4.2. Die vage Ähnlichkeit des in Kap. 6 Erzählten mit *AssMos.* 9 (2.4.2) ist eine Motivparallele; wie bewusst der Autor der *AssMos.* sich an der Epitome orientiert oder wie weit er sie kennt, ist damit nicht gesagt. – Wenn Tacitus (ca. 56–120 n.Chr.), *Hist.* 5, 5,3 von den Judäern sagt: „Sie halten die *animi* der im Kampf oder durch Todesstrafe Getöteten für ewig", so deutet Stern I S. 41f dies als Nachklang zu Stellen wie 7,9. Zu *Hist.* 5, 8,2 s. o. (3.4.1). – Clem.Al. dürfte noch die Epitome vor sich gehabt haben: So zitiert er das Werk (s.o. „Titel"), scheint aber in seiner Lektüre nicht über Kap. 2 hinausgekommen zu sein. Die Märtyrergeschichten von Kap. 7 und 14 bezeugt er noch nicht.

3.4.3 Das *2.Makkabäerbuch* der Septuaginta

Nunmehr bleibt der Text zu behandeln, so wie er überliefert ist, seine Endfassung also, die in David Williams' Forschungsbericht als „überarbeitete Epitome" bezeichnet wird (*an adaptation or reworking of the epitome,* 73). Dieses nachträglich anonymisierte Werk ist als *2Makk.* Bestandteil vieler Bibeln geworden, christlicher Bibeln. Die Frage, was an *dieser* Fassung noch jüdisch ist, muss gestellt werden und zunächst prinzipiell für offen gelten. Es ist nun mal Aufgabe der Einleitungswissenschaft, nicht den bisherigen Gebrauch – möge er auch eine ehrwürdige, jahrhunderte alte Kontinutität darstellen – zum Maßstab zu nehmen, sondern die Authentizitätsfrage neu zu stellen und unbeeinflusst zu beantworten. Das Ausfüllen einer Rubrik „Rezeption" bleibt davon unbenommen.

Aus Vorsicht sei es wiederholt: Wir finden diese Schrift nur in den Händen von Christen. War das, was sich als Vorstufen herauspräparieren ließ, noch als jüdisch zu erweisen (diese These ist es, die die Beweispflicht hat), so ist für das Endprodukt die

Annahme jüdischer Authentizität nicht gesichert. Der Verdacht christlicher Übermalung ergibt sich nicht aus Stil und Sprache, wohl aber aus der Schwierigkeit, zu benennen, was überhaupt das Thema von Kap. 6–7 sein soll.

Exkurs I: „Martyrium" als Thema von *2Makk.* 6–7?
Zentral ist im *2Makk.* die in der Epitome schon stark hervorgehobene Erzählung einer freiwilligen Lebenshingabe (Kap. 6,12 ff: der Schriftgelehrte Eleazar), gefolgt von weiteren (Kap. 7: sieben Söhne derselben Mutter und schließlich diese selbst). Wer diese Texte als Berichte eines „Martyriums" bezeichnet, hat bereits ein christliches Wort gebraucht, das es im Hebräischen bis heute nicht gibt und auch im griechischen Sprachgebrauch der Synagogen nur spät, nämlich im *4Makk.* 6,32 und 12,17 als Femininum: μαρτυρία. Sonst aber ist Gott es oder auch Mose, der den Israeliten etwas „bezeugt" (*1Makk.* 2,37; *2Makk.* 3,36; 7,6; so auch der johanneische Jesus: Joh 1,7 usw.). Nirgends aber im *2Makk.* begegnet dieser Wortstamm.[59] Wer hat wann und mit welcher Absicht diesem Buch seine Endgestalt gegeben? Da wir nicht wissen, ob das *2Makk.* so aus den Händen des Epitomators hervorgegangen ist, wie wir es haben, halten wir uns, wie schon im *Henoch*-Buch (1.5), die Möglichkeit einer dritten Bearbeitungsstufe offen, die, wie auch in jenem Falle, eine christliche sein könnte, ja es wahrscheinlich auch ist.

Es ist schwer, von dieser zentralen Partie des *2Makk.* zu sprechen, ohne bereits christliche Begriffe zu verwenden. Tessa Rajak versucht es, wobei sie zu *2Makk.* 6–7 noch hinzunimmt: Philon, *Leg.* 209; Josephus, *Bell.* 2, 152f (von den Essenern); 7, 351.417–419; *Ant.* 15,288 f; 18,23 (von den Zeloten); *C.Ap.* 1, 42; 2, 218.232.272.292 und *4Makk.* mit folgendem Ergebnis: „Ein zentrales Anliegen ist, 'die Nation zu retten', Beispiele zu geben für die Bewahrung jüdischer Identität unter fremder Herrschaft. Die Speisegesetze sind ein lebenswichtiges, symbolträchtiges Unterscheidungszeichen (*a vital symbolic distinguishing mark*). Wie das *4Makk.* ausführlich darlegt, stehen sie für das Gesetz als ganzes."[60]

So weit mag die Situierung von *2Makk.* im antiken Judentum noch gelingen. Dort stirbt man „für die heiligen Gesetze" (6,28, ἀπευθανατίζειν), „für die Gesetze und das Vaterland" (8,21; ἀποθνῄσκειν ὑπέρ...) oder, mit vollem Wertekatalog, man kämpft „bis zum Tod für die Gesetze, das Heiligtum, die Stadt, das Vaterland, die Verfassung (πολιτεία)", wobei letzteres wieder eine Rückbindung ist an das Erstgenannte, die hier

---

59 Aus diesem Grunde ist es sehr berechtigt, dass die zahlreichen Untersuchungen, die Jan-Willem VAN HENTEN zu diesem Thema angestellt hat, ihren Gegenstand ganz neutral als *noble death* bezeichnen; s. 3.4.3 „Lit."; vgl. auch A. DROGE: *A Noble Death. Suicide and Martyrdom Among Jews and Christians in Antiquity*, 1992.
60 Rajak, „Dying for the Law" (s. u.), S. 66. Bei Stern vgl. I S. 41 f: Oberbegriff ist hier der sein Leben preisgebende Kriegsheld. Für solche hat auch das *Somnium Scipionis* (so nennt man die Einlage Ciceros in seinem *De re publica* 3, Kap. 9–26 [= § 18]) eine Unsterblichkeit ihres *animus* bereit. – Zur Märtyrerverehrung an Gräbern s. noch 6.5.3.

noch pluralisch bezeichnete Tora.[61] Nur christlich bezeugt jedoch ist der Gedanke, ein freiwilliger Tod könne Gott verherrlichen (Joh 21,19 – dort sogar als antijüdische Polemik). Wenn Ps 116,15 = 115,6 LXX sagte: „Köstlich ist vor dem Herrn der Tod seiner Heiligen" (LXX: ...τῶν ὁσίων αὐτοῦ), ist dies kein Hinweis auf freiwilliges Sterben oder gar Heldentum. Ein hoher jüdischer (und überhaupt humaner) Wert war und ist sonst stets die Erhaltung des Lebens und seine Weitergabe, „Leben" im geschöpflich-irdischen Sinne. Man wusste sich angesichts des Todes zu helfen. Im *Buch des Elchasai*, dem Werk eines gnostisch gewordenen oder jedenfalls Mythen eigener Art pflegenden Judenchristen des 2.Jh., wird das Nicht-Martyrium eines Priesters namens Pinḥas berichtet, der in der Babylonischen Gefangenschaft bereit gewesen sei, die Artemis von Susa beim Opfer anzubeten, aber nur „mit dem Mund" (Epiphanios, *Haer.* 1, 19, 1 Ende; dt. bei Schneemelcher [0.9.1] 623 Nr. 8).

Der Wert eines Sterbens für... (ὑπεραποθνήσκειν) gehört der paganen Antike an, mit illustren Beispielen von der Schlacht an den Thermopylen bis zu Schillers aus antiken Quellen genommener *Bürgschaft*,[62] Röm 5,7 f nicht zu vergessen, einer kleinen, sehr antike Wertehierarchie. Daneben hat auch der ganz zivile Tod des Sokrates, wie Platon ihn schildert als eine Art von legalem Freitod, das Judentum nicht unbeeindruckt gelassen (Rajak 59 f). In diesem Zug ist die Heroisierung von Todes-„Opfern" des antihellenistischen Aufstands – vorausgesetzt, die Waffe war in nichtjüdischer Hand – immerhin denkbar, und andeutungsweise finden wir solche rein defensiven Heldentode in *1Makk.* 1,41–64 (bes. 62 f) sowie bei Josephus, *Ant.* 12, 255 f. Das sind Andeutungen; wie aber erklärt sich der Sprung in die pompöse Ausführung in *2Makk.* 6–7 (und später noch im *4Makk.*)?

Die Koordinaten haben sich in römischer Zeit verschoben: Mit dem sinnlosen Sterben im Krieg gegen Rom 66–70 n.Chr. und vollends 133–135 n.Chr. muss ein Wandel der Mentalität eingetreten sein, zumindest im Mutterland. Die rabbinische Literatur spricht nur noch von „Getöteten der Herrschaft" (*haruge malchut;* Bill. I 221–226; II 225 f); was sie nicht kennt, ist freiwilliger Tod als „Zeugnis" oder als Preis für das Leben anderer. Als „Heiligung des Namens (Gottes)", hebr. *qidduš haš-šem*, wird bezeichnet, wenn ein Israelit eher den Tod riskiert, als Gott zu verleugnen und/oder die Tora zu übertreten. Ein Beispiel dafür bot bereits die Rezeption der Legende von den drei jungen Männern im Feuerofen (2.1.7 b). Solcher Widerstand wird seitens der Rabbinen nur in ganz extremen Situationen erwartet: wenn man etwa gezwungen

---

61 Zu dem Singular ὁ Νόμος, wie er einem Paulus dann schon geläufig ist, s.o. 2.0.1. Das *2Makk.* ist merkwürdig geteilt; der Plural kommt als Name der Tora etwa gleich oft vor wie der Singular. Es scheint, dass Iason noch überall den Plural hatte, der Epitomator dann öfters den Singular; der Endherausgeber imitiert beide.
62 Aristoxenos, Frg. 31 (Wehrli); Cicero, *De finibus* 2 § 79 u. ö., auch als Großtat von Pythagorasschülern erzählt bei Porphyrios, *Vit. Pyth.* 60 f.

würde, Götzenbildern zu opfern,⁶³ wenn man verbotenen Beischlaf vollziehen sollte und wenn man Blut vergießen sollte (Talmud, *Sanh.* 74a–75a; Formel: *jehareg wᵉlo' ja'avor*, „er lässt sich töten, um nicht zu übertreten"; vgl. O.6.3 Anm. 127). – Nicht dafür typisch ist das Kriegsgeschehen der Jahre 66–70 oder 133–135. Rabbi 'Aqiva, der Bar Kochbas Aufstand gegen Rom unterstützt hatte durch Proklamation des Aufstandsführers zum Messias, starb, so wird erzählt, zerrissen durch eiserne Haken; da ertönte aus dem Himmel eine Stimme: Er sei bestimmt für das Leben der zukünftigen Welt (*Berachot* 61b; Bill. I 224). Das klingt eher deterministisch als verdienstlich. Die Sammlung von Legenden über „Getötete der Herrschaft" im Midrasch *Echa Rabbati* zu Klag 1,16 (Parallelen bei Bill. II 225f) endet mit der Theodizee-Frage. Ein positiver Schluss solcher Berichte findet sich immerhin auch, so im Talmud, *Giṭṭin* 57 b par. im Zitat von Ps 113,9 (s.u.: „Synopse"). Auch da aber tötet sich die Mutter am Ende aus Verzweiflung.

Ein Sterben *für andere* (personalisiert) oder gar für ein persönliches Heil im Jenseits hat in jüdischen Quellen, gleich welcher Zeit, nur sehr zweifelhafte Belege. Insbesondere was den Aspekt der Selbsterlösung betrifft, der in den christlichen Texten schon seit Ignatius (frühes 2.Jh.) so sehr auffällt: Dieser ist – im Gegensatz zu allem, was man dem Judentum als „Selbsterlösung" früher nachsagte – gerade im Christentum des 2.Jh. üppig belegt, und von da an weiter. „Ich sterbe freiwillig für Gott", sagt Bischof Ignatius von Antiochien und lässt sich nach Rom bringen, um dort „von den Zähnen der wilden Tiere gemahlen zu werden". Er möchte sich „durch diese Organe als Gottesopfer erweisen" (Ign., *Rom.* 4,1f). Das sollte in seinem Sinne ein „Zeugnis" für Christus sein, ebenso wie das Wort μάρτυς in Apk 2,13 von einem Christen namens Antipas gebraucht wird (er hatte im Widerstand gegen die verpflichtend gemachte römische Staatsreligion den Tod erlitten).⁶⁴ Dazu lässt sich, noch aus dem 1.Jh. aber ohne dieses Wort, Hebr 11,39; 12,1ff vergleichen, und auch hier sind es Tote im Widerstand. Berichte über solche Vorgänge tragen seit dem *Martyrium Polycarpi* (2.Hälfte 2.Jh.) den Titel *Martyrium*. Was ältere Forschung dem Judentum nachgesagt hat, findet sich weit eher dort, und insbesondere im Christentum des Ignatius: Selbsterlösung.

Dass die Idee freiwilligen Sterbens als „Zeugnis" für Gott im Judentum entstanden sei, bleibt also unbewiesen, solange Todesschilderungen wie die in *2Makk.* 6,12ff und v.a. in 7 nicht datiert und zugewiesen sind. Beide haben einen klaren Textbeginn und -schluss, erstere sogar einen eigenen Prolog (6,12–17), der so sehr dem Prolog der Epitome ähnelt (2,19–32), dass wir Kap. 6 noch als Teil der Epitome, vielleicht ihren

---

63 Seit den Privilegien Caesars blieb dem Judentum dies von römischer Seite erspart: Schürer/V. 3, 116–125; vgl. 1, 272–276. Eine Schlüsselstelle hierzu ist Josephus, *Ant.* 14, 192–195. In 16, 39f heißen diese Privilegien χάριτες.
64 Dies ist für μάρτυς = „Märtyrer" die absolut älteste Stelle, wenn man sie überhaupt gelten lassen will. Vgl. W. RORDORF: „Martyre et témoignage" in: ders.: *Liturgie, foi et vie des premiers chrétiens* (ThH 75), 1986 (1988), 381–403, mit Verweis auf N. BROX: *Zeuge und Märtyrer. Untersuchungen zur frühchristlichen Zeugnis-Terminologie* (StANT 5), 1961.

dort schon angezielten Höhepunkt, nehmen konnten. Von Kap. 7 konnten immerhin V. 38 und 41 als Deutesätze bzw. Erzählschluss der ganzen Episode auch noch als jüdisch gelten und Iason zugeschrieben werden, ferner V. 38 als Anregung zur Dialogisierung der ganzen Episode durch den Epitomator. Auch die stilistische Gleichheit in allen der Expansion verdächtigen Partien wurde schon erwähnt. Fraglich bleibt demgegenüber die Erwartung körperlichen Eingehens ins Jenseits in Kap. 7 und in der Razi-Episode, Kap. 14.

Ein Problem für die Deutung von 2Makk. 6–7 ist die schon genannte Abwesenheit des Wortstamm μαρτυρ- hier wie im gesamten Buch, abgesehen von ἐκμαρτυρεῖν 3,36, wieder einem Hapax der ganzen Septuaginta: Subjekt ist dort der Heide Heliodor, der zum Zeugen für Großtaten Gottes wird. Gerade dieser Umstand hätte zum Weiterverwenden des Wortstamms einladen können, was aber nicht geschieht. Die Rede von „makkabäischen Märtyrern" ist eine christliche Interpretation und in keinem jüdischen Text dingfest zu machen. Gäbe es denn auch eine jüdische Interpretation, die sich der Begriffe des Textes selbst bedient? Fände sich wenigstens ein Synonym zu dem besagten Wortstamm, so könnte man mit größerer Zuversicht den Gedanken eines „Bezeugens" von Toratreue annehmen (etwa im Sinne eines „Aufrichtens", also Geltenlassens der Tora, hebr. *qum* Hi. oder Pi.)[65] selbst bei Gefahr für Leib und Leben. Der Akzent liegt jedoch anders. Der sechste der Brüder sagt zu Antiochos: „Nicht deinetwegen leiden wir, sondern unserer Verfehlungen wegen", und der jüngste wiederholt es in fast denselben Worten (7,18.32): Beide Male steht πάσχειν neben ἁμαρτεῖν, ἁμαρτία. Das müsste, wenn denn noch an die Situation der 170er-Jahre gedacht wäre, solidarische Reue sein über die verfehlte Kultreform bzw. über eine ihr vorausgehende Gleichgültigkeit. Dieser Gedanke ist Iason ohne weiteres zuzutrauen, ja es dürfte der theologische Leitgedanke seines Werkes gewesen sein, in notwendiger Ergänzung zum Lob der gewaltsamen Aktivität und der Waffen.

Da uns der Worstamm μαρτυρ- nicht hilft, bietet sich mithin das Verbum πάσχειν an, viermal begegnend (und weitere fünf Mal im 4Makk.). Wir finden es in 2Makk. 6,30; 7,18.32 (eben genannt) und schließlich noch in 9,28, wo der „Mörder" Antiochos IV. „das Schlimmste erleidet", nämlich einen (erfundenen, verfrüht datierten) Tod durch qualvolle Krankheit (legendär; vgl. 2.1.7 c). Bleibt 6,30 zu beachten als eine wohl von der Epitome vorgegebene Wortwahl. Sie dürfte der Quellort der Ausweitungen des Kap. 7 sein und damit den Schlüssel liefern: διὰ τὸν αὐτοῦ φόβον αὐτὰ πάσχω, „aus Furcht vor ihm (dem HERRn)[66] erleide ich das", sagt Eleazar und liefert ein Beispiel von

---

65 So in der Hebräischen Bibel, etwa in Dtn 27,26, was die Septuaginta zu einem „Bleiben im Gesetz" abmildert. Im NT vgl. Röm 3,31. Die Rabbinen blieben bei der hebr. Redeweise.

66 Mit τῷ κυρίῳ τῷ τὴν ἁγίαν γνῶσιν ἔχοντι beginnt dieser Satz, woraus wir hier „dem HERRn" renominalisieren, wohl wissend, dass dafür eigentlich artikelloses κύριος gestanden haben müsste. Diese Regel ist aber nicht unverbrüchlich (schon in den LXX-Psalmen ist sie es nicht), was wir dieser Stelle zugute halten müssen, damit sie nicht etwa den Kyrios der Christen meint, den himmlischen Christus. Ausschließen lässt es sich nicht. Unter den Varianten, welche die Große Ausgabe verzeichnet, ist das Fehlen des zweiten τῷ. Hierzu mag die Konjektur vorgeschlagen werden, dass ursprünglich das erste

Gottesfurcht, also Frömmigkeit.[67] Das kennen wir nun schon als Meinung des Epitomators: Judesein heißt manchmal, Opfer bringen. Historisch lässt sich das belegen. Der Versuch, eine von der übrigen Welt unabhängige Agrargesellschaft am Leben zu erhalten, hat in seiner Vergeblichkeit nicht wenige der hier zu behandelnden Schriften mit Stoff versorgt (1.1.1; 1.3.1; 1.5.1). Das ist ein typisch judäisches Problem. Wir finden es nunmehr ausgestaltet als das Motiv des edlen Todes (ἀπευθανατίζειν 6,28) von fremder Hand. 6,31 ist demnach ein erster Zielsatz. Er preist das „Beispiel von (moralischem) Adel" (ὑπόδειγμα γενναιότητος) und „Denkmal von Tugend" (μνημόσυνον ἀρετῆς), das der Greis Eleazar mit seinem freiwilligen Sterben erbrachte. Das ist mit einiger Sicherheit die Stimme des Epitomators.

Danach wird das Geschehen merkwürdig ortlos. Der Tempel gerät aus dem Blick, ebenso das Hauptanliegen der Gesamterzählung, die Wahrung bzw. Wiederherstellung der Reinheit des Tempels und des Landes Israel. Man weiß nicht, ob man sich in Jerusalem befindet oder vielleicht in Antiochien. Der in Kap. 6 nicht mehr genannte König Antiochos ist ab V. 2 wieder gegenwärtig; man braucht ihn, den Erzbösewicht. Diese merkwürdigen Gegebenheiten ließen schon Hans-Werner Surkau, *Martyrien* 18 f schließen, dass hier zwei „Volkserzählungen" dem ursprünglichen Geschichtsbuch hinzugefügt wurden. Keine der zu verherrlichenden Personen trägt jetzt noch einen Namen, außer ihm. Acht Menschen sterben ὑπὲρ τῶν αὐτοῦ νόμων, „für seine (Gottes) Gesetze" (7,9) und bewirken damit eine Art Heil, zunächst für sich selbst (so an den zitierten Stellen) als auch, wie 7,38 im Rückblick sagt (und *4Makk.* 17,10 wieder), für das ganze Volk: Den sieben Brüdern gelang, so heißt es, ein „Anhalten des Zornes des Allmächtigen". Diese Redewendung – στῆναι τὴν ὀργήν – ist in der ganzen Septuaginta einmalig.[68] Nur Esr 10,14 ist vergleichbar, wo Esra die Israeliten nötigt, fremdstämmige Frauen, die sie schon geehelicht hatten, wieder fortzuschicken, „um die Wut des Zorns unseres Gottes von uns abzuwenden (ἀποστρέψαι) wegen dieser Sache". „Diese Sache" – das ist hier kontextgemäß ein *ma'aśe Tora*. Das Befolgen oder Nichtbefolgen eines Toragebots steht auf dem Spiel, wie in 4QMMT oder in Röm 3,20.28. So sah der Epitomator die Lage in der Zeit des Aufstands.[69] Wir können diesen zusätzlichen Gedankenschritt – dass ein freiwilliger Tod den Zorn Gottes über andere stillt – ihm zuweisen, ihm spätestens. Er hätte damit vorgedacht, was später bei den Christen eine Theologie des Martyriums wurde. In diesem Sinne wären die von Shmuel Shepkaru neuerdings vorgetragenen Bedenken zu beantworten und es wäre – im Einvernehmen mit ihm – ein Schlüssel gewonnen für eine von Dan 3 und 6 (vgl. 2.1.7 b)

---

fehlte: Κυρίῳ τῷ τὴν ἁγίαν γνῶσιν ἔχοντι. Auch so aber muss offen bleiben, was für eine Gnosis hier gemeint ist. Vielleicht ist auch diese Stelle schon judenchristlich: vgl. 2Petr 1,5f.
67 Als „exemplarischer Schriftgelehrter" (6,18) teilt er diesen Namen mit dem typischen Priester von *EpArist.* 1 (und noch zwölfmal) und mit dem Beter in *3Makk.* 6,1.16.
68 Sie ist nicht zu verwechseln mit Hi 6,2 στῆσαι τὴν ὀργήν (im Kontext als Optativ, also στῆσαι τὴν ὀργήν), was ein „Auf-die-Waage-Legen" des Zornes (hier: Hiobs) meint.
69 Spinoza, *Tractatus* 16,65 deutet 2Makk 6,18 ff rein politisch und insofern noch ganz jüdisch: Eleazar bewahre die Judäer davor, einer heidnischen Herrschaft Loyalität zu schwören.

bis weit in den Rabbinat reichende Reihe von Texten über nobles Sterben oder doch Sich-Aussetzen an eine Todesgefahr.

Wenn wir hier – nicht ohne Zögern – von einem Sühnetod sprechen, so geraten wir in die Nähe jener Christologie, die im Neuen Testament v. a. im lukanischen Corpus aus Jes 52,13–53,12 gewonnen wurde. Zögern wird man beim Einbringen des „Sühne"-Begriffs, auch wenn es nur eine Kultmetapher sein soll, und zwar deshalb, weil er ein Menschenopfer impliziert, wenn auch ein freiwilliges. Eine jüdische Idee ist das sonst nicht. Schon für die hellenistische Zeit ist das etwas ganz Archaisches, wenn auch immer wieder Berichtetes, etwa die Entsühnung Athens nach einer Pest durch Epimenides (ca. 600 v. Chr.),[70] erwähnt bei Plutarch, Pausanias, Athenaeos und Diogenes Laërtios – alles übrigens Autoren des 2.Jh. n.Chr. Hier nun, auch das ist bemerkenswert, sterben sogar Unschuldige anstelle von Schuldigeren. Wenn das ein jüdischer Gedanke sein soll, dann vielleicht doch erst ein in Resonanz zum Christentum aufgekommener (Boyarin). Nichts veranlasst uns, diesen Text für älter zu halten als Hebr 11.

Exkurs II: Auferstehung der Toten zum doppelten Gericht
Was das *2Makk.* im Christentum überaus beliebt gemacht hat, ist die in Kap. 7, Kap. 12 (Ende) und Kap. 14 (Ende) sehr ausführlich ausgedrückte Hoffnung auf eine allgemeine Auferstehung „ins ewige Leben" zumindest für diejenigen, die es wert sind. Sucht man nach einer Bestätigung dieser Lehre im vorchristlichen Judentum, ist man auf ganze zwei Verse angewiesen in einem Buch, dessen langsame Entwicklung unter 2.1.7 schon Gegenstand der Betrachtung war: *Daniel;* und zwar sind einschlägig Dan 12,2 und 12,13.

Wir können hierzu eine ähnliche sprachgeschichtliche Untersuchung anstellen wie in dem Exkurs hinter 2.4.2, wo es um die Erwartung individuellen Fortbestehens ging. Das Wort ἀνάστασις, selten in der Septuaginta (Ps, Sach, Zeph, Klag, Dan[71] je einmal), ist nur im *2Makk.* zweimal vertreten: 7,14 und 12,43. Es kann unserem Autor eigentlich nur aufgrund von Dan 12,13 (ἀναστήσῃ) in den Sinn gekommen sein, womit er dann die freiwillig Sterbenden dem Weisen des Dan-Buches gleichstellt (im Gegensatz zu den erfolgreichen Kriegern, von denen noch nicht einmal das uns aus *1Makk.* bekannte prachtvolle Begräbnis erwähnt wird – merkwürdig). Die wichtigste Erklärung zu ἀνάστασις in 7,14 und 12,43 liefert erstere Stelle, wo einer der Sterbenden die Gewissheit eines πάλιν ἀναστήσεσθαι ausspricht, mit dem Zusatz an seinen Peiniger: „Für dich wird es gewiss keine Auferstehung ins Leben (ἀνάστασις εἰς ζωήν)

---

70 Dazu gehörte, dass einige Verbrecher – also Athens Schuldigste – in eine Schlucht gestürzt wurden (Präzipitation, Äquivalent zur Steinigung). Die bei dieser Gelegenheit „unbekannten Göttern" gewidmeten Altäre sind noch Paulus vor Augen gewesen, der diesen Plural allerdings nach des Lukas Bericht (Apg 17,23) im Sinne der hier zu 5.2.3 bemerkten Gewohnheit in den Singular umdeutet.
71 Hier nur LXX (nicht Θ), übrigens ohne hebr. Äquivalent und in einem nicht gerade positiven und jedenfalls untheologischen Sinn.

geben!" Hat das Iason schon gesagt? Wir können den Epitomator ebenso wie die Schlussredaktion in Betracht ziehen.

Eine weitere Probe: ζωή ist in unserem Buch beschränkt auf 7,9 – 36 (fünfmal) und 14,46 (das ist die dritte verdächtige Stelle, die Razi-Episode). Bemerkenswert ist hierbei, dass dieses Wort, anders als etwa die zwei Dutzend Vorkommen im *Sirach*-Buch und all die älteren Stellen, hier nun das ewige Leben meint. Das gr. *Daniel*-Buch – um es zu vergleichen – hat in beiden Fassungen ζωή genau zweimal: In Dan 7,12 ist χρόνος ζωῆς ganz konventionell die „Lebensspanne"; in Dan 12,2 hingegen begegnet der Neologismus ζωὴ αἰώνιος (MT: *ḥajje ʻolam*) für die Aussage, es sei für „viele derer, die im Staub der Erde schlafen", eine Auferstehung zu erwarten (LXX: ἀναστήσονται, Θ wörtlicher: ἐξεγερθήσονται), „für die einen zum ewigen Leben", für die anderen „zu ewiger Beschämung".[72]

Wer den Wortlaut von Kap. 7 insgesamt für jüdisch halten will, sollte sich zumindest wundern können – nicht nur über die inhaltlichen „Alleinstellungsmerkmale" des Textes, sondern auch über das zusätzliche Paradox einer durchaus hellenistischen Einfärbung dessen, was einst stummer Protest gegen den Hellenismus gewesen sein muss. Solchermaßen lässt sich, wenn man will, das *2Makk.* im Wortlaut für das Judentum „retten" und zugleich erklären, warum in römischer Zeit nur Christen Verwendung dafür hatten. Aber das ist nur eine von mehreren möglichen Auffassungen; eine andere, hiermit vorzuschlagende geht bereits von christlicher Aneignung aus. Dass dann noch einmal jüdischerseits ein *4Makk.* folgt als Amplifizierung genau dieser merkwürdigen Passage 6,12–7,42, lässt sich nicht als Antwort auf Grausamkeiten Roms erklären, das niemals Juden zwang, Schweinefleisch zu essen, sondern wird weit eher als Antwort gelten können auf christlichen Märtyrerkult (6.5.3). Von da aus rückschließend, lässt sich für unser *2.Makk.* zur Not auch an eine von jüdischer Hand kommende Erweiterung der *Epitome* denken, die auf ein als Botschaft von der Auferstehung stilisiertes Christentum (vgl. Apg 4,2.33; 17,18.32 u. ö.) antwortet.

Einleitung s. 3.4.1.
Übersetzung: JSHRZ I/3 (C. Habicht) 1976; dazu VI/1,1 (Mittmann-Richert) 40 – 62 [Inhaltsangabe 40 f; Gliederung 43]; *Septuaginta deutsch* 694 – 717 sowie in allen Bibeln mit Apokryphen; sprachlich ausgezeichnet: die *Einheitsübersetzung*. **Inhaltsangabe** in Kürze bei Schürer/V. 531. **Anmerkungen:** *Septuaginta deutsch.E* 1376 – 1416.
Literatur zu Exkurs II: H.-W. Surkau: *Martyrien in jüdischer und frühchristlicher Sicht* (FRLANT 54), 1938; T. Rajak: „Dying for the Law. The martyr's portrait in Jewish-Greek literature", in: M. J. Edwards/S. Swain (Hg.): *Portraits. Biographical Representation in the Greek and Latin Literature of the Roman Empire*, 1997, 39 – 68 (hier: 66); J. W. van Henten: *The Maccabean Martyrs as Saviours of the Jewish*

---

[72] Noch jünger ist die Auffassung, schon Adam sei zur Unsterblichkeit erschaffen worden: *Sapientia* 2,23 (6.5.1); dort auch das Problem des bereits möglichen christlichen Einflusses.

People. A Study of 2 and 4 Maccabees (JSJ.S 57), 1997; ders.: *Martyrdom and Noble Death. Selected Texts from Graeco-Roman, Jewish and Christian Antiquity*, 2002; D. BOYARIN: *Dying for God. Martyrdom and the Making of Christianity and Judaism*, 1999; Sh. SHEPKARU: *Jewish Martyrs in the Pagan and Christian World*, 2006.

Handschriften: LXX-Codices A, V (nicht B) und spätere. **Lat.:** Lyon, Madrid, Paris (jeweils 9.Jh.), Bologna (11.Jh.) u. a.; s. de Bruyne (1.4.2) S. XII. **Syr.:** BM 14446 (7.Jh., bietet *1–3Makk;* hg. de Lagarde) und Ambrosianus B 21 inf. (hg. in *VTS;* s. „Übersetzungen").

Titel in den LXX-Handschriften: Μακκαβαίων [λόγος] δεύτερος, Μακκαβαίων [βιβλίον] δεύτερον o. ä.; **andere Benennungen:** Origenes (s. u.): Μακκαβαϊκά, wie auch die Erstfassung (3.4.1) schon geheißen haben dürfte. Nummerierung als „2." bei Euseb und Hieronymus (Schürer/V. 535). Hier geschieht die unter 1.4.2 angekündigte Fusion zweier Personengruppen, einer historischen und einer legendären, unter dem Namen „Makkabäer".

Neuere kritische Ausgabe: Septuaginta (Rahlfs) II 1099–1139; Septuaginta (Göttingen) 9/2: *Maccabaeorum liber II* (W. KAPPLER/R. HANHART) 1959 (1976). – Zu den lat. Texten s. 1.4.2.

Textanfang und **Textschluss** s. o. 3.4.2.

Wortindex: Siglum bei Hatch/Redpath: „II Ma."; die Makkabäerbücher kommen hinter *Daniel*.

Alte Übersetzungen: Was in der Vulgata als *2Makk.* steht, ist eine von mehreren erhaltenen Vetus-Latina-Fassungen (Schürer/V. 535); andere bezeugen eine andere Vorlage oder eine andere Übersetzungstechnik (manchmal mechanisch-verständnislos) oder beides. Wären diese Fassungen als jüdische Schöpfung zu erweisen (was wir in den übrigen Fällen immerhin annehmen), so wäre das ein Argument für den jüdischen Charakter des Ganzen; doch ist hier kein Ausweg aus dem Zirkel. Texte: D. DE BRUYNE (Hg.): *Les anciennes traductions latines des Maccabées* (Anecdota Maredsolana 4), 1932, S. 104–227; dort die Vulgata („V") in Parallele mit fünf anderen Fassungen. – Weitere Übersetzungen: syr. (de Lagarde 213–255); *VTS* 4/4 (A. PENNA/K. D. KENNER), 2013, S. 141–303 der zweiten Zählung; arm. (Zōhrapean 362–381, sehr frei), kopt. (achmimisch).

Frühestes Zitat: Hippolyt (gest. 235 n. Chr.) zitiert *1Makk.* bereits mit dieser Nummer, was mindestens 1 weiteres Makkabäerbuch impliziert – doch wohl unseres. Im lat. Westen zitiert Cyprian (gest. 258) mehrere Stellen aus *2Makk.* 6 und v. a. aus Kap. 7 als *in Maccabaeis* befindlich (*De exhortatione martyrii* 11; *Testimonia adversus Judaeos* 3, 17; Schürer/V. 183), welche Bezeichnung ihm daneben auch für Anspielungen ans *1Makk.* dient.

Ähnliche oder ähnlich benannte Texte: zum *1Makk.* s. o. 1.4.2; zum *3Makk.* 2.4.1; zum *4Makk.* 6.5.3 (dort weiteres); sie bilden aber keine kompositionelle Folge. Eher ist das *3Makk.* konzipiert als Widerpart gegen die allzu hasmonäerfreundliche Tendenz im *1Makk.* (und vielleicht auch den Kompromiss bei Iason bzw. in dessen Epitome, 3.4.1–2). Hingegen bleibt *4Makk.* außerhalb jeder Politik, vermutlich weil es eine judäische Politik zu seiner Entstehungszeit nicht mehr gab.

Die **Textsorte** ist nunmehr gemischt; überwiegend ist es eine Märtyrerlegende, genauer: eine Folge von solchen. **Literarische Besonderheit:** extreme Emotionalisierung, auch in den Dialogen, die den Bluttaten jeweils vorausgehen.

Zählung: 15 Kapitel (die aber, verglichen mit dem *1Makk.*, an Länge nur zwei Drittel ergeben).

Gliederung: vermutlich unverändert gegenüber der Epitome. Auch die Rahmung der beiden Märtyrergeschichten durch 6,12–17 (Einleitung zur ersten) und 7,42 (Schlussansage zur zweiten) dürften noch auch der Epitome stammen. Dass andere Partien weniger ausdrücklich hervorgehoben sind, lässt 6,12–7,42 als zentrale Partie kenntlich bleiben.

Synopse mit *1Makk.* und Josephus, *Ant.* 12–14: J. SIEVERS: *Synopsis of the Greek Sources for the Hasmonean Period. 1–2Maccabees and Josephus, War 1 and Antiquities 12–14* (Subsidia Biblica, 20), 2001. Die Partie *2Makk.* 6,12–7,42 ist dort nicht geboten; sie ist über alle vergleichbaren Texte überschüssig. **Synopse** von *2Makk.* 7 mit *Pesiqta Rabbati* 43,[73] *Giṭṭin* 57b und *Echa Rabba* 1,16 in engl. Übers. bei R. DORAN: „The martyr. A synoptic view of the mother and her seven sons" in: G. NICKELSBURG/J. COLLINS (Hg.): *Ideal Figures in Ancient Judaism* (SBL.SCS 12),1980, 189–221 (206–221).

Literarische Integrität; Redaktionskritik: Dies ist ein interpoliertes und – wohl schon seit der Epitome – in der Zeitabfolge gestörtes Werk. Ein Satz wie 6,29f ist überdehnt und bei Kappler/Hanhart als Korruptel markiert. – Ein besonderes Problem bereitet **Kap. 7**; Habicht 171 spricht es mit guten Gründen Iason ab. Die Dialogisierung als solche könnte an dieser Stelle bereits ein Werk des Epitomators sein (3.4.2 „literarische Integrität"), das vom Endredaktor nochmals erweitert wurde. – **Textliche Integrität:** Habicht 284f bietet eine 2-seitige Liste von Stellen, wo er den Text von Kappler/Hanhart verwirft und andere Lesarten bzw. andere Konjekturen bevorzugt. – Ein Teil der Handschriften ist in stilistischer Hinsicht überarbeitet (lukianische Rezension; s. Kappler/Hanhart 18–24; vgl. noch 27–31 zu den Weiterübersetzungen): Diese mit dem Siglum *L* markierten Lesarten sind jedenfalls sekundär.

Biblische Bezüge: 2,17 zitiert die Schlüsselbegriffe aus Ex 19,6 LXX (Israels Priestertum). 7,6 bietet ein wörtliches Zitat aus dem Lied (ᾠδή) Moses, nämlich Dtn 32,36 (vgl. Ps 135[134],14 = *Ode* 2,36 der chr. Septuaginta), mit Namensnennung des Mose. Förmlich zitiert wird ferner Ex 23,22 in 10,26 („wie der Nomos klarmacht"). Solch wörtliche Rückgriffe sind in Hebräischer Bibel bzw. Septuaginta selten und jedenfalls spät; so etwa der in Dan 9,2. – Nicht genannt,[74] aber notwendigerweise als Matrix der Kap. 7, 12 (Ende) und 14 (Ende) anzunehmen ist das *Daniel*-Buch: Die

---

[73] Nach der Ausg. Friedmann 1880. Dort erhält die Mutter sogar einen Namen: Mirjam bat Tanḥum. Die Zeit des Ereignisses bleibt unbestimmt.

[74] Das ist paradox angesichts des Umstandes, dass jedes der anderen *Makk.*-Bücher jeweils Daniel nennt, *4Makk.* sogar dreimal.

genannten Passagen sind jüdisch nur erklärbar als Midrasch über Dan 12,2 (allgemeine Auferstehung) und Dan 12,13 (besondere Belohnung des Gerechten).

Historische Anspielungen an Verhältnisse nach dem Tod Herodes' I., ja zur Zeit Neros sind vorgeschlagen worden von I. Lévy: „Les deux livres des Maccabées et le livre hébraïque des Hasmonéens", *Semitica* 5, 1955, 15–36 (bes. 28–32) und werden durchaus akzeptabel, wenn man eine über so lange Zeit verlaufende Überarbeitungsgeschichte des *2Makk.* annimmt; dazu wieder B. Eckhardt: „Herodes der Große als Antiochus redivivus", *Klio* 90, 2008, 360–373.

Quellen und **Vorlage:** *1Makk.*, bes. in Kap. 7. Die Tötung unschuldiger Zivilisten in *1Makk.* 1,41–64 (bes. 62f) fand eine gewisse Ausweitung bei Josephus, *Ant.* 12, 255f; beides, auch der Josephus-Text, kann dem Bearbeiter bekannt gewesen sein (Siegert, „Das zweite Makkabäerbuch" 153–160), zusätzlich zu mündlichem Weitererzählen, womit stets zu rechnen ist. Hinzu kommt aus dem *1Makk.* die Passage 2,29–42 und, gemäß dortiger (2,59f) Erinnerung an Dan 3 und 6, auch diese *Daniel*-Kapitel. – Textintern könnte zusätzlich (oder auch hauptsächlich) das Sterben des Eleazar (6,18–28) eine Vorlage für die Expansion in Kap. 7 gewesen sein. – Vielleicht haben auch die Eingeweide des Elefanten, unter deren Wucht in *1Makk.* 6,64 ein Israelit heldenhaft stirbt, diejenigen des Razi vorgebildet – womit ein erst noch in wechselndem Licht stehendes Suicid hier nun heroisch erscheint.

Hebraismen: Spracheigentümlichkeiten der Vorlage (also Iasons wie auch des Epitomators) werden vom Endredaktor imitiert, so der Plural ταῖς ἀληθείαις (7,6 vgl. 3,9);[75] ἐπώργισται 7,33 neben ἀπώργισται 5,17 (und Dan 11,40). Eine gewisse Zunahme der Hebraismen in 6,29–7,38 (bei Habicht 171 und 233ff bemerkt,[76] mit Vermutung einer hebr. Vorlage) ist deutbar als stilistische Absicht, nämlich als Zeichen steigenden Bemühens um Feierlichkeit, wie auch ein Lukas sie an passender Stelle zu erzeugen vermochte (0.4.3). In dieses Stilbemühen gehört auch die Betonung des Gebrauchs der (aram., damals „hebr.") Muttersprache in 7,8.21.27; 12,37; 15,29 (s. Torres). Das besagt nichts über die Vorlage; noch in den gnostisch-christlichen *Thomasakten* wird angeblich Hebräisch gesungen (Kap. 6–8; vgl. 9). – **Griechischer Stil:** Asianismus mit gelegentlichen LXX-Einschlägen (s.o.). Die Vorliebe Iasons für seltene Wörter oder überhaupt für Neubildungen (etwas für den Asianismus Typisches) macht auch in Passagen, die christlicher Überarbeitung verdächtig sind, Iasons ursprüngliche Wortwahl kenntlich:[77] ἔκθυμος in 7,3.39 z. B. verbindet diese Verse mit 14,27 (sonst nicht in LXX), ἔμπνους verbindet 7,5 mit 14,25 (dito), ἐμπιστεύειν 7,24 mit 10,13 (dito), wobei letzteres jeweils unverdächtige Stellen sind.

---

[75] Vgl. aber auch Epiktet, *Diss.* 3, 22,23 sowie im Nominativ Ps 12(11),2.
[76] So soll anfängliches συνέβη δέ vielleicht ein *wa-j^ehi* wiedergeben; 7,2 ἤ statt μᾶλλον ἤ, wie hebr. *min*.
[77] Sofern sie nicht – was aber sehr raffiniert wäre – gezielt imitiert wird. Da wäre dann z.B. das überaus seltene Adverb ἀστείως (auch Philon hat es nur einmal, *Post.* 102) aus dem einen ἀστεῖος von 6,23, einer immerhin markanten Stelle, herausgewonnen.

3.4.3 Das *2.Makkabäerbuch* der Septuaginta — 441

Bemerkenswerte Stellen: Wirkungsvoll für die Theologie des lateinischen Westens wurde die Szene **12,39–45**, wo beim Bergen gefallener judäischer Kämpfer Götzenbilder (wohl Amulette) unter deren Gewändern gefunden werden; dass deren Tod damit ja wohl verdient war, genauer gesagt: verschuldet (V. 40; vgl. V. 42: „Sünde"), dürfte schon Iasons Meinung gewesen sein (oben 3.4.1). Den besonderen Umständen lässt sich auch der gänzlich neue Einfall des Judas zuschreiben, ein nachträgliches Sühnopfer (περὶ ἁμαρτίας = *ḥaṭṭa't*) für sie darzubringen;[78] der dabei aufgewendete Betrag von 2000 Silberdrachmen erweist diese – natürlich am Tempel stattfindende – Aktion als von nationaler Bedeutung.[79] Sie entspricht dem im obigen Exkurs herausgearbeiteten Grundgedanken, dass die Reinigung des Landes von jeder anhaltenden Toraverletzung die Voraussetzung für dessen mögliche Befreiung von Fremden sei. Der Kommentar in V. 43b–45a variiert das Thema:

> Das war eine sehr gute und noble Tat von ihm, der er die Auferstehung bedachte. (44) Hätte er nämlich nicht die Erwartung gehabt, dass die vorher Gefallenen auferstehen würden, wäre es ein überflüssiges Geschwätz gewesen, für Tote zu beten. (...) (45b) Deswegen vollzog er für (bereits) Gestorbene die Versöhnung, um von der Sünde befreit zu werden.

Wer wird hier von Sünde befreit? Christliche Lektüre denkt hier gleich an die Verstorbenen; in der Logik des Buches aber liegt eher die Sorge für das Land: Eine Sünde Israels (V. 32) ist durch stellvertretendes Leiden zu sühnen (V. 33.38). Die Frage ist demnach: Wer hat diese Verse 43b–45a geschrieben? Lag eine doppelte Sinngebung jener freiwilligen Tode (43b) bereits im Sinn des Autors? Stilistisch ergibt sich kein Kriterium; der Text ist voll von Vokabeln des iasonschen Geschmacks: Zu dem ἀστείως πράττων in 43b gilt das zu ἀστείως unter 3.4.1 bereits Bemerkte; in V. 44 ist mit ληρώδης und in V. 45a ist mit χαριστήριον jeweils ein weiteres Hapax der ganzen Septuaginta zu verzeichnen. Die Frage ist eine inhaltliche, und sie betrifft die zweite Sinngebung, nämlich den syntaktischen Nachklapp ὑπὲρ ἀναστάσεως διαλογιζόμενος und das daran wiederum nur appositionell Angehängte in V. 45a. Um die Stelle für ungebrochen jüdisch zu halten, müsste man sie als Rückgriff eines Bearbeiters auf Dan 12,2.13 auffassen.

Christlicher Einfluss: Die bis hier gemachten Beobachtungen können auch in Verbindung mit dem obigen Exkurs II den Verdacht nicht beruhigen, dass Kap. 7, Kap. 12 (Ende) und Kap. 14 (Ende) in Details überschrieben sind, entweder von Christen oder in Antwort auf sie. In genau diesen Kontexten liegen leider auch die

---

78 Religionswissenschaftlich ist das eine Lustration. Dass sie nach keinem bestimmten mosaischen Ritus stattfindet, sondern aus freiem Ermessen, mag das Ungewöhnliche der Situation widerspiegeln. Genau so ist ja der Tod Jesu christlicherseits als informeller Sühneritus interpretiert worden.
79 Diesen Preis abzuschätzen, war Sache eines Priesters; aber genau das waren ja Judas und seine Brüder.

theologisch gewichtigsten Stellen: Das οὐκ ἐξ ὄντων[80] von **7,28** gilt als der früheste Ausdruck einer *creatio ex nihilo* und wird seit Origenes viel zitiert (Williams 78: Lit.) – warum erst so spät? Der Satz gibt sich als Glaubensüberzeugung eines Israeliten, der dafür sein Leben lässt. Ob diese Stelle älter ist als Röm 4,17 (dort Expansion von 1Sam 2,6) und Hebr 11,3, bleibt zu fragen. Philons oder Josephus' Aussagen über die (potentielle) Unsterblichkeit der menschlichen Seelen, reiner Platonismus, entscheidet es nicht. – **14,46** ist ein selbst für das Christentum extremer Ausdruck eines Glaubens an die Auferstehung sogar *des Fleisches*, von 7,23 übrigens abweichend. Einen Schlusssatz zwar muss die Razi-Geschichte schon in der Epitome gehabt haben; ob er aber das ταῦτα αὐτῷ πάλιν ἀποδοῦναι bereits enthielt, bleibt offen.[81] So sind die Echtheitsfragen zum *2Makk.* für die Forschung noch ein offenes Feld.

Datum der Endfassung: Es gibt keine vorchristliche Bezeugung. Ein Ansatz früher als das 2.Jh. n.Chr. bleibt Vermutung. Clem.Al., der früheste Zeuge für die *Epitome* (wir nannten ihn schon unter 3.4.2), bietet nichts aus den nachmals so viel benutzten Kap. 6–7. – Zur Bestimmung des **Ortes** sollte das Fehlen eines Bezugs auf Jerusalem in Kap. 7 zu denken geben. Die Perspektive, die anfangs eine der Diaspora gewesen war (3.4.1; vgl. 2.4.1) und zwischenzeitlich eine judäische (3.4.2), ist nun möglicherweise wieder eine vom (zerstörten?) Jerusalem entfernte.

Abfassungszweck: Verherrlichung des Toragehorsams, weiterhin als Unterhaltung geboten (s.o. 3.4.2 zu ψυχαγωγία). Insofern ist das *2Makk.* ein Gegenstück zu *Aseneth* (2.2.2), aber nicht als Liebesgeschichte, sondern ganz wörtlich als *thriller*, ähnlich 2.4.1 und 7.4.3. So gilt es späterhin von vielen christlichen Märtyrergeschichten und ihren bluttriefenden Darstellungen auf Bildern. Sollte diese Fassung erst in christlicher Zeit entstanden sein (vorchristliche Belege fehlen, wie gesagt), so ist sie, sofern jüdisch, eine Antwort auf den seit Ignatios († um 110) und Polykarp aufblühenden Märtyrerkult; vgl. Kopftext, Schluss. Kommt sie aus (juden-)christlicher Hand, so wäre sie eine Aneignung der jüngeren nationalen Geschichte, u.z. des Besseren und Ruhmwürdigen aus ihr, unter dem Gesichtspunkt einer überaus romkritischen Widerstandsfrömmigkeit.

---

80 Die Handschriften der sog. lukianischen Rezension stellen es um: ἐξ οὐκ ὄντων. Die lateinischen Übersetzungen sind entsprechend geteilt zwischen: „nicht aus Bestehendem" und dann aber bequemer: „aus nichts" (*ex nihilo* – so die Vulgata). „Aus *dem* Nichts" zu übersetzen, wäre in sich widersprüchlich, denn es fügt etwas Unbestimmtem den bestimmten Artikel hinzu.

81 Selbst im Christentum ist gefragt worden, wozu die Leiber der Auferstandenen einen Verdauungstrakt nötig haben sollten. Die Vorstellung, die diese Frage provoziert, ist in christlichen Texten ab Lukas belegt (Essen von Gesalzenem Lk 24,12; Apg 1,4). – Das Schwanken zwischen Auferstehung der Seele und leiblicher (sogar fleischlicher) Auferstehung im *2Makk.* nötigt noch nicht zur Annahme mehrerer christlicher Bearbeiter. Bei vielen anderen Autoren findet es sich wieder. Luther z.B. nennt in einem Lied von 1524 (*EG* 183,3) das Fleisch an dieser Stelle, während sein *Großer Katechismus* 2,3,60 (1530) umschwenkt auf den nichtmateriellen, nur räumlichen Begriff „Körper".

Rezeption: Zitiert wird *2Makk.* nur bei Christen, und auch da in der Antike fast nur aus Kap. 6–7 (Kappler/Hanhart 11). Man nährte daraus eine nachbiblische Jenseitserwartung, wozu oben der Exkurs hinter 2.4.2 schon Auskunft gab.

Eine jüdische Expansion in ganz großem Stil haben diese Kapitel in Form des *4Makk.* erfahren; s. 6.5.3. Das Höherwerten von Toratreue über das eigene Leben konnte, wie Josephus bereits angesichts der Sikarier bemerkt, Staunen erregen in einem recht ambivalenten Sinne, „entweder als Verrücktheit (ἀπόνοια) oder als Festigkeit der Gesinnung" (*Ant.* 15, 288). Als Botschaft nach außen hat es dementsprechend zwiespältig gewirkt; vgl. Tacitus, *Hist.* 5, 5,3 für die negative, Epiktet, *Diss.* 2, 9,20 (vgl. 4, 7,16–19) für die positive Wirkung.

Bis ins 3.Jh. galt als „das" *Makkabäerbuch* das 1., zwar pluralisch τὰ Μακκαβαϊκά genannt, aber nur dieses war gemeint.[82] Bezugnahmen auf das *2Makk.* und auf „die makkabäischen Märtyrer" beginnen mit Origenes, der selbst als Märtyrer starb; er zitiert in *De exhortatione martyrii* 22–27 ausgiebig aus *2Makk.* 6 und 7, ebenso Cyprian, von dem dasselbe gilt, in seiner gleichnamigen Schrift, Kap. 11 und in *Testimonia* 3, 17 (Liste bei Schürer/V. 534f). Judas' Makkabäus' Vision des Propheten Jeremia (15,12–16), der „für das Volk (Israel) betet und für die Heilige Stadt", gilt seit Origenes' *Johanneskommentar* 13, 57 (zu 4,46–53) als weiterer Beleg für die himmlische Fürbitte der Heiligen (sankt Onias hingegen, der andere himmlische Fürbitter, wird von ihm übergangen).

In lateinischer Theologie kam auch anderes noch in den Vordergrund. Die Stelle 12,43–54 hat dem Trienter Konzil auf der Sitzung vom 17.9.1562 als Motiv gedient, neben dem *1.* auch das *2Makk.* zu kanonisieren; sie lieferte die Begründung für den Brauch der Toten- und Stillmessen (= Messen zugunsten Abwesender, auch ohne Gemeinde). Die Verse 43–45 dienen als Lesung für Seelenmessen (Messen als Opfer zugunsten Verstorbener).

Diejenigen „Makkabäer", die in kirchlicher Verehrung für heilig galten, sind mithin nicht die Widerstandskämpfer um Judas Makkabäus, sondern die namenlosen sieben Brüder aus Kap. 7 samt ihrer Mutter und Eleazar. Ihnen gilt der Gedenktag „der makkabäischen Märtyrer" am 1. August (*Synekdēmos* 941; vgl. schon Augustin, *Sermo* 300). Erasmus von Rotterdam hat ihnen in seiner erneuten Popularisierung Namen beigelegt.[83] Luther hingegen konnte das *2Makk.* nicht leiden (die dt. Übers. ist vermutlich von Melanchthon); er war ihm „feind" wie auch dem *Esther*-Buch,[84] predigt es doch eine Theologie der Leistung. – Für das Wort „makaber" wird eine Herkunft aus dieser Makkabäergeschichte vermutet.

---

82 So noch in der Liste der „22 Bücher des AT" bei Ioseppos (8.1.2) 25: Nach *Hiob,* als 22. hinter *Daniel* gezählt, wird als „außerhalb von diesen" erwähnt: „Esther und τὰ Μακκαβαϊκά ἅπερ ἐπιγέγραπται ΣΑΡΒΗΘ ΣΑΒΑΝΑΙΕΛ."
83 Rajak 57. Kurioserweise nennt der *Synekdēmos* a.a.O. den Namen der Mutter: Σολομονή.
84 WA.TR 1, Nr. 475, S. 208,28–36 = WA.TR 3, Nr. 3391a.b; vgl. auch sein Vorwort zum *2Makk.*

3.5 Sachliteratur

3.5.1 Rhetorisches: Caecilius von Kale Akte, ein Gottesfürchtiger

Der Anekdotensammler Athenaeos, *Dipnosophistae* 272 F und 466 A erwähnt einen „Rhetor Caecilius von Kale Akte" („schöne Küste", Calacte in Sizilien), der verschiedene Geschichtswerke verfasst habe; er ist wohl identisch mit einem Quintus Caecilius Niger, Zeitgenossen Ciceros, erwähnt bei Plutarch (*Cicero* 7; Stern I S. 566) in einer Episode aus dem Prozess Ciceros gegen Verres i.J. 73 v.Chr. Er wird charakterisiert als Freigelassener und ἔνοχος τῷ ἰουδαΐζειν („dem Judentum verpflichtet/verfallen"): Das wäre das, was man jüdischerseits seit dem 1.Jh. n.Chr. einen „Gottesfürchtigen" nennt (s. 0.2.5 Anm. 27). Doch nicht um ihn dürfte es hier gehen, sondern um einen anderen, etwas jüngeren Sizilier, auch als Sklave aufgewachsen und seiner Begabung halber schließlich Rhetor geworden, der leider in den Nachrichten fast stets mit seinem älteren Landsmann verwechselt wird. Von ihm ist wiederum unklar, ob oder inwieweit er Jude war; so nehmen wir auch ihn als Gottesfürchtigen. Denn was in der *Suda* als Frage von einem Glossator hinzugesetzt ist („Wie er denn Jude war, wundert mich; [sagen wir:] ein Jude mit griechischer Bildung", s.u.: „Autor"), berechtigt auch zu der umgekehrten Vermutung, dass es ein Grieche war (nämlich aus Italiens griechischsprachigem Süden, der *Magna Graecia*), der jüdische Lebensweise annahm. In beiden Fällen ist er für uns interessant.

Einleitung: Schürer/V. 701–703.
Titel seiner Schriften: Nicht weniger als 13 Buchtitel sind überliefert (v.a. in der *Suda*): ein Rhetorik-Lehrbuch (*Technē rhētorikē*), eines über Redefiguren u.a.m., auch eine Geschichte des Sklavenaufstands unter Spartacus, und, hier interessierend, ein Περὶ ὕψους, *Über das Erhabene*. Was diese Schrift an Anregungen enthielt für die gleich betitelte Schrift seines bekannteren Schülers, ist in der Ausg. Ofenloch gesperrt gedruckt.
Handschrift und **Erstausgabe** des hier Interessierenden s. 3.5.2.
Neuere kritische Ausgabe: E. OFENLOCH (Hg.): *Caecilius Calactinus: Fragmenta* (Teubner), 1907, bes. S. 62–88. Kritik an dieser Ausgabe s. M. Fuhrmann in *KP* 1, Sp. 989. Jacoby, *FGH* II B S. 911–917 bietet nichts für den Zusammenhang von Caecilius mit der Schrift *De sublimi* (3.5.2) Relevantes, auch nicht *FGH* II b S. 607 f.
Wortindex: Index rhetorischer und literarischer Termini ebd. 234–241.
Früheste Erwähnung bei seinem Schüler (3.5.2) in *De sublimi* 1,1 u.ö.
Ähnliche oder ähnlich benannte Texte: Sein Schüler suchte ihn zu übertreffen (s. ebd.).
Autor: s. Kopftext. Er war ein Freund des Dionysios v. Halikarnass, des in Rom maßgeblichen Rhetoriklehrers und Literaturexperten (s.o. 0.4.4), und hat unter Augustus dort öffentlich gelehrt. Mit ihm zusammen lenkte er von dem Schwulst der „asianischen" Rhetorik zurück zu größerer Schlichtheit; das wurde der Anfang des (von Rom damals ausgegangenen) Attizismus. Die *Suda* hat ihm einen Eintrag

gewidmet (abgedruckt bei Ofenloch 1f): Er sei τὴν δόξαν Ἰουδαῖος gewesen, „in seinen Meinungen" ein Jude, was Konstantinos Laskaris in seinem *De scriptoribus Siculis*[85] verdichtet zu *Gaecus natione et lingua, Judaeus tamen lege*; er bezieht es also auch auf seine Lebensweise. Damit hätte Caecilius freilich gerade in Rom nicht weit gehen dürfen.[86]

Rezeption: Das in 3.5.2 zu erwähnende Mose-Zitat kann schon von ihm kommen und, zusammen mit anderen Übernahmen, den Autor von *De sublimi* jüdisch erscheinen lassen, obwohl er es vielleicht nicht ist (Schürer/V. 702f). Macht man sich jedoch Ulrich v. Wilamowitz-Moellendorffs Gesamteindruck zu eigen, Caecilius sei ein pedantischer, auf Sprachdetails insistierender Attizist gewesen (zit. bei Ofenloch XII – das habe ihn um seine Nachwirkung gebracht), bleibt das Folgende seinem Schüler zu reservieren:

3.5.2 Ästhetisches: Der pseudonym gewordene Traktat *De sublimi*

Das folgende, nur in 1 Handschrift (und ihren Kopien) mit großen Lücken erhaltene Werk wird dort unter verschiedenen Namen geboten, deren keiner bei näherer Inspektion glaubwürdig ist. Insofern ist es ein Pseudepigraphon, das aber sicher nicht von Anfang an. Gattungsmäßig gehört es in den hier behandelten Zusammenhang, und es ist anzunehmen, dass es ursprünglich einen korrekten Autorennamen trug, vertritt es doch eine recht persönliche Meinung. Sein Anfangssatz knüpft an bei einem gleich betitelten Traktat des eben genannten, wenn auch nicht ganz identifizierten Caecilius v. Kale Akte. Inhaltlich ist es an zwei Stellen sehr klar jüdisch, klarer als alles, was uns von jenem Caecilius, der schon zum Judentum neigte, erhalten ist. Dessen Herausgeber Ernst Ofenloch (S. XXXIV) gibt als Faustregel, dass die Inhalte von Caecilius seien, die Worte aber doch von seinem (uns) anonymen Schüler.

Der Codex nennt als Autor „Dionysios Longinos" oder aber (im Inhaltsverzeichnis) „Dionysios oder Longinos", was also *zwei* Namen sind und zwei Identitäten, und für keine will der Abschreiber sich verbürgen. „Dionysios" wäre auf den paganen Literaturkritiker Dionysios v. Halikarnass zu beziehen, zu dem es aber stilistisch wie inhaltlich nicht passt. Was „Longinos" betrifft, so ist aus dem 3.Jh. ein Cassius Longinus bekannt, gleichfalls ein berühmter Redner zu seiner Zeit, doch wird unser Traktat zwei Jahrhunderte früher angesetzt, zeitgenössisch zu den Begründern des Attizismus. Beide Namen waren offenbar nur eine Vermutung, die sich im Laufe der Weitergabe bildete; so zieht man es heute vor, den Traktat ohne einen Pseudo-Namen zu nennen (Schoeni seinerseits nennt ihn nur noch „den Pseudo"). – Mehr als sein Lehrer scheint

---

[85] MPG 161, 922 C unter Nr. 64. Dieser Konstantin war Italiens Griechischlehrer im 15.Jh. Seine griechische Grammatik war die erste, die gedruckt wurde.
[86] Dinge wie das Sabbatfeiern, so sehr sie auch im ganzen Reich verbreitet sein mochten, waren in der stadtrömischen Aristokratie übel angesehen (vgl. Juvenal, *Sat.* 6, 96–106; Stern II S. 102–107).

er es gewesen sein, der auch die Erhabenheit des Schlichten[87] zu schätzen wusste. Wir werden nicht klären können, wie weit er persönlich jüdisch lebte oder gar einer der Synagogen des „biblischen" Judentums in Sizilien oder dann vor allem in Rom angehörte. Was er vertritt an den hier hervorzuhebenden Stellen, sind jüdische Thesen.

Einleitung und Auszüge: Stern I S. 361–365. **Einleitung:** Hengel 473; vgl. Ofenloch (3.5.1) XXXIII–XXXVII; Norden, *Kunstprosa* 80 f.
Literatur: E. NORDEN: *Das Genesiszitat in der Schrift vom Erhabenen* (AAB 1954/1) = ders., *Kleine Schriften*, 1966, 286–313. **Bibliographie** der älteren Lit.: D. MARIN: *Bibliography of the Essay on the Sublime* [bis 1956], 1967. **Neuere Studie:** M. SCHOENI: „Le traité Du Sublime", S. 81–105 in: ders.: *Paul et la rhétorique de l'Evangile*, 2 Fasz., theol. Diss. Lausanne 1994; M. FRITZ: *Vom Erhabenen* (BHTh 160), 2011.
Handschrift: Cod. Parisinus Gr. 2036 (10.Jh.); dazu Abschriften. **Erstausgabe:** Basel 1554.
Titel in den Handschriften: Περὶ ὕψους. Der Anfangssatz bestätigt, dass eine so betitelte Schrift des Caecilius der Anlass war für diese. **Lat.:** *De sublimi,* auch: *De sublimitate,* dt.: *Vom Erhabenen.*
Neuere kritische Ausgaben: *Pseudo-Longinos: Vom Erhabenen,* gr. u. dt. hg. R. BRANDT, 1966; Neuere Ausgaben: *Anonimo: Del sublime,* hg. u. übers. A. ROSTAGNI, 1982; *Dionisio Longino: Del sublime,* hg. u. übers. C. MAZZUCCHI, 1992.
Textanfang: Τὸ μὲν τοῦ Καικιλίου συγγραμμάτιον. **Textende** (Abbruch) 44,12: μοῖραν ἐπεχόντων, ὡς ἡμῖν [δοκεῖ...
Wortindex: Die Ausg. Brandt hat Register der Namen (129–131) und der rhetorischen bzw. literarischen Termini (131–137).
Keine **Bezeugung** dieses Werkes aus der Antike.
Ähnliche oder ähnlich benannte Texte: Der im 1.Jh. dominierende Literatur- und Stilkritiker Dionysios v. Halikarnass und eine Vielzahl noch erhaltener Rhetorikbücher loben normalerweise das Kunstmäßige (Oberbegriff über die Gattung: τέχνη, *ars*). Dies hier ist eine Gegenposition, eine Anti-Rhetorik zugunsten des Natürlichen (2,3 u. ö.).
Autor: s. Kopftext. Andere Werke von ihm, von denen aber nur die Titel noch bekannt sind: *Über Komposition* und *Über Xenophon*. Gleichnamige Titel des Dionysios v. Halikarnass s. o. 0.4.4.
Textsorte: Traktat, ähnlich den (damals maßgeblichen) literaturkritischen Schriften des Dionysios v. Halikarnass.
Zählung: 44 Kapitel, unvollständig; Lücken vor Kap. 3, 19, 31, 38 u. ö.

---

87 Das berühmte Gedicht der Sappho: Φαίνεταί μοι κῆνος ἴσος θεοῖσιν... (*Od.* 2), das Catull nachgedichtet hat (*carmen* 52), kennen wir im Griechischen nur durch sein Zitat hier in *De sublimi* (10,2). Der zu rühmenden Finesse (es ist noch heute eines der natürlichsten und frischsten Gedichte der ganzen Antike) hat der Anklang an Polytheismus in den Augen dieses Autors offenbar nicht geschadet – zumal ein Mensch es ist, der mit Göttern verglichen wird.

3.5.2 Ästhetisches: Der pseudonym gewordene Traktat *De sublimi* — 447

Gliederung: durch Lücken gestört; der Traktat verfährt ohnehin assoziativ. Das Gen-Zitat (9,9) begegnet im Kontext von Epos-Zitaten kosmogonischen und heroischen Inhalts. Die Ablehnung der bildenden Kunst (36,3) findet sich im Kontext von Überlegungen über Begabung, ja Inspiration (34,4; 36,1).
Literarische Integrität: s. „Zählung". Man schätzt, dass ein Drittel des Werkes verloren ging.
Vorlage für das Zitat in 9,9 könnte Aristobul, Frg. 4 gewesen sein (s. nächste Rubrik).
Bemerkenswerte Stellen: Berühmt ist die Zitierung „Moses, des Gesetzgebers der Judäer" in **9,9**. Er, „ein außergewöhnlicher Mensch" (oben 3.1.0), habe „in der Einleitung seiner *Nomoi*" geschrieben: γενέσθω φῶς, καὶ ἐγένετο· γενέσθω γῆ, καὶ ἐγένετο. Das ist zweifellos ein Rückgriff auf Gen 1,3.10 LXX, u.z. zu einem Parallelismus zusammengebaut nach dem Vorbild von Ps 33(32),9 und 148,5, also ein Mischzitat, ähnlich Aristobul (3.1.1), in Frg. 4: καὶ εἶπεν ὁ θεός, καὶ ἐγένετο. Es ist jedoch möglich, dass nicht unmittelbar die Septuaginta und auch nicht Aristobul, sondern Caecilius (3.5.1) hier paraphrasiert wird, womit sich die Herkunft des Zitats vom Schüler auf den Lehrer verschiebt und ein Argument wegfällt, den Schüler selbst für jüdisch zu halten. Jedoch, bisher unbemerkt: In **36,3** wendet er sich gegen bildende Kunst, was für die Antike ganz ungewöhnlich ist:[88] „An Statuen sucht man das Menschenähnliche, an der Rede das Übermenschliche." Diese Stelle wird bei Ofenloch (S. 86) nicht für Caecilius beansprucht. Kurz vorher (36,1) heißt es dort: „Das Erhabene hebt uns nahe an die Großzügigkeit (μεγαλοφροσύνη) Gottes."[89]
Abfassungszweck: Förderung des in Rom damals aufkommenden „attizistischen" Stils im Griechischen, also der neuen Schlichtheit. Die zitierten Stellen haben etwas Jüdisch-Apologetisches; man beruhigt sich über die Schlichtheit der eigenen religiösen Urkunde angesichts der Raffinesse der Epen Homers oder auch Vergils.
Abfassungszeit: Literaturgeschichtlich passt nur das 1.Jh. n.Chr., Zeit des Aufkommens des Attizismus in Rom. **Ort** nach allem Gesagten: Italien, wohl Rom.
Adressaten: Die Widmung an Postumius Terentianus (1,1), einen jungen Mann (15,1), ist auf keinen uns sonst bekannten Träger dieses Namens zu beziehen. Der afrikanische Rhetor Terentianus lebte erst um 200 n.Chr. **Sitz im Leben:** „Meisterkurs" einer Rhetorenschule.

---

[88] Hingegen sind Interjektionen wie νὴ Δία (13,4) und Ἡράκλεις (4,4) konventionell (ersteres auch bei Josephus, *C.Ap.* 2, 263, von den chr. Abschreibern bei der Worttrennung verkannt) und besagen nichts für die Religionszugehörigkeit. Bezeichnend ist eher 43,5: Die Natur habe τὰ μέρη τὰ ἀπόρρητα nicht ins Gesicht gesetzt. Solche Scham ist eher jüdisch. Als Grieche zumindest legte man Wert darauf, die αἰδοῖα vorn zu tragen.

[89] Hier erlaubt sich dieser Autor einen Anthropomorphismus, den Josephus (*Ant.* 1,24; 8,111; *C.Ap.* 2,168) und das NT (Lk 9,34) durch die Setzung von μεγαλειότης „Majestät" vermeiden. Die Septuaginta hat dieses Wort zwar auch einmal (Jer 40[33],9), jedoch nicht im Zusammenhang der Gotteslehre.

Rezeption: Die Hochschätzung des „Mose" bei Numenios (s. u. 6.4.5) könnte auf *De sublimi* zurückgehen. In der Art, wie Augustin, *Doctr. chr.* 4, (20) 42–44 den „sublimen" Stil mit Beispielen aus Paulusbriefen illustriert, die in der Tat nicht gelernt-rhetorisch sind (1Kor 2,4 hat hierin durchaus recht), hat man den Einfluss des *De sublimi* wahrnehmen wollen.[90] Das lapidare Latein, in welches Hieronymus die Vetus Latina zu bringen wusste, grammatisch zwar korrekt und frei von Vulgarismen, frei aber auch von allem Zierrat, entspricht genau dieser Vorstellung vom Erhabenen, hat sie zumindest in den europäischen Westen hinein übersetzt.

Zur Rezeption des „Ps.-Longinus" bei den Humanisten s. Ofenloch (3.5.1) S. xx. Die lat. Wiedergabe von ὕψος mit *sublime*, dt. „das Erhabene", lieferte der Neuzeit den Gegenbegriff zu dem, was sonst seit der Antike als „großer" Stil gepriesen wurde. Auch philosophisch war und ist das Stilempfinden von Belang. Neuzeitliche Bewunderer Platons (der in *De sublimi* viel genannt wird im Gegensatz zu dem nur einmal begegnenden Aristoteles) setzten sich, wo immer eine Rezeption feststellbar ist, im Sinne dieses Autors ab von der trocken-vernünftigen Terminologie des Aristoteles.

Dieser Traktat, in viele europäischen Sprachen übersetzt (ins Frz. z. B. von Boileau), ist v. a. im 16. und 17.Jh. viel gelesen worden und war in England (Edmund Burke – Jonathan Swift hingegen schrieb einen *Anti-Longin*) und bei den Weimarer Klassikern das Vorbild derer, die die wahre Schreibkunst nicht als ein Regelwerk auffassten, sondern als Übung des Geschmacks – im Gegenzug zu der von der Schulrhetorik, also letztlich von Aristoteles, dominierten Kunstprosa, wie sie sonst auch in die Landessprachen, bes. in das Französische, eingedrungen war. Der lebhafte, bei Bedarf auch unterminologische, nämlich Empfindungen ausdrückende Stil dieses Autors ist von der Weimarer Klassik aufgegriffen worden (vgl. Brandt 23–25).

3.5.3 Naturwissenschaft (bzw. magische Medizin): Zacharias v. Babylon

Plinius d.Ä. erwähnt in seiner *Naturalis historia (Naturkunde)*, Buch 37 einen Zachalias (*sic*) Babyloniensis, der über Edelsteine geschrieben habe, mit einer Widmung an Mithridates (Eupator?, König in Pontus, reg. 120–63 v.Chr.). Dem Namen nach ist das ein Jude, der erste und wohl auch einzige aus der Babylonischen Judenschaft, den zu erwähnen hier Anlass ist. Um verstanden zu werden, muss er sich des Griechischen bedient haben. Vgl. noch Stern I S. 467.

Die Literatur der sog. Lapidarien hat mit Mineralogie im heutigen Sinne so wenig zu tun, wie sie vielmehr ein Nebenprodukt antiker Magie ist. Begonnen von dem

---

[90] Zur Würdigung der nicht erlernten Beredsamkeit s. freilich schon das Cicero-Zitat (*De oratore* 1, 146) bei Norden, *Kunstprosa* 81.

Aristotelesschüler Theophrast, der noch ein Naturwissenschaftler war, wurde sie in der Mehrzahl ihrer Beispiele eine Art Okkultismus, da man die Steine nicht analysierte, sondern ihrem Anblick und ihrer Berührung Wirkungen auf den Menschen zuschrieb. – Psychosomatische Medizin unserer Tage kommt teilweise wieder darauf zurück: Ein Mythos hilft einem Patienten manchmal mehr als eine Theorie dem Arzt.

Zu jüdischer Magie vgl. hier 1.2.1; 6.3; ablehnend 2.2.4. Ein nichtmedizinisches Beispiel eines Textes über Steine ist der – an jüdischen Materialien vermutlich reiche, hier aber nicht näher zu behandelnde – Traktat des Epiphanios *De gemmis* (Περὶ τῶν δώδεκα λίθων), nämlich über die zwölf Steine des Hohenpriestergewandes von Ex 28,17–21.

Text: nicht erhalten; Frg. bei Plinius, *Naturalis historia* 37, (60) 169, lat. u. dt. in: C. Plinius Secundus d.Ä., *Naturkunde*, Buch XVII, hg. R. KÖNIG/J. HOPP, 1994 (Tusculum). Vgl. R. HALLEUX/J. SCHAMP (Hg., Übers.): *Les lapidaires grecs* (Budé), 1985 [enthält auch ein *Lapidaire orphique* und *Kérygmes lapidaires d'Orphée*].

Lit.: Th. HOPFNER: Art. „Λιθικά", PW 13/1, 774–769; A. MOMIGLIANO: *Hochkulturen im Hellenismus* (engl. 1975), 1979, 137f; C. LECOUTEUX/A. MONFORT (Hg., Übers., Komm.) *Camillo Leonardi: Les pierres talismaniques (Speculum lapidum, livre III)*, 2002 [bes. 7–22: zur Textsorte (folgt Edition eines Textes der Renaissance-Zeit); 265–270: Lit.].

3.5.4 Technologie: Miriams *Kaminographie*

Das Folgende ist, sofern denn die Autorenangabe stimmt und sofern nicht unter 3.6.2 h sich noch ein weiteres Beispiel verbirgt (oder oben schon unter 1.2.2 eines verbarg), die einzige Schrift einer Frau in unserem Corpus. Eine Jüdin namens Miriam/Maria hätte über ihre Kochtöpfe hinausgeblickt und Hochtemperaturöfen (darum geht es) entwickelt, insbesondere Destilliergeräte, und sie in einem Buch beschrieben. Hätte Josephus schon etwas von ihr gewusst oder gehalten, hätte er sich keine Mühe geben müssen, das Fernbleiben der Judäer von den zivilisatorischen Neuerungen der hellenistischen Welt zu entschuldigen (*C.Ap.* 2, 182f). Doch ist der Text vermutlich jünger.

Seinem Inhalt nach – als Sachprosa, sogar mit Zeichnungen – mag dieser nur aus Fragmenten noch zu beurteilende Traktat hier stehen. Was jedoch die Autor(inn)enangabe betrifft, so ist damit zu rechnen, dass die Schwester Moses wie Aarons, pseudepigraph dann leider, hier genannt wird: Waren ihre beiden Brüder die größten Zauberer aller Zeiten, allenfalls Salomo vergleichbar (vgl. 6.3.0–1, auch schon 2.2.4), so wird man ihr zugetraut haben, jenen „Zauber" zu bewirken, als welcher einst – in Ägypten am meisten, aber auch sonst – die Technik aufgefasst wurde.[91]

---

[91] Zu den Zusammenhängen vgl. F. SIEGERT: „Einleitung des Herausgebers", in: K.-G. ECKART (Übers.): *Das Corpus Hermeticum* (MJSt 3), 1999, 9–30 (bes. 9–12) (28 ff: Lit.). Noch in der frühen Neuzeit be-

Jüdisch-ägyptische Verständigungen scheinen sich abseits von Alexandrien (das kulturell ja nur griechisch sein wollte) in der sog. *chōra*, d. h. im übrigen Land und in dessen Landstädten, abgespielt zu haben, also da, wo auch am ehesten noch Hieroglyphen und das alte Priesterwissen gepflegt wurden.[92] Zosimos v. Panopolis (Ägypten), ein Alchimist des 3.Jh. n.Chr., mit dem Apokalyptiker gleichen Namens (2.2.7) nicht zu verwechseln (obwohl es auch von ihm eine *Visio Zosimi* gibt; Denis 874), berichtet in seinem *Brief an Theosebia*, die Kunst des Färbens und die Technik des Umgangs mit Mineralien sei in Ägypten einheimisch und sei dort niemandem mitgeteilt worden als allein den Juden, und auch das nur unter dem Deckmantel des Geheimnisses.[93] Die „hermetische Kunst" der Ägypter, die auch als „Prophetie" des Hermes (= Thoth) bezeichnet wurde,[94] ist ein stückweit interkulturell. Thoth wird bei Zosimos mit Adam identifiziert, Eva mit Pandora; er bezieht sich auf „Bücher der Hebräer", womit v. a. die *Genesis* gemeint ist, aber auch „Salomos Weisheit", also wohl Obskures wie 6.3.1 oder auch (da er als Salomos Lehrer „Membres" nennt) 2.2.4. Auch spekuliert er über einen „Sohn Gottes", offensichtlich unter dem Einfluss des Johannesevangeliums. Mehr bei A.-J. FESTUGIÈRE: *La révélation d'Hermès Trismégiste*, Bd. 1 (1942) 1950, 260–282; gr. Texte: 363–368.

Als Autoren aus dem Judentum nennt uns der besagte Brief des Zosimos einen gewissen Theophilos, Sohn des Theogenes, sowie die hier in Frage stehende Maria, beides allerdings mit Buchtiteln, die nicht korrekt sein können (Χωρογραφία „Beschreibung des Landes"). In seinem Hauptwerk aber, dem *Authentischen Memorandum*, erfahren wir wenigstens über Maria näheres, und dort sind sogar einige ihrer Zeichnungen wiedergegeben. Es handelt sich hier, ganz im Gegenteil zu den o.g. Lapidarien, um Spitzentechnologie ihrer Zeit.

Einleitung: P. VAN DER HORST: „Maria alchemista, the first female Jewish author" (2001) in: ders., *Japheth* 203–205.

---

zeichnete man die (neu) aufkommende Naturwissenschaft in allerlei Buchtiteln ganz unbefangen als *magia naturalis*.

92 Ein Beispiel sind noch im 5.Jh. die *Hieroglyphica* des Horapollon v. Nilopolis, eine Schrift in zwei Büchern, ab 2, 8 allerdings unecht und auch inkompetent, die in ihren echten Kapiteln immerhin Kenntnis der Hieroglyphen verrät, dabei allerdings nur solche Beispiele erwähnt, die Wortwert haben, und nicht ihre Verwendung als abstrakt über den Lautwert funktionierende Konsonantenschrift. Dieses Prinzip wurde erst von Champollion am Rosetta-Stein entdeckt, dessen hieroglyphischer Teil gegenüber Horapollons Erklärungen viel zu viele Zeichen hatte.

93 Gr. Text bei M. BERTHELOT/M.-E. RUELLE (Hg.): *Collection des anciens alchimistes grecs*, Bd. 2, 1888, 239–243. – Dies ist einer der raren Hinweise auf Beziehungen zwischen Ägyptern und „Judäern" in Ägypten, u.z. nicht, wie sonst, in Alexandrien, sondern im übrigen Land (der *chōra*). Zosimos selbst lebte in einer der Landstädte, Panopolis (Achmim), wo auch Christentum seit hadrianischer Zeit archäologisch belegt ist bis hin zu berühmten Heiligen der koptischen Kirche.

94 Sie war namengebend für „hermetische" Verschlüsse, hundertprozentig dichte nämlich, wie sie die chemischen Prozeduren der ägyptischen Färbekunst mitunter nötig hatte. Auch der Ausdruck „Chemie" kommt vom äg. Namen für Ägypten, kopt. *Kēme*, bei Plutarch, *De Iside et Osiride* 207 C Χημία transkribiert. Das Wort „Alchimie" entstand durch Vorsetzen des arab. Artikels.

Titel in den Zitaten: Καμινογραφία; **andere Benennung:** s. Kopftext.
Handschriften des Zosimos: Venedig (um 1100) und spätere. **Ausgaben:** M. BERTHELOT/Ch. E. RUELLE: *Collection des anciens alchimistes grecs*, Bd. 2–3, 1888 (1967) [Index s.v. Maria]; M. MERTENS (Hg., Übers.): *Les alchimistes grecs, IV/1: Zosime de Panopolis: Mémoires authentiques* (Budé), 1995, S. 14f (Abb. dazu: S. CXXVI); 23 (zweimal); 24 oben (dazu S. CLXVI und CXXXII–CXXXV mit moderner Zeichnung); 24 unten (dazu S. CLXVIIIf mit Zeichnung und S. 246f: Zeichnung).
Alte Übersetzungen: Die Zitate bei den gr. Alchimisten gelangten (über das Arabische: s. Mertens S. LXXIII) in die lat. alchimistische Literatur des Mittelalters und der Neuzeit, wo weiterhin eine „Maria Hebraea" zitiert wird.
Frühestes Zitat: Dieses Werk ist nur bekannt durch die Zitate bei Zosimos (der sie hochschätzt) und den von ihm abhängigen Autoren.
Ähnliche Texte: Anonyme Bezugnahmen auf jüdische Gotteserkenntnis *und* Beherrschung der Materie gibt es noch öfter; s. A.-J. FESTUGIÈRE: *La révélation,* (s.o.) 254f.271f (vgl. van der Horst 203 Anm. 7).
Autorin: van der Horst 204f nimmt sie als historische Person; vgl. aber den Kopftext. Die judaistische Fachliteratur hat sie mit Tal Ilans Ausnahme bisher nicht beachtet. – Ein Vergleich: Noch dem Talmud ist bekannt, dass Kleopatra (VII.) sich mit den führenden Gelehrten ihrer Zeit, darunter Ärtzen, unterhielt, und so wird sie auch selbst gelegentlich als Ärztin erwähnt: J. GEIGER: „Cleopatra the Physician", *Zutot* 1 (2001), 28–32. Dort auch Hinweise auf den Arzt Rufus von Samarien – Galenos hält ihn für einen Judäer – und einen gleichfalls bei Galenos erwähnten Arzt Salomo. Auch ein jüdischer Arzt Domnus ist erwähnt. Wie weit diese sich schriftlich äußerten, ist allerdings nicht bekannt.
Textsorte: Sachprosa, Fachbuch, Traktat technischen Inhalts. **Literarische Besonderheiten:** Dies ist eines der wenigen Bücher der Antike – in unserem Bestand das einzige –, wo Zeichnungen vorkommen. Einige dieser Zeichnungen sind erhalten und auch nach vielem Abzeichnen noch verständlich (s.o. zur Ausg. Mertens). Sie sind zum Nachbau gedacht. Dies war ein durchaus technisches Buch, kein spekulatives.
Biblischer Bezug: Miriam ist als Prophetin und Schwester Aarons erwähnt Ex 15,20 und als Moses Schwester Num 26,59; im Falle von Pseudepigraphie des gesamten Textes wäre sie gemeint. – Die in der *Pistis Sophia* begegnenden Fragen „Marias" hingegen sind ein Rückgriff auf Maria Magdalena, dort Begleiterin Jesu.
Abfassungszeit: vor Zosimos; 1.–3.Jh. (van der Horst).
Theologisches: In diesem Traktat ging es um etwas so Massives und Unphilosophisches wie die Materie und ihre Manipulation. Ob Maria (wer immer das war) dafür eine schöpfungstheologische oder sonstwelche gedankliche Grundlage hatte, können wir nicht mehr wissen. Der Eklektiker und religiöse Synkretist Zosimos fragt nicht nach Grundlagen, sondern kombiniert und verschmilzt, was er findet.
Rezeption: Die Schriften des Zosimos haben eine eindringende Auslegung durch den Psychologen C. G. Jung erfahren (s. Mertens S. CXf): Die „Goldmacherei" dieser Texte ist missverstanden worden als Bereicherung; gedacht war sie als innere

Läuterung angesichts chemischer Prozesse in den Öfen. Noch Goethe hat sich bei seinem Frankfurter Aufenthalt 1768–70 in einer hypochondrischen Krise mit Erfolg der Alchimie befleißigt. In seiner *Farbenlehre* (1810) bietet er am Ende des Abschnitts „Alchimisten" ein Zitat aus „Maria".

3.5.5 Juristisches: Die *Lex Dei* (*Collatio*)

Der nun zu erwähnende Text könnte bedeutender sein, wenn wir mehr von ihm hätten, geht es dort doch um den Kern der jüdischen Besonderheit, den *Nomos* (lat. *lex*), hier sogar als *Lex Dei* bezeichnet. Nur als Torso erhalten, ist er in mancher Hinsicht ein Unicum: Es gibt sonst kein literarisches Erzeugnis des lateinischsprachigen Judentums der Antike – wobei „literarisch" auch hier ein großes Wort ist für ein anspruchsloses, aus Zitaten zusammengesetztes Sachbuch. Die römische Judenheit, großenteils unfreiwillig aus dem Osten des Reiches durch Versklavung und Deportation dorthin gelangt, war kulturell nicht hochstehend; wir kennen sie hauptsächlich aus Inschriften (die selten lang sind) und Grabdekorationen.[95] Der Eingang in gesellschaftliche Positionen und damit in diejenige Welt, wo man Literatur produzierte und genoss, konnte nur langsam vonstatten gehen.[96] Dass sie eine eigene Akademie (*jeˀšiva*) gehabt hätten, ist ein viel zu weit reichender Rückschluss aus einer Episode im Talmud, *Joma'* 53,b, einem Gespräch zwischen R. Matja ben Ḥereš und R. Šimʻon ben Joḥai „in Rom" über den Verbleib der einstigen Bundeslade.[97]

Versuchsweise gruppieren wir die *Lex dei* unter den Autorenwerken, auch wenn wir den Autor nicht kennen, nicht einmal dem Namen nach; aber das liegt an der Unbill der Überlieferung. Römische Juristenschriften pflegten einen Autorennamen zu tragen; die Anonymie ist hier nicht gewollt, sondern sekundär. Man könnte sich fragen, ob die Autorin vielleicht die rätselhafte Moso (3.6.2 h) sein soll; doch hat diese griechisch geschrieben, und ein Werk wie dieses musste schon um seiner römischen Zitate willen auf Latein entstehen. Auch war antike Jurisprudenz in keinem uns bekannten Fall Frauensache.

Die Idee ist originell: Hier wird ein Rechtsvergleich getrieben, zwar nicht systematisch (wie es der Zweck von Aristoteles' heute größtenteils verlorener Sammlung griechischer Städteverfassungen gewesen war), dafür aber kulturübergreifend: Von Titel zu Titel, deren jeder ein bestimmtes Rechtsgebiet benennt, wird die *Lex* des Mose

---

[95] Aus vielen Überblicken sei empfohlen Simon, *Verus Israel* 72–74 oder, neuer und ausführlicher, Rutgers (hier genannt) 50–99.

[96] Der von Josephus, *Vita* 16 erwähnte jüdische Schauspieler Alityrus, der sogar das Wohlgefallen der Kaiserin Poppaea genoss, dürfte auf einer Stufe dahin gewesen sein.

[97] Mit Rutgers 203 f; Text auch bei Bill. III 180. Warum die beiden sich in Rom aufhielten, sagt uns vielleicht der Gesprächsgegenstand; es mögen Verhandlungen gewesen sein über den Verbleib der i.J. 70 n.Chr. nach Rom gelangten Tempelgeräte. Bill. I 536 nimmt – wohl deswegen – an, dass Matja ben Ḥereš „vor dem Hadrianischen Krieg in Rom gewirkt" habe.

konfrontiert mit einschlägigen römischen Bestimmungen, offenbar um eine Konvergenz aufzuweisen, u.z. auf Biegen und Brechen. So wird in Kap. (Titel) 16 unter der Überschrift *legitima successio* die gesetzliche Erbfolge des mosaischen Erbrechts mit der davon grundverschiedenen Testierfreiheit des römischen Rechts gleichgesetzt.

Während für Historiker des römischen Rechts diese Schrift nur Interesse hat als Steinbruch von Zitaten, die sonst nur in (noch) späteren Fassungen erhalten sind, ist inhaltlich diese Schrift für die Judaistik durchaus von Interesse. Raúl González-Salinero resümiert die bisherige Forschung dahingehend, dass hier ein jüdisch-apologetisches Interesse, u.z. ein *nach innen* gerichtetes, die Feder geführt hat. Schon der Titel *Lex Dei...* ist rein jüdischer Sprachgebrauch und ist nicht ohne Grund bei den Juristen, die sich überhaupt mit diesem Text befassten, nicht rezipiert worden.

Für jüdischen Ursprung spricht auch dies: Kein Römer könnte die Gedächtniszitate verifizieren, die aus der – stets zuerst genannten – Tora beigebracht werden. Erst die römischen Zitate sind dann genau gegeben; dafür hat der Autor Bücher nachgeschlagen. Auch wäre kein römischer Jurist davon zu beeindrucken, wie dieser Rechtsvergleich die Unterschiede überspielt und jüdisches Recht an römisches stillschweigend anpasst. Ein Erkenntnisgewinn wäre für ihn damit nicht verbunden, nicht einmal (wenn es ein Staatsfunktionär wäre) ein Machtgewinn. Dieses Verfahren entspricht nämlich genau der Art, wie auch im Talmud die Freiräume für jüdische Binnenjustiz durch Einpassung in das übergeordnete römische Recht in Anspruch genommen werden. Talmudisch ist die (oft zitierte) Regel: *Dina' d^e-malchuta' dina'* („Das Recht des Reiches ist [auch unser] Recht"). Im *Codex Theodosianus* 2, 1,10 besagt sie: *in causis propriis* hätten die *Judaei* freie Hand, sofern sie nur „letztlich unter unseren Gesetzen sind" (*postremo sub legibus nostris sint*). Diesen Zustand rechtfertigt die *Lex Dei* gegenüber denen, die hier ein Problem empfinden könnten, den im römischen Reich lebenden Juden.

Einleitung und Kommentar: L. V. RUTGERS: „The Collatio", in: ders.: *The Jews in Late Ancient Rome*, 1995, 213–253. Zum größeren Rahmen vgl. z. B. W. KUNKEL/M. SCHERMAIER: *Römische Rechtsgeschichte*, 14. Aufl., 2005 (bes. 192).

Literatur: F. TRIEBS: *Studien zur Lex Dei*, Heft 1.2: *Das römische Recht der Lex Dei über das fünfte (bzw.) sechste Gebot*, 1905 (bzw.) 1907; D. LIEBS: *Die Jurisprudenz im spätantiken Italien*, 1967 (bes. 162–174); E. BAMMEL: „Fabula seductoria" (1975) in: ders.: *Judaica* 247–252 [für jüd. Herkunft des Textes; ältere Lit.: 248 Anm. 4; 251 Anm. 5]; R. FRAKES: „The Lex Dei and the Latin Bible", *HThR* 100, 2007, 425–441; T. ILAN: „The Torah of the Jews of Ancient Rome", *JSQ* 16, 2009, 363–395 (bes. 373 mit Lit. in Anm. 46 f); R. GONZÁLEZ-SALINERO: „Influencias e interferencias del derecho romano en la Collatio legum Mosaicarum et Romanarum", in: ders./M. T. ORTEGA MONASTERIO (Hg.): *Fuentes clásicas en el judaísmo: de Sophía a Hokmah"*, 2009, 87–105 (resümiert mehrere von 2001 bis 2007 erschienenen Arbeiten von F. LUCREZI; Nachweis: S. 103); U. MANTHE: „Dubletten im Text der Collatio als Spuren der Redaktionstätigkeit", in: K. MUSCHELER (Hg.): *Römische Jurisprudenz. Dogmatik, Überlieferung, Rezeption*, FS Detlev Liebs, 2011, 395–412.

Handschriften: Berlin (9.Jh.); Vercelli (10.Jh.); Wien (dito). **Erstausgabe:** Paris 1573.
Titel in den Handschriften: *Lex Dei quam Deus praecepit ad Moysen*. **Andere Benennungen:** konventionell *Mosaicarum et Romanarum legum collatio;* daraus Kurztitel *Collatio,* Kürzel *Coll.*
Neueste kritische Ausgabe: R. FRAKES (Hg., Komm.): *Compiling the 'Collatio Legum Mosaicarum et Romanarum' in Late Antiquity* (Oxford Studies in Roman Society and Law), 2011 [lat. Text: 153–201; Übers.: 202–241; Rest Einleitung und Kommentar].
Textanfang: *Moyses Dei sacerdos haec dicit.* **Textschluss** (Abbruch): *decimae inmunitate<m> ipse tribuit.*
Altestes Zitat bei Hincmar v. Reims 860.
Ähnliche oder ähnlich benannte Texte: Über die angebliche *Nomos*-Schrift der Moso s. 3.6.2 h; über den byz. *Nomos mōsaïkos* 5.2.2, „Ähnliche Texte".
Autor dürfte ein jüdischer Jurist (Schreiber, Sekretär) lateinischer Sprache gewesen sein.
Textsorte: juristischer Traktat, allerdings von eigener Art, nicht praxisrelevant, sondern ehr mit protreptischer Absicht (s. Kopftext); Apologetik ist es eher nach innen als nach außen. **Literarische Besonderheit:** Rechtsvergleich, kulturübergreifend.
Zählung: 16 *tituli* (mit jeweils mehreren Kapiteln und Abschnitten) sind erhalten.
Gliederung: Jeder *titulus* beginnt mit einem Bibelzitat, doch sind die *tituli* unter sich nicht in biblischer Folge geordnet. Das römische Vergleichsmaterial geht jeweils vom Älteren zum Neueren. Eine systematische Anordnung unter den Titeln ist kaum zu erkennen, außer dass nach 15 Titeln Kriminalrecht (Sexualvergehen eingerechnet) ein 16. von privatrechtlichem Inhalt folgt. Bis zum Ende des 1. Buches waren es deren sicher noch mehr.
Literarische Integrität: Torso von ca. 50 Seiten. Der Überschrift *liber primus* vor Titel 1 folgt keine weitere dieser Art. Ein Prolog ist nicht erhalten, geschweige denn ein Schluss. Dubletten inhaltlicher, nicht wörtlicher Art, auch in den Zitaten (Dtn 27,23 begegnet in drei Fassungen: 6,1,1 ≠ 6,7,4.8), weisen auf einen unabgeschlossenen Textzustand (Manthe). Wertvoll sind die hier erhaltenen Zitate römischer Juristen wegen ihres Nicht-Angepasstseins an die sonst erhaltenen, überarbeiteten Fassungen derselben Texte im *Corpus Juris*. **Textliche Integrität:** gering, zahlreiche Korruptelen. Manche Korruptele ist aber auch nur scheinbar. In 6,7 pr(ooemium) ist mit den Handschriften *abstpulantibus* zu lesen (nicht *ad-*): Dies ist die jüdische Legende vom Angebot der Tora am Sinai an alle Völker, die aber – außer Israel – abgelehnt hätten (Ginzberg, *Legends* 3, 80–82).
Biblischer Bezug: Zitiert wird in freier Paraphrase des Griechischen;[98] ob und wie weit diesem Autor eine Vetus Latina vorlag, ist nicht geklärt. – Stellen:

---

[98] Vgl. bei Bammel den Nachweis der LXX-Grundlage für das in Titel 15 doppelt gegebene Zitat aus Dtn 18,10 f.

3.5.5 Juristisches: Die *Lex Dei* (*Collatio*) — 455

(1) Num 35,16f.20f; dazu V. 22 – 25
(2) Ex 21,18f
(3) Ex 21,20f
(4) Lev 20,10; Dtn 22,28f; Ex 22,16f
(5) Lev 20,13 (18,22)
(6) Lev 20,11f; Dtn 27,20 – 23
(7) Ex 22,1 – 2a (22,2 – 3a Vulg.)
(8) Dtn 19,16 – 2;
(9) Ex 20,16
(10) Ex 22,6f (22,7f Vulg.)
(11) Ex 21,37; 22,2b (Ex 22,1.3b Vulg.)
(12) Ex 22,5 (22,6 Vulg.)
(13) Dtn 19,14 (27,17)
(14) Ex 21,17 (Ex 21,16 Vulg.) (Dtn 24,7)
(15) Dtn 18,10 – 14
(16) Num 27,1 – 11.

Aufschlussreich ist die Tabelle bei Rutgers 234 mit dem Nachweis des weitgehenden Fehlens dieser Stellen in den fünf Bänden von J. ALLENBACH (u. a.): *Biblia patristica*, 1986 – 1991 und im Ambrosiaster (CSEL 50), wohingegen Philon sie alle hat und oft mehrfach. Das ist ein starkes Argument für jüdischen Ursprung.

Historischer Bezug: Ein Edikt Konstantins gegen den Manichäismus, zitiert (unter verschriebenem Titel) in 15,3, ist datierbar auf 315 n.Chr.: *De mathematicis* (das meint Astrologen), <*maleficis*>[99] (Schadenszauberer) *et Manichaeis*.

Quellen: Außer der Septuaginta (bzw. Vetus Latina) sind es klassische römische Rechtstexte von den Zwölf Tafeln (diese natürlich nicht mehr aus erster Hand) über Gaius, Papinian, Paullus, Ulpian, Modestin und die Sammlungen des Gregorian und Hermogenian bis zu einem Edikt des Theodosius v.J. 390 (s.u.). Diese im 4.Jh. viel gelesenen Juristen sind genau diejenigen, deren Autorität nachmals durch das „Zitiergesetz" Justinians 426 n.Chr. im Vorfeld seiner Schaffung des *Corpus Juris* anerkannt wurde. – **Vorlage** für die römisch-rechtlichen Zitate war vielleicht eine Textsammlung, deren Beschaffenheit oder Interesse aber nicht klar ist. Die römische Rechtsgeschichte interessiert sich für diese Zitate nur unter dem Gesichtspunkt, dass sie hier in einer älteren Fassung erhalten sind als im *Corpus Juris*. Der Bibelwissenschaft wiederum ist sie ein Zeuge der Vetus Latina gerade in ihrer Vielfalt. – Es gibt keine Berührung mit rabbinischem Recht, außer in dem o.g. Prinzip der Einpassung.

Hebraismen sind Septuagintismen in lat. Gewand. **Lat. Stil:** sehr schlicht. Spätlateinische Einschläge in Verbindungstext wie Zitaten können von den Abschreibern herrühren.

Bemerkenswerte Stellen: Leider fehlt jede Stellungnahme des Autors zu seinen Materialien (außer der lobenden Bemerkung vor 5,3), sodass man nicht einmal weiß, ob er juristischen Sachverstand besaß. González-Salinero 94 – 100 hebt die Stellen hervor, wo Rechtsunterschiede überspielt werden; diese stechen sozusagen negativ hervor. – Bammel versucht eine Art von Mantik zu bestimmen, die hinter den Neuformulierungen von Dtn 18,10f in § 15 stehe.

Christlicher Einfluss? 5,3 zitiert nach erneuter Ansage ein Gesetz des Theodosius von 390 n.Chr.: Diese chronologisch isolierte Stelle (vgl. nächste Rubrik) könnte Zusatz

---

[99] Dieses Wort müsste bereits hier – und nicht erst im weiteren Text – gestanden haben.

sein aus christlichem Interesse – wobei dann aber Wunder nimmt, dass ein unfertiges Werk einen Zusatz erhielt; der macht es nicht fertiger.

Abfassungszeit: Die späteste zitierte Bestimmung datiert von 390, ist aber in ihrer Isoliertheit vermutlich Zusatz[100] zu dem sonstigen Material, das mit dem Jahr 315 endet (Gesetz gegen die Manichäer in 15,3) und dessen Titel 6 seit 342 nicht mehr galt (Rutgers 216). – **Ort:** der lat. Westen, wohl Rom; schließlich ist der Traktat ins chr. Abendland gelangt. Zwar bestand eine lateinischsprachige Rechtsschule seit dem 3.Jh. auch in Berytos (Beirut), doch deutet nichts auf sie, sondern manches auf römische Lokalverhältnisse (Rutgers 217). **Adressaten:** s. nächstes.

Abfassungszweck: Orientierung und Apologetik: Das „biblische" Judentum des Westens versichert sich seines kulturellen Ranges und seiner Anschlussfähigkeit an die bestehende Gesellschaftsordnung.

Rezeption: bis ins Zeitalter der Drucke nicht nachweisbar; doch ist das Anliegen, aus mosaischem Recht, römischem Recht und vielleicht auch noch dem Naturrecht der Philosophen eine Konvergenz zum Guten der Menschheit nachzuweisen, auch bei Tertullian (*Apol.* 45) und bei Papst Leo I. (*Epist.* 167; 5.Jh.) vorzufinden. – Der Vergleich als solcher hat weiter keinen Niederschlag gefunden, nur Analoga, v. a. wieder seit der Reformation (Philipp Melanchthon, Johannes Eisermann u. a.).

3.6 Nachrichten über Verlorenes

3.6.0 Irrige Nachrichten

Josephus, *C.Ap.* 1, 218 nennt unter den paganen Zeugen für das hohe Alter der jüdischen Kultur und Religion abschließend „Demetrios von Phaleron, Philon den Älteren und Eupolemos". Letzterer ist aber selbst Judäer (3.3.2) oder wenigstens Samaritaner (3.3.1), und ersterer entstammt der Rahmenlegende des *Aristaeosbriefes* (4.1.1; dort § 9 u.ö.), deren Anachronismen die Fiktion auch schon für Josephus hätten greifbar machen können. Um den mittleren steht es nicht viel besser, denn der unter 5.1.1 aufgeführte Autor – wenn er denn hier gemeint sein sollte – war selbst Jude. Diese Dreierliste ist also entweder Irrtum oder Fiktion; s. Siegert, „Einleitung" 42f. Josephus glaubt oder versucht seine Leser glauben zu machen, es seien heidnische Bewunderer des Judentums. Möglicherweise missbraucht er hier eine Liste von drei jüdischen Autoren, die einst anderen Zwecken diente und deren Namen er nur nennt in der (durchaus berechtigten) Hoffnung, es werde sich niemand an sie konkret erinnern. Täuschen, wie gesagt (1.1.2), war in der Antike keine Sünde. – Unser Inventar an Texten wird damit also nicht größer; all dies sind alte Bekannte.

---

100 Nimmt man dies nicht an, muss man nach 390 datieren. Die Datierungen in älterer Literatur bewegen sich zwischen 315 und ca. 400; Mommsen sogar: zwischen 394 und 436 (Kübler 328).

3.6.1 Justus v. Tiberias

Nahezu verloren sind die Arbeiten des politischen wie literarischen Gegners des Josephus, Justus v. Tiberias. In seiner *Vita,* wo er ihn nicht weniger als 23mal nennt, lässt er ihn eine unrühmliche Rolle spielen (ab § 34), worin übrigens auch das Gefälle zwischen den galiläischen Patrioten und der Jerusalemer Aristokratie (der Josephus angehört) sehr deutlich spürbar wird. Die einen ließen sich von den anderen nichts sagen, und umgekehrt sowieso.

Hieronymus, *De viris illustribus* 14 nennt Justus und zitiert den Titel seines Hauptwerks korrekt oder zumindest glaubwürdig. Photios hingegen (*Bibliotheca,* cod. 33) nennt zwei andere, schwer verständliche Titel, von denen wir nicht nachprüfen können, ob dasselbe Werk gemeint ist. Aus Josephus, *Vita* 4 und 337 ff (einer bis 367 reichenden Polemik gegen ihn) wissen wir wenigstens von der bei Hieronymus genannten Schrift, dass es eine Geschichte des Jüdischen Krieges sein sollte (s. u. „Werke", b).

Folgendes ist erhalten (hier nach Holladay):

Frg. 1, eine Anekdote aus Platons Jugend, belegt bei Diogenes Laërtios, *Vitae philosophorum* 2, 41 (auch in Stern II S. 333f);

Frg. 2, eine Datierung Moses, bei Euseb, *Chronik,* Buch 1, als Zitat erhalten bei Synkellos p. 122,3–10 Dindorf = S. 73,12–18 bei Mosshammer = T 48a, Z. 6 bei Julius Africanus ed. Wallraff (S. 128 – s. u. 3.6.2);

Frg. 3, eine Datierung des Exodus bei Julius Africanus, als Zitat erhalten bei Synkellos p. 116,17–117,3 = S. 70,1–5 Mosshammer = T 47, Z. 7.33 bei Julius Africanus ed. Wallraff (S. 126).

In beiden Fällen, Frg. 2 wie 3, haben wir die Datumsangabe nicht mehr im Wortlaut, sondern nur als Referat. – Was Holladay sodann als **Frg. 4** und **5** zählt, sind überhaupt nur Testimonien, nämlich Bezeugungen von Justus' Existenz und Wirken: Josephus, *Vita* 357–360 und ebd. 340. Zur Verteilung auf die ursprünglichen literarischen Einheiten s. u. „Werke".

Harnack I 861 Nr. 77; Schürer/V. 546; vgl. ebd. I 34–37; Denis 1178–1180.
Einleitung und Übersetzung: s. u. „Kritische Ausgabe".
Literatur: DiTommaso 1049–1051.
Autor: Justus (in seiner Umgebung hieß er wohl Ṣadoq oder aber lat.-aram. *Jusṭa*), Sohn des Pistos (Πίστος), von Tiberias (in Galiläa), ist ein Zeitgenosse des Josephus mit etwa denselben Lebensdaten. Dessen *Vita* 40 bescheinigt ihm hohe Vertrautheit mit griechischer Bildung, und natürlich schrieb er griechisch. Er war eine umstrittene, in viele Intrigen verstrickte Persönlichkeit. Zeitweise hat er König Agrippa II., seinem Landesherrn, als Sekretär gedient (Josephus, *Vita* 356). Einer Verurteilung zum Tode durch Vespasian entging er auf Bitten Agrippas hin. Von einer Rehabilitation (?) seiner Person meldet die *Chronik* des Euseb zum Jahr 97 n. Chr. Seine Darstellung des Jüdischen Krieges erhielt jedoch nicht, wie die des Josephus, die kaiserliche Approbation.

Werke: a) *Chronik der judäischen Könige*; erwähnt bei Photios, *Bibliotheca* 33 (Text bei Holladay 375 Anm. 17) u.d.T. Ἰούστου Τιβεριέως Ἰουδαίων βασιλέων τῶν ἐν τοῖς στέμμασιν, sonst auch kurz Στέμμα[101] oder, nur die Textsorte bezeichnend, χρονικόν. Sie hat von Mose bis Agrippa II. gereicht, genauer: bis zum 3.Jahr Trajans (100 n.Chr.). Der christliche Chronist Julius Africanus dürfte davon zehren, von diesem dann wieder Euseb, Synkellos u. a.

b) *Geschichte des Jüdischen Krieges*, erwähnt bei Josephus, *Vita* 40.336.338.357 ohne Titel (sondern nur mit der Gattungsbezeichnung ἱστορία bzw. πραγματεία), von dort dann bei Euseb, Hieronymus und in der *Suda* s.v. Ἰοῦστος u.d.T. Ἰουδαϊκὴ ἱστορία bzw. *Rerum Judaicarum historia*. Justus ließ sich zu diesem Werk 20 Jahre Zeit; erst in seiner *Vita* konnte Josephus, der seine einstige Kriegführung und Politik sehr übel darin beschrieben fand, darauf reagieren.

c) Hieronymus' Notiz in *Vir.ill.* 14 erwähnt auch noch *quosdam commentariolos de scripturis*, also kleine Kommentare zu (biblischen) Schriften; davon ist sonst keine Spur. Vielleicht ist hier dasselbe gemeint wie unter (a), dass nämlich biblische Genealogien kommentiert – will sagen: mit externer Chronologie verbunden – wurden. Vgl. M. Vogel in: *Josephus, Vita* (0.9.1) S. 165.

Neuere kritische Ausgabe: Jacoby, *FGH* III C 2, S. 695–699; Holladay, *Fragments* I 371–389 (gr. Texte mit engl. Übers.: 382–387). Dort noch nicht benutzt ist die Ausgabe des Synkellos: *Georgii Syncelli Ecloga chronographica*, ed. A. MOSSHAMMER (Teubner), 1984.

Ähnliche oder ähnlich benannte Texte: Stern I S. 455–457 u.d.T. „The anonymous authors on the war between the Romans and the Jews" (aus Josephus, *Bell.* 1, 1–3 und 1, 7f), ferner Stern III S. 26–30 (aus Euseb, *H.e.* 1, 7,11; 4, 2,1–5). Es folgt bei Stern I S. 458–461 ein Testimonium über einen lat. geschriebenen Bericht vermutlich gleichen Inhalts aus der Feder des zeitweiligen Prokurators von Judäa, Antonius Julianus; dazu Schürer/V. I 33f.

Zählung der Fragmente oben nach Holladay.

Der **Stil** des unter (a) genannten Werkes war lt. Photios äußerst knapp; es war anscheinend eher eine Liste. Größere Ausführlichkeit und literarische Qualität ist hingegen für (b) anzunehmen.

Vorlage, Vorbild: Was man damals in Fragen der Chronologie nachschlug – Josephus, *C.Ap.* 1, 184f; 2, 83f macht es seinen Lesern vor –, war Kastor v. Rhodos (1.Jh. v.Chr.; Schürer/V. I 43; Stern I S. 215f; Siegert, „Einleitung" 32).[102] **Abfassungszweck:** Möglicherweise wollte Justus diese Praxis um eine Kenntnisnahme der judäischen Könige erweitern, wollte dabei auch bis in seine Gegenwart gelangen. Gerade hat er den Tod des letzten judäischen Königs, Agrippas II. (gest. gegen 100 n.Chr.;

---

101 Das Wort kann sowohl „Krone" wie auch „Stammbaum" meinen; hier vielleicht ein Wortspiel.
102 Euseb, *Chronik* I (ed. Karst, GCS, S. 125,22) gibt an, der von ihm behandelte Zeitraum habe von der Einnahme Trojas bis zur 167. Olympiade (112–109) gereicht.

Photios bemerkt, es sei zugleich der siebte aus dem Herodeshaus gewesen) in seiner Liste noch vermerken können.

Rezeption: Keines dieser Werke hat dauerhafte Anerkennung erzielt. Euseb bevorzugt Josephus, was sich daraus erklärt, dass in dessen Werken Jesus erwähnt ist sowie Jakobus, sein Bruder, und Johannes der Täufer, was Justus, dem Zeugnis des Photios zufolge, versäumte. Auch hat Josephus die Eroberung Jerusalems als Augenzeuge viel anschaulicher beschreiben können als Justus, der persönich nicht dabei war. Julius Africanus hat Schriften des Justus noch gekannt, Photios auch; damit aber verschwindet er aus der Überlieferung.

3.6.2 Thallos und andere

Die folgenden Schriften haben gemeinsam, dass es darin, wie schon bei Demetrios (3.1.2) um Chronologie geht.[103] Dass man in der Alten Kirche dazu überging, die Jahreszählung für Betrachtungen der Weltgeschichte nicht ab der ersten Olympiade oder von der Gründung Roms an zu zählen, sondern von Abraham (so Euseb) oder gar von der Erschaffung der Welt an (so bereits Hippolyt, *Chronik* und viele Weltchroniken bis ins 17.Jh. und auch die rabbinische „große Zählung"), ersteres durch Mt 1,1–17 angeregt, letzteres durch Lk 3,23–38, dürfte jüdische Vorbilder haben, die auf die LXX- oder die MT-Zahlen in der *Genesis* zurückgehen, wo nicht gar auf eigenständige Schätzungen (vgl. 3.1.2; ferner 1.1.1).Vgl. O. ANDREI: „Cronografia guidaica, e cristiana", *Henoch* 22, 2000, 63–85; Modernes zur Chronologie oben 0.4.6.

a) Das Folgende ist nur eine Möglichkeit; man weiß nichts über die Religionszugehörigkeit des nun zu nennenden, beiläufig auch mit jüdischen Dingen befassten Autors. Alles, was wir von **Thallos** haben, sind sechs Nennungen seines Namens (keine Fragmente, wenngleich Holladay sie so bezeichnet), jeweils in Zusammenhängen der Chronologie:

Nennung Nr. 1 steht bei Julius Africanus (ed. Wallraff F 93, Z. 6, S. 276), dies wiederum mit Tadel (s.u.) referiert bei Georgios Synkellos, *Chronographia* 18,1 (S. 391,9 Mosshammer; s.u. „Biblischer Bezug").
Nr. 2: Theophilos, *Ad Autolycum* 3,29 (= Lactantius, *Div. Inst.* 1, 23,2), datiert Mose noch vor dem Trojanischen Krieg.
Nr. 3: Tertullian, *Apologeticus* 10 (= Minucius Felix, *Oct.* 21,4 = Lactantius, *Div. Inst.* 1, 13, jeweils lat.): Saturn sei ein Mensch der Vorzeit gewesen.
Nr. 4: Euseb, *Praep.* 10, 10,4 und 7 f (= Julius Africanus ed. Wallraff F 34, Z. 16.32, S. 72.74) zur Bestimmung der ersten Olympiade; Mose liege noch weit davor. Ein

---

[103] Man sagt auch: Chronographie, einem Buchtitel entsprechend, der von Eratosthenes (3.Jh.v.Chr.) bereits benutzt wurde und auch noch von Johannes Malalas (6.Jh. n.Chr.), wobei letzterer wohl zu den Benutzern des nunmehr zu nennenden Werkes zählt.

Teil dieses Textes, mit Thallos' Namen, ist bereits bezeugt bei Ps.-Justin, *Cohortatio* 9; Text m. Übers. u. Anm. bei Stern III S. 42.

Nr. 5: Georgios Synkellos, *Ecloge chronographica* (S. 104,12 Mosshammer): in welchem Jahr der Welt die Assyrerherrschaft begonnen habe.

Nr. 6: Johannes Malalas, *Chronographia* (eine völlig wirre Stelle, die Thallos – wohl in Bezug auf den Beginn seines Geschichtswerks – noch vor Herodot versetzt).

Nur diese Stichproben haben wir von Thallos' Rechenkünsten, die, wie gesagt, auch jüdische Dinge berührten. Darum muss er jedoch kein Jude gewesen sein, so wenig wie Alexander Polyhistor (3.0.1) oder der gleich noch zu erwähnende Nikolaos v. Damaskus. Erwähnt wird er nur bei christlichen Schriftstellern ab dem 2.Jh. n.Chr.

Literatur: DiTommaso 1060f; Hengel 164; Wacholder 114; Schürer/V. 543f; Denis 1180–1183; Collins, *Identity* 51 (dort neben Kleodemos, 3.2.1).
Einleitung und Übersetzung: s.u. Holladay.
Neuere Studie über Julius Africanus: W. ADLER: „Julius Africanus and Judaism in the third century", in: S. WRIGHT (Hg.): *A Multiform Heritage*. FS Robert Kraft, 1999, 123–138. Mehr bei Bauckham 480, auch über den Einfluss der Pseudepigrapha auf syrische Chroniken.
Titel des Werkes im Zitat bei Africanus: ἐν τρίτῃ τῶν ἱστοριῶν; also waren es *historiae* (ein Geschichtswerk) in mindestens drei Büchern. **Andere Benennungen:** *Rerum Judaicarum historiae* (modern; engt das Erhaltene ein auf das Interesse am Judentum).
Neuere kritische Ausgabe: Jacoby, *FGH* II B, S. 1156–1158 (und Komm.: *FGH* II b, S. 835–837); Holladay, *Fragments* I 343–369. Zu den Synkellos-Fragmenten vgl. die neuere Edition von Mosshammer (3.6.1). Für Julius Africanus s. M. WALLRAFF (Hg.): *Julius Africanus: Chronographiae. The Extant Fragments* (GCS.NF), 2007; ders.: *Julius Africanus: Cesti. The Extant Fragments* (GCS.NF), 2011.
früheste Erwähnung ist die bei Theophilos (oben Nr. 2; spätes 2.Jh. n.Chr.).
Ähnliche oder ähnlich benannte Texte: s.u. „Textsorte".
Autor: Θάλλος.[104] Über ihn ist sonst nichts bekannt. Dass man ihn mitunter für einen Samaritaner hielt, kommt nur aus der Erwähnung eines ἄλλος (was kaum ein Name sein kann), der Samaritaner gewesen sei, bei Josephus, *Ant*. 18, 167: Hierfür wurde die Konjektur Θάλλος vorgeschlagen, unter Verwendung eines in der betr. Zeit (unter Tiberius) häufigen Namens, der aber, selbst wenn die Konjektur das Richtige trifft, keine Identität mit unserem Thallos zur Folge hat.
Textsorte: Die Vermutungen gehen auf eine Weltchronologie, ähnlich derjenigen Kastors v. Rhodos (s. 3.6.1 „Vorbild"), die immerhin 6 Bücher gehabt haben soll (woraus man möglicherweise für den Handgebrauch eine Epitome in 1 Buch gefertigt hatte). Das Werk des Thallos wäre dann ein analoger Versuch gewesen, vielleicht unter stärkerer Einbeziehung von Orientalischem.

---

[104] Hingegen θαλλός heißt „Spross".

Gliederung: Das Gerüst dürfte, wie bei Kastor und wie in Nr. 4 auch angedeutet, der Vier-Jahres-Rhythmus der griechischen Olympiaden gewesen sein.

Biblischer Bezug: Sollte Nr. 1 schon bei Thallos der Versuch gewesen sein, das Erdbeben von Mt 27,51 ff und die Sonnenfinsternis von Lk 23,45 mit einem Datum (29 n.Chr.) zu versehen, wäre dieser christlich. Neutrale Chronologie hätte mindestens berücksichtigt, was dann sogar Synkellos moniert, dass es nämlich bei Vollmond keine Sonnenfinsternisse gibt.

Abfassungszeit: zwischen Kastor und Africanus, also 1.–2.Jh.

Abfassungszweck: Neueres Pendant zu Kastor; vielleicht auch seine Anreicherung durch stärkere Einbeziehung von Orientalischem und in diesem Zuge auch: Verankerung der biblischen Geschichte in der Weltgeschichte. Kastor schrieb zugunsten der Griechen, Thallos wohl zugunsten der Orientalen.

Rezeption: Es ist keine jüdische Rezeption festellbar; Josephus bevorzugt als Nachschlagewerk in chronologischen Fragen den allgemein bekannten Kastor. – Auf paganer Seite könnten Schriften wie diese oder auch die unter 3.1.2 oder vorhin 3.6.1 erwähnten die Chronologien beeinflusst haben, mit einer Schleife zurück zu Josephus (Schürer/V. 699 f). – Christen haben ihn mehrfach benutzt, jedenfalls die naiveren von ihnen wie Africanus (den Synkellos tadelt; s.o.), auch Lateiner. Euseb hingegen, der ihn kennt (Nr. 4), scheint sich für seine eigene *Chronik* seiner nicht bedient zu haben. Vermutlich hat seine Arbeit wenig getaugt.

b) Anknüpfend bei der Möglichkeit, dass das unter dem Namen des Ps.-Hekataeos I Bekannte (s.u. 4.2.1 a) **anonyme Fragmente** sein könnten aus einem jüdischen historischen Text, der nur sekundär unter falschen Namen geriet, erwägt Wacholder 293– 298, dass Fragmente desselben oder ähnlicher Texte, jeweils mit politischer Geschichte als Inhalt und aus judäischem Blickwinkel dargestellt, an folgenden Stellen bei Josephus:

Ant. 11, 304 f.313–347 (datierbar zwischen 143 und 134) über die Stellung der Samaritaner und der Judäer zu Alexander;

Ant. 12, 154–236, die Tobiaden-Saga: hier 6.1.1.

c) Dem Namenindex zuliebe, und damit nichts vergessen sei, möge in diesem Zusammenhang der Rhetor, Diplomat und Hofgeschichtsschreiber Herodes' I., **Nikolaos v. Damaskus**, erwähnt sein,[105] aus dessen einstmals 144-bändiger Weltchronik, die in die Großtaten des Herodes mündet, Josephus und auch einige andere Geschichtsschreiber geschöpft haben (Wacholder 296 f; Schürer/V. I 28–32; Denis 1183–1185). Dieses Werk ist typisch für die Großspurigkeit des Herodes, der ja auch die Olympischen Spiele neu in Gang brachte und als *global player* in Sachen Politik erreichte, dass einer seiner Enkel, passenderweise Tigran geheißen, König von Armenien wurde, und ebenso dessen gleichfalls Tigran benannter Neffe.[106] Doch war sein Geschichts-

---

105 Antike Aussprache: Nikoláos mit langem a.
106 Tacitus, *Ann.* 6, 40,2 und 14, 26,1; Stern, *Authors* II S. 73.84.

schreiber Nikolaos kein Jude; insofern beschreibt er jüdische Dinge doch nur aus der Außensicht. Er tut es immerhin mit Sympathie – um nur seine Verteidigungsrede für die bürgerlichen Rechte jüdischer Populationen in Kleinasien hierfür gelten zu lassen, die zwar als Text eher Josephus zu verdanken sein dürfte (*Ant.* 16,29–58), die aber doch Nikolaos' diplomatischen Erfolg bezeugt. Die ihm selber zuweisbaren Texte, soweit noch isolierbar, finden sich abgedruckt bei Stern I S. 227–260 (mit engl. Übers. und Kommentar).

In gewisser Weise besteht hier ein Anschluss an das *1Makk.*, die offizielle Selbstdarstellung der Hasmonäerherrschaft ein Jahrhundert vorher (1.4.2), wobei es der Ruhmsucht des Herodes entspricht, wenn er zur Verherrlichung seiner Taten eine solch riesige Weltchronik in Auftrag gab. Man kann sich fragen, was wohl seit der Abfassung des *1Makk.* mit dem Hofarchiv geworden ist; irgendwie muss es ja wohl weitergeführt worden sein. Der einzige uns bekannte potentieller Benutzer dieser Unterlagen ist Nikolaos – sofern die Dokumente denn griechisch waren bzw. sich Leute fanden, die ihm wenigstens eine Auswahl davon ins Griechische übersetzten. Auf solche Dienste war vorher schon Iason von Kyrene (3.4.1) angewiesen gewesen. Weiter fragt sich, ob Jerusalem zu Nikolaos' Zeiten eine hinreichende Bibliothek besaß mit Geschichtswerken, alle Welt betreffend? Das müsste die sonst nicht bekannte Hofbibliothek des Herodes gewesen sein. Eher wird Nikolaos in seiner Heimatstadt Damaskus gearbeitet haben, deren Bürger er war; zuletzt dann noch in Rom (Stern S. 231.228).

Josephus benutzt des Nikolaos Werk sowohl im *Bellum* wie auch – manchmal ausdrücklich und wörtlich – in den *Antiquitates* 14–17 (vielleicht auch schon in 13), u.z. als Hauptquelle, und er folgt ihm ziemlich weit in der Legitimierung der Herrschaft des Herodes aus jener der Hasmonäer (mit denen er nämlich seinerseits verwandt ist), wohl wissend und sogar zugebend, dass in Nikolaos' Arbeitsauftrag die Parteilichkeit enthalten war (*Ant.* 16, 184–187). In einem byzantinischen Sammelwerk sind außerdem Auszüge aus Nikolaos' Autobiographie erhalten (Stern ab S. 246).

Beide Werke sind im Übrigen verloren, was nicht sehr wundert: Solche allzu lobtriefende Hofgeschichtsschreibung der Orientalen und solches Selbstlob eines Diplomaten waren in Rom nicht beliebt. Dort, in der Zentrale der Weltpolitik, wusste man die Nüchternheit und Verlässlichkeit eines Polybios oder eines Tacitus weit mehr zu schätzen. So bedient sich auch Josephus dieses Riesenwerkes nur mit einer gewissen Vorsicht und meist ohne Nikolaos zu nennen.

d) Das eben Gesagte gilt sicherlich auch von den bei Josephus einmal (*Ant.* 15, 174) erwähnten Memoiren (ὑπομνήματα) des **Herodes.** Wacholder 297; Schürer/V. 557; ebd. I 26 f.

e) Außerdem wird Josephus im Bereich von *Ant.* 15, 164–174 die Kenntnis einer **antiherodianischen Quelle** zugetraut, die er aber nicht zitiert, weil sie wohl auch anonym war: Wacholder 297 f; Schürer/V. I 51.

f) Das Frg. 1 des Aristobul (3.1.1), aus einer Schrift *Über das Passa*[107] des Anatolios, eines gelehrten Alexandriners, inzwischen aber laodicenischen (in Syrien) Bischofs, erwähnt zwei Lehrer des Aristobul, die beide **Agathobulos** geheißen hätten: So zitiert bei Euseb, *H.e.* 7, 32,14–19 (bes. 16); eine Vorstellung des Anatolios (spätes 3.Jh.) findet sich dort schon ab § 6. Diese Notiz, die Nikolaus Walter, *Aristobulos* (s. 3.1.1) 21f gestreift, dann aber liegen gelassen hat, da die textliche Überlieferung stark auseinanderläuft[108] – Text bei Holladay I S. 117 oben – ist wieder aufgegriffen worden von Sabrina INOWLOCKI: „Trois auteurs juifs de langue grecque oubliés", *REJ* 165, 2006, 383–396. Sie plädiert dafür, hier zwei Lehrer Aristobuls genannt zu finden, die trotz der Seltenheit des Namens gleich hießen (und vielleicht aus derselben Familie kamen). Andernfalls wäre diese Nachricht nichts weiter als ein Wortspiel: Zwei „Guträte" wurden Lehrer des „Besten Rates".

g) Ein ähnlicher Verdacht betrifft im selben § 16 des Anatolios-Zitats einen sonst unbekannten **Musaeos**, der mit Philon und Josephus in einem Atemzug genannt wird als Zeuge dafür, dass die beiden Agathobule samt Aristobul gelehrt hätten, dass der 14. Nisan der symbolträchtigste Tag im ganzen Jahr ist.[109] Das mag, so hat bisherige Kritik vermutet (Inowlocki 389), ganz schlicht ein Verweis auf die erste von Philons *Quaestiones in Exodum* sein, die diese Fragen traktiert. Dass Alexander Polyhistor den fraglichen Musaeos nicht erwähnt, mag schlicht daran liegen, dass dieser erst nach ihm lebte und schrieb (so Inowlocki). Indes, wer soll – nach Polyhistor, dem Text zufolge sogar nach Josephus – dieser Musaeos (Μουσαῖος, in schlechter Schreibweise: Μουσέος) gewesen sein? Soll er vor, soll er nach dem Jüdischen Krieg gelebt und geschrieben haben? Und das, ohne von irgendjemandem wenigstens unter den Christen beachtet zu werden? Ist diese Anatolios-Notiz nicht ein nach vielen Weitergaben unverständlich gewordener Rückverweis auf Mose-Musaeos, den Gesetzgeber des Passa-Festes und auch angeblichen Lehrer des Orpheus, dessen jüdisch imitiertes Lehrgedicht den außerweltlichen Gott in den Kosmos hereingeholt hatte (5.2.1)? Ari-

---

107 Das meint übrigens nicht „Ostern", auch nicht bei Meliton v. Sardes und anderen Anhängern des „quartodecimanischen" Ritus, sondern es meint die christliche Passa-Feier der Johannes-Tradition, nämlich die Erinnerung an die Kreuzigung Jesu am 14. Nisan, dem Tag des Frühjahrsvollmonds. Die diesbezügliche Feier unterbrach das Fasten der Karwoche mit einem keineswegs asketischen Agape-Mahl, weswegen noch das Konzil von Nicaea die Anhänger dieses Ritus (Anatolios hatte dazu gehört) ermahnten, diese Feier zu verschieben auf die Nacht zum Ostersonntag.
108 Das allerdings in einer z.T. recht durchsichtigen Weise. Wenn die lat. und syr. Übersetzung des Euseb den Ort Paneas (in Judäa) ins Spiel bringt, so ist das ein Unverständnis der Redensart ὁ πάνυ, „der überaus (bekannte)", im gr. Text auf Aristobul bezogen. Anatolios seinerseits freilich verursacht Konfusion, wenn er ihn, der weder aus dem Lande Israel kam noch Hebräisch konnte, den 72 Übersetzern beigesellt.
109 Siehe vorvorige Anmerkung. So wie das Längerwerden der Tage ab der Wintersonnenwende, das uns ein Weihnachtsfest beschert hat, ist die Frühjahrs-Tag-und-Nachtgleiche, Anlass des Passa- wie des Osterfests, ein Symbol kosmischen Gleichgewichts, im Frühjahr zugleich Höhepunkt des wieder aufkeimenden Lebens.

stobuls Frg. 4 hat ja, wir wissen es schon, eine Fassung dieses Gedichts geboten; hier mag gleichgültig sein, welche. Noch Numenios kennt Mose unter dem Namen „Musaeos" (Frg. 9–10a; Text m. Übers. u. Komm. bei Stern II S. 212–214).

Zu allem Überfluss erhält dieser papierene Musaeos in dem Folgenden ein weibliches Pendant, das vielleicht sogar gelebt haben könnte:

h) Tal Ilans Nachforschungen zu vergessenen jüdischen Frauen der Antike haben die Spur einer „Hebräerin **Moso**" erbracht, „deren Schrift ist: *Das Gesetz der Hebräer*" (γυνὴ γέγονεν Ἑβραία Μωσώ, ἧς ἐστι σύγγραμμα Ὁ παρ' Ἑβραίοις νόμος): so die *Suda* unter Ἀλέξανδρος unter Berufung auf Alexander v. Milet, also den Polyhistor (s. o. 3.0.1), der in seinen fünf Büchern *Über Rom* von ihr spreche. Die Stelle mit Übers. und Komm. bei Stern I S. 163 f. Die ältere Forschung (resümiert bei Schürer/V. 512) hat diese Notiz etwas zu rasch beiseite geschoben, weil man ihr kopfschüttelnd entnahm, eine Frau solle die Tora geschrieben haben, und sich fragte, wie Polyhistor so etwas ernst nehmen konnte. Die Frage ist zwar berechtigt, denn um das Missverständnis zu vermeiden, hätte der Buchtitel – in der Wiedergabe zumindest – lauten müssen: Περὶ τοῦ παρ' Ἑβραίοις νόμου. Doch kann es ein Werk gewesen sein von der Art der – allerdings sehr viel späteren, lateinischen – *Lex Dei* (3.5.5). Einige Vermutungen hierzu bietet Ilan, *Silencing* 20–25.

Eigentümlich ist die Wortwahl „Hebräer" statt des weit gängigeren „Judäer"; sie nimmt wohl den Sprachgebrauch dieser Autorin auf. Vgl. 3.4.1 „Stil". Die Beziehung zur *Lex Dei* kann nur sehr indirekt sein: Diese ist auf Latein verfasst und bietet Zitate auch aus späterer Zeit; hingegen musste, was Polyhistor las, griechisch geschrieben sein.

4 Jüdische Prosaschriften unter pagan-griechischem Pseudonym

Von den Autorenwerken in Prosa gehen wir über zur Prosa unter Pseudonym. Einen möglichen Kandidaten für diese Rubrik kennen wir schon: Artapanos (2.2.1), der vielleicht nicht selbst so hieß, sondern über diesen persischen Namen eine nichtjüdische (Schriftsteller-)Identität fingiert. Das ist mangels näherer Nachrichten nicht mehr zu bestimmen. Das Interesse hinter solcher Pseudonymie wurde unter 3.6.0 benannt.

4.1 Pseudo-Aristaeos, *Brief an Philokrates (Aristeasbrief)*

4.1.1 Ein pseudonymes Sammelwerk. Bemerkungen zur Rahmenerzählung

Ein angeblicher Höfling Ptolemaeos' II. informiert seinen im Ausland lebenden Bruder (so § 121), der wie er an religiösen Dingen sehr interessiert ist, über diesbezügliche Geschehnisse bei Hofe und über seine Teilnahme an einer Gesandtschaft von dort an den Hohenpriester der Judäer in Jerusalem. Diese im Inhalt mitunter sensationelle und selbst ohne Apparat über achtzig Druckseiten lange Schrift, die den Rahmen eines Briefes weit überdehnt, hat einen vielfältigen und streckenweise höchst originellen Inhalt. Nachbiblische Legende ist dabei, hellenistische Hermeneutik und weisheitliche Ethik. Die Darbietung von alledem unter fingiert-paganem Namen bringt diese buchlange Epistel in enge Nachbarschaft mit einigen pseudonymen und doch erkennbar jüdischen Quasi-Historikern derselben Zeit. Das Fiktive dieser nur auf Wirkung bedachten Erzählung erweist sich an ihren chronologischen Unmöglichkeiten (s. u.). Ihre Pseudonymie, wozu der Artapanos von 2.2.1 möglicherweise eine zeitgenössische Parallele bietet, erspart uns fortan eine Rubrik „Autor". Wir kennen ihn nicht und sollen ihn nicht kennen.

In der Aneignung hellenistischer Hermeneutik ist diese Schrift zu der des Aristobul (3.1.1) zeitgenössisch: Dem was sie an „ethischen" Allegorisierungen bietet, entsprachen bei Aristobul solche aus dem „physischen" Bereich. Bei Philon fließt dann beides zusammen.

Eine der zahlreichen Absichten dieses Traktats liegt darin, die religiös-kulturelle Sonderexistenz des ägyptischen und insbesondere des alexandrinischen[1] Judentums

---

[1] Das war nicht dasselbe. Ägypten samt seiner Bevölkerung galt seit dessen Eroberung durch Caesar als Eigentum des Kaiserhauses; die Bevölkerung Alexandriens hingegen, das eine rechtlich extraterritoriale Gründung Alexanders selbst gewesen war, bildete eine Polis mit eigener Rechtsstruktur. An dieser hatten zunächst nur die makedonischen Veteranen teil, die sich hier ansiedeln durften; und auch danach konnte nur Bürger werden, wer als Grieche anerkannt war. Das verlangte von den Judäern, die in Alexandrien Bürger sein wollten, die Entwicklung – und das Anerkanntbekommen –

zu rechtfertigen – so in der Rahmenerzählung, die auf die Bewunderung des Ptolemaeos für die Kulturleistung des Tora-Übersetzens hinausläuft. Die Hauptabsicht aber ist eine innerjüdische, nämlich: den Wortlaut des *Nomos* (nur um den Pentateuch geht es, wenn im Judentum vom Werk der 72 Übersetzer die Rede ist) gegen alle nachträglichen Abänderungen zu sichern.

Online-Index Nr. 14; Harnack I 863 Nr. 83; Stegmüller 121 und 121.1–6; Schürer/V. 677–687. **Inhaltsangabe** z. B. bei Meisner (nächste Rubrik) 37; mit Kommentar: Dalbert 92f; Woschitz 152–176.

Einleitung und Übersetzung: Charlesworth II 7–34 (R. J. H. SHUTT); JSHRZ II/1, 35–87 (N. MEISNER) 1973. **Inhaltsangabe mit Kommentar:** Woschitz, *Parabiblica* 152–176.

Einleitung: Denis 911–946; Nickelsburg 196–199; Collins, *Identity* 97–103.191–195; Gruen, *Heritage and Hellenism* 206–222; *Septuaginta deutsch* 1503–1507 (Lit.). **Nur Text:** Denis, *Conc.* 880–892. **Anmerkungen:** Rießler (193–233) 1277–1279.

Literatur: Lehnardt Nr. 3183–3362; DiTommaso 239–258; Siegert in Neusner/A., *Midrash* I 222f. Vgl. auch 4.1.2–3.

Neuere Studien, bes. zur Rahmenerzählung: E. GRUEN: „The Letter of Aristeas and the Cultural Context of the Septuagint" in Karrer/Kraus, *Die Septuaginta* 134–156; T. RAJAK: „Translating the Septuagint for Ptolemy: Literary myth and history", ebd. 176–193; S. HONIGMAN: *The Septuagint and Homeric Scholarship in Alexandria. A Study in the Letter of Aristeas,* 2003; D. DE CROM: „The Letter of Aristeas and the authority of the Septuagint", *JSPs* 17, 2008, 141–160; R. CHARLES: „Hybridity and the Letter of Aristeas", *JSJ* 40, 2009, 242–259 [nicht zur literarischen, sondern zur kulturellen Hybridität der *EpArist.*]; L. NEUBERT: „Der Aristeasbrief und alexandrinische Hofdichtung", in: Hirschberger, *Hell.-jüd. Literatur* 29–49. – **Zur Inspiration der Übersetzer:** K. J. TORJESEN: „The Alexandrian tradition of the inspired interpreter", in: L. PERRONE (Hg.): *Origeniana Octava. Origen and the Alexandrian Tradition* (BETL 164), 2003, 287–299;[2] B. WRIGHT: „The Letter of Aristeas and the reception history of the Septuagint", *Bulletin of the International Organization for Septuagint and Cognate Studies* 39, 2006, 47–67; I. SCOTT: „Revelation and human artefact. The inspiration of the Pentateuch in the Book of Aristeas", *JSJ* 41, 2010, 1–28.

Handschriften: Forenz, Venedig, Rom, München (jeweils 11.Jh.) und zahlreiche spätere (Denis 918–922). **Erstausgabe:** Basel 1561 (vorher lat. Rom 1471).

Titel in den Handschriften: Ἀριστέας Φιλοκράτει (s.u.). Daraus wird nach lateinischer Katalogkonvention *Aristeae Epistula ad Philocratem;* Abkürzung häufig: *EpArist.* Die Namensform ist jedoch anhand der Nennung dieses Briefs bei Jose-

---

einer doppelten Identität. Vgl. M. Vogel in: *Josephus, Ursprünglichkeit* (0.9.1), Bd. 2, S. 130–136; Schimanowski, *Alexandrien* 18–28.

2 „Alexandrinisch" im Sinne dieser und vieler anderen Publikationen meint „jüdisch-alexandrinisch".

phus, *Ant.* 12, 17 u. ö. besser Ἀρισταῖος zu schreiben, was über die Verschreibung Ἀριστέος (*sic*, in Cod. P der Jos.-Überlieferung) zu dem Ἀριστέας der (noch späteren) *EpArist.*-Handschriften geführt hat. **Anderer Titel:** Euseb, *Praep.* 9, 38,1 leitet unter der Autorenangabe Ἀριστέας ein Zitat aus *EpArist.* 88–90 (hier 4.1.1) mit einer Titelangabe ein, die exakt nur auf 4.1.2 passt: Περὶ τῆς ἑρμηνείας τοῦ τῶν Ἰουδαίων νόμου.

Neuere kritische Ausgabe: *Lettre d'Aristée à Philocrate*, (gr.-frz.) hg. A. PELLETIER (SC 89), 1962. Nützlich wegen ihrer Anhänge bleibt P. WENDLAND (Hg.): *Aristeae ad Philocratem epistula* (Teubner), 1900. Die wörtlichen Zitate von weiten Teilen der *EpArist.* bei Euseb, *Praep.* 8, 2–5.9 und 9, 38 finden ihre textkritische Auswertung bei Pelletier 22–41.

Textanfang: Ἀξιολόγου διηγήσεως (rhythmisch: zwei Cretici). **Textschluss:** τὸ κάλλιστον ἔπαθλον.[3]

Wortindex mit grammatischen Angaben, auch Partikeln umfassend, bei Wendland 169–220 und Pelletier S. 291–319; ohne all dies, aber lemmatisiert bei Denis, *Conc.*, Siglum: „Aris."

Synopse von *EpArist.* und Jos., *Ant.* 12, 12–118 in A. PELLETIER: *Flavius Josèphe adaptateur de la Lettre d'Aristée*, 1962, 307–327 [betr. bes. *EpArist.* 1–81.172–187.200. 293–321, mit Lücken].

Alte Übersetzungen: keine außer § 35–40 syr. mit Rezeption im Arab. (Denis 923f).

Frühestes Zitat: eine ausführliche Paraphrase dieses Briefs findet sich bei Josephus, *Ant.* 12,12–118; dazu Denis 922f; Siegert, „Einleitung" 43. **Früheste Verwendung** bei Philon (s. „Rezeption"). Andere, undeutliche Erwähnungen s. Denis 918.

Ähnliche oder ähnlich benannte Texte: nicht zu verwechseln mit dem Fragment des Aristeas (3.2.2).

Textsorte: Gerahmt wie ein Brief mit Anreden an den angeblichen Empfänger Philokrates am Anfang wie am Schluss, wäre das Ganze zunächst als Epistel anzusprechen; mehr als ein Gelegenheitsschreiben ist es auf jeden Fall. In seiner Rahmung bezeichnet sich der Text selbst jedoch als διήγησις („Bericht", § 1.8.322). Bauckham 133 nennt ihn einen „Traktat mit Widmung". Im Hinblick auf den Inhalt kann man ihn eine Apologie nennen (s. u. „Abfassungszweck"). Ein Brief im Brief, nicht weniger fingiert als der Rahmen, findet sich in § 45–50. Andere, eingebaute Textsorten s. „Gliederung".– **Literarische Besonderheit:** Überlänge (84 Teubner-Seiten); Einbezug zahlreicher Untergattungen.

Zählung: seit Wendland in 322 Paragraphen.

Gliederung (größere Einbettungen eingerückt, kleinere in Klammern):

a) § 1f: Anrede an den Empfänger;
    A) Rahmenerzählung: § 3–8 Einleitung; 9–82 Bemühung des Ptolemäers um eine gr. Übersetzung der Tora (45–50 Einschaltung eines Briefes); 83–127 die Gesandtschaft in Je-

---

[3] Am Textschluss war Rhythmus nicht verpflichtend: Vgl. das unter 6.5.2, Anm. 82 genannte Beispiel aus Dionysios v. Halikarnass.

rusalem mit Schilderung des Tempels (§ 84–99) und der Stadt (§ 100–105) und ihres Umlandes (§ 106–111), was rückblickend als „Exkurse" bezeichnet und bis an die Mittelmeerküste und nach Arabien ausgedehnt wird (§ 112–120). § 121–127 Auswahl und Beauftragung der Übersetzer.
 B) § 128–170 Lehrvortrag des Hohenpriesters an die Übersetzer (s. u. 4.1.2);
  a') § 171 Übergang mit erneuter Anrede des Philokrates.[4]
 C) § 172–300 Gastmahl des Ptolemäers mit den Weisen aus Jerusalem (s. u. 4.1.3).
A') Rest der Rahmenerzählung: § 301–308 die Übersetzungsarbeit; 308–311: die jüdische Gemeinde beschließt in einer vom Bibliothekar Demetrios einberufenen Versammlung die Unveränderlichkeit des Wortlauts der Übersetzung; 312–316 Dialog Demetrios-Ptolemaeos, darin Legendäres über frühere Übersetzungsversuche (auch dies ein kleiner Exkurs); 317–321 Belohnung und Abreise der Übersetzer.
a'') § 322: Schlussanrede an den Empfänger.

Diese Gliederung ist kunstvoll erdacht und hat in ihrem Wechsel von Bericht und Betrachtung sicherlich Herodot, den „Meister des Exkurses", zum Vorbild.

Literarische Integrität: trotz der besagten Gattungssprünge unbestritten. Das Ganze hat eine klare Rahmenhandlung und ist stilistisch wie in den vorgetragenen Lehren homogen. Hat der Autor Fertiges verwendet, so hat er es selbst getan, und was sonst Literarkritik wäre, ist hier nun Redaktionskritik. Trotzdem bleibt, dass die hier als (B) und (C) herausgehobenen Teile auch eigene Bücher entweder waren oder noch hätten werden können. Ein Indiz hierfür ist: Das Wort διάνοια „Gesinnung", in der Septuaginta bereits gelegentlich vorkommend (als Äquivalent für *lev* „Herz" oder auch ganz frei), begegnet in *EpArist.* 7, 17, 78, 99, 122 – dann in Teil B nur ein einziges Mal (156),[5] obwohl es thematisch vollkommen passen würde – und wieder: 194, 216, 222, 227, 237 f, 243, 245, 247, 287, 292, 312, 314, 322 (= Schluss). Auch die vier Vorkommen von διανοεῖσθαι liegen außerhalb von Teil B. – Als Besonderheit von Teil C fällt auf, dass νόμος nur einmal vorkommt, in dem sonst nicht gebrauchten Plural.[6] Jedenfalls wollte der Autor diesen Teil mit eigener Anrede an Philokrates (171) durchaus abgrenzen; das dort gebrauchte φιλομάθεια kehrt nur noch einmal, an einer weiteren Schaltstelle (300), wieder; es ist ein Leitwort der Redaktion.

Biblischer Bezug: Gegenstand ist die Tora, im Besonderen ihre Unveränderlichkeit (Dtn 4,2; 12,32), und zwar in übersetztem Gewande. Dreizehnmal wird sie im Singular genannt (auch als „göttlicher", als „heiliger" *Nomos*, § 3.45).[7] Biblisches

---

4 Zur Überprüfung: Sein Name ist, vom Titel abgesehen, genannt in § 1, 120, 171, 295 und 322.
5 Die Ausnahme, die zusätzlich die Regel bestätigt, ist in 171 die Rede von einer φυσικὴ διάνοια τοῦ Νόμου, wo διάνοια nicht für „Gesinnung" steht, sondern für „(Text-)Sinn".
6 Das ist natürlich in erster Linie thematisch bedingt, verwundert aber doch in dieser Eindeutigkeit. An Pelletiers Index kann man ferner sehen, dass πῶς ἄν nur hier vorkommt, und sogar häufig, während die beiden Male im übrigen Brief nur πῶς gesagt wird. Auch liegen alle Vorkommen des politisch-ethischen Terminus ἐπιείκεια, ἐπιεικής in Bereich C (obwohl er in § 147 ff durchaus gepasst hätte), ebenso alle von ἔπαινος, ἐπαινεῖν, alle von ἀσκεῖν und alle von γινώσκειν. Im Gegenzug ist der Gebrauch von αἱρεῖσθαι „wählen" auf Partie A beschränkt, und nur αἱρετέον begegnet einmal in C.
7 Vgl. 2.0.1 Anm. 3 zum Ursprung des Singulars „die Tora".

Vorbild für die 72 Ältesten sind sicherlich die 70 von Ex 24,1.[8] Textgrundlage ist klar die Septuaginta; die Wortwahl (weniger allerdings die Syntax) der Zitate zeigt es an Stellen wie § 155. Ideengeber waren wohl desweiteren Esr 6–8 und Neh 2. § 308 ist Nachklang zu der Esra-Szene Neh 8.

Historischer Bezug: Die Rahmenlegende situiert die Übersetzungsarbeit unter Ptolemaeos II. Philadelphos, dem Gründer der Bibliothek, und ihrem ersten Bibliothekar, Demetrios v. Phalēron, einer immerhin historischen Persönlichkeit (gest. 282 v.Chr.); sie bedient sich einiger historischer Reminiszenzen. Dass judäische Söldner unter den ersten Ptolemäern dienten (§ 13 f), ist angesichts älterer Vorgänge in Ägypten selbst (Elephantine) oder gleichzeitiger in Kleinasien (Hengel 27–30) glaubhaft. Was jedoch sonst an Namen in § 9.12ff geboten wird, ist unglaubwürdig (Demetrios z. B. und der um 300 v.Chr. bereits gestorbene Isokrates-Schüler Theopompos konnten sich zu ihren Lebenszeiten nie begegnen, und Menedemos v. Eretrien war am syrischen, nicht am ptolemäischen Hof tätig); bloßes *name dropping* soll die Wichtigkeit des angeblichen Berichts erhöhen. In § 310 wird die Judenheit Alexandriens als πολίτευμα bezeichnet; das wäre eine Minderheit mit eigenem Rechtsstatus: Derlei hat sich bisher nicht erweisen lassen. In § 308 beruft Demetrios eine Vollversammlung der alexandrinischen Judäer ein, was ganz sicher nicht seines Amtes war; in § 312 „erstattet" er dem Ptolemäer von alledem „Rapport" (προσφωνεῖν) usw.: Die Dichte von politisch-zeremoniellem Vokabular, die Authentizität suggerieren soll, ist ein geschickt eingesetztes Stilmittel.

Als Einlagen von gewissem historischem Wert sind jedoch bemerkenswert § 84– 99, eine (enthusiastische) Beschreibung des Tempels, des Opferkults und der sanitären Maßnahmen zur Beseitigung von dessen Spuren; sie gibt einen Zustand von ca. 200 v.Chr. wieder (Schürer/V. 682). Das in dieser Passage gepriesene Kanalisierungssystem ist nicht erwähnt in der nächst vergleichbaren, allerdings weit kürzeren Schilderung des Tempels bei Josephus, *C.Ap.* 2, 102–109 (dazu Bauckham 221–243; eigentlich ist das schon der Nachfolgebau, der herodianische). – § 100–120 bietet eine Schilderung Jerusalems und seines Umlandes, alles idealisiert natürlich, aber nicht ohne historischen Wert. § 109 zieht den Vergleich mit Alexandrien und seinem Umland (der *chōra*). – in § 3 ist ganz richtig beobachtet, dass hebräische Torarollen auf Tierhäuten geschrieben sind (und nicht auf dem ägyptischen Papyrus).[9] In der Hauptsache aber ist der Bericht erfunden.

Quellen bzw. **Vorlagen:** Texte wie die nachstehend (4.1.2–3) zu erwähnenden sind vermutlich vom Autor vorgefunden und eingepasst worden; vgl. Denis 941–945. Die §§ 12–27 könnten auf eine ptolemäische Verordnung d.J. 262/261 v.Chr. zurückgehen (so J. BARTLETT: *Jews in the Hellenistic World*, 1985, 17; vorsichtiger

---

[8] Epiphanios gruppiert sie dann vollends in Paaren, wie Lk 10,1 (Text bei Pelletier S. 88).
[9] Bezweifeln lässt sich jedoch die Bemerkung in § 305, alle Judäer hätten die Gewohnheit, sich morgens die Hände zu waschen; die 72 Übersetzer tun es mit Meerwasser – ? Vielleicht soll man hier annehmen, ein Heide sei nicht ganz informiert.

Schürer/V. 41f).[10] Was Josephus, *C.Ap.* 2, 49 über jüdisches Militär im frühptolemäischen Ägypten mitteilt, hat vermutlich genau diese Stelle zur Quelle. Mehr bei Werner SCHMIDT: *Untersuchungen zur Fälschung historischer Dokumente bei Pseudo-Aristaios*, 1986.

Stil: elegante literarische Koinē mit rhythmischen Satzschlüssen fast an jedem Paragraphenende. Der Autor hat eine Vorliebe für Fachausdrücke, also das Lokalkolorit des Hofes, seiner Politiker und seiner Gelehrten; vgl. „Historischer Bezug". Liste sprachlicher Besonderheiten in der Ausg. Pelletier 59–63, auch schon bei Wendland 221–225; sie fallen in das, was Norden, *Kunstprosa* I 126ff, 266ff u. ö. als „Asianismus" beschreibt. – Pelletier, *Josèphe adaptateur* bemerkt im Gegensatz dazu bei Josephus Stilkorrekturen im Sinne des – im 1.Jh. n.Chr. in Rom aufgekommenen – Attizismus.

Bemerkenswerte Stellen, Theologisches: In der Rahmenerzählung liegt der Ursprung der nachmals christlichen, bes. protestantischen Lehre von der Verbalinspiration „der Bibel" (ursprünglich ja nur: des gr. Pentateuch). Der ungriechische Ausdruck ἡ γραφή „die (Heilige) Schrift" – vorher hieß das: „Zeichnung" – findet sich erstmals hier (§ 155.168), hier auch erstmals ἡ βίβλος i.S.v. „die Bibel" (sc. des Pentateuchs; § 316). Zugleich aber betont § 127, dass Toragehorsam mehr aus dem Hören als aus dem Lesen gelernt werde; dies könnte ein früher Beleg sein für die „mündliche" Tora, die Halacha.[11] – Nähe zum beginnenden Pharisaismus erweist Denis 933f. – Ein Schlüsselwort aus der hellenistischen Kultur ist διάνοια „Gesinnung" (vgl. 2.1.8), mit gelegentlichem Synonym διάθεσις („Habitus"). Man soll mosaisch denken und empfinden. Worüber der König in Staunen erstarrt, ist bereits die *dianoia*, das Denken des Gesetzgebers (§ 312; die Worte hingegen waren nach gr. Maßstäben nur niederer Stil). Es geht um Verinnerlichung der Tora, ihre Übernahme ins eigene Denken, z. B. in § 238. – Was gleichermaßen die Teile dieses Werkes eint, sind wiederholte und keineswegs nur formelhafte Bemühungen, von der Allmacht Gottes zu reden: § 15.46.132.155–157.195.210. – Mehr bei Dalbert 94–102.

Abfassungszeit und -ort: Der Ort ist sicherlich Alexandrien, wo der Septuaginta-Pentateuch entstand. Was die zeitliche Ansetzung betrifft, so muss einiger Abstand zu der Rahmenhandlung angenommen werden; für Zeitgenossen wären deren Anachronismen störend gewesen (denn intentionell sind sie schwerlich). Unklar ist das zeitliche Verhältnis zu Aristobul. Das Einfachste ist die Annahme der Gleichzeitigkeit (s. Kopftext). Die Sage, wonach Demetrios v. Phaleron, erster Bibliothekar des Museons, die gr. Übersetzung der Tora verlangt habe (§ 9ff),

---

10 Erst unter Caesar wurde das anders, dessen Dekrete zugunsten der Juden (Schürer/V. I 275) das Sabbatgebot und überhaupt ihre religiösen Pflichten in Schutz nahmen, wo denn auch nicht mehr erwartet wurde, dass Judäer sich in Hilfstruppen würden einreihen lassen. Mittlerweile war auch jüdischerseits die Toraxpraxis strenger und der *Nomos* zum Nationalkennzeichen geworden.

11 Falk, *Introduction to Jewish Law* 10. Die Bezeichnung „mündliche Tora" ist allerdings erst rabbinisch.

findet sich auch bei ihm (Frg. 3); das mag jeweils auf Mündlichkeit beruhen. Verschiedene, z.T. aber übergenaue Indiziensuchen konvergieren zwischen Mitte und Ende des 1.Jh. v. Chr. **Adressaten:** Über den angeredeten Philokrates ist nichts bekannt. Sein Name, so darf angenommen werden, steht emblematisch („der sich gern beherrscht")[12] für die eigentlich Angeredeten, nämlich die Judenschaft Alexandriens, wohl auch Ägyptens. **Sitz im Leben:** Hier wird den Synagogengottesdiensten auch der Folgezeit ihre Textgrundlage gesichert: § 308 ff behauptet – im Gewand einer Legalisierung vor den Augen des Ptolemäerhofes – die (innerjüdische) Festsetzung des übersetzten Tora-Textes *ne varietur*, also eine Art Kanonisierung. – Die Erzählung hatte hohen Unterhaltungswert, wie auch ihre Paraphrase bei Josephus bezeugt.

Abfassungszweck: Stärkung jüdischen Selbstbewusstseins; jüdisches Eigenlob (in § 1 schon angekündigt), am übertriebensten in § 307–317. Dies ist wohl die älteste Apologie für jüdische Besonderheit und jüdisches Für-sich-Sein; als jüngste vergleichbar ist *Josephus, Ursprünglichkeit*. Zweck nach innen: Verinnerlichung der Tora. In § 160 ist an das jüdische Abend- und Morgengebet gedacht, wohl in Anlehnung an Dtn 6,4 ff. Zu vielerlei apologetischen, ja polemischen Absichten nach innen wie außen s. Denis 926–931.

Rezeption: Sowohl Philon wie Josephus haben das Ihre getan zur Popularisierung der Septuaginta-Legende und zum Selbstbild des Judentums als eines von außen bewunderten. Philons Expansion der Rahmenerzählung ins Mirakulöse (*Mos.* 2, 25–44) stellte aufgrund dieser Vorlage erstmals die Behauptung einer Verbalinspiration auf – und zwar für diesen ins Griechische übersetzten Text. Rückwirkend wurde diese Auffassung auch auf den Urtext, genauer: auf dessen gewissenhaft edierte Fassung (die masoretische) übertragen. Der Weg dahin begann noch im Judentum mit der Steigerung der Rahmenlegende, die aus der Angleichung der 72 Einzelarbeiten (302) bei Philon, *Mos.* 2, 37 und dann bei Ps.-Justin, *Cohortatio* 13 ihre mirakulöse Übereinstimmung in ὀνόματα καὶ ῥήματα macht, in „Nomina und Verben" (Ausg. Pelletier S. 78–89). Ausgiebige Verwendung bei Justin, Augustin, Ps.-Athanasios u.v.a. Die Texte s. Wendland 85–166; vgl. Denis 945. Sogar die Namen der 72 Übersetzer werden bei Epiphanios noch irgendwoher aufgetrieben: Ausg. Wendland S. 142 f (auch in hebr. Schrift, aus der syr. Übers.). – Hieronymus ist in seiner Vorrede zum Pentateuch bemüht, die Legende von der Inspiration der Übersetzer (die seinem Rückgriff auf das Hebräische nicht günstig war) wenigstens auf ihren ursprünglich gemeinten Gegenstand einzuschränken, den Pentateuch (MPL 28, 150–152 u. ö.; auch Josephus schon hatte das betont: *Ant*. 1, 12). Doch war die Legende längst ein Selbstläufer geworden, alles betreffend, was man fortan „Bibel" nannte.

---

12 Das ist – ganz wie Aristaeos („Bester"), ein altes Apollon-Prädikat – ein bes. im klassischen Athen beliebter Name, hier natürlich mit neuem Bezug, nämlich auf den Mose-*Nomos*, ganz im Sinn jener Prunkrede auf die Selbstbeherrschung, die als *4Makk.* überliefert ist (6.5.3).

Pelletier S. 9 macht wahrscheinlich, dass die Anfügung der *EpArist.* am Ende byzantinischer Oktateuch-Catenen bereits in der Bibliothek Eusebs sich so vorfand; jedenfalls sind Eusebs Zitierfehler die gleichen. Nur begrenzt wirksam war jedoch der ursprüngliche Wunsch dieses Autors, der *Nomos*-Text möge unverändert bleiben. Tatsächlich ist an den Septuaginta-Büchern, sowohl am *Nomos* wie auch, und mehr noch, an den später übersetzten Büchern, insbes. am Psalter, von hebräischkundigen Korrektoren viel geändert worden.[13] Dass eine Übersetzung je voll genügen könne, bestreitet der Verfasser des *Sir.*-Präskripts (1.3.1).

4.1.2 Das hermeneutische Programm (§ 128–171)

Vermutlich als fertiges Stück (s. 4.1.1 „literarische Integrität") hat der Autor des *Aristaeosbriefs* jene Tora-Hermeneutik übernommen, die er in § 128–171 dem Jerusalemer Hohenpriester in den Mund legt und die mit dem Übersetzungsvorhaben eigentlich gar nichts zu tun hat.[14] Vielmehr ist sie schon eine Empfehlung des Ergebnisses gegenüber künftigen Lesern.

Tiersymbolik als eine ethische[15] findet sich schon bei Platon (*Rep.* 588 C–590 A). Dass die Opferbestimmungen hier geistreich allegorisiert werden, besagt nicht, dass die konkrete Praxis im Jerusalemer Tempel damit abgewertet würde (schließlich ist sie des Hohenpriesters Beruf); im Gegenteil: Ein zusätzlicher Sinn soll ihre Praxis bestärken. Für den Sitz im Leben solcher Überlegungen ist nicht zu vergessen, dass auch in den entferntesten Gemeinden der Diaspora wohnenden „Judäer" mit ihrer jährlichen Tempelsteuer dazu beitrugen, just dieses Kultgeschehen am Laufen zu halten. Für sie selber aber hatte die Tora hauptsächlich den Wert einer Ethik, u.z., wie oben gesagt, einer persönlich anzueignenden (bei allem sicherlich nicht geringen Konformitätsdruck). Darüber hinaus konnte sie auch im privatrechtlichen Bereich dienlich sein zu einer gewissen Eigengerichtsbarkeit (2.0.1).

---

13 Und zwar, ehe von christlicher Seite Origenes mit seiner *Hexapla* weitere Angleichungen der Wortlaute (ungewollt) verursachte. Vgl. Näheres bei Siegert, *Septuaginta* 82–87; Einzelbeobachtungen: 293 f. 311. 317.

14 Tatsächlich haben die Übersetzer, mit Ausnahme weniger Problemstellen, sich des Interpretierens enthalten, so gut es nur immer ging. Das Wenige, was sich findet, sind Harmonisierungen innerhalb der Tora bzw. der danach noch übersetzten Schriften mit der Tora (sog. Torazentrik): Siegert, *Septuaginta* 121–123.

15 Ein Beispiel: In § 167 werden die ἐμφανισταί (Fachausdruck für „Denunzianten") des Ptolemäerhofes kontrastiert gegen die Tendenz der Tora, den guten Leumund jedes Israeliten zu schonen. Das gewinnt Eleazar aus einer Tierallegorie betreffs des in Lev 11,29 als Nahrung den Israeliten verbotenen Wiesels. Zugleich wird hier ein kulturelles Gefälle überspielt: Der Boten- und Nachrichtendienst des Perserreiches, auf einem Netz von Straßen und dichten Relaisstationen beruhend und von den Diadochen übernommen und ausgedehnt, war Grundlage des Funktionierens solcher Großverwaltungen. Im Judäa noch des Josephus hingegen dauerte eine Nachricht zwischen Galiläa und Jerusalem mehrere Tage (Jos., *Vita* 309).

Josephus' Paraphrase des *Aristaeosbriefs*, die in *Ant.* 12, 57–84 viel Platz verbraucht, um die königlichen Geschenke aus der Rahmenerzählung erneut zu schildern, bietet aus dieser viel inhaltsreicheren Partie gar nichts; das dürfte daran liegen, dass er von allegorisierender Hermeneutik nichts hielt. Er sagt auch nichts, oder höchstens Abwehrendes, über Philons diesbezügliche Künste (vgl. *C.Ap.* 2, 192, gegen die Logos-Lehre gerichtet).

Das Fragenschema muss auf diesen Text nicht erneut angewendet werden; für Redaktions- und Literarkritisches wie auch für Bemerkungen zu Einzelstellen s. 4.1.1.

Literatur: Schürer/V. 679 f; F. Siegert in: Sæbø, *Hebrew Bible* 150 –152; ders. in Neusner u. a., *Midrash* 222 f. **Neuere Studien:** K. BERTHELOT: „L'interprétation symbolique des lois alimentaires dans la Lettre d'Aristée: une influence pythagoricienne", *JJS* 52, 2001, 253–268; B. WRIGHT: „Three Jewish Ritual Practices in Aristeas §§ 158– 160", in: LiDonnici/Lieber, *Heavenly Tablets* 11–29; Niehoff, *Jewish Exegesis* 19 – 37.
Rezeption: Die Umwandlung der Opfertora in eine ethische (das war sie ja für die Diaspora, wo keine Opfer stattfanden) hat auf Philon vollste Wirkung: *Spec.* 1, 271 (der Grundsatz); 4, 105 – 112 (die Vorbildlichkeit der Tiere) u. ö. – Eine Benutzung von § 130 –169 bei Paulus wird wahrscheinlich gemacht bei Wittkowsky, *Den Heiden* 6 – 20; in 1Kor 9,9 allegorisiert Paulus die Tora mit Selbstverständlichkeit, sogar unter Verzicht auf den Wortsinn. – Bei den Rabbinen finden sich ähnliche Überlegungen in der *Pesiqta* 76b, ebenso im Midrasch *Tanḥuma*, Abschn. *emor* zu Lev 22,27 u. ö. (Parallelen bei Bill. I 221, Nr. 1, Ende).

4.1.3 Das Gelehrtengastmahl (§ 172 – 300)

Neuere Studien: S. HONIGMAN: „The narrative function of the king and the library in the Letter of Aristeas", in: T. RAJAK (u. a., Hg.): *Jewish Perspectives on Hellenistic Rulers* (Hellenistic Culture and Society, 50), 2007, 128 –146; D. DE BRASI: „Fürstenspiegel in der jüdisch-hellenistischen politischen Philosophie", in: Hirschberger, *Hell.-jüd. Literatur* 51– 71. **Zu § 139:** J. LIEU: „Imprenable ramparts and walls of iron: Boundary and identity in early Judaism and Christianity", *NTS* 48, 2002, 297– 313.

Zur Abgrenzung und zu thematischen wie sprachlichen Besonderheiten dieses Textes s. 4.1.1. Stilisiert als Gelehrtengastmal, näherhin als Dialog eines Herrschers mit Weisen, gehört er am ehesten in diejenige Textsorte, die gr. als περὶ βασιλείας bezeichnet wird; im Deutschen ist hierfür (unter anderen politischen Umständen) der Ausdruck „Fürstenspiegel" entstanden. In diesem Falle ist es pure Ethik mit sehr wenig Politik dabei und noch weniger Theologie, sooft auch Berufungen auf Gott stattfinden; diese haben nichts spezifisch-Jüdisches an sich. Man fragt sich, ob hier ein paganes Versatzstück übernommen wurde oder ob eine jüdische Imitation solcher Texte vorliegt, die nicht ganz ernst zu nehmen ist. Die Banalität der Gelehrtenantworten – an

Stellen wie § 236 z. B. ist der Verweis auf Gott einfach nur angeklebt an sonstige Allgemeinheiten – hat einen jüdischen Gelehrten unserer Tage zu der Erwägung geführt, ob das Gespräch nicht Ironie ist auf die Simplizität des Königs und seiner eigenen Philosophen (Gruen, *Heritage* 219). Zielsatz mag dessen bewundernde Bemerkung sein gegenüber seinen Hofphilosophen, die jüdischen Gäste verfügten über die überlegene Intelligenz (συνιέναι πλεῖον, 200 vgl. 235 und die Schlussansage 295 f). Gruen in Karrer/Kraus, *Die Septuaginta* 144–150 weist darüber hinaus nach, dass manche Gesprächsstoffe dem König geradezu peinlich sein mussten, ihn also auch so zum Unterlegenen machten. Der aber dankt Gott, „von dem all diese Orakel (λόγια) kommen". In einer grotesken Übertreibung (die aber Heidentum kennzeichnen soll) wirft er sich vor wie nach der Unterredung vor den geöffneten Tora-Rollen siebenmal bis zur Erde nieder (§ 177; Wiederaufnahme: § 317).

Dass sich von diesen Allgemeinheiten eine **Rezeption** irgendwo feststellen ließe, ist nicht zu erwarten. Die Behauptung überlegener Intelligenz, in der Josephsgeschichte schon enthalten (Gen 41,12.38–40) und bei Daniel ins Mirakulöse gesteigert (Dan 2,27 f), ist auch Gegenstand der Pagen-Legende von *1Esr.* 3–4 (1.4.1 b) und Bestandteil jüdischen Selbstbewusstseins in der Predigt *De Sampsone* 42 (2.3.3 b).

4.2 Fragmente unter Namen griechischer Autoren

War das Vorige ein innerjüdisches Gedankenspiel und unter belesenen Leuten keine Irreführung, weder in der Absicht noch in der Wirkung, so mag gleiches auch für diesen Abschnitt 4.2 noch gelten, ändert sich jedoch spätestens da, wo Josephus derlei Texte aufgreift und sie zu einer Apologetik nach außen gebraucht, nämlich als Altersbeweis für das Judentum. Zur Fragwürdigkeit dieses Verfahrens, selbst im Rahmen antiker Kommunikationsgepflogenheiten, s. Siegert, „Einleitung" 55–62 sowie hier 5.2.3, Kopftext. Inwiefern jüdische Apologetik der christlichen vorgearbeitet hat, wird in den Einleitungstexten der hier zu nennenden Abschnitte in JSHRZ (meist von Nikolaus Walter) erläutert; vgl. Y. AMIR: „Monotheistische Korrekturen heidnischer Texte", in: Koch/Lichtenberger, *Begegnungen* 9–19.

4.2.1 Ps.-Hekataeos (von Abdera)

Unter dem Namen des hellenistischen Historikers und Ethnographen Hekataeos v. Abdēra, der tatsächlich sehr Positives über die Judäer (wie man Ἰουδαῖοι genauer übersetzen muss) geschrieben hat,[16] laufen mehrere – wie viele, ist umstritten –

---

16 Im Auszug geboten bei Diodor v. Sizilien, *Bibliotheca historica* (das meint: Auszüge aus historischen Büchern) 40, 3, durch Photios erhalten; vgl. Denis 1162–1164. Josephus weiß davon (*C.Ap.* 1, 213 f), was bei Holladay, *Fragments* 320 f (jeweils untere Seitenhälfte) gr.-engl. mitgeteilt wird; das ist aber kein Ps.-Hekataeos, sondern bezieht sich auf den echten. Immerhin erfahren wir, dass dieses Werk einbändig

teilweise deutlich von jüdischer Hand stammende Texte, zusätzlich zu seiner Erwähnung in *EpArist.* 31, der fiktiv-historischen Einleitung (dazu Denis 1169/70). Mit Rücksicht auf ihre großen Unterschiede und die schwankenden Benennungen lassen sich die unter diesem Namen laufenden Zitate folgendermaßen unterteilen:

Text (a) ist überliefert als ungefähres Zitat (mit ὅτι eingeleitet) bei Josephus, *C.Ap.* 1, 183 (Ansage; folgt Exkurs zur Datierung).186 (erneute Ansage).187f (Text).189 (Auslassungsvermerk und Text); 190 (erneute Ansage).191 (Text).192 (Ansage und Text, Ansage, Schlusssentenz).194 (Ansage und Text), 195 (dito); 196 (erneute Ansage).197–199 (Text).

Text (b) folgt ebd. ab § 200; es ist die Anekdote von dem judäischen Bogenschützen Mošollam,[17] der während eines Feldzugs „mit Alexander und danach mit seinen Diadochen", welchen er als Berufssoldat dient, eine Vogelschau spottend vereitelt, indem er den Vogel, den die Auguren beobachten wollten, abschießt. Über das Fragment in *EpArist.* 31, das gleichfalls im Namen dieses Hekataos gegeben wird, jedoch eher einem anderen Ps.-Hekataos zuzuschreiben ist, s. 4.2.2 c.

Online-Index Nr. 65; Harnack I 863 Nr. 82; Stern I S. 20–44; Schürer/V. 671–677.

Inhaltsangaben bei Dalbert 66f (wären noch aufzugliedern im Sinne der hier getroffenen Unterscheidung a–c, ebenso H. Attridge in Stone, *Writings* 169f; ebenso Mittmann-Richert 203f); ebenso Woschitz 145–150.

Einleitung und Übersetzung: Charlesworth II 905–919 (R. DORAN), bes. 914–919; JSHRZ I/2 (N. WALTER) 1976, 144–160; dazu VI/1,1 (MITTMANN-RICHERT) 202–209; Siegert, „Einleitung" 43f (und 30f zum echten Hekataos; dt. Übers. im selben Band 136–140; gr. Text ebd. Bd. 2, S. 152f.

Einleitung: Denis 1164 (Mitte)–1167; Collins, *Identity* 52f.65f.155–157. Wacholder 262–273.293 ist der Auffassung, dass das unter (a) Genannte Zitate waren beim echten Hekataos, womit diese noch ins frühe 3.Jh. v.Chr. fielen, und bietet seine eigene literarkritische Analyse der insgesamt sieben in Frage kommenden Texte. **Nur Text:** Denis, *Conc.* 918.

Literatur: Lehnardt Nr. 1636–1686. **Neuere Monographie:** B. BAR-KOCHVA: *Pseudo-Hecataeus, „On the Jews". Legitimizing the Jewish Diaspora,* 1996 [grundlegend; erst er ersetzt zusammen mit Wacholder (den er verschiedentlich korrigiert) die 100 Jahre ältere Studie von Freudenthal; 0.7.2].

Titel in den Zitaten: Περὶ Ἰουδαίων. Text (b) wird angeschlossen mit der Formel ἔτι γε μήν, die auch § 193 an das Vorherige angeschlossen hatte; Josephus glaubt also, noch aus demselben Text zu zitieren.

Neuere kritische Ausgabe: Jacoby, *FGH* III C 2, S. 702f; ebd. III A, S. 19–21; PVTG 3 (A.-M. DENIS) 1970, S. 199–202; Holladay, *Fragments* I 277–315 (Text a).316f (Text b);

---

und „über uns", also Περὶ Ἰουδαίων betitelt war. Genau so bestätigt es dann Origenes, *C.Cels.* 1, 15 (bei Holladay: S. 322f).

17 Die masoretische Vokalisation dieses Namens, der auch in der Hebräischen Bibel mehrfach vorkommt, ist Mešullam.

Bar-Kochva 44–53. Auch Stern, *Authors* I S. 35–44 bietet den Text – für den Fall, dass er doch einen paganen Autor hat. Das ist für die Mošollam-Anekdote freilich ausgeschlossen (s. u.).

Textanfang (a): (186) μετὰ τὴν ἐν Γάζῃ μάχην. **Textschluss:** (199) πίνοντες ἐν τῷ ἱερῷ.

Textanfang (b): (200) Ἐμοῦ γοῦν ἐπὶ τὴν Ἐρυθρᾶν θάλασσαν βαδίζοντος; das Ganze gibt sich also als Kriegsbericht des Feldherrn selbst. **Textschluss:** (204) Μοσόλλαμος ὁ Ἰουδαῖος.

Wortindex: Siglum bei Denis, *Conc.:* „HHec".

Alte Übersetzungen: Josephus wurde (mit Ausnahme der *Vita*) im 6.Jh. ins Latein übersetzt.

Ähnliche oder ähnlich benannte Texte: Wegen Namensgleichheit mit Hekataeos v. Abdera gibt es Verwechslungen bzw. irreführende Verbindungen mit dem unter 4.2.2 zu Nennenden.

Textsorte, literarische Besonderheiten: Text (a) sind Exzerpte aus einem historischen Text; dies wäre, wenn Wacholders Vermutung (s. o.) zutrifft, der älteste, der aus der Feder eines griechisch schreibenden Juden erhalten ist. – Text (b) hingegen ist eine Anekdote, die den Gegebenheiten ihrer Zeit sogar widerspricht.

Literarische Integrität: Die bisherige Forschung ergänzend, wird hier der Vorschlag gemacht, dieses Fragment zwischen § 199 und 200 zu teilen und nur die bis dahin gegenbenen Zitate einem hellenistischen Historiker (der übrigens auch nichtjüdisch sein kann) zuzutrauen, die Mošollam-Episode aber einem jüdischen Spaßvogel, der sich unter klingend-heidnischem Namen (und in höchst gespreiztem Griechisch, s.u.) über das Griechentum lustig macht. Eine Vogelschau verlief nach allem, was wir davon wissen, völlig anders als die Pseudo-Regel in § 203 es angibt.

Historischer Bezug: (a) Verhältnisse unter den Diadochen.

Stil: in (a) literarische Koinē; in (b) jedoch geschwollen (prätentiöse Wortwahl, schwammige Syntax, ganz wie in 4.2.3) und pompös übertrieben: Vielleicht will der nichtgriechische Autor den Manierismus seiner Zeit lächerlich machen. – Gegenstück ist das Plädoyer für ungekünstelte Einfachheit in dem Traktat *De sublimi* (3.5.2).

Bemerkenswerte Stellen, Theologisches: (a) gewährt Einblick in die Rolle des Jerusalemer Hohenpriesters in Politik und Steuerwesen des einstigen Tempelstaats. – Die antipagane Polemik in (b) wurde bereits bemerkt. Dies ist einer der Texte, worin das hellenistische Judentum sich – wie im *Aristaeosbrief* (4.1) ja auch – in den Blicken eines Heiden bespiegeln will. Ein Verständnis für dieses Phänomen erschließt sich z.B. in Gruen, *Heritage*, bes. 189 ff.

Abfassungszeit und -ort, Adressaten: Das in (a) Zitierte kann schon um 300 v.Chr. entstanden sein (Wacholder); als Fälschung hingegen wäre es wie (b) einzuschätzen. Text (b) passt am besten in das alexandrinische Judentum des 2./1.Jh. v.Chr. Die Erinnerung an die Alexanderzüge muss in ihren Details schon verblasst gewesen sein.

Abfassungszweck: „Rechtfertigung des Diaspora-Daseins" (Wacholder). Insbesondere: (a) Ethnographie (sie hatte in gr.-röm. Zeit ein weites Publikum und war für die Reichsverwaltung auch politisch interessant); (b) innerjüdische Unterhaltung und antipagane Polemik.

Rezeption: Über die Mošollam-Anekdote gibt es auch in heutiger Literatur wieder viel Schmunzeln. In Charlesworth ist sie von allen gebotenen Texten der letzte, gedacht wohl als Abschluss.

Text (c): Unter der Bezeichnung „Ps.-Hekataeos II" nehmen Wacholder, Denis und andere einen einzigen Satz besonders, der sonst noch dem bisher behandelten Ps.-Hekataeos I zugeschrieben wird, nämlich Josephus, *C.Ap.* 2, 43, eingeleitet mit ὡς καί φησιν Ἑκαταῖος περὶ ἡμῶν ὅτι... Auch hier wird also ein Titel Περὶ Ἰουδαίων vorausgesetzt. – Inhalt ist die Behauptung, die Judäer hätten wegen ihrer Sympathie für Alexander (die für das 3.Jh. tatsächlich gut belegt ist, bis vor der Hellenisierungskrise des 2.Jh. v.Chr.) von diesem ganz Samarien steuerfrei zugeschlagen bekommen. Diese Nachricht kann nicht echt sein; sie widerspricht allem, was wir sonst bei Josephus, oder wo immer es sei, über diese Epoche erfahren.

Online-Index noch Nr. 65.

Einleitung und Übersetzung: Charlesworth II 913 f (R. DORAN); JSHRZ wie oben, hier: S. 157 unten; Stern I S. 44.

Einleitung: Denis 1168 oben.1172; Wacholder 266–273; Siegert, „Einleitung" 45.

Titel (in Josephus' Meinung): Περὶ Ἰουδαίων.

Textsorte: Gibt sich als Zusammenfassung einer historischen Nachricht.

Neuere kritische Ausgabe: Jacoby, *FGH* III A, S. 21; Bar-Kochva 52f; Stern I, S. 44; Holladay, *Fragments* I, S. 316f.

Text: (ὅτι) διὰ τὴν ἐπιείκειαν καὶ πίστιν, ἣν αὐτῷ παρέσχον Ἰουδαῖοι, τὴν Σαμαρεῖτιν χώραν προσέθηκεν ἔχειν αὐτοῖς ἀφορολόγητον.

Abfassungszeit: vor oder außerhalb der Hellenisierungskrise des 2.Jh. v.Chr. – **Ort:** wohl Judäa.

Abfassungszweck: Nachbesserung der Geschichte Judäas in der Diadochenzeit.

4.2.2 Ps.-Hekataeos (von Milet)

Das Folgende dürfte mehr oder weniger bewusst einem weit früheren Hekataeos zugeschrieben worden sein, dem von Milet (um 560 v.Chr.), dessen Werk angesichts des Erfolgs des gleichermaßen Ionisch schreibenden Herodot mehr oder weniger in Vergessenheit geraten war.

(a) Dieser ältere Hekataeos dürfte es sein, der von Josephus bemüht wird als ein Autor, der den historischen Abraham bezeugt: *Ant.* 1, 159–161(–168?). Er zitiert ihn jedoch so, wie er ihn wiedergegeben fand in Nikolaos v. Damaskus' Weltgeschichte (*Historiae*, 3.6.2 c), Buch 4. Wer von den beiden den Namen „Abraham" in den Text brachte, ist damit nicht ganz sicher; als Beleg wird ein Dorf bei Damaskus genannt, das den Namen „Abrahams Wohnung" trage.

(b) Ein Hekataeos – der wohl wieder der Milesier gewesen sein soll – wird auch bei Clem.Al., *Strom.* 5, 113 für ein Zitat benannt, das von dort auch in Euseb, *Praep.* 13, 13,40 übergegangen ist. Dieses Zitat rahmt eine Ps.-Sophokles-Passage, 9 Verse lang; inhaltlich ist es eines der vielen, klassisch-griechischen Autoren jüdischerseits untergeschobenen Bekenntnisse zum Monotheismus; dazu vgl. hier 5.2.3.

Beides findet sich als „Ps.-Hekataeos II" bzw. „ Ps.-Hekataeos III" in den meisten einschlägigen Sammlungen, abgetrennt vom Vorigen. – Einen Text **(c)**, Irrläufer in doppelter Hinsicht, s. am Ende dieses Abschnitts.

Online-Index usw. wie vorher.
Einleitung und Übersetzung: Charlesworth II 912f (R. DORAN); JSHRZ I/2 (N. WALTER) 1976, 158–160. **Inhaltsangabe** mit Kommentar: Woschitz 150–152.
Einleitung: Denis 1168f Nr. 3; Bar-Kochva (wie 4.2.1) 2f; Stern I S. 22.
Titel bei Clem.Al. (= **b**): Κατὰ Ἄβραμον καὶ τοὺς Αἰγυπτίους.
Neuere kritische Ausgabe: vgl. 4.2.1; bei Holladay, *Fragments* I sind es die S. 318f.
Textanfang (a): Ἀβράμης ἐβασίλευσεν ἔπηλυς. **Textschluss:** ἦλθε καὶ εἰς τοὺς Ἕλληνας.
Textanfang (b): ὁ μὲν Σοφοκλῆς. **Textschluss:** εὐσεβεῖν νομίζομεν.
Textsorte, literarische Besonderheiten: (a) imitierte hellenistische Geschichtsschreibung (Stil: pragmatisch); (b) Verse (Trimeter) in einem Prosakontext.
Literarische Integrität: Ob die beiden Zitate aus derselben Schrift kommen, ist nicht sicher. – Sie bzw. beide hier zitierten Schriften können für sich ein geschlossenes literarisches Ganzes gewesen sein – oder aber nur Stück einer kleinen Stilübung (vgl. 5.2.3).
Biblischer Bezug: (a) Gen 12 in seiner jüdischen Deutung als Abstandnahme vom Polytheismus; (b) ebenso.
Abfassungszeit und -ort; Adressaten; Sitz im Leben: Dies ist jüdische Apologetik bzw. Selbstvergewisserung, wie sie bes. im alexandrinischen Judentum des 2.Jh. v.Chr. aktuell war. Den *terminus ad quem* gibt der hieraus zitierende Josephus, von dem überdies angenommen werden kann, dass er sich, als er zwischen 70 und 100 n.Chr. in Rom seine Werke verfasste, einer bereits fertigen Zitatesammlung aus jüdischer Hand (aus Alexandrien mitgebracht?) bediente.
Rezeption: Christliche Apologetik übernahm hier guten Glaubens für sich selbst Altersbeweise. Das Christentum betrachtete sich ja als direkter Nachfolger und als Ablösung des Judentums, in dessen Folge es die älteste und einzig „wahre" Religion der Welt sein wollte – so Clemens, so Euseb.

Hinzu kommt ein Irrläufer: **Text (c)** ist ein Lob der jüdischen Religion, in *EpArist.* 31 (4.1.1) mit der Schlussansage versehen: „…wie Hekataeos v. Abdera sagt". Da alle

Hinweise auf Personen in diesem Pseudepigraphon erfunden sind, vom Autorennamen angefangen (s. o. 4.1), liegt hier nun die Annahme nahe, dass der zitierte Hekataeos dieses Quellenstücks ursprünglich nicht der von Abdera sein sollte (das vermutet nur der ihn zitierende „Brief"-Autor), sondern der ältere, für den Wahrheitsbeweis des Judentums hier in Text (a) und (b) schon bemühte, also der von Milet.

Online-Index noch Nr. 65.
Einleitung und Übersetzung: Charlesworth II 911 (R. DORAN); nicht in JSHRZ I/2.
Titel nicht erhalten.
Neuere kritische Ausgabe: s. 4.2.1, ferner Holladay, *Fragments* I 320f oben, Z. 5f.
Textsorte: Referat im *a.c.i.*
Text: ἁγνήν τινα καὶ σεμνὴν εἶναι τὴν ἐν αὐτοῖς (den Mosebüchern) θεωρίαν.
Sitz im Leben bzw. zunächst im Kontext: Dies dürfte die Skopos-Angabe für das gesamte Ps.-Hekataeos-Werk sein, das hier in Frage steht, und wurde vielleicht in etwa diesen Worten in dessen Prolog (wenn es denn ein ganzes Werk war) ausgedrückt.[18] In § 313 äußert der Bibliothekar des Museons, Demetrios v. Phaleron, einer der prominentesten Teilnehmer an der erfundenen Rahmenhandlung, gegenüber Ptolemaeos diese These in anderen Worten nochmals. Es ist die Grundthese der gesamten hellenistisch-jüdischen Apologetik.

4.2.3 Ps.-Klearchos

Unter dem Namen des Aristoteles-Schülers Klearch v. Soli bietet Josephus, *C.Ap.* 1, 176 – 183 eine Anekdote, die aus dessen Buch *Über den Schlaf* stammen soll. Dass sie überhaupt erträumt ist, ergibt sich aus einer sowohl inhaltlichen wie stilistischen Analyse bei Siegert, „Einleitung" (0.9.5) 46. Diese berücksichtigt auch die feine Ironie des Stücks: Dies ist das verquollenste Rhetorengriechisch, das sich denken lässt, und der hier in Szene gesetzte Aristoteles beruft sich auf seine eigene *Rhetorik* in einer ganz lächerlich-schulmeisterlichen Art. Josephus, der die Fiktion zu glauben bereit ist, meint noch mehr Positives über Judäer (hier: der Diaspora, nämlich Coelesyriens) gelesen zu haben – er oder der (angebliche) Exzerptor (vielmehr: Fälscher), auf den er sich beruft.

Indes sollte man gerade hier mit dem Ausdruck „Fälscher" vorsichtig sein: Was vorher vielleicht nur ein literarischer Scherz war oder ein bloßes Spiel, wird von Josephus erst als ernst präsentiert. Vgl. oben 3.6.0.

Einleitung und Übersetzung: *Josephus, Ursprünglichkeit* (0.9.1) Bd. 1, S. 46 (Einl.).134f (Übers.)

---

[18] Noch euphorischer sagt es weiter oben im selben § 31 der Autor der *EpArist.*: φιλοσοφωτέραν εἶναι καὶ ἀκέραιον τὴν νομοθεσίαν ταύτην, ὡς ἂν οὖσαν θείαν. Vgl. die Anfangsthese von *4Makk.* (6.5.3).

Titel der zitierten Schrift (angeblich): Περὶ ὕπνου, Buch 1.
Neuere kritische Ausgabe: Stern I S. 47–52; neuere Lesarten zum gr. Text bei Siegert S. 134.
Textanfang: Ἀλλὰ τὰ μὲν πολλὰ μακρὸν ἂν εἴη. **Textschluss:** παρεδίδου τι μᾶλλον ὧν εἶχεν.
Historischer Bezug: fingiert, weist aber auf jüdische Diaspora in Coelesyrien (Hinterland von Antiochien) schon in der Diadochenzeit.
Stil: Ironisch übertriebener Asianismus, wie 4.2.1 b. Es ist derselbe Autor zu vermuten.
Abfassungszeit; Adressaten; Sitz im Leben: wie 4.2.2.
Abfassungszweck nach innen: Rechtfertigung der Diaspora; nach außen: Behauptung jüdischer Überlegenheit (ausdrücklich § 181). Das Ideal des jüdischen Weisen wird verlagert außerhalb Judäas, wobei der hier Gemeinte, dessen Name ungenannt bleibt, sogar aus dem syrischen Hinterland kommen soll (§ 180). Als **Ort** darf darum vielleicht Syrien erschlossen werden.
Rezeption: Josephus übersieht geflissentlich das Scherzhaft-Ironische dieses Textes und präsentiert ihn mit gravitätischem Ernst, weil er ihn zu apologetischen Zwecken gebrauchen kann.[19] – Noch bei Stern zählt diese Stelle neben einer bei Theophrast, auch einem Aristotelesschüler (*C.Ap.* 1, 166 f) und einer noch älteren, die Judäer aber nicht deutlich nennenden bei Choerilos v. Samos (2.H. 5.Jh. v.Chr.; zitiert in *C.Ap.* 1, 172–175; Stern III S. 5–7) zu den drei ältesten paganen Bezeugungen des Judentums.

4.2.4 Ps.-Kallisthenes (Zusätze zum Alexanderroman)

Die Alexanderzüge haben eine umfangreiche Literatur, historisch wie quasi-historisch, erzeugt, woraus hier diejenige Gruppe interessiert, die man als „Alexanderroman" bezeichnet (ein Sammeltitel) und die, nachdem sie Jahrhunderte lang gewuchert ist, griechisch wie lateinisch, in vielerlei Rezensionen auseinanderläuft. Konzipiert zunächst als Briefroman, nämlich als ausgiebig erzählender Briefwechsel Alexanders mit seiner Mutter Olympias, hat er allerlei Zusätze in sich aufgenommen, darunter zwei offensichtlich jüdische. Deren einer ist hier vorzustellen; den anderen s.u. 6.2.1.

Ins Reich der Legende gehört, was Josephus in *Ant.* 11, 304 f.313–347 sein Publikum glauben machen will und höchstwahrscheinlich nicht selbst erfunden, sondern in einem jüdischen Text aus der kampflosen Anfangszeit des Hellenismus bei den Judäern (3.Jh.) entnommen hat: die Erzählung von Alexanders Abstecher nach Jerusalem und seiner Ehrenbezeigung gegenüber dem dortigen Heiligtum und seinem

---

[19] Zu diesem Mangel an Ehrlichkeit bei Josephus – Interesse ist ihm bestimmender als eigenes Wissen – vgl. 3.6.0, 4.1.1 („Nachwirkung") und 5.1.2 („Zitate").

Hohenpriester.[20] Authentisch ist diese Notiz immerhin als Stimmungsbild aus jenem Jahrhundert, das auch im alexandrinischen Judentum hohe Erwartungen an den zu erwartenden Zivilisationsfortschritt, ja auch an eine mögliche Kultursynthese geweckt hat. Ein Ausläufer solch prohellenistischer Einstellung im Judentum ist nun der folgende.

Titel des Alexanderromans z. B.: Βίος Ἀλεξάνδρου τοῦ Μακεδόνος καὶ πράξεις, *Historia Alexandri Magni, Vita Alexandri (Magni)*. Hier kommt in Betracht: die nach Ps.-Kallisthenes benannte Fassung ε, γ, C II, und daraus wiederum Kap. 24 und 28.
Dt. Übers.: F. PFISTER (Übers.): *Der Alexanderroman. Mit einer Auswahl aus den verwandten Texten übersetzt* (BKP 92), 1978, 130–134.
Einleitung: Denis 1172–1177. **Nur Text:** Denis, *Conc.* 919.
Handschriften: Oxford (13.Jh.) und 3 spätere (Denis 1176). **Neuere kritische Ausgabe:** J. TRUMPF (Hg.): *Anonymi Byzantini Vita Alexandri regis Macedonum* (Teubner), 1974.
Textanfang: 24,1 καὶ καταλαμβάνει (Ἀλέξανδρος) τὴν Ἰουδαίαν. **Textschluss:** 28,21 Ἀλεξάνδρῳ ἐκρέμαντο. Beides rhythmisch.
Wortindex: Siglum bei Denis, *Conc.*: „HCal."
Alte Übersetzungen: von den kaum noch zählbaren Übersetzungen des Alexanderromans enthält zumindest die äthiopische die hier gemeinten Kapitel (Denis 1177).
Früheste Bezeugung: Aus der Antike ist zu diesen Passagen nichts bekannt.
Ähnliche oder ähnlich benannte Texte: Gewisse Josephus-Passagen s. Kopftext. Einen als Zusatz zum Alexanderroman überlieferten Lehrbrief s. u. 6.2.1. – Pfister 135–137 bietet ferner Auszüge aus Orosius, *Historia Scholastica* und aus anderen mittelalterlichen Texten, wo die verlorenen zehn Stämme, über die die *Esra-Apk.* 13,39–50 schon spekulierte, im Rahmen der Alexanderzüge wiedergefunden werden, dann (137f) etwas aus der *Erzählung des Zosimos* (hier 2.2.7) und schließlich (138) die Legende, wie Alexander bei seinem Zug durch Ägypten auch das Grab Jeremias aufsucht (und nicht nur das Ammon-Heiligtum).[21] Das kann, obwohl nur aus dem lat. Mittelalter belegt, immer noch eine hellenistisch-jüdische Legende sein, nämlich Ausdruck des Wunsches, von den Großen dieser Welt mehr, und positiver, beachtet zu werden.
Textsorte: angelehnt an pragmatische Geschichtsschreibung.
Zählung als Kap. 24,1 (48 Zeilen) und 28 (21 Zeilen).
Literarische bzw. textliche **Integrität:** Gewisse kleinere Textwucherungen sind bei Denis mit <...> markiert.
Stil: schlichte Koinē.

---

20 Hierzu Gruen, *Heritage* 189–199; Bammel, *Judaica et Paulina* 109–114; Schürer/V. 557; Denis 1174f. In der Loeb-Ausgabe *Josephus in Nine Volumes*, Bd. 6, hg. u. übers. R. MARCUS, 1937 (u. ö.) s. den Exkurs S. 512–532.
21 Herkunftsangabe im Inhaltsverzeichnis: „Petrus Comestor, *Historia Scholastica* (1729); *Lib. Tob.* III 458; Ps.-Epiphanius [nach] Nestle, *Marginalien und Materialien*, 1893, 16f."

Bemerkenswerte Stellen: 24,39–40 jüdisches Glaubensbekenntnis vor Alexander, im folgenden von ihm akzeptiert und übernommen; er wird wie ein Gottesfürchtiger geschildert. Z. 45–48: Sie hätten ihn gerne beschenkt; er lässt ihnen ihr Gold und Silber für Opfer. – 28,12–15 nochmaliges Bekenntnis Alexanders zum „Gott der Götter", Echos des Tempelgottesdienstes enthaltend.
Abfassungszeit und -ort: Man denkt an das jüdische Alexandrien in seinen besten Zeiten (2.Jh. v.Chr.?). **Abfassungszweck:** Selbstverortung in der hellenistischen Kultur.
Rezeption: gering, wie auch für 6.2.1 gilt. Nur wenige Fassungen des Alexanderromans haben diese Zusätze. Das rabbinische Judentum seinerseits hat sich vom Hellenismus grundsätzlich gelöst.

4.2.5 Vermutetes und Verlorenes

Auch hier ist eine Nachlese zu halten aus Schriften nichtjüdischer Autoren oder aus solchen, die nichtjüdische Namen tragen.

a) Nur vermutet wird in den zwei Zitaten aus dem hellenistischen Autor **Hermippos** v. Smyrna (3.Jh. v.Chr.), *Über Pythagoras*, Buch 1, bei Josephus, *C.Ap.* 1, 164f, dass hier ein jüdisch imitierter Ps.-Hermippos zugrunde liege, eine unnötige Hypothese: Es genügt, die Schlussansage (§ 165b), die in der Tat eine jüdische These ist, bei Aristobul als Frg. 4 erstmals nachgewiesen (3.1.1), abzutrennen und Josephus zuzuweisen. Dasselbe gilt von dem Hinweis auf dieselbe Hermipp-Stelle bei Origenes, *C.Cels.* 1, 15, die nur diese Schlussnotiz umfasst. Vgl. Schürer/V. 696f und 806f; Text usw. bei Stern I S. 93–96 (als echt, nicht imitiert);[22] *Josephus, Ursprünglichkeit* (0.9.1) Bd. 1, S. 31 (über Hermippos).131f (dt. Übers.).[23]

b) Schließlich noch eine in ganz alte Zeiten verweisende, aber erst spät bezeugte Reminiszenz: Nach **Tages**, dem sagenhaften Urheber der etruskischen Mantik, muss ein Text sich genannt haben, den Lactantius Placidus (6.Jh. n.Chr.) beim Kommentieren von Statius, *Thebais* 4, 515 vor Augen hatte und der Mose und Jesaja mit Orpheus in einen Zusammenhang brachte (Schürer/V. 699f; Stern II S. 682 mit Anm. 3 und 684 Anm. 7). Das kann ein jüdisches Pseudepigraphon gewesen sein.

---

22 Stern hatte die Aufgabe, nichts auszulassen, was pagan sein könnte – so wie wir hier nichts auslassen, was jüdisch sein könnte.
23 Der Verweis auf Aristobul, Frg. 4 auf S. 131 sollte ein „vgl." vor sich tragen.

5 Metrisches

Dieser 5. Abschnitt ist ausschließlich solchen Texten gewidmet, die in griechischen Versen gehalten sind. Übersetztes ist also nicht dabei. Hebräisch-Metrisches, was beim Übersetzen bestenfalls zu rhythmisierter Prosa wurde, wurde schon gewürdigt (v. a. 1.3.1–3) und könnte auch sonst noch verschiedentlich zugrunde liegen, da in semitischen Sprachen Poesie und Prosa ineinander übergehen.[1] Im Griechischen sind sie durch sehr detaillierte Regeln voneinander geschieden. Die Hexameter des Epos oder auch der Spruchdichtung haben eine ganz andere Wirkung als die kürzeren, mehr dem Dialog angepassten Trimeter des Dramas – um nur diese beiden gängigsten Versmaße zu nennen; auf sie beschränkt sich das nunmehr zu Nennende.

Leider gilt: Kein jüdischer Dichter, der sich griechischer Versmaße bediente, war so erfolgreich, dass sein Werk im Ganzen erhalten geblieben wäre. Alles hier Vorzustellende sind Fragmente. Die original-biblische Poesie des Psalters und anderer Weisheitsschriften blieb auch in Übersetzung immer noch wirksamer als diese Nachdichtungen des Erzähl- oder auch Lehrinhalts biblischer Bücher. Nur die kläglich schlechten Hexameter der *Sibyllinischen Orakel*, die in der Kirche ein Lesepublikum behielten, haben sich größtenteils erhalten, ja wuchsen noch an Zahl, während andere Teile schon wieder verschwanden.

5.1 Bibeldichtung in griechischen Versen

5.1.0 Sosates, der „jüdische Homer"

Um mit der epischen Dichtung zu beginnen, der das Griechentum ja den Vorzug gab und der es sein ältestes Literaturwerk verdankt, sei hier zunächst, auch wenn es keinen Vers mehr von ihm gibt, der „hebräische Homer" erwähnt. Wir wissen von ihm nur durch eine sonst unbestätigte Notiz in den *Excerpta Latina Barbari*, der frühmittelalterlichen Übersetzung einer im Original verlorenen griechischen Chronik des frühen 5. Jh. n. Chr. Dort wird er in die Zeit des Hohenpriesters Simon, aber auch in die des Hohenpriesters Johannes (Hyrkan) und auch noch die des Ptolemaeos XII. Auletes, des „neuen Dionysos" (Mitte 1. Jh. v. Chr.) gesetzt, was nicht zugleich stimmen kann. Er sei als „hebräischer Homer" in Alexandrien anerkannt gewesen. Dass er hebräisch gedichtet habe, kann für Alexandrien ausgeschlossen werden; „hebräisch" heißt er of-

---

[1] Dass *1Makk.* 14,6–15 ein hebräisch-metrisches Original haben muss, sieht man den gedruckten Ausgaben nicht an (den Manuskripten sowieso nicht) – bis einem vielleicht auffällt, dass die Sätze alle ungefähr gleich lang sind und sich in Hälften teilen lassen. Doch erst im Syrischen wurde verlangt, dass die Zahl der betonten Silben pro Halbvers stets gleich groß sein muss; daran gemessen ist der unter 7.1.3 zu nennende Text immer noch Prosa und gehört also nicht hierher.

fenbar nur seiner Herkunft wegen oder auch wegen des biblischen Inhalts seiner Dichtung.

Schürer/V. 559 Anm. 74.
Einleitung: Sh. COHEN: „Sosates the Jewish Homer", *HThR* 74, 1981, 391–396; wieder in: ders.: *The Significance of Yavneh and Other Essays in Jewish Hellenism* (TSAJ 136), 2010, 15–21.
Titel der Schrift: nicht überliefert.
Neuere kritische Ausgabe der *Excerpta:* C. FRICK (Hg.): *Chronica minora* (Teubner), 1892, hier: 278,24–29.
Der **Text** über ihn lautet: *Hisdem temporibus Sosates cognoscebatur ille Ebraicus Omirus in Alexandria,* „Zu eben dieser Zeit war Sosates, jener hebräische Homer, anerkannt in Alexandrien".
Textsorte: Das damit Gemeinte war wohl ein Epos biblischen Inhalts.
Abfassungszeit und -ort: wohl Alexandrien im (2. oder) 1.Jh. v.Chr.
Rezeption: Dieses Werk ist mit dem alexandrinischen Judentum untergegangen.

5.1.1 Philon der Epiker („der Ältere"), *Über Jerusalem*

An drei Stellen zitiert Euseb, jeweils aus Alexander Polyhistor, einen Philon, der ein Jahrhundert vor dem uns sonst bekannten Philon gelebt haben muss und sich in Versen äußerte *Über Jerusalem:*
Frg. 1 und **2:** *Praep.* 9, 20,1, getrennt durch eine Zwischenansage;
Frg. 3: ebd. 9, 24,1;
Frg. 4–6: ebd. 9, 37,1–3, getrennt durch Zwischenansagen.
So bleiben uns 25 Hexameter eines Geschichtsepos, das vermutlich mehrere Bücher lang war; nur ist die Zahl „14. Buch" in der Ankündigung von Frg. 3 unglaubwürdig hoch und wird durch Konjekturen (schon Freudenthal schlug vor: „4") tiefer gesetzt.
Schon Clem.Al., *Strom.* 1, 141,3 erwähnt einen Philon, der, wie Demetrios (3.1.2), *Über die Könige der Judäer* geschrieben habe, geht jedoch, ohne etwas zu zitieren, von diesem sofort zu Eupolemos (3.3.2) über. Diese Titelangabe dürfte irrig sein und herübergenommen von dem zuvor erwähnten und immerhin mit Inhaltsangabe versehenen Demetrios. Clemens hat dieses Werk nicht gesehen. Auch Euseb verfügt nur über das, was er bei Alexander Polyhistor (3.0.1) zitiert fand.

Online-Index Nr. 60; Schürer/V. 559–561 (auch 555f ist hierher zu beziehen). **Inhaltsangabe:** Dalbert 33f; Woschitz 235f.
Einleitung und Übersetzung: Charlesworth II 781–784 (H. ATTRIDGE); JSHRZ IV/3 (N. WALTER) 1983, 139–153.[2]

---

[2] Die nicht ganz deutlichen Angaben in I/2, 1976, 112–114 sind hierher zu beziehen.

5.1.1 Philon der Epiker („der Ältere"), Über Jerusalem

Einleitung: Denis 1192–1197; Wacholder 282f; Gruen, *Heritage* 125–127; Collins, *Identity* 54–57. **Nur Text:** Denis, *Conc.* 920 oben (Metrisches nicht als Verse gedruckt). **Anmerkungen:** Rießler (733f) 1315.
Literatur: Lehnardt Nr. 1507–1515 und 7307–7338 (die Identität wurde nicht bemerkt); DiTommaso 1057–1059.
Titel bei Euseb: Περὶ Ἱεροσόλυμα bzw. Περὶ Ἱεροσολύμων; **andere Benennungen** s. Kopftext.
Neuere kritische Ausgabe: PVTG 3 (A.-M. DENIS) 1970, S. 203f; Holladay, *Fragments* II 205–299 (mit engl. Übers. u. Komm.).
Textanfang von Frg. 1: Ἔκλυον ἀρχεγόνοισι.[3] **Textschluss** von Frg. 4: ὑδροχόοισι σωλῆνες.
Wortindex: Siglum bei Denis, *Conc.*: „LPhi."
Zitate, Erwähnungen: weiter keine.
Ähnliche oder ähnlich benannte Texte: vgl. 5.1.2.
Autor: Clemens und Euseb nennen ihn einfach nur „Philon", als wäre es der Alexandriner; doch sind die Auszüge, die sie uns bieten, durch Alexander Polyhistor vermittelt (3.0.1), der schon vor dem uns bekannten Philon lebte und schrieb. Man spricht deswegen von „Philon dem Älteren" (ohne dass die Identität mit dem bei Josephus, *C.Ap.* 1, 218 genannten bereits geklärt wäre; dazu 3.6.0). Man nennt ihn heute „Philon den Epiker".
Textsorte: angelehnt an das hellenistische Städteepos (also Städtelob in Hexametern), wie es damals beliebt war (und in der Renaissance wieder wurde), allerdings ohne die dafür übliche Gefälligkeit des Stils. Die pluralische Zitierweise bei Eus., *Praep.* 9, 37,1 lässt erkennen, dass es mehrere „Gesänge" gewesen sein müssen.
Zählung: in Fragmenten, nummeriert 1–6 (s.o.). Zeilenzählungen nach Ausgaben verschieden.
Textliche Integrität: Das Objekt τὸ μηρίον („die Lende") in V. 1 ist konjiziert aus handschriftlichem τὸ μύριον, woran sich zeigt, dass die Abschreiber den Text nicht mehr verstanden.
Biblischer Bezug: v.a. Gen 12,1–4; 15,1–6 (also die klassischen Abraham-Stellen); Gen 22. Im Kontext von Frg. 1 war vermutlich ausführlicher von der Fesselung Isaaks die Rede, welche hier, ähnlich 2Chr 3,1, über eine Identifizierung des Berges Moria mit dem Zion im späteren Jerusalem lokalisiert wird.
Stil: der für Hexameter übliche episch-ionische Dialekt, jedoch im Vergleich zu Theodotos (5.1.2) dunkler und rätselhafter und in einem weiten, nicht nur homerischen Vokabular gehalten. Orakelstil.

---

[3] Gleich das erste erhaltene Wort zeigt die Schwierigkeit des Stils: Ἔκλυον soll nicht heißen „Ich hörte" (von κλύω), sondern „Sie lösten auf" (von ἐκ-λύω, Aorist ohne Augment, also = ἐξέλυον). Man muss sich schon in der Metrik des Hexameters auskennen, um von vornherein zu sehen, dass ἔ-κλυον nicht die verlangte Länge in der Anfangssilbe hätte (ε ist kurz, und -κλ- werden koartikuliert); erst ἔκ-λυον hat sie.

Bemerkenswerte Stellen, Theologisches: Die Rückbeziehung des Tempelkults auf Gen 22 hat ihren Anhalt in 2Chr 3,1; vermutlich antwortet auch das schon auf den Altersanspruch des samaritanischen Gottesdienstes auf dem – in der Tora immerhin namentlich erwähnten und für diesen Zweck vorgesehenen – Garizim. Die Verlagerung war eine Entscheidung Davids. Sie behielt zu allen Zeiten etwas Messianisches an sich, teilte aber auch ggf. die Fragwürdigkeit der Jerusalemer Politik.

Abfassungszeit: vor Polyhistor (3.0.1).

Abfassungszweck: Verherrlichung des Tempelkults und Altersbeweis anhand der Patriarchenüberlieferungen.

5.1.2 Theodotos' Patriarchen-Epos

Euseb, *Praeparatio evangelica* 9, 22 zitiert – wiederum aus Alexander Polyhistor – die verschiedensten außerbiblischen Überlieferungen über Abraham. Der § 22 besteht aus einer Folge kurzer Auszüge aus „Theodotos" – wer das ist, das hatte wohl schon Polyhistor nicht gewusst. Mit hoher Wahrscheinlichkeit war er Samaritaner (s. u.: „bemerkenswerte Stellen"). Die **Frg. 1–8** folgen sich in diesem einen Kontext. Dazwischen liegen Zusammenfassungen des nicht Zitierten, die wohl diejenigen Polyhistors sein dürften.

Online-Index Nr. 85; Schürer/V. 561 f. **Inhaltsangabe:** Walter (nächste Rubrik) 155 f.; Woschitz 236 f.

Einleitung und Übersetzung: Charlesworth II 785–793 (F. FALLON); JSHRZ IV/3 (N. WALTER) 1983, 154–171.

Einleitung: Denis 1197–1200; Wacholder 283–285; Gruen, *Heritage* 120–125; Collins, *Identity* 57–60. **Nur Text:** Denis, *Conc.* 920 (Metrisches nicht als Verse gedruckt). **Anmerkungen:** Rießler (1263–1265) 1339.

Literatur: Lehnardt Nr. 7339–7375; DiTommaso 1062–1066. Zu Frg. 4 vgl. Holladay, „Paul" (wie 2.2.0, Kopftext), 459 f.

Titel bei Polyhistor: Περὶ Ἰουδαίων (singularisch zitiert, also 1 Buch), vermutlich falsch; eine plausible Konjektur (Schürer/V. 561) setzt dafür als **andere Benennung:** Περὶ Σικίμων.

Neuere kritische Ausgabe: PVTG 3 (A.-M. DENIS) 1970, S. 204–207; Holladay, *Fragments* II 51–204 (mit engl. Übers. u. Komm.).

Textanfang: Der erste mitgeteilte Hexameter beginnt: Ἡ δ' ἄρ' ἔην; der letzte mitgeteilte Vers schließt: ψυχὴ δέμας εὐθύς, die Schlussansage: ἔπαυλιν διακομίσαι.

Wortindex: Siglum bei Denis, *Conc.:* „LThe."

Zitate, Erwähnungen: Josephus, *C.Ap.* 1, 216 nennt einen Theodotos unter mehreren Autoren, die über das Judentum geschrieben haben und die er für Nichtjuden hält (ein Irrtum aus Interesse; vgl. 3.6.0; 4.1). Er gibt zu, diese Werke nicht gesehen zu haben, kann sich also einer Liste bedient haben, die unseren Theodotos meinte.

Ähnliche oder ähnlich benannte Texte: Schriften zu den drei bzw. zwölf Patriarchen vgl. 2.2.8 und 7.5. Als metrischer Text ist der vorgenannte zu vergleichen.

Autor: sonst unbekannt. Was Polyhistor auf seiner hier verwendeten Quellenschrift fand, war vermutlich nicht mehr als der pure Name „Theodotos", der unter Juden wie Samaritanern häufig ist.[4] Solange es aber nicht mehrere gr. Autoren desselben Namens nebeneinander gab, hatten antike Bibliothekare keinen Anlass, mehr als den Namen auf den *titulus* zu schreiben.

Textsorte: Sollte der konjizierte Titel gelten (*Über Sichem*), so wäre es ein Städtelob, mehr noch als 5.1.1. Jedenfalls ist es Bibelparaphrase in Hexametern. Die Seltenheit dieser Gattung – sozusagen Midrasch in Hexametern – wird dadurch noch auffälliger, dass im Christentum dergleichen erst im 5.Jh. aufkam: gr. in der Joh-Paraphrase des Nonnos v. Panopolis und lat. bei Cyprianus Gallus (hg. R. PEIPER, CSEL 23, 1891).

Zählung: 8 Fragmente (Liste bei DiTommaso 1062) folgen sich bei Euseb, *Praep.* 9, 22 und werden in dieser Reihenfolge nach den Paragraphen der Euseb-Ausgabe (GCS) zitiert. Zeilenzählungen nach Ausgaben verschieden. Rießlers „Kapitel"-Zählung ist ungültig.

Literarische Integrität: Mit drei Schichten ist zu rechnen: (1) wörtlichen Zitaten aus Theodotos; (2) Übergängen, wie Polyhistor sie formulierte und Euseb sie aus ihm übernimmt; (3) Formulierungen Eusebs. Dieser Kirchenvater ist zwar für Zitiertreue bekannt; doch von den Übergängen sagt er uns nicht, ob es wörtlich diejenigen des Polyhistor sind.

Biblischer Bezug des Fragments: Gen 33,18f und Gen 34.

Historischer Bezug: Für den Fall, dass der Verfasser Judäer war, könnte man in dem „Judewerden" (ἰουδαΐσαι) der Sichemiten durch Beschneidung (Frg. 4) einen Beifall vernehmen zu der Judaisierungspolitik Joḥanan Hyrkans (Schürer/V. 562); doch sind dies nicht Theodotos' Worte, sondern es ist ein Referat Polyhistors (der Theodotos für einen Judäer hält). Die Wortwahl des Gedichts selbst (Frg. 5) spricht nicht von einem Judewerden; sie bezieht sich zudem auf Abraham.

Quellen: Sicher schöpfte Theodotos aus Mündlichem. Eine Nähe besteht zwischen § 9–12 und *TestLevi* (in 7.5.1) 6,3–7.

Stil: der episch-ionische Dialekt der Hexameterdichtung. In diesem Autor steckt weit mehr von einem Poeten als in Philon „dem Epiker"; die Verse „fließen".

Bemerkenswerte Stellen: in Frg. 1 gilt Sichem als heilige Stadt (ἱερὸν ἄστυ), was ein Judäer wohl nicht geschrieben hätte, ein Diasporajude auch nicht.[5] „Die grausame Eroberung der Stadt durch die Söhne Jakobs schildert ja den Sieg der Vorfahren

---

[4] Hebr. Nathan(ael) bzw. Jonathan; auch Elnathan ist belegt. Vgl. Mattatjahu/Mattai = Matthias/Matthäus), gr. auch Dositheos, semitisch verkürzt zu Dosa.
[5] Die traditionelle Feindschaft zu den Samaritanern ist auch in alexandrinischen Zeugnissen gut belegt: *Sir.* 50,26 hat hier am Hebräischen nichts gemildert. Bezeichnend sind dementsprechend die alexandrinischen Vorfälle bei Josephus, *Ant.* 12, 10.165; 13, 74–79.

der Samaritaner, die sich als die wahren Israeliten betrachteten" (Hengel, *JSS* 1990, 56).

Abfassungszeit: vor Polyhistor (3.0.1). **Abfassungszweck:** Auch die samaritanische Volks- und Kultgemeinschaft hatte ein Bedürfnis, ihren Platz zu finden in der hellenisierten Weltgesellschaft. Allerdings ist die Beschreibung der Sichemiten – bibelgemäß – in den vorhandenen Ausschnitten eher negativ. Diese lassen nicht erkennen, wie ein Umschlag ins Positive späterhin bewerkstelligt worden sein könnte.

Rezeption: Schon Josephus hat sich dieses Gedicht nicht mehr angeschaut. Weder in Judäa noch in Rom scheint es ihm vor Augen gekommen zu sein. Dass jedoch der antiken Öffentlichkeit die Samaritaner als Judäer galten (wie die Zitierung bei Polyhistor erweist), dürft mit zu den Erfolgen solcher Selbstdarstellung zählen. – Über spätere Schöpfungen dieser Art s. o. „Textsorte".

5.1.3 Ezekiels Exodus-Drama *Exagōgē*

Wir kommen hier zu einem Unikat in all dem Parabiblischen: einem Drama. Dramen hat es im Judentum bis ins 19.Jh. kaum gegeben. In dieser Form liegt, zumal bei einem antiken Text, ein Paradox, wenn man denn den Inhalt vergleicht, der auf griechischer Seite hinzugehörte. Eine Tragödie, wie Euseb meint, kann es, trotz seines gewichtigen Gegenstands, insofern nicht gewesen sein, als dem Judentum die Unerbittlichkeit eines anonymen Schicksals hinter allem, was die Menschen ungewollt schuldig macht, das „tragische Moment" eben, fremd ist.[6] Eine Komödie war es auch nicht, denn trotz des vom Bibeltext vorgegebenen erfreulichen Ausgangs, der es formal und nach Aristoteles zur Komödie gemacht hätte, ist überhaupt kein Vergleich zu den Lachreizen, ja den Obszönitäten dieser Gattung bei ihrem Altmeister Aristophanes und der Konzentration auf das Menschlich-Allzumenschliche bei dem damals viel gespielten Menander.

Ezekiels Text ist leider nur in Auszügen überliefert, und das alles entscheidende Ende fehlt ganz. Denis zählt das Erhaltene nach Paragraphen der Euseb-Ausgabe so:
§ 1 bei Euseb, *Praep.* 9, 28,1 ist nur die Ansage, gefolgt von
§ 2–4 (Texte), diese wiederum unterstützt durch Clem.Al., *Strom.* 1, 155,1 (andere Ansage);
§ 5–14 aus Euseb, *Praep.* 9, 29, durch eine Zwischenbemerkung (§ 15) getrennt von § 16. Es folgt ein kurzes Prosa-Resümee des Folgenden noch in § 16.

---

[6] Vgl. immerhin die Quasi-Tragik des *3Makk.* (2.4.1). – Erst als „Fall" der Sophia, der (verselbständigten und personifizierten) Weisheit des Schöpfers/der Schöpfung, wie die kurz nach der Zerstörung des Jerusalemer Tempels greifbare und dann in ihrer Polemik auch heftige Gnosis ihn lehrte, in gezielter Ablehnung jüdischer Schöpfungs- und Geschichtstheologie, kommt diese negative Prämisse hinein sogar in die Bibelauslegung. Zu solcher „Protestexegese" zählt insbes. *Die Exegese über die Seele*, NHC II 6. Vgl. noch 7.6.

Versuchsweise beifügen kann man eine anonyme Passage, eingeleitet mit „mir kommt in den Sinn", bei Epiphanios, *Haer.* 64, 29,6–30,1 (dort zit. aus Methodios, *De resurrectione* 1, 37,6, geschrieben um 300 n. Chr.): Man nimmt es als Teil des sonst verlorenen Epilogs. Schürer/V. 565 hingegen erklärt die Passage für christlich. Die Ansage des Zitats legt dem Teufel diese Worte in den Mund, was aber nicht stimmen muss; für Ezekiel wäre es eine Reflexion des Autors, vertreten durch einen Sprecher. Diese Klage über den Sündenfall könnte natürlich auch (als Prolepse) schon im Prolog gestanden haben, ja sogar dessen Anfang gewesen sein; sie erinnert an den ganz großen Rahmen des biblischen Geschehens. Frg. 1 sodann setzt ein beim Auszug Jakobs aus Kanaan nach Ägypten; da wird der historische Rahmen angelegt. Aber kein Dichter muss chronologisch vorgehen. – Zusammen macht das bei Euseb Überlieferte 269 Verse aus, mit 10 Versen bei Epiphanios noch dazu; das wäre etwa ein Fünftel eines attischen Dramas, wenn man von der üblichen Länge von ca. 1500 Versen ausgeht. Allerdings waren Chorlieder in hellenistischer Zeit nicht mehr Bestandteil der Dramendichtung, sondern wurden als Versatzstücke übernommen; so ist denn von solchen – und von einem Wechsel im Metrum – hier keine Spur.

Online-Index Nr. 30; Schürer/V. 563–566. **Inhaltsangabe:** Vogt (nächste Rubrik) 115 f; mit Kommentar: Woschitz 221–235.
Einleitung und Übersetzung: Charlesworth II 803–819 (R. G. ROBERTSON); JSHRZ IV/3 (E. VOGT) 1983, S. 115–133 (nur Frg. 1–3).
Einleitung: Denis 1201–1216; Wacholder 285–287; Gruen, *Heritage* 128–135; Collins, *Identity* 224–230. **Nur Text:** Denis, *Conc.* 921 f. **Anmerkungen:** Rießler (337–345) 1289.
Literatur: Lehnardt Nr. 7420–7306; DiTommaso 1035–1041. **Neuere Monographie:** P. LANFRANCHI (Hg., Übers., Komm.): *L'Exagoge d'Ezéchiel le Tragique* (SVTP 21), 2006. **Neuere Studien:** Th. KOHN: 'The tragedies of Ezekiel', *GRBS* 43 (2002/03), 5–12; [Antwort:] H. JACOBSON: „Ezekiel's Exagoge, one play or four?", ebd. 391–396 [für die Einheit]; R. BLOCH: „'Meine Mutter erzählte mir alles': Ezechiel, Exagoge 34–35 und der Mythos", *Jud.* 61, 2005, 97–109; A. ORLOV: „Moses' heavenly counterpart in the Book of Jubilees and the Exagoge of Ezekiel the Tragedian", *Biblica* 87, 2006, 153–173; J. HEATH: „Homer or Moses? A Hellenistic perspective on Moses' throne vision in Ezekiel Tragicus", *JJS* 58, 2007, 1–18; P. LANFRANCHI: „Reminiscences of Ezekiel's Exagoge in Philo's De vita Mosis", in: A. GRAUPNER/M. WOLTER (Hg.): *Moses in Biblical and Extra-biblical Traditions*, 2007, 144–150; J. ALLEN: „Ezekiel the Tragedian on the despoliation of Egypt", *JSPs* 17, 2007, 3–19; A. ORLOV: „The mirror of the divine face: The Enochic features of the Exagoge of Ezekiel the Tragedian", in: ders., *Studies* 165–182; K. RUFFATTO: „Polemic with Enochic traditions in the *Exagoge* of Ezekiel the Tragedian", *JSPs* 15, 2005/6, 195–210; dies.: „Raguel as interpreter of Moses' throne vision: the transcendent identity of Raguel in the *Exagoge* of Ezekiel the Tragedian", ebd. 17, 2008, 121–139.

Titel (wird in den Ansagen stets so gegeben): Ἐξαγωγή. Das ist, wie wir aus Philon wissen, der ältere Titel des Buches *Exodus*. Theologisch meint er „Herausführung", nicht nur „Ausweg". **Andere Benennungen:** *Exodus-Drama*.
Neuere kritische Ausgabe: PVTG 3 (A.-M. DENIS) 1970, S. 207–216; Holladay, *Fragments* II 301–529 (mit engl. Übers. und reichen Anm.).
Textanfang (hier: erster erhaltener Vers): Ἀφ' οὗ δ' Ἰακώβ. **Textschluss** (V. 269): βαστάζων ποδός. Anfang des Epilogs: ῏Ω πᾶσιν ἀρχὴ καὶ πέρας κακῶν ὄφις; bricht mitten in V. 10 ab.
Wortindex: Siglum bei Denis, *Conc.*: „LEze". Stellenindex bei Lanfranchi 369–388.
Ähnliche oder ähnlich benannte Texte: In dieser Gattung nichts mehr. Zur Exodus-Thematik vgl. 2.2.4–5 von populärem und 6.5.1 von intellektuellem Standpunkt.
Autor: alexandrinischer Jude. Von ihm ist nichts bekannt, außer dass er seinen Namen so schrieb: ΕΖΕΚΙΗΛΟΣ. Die aus Ḥezki'el („Gott, mein Band") sich ergebende Aspiration wäre an den Anfang zu setzen Ἑζεκίηλος; „Ezechiel" ist inkorrekt. – Dieser Prophetenname gibt den Autor als Juden zu erkennen, aus einem Milieu stammend, wo man auch die Schriftpropheten kannte. Euseb charakterisiert ihn in der ersten Ansage als „den Dichter der Tragödien", was darauf schließen lässt, dass er deren mehrere schrieb. Man nennt ihn „Ezekiel den Tragiker".
Textsorte: Drama, oder vorsichtiger: dramatisches Gedicht (wenn es nur ein Lesedrama war); dialogisierte Erzählung in Trimetern. Man könnte sich den Text auch von zwei Personen im Wechsel vorgetragen denken.
Zählung: Konventionell werden die Verse durchgezählt nach ihrem Vorkommen bei Euseb (Nrn. bei Holladay am inneren Rand in [...]); ohne Rücksicht auf die häufigen Lücken. Die Lücken sind an Eusebs Zwischenansagen erkennbar (bei Holladay mit wiedergegeben). Geht man nach diesen Unterbrechungen, sind es insgesamt 17 Fragmente; der außerhalb der 269 Verse liegende Epiphanios-Text zählt als Frg. 18. – Denis zählt in jedem Frg. neu ab V. 1. **Konkordanztabelle:**

Vers (laufende Nr.)	§ bei Euseb (Denis)	Frg. Nr. (Holladay)
	(28 § 1 Ansage)	
1	§ 2	1
32	§ 3	2
59	§ 4	3
60		4
	(29 § 4 neue Ansage)	
68	§ 5	6
83	§ 6	7
90	§ 7	8
96	§ 8	9
113	§ 9	10
116	§ 10	11
119	§ 11	12
132	§ 12	13
175	§ 13	14
193	§ 14	15

243	§ 16	16
254		17
Epilog aus Epiphanios	(64, 29) § 6	18

Zitiert wird aber auch, bei Denis z. B., nach Seiten und Zeilen der Euseb-Ausgabe von Mras (GCS).

Gliederung: Ob es je die klassischen fünf Akte waren, ist nicht überliefert. Man nimmt an, dass die Frg. 1–17 der ursprünglichen Textfolge entsprechen. Bei Lanfranchi 25–32 Versuch einer Rekonstruktion des ursprünglichen Dramas. Demnach hätten Z. 1–59 als Prolog gedient.

Biblischer Bezug: Belegt sind Verwendungen von Ex 1–14 LXX. Dass auch Jungbullen geopfert werden sollen (Z. 176) mag eine Zutat aus Lev 4,3 sein, die übrigens nicht für ägyptische Ohren bestimmt sein kann. Bibelstellenindex bei Lanfranchi 369–374. – Wenn die aristotelischen Einheiten des Ortes, der Zeit und der Handlung eingehalten wurden, kann nicht viel anderes zur Handlung gehört haben. Wenn nicht, ist an den ganzen Verlauf von Ex 1–32 zu denken (woraus übrigens doch ein Tragödienschluss zu gewinnen wäre) oder weiter.

Quellen und Vorlagen: Zusätzlich fließen mystische Vorstellungen ein, wie sie sonst teilweise in der Henoch-Literatur zu fassen sind. Vgl. noch Orlov sowie unten „bemerkenswerte Stellen".

Stil: Korrekte iambische Trimeter, (gemäßigt-)attischer Dialekt, Euripides-Imitation, semantisch auf Klarheit bedacht. Vgl. G. FRULLA: „The language of the Exagoge", *Henoch* 29, 2007, 259–287.

Bemerkenswerte Stellen, Theologisches: Aus dem Dornbusch leuchtet der „göttliche Logos" (99). Gott ist Israels „Beistand" (ἀρωγός, V. 236). In V. 157 fügt sich das Fremdwort πάσχα in den Text. V. 210 betont das Unbewaffnetsein der Israeliten. Der Mose dieses Textes ist immer noch ein Sterblicher (V. 102), wird aber einer Traumvision seines auf dem Sinai zu erhaltenden Auftrags gewürdigt, die ihn für kurze Zeit oberhalb der Sterne stellt; er sieht sich vor den Thron „eines Edlen" gestellt (V. 68–81), mit einem Motiv aus der Josephsgeschichte, Gen 37,9 (dazu Schürer/V. 364/5). – Im Fragment des Epilogs (Text 4 = Frg. 17) ist das Adjektiv πρωτόπλαστος (für Adam) auffällig, ein Neologismus, der im Judentum nur in gr. *Jub.*-Fragmenten vorkommt (1.1.1) sowie bei Philon und dann in allerlei Texten des jüdisch-christlichen Überschneidungsbereichs, z. B. in *Sapientia* 7,1 und 10,1 (6.5.1).

Abfassungszeit: vor Alexander Polyhistor (3.0.1). **Ort:** am wahrscheinlichsten Alexandrien. **Adressaten, Sitz im Leben:** Ob je eine Aufführung stattfand, ist fraglich (Lanfranchi 35–38); woher sollten im Judentum Schauspieler kommen? Selbst das Zuschauen bei heidnischen Dramen war ja umstritten (ebd. 39–53). Indes, wir kennen, in Rom zumindest, das Beispiel und sogar den Namen eines jüdischen Schauspielers, Alityrus (Josephus, *Vita* 16), z. Zt. Neros. Natürlich muss er vom Spielen heidnischer Dramen gelebt haben, so wie der „jüdische" Rhetor Caecilius (3.5.1) vom Deklamieren der von ihm geforderten Themen. Mit solchen Kulturübernahmen und Travestien paganer Formen konnte auch einmal für ein jüdisches Publikum ein *event* stattfinden, hier vielleicht am Passafest – so wie Synagogenpredigten, zumal kunstvolle, einen anderwärts geübten Redner verlangten (hier 2.3.3 a zum Versöhnungstag). Sonst spricht man von einem Lese- oder besser einem Rezitationsdrama, auch von dialogisierter Geschichte (Denis 1212).

Abfassungszweck: Vergegenwärtigung der biblischen Geschichte, ja (dank Klarheit, auch Schlichtheit der Sprache) eine Art Verkündigung.

Rezeption: Nach Denis 1214 wäre *EpArist.* 316 (4.1.1) ein Nachklang zu Ezekiel, und nach Lanfranchi 297f zählte Ezekiel zu den *presbyteroi,* aus deren Unterricht Philon seine *Vita Mosis* gespeist hat (lt. I § 4); in der Wortwahl ähneln sich diese Texte. – Außerhalb des Judentums ermisst sich Ezekiels Wirkung aus den o.g. Polyhistor- und Kirchenväterstellen. Mindestens als Lesedrama für die Intellektuellen hat die *Exagōgē* doch gedient.

5.2 Jüdisches unter den Namen griechischer Weiser und Dichter

5.2.1 Der jüdische Ps.-Orpheus

Orpheus gilt im Griechentum als Erfinder der Musik und als einer der ältesten Dichter überhaupt. Ähnlich wie an den historisch immerhin fassbaren Pythagoras, der sogar Schulgründer wurde, schloss sich an sein Renomee eine Art von religiöser Philosophie an, derethalben man von „Orphikern" und „orphischen Schriften" spricht. Die maßgebliche Sammlung dieser paganen Gedichte ist bis heute O. KERN (Hg.): *Orphicorum Fragmenta,* 1922. Unter ihnen findet sich ein kosmogonisches Lehrgedicht, poetische Darstellung des spätantiken Weltbildes, wie es, wohl zeitgenössisch, bei Ps.-Aristoteles, *De mundo* 391a–401b klassisch formuliert ist (als Prosa) und auf einen Zeus-Hymnus hinausläuft (401a 25ff; bei Kern S. 91, neun Hexameter). Der erste, der *De mundo* nachweislich kennt und wonach man ihn auch datieren kann, ist Philon.[7]

Die Anfangszeile dieses Gedichts, von Ζεύς auf Εἷς umgetextet, kehrt in jeder der nun zu nennenden jüdischen Umschreibungen und Erweiterungen wieder. Kern gibt deren zwei (S. 257 und 265f): eine, für die Aristobul namhaft gemacht wird (dort Frg. 4 § 4; Spezialprobleme s.o. 3.1.1), und eine kürzere bei Ps.-Justin u.a. – Carl Holladay (s.u.) bietet vier Rezensionen, A, B, C und D; mit einer Unterscheidung zwischen C1 und C2 sind es schließlich fünf (so auch Denis 1086). Eingeschlossen ist hierbei als späteste Fassung diejenige der sog. *Tübinger Theosophie,* einem gr. Codex des 5.Jh. (Denis 1089f).

Neuestes Gesamtstemma der Überlieferungen und Veränderungen: Jourdan 159; Stemmata der Vorgänger ebd. 132.136. Die Unterschiede in diesen Stemmata rühren v.a. daher, dass die einzelnen Fassungen nicht einfach nach den Autoren datiert

---

[7] Details bei F. SIEGERT: *Philon von Alexandrien: De Deo* (WUNT 46), 1988, 62–64.

werden können, die sie zitieren; das würde nur stimmen, wenn man wüsste, ob sie selbst jeweils die Bearbeiter sind. Sie mögen es, wo sie aus dem Gedächtnis zitieren, unbewusst sogar sein.

Online-Index Nr. 66; Schürer/V. 661–677. **Inhaltsangabe** mit Kommentar: Walter (nächste Rubrik) 222–226; Woschitz 193–206.
Einleitung und Übersetzung: Charlesworth II 795–801 (M. LAFARGUE); JSHRZ IV/3 (N.WALTER) 1983, 217–243.
Einleitung: Denis 1084–1101; Collins, *Identity* 219–224; Jourdan (s.u.) 17–55. **Nur Text:** Denis, *Conc.* 911 (nur das Frg. 247, S. 251f Kern). Zitate im Folgenden nach dieser einen, von Euseb, *Praep.* 13, 12,5 aus Aristobul zitierten Fassung. **Anmerkungen:** Rießler (729f) 1314 (zur Ps.-Justin- und zur „Aristobul"-Fassung).
Literatur: Lehnardt Nr. 7439–7494; DiTommaso 1052–1056; **Neuere Monographie** s. Ausgaben: Jourdan.
Titel: Aristobul kündigt das Zitat an als aus dem ἱερὸς λόγος des Orpheus kommend, was ein Titel sein kann.[8] Spätere Versionen werden seit Theophilos v. Antiochien, *Ad Autolycum* (2.H. 2.Jh.) u.d.T. Διαθῆκαι zitiert, als wäre es des Orpheus Testament, seine letztwilligen Äußerungen – als er sich nämlich vom Polytheismus der griech. Mythologie zum Monotheismus bekehrt habe (Kern S. 255f).[9] Dies ist ein altes Argument jüdischer Apologetik: Aus Angst vor den Massen hätten die griechischen Intellektuellen sich nicht zu ihrer monotheistischen Gotteserkenntis bekannt.[10]
Neuere kritische Ausgaben: PVTG 3 (A.-M. DENIS) 1970, 163–167 (46 Verse; ein Randapparat gibt an, welcher Vers in welcher der 5 Fassungen vorkommt; mit Variantenapparat unten auf der Seite); Holladay, *Fragments* IV: *Orphica* (gr. Texte: 104–149; vgl. unten: „Synopse"); F. JOURDAN (Hg., Übers., Komm.): *Poème judéo-hellénistique attribué à Orphée*, 2010 (gr. Texte: S. 95f.110f.176.192.198f.202.240f.).
Textanfang aller vollständigen Fassungen: Φθέγξομαι οἷς θέμις ἐστι (eine auch in den „echten", d.h. paganen Orphica übliche Eröffnungsformel). **Textschluss** der kürzeren Fassungen: χαροποῖο θαλάσσης; der längeren: στέρνοισι δὲ ἔνθεο φήμην (*sic*, mit Hiatus) oder στέρνοις θεοφήμην.
Wortindex: Holladay 295–301; Jourdan 279–282; Siglum bei Denis, *Conc.:* „IOrp."
Synopse der verschiedenen Fassungen: Holladay 242–277.
Ähnliche oder ähnlich benannte Texte: Weitere Fragmente im Namen des Orpheus, die für jüdisch gelten können, gr.-engl. bei Holladay S. 236–241 aus Clem.Al. 5, 125,1–126,5 sowie Ps.-Justin, *Cohortatio* 15,2.

---

8 Bei Ps.-Aristoteles, *De mundo* (das allerdings jünger sein dürfte als Aristobul) heißt es ähnlich (401a 27): ἐν τοῖς Ὀρφικοῖς οὐ κακῶς λέγεται. Die *Suda* s.v. Ὀρφεύς kennt davon 24 Bücher und bezeichnet sie als „Rhapsodien", also epische Gedichte. Vgl. noch Denis 1100.
9 Betrifft Nr. 245 und 247 seiner Nummerierung. Dazu Lehnardt, *Bibliographie* Nr. 7484.
10 Eine ausgiebige Belegesammlung zu diesem Topos der jüdischen wie christlichen Apologetik gibt Denis 1222f.

Textsorte: Lehrgedicht in Hexametern. Aristobul gibt es als Bestandteil des orphischen *hieros logos*, das wäre „Kultlegende" in einem schon verfremdet-rationalistischen Sinn. **Literarische Besonderheit:** „Dieses orphische Fragment ist eine der kühnsten Fälschungen, die je versucht wurden. Es ist das angebliche Testament des Orpheus an seinen Sohn Musaeos, worin er, am Ende seines Lebens angekommen, all seine anderen Gedichte widerruft, die polytheistischen Lehren gewidmet waren, und den einen, wahren Gott proklamiert" (Schürer/V. 666).
Zählung: bis zu 46 Verse. Die bei Denis in Klammern mit abgedruckten V. 47–51 sind paganen Inhalts. Die beiden Schlussverse sind eine Aufforderung zum Memorieren des ganzen Gedichts.
Gliederung: V. 1–9 Arkan- (Geheimhaltungs-)Formel, Musenanrufung etc.; V. 10 ff die schon in *De mundo* bezeugte Theo-Kosmologie, jedoch im Anfangsvers von „Zeus" auf „Einer" geändert.
Literarische Integrität: Unsicher bleibt, wer ggf. den Zeus-Namen durch anderes ersetzt hat. Zu dem komplizierten Wachstum der diversen Fassungen s. Kopftext sowie Holladay S. 49; ausführlich Jourdan.
Biblischer Bezug: Gen 1 sowie Schöpfungspsalmen (Ps 33[32]; Ps 104[103] u. a.); Z. 34: Jes 66,1 (die Erde als Gottes Fußbänkchen; hierzu Schürer/V. 662).
Vorlage: das im Kopftext genannte pagane Lehrgedicht.
Stil: der episch-ionische Dialekt der Hexameter.
Bemerkenswerte Stellen, Theologisches: Die Formulierung θεῖος λόγος in jüngeren Fassungen ist eine Bezeichnung des Mosegesetzes; vgl. Ezekiel (5.1.3) V. 99. In der Frage des Bösen und des Übels in der Welt wird hier nicht auf Adam, sondern auf Gott selbst verwiesen (Z. 14).
Christlicher Einfluss ist auch in der Fassung der *Tübinger Theosophie* nicht spürbar.
Abfassungszeit und -ort: Für uns ist der Text zeit- und ortlos, und er durchzieht seit Aristobul den gesamten hier zu beschreibenden Zeitraum. **Adressaten:** wohl eher das „jüdische Haus"; Propaganda ließ sich mit gefälschten Versen kaum machen. **Sitz im Leben:** der Sabbat mit seinen geistigen Beschäftigungen.
Abfassungszweck: Empfehlung des Monotheismus als „kosmischer" Religion:[11] Der Kosmos als Körper (im Stoizismus: des Zeus; jetzt) des Einen Gottes.
Rezeption: Die christliche Rezeption dieses Lehrgedichts durchquert die Kirchenväterliteratur bis hin zur sog. *Tübinger Theosophie*. Christliche Religion begreift sich nicht als Gegensatz zur paganen, sondern als deren Reinigung. Anthologie von chr.-gr. Einleitungsformeln (und damit Empfehlungen) bei Jourdan, S. 152. – Im Judentum blieb eine Parallele zwischen Orpheus und David, dem Sänger der Psalmen, lange gültig. Ein auf 508/9 datierbares Mosaik in einer Synagoge in Gaza

---

[11] „Religion" in einem sehr modernen Sinn, denn bestimmte Riten gehören nicht dazu. Klassisch noch immer: A.-J. Festugière: *La révélation d'Hermès Trismégiste*, Bd. 2: *Le dieu cosmique*, 1949; zu *De mundo*: 460–518.

stellt David mit hebr. Nennung seines Namens, aber den Attributen des Orpheus dar, nämlich den Tieren, die ihm wie verzaubert zuhören.[12]

5.2.2 Das Lehrgedicht des Ps.-Phokylides

Unter dem Namen des Spruchdichters und Moralisten Phokylides v. Milet (6.Jh. v.Chr), von dem nur noch wenige Fragmente überliefert sind, geht hier ein hexametrisches Gedicht, das eine Art Weltethos auf der Basis des Pentateuchs propagiert. Seine erste Bezeugung liegt über tausend Jahre später als sein angeblicher Autor, nämlich bei dem Byzantiner Johannes Stobaeos (s. u.). Jüdisch an ihm ist, dass so spezielle, aber im Judentum viel beachtete Bestimmungen wiedergegeben sind wie die von der Vogelmutter (V. 84 f vgl. Dtn 22,6 f). Klein, *Katechismus* 150–153 bietet zahlreiche Parallelen zur sog. *derech-ereṣ*-Literatur der Rabbinen. Mosaisch und jedenfalls nicht monastisch ist auch die Empfehlung, zu heiraten und Kinder zu haben (175 f). Von so etwas wie Feindesliebe wird in V. 152 abgeraten.

Kultisches ist fast völlig ausgelasssen, was für eine Diaspora-Situation spricht, auch für eine Zeit nach 70 n.Chr. Die in V. 228 angesprochenen „Reinigungen" müssen dem synagogalen Judentum eigen gewesen sein, wie auch das Judenchristentum solche kannte (Hebr 6,2; 9,10). Merkwürdigerweise fehlt aber auch das Verbot von Götzendienst, anders als in den sog. Noachidischen Geboten der Rabbinen. Ob sich hier die kompromissbereite Haltung des kleinasiatischen Judentums widerspiegelt, wovon es ganz erstaunliche Zeugnisse gibt[13] und die auch die überaus heftige Polemik der Apk (bes. 2,9; 3,9 ff) ausgelöst haben dürfte? – Umso eindringlicher wird das Tabu des Lev gegen die Homosexualität erneuert (V. 3 sowie 210 ff). Hierin mag ein Hinweis auf die Verhältnisse „im alten Rom" der frühen Kaiserzeit gesehen werden, wo Eunuchen Mode wurden, was Herodes mitmachte (Josephus, *Bell.* 1, 488; *Ant.* 16, 230); ob das vielleicht eine Spitze gegen ihn ist? Auch Nero hat in seinen späten Jahren einen Eunuchen „geheiratet", in aller Form sogar. Danach blieb es christlich-klerikalen Verhältnissen vorbehalten, Skandale in den Klöstern einzudämmen (s. Lampe, *Lexicon* unter παιδεραστία).[14] So hat denn gerade in diesem Punkt eine Kontinuität der Moral dieses Gedicht aus dem hellenistischen Judentum in die Kirche übergehen lassen.

---

12 Dieses Motiv kehrt wieder in den Legenden um Franz v. Assisi. Auch das ist kosmische Religion: Harmonie eines Gottesmannes mit der „unvernünftigen" Natur.
13 Das reicht bis hin zu unbekümmerten Berührungen mit dem Kaiserkult (Schürer/V. III 30 f).
14 Selbst das Verbot der Kastration (V. 187), das in der Tora nur in Bezug auf Tiere begegnet, hier aber auf Menschen ausgedehnt wird, hat – abgesehen von Verboten seitens gewisser Kaiser, die selbst Päderasten waren (Domitian, Hadrian) – in der Kirche seine Notwendigkeit gehabt, nicht nur wegen des spektakulären Falles des Origenes (dem gleich der Kanon 1 von Nicaea gilt), sondern auch wegen weiterer Skandale im Klerus bzw. dem klerisierten byzantinischen Beamtenapparat; s. den langen Eintrag in der *Suda* s.v. σπάδων.

Online-Index Nr. 68; Harnack I 863f Nr. 84; Schürer/V. 687–692. **Inhaltsangabe:** Walter (nächste Rubrik) 189 f; M. Gilbert in Stone, *Writings* 315; mit Kommentar: Woschitz 261–267.
Einleitung und Übersetzung: Charlesworth II 565–582 (P. W. VAN DER HORST); JSHRZ IV/3 (N. WALTER) 1983, 182–216.
Einleitung: M. Gilbert in Stone, *Writings* 313–316; Denis 1037–1057; Collins, *Identity* 168–174. **Nur Text:** Denis, *Conc.* 909 f. **Anmerkungen:** Rießler (862–870) 1318–1321.
Literatur: Lehnardt Nr. 7376–7438; DiTommaso 785–791. **Übers. mit Kommentar:** W. WILSON: *The Sentences of Pseudo-Phocylides* (CEJL 10), 2005; vgl. „Neuere kritische Ausgabe": van der Horst (bes. 107–262). **Neuere Studien:** J. COLLINS: „Life after death in Pseudo-Phocylides", in: F. GARCÍA MARTÍNEZ/G. LUTTIKHUIZEN (Hg.): *Jerusalem, Alexandria, Rome; Studies in Ancient Cultural Interaction.* FS A. Hilhorst, 2003, 75–86; P. W. VAN DER HORST: „Pseudo-Phocylides on the afterlife: a rejoinder to John J. Collins", *JSJ* 35, 2004, 70–75.
Handschriften: Oxford (10./11.Jh.); Rom (ca. 1200) und 155 weitere (Denis 1039–1043). Ein Stück des Gedichts, mit V. 5 (μὴ πλουτέειν) beginnend, ist übergangslos in einer Handschrift der *Sibyllinischen Orakel* enthalten, dort als 2, 56–148, mit einigen Sonderversen. **Erstausgabe:** Venedig 1495; es folgen 40 weitere im Laufe des 16.Jh.
Titel in den Handschriften: Γνῶμαι Φωκυλίδου; **andere Benennungen:** *Ps.-Phokylideisches Lehrgedicht.* Gleich V. 2 nennt sodann „Phokylides, den Weisesten der Männer" als Autor.
Neuere kritische Ausgabe: PVTG 3 (A.-M. DENIS) 1970, 149–156; P. W. VAN DER HORST (Hg., Übers., Komm.): *The Sentences of Pseudo-Phocylides* (SVTP 4), 1978; P. DERRON (Hg., Übers.): *Les Sentences du pseudo-Phocylide* (Budé), 1986.
Textanfang: Ταῦτα δίκῃσ᾽ ὁσίῃσι. **Textschluss:** μέχρι γήραος οὐδοῦ (lauter Homerwörter bzw. -formen).
Wortindex: van der Horst 281–288; Siglum bei Denis, *Conc.:* „FPhoc." (d. h. er stuft es als Fragment ein).
Alte Übersetzungen: keine. Ein Gedicht in Prosa zu übersetzen, hätte freilich keinen Reiz, und um eine Wiedergabe in lateinischen Hexametern (wie sie bei gewissen Sibyllinen-Passagen durchaus gelang, 5.3.2) hat sich niemand bemüht.
Frühestes Zitat: Johannes Stobaeos (2.Hälfte 5.Jh.; Denis 1039). Keine Erwähnung bei den Kirchenvätern.
Ähnliche oder ähnlich benannte Texte: Die echten Phokylides-Sentenzen, hexametrisch, sind nur in Fragmenten erhalten, bis zu 17 an der Zahl, keines länger als 8 Zeilen (Ausgabe s. Denis 1052 Anm. 70). – Als prosaisches Gegenstück (des ca. 8./ 9. Jh.) vgl. L. BURGMANN/S. TROIANOS (Hg.): „Nomos Mosaikos", in: D. SIMON (Hg.): *Fontes minores III,* 1979, 126–167 (gr. Text: 138–167), eine Zitierung von LXX-Vorschriften unter diversen, annähernd systematischen Rubriken. Zur Rezeption dieses Textes in den diversen Kirchen des Ostens – sie dürfte der des Ps.-Phokylides ähneln, ist aber genauer verfolgbar – s. F. WITTRECK: *Interaktion religiöser*

Rechtsordnungen (...) am Beispiel des Zinsverbots (KStT 55) 2009, 30.33 u. ö.; 163.167 zu orientalischen Übersetzungen und weiteren ähnlichen Texten. Mindestens der Klerus sollte, punktuell wenigstens, nach mosaischen Regeln leben. – Was (nachantik-)Hebräisches betrifft, so verfolgt wohl die *Weisheitsschrift aus der Kairoer Geniza* ein dem Ps.-Phokylides ähnliches Anliegen innerhalb des Judentums; s. o. 1.3.0, Zusatz.

Textsorte: Lehrgedicht, paränetisches Gedicht, „Mahngedicht" (ποίημα νουθετικόν, *carmen admonitorium*, Walter 188) in Hexametern. Im Blick auf den Inhalt kann man es auch als Travestie hebräischer Weisheit bzw. bestimmter Tora-Passagen in Hexametern bezeichnen. – **Literarische Besonderheit** gegenüber anderen Kurzethiken ist diese metrische Form. Die Syntax ist, schon unter dem Zwang des Metrums, oft unklar (was schon im 1. Vers zu Konjekturen geführt hat), und gerade bei dem hohen Aufwand an Vokabular wundern Wiederholungen wie zum Stichwort μέτρον „Maß" in V. 14.36.68.98.139. An diesem Text scheinen mehrere Hände gearbeitet zu haben.

Zählung: 230 Verse; hinter V. 67 ein sonst nicht gezählter V. 67a.

Gliederung nach Themen z. B. bei Denis 1044.

Literarische Integrität: „Insgesamt sind (...) 12 der 231 Hexameter als nachträgliche Erweiterungen anzusehen" (Walter 187). Details: Nach V. 20 scheint etwas zu fehlen. Einzelne Verse werden als zusatzverdächtig in [...] gesetzt, z. B. 31(sicher christlich).36 f.68.87.116 f.129, auch um einen eher jüdischen Text zu erhalten. Vgl. noch „literarische Besonderheit". Denis 1043 bemängelt einen Wechsel der Ausdrucksweise zwischen 1–174 und dem übergangslos angestückten 175–230. –

Textliche Integrität: In V. 98 (Hss.: μέτρα δὲ τεῦχε θεοῖσι, „ein Maß kommt auch den Göttern zu" – sinnlos) ist entweder eine Konjektur nötig, oder es ist die Wortabtrennung anders vorzunehmen: μέτρα δὲ τεῦχ᾽ ἔθ᾽ ἑοῖσι („ein Maß kommt auch den Seinen zu"). Weitere Vorschläge bei Denis 1048.

Biblischer Bezug: bes. Lev 17–20 und Diverses aus Dtn. Das Vorbild der Ameise und der Biene verdankt sich Spr 6,8a–c LXX. Bibelstellenregister (auch NT) bei van der Horst 292–295.

Zeitbezug: vgl. Anm. zum Kopftext. In V. 102 scheint ἁρμονίη der medizinische Terminus für „Gewebe" zu sein und der ganze Vers sich gegen die Sektion von Leichen zu richten,[15] was bekannt ist als Praxis im hellenistischen Alexandrien und jüdischerseits damals sicher abgelehnt wurde. Schürer/V. 690 lässt offen, zu welchen Zeiten das Thema sonst noch aktuell war. Die Sorgfalt in Begräbnisfragen ist in dem Gedicht auffällig; hier wird die Tora stark ergänzt. Auch im Christentum wurde die röm. Kremation lange abgelehnt.

Quellen: Einfluss der *Didachē* ist möglich (Schürer/V. 689), oder man nimmt gemeinsame Vorstufen für beides an. **Vorlage** für die hexametrische Form oder

---

[15] Begründung ist V. 103: Er meint Auferstehung als Wiederbelebung eben dieses Leichnams.

zumindest namengebend war der echte Phokylides. Ein Entleihen von Formulierungen kann indes in gr. Literatur nirgends nachgewiesen werden (Denis 1051).

Stil: episch-ionischer Dialekt der Hexameter, damit einerseits voll mit Wörtern und Wendungen, die im Alltag nie gebraucht wurden (solche Abständigkeit war offenbar auch in Ethikfragen, obwohl es da um Praxis gehen müsste, beliebt), andrerseits beeinflusst von späterem Sprachgebrauch: Der Beginn eines Satzes mit dem Adverb πρῶτα z. B. ist in klassischer Literatur unüblich. Diese Verse sind korrekt, aber holprig, ähnlich denen der *OrSib.* (5.3).

Bemerkenswerte Stellen, Theologisches: s. „Zeitbezug". Ein moralisches Leben reicht, um die Hoffnung auf ein ewiges Leben zu begründen. Für originell werden bei Denis 1047 eingestuft: V. 21.25.27.49.51 f.55 f.59 f.65 – 67.95 f.121.123.143.162 f. 191.200 – 204.226 f. **Soziologisches:** Die Aufforderung, ein Mädchen, bis es verheiratet ist, nicht vor das Haus zu lassen (215 f), spiegelt urbane Verhältnisse wieder, u. z. solche des Ostens. In ländlichen Gegenden mussten zu allen Zeiten die Mädchen mithelfen nicht nur im Haus, sondern auch bei der Landarbeit. – V. 224 setzt die noch praktizierte Sklaverei voraus.

Christlicher Einfluss? Vgl. „Literarische Integrität" und „Quellen". Das seltene τομώτερος (V. 124) hat möglicherweise Hebr 4,12 zur Vorlage, das ebenso seltene θεόπνευστος (V. 129) 2Tim 3,16. – V. 103 f (θεοὶ τελέθονται) drückt, solange man nichts anderes konjiziert, die Hoffnung auf Auferstehung unserer sterblichen Reste als ein „Götter-Werden" aus, wie sie ins Judentum, so vielfältig man es sich auch vorstellen mag, nicht passt.[16] In byz. Theologie hingegen ist θεόω, θέωσις ein zulässiger Begriff, allerdings auf das Ziel der Kontemplation bezogen und sehr viel sublimer als das hier Gemeinte.

Abfassungszeit und -ort: Hierüber gibt es nur Vermutungen (Denis 1055 f). Vgl. Kopftext.

Abfassungszweck: nach innen (vermutlich): Memorisierung der Tora (dies ist ja eine Tora in Versen). Evtl. nach außen: Empfehlung mosaischer Lebensregeln als Moral für die Welt. – Was einen **Sitz im Leben** betrifft, so spach die ältere Forschung (z. B. Klein, *Katechismus;* bes. 143 – 153) gern von „Katechismen" im Judentum und verwies ferner auf Lehrzusammenfassungen wie Philon, *Opif.* 170 – 172 oder Josephus, *C.Ap.* 2, 190 – 212 (diese Partie hieß früher sogar „Proselytenkatechismus"); aber das setzt ein Wissen um die Art der Lehrweitergabe voraus, das wir nicht haben. Der frühest bekannte Sitz im Leben unseres Lehrgesichts sind die christlich gewordenen Schulen, die statt Homerversen nunmehr Psalmenverse für Schreibübungen verwendeten. Vorher war es vermutlich das jüdische Haus, wo immer und solange dort die griechische Sprache gepflegt wurde.

---

16 Nicht einmal das *2Makk.* geht so weit. Philon und Josephus hatten sich auf die platonische Lehre vom Fortleben der Seele eingelassen, was auch nichts genunin Jüdisches ist. Die Rabbinen blieben Eklektiker: s. Costa: *L'au-delà* (wie 2.4.2 Anm. 187), passim.

Rezeption: Dieses Gedicht diente der griechischen Kirche jahrhundertelang als Moralkatechismus (Denis 1046).

5.2.3 Imitierte Epiker- und Tragikerverse

Das Folgende ist eine besondere Form von Pseudepigraphie, nämlich eine zunächst vielleicht ungewollte, ein bloßes Imitieren, woraus erst in der Weitergabe, „sekundär" also, ein falsches Zitieren wurde. Jener apologetische Gebrauch dieser Verse, den wir bei Theophilos v. Antiochien (*Ad Autolycum* 2, 37 f; Ende 2.Jh.) bereits in voller Blüte sehen, muss nicht der ursprüngliche gewesen sein. Vielleicht hat das Nachdichten von Klassikerversen im Judentum einmal als intellektuelles Spiel angefangen. Ein sehr einfaches Beispiel dafür ist wohl diejenige Stelle bei Aristobul (3.1.1, Frg. 5), wo er das – damals allen Schulkindern bekannte – Lehrgedicht des Arat nicht mit Ἐκ Διὸς ἀρχώμεσθα beginnen lässt (also mit einer Nennung des Zeus), sondern mit Ἐκ θεοῦ ἀρχώμεσθα, was metrisch genauso geht. So mag es mancher Jude sich selber zurecht gelegt haben (vgl. *EpArist.* 16; 4.1.1). Es wäre jedoch leichtfertig gewesen, dem vornehmen Adressaten eines literarischen Werkes ein verändertes Zitat zuzumuten; das konnte Ablehnung hervorrufen. Die Überlieferung ist hier nicht über allen Zweifel erhaben.

Dass es jedoch einen jüdischen „Fälscher" gegeben habe, der den klassischen Schriftstellern des Griechentums etwas Selbstgemachtes unterschieben wollte, ist ein Eindruck, der vor allem, wo nicht überhaupt erst, im Weitertragen der jetzt zu nennenden Verse entstand. Mag eine solche Absicht auch in den *Sibyllinischen Orakeln,* wo sie jüdisch und christlich erweitert wurden, festzustellen sein, so ist sie doch hier nicht erweislich, schon gar nicht in der Form, dass ein Fälschen kompletter Werke angenommen werden müsste. Es genügt die Annahme, jüdische Intellektuelle, denen gewisse Originalverse im Ohr waren, hätten sie für den Privatgebrauch abgewandelt, um ihrer monotheistischen Gottesauffassung ein gut-griechisches Gewand zu geben. Noch Rabbi Jehuda, der Herausgeber der Mischna, sagte in einer Stellungnahme zu den Sprachen, deren sein Berufsstand sich zu bedienen wusste: „Was soll mir das *Sursi* im Heiligen Land?" (usw., s.o. 0.3.3) und wollte, das Aramäische ablehnend, nur die Kultursprache Griechisch gleichwertig gelten lassen. Die zitierte Überlieferung weiß auch ganz richtig zu erwähnen, dass diese Sprache „für den Gesang" geeignet sei – Hinweis auf den (heute verstummten) Singsang der Akzente, die selbst den Prosavortrag zu einer Art Musik machten; ein Hinweis wohl auch auf die Sangeskunst als solche, die von der Lyrik des Einzelvortrags bis zu den Chorliedern sich der metrischen und melodischen Möglichkeiten dieser Sprache zu bedienen wusste.

Die übersichtlichste Zusammenstellung der unter gegenwärtige Rubrik fallenden Texte findet sich bei Albert-Marie Denis in PVTG 3, S. 161–164 und 167–174. Letzterer Abschnitt nennt zusätzlich zu der üblichen Zusammenstellung noch einen Ps.-Pythagoras (bei Ps.-Justin, *De monarchia* 2; vgl. 6.4.4 a) einen Ps.-Sophokles (ebd. 3), einen gewissen Diphilos oder auch Philemon, den einstigen Konkurrenten Menanders (ebd.), einen Ps.-Euripides (ebd.), einen Ps.-Menander und wiederum Philemon (ebd. 4) sowie Diphilos (ebd. 5), wozu sich immer wieder Parallelen aus Clem.Al. beigeben lassen, der wohl dieselbe jüdische Anthologie benutzt hat. Aus Clem.Al., *Strom.* 5, 75,1 ist sodann ein Ps.-Euripides, ein Ps.-Sophokles und eine aus fast sämtlichen Epikern zusammengetragene Anthologie von Versen mit der Zahl 7 zu gewinnen, teils echt, teils unecht oder zumindest uns nicht nachweisbar (s. Apparat bei Denis). – Ähnlich und noch konzentrierter ist die zunächst mit Echtem beginnende Zitatesammlung bei Euseb, *Praep.* 13, 13.

Nikolaus Walter weiß in JSHRZ IV/3, 258 aus Clem.Al., *Strom.* 4, 167,3 noch einen Ps.-Pindar (4 Verse) beizusteuern sowie aus Clem.Al., *Protr.* 73, 3 zwei weitere Ps.-Hesiod-Verse und aus Porphyrios, *De philosophia ex oraculis haurienda* (bei Euseb, *Praep.* 9, 10,4) ein Orakel des Apollon (von Delphi), lautend (dt.): „Allein die Chaldäer erlangten Weisheit sowie auch die Hebräer, die Gott, den Allherrscher, den sich selbst Erzeugenden,[17] fromm verehren."

Online-Index Nr. 64; Schürer/V. 656–671. **Inhaltsangabe** mit Kommentar: Woschitz 238 f.
Einleitung und Übersetzung: Charlesworth II 821–830 (H. ATTRIDGE); JSHRZ IV/3 (N. WALTER) 1983, 244–276.
Einleitung: Denis 1063–1106. **Nur Texte:** Denis, *Conc.* 910–912. **Anmerkungen:** Rießler (192) 1277 (Ps.-Aeschylos), (246) 1281 (Ps.-Diphilos); (731) 1314 (Philemon [oder Diphilos]); (1046) 1328 (Ps.-Sophokles).[18]
Literatur: Lehnardt Nr. 7495–7530.
Andere Benennungen: *Pseudo-Greek Poets;* Denis stellt sie unter die Überschrift „Anthologie judéo-hellénistique de citations fictives d'auteurs grecs", wobei aber nicht klar ist, wer die Anthologie angelegt hat. Das kann auch Clem.Al. gewesen sein.
Ausgaben: PVTG 3 (A.-M. DENIS) 1970, S. 161–174 (bei Mehrfachbezeugung synoptisch); dazu S. 167–174 (dito), beruhend auf den Clem.Al.- und Euseb-Ausgaben von Stählin bzw. Mras (GCS). **Neuere Ausgabe:** R. KANNICHT/B. SNELL (Hg.): *Tragicorum Graecorum fragmenta,* Bd. 2: *Fragmenta adespota* (Teubner), 1981, Nr. 617–624.
Wortindex: Siglum bei Denis, *Conc.:* „IEsch.", „ISoph." (usw.; I = Imitation) sowie „FrAn." (Fragmenta anonyma).
Ähnliche oder ähnlich benannte Texte: Die Poeten-Zitate bei Aristobul, Frg. 4 (Aratos) und Frg. 5 (Hesiod), oben erwähnt (3.1.1), sind auch nicht unverändert. Die Stelle Hesiod, *Opera et dies* 770 erhält in Frg. 5 bei immerhin gleichem Wortlaut

---

[17] Dieses seltene Wort (αὐτογένεθλος, in den bei Walter auch nachgewiesenen Parallelen: αὐτογένητος) hat in der Gnosis als eines der Prädikate des „Großen Unsichtbaren Geistes" (so heißt die Gottheit jenseits aller Schöpfung und aller Himmel) Karriere gemacht.
[18] Diese Stelle ist, weil angeblich schon von Hekataeos v. Milet zitiert, unter 4.2.2 bereits behandelt worden.

einen falschen Bezug,[19] die Stellen aus Homer im Folgenden sind entweder unbekannt oder verändert (in *Odyssee* 5, 262 von „vierter" auf „siebter"). Folgt ein in paganer Literatur unbekannter Vers des sagenhaften Linos, der Gen 2,1f in hexametrischer Form wiedergibt, und einige weitere, auch unbelegte, die immerhin echt sein können, nämlich pythagoreischer Zahlenmystik (hier zur Zahl 7) entsprechen.

Textsorte der Sammlung, woraus diese Verse genommen sein dürften: Gnomologion (Sonderfall der Anthologie; Walter 248; Denis 1063 f); Versuche der Rekonstruktion solcher Gnomologien bei Denis 1072–1085. – **Stil:** Imitation der jeweils genannten Autoren.

Literarische Integrität: keine beabsichtigt. **Zählung:** Zitieren lassen sich diese Verse nur zusammen mit ihrer Fundstelle im jetzigen Kontext.

Abfassungszeit und -ort; Adressaten; Sitz im Leben: vgl. Kopftext. Dass hier von jüdischer Seite der Versuch unternommen worden sei, die klassische Literatur monotheistisch nachzubessern, ist unwahrscheinlich und würde das innere Funktionieren des antiken Literaturbetriebs unterschätzen. Während ganze Schriften unter Pseudonym Chancen hatten, wenn sie gut waren, wurden nachträgliche Textänderungen und insbes. Zusätze nicht geschätzt, und die alexandrinische Philologie wusste sie auszuscheiden.

Rezeption: Christliche Apologetik hat sich in den Schriften des Ps.-Justin (*De Monarchia*), Clem.Al. (*Stromata*) und Euseb (*Praeparatio evangelica*) dieser Verse zu einem Altersbeweis bedient, der auf die literarisch Gebildeten kaum gewirkt haben kann. Der Vater der religiösen Apologetik hingegen, Josephus, obwohl er beileibe nicht immer fair ist, war vorsichtiger; er hat in seiner *Ursprünglichkeit des Judentums*, an das gebildete Rom gerichtet, diese Verse nicht gebraucht.

5.3 Ethik und Apokalyptik im Namen der Sibylle

5.3.1 Jüdische Passagen in den *Sibyllinischen Orakeln*

In Rom wurden seit den Tagen der Republik *Sibyllinische Orakel* aufbewahrt. Sie befanden sich im Jupitertempel unter Verschluss und wurden nur in Krisenzeiten von einer Senatskommission inspiziert (Denis 969 f). Die wohlbekannte Legende, wie diese drei Bücher (von ursprünglich neun) bei der Sibylle von Cumae (in Kampanien, einer ionischen Kolonie, also auf Griechisch) unter erpresserischen Bedingungen erworben wurden, steht z. B. bei Dionysios v. Halikarnass, *Antiquitates Romanae* 4, 62 und lat. bei Varro (nächste Anm.) und bei Gellius 1, 19. Die Unbekannte, die sie dem König Tarquinius brachte, soll nie mehr gesehen worden sein. Nach einem Brand im Capitol 76

---

19 Nämlich vom 7. Tag des Monats (dem Tag Apollons) auf den 7. Tag der Woche (den Sabbat des Mosegesetzes). Solche Ignorierung des Kontextes könnte aus einer Zitatesammlung kommen.

v. Chr. wurde ein Nachkauf getätigt in Erythrae (Kleinasien; Schürer/V. 627), wo in prähistorischer Zeit eine Sibylle gelebt haben sollte, und ohne Zweifel fand sich ein Verseschmied, der das Gewünschte lieferte. Dabei scheint es nicht geblieben zu sein; von Augustus wird berichtet, er habe mehr als zweitausend *fatidici libri* (Bücher mit Prognosen), sowohl griechische wie lateinische, sammeln und verbrennen lassen, insbesondere alles Anonyme, und nur die Sibyllinischen Bücher behalten (Sueton, *Augustus* 31).

Neben der homerischen Kassandra (Alexandra), die nicht nachließ, der Stadt Troja die Zerstörung anzukündigen (und diese auch herbeizuführen), sind allen griechischrömischen Klassikern Sibyllen bekannt (Denis 966–969). In Delphi wurde der Fels gezeigt, auf den die erste Sibylle (sc. Griechenlands), die Helikonische, eine Pflegetochter der Musen, sich gesetzt haben soll (Plutarch, *De Pythiae oraculis* 398 C). Die *Beschreibung Griechenlands* durch Pausanias (10, 12) weiß eine ganze Reihe von Sibyllen samt den Orten ihrer Verehrung zu erwähnen; Varro, der erste Religionshistoriker des Abendlandes, unterscheidet ihrer zehn.[20] Auffällig ist bei Pausanias 10, 12,9 (Stern II S. 198) eine bei Varro noch nicht genannte „Sibylle der Hebräer außerhalb Palästinas", welche die Babylonische oder auch die Ägyptische genannt wird (Hauptgebiete der östlichen Diaspora); vgl. Denis 972f. Diesen literarischen Reminiszenzen mag eine römischen Straßenszene entgegengesetzt werden: Schlichteren Gemütern in Rom wusste eine jüdische Frau „als Deuterin der Jerusalemer Gesetze" Orakel zu erteilen (Juvenal, *Sat.* 6, 543f; Stern II S. 100).

Verschiedene orientalische Traditionen fließen im Sibyllinen-Schrifttum zusammen. Aus persischen Quellen kommt das in Dan 2 biblisch gewordene Vier-Reiche-Schema; zu dessen Vermittlung in die griechische Welt s. Hesiod, *Opera et dies* 106ff. Das ägyptische Diaspora-Judentum seinerseits dürfte gehört haben von der dortigen apokalyptischen Tradition, die ein Ende der hellenistischen Überfremdung ankündigte,[21] ebenso lange wie vergeblich.

Die Intellektuellen Roms, Cicero etwa, hielten nichts von sibyllinischen Orakeln (*De divinatione* 2 § 110–118). Politik allerdings brauchte schon damals das Vertrauen der Bevölkerung, und die Beachtung von Orakeln sicherte vor vermutetem Götterzorn. Die Fünfzehner-Kommission aus altgedienten Staatsmännern (*quindecimviri sacris*

---

20 Varro, *Res divinae*, bei Lactantius, *Institutiones* 1, 6,8–12. Dort auch die Geschichte von den erpresserischen Verkaufsmethoden der Cumäischen Sibylle. Dionysios v. Halikarnass, *Antiquitates Romanae* 4, 62,5 berichtet (aus Varro) über den Kauf in Erythrae und Umland.
21 S. o. 0.2.13. Eine „Prophetie des Lammes" (das vor seiner Opferung zu sprechen anfängt), dem 8.Jh. v.Chr. zugeschrieben, wurde in hellenistischer Zeit in antihellenistischem Sinn erneuert (Denis 963f). Im hellenistischen Ägypten wurden, als Protest gegen religiös-kulturelle Überfremdung, in demotischer, später gr. Sprache Orakel produziert, insbes. das *Töpferorakel*, inzwischen durch einen demotischen Papyrus wieder bekannt (Harnack I 846–849; Denis 963; zum sog. *Bokchoris-Orakel* ebd. 502). Lit. ferner: 0.2.13 Anm. 56; vgl. meine Einleitung zu der in 3.5.4, Anm. 91 genannten *Corpus-Hermeticum*-Übersetzung, S 18. Allerdings, die hermetischen Texte sind teilweise wenigstens politisch durchaus angepasst; so bes. 18, 11–16, wo von Bildern „des Königs" geradezu das Heil erwartet wird: Das meint keinen für zukünftige Wiederkehr erwarteten Pharao, sondern weit eher den amtierenden Kaiser.

faciundis, z. B. Gellius 1, 12,6) waren etwa das, was heute ein Krisenstab ist, nur dass sie nicht in die Statistiken blickten und in das Wirtschaftsorakel der Börsenberichte, sondern in sibyllinische Hexameter, und sich nach ihrer Weisheit einen Reim darauf machten. Details des einstigen Konsultationsverfahrens, das wohl, wie später das „Vergilstechen", immer nur Einzelverse herauspickte, interessieren hier allerdings nicht,[22] wo ganze Bücher sich zum Lesen bieten; diese sind vielmehr eine private Parallele dazu. Soviel sei vorausgeschickt zum Sitz im Leben einer Sibyllinen-Lektüre.

Der politische Sitz im Leben hingegen war, wie gesagt, ein anderer und blieb es bis in die Spätzeit des Römischen Reiches. Im Kampf liegend sowohl mit den Markomannen (militärisch) wie mit den Christen (religiös-kulturell), ließ Kaiser Aurelian (270–275) – möglicherweise nach längerer Pause – die römischen Sibyllen inspizieren, wozu es nach wie vor eines Senatsbeschlusses bedurfte: Dort war man nicht so überzeugt vom öffentlichen Nutzen (den *beneficia publica*) dieser Prozedur und schob die Sache auf dem Verhandlungswege vor sich her, sodass der Kaiser, der sogar bereit war, die Kosten der zu erwartenden Rituale (nämlich Lustrationen = Entsühnungen) zu übernehmen, die „heiligen Väter" des Senats mit Befremden mahnte, sie seien doch keine *ecclesia* der Christen (*Historia Augusta*, Aurelianus 18–20). – Noch i.J. 363 n. Chr. ließ Kaiser Julian, um sein (Neu-)Heidentum zu unterstreichen, in Rom eine Konsultation der Sibyllinischen Bücher vornehmen (Ammianus Marcellinus 23, 1,7), ehe Stilicho, immerhin ein militärischer Retter des Westreiches um 400, sie vernichten ließ – was kein großer Verlust sein mochte, bedenkt man, dass die Griechischkenntnisse der Senatoren um jene Zeit schon überfordert sein konnten (denn Ostprovinzen gab es nun schon länger keine mehr zu verwalten).

Imitierte Sibyllen hingegen behielten ihre Faszination im griechischsprachigen Osten. Einzudringen ist nunmehr in ein byzantinisches Sammelwerk, worin sich Passagen von rein-jüdischem Inhalt aussondern lassen: Das betrifft Buch 3 (das längste) ganz und Buch 4 und 5 teilweise. Wenn am Ende von Buch 3 angedeutet wird, die Verfasserin sei eine Schwiegertochter Noahs (er galt in jüdischer Tradition als der große Bußprediger an alle Menschheit), so passt das sehr gut in die Art und Weise, wie das griechischsprachige Diasporajudentum seinen Anschluss an die hellenistische Welt über Genealogien herstellte (vgl. 3.2). Mose wurde mit Musaeos, dem sagenhaften Schüler (oder jedenfalls Adressaten von Gedichten) des Orpheus identifiziert (Artapanos, 2.2.1), unter Umkehrung des Lehrer-Schüler-Verhältnisses, und der überaus populäre Halbgott (nämlich menschliche und im Tod dann vergottete Sohn des Zeus) Herakles galt als Schwiegersohn des Noah (vgl. Kleodemos 3.2.1) usw.[23] Die weiteren Absichten dieser Verbindung s. u. „Abfassungszweck". Wenn Griechen den Römern auf Bedarf Orakel produzierten, wie bekannt war, so konnten griechischsprachige Juden das schon lange (Schürer/V. 627). Sie mussten sich nur noch der Hexameterform an-

---

[22] Dazu s. van der Horst, *Japheth* 159–189; H. CANZIK: „Libri fatales. römische Offenbarungsliteratur und Geschichtstheologie" (1979) in: ders.: *Römische Religion im Kontext. Ges. Aufs.* I, 2008, 88–114.
[23] Sichem, in Ri 8,28 Sohn des Hamor (LXX: Emmor) gilt für Theodotos (5.1.2), Frg. 1, als Sohn des Hermes.

bequemen; das tat man schlecht und recht nach den Regeln der Grammatik, aber ohne poetische Begeisterung.

Die hier titelgebende Sibylle ist nach 3, 814 f die erythräische (bei Varro als fünfte gezählt; vgl. Geffcken S. xxviif; Schürer/V. 620–626). Mit ihren messianischen Stellen macht sie der cumäischen der Römer Konkurrenz, in deren Namen Vergil seine messianische 4. Ekloge gedichtet hat (*Bucolica* 4, hier: V. 4 ff; über Einflüsse s. Schürer/V. 647–650). Dass messianische Erwartungen im Diasporajudentum zumindest Ägyptens – auch wenn ein Philon davon gar nichts ahnen lässt – virulent sein konnten, weist Martin HENGEL nach: „Messianische Hoffnung und politischer 'Radikalismus' in der 'jüdisch-hellenistischen Diaspora'", in: Hellholm, *Apocalypticism* 655–686.

Online-Index Nr. 72; Harnack I 861 Nr. 80; II 581–589; Stegmüller Nr. 122 und 122.1–7; Schürer/V. 618–654. **Inhaltsangabe** mit Kommentar: Dalbert 108–110; Woschitz 838–887.

Einleitung und Übersetzung: Charlesworth I 317–472 (J. COLLINS; gibt den gesamten Bestand, mit eigenen Einleitungen für jedes Buch ab Buch 3); Dupont-Sommer, *Ecrits intertestamentaires* 1037–1140 (V. NIKIPROWETZKY); JSHRZ V/8 (H. MERKEL) 1998.

Einleitung: Denis 947–992; Nickelsburg 193–196; J. Collins in Stone, *Writings* 357–381; ders., *Identity* 83–97 (Buch 3).143–151 (Buch 5 ff) und erneut 160–165 (Buch 3).165–167 (Buch 4 ff); Gruen, *Heritage* 268–290; Hengel 163 f.340 f.461. **Nur Text:** Denis, *Conc.* 893–900 (Buch 3–5). **Anmerkungen:** Rießler (1014–1045) 1326–1328 (nur zu Buch 3–4).

Literatur: Lehnardt Nr. 8993–9197; DiTommaso 795–843. **Neueres:** Bauckham 320–323; J. COLLINS: *Seers, Sibyls and Sages in Hellenistic-Roman Judaism* (JSJ.S 54), 2001; S. COOK: *On the Question of the „Cessation of Prophecy" in Ancient Judaism* (TSAJ 145), 2011. **Neuere Kommentare:** O. WASSMUTH: *Sibyllinische Orakel 1–2. Studien und Kommentar* (AJEC 76), 2011 (bes. 3–86 zu den Einleitungsfragen); R. BUITENWERF: *Book III of the Sibylline Oracles and its Social Setting. With an Introduction, Translation, and Commentary* (SVTPs 17), 2003.

Handschriften: zahlreich, spät (ab 14.Jh.) und voller Fehler;[24] Denis 952–957. **Erstausgabe:** Basel 1545.

Titel in den Handschriften: Οἱ Σιβυλλιακοὶ χρησμοί· ἐκ τοῦ πρώτου λόγου; dies soll also nur ein Auszug sein. Ähnlich vor Buch 3: Ἐκ τοῦ δευτέρου λόγου, περὶ θεοῦ. Andere Über- und Unterschriften sind schlichter. **Andere Benennungen:** lat. *Oracula Sibyllina (OrSib.)*.

Neuere kritische Ausgabe: Grundlegend: *Die Oracula Sibyllina*, hg. J. GEFFCKEN (GCS), 1902. Ferner *Sibyllinische Weissagungen*, (gr.-dt.) hg. A. KURFESS (Tusculum), 1951 (1998); 2. Aufl. (bearb. J.-D. GAUGER) 2002. J. LIGHTFOOT (Hg., Übers.,

---

24 Das lässt auf Privatabschriften schließen. Ähnliches ist anzunehmen vom *Corpus Hermeticum*.

Komm.): *The Sibylline Oracles, with Introd., Transl., and Commentary on the First and Second Books*, 2007.
Textanfang: Prolog (in Prosa): Εἰ τὸ περὶ τὴν ἀνάγνωσιν; Buch 1, V. 1: Ἀρχομένη πρώτης γενεῆς. **Buch 3**, V. 1:ʹ Ὑψιβρεμέτα, μάκαρ, οὐράνιε (korrupt, nicht metrisch). **Textschluss** von Buch 3 (V. 829): τάδ᾽ ἀληθινὰ πάντα λελέχθω, von Buch 5 (V. 531): ἀνάστερος αἰθήρ. Jetziger Textschluss ist 14, 361: ἅμ᾽ ἰφθύμοισι τοκεῦσιν.
Wortindex: Siglum bei Denis, *Conc.:* „Sib." Ein Namenregister hat die Ausg. Geffcken S. 234–238.
Alte Übersetzungen: lat. Zitate (metrisch) bei Lactantius u. a.; Slavisches s. Bonwetsch 917.
Früheste Erwähnung: Alexander Polyhistor, Frg. 79 (bei Josephus, *Ant.* 1, 118), ist ein Referat (Prosaparaphrase) von 3, 97–105, wohl aus seinen *Chaldaica* geschöpft (Schürer/V. 637). Der Turmbau zu Babel wird dort Nimrod zugetraut, in freier Verbindung von Gen 10,11 f mit Gen 11. – Unter den Christen folgt zuerst Hermas, *Pastor, Vis.* 2, 4 (= 2, 8,1), danach Athenagoras u. a. Weitere Zitate (auf Gr.) bei Lactantius u. a. (Denis 558–962) belegen für die betr. Partien das Alter, das sie mindestens haben müssen.
Ähnliche oder ähnlich benannte Texte: Sibyllen-Zitate, die nicht in diesem Textbestand enthalten sind (s. u. 5.3.2), werden in den Ausgaben als Anhang geboten (Geffcken S. 227–233). Zur *Sibylla Tiburtina* s. 5.3.2. Über das gr. *Orakel des Hystaspes* (Guštasp), *Königs der Perser*, bei Justin, *Apol.* 20,1 und sonst erwähnt (Harnack I 863 Nr. 81), ebd. 844f; Schürer/V. 654–656; Denis 1185–1189; Stegmüller Nr. 124.3. Eine äth., aus dem Arab. gefertigte *Weisheit der Sibylle* s. Stegmüller Nr. 123 und 123.1–8.
Textsorte: Hexametrische Orakel (χρησμοί),[25] hier allerdings ausgedehnt zur Länge mehrerer Bücher. Wie wenig das Dichtung zu sein beansprucht, zeigt sich an der Polemik gegen Homer (3, 419–432), dem gegenüber diese Sibylle übrigens die ältere sein will. **Literarische Besonderheiten** vgl. noch „Integrität".
Zählung nach Buch und Vers der Ausg. Geffcken; separat der Prolog (103 Druckzeilen) und die Fragmente. Manche Bücher sind nur Fragmente (so der Überschrift nach schon das 1.); Buch 9 und 10 fehlen.
Gliederung: Einem Prolog in rhythmischer Prosa (Geffcken S. 1–5) folgen 14 „Bücher" (gr. λόγοι) von höchst unterschiedlicher Länge, deren 9. und 10. aber fehlt, und auch für das 2. gibt es keine Überschrift, sondern diverse Teilüberschriften hinter 1, 401; man zählt, was dann folgt, als 2, 1–347. Die Passage 3, 1–96 gehört lt. Überschrift eigentlich noch zu Buch 2 (vgl. folgende Rubrik). Inhaltliche Übersicht über das Endprodukt mit all seinen Lücken und Sprüngen bei DiTommaso 795 f.

---

[25] Orakel in Prosa hingegen hießen λόγια, wie man auch die Aussprüche Jesu nennt, bes. die in den Synoptikern. Plutarch, *De Pythiae oraculis* (*Mor.* 394 E–409 D) geht der Frage nach, wieso das unter seiner Aufsicht und mit Subventionen aus Rom (unter Hadrian) wiederbelebte Orakel nur noch Prosaauskünfte gebe: Das sei um der Klarheit willen. – Ebd. 397 A die älteste Erwähnung einer (oder damals noch: der) Sibylle aus Heraklit (Frg. 92 D/K).

Literarische Integrität: Die Sammlung, wie sie vorliegt, ist ein Chaos mit zahlreichen Textlücken und unmotivierten Themenwechseln. 2, 56–148, nur in 1 Hs. vorhanden, ist eine Bearbeitung des Lehrgedichts des Ps.-Phokylides (5.2.2) und nicht hierher gehörig (außer man rechnet nachempfundene Orakel von vornherein zur Moral). – Der nur in einer der drei Textfamilien gegebene Prosa-Prolog der Gesamtsammlung, christlichen Inhalts und voller Konfusion, was seine Auskünfte betrifft, ist hier ohne Interesse. – Nach Schürer/V. 630–645 (vgl. Denis 977–985) lässt sich literarkritisch, unter Überspringung der christlichen Bücher 1–2 (dazu s. Waßmuth)[26] folgende Übersicht geben:

a) Ein ehemaliges Buch 2 ist verloren. Kernsätze daraus zitiert Theophilos, *Ad Autolycum* (2.Jh.) 2, 36 (bei Geffcken im Anhang, 227–230), u.z. als Anfang des ihm bekannten Sibyllinenbuchs.

b) 3, 1–96 ist (wenn man die hs. Rubriken so deuten darf) Ersatz für das verlorene Buch 2, oder auch eine später geschriebene Einleitung in Buch 3. Unverbunden folgen sich V. 1–45/46–62/63–74/75–92. In 46 ff ist ein Zeitbezug vermutet worden auf den 2. Triumvirat (42–32 v.Chr.); eine für diese Zeit angekündigte Zerstörung Roms ist ausgeblieben. V. 63 ff kündigt das Kommen Beliars (also eines Gottesfeindes) „von den Sebastenern" an; das können kaum die Samaritaner sein (deren Hauptstadt sich, Augustus = Σεβαστός zuliebe, in „Sebaste" umbenannt hatte), sondern eher die Römer. In 75 ff hat man eine Anspielung an Kleopatra (reg. 44–31 v.Chr.) vermutet (Schürer/V. 641).

c) 3, 97–294 (ein vor 97 nötiger Anfang ist verloren) setzt ein beim Turmbau zu Babel und enthält allerlei Anspielungen auf die Zeitgeschichte des 2.Jh. v.Chr. Hengel 163 setzt diese Partie in die Zeit um 140 v.Chr. – Der Hinweis auf einen 7. Ptolemäer (191 ff, 316 ff, 608 ff) als letzten vor dem Weltgericht lässt sich verschieden beziehen, war aber bis zur römischen Dominanz über Ägypten jedenfalls abgelaufen. Zeitbezüge darüber hinaus: V. 176 Rom als Republik (was es freilich formal noch lange war). Datierung: vor Polyhistor (s.o. „Früheste Erwähnung").

d) 3, 295–488 wendet sich gegen diverse Mächte des Ostens. In der Erwähnung Alexanders (381 ff) vermutet man den Zeitbezug auf Antiochos IV, ebenso in 388 ff. Anderes lässt sich auf Ereignisse des 2. und auch 1.Jh. v.Chr. beziehen, im Osten wie in Rom (Schürer/V. 637; Nickelsburg 194 f). Noch nichts ist zu merken von der Tempelzerstörung.

e) 3, 489–829, inhaltlich stark antigriechisch, bietet in 652 ff die Beschreibung eines vom Himmel kommenden Friedenskönigs, also eine messianische Passage

---

[26] Er versucht auch dort, Jüdisches zu gewinnen durch das Postulat einer „Grundschrift"; These: „Die besondere Bedeutung der Grundschrift (...) liegt darin, dass sie eine unpolemische Synthese zwischen jüdischen und heidnischen Überlieferungen bietet" (488). Synthesen dieser Art und Synkretismen von beiden Seiten sind in der Tat in Kleinasien, anders als in Palästina oder in Ägypten, vielfach nachweisbar.

(als chr. Zusatz ist lediglich einzuklammern: 776),²⁷ mit Anküdigung des Weltgerichts und abschließender Selbstvorstellung der Sibylle 809 ff. Hier mag das jüdische Sibyllinenbuch, dessen Anfang oben unter (a) erwähnt wurde, geendet haben.

f) Buch 4, nur 192 Verse lang, ist eine jüdische Reaktion auf die Zerstörung des Tempels; sie wird auf ca. 80 n.Chr. datiert. Zeitbezüge gehen auf die Tempelzerstörung (115 f ausdrücklich) und auf den Vesuvausbruch d.J. 79 (130 ff, soll die Strafe sein). Der *terminus ante quem* für diesen Teil sind Zitate bei Justin (gest. um 165). Nachweis vieler christlicher Zitate bei Schürer/V. 643. Ein Ort ist nicht zu bestimmen.

g) 5, 1–51 richtet sich gegen Hadrian (er ist in V. 47 mit „Name eines Meeres", der Adria nämlich, gemeint). V. 48–50 müssen noch vor dem Bar-Kochba-Krieg liegen; man findet aber auch Anspielungen auf Mark Aurel, der weder für Juden noch für Christen etwas übrig hatte (Schürer/V. 644 f). Christliche Wiederaufnahmen dieses Teils begegnen in 8, 52 ff und 12, 163 ff.

h) 5, 52–110/111–178/179–285/286–434 sind vier Orakel gegen die Heidenvölker. Gemeinsam ist die Befürchtung, es könnte ein zweiter Nero kommen. In V. 249 f preist sich das „göttliche und himmlische Volk der seligen Judäer, die um Gottes Stadt mitten auf der Erde wohnen". Freilich, die Einnahme des Tempels wurde in V. 150 bereits zugegeben, ebenso dessen Brand in 397 ff (mit der genauen Bezeichnung „zweites Haus"). In 225–227 vermutet Martin Hengel (in: Hellholm, *Apocalypticism* 668) eine Anspielung an den Bar-Kochba-Aufstand. – Paradoxerweise folgt in 414 ff ein Hymnus auf jenen „seligen Mann" (David), der die „von Gott geliebte Stadt" erbaute,²⁸ also wieder eine messianische Passage. Vieles (aber nicht alles) ist hier aus ägyptisch-jüdischem Blickwinkel gesagt; geographische Namen weisen auf Ägypten, und in V. 53 will diese Sibylle (in ihrer Selbstvorstellung zu Beginn dieser Passage) eine „Bekannte der Isis" sein. *Terminus ad quem*: Zitate bei Clem.Al. (*Protrepticus* 4, 50; *Paedagogus* 2, 10,99).

i) 5, 435–531 ist eine von Babylonien über Ägypten sich ausweitende Weltuntergangsschilderung, die das Buch mit einer gewissen Klammer abschließt: Die „dreimal unglückliche Göttin Isis" (484) bleibt allein auf dem Nil übrig sowie ein „Tempel des wahren Gottes" (493 ff). Man wüsste gern, wer sich darin abbilden wollte. – Über weitere Bücher s. nächsten Eintrag.

Biblischer Bezug: Gen 6,7 ff (Noah); Gen 11 (Turmbau); diverse Unheilsprophetien (s. Rießler 1326–1328); Bibelstellenregister bei Merkel 1235–1242 (Hebr. Bibel, LXX, NT).

Historische Bezüge: s. vorstehende Tabelle.

---

27 Es sei denn, man konjiziert statt υἱόν ein νηόν („Tempel"); Schürer/V. 635.
28 Die Textlücke in V. 422 kann unter Rückgriff auf das Attische zur Not so geschlossen werden: ἅγιόν τε νεὼν ἐπόησεν, woraufhin allerdings das folgende ἔνσαρκον (christlich?) jeden Sinn verliert; man erwartet ἔντιμον.

Quellen und Vorlagen: Teile (c)–(f) dürften aus Abwandlungen von paganen Sibyllinenversen der hellenistischen Zeit entstanden sein (Schürer/V. 632.642). Die Verse 4, 97f finden sich zweimal bereits bei Strabon (1, 3,7 und 12, 2,4). Auch Sammlungen muss es schon gegeben haben; pers. und äg. Analoga sind vorhanden (Denis 962–964). – Unter 3.3.1 wurde schon bemerkt, dass 3, 218–236 auf eine bei Ps.-Eupolemos noch ganz unbefangen vertretene Meinung reagiert, Abraham sei als Kulturbringer auch Übermittler der Astrologie gewesen. – Demgegenüber ist die poetische Form hier dem Griechentum geschuldet, nicht zuletzt der *Alexandra* des Lykophron (3.Jh. v.Chr.).

Stil: episch-ionischer Dialekt der Hexameter. Häufig geschehen metrische Fehler (falsch eingeschätzte Vokallängen, Hiatus),[29] und auch wo die Verse leidlich korrekt sind, vermögen sie nur notdürftig zu „funktionieren"; eigentliche Poesie mit Wohlklang der Wortfolgen und Eingängigkeit der Bilder sind sie nicht. Die Klassische Philologie (so Geffcken selbst) spricht von „Bettelliteratur". Ein derart „klingender" Vers wie der folgende ist selten (5, 228):

> Ἄστατε καὶ κακόβουλε, κακὰς περικείμενε κῆρας –

auf ὕβρις gehend (V. 231; John O'Neill übersetzt hier: *violence*).[30] Hier hat wenigstens die Wut (doch wohl die gegen das Römische Reich) den Autor beflügelt.

Bemerkenswerte Stellen: In 3,591–595 und 4,165 wurde Nähe zu essenischem Ritual bemerkt, und in 3,71–73 begegnet, wie oben gesagt, der Beliar (Belial) von 1QM 18,1 etc. (Wacholder 292) und 2Kor 6,15.[31] Mehr bei Dalbert 110–122.

Christliches: Das Corpus als solches ist eine christliche Sammlung (Denis 858). Hat deren Redaktor ihre jüdischen Bestandteile verändert? Angesichts des hohen Interesses christlicher Benutzer (und Abschreiber) an diesen Texten und ihres mythischen Verfassernamens ist grundsätzlich mit Interpolationen zu rechnen. Zur Vorsicht rät jedoch John O'Neill,[32] der eine der von Laktanz zitierten Paradestellen, die christlicher Nachfärbung verdächtig war, einer rein-jüdischen Interpretation unterzieht, unter Verzicht auf die bei Geffcken verwendeten Konjek-

---

[29] Nicht alles ist als Nachlässigkeit der Abschreiber erklärbar. In 5, 252 z. B. ist das Wort ἄχρι überhaupt nicht unterzubringen. 5, 263 beginnt mit Ἰουδαίη, wo ι gegen die Regeln der Hochsprache Konsonant sein muss.

[30] J. C. O'Neill: „The man from heaven: SibOr 5.256–259", *JSPs* 9, 1991, 87–102 (96).

[31] Die Erwartung dieses Gottesfeindes ist in 1Joh 2,18; 4,3 zu der eines „Christusfeindes" (das heißt ἀντίχριστος übersetzt) verchristlicht worden und geht dort auf Hadrian. Gemeinsam ist all diesen apokalyptischen Texten, in der vorherrschenden Weltmacht auch den großen Feind Gottes zu sehen – in frontaler Verneinung der offiziellen Politik und auch Philosophie, die in den Herrschern die Werkzeuge der Vorsorge (*pronoia*) Gottes sahen.

[32] Wie vorvorige Anm., 92–100. Vorbildlich ist jedenfalls sein Versuch, den Text auch ohne moderne Konjekturen zu lesen. Im gegebenen Fall ist Geffckens Text in 5, 257 noch nicht einmal metrisch (ξύλον hat kein langes υ). Die Konjektur von Ludwig Mendelssohn (im App.) würde dem abhelfen und weniger christlich klingen; sie lässt nicht so sehr an das Holz des Kreuzes wie an das „Holz des Lebens" von Gen 2,9 denken.

turen, die den christlichen Einfluss allemal voraussetzen. Die Anspielung an Josua (V. 258; nach Jos 10,12) muss nicht erst über den Jesusnamen erklärt werden, so sehr eben dies bei ihrer Rezeption auch geschehen sein mag. Freilich ist die Vorstellung, ein unerkannt gekommener Messias sei getötet – ja sogar, ob metaphorisch oder tatsächlich, gekreuzigt – worden und bestimmt, ein zweites Mal zu kommen, fast nur aus Texten zu belegen, die ihrerseits christlich überarbeitet sind wie die *TestXII* (7.5.1), oder aus solchen rabbinischen Stellen, wo auch Peter Schäfer (*Geburt* 133–178) einen verdeckten Dialog mit dem Christentum wahrnimmt.

Abfassungszeit und -ort: Einzelangaben s. obige Tabelle (auch Denis 985–990). Buch 3 hat, wie dort gezeigt, Bestandteile aus dem 2. und dem 1.Jh. v.Chr. und ist aus ägyptischer Perspektive geschrieben, wobei als Zentren des dortigen Judentums sowohl Alexandrien wie Leontopolis in Fragen kommen (Schürer/V. 638). Die Anfänge der jüdischen Sibyllenschreibung dürften noch unter Ptolemaeos VI. Philometor liegen, einem immerhin judenfreundlichen Herrscher (3.1.1; Nickelsburg 195). Auch im 5. Buch überwiegt die ägyptische Perspektive (Denis 990 f). – Hier mag nun auffallen, dass nirgends die kleinasiatische Perspektive angelegt wird, die doch in der Apk vorwiegt. Das kleinasiatische Judentum scheint sich mit Rom so sehr arrangiert zu haben, wie das Christentum, ganz im Gegenteil, auf Konflikt ging – mit der Folge zusätzlicher Feindschaft zum sich besser stellenden Judentum (vgl. Apk 2,9; 3,9). Vgl. 5.2.2 sowie 5.3.2, Punkt (l).

Sitz im Leben: Das Öffnen der sibyllinischen Orakel war in Rom einem Krisenstab vorbehalten (s. Kopftext): So geben denn die *OrSib.* allein schon in ihrer Benennung und ihrer Form sich als Überlebenshilfe in einer Krise der Zivilisation. Ihre Verwendung und Weitergabe waren jedoch, soweit sich erkennen lässt, privat.

Abfassungszweck: Ausnahmsweise sagt hier selbst Schürer/V. 628: *religious propaganda*. Die von Theophilos zitierten Passagen aus dem ehemaligen Buch 2 sagen es am deutlichsten; es geht um eine „energische Proklamation des einen, wahren Gottes und eine ebenso energische Polemik gegen Götzendienst" (Schürer/V. 639). – **Adressaten:** Diese Bücher waren für private Zirkulation gedacht, und sie mögen, sobald die jüdischen Bestandteile hinzukamen, dem nahegekommen sein, was man einst „Missionsliteratur" nannte; s. Dalbert, bes. 106–123. Die Absicht, für monotheistische Gottesverehrung zu werben und mosaische Moral durchzusetzen (wie etwa bei Ps.-Phokylides, 5.2.2), ist offenkundig, sollte aber nicht „Mission" genannt werden. Hier ist niemand, der „sendet"; ja im Gegenteil, das Subjekt der Werbung hält sich verdeckt, damit diese wirke. Vgl. Siegert, „Einleitung" 15 f.

Rezeption: Hinweise auf eine Beachtung paganer Sibyllinen in Rom bei Denis 991; dort 992 auch mögliche Berührungen zwischen Teil (e) und Vergil. – In christlicher Literatur werden die Sibyllinen viel zitiert; s. Geffcken S. XXVII und seinen Apparat *passim*; Harnack I 862; Schürer/V. 646 f; Denis 958–962.976 f. Lactantius, *Inst.* 4, 20,11 z. B. findet in 5, 249[ff] seine These einer Substitution des Judentums durch die Kirche bestätigt. Hinzu kommt das nun Folgende:

5.3.2 Zusatz: Die christliche Fortschreibung der Sibyllinen

Wie vieles Jüdische, so wurden auch die Sibyllinen christlich fortgeschrieben, worauf hier hingewiesen werden soll, weil die redaktionelle Vorgehensweise dabei vermutlich dieselbe blieb. Gegen Ende des 2.Jh. zitiert bereits der Apologet Theophilos v. Antiochien, *Ad Autolycum* 2, 36 nicht weniger als 84 Zeilen einer Sibyllen-Weissagung (im o.g. Corpus nicht enthalten; s. aber die vorige Liste, Punkt a), die er für Mahnungen einer heidnischen Prophetin hält, ohne ihren jüdischen Charakter (und die Bestreitung der Inkarnation in Frg. 2, Z. 1–3) überhaupt zu bemerken. Das ist für ein Judentum, das verdeckt bleiben wollte, ein offenkundiger Erfolg. Dieses Verfahren wurde fortgesetzt von Christen, die ihre Meinungen ihrerseits jener „heidnischen" Prophetin alter Zeiten in den Mund legen. Clem.Al. schöpft aus solchen Sibyllinen; Laktanz brachte sie dem lateinischen Westen gegenüber zur Geltung, ebenso Augustin.

Wir können das, was hinzukommt, als Verlängerung der obigen Liste wiedergeben:

j) Buch 6–8 sind Unheilsdrohungen an das Römische Reich, bei 8, 500 mitten im Vers abbrechend. Buch 9–10 fehlt.

Buch 11–14 sind überhaupt in politischem Vokabular gehalten und weniger in religiösem.

k) Buch 11 setzt nochmals bei der Sintflut ein und kündigt allen Völkern des Römischen Reiches den Untergang an, auch den Judäern (11, 239).

l) Buch 12 ist eine polemische Kaiserchronik, bei Caesar, dem Eroberer Ägyptens, beginnend und damit das verfehlte Orakel von oben (c) ersetzend. In V. 163 ff ist jene Polemik gegen Hadrians Religionspolitik im Osten des Reiches vernehmbar, die überall Tempel hinsetzte und Mysterienkulte propagierte.[33] Die Christen fühlten sich von der Selbstverherrlichung der Kaiserfamilie provoziert; Protest gegen den Bau des gigantischen Trajaneum in Pergamon ist auch in Apk 2,13 zu vernehmen.

m) Buch 13, am Anfang unvollständig und insgesamt kurz, beschreibt fortgehendes politisches Unglück des Römerreiches. Kommentiert werden, wohl aus jüngstem Erleben, Ereignisse der Jahre 240–ca. 264. – Aus Buch 14 ist nichts Bestimmtes mehr zu entnehmen.

Verwandte Texte: Reichlich überliefert, auf Griechisch wie auf Latein, ist eine *Sibylla Tiburtina* (die dem Namen nach ja mit Tivoli verbunden sein müsste, genauso gut aber auch als „Orakel von Baalbek" bezeichnet wird): s. Stegmüller Nr. 124 und 124.1–2; DiTommaso 843 f; Bauckham 479; Denis 992; Eine griechische Sibylle

---

[33] Zu Plutarchs daraus gezogenem Vorteil (auch das delphische Orakel, dessen Priester er geworden war, erhielt Förderung aus Rom) s.o. Anm. 25 zum Kopftext. In *De Pythiae Oraculis* 409 C scheint er sich, einer sehr plausiblen Konjektur zufolge, namentlich bei ihm bedankt zu haben: R. FLACELIÈRE (Hg., Übers.): *Plutarque. Œuvres morales*, Bd. 6: *Dialogues pythiques* (Budé), 1974, S. 82.

antwortet hebräischen Priestern und kündigt ihnen die Geburt Jesu an. Vgl. D. FLUSSER: „An early Jewish-Christian Document in the Tiburtine Sibyl", in: A. BENOIT/M. PHILONENKO/ C. VOGEL (Hg.): *Paganisme, judaïsme, christianisme*. FS Marcel Simon, 1978, 153–184 [Textauszüge auf Lat., Griechisches auf Engl.: 179–183]; B. PIER FRANCO: „Das Orakel von Baalbek und die sogenannte Sibyllentheosophie", *RQ* 92, 1997, 177–189.

Rezeption: Die antike christliche Rezeption hielt diese Texte sämtlich für pagan und für sehr alt. Unendlich oft wurde die direkt auf Christus weisende Ankündigung von 8, 217–250 wiederholt und dargestellt, die im Griechischen eine (man meinte wohl: ungewollte)[34] Akrostichis ergibt: ΙΗΣΟΥΣ ΧΡΕΙΣΤΟΣ ΘΕΟΥ ΥΙΟΣ ΣΩΤΗΡ ΣΤΑΥΡΟΣ. Die von Augustin, *Civ.* 18, 23 gegebene lat. Übersetzung reproduziert diese Akrostichis bis auf ihr (aus zugesetzten, lat. nicht überlieferten Zeilen kommendes) letztes Wort. Text bei Geffcken S. 153 f im Apparat. Konstantins *Oratio ad coetum sanctorum*, gerichtet an die Teilnehmer des Konzils von Nicaea, versucht in Abschn. 18–21 den Konzilsvätern glaubhaft zu machen, jene Sibyllenverse, die Jesus Christus namentlich als Weltheiland ankündigen, seien durch eine Cicero-Stelle als vorchristlich erweisbar.[35]

Eine Analyse der christlichen Sibyllinen sowie der Zusätze findet sich bei Harnack II 581–589. Neuerer Forschungsstand bei Schneemelcher 591–619 (U. TREU) mit dt. Übers. von 1, 324–400; 2, 36–55.149–347; 6, 1–28; 7, 1–163; 8 ganz (unter Auslassung weniger Verse) sowie Übersetzung von 136 lateinischen Sibyllen-Versen. Nachträglich christianisiert wurde neben vielem anderen gerade diejenige Stelle, wo am offensten und ausdrücklichsten von „Juden" und „Judäa" die Rede ist, 5, 247–285, eine sehr irdische, den *PsSal.* (1.3.2) inhaltlich zunächst völlig gleiche Endzeitdarstellung. Die Schilderung des „Besten der Hebräer", der am Holz seine Hände ausgebreitet habe (V. 256–259), passt sie christlichen Bedürfnissen an – wobei man sich dann nur noch fragt, ob die Wiederaufnahme des Jerusalemer Opferkults (in 267–273 enthusiastisch geschildert) je ein christlicher Wunsch sein konnte.

Abfassungszeit: „Es lässt sich nicht nachweisen, dass in der großen Sammlung der sibyllinischen Orakel auch nur ein einziger Abschnitt von einem Christen des 1. oder 2. Jahhunderts herrührt (...). Erst im 3. Jahrh., und, wenn nicht Alles trügt, erst

---

34 Nur die Naivität christlicher Apologeten dürfte das gemeint haben. Cicero, *De divinatione* 2, 45 (zit. bei Geffcken im Apparat) bemerkt zu Recht, so etwas komme nicht aus Enthusiasmus, sondern aus Überlegung.

35 Details bei Harnack I 762. Ausführlich hierzu: *Konstantin: Rede an die Versammlung der Heiligen*, (gr.-dt.) hg. K. M. GIRADET (FChr 55), 2013 (Text: 195–219; Kommentar: 98–106). – Konstantin verwendete Cicero gegen dessen eigene Absicht und unter Hintanstellung kritischer Bedenken, die seine Sekretäre eigentlich hätten haben müssen. Was Cicero bezeugt, ist ja nur die Form der Akrostichis für gewisse, von ihm gerade deswegen als „Mache" erkannte Sibyllen-Texte, und nicht einmal für diesen. Einen messianischen Inhalt borgte Konstantin sich von Vergil durch Einflechten einer griechischen Übersetzung von dessen *4. Ekloge* (19,3–21,3).

im letzten Drittel desselben, haben es Christen den Juden nachgemacht. Im 2. Jahrhundert haben sich die Christen damit begnügt, gläubig und staunend die jüdischen Orakel zu lesen und zu benutzen" (Harnack II 588) – wobei sie, wie gesagt, das Ganze für noch viel älter und für heidnisch hielten.

Der **Verwendungszweck** in der Alten Kirche ist ein anderer als derjenige, den man für die jüdischen Partien vermuten konnte. Wie die Zitate bei Laktanz und Augustin beweisen, ließ sich die Kirche nunmehr ihren Platz in der Weltgeschichte von ihnen bestätigen. Später wurde die Weitergabe des gr. Textes in Byzanz dünn, bis dann in der Renaissance, und wiederum im Westen, das Interesse sprunghaft anstieg. Immerhin war die These, dass es Erkenntnis der Wahrheit auch im Heidentum gebe (vgl. Joh 1,5), immer in Geltung gewesen und interessierte jetzt erneut.

6 Sonstige jüdische Texte

6.1 Quellenstücke bei Josephus

Das Geschichtswerk des Josephus (*Bellum* und, später geschrieben, die *Antiquitates*) schöpft aus vielerlei Quellen, sein apologetisches Werk im Falle der Schrift *Von der Ursprünglichkeit* (*Contra Apionem*) auch; nur seine *Vita*, aus eigenem Erleben erzählt, brauchte deren keine, sondern erwähnt nur einen von Josephus' Konkurrenten für das *Bellum* (3.6.1) und zitiert in 365 f zwei Beglaubigungsschreiben des Königs Agrippa II. Von den sonst bei Josephus benutzten jüdischen Quellen ist bereits genannt die Septuaginta-Legende des *Aristaeosbriefs* (4.1.1), welchen er in seinem auch in den Geschichtswerken starken apologetischen Bedürfnis seinen Lesern *mala fide* als paganes Zeugnis anbietet; zu diesem Verfahren vgl. 3.6.0. Josephus' Hauptquelle, die 144 Bände des Nikolaos v. Damaskus, sind auch schon genannt (3.6.2 c), hier aber nicht zu besprechen, weil pagan. Sie haben ihm neben dem *1Makk.* (1.4.2) als Quelle für die dort geschilderte und auch für die Folgezeit gedient, reichen sie doch bis weit in die Regierungszeit Herodes I. Die Detailliertheit und der Informationswert seiner *Antiquitates* v. a. ab Buch 13 beruht hauptsächlich hierauf.

Eine Durststrecke liegt bei ihm zwischen dem Ende der Hebräischen Bibel in *Ant.* 11, 303 (wo der Einbezug des Est-Buchs schon sehr gewagt war) und dem Rückgriff auf *1Makk.* ab 12, 234. Die Spärlichkeit des zwischen diesen beiden Stellen Gesagten hat zu der Frage geführt, was Josephus wohl an Quellen zur Verfügung hatte für diese immerhin zweihundertjährige Zwischenzeit. Was wusste er über die Ereignisse zwischen Nehemia und den Hasmonäern? Wie ist die Hellenisierung des Landes Israel, die um 200 v. Chr. auf einmal so problematisch war, bis dahin verlaufen?[1] Warum ist über den Ursprung der Essener bei ihm nichts zu erfahren? – Außer Seitenblicken in hellenistische Geschichtsschreibung (etwa in 12, 4 f betreffend eine kurzzeitige Eroberung Jerusalems) ist an jüdischen Überlieferungen sonst nur wenig auszumachen. Amram Tropper, *Simeon* 200 zählt es auf:

- Die Notiz über die Ermordung eines Hohenpriesters in der Generation vor Jaddua' (*Ant.* 11, 299–301, ein Skandal innerhalb des Hohepriesteradels);
- die Legende von der Begegnung des Hohenpriesters Jaddua' mit Alexander d. Gr. (*Ant.* 11, 326–339 – s. o. 2.1.7 c –, dazu als Vorgeschichte 317–325);
- die Tobiadenerzählung (nachstehend 6.1.1).

Eine zu Artapanos parallel laufende Überlieferung, eher den Völkermythen angehörend als der Geschichte, ist oben (2.2.1) schon erwähnt: *Ant.* 2, 201–349. Sie mag uns

---

1 Freilich, eine Spaltung innerhalb der Priesterkaste zu berichten, wäre ihm peinlich gewesen. Er tut es nicht, wo es um reine Ritualfragen ging (den Kalender), sondern erst, wo auch politische Verwicklungen damit zusammenhängen, ohne welche dann wiederum der Makkabäeraufstand nicht erklärlich wäre.

ersetzen, was an Artapanos verloren ging, etwa in der ebenso legendären wie apologetischen Ausgestaltung von Moses Totschlag und Flucht (Ex 2,11–21) in *Ant*. 2, 254– 263. – Eine, wenn nicht gar zwei Tora-Zusammenfassungen kommen hinzu, nachstehend 6.1.2.

Übrigens ist es ein Glück, dass Josephus, ähnlich wie der Autor des *1Makk*. (1.4.2), die Datumsangaben seiner historischen Quellen nicht nachgerechnet hat; er hat sie weder korrigiert noch harmonisiert. Das kann moderne Geschichtswissenschaft weit besser. Er selbst hätte nur Veränderungen hineingebracht, die heute nicht mehr erkennbar sind. Irrtümer können authentischer sein als ihre Korrektur. So liegen denn zwischen dem in Neh 12,11.22 bereits erwähnten Jaddua' und Alexander d. Gr. gut und gerne hundert Jahre. Dieser Fehler hat immerhin den Wert, dass er heutige kritische Leser aufmerksam macht auf weitere (Tropper, *Simeon* 200f). Das warnt uns auch davor, die stückweise bei Josephus gegebenen Hohepriesterlisten als Dokumente zu nehmen. Sie mögen verschiedenen Dokumenten entnommen sein, geben aber keineswegs eine einheitliche Liste wieder. Judäa bot in dieser Hinsicht nichts so Qualitätvolles wie Manethons *Aegyptiaca* oder den Turiner Papyrus mit seiner Pharaonenliste.[2]

Anderes ist unter 3.6.2 d-e schon genannt. Wenn Josephus darüber hinaus in *C.Ap*. 1, 35f das Tempelarchiv zu seinen Gunsten anführen möchte, ist das geflunkert; in Rom, wo er schrieb, kann ihm dieses Archiv nicht mehr zur Verfügung gestanden haben. Was er während der Kriegswirren an Beute aus Jerusalem mitnehmen durfte, waren Tora-Handschriften (*Vita* 418). Mehr bei Siegert, „Einleitung" 41f.

6.1.1 Die Tobiadenerzählung bei Josephus, *Ant*. 12, 154–236

Der durchaus historische Text *Ant*. 12, 154–236, die Erfolgsgeschichte eines Josef ben Ṭovja als ptolemäischer Funktionär, hat vermutlich dessen späterem Namensvetter Josephus (ben Matja, dem Historiker und Apologeten) in etwa diesem Wortlaut vorgelegen oder ist ihm – falls es noch immer eine mündliche Erzählung war – im Ohr gewesen. Es ist die Familiensaga der Tobiaden, deren Einsatz für die Verwaltung und Besteuerung weiter Ländereien in Judäa enthaltend, in einer zwischen der Jerusalemer Hierarchie und den Ptolemäern ziemlich unabhängig gestalteten Politik.

Man hat die Tobiadenfamilie in Bezug auf ihre verfassungsmäßig nicht bestimmte Rolle als „Scheichs" bezeichnet, Herrscher ohne geschriebene Gesetze. Dieses Bild unterscheidet sich von dem Ideal-Judäa, dessen Gründung Esr-Neh schildern und wo die Tora schon fast wie öffentliches Recht erscheint; für die Tobiaden ist sie nur im privaten Bereich relevant (s.u.). Ihre ungebremste Handlungsfreiheit darf nicht wundern angesichts der Tatsache, dass der Stammvater der Tobiaden-Sippe, der in

---

[2] Vgl. die Quellenübersicht zu Josephus, *C.Ap*. in der in 0.9.1 angezeigten Ausgabe, Bd. 1, S. 20–42. Die danach S. 42–48 genannten jüdischen Texte sind in gegenwärtiger *Einleitung* aufgenommen.

Neh 2,10 u. ö. genannte Ṭovja, ein Gegenspieler der toragebundenen Reformen Nehemias gewesen war.

Einleitung: Hengel 486–503; Schürer/V. 558; Wacholder 295f; Gruen, *Heritage* 99–106.236–240; Collins, *Identity* 74–77. Zu den Josephus-Handschriften (11.Jh. und später) in Kürze: Denis 1121. **Neuere Studie:** A. PORTER: „What sort of Jews were the Tobiads?", in D. R. EDWARDS/C. T. MCCOLLOUGH (Hg.): *The Archaeology of Difference*. FS Eric M. Meyers, 2007, 141–150.

Gliederung bei Wacholder (zugleich literarkritische Einschätzung):
(1) 154–159: Einleitung (hier ist die Quelle verkürzt und mit anderem vermischt wiedergegeben);
(2) 160–222: der Bericht in einer vermutlich inhaltsgetreuen Paraphrase;[3]
(3) 223–236: Schluss, vermutlich eher von Josephus.

Ein gewisser Einschnitt im Hauptteil (2) ist das Hinzukommen von Hyrkanos, Josephs des Tobiaden bedeutendstem Sohn, dessen Verhältnis zu seinen weniger erfolgreichen Brüdern an Verhältnisse des biblischen Josephs-Zyklus erinnert (221f). Ab 223 (Tod dieses Joseph) ist er die Hauptperson – aber nicht mehr der Tobiadenerzählung, sondern schon wieder derjenigen des Josephus, der hier den angeblichen Brief des Spartanerkönigs Areos (*1Makk.* 12,20) hineinbringt u. a. m.

Historisch wichtig ist dieser Bericht als Einblick in die Zeit unmittelbar vor den Religionswirren des frühen 2.Jh. v.Chr., auch in das Wirken der damals maßgebenden Familien in Judäa einschließlich derjenigen des Hohenpriesters Simon (vgl. 1.3.1), eines der sog. Oniaden.[4] Diese waren die konservativen Gegenspieler der pragmatisch-weltoffen gesinnten Tobiadenfamilie, und es mag auch später ein Mangel an politischem Gespür sein, das es möglich machte, sie aus ihrer Führungsrolle hinauszukegeln (1.4.2; 3.4.1).

Theologisch sei bemerkt, dass die Tora (der *Nomos*) immerhin zweimal genannt wird, in § 187 und § 206, einmal in Bezug auf die mosaischen Ehebestimmungen, einmal die Speisegesetze betreffend. In der eigentlichen Politik hingegen spielt die Tora keine Rolle, zumal es (aus israelitischer Sicht) Außenpolitik ist. Die Hauptperson des Berichts, der ab *Ant.* 12, 160 in den Vordergrund tretende Tobiade Joseph, mag durch seinen Namen an den biblischen Joseph erinnert haben, der gleichfalls im Zusammenspiel mit dem Pharao zu höchsten Erfolgen aufstieg, und Josephus, der uns diesen Bericht weiterreicht, wird sich sein Vorbild an Pragmatismus und an Realpolitik (vgl. seine *Vita* 10.13–16 u. ö.) an ihm genommen haben (Gruen, *Heritage* 99–106).

---

[3] Wie weit der überlieferte Wortlaut von Josephus konserviert wurde, lässt sich ermessen an der Art, wie er den – im Originalwortlaut ja erhaltenen – *Aristaeosbrief* paraphrasiert (4.1).
[4] Der Hohepriester Onias I., nach welchem diese über viele Generationen gehende Hohepriesterlinie ihren Namen hat, gilt bei Josephus als der unmittelbare Nachfolger des letzten in der Hebräischen Bibel genannten Hohenpriesters, Jaddua'. Schürer I 139 gibt die Liste im Detail nach Angaben des Josephus.

Ähnliche Texte: Eine über Generationen reichende Berichterstattung aus einer bestimmten Familie wird mitunter hinter denjenigen Josephus-Partien vermutet, die das – letztlich allerdings erfolglose – Wirken und Ergehen der Oniadenfamilie betrifft (*Ant.* 12, 265–300) sowie manches aus dem *2Makk.* (Schürer/V. 558).

Gleichfalls bei Josephus, *Ant.* 13,74–79 wird von einem Urteil berichtet, worin Ptolemaeos VI. (zu ihm s. 3.1.1) die Legitimität des Jerusalemer Tempels im Gegensatz zu dem der Samaritaner entschieden haben soll; die Vertretung der letzteren lässt er hinrichten. Josephus scheint das zu glauben (oder will es seine Hörer glauben machen), unbekümmert darum, dass im oberen Kontext ein ganz anderer Tempel, der von Leontopolis, von diesem selben Ptolemäer den Juden genehmigt wird. Gruen, *Heritage* 240–243 vermutet hier ein Quellenstück jüdisch-fiktiver Herkunft, wie deren noch mehrere bei Josephus verwendet sein mögen.

6.1.2 Zusammenfassungen der Tora bei Josephus

a) Die Schilderung der jüdischen Theokratie (Josephus, *C.Ap.* 2, 164–218)

Auch hier ist wieder eine Öffnungsklausel nötig. Ein Text ist zu erwähnen, dessen ursprüngliche Autorschaft offen ist, wenngleich er, wie die eben besprochenen, Teil einer Josephus-Schrift ist. Sicher ist hier – im Gegensatz zu anderem in diesem 6. Kapitel – nur, dass dieser Text einen jüdischen Autor hat. Philon ist schon vorgeschlagen worden, oder aber es ist alexandrinisch-jüdisches Lehrgut, das ihm noch vorausgeht.

C.Ap. 2, 164–218 bietet eine Zusammenfassung jüdischer Lebensweise und Ethik, die wohl nicht erst von Josephus so formuliert wurde, zumal sie auch in gewissen sprachlichen Details abweicht. Was spätestens ab § 164, andernfalls schon ab § 151 dahinter vermutet wird, ist ein alexandrinisch-jüdisches Dokument, das er uns nicht näher bezeichnet, das aber den bis auf wenige Zitate verlorenen *Hypothetica* Philons nahe gestanden haben muss, wenn es nicht gar diese Schrift war. Josephus dürfte sie, ähnlich wie er es mit dem *Aristaeosbrief* (4.1) gemacht hat, mehr oder weniger in seinen Kontext eingeschmolzen haben.

Dass er in diesem Fall den Autor nicht nennt, dürfte schlicht daran liegen, dass hier nicht einmal fiktiverweise ein Nichtjude bemüht werden kann. In *C.Ap.* zitiert er namentlich nur externe oder angeblich externe Befürworter (oder auch Bestreiter) für das Alter des Judentums. Philon wird bei ihm nur einmal erwähnt (*Ant.* 18, 259 f) im Zusammenhang seiner erfolglosen Rom-Mission. Dass seine spekulative Theologie bei Josephus auf Ablehnung stieß, lässt sich aus *C.Ap.* 2, 192 entnehmen. Wenn er also etwas von ihm brauchen kann, dann jedenfalls nur in anonymisierter Form.

Drei Teile dieses in feierlicher, rhythmisierter Prosa gehaltenen Textes lassen sich unterscheiden, die unter sich eine gewisse Selbstständigkeit aufweisen und anfangs ein Memoriertext oder Büchlein (βιβλίδιον, *libellus*) für sich gewesen sein können:

- § 164–189: ein allgemeines Lob des *Nomos*, hier als Verfassung für eine räumlich nicht begrenzte, faktisch aber doch wohl Judäa meinende „Theokratie" bezeichnet (dieses Wort wird gleich in § 164 als Neologismus entschuldigt, und hier ist in der Tat das früheste bekannte Vorkommen von θεοκρατία);
- § 190–218: ein Durchgang durch die wichtigsten Gebote, worin strukturell sich eine Dekalogkatechese erkennen lässt, in ihrer Reihenfolge nur wenig gestört (205–207);[5]
- § 220–228a (nach einem wohl von Josephus stammenden Übergang, 219): ein Epilog zu dem Ganzen, wonach die großen Gesetzgeber der Griechen schon deswegen vom mosaischen *Nomos* übertroffen werden, weil dieser von seinen Anhängern ebenso streng wie freiwillig befolgt wird.

Man hat diesen Text, insbesondere seine zentrale Partie, mitunter als „Proselytenkatechismus" bezeichnet und einen Sitz im Leben in der Proselytengewinnung angenommen. Nun ist gerade Proselytengewinnung in Alexandrien nicht nachzuweisen. Die *Joseph-und-Aseneth*-Geschichte (2.2.2), deren Alter wir in Frage stellen mussten, kann auch erträumt sein; sie kann schon als jüdische Legende genau das wiedergegeben haben, was man gern gehabt hätte, aber nicht hatte: Anklang und Gefolgschaft unter den Ägyptern.[6] Auch weiß man nichts über Proselytenunterricht in der Diaspora. Die Kirche war es, die dann im 3.Jh. gerade in Alexandrien eine „Katechetenschule" einrichtete. Religiöse Bildung ging jüdischerseits in den Familien vor sich (vgl. *4Makk.* 18,10–19) und als biblisches Ritual und als Ethiklehre in den Synagogengottesdiensten.

Einleitung s. *Josephus, Ursprünglichkeit* (0.9.1) Bd. 1, S. 46–48 (hier verbessert); **Text** ebd. Bd. 2, Bd. 2, S. 177–182; dt. Übers. Bd. 1, S. 187–205.

Literarische Integrität: Nur das Zitat dieser Passage bei Euseb, *Praep.* 8, 8 (umfasst § 163–228a) ist verlässlich. Die Josephus-Handschriften hingegen, auch die lateinischen, bieten hier eine christliche Überarbeitung (bei Siegert als „Rezension Y" bezeichnet und separat gehalten), die nicht nur unauthentisch, sondern streckenweise, etwa in der Wiedergabe von Ritual- und Reinheitsvorschriften, nicht mehr verständlich ist.

b) Die Tora-Epitome in *Ant.* 4, 196–301

In ähnlicher Weise ist vermutet worden, dass die didaktisch-knappe Tora-Epitome in *Ant.* 4, 196–301, wo Josephus die „Verfassung" (πολιτεία) des Mose „zu lernen gibt" (so 196), nicht erst von ihm so formuliert wurde, sondern auf einem Quellenstück beruht.

---

[5] Während dies eine Expansion des Dekalogs ist, gibt es in *Ant.* 3, 91f eine Kurzfassung, immerhin nummeriert. Dort in der Ankündigung (3, 90) sagt er auch: „Uns ist es nicht erlaubt, ihn wörtlich weiterzugeben. Seine Inhalte aber (τὰς δὲ δυνάμεις) werden wir offenlegen."
[6] Ein Mann wie Philon tat, was er konnte, um die Kluft zwischen Juden und Ägyptern groß zu halten.

Hier ist, offensichtlich für innerjüdischen Gebrauch, viel Kultisches geboten und gerade nicht der Dekalog.

Die Ausgabe von Thackeray (*Josephus in Nine Volumes*, Bd. 4, 1930 u. ö.) setzt diese ganze Passage in Anführungszeichen. Die dortigen Anmerkungen weisen auf die beträchtlichen Freiheiten hin, die an dieser – immerhin dem Pharisaismus nahen – Halacha gegenüber dem Toratext zu beobachten sind.

Lit.: P Tomson: „Les systèmes de halakha du Contre Apion et des Antiquités", in: F. Siegert/J. Kalms (Hg.): *Internationales Josephus-Kolloquium Paris 2001* (MJSt 12), 2002, 189–220.

6.1.3 Hinweis auf den slavischen Josephus

In die Wirkungsgeschichte des *Bellum* gehört dessen „slavische" (genauer: altrussische) Fassung, die um einiges kürzer ist, an einigen Stellen jedoch zusätzliche Nachrichten bietet, die authentisch zu sein scheinen, sich jedoch nirgens im erhaltenen griechischen Werk des Josephus wiederfinden. Die neutestamentliche Wissenschaft bedient sich dieser Texte mit Vorsicht. Wenn z. B. Markus in Mk 3,6 und 12,13 (par. Mt 22,16) als bekannt voraussetzt, dass es in Judäa „Herodianer" gab – in Rom übrigens auch, wie eine allerdings späte Inschrift beweist –, so scheint hier mehr gemeint zu sein als die Herodesfamilie, selbst wenn man deren sicher zahlreiche Sklavenschaft auf antike Art dazuzählt; man denkt an einen Sympathisantenkreis, etwas wie eine politische Partei – und erhält im slavischen *Bellum* die Nachricht, es seien diejenigen Judäer gewesen, die Herodes I. wegen seines prachtvollen, toragemäßen und sogar Ez 40–48 bis auf eine fehlende Ecke ausfüllenden Tempelneubaus für den erhoffen messianischen König hielten.[7]

Woher die russischen Mönche, die uns das aufschrieben, es haben, ist eine bis heute ungeklärte Frage. Dass sie Hebräisch lasen, wie in älterer Sekundärliteratur naiverweise angenommen wird, lässt sich ausschließen: Selbst in der hier überblickten Literatur, worunter viel Slavisches ist, kommen gerade einmal die 22 Buchstaben des hebräischen Alphabets in ihren Grundformen vor, in magischer Verwendung (6.3.4). Es wäre schon viel, wenn jene Mönche unter ihren *griechischen* Vorlagen eine Fassung des *Bellum* gehabt hätten, etwa gar eine nicht autorisierte Übersetzung der einbändigen aramäischen Urform, wo derlei Nachrichten standen. Diese Frage kann der Josephus-Forschung überlassen bleiben.

Da man nicht weiß, ob sonstiges Jüdische – auf Griechisch – ihnen zur Verfügung stand, das wir nicht mehr haben, sei hier wenigstens eine Spur gelegt, die allerdings auch eine Spur zurück sein könnte in Sackgassen früherer Forschung.

---

[7] Ähnlich sind die politisch-messianischen Hoffnungen, die der siebte und letzte König aus der Herodes-Familie, Agrippa II., ausgelöst zu haben scheint, nur in christlichen Legenden fassbar: 7.3.2.

Lit.: E. NODET: „Jewish Features in the 'Slavonic War' of Josephus", in: J. KALMS (Hg.): *Internationales Josephus-Kolloquium Amsterdam 2000* (MJSt 10), 2001, 105–131; M. BOHRMANN: *La version vieux-russe de la Guerre Juive de Flavius Josèphe. Analyse des recherches de N. A. Meščerskij*, 2002 [13–106: frz. Übers. von 1958 erschienenen Arbeiten eines russ. Slavisten]; E. HANSACK: „Zum Forschungsstand des 'slavischen Josephus'", in: Ch. BÖTTRICH/J. HERZER (Hg.): *Josephus und das Neue Testament* (WUNT 209), 2007, 495–512.

6.2 Fiktive Briefe zwischen Prominenten

Von der Beliebtheit der Gattung „Brief" war schon die Rede (2.1.8), insbesondere vom Prominentenbrief (3.3.2 Frg. 2). Letzterer gehören die nun folgenden Texte an. Sie sollen hier unterschieden sein von echten Briefen, die zunächst nur der Kommunikation zwischen Absender und Empfänger zu dienen hatten und erst sekundär in ein Literaturwerk aufgenommen wurden, in Form eines Zitats, und so neue Leser bekamen. Auf Beispiele wurde in 1.4.2, 3.4.1–2; 4.2.4 u.ö. hingewiesen. Beide Arten von Briefen werden in einer gemeinsamen Übersicht gewürdigt von P[hilip] S. ALEXANDER: „Epistolary literature" in Stone, *Writings* 579–596. An echten Briefen sind dort sehr viele weitere genannt, auch neueste Papyrusfunde, die für das Land Israel den Gebrauch des Aramäischen wie des Griechischen, für Sakrales auch des Hebräischen erweisen.

6.2.0 Ein Irrläufer: Der *Brief des Hannas an Seneca*

Einiges ist geschrieben worden über einen angeblich jüdischen *Brief des Hannas an Seneca*, das „einzige literarische Denkmal jüdischer Mission in lateinischer Sprache" – so sein Erstherausgeber 1984. Es handelt sich um das Ms. 17 der Kölner Diözesanbibliothek (9.Jh.), wo dieser Text überschrieben ist: *Epistula Anne* (= Annae, also Hannae?) *ad Senecam de superbia et idolis*. Nach 6 Kapiteln (jetziger Zählung) bricht der Text ab.

Den Hinweis auf christlichen Ursprung übersah man zunächst: Es werden „Brüder" angeredet (Kap. 2), nicht der Philosoph. Bei näherer Untersuchung ist es denn nun inzwischen – mit konjektural berichtigtem Titel – eine *Epistula* (Ps.-)*Annaei Senecae*, worin lateinische Christen des 5.Jh. sich von ihrem selbstgewählten Hausphilosophen Seneca in der Allgemeingültigkeit ihrer Grundüberzeugungen bestätigen lassen. Benutzt werden Gen 2,7; Hi 38, die *Sapientia* (was wieder für deren Beliebtheit im Westen spricht; vgl. 6.5.1) und anspielungsweise auch Röm 1,21–23 (Kap. 2 Ende) und 1Kor 1,21 (Kap. 3 Anfang). Wahrscheinlich kam in dem verlorenen Teil des Textes noch mehr an Neutestamentlichem. Hauptsache ist eine von vielen Fassungen des kosmologischen Gottesbeweises, wie man ja auch Röm 1,19f verstand.

Einleitung, Text und Übersetzung bei Fürst (s. nächsten Eintrag) 176–197; dort auch die Literatur. Dort beigegeben ist der jetzt zu nennende jüdische Text unbestimmten Alters, der in den bisherigen Sammlungen von Pseudepigrapha fehlt:

6.2.1 Der *Brief des Mordechai an Alexander*

Dieser pseudepigraphe Brief ist die lat. Übers. eines verlorenen gr. Originals, überliefert als Zusatz zur „Interpolierten Rezension 3" (Kürzel: J³) der lat. Übersetzung des Alexanderromans (vgl. 4.2.4), dort ganz am Ende. Jedem einigermaßen Geschichtskundigen gibt er sich als Fiktion zu erkennen durch die Nichtgleichzeitigkeit der genannten Personen: der biblische Mordechai (Est 1,1 usw.) *kann* an Alexander keinen Brief geschrieben haben. Hätte der jüdische Verfasser dieses Briefes selbst Mordechai (Mardochai) geheißen oder zumindest ein anderer Mordechai sein wollen (als *nom de plume*), wäre das durch einen Namenszusatz kenntlich gemacht worden.

Hier nun wird eine Botschaft *an* Alexander geschickt – wohl in seiner Eigenschaft als Verkörperung der hellenistischen Welt, die ihm ihr Entstehen und ihre Einheit verdankt. Die Botschaft ist einfach und der Predigt Jonas in Ninive bzw. der von den Niniviten selbst angestellten Besinnung in *De Jona* 108–150 (2.3.3 a) vergleichbar; es geht darum:

- nicht das Geschaffene anstelle des Schöpfers zu verehren;
- nach einer Mindest-Ethik zu leben, welche Gewalt, Raub und sexuelle Verirrungen ausschließt.

Einleitung, Text und Übersetzung: F. SIEGERT: „Der Brief des Mordechai an Alexander. Zur jüdischen Öffentlichkeitsarbeit in der Antike", in: A. FÜRST u. a. (Hg.): *Der apokryphe Briefwechsel zwischen Seneca und Paulus, zus. m. dem Brief des Mordechai an Alexander und dem Brief des Annaeus Seneca über Hochmut und Götterbilder eingel., übers. u. m. interpretierenden Essays versehen* (Sapere, 11), 2006, 147–175 [lat. Text und dt. Übersetzung: 152–169]; 2. Aufl. 2012 als UTB 3634 M.

Handschriften: 45 an der Zahl, alle spätmittelalterlich. Die Rezension J³ ist „zwischen 1185 und 1236 geschrieben worden" (Steffens S. x). **Erstausgabe:** K. STEFFENS (Hg.): *Die Historia de preliis Alexandri Magni, Rezension J³* (BKP 73), 1975, S. VII–XIII (Einleitung); S. 108 Z. 19–S. 219 (Text).

Titel in den Handschriften: keiner; der Zusatz ist angefügt mit *Postquam Alexander Philippi Macedonis universas regiones mundi (...) subjugavit* und erwähnt, dass der folgende Brief aus dem Griechischen übersetzt sei. Dieser trägt die Überschrift: *Summo principi Alexandro philosopho Mardochaeus Judaeorum minimus servitutem* [Rechtschreibung standardisiert].

Textanfang des Briefes: *Diu est, quod infra mentis.* **Textschluss:** *pretiosissimos thesauros recondit.*

Früheste Erwähnung: Dieser Text war bis zur Erstveröffentlichung unbekannt.

Ähnliche oder ähnlich benannte Texte: fiktive Briefe Prominenter mit und ohne Berühmtheit auch auf der Empfängerseite sind in diesem Abschn. 6.2 zusammengetragen bzw. genannt. Bei Giannantoni, *Socraticorum reliquiae* finden sich angebliche Briefe von Aristippos, Antisthenes, Diogenes und Krates, d.h. gerade die beliebtesten von ihnen erhielten ihr Schriftencorpus durch literarisch anspruchslose Zusätze ergänzt.

Textsorte: Lehrbrief, Epistel.

Zählung: nach Seite (nur gerade Zahlen) und Zeile bei Steffens (bei Siegert übernommen).

Gliederung: 9 Kapitel (Zwischenüberschriften mit Themenangaben) bei Siegert. Sonst Seiten der Erstausgabe: 208, 210 usw. bis 218.

Literarische Integrität: Ein förmlicher Schluss ist nicht erhalten. Auch die Handschriften enden hier.

Biblischer Bezug: von „Mordechai" Est 1,1ff (und Esr 2,2; Neh 7,7) und zusätzlich zur inhaltlichen Grundlage in Gen 1–2 finden sich sprachliche Anleihen v. a. an den Psalmen (Siegert Anm. 22.50.76.96 f) sowie an Spr 8,22–31 (*Sapientia* 7,21–30) und weiterhin an *Sapientia* 13,1 (210,35) und 14,12–31 (214,7 ff).

Historischer Bezug: die Alexanderzüge. Sie mögen freilich schon weit zurückliegen.

Hebraismen: Septuagintismen s. Siegert, Anm. 14.17.22.30.100. Der Sprache nach kommt dieser Brief klar aus dem Griechischen; vgl. die gr. Ausdrücke in den Anmerkungen bei Siegert. Der **gr. Stil** dürfte gehoben und literarisch gewesen sein, wie diesem gebildeten König und Aristotelesschüler geschuldet ist. – Im **Lat.** begegnen späte Ausdrücke und Neologismen.

Bemerkenswerte Stellen, Theologisches: Empfehlung der Tora. „Unser Gesetz", sagt Mordechai (210,29), ist wahrhaftiger als die „Lügen der Philosophen".[8] Ein kosmologischer Gottesbeweis begründet die Verehrung nur Eines Gottes (212,34ff). Der angeredete Herrscher ist „aus nichts gezeugt" (214,18).[9] Verwandtschaft des Menschen mit Gott durch seine unsterbliche Seele; doppeltes Gericht (214,34 ff).

Abfassungszeit: „frühe Kaiserzeit" (Siegert 150); was vielleicht noch abzugleichen wäre mit der Datierung der *Sapientia* (6.5.1). Die lat. Übers. ist nach sprachlichen Indizien erst spätantik. – **Ort:** eher im Westen des Reiches; Polemik gegen gr. Philosophie in einem sonst gebildeten Text passt nicht in den hellenisierten Osten.

– **Adressaten, Sitz im Leben:** Am ehesten ist an die römische Führungsschicht gedacht. An deren Rändern gab es Einflussmöglichkeiten: Von engen Vertrauten

---

8 Das könnte einen antiphilosophischen Affekt der Römer bedienen, so wie Josephus es in *C.Ap.* macht; vgl. G. HAALAND: „Jewish laws for a Roman audience", in: J. KALMS/F. SIEGERT (Hg.): *Internationales Josephus-Kolloquium Brüssel 1998* (MJSt 4), 1999, 282–304.

9 Das mag eine Kritik sein an der Kaiserideologie, welche die Kaiser mythisch und bald auch kultisch-praktisch den olympischen Göttern beigesellte. Das Gottesattribut „himmlischer Vater" in Kap. 9 (S. 216 Ende) hat demgegenüber kosmologischen Sinn, wie schon bei Homer „Vater der Götter und Menschen" (*Ilias* 4, 235 u. ö.).

mehrerer Kaiser des 1.Jh., etwa Poppaea (Neros Frau) oder Titus Flavius Clemens, engem Verwandten Domitians, und seiner Fau ist bekannt, dass sie zum Judentum neigten. – Auch Lukas hat auf die augusteische Wende reagiert (Lk 2,1; vgl. Irenaeos 4, 30,3) und das Angebot einer Friedensherrschaft aus dem Himmel in positive Beziehung gebracht zu Rom als Ordnungsmacht.

6.2.2 Die ps.-herakliteischen Briefe

Nur der Textsorte halber seien hier schon, im Vorgriff auf Abschn. 7 („Texte von unsicherer Zuordnung"), einige Briefe unter dem Namen eines prominenten Absenders genannt, des ionischen Naturphilosophen Heraklit, dessen einziges Werk, im Artemis-Tempel von Ephesus deponiert, bei dessen Brand (spätestens da) verloren ging und nur in vielen, aber kurzen Zitaten fortbesteht. – Von einem der zahlreichen Altphilologen aus jüdischer Familie, die Deutschland einst hatte, stammt der Vorschlag, die Nrn. 4, 7 und 9 der überlieferten Sammlung für jüdisch zu nehmen, des Inhalts wegen (Jacob BERNAYS: *Die herakliteischen Briefe*, 1869) – ein Vorschlag, der bis heute allerdings nur eine Stimmenminderheit hinter sich hat. Diese kurzen, eher bescheidenen Texte bieten Gemeinplätze der kynisch-stoischen Philosophie, wie sie auch in Epiktets Vorträgen begegnen: Monotheismus, kosmologischer Gottesbeweis, Wichtigkeit der Gotteserkenntnis (damit verbunden: Unterschied Sehen/Blindheit), Besiegen der Begierden (all dies bereits in Brief 4). Problematisch, sollte es um jüdische Autorschaft gehen, ist die Anknüpfung am Kult „der Göttin" (das meint – für Heraklits Wirkungsort – die Artemis von Ephesus).[10]

Dieser Heraklit wehrt sich gegen einen ähnlichen Asebie-Verdacht wie Sokrates in Athen. Das mag jüdische Intellektuelle gereizt haben, sich in seinem Namen in das Konzert der Meinungen einzubringen.

Harnack I 864 Nr. 86; Schürer/V. 694 f.
Einleitung: Denis 1057–1061; A. MALHERBE (Hg.): *The Cynic Epistles. A Study Edition* (SBL.SBS 12), 1977, 22–26. **Anmerkungen:** Rießler (474–480) 1298–1300.
Handschriften: Brief Nr. 7 ist in erweitertem Text auf einem Papyrus des 2. Jh. n.Chr. erhalten, dem PGen 271 (in Genf); s. Malherbe S. 24; Denis 1060. Dies gibt einen *terminus ad quem*, und wohl nicht nur für diesen Brief.
Neuere kritische Ausgabe: PVTG 3 (A.-M. DENIS) 1970, S. 157–160 (4. und 7. Brief); D. WORLEY (Hg., Übers.): „The epistles of Heraclitus", in: Malherbe S. 185–215, bes. 190–193 (4.Brief).200–207 (7.Brief).210–215 (9. Brief). Text jeweils nach R. HERCHER (Hg., Übers.): *Epistolographi Graeci*, 1873 (1965).

---

10 Vgl. christlicherseits Apg 19,23–40.

Textanfang von Brief 4: Auf die Briefadresse Ἡράκλειτος Ἑρμοδώρῳ folgt: Ἤδη μηκέτι τοῖς ἑαυτοῦ χαλέπαινε.[11] **Textschluss** von Brief 4: οὐράνιος μαρτυρία, von Brief 9 (= dem letzten für diesen Teil der Sammlung): σὺ δὲ χαῖρε ἀγαθὸς ὤν.
Wortindex: Malherbe 315–334 (gr. Wortindex zur gesamten Briefsammlung).
Ähnliche oder ähnlich benannte Texte: s. hier 6.2.
Textsorte: Brief zwischen Philosoph und Schüler. Fast jedem gr. Philosophen wurde in der Antike ein gewisses Corpus an Briefen zugeschrieben; die meisten sind unecht.
Zählung: Die Nummerierung variiert in den Handschriften; Nr. 9 kann auch der erste sein.
Vorlage: Für den o.g. 7. Brief ist der 28. Brief des Ps.-Diogenes namhaft gemacht worden (Schürer/V. 695). Text z. B. bei Giannantoni, *Socraticorum reliquiae* II 618–621.
Stil: literarische Koinē mit Diatriben-Elementen, wie bei Epiktet u. a.; hierzu R. BULTMANN: *Der Stil der paulinischen Predigt und die kynisch-stoische Diatribe* (FRLANT 13), 1910.
Abfassungszeit und -ort; Adressaten; Sitz im Leben: Man setzt die ganze Sammlung ins 1.Jh. bis zur 1.Hälfte des 2. Die „Lesergemeinde" dieser beliebten Literaturgattung ist nicht näher auszumachen.
Abfassungszweck: vgl. Kopftext.

6.3 Astrologisches, Magie, Okkultes

6.3.0 Magie im Judentum?

Von Magie war in dieser Übersicht verschiedentlich schon die Rede (bes. 2.3.0–1). Sie ist eine Begleiterscheinung aller antiken Kulturen, beliebt im Volk als punktuelle Durchbrechung eines Schicksals, dem gegenüber man sich sonst machtlos fühlt, auch wegen ihrer geringen Kosten (billigere Alternative zum Arzt!),[12] verachtet aber von den Intellektuellen – so etwa bei Platon, *Rep.* 363 E–365 A mit einer interessanten Herleitung aus der Theodizee-Frage.

Das Judentum war von der Tora her prinzipiell abweisend, in der Praxis aber geteilt:[13] Allein schon die Bezeichnung der Gebetsriemen als φυλακτήριον („Amulett") im hellenistischen Judentum und im NT (Mt 23,5) lässt ein magisches Verständnis

---

11 Der Sprachfehler eines ἑαυτοῦ statt σεαυτοῦ ist in subliterarischem Griechisch auch antik schon möglich (wenn denn die Handschriften verlässlich sind).
12 Die damalige Schulmedizin wusste von psychosomatischen Zusammenhängen noch weniger als die heutige.
13 Lit.: R. SCHMITT: *Magie im Alten Testament*, 2004; ders.: *Magie in den biblischen Schriften*, 2007; dazu zahlreiche Veröffentlichungen von J. NAVEH/Sh. SHAKED sowie von Ch. MÜLLER-KESSLER über die vielen erhaltenen Amulette, Zauberschalen usw.; nächster Kongressband: J. KAMLAH/R. SCHÄFER/M. WITTE (Hg.): *Zauber und Magie im antiken Palästina und seiner Umwelt* (vorgesehen für ADPV).

kultischer Vorgänge zu damaliger Zeit alltäglich erscheinen. Als Texte mit magischen Zügen, in hellenistischer Zeit entstanden, sind oben schon *Tobit* (1.2.1) und anderes (2.2.4) behandelt, ob magie-affin oder auch -kritisch. Josephus, Jerusalemer Priester, aber im Exil schreibend, hält viel von Juden, die sich auf Magie verstehen (unten 6.3.1).[14] Passt diese Haltung zur Tora? – Insofern ja, als all die hier genannten Beispiele sich in der Diaspora abspielen und nicht im Heiligen Land. Von diesem wissen wir nur, dass man vor „unreinen Geistern" eine geradezu abergläubische Angst hatte (Mk 1,23.26; 3,11 usw., sehr häufig);[15] diese erklärt sich aus Reinheitsbedenken, die anderswo nicht galten. Höchstens die in 1.5.4 gestreiften *hechalot*-Spekulationen, die über diverses Henoch-Schrifttum auch in die hellenistisch-römische und schließlich auch in die byzantinische Welt Einfluss fanden, haben mit ihren Aufzählungen von Engelnamen Ähnlichkeiten zu den namentlichen Aufzählungen von Dämonenmächten in der nunmehr zu nennenden Literatur. Da ist aber nicht der heilige Boden berührt, schon gar nicht durch Unreines.

Strabon (1.Jh. v.Chr.) 16, 2,39 wusste, dass Mose in seinem eigenen Volk ein Renommee genoss als Zauberer. Im Zuge einer Erwähnung von Orpheus, Musaeos, den Magiern Persiens, den Chaldäern Assyriens und den etruskischen Wahrsagern bei den Römern sagt er weiter: „Ein solcher war auch Mose und die von ihm (das Wissen) übernahmen, von einem zwar nicht üblen Ursprung ausgehend, sich davon jedoch abwendend zum Schlechteren" (Stern I S. 296 und Kontext). – Wegen Ex 4 – 5 und 9 galt Mose im Judentum, am meisten bei Artapanos (2.2.1, zu Frg. 3) als begabtester aller Zauberer, was über Jahrhunderte hinweg allerlei Mose-Apokrypha erzeugt hat (Denis 471f). Wer immer Bedenken haben mochte, dass Magie schädlich sei, konnte sich damit beruhigen, dass fremde Länder, und nicht das Land Israel, Schauplätze solcher Künste sind. Dieser Gedanke wird zwar nirgends geäußert, ist aber zum Verständnis wichtig.

Paulus hat mit jüdischer Magie seine Erfahrungen gemacht auf der Insel Zypern (Apg 13,4 – 12); vgl. die unter 5.3.1 schon erwähnte jüdische Wahrsagerin in Rom.[16] Plinius, *Nat.hist.* 30, 11 (Stern I S. 498) leitet von Mose, Jannes und „Lotapes" (verschrieben; vgl. 2.2.4) einen eigenen Zweig der Magie her, der aber viel jünger sei als der mit Zoroaster beginnende.[17] Der selber mehr oder weniger magisch gewordene Neuplatonismus hatte dafür Anerkennung (Numenios, Frg. 9 – 10; Stern II S. 212f); als

---

14 In *Ant.* 3, 317 – 322 schreibt er Mose eine „übermenschliche Kraft" zu, u.z. „bis jetzt", belegt das dann allerdings aus dem fortdauernden Gehorsam der Israeliten gegenüber seinen Bestimmungen und baut es aus zu einem Göttlichkeitsbeweis für die Tora.

15 Anders ist es in dem in dieser Hinsicht sehr „städtischen" (nämlich ephesinischen) Joh, wo nur der Verdacht einer Dämonenbesessenheit Jesu gelegentlich gestreift wird (7,20; 8,48f; 10,20f). Heilungen von – oder gar mittels – Dämonen gibt es dort nicht.

16 Aus Juvenal 6, 543 – 547, wo eine römische Jüdin sich auf die „Jerusalemer Gesetze", also Moses übernatürliches Wissen beruft. Philologen werden hier hoffen, es sei wenigstens die Kenntnis des Vetus-Latina-Pentateuchs.

17 Als kurzen, aber reichhaltigen Einblick in die Quellen vgl. A.-J. FESTUGIÈRE: *La révélation d'Hermès Trismégiste*, Bd. 1 (s.o. 3.5.4), 19 – 44; ferner Schürer/V. III 781.

„Mittelplatoniker" war vorangegangen der selbst der Magie bezichtigte Apulejus (*Apol.* 90; Stern II S. 203). Als Magier zu gelten, war gefährlich: In römischem Recht war Giftmischerei seit ältesten Zeiten verboten, und sie konnte – wie jeder Schadenszauber, wo er denn nachweisbar war – hart bestraft werden, auch mit dem Tod.

Gebete (s. o. 2.3) waren in der Antike Bestandteil des öffentlichen Lebens. Ebenso althergebracht war aber auch ihre Verbindung mit Magie. Das Transkribieren von Gottes- und Engelnamen – selbst „Jakob" war mitunter ein solcher (2.2.3 c) – konnte schon den Berufsmagiern oder ihren privaten Imitatoren Herrschaftswissen zuführen. Religionsgeschichtliche Beobachtungen zum Eindringen von Astrologie und Magie ins Judentum schon des 3.Jh. v.Chr., insbes. in den Essenismus, bietet Hengel 432–442; vgl. Schürer/V. 342–347; Besprechung hebräischer und aramäischer Zaubertexte ebd. 347–357, Ergänzungen bei Hengel, *JSS* 1990, 51. Ein ganzer Forschungszweig hat sich dieses Themas seither angenommen, z. B. S. KOTTEK: „Magic and Healing in Hellenistic Jewish Writings", *FJB* 27, 2000, 1–16; P. TORIJANO: *Solomon the Esoteric King. From King to Magus* (JSJ.S 73), 2002.

Ähnlich ist das Bild bei den Rabbinen. Wenn Rabbi ʿAqiva in der Mischna, *Sanhedrin* 10,1 einen Zauberspruch zitiert, den über einer Wunde zu flüstern vom Heil Israels ausschließe, so sind hundert andere Zaubersprüche, die man sich auch denken kann, damit entweder ein- oder ausgeschlossen, je nach Auffassung. R. ʿAqiva selbst zählt zu denjenigen prominenten Rabbinen, die bei Bedarf zu zaubern vermochten, neben R. Eliʿezer und dem auf diesem Gebiet besonders renommierten R. Jehošuaʿ ben Ḥananja; Anekdoten hierüber s. Bill. II 271–273. Um zauberkundige Menschen nicht, wie Lev 19,26.31 und Dtn 18,9–11 vorschreibt, vertreiben zu müssen, beschränkte sich der Rabbinat darauf, Schadenszauber zu verbieten, ganz wie das römische Recht auch, hinter dem dann allerdings eine bis zu Todesstrafen gehende Polizeigewalt stand. – Anders die Magie zu Heilzwecken, deren ein Josephus sich ganz unbefangen rühmt; mit einem Beispiel hieraus soll dieser Abschnitt beginnen.

6.3.1 Das *Testament Salomos*, Übernahme (oder Imitation) jüdischer Magie

Wo von Salomo die Rede ist, da geht – in der Antike – der Gedanke auch in Richtung Magie. Hinter dem, was man von seinen lt. 3Kön 5,9–14 einstmals existierenden 3000 Rätselsprüchen und 1005 (LXX: 5000) Gesängen in der schriftlichen Überlieferung nicht vorfand, vermutete man nicht zuletzt Magisches, da Salomo sich, jener Nachricht zufolge, „von der Zeder bis zum Hyssop" auch mit den Geheimnissen der Natur befasst hatte (vgl. *Sapientia* 7,17–20). „Weisheit" hieß in der Antike auch und nicht zuletzt: Naturbeherrschung – was heute populär „Wissenschaft" genannt wird und englisch jedenfalls *science*. In den Anfangszeiten neuzeitlicher Naturwissenschaft nannte sich diese in manchen Ankündigungen und Buchtiteln ebenso unbefangen wie angreifbar *magia naturalis*. Kein Geringerer als Josephus rühmt Salomo als großen Magier: Mit Hilfe von dessen Zaubersprüchen und -rezepten (ἐπῳδαὶ καὶ τρόποι ἐξορκώσεων) habe ein Jude namens Eleazar vor den Augen Vespasians und seinen eigenen Augen Dämonen besiegt (*Ant.* 8, 43–49)[18] während dessen Ägyptenaufenthalts. Wenn in Mk 10,47 par. Jesus von einem Blinden als „Sohn Davids" angerufen wird, um eine – für die gewöhnliche Medizin unmögliche – Heilung vorzunehmen, ist das wohl weniger der Appell an seine Messianität als vielmehr der an seine magischen Kräfte als neuer Salomo (Torijano 112).

Das Folgende ist ein Ausschnitt aus dieser Gedankenwelt, eine Sammlung magischer Anweisungen innerhalb einer Rahmenerzählung. Obwohl christliche Autorschaft angenommen wird (Duling; Busch) und die Bezugnahmen auf Jerusalem einen nachkonstantinischen Zustand widerspiegeln, ist das Gedankengut jüdisch und weist noch ins 1.Jh. (Busch 10–30, bes. 20). Ausgangspunkt ist die Bemerkung in 3Kön 6,7, man habe bei Salomos Tempelbau kein Werkzeug klappern hören. Was dort auf die Verwendung von Fertigteilen bezogen ist, hat die im *TestSal.* auserzählte Tradition der Wirksamkeit von Dämonen zugeschrieben, deren Beherrschung Salomo damit unter Beweis gestellt habe. Übersicht über die sechs Rezensionen bei DiTommaso 895f, Aufschlüsselung der aus hebräischen und griechischen Elementen (darunter sehr raffinierten Anspielungen) zusammengesetzten Engelnamen bei Woschitz.

Online-Index Nr. 83; **Stegmüller** Nr. 108.3–7; Harnack I 858 Nr. 69; Schürer/V. 372–379. **Inhaltsangabe** mit Kommentar: Woschitz 440–456.

Einleitung und Übersetzung: Charlesworth I 935–987 (D. C. DULING).

Einleitung: Denis 536–539; Ginzberg, *Legends* 6, 292. Vgl. A. MASTROCINQUE: *From Jewish Magic to Gnosticism* (Studien u. Texte zu Antike u. Chr. 24), 2005. **Anmerkungen:** Rießler (1251–1262) 1338f. **Über Salomo-Traditionen** s. 6.5.1 „Literatur" zu *Sapientia 7–9*.

Übersetzung mit Anmerkungen: P. BUSCH (Übers., Komm.): *Das Testament Salomos. Die älteste christliche Dämonologie, kommentiert und in dt. Erstübersetzung* (TU 153), 2006 [Übers. und Komm.: 79–278]. **Neuere Literatur:** P. TORIJANO: *Solomon the Esoteric King* (s.o.), bes. 53–68.124–128.144–150 (zu einzelnen Stellen, mit Parallelen von Qumran bis in die Archäologie); enthält zahlreiche gr. Vergleichstexte (leider nicht ohne Druckfehler im Griechischen.); dazu unten „Ähnliche Texte".

Handschriften: Papyrusfragmente in Wien (P. gr. 330, 5./6. Jh., bietet 18,34–40,[19] freilich mit einem Schlussstrich danach, der einem anderen Kontext entspricht; entweder war dies eine Vorlage oder ein Auszug. Alle sonstigen Handschriften sind aus dem 15. und 16.Jh. (Busch 30–37). **Erstausgabe:** F. F. Fleck 1837.

Titel in den Handschriften meist: Διαθήκη Σολομῶντος o.ä., meist zu Präskripten ausgeweitet (dt. in vierspaltiger Synopse bei Busch 83).

---

18 Zu diesem Vorfall s. R. DEINES: „Josephus, Salomo und die von Gott verliehene τέχνη gegen die Dämonen", in: A. LANGE/H. LICHTENBERGER/D. RÖMHELD (Hg.): *Die Dämonen*, 2003, 365–394.
19 Fragmente bezeugen auch schon V. 27f. Kurioserweise war dies ein *rotulus*, eine senkrecht zu haltende Papyrusrolle, wie sie nicht für literarische Zwecke, wohl aber für Dokumente verwendet wurde.

6.3.1 Das *Testament Salomos*, Übernahme (oder Imitation) jüdischer Magie

Neuere kritische Ausgabe: C. C. McCown: *The Testament of Solomon*, Leipzig 1922 (gr. Text: 5–75 der zweiten Zählung, z.T. mehrere Rezensionen untereinander; Frg. einer Rezension C separat 76–97; Nachträge aus Cod. N: 121).

Textanfang (nach Anfangsdoxologie): Καὶ ἰδοὺ οἰκοδομουμένου τοῦ ναοῦ bzw. Βουλόμενος ὁ Σολομῶν bzw. Ἐργαζομένων δὲ τῶν τεχνιτῶν. **Textschluss:** ἵνα τελείως εὕρωσι χάριν εἰς τοὺς αἰῶνας, ἀμήν.

Wortindex: Wahl (Bauer), *Clavis* 737–797; McCown 130–160; Stellenregister bei Busch 311–322. **Synopse** des Inhalts verschiedener Fassungen bei Busch 13.

Alte Übersetzungen: syr., arab. (auch karschunisch); vgl. DiTommaso 896 f; Busch 11 Anm. 4.

Frühestes Zitat: 26,5 ist zitiert in einem *Dialog des Timotheus mit Aquila* (ca. 400 n.Chr.; Schürer/V. 373). **Erwähnungen** s. Denis 538.

Ähnliche oder ähnlich benannte Texte: McCown 102–120 bietet noch eine mittelgriechische Διήγησις περὶ τοῦ προφήτου καὶ σοφωτάτου τοῦ (sic) βασιλέως Σολομῶντος. Bei Stegmüller Nr. 108.8–15 sind noch eine Reihe weiterer Salomo-Apokrypha erwähnt. Wieder andere sind geboten und besprochen bei Torijano: (a) die *Hygromantia Salomonis:* 151–175.209–224 Einleitung; 231–253 engl. Übers.;[20] 254–309 gr. Text mit synoptischer Beifügung verwandter Texte u.d.T. Κλειδίον τῆς πάσης τέχνης τῆς ὑγρομαντείας *Schlüsselchen für die gesamte Kunst des Flüssigkeitszaubers* oder Ἀποτελεσματικὴ πραγματεία *Zauberkundliche Abhandlung*, Text jeweils beginnend mit „Merk auf (πρόσεχε), mein Sohn Roboam" (o.ä.); (b) das *Selenodromion des Propheten David und seines Sohnes Salomo:* 187–190 Einleitung; 310–315 gr. Text mit engl. Übers.; (c) 178–182 Auszüge aus Zosimos v. Panopolis in syr. Überlieferung, wo jeweils Salomo erwähnt wird. – Rabbinisches über „salomonische" Magie bei Ginzberg, *Legends* 6, 291–293 (vgl. 4, 150 ff; 169 ff). Späteres s. „Rezeption".

Textsorte, literarische Besonderheiten: Der Text nennt sich „Testament", ist aber ein (erzählerisch gerahmter) Traktat aus der Gattung *Physika* (Naturkunde). „Die älteste christliche Dämonologie" (Busch).

Zählung: 26 Kapitel oder 130 Paragraphen (bei Duling beides).

Gliederung: Nach kurzem Vorspann beginnt in 1,1 eine Rahmenerzählung, wie Salomo Macht über die Dämonen gewann; er befragt diverse Schadensengel wie Beelzebul, Ašmodai u.a. Ab 6,9 gelingt es ihm, Beelzebul für sich arbeiten zu lassen. Gleitender Übergang in eine Reihe von Anweisungen, wie bestimmte Dämonen in Dienst zu nehmen seien. Details s.o. „Synopse".

Literarische Integrität: Dies ist eine Sammlung von Gedankengut vieler Jahrhunderte, in vier Rezensionen zerfallend. Dulings Text ist eine Montage aus dem je-

---

[20] Die Repaganisierung des Ausdrucks „Herrentag" auf S. 231 Anm. 1 war nicht nötig: Mindestens die Abschreiber solcher Texte standen unter byzantinisch-christlichem Einfluss, und dort kannte man Christus als Sonnengott.

weils ältest Erscheinenden. Zur **Textkritik** stehen letzte Vorschläge bei Duling 957 f.

Biblischer Bezug: 3Kön 6, bes. V. 7 in Verbindung mit 5,9 – 14 (vgl. Kopftext).

Quellen und **Vorlage:** viel Jüdisches kehrt hier in Verwandlung wieder. Für Ašmodai (Kap. 5) z. B., den auch der *Targum Kohelet* 1,11 kennt, vgl. *Tob.* 3,8.17. Die äg. Lehre von den Dekan-Sternbildern (Zehnteln eines Tierkreiszeichens, Kap. 18) ist auch Kelsos bekannt: Origenes, *C.Cels.* 8,58. Weiteres Ägyptische (Ägypten galt zu Recht als Heimatland der Magie) ist bei Duling vermerkt.

Hebraismen: imitiert. **Stil:** ein dem NT nahestehendes Griechisch.

Bemerkenswerte Stellen, Theologisches: In 6,8 fragt Salomo Beelzebul, welchen Engel er bedrohlich finde; die Antwort: „den allmächtigen Gott". Da verrät er sich sozusagen als Polytheisten. – Man kann sich fragen, wie Dämonenhilfe beim Bau des Tempels sich mit dessen Heiligkeit vertrage, gerade nach jüdischen Begriffen; indes gibt es rabbinische Überlieferungen genau dieses Inhalts: Busch 8; Ginzberg, *Legends* a.a.O.

Christlicher Einfluss findet sich „auf jeder Seite" (Duling). Jesus und die Jungfrau (Maria) werden je mehrmals erwähnt (Stellen bei Schürer/V. 374).

Abfassungszeit: 3.Jh. n.Chr. (McCown 106; Schürer/V. 373 unten). In jener Zeit begegnet auch im Talmud der Name Salomos im Zusammenhang mit Magie (Busch; vgl. Kopftext). – **Ort:** ägyptische Einflüsse sind in magischen (wie auch in alchimistischen) Texten Tradition und besagen nichts über die Lokalisierung. Der ganze byz. Osten kommt in Frage. McCown (S. 111 der Einleitung) bemerkt in Rez. B die westliche Form des Salomonssiegels, das Pentagramm, was diese nahe an den lat. Sprachraum heranrückt.

Abfassungszweck: Einweisung in Magie, v.a. zu Heilungszwecken. **Sitz im Leben:** Busch 279 – 290 verweist auf das kirchliche Amt der Exorzisten nach Mk 3,15 par., das allerdings im Namen Jesu (z. B. Apg 19,13 – 17) auszuüben wäre; davon ist hier nicht die Rede. Justin, *Dial.* 85,2 f macht bereits Front gegen anderweitige Beschwörungen und würde allenfalls eine solche „im Namen des Gottes Abrahams, Isaaks und Jakobs" für wirkungsvoll halten.

Rezeption: Magie aufgrund von Salomo-Rezepten zieht sich noch durch das ganze Mittelalter hin (Schürer/V. 375 – 379; Duling 956 f), kehrt auch in Pflanzennamen wieder (Salomonssiegel = *polygonatum multiflorum* bzw. *verticillatum* All.).[21] Zum magischen Salomonssiegel findet sich ein gr. Text mit Zeichnung bei McCown 100 f. Denis 540 – 545 bietet quer durch alle Sprachen des Orients Hinweise auf eine „immense" Literatur. Der Westen steht kaum zurück: Wenn Goethe in *Faust* I 1258 „Salomonis Schlüssel" erwähnt, setzt er als bekannt voraus, dass es sich um

---

21 „All." = von C. Allioni (18. Jh.) wissenschaftlich beschrieben. In älteren Kräuterbüchern auch „Weißwurz". Der weißen, seltsam geformten Wurzel dieser Pflanze schrieb man Heilkräfte zu.

Magie handeln muss, etwa in Gestalt der 1686 anonym erschienenen *Clavicula Salomonis*.[22]

6.3.2 Das *Gebet Jakobs* aus den Berliner Zauberpapyri und Verwandtes

Das folgende ist eine altertümliche Mischung aus Magie und Gebet, gerichtet an den Gott der Schöpfung und Gott der Patriarchen, wie er im Judentum angerufen wurde. Der Name Jakobs dürfte hier ähnliche Vermutungen in Richtung auf Allmacht wecken, wie sie im *Gebet Josephs* (2.2.3 c) zum Ausdruck kommen. Vielleicht gehören diese beiden Texte enger zusammen, als hier sichtbar wird, und begründen dieselbe Art von Magie.

Ob diese Magie von Juden ausgeübt wurde, ist eine andere Frage; sie ist, anders als bei den in Quadratschrift geschriebenen Texten, die aber sämtlich später sind, unentscheidbar. Mindestens aber sind Elemente jüdischen Selbstbewusstseins eingegangen in das Allmachtstreben derer, die sich dieser Texte bedienten.

Online-Index Nr. 33; vgl. Schürer/V. 357–361 (nur zum Pariser Papyrus sowie zu Amuletten u. dgl.).
Einleitung und Übersetzung: Charlesworth II 715–723 (J. CHARLESWORTH); van der Horst/Newman, *Early Jewish Prayers* 217–246 (J. NEWMAN; engl. Übers.: 230 f; 231–246: **Kommentar**).
Einleitung: Denis 471–473; Woschitz 519–521; L. LIDONNICI: „Identified (and identifying) 'Jewish' elements in the Greek Magical Papyri", in: ders./Lieber, *Heavenly Tablets* 88–108.
Literatur: DiTommaso 553–556; Newman (s.o.) 225–229.
Handschriften: Papyrus Gr. Berlin 13895 (4.Jh.), Kol. 1, Z. 1–26. **Ausgabe:** K. PREISENDANZ/A. HENRICHS (Hg.): *Papyri Graecae magicae*, Bd. 2, 1931 (1974), Nr. 22 b, S. 148 f (26 Zeilen plus Z. 27 f Anweisung).
Titel in den Handschriften: Προσευχὴ Ἰακώβ, so auch Z. 28.
Textanfang: Πάτερ πατριάρχων, πατὴρ (sic) ὅλων. **Textschluss:** τὸ ἀπό σου δεξάμενον, ἀμήν, ἀμήν. Folgt Anweisung: „Sprich siebenmal zum Norden und Osten das Gebet Jakobs."
Ähnliche oder ähnlich benannte Texte: der Papyrus der Pariser Nationalbibliothek, Suppl. Gr. 574, bestens erhalten. Dies ist der berühmte Pariser Zauberpapyrus, ein Codex (um 300 n.Chr.) mit hintereinander geschriebenen Texten magischen Inhalts. Dort geben Z. 3007–3086 (nach Blättern gezählt, sind es die Seiten 33 *recto* und 33 *verso*) unter dem Titel Ἑβραϊκὸς λόγος eine Beschwörung an Dämonen-

---

22 G. VON WILPERT: *Goethe-Lexikon*, 1998, s.v. „Magie". – Dem Halbwissen dieser Literatur setzt W. ABLES: *Die Arzneien und ihre Heiltugenden*, 1845, das Motto aus Baco v. Verulam voran: *Citius emergit veritas ex errore quam ex confusione.*

besessene,[23] in deren Verlauf es auf Z. 3019 plötzlich heißt: „Ich beschwöre dich bei dem Gott der Hebräer, Jesu,[24] Jaba, Jae,[25] Abraoth, Aia, Thoth, Ele, Elo" usw. Es folgt auf Z. 3034 ff eine Erinnerung an rettende Ereignisse, wie sie die Synagogengebete (2.3.2) auch zu geben pflegten: Exodus unter Feuersäule und Wolke, Noahs Überleben, Überquerung des Jordan u. a. Auf Z. 3047 findet sich für Gott den Schöpfer das überaus seltene Wort χοοπλάστης,[26] „der Verfertiger aus Staub" (nach Gen 2,7), sonst nur noch zweimal als Verb χοοπλαστεῖν bei Athanasios belegt: dieser Autor bzw. Sammler zehrt von christlicher AT-Theologie. Am Schluss nennt sich das Ganze Ἑβραϊκὸς λόγος (3085). Der Sammler dieses Papyrus hat hier wohl ein Stück jüdischer Magie zu fassen gekriegt (Schürer/V. 357f; dort auch weitere Titel).

Hinweis auf weitere fünf „Gebete" (jeweils: εὐχή) in den Berliner Zauberpapyri bei Newman 217, auf Jakobs-Gebete außerhalb ebd. 218. LiDonnici 92–107 behandelt auch *PGrM* Nr. 3, 1–164; Nr. 4, 3007–3086; Nr. 5, 96–102.459–489; Nr. 7, 201–269; Nr. 13, 81–86.975–978. Vgl. den in PVTG 3 (A.-M. DENIS) 1970, 235f abgedruckten, sehr lückenhaften Papyrustext (Bezeichnung: *fragmenta anonyma* j): DiTommaso 558 ordnet diesen einem *Apokryphon Jakobs und Josephs* zu; dazu hier 2.2.3 b. – Texte namens *Testament Jakobs* s. unter 7.5.2 b.

Ein Stück aus der *Jakobsleiter* (8.2.2), nämlich 2,6–22, inhaltlich vergleichbar, gehört nach Newman 218 zu den Vorlagen eines hebr. Codex des 11.Jh. aus der Kairoer Geniza (jetzt Cambridge). Ein hebr. *Gebet unseres Vaters Jakob* s. o. 1.5.4 d.

Textsorte: Beschwörung (Verb καλεῖν auf Z. 4).[27] Im Fall von *PGrM* 3 ist es ausdrücklich ein Exorzismus: ἐξορκίζω σε κατὰ τῆς Ἑβραϊκῆς φωνῆς (119) „ich beschwöre dich in (?) hebräischer Sprache". **Literarische Besonderheit** ist der Versuch der Mehrsprachigkeit wenigstens bei Namensnennungen, um möglichst viele dieser Luftbewohner binden zu können durch die Kunst, ihnen sagen zu können, wie sie heißen. Was in den Papyri sowie in vielen Texten der Gnosis wie

---

23 Sie ist abgebildet mit Transkription des gr. Textes, dt. Übers. und Kommentar bei A. DEISSMANN: *Licht vom Osten*, 4. Aufl. 1923, 216–228.

24 Man kann das auf Josua beziehen, was aber ein sehr grobes Missverständnis voraussetzen würde. Deissman vermutet hier einen paganen Zusatz zu einem sonst jüdischen Text. Sollte aber ΙΗΣΟΥ noch immer die aramäische (und syrische) Form dieses Namens wiedergeben (wie auch in Z. 3061, ganz singulär, der Name ΧΕΡΟΥΒΙΝ mit N geschrieben wird), so hätten wir hier den „Gott der Juden(christen), Jesus": Diese Akklamation, der schon die von Lukas wiedergegebene Populärtheologie nahe ist in mirakulösen Anrufungen des Jesus-Namens (Apg 3,6; 4,30; vgl. 16,18 für einen Gegenzauber), hat in der Alten Kirche Platz gegriffen. Schon 2Petr 1,1 kann, je nach Interpunktion, so verstanden werden.

25 Dies ist eine der wenigen antiken Erinnerungen an die unveränderte Vokalisation des JHWH-Namens. – Zaubertexte wie dieser ergehen sich zeilenlang in Anhäufungen von Namen höherer Mächte in dem Bestreben, keinen ungenannt oder nicht in richtiger Aussprache genannt zu lassen.

26 Geschrieben χουοπλάστης, sonst nicht belegt (TLG). Das Verbum auch nur zweimal, bei Athanasios (dito).

27 Hier terminologisch gemeint für den Sprechakt des Aufforderns. Mit demselben Wort beschreibt Porphyrios, *Vita Plotini* 10, wie Plotin den ihm dienenden Dämon sichtbar werden lässst. Vgl. das Wortfeld um (ἐκ)καλεῖν = *evocare* in 2.3.0, Anm. 141.

unverständliches Lallen aussieht, ist der Versuch, den Klang des Ägyptischen festzuhalten anhand der gr. Schrift, die wenigstens die Vokale (aber nur einen Teil der Konsonanten) zu fixieren vermag.

Zählung in 28 Papyrus-Zeilen; bei Charlesworth in 20 Versen.

Literarische Integrität: Dies ist Teil einer kleinen Sammlung von in sich heterogenen Gebeten, synkretistisch wie die Magie eben war. Es folgen noch zwei „Traumforderungen" (jeweils ὀνειραίτητον betitelt, bis Z. 36).

Biblischer Bezug: vielleicht Gen 32,28; 35,10.

Abfassungszeit: Angenommen wird das 1.Jh. n.Chr.

Sitz im Leben: Magie. Sowohl Juden wie Christen wie auch Heiden kann dieser Text gedient haben, um mit den Namen des mächtigsten aller Götter Zauber zu treiben. Dass gerade hebräische Namen für diesen Zweck beliebt waren, sagt Hippolyt, *Ref.* 4, 28 ausdrücklich (vgl. Harnack I 858 Nr. 72).

6.3.3 Der syrische *Traktat des Sem*

Die nun zu erwähnende Spekulation über die Beziehungen der zwölf Sternzeichen zu einem angenommenen Zwölf-Jahres-Rhythmus des Weltgeschehens (sog. Dodekaëteris) ist in einem einzigen syrischen Manuskript erhalten und angesichts möglicher Anspielungen an jüdische Geschichte und gewisser Namensbildungen aus jüdischem Fundus von Charlesworth in seine Sammlung einbezogen worden. Auch hier ist freilich daran zu erinnern, dass Syrisch unseres Wissens nur von Christen geschrieben wurde (0.5.2). So gesehen, und angesichts der in Schürer/V. ausgedrückten (und von Kraft 55 verstärkten) Zweifel, dürfte dieser Text, wie auch die vorigen, überhaupt erst in Abschnitt 7 behandelt werden. Gerade Schürer/V. 370 f jedoch weiß ein Fragment aus der Kairoer Geniza zu benennen, das derselben Gattung angehört. Wer hier was von wem übernimmt und seinen Bedürfnissen anpasst, ist noch unklar.

Online-Index Nr. 70; Schürer/V. 369–372; Stegmüller Nr. 82.14–15. **Inhaltsangabe** mit Kommentar: Woschitz 893–899.

Einleitung und Übersetzung: Charlesworth I 473–486 (J. CHARLESWORTH); JSHRZ.NF II/9 (ders.) 2005.

Einleitung: s. o. Woschitz; Malina, *Revelation* 119–121 (kritisch zu Charlesworth).

Literatur: DiTommaso 793f.

Handschrift: Manchester, John Rylands Library, Ms. Syr. 44 (15.Jh.). **Erstausgabe:** A. Mingana 1917.

Titel in den Handschriften: *Mam(l)lā da-sjam l-Šem bar Noḥ* (usw.) = „Rede, verfasst von Sem, Sohn des Noah, betreffs des Beginns des Jahres und was in dessen Verlauf geschieht"; **andere Benennungen:** *Schrift* oder *Abhandlung des Sem* oder *des Shem*.

Neuere kritische Ausgabe: J. CHARLESWORTH (und J. MÜLLER) (Hg. u. Übers.): „Die 'Schrift des Sem'. Einführung, Text und Übersetzung", in: *ANRW* 2/20,2 (1987), 951–987 [Text und Übers.: 966–987].

Textanfang: *En b-emar metildā šantā* („Wenn im Widder das Jahr beginnt"); **Textschluss:** *men elāhā ḥajjā* („vom lebendigen Gott"). So der Wassermann-Abschnitt. Der über die Fische, der ursprünglich der letzte gewesen sein dürfte, endet: *d-it b-kullāh ar'ā* („die auf der ganzen Erde sind").

Alte Übersetzungen: keine.

Ähnliche oder ähnlich benannte Texte: Malina 119–121 erwähnt ähnliche Abhandlungen auf Griechisch, nämlich Ps.-Eudoxos im *Catalogue of Codices of Greek Astrologers* (=*Catalogus Codicum Astrologorum Graecorum*, Bruxelles: Lamertin 1898 ff) II 144f – (aus der Zeit des Augustus) und VII 183 sowie auf Latein bei Firmicus Maternus, *Mathesis* 4, 22,1–20 (engl. Übers. bei Malina auf S. 269–271). Zu Sem s. weiter 7.6.2 b. – Malina 276–280 bietet die engl. Übers. eines gr. Traktats *On Plants and the Zodiac: Letter of Solomon to Roboam* (aus R. H. CHARLES: *An Exegetical and Critical commentary on the Book of Revelation*, 1920, Bd. 2, S. 224f)[28] sowie anderes offen Pagane auf S. 281–284; auf S. 18 verweist er außerdem auf „the anonymous Judean *Book of Decans*" im o. g. *Catalogus* VI 73–78.

Textsorte: astrologischer Traktat vom Typ „Dodekaëtēris" (s. Kopftext). Er ist der Großgattung dessen zuzurechnen, was Malina „Astralprophetie" nennt; besser wäre: Astralmantik.[29]

Zählung und Gliederung nach Tierkreiszeichen, vom Widder angefangen.

Die **literarische Integrität** ist insofern gestört, als der Abschnitt über den Wassermann, offenbar als Nachtrag, am Ende steht. – Text- oder überlieferungskritisch sind einige Konjekturen nötig, u.z. schon am Eröffnungssatz. So wie er lautet, müsste der Jahresanfang nach äg. Muster (und wieder nach islamischem) langsam durch die Monate rotieren; das ist aber, zumindest nach Malinas Analyse, die sich auf die ganze Gattung stützt, nicht gemeint.

Biblischer Bezug: Sem: Gen 5,32; 10,1.21 ff; die Sternzeichen: vgl. Gen 1,14 f.

Historische Bezüge auf die Kämpfe zwischen Antonius und Oktavian, worin Ägyptens Juden wie auch die des Mutterlandes Partei nahmen (nämlich für Oktavian, den nachmaligen Kaiser Augustus) sowie weiteres aus dem 1.Jh. v. Chr. finden sich bei Charlesworth und bei Woschitz vorgeschlagen, wogegen Schürer/V. 370 jedoch Bedenken anmeldet: „Der *TrSem* ist keine Apokalypse, die verdeckt Bezug nähme auf jüngste Ereignisse und uns die Gelegenheit ließe, diese zu ermitteln; es ist ein

---

[28] Heute findet man derlei Ratschläge zu astrologisch optimiertem Pflanzenanbau im Internet unter „plants zodiac".

[29] Ebenso ist bei ihm S. 31 der Ausdruck „Prophetie im Schlaf" für Aristoteles 462b 12 ein Missgriff für etwas, was im Urtext klar „Mantik im Schlaf" benannt wird. Zum Unterschied zwischen dem paganen und dem biblischen (LXX-) Gebrauch des Wortes „Prophet" s. Siegert, *Septuaginta* 235, zu Prophetie, biblischer und überhaupt, oben 0.7.4. Mantik bezieht sich auf ein namenloses Schicksal, Prophetie auf den Willen eines namentlichen Gottes.

Almanach, und es liegt in der Natur solcher Schriften, dass sie extrem vieldeutig gehalten sind."

Abfassungszeit: Der syr. Sprache nach nicht vor Ende 2.Jh. (s. 0.5.2); andernfalls müsste eine anderssprachige Vorstufe postuliert werden. **Abfassungszweck:** astrologische Lebenshilfe.

Rezeption: keine. Dieser Traktat ist aus einem in Manchester aufbewahrten Manuskript 1917 erstmals bekannt geworden.

6.3.4 Die *Benennungen der Stunden* (Horarium, Teil des syrischen *Testaments Adams*)

Ganz am Ende von Charlesworth I findet sich die Übersetzung eines sehr heterogenen Büchleins, das nach der Meinung von Stephen Edward Robinson, der es u.d.T. *The Testament of Adam* schon einmal herausgegeben hatte (vgl. Robinson S. 17f), auf Syrisch verfasst worden ist – schon damit wäre es also christlich. Es ist, wie auch die übrigen orientalischen Fassungen, ein Konglomerat aus drei Bestandteilen. Zusammengefügt wurden:

a) ein Horarium (hier näher vorzustellen);
b) ein Adam-Text, die Behebung des Sündenfalls betreffend (7.2.2).

Hinzu kommt, in nur einem syrischen Manuskript:

c) eine (nur in der Überschrift Adam erwähnende) Auskunft über die Engelhierarchien (7.2.2, Zusatz).

Hier ist zunächst nur von (a) zu handeln, dem Horarium („Stundenkunde"[30] – astrologische Angaben zu Festlegungen der Tages- und Nachtstunden; können zwecks Manipulation dämonologisch aufgeladen sein). Dies ist der einzige der drei Texte, wovon auch eine griechische Fassung existiert, lt. Denis 38 „im Griechisch des 10.Jh."; sie ist aus einer der syr. Rezensionen übersetzt. Auf Armenisch bekannt sind Teile (a) und (b) in jeweils separater Überlieferung. Die syr. *Schatzhöhle* (8.2.3) wiederum hat nur Teil (b). Im 9.Jh., wo die syr. Handschriften des *Testaments Adams* (so ihr Titel lt. Stone, *Apocrypha* I 47) einsetzen, war die Montage dort und im sonstigen Orient offenbar eingeführt, von wo sie auch in Rießler und Charlesworth eingegangen ist. Hier folgt der Versuch, hinter diesen Zustand zurückzugehen und ein Kleinschrifttum zu würdigen, das nur sekundär zu den Adam-Büchern gezählt werden kann.

In einer merkwürdigen Mischung aus kosmosbezogener Frömmigkeit und Magie bietet (a) die Benennungen der Tages- und Nachtstunden in Verbindung mit Spekulationen über den himmlischen Gottesdienst, wie sie im Judentum bereits durch 4Q

---

30 Der Begriff ὥρα war im Laufe der Antike von der Bedeutung „Jahreszeit" (die Horen Homers sind Göttinnen der Jahreszeiten) geschrumpft bis auf „Stunde" (ὥρα τῆς ἡμέρας, kurz: ὥρα).

400 ff nachgewiesen sind, dort freilich noch mit anderen Gedankenverbindungen. Der Sprung zu unserem Text und seiner Dämonologie ist weit, selbst wenn man optimistischerweise als Entstehungszeitraum das „2.–5.Jh." angibt.[31] Eine Anknüpfung am Judentum ist jedoch gewollt: Eine der griechischen Fassungen, die nach Robinsons Meinung vom Syrischen kommen müssen, fällt auf durch das Vorkommen hebräischer Wörter in hebräischer Schrift (s. u. „Literarische Besonderheit"). Beachtenswert ist immerhin, dass einige syr. Fassungen (Stegmüller Nr. 75.9–10 und 75.12–13) die Nachstunden vor den Tagstunden nennen, getreu dem Zeitschema von Gen 1.

Malina, *Revelation* 212 vergleicht (a) mit Ps.-Apollonios v. Tyana im *Catalogus* (wie 6.3.3) II 177,3–178,8. In einem Teil der Tradition, sowohl gr. wie arm. wie arab. (Stegmüller Nr. 75.5; Denis 39; Robinson 137 f), wird dieses Horarium nämlich dem Philosophen und Schamanen (Magier) Apollonios v. Tyana zugeschrieben, einem Zeitgenossen des Urchristentums, u.z. als Teil von dessen *Apotelesmata* (= „Wirkungen", sc. bestimmter Konstellationen).[32]

Online-Index Nr. 78; Stegmüller Nr. 75 und 75.1–13 ohne 75.11 (dazu unten 7.2.2, Zusatz); Denis 36–40; Bauckham 393–419.
Übersicht über die Gesamtüberlieferung: Stone, *Apocrypha* I 39–43.
Einleitung und Übersetzung: Charlesworth I 989–995 (S. E. ROBINSON, geboten als Texteinheit mit 7.2.2); Einleitung und dieselbe Übersetzung auch bei Bauckham 393–398; beides nach dem syr. Text. Der arm. Text ist übersetzt bei Stone a.a.O.
Einleitung: Denis 36–40.
Literatur: DiTommaso 205–220. **Neuere Studie:** Bauckham 393–419: „The Horarium of Adam and the chronology of the Passion" (2002).
Handschriften: syr. 9.–11.Jh. (Robinson 105–108); Erstausgabe: M. R. James 1893. **Gr.** Bologna, Paris und Berlin (15.–16.Jh.; s. Robinson 105–108); Erstausgabe nach Georgios Kedrenos: I. Bekker 1838 (Denis 38 Anm. 96); **arm.:** 17. und 18.Jh. (Stone 33.57); Erstausgabe: M. Stone 1982 (s. u.).
Titel in den Handschriften: syr. (für a+b): *Dijatiqi d-Adām* oder *Dijatiqi d-abun Adām* („Testament unseres Vaters Adam"); in 1 Ms. genauer: *Maktab zabnā* („Buch der Zeit"; erst Teile b und c sind dann jeweils überschrieben: „Testament Adams"; s. Stone 47 Anm. 31). **Gr.:** Ὀνομασίαι ὡρῶν (mit vielen Varianten, darunter Βίβλος σοφίας καὶ συνέσεως ἀποτελεσμάτων in der Ausg. Robinson). **Arm.** *Anun paherun c'erekwan ew gišerwan* („Name [sic] der Wächter der Tage und der Nächte").[33] – Diverse **Präskripte** führen den Text auf eine Adam widerfahrene Offenbarung zurück (Stone 44 f); das ist die Gemeinsamkeit mit Text (b) und, der Überschrift

---

[31] Bei Stegmüller ist „6.Jh. v.Chr." offensichtlicher Druckfehler für: 6.Jh. n.Chr.
[32] Davon kommt über das Arab. das Wort „Talisman", wie es auch in der arm. Version unseres Textes als Fremdwort gebraucht wird.
[33] Hier begegnen uns die „Wachenden" wieder, von denen ein Teil nach der Henoch-Tradition (1.5) seinem himmlischen Dienst untreu wurde. Nachweis der Verbindung bei Stone 47 mit Anm. 30. Jeder „wacht" für 1 Stunde.

nach, auch mit Text (c). Adam gibt seine Erkenntnisse an Seth weiter; so dann v. a. wieder in 7.2.2.

Neuere kritische Ausgaben: syr.: ROBINSON, S. E. (Hg., Übers.): *The Testament of Adam. An Examination of the Syriac and Greek Traditions* (SBL.DS 52), 1982, bes. 52–109; **gr.** ebd. 105–127 (Ms. A). **Arm.:** M. STONE (Hg., Übers.): „The Hours of the Day and Night", in: ders., *Apocrypha* I 39–80; eine andere Fassung der Nachtstunden s. dens., *Apocrypha* II 167–173 (nach einem Ms. des 17.Jh., beschrieben ebd. 201).

Textanfang syr.: *ša'tā qadmitā*; gr. Ὥρα α'; arm. *aŕaǰin pahn* („Die erste Wache") bzw. *aŕaǰi šam* („Erste Stunde"). – **Schluss** (nach Robinsons Rezension 1): *lwāt elāhā marekul* („zu Gott, dem Allmächtigen"); gr. πάντα ὑποταγήσονται (*sic*, Ms. A); arm. anders: *čkarē mard arǰakil* („ein Mensch kann nicht gelöst werden", sc. aus der betr. Konstellation) bzw. *ork' nmanołk' hreštakac'n en* („welche den Engeln gleich sind").

Alte Übersetzungen: gr. (s. Kopftext), arab. (auch karschunisch = arab. in syr. Schrift), äth., georg.

Früheste Bezeugung: nichts aus der Antike.

Textsorte: Horarium (s. Kopftext). Das dreiteilige Aufbauschema der Einzeleinträge ist am konsequentesten im Armenischen durchgeführt (Stone 55): Nr. der Stunde/ Namen der Dämonen, die in dieser Stunde tätig sind/magische Prozeduren, die dazu passen. – **Literarische Besonderheit:** Das gr. Manuskript A verwendet hebräische Schrift (u.z. ohne *sofit*-Buchstaben)[34] für die Namen der Tag- und Nachtstunden. Dieser Schriftwechsel hat keinen anderen als magischem Sinn; die syr. Fassung hat an diesen Stellen Dämonennamen. Es handelt sich übrigens um transkribierte griechische Wörter, wohingegen echt-hebr. Wörter wie „Cherubim" und „Seraphim" ihre LXX-Form behalten.

Zählung im Syrischen (Robinson) als Kap. 1–2; näherhin nach Stunden der Nacht (*night*, N) 1–12 und des Tages (*day*, D) 1–12 bzw. umgekehrt; arm. bei Stone gleichermaßen D I–XII, N I–XII, wie auch der **Gliederung** des Textes entspricht.

Biblischer Bezug: Die Zählung der Stunden in der Folge Nacht/Tag folgt Gen 1,5.8 usw.[35] Sonst stark verwendet: Ps 148 (Bauckham 399–406).

Historischer Bezug: Reminiszenzen an den einstigen Tempelkult s. Bauckham 407–412.

---

34 Der Schreiber, selbst nicht hebräischkundig, hat sich offenbar einer Liste der 22 Buchstaben in ihren Grundformen bedient.

35 Hierzu sei angemerkt, dass der Begriff „Stunde" in der Hebräischen Bibel erst spät begegnet: aram. *ša'a* Dan 3,6 und noch viermal bis Dan 5,5. Die Septuaginta trägt ὥρα ein in Gen 18,10; Ex 10,4; 13,10 u. ö.; öfters übersetzt sie '*et* „Zeit" mit diesem Wort. In dem hier einschlägigen Gen 1,14 findet sich *mo'ed*, gr. καιρός. Auch das arm. Horarium sagt „Wachen" für „Stunden", hat aber doch jeweils deren 12, nicht nur die biblischen 4.

Quellen und Vorlage: Stone 51–57 verweist für N 10 einer der syr. Fassungen auf das *TestAbr.* B 4 (2.2.8) sowie auf die gr. *Paulus-Apokalypse* (dort Kap. 7),[36] wobei allerdings beides sich auf die Stunde des Sonnenuntergangs (also N 1) bezieht.

Bemerkenswerte Stellen: Das Schweigen im Himmel (N 12) vor Beginn eines Räucheropfers (vgl. Apk 8,1) kann einen Jerusalemer Brauch der Zeit vor 70 wiedergeben. Ausführlicher kultur- und religionsgeschichtlicher Kommentar zu Kap. 1–2 bei Bauckham.

Christlicher Einfluss: Bauckham 412–219 vergleicht den Stundenrhythmus dieses Textes mit demjenigen in Mk 14–15.

Abfassungszeit und **-zweck:** wie 6.3.3.

Rezeption: Nennungen eines *Testaments Adams* bei Byzantinern s. Stone 47 f und Denis 38 f. Georgios Kedrenos (11.Jh.) bietet daraus ein Exzerpt (Text bei Robinson 128 f; Stone 43). – Horarien hat es in verschiedenster, auch ganz christlicher Form gegeben. Vgl. A. HÄUSSLING: „Die Tagzeitenliturgie als subjektive Passionsmitfeier. Der hochmittelalterliche Merkvers Haec sunt septentis... und das Verständnis der Tagzeitenliturgie", *ALW* 41, 1999, 145–156.

6.4 Fragmente, Verlorenes, Reste

Ergänzend zu den Verlustanzeigen von 3.6, die Autorenwerke betrafen, soll das Anonyme und Pseudonyme, das uns verloren ging, nun diesen Abschnitt beschließen.

6.4.1 Das *Buch Nimrod*

Das aus dem 5.Jh. stammende *Leben der hl. Nino,* der Gründerin der georgischen Kirche, würdigt würdigt in seiner georgischen und v. a. der armenischen Fassung den Nimrod von Gen 10,8 f und 1Chr 1,10 als Städtegründer sehr viel positiver, als in jüdischer und christlicher Literatur üblich ist, jedoch in Übereinstimmung mit einer jüdischen Minderheitsmeinung. Der König von Georgien wird für das Christentum gewonnen anhand einer prophetisch deutbaren Stelle, die das in seinem Besitz befindliche *Buch Nimrod* aufweise. Biblischer Bezug: Gen 10,8–12.

Das Wenige, was über dieses Buch im *Leben Ninos* zu erfahren ist, ähnelt der Nachricht im *Targum Jerušalmi* zu Gen 10,11 (BM Add. 27031),[37] Nimrod habe Mesopotamien verlassen, weil er sich nicht am Turmbau beteiligen wollte. Er solle sodann –

---

[36] Neueste Ausgabe dieses im Mittelalter viel benutzten Textes (*Visio sancti Pauli;* dies war die „Himmelskunde" des lat. Westens, in vielen Rezensionen erhalten) nebst Kommentar in C. CAROZZI: *Eschatologie et au-delà. Recherches sur l'Apocalypse de Paul,* 1994.

[37] E. G. CLARKE (Hg.): *Targum Pseudo-Jonathan of the Pentateuch. Text and Concordance,* 1984; frz. Übers. aus dem Ms.: R. LE DÉAUT (Übers.): *Targum du Pentateuque,* Bd. 1: *Genèse* (SC 245), hier S. 139. Dort zu Dtn 33,11 eine Erinnerung an den „Hohenpriester Joḥanan" sc. Hyrkanos (135–105 v.Chr.).

wie mehrere jüdische Quellen angeben – vier oder auch sechs Städte im Norden der (damaligen) zivilisierten Welt gegründet haben. Hier mischt sich antik-jüdische Kulturkritik und Verdächtigung des Lebens in Städten (vgl. 1.5.1) in eine apokalyptisch gefärbte Schutzzusage – paradoxerweise – für die nun mal vorhandenen Gründungen. Älter als dies ist übrigens die Würdigung Noahs und selbst Nimrods (der mit ihm identisch gesehen wird) als Kulturbringer bei dem samaritanischen Anonymus (3.3.1).

Interessanterweise wird in der erhaltenen Nachricht dieses Buch den „äußeren Schriften" zugeordnet, so jedenfalls im arm. Text; das erinnert an die s^{e}farim ha-ḥiṣonim, die „Bücher der Äußeren (Ketzer)",[38] vor welchen Rabbi 'Aqiva in der Mischna, Sanh. 10,1 warnt: Ihre Lektüre schlösse aus vom ewigen Leben.

Ernst Bammel vermutet hier alledem ein heute verlorenes, den Quellen der syr. Schatzhöhle (8.2.3) nahestehendes oder ihnen zugehöriges jüdisches Buch, das einst „eine Werbeschrift für diesen Bereich" (nördlich Babyloniens) gewesen sei.[39] St. Nino machte es der christlichen Mission nutzbar. Als Text aber ist es uns verloren.

Lit.: E. BAMMEL: „Das Buch Nimrod" (1992) in: ders., Judaica 157–160. Über die schillernde Figur des Nimrod (er wurde auch für einen der Riesen von Gen 6 gehalten) s. P. W. VAN DER HORST: „Nimrod after the Bible", in: ders., Essays on the Jewish World of Early Christianity (NTOA 14), 1990, 220–232. Zur Überlieferung im Rahmen der georg. Fassung der Schatzhöhle s. Denis 33 f.
Als Legenden über Abraham und Nimrod vgl. Wünsche I 13–34.35–41; Ginzberg, Legends 1, 177 f (5, 198–201; vgl. schon 150 f). Bildliches zu Nimrod, wo manches Midrasch-Element fortlebt, s. Bocian 395 f.

6.4.2 Anonyme Prophetien

Albert-Marie Denis hat in PVTG 3 (1970) 229–238 eine Reihe von Zitaten zusammengetragen, die anonym, aber doch als Prophetien vorgebracht werden, ohne alttestamentlich zu sein – sozusagen **prophetische Agrapha**. Hier die komplette Tabelle dieser – auch bei Denis, Concordance unter Fr(agmenta) an(onyma) erfassten – Zitate oder Pseudo-Zitate, versehen jeweils mit den Zitierformeln. Dies ist das alttestamentliche Pendant zu den Agrapha-Sammlungen von nichtkanonischen Jesusworten.

(a) 1Clem. 23,3 f (ἡ γραφὴ αὕτη... λέγει) = 2Clem 11,2–4 (λέγει γὰρ καὶ ὁ προφητικὸς λόγος); hierzu Denis 788 oben;
(b) Barn. 2,10 (λέγει); 15,8 (ὁρᾶτε, πῶς λέγει);

---

[38] Hier muss bei Bammel ein Lesefehler berichtigt werden: S. 159 Anm. 12, im Zitat des 39. Festbriefs des Athanasios (der den LXX-Kanon bietet) ist in ἑξῆς (so zu schreiben) nicht etwas „außerhalb" der Bibel Befindliches gemeint, sondern was dem Pentateuch „folgt" – die durchaus kanonischen Bücher Josua und Richter.
[39] Nicht weit davon, in Südrussland, ist ja im Frühmittelalter angeblich sogar die Bekehrung des Königs der Chasaren zum Judentum gelungen – Anlass hyperbolischer Legenden über den „Zehnten Stamm" (aus den verlorenen Nordstämmen) und jedenfalls Namensgeber für Jehuda hal-Levis Kuzari.

(c) Clem.Al., *Protr.* 10, 98,1 (φησί τις προφητεία);
(d) Hippolyt, *De Antichristo* 15 (λέγει δὲ καὶ ἕτερος προφήτης);
(e) *Apostolische Konstitutionen* 4, 1,2 (γενήσεται... τὸ εἰρημένον);
(f) Sozomenos, *H.e.* 9, 17,4 f: Ein Abt namens Zacharias sei auf eine Ἑβραία καὶ παλαιὰ γραφή gestoßen, die nicht zu den kirchlich rezipierten gehört – οὐ τῶν ἐκκλησιαζομένων – und über den Zacharias = Sacharja von 2Chr 24,20 ff zu melden wusste, wie der böse König Joas noch am siebten Tage nach der Ermordung dieses Propheten gestraft worden sei;
(g) Georgios Hamartölos, *Chronik* 4,11: „Und ein Mensch in Israel, ein reicher und unbarmherziger, kam zu einem der Lehrer und öffnete die *Weisheit Salomos*, wo er als erstes fand: 'Wer sich eines Armen erbarmt, leiht Gott' (Spr 19,17)."[40] Es folgt eine Legende von ca. 25 Druckzeilen über seine Buße;
(h) POxy. 2069, sehr fragmentarisch, wo Ausdrücke wie ἐκ τοῦ οὐρανοῦ die Aufmerksamkeit auf sich ziehen (vgl. Schürer/V. 807/8);
(i) Londoner Papyrus (BM Gr. 113), auch fragmentarisch, auffällig durch Namen wie „Jakob", „Joseph", „Pharao";
(j) Pariser Papyrus (Nationalbibliothek, Suppl. Gr. 574), bestens erhalten: Dies ist der berühmte Pariser Zauberpapyrus, ein Codex (um 300 n.Chr.) mit hintereinander geschriebenen Texten magischen Inhalts, behandelt bereits unter 6.3.2.

Gr. Texte auch in Denis, *Conc.* 924f, wobei „– A. 2. 11" heißen soll: Frg. a (auf dem Beiblatt identifiziert als Clem[ens] Rom[anus], hier als angeblicher Verfasser des *2Clem.*), 2. Brief, Vers 11, und ähnlich im Folgenden. **Kommentar** zu (a) und (b) in Denis 1245–1262, zu (c) 1272f; zu (d) 1278, zu (e) 1281f, zu (f) 1287f, zu (g) 1288f, zu (h–k) 1289–1291. – Eine ähnliche Liste bei Ioseppos s. 8.1.2 „bemerkenswerte Stellen".

6.4.3 Anonym Zitiertes im Neuen Testament

Je nach Definition könnte man vieles oder auch alles im Neuen Testament für jüdisch halten, mindestens etwa die Quelle Q oder auch die nur bruchstückhaft erhaltene Apokalypse aus der Zeit zwischen Titus und Hadrian, für die mit Vadim Wittkowsky[41] die Bezeichnung „Proto-Apokalypse" vorzuschlagen wäre. Sie ist noch immer am irdischen Jerusalem orientiert. Doch soll diese Frage der neutestamentlichen Wissenschaft überlassen bleiben und nur noch hingewiesen werden auf einige besonders zitatverdächtige Stellen. Denis 1240–1244 (vgl. Schürer/V. 805–808) benennt:

Jud 9.14f (s.o.)	Eph 5,14	Joh 7,38
Gal 3,19; 5,6	2Tim 3,8	Mt 27,9

---

40 Die Verwechslung der beiden *Salomo*-Bücher ist so im Text.
41 Wittkowsky, *Den Heiden* 146–165: „Apk 11,1–13,10 als Nebenquelle der eschatologischen Texte des Lukasevangeliums".

1 Kor 2,9   Jak 4,5   Lk 11,49.

Von den meisten dieser Stellen ist bereits die Rede gewesen, insbesondere von Jud 9 und Jud 14 f (s. o. 1.5.2); andere s. Bibelstellenregister. Die Angabe, Eph 5,14 finde sich „bei Elia" (παρὰ τῷ Ἠλίᾳ), steht bei Epiphanios, *Haer.* 42 gegen Ende in einer gegen die Markioniten gerichteten Passage. Hierbei kann ΗΛΙΑ(Ι) verschrieben sein für ΗΣΑΙΑ(Ι), und es ist vielleicht an Jes 60,1 gedacht. So scheint es bei Hippolyt (um 200) in seinem *Daniel-Kommentar* 56 der Fall zu sein; in *De Antichristo* 45 schreibt er die Stelle einfach „dem Propheten" zu. Vermutungen bei Kirchenschriftstellern zu dieser Frage s. Stone/Strugnell, *Elijah* 76–81 (gr./engl.). Über andere Elia-Traditionen bei Hippolyt s. 7.4.7 a.

Der sprachlich im NT isolierte Passus **2Kor 6,14–7,1** enthält bis auf eine Erwähnung des Christus-Namens, wo genausogut Abraham oder Mose genannt sein könnten, nur Jüdisches, wie wir es sonst am ehesten in den Qumran-Schriften finden, etwa den Namen „Belial" („Beliar") für die Verkörperung des Bösen. Der Dualismus Licht/Finsternis, in beinahe kosmologischen Ausdrücken gefasst, aber doch wohl moralisch und kultisch gemeint (so zumindest im jetzigen Kontext), erinnert sehr an die *Sektenregel*, und die Art, wie auf Lev 26,11 f und Ez 37,27 zurückgegriffen wird, ist die gleiche wie in der *Damaskusschrift*. Der nächstliegende Schluss ist: Hier verwendet Paulus ein jüdisches Textstück, wie auch immer (und in welcher Sprache auch immer) es zu ihm gelangt sein mag, um der von ihm gegründeten Christengemeinde von Korinth, deren „Lehrer der Gerechtigkeit" er hier sozusagen ist, eine Abgrenzung von der moralisch und kultisch unreinen Umwelt einzuschärfen, ganz wie jene Art von Judentum, die zu des Paulus Zeiten ja noch bestand, es zu tun pflegte. Siehe J. C. DE VOS: *Heiliges Land und Nähe Gottes* (0.9.5), 145–149; dens.: „'Temple' and 'Holy Land' in 2Corinthians 6:14–7:1", in: E. KOSKENNIEMI/ders. (Hg.): *Holy Places and Cult*, 2014, 123–150. So ist also selbst dies noch ein hellenistisch-jüdischer Text: Wo hat man schon Qumran-Gedankengut in griechischer Sprache?

Ein anderer Vergleich ist H.-W. KUHN: „The wisdom passage in **1Cor 2:6–16** between Qumran and proto-Gnosticism", in: D. FALK/F. GARCÍA MARÍNEZ/E. SCHULLER (Hg.): *Sapiential, Liturgical and Poetical Texts from Qumran*, 2000, 240–251.

Wie weit ganze Schriften, etwa das Mt und der Jak, hierher gehören, bleibt zu erwägen und wird den Anfang des Abschnitts über „Texte von unsicherer Zuordnung" ausmachen: 7.1.0.

6.4.4 Anonym Zitiertes bei Apologeten und Kirchenvätern

a) Manches Jüdische wäre wohl noch aus **(Ps.-)Justin**, *De monarchia* und *Cohortatio ad gentiles* (hg. M. MARCOVICH, PTS 32, 1990) zu gewinnen, einer im überlieferten Zustand christlichen Schrift, die in sehr jüdischen Ausdrücken die „Monarchie" Gottes über die Welt beschreibt; Proben bei Stern III S. 38–42. Zu diesen Schriften, die entweder ganz oder wenigstens in ihren Zitaten jüdisch sind (mit den üblichen christlichen Anpassungen), s. Denis 1065–1078. Vgl. Ch. RIEDWEG: *Ps.-Justin (Markell von Ankyra?) Ad*

Graecos de vera religione (bisher „Oratio ad Graecos"). Einleitung und Kommentar, 2 Bde., 1994 (Schweiz. Beiträge z. Altertumswiss. 25/1.2), 55–64; *Ps.-Justin: Ouvrages apologétiques*, hg. B. POUDERON (SC 528), 2009. Hier sei auch auf den Ps.-Josephus von 8.1.2 „Verwandte Texte" verwiesen.

b) Auch der echte **Justin**, Verfasser einer *Apologie* (früher als *Apol. I.II* gezählt) und eines *Dialogus cum Tryphone Judaeo*, hat persönliche Kontakte mit griechischsprachigen Juden (v. a. Kleinasiens) gehabt und von ihnen zweifellos manches gehört. Wie viel er aus Lektüre jüdischer Schriften entnommen hat, bleibt mangels klarer Zitate offen. Denis 1266–1270 bietet Proben. Ein Beispiel jüdischer Bibelauslegung, die bei den Rabbinen nicht wiederkehrt, betrifft Dtn 21,23 (die Verfluchung des Gekreuzigten) in *Dial.* 89,1. Vgl. T. J. HORNER: *Listening to Trypho. Justin's „Dialogue with Trypho" Reconsidered* (SBET 28), 2001; J. MAIER: „Schriftrezeption im jüdischen Umfeld des Johannesevangeliums", in: M. LABAHN u. a. (Hg.): *Israel und seine Heilstraditionen im Johannesevangelium*, FS Johannes Beutler, 2004, 54–88, hier 85 f (Lit.); Ph. BOBICHON: „Préceptes éternels et loi mosaïque dans le Dialogue avec Tryphon de Justin Martyr", *RB* 111(2004), 238–54.

c) Ps.-Clemens (v. Rom), *Homilie* 4–6 und *Recognitiones* 8–10 bieten Auseinandersetzungen mit hellenistischer Mythologie und Astrologie zu nicht nur apologetischen, sondern sogar propagandistischen Zwecken. Gewisse Merkmale ägyptischer Herkunft wie die Erwähnung Apions (der allerdings auch in Rom bekannt war, wo Josephus gegen ihn schrieb) lassen auf eine alexandrinisch-jüdische Vorlage schließen: s. Simon, *Verus Israel* 70 f; Schoeps, *Theologie (passim)* und Bousset (wie 2.3.2) 487 f (nach W. Heinze).

d) Origenes hat viel Jüdisches gekannt, dessen Herkunft er uns nicht sagt. In *Cels.* 1, 45.55 u. ö. „erinnert" er sich an Lehrgespräche (oder waren es Streitgespräche?) mit „einigen, die bei den Juden für gelehrt galten", z. B. über Jes. 53. Dazu B. E. URBACH: „Rabbinic Exegesis and Origen", *Studia Hierosolymitana* 22, 1971, 247–275; N. DE LANGE: *Origen and the Jews. Studies in Jewish-Christian Relations in Third-Century Palestine* (UCOP 25), 1976, G. STEMBERGER: „Exegetical contacts between Christians and Jews in the Roman Empire", in: Sæbø, *Hebrew Bible* 569–586 (bes. 578–580). Was freilich viel vergessen wird, ist, dass „Hebräer" bei Origenes v. a. ethnisch gemeint ist und Judenchristen einschließt; als Probe für deren Denken s. J. DANIÉLOU: *Théologie du judéo-christianisme*, 1958 (1974, 1991), 186 zur Allegorisierung der Seraphim.

e) Eusebs *Praeparatio evangelica* bietet manches Anonyme, z. B. in 7, 8,3 ein Midrasch-Fragment zu Gen 4,26, wo schon das Wort „Gnostiker" vorkommt, aber in einem vorgnostischen Sinn. Ebenso in 8, 3, einem kleinen Midrasch zur Figur des Enos (Gen 4,26), der dessen nachmaliger (Ab-)Wertung bei den Rabbinen entgegengesetzt ist; dazu vgl. Ginzberg, *Legends* 1, 122–124 (5, 150–153). – In *Praep.* 9, 11.17 finden sich Texte einer jüdisch-paganen Annäherung, wie sie sonst nur für das vorphilonische

Judentum Ägyptens oder, aus spärlichem archäologischem Material, für dasjenige Kleinasiens bekannt sind. – Insbesondere Buch 11 ist ein Durchgang durch die gesamte Dogmatik, von der Gotteslehre bis zur Eschatologie, auf der Suche nach Spuren einer „Philosophie der Hebräer" in den diversesten Schriftstellern.

f) Denis 1282–1287 nennt **Ps.-Gregor von Nyssa**, *Testimonia adversus Judaeos* sowie das auch hier öfters benutzte *Panarion (Adversus haereses; Haer.)* des **Epiphanios v. Salamis** mit solchen Stellen, wo jüdische Schriften unbekannten Titels benutzt sein könnten. Dass der Traktat *De gemmis* des Epiphanios voll jüdischer Materialien ist, wurde schon erwähnt (3.5.3), ähnlich wie sein Traktat *De mensuris et ponderibus*, für welchen bes. die arm. Übers. von Bedeutung ist (ed. M. STONE/R. ERVINE, CSCO 583, 2000).

g) Catenen können „einen Hebräer" zitieren, den heute niemand mehr identifizieren kann; Textproben bei R. DEVREESSE (Hg.): *Les anciens commentateurs grecs de l'Octateuque et des Rois* (StT 201), 1959, S. 22.58. Der Bezeichnung nach kann das natürlich ein Judenchrist sein; oder aber es hat jemand Origenes exzerpiert: Schon der „Jude", auf den Hieronymus sich gern beruft, entstammt nicht selten rein literarisch seiner Origenes-Lektüre. Dazu siehe:

h) Lateinisches: **Hieronymus**, dem das Judentum gar nicht sympathisch war, spreizt sich dennoch gern mit seinen guten Kontakten zu jüdischen Informanten, etwa im Kommentar zu Tit 1,9 (MPL 26, 595 D). Er kennt einen gewissen Bar Ḥanina und erwähnt einmal einen jüdischen „Lehrer des Gesetzes" aus Tiberias, von dem aber nicht bekannt ist, ob er Rabbinenrang besaß. Andere Begegnungen dürften in Lod (Lydda) stattgefunden haben (Stern II S. 498). Vieles aber ist einfach nur unausgewiesenes Zitat aus Origenes: so G. STEMBERGER: „Hieronymus und die Juden seiner Zeit", in: Koch/Lichtenberger, *Begegnungen* 347–364. Verdecktes Zitieren war üblich in der ganzen Origenes-Schule, die ihren Lehrer ja, dogmatischer Zwistigkeiten halber, verleugnen musste: „Die Schriften des Eusebios und Hieronymus sind voll von unausgewiesenen Zitaten aus Origenes" (de Lange a.a.O. [oben d], 5). Vergessen, aber unersetzt ist M. RAHMER: *Die hebräischen Traditionen in den Werken des Hieronymus*, 1. Teil: *Quaestiones in Genesin*, Breslau 1861; [2. Teil:] *Die Commentarii zu den zwölf Kleinen Propheten*, Berlin 1902; vgl. noch I. OPELT: „San Girolamo e i suoi maestri ebrei", *Augustinianum* 28, 1988, 327–338.

i) Syrisches: Eine unter **Meliton**s Namen laufende syrische Apologie enthält, Ps.-Justins *De monarchia* vergleichbar, fast nur Jüdisches. Text bei J. C. Th. VON OTTO (Hg.): *Hermiae... Irrisio* (Corpus Apologetarum, Bd. 9), 1872 (1969), 497–511 (syr.; Apparat: 512).419–432 (lat. Übers.); Kommentar ebd. 433–478.

j) Syrische Kirchenschriftsteller können trotz ihres Antijudaismus viel von jüdischen Gewährsleuten oder auch Autoren gelernt haben; s. z.B. J. NEUSNER: *Aphrahat and*

Judaism (SPB 19), 1971; E. NARINSKAYA: *Ephrem, a 'Jewish' Sage. A Comparison of the Exegetical Writings of St. Ephrem the Syrian and Jewish Tradition* (angekündigt). Über einen personifizierten „Hebräer", womit aber der *Hebraeus codex* des Pentateuchs gemeint ist, s. P. DE LAGARDE: „Über den Hebräer Ephraims von Edessa", *AAWG* 26, 1880, 43–64 (wiederabgedr. in: ders.: *Orientalia*, Heft 2 [1880], 1973, 43–64), aus der armenischen Ephraem-Überlieferung. Für syrische Catenen gilt das oben zu (g) Gesagte; s. A. LEVENE: *The Early Syrian Fathers on Genesis. From a Syriac ms. on the Pentateuch in the Mingana Collection. The first 18 chapters of the ms. ed. with introd., transl. and notes*, 1951.

k) Denis 1263–1266 nennt als einschlägig die nur kopt. und äth. erhaltene *Epistula Apostolorum* und bietet Zitate aus beiden Fassungen sowie Verwandtes in den Fußnoten. Der Unterschied zur Gnosis (7.6) verschwimmt hier.

l) Im lateinischen Mittelalter ist Petrus Comestor („der Esser"; vgl. 4.2.5; 8.2.1) auffällig nicht nur als derjenige, der viele Josephus-Zitate bietet, sondern auch anderes Jüdische, das für uns nicht mehr lokalisierbar ist: s. L. FELDMAN: „The Jewish sources of Peter Comestor's Commentary on Genesis in his Historia Scholastica", in: Koch/Lichtenberger, *Begegnungen* 93–121.

Auch hier bedarf es einer Öffnungsklausel: Mancher zufällig bei Migne stehende Midrasch wie hier 2.2.6 könnte noch einen jüdischen Verfasser haben oder doch jüdische Bestandteile; so das *Testament Hiskias*, Stegmüller Nr. 91.6 und anderes aus den Veröffentlichungen von M. R. James bei Stegmüller Aufgenommene, etwa Nr. 82.5–7 und 82.16.

6.4.5 Anonym Zitiertes bei paganen Autoren

Das was Numenios v. Apamea, ein Platoniker des 2.Jh., aus jüdischen Quellen haben muss, hat nicht zu konkreten Rückschlüssen ausgereicht (Stern II S. 206–216; Schürer/V. 696f), soll aber doch hier nochmals in Erinnerung gerufen werden. Immerhin scheint er die *Genesis* im Griechischen gesehen zu haben und würdigt sie ähnlich wie der Autor von *De sublimi* (3.5.2). Zu paganer *Genesis*-Lektüre vgl. Siegert, *Septuaginta* 254.360. Ja noch mehr: von Numenios ist bei Euseb, *Praep.* 11, 10,14 der Ausspruch überliefert: „Was ist Platon anderes als ein Attisch sprechender Mose?" (Μωυσῆς ἀττικίζων; Frg. 8, Ende); E. DES PLACES (Hg., Übers., Komm.): *Numénius: Fragments* (Budé), 1973, S. 51; Texte auch bei Stern a.a.O.

6.5 Jüdisches Eingehen auf Christliches

Diese Überschrift benennt keine Textsorte, sondern ist zunächst eine Verlegenheit angesichts eines keinen Regeln gehorchenden Restbestands an Jüdischem. Er wird hier separat genommen aufgrund der Möglichkeit, teilweise auch der Wahrscheinlichkeit, dass hier bereits auf Christliches eingegangen wird – ehe dann unter 7. all die Texte folgen sollen, die eher von der anderen Seite kommen und für die vorgeschlagen wird, sie als christliche Imitate jüdischen Schrifttums einzustufen.

Literaturgeschichtlich interessant, wenn auch bisher nur wenig versucht, ist die Möglichkeit, die jetzt folgenden Schriften einzuordnen in ein christlich-jüdisches Gespräch, wie es uns für die ersten zwei Jahrhunderte durchaus bezeugt ist (v.a. in Justins *Dialogus cum Tryphone*), allerdings in einer verzerrten Form, gekennzeichnet von Irritation und ausmündend in Polemik. Es war ein verdecktes Gespräch und lief zumeist auf nichtamtlicher Ebene; weder Bischöfe noch Rabbinen haben sich beteiligt. So ist es auch sehr schwer zu fassen; abgesehen von den zu vermutenden Niederschlägen in den Texten haben wir nur ganz wenige ausdrückliche Nachrichten. Einzelne Gelehrte – Origenes im 3.Jh., Hieronymus sogar noch im späten 4.Jh. – haben rabbinisch gebildete Gesprächspartner gesucht und gefunden; wenigstens einmal erfahren wir auch einen Namen.[42] Was man gegeneinander hatte, wurde nach dem Vorgang des Paulus auf christlicher Seite einigermaßen offen gesagt, auf jüdischer Seite aber nur indirekt (man hat ja auch nie eine verbindliche Theologie ausgebildet), und was man evtl. voneinander lernte, sagte man gar nicht; das jeweilige Überlegenheitsgefühl ließ das nicht zu. So müssen wir also vieles „zwischen den Zeilen lesen", um uns in dieses eher heimliche Gespräch nochmals hineinzuversetzen.

Für den ersten Text dieser kleinen und sonst heterogenen Reihe ist „Eingehen auf Christliches" überhaupt nur *ein* Aspekt, der ihn möglicherweise interessant macht. Wer jedoch weiß, wie indirekt die frühen Rabbinen auf Christliches eingehen – meist ohne jegliche Namensnennung –, wird es der Mühe wert finden, dieser Spur ein stückweit nachzugehen. Außerdem macht der stadtrömische Ursprung dieses Textes (wenn die Hinweise darauf unten denn richtig gedeutet sind) ihn uns interessant als Äußerung des „biblischen" Judentums des Westens, dessen wichtigste Sprache ja doch das Griechische war. – Bei den übrigen Texten liegen die Verhältnisse dann schon klarer zutage.

---

[42] S.o. 6.4.4 h. Der Tryphon, den Justin nennt, passt chronologisch mit dem aus der Mischna bekannten R. Tarfon nur schlecht zusammen; aber ein gewisser Bar Ḥanina wird uns von Hieronymus genannt als einer seiner Informanten (6.4.4 h). Außerdem dürfte bereits Origenes eine Verbindung zur Schule des Amoräers Oša'ja Rabba' gepflegt haben, u.z. zum Zwecke gemeinsamer Philon-Lektüre; zu dieser These von D. Barthélemy s. Siegert, *Septuaginta* 104.

6.5.1 Ps.-Philon bzw. Ps.-Salomo: die *Sapientia*

Ein seltsames Hybrid zwischen semitischer Form und hellenistischem, genauer: stoischem Denken ist die in der Septuaginta zu findende, christlichem Sprachgebrauch erstaunlich nahe stehende *Weisheit*, innerhalb der Septuaginta-Codices auch *Weisheit Salomos* genannt. Sprachlich wie inhaltlich ist sie eine wunderliche Fusion, die sich schon vielen Analysen widersetzt hat.

Zunächst zum Titel: Der Canon Muratori (Z. 69–71), der älter ist als die konventionelle Reihenfolge und Betitelung der Septuaginta-Bücher, bietet die „von Freunden Salomos zu seinen Ehren geschriebene *Sapientia*" unter den Schriften des Neuen Testaments, im christlichen Teil also, direkt vor den *Apokalypsen* (im Plural) *des Johannes* und *des Petrus*. Nach einer sehr plausiblen Konjektur ist die Nennung Salomos hier ein missverstandener Hinweis auf Philon als den zunächst vermuteten Autor[43] – so wie man für das *4Makk.* Josephus als Autor vermutete –, und die salomonische Pseudepigraphie, von der sich Spuren immerhin bis ins Mittelalter erhalten haben (s. „Rezeption"), wäre die jüngere. So belassen wir es hier bei dem neutralen Titel *Sapientia*.

Origenes betrachtet Spr, Pred und Hhld als salomonische Trilogie (*Comm. in Cant.*, Prolog, MPG 13, hier 75 C–77 A = S. 77 Z. 30–S. 79 Z. 21 Baehrens [GCS *Origenes* Bd. 8, 1925]), als echt übrigens und von Salomo so gewollt, wohingegen das nun zu besprechende Werk ihm nur die „sogenannte Weisheit Salomos" ist (ebd. 68 C = S. 68 Z. 27 f Baehrens). Hieronymus, den es stören musste, dass es kein hebräisches Original gibt, spricht ebenso misstrauisch von einer „*Weisheit*, die wir unter Salomos Namen lesen" (*Adversus libros Rufini*, MPL 23, 411 C = ed. P. Lardet, SC 393, 1983, S. 48/50). Die kritische Ausgabe der Vulgata (s. 0.9.1: Vulgata ed. W./G.) kennt *libri Salomonis, id est Proverbia, Ecclesiastes, Canticum canticorum* (also Spr, Pred, Hhld, die von Origenes gepriesene Trilogie); die *Sapientia* folgt darauf, wird aber erst in einer neuen Zeile genannt. Die Vulgata gibt ihr nur den Titel *Liber Sapientiae*. Einzig die Stellung zwischen *Qohelet* und *Sirach* lässt bei dieser Anordnung und Betitelung an Salomo denken, und dass man an diesen dachte, ist anzunehmen aufgrund von 7,1 ff und 9,1 ff. Auch im Syrischen ist Salomos Name erst sekundär hinzugekommen (s. u. „Titel"). Erst moderne Konvention spricht von einer *Sapientia Salomonis* – wobei man sich aber klar ist, dass sie dies nicht ist. Wir haben es hier, sofern dies ein lateinischer Buchtitel sein soll, mit moderner Pseudepigraphie zu tun.

Die Entscheidung, diese Schrift dem kirchlichen Alten Testament beizugeben, fiel offenbar erst spät. Hieronymus teilt sie jedenfalls nicht, und der Kanon des Athanasios (0.1.3) hat sie auch nicht, bezeichnet vielmehr die „Weisheit Salomos" (wie sie im griechischen Christentum heißt) und die „Weisheit Sirachs" (so werden sie hier und

---

[43] Schürer/V. 574: Beim Übersetzen aus dem Gr. ist aus ὑπὸ Φίλων[ος] ein *ab amicis* mit später noch zugesetztem *Salomonis* entstanden. Philon galt einer gewissen, auf *Sapientia* 2,20 gründenden Tradition (s. u.) als Christ.

seither unterschieden) als „außerhalb" gelegen. Sie geraten dort in eine Kategorie mit *Esther* (sic!), *Judith, Tobit,* der *Didachē* und dem *Hirten* des Hermas. Das ist insofern interessant, als die Fiktion, das *Baruch*-Buch (2.5.4) sei in der Zeit Jeremias entstanden, offenbar sehr viel schneller geglaubt wurde. Was wir dort eine „Selbsttäuschung um Jahrhunderte" nannten, erhält hier eine noch nicht einmal so eklatante Parallele. Nicht jedem heutigen Septuaginta-Benutzer ist klar, dass der alttestamentliche Teil des kirchlichen Bibelkanons auch in solchen Zeiten noch weitergewachsen ist, als der neutestamentliche (mit Ausnahme einiger im syrischen Christentum bis heute nicht rezipierten Schriften gegen Ende) längst fertig war.

Die kirchliche Aneignung dieser Schrift machte also den Umweg über ihre Zuweisung zum Alten Testament, und diese geschah frühestens im Verlauf des 3.Jh. Hätte die *Sapientia* der Christenheit des 2.Jh. bereits für jüdisch gegolten, wäre ihr apologetischer Gebrauch doch wohl nicht ausgeblieben. Mehr als der in den Evangelien zunächst verwendete Ps 22 und mehr als die in Apg 8 erstmals wörtlich zitierte Stelle Jes 52,13–53,12 hätte *Sapientia* 2,12–22 zum Beweis getaugt, dass der von Gott gesandte Gerechte der Jerusalemer Hierarchie im Wege stehen und eines schmachvollen Todes sterben werde. Doch nichts dergleichen findet sich in all den Apologien jenes Jahrhunderts, und auch nicht bei den Autoren des dritten, zumal dem überaus belesenen Clemens v. Alexandrien (gest. vor 215 n.Chr.). Eine genaue Übersetzung von *Sapientia* 2,12–22 wird unten folgen: Wer sie, entgegen den Rezipienten der ersten Jahrhunderte, aber in Übereinstimmung mit denen des Mittelalters, für vorchristlich nehmen will, wird ihren Autor für einen der begabtesten Propheten halten müssen.[44]

Bestimmt von jener schließlich erfolgten kirchlichen Rezeption, ist in moderner Sekundärliteratur die Datierung *vor* Paulus üblich, und in der Tat erscheint manches an diesem Buch irgendwie urtümlicher als ähnliche Gedanken im Neuen Testament. Die Bindung an die Tora ist jedenfalls stärker und positiver als bei Paulus; der Autor kann nicht gut dem Christentum zugerechnet werden. Der *Nomos* wird, von metaphorischen Wendungen abgesehen, konkret sechsmal erwähnt, am stärksten empfehlend in 18,4, wo die Trägergruppe sich bezeichnet als „deine Söhne, durch die das Licht des *Nomos* der Welt gegeben werden sollte". Das hätte Paulus nicht gesagt, bestreitet es vielmehr als einen überzogenen Anspruch des Judentums (Röm 2,19), und auch Lukas hätte hier gezögert (Apg 13,38). Damit ist jedoch noch nicht entschieden, welcher der beiden Texte – ob die *Sapientia* oder die Paulusbriefe – früher ist, sondern nur, welcher jüdischer ist. Den jüdischeren aber *eo ipso* für den älteren zu halten, wäre immer noch ein Rest jenes Substitutionsdenkens, welches die neuere christlich-jüdische Quellenforschung abgestreift zu haben meint.

Im Folgenden wird mithin eine Zuordnung versucht ohne Priorität, und als Sitz im Leben gilt versuchsweise das christlich-jüdische Gegenüber zur Zeit des Paulus. Noch

---

44 Illustrativ hierzu sind die Rätsel, vor denen D. SEELEY stehen bleibt: „The story of the *dikaios* in Wisdom 1–5", *JSPs* 7, 1990, 55–78. Er weist eine Intertextualität zum *Jesaja*-Buch korrekt nach, vermag aber ihre Aktualität zum Zeitpunkt der Abfassung der *Sapientia* nicht zu erklären.

war nicht ausgemacht, was Christentum in der Zukunft sein würde oder wie lange es noch als Variante von Judentum gelten könne. Hier stand dem „biblischen" Judentum der griechischsprachigen Diaspora noch eine Aufgabe bevor, und sie wird in der *Sapientia* eher im verbindenden als im trennenden Sinne wahrgenommen.

Schürer/V. 568–579.
Einleitung und Übersetzung: JSHRZ III/4 (D. GEORGI) 1980 (hält *Sapientia* für „eine gnostische Schrift [...], die älteste, die wir besitzen", 394).[45] **Inhaltsangabe:** Dalbert 70; Gilbert (nächste Rubrik) 301f.
Einleitung: Gilbert in Stone, *Writings* 301–313; Levison, *Adam* 54–62; Nickelsburg 205–212; Collins, *Identity* 195–202; deSilva 127–152; A. FÜRST: „Die Weisheit als Prinzip des Seins und der Erkenntnis. Zur Rezeption der *Sapientia Salomonis* im antiken Christentum und zu ihrer Auslegung bei Origenes" (wird erscheinen in Sapere 24); Abschn. 1.
Übersetzung mit Kommentar: G. SCARPAT (Übers., Komm.): *Il Libro della Sapienza*, 3 Bde., 1989; H. ENGEL (Komm.): *Das Buch der Weisheit* (NSK.AT 16), 1998; H. HÜBNER (Übers., Komm.): *Die Weisheit Salomos* (ATD.A 4), 1999; O. KAISER: *Die Weisheit Salomos, übersetzt, eingeleitet und durch biblische und außerbiblische Parallelen erläutert*, 2010 [bietet auch die Isis-Aretalogie von Kyme auf Dt. sowie den Zeus-Hymnus des Kleanthes]. Übersetzung auch in *Septuaginta deutsch* 1057–1089; **Glossar:** H. HÜBNER: *Wörterbuch zur Sapientia Salomonis, mit dem Text der Göttinger Septuaginta*, 1985 [6–40: gr. Text; 1*–24* Glossar in der Folge der Kapitel]; N. KILWING: *Kleines Wörterbuch zur Sapientia Salomonis*, 2002. **Anmerkungen:** *Septuaginta deutsch.E* 2127–2157.
Literatur: Lehnardt Nr. 5511–5954; wichtig als Kommentar: C. LARCHER: *Le livre de la Sagesse 1–3* (EtB.NS 1), 1983; M. KEPPER: *Hellenistische Bildung im Buch der Weisheit* (BZAW 280), 1999; zu **Kap. 7–9 (Salomo)** im Besonderen: M. GILBERT: „La figure de Salomon en Sg 7–9" in: Kuntzmann/Schlosser, *Etudes* 225–249. – **Forschungsbericht:** D. WINSTON: „A century of research on the Book of Wisdom", in: A. PASSARO/G. BELLIA (Hg.): *The Book of Wisdom in Modern Research* (DRLY), 2005, 1–18. **Neuere Studien:** M. NEHER: *Wesen und Wirken der Weisheit in der Sapientia Salomonis* (BZAW 333), 2004; W. HORBURY: „The remembrance of God in the Psalms of Solomon", in S. BARTON/L. STUCKENBRUCK/B. WOLD (Hg.): *Memory in the Bible and Antiquity* (WUNT 212), 2007, 111–128; E. PUECH: „La conception de la vie future dans le livre de la Sagesse et les manuscrits de la Mer Morte: Un aperçu", *RdQ* 21, 2003, 209–232 [bes. zu 1,13; 2,23f]; M. V. BLISCHKE: *Die Eschatologie in der Sapientia Salomonis* (FAT 2/26), 2007; Ch. KURZEWITZ: *Weisheit und Tod. Die Ätiologie des Todes in der Sapientia Salomonis* (TANZ 50), 2010; O. KAISER: *Die Weisheit Salomos*, 2010; G. XERAVITS/J. ZSENGELLÉR (Hg.): *Studies in the Book of*

---

[45] Das nur als Beispiel für die Exzesse der Erforschung einer „vorchristlichen" Gnosis. Vermutet werden darf jedoch eine enge Beziehung zum frühen Christentum; welche, das ist heute noch offen.

Wisdom (JSJ.S 142), 2010; A. GLICKSMAN: *Wisdom of Solomon 10* (DCLS 9), 2011; M. GILBERT (Hg.): *La Sagesse de Salomon. Recueil d'études* (AnBib 189), 2011; M. EDWARDS: *Pneuma and Realized Eschatology in the Book of Wisdom* (FRLANT 242), 2012.

Handschriften: gr.: Papyrus Antinoupolis 8 (= P 928, 3.Jh., jetzt in Oxford, bietet 11,19 – 22 und 12,8 – 11) u.a.; LXX-Handschriften B, S, A, C, V u.a. – **Syr.:** Cod. Ambrosianus B 21 inf. (wie 2.3.1 – 4; in *VTS*; s. „Ausgabe"), BM Add. 14443 (7.Jh.; hg. de Lagarde; s. „Übersetzungen"), sonst fast nur Auszüge. – **Lat.** in Vulgata-Codices ab 7.Jh. (s. Ziegler). Eine gr.-kopt. Bilingue der *Sapientia* ist in Qasr Ibrim (Ägypten) als Papyrus gefunden worden, noch unediert. **Erstausgabe:** Venedig 1518. Aus lat. Bibeln war der Text auch dem Mittelalter schon bekannt.

Titel im Canon Muratori (2.Jh.): *Sapientia;* vgl. Kopftext. So auch Vetus Latina und Vulgata.[46] Engl. ist üblich: *Book of Wisdom*, frz. *La Sagesse*. – Syr. Ober- wie Untertitel: *Ktābā d-ḥekmtā rabbtā* („Buch der großen Weisheit" oder „...der vorzüglichen Weisheit"; vgl. unten die gr. Formulierung); erweiterte Titel, die sehr wortreich werden können, nennen auch Salomo.[47] Der Hauptcodex der *VTS*-Edition, der Ambrosianus, hat hingegen *Ktābā aḥrinā d-ḥekmtā rabbtā* („Anderes Buch der großen Weisheit"), wo die Hg. nur aus Konformitätsgründen das *aḥrinā* weglassen; sie wissen es nicht zu erklären. Dabei ist dasjenige Buch, das vorher schon den Titel „Vorzügliche Weisheit" getragen hatte, das *Sirach*-Buch; dem wird hier offenbar ein *anderes* oder *weiteres* beigegeben. Das aber ist nur sinnvoll, solange man nicht Salomo für den Autor hält; denn dass Sirach sehr viel später lebte als Salomo, ist aus dem *Sir.*-Prolog klar ersichtlich. Erst in den Septuagintacodices und -ausgaben wird Salomo zuliebe die Reihenfolge der beiden *Weisheit*-Schriften umgedreht: **Andere Benennung** in den LXX-Codices (4.Jh.): Σοφία Σαλωμῶνος (auch mit anderen Schreibungen des Salomo-Namens, auch mit dem Zusatz ἡ πανάρετος, was zu Verwechslungen mit *Sir.* führt; vgl. Vorstehendes. Auch die Verwechslung mit Spr kommt vor (s.u.). – In der Lutherbibel (Ausg. Volz S. 1703) trägt sie den Untertitel: „An die Tyrannen".[48]

Neuere kritische Ausgabe: Septuaginta (Rahlfs) II 345 – 376; Septuaginta (Göttingen) 12/1: *Sapientia Salomonis* (J. ZIEGLER) 1962 (1981). **Lat.:** W. THIELE (Hg.): *Sapientia Salomonis* (Vetus Latina 11,1), 1977 – 1985. Dies ist einer der wenigen atl. Bände, die in dieser Reihe (der „Beuroner" Vetus Latina) erschienen sind, zugleich Neu-

---

[46] Die Beuroner Vetus-Latina-Ausgabe (s.u.: „Neuere krit. Ausgabe") hingegen hat nunmehr: *Sapientia Salomonis*, dazu allerdings 7 Kolumnen Apparat. Dieser bietet sämtliche Zitate der *Sapientia* in lat. Lit., woraus eine Rückkopplung erkennbar wird. Natürlich muss beim Globalverweis auf diese schrift das Wort *Sapientia* noch einen Zusatz erhalten, wie schon in dem zitierten Kanon des Athanasios. Das ist aber ein Benutzerzusatz, und wenn er auch hundertmal belegbar wäre. Die Beuroner Ausgabe verwechselt Quantität mit Qualität.
[47] Ebenso der syr. Seitentitel in *VTS*, pure Konvention.
[48] Das Motto *In tyrannos* am Anfang von Schillers *Die Räuber* stammt aus derselben Zeit, nämlich aus einer verlorenen Schrift Ulrichs v. Hutten.

ausgabe des Septuaginta-Textes. Allerdings: Jede Vulgata-Ausgabe hat hier den Vetus-Latina-Text, denn Hieronymus hat dieses Buch unbearbeitet gelassen. Ein kritischer Apparat ist auch in der Vulgata (ed. W./R.) geboten. **Syr.:** *VTS* 2/5, S. 1–36 der zweiten Zählung (D. J. LANE), 1979.
Textanfang: Ἀγαπήσατε δικαιοσύνην. **Textschluss:** καὶ τόπῳ παριστάμενος.
Glossar: E. GÄRTNER: *Komposition und Wortwahl des Buches der Weisheit* (Schriften der Lehranstalt f. d. Wiss. d. Judentums 2, Fasz. 2–4), 1912, 107–229. Siglum bei Hatch/Redpath: „Wi.".
Alte Übersetzungen: Vetus Latina (2.Hälfte 2.Jh.),[49] von da in die Vulgata übernommen, kopt. (sahid. und bohair.); syr. (nach LXX; de Lagarde 51–73; *VTS* s.o.); arm. (Zōhrapean 464–474); ferner äth., arab.
Frühestes Zitat: Philon kennt dieses Werk nicht. Schürer/V. 573 (unten) macht Paulus namhaft, wobei sich aber die Prioritätsfrage stellt; es sind keine Zitate, sondern nur Parallelen. Als Zitate gelten *1Clem.* 27,5 (zit. 12,12) und 60,1 (zit. 7,17), jeweils aber ohne Herkunftsangabe. Irenaeos 4, 38,3 bietet Anspielungen an 7,26 (ἀγαθότης Gottes) und 6,19 (ἀφθαρσία des Menschen). – **Früheste Erwähnung:** im Kanon Muratori (s.o.) und an einer für uns verlorenen Irenaeos-Stelle, die Euseb, *H.e.* 5, 8,8 und 5,26 zitiert (Schürer/V. 574).
Ähnliche oder ähnlich benannte Texte: Schon alt sind die Verwechslungen mit den *Sprüchen Salomos;* diese können als *Weisheit Salomos* zitiert werden (so Hegesipp bei Euseb, *H.e.* 4, 22,8; so auch Cyprian; Schürer/V. 575).[50] Πανάρετος Σοφία (als Titel) wurde auch gebraucht für die *Weisheit Sirachs* (1.3.1). – Ein völlig anderes *Testament Salomos* s. 6.3.1, eine *Buße Salomos* unter 1.3.3, „Ähnlich benannte Texte".
Textsorte(n): protreptische (motivierende) Rede, aber stark angelehnt an Weisheitsbücher der Septuaginta. Das Ich in 7,1 ff ist eine Prosopopöie, bezogen auf Salomo (verhaltener als in Pred 1,12 ff).[51] Auch 9,1 ff ist ein Gebet „aus seinem Munde" (Nickelsburg: ein didaktisches Gebet), dem Tempelweihgebet (3Kön 8) nachempfunden, das dort schon über den Tempelkult hinausweist. 10–11 ist ein Väterkatalog, von Adam bis Mose reichend, aber ohne Namen, zum Raten. Dem Mose und seinen Großtaten gilt das ganze Kap. 11. Nochmals ein Gebet ist 15,1–6. –

---

49 So Zieglers Ausgabe S. 16, mit der Präzisierung, dass sie älter sein müsse als Cyprian und Tertullian. Das ist also ein *terminus ad quem.* Woher die Feststellung kommt: „Ihre Heimat ist Afrika" (ebd.), ist nicht ersichtlich. Fragen wir, ob die Übersetzung noch eine jüdische Arbeit sein kann, so wäre im Falle Afrikas das kyrenäische Judentum zu bemühen, von dem aber sonst keine literarische Aktivität bekannt ist – außer das Iason v. Kyrene daher kam (3.4.1).

50 Von Hegesipp heißt es da, er habe die Πανάρετος Σοφία gerühmt, um sie von den „sog. apokryphen Büchern" abzusetzen: Da er, möglicherweise im selben Kontext, auch die umstrittene Stelle 1Kor 2,9 auf ein Jesuslogion zurückführt (Lk [Q] 10,23; s. Photios, *Bibl.* 232; Text bei Preuschen, *Antilegomena* 113), dürfte die abzulehnende Schrift jene *Sophia* gewesen sein, die hier in Rede steht. Vgl. noch Lampe, *Lexicon* s.v πανάρετος 2.

51 Sollte an diese Stelle gedacht sein, wo doch Qohelet im 1.Jh. n.Chr. noch nicht übersetzt war, wäre dieser Autor zweisprachig; s. aber Anm. 53 und 71.

Literarische Besonderheit sind zahlreiche Neologismen oder jedenfalls bis dahin nicht bezeugte Wörter, z. B. in 7,1 und 10,1 πρωτόπλαστος „der Erstgeformte" für Adam; mehreres Seltene in 7,22–26. Solche Bildungen, die nicht nur verständlich, sondern auch schön sein mussten und akzeptabel für ein literarisches Publikum, verraten auch bei Philon seine Beherrschung des Griechischen. – *Sapientia* 3,14 bietet zu dem ohnehin seltenen homerischen Wort θυμήρης („wohlgefällig" *Od.* 10, 362) noch die Steigerung, u.z. in Ablösung des Tempelkults (vgl. Hebr 8,6 ff). – Einige in der Septuaginta seltene Ausdrücke begegnen nur hier und in *4Makk.* (6.5.3), wie dort unter „bemerkenswerte Stellen" erwähnt.

Zählung: 19 Kapitel.

Gliederung: 1,1–15 Prolog in rhythmischer Prosa; 1,16–2,14 Polemik gegen die „Gottlosen" (s.u.); 3,1 ff Gegenbild des Gerechten. Gelegentliche Appelle an eine 2.Pers. Pl. (6,1) bzw. Ich-Einsätze (2,1; 7,1; wenig betont in 8,2, betont wieder in 9,1) markieren von da ab Einschnitte. Schürer/V. gliedert nach Themen: 1–5/6–9/10–12/13–15/16–19; ähnlich Nickelsburg. Aufweis chiastischer Strukturen in einzelnen dieser Teile bei Gilbert 302–305; Nickelsburg 211. – In deutschsprachiger Forschung üblicher ist eine Dreiteilung: (A) 1,16.21: das Geschick des Gerechten gegenüber dem der Gottlosen („eschatologischer Teil" – aber wieso mit Eschatologie beginnen? Ist das der Gesichtspunkt?); (B) 6,22–11,1: Enkomion auf die Weisheit („sapientialer Teil"); (C) 11,2–9,22 „historischer Teil" (aber sprachlich ist hier kein Einschnitt, weder vor noch nach 11,1): ein Midrasch zum Exodus, Erweis des rettenden und strafenden Handelns Gottes.

Geht man nach den Textsignalen im Griechischen, so liegt die Schaltstelle in 9,18, dem Übergang vom bisher herrschenden Präsens in den Aorist. Die Geschichtsbetrachtung führt von Adam (10,1–4) über Abraham (V. 5 ff) über Jakob (V. 10 ff), Joseph (V. 13 f), Israel in Ägypten (V. 15) und Mose (V. 16) zum Exodus. Mit 11,16 erfolgt dann aber wiederum eine ebenso geschmeidige Überleitung zurück ins Präsens der Betrachtung. Ähnliche Wechsel geschehen noch öfter; sie sind diesem Buch eigentümlich.

Literarische Integrität kann angenommen werden; Unebenheiten fallen eher in den Bereich der Redaktionskritik. Bisherige Vermutungen über das Zustandekommen s. Kepper 16–25. Es gibt Versuche, gewisse „Fertigteile" zu isolieren, z. B. die Diatribe gegen Götzendienst (Kap. 13–15); Schürer/V. 569. Dass in Kap. 9 Salomo der Sprecher sein soll, auch nichtnamentlich (wie in Koh 1,1 ff.12 ff), kommt unerwartet. Schwierigkeiten bereiten allerdings diejenigen Stellen, die unten unter „Christliches" zu nennen sein werden. Um die *Sapientia* für außer- oder gar vorchristlich gelten zu lassen, müsste man den dort gebrauchten, sehr idiomatischen Ausdrücken jüdische Bezüge geben. – **Textliche Integrität:** Öfters sind Lesarten zweifelhaft. In 2,23, wo die großen Codices lauten: εἰκόνα τῆς ἰδίας ἰδιότητος ἐποίησεν αὐτόν, ist die hier keineswegs poetische, sondern klanglich störende Antanaklasis ἰδίας ἰδιό- von Rahlfs unter Berufung auf „mu(lti)" = „viele (anderen

Codices) durch ein ἰδίας ἀιδιότητος ersetzt, ganz im Sinne auch des Kontextes.⁵²
Gelegentlich übernimmt er Konjekturen aus der Ausgabe von Fritzsche (Siglum: „Fr." in 12,5; 18,22) oder empfiehlt sie zur Übernahme („Fr." in 1,15; 2,8), ebenso auch welche von Grabe („Gra." in 7,21; 16,21). Liste in *Septuaginta deutsch.E* 119 f sowie 136 unter „Grabe", 142 unter „Fritzsche".

Biblischer Bezug ist überaus häufig und beinahe flächendeckend, aber fast nie wörtlich: 12,12 erinnert einigermaßen wörtlich an Jes 29,16 (aber auch an Jer 27,44 und Hi 9,19), 3,11a erinnert an Spr 1,7d; 9,9.11 an Spr 8,27 (hier klar LXX). Benutzung der Septuaginta ist evident, die des hebr. Textes hingegen bleibt fraglich; s. M. GILBERT: „Wisdom of Solomon and Scripture", in Sæbø, *Hebrew Bible/Old Testament* I/2, 606–617 (bes. 616–618).⁵³ – Verwendet sind in den betrachtenden Partien v. a. Gen 1 (plus Spr 8,22–31), Gen 3 (in 2,23f bedeutend ausgeweitet) und, soweit in νόμος die Tora gemeint ist, auch Ex 20 ff. Die Erzählpartie Kap. 10–11 ist ein Durchgang durch die Patriarchengeschichte (Gen 1–50) und das Exodus-Geschehen, letzteres insbes. aus dem Blickwinkel des subjektiven Erlebens. Rückgriffe auf Erzähltexte des Pentateuch geschehen immer wieder, so 14,1–11 auf Gen 6–8 (mit Erwähnung der Giganten von Gen 6,1–4 in V. 6). Kap. 18 ist erneut ein *Exodus*-Midrasch. Weiteres in der nächsten Rubrik.

Quelle und Vorlage: vgl. schon „Textsorte". Die LXX-*Sprüche* haben sicher als Vorbild gedient, formal wie inhaltlich, ferner Psalmen des Gerechten wie Ps 1, Ps 15–18 [14–17], Ps 22–28[21–27] u. a., dazu Schöpfungstheologisches wie Spr 8,22–36. – Die u. g. psychologische Kritik der Menschenvergottung ist letzter Ausläufer einer bis auf Elia (3Kön 17 ff) zurückgehenden prophetischen, später weisheitlichen Tradition, die im *Brief Jeremias* (2.1.8) noch rudimentär war. Nickelsburg 208 setzt 5,1–8 in Parallele mit Jes 52,13–53,6; vgl. seine Hinweise zu 2–4 S. 207.211 (Apokalypsen). Weiteres bei deSilva 137–142. – Zu 2,12ff als möglicher Anspielung an Passionsüberlieferungen (bes. Mk 15) s. u. „Eingehen auf Christliches".

Hebraismen: Unvermittelt (und damit ungriechisch) beginnt der Text mit Imperativen, und auf weiten Strecken ist er noch in paarigen Zeilen geschrieben (1,3 usw.) oder in Dreizeilen-Folgen (1,1 usw.). Sehr häufig aber werden Begründungen nachgeschoben,⁵⁴ was schon ein Indikator griechischen Denkens ist. Im Vokabular wird kein Versuch mehr gemacht, „biblisch" zu reden; es fehlen die lexi-

---

52 Ein Vergleichsfall ist 12,24, wo ἐχθρῶν in den großen Codices (B, S, A) verworfen wird, herleitbar über ein gerade einmal bezeugtes εσχρων aus der auch nur wenig bezeugten, aber inhaltlich vorzuziehenden Lesart αἰσχρῶν. Auch in 17,10 geht er mit Lesarten eines einzigen Codex. Die „Göttinger" Ausgabe ist demgegenüber eher positivistisch und bleibt bei der Autorität der großen Codices, deren Schreiber aber eher ägyptisches als griechisches Sprachgefühl an den Tag legen.

53 Gegen einen Zugang zum Hebräischen spricht die Beobachtung bei Gilbert 616, dass Pred und Hohesl nicht benutzt sind: Just diese zwei Bücher sind erst in nach-ntl. Zeit ins Griechische übersetzt worden.

54 Das Wort ὅτι ist ebenso häufig wie in dem weit längeren Siraciden. Streckenweise aber wird es nicht gebraucht, sondern nur καί oder μηδέ: hier mag eine andersartige Vorlage eingegangen sein.

kalischen Hebraismen, und das Wort καρδία „Herz", das in der Konkordanz für die übrigen Weisheitsschriften Spalten füllt, kommt gerade sechsmal vor. Ein Septuagintismus ist das seltene ἐξιχνιάζειν (6,22; vgl. Ri 18,2; Hi 5,27; 10,6), ein Pseudo-Hebraismus das Verstärken des Verbs ἐργασάμενος mit einem ἐν χειρί (3,14). –
Griechischer Stil: Ein mitunter elegantes Vokabular kontrastiert mehr als sonst in der Septuaginta mit amorphen und völlig ungriechischen Satzkonstruktionen (z. B. 8,17 f: Häufung von Nomina). Der Stil ist für seine Zeit nicht literarisch. Die 2.Pers. zu δύναμαι ist, wie auch im NT oft, nicht attisches δύνῃ, sondern das rückgebildete (und auch ngr.) δύνασαι (10,23; 14,4). Ein Indikator griechischen Denkens ist – außer den unter „literarische Besonderheit" bereits benannten Neologismen – die Häufigkeit der Partikel μέν (meist gefolgt von δέ); die Konkordanz hat für sie in *Sapientia* die häufigsten Einträge nächst *2Makk.* und *4Makk.*, noch vor *3Makk.* Viele Verse tragen Prosarhythmen, z. B. 1,6b–14a in jeder Zeile ungefähr zwei Cretici (Verse 6e und 10b sind überhaupt nur rhythmisch); 8,1–11; 13,1–8 u. ö. Der Stil der schwungvolleren LXX-Psalmen kreuzt sich mit einer Abhandlung in philosophischem, inbes. stoischem Vokabular. Das Vokabular der *Sapientia* ist ähnlich originell, aber auch ähnlich ungefestigt wie das des *Hebräerbriefs*. Ist dies ein judäisches Werk, so zeigt sich hier eine außergewöhnliche Beherrschung der Zweitsprache Griechisch; aus eben diesem Grund wird die *Sapientia* auch oft für alexandrinisch-jüdisch gehalten.
Historischer Bezug: Das Portrait der „Gottlosen" (1,16–2,24), die das „Recht des Stärkeren" beanspruchen (2,11), fasst alles zusammen, was man gegen die Jerusalemer Führungsschicht (die „Judäer" des Joh) zur Zeit Jesu sagen konnte; vgl. Zitat unter „Eingehen auf Christliches". – In **14,12–31**, einer Polemik gegen Vergottung von Menschen, hat man eine Anspielung an beginnenden Kaiserkult, also Caligula, finden wollen (Schürer/V. 572); dieser hat freilich nicht sein Kind, sondern seine eigene Schwester Domitilla, als diese 38 n.Chr. frühzeitig starb, mit einer weit übertriebenen Staatstrauer bedacht. Sie war der Anlass des bei Philon, *In Flaccum* beschriebenen Konflikts der alexandrinischen Juden mit ihrer paganen Umgebung.[55] Dass er seine eigene Statue im Jerusalemer Tempel habe aufstellen lassen wollen, ist eine jüdische Befürchtung jener Zeit, deren historischer Anlass hier nicht untersucht werden muss, da sie auf diesen Text nicht passt. Weit besser hingegen passt die in 14,15ff so plastisch geschilderte Vergottung eines früh verstorbenen Kindes (τέκνον) auf Ciceros abgöttische Verehrung seiner 45 v.Chr. verstorbenen Tochter Tullia. Seine Absicht, ihr einen Tempel zu errichten, ist bezeugt in seinen *Epistulae Ad Atticum* 12, 12 und v.a. 12, 36. Dies sei zu den üblichen Auslegungen der Götzenpolemik der *Sapientia* (z. B. deSilva 144–147) hinzugefügt.

Manches, darunter die sprachliche wie inhaltliche Nähe zum *Hebräerbrief*, verweist für die *Sapientia* auf römisches Milieu, u.z. in das griechischkundige Rom der

---

55 Der Name Drusillas fällt dort in § 56; hierzu A. KERKESLAGER in *JSJ* 2006, 367–408.

frühen Kaiserzeit. Eine Sprachgrenze zwischen Griechisch und Latein gab es dort unter Gebildeten überhaupt nicht. Auch Ciceros Briefe sind voll von Griechisch, und was er mit Tullia vorhat, das nennt er mit griechischem Wort eine ἀποθέωσις.

Bemerkenswerte Stellen s. Dalbert 73–92. Dieses Buch pflegt in vieler Hinsicht einen eigenen Sprachgebrauch. Wenn „Diener (θεράπων, nicht δοῦλος) des HERRn" in 10,16 für Mose verwendet wird, ist das Anspielung an Ex 14,31 LXX, wie auch der Gebrauch von ὅσιοι („die Frommen") für die Israeliten aus Ex LXX stammt.[56] Dass jedoch das Volk Israel als λαὸς ὅσιος bezeichnet wird (10,15), ist singulär, ebenso wie die Qualifizierung als σπέρμα ἄμεμπτον (ebd., mit einem sonst fast nur in Hi LXX gebrauchten Wort). – In 8,7 sind die vier griechischen Kardinaltugenden aufgezählt. 14,2 ist eine der wenigen Stellen in der griechischen Bibel, wo πρόνοια im Sinne der philosophisch-theologischen Vorsehungslehre vorkommt; vgl. noch 17,2.[57] Die psychologisierende Auffassung vom Gericht Gottes in Kap. 17 ähnelt der in der Predigt *De Jona*...

Theologisches: „Weisheit" in diesem Text meint den Plan Gottes bei der Schöpfung und in der Erlösung, letztere verstanden als Verleihung individueller Unsterblichkeit, aber unter Bevorzugung des Volkes Israel. Die Tora ist Teil dieses Planes. Aus ihr wie aus der Geschichte Israels insgesamt ist zu lernen: „Worin jemand sündigt, darin wird er gestraft" (11,16; vgl. 11,5; 12,27; 16,1.9).[58] Überhaupt ist κολάζειν „strafen" ein Lieblingswort dieses Autors; mehr als die Hälfte aller LXX-Belege finden sich bei ihm. Das ist weniger das stoische „Bosheit bestraft sich selbst" als immer noch der deuteronomistische Tun-Ergehens-Zusammenhang. „Weisheit" ist auch weltliches Wissen (7,17–21; deSilva 149).

Ein theologiegeschichtlich sehr wirksam gewordener Satz aus der *Sapientia* ist dieser: „Aus der Größe und Schönheit (καλλονή) der Geschöpfe wird analog (ἀναλόγως) der Bewirkende ihres Entstehens erkannt" (**13,5**). Die Begründung lautet (ebd.), Gott selber sei „der Urheber des Entstehens (γενεσιάρχης) der Schönheit". Das ist der Grundgedanke des kosmologischen – man sagt auch: des teleologischen – Gottesbeweises. Die Möglichkeit, aber auch die verlorene Chance natürlicher Gotteserkenntnis wird in diesem Kapitel, sodann aber auch in 14,22.24–27 in ähnlichen Worten geschildert, wie Paulus es in Röm 1,18–30 tut. – In 9,1 begegnet die These einer Erschaffung der Welt durch das Wort (λόγος) des Schöpfers; dasselbe als Gerichtswort in 18,15. Neu ist, dass die Schöpfung ἐξ ἀμόρφου ὕλης geschieht (11,17 ≠ 2Makk 7,28). Philon hatte noch vermieden, etwas wie ungestaltete Materie der Schöpfung vorgegeben sein zu lassen. 7,22–26 redet

---

56 Ursprünglich ist das eine Assonanz an hebr. ḥasid/ḥasidim, wie in der Septuaginta öfter (vgl. Siegert, *Septuaginta* 135 f.).
57 Als πρόνοια βασιλέως, politisch also, begegnet sie in der griechischen Bibel erst im NT, nämlich in 2Kor 4,6; theologisch hingegen in *3Makk*. 4,21; 5,30 sowie *4Makk*. 9,24; 13,19; 17,22.
58 Wendet man es auf den unschuldig Getöteten von Kap. 2 an, dem diese Weisheit nichts mehr hilft, so ist es doch eine Warnung an die dort gemeinten Übeltäter – in Judäa, wenn die unten gegebene Deutung richtig ist.

in gewagten, quasi-materiellen Begriffen von der Weisheit als „Pneuma" (vgl. Röm 7,14), ja als „Dampf" (vgl. *Sir.* 24,15 und Kontext; hier eines von 21 Attributen der Weisheit),[59] wie auch der gleichfalls stoisch denkende Tertullian gelegentlich noch tat (*Res.* 7). Dieses Pneuma ist „in allem" (12,1). – Nichtmateriell ist der Ausdruck „Abglanz" (ἀπαύγασμα) 7,26; vgl. Hebr 1,3.

Nur in *Sapientia* 18,9 kennt die Septuaginta das Abstractum θειότης „Göttlichkeit, Gottheit" (sonst auch θεότης geschrieben),[60] wohingegen das einige Male vertretene τὸ θεῖον nicht dasselbe meint, sondern, von einer anderen Wurzel kommend, „Schwefel"). 9,4 nähert sich in gefährlicher Weise dem Polytheismus in der Bezeichnung der Weisheit als „Throngenossin" (πάρεδρος) Gottes ganz wie Δίκη und Θέμις im griechischen Pantheon neben Zeus sitzen. – 14,18 ist eine der frühesten Verwendungen von θρησκεία (bisher: „Gottesdienst"; Kol 2,18; Jak 1,26f) für „Religion" (lat. *religio;* vgl. Schürer/V. 573; bei Josephus: *Bell.* 1, 146; 2, 391; im NT nur Apg 26,5).

„Gott hat den Tod nicht geschaffen", postuliert 1,13, als wäre der kreatürliche Tod ein Übel,[61] und in 2,23 findet sich die nachbiblische These, Adam sei „zur Unverderblichkeit (ἀφθαρσία) erschaffen (wörtl.: gegründet)"[62] worden; vgl. 6,18f als erneute Verheißung und die *Esra-Apk.* 6,54d (arm. Text). Das widerspricht zwar Gen 3,22, bezeugt allerdings ein populärtheologisches Verständnis von Gen 3,3, wo dem Adam der Tod allererst angedroht wird – kontextgemäß meint das den vorzeitigen Tod. – Das Wort ἄφθαρτος, ἀφθαρσία begegnet im gesamten Septuaginta- und Pseudepigraphenschrifttum hier am häufigsten (2,23; 6,19 zweimal; 12,1; 18,4), sonst nur in *Aseneth* (2.2.2) viermal, im *4Makk.* (6.1.3) zweimal und in der *Esdram-Apk.* 4,36 (7.4.5 a) einmal. Vgl. oben den Exkurs hinter 2.4.2. Das Neue Testament hat den Ausdruck immerhin 15mal, darunter in der Lehrformel 2Tim 1,10. Der Gnosis wurde es ein Grundbegriff.

Kap. 10 ist eine Besinnung auf den Sündenfall[63] und wie er zu beheben sei. Selbst den gefallenen Menschen macht 3,4 bereits Hoffnung auf Unsterblichkeit (ἀθα-

---

59 So nach Nickelsburg 209. Vielleicht würde bei anderer Zählung die Zahl der hebr. Buchstaben, 22, zustande kommen.

60 Das NT hat θειότης gerade einmal (Röm 1,20, tadelnd gegen die Juden gewendet) und θεότης in Kol 2,9. Diese Zurückhaltung ist gut jüdisch: Bei Denis, *Conc.* findet sich θειότης gerade einmal (*EpArist.* 95) und θεότης auch nur in 1 weiteren, bereits christlich beeinflussten Schrift, der *Sedrach-Apk.* (7.4.5).

61 Plinius d.Ä. vertrat die gegenteilige Auffassung: *Perdit ista dulcedo praecipuum vitae bonum, mortem* (*Nat.hist.* 7, 77). Ambrosius schrieb mit umso deutlicheren, nämlich christlichen Gründen *De bono mortis*.

62 Auch das ist später Sprachgebrauch. Noch bei Philon begegnet κτίζειν „gründen" in Sätzen, wo auch *polis* begegnet (einzige rein-kosmologische Ausnahme: *Decal.* 97). Der Mensch hingegen war πλάσμα Gottes.

63 Dass dieser nicht Adams, sondern Kains Fall gewesen sei, wird bei Levison 62 irrtümlich aus 2,24 gefolgert. Gen 3 ist jedoch gemeint. Es bleibt, dass dieser Schrift der Tod als etwas Unnatürliches gilt, anders als noch *Sirach*.

νασία), ebenso 15,1.[64] – Ein Euphemismus: κάμνειν „ermüden" in 4,16 heißt „sterben"; vgl. 15,9.

Israel gilt in 10,15, wie gesagt, als „frommes Volk (λαὸς ὅσιος) und untadelige Nachkommenschaft": vgl. *Gebet Manasses* 8 (2.1.3). In 18,22 wird Gott an seine Gelübde gegenüber den Vätern und seine Bundesschlüsse (διαθῆκαι) erinnert, u.z. von Aaron, der Gott durch das Wort (λόγος) seines Gebets überzeugt (Num 16,26 f). Hier wird vorübergehend auch Opferterminologie gebraucht, die sonst bemerkenswert selten ist (anderes Beispiel: 3,6, auch singulär im ganzen Buch). In demselben Gebet sind die (namentlich nicht genannten) Israeliten, die zum Exodus aus Ägypten aufbrechen, „deine Söhne, durch die das unverderbliche Licht des Nomos der Welt gegeben werden sollte" (18,4; vgl. Röm 2,19). Gottes Königsherrschaft (βασιλεία) besteht in 6,4 in der Verantwortlichkeit der irdischen Könige ihm gegenüber. In 10,10 ist es die dem Jakob visionär gezeigte Weltregierung Gottes; ihm wird eine „Erkenntnis heiliger Dinge" gewährt.[65] Das ist der von Philon her bekannte, hier aber in apokalyptische Sprache gekleidete Konservativismus einer Würdigung von Weltstrukturen als Absicherung politischer Strukturen. Vgl. D. HARRINGTON: „Saved by Wisdom", in Gurtner, *This World* 181–190. – In 14,3 Anrufung Gottes als Vater (Vokativ πάτερ) im Hinblick auf seine Vorsorge (πρόνοια). Glaube an Gott: 1,2; 12,2; 16,26; πίστις ist „eine erlesene Gnade" (3,14). – Gut jüdisch ist immer noch der Titel „Heiland aller" für Gott selbst (16,7) und der Titel „Sohn Gottes" für das Volk des Exodus.

Psychologisches: Die Angst vor Schiffahrt wird in 14,1–8 beredt geschildert; sie hat in dem (allerdings viel späteren) Mosaik des Leontis Klubas in Bet Šeʿan (Skythopolis) ihr bildliches Pendant.[66] Der „Zwang" des Gewissens (συνείδησις) wird in 17,10 ff anhand der ägyptischen Plagen beschrieben und ein Dilemma wie in Röm 7 entworfen. Das „Heilwerden" der Israeliten durch Umdrehen nach der Ehernen Schlange (Num 21,8 f) wird rationalisiert und ethisiert als ein „Sichumdrehen" der Buße, welche Gott, der „einzige Retter", annimmt. – Was noch „Rettung" und „Heil" betrifft, so bekommt Jakob das Reich Gottes (βασιλείαν θεοῦ) „gezeigt" und wird vor Feinden bewahrt (διαφυλάττειν); der „verkaufte Gerechte" (Joseph) wird „aus Sünde gerettet" (10,10.12.13, letzteres wohl in Bezug auf die Verführungsabsicht der Frau des Potiphar, Gen 39,7 ff). – In 8,20 behauptet Salomo von sich: „Weil ich gut war, kam ich in einen unbefleckten Körper."[67] – Eine psychologische

---

64 Im Folgevers dann, 15,2, ist dieselbe Unausgeglichenheit zwischen „wir sündigen zwar" und „wir werden nicht sündigen" wie in 1Joh 1,8–2,1.
65 Ähnlich spricht Philon, *Plant.* 50 vom Kosmos als einem „Abglanz heiliger Dinge", nämlich der Ideen, die für Philon Gedanken Gottes sind.
66 P. PRIGENT: *Le judaïsme et l'image* (TSAJ 24), 1990, Abb.: 157; Text: 156; Datierung: 5.Jh. Dort wird Hilfe bei den Gefahren der Nilschiffahrt erbeten oder bezeugt.
67 Was dort noch platonische Seelenlehre ist, diente später einer Zuspitzung zum Dogma der Unbefleckten Empfängnis.

Erklärung des Götzendienstes, genauer: der Menschenvergottung s. o.: „historischer Bezug"; da geht intuitive Psychologie in subtile antirömische Spitzen über.
Christliches? Dass namentlich weder Israel noch Jerusalem noch Mose erwähnt werden, sondern immer nur nichtnamentlich (so Mose als „heiliger Prophet" in 11,1 und das Land Israel als „das geehrteste Land" in 12,7), besagt nichts zur Frage der Autorschaft; es gehört zu dem hier gepflegten Rätselstil der semitisierenden Weisheitsrede. Zweimal findet sich ναός für den Jerusalemer Tempel, einmal in einer rückblickenden Bemerkung (9,8: Erwählung Salomos zum König in Israel und Erbauer des Tempels), die auch nicht antwortet auf unsere Frage, das andere Mal allerdings im Kontext der Zulassung eines Eunuchen zum Gottesdienst (3,13 f): Das könnte in Reaktion auf Apg 8,26–40 gesagt sein. War die Aufhebung des Verbots von Dtn 23,1 zuvor in Jes 56,3–7 erst angekündigt worden, so geht dort diese Ankündigung ausdrücklich in Erfüllung. Genauso gut könnte man diese Stelle freilich für eine christliche Zutat nehmen; sie verrät nämlich eine ablehnende Haltung zur Sexualität, wie sie sonst nur christlich und – ab der ersten Jahrhundertwende – gnostisch belegt ist:

> (3,13) Denn selig ist die Unfruchtbare und Unbefleckte,
> welche keinen Beischlaf kannte in Übertretung
> – sie wird Frucht haben bei der Heimsuchung (ἐπισκοπή) der Seelen –,
> (14) und der Eunuch, der mit der Hand keinen Gesetzesbruch vollzog,
> auch nicht gegen den HERRn Böses ersann:
> Denn ihm wird erlesene Gnade des Glaubens gewährt werden
> und ein Los (κλῆρος) im Tempel des HERRn, ein weit gefälligeres (θυμηρέστερος).[68]

Das Wort κλῆρος meint hier keinen Anteil mehr am Land Israel, sondern bezieht sich leichter auf christliche Kleriker, die sich, wie etwa Bischof Meliton (bei Euseb, *H.e.* 5, 24,5), als (freiwillige) Eunuchen bezeichneten, dies wiederum verstanden das als Erfüllung von Mt 19,12. – V. 13 impliziert die Sündhaftigkeit jeden Beischlafs, ist er doch, nach einer nicht jüdischen, wohl aber christlichen Radikalisierung von Ps 51(50),7, eine Weitergabe der Erbsünde. Insgesamt ist diese Stelle ein Extrembeispiel imitierter Bibelsprache, wie sie in kirchlichen Kreisen unserer Tage als „Sprache Kanaans" apostrophiert wird: Was heißt „Heimsuchung der Seelen"? Anscheinend liegt hier eine verdiensttheologische Auffassung vom Weltgericht zugrunde, in welcher Jungfrauen einen Anfangsvorteil haben. Die „Frucht" ihrer Keuschheit ist, dass sie keine sexuelle Sünde (für den Autor ist dieser Ausdruck anscheinend eine Tautologie) begingen. Unter den „Sünden", die der hier gemeinte Eunuch vermied, ist außer dem Geschlechtsverkehr wohl auch die Selbstkastration. Im Christentum des 2.Jh. war das ein Thema,[69] und überhaupt

---

68 Septuaginta-Hapax; sonst aber schon ein homerisches Wort.
69 Vgl. die von Justin, *Apol.* 29,2 f mit Stolz berichtete Geschichte jenes alexandrinischen Christen, der vom Gouverneur die Erlaubnis erbat (aber nicht erhielt), sich die Hoden abschneiden zu lassen, ein Ereignis aus der Zeit nach der Vergottung des Antinoos (ab 122 n.Chr.). Auch diese letztere kann die o.g.

war der Weg hin zu einem (angeblich) asexuell lebenden Klerus von Anfang an skandalbehaftet (vgl. 5.2.2, Kopftext). Und schließlich: Welcher Jude hätte je gedichtet: „Besser ist Kinderlosigkeit mit Tugend; denn Unsterblichkeit ist in (Gottes) Erinnerung an sie" (4,1)?

Auch anderes ist erklärungsbedürftig. Wer sind die „Heiligen" in 5,5? Die Deutung auf Engel[70] gibt hier wenig Sinn. Das Wort κλῆρος „Anteil" im selben Satz hat seine Entsprechung in Apg 26,18, so wie der Satz im Ganzen, Hinweis auf den „Anteil der Heiligen", seine genaue Parallele hat in Kol 1,12. – Die Bezeichnung ἔθνος ἅγιον für das Volk des Exodus ist jüdisch nicht belegt, wo ἔθνη (Plural) und λαός (Sg.) sorgfältig unterschieden werden und der Ausdruck ἔθνος nie für die Innensicht dient. Stellen wie Apg 7,5; 23,2 hingegen sind schon aus der Außenperspektive gesprochen, und in Lk 12,30 zählen die Juden unter τὰ ἔθνη τοῦ κόσμου.

Christliche Autorschaft für die Gesamtkomposition wird derzeit wieder erwogen (Davila, *Provenance* 225; Bauckham 474 Anm. 69 nennt Vorgänger), und natürlich kann man auch, wie fast überall, christliche Anreicherungen einer jüdischen Schrift annehmen. Alternativ zu alledem lässt sich aber erwägen, ob die „Christlichkeit" der *Sapientia* nicht teilweise wenigstens ein Reflex ist auf bereits entstandenes, aber doch von außen betrachtetes Christentum:

Eigehen auf Christliches: Hier ist die oben im Kopftext genannte Passage **2,12–22** (dazu zuletzt Kepper 29–35) genauer zu betrachten. Sie wurde von der Kirche lange Zeit rezipiert als (vorauslaufender, wie man meinte) Kommentar zum Tod Jesu:

> (12) Lasst uns „dem Gerechten" auflauern, „denn er ist für uns nicht zu gebrauchen"
> (δύσχρηστος ἡμῖν ἐστιν, Jes 3,10 LXX)
> und stellt sich unserem Wirken entgegen
> und wirft uns Gesetzesübertretungen vor
> und sagt uns Sünden unserer Erziehung nach.[71]
> (13) Er behauptet, Kenntnis (γνῶσις) Gottes zu haben
> und nennt sich selbst „Kind (παῖς) des HERRn".
> (14) Er wurde uns zum Aufweis unserer Gedanken;

Polemik gegen Götzendienst in 11,12–31 ausgelöst haben, Spätdatierung wenigstens dieser beiden Partien vorausgesetzt.

70 So Georgi z.St., unter Berufung auf den Parallelismus im Satz. Doch „Söhne Gottes" sind in 18,4 eindeutig die Frommen auf Erden. In 18,9 sind ἅγιοι eindeutig die Frommen des Exodus (Ex 12); dort weitere Synonyme.

71 Das hier gebrauchte Verb ἐπιφημίζεσθαι kommt in der Septuaginta sonst nur noch in Dtn 29,18 vor, wo es *jitbarech* übersetzen soll: „sich (bei etwas) segnen", Zusatz nämlich: „in seinem Herzen". Das Wort wird also gebraucht wie ἐπευφημίζεσθαι, woraus es m. E. auch verschrieben ist (in spätgriechischer Aussprache kaum zu unterscheiden). Unser Autor aber, der rein von der Septuaginta abhängig ist, hat das Verb missverstanden. Umso klarer ist die beabsichtigte Intertextualität. – Mit „Sünden unserer Erziehung" ist wohl der Kompromiss mit hellenistischer Bildung und Lebensweise gemeint, der auch nach der makkabäischen Wende die Jerusalemer Oberschicht kennzeichnete. Gerade da wollten ja die Pharisäer mehr sichtbare Toratreue hineinbringen, auch im Detail.

lästig ist uns, ihn auch nur zu sehen.
(15) Denn anders ist sein Leben als das der anderen
und sehr besonders sind seine Wege.
(16) Als falsche Münze (κίβδηλον) galten wir ihm,
und er hält sich von unseren Wegen fern, als wären sie Unreinheit.
Er erklärt für selig (μακαρίζει) den (Lebens-)Ausgang der Gerechten
und rühmt sich, Gott zum Vater zu haben. –
(17) Lasst uns sehen, ob seine Worte wahr sind
und lasst uns auf die Probe stellen, wie es mit ihm ausgeht!
(18) Wenn nämlich der Gerechte Sohn Gottes (υἱὸς θεοῦ) ist, wird er ihm beistehen,
und wird ihn retten aus der Hand seiner Widersacher.
(19) Mit Entwürdigung und Folter wollen wir ihn prüfen,
damit wir seine Milde (ἐπιείκεια) erfahren
und seine Leidensfähigkeit (ἀνεξικακία) erproben.
(20) Zu einem schmachvollen Tod lasst uns ihn verurteilen!
Dann mag es ihm ergehen, wie er gesagt hat.

Dieser Text trifft erstaunlich genau, was sich an Machenschaften hinter dem Tod Jesu noch heute in den Evangelien und bei Josephus erkennen lässt.[72] Was direkt vorangeht, ist eine treffende Kennzeichnung der Lebenshaltung der Saddūzäer (2,1–9), also jener Jerusalemer Oberschicht, von der wir inzwischen wissen, dass sie, und nicht die Pharisäer, Jesu Gegner waren (außer wo sich beides überschnitt). Der Gedankensprung, mit dem sie ab 2,10 auf „den Gerechten" losgehen (was übrigens ein Jesus-Titel ist in Apg 3,14; 7,52; 22,14), verrät eine Art Neid der an Geld und Einfluss Reichen auf diesen „Armen", ist dabei aber, und zuvor schon, ein Zitat aus Jes 3,10. Das leicht zynische δύσχρηστος „nicht zu gebrauchen" – da steht einer im Wege! – begegnet in der ganzen Septuaginta nur an diesen zwei Stellen, und es findet dort genau der gleiche Gedankensprung statt. – Allerdings: Der Tod Jesu, wenn er denn gemeint ist, wird nicht als heilswirksam angesehen, es sei denn, man finde dies viel später ausgedrückt in 14,7: „Gesegnet ist das Holz, durch welches Gerechtigkeit geschieht", einer verdächtige Stelle, die im Kontext auf Noahs Arche geht, aber in ihrer Emphase einen *sensus plenior* zu haben scheint.[73] Der „Retter aller" ist in unserem Text Gott selbst (16,7).
So möge denn hier, mit aller Vorsicht, ein neuer Deutungsvorschlag Gehör finden. Wenn es stimmt, dass judäische Ereignisse vom Mutterland aus, und auf Griechisch, ihren Kommentar erhielten (1.2; 2.1.5–6; 2.3; vgl. noch 2.3), so wäre hier

---

72 Siegert, *Leben Jesu* 157–159.182–209. Die Literatur zu dieser Frage füllt Bibliographien. Die Darstellung des Mt ist die am wenigsten maßgebliche; sie ist schon verzerrt durch Polemik gegen den beginnenden Rabbinat, dessen innertextliche Platzhalter die „Pharisäer" sind. Die Forschung tendiert zu dem Schluss, dass nicht sie Jesu Hauptgegner waren, sondern das Tempel-Establishment, also die „Judäer" (im engeren Sinne) des Joh.
73 Sie kann auch eine Glosse sein, entsprungen aus altkirchlicher Kreuzesverehrung. Zu ähnlichen ξύλον-Stellen der Septuaginta vgl. Siegert, *Septuaginta* 333.356. – Ähnlich schillernd ist *OrSib.* 5, 249ff, wo man nicht weiß, ob Jesus gemeint ist und ob ein Jude oder ein Christ sich auf ihn bezieht, s. o. 5.3.1, „Christliches".

vielleicht ein Kommentar zum Tod Jesu – den man immerhin bedauert – aus der Zeit kurz nach 30 zu greifen. Das rasche Ankommen des Christentums in Rom, u. z. gerade in Roms Judengemeinden (Röm 1,7 etc.), und die paradoxe Verehrung dieses Exekutierten dortselbst, die selbst den Behörden auffiel, weil sie Streit erzeugte (Sueton, *Claudius* 25,4),[74] mochten eine Erklärung nötig machen. Dazu passt dann durchaus die dringende Empfehlung des Bleibens bei der Tora in der übrigen Schrift. Ja selbst das *In tyrannos*, was nicht erst Schillers *Glocke*, sondern schon diese Schrift, einer gewissen Tradition nach,[75] vor sich trägt, passt dazu. Eugen Gärtner (s. o. „Glossar") findet, „dass wir es mit einer innerjüdischen Entwickelung des Dogmas, dass der Gerechte der Sohn Gottes ist und deshalb auf Unsterblichkeit rechnen kann, zu tun haben" (68). Weitere Belege dazu haben sich in den letzten hundert Jahren jedoch kaum gefunden. Das Judentum allein hat keine Osterbotschaft. Ganz jüdisch heißt es jedoch ein Stück später: „Eine Menge von Weisen ist das Heil der Welt" (6,24).[76] Deutungsvorschlag: Vielleicht ist der Verfasser ein Judäer (sei es aus dem Mutterland, mit Verbindung nach Rom, sei es in umgekehrter Richtung), den das Geschehen um Jesus angewidert hat, ohne dass er ihm Heilsbedeutung beimäße. So gesehen, bekäme dann auch 14,12–31, die Polemik gegen eine Verehrung Gestorbener, zumal mit einem impliziten Bezug auf Rom, zusätzliches Profil. Schließlich beschreibt auch Josephus das Christentum als einen verfehlten Totenkult: „(...) es ließen nicht nach, die ihn zuerst liebgewonnen hatten" (*Ant.* 18, 64).

Abfassungszeit: Die Ansätze gehen vom 2.Jh. v. Chr. (wenigstens für Teile) über die vorpaulinische Zeit (Nähe zu Paulus s. Schürer/V. 573 unten) bis spätestens zum Zitat in *1Clem.* (Ende 1.Jh.; Kepper S. 133–145). Davila: 2. Hälfte 1.Jh. n. Chr. Eine Datierung nach 70 hat die Schwierigkeit, dass irgendeine Bezugnahme auf den Jüdischen Krieg zu erwarten wäre; Mk 13 zeigt, wie sehr dieser auch in Rom (wo Markus vermutlich schreibt) die Gemüter bewegte. Sicherer ist also, eine Zeitgenossenschaft zu Paulus anzunehmen. – **Ort:** Ist das Exodus-Geschehen als Hintergrund für Kap. 10–19 ein Argument für einen Ursprung des Buchs (oder wenigstens einer jüdischen Quelle) in Ägypten? Das wäre paradox. Man tippt zwar

---

74 *Judaeos impulsore Chresto assidue tumultuantis Roma expulit* (der Christus-Name ist für den Sklavennamen „Chrēstos" gehört worden, wie ja helles e und i im Latein vertauschbar waren – *tumultuantis* = *tumultuantes*, und griechischerseits wurden Χριστός und χρηστός in populärer Aussprache verwechselbar: Noch heute gibt es letzteres als Personennamen, ausgesprochen wie ersteres). Text z. B. bei Stern II S. 113; Komm. S. 116 f. Dies war das Ereignis, auf das hin Aquila und Priscilla nach Korinth auswichen und dort Paulus begegneten: Apg 18,2 (Röm 16,3 f grüßt sie dann wieder in Rom).
75 Lutherbibel (Ausg. Volz 1703): „An die Tyrannen". Luther selbst führt das Buch in seiner Vorrede (S. 1699) auf die Verbindung mit Philon zurück, der die jüdische Sache so mutig vor Caligula vertreten habe, und erklärt die Benennung nach Salomo für rein literarisch (pseudepigraph). Er empfiehlt das Buch als Auslegung des 1. Gebots.
76 Der Vers fährt fort: „...und ein besonnener König ist (die Garantie für) das Wohlbefinden des Volkes." Welchen judäischen König der römischen Zeit will man dafür benennen? – Das Wort βασιλεύς steht im Osten auch für den Kaiser.

seit C. L. W. Grimm auf Alexandrien; aber die öfters festgestellte Nähe zu Philon betrifft nichts nur ihm Eigenes, sondern Gedanken, die man auch im Hebr finden kann, sowie ein über die Septuaginta weit hinausreichendes (und nichtphilonisches) Vokabular. Sollte Ciceros o.g. Trauer über seine Lieblingstochter Tullia in Kap. 14,15 ff eingegangen sein,[77] so lässt sich, wie für den Hebr ja auch, römischer Ursprung annehmen – oder zumindest, wenn obige Hypothese gelten darf, als **Adressaten** die Judenheit Roms zur Zeit des dort aufkommenden Christentums. Das „biblische Judentum" Roms war selbstbewusst genug, dass die Mission eines Paulus in dieser Stadt keinen großen Erfolg hatte (Apg 28,17–31). **Sitz im Leben** vielleicht: Vorträge in einem vor- oder nichtrabbinischen Lehrhaus.

Abfassungszweck außer bisher schon Vermutetem: Vergewisserung von einem Heilsplan Gottes für seine gesamte Schöpfung, insbesondere für seine Erwählten. Vergewisserung ewigen Lebens in der Treue zur Tora. Nebenzweck wohl auch: Abwehr des Christentums. Dass dieses etwa genannt würde, ist angesichts der Anonymität selbst der jüdischen Anspielungen nicht zu erwarten

Rezeption: im Judentum schwer nachzuweisen; was deSilva 149–152 aufbietet, kann separate Weiterwirkung der verwendeten Traditionen sein. Immerhin zitiert Euseb, *Praep.* 7, 3 (Ende) diese Stelle in einem Kontext, der insgesamt noch dem Judentum geschuldet sein könnte. – In Spr 9,6 bieten die großen LXX-Codices einen Zusatz aus *Sapientia* 6,21: „und ihr werdet ewig Könige sein" (hierzu wiederum vgl. Lk 22,29). – Bei Numenios, Frg. 56 (Stern II S. 214f) wird der im Jerusalemer Tempel verehrte Gott „nicht mitteilbar" (ἀκοινώνητος) bezeichnet, mit einem Hapax aus *Sapientia* 14,21, wo dieses – passender – vom Namen Gottes gesagt ist.

In der Kirche wurde das Buch bereitwillig aufgenommen; reiche Belege ab dem 2.Jh. bei Schürer/V. 574f. Tatian, *Oratio ad Graecos* 7 bietet einen Nachklang zu *Sapientia* 2,23f. Die gnostische *Lehre des Silvanus* (NHC VII 4, 113) zitiert ungenannt *Sapientia* 7,25f. Clem.Al. glaubt bereits, das Buch stamme von Salomo (Schürer/V. 574). Origenes hat reichlich Gebrauch von ihm gemacht (Fürst [s.o. „Einleitung"], Abschn. 2). Augustin wollte es eine zeitlang Jesus Sirach zuschreiben (*Retractationes* 2, 4,2). Übrigens kennt auch er noch Leute, die „Christus als Weisen ehren oder zu ehren vorgeben", aber nicht für göttlich halten (ebd. 2, 16).[78] – Aus *Sapientia* 13,5 wurde im Mittelalter die Lehre von der *analogia entis*, einer aufsteigenden Gotteserkenntnis (in Ergänzung zu einer absteigenden Offenbarung). – Luther lobte an ihr v.a. die Herrschaftskritik und fand sie in dieser Hinsicht hochaktuell (s.o. Anm. 75). Die Zuschreibung an Salomo durchschaut er in seiner Vorrede als Schutzbehauptung zur Erhaltung des Buches; wenn er dann

---

77 Cicero war tot, aber nicht vergessen; er war ein Vertreter der Aristokratie, aber politisch gescheitert. Daran anzuknüpfen, war ungefährlich. – Das Beispiel des einstigen Königs von Tyrus bei Theophilos (3.3.3), das inhaltlich auch passt, dürfte um diese Zeit vergessen gewesen sein.
78 Aus seiner Zeit hat man dazu allerdings nur pagane Belege, bes. Apulejus, *Apol.* 90 (Stern II S. 203), wo das *HIS* wohl verschrieben ist aus *IHS* (Jesus).

freilich Philons Autorschaft annimmt, widerspricht er sich, denn das wäre auch ein großer Name. Jedenfalls benutze Philon nie ein Pseudonym.

Abgeschrieben wurde die *Sapientia* meist zusammen mit *Qohelet/Ekklesiastes* (Schürer/V. 575) und fand so Eingang in den LXX-Kanon sowie in die Vulgata. Die andere Tradition hingegen, die sie Philon zuschrieb, blieb im Westen lebendig und hat dem Alexandriner noch einen späten Platz unter den Propheten verschafft: Noch die Prophetenbüsten im Hochaltars des Münsteraner Doms, entstanden im 12.Jh., weisen einen Philon auf, mit seinem Namen bezeichnet und ein Zitat tragend von 2,20: *morte turpissima condemnemus illum*.[79] Luther bemerkt in seiner Vorrede zu diesem Buch, dass es die Anregung zu vielen Dichtungen gewesen sei.

6.5.2 Der Jude bei Kelsos: Evangelienkritik aufgrund griechischer Bildung

Drei Etappen hat der nun zu nennende, nur in Zitaten erhaltene Text durchlaufen: Von einem uns unbekannten jüdischen Autor stammend (1), wird er von einem Philosophen namens Kelsos (er stammt von irgendwo aus dem Osten des Reiches und ist nicht zu verwechseln mit den lateinisch schreibenden Autoren Cornelius Celsus, dem Mediziner, und Juventius Celsus, dem Juristen) in einem gegen die Christen gerichteten Werk namens *Wahrer Logos* zitiert (2); dieser Titel – Ἀληθὴς λόγος – ist ebenso anspruchsvoll wie polemisch gegen das Joh gerichtet. Aber auch dieses mehrbändige Werk haben wir nicht mehr im Original, sondern nur (3) zahlreiche Auszüge daraus in der Widerlegung, die Origenes in seinem Κατὰ Κέλσου (*Contra Celsum*) unternahm. Einzig Stufe (1) wird im Folgenden besprochen.

„In der um 178 verfassten und von Origenes mit einiger Genauigkeit wiedergegebenen *Wahren Lehre* des heidnischen Philosophen Celsus führt dieser ab 1, 28 einen Ἰουδαῖος ein, der sich in zwei Streitreden gegen Jesus und die Judenchristen wendet. Celsus, der zunächst über das Judentum seinen Hohn ausgegossen hatte, um dann umso leichter mit der Tochterreligion fertig zu werden, bedient sich desselben, um ihn einen Teil der Arbeit (…) tun zu lassen" (Bammel, *Judaica* 265). Es sind Hinweise auf Unwahrscheinlichkeiten und Widersprüchlichkeiten in den Berichten über Jesus.

Dies ist eines der ganz wenigen inhaltlichen Echos auf urchristliche Mission. Ähnlich wie im Falle Polyhistors (3.0.1) ist Jüdisches erst durch pagane Hände gegangen, ehe es auf christlicher Seite konserviert wurde. Einer Einteilung in zwei Teile oder Bände entspricht in etwa die Zitierung bei Origenes in Buch 1 und 2 (von insgesamt 8).

Stellen aus Buch 1 (Vorkommen wörtlicher Zitate unterstrichen): 28.32f.<u>57.65 – 71;</u>
Stellen aus Buch 2 (dito): <u>9.</u>13f.18f.<u>20.</u>26 – 29.<u>38</u>f.41.46.<u>53</u>f.57 – 60.68 – 73.<u>74 – 79.</u>

---

[79] Das sogar in doppelter Ausführung, aus Silber getrieben. Veröffentlicht mit Abbildungen bei G. SCHIMANOWSKI: „Philo als Prophet, Philo als Christ, Philo als Bischof", in: F. SIEGERT (Hg.): *Grenzgänge*. FS Diethard Aschoff (MJSt 11), 2002, 36 – 49.

Einleitung: E. BAMMEL: „Der Jude des Celsus", in: ders.: *Judaica* 265–283; vgl. als Vorarbeiten dens.: „Origen Contra Celsum i. 41 and the Jewish tradition" (1968) ebd. 194 f [80] und dens.: „Die Zitate in Origenes' Schrift wider Celsus" (1987) in: ders.: *Judaica et Paulina* 57–61.
Neuere Studien: L. BLUMELL: „A Jew in Celsus' True Doctrine?" *Studies in Religion/ Sciences Religieuses* 36, 2007, 297–315; M. NIEHOFF: „A Jewish critique of Christianity from second-century Alexandria: Revisiting the Jew mentioned in Contra Celsum", *JECS* 21, 2013, 151–175; A. BAUMGARTEN: „The Rule of the Martian in the ancient diaspora", *Israel Oriental Studies* (vorgesehen).[81]
Zitierformel bei Origenes 1, 28: μετὰ ταῦτα προσωποποιεῖ (Kelsos) Ἰουδαῖον: Diese Meinung des Origenes, es handle sich nur um eine Prosopopöie, hat die Forschung lange Zeit behindert, zumal ein Titel der Schrift des Juden nicht genannt wird.
Neuere kritische Ausgaben der Schrift des Origenes: M. BORRET (Hg.): *Origène: Contre Celse*, Bd. 1: *Livres I–II* (SC 132), 1967; ders.: *Origène: Contre Celse*, Bd. 5: *Introduction* (SC 227), 1976; M. MARCOVICH (Hg.): *Origenes: Contra Celsum libri VIII* (VigChr.S 54), 2001. Der SC-Text ist übernommen in C. BARTHOLD (Übers.)/M. FIEDROWICZ (Komm.): *Origenes, Contra Celsum. Gegen Celsus* (FC 50/1–5), hier: Bd. 1–2, 2011.
Textanfang des ersten wörtlichen Zitats (1, 57): εἰ τοῦτο λέγεις. Textanfang des ursprünglichen 2. Buches s. vorvorige Rubrik. Referierter **Textschluss** des letzten Zitats (2, 79): „Nachdem dies der bei Kelsos (befindliche) Jude eingebracht hat, indem er sagt, dass er 'freilich nach seinem eigenen Nomos auch seinen eigenen Logos hier beendet (ὡς δῆθεν κατὰ τὸν ἑαυτοῦ νόμον καὶ αὐτοῦ που κατέπαυσε τὸν λόγον)',[82] und das andere, was er gesagt hat, nicht (weiter) denkwürdig ist, schließe auch ich (Origenes) hier mein zweites, gegen seine (des Kelsos) Ausführungen gerichtetes Buch."
Frühestes Zitat: Wir kennen die Schrift dieses Juden nur durch ihre Zitate in dem ursprünglich 8 Bücher umfassenden *Alēthēs Logos* des Kelsos, die Origenes in Buch 1 und 2 seiner gleichfalls 8 Bücher umfassenden Antwort aufgreift und seinerseits beantwortet. **Früheste Erwähnung** des „Juden" ist also die bei Kelsos, ca. 178 n. Chr.

---

[80] Die legendäre Verbindung der Hinrichtung Johannes des Täufers mit der Jesu (selbst Johannes wird „gekreuzigt"), auf S. 195 in dem aram. Zitat gegeben (wo aber im Namen *Joḥanan* das *t* ein *ḥ* sein muss – Druckfehler bei Bammel), ist im selben Band auch auf S. 232 und 250 belegt, jeweils aus jüdischen Quellen, u.z. solchen, die, so trüb sie auch sein mögen (als aramäische Fassungen der *Tolᵉdot Ješu*), jedenfalls nicht christlichem Einfluss unterliegen.
[81] Diese „Regel des Marsbewohners" besagt, dass das größte Maß an Feindschaft unter solchen Gruppen zu bestehen pflegt, die ein gerade erst vom Mars gekommener Zuschauer am wenigsten würde unterscheiden können.
[82] Vgl. den Textschluss bei Dionysios v. Halikarnass, *De compositione verborum* 29,11, imitiert bei Josephus, *Vita* 430.

Der (für Origenes nur virtuelle) **Autor** wird in 1, 67 beschrieben als „ein lernbegieriger Grieche, gebildet in (den Überlieferungen) der Griechen" (φιλομαθής τις Ἕλλην καὶ τὰ Ἑλλήνων πεπαιδευμένος),[83] was einen griechischsprachigen Juden meinen muss (auch solche konnten „Griechen" heißen: vgl. Joh 7,35; 12,20), u.z. einen mit bemerkenswerter Bildung.

Textsorte: Die Schrift des „Juden" war ein polemisch-philosophischer Traktat in zwei „Reden". „Das erste Buch steht seiner Form nach in der Tradition der gerichtlichen Anklagerede" bei leider abwesendem Richter, „während das zweite die Merkmale der gewinnenden, der auf Überzeugung angelegten Rede trägt" (Bammel, *Judaica* 277 f). Rhetorisch gesprochen, wären also das *genus judiciale* und das *genus deliberativum* verwendet.[84] **Literarische Besonderheit:** Buch 1 war eine stilisierte Anklage an den direkt angeredeten Jesus (Apostrophe; die o.g. Zitierformel geht weiter: αὐτῷ διαλεγόμενον τῷ Ἰησοῦ καὶ ἐλέγχοντα αὐτόν). – 2, 38 lässt erkennen, dass auch das Buch 2 dialogisiert war, u.z. nunmehr als Anrede an die Christen (s.u.: „Sitz im Leben"), und 2, 54 f kennzeichnet diese als den „an seine Mitbürger gerichteten *logos*". Das kann im Sinne einer antiken Polis (Alexandrien?) oder aber in dem der gemeinsam befolgten mosaischen Verfassung gemeint sein.

Zählung: nach Buch und Kapitel bei Origenes.

Gliederung ursprünglich in zwei *logoi*, die von Kelsos vermutlich in ihrer Textfolge durchgegangen werden, und von Origenes dann wieder. Im 1. *logos* wird die Biographie Jesu von der (zu bestreitenden) Jungfrauengeburt an durchgegangen. Eine Überleitung zum 2. *logos* dürfte in 2, 13 erhalten sein: Πολλὰ ἔχων λέγειν περὶ τῶν κατὰ τὸν Ἰησοῦν γενομένων κτλ. = „Obwohl ich (noch) vieles sagen könnte, was sich um Jesus abgespielt hat, u.z. Wahres, was dem, was die Schüler Jesu geschrieben haben, gar nicht gleichen würde, so lasse ich das jetzt lieber beiseite." Demnach wäre die Stelle in 2, 9 noch ein Schlusswort zu Buch 1 gewesen.

Literarische Integrität: Das Erhaltene sind oftmals nur Referate im *a.c.i.* oder mit ὅτι- oder ὡς-Einleitung.

Quellen und **Vorlage:** Dieser Autor bezieht sich v. a. auf das Mt (ablehnend). Nach 2, 47 beansprucht er, nur von den „eigenen Büchern" der Christen Gebrauch gemacht zu haben. Bammel, *Judaica* 267.279 schließt jedoch aus gewissen internen Spannungen auf ein vielleicht schon in ablehnender Absicht verfertigtes Evangelien-Resümee von jüdischer Hand, u.z. für dieses Buch 1.[85] Dinge wie die Zehnzahl der

---

[83] Ähnlich wird der alexandrinische Judenchrist Apollos in Apg 18,24 beschrieben.
[84] Und nicht das sog. *genus demonstrativum*, die „Schaurede" oder Prunkrede, der z.B. 2.3.3 a/b und 6.5.3 angehören.
[85] Dort macht diese Quelle sich kenntlich durch ein Durchbrechen der Ich-Du-Form und auch durch inhaltliche Spannungen gegenüber dem gleichfalls benutzten Mt: so 1, 28 (Jesus als Tagelöhner, also im Erwachsenenalter, in Ägypten) ≠ 1, 66 (Jesus als Kleinkind nach Ägypten mitgenommen, nach Mt 2,13ff). – Ganz ähnlich beruht auch des Josephus Antwort auf Manethon und andere pagane Schriftsteller offenbar auf Resümees und Textauszügen von bereits jüdischer Hand: s. Siegert, „Einleitung" 20 f.34

Jünger (1, 62; 2, 46) und dass Jesus mit Johannes dem Täufer zugleich hingerichtet worden sei, sind wohl ein Irrtum dieser Zwischenquelle.

Griechischer Stil: stark rhetorisch (mehr als bei Origenes), sehr stark rhythmisiert und, wie gesagt, dialogisiert. Detailhinweise bei Bammel, *Judaica* 277 f.

Bemerkenswerte Stellen, Theologisches: Als Besonderheiten, die sich in den uns erhaltenen chr. Texten so nicht finden, lässt sich nennen: 2, 70 θιασῶται für Jesu Jünger; in 2, 9.12 scheinen sie insgesamt (und nicht nur Judas) als die zu gelten, die Jesus preisgaben, wofür auch das sonst nicht übliche Wort ἔκδοσις gebraucht wird. – Eine Stelle, die Origenes dem Juden des Kelsos nicht zutrauen mochte, bezeugt eine Logos-Lehre, die jener des Johannesprologs sehr nahe ist: 2, 31 (Ende): „Wenn der Logos eurer Ansicht nach Gottes Sohn ist – damit stimmen wir überein", und nur die Anwendung auf Jesus bleibt strittig. Als Origenes bei Juden seiner Zeit nachfragte, ob wenigstens die erste Hälfte dieses Satzes eine jüdische Lehre sei, wurde sie abgestritten (als ob Philon nie dergleichen geschrieben hätte). Origenes will das als Beweis nehmen für die Unechtheit dieser *Ioudaios*-Zitate.

Abfassungszeit: vor Kelsos, also 1.Hälfte 2.Jh. Der wahrscheinlichste **Ort** für eine solche Auseinandersetzung ist Alexandrien. Damit ist man entweder auf die Zeit bis 117 n.Chr. beschränkt (vgl. 2.2.0) und muss schon anfangs des 2.Jh. eine beträchtliche (juden-)christliche Bevölkerung dort annehmen, die aber sonst gänzlich unbezeugt ist; oder aber man nimmt ein Wiedererstarken des alexandrinischen Judentums nach jener Katastrophe an und lässt den Juden bei Kelsos auch noch auf den *Barnabasbrief* antworten (Niehoff). – Ein Zentrum wie Antiochien, Ballungsraum einer jüdischen Population und Ausgangspunkt christlicher Mission seit Paulus, ist ohne diese Schwierigkeit vorstellbar. **Adressaten:** In 2, 47 (aus Buch 2) werden „Mitbürger" angeredet: Bammel, *Judaica* 282 schließt anhand der Analogie mit Ps.-Philon, *De Jona* 29 (2.3.3 a) auf das Judentum Alexandriens oder sonst einer Polis mit einem jüdischen Bevölkerungsanteil, der Bürgerrang für sich beansprucht (auch Antiochien z. B.); doch kann der Ausdruck „Mitbürger" in dem Text verschiedene Bedeutungen haben (s. o.). **Sitz im Leben:** Bammel, *Judaica* 278 sieht in Buch 2 „literarische Bearbeitungen von in Synagogen gehaltenen Reden" (ganz wie das *4Makk.* auch schon eingestuft wurde); die Anreden an die Christen in Buch 2 wären dann eine Apostrophe = Wendung an Abwesende, zum Zuhören für die Anwesenden.[86]

Abfassungszweck ursprünglich: Bestreitung der göttlichen Sendung Jesu; Wir-Ihr-Polarisierung zwischen Judentum und Christentum. Sollten in der diesen Autor umgebenden jüdischen Population Jesusanhänger gewesen sein, wird es um deren Rückgewinnung ins „biblische" Judentum gegangen sein. – In der Wiederverwendung bei Kelsos war Zweck die kulturelle Abwertung des Christentums im

---

[86] In 2, 52 erfolgt dann des Origenes eigene Apostrophe an diesen – für ihn gar nicht für existent gehaltenen – Juden.

Namen „wahrer Vernunft" (das heißt ἀληθής λόγος ja auch), bei Origenes dann die Disqualifizierung dieses „Juden" als erfunden.

Rezeption: Inhaltlich kehrt manches aus dieser Polemik in dem mittelalterlich-hebräischen Anti-Evangelium der *Tol^edot Ješu* (etwa „Lebensgeschichte Jesu"), wieder. Dieses war dem lateinischen Westen zwar schon bekannt,[87] wurde aber erst seit der Barockzeit auch seitens der Theologie beachtet. – Bammel, *Judaica* 265 erwähnt als Entdecker des „Juden" bei Kelsos die Kirchenhistoriker Johann Lorenz v. Mosheim (1743) und Theodor Keim (1873), jeweils in ihren Separatausgaben der Kelsos-Fragmente.

6.5.3 Der Traktat *Von der Selbstherrschaft der Überlegung (4.Makkabäerbuch)*

Thematisch wie auch literarisch knüpft der nun zu nennende Traktat an das *2Makk.* an, dessen uns bekannter Text nicht früher belegbar ist als in der Zeit des Clemens von Alexandrien und von dem wir uns bereits fragen mussten, ob er wohl ohne allen christlichen Einfluss seine Endgestalt bekam (3.4.3). Die Frage wird noch dringender für diejenige Expansion von *2Makk.* 6–7, von der nunmehr die Rede sein soll.

Sie ist zwei verschiedene Überlieferungswege gegangen, einmal durch gewisse (längst nicht alle) Septuaginta-Codices der Kirche, das andere Mal aber durch die (leider erst späten) Josephus-Handschriften. Anonym im einen Fall, ist es ein Ps.-Josephus im anderen sowie in der lateinischen Überlieferung. Der konventionelle Name *4.Makkabäerbuch* ist der spätere; er kommt aus den Septuaginta-Codices der Spätantike und steht in seltsamem Kontrast zum Fehlen des Namens „Makkabäer" im ganzen Buch.[88] Gerechtfertigt ist er insofern, als hier, wie gesagt, eine Expansion von *2Makk.* 6–7 vorliegt (mit Rückgriffen auf das Buch im Ganzen; s. u. „Vorlage"), jedoch in völlig neuer, noch stärker rhetorischer Aufmachung. König Antiochos ist hier von Anfang an anwesend und Eleazar ist nicht nur Schriftgelehrter, sondern Priester, was immer das in der Diaspora bedeutet haben mag (vgl. den Eleazar von *3Makk.* 6).

Als Entstehungsort wird ausnahmsweise Antiochien (in Syrien) angenommen, eine der neben Ephesus und Alexandrien größten Städte des hellenistisch-römischen Ostens, die aber bis in die Tage eines Libanios, der dort seine Publikumserfolge feierte, literarisch wenig lieferte, auch wenig Jüdisches. Dort verehrte man zumindest kirchlicherseits die „Makkabäischen Märtyrer", womit diesmal gemeint sind: die sieben anonymen Geschwister, ihre Mutter und den Greis Eleazar, u.z. als Heilige (vgl. 1.4.2). Wie weit deren Verehrung gedanklich und/oder praktisch aus dem Judentum kommt,

---

[87] Schon Agobard v. Lyon verweist um 826/27 auf diese Schrift. Vgl. B. CALLSEN/F. P. KNAPP (u. a. Hg.): *Das jüdische Leben Jesu Toldot Jeshu. Die älteste lat. Übers. in den Falsitates Judaeorum von Thomas Ebendorfer*, 2003.

[88] Auch im *3Makk.* (2.4.1) fehlt er. Hier sei daran erinnert, dass „Makkabäer" in jüdischer Überlieferung die Freiheitskämpfer des *1Makk.* meint, nicht die Märtyrer des *2Makk.*, deren weitere Verherrlichung im *4Makk.* stattfindet.

ist die große Frage. Der Neutestamentler Joachim JEREMIAS hat mit seiner Broschüre *Heiligengräber in Jesu Umwelt. Eine Untersuchung zur Volksreligion zur Zeit Jesu* 1958 einen ganzen Forschungszweig begründet,[89] der allerdings steht und fällt mit der vorchristlichen Datierung oder wenigstens mit der eindeutig jüdischen Zuordnung der Belegtexte für diese Volksreligion. Diese waren jahrhundertelang christlichem Einfluss ausgesetzt, ehe sie für uns fassbar werden, nämlich das *2Makk.* und die hier sehr wichtigen *Vitae prophetarum* (8.1.1). Als Rückblick nach fünfzig Jahren Forschung s. Ziadé, *Martyrs* 48–65; man kann nicht sagen, dass die Ergebnisse gesichert wären. Der Verdacht auf christlich-jüdische Rückkopplung bleibt bestehen.[90] So hat denn Jan-Willem van Henten 2008 (s.u.) vorgeschlagen, den Ball in die andere Richtung zu werfen: Auf eine bereits christliche Märtyrerverehrung wird jüdischerseits reagiert.

Von Jeremias und überhaupt der deutschsprachigen Forschung übersehen, hatte der bereits 1951 gehaltene, seither mehrfach veröffentlichte Vortrag von Marcel SIMON: „Les saints d'Israël dans la dévotion de l'église ancienne" (wieder in: ders., *Recherches* 154–180) den Rückkopplungsverdacht schon längst geweckt. Bei ihm ist klar zu sehen (167), dass der einzige datierbare Beleg, der für jüdische Heiligenverehrung in Zeiten des Zweiten Tempels in Frage kommt – in der Tat Jeremias' Hauptstelle –, Mt 23,21 ist, eine bereits christliche Aussage aus Zeiten der Auseinandersetzung mit dem beginnenden Rabbinat. Die kürzere Parallele Lk 11,47 wird der Quelle Q zugeschrieben; diese ergänzt die Nachrichten über Patriarchen- und Königsgräber aus *1Makk.* und Josephus (vgl. folgenden Exkurs) um Prophetengräber. Mt 23 weitet es aus aufs „Schmücken" und auf „Grabmale der Gerechten".

So sehr nun Simon bereit ist, dem Judentum die Präzedenz zu lassen in dieser Art von Totenverehrung, im Ergebnis bleibt ihm nur der Schluss: Dieser Kult ist in jüdisch-christlicher Parallele entstanden, ja aus ihr; er ist ein Resonanzphänomen. Das können wir, auf unseren Text bezogen, präzisieren: Hier antwortet das antiochenische Judentum dem dortigen Christentum in jener Konkurrenzsituation, auf die seinerseits dann wieder Chrysostomos mit seinen Predigten Nr. 1–4 antwortet, die gemeinhin als *Homiliae adversus Judaeos* zitiert werden.[91] Deren Zweck ist freilich weniger der Angriff als die Abwehr.

Oben (3.4.3) ist die Endfassung des *2Makk.* bereits als Beleg für die Ausbreitung eines gewissen Totenkults in Israel genannt worden. Hier nun ist ein solcher mit Si-

---

[89] Der Vorläufer: Surkau, *Martyrien* (s. 3.4.3, Lit.) hatte noch nicht den Kult an Gräbern im Blick.
[90] Das gilt von E. BAMMEL: „Zum jüdischen Märtyrerkult" (1953) in: ders., *Judaica* 79–85 bis hin zu W. RORDORF: „Wie steht es um den jüdischen Einfluss auf den christlichen Märtyrerkult?" (1990) in: ders.: *Lex orandi, lex credendi* (Paradosis 36), 1993, 166–176. Die übrige Forschung (einschl. J. Jeremias) ist resümiert bei P. VAN DER HORST: „Die Prophetengräber im antiken Judentum" (2001), in de Vos/Siegert, *Interesse* 55–71.
[91] Diese vieldiskutierten „Homilien" (vielmehr sind es Invektiven) haben eine eigene Literatur ausgelöst, auf die hier aber nicht eingegangen werden muss. Das waren Jugendsünden des Presbyters (und noch lange nicht Patriarchen) Chrysostomos, bezeichnend für christliche Plumpheit in dieser Sache: Verglichen mit den eleganten Spitzen des *4Makk.* ist ihre Polemik platt.

cherheit gegeben. Eines jedoch gilt auch hier, aller christlichen Aneignung zum Trotz: So wenig wie im *2.Makk.*, so wenig findet sich im *4Makk.* der im Christentum so beliebte Begriff „Martyrium" für ein Sterben zu Ehren Gottes.[92] Rein theoretisch könnte man diesen Umstand zu einer *vor*christlichen Datierung des *4Makk.* nützen; umso dunkler bliebe dann aber der Sinn. War die „philosophische" Lektion, die dieses Buch ankündigt, mit neun Todesopfern – auch das ist kein jüdischer Begriff – nicht zu hoch bezahlt? Eine rein innerjüdische Antwort würde hier zu kurz greifen; erst in Bezug auf christlichen Märtyrerkult erhält dieser Text seinen vollen Sinn. Ein gottgefälliges Sterben kann, wenn schon, nur als Toragehorsam eine Verheißung für sich haben.

Exkurs: Totenunreinheit und Totenverehrung
Wir kommen zurück auf die Frage, wie jüdisch eine Verehrung von Toten an deren Gräbern in den hier in Frage kommenden Jahrhunderten gewesen ist. Das Überbauen und die Ausschmückung von Gräbern ist ein Brauch, der mit dem Hellenismus im Land Israel einzog, ironischerweise gerade in dem Moment, wo dieser scheinbar besiegt war. Für Judas Makkabäus, seinen Vater und seine Brüder hat deren einer, Simon, nachmaliger Ethnarch und Hoherpriester, nicht nur ein Grab (τάφος) angelegt in Mode'in, sondern er hat auch „darauf gebaut" (*1Makk.* 13,27–30; vgl. Josephus, *Ant.* 12, 285), u.z. Säulen- und Pyramidenformen, sichtbar bis aufs Meer. Herodes sodann – da wundert es nicht mehr – ließ über den (angeblich noch vorhandenen und bestückten) Särgen Davids und Salomos, deren Beigaben er plünderte, ein Denkmal (μνῆμα) erbauen, gleichfalls aus weithin glänzendem weißem Marmor (Josephus, *Ant.* 7, 394; 16, 179–183).[93] So entstanden einige bis heute bekannte und besuchte Sehenswürdigkeiten.

Für biblische Entsprechungen zu solchem nichtmosaischem Brauchtum muss man in vor-sinaitische Zeiten zurückgehen: Als Abraham im damaligen Land Kanaan eine Parzelle erwarb, um dort für Sara, sich und seine Familie auf Dauer einen τάφος zu sichern, bot der Hethiterkönig ihm gleich ein μνημεῖον an nach eigener Sitte; er aber damals lehnte ab. Anders wurde es erst mit dem Königtum, das (wie das *Richter*-Buch ja ausdrücklich lehrt) ein Umweltelement nach Israel hineinbrachte. Nach 3Kön 2,10 wurde David „in der Stadt Davids" begraben, nicht etwa außerhalb, und Neh 3,16 erwähnt im Plural „Gräber Davids". Josephus berichtet mit Stolz von der prachtvollen Ausstattung des Davidsgrabs: Johannes Hyrkan habe eine Belagerung Jerusalems dadurch abgewehrt, dass er diesem Grab dreitausend Talente Gold entnahm, wovon er „als erster der Judäer" fortan sich auch noch eine Söldnerarmee hielt (*Bell.* 1, 61; *Ant.* 7,

---

92 Ein einziges Mal begegnet in 6,32 μαρτυρίαν ἀποδιδόναι i.S.v. „Zeugnis geben"; Objekt ist ein Sachverhalt, Subjekt sind die Zuschauer. Das Lexikon von Wahl gibt Xenophon, *Cyrupaedia* 1, 2,16 zu vergleichen.
93 Nämlich als Nacht-und-Nebel-Aktion mit Öffnung der Särge (θῆκαι) Davids und Salomos, die durch eine Art Gottesschrecken unterbrochen wurde. Daraufhin ließ Herodes die Front der (ja wohl wieder verschlossenen) Grablegen aufwändig mit Marmor verkleiden.

392 f; 13, 249). Später „öffnete König Herodes ein Nachbargrab (ἕτερον... οἶκον, also ein Grab von Hausgröße) und entnahm ihm viel Geld."

Soviel für Jerusalem bzw. Judäa.[94] Offenbar war es möglich, Gräber zu besuchen, ohne die in Num 5,2; 9,10; 19.18 u. ö. gemeinte Leichenunreinheit an sich zu ziehen, und auch die Rabbinen haben es erlaubt (s. u.). Was noch Texte aus Zeiten des Zweiten Tempels betrifft, so blieb das Wort μνημεῖον in der Septuaginta selten (ein Beispiel: Jes 26,19). Das Neue Testament hingegen lässt einen kulturellen Wandel erkennen: Hier ist τάφος selten geworden, und das gängige Wort für „Grab" ist nunmehr μνημεῖον „(Grab)mal". Hinzugekommen ist also, sprachlich wie praktisch, eine hellenistische Vorliebe für das Monumentale. Nicht ein Stück Erde für die Ruhe, sondern die weitreichende Sichtbarkeit ist wichtig.

Aus christlicher Zeit ist bekannt: In Antiochien lagen die vermeintlichen/vorgeblichen/symbolischen Gräber der „makkabäischen Brüder", und christliche Quellen[95] bezeugen uns deren Verehrung. Damit machen wir aber einen Sprung, wie er auch in 3.4.2 auf 3.4.3 schon nötig war. Denn es handelt sich hier nicht um die in Mode'in begrabenen Kämpfer, sondern um die Helden der Legende von *2Makk.* 6–7. Die Bezeichnung „Makkabäische Brüder" hat ihren Bezug gewechselt, oder genauer: Sie ist in dieser pluralischen Form überhaupt nur christlich. Hieronymus, der des Eusebius *Onomastikon* der biblischen Ortsnamen (E. KLOSTERMANN [Hg.]: *Eusebius: Werke* 3/1, 1904 [1966]) ins Lateinische übersetzte, fügte der Erwähnung und Lokalisierung Mode'ims und der dort „noch heute gezeigten" Grabmale „der Makkabäer" den nur als christliches Missverständnis erklärbaren Vermerk bei: „Es wundert mich einigermaßen, wie man in Antiochien ihre Reliquien zeigen kann, oder welchem verlässlichen Autor das zu glauben wäre".[96] Augustin im fernen Afrika weiß von einer Basilika, die diese Märtyrergräber überwölbt (*Sermo* 300, MPL 38, 1379). Dieses auch „Makkabäersynagoge" genannte Gebäude im Stadtteil Kerateon ist Gegenstand mehrerer später und zweifelhafter Nachrichten (Hengel, *JJS* 1990, 33 f: Lit.), deren Harmonisierung hier nicht unsere Aufgabe sein kann. Jeder erreichbare Vergleichstext kommt aus dem Blickwinkel christlichen Totenkults und sagt nichts Verlässliches mehr über das Judentum. Raphaëlle Ziadé, die alles hierher Gehörige zusammengetragen hat, weiß syrische Nachrichten über das „Makkabäerfest" am 1. August aus christlichen

---

94 Zu den Patriarchengräbern in Gen 24 und 25,9 f (Abraham), 49,29–32 und 50,12 f (Jakob) kommen hinzu: Prophetengräber: 1Sam 25,1; Jos., *Ant.* 6, 292 (Samuel); 4Kön 13,20; Jos., *Ant.* 9, 182 (Elisa). Zum Verhindern des Kultes falscher Propheten: 4Kön 23,15; Jos., *Ant.* 10, 66.
95 So Hieronymus, *De situ et nominibus locorum Hebraicis*, MPL 23 (1. Aufl.) 911 C s.v. *Modeim*; er wundert sich, wie die Gräber der Makkabäer in Mode'in sein können, ihre Reliquien (sein Ausdruck, auch seine Personenverwechslung) aber in Antiochien. Für letzteren Kult – so antworten wir – ist ein eigener Ursprung anzunehmen. Vgl. nächste Anm.
96 In der Ausg. Klostermann steht Hieronymus' lat. Text jeweils auf der rechten Seite; hier S. 133. Vgl. S. TIMM: *Eusebius und die Heilige Schrift. Die Schriftvorlagen des Onomastikons der biblischen Ortsnamen* (TU 166), 2010, 273 mit Anm. 14 und dem Verweis auf die Madaba-Karte.

Chroniken und ähnlichen Quellen aufzubieten (*Martyrs* 56 f); doch auch hier ist der Befund: Keine ist älter als das 4.Jh.

Die Überlieferung von diesem angeblich schon jüdischen Kult der makkabäischen Märtyrer (nicht der Krieger) an ihren Gräbern, so fraglich er historisch nunmehr wird, war für die Alte Kirche etwas längst Bekanntes und theologisch unproblematisch (oder fast: mitunter wunderte man sich über diese „Märtyrer des Schweinefleischs"). Die Judaistik aber steht hier vor zwei Fragen:

- Können Gottesdienste an Gräbern, so vertraut sie der paganen wie der christlichen Antike sein mögen, jüdisch sein – angesichts der Gefahr, sich an Toten zu verunreinigen? Das lässt sich immerhin beantworten (s. folgenden Exkurs).
- Hat es einen Sinn, für die Tora zu sterben? Ist nicht die Tora, nach sonstiger jüdischer Überzeugung, v. a. der der Rabbinen, zum Leben gegeben?[97]

Diese letztere Frage war bereits zum *2Makk.* nötig (3.4.1– 3), und es blieb offen, wie viel von der Verherrlichung freiwilligen Sterbens in jener Septuaginta-Schrift noch auf den jüdischen Autor Iason v. Kyrene bzw. seinen Epitomator zurückgeführt werden kann. Hier nun, wo eine ganze Schrift genau diesem Thema gewidmet ist, stellt sie sich unausweichlich für das Ganze.

Darum zunächst: So sicher die Gräber der Familie des Mattathias und seiner fünf Söhne eine jüdische Angelegenheit sind, so wenig sicher sind wir dessen im Hinblick auf die in Antiochien verehrten Gräber der anonymen „makkabäischen Brüder". Die in *4Makk.* 17,9 f „bezeugte" Grabaufschrift, ihnen gewidmet, gibt sich schon in der Einleitungsformel (V. 7 f) als fiktiv. Wir müssen also auf Hilfen aus der Archäologie verzichten und rein literarisch vorgehen, was freilich umso spannender wird: Das *4Makk.* ist voll von einem Vokabular, wofür sonst nur die Paulusbriefe und deren Wirkungsbereich vergleichbar sind. Wie kann das sein? Gab es eine antiochenische Sondersprache in religiösen Dingen, die zu Zeiten des Paulus (die natürlich viel interessanter sind als das 4. Jh.) eine Brücke gewesen wäre zwischen Juden- und Christentum?

Es steht also eine höchst ungewöhnliche Intertextualität zur Klärung an. Es wird zu erwägen sein, ob *4Makk.* nicht umgekehrt eine *Antwort* ist, eine jüdische gewiss, aber doch gerichtet auf eine christliche oder wenigstens eine christlich gewordene, christlicherseits besonders kultivierte Frömmigkeit. *4Makk.* wäre dann eine Schrift, die Christliches überbieten will,[98] in Antwort auf ein das Judentum überbieten wollendes Christentum (vgl. die Rubrik „Theologisches"). Vorangegangen war ein das Griechentum überbieten wollendes Judentum: Seit der griechischen Übersetzung der *Sprüche* (2.Jh. v.chr.) und des *Sirach*-Buchs (dito) besteht der Anspruch: „Furcht vor dem HERRN ist *paideia* und *sophia*" (Spr 15,33), und so ist schon der *Sirach*-Übersetzung (1.3.1) die Absicht anzusehen gewesen, die *philo-sophia* der Griechen zu überbieten

---

97 Vgl. D. SCHWARTZ: „Leben durch Jesus versus Leben durch die Tora. Zur Religionspolemik der ersten Jahrhunderte" (1993), in de Vos/Siegert, *Interesse* 154–171. Bezugsstelle ist Lev 18,5.
98 Van Henten schließt seinen u.g. Aufsatz mit einer Charakterisierung des *4Makk.* als „a Jewish response to heroes that more and more were considered characteristic for Christianity".

durch die *sophia* der Israeliten. *4Makk.* hat das insofern aufgegriffen, als nunmehr φιλόσοφος und φιλοσοφία – ein sonst der ganzen Septuaginta fremder Wortstamm[99] – gleich in den Anfangsversen zum Ausdruck dieser These verwendet werden.

Exkurs: Macht der Besuch von Gräbern unrein?
Um die These einer jüdischen Verehrung von Gottesmännern an ihren Gräbern wenigstens in der von Marcel Simon vorgetragenen, eine pagan wie auch christlich beeinflusste Volksreligion meinenden Form aufrecht zu erhalten, fragen wir sicherheitshalber nach bei den Rabbinen jener Zeit, ob hier Reinheitsbedenken bestehen, oder genauer: Wie die Halacha sich zu den Warnungen vor Leichenunreinheit in Num 5,2 usw. stellt.

Nun, halachisch ist hier ein gewisser Spielraum gegeben. Zwar galten offene Gräber auch in neutestamentlicher Zeit für extrem unrein (Röm 3,13 zit. Ps 5,10; Mt 23,27); geschlossene aber waren selbst in rabbinischer Sicht nur für Aaroniden bedenklich,[100] sollten sie denn diensttauglich bleiben (und selbst das war nach der Zerstörung des Tempels nur noch ein theoretisches Problem). Hierbei können die Gegensätze sich berühren: Wenn die Mischna, *Jad.* 4,6 noch aus der letzten Zeit des Zweiten Tempels eine Auseinandersetzung zwischen Sadduzäern und Pharisäern berichtet, wo letzteren vorgeworfen wird, sie hielten die Knochen des Hohenpriesters Joḥanan (ihm galt eine der Grabstätten in Mode'in) für unrein, die eines Esels aber für rein, so ist hier ein Berührungsverbot gemeint, das gerade auf der Vorstellung einer besonderen Heiligkeit beruht. Im selben Mischna-Abschnitt gelten heilige Schriften für unrein (will sagen, für Laien nicht zu berühren), heidnische Bücher hingegen nicht.

Darüber hinaus rechnete jüdischer Volksglaube mit Ausnahmen von der torabestimmten Leichenunreinheit, u.z. bei besonders heiligen Männern: So bei Mose lt. *AssMos.* Frg. (g); s. 2.4.2; dazu Ginzberg, *Legends* 6, 412 f. [101] So bleibt der Hinweis auf Gräber der Propheten als Stätten von deren Verehrung in Mt 23,29 glaubwürdig. Auch die *Vitae prophetarum* (8.1.1) bezeugen ein hohes Interesse an der Pflege der Grab-

---

[99] Auch φιλοσοφεῖν kommt im *4Makk.* mehrmals vor (und φιλόσοφος in 1,1 und 5,35 adjektivisch). Die eine Ausnahme für den Wortstamm φιλοσοφ- in der LXX ist Dan 1,20 für *aššaf* „Beschwörer". Genauso ist es im NT mit Kol 2,8 („Philosophie und leerer Betrug"), wohingegen die Erwähnung von Philosophen in Apg 17,18 wenigstens neutral ist.
[100] Fußn. 5 im Soncino-Talmud z.St. (hg. I. Epstein, *Neziqin* Bd. 1, S. 490 der zweiten Zählung) bemerkt die Gefahr einer Verunreinigung für Aaroniden (sc. im Dienst, was ohne Tempel ganz theoretisch ist). Über die überwiegend distanzierte Haltung der Rabbinen zur Verehrung Verstorbener s. Ziadé, *Martyrs* 61 f. – Nur namentlich verwandt ist das erst seit den Kreuzzügen so genannte Davidsgrab im Südosten Jerusalems, unter dem Saal des letzten Abendmahls.
[101] Als Rabbi 'Aqiva hingerichtet worden war, sah einer seiner Freunde den Propheten Elia seine Leiche forttragen [Metapher für Himmelfahrt; vgl. 4Kön 2] und sprach ihn darauf an, dass er doch Priester sei [und Unreinheit ganz besonders zu vermeiden habe]. Dessen Antwort war: „Die Leiche der Gerechten macht nicht unrein." So der *Midraš elle ezkᵉra* bei Jellinek, *BHM* 2, 68.

stätten der Propheten, wobei die „Grabpflege" an dieser Stelle freilich schon christlich sein kann.

Rabbinische Warnungen vor der Verehrung von Toten an ihren Gräbern (es ging dabei um die Erreichung von deren Fürbitte) zielen auf das Verhindern eines in früheren Polytheismus zurückfallenden Totenkults. Der Spielraum blieb jedoch weit. Im Babylonischen Talmud, *BM* 85b werden Gräber großer Rabbinen gekennzeichnet, nicht etwa zum Vermeiden, sondern doch zum Dort-Verweilen.

Online-Index Nr. 87; Stegmüller Nr. 102 und 102.1–11; Schürer/V. 588–593. **Inhaltsangabe:** M. Gilbert in Stone, *Writings* 317; mit Kommentar: Woschitz 108–145.

Einleitung und Übersetzung: Charlesworth II 531–564 (H. ANDERSON); JSHRZ III/5 (H.-J. KLAUCK) 1989. **Übersetzung** auch in *Septuaginta deutsch* 730–746.

Einleitung: M. Gilbert in Stone, *Writings* 316–319; Denis 561–573; Simon, *Verus Israel* 66–71; Nickelsburg 256–259; Collins, *Identity* 202–209; deSilva 352–379. **Anmerkungen:** Rießler (700–728) 1313; *Septuaginta deutsch.E* 1445–1475. **Kommentar:** G. SCARPAT: *Quarto libro dei Maccabei*, 2006; D. DESILVA: *4 Maccabees. Introd. and Comm. on the Greek Text in Codex Sinaiticus* (Septuagint Commentary Series), 2006.¹⁰²

Literatur: Lehnardt Nr. 5389–5510; DiTommaso 693–715; *Septuaginta deutsch.E* 1456–1459. **Neuere Studien:** Ch. GRAPPE: „De l'intérêt de 4 Maccabées 17.18–22 pour la christologie du Nouveau Testament", *NTS* 46, 2000, 342–357; J. W. VAN HENTEN: „Martyrdom and persecution revisited: The case of 4 Maccabees", in: W. AMELING (Hg.): *Märtyrer und Märtyrerakten* (Altertumswiss. Kolloquium, 6), 2002, 59–75; ders.: „Jüdisches Märtyrertum und der Tod Jesu" in: L. DOERING/H.-G. WAUBKE/F. WILK (Hg.): *Judaistik und neutestamentliche Wissenschaft* (FRLANT 226), 2008, 146–172; H. SPIECKERMANN: *Martyrium und Vernunft des Glaubens. Theologie als Philosophie im vierten Makkabäerbuch* (NAWG.PH 2004/3), 2004; R. HIEBERT: „4Maccabees 18,6–19: Original text or secondary interpolation?" in: Karrer/Kraus, *Septuaginta* 439–449; Ziadé, *Martyrs* (0.7.5); D. DESILVA: Using the master's tools to shore up another's house. A post-colonial analysis of 4 Maccabees", *JBL* 126, 2007, 99–127 [zur Frage, wie das *4Makk.* mit dem „griechischen kulturellen Imperialismus" umgeht]. **Über Antiochien** allgemein: W. MEEKS/R. WILKEN: *Jews and Christians in Antioch In the First Four Centuries of the Common Era* (SBL.SBS 13), 1978; zum dortigen Judentum: Schürer/V. III 13 f (Besiedlung); 126 f (Bürgerrechte bis 70 n. Chr.); 141 f (Synagogen).

Titel bei Euseb, *H.e.* 3, 10,6: Περὶ αὐτοκράτορος λογισμοῦ, ὅ τινες Μακκαβαϊκὸν ἐπέγραψαν, „Über die Vernunft als Selbstherrscher, was einige als *Makkabäerbuch* überschrieben haben", als Schrift des Josephus.¹⁰³ – Erst nach dem Einreihen

---

102 In einer Rezension zu diesen beiden gibt H.-J. KLAUCK (in: *Biblica* 89, 2008, 284–288) christlichen Ursprung zu bedenken, mit H. Spieckermann.
103 Wenn Euseb anschließend (§ 7; sollte durch einen Punkt abgetrennt sein) auf Josephus' Absicht zu sprechen kommt, vier Bücher über die jüdischen Lebensvorschriften zu schreiben, so ist das wiederum

6.5.3 Der Traktat *Von der Selbstherrschaft der Überlegung (4.Makkabäerbuch)* —— 571

hinter dem *3Makk.* wird sinnvoll: Μακκαβαίων δ'. „Makkabäer" meint in solchen Titelgebungen, wie Euseb bemerkt, jene, „die im ἀγών [das ist nicht der bewaffnete Kampf, sondern die passive Agonie als sportliche Beherrschung] sich als Männer bewährten"; vgl. Anm. 116.

Handschriften: LXX Cod. S, A, V u. a. (Denis 567 f; Ziadé, *Martyrs* 36 f); die Josephus-Handschriften wie auch die liturgischen Handschriften, die *4Makk.* enthalten, sind weit jünger. **Erstausgabe:** Erasmus, Basel 1524.

Neuere kritische Ausgabe: Septuaginta (Rahlfs) II 1157–1184.

Textanfang: Φιλοσοφώτατον λόγον ἐπιδείκνυσθαι μέλλων. **Textschluss:** ψυχὰς ἁγνὰς καὶ ἀθανάτους ἀπειληφότες παρὰ τοῦ θεοῦ; folgt schlichte, nichttrinitarische Doxologie.

Wortindex: Siglum bei Hatch/Redpath: „IV Ma."; die Makkabäerbücher kommen hinter *Daniel*.

Alte Übersetzungen: syr. (im Mailänder Peschitta-Codex und einigen anderen), georg., slav.; s. Denis 568.

Früheste Erwähnung: Euseb, *H.e.* 3, 10,6; s. o. „Titel".

Lateinische Bearbeitung: Die *Passio sanctorum Machabaeorum* (Stegmüller Nr. 102.1; Denis 568; DiTommaso 694) ist eine chr. Bearbeitung, wie schon der Textanfang sagt (1,1): *Principium meum philosophico quidem sermone, sed christiano explicabitur sensu.* Folgt der Begriff *martyrium* in 1,3, ein *renuntiare saeculo* in 1,6 und ein Lob der *exempla fortium militum Christi* (1,9); sonst herrscht hier ungebrochenes Judentum, und Jakob ist „unser Vater" (2,4; vgl. 2,19 LXX). Die Sprache ist korrektes Latein, durchaus rhetorisch, aber im Vergleich mit dem *4Makk.* nur auf der mittleren Stilebene. – Textschluss (18,17; entspricht ungefähr 18,23 LXX): *divino utentur imperio et de salute et de ultione securi* (folgt als 18,18 trinitarische Formel, Amen, Schlusstitel: *Passio sanctorum Machabaeorum*). Ausgabe: H. DÖRRIE (Hg.): *Passio SS. Machabaeorum. Die antike Übersetzung des IV. Makkabäerbuches* (Abh. d. Ges. d. Wiss. Göttingen, 3. Folge, Nr. 22), 1938 [Text: 66–104]. Text auch in Denis, *Concordance latine* 619–628. Wortindex bei Dörrie 123–147; Denis, *Conc. latine,* Siglum „Mach". Wenn dies der Text ist, den Augustin (s. „Rezeption") erwähnt, ist Dörries Ansetzung ins 5.Jh. zu spät.

Ähnliche oder ähnlich benannte Texte: Thematisch verwandt ist die hebr. Legende von den Zehn Märtyrern: Jellinek, *BHM* 2, 64–72 (Einl.: XXIIIf); G. REEG (Hg., Übers.): *Die Geschichte von den Zehn Märtyrern. Synoptische Edition mit Übersetzung und Einleitung,* Tübingen 1985. – Was bei Denis 572f und DiTommaso 706f über ein arab. und ein lat. *5.Makk.* zu lesen steht, reduziert sich bei Stegmüller Nr. 103 und 103.1–3 v. a. auf ein anders nummeriertes *4Makk.* bzw. auf Josephus-Auszüge (v. a. aus dem *Bellum*); weitere redaktionelle Produkte aus Bekanntem bei

---

die korrekte Wiedergabe von *Ant.* 4, 198 u. ö., auch 20, 268. Zur Ausführung vgl. *Josephus, Ursprünglichkeit* (0.9.1), Bd. 1, S. 15.

Denis 573. – Lactantius, *De mortibus persecutorum* ist auch schon als *5. Makkabäerbuch* bezeichnet worden (DiTommaso 707).

Als Autor wird bei Euseb, *H.e.* 3, 10,6, Hieronymus, *Vir.ill.* 13,3 und anscheinend auch in einem Schlussvermerk des Cod. A (s. Rahlfs) Josephus genannt, sicher zu Unrecht; aber noch bis ins 19.Jh. wurde das *4Makk.* in der Klassischen Philologie als Ps.-Josephus geführt. Sicherlich handelt es sich um die Leistung eines Einzelnen, u.z. mindestens bis 18,5, wahrscheinlich ganz.

Textsorte: Enkomion,[104] wie 2.3.3, auch: protreptische Rede (am Ende erzieherisch pointiert) mit interner Abwechslung: Zunächst gibt sich dieser Text als „Diatribe über ein philosophisches Dogma" (Norden, *Kunstprosa* I 417). Doch schon dieser Anfangssatz schwenkt mit dem Verbum ἐπιδείκνυσθαι über zur „epidiktischen", also zur Prunkrhetorik, und es folgt keine Erörterung, sondern eine sehr paraphrastische, mit vielen Dialogen durchsetzte Erzählung. Die nächsten Analogien liegen in der chr. Hagiographie (vgl. „Ähnliche Texte"). Philostorgios, *Kirchengeschichte* 1, 1 nennt das *4Makk.* οὐχ ἱστορίαν, ἀλλ' ἐγκώμιον („kein Geschichtsbuch, sondern eine Prunkrede").[105] Solches expandierende Entlanggehen an einem vorgegebenen Text ist auch in den synagogalen Festreden (2.3.3) geübt worden, ist aber dort eindeutiger eine mündliche Leistung als hier. – **Literarische Besonderheit:** Exordium (1,2–6) und Übergänge imitieren einen philosophischen Lehrvortrag, stilisiert als Begriffsaufgliederung (μερισμός, *partitio*), die aber rasch, unter erneuter Nennung des Themas, in die (Nach-)Erzählung übergeht, predigtartig an ein „Ihr" gerichtet.

Zählung: 18 Kapitel. Zählung der Verse in der *Passio ss. Maccabaeorum* abweichend; sie verkürzt oft, und die Kapitelgrenzen können um 1 Vers schwanken.

Gliederung: Details bei Klauck 651–653; *Septuaginta deutsch.E* 1447 f. Vorschlag:

Betrachtung   (eingerückt:) Erzählung

1,1–6 Philosophischer Vorspann
        1,7–12 Ankündigung der Erzählung (V. 11 Deutesatz „Reinigung des Vaterlandes")
1,13–35 Begriffsklärungen, bes. zu λογισμός vs. πάθη
2,1–23 Biblische Beispiele für Beherrschung: Joseph; Mose; Jakob
2,24–3,18 Fortsetzung der biblischen Beispiele: David
        3,19 Übergang: Ankündigung der „Beweiserzählung" (ἀπόδειξις τῆς ἱστορίας)
        3,20–6,30 Widerstand und Tötung Eleazars (6,28 f Deutesatz: Blut sühnt für Verunreinigung des Landes)

---

104 Dt. „Prunkrede, Festrede" (hoher Stil); die Bezeichnung „Homilie", die sich in der Literatur findet, ist missbräuchlich, da – in der Antike zumindest – dieser Ausdruck nur für Predigten der mittleren oder unteren Stilebene galt. Prunkreden, vor großem Publikum zu halten oder literarisch zu veröffentlichen, waren der „Rundfunk" der Antike. Homilien hingegen richten sich normalerweise an den Nahbereich des Sprechenden. – Protreptische Reden bzw. Schriften erheben auch mittleren bis hohen Anspruch; im Christentum ist es z.B. der *Protreptikos* des Clemens v. Alexandrien.
105 Heute gäbe es zu diesem Zweck die Verfilmung.

6.5.3 Der Traktat *Von der Selbstherrschaft der Überlegung (4.Makkabäerbuch)* — 573

    6,31 – 7,23 Zwischenbetrachtung; Nennung eines weiteren biblischen Vorbilds: Isaak (7,14)
        8,1 – 12,19 Widerstand und Tötung der sieben Brüder
    13,1 – 14,10 Zwischenbetrachtung unter Nennung der Anfangsthese, ab 14,2 als *exclamatio*
        14,11 – 20 Tod(esbereitschaft) der Mutter
    15,1 – 16,25 Apostrophe an den λογισμός, Vergleich der Mutter mit Abraham, Daniel usw.
        17,1 Die Mutter wirft sich selbst ins Feuer[106]
    17,2 – 7 Apostrophe an die Mutter (V. 2 f Deutesatz, inhaltlich wie 6,28 f)
    17,8 – 10 Epitaph auf all die Getöteten mit Deutesatz: „Sie haben für das Volk Sühne geleistet" (10).
    17,11 – 18,3 Rückblick eschatologischer Art: Sie wurden „ewigen Lebens für würdig befunden".
        18,4 f Erfolgsmeldung: „Ihrethalben bekam das Volk Frieden"; Tod des Antiochos.
        18,6 – 19 Nachtrag über die jüdische Erziehung, die die Söhne von ihrer Mutter erhalten hatten
    18,20 – 24 Schluss, als *exclamatio* einsetzend, Eschatologisches aus dem Rückblick bekräftigend.

Literarische Integrität: Fraglich erscheinen die diversen Anhänge ab 18,6, zumal einige Handschriften der *Passio ss. Maccabaeorum* auf diesen Teil verzichten. Auf eine Erzählung in mehreren Etappen passt aber auch ein mehrfacher Schluss. 18,6 ff dient sowohl der Betrachtung wie der Erzählung, jeweils als Nachtrag. Eingeleitet wird er mit Ἔλεγεν δέ, was wegen des Imperfekts nicht die Fortsetzung der Erzählung ist (inhaltlich auch nicht sein kann), sondern iterativ aufzufassen ist[107] und überdies vorzeitig; also nicht: „Sie sprach aber", sondern „Sie hatte aber (immer wieder) gesagt". Hier muss kein Wechsel des Autors vorliegen; solche „Epiphoneme" kannte die Rhetorik von vornherein.[108] Man kann sich auch denken – sollte denn hier ein mündlicher Vortrag zugrunde liegen –, dass noch etwas Zeit war und die Synagogenvorsteher dem Redner zunickten, er könne seinen Abschluss ausdehnen. – Textpragmatisch liegt hier eine sehr vornehme, nämlich indirekt gehaltene Aufforderung zu gut-jüdischer Kindererziehung vor; auch diese dürfte im Sinne des Redners gewesen sein. – **Textkritisch** interessant ist in 18,23 eine Variante des Cod. A (nicht bei Rahlfs), wonach die Seelen der Erlösten nicht in den Reigen (χορόν) der Väter, sondern in ihr Gelände (χῶρον) einziehen. Gelegentlich waren Konjekturen nötig (6,32; 18,7).

---

106 „damit niemand ihren Leib berühre": Zu dieser im Christentum längst gängigen Vorstellung materieller Heiligkeit vgl. Kopftext. Die Dramatisierung erzeugt hier eine ähnliche Art von Freitod wie diejenige in *De Jona* (2.3.3 a), hier als Erzählnachtrag, zugleich aber auch als angeblicher Bericht der Leibwächter des Königs.
107 Auch in den Evangelien lässt sich ἔλεγεν (für ein Summarium) von εἶπεν (für ein Logion) regelmäßig unterscheiden, was leider die dt. Übersetzungen nur selten machen, weil Imperfekt und Aorist im dt. Präteritum zusammenfallen; man müsste schon verschiedene Verben wählen.
108 So etwa Hermogenes, *De inventione* 4,9. Ein unlängst erst zufriedenstellend ediertes Lehrbuch der Rhetorik, die *Progymnasmata* des Aelius Theon (1.Hälfte 2.Jh.), ist hierüber noch expliziter: *Aelius Théon: Progymnasmata*, (gr.-arm.-frz.) ed. M. PATILLON/G. BOLOGNESI (Budé) 1997, S. 27 Z. 1–20 (p. 103 der Konventionszählung) u.ö. Dieser Text hatte bisher große Lücken und Verstellungen, die erst anhand der armenischen Übersetzung behoben werden konnten.

Vorlage: für den Erzählgehalt ist es v. a. *2Makk.* 6–7 mit Rückgriffen auf das übrige Buch wenigstens bis Kap. 9. Die Erwähnung des seinen Bruder Iason verdrängenden Oniaden Menelaos in 4,16[109] und der Gebrauch des Wortes ἀγών (Lieblingswort des *2Makk.*: sechsmal; hier nun fünfmal, sonst LXX nur noch viermal) zeigen das am deutlichsten. Tabelle bei Klauck 654; *Septuaginta deutsch.E* 1448. Die Passage 14,11–17,7 hat als vorgegebenen Erzählinhalt überhaupt nur den einen Vers *2Makk.* 7,41. Zum Priestertitel des Eleazar vgl. *3Makk.* 6,1. – Die Formulierung der Hauptthese von 1,1.7.13.30 könnte aus Josephus, *Ant.* 4, 328 kommen, der von Mose gerühmt hatte, er sei „Autokrator" über die Emotionen – ein Titel, der seit Galba (reg. 68/69) auch von den Kaisern getragen wurde (ebd. 4, 494; vgl. *De Sampsone* 19, 2.3.3 b).

Biblischer Bezug: der Nomos (1,17.34; 2,6 usw.) als „Richtschnur der Philosophie" (7,21), wobei aber keine bestimmten Regeln zitiert werden, sondern die drei Patriarchen (so der Ausdruck 7,19, in erweiterter Anwendung 16,25) als das Vorbild gelten und darüber hinaus als himmlische Fürsprecher: „Sie leben Gott" (Dativ, ebd.); ihre Anrufung: 7,19; 13,17; 16,25. Die freiwillig Sterbenden folgen Isaaks Vorbild: 13,12 (Gen 22); 16,20. – 17,19 zit. Dtn 33,3; 18,17 f zit. namentlich[110] Ez 37; 18,19 vgl. 1Sam 2,6 sowie Ps 23(22),6 bzw. 21(20),5. Stellenregister, auch der Anspielungen, bei Klauck 758. Bibelzitate und -anspielungen gehen stets nach der Septuaginta, auch wo kirchlicherseits längst die Θ-Fassung gängiger war (betrifft v. a. *Daniel*); s. B. SCHALLER: „Das 4. Makkabäerbuch als Textzeuge der Septuaginta", in: D. FRAENKEL, U. QUAST/J. W. WEVERS (Hg.): *Studien zur Septuaginta*. FS Robert Hanhart, 1990, 323–331 (zu *Daniel*: 330).

Historischer Bezug: „4Makk ist bestimmt kein Bericht über eine Verfolgung, die gerade erst vor der Abfassung stattgefunden hat" (van Henten 74). Anspielungen an Zeitgenössisches werden immerhin gesucht. Der Titel „Gouverneur (wörtl: Heerführer) von Syrien, Phönizien und Kilikien" (4,2) weist auf eine Periode zwischen 20 und 54 n.Chr., in welcher Zeit auch die Gefahr einer Tempelprofanierung durch Caligula bestand (Nickelsburg 258 nach E. Bickermann). Anderes im Sprachgebrauch weist eher auf das 2.Jh. (ebd. mit Anm. 82 S. 401).

Stil: gewürdigt bei Norden, *Kunstprosa* I 416–420: immer noch reinster Asianismus, vollkommen professionell, wenn auch für seine Zeit bzw. gegenüber dem Geschmack Roms schon etwas veraltet.[111] Was an diesem Text philosophisch klingt, ist Rhetorik; s. I. HEINEMANN, „Makkabäerbücher (IV.)" in *PRE* 27, 1928, 800–805. Noch mehr als Philon und jedenfalls ganz wie der Ps.-Philon von *De Jona* und *De*

---

[109] Vgl. *2Makk.* 1,7; 2,23; 4,7 usw. Das *1Makk.* hingegen kennt nur den Iason ben El'azar, der den Hasmonäern als Botschafter gegenüber Rom diente.
[110] In der nicht der Septuaginta entsprechenden, sondern dem MT näheren Namensform Ἰεζεκιήλ.
[111] Dass sich daraus keine Datierung ergibt, wird unten („Abfassungszeit") aus Norden selbst erwiesen. Doch mag wahr sein, dass Roms Bildungsschicht in der Kaiserzeit über solch eine geschnörkelte, überemotionale Rede gelacht hätte.

Sampsone (2.3.3 b) gehört dieser Autor zu dem, was Norden u. a. als „Konzertredner" bezeichnet haben.

Bemerkenswerte Stellen: Die Darbietung jüdischer Observanz als „Philosophie" entspricht einem Selbstverständnis des Judentums, das seit Philon klassisch ist (*Leg.* 245: „jüdische Philosophie und zugleich Frömmigkeit") und die bis dahin beanspruchte *sophia* auch in Buchtiteln abgelöst hat.[112] Der Einblick in jüdische Erziehung 18,6ff wurde schon erwähnt („Literarische Integrität"); vgl. Philon, *Leg.* 116; Schürer/V. 2, 415–422. Jüdisches Leben wird als (praktische) Philosophie präsentiert: 1,1ff; 5,35; 7,9.21; Bezug ist auf jeden Fall der *Nomos* (s. o.). In 7,21 sind synonym: „nach dem vollständigen Leitfaden der Philosophie leben" (meint die Tora) und „gläubig sein gegenüber Gott". Im selben Sinne begegnet „Glaube an Gott" in 15,24. – „Jüdisch ist der Auferstehungsglaube als Hoffnung, sich vor Gottes Thron dem Chor der Väter anzureihen" (Heinemann 804, mit J. Freudenthal). Das Vokabular jedoch ist eigentümlich: Das Wort ἀθανασία „Unsterblichkeit" begegnet in der Septuaginta nur hier in 14,5; 16,13 und viermal in der *Sapientia* (6.5.1). Das Synonym ἀφθαρσία „Unverderblichkeit" steht in 9,22; 17,12 und sonst auch nur noch zweimal in der Septuaginta, wieder nur in der *Sapientia* (die dann noch zweimal das Adjektiv „unverderblich" hat). Angesichts der eigentümlichen Christentums-Affinitäten der *Sapientia* stellt sich die Frage der Zuordnung.

Theologisches: Hier gilt es, ein Paradox zu klären, nämlich eine enge Intertextualität mit Paulus, ermittelt von M. HENGEL/A. M. SCHWEMER: *Paulus zwischen Damaskus und Antiochien* (WUNT 108), 1998, bes. 293–299; vgl. 404–461. Das *4Makk.* verwendet, ähnlich der *Baruch-Apk.* (2.3.2), „paulinisches" (d.h. sonst nur aus Paulusbriefen bekanntes) Vokabular für eine völlig unpaulinische Botschaft. Die Ähnlichkeiten sind von Hengel/Schwemer in einem Vergleich mit den Briefen des Paulus (dessen Mission im Westen ja von Antiochien ihren Ausgang nahm) erhoben worden, was zunächst zu dem Schluss einlädt, Paulus habe diese Sprache im jüdischen Antiochien gelernt – wo sie allerdings, dem *4Makk.* nach zu gehen, weit weniger Profil gewinnt als in seinen eigenen Briefen. Die Beobachtungen seien hier *in extenso* geboten, um der noch ungeklärten Frage nach der Intertextualität und dem jüdisch-christlichen Gedankenaustausch eine Grundlage zu geben.

Das *Gesetz des Mose:* Die Überzeugung, alle Vorschriften des *Nomos* seien gleichwertig und gleich bindend – im vorliegenden Fall: das Schweinefleischverbot als *pars pro toto* – ist urjüdisch.

<small>Hierzu ist bei Paulus zu vergleichen Gal 5,3, wo er, um judaisierenden Tendenzen im galatischen Christentum zu begegnen, an eben diese jüdische Maxime erinnert.</small>

---

[112] Dazu mag zuletzt noch beigetragen haben, dass die Gnosis jene Sophia publikumswirksam zu übertreffen wusste. Sie polemisierte gegen eine (für diesen Zweck mythisch eingekapselte, aber an gewissen *Genesis*-Bezügen als Tora erkennbare) Schöpfungs-Weisheit, die ihr eine kolossale Torheit war.

In 5,33 ist der Bruch eines Gebots der Bruch (καταλῦσαι) des gesamten Gesetzes. In dieser Auffassung, die wir auch aus Jak 2,10 kennen, treffen sich, einem Zeugnis Augustins zufolge (*Ep.* 167; MPL 33, 733–742), Judentum und Stoa.

> Paulus benützt dieselbe Formel, wo er Petrus Inkonsequenz vorwirft: Gal 2,16–18.

Nach 2,6 ist „du sollst *nicht begehren*" von Ex 20,17 (= Dtn 5,21) der Schlüssel zum Dekalog insgesamt, und Beherrschung des Geschlechtstriebs ist die weitreichendste Selbstbeherrschung.

> Ähnlich zitiert Röm 7,7 diese Dekalog-Stelle, allerdings um zu sagen, dass eine derartige Anstrengung den Menschen überfordert. Vgl. die Texte unter 2.5 und 7.2.

4Makk. ist in seiner Gänze ein Traktat gegen das Begehren (ἐπιθυμία): 1,3.22.31 f; 2,1.4.6 usw. (14 mal).

> Im Röm. vgl. weiter 1,24 und 5,12, als negative Folie einer Geschichtstheologie (und Soteriologie). Ein beträchtlicher Unterschied liegt freilich darin, dass *4Makk.* das Begehren konstant mit den Empfindungen/ Leidenschaften (πάθη) assoziiert – 60 mal! –, wohingegen für Paulus der Drang zum Bösen aus der Sünde (ἁμαρτία) kommt. Aus diesem Grund wäre für ihn ein „frommes Raisonnement" (εὐσεβὴς λογισμός, *4Makk.* 1,1 usw.; Philon, QG 4, 208) gerade nicht imstande, ihn zu bannen.

In einer Apostrophe nennt 5,34 das Gesetz einen *Erzieher:* παιδευτὰ Νόμε.

> In Gal 3,24 findet sich dieser Gedanke in Verkleinerung, nämlich das Gesetz als Kinderführer (παιδαγωγός). Hier ließe sich am leichtesten das *4Makk.* als Original lesen und Paulus als die Kopie. Die Erziehung (παιδεία) Israels durch den Nomos mag schon ein traditioneller Gedanke gewesen sein, ist jedenfalls an vielen Stellen in Spr und *Sir.* implizit.[113]

Abraham ist in *4Makk.* das meistzitierte Beispiel vorbildhaften Lebens: 6,17.22; 7,19; 9,21 (cod. S); 13,17; 14,20; 15,18; 16,20.25; 17,6.

> Vgl. Röm 4 im Ganzen und Gal 3,6–14. Paulus bemüht sich darüber hinaus um eine Definition, wer „Söhne Abrahams" seien: Röm 9,7 ff.

Mehr als das: Abraham, Isaak und Jakob werden die getöteten Makkabäerbrüder bei sich „aufnehmen" (13,17):

> Hierfür kann – nicht weit von Paulus – Lk 16,22 verglichen werden, „Abrahams Schoß". Vgl. Bill. II 225–227.

In 15,24–28 ist *Glaube* (πίστις) Gehorsam gegenüber dem *Nomos* (Beispiel: Abraham); in 16,22 sind das Beispiel die sieben Brüder selbst und in 17,2 ihre Mutter.

---

113 Vgl. noch Philon, *Det.* 16 und das Nebeneinander von παιδεία und ἀγωγή sowohl dort wie mehrfach in der *EpArist.* – Was Paulus in positiver Absicht hinzufügt, ist die Zielrichtung: εἰς Χριστόν. Darin steckt ein Element an Geschichtstheologie, das gar nicht mehr ableitbar ist aus dem Judentum.

6.5.3 Der Traktat *Von der Selbstherrschaft der Überlegung* (4.Makkabäerbuch) — 577

> Hierzu – das ist klar – kann Paulus nicht zitiert werden, eher Jak 2,14–24.

An Kontrasten lässt sich ferner bemerken, dass der hellenistische Terminus für *Frömmigkeit*, εὐσέβεια, der mit Jes 11,1; Spr 1,7 u. a. allmählich in die Septuaginta hineinkommt, im *Aristaeosbrief* (4.1) und bei Philon häufig ist, bei Paulus aber noch fehlt und in den Pastoralbriefen erst wieder nachgetragen wird, hier nunmehr tragend ist, von 1,1 ab.

> Es handelt sich hierbei um einen Wertbegriff der griechisch-römischen Welt, dem gegenüber Paulus wie auch die Evangelien, Hebr 11 und 1.2Petr eine spezifisch christliche Theologie des Glaubens treiben. Glaube ist keine Tugend mehr unter anderen, auch nicht ihre größte.

Was aktiven Glauben anbelangt, so sagt 17,2 von der Mutter der sieben Märtyrer,[114] ihre Haltung beweise die Echtheit ihres Glaubens (γενναιότης τῆς πίστεως):

> Vgl. die πίστις δι' ἀγάπης ἐνεργουμένη von Gal 5,6 (weniger heroisch!) und das ἔργον τῆς πίστεως von 1Thess 1,3.

Mit der Formel ἐλπὶς τῆς ὑπομονῆς (17,4) lässt sich vergleichen:

> ὑπομονὴ τῆς ἐλπίδος in 1Thess 1,3. Paulus hat im NT die meisten ὑπομονή-Stellen, so wie *4Makk.* in der Septuaginta (seit sie um dieses Buch erweitert wird).

Nach 7,19 verlassen sich die Märtyrer darauf (πιστεύειν), „dass sie für Gott nicht sterben, wie auch unsere Patriarchen Abraham, Isaak und Jakob, sondern Gott leben" (ζῶσιν τῷ Θεῷ); vgl. 16,25; 17,17.

> Gleiches für alle Glaubenden in Röm 6,10 f; 14,7 f; 2Kor 5,19; Gal 2,19 (vgl. ferner Lk 20,38 und „nicht sterben" in Joh 6,50.58; 11,25 f).

Die Märtyrer gehen ein in eine *himmlische Gemeinschaft* mit Abraham: 13,17 (vgl. 7,19; 16,25; 18,23; 5,37; 13,17).

> Ähnlich die Erwartung des Paulus, „mit Christus zu sein": Phil 1,23; vgl. 2Kor 5,8; 1Thess 4,17; ferner Lk 16,22; 23,43; Apg 7,59.

Der Vergleich des observanten Israeliten mit einem Athleten, durch Jakob vorgebildet (Gen 32,23–33), führt in 6,10 und 17,12.15 f zu den in der (erweiterten) Septuaginta einzigen Verwendungen des Wortstamms ἀθλητ-.

> Vgl. die Analogien mit dem Sport und die Verwendung von Sportvokabular in 1Kor 9,24–27.

In 17,11–16 verschafft der Kampf des Märtyrers ihm die *Unsterblichkeit* (ἀφθαρσία ἐν ζωῇ πολυχρονίῳ – also ein Langleben ohne „Verderbnis", also ohne Krankheit, wie

---

114 Um sie auch hier mit einem chr. Wort so zu benennen. Der Wortstamm μαρτυρ- ist im *4Makk.* nur für μαρτυρία in Gebrauch („Zeugnis", von menschlicher Seite; 6,32; 12,17); damit mag verglichen werden μαρτύριον in 1Kor 1,6 (weniger 2,1, gar nicht 2Kor 1,12), μαρτυρεῖν in 1Kor 15,15; noch eher der „Paulusschüler" Lukas in Apg 23,11.

es von Moses 120 Jahren berichtet wird, 2.4.2). Ebd. V.18: τὸν μακάριον βιοῦσιν αἰῶνα. In 7,3 gilt das Martyrium als „Hafen unsterblichen Sieges", als Tod „zugunsten der unsterblichen Seele" (14,6)[115] und der Erhalt „reiner und unsterblicher Seelen" (18,23, vorletzter Satz).

> Im Neuen Testament ist es Paulus, der dieses der Septuaginta sonst sehr fremde Vokabular auf seine Weise einführt: „Dieses Sterbliche muss Unsterblichkeit anziehen" (1Kor 15,53f); doch engt er es nicht ein auf die Seele. – Aus der Paulusschule vgl. 1Tim 6,16: Gott als der, „der allein Unsterblichkeit hat". Auch das seltene ἀφθαρσία ist Paulus und seiner Schule eigen (1Kor 15,42 usw.), sodann im Gnostizismus häufig geworden.

17,5 lässt die Märtyrer an der Unsterblichkeit der Gestirne teilnehmen, in der Art der zahlreichen καταστηρισμοί (= Verwandlungen verdienter Männer in Sterne) der politischen Mythologie der Antike (hier wohl kombiniert mit Dan 12,3 LXX in Verbindung mit 12,2).

> Im Neuen Testament umgibt eine derartige Bildwelt zunächst den Menschensohn bei seiner Wiederkehr (Luk 17,24; Apg 7,55f) sowie die Engel (Lk 24,4). Doch ist es wiederum Paulus, der sie auf die δόξα der Auferweckten überträgt (1Kor 15,40–43). Die naturalistische Auffassung von *2Makk.* 7 und 14,46, die auf die Wiedererweckung des bisherigen Leibes zielte, wird auch in *4Makk.* ersetzt durch die abstraktere eines nicht näher bestimmten ewigen Lebens (7,3; 9,22 usw. – Nickelsburg 258), das aber nicht schon – wie im Joh – vor dem Tod beginnt.

In 1,11 und 6,28 leiden die Märtyrer um ihres Volkes willen; ihr Tod „reinigt das Vaterland" von den Sünden der anderen (1,11) und ist insofern ein *stellvertretender Tod*.

> So auch die in 1Kor 11,24f; 15,3 usw. zitierten urchristlichen Traditionen. Sogar in der Rede von sich selbst als Apostel kann Paulus Opfersprache gebrauchen (Phil 2,17), wenngleich seine Theologie nur ein Opfer in übertragbarem Sinne kennt, das Selbstopfer Christi.

In 7,20–22 *reinigt* der Tod der Märtyrer das Land (vgl. 3.4.3, Kopftext), ja er wird in metaphorisierter Kultsprache als ἱλαστήριον bezeichnet.

> Röm 3,25 gebraucht diesen (aus Lev 16 genommenen) Ausdruck für den Tod Christi, ohne besonderen Bezug auf Israel, Volk oder Land. Diese Ausweitung von Sühnetheologie zu einer Zeit, als der Tempelkult noch im Gang war, ist die Initialzündung zu so etwas wie Christentums als Weltreligion – was die Christen schon des 2.Jh. nicht gehindert hat, eine Theologie des Martyriums partikularer Art zu entwickeln, die für kleinere Erlöser vor und neben Christus („Heilige" im kultischen Sinn) Platz hatte. Sollte *4Makk.* auf Christliches antworten, dann dienen hier Worte des Paulus, um eine unpaulinische Volksfrömmigkeit zu überbieten. Angriffe auf die Christologie wie in 6.5.2 und vielleicht 6.5.5 unterbleiben hier.

17,10 sagt von den freiwillig Sterbenden: „Sie haben Recht geschaffen/Sühne geleistet (ἐξεδίκησαν, LXX sonst für 'Rache üben'; vgl. aber *1Makk.* 2,67; 6,22) für ihr Volk (γένος,

---

[115] Man kann freilich auch das „zugunsten" auf das näher stehende Wort „Frömmigkeit" beziehen, welches wie eine Apposition den Ausdruck „unsterbliche Seele" erläutert, ihn dabei aber auch ins Allgemeine verflüchtigt: Dann ginge es um die Frömmigkeit der Juden sozusagen als ihre Volksseele.

6.5.3 Der Traktat *Von der Selbstherrschaft der Überlegung (4.Makkabäerbuch)*

var. ἔθνος)". Das ist es, was schon in 3.4.3 statt des Wortfeldes μαρτυρ- als vorchristliche Sinngebung dieser Tode ermittelt werden konnte.

> In christlichen Zeiten wiederholt, wird es eine Sühne-Christologie ohne Christus. Vgl. was Paulus anhand des Verbums δικαιοῦν zu sagen weiß: Röm 3–4; 5,1; 6,7 usw.; bei ihm eher passiv aufgefasst, als Leistung Christi für uns. Für eigene Leistung kann auch bei ihm ἐκδίκησις stehen: 2Kor 7,11, im übrigen aber – im LXX-Zitat – als positiv-wertiges Synonym für „Rache" (Röm 12,19).

6,29 und 17,21 vertreten die Auffassung, das freiwillige Sterben sei lebensrettend für andere (ἀντίψυχος, -ον) gewesen.

> Dazu gibt es als paulinische Spitzenaussagen, Christus betreffend, Röm 6,8–10. Vgl., in kultischem Vokabular gefasst, 3,25 und, ethisch, 5,7 f.

In 18,23 (vorletzter Vers des Buches) erlangen die Märtyrer von Gott reine, unsterbliche Seelen (ψυχὰς ἁγνὰς καὶ ἀθανάτους παρὰ τοῦ Θεοῦ). Die Seelen sind es demnach, die unsterblich sind oder (eher) werden. Wir kennen dies als griechische eher denn biblische Auffassung; Philon und Josephus teilen bzw. referieren sie. Ohne Engführung auf die Seele wird in 9,22 der Märtyrer „gleichsam im Feuer verwandelt zur Unverderblichkeit."

> Ähnlich 1Kor 3,10–15; vgl. 15,50–55.

Bemerkenswert ist noch das Frauenbild des *4Makk.*, das der Mutter der sieben Söhne die gleichen Vorzüge zumisst wie diesen selbst – im Widerspruch gegen das antike Klischee von der schwachen Frau: im Durchhalten ist sie „männlicher als ein Mann" (15,30).

> Damit sind zahlreiche Frauen aus der Grußliste Röm 16 vergleichbar, deren Mühe (κόπος) um des Evangeliums willen gerühmt wird; Prisca und Aquila (in dieser Reihenfolge genannt) haben sogar „ihren Kopf hingehalten" (V. 3 f.). Erstaunlich ist die Aufhebung der Geschlechterrollen im Gottesdienst (Gal 3,28), gerade auf dem Hintergrund des in den Deuteropaulinen fortdauernden Klischees (1Tim 5,11; 2Tim 3,6).

Weitere Berührungen zwischen *4Makk.* und Paulus liegen im Vokabular:

Die Sprache des Sports, schon erwähnt für 17,11–16 und in mehreren Verwendungen von ἀγών von 11,20 bis 17,11 das *2Makk.* aufnehmend,[116] mag die bekannte Leidenschaft der Antiochener für Wettkämpfe widerspiegeln.

> Vgl. 1Kor 4,9 (ἐπιθανάτιοι = *morituri*); 9,24–27, ferner manches in den Briefen des Ignatius, Bischofs von Antiochien (!).

---

116 Im Übrigen ist dies ein ziemlich unbiblisches Wort: Jes 7,13 hat es in einer sehr gewagten Metapher (Israel macht Gott „Mühe"), Est 4,17k für den Todeskampf, die *Sapientia* zweimal (4,2; 10,12); alles andere liegt in *2Makk.* und *4Makk.*, wobei in *2Makk.* die Belege gerade außerhalb von Kap. 6–7 liegen, im ganzen Buch verteilt; hier hat der Autor von *4Makk.* eine Synthese hergestellt.

In 6,26 (und 13,9 cod. S), verbrennt Feuer die Märtyrer:

> Man kann 1Kor 13,3 vergleichen, wo eine textliche Schwankung besteht zwischen καυχήσομαι (so Aland) und καυθήσομαι (weniger bezeugt, auch weniger trivial): letzteres wird indirekt unterstützt durch die o.a. Stellen.

Das Verbum für den „Erhalt" der eschatologischen Heilsgabe ist ἀπολαμβάνειν (18,23) –

> so auch Gal 4,5; vgl. Röm 1,27 und Lk 16,25; 23,41 (dort das profane Vorbild).

Die Mutter der sieben Märtyrer gibt sich keiner Trauer hin, „als ob sie tot wären": 16,12. Vielmehr „gebiert sie sie neu" zur Unsterblichkeit (16,13).

> Vgl. 1Thess 4,13: Paulus übermittelt eine Botschaft betreffs verstorbener Christen, „damit ihr nicht trauert wie die übrigen". „Neu gebären": Gal 4,19; vgl. 1Kor 4,15.

Zu all diesen Beobachtungen darf noch diese hinzukommen: Heiligenverehrung, wie sie sich im Christentum an den Begriff ἅγιοι knüpfte, findet sich gesteigert in dem – im LXX-Schrifttum nur in *4Makk.* 7,4 und 14,7 begegnenden – Adjektiv πανάγιος für die zu preisenden Personen. Als Synonyme vgl. ἱερὸς ἀνήρ (7,30) sowie ἡ ἱερά... μήτηρ (16,12). Auch dies erklärt sich am leichtesten als Versuch, christlichen Sprachgebrauch nicht gerade zu übernehmen, ihn aber zu überbieten.

Die Frage nach **christlichem Einfluss** (ein solcher wird diskutiert v. a. für 1,3–6; 7,19; 9,8b; 10,4; 11,7f; 16,25) ist, so gesehen, falsch gestellt: Die ganze Schrift ist eine Antwort auf die Herausforderung seitens des Christentums.

Abfassungszeit: Vorgeschlagen wird teils schon das 1.Jh.[117] (womit die zahlreichen Paulinismen für jüdisch oder für „Antiochismen" bei Paulus gelten müssten); dem widersprechen Wortprägungen, die erst aus dem 2.Jh. bekannt sind, wie φωταγωγεῖν.[118] Häufiger wird die Zeit Trajans oder Hadrians vorgeschlagen, also das 1. Drittel des 2. Jh. (Dupont-Sommer, referiert bei Simon, *Verus Israel* 67), als Reaktion auf die bewaffneten Konflikte in Alexandrien bzw. Judäa. Auch dann aber muss stören, dass der antiochenische Märtyrerkult überhaupt erst im 4.Jh. bezeugt ist. Er müsste trotz dieser Prunkrede sehr verborgen gewesen sein; das *2Makk.* weist noch nicht auf Antiochien. Stilistisch freilich wirkt der Asianismus altertümlich; in Rom war er jedenfalls nicht mehr Mode (vgl. 3.5.1). Doch hat er

---

[117] Bammel, „Märtyrerkult" (oben Anm. 90) referiert einen Ansatz sogar noch in der 1.Hälfte des 1.Jh. durch E. Bickermann. Hengel plädiert ebenfalls für die Zeit „zwischen Tiberius und Nero" (das wäre von der Zeit Jesu bis 68 n.Chr.); so in „Antiochien, das 4.Makkabäerbuch und Paulus" (s.o.) 293f.

[118] So 17,5, eine „Lichtführung" der sieben Söhne zur Frömmigkeit: Ältester vergleichbarer Beleg im *TLG* ist *Barn.* 18,1 (frühes 2.Jh.; vgl. 7.1.0 c), das „lichtführende" Engel kennt (φωταγωγοὶ ἄγγελοι im Gegensatz zu solchen des Satans; letzteres im NT nur 2Kor 12,7). Von da ab wird das Wort geradezu häufig, u.z. in Christentum und Magie (nämlich *PGM* 4 dreimal, 5 einmal). Auch das Adjektiv φωταγωγός ist nicht früher belegt als bei Lukian (2.Jh.) als ein Wort für „Fenster" (φωταγωγός sc. θυρίς).

anderwärts, ja auch in Rom selbst, munter weitergelebt, ungeachtet der Stilkritik der Intellektuellen.[119] – Dass das *Daniel*-Buch, anders als im NT, immer noch nach der ursprünglichen LXX-Fassung verwendet ist, gibt auch keine Endgrenze, sondern belegt die auch sonst bekannte Gabelung der Texttradition der Dan-LXX.[120]

Dass das *4Makk.* auf christliche Märtyrerverehrung bereits antworten könnte, wie hier vorgeschlagen, wird nur selten in Betracht gezogen, da das *2Makk.*, worin ähnliches belegt ist, bisher für echt jüdisch galt; dazu aber 3.4.3. Der einzige sichere *terminus ad quem* für das *4Makk.* ist seine Erwähnung bei Euseb (*H.e.*; 1. Viertel 4.Jh.). – **Ort:** Antiochien; s. Kopftext.

Adressaten: die Judenschaft Antiochiens. – **Sitz im Leben:** Vermutet wird ein Synagogenfest der Makkabäischen Märtyrer und Verehrung von deren Gräbern. Bezeugt ist dergleichen allerdings nur christlicherseits jeweils am 1. August, dem Tag ihrer Beisetzung oder jedenfalls der Weihung ihres Grabmals in Antiochiens Vorstadt Kerateon (s. Kopftext). So kann es (neuer Vorschlag!) Antiochiens Hauptsynagoge gewesen sein, in welcher ein jüdischer Redner eine Antwort hielt auf den simultan stattfindenden christlichen Märtyrerkult.

Abfassungszweck: Als protreptische Rede jüdischer Herkunft bezweckt dieser Text vor allem anderen die Stärkung der Toratreue; sie ist der seit 1,1 genannte εὐσεβὴς λογισμός. Es geht hierbei nicht darum, dass die Hörer ihrerseits zu sterben bereit sein müssten, denn weder lebt man in dem Land noch in der Epoche, wo dafür vielleicht Anlass war. Einer der ersten Deutesätze für das Ganze, 1,11, spricht, ganz wie schon Iason und sein Epitomator (3.4.1–2), von einem „Reinigen des Vaterlandes" durch die freiwilligen Tode. Dem entspricht, am Ende des Buchs, *4Makk.* 18,4: Dank jener freiwilligen Tode „erhielt das Volk Frieden (εἰρήνευσεν τὸ ἔθνος)", d.h. sowohl Gottes Zorn wie auch das Wüten der Feinde Israels legten sich. Antiochien war aber nicht das Vaterland, war nicht Judäa (außer in einer extrem „großjudäischen" Auffassung, die hier nicht vertreten wird; vgl. 1.1.1 Anm. 12). Die Aufforderung an die Hörerschaft geht nicht darauf, nunmehr selbst das Leben einzusetzen; sondern man weidet sich daran, wie es andere taten. Erst die Schlusspartie 18,6–24 enthält eine durchaus praktische Anleitung zu jüdischer Erziehung (s.o. 0.3.3). Kulturgeschichtlich ist sie aufschlussreich als Einblick in das jüdische Haus; von der *Genesis* über die Propheten bis zu den *Sprüchen*

---

119 Norden, *Kunstprosa* I 266f und, mit besonderem Bezug auf *4Makk.*, 416–420, dort allerdings mit Datierung ins 1.Jh. n.Chr., womit aber das römische „Ende des Asianismus" auch schon um 1 Jahrhundert überlebt ist. Eingeordnet ist das *4.Makk.* freilich in den Zeitraum „Von Hadrian bis zum Ende der Kaiserzeit" (so ab I 344). Über Asianismus in kirchlicher Predigt des 2.–4.Jh. s. ebd. II 545–553. Damals musste man gegen das Beifallklatschen in den Kirchen vorgehen.

120 Als Origenes (gest. 253/4) seine *Hexapla* zusammenstellte, hatte er für das *Daniel*-Buch immer noch beide Texte zur Verfügung, LXX wie Th, und noch im 7.Jh. hat man erstere in Caesarea kopieren können: So geschehen in Form der im Auftrag des Bischofs Paulus v. Tella (7.Jh.) gefertigten syrischen Übersetzung (0.5.2).

Salomos und den *Psalmen* (die Anspielung geht auf Ps 22[21],5) reicht die dort vermittelte Bibelkenntnis.

Nach außen hin aber rühmt man sich des freiwilligen Sterbens. Die auffällig dichte Benutzung solchen Vokabulars, das sonst nur als christlich bekannt ist, lässt sich deuten als Seitenblick auf das Christentum, wie es in Form der paulinischen Mission von Antiochien seinen Ausgang nahm, und wie es wenig später, gleichfalls von Antiochien aus, in der Person des Ignatius eine Religion wurde, die in ihren Märtyrern über Rom triumphierte. Hier wird mit rhetorischem Prunk ein Gefälle überbrückt: Juden im römischen Reich, gleich wo sie lebten, standen derlei Gefahren nicht bevor: Das Judentum war auch in seiner Verschiedenheit legal; nur Christsein konnte seit dem Reskript Trajans an Plinius (zwischen 111 und 113 n. Chr.) kriminalisiert werden.[121] Rabbinische Erinnerungen an die „Getöteten der Herrschaft" (s. o. 3.4.3) beziehen sich auf Ereignisse unter Antiochos IV. oder während des Krieges mit Hadrian und nicht auf die Lebenswelt, an die diese Prunkrede sich richtet. Hörerpsychologisch ist hier mit einem Kompensationsvorgang zu rechnen: So wie die Erotik des *Aseneth*-Romans (2.2.2) in seinen uns bekannten Verwendungszusammenhängen etwas in der Kirche Marginalisiertes imaginativ aufleben lässt, so hier das Heldenlob des *4Makk.* etwas im Römischen Reich den Juden gerade nicht drohendes, dessen die Christen für ihre Seite sich aber rühmten. Dem wird nun wenigstens verbal gleich gezogen.

Rezeption: Ob die lat. Übersetzung noch von jüdischer Hand stammt, lässt sich nicht sagen. Im Christentum sind viele literarische Martyrien und Predigten über Märtyrer, seien es die „makkabäischen", seien es andere, aus *2Makk.* 6–7 und *4Makk.* geschöpft; Monographie hierzu: Ziadé, *Martyrs*, bes. 66–344. Die Texte über „Getötete der Herrschaft" im Rabbinat sind demgegenüber stets gedämpft; sie wahren die im Kopftext erwähnte Distanz. – Weiteres zum christlichen Fest des 1. August bei Klauck 675 f; L. RUTGERS: „The Importance of Scripture in the conflict between Jews and Christians: The Example of Antioch", in: ders./P. W. VAN DER HORST (u. a., Hg.): *the Use of Sacred Books in the Ancient World* (CBET 22), 1998, 287–303. – Augustin hat über die *Passio sanctorum Machabaeorum* gepredigt[122] und sie für eine vorchristliche „Kirche" vereinnahmt: *Martyres eos fecit moriturus Christus,* „Zu Märtyrern machte sie Christus, als er späterhin starb." Allerdings, trotz Einbeziehung in gewisse Septuaginta-Codices (nicht in den Vaticanus) und in

---

121 Kommentierte Quellensammlung: P. GUYOT/R. KLEIN (Hg., Übers., Komm.): *Das frühe Christentum bis zum Ende der Verfolgungen,* Bd. 1 (TzF 60), 1993, bes. die Korrespondenz zwischen Plinius d.J. und Trajan S. 38–45.320–324. Vorsicht verlangt in diesem Band das immer noch verwendete, traditionelle Schema der zehn Verfolgungen, das sich bei näherer Lektüre der Begleittexte als sehr vereinfachende Propaganda erweist.

122 *Sermo* 300 (MPL 38, 1376 B–1380 B). Für kanonisch hielt er aber nur nur *1.2Makk.* (s. o. 1.4.2).

die westlichen Ausgaben[123] seit Swete: Kanonisch wurde das *4Makk.* nie; es blieb Unterhaltungsliteratur.

6.5.4 Das *Testament Hiobs*

Das Folgende ist eine Moralisierung der *Hiob*-Geschichte ähnlich der Art, wie die Patriarchen in den *TestXII* (7.5.1) als Moralvorbilder auftreten, hier aber stärker narrativ. Man kann neutestamentliche Nennungen der Hiob-Figur vergleichen: In Jak 5,11 ist Hiob ein Beispiel für Geduld, wohingegen die lange Liste der Beispiele für Glaube in Hebr 11 ihn gar nicht erst nennt. Fragen nach der Gerechtigkeit Gottes oder nach der Vorsehung (dem Tun-Ergehens-Zusammenhang), die im biblischen Text so heftig bewegt werden, sind im *TestHi.* nicht zu finden; die Grundfrage des biblischen Hi-Buchs (3,11 ff) ist verstummt. Insofern ist etwas Jüdisch-Widerständiges verschwunden, und man könnte es für eine Moralisierung und damit Christianisierung halten. Die Rabbinen jedenfalls sind so schüchtern nicht gewesen, und konkrete Halacha gilt ihnen mehr als allgemeine Moral.

Ausgebreitet wird hingegen jenes Detail in Hi 42,15, wonach Hiob seine Töchter ebenso erben lässt wie die Söhne, weil sie sich als nicht weniger tüchtig erwiesen als diese. Hier entscheidet Hiob anders, als die Tora es den Israeliten vorschreiben würde.[124] Das bräuchte so lange nicht zu stören, wie man Hiob gemäß Hi 1,1 einen Ausländer sein lässt. Wenn das nun korrigiert wird dahingehend, dass das Erbe der Töchter kein Landerbe ist, kann das eine Aktualisierung aus jüdischem Interesse gewesen sein. In Zeiten, wo die Tora nicht mehr wahlweise, sondern obligatorisch zu befolgen war – diesem Zweck dient die Mischna[125] – konnte die „Nostrifizierung" Hiobs zu dem Bedürfnis führen, ihn sich toragemäß verhalten zu lassen. *TestHi.* 46–50 lassen sich als Midrasch zu diesem Problem interpretieren, wo nämlich präzisiert wird, dass die Töchter keine Immobilien erben (das hätte der Tora widersprochen), ja nicht einmal bewegliche Wertsachen (die in streng rabbinischer Observanz auch nicht an den männlichen Familiengliedern vorbeigeschleust worden wären), sondern rein

---

123 Die unter 0.9.1 nachgewiesene Athener Ausgabe hat es nur im Anhang; ihr Kanon endet mit dem *3Makk.* Daraus ist zu schließen, dass das *4Makk.* nicht in liturgischem Gebrauch war, auch nicht auszugsweise. Das gilt auch für die lateinische Christenheit, wie aus H.-J. KLAUCK in *Septuaginta deutsch.E* 1456 zu entnehmen ist.

124 Nach Num 27, 1–11 und Num 36, einem zweimal zu findenden Nachtrag zu dem nur die Söhne bedenkenden mosaischen Erbrecht, erben Töchter dann, aber auch nur dann, wenn keine Söhne vorhanden sind.

125 Dass die Rechtsverhältnisse bis dahin gemischt waren, zeigt Falk, *Introduction to Jewish Law* in jedem Kapitel. Für die hellenistische Zeit s.o. 1.2.1–2 und 6.1.1. Für die Zeit des Bar-Kochba-Krieges illustrieren die Papyri aus der Wüste Juda (inzwischen als „P.Yadin" zitiert) immer noch diesen Zustand, dem die damals in der Entwicklung befindliche Mischna durch toragemäße Neuerungen abzuhelfen suchte.

Immaterielles.[126] Damit ist man dann freilich, ob absichtlich oder nicht, bei den immateriellen, gegenüber der Tora allegorischen Heilsgütern des Christentums angekommen, und vielleicht soll diesen hier etwas Entsprechendes entgegengesetzt werden. So mag denn das *TestHi.* seinen Platz hier in Abschn. 6 finden; die Alternative wäre sonst 7.5.

Einmal auf dieser Spur angekommen, können wir uns fragen, was das Motiv in 20,9 besagen soll: Hiob steckt die aus seinem Körper kriechenden Würmer großzügig wieder zurück. Kann man, soll man das ernst nehmen? Oder wird hier ein leiden *wollender* Hiob ironisiert? Das wäre dann allerdings ein sehr jüdischer Zug, wie die ernst gebliebene christliche Rezeption bis heute erweist.

Jan Dochhorn hat im *TestHi.* die Darstellung eines Problems aufgewiesen, das jedem Streben nach Gerechtigkeit, sei es jüdisch (etwa im Sinne des Pharisäers Paulus) oder sei es judenchristlich (matthäisch), innewohnt und hier anscheinend kritisiert wird: Es gibt auch – so scheint unser Autor zu empfinden – des Guten zu viel. Die Gerechtigkeit Einzelner schafft Unmut bei den weniger gerechten Vielen und stellt sie in den Schatten, zumal wenn diese den Preis für das Gerechtsein des Einzelnen mitbezahlen sollen oder doch wenigstens sein Vermögen – als seine Arbeiter – mit erarbeitet haben. In diesem Falle wäre in unserem Text mit einem kräftigen Schuss Ironie zu rechnen, der freilich in seiner christlichen Rezeption (die mit so etwas nie rechnet) unbemerkt blieb (s. u. „Frühestes Zitat").

Jüdisch ist schließlich auch die Anweisung Hiobs in Kap. 45 an seine Töchter, keine „Anderen" zu heiraten, will man sie denn ganz unallegorisch nehmen. Freilich kann auch ein christlicher Schreiber vor dem Heiraten in nichtchristliche Familien warnen wollen.

Jedenfalls befinden wir uns hier in einer völlig anderen geistigen Welt als der der Abschn. 1–4. In einer Rückprojektion aus dem biblischen Josephs-Zyklus (bes. Gen 41,34–45) ist dieser Hiob nun „König von ganz Ägypten" (28,7), ganz anders als vormals, im ägyptischen Judentum selbst, der Abrahams-Nachkomme Hiob von 2.1.4 und 3.2.2.

Online-Index Nr. 79; Harnack II 580 Nr. 69 (ein „junger" Text); Stegmüller Nr. 104 und 104.1–5; Schürer/V. 552–555. **Inhaltsangabe** mit Kommentar: Woschitz 399–414; Collins (übernächste Rubrik) 350–352.

Einleitung und Übersetzung: Charlesworth I 829–868 (R. P. Sᴘɪᴛᴛʟᴇʀ); JSHRZ III/3 (B. Sᴄʜᴀʟʟᴇʀ) 1979, 301–387; Dupont-Sommer, *Ecrits intertestamentaires* 1605–1645 (M. Pʜɪʟᴏɴᴇɴᴋᴏ).

---

126 Falk, *Introduction to Jewish Law* 336.342. – Als Ausdruck eines gewissen Feminismus wäre dies im Judentum parallelenlos außer bei Philon, der den von ihm idealisierten Therapeuten gleichwertige Therapeutinnen zur Seite stellt (*Cont.* 68; von ihnen seien „die meisten alte Jungfrauen"). Die Wirkungsgeschichte dieser Schrift liegt nun wiederum ganz im Christentum, und so richtet sich das *TestHi.*, ähnlich wie unter 2.2.2 zu *Aseneth* schon vermutet, möglicherweise von Anfang an schon in paränetischer Absicht an Frauenklöster.

Einleitung: Denis 889–909; J. Collins in Stone, *Writings* 349–355; ders., *Identity* 240–246; Gruen, *Diaspora* 193–201; Nickelsburg 315–322. **Nur Text:** Denis, *Conc.* 875–879. **Anmerkungen:** Rießler (1104–1134) 1333 f.

Literatur: Lehnardt Nr. 5306–5388; DiTommaso 565–574. Wichtig: M. KNIBB (Hg.): *Studies in the Testament of Job* (NTS.S 66), 1989. **Neuere Studien:** R. LESSES: „Visionary experience in the Testament of Job", in: LiDonnici/Lieber, *Heavenly Tablets* 49–74; Dochhorn, „Zur Krise der Gerechtigkeit" (0.9.5) 83–88; M. HARALAMBAKIS: *The Testament of Job*, 2012.

Handschriften: gr. insgesamt 4: Paris (11.Jh.) plus Abschrift (16.Jh.), Vatikan (datiert 1195; dort zwischen 2Chr LXX und *TestXII*), Messina (1307; dort zum Heiligentag Hiobs in der gr. Kirche, 6. Mai); Denis 895 f; Schenke (s.u.) 10–13; **kopt.** Köln Nr. 3221 (bei Denis 897 f aufs 5.Jh. datiert; neuerer Ansatz: 4.Jh.). – Gr. **Erstausgabe:** A. Mai 1833.

Titel in den Handschriften s. u. „Überschrift". **Andere Benennung:** „Lebenslauf und Lebensweise des heiligen und gerechten Hiob" (slav.).

Neuere kritische Ausgabe: PVTG 2 (S. P. BROCK) 1967, 1–59; R. KRAFT (Hg., Übers.): *The Testament of Job* (SBL.TT.PsS 4), 1974; G. SCHENKE (und G. SCHENKE ROBINSON) (Hg., Übers.): *Der koptische Kölner Papyruskodex 3221, Teil I: Das Testament des Iob* (Papyrologica Coloniensia, 33), 2009 [48–194: kopt. Text nebst Wiederabdruck der gr. Texte von Brock und von Kraft und textkritischem Kommentar;[127] 233–280: Fotografie des Papyrus].

Überschrift bei Brock: Βίβλος λόγων Ἰὼβ τοῦ καλουμένου Ἰωβάβ, bei Kraft (wohl sekundär gewuchert): Διάταξις τοῦ Ἰώβ. Βίβλος Ἰὼβ τοῦ καλουμένου Ἰωβάβ, kopt.: [Pčōme n]Iōbab ete ntō[š nIōb]. **Textanfang:** Ἐν ᾗ γὰρ ἡμέρᾳ νοσήσας... (das γάρ „nämlich" knüpft an die biblische Erzählung an, wie das *kai* am Beginn der *EpJer.*, 2.1.8). **Textschluss** (53,8): ὄνομα ὀνομαστὸν ἐν πάσαις ταῖς γενεαῖς τοῦ αἰῶνος, ἀμήν (kopt. gleich, nur ohne Amen). **Schlusstitel** kopt.: Pčōme n[Iōb] ntdiathē[kē] („Das Buch Hiobs, (das) des Testaments").

Wortindex: Wahl (Bauer), *Clavis* 693–735; Siglum bei Denis, *Conc.*: „Job"; kopt. bei Schenke 195–227.

Alte Übersetzungen: kopt. (s.o: „Handschriften"), slav. (dazu Bonwetsch 915; Denis 898).

Frühestes Zitat: Dieser Text ist aus der Antike sonst nicht bekannt. Nur das o.g. Motiv (20,9), dass Hiob die aus seinem Körper kriechenden Würmer großzügig wieder zurücksteckt, findet sich bei Tertullian, *De patientia* 14,5 (Denis 897), der, bei ihm nicht zu verwundern, an dieser Hyperbel nichts ironisch findet. Eine andere Anspielung in einem kopt. martyrologischen Text des 4.–6.Jh. s. Denis 894. – **Früheste Erwähnung:** Das *Decretum Gelasianum* (Anf. 6.Jh.) 6,4 nennt, nur mit Buchtitel, einen *liber qui appellatur Testamentum Iob, apocryphus*.

---

[127] Als inhaltlichen Kommentar vgl. dort in der Einleitung S. 13–40.

Ähnliche oder ähnlich benannte Texte: Hinweis auf eine gr. *Hiob*-Paraphrase bei Denis 908, auf eine mit unserem Text gleichfalls nicht verwandte arabische und karschunische (= arab. in syr. Schrift) Hiob-Erzählung bei Brock S. 3; Denis 909; Rabbinisches ebd. 908 f.

Textsorte: „hagiographischer Midrasch" (Denis), *Hiob*-Diegese (Paraphrase seines Erzählinhalts) mit einigen verhältnismäßig freien, jedoch kurzen Fortsetzungen. Gesänge in schmuckloser Prosa (LXX-Stil muss als Feierlichkeit genügen) sind eingestreut v. a. in Kap. 32 und 43. – **Literarische Besonderheit** sind Anreicherungen des *Hiob*-Buches, die sonst durch Origenes (und dort angeblich „aus dem Syrischen") und aus dem *Hiob*-Postskript (2.1.4 a) bekannt sind; Liste bei Denis 899 f. Metrische Analyse der semitisierenden Hymnen nach Folgen ähnlich langer Zeilen bei Schenke 22 f. 25. 29 f nach dem Koptischen.

Zählung: 53 (kurze) Kapitel nach den Ausg. von James und Rießler, Verse bei Brock nach Rießler. Bei Brock S. 17 Vergleichstabelle zur älteren Zählung.

Gliederung: Schaller 304; Nickelsburg 316. – Kap. 1–27 expandieren die Rahmenerzählung (1–15 Hiobs Wohltätigkeit; 16–27 Schädigungen Hiobs durch Satan), Kap. 28–41 rafft Hiobs Dialog mit den ihn besuchenden Königen. Es folgt, was dem biblischen Schlussteil entspricht, mit Verlängerungen: 42f Gotteserscheinung und Urteil über die Könige; Hiob darf für alle opfern außer für Elihu; Hymnus; 44 f Ansiedlung „in der Stadt" (eine Wiederherstellung von Hiobs Familie und Wohlstand wird nur vorausgesetzt) und letzte Ermahnung an die Kinder, keine „Anderen" zu heiraten; 46–50 himmlisches Erbe der Töchter; Nickelsburg 320 f sieht hier eine Höherwertung der Töchter über die Söhne. 51f ein gewisser Nereus[128] nennt sich als Verf. des Buches und erzählt den Tod Hiobs und seine Aufnahme in den himmlischen Wagen; 53 Schluss: Totenklage des Nereus.

Literarische Integrität: Ab Kap. 46 ist dies keine Ich-Rede Hiobs mehr, sondern wechselt in die neutrale Erzählperspektive bei verstärkt christlich werdendem Inhalt (immaterielles Erbe der Töchter Hiobs). Kap. 51–53 ist Zusatz aus der Perspektive eines bis dahin ungenannten Bruders Hiobs: Diese ist erzähltechnisch zwar motiviert (es geht um Hiobs Tod), aber durch keine vorherige Erwähnung dieses Nereus (im Vorspann etwa) motiviert. Vielerlei sprachliche Verklammerungen weisen auf genaue Kenntnis der früheren Teile bei Anfügung der späteren (Schaller). Insofern herrscht Homogenität, in sprachlicher Hinsicht allerdings nicht (s. „Stil"). Inhaltlich wechselt das Interesse an irdischen Gütern (wovon die biblische Vorlage allein sprach, und vielleicht auch eine frühere Fassung dieses Textes) hin zu den jenseitigen.

Biblischer Bezug: Hi LXX, v. a. 1,13–21; 2,7–10; auch das Hi-Postskript LXX in der Gleichsetzung Hiobs mit Jobab (Edomiterkönig in Gen 36,33f). Kein Prolog im Himmel; Dispute der Kap. 4–31 sehr gerafft. Die Elihu-Reden der Kap. 32–37

---

[128] Der römische Märtyrer Nereus (4.Jh.) kommt schwerlich in Frage. Gedenktag im Westen: 12. Mai (nicht im *Synekdēmos*).

werden abgelehnt. Die kopt. Fassung scheint sie seinem Vorredner Eliphas zugeschlagen zu haben. – Die Namen der drei Hiob-Töchter von Kap. 49– 51 kommen aus Hi 42,14 LXX. – Tora-Bezüge: 12,4 vgl. Lev 19,13; Dtn 24,15.

Historischer Bezug: 44,1 Bezug auf den Opferaltar und „die Stadt, die wir nun bewohnen"; dazu aber O.4.6: So spricht auch Josephus aus bloßer Reminiszenz bzw. Hoffnung.

Quellen, Vorlage: Ähnlich war die Person Abrahams in *Jub.* 11,15 – 12,15 (1.1.1) gezeichnet worden sowie in *ApkAbr.* 1– 8 (7.4.2). Der Text selbst verweist auf allerlei für uns rätsel- oder zweifelhafte Vorlagen; Liste bei Denis 901, vgl. Collins 353 f.

Stil: Septuaginta-Sprache mit Pseudo-Hebraismen (οἰκοῦμεν οἰκίαν für „bewohnen" 44,1) und ab und zu grotesken Grammatikfehlern: Konstruktionen der klassischen Sprache (Participium conjunctum im Akk. 27,1; ὁ πατήρ „ihr Vater" 47,2; 52,12; Medium des Verbs in 51,4) wechseln ab mit völlig missratenen (2,1: πρὶν ἢ ὀνομάσαι με ὁ Κύριος Ἰώβ soll *a.c.i.* sein) und spätgriechischen Casusfehlern. Die eben genannte Stelle 44,1 lautet ausführlicher: εἰσήλθομεν εἰς τὴν πόλιν εἰς ἣν νῦν οἰκοῦμεν οἰκίαν statt ...ἐν ᾗ... oder besser ἥν). Ähnliche Barbarismen z. B. in 28,8; 29,1; 31,5. In 3,7 ταύτης τῆς statt klass. τῆσδε. Seltenes, spätes Fremdwort: βῆλον = lat. *velum* 25,2 (vgl. *Palaea Historica* [8.2.1] S. 242 Z. 13).

Bemerkenswerte Stellen, Theologisches: Der Teufel ist „Geist" (πνεῦμα, 27,2; vgl. 1Sam 18,10; 19,9; 3Kön 22,22 ff par. 2Chr 18,21) und dennoch Hiob unterlegen. 27,2 ist in diesem Sinne die Umkehrung von Röm 7,14. Anklang an jüdische Thronwagen-Spekulation (und an 1Kor 13,12) in 33,8 f und 52,8 – wobei die Frage offen bleibt, wer derjenige sein soll, der „auf dem Wagen sitzt". Bei Philon konnte es der „Vater" des Kosmos sein (*QG* 4, 51). In 33,9 sind es merkwürdigerweise „die Wagen" (Plural).

Christliches ist häufig: 3,5 σωτηρία τῆς ψυχῆς wie 1Petr 1,9. Neben κύριος „HERR" begegnet ὁ κύριος, wohl für den himmlischen Christus (43,1.9 f). Der silberne Leuchter von 32,9 ist himmlisch wie die goldenen Leuchter von Apk 1, 12 u. ö. Der Gebrauch von ἅγιοι in 43,10.14 ist christlich. 30,8 „Spiegel" vgl. 1Kor 13,2; 36,6 vgl. Mk 12,34; 37,6 vgl. 1Kor 2,10; 45,4 ἀκωλύτως vgl. Apg 28,31. Das Wort νεκρότης „Totsein" (30,5) ist nur in chr. Lit. bekannt. Das seltene Wort καθεστήριον (15,1) meint den Gastraum eines Klosters. Denis 903 f vermutet an derlei Stellen Interpolationen und verweist auf das jüdische Verbot von Mischehen in 45,3. Die Verlegung der Heilsgüter ins Himmlische (τὰ ἐπουράνια 36,3; 38,5) weist jedoch wenigstens die Schlusskapitel als eher christlich (oder eben judenchristlich) aus.

Abfassungszeit: jedenfalls vor dem o.g. kopt. Papyrus. **Ort:** Kann Ägypten gewesen sein, dessen Kirche in der Antike, wie das öffentliche Leben überhaupt, zweisprachig war, gr.-kopt. **Adressaten:** In 1,5 bezeichnet sich die Adressatengruppe als „erwähltes, kostbares Geschlecht" (1Petr 2,4.6 zit. Ps 118,22 mit λίθος statt γένος), u.z. als Nachkommen „Jakobs, des Vaters unserer Mutter". Denis 902 sieht hier Propaganda-Absichten des Diasporajudentums um die Zeitenwende. Ein „Wir" steckt ferner in der oben zitierten Stelle 44,1 und bezeugt eine bleibende Orientierung an Jerusalem – sofern dies nicht ein himmlisches Jerusalem ist, wie auch das „Land" von 30,7 kein irdisches mehr ist; nach hinten zu wird der Text ja immer christlicher. – **Sitz im Leben:** Hiob-Verehrung ist im Christentum nachgewiesen (Epitheton ὁ πολύαθλος, *Synekdēmos* 890), v. a. im Zusammenhang mit der Karwoche und mit Totenbegängnissen. – Die Zusätze Kap. 46 ff passen am besten auf ein Frauenkloster als Sitz im Leben des Endtextes.

Abfassungszweck: Dies ist ein neugeschriebenes *Hiob*-Buch ohne den in der Bibel (Hi 3,1 ff) riskierten Aspekt einer Revolte gegen Gott. Wer jetzt revoltiert und aufgrund dessen der Verdammnis preisgegeben wird, ist Elihu; Hiob aber und seine übrigen Freunde erhalten Sündenvergebung (42,1–43,1). – Von einer Bewährung in der Welt wird in den Zusätzen der Blick auf das Himmlische gelenkt (Schaller 314– 316).

Rezeption: Im Christentum bekannt ist die Verwendung dieses Textes am Heiligentag Hiobs (s. o.: Handschriften). Vgl. auch *Apokalypse des Paulus* (oder *Visio Pauli*) 49. – Ob mit dem Judentum ein Austausch wenigstens von Motiven stattgefunden hat, lässt sich prüfen an Ginzberg, *Legends* 2, 227–242, wo in 5, 381–390 (Anmerkungen) das *TestHi.* häufig genannt wird, bes. 383 Anm. 10. Vgl. Bocian 161 f (Jüdisches).162–169 (Christliches; Islam; Kunst etc.); G. OBERHÄNSLI-WIDMER: *Hiob in jüdischer Antike und Moderne*, 2003; M. WITTE: *Hiobs Gestalten. Interdisziplinäre Studien zum Bild Hiobs in Judentum und Christentum*, 2012. – Die Stilisierung Hiobs als Harfenspieler (sozusagen als heidnischer David) in *TestHi.* 14 (vgl. 52,3) hat ihm in den Niederlanden im Mittelalter ein Patronat für die Musiker eingetragen (Bocian 162 f).

6.5.5 Das *Testament des Schweinchens*

Dass jüdische Autoren sich ironisch zu ihrer Tradition verhalten können, war oben schon zu sehen (2.2.8 u. ö.). Das Gegenstück aber, Ironie auf Kosten des Christentums, dürfte in dem folgenden Text vorliegen, über den Hieronymus als Schuljunge gelacht hat (s. u.: früheste Erwähnung) und dessen Pointe ihm allerdings selbst da, wo er es uns berichtet, nicht aufgefallen zu sein scheint (vgl. 5.3.2, Kopftext). Ein Schwein vermacht, ehe es 1000 Jahre alt wird (*sic*), seine Körperteile den verschiedensten Nutznießern; die Notare, die das beurkunden sollen, sind seine Metzger und Köche.

Es galt in der Antike noch mehr als heute, dass Ironie nur innerhalb der Voraussetzungen einer bestimmten Gruppe verstanden wird (s. o. 0.7.3; E. Gruen). Dass es im folgenden Fall ausnahmsweise keine Selbstironie ist, geht aus der Benennung des Testamentgebers als „Schweinchen" hervor, womit nichts Jüdisches sich identifizieren lässt, wohl aber Gruppen, die nichtmosaisch lebten.

Einleitung: E. CHAMPLIN: „The Testament of the Piglet", *Phoenix* 41, 1987, 174–183.
Dt. Übersetzung: W. Krenkel (Übers.): „Testament des Ferkels", in: ders. (u. a., Hg.): *Römische Satiren* (Bibliothek der Antike), 4. Aufl. 1990, 459 f.

Neuere Studie: J.-J. AUBERT: „Du lard ou du cochon?", in: J. KALMS (Hg.): *Internationales Josephus-Kolloquium Aarhus 1999* (MJSt 6), 2000, 302–336 [lat. Text: 330 f; Lit.: 332–336] = ders.: „'Du lard ou du cochon'? The Testamentum Porcelli as a Jewish anti-christian pamphlet", in: ders./Z. VÁRHELYI (Hg.): *A Tall Order.* FS William Harris (Beitr. z. Altertumskunde, 216), 2005, 107–141 [lat. Text: 108 f].
Handschriften: Paris (9.Jh.); Vatikan (9./10.Jh.) und einige spätere; **Erstausgabe:** M. Haupt 1860.
Titel in den Handschriften (sicher zugehörig): *Testamentum porcelli.*
Von zahlreichen **kritischen Ausgaben** im 20.Jh. dürfte die zugänglichste sein: F. BUECHELER (Hg.): *Petronii Saturae* (etc.), 6. Aufl. (Teubner), 1922 (1958), 346 f. Text auch bei Aubert (s. o.).
Textanfang: *M(arcus) Grunnius Corocotta*; **Textschluss:** *Clibanato et Piperato consulibus feliciter.*
Wortindex: sieben Ausdrücke sind sonst nicht belegt: *solivertiator, lucernina, rixores, capitinae, bubularius, isiciarius, popia.*
Früheste Erwähnung: Hieronymus, *Jesaja-Kommentar,* Buch 12, *praefatio* (MPL 24, 409 D); vgl. dens., *Adversus libros Rufini* 1, 17 (MPL 23, 412 A), beides bei Bücheler mit abgedruckt.
Ähnliche oder ähnlich benannte Texte: Tiertestamente (des Esels, des Schwans u. a.) waren populär im Mittelalter (Aubert 313 f; Lit.). – Echte Testamente, von maßgeblichen Persönlichkeiten stammend, werden in spätantiker Literatur reichlich geboten, werden damit auch zu literarischen Testamenten (Champlin 187–193), das wohl ganz im Sinne der auf ihren Nachruhm bedachten Erblasser. So etwa hat man hier möglicherweise den Heiland der Christen gesehen. – Beispiele jüdischer Polemik gegen das Christentum aus der Spätantike s. Aubert 326 f; hier 6.5.2. Sie sind nicht so selten, wie manchmal behauptet wird; sie sind nur verstreut, denn kaum eines ist als Gesamttext erhalten geblieben.
Textsorte: sog. prätorianisches (also nicht nur stadtrömisches) Testament in Parodie, mit Formfehlern, die es jedenfalls annullieren. Eingebaut (S. 347 Z. 12 f): Parodie einer Grabinschrift. **Literarische Besonderheit:** Voll von seltenen und komischen Wortbildungen. Auch die Namen sind alle „sprechend". Selten ist die Nutzung dieser Textsorte zu Zwecken der Polemik.
Zählung: bei Bücheler 14+23 Zeilen.
Gliederung: S. 346 Z. 1 Titel (mit vorgesetztem *incipit);* Z. 2f Überschrift; 4–14 narrative Einleitung; S. 347 Z. 1–19 Tenor des Testaments; Z. 19–21 Unterschriften; Z. 223 Schlusstitel *(explicit...)* mit römischer Datumsangabe.
Literarische Integrität: Verstellungen gegenüber dem Formular eines prätorianischen Testaments s. Aubert 309 f. Sie können Absicht sein (s. o.).
Historischer Bezug: Champlin 182 erinnert an den Vorfall eines zum Tode verurteilten nichtrömischen Soldaten, dessen Testament v.J. 303 in der *Passio sancti Dasii* erwähnt ist; hierzu Aubert 315.
Biblischer Bezug: doch wohl das Neue „Testament", insbes. in Form seines Briefs *An die Hebräer* (bes. 9,15–17). – Dass dieses Schweinchen 999 1/2 Jahre gelebt haben

soll, mag eine Anspielung an das nicht erreichte Tausendjährige Reich sein (Apk 20).

Stil: Ein literarisches, differenziertes, aber spätes Latein.

Quellen und Vorlage: Petronius, *Saturae* 71 und 141 (Aubert 312). Anlass zum Parodieren mögen außer den Evangelien noch *Testamente* in christlicher Abwandlung wie die unter 7.5 noch zu nennenden gewesen sein.

(Anti-) **Theologisches:** Man fragt sich: Warum hier ein Schwein? und: warum vererbt es seine Körperteile? – Sollte dieser Text die Religionspolemik sein, die wir hier vermuten, gäbe es folgende Antworten: Es geht um einen Christen, u.z. aus jüdischer Sicht; zu einem Konflikt um das Schweinefleischessen s. Aubert 321. Hier wird an das Abendmahl angespielt, insbesondere in seiner (deutero-)johanneischen Vergröberung eines „Kauens" von „Fleisch des Menschensohns" (Joh 6,51f).[129] Diese hatte den Christen schon im 2.Jh. den Vorwurf eingetragen, sie seien Menschenfresser (Justin, *Dial.* 10,1).

Abfassungszeit: vor Hieronymus' Jugend, also jedenfalls vor der Mitte des 4.Jh.

Abfassungszweck: verdeckte Religionspolemik.

Rezeption: Die Gattung „Tiertestament" blieb beliebt (s.o.: „Ähnliche Texte") bis in die *Carmina Burana* hinein.

---

[129] Diese in ihrem Kontext isolierte, ja diesem widersprechende Stelle (Joh 6,63!) hat das „Mysterium" der Christen in der Antike angreifbar gemacht als eine Art von Menschenfresserei. Noch die Reformatoren hat sie entzweit in ihrem Verständnis des Abendmahls (Siegert, *Leben Jesu* 244f).

7 Texte von unsicherer Zuordnung

In diesem 7. Abschnitt sind solche Texte zusammengestellt, für die herkömmlicherweise jüdischer Ursprung angenommen wird, ohne dass er sicher wäre (Problemstellung und Kriterien s. o. 0.6). Ein prominentes Beispiel dafür waren bereits die *Bilderreden* des *ÄthHen.*, oben unter 1.5.3 b proleptisch behandelt; genauer besehen – und angesichts ihrer späten Bezeugung und nicht mehr antiken Wirkungsgeschichte – gehören sie hierher.

Das Folgende wird also hier nur der Konvention zuliebe geboten. Mein Rat wäre, es für christliche Kompositionen zu nehmen, die aber – in einem leider nur schwer bestimmbaren Maße – aus jüdischem Gedankengut zehren. Ein gewisses christlich-jüdisches Gespräch hat ja auf nichtoffizieller Ebene jahrhundertelang stattgefunden; in der römischen Provinz Syria Palaestina lebte man Tür an Tür. Die schlechtere Alternative bei solchen Schriften, wo sie ohne Berührung mit lebendem Judentum entstanden sind, ist die, dass es sich hier um ein *vorgestelltes* Judentum handelt, um Tempelromantik (0.2.7; 0.6.6) bis hin zu verdecktem Antijudaismus (ebd.). „Hellenistisch-jüdische Literatur" bietet dieser 7. Abschnitt also m. E. nicht, auch wenn Albert-Marie Denis sie so nennt; sondern es ist spätantik- oder byzantinisch-christliche mit alttestamentlichen oder jüdischen Bezügen. Nur weniges reicht noch in neutestamentliche Zeit zurück, nämlich ins 2.Jh. n.Chr.

Eine Liste solcher jüdisch aussehenden Texte von schwieriger Zuordnung ist bereits entstanden, als Adolf Harnack für seine *Geschichte der altchristlichen Literatur* in den Bd. I: *Die Überlieferung und der Bestand*, 2. Teilband, ein Kapitel aufnahm: „Die von den Christen angeeignete und z.T. bearbeitete jüdische Literatur" (S. 845–865). Hundert Jahre später findet sich das Pendant z. B. bei Nickelsburg 301 ff. Dort sind beisammen: *TestXII* großenteils, die Testamente *Hiobs* und *Abrahams*, das *Leben Adams und Evas*, *Joseph und Aseneth* und das *Gebet Manasses*. Von eindeutig christlichen Texten wie dem *Testament Isaaks* und *Jakobs*, späten Apokalypsen und Gnostischem schweigt Nickelsburg ganz. Diese letzteren werden hier zwar unter 7.5 mit aufgeführt in der Hoffnung, dass es wenigstens sekundär verschriftlichte,[1] nämlich von Christen zu ihren Zwecken erst niedergeschriebene, jüdische Traditionen sind. Ähnlich lagen die Dinge ja schon in 2.2.6 oder 2.3.2.

Die Liste der Pseudepigrapha von nichtjüdischer Hand, würde man sie je aufstellen, könnte leicht länger werden als die der sicherlich oder möglicherweise jüdischen. Vieles an altkirchlicher und byzantinischer Kleinliteratur, ediert und unediert, müsste den Buchtiteln nach für einschlägig gelten; das *Repertorium* von Stegmüller gibt in seinem 1. Band, der hier nicht ausgeschöpft werden konnte, einen Eindruck

---

[1] Wobei ein großer Zeitabstand hinzukommen kann. Sekundär verschriftlicht, aber zeitnah und noch in derselben Kultur- und Religionsgemeinschaft, sind die Predigten unter 2.3.3–4. Außer ein oder zwei Ausdrücken, die von den armenischen Übersetzern so gewählt sein können, ist dort alles authentisch.

davon. Biblische Namen alttestamentlicher Herkunft begegnen immer wieder; von Adam bis Maleachi hat sich eine umfangreiche Hagiographie dieser Personen bemächtigt. Bis in die Neuzeit hinein haben alttestamentliche und jüdische Stoffe die Phantasie christlicher Schreiber dazu beflügelt, Texte zu schreiben in der Art jener antiken und mittelalterlichen. Noch im 20.Jh. sind Athos-Mönche bei Beschäftigungen dieser Art gesehen worden.

Das Fehlen christlicher Lehren bzw. christlicher Antworten auf Fragen, die in den Texten bewegt werden, beweist nicht den vor- oder außerchristlichen Ursprung, sondern nur das Sichhineinversetzen des Autors in eine frühere Zeit und vielleicht auch ein Missbehagen mit der an Begriffen ausgerichteten, sehr streitbereiten Theologie der Bischöfe und der Konzilien. Die „Lust am Fabulieren" ist nicht zum Bekenntnis verpflichtet. Auch ist nicht jedes Christentum paulinisch und evangelisch gewesen (im inhaltlichen Sinne), und nicht überall galten Bekenntnisse wie Röm 1,16f oder Gal 1,6ff als Maßstäbe des Christlichen. Ein Mohammed hat Christen gekannt, darunter Asketen und Wundertäter, aber keine paulinische Theologie.

So werden wir denn das *Judenchristentum der Antike*, so ungenügend unsre Kenntnis davon sein mag, nicht aus den Augen lassen, gerade weil es keine Fürsprecher mehr hat, seit es von der konstantinischen Großkirche an den Rand gedrängt wurde. Ähnlich ist ja auch das vom Rabbinat ignorierte „biblische" Judentum der Fürsprache bedürftig gegenüber einer Judaistik, welche die Mischna zum Maßstab des Jüdischen nimmt und diesen Maßstab mittlerweile sogar ins Neue Testament, ja auf Paulus und Jesus überträgt. – Hier aber, in dieser *Einleitung*, darf jede Glaubensrichtung für sich sprechen.

7.1 Ethisches; Weisheitsschriften

Vieles im Neuen Testament ist noch so jüdisch, dass eine textliche Fixierung bereits vor der kirchlichen Rezeption erwogen werden kann; dazu L. TROIANI: „Hellenistic Judaism and its evidence in the New Testament", *Henoch* 29, 2007, 307–326. Proben daraus geben die folgenden Abschnitte. Für einzelne Textstücke wurde oben unter 6.4.3–5 eine jüdische Zuordnung bereits vorgeschlagen. Im Übrigen aber geht es fortan um komplette Texte innerhalb wie außerhalb – meist außerhalb – des neutestamentlichen Kanons.

7.1.0 Das *Evangelium nach Matthäus* und anderes Frühchristliche

a) George Nickelsburg bot in seiner 1. Auflage, S. 303–305 noch einen kurzen Abschnitt über einen Text, der mehr Jüdisches enthält als mancher der in diesem 7.Abschnitt zu nennenden: das *Matthäusevangelium*. Wir folgen diesem Hinweis, denn methodisch ist, was Pseudepigraphie und was verkleidetes Judentum betrifft, das Mt durchaus beachtenswert.

7.1.0 Das *Evangelium nach Matthäus* und anderes Frühchristliche

Sicherlich wäre es nicht „theologisch korrekt", das Mt in eine Reihe zu stellen mit Adam-Büchern, Apokalypsen und anderem, was die Kirche verworfen hat. Religionsgeschichtlich aber lohnt sich der Vergleich. Dass dieses Buch mit seiner dem paulinischen Evangelium – und nachmals auch dem johanneischen – stracks widersprechenden Lehre vom Gericht nach den Werken[2] in der kirchlichen Bibel zu finden ist, muss auf einen Kompromiss mit dem Judenchristentum zurückgehen, dem ein Gerechtwerden allein aus Glauben nicht sicher schien. Auch hat christliche Erziehung sich bis in jüngste Zeit der Drohung bedient. Das kann man sehen, wie man will; der Großkirche jedenfalls schien das Gerichtsgemälde von Mt 25 volkserzieherisch wertvoll, und so wurde dieses, zusammen mit Szenen aus der Apk, die im lateinischen Mittelalter weitest verbreitete Darstellung auf Kirchenwänden. Ein Kompromiss war diese großkirchliche Verwendung des Mt überdies auch insofern, als eine für die Zeit um 100 ja wohl noch durchsichtige Pseudepigraphie akzeptiert wurde.[3]

Nun liegt zwar für das Mt (zumindest in seiner überlieferten Endgestalt) der Bruch mit dem Judentum – dort in den „Pharisäern" personifiziert – bereits zurück; ja Mt 27,25 lässt „das ganze Volk (λαός)" der Juden die Schuld („das Blut") am Tod Jesu auf sich laden (ist das überhaupt ein Vorwurf?). Der Umschlag von dem dieses Evangelium prägenden vorrabbinischen Judentum (5,20; 23,2f) zum Antirabbinismus in Gestalt „jesuanischer" Pharisäerpolemik (Kap. 23) ist vermutlich erst im Zuge der Endredaktion erfolgt.[4] Jedenfalls haben an diesem Text zunächst Leute mitgeschrieben, die Hebräisch konnten, und späterhin solche, die es nicht konnten.[5] Er wurde erst kirchlich, nachdem er antijüdisch geworden war. – Die Aporien dieser Art von Christentum, das ein besseres Judentum sein will, kehren wieder in der Adam-Literatur

---

2 Mt 24–25 ≠ 1Kor 3,11–15. Bei Paulus kann man zwar seiner Werke „verlustig gehen" (ζημιωθῆναι), wenn sie nichts taugten nach Maßstäben des Gerichts, „selbst aber" kann man als Christ der Rettung gewiss sein. So auch in Joh 3,16–18 u.ö., wobei das Joh seinerseits aus einer Art Judenchristentum entsprungen sein dürfte, derjenigen, der auch die *Sēmeia*-Quelle angehört, die aber von der matthäischen durchaus verschieden ist. Die Gabel öffnet sich hier weiter als jene zwischen *Esra*- und *Baruch-Apokalypse* (2.5).
3 Zu diesem Verfahren s.o. 0.1.1; sein Propagator in diesem Fall war – mit welchem konkreten Wissen, bleibt unbekannt – Irenaeos v. Lyon. Als Konvention war es widerruflich. Der Manichäer Faustus erschreckte Augustin mit der Auffassung, das Mt heiße nur nach dem Apostel Matthäus, sei aber nicht von ihm (Aug., *Contra Faustum* 32,2; 33,3). Seit die kritische Forschung dieses Urteil anerkennt, zerfällt, was Pseudepigraphie betrifft, das Evangeliencorpus recht bezeichnend in eine griechische und eine semitische Hälfte: Mk und Lk sind nach ihren – den Rezipienten noch erinnerlichen – Verfassern benannt; Mt und Joh aber, ursprünglich judenchristliche Werke (wenn auch antijüdisch überschrieben), wurden pseudepigraph veröffentlich – was auf das Joh nur insofern zutrifft, als jetzt der Zebedaide, und nicht der Senior Johannes, als Autor gelten sollte.
4 Über das Zustandekommen des Mt in Schüben s. Siegert/Wittkowsky, *Von der Zwei- zur Vier-Quellen-Hypothese*, 27–30.49–60.
5 E. Tov: „The Septuagint between Judaism and Christianity", in: T. S. Caulley/H. Lichtenberger (Hg.): *Die Septuaginta und das frühe Christentum* (WUNT 277), 1011, 3–25 (16f mit Anm. 62) zeigt, dass das Mt nur teilweise von der Hebräischen Bibel Gebrauch macht, jedoch nicht da, wo es aus Mk oder Q borgt (z. B. 3,3; 4,4) und vor allem nicht im Bereich der zehn Erfüllungszitate.

von 7.2. Sie sind – als Aporien – jüdisch in dem Maße, wie auch die *Esra-Apk.* (2.5.1) jüdisch ist. Es sei hier wiederholt: Der Rabbinat hat auf den Schock der Tempelzerstörung reagiert und hat aus der Tradition über die Sündlosigkeit Abrahams (vgl. 2.2.8 „Quellen") eine weit wirksamere Antwort zu gewinnen gewusst als aus allen Dokumenten einer wie auch immer gearteten Messiaserwartung.

Aus der unübersehbaren Rezeptionsgeschichte des Mt sei hier nur noch ein Detail erwähnt, gerade Abraham betreffend: Das im Kern sicher jüdische *TestAbr.* (2.2.8) bietet in Fassung A, Kap. 11 eine Expansion von Mt 7,13f, ohne Jesus als Sprecher oder Matthäus als Autor zu nennen.[6] Will man dieses Kapitel mit Abstrichen für vor- oder außerchristlich halten, lässt sich eine *Zwei-Wege-Lehre* aus *Did.* 1–6 (unten 7.1.1) und *TestAbr.* A 11 zurückgewinnen. Allerdings wäre die so gewonnene Schrift immer noch zu kurz, um schon ein Buch zu sein; man müsste einen Rahmen erfinden (wie ihn die *Testamente* immerhin haben) und möglichst auch das Ganze auf ein Ziel hinauslaufen lassen. Letzteres ist in den uns erhaltenen Schriften nicht überall der Fall.

b) Judenchristlich sind auch der **Jakobus**- und der **Judasbrief.** Der Jak setzt einen als „Wort der Wahrheit" bezeichneten, zur „Wiedergeburt" führenden (Tauf-)Unterricht voraus (1,18; vgl. 1,21),[7] dessen Heilslehre (σῴζειν in 1,21; 2,14; 4,12; 5,15.20) inhaltlich jedoch Ethik ist, in klarem Widerspruch zu Paulus (2,19!),[8] und Anweisung zur Vollkommenheit (Wortfeld von 1,2.17.25; 2,22; 3,2). Das hatte nicht nur Mt 5,20, sondern vor ihm schon Philon genauso gesehen. Die τελειότης von Hebr 6,1ff dürfte eine Fortsetzung solchen Taufunterrichts sein, ein Zusatz zum Judentum, und die Taufe noch nicht unbedingt eine christliche.

Vgl. R. HEILIGENTHAL: *Zwischen Henoch und Paulus. Studien zum theologiegeschichtlichen Ort des Judasbriefes* (TANZ 6), 1992; M. KONRADT: *Christliche Existenz nach dem Jakobusbrief* StUNT 22), 1998. Übersicht über neueres bei K.-W. NIEBUHR: „A New Perspective on James? Neuere Forschungen zum Jakobusbrief", *ThLZ* 129, 2004, Sp. 1019–1044.

c) Der *Barnabasbrief* 18–19 (er wird vor 140 n. Chr. angesetzt) bietet eine ganz ähnliche Zwei-Wege-Lehre, die aus derselben Quelle kommen müsste, denn weder die Benutzung des *Barn.* in der *Did.* noch das Umgekehrte ist nachzuweisen. Als „Weg zum bestimmten Ziel" wird hier nun empfohlen, sich „mit seinen Werken Mühe zu geben" (19,1); das ist nicht so jüdisch wie es vielmehr antipaulinisch ist. „Die uns gegebene

---

[6] Exegetisch gesehen, ist das jedenfalls matthäische Theologie, also Judenchristentum. Jesus selber hat sich selten so polarisierend geäußert. Vgl. die nicht antithetische Fassung in Lk (Q?) 13,24, dort Bestandteil eines Gleichnisses (13,23–27).

[7] Das Wort ἔμφυτος heißt hier nicht „angeboren", sondern, im Gegenteil: „eingepflanzt".

[8] Das Ausrufezeichen ist vom Autor: Der Satz δεῖξόν μοι τὴν πίστιν σου χωρὶς τῶν ἔργων κἀγώ σοι δείξω ἐκ τῶν ἔργων μου τὴν πίστιν besteht aus 23 Längen und einer *syllaba anceps* am Schluss. Das ist das extremste Beispiel rhythmisierter Prosa im ganzen NT.

Erkenntnis des Wandelns auf ihm" (sc. diesem Weg) wird im weiteren Kap. 19 als Dekalog-Paraphrase geboten, in welche das gegenüber den Evangelien nochmals gesteigerte Liebesgebot eingeflochten ist (19,5). Seine Sünden müsse man bekennen, und beten dürfe man nur mit reinem Gewissen (19,12).

In diesem Kapitel begegnet ein Neologismus der Kirchensprache, den laut *TLG* sonst nur noch das *TestAbr.* 7,7 hat: φωταγωγός „zum Licht führend".[9] Nicht älter als dieses Adjektiv ist das ihm zugrunde liegende Verbum φωταγωγεῖν: Der Christengegner Kelsos (6.5.2) wird zitiert mit einer Kurzformulierung der hier in Rede stehenden Zwei-Wege-Lehre, worin Jesus es ist, der „zum Licht führt" (wohingegen er andrerseits, als richtender Christus, die Sünder bestraft). Hier kriegen wir ein Stückchen judenchristlichen Sprachgebrauchs zu fassen, ähnlich wie im Neuen Testament der Jak, der Jud und der 2Petr Sondervokabeln haben, die für ihre Lehre (es ist entweder Ethik oder Ritual) typisch sind. Meliton v. Sardes (späteres 2.Jh.) liefert den Hinweis auf die Herkunft dieses Sprachgebrauchs: In seinem *Passa-Enkomion* Z. 631 wird die Führung der Israeliten durch die Feuersäule (Ex 13,21 etc.) so benannt.[10]

7.1.1 Die *Zwei-Wege-Lehre*, ein jüdischer Ethik-Traktat?

„Zwei Wege gibt es, einer (ist der) des Lebens und einer des Todes, und es ist ein großer Unterschied zwischen den beiden" – so beginnt die *Lehre der Zwölf Apostel* (oder kurz: *Didachē*) und bietet bis Kap. 6 einschließlich so gut wie nichts Christliches, knüpft vielmehr an bei *Sir.* 2,12; *Esra-Apk.* 7,12f u.a.m. und ähnelt der nachmaligen *dereches*-Literatur, also einer Werktagsethik für jedermann. Man vermutet hierin einen mehr oder weniger unveränderten Ethik-Traktat jüdischer Herkunft (so schon Harnack I 864 Nr. 85), schlicht gehalten und polarisierend, wie die traditionelle Weisheit ja auch im *Sirach*-Buch noch ist. – Weiter hinten in diesem Text, in Kap. 9 und 10, werden kurze jüdische Tischgebete vermutet, jetzt ausgeweitet zu „eucharistischen", ein Sakrament einleitenden Gebeten. Vgl. 2.3.2.

Aus der reichen Sekundärliteratur zur *Didachē* ist Gottlieb Klein, *Katechismus* hervorzuheben, diesem Buch geltend und (so paradox das ist) von einem jüdischen Schüler Harnacks geschrieben, nachmaligem Rabbiner in Stockholm. Er holt, zumal auf S. 157–183, die Zwei-Wege-Lehre der *Did.* heim ins Judentum, ebenso (185–215) die daraus entwickelte *Lehre der Zwölf Apostel*, also die *Didachē* insgesamt. Allerdings ist inhaltliche Argumentation noch keine literarkritische. Es würde auch reichen, die so gewonnenen Hypothese der Mündlichkeit zuzurechnen.

---

9 Und sonst, auch im 2.Jh. nur Lukian, in der Bedeutung „Licht hereinlassend", nämlich für ein Fenster. Vgl. 6.5.3 Anm. 118.
10 Andere Belege liefern Hippolyt, *De theophania* 3,17, Clem.Al., Origenes sowie in unserem Material *ParJer.* 5,35 (7.3.2) und die *Sedrach-Apk.* 11,33; 16,14 (7.4.5 c). Kein Wunder, auch in den *Papyri Graecae Magicae* begegnet es mehrfach.

Ausgabe: G. SCHÖLLGEN/W. GEERLINGS (Hg., Übers.): *Didache. Zwölf-Apostel-Lehre* (FChr 1), 1991 (u. ö.), bes. 27–41 (Einleitung: „Die Zwei-Wege-Lehre").98–117 (Text [aus SC 248] u. Übers.). **Forschungsbericht:** J. DRAPER (Hg.): *The Didache in Modern Research* (AGAJU), 1996. **Neuere Studie:** H. VAN DE SANDT/ D. FLUSSER: *The Didache. Its Jewish Sources and its Place in Early Judaism and Christianity* (CRINT 3/5), 2002; J. KLOPPENBORG: „Judaeans or Judaean Christians in James?" in: Z. CROOK/Ph. HARLAND (Hg.): *Identity and Interaction in the Ancient Mediterranean*. FS Stephen G. Wilson, 2007, 113–135.

Zum Stil der meisten hier genannten judenchristlichen Texte noch eine Bemerkung: Auffallend ist in der Anfangszeit das sehr gepflegte, stark rhythmisierte Griechisch. Das betrifft zwar nicht das Mt, wohl aber Jak, Jud, Hebr (auch einen judenchristlichen Text, aber von eigener Art), 2Petr (dort überall Cretici an den Satzschlüssen) und den *Barnabasbrief*. Dort überall wird ein literarischer, in Hebr und 2Petr sogar ein hochrhetorischer Stil gepflegt. Weit mehr als die Paulusbriefe sind die judenchristlichen Episteln um literarische Qualität bemüht. Diese Beobachtung mag geeignet sein, das gängige Bild vom „ebionitischen" Judenchristentum zu korrigieren und zu ergänzen.

7.1.2 *Menandros der Weise* (syrisch)

Das folgende Werk ist nur auf Syrisch überliefert und gehört sprachlich dem 6.Jh. an (Monaco 26). Von einer griechischen Vorstufe auszugehen, wie früher gelegentlich geschehen, führt insofern zu nichts, als man keine Trimeter oder sonstigen Verse dabei zurückgewinnt. Es sind Prosasprüche in semitischer Form, oft als Gegensatzpaare bzw. -folgen aufgebaut.

Unsicher ist, seit wann überhaupt der Name „Menander" diesen Sprüchen anhaftet. Mit dem Athener gleichen Namens haben sie nichts gemeinsam. Aus Menanders Theaterstücken hatte man bei früheren Gelegenheiten die gelungensten Einzelsentenzen u.d.T. Γνῶμαι μονόστιχοι separat gesammelt (s.u.: „ähnlich benannte Texte"); es waren geflügelte Worte wie im Dt. manche Zeile von Schiller. So groß ist aber der Erfolg des syrischen *Menander* nicht gewesen.

Der Annahme jüdischen Ursprungs steht nichts im Wege als die syrische Sprachform; diese konnte aber ohne Mühe aus einer jüdisch-aramäischen hergestellt worden sein. Doch auch das frühe Christentum syrischer Sprache kann einen solchen Text hervorgebracht haben.

Erhalten ist eine komplette Fassung, genannt Florilegium (**A**), und eine Epitome (**B**).

Online-Index Nr. 75; Schürer/V. 692–694.
Einleitung und Übersetzung von A und B: Charlesworth II 583–606 (T. BAARDA).
Neuere Übersetzung bei Monaco (s. „Ausgabe") 85–103.

Einleitung: Denis 1024–1026; M. KÜCHLER, *Frühjüdische Weisheitstraditionen* (OBO 26), 1979, 303–318. **Anmerkungen:** Rießler (1047–1057) 1328f (nur A).
Literatur: DiTommaso 727–729; weiteres s. Küchler 304f.
Handschriften: BM Or. Add. 14658 (A, 7.Jh., lt. Monaco schon 6.Jh.) und BM Or. Add. 14614 (B, 8./9.Jh.). **Erstausgabe** von A: J. P. N. Land 1862, von B: Sachau 1870.
Überschrift von A: *Mnandros ḥakkimā amar*; **Schlussvermerk:** *šlam Mnandros*.
Andere Benennungen: *Sprüche des weisen Menander.*
Neuere kritische Ausgabe beider: D. MONACO (Hg., Übers., Komm.): *The Sentences of the Syriac Menander*, 2012.
Textanfang von A: *Breš mellew(hj) d-barnāšā* („Am Anfang der Worte eines Menschen"). **Textschluss:** *men bišātā da-ḥāzjān bhajjehun* („von den Üblen, die sie in ihrem Leben erfahren [wörtl.: sehen]").
Ähnliche oder ähnlich benannte Texte: Einiges unter Menanders und Aesops Namen s. Denis 1026. Als metrisches Gegenstück aus jüdischer Feder s. Ps.-Phokylides (5.2.2). – Die Gnomensammlung aus dem „echten", gr. Menander ist ediert von C. PERNIGOTTI (Hg.): *Menandri Sententiae* (Studi e testi per il Corpus dei papiri filosofici greci e latini, 15), 2008; zu ihr bestehen einige Ähnlichkeiten. Schürer/V. verweist ferner auf eine gr. *Comparatio Menandri et Philistionis* (4.–6. Jh.), in vier Versionen bekannt. – Rießler 1058–1083 bietet im Anschluss an die *Sprüche des weisen Menander* (wie sie bei ihm heißen) die *Sprüche der Väter*, also den Mischna-Traktat *Avot* (dt.).
Textsorte: Weisheitssprüche in semitischer Tradition, meist paarzeilig; vgl. *Sir.* (1.3.1) und z.T. die *Sapientia* (6.5.1). Man nennt A ein Florilegium (= assoziative Auswahl aus Verschiedenem). B, von nur von 2 Druckseiten Länge, wird auf eine andere Rezension von A zurückgeführt (Baarda 584). Baarda bietet B vor, Monaco hinter A.
Zählung: In A zählt man 474 Verse, in B zählt man 39. Ältere §-Nummern sind bei Baarda mit Siglen (z.B. „R" für Rießler) in Zwischenüberschriften mit angegeben. Monaco zählt nach Manuskriptseiten und -zeilen, in seiner Übersetzung in 10 Kapiteln und in Sätzen.
Gliederung: Die Sprüche folgen einander assoziativ.
Literarische Integrität: für A unbestritten; Herkunft und Zweck von B sind dunkel: privater Auszug? **Textliche Integrität:** öfters sind Konjekturen nötig.
Biblischer Bezug und **Vorlagen:** Übereinstimmungen in Form wie Inhalt bestehen mit Spr, *Sir.*, Ps.-Phokylides (5.2.2) und gelegentlich auch mit den o.g. *Monostichoi* Menanders (Baarda 588).
Zeitbezüge auf die römische Zeit finden sich in der Erwähnung von Gladiatorenspielen (V. 37) und einer Anspielung an Kreuzigungstrafe für Diebstahl (V. 295), die aber vielleicht nicht wörtlich zu nehmen ist (vgl. „Abfassungszeit").
Stil: Frühes Syrisch (Baarda 584f). In literarischem Gebrauch nachweisbar ist das Syrische ab ca. 200 n.Chr.
Bemerkenswerte Stellen: V. 76–93 sind stilisiert als Dialog Homers mit seinen Begleitern. V. 264–277 warnen vor Umgang mit „einem Priester, der seine Götter

verachtet" (auch hier „Götter" im Plural, aber aus einer sich distanzierenden Außenperspektive). V. 256 verzichtet auf Ehrgeiz im Jagen, ein jüdischer, aber auch anti-aristokratischer Zug.

Abfassungszeit: zwischen dem Verbot der Tötung von Sklaven durch Hadrian (reg. 117–138; vgl. Z. 159) und dem Aufhören der Gladiatorenspiele im 5.Jh. Zu der Frage, ab wann überhaupt syrisch geschrieben wurde, vgl. 7.6.1–2.

Rezeption: Eine arab. Verarbeitung dieses und weiterer Texte s. Denis 1025.

7.2 Das Sündenproblem: Adam-Literatur

Wenn bereits in Abschnitt 1 ein besonderes Interesse an Texten der *Genesis* auffiel, an Henoch, den Patriarchen und dem Exodusgeschehen, so ist hier nochmals eine Reihe von Überlegungen zur *Genesis* aufzuführen, die sich auf deren Kap. 2–3 konzentrieren. Hatte Gerhard von Rad beobachtet: „Die Inhalte von 1.Mose 2 und namentlich 3 stehen in auffallender Isolierung im Alten Testament. Weder ein Prophet noch ein Psalm noch ein Erzähler nimmt irgendeinen erkennbaren Bezug auf die Geschichte von Sündenfall",[11] so ändert sich das nunmehr ganz deutlich – allerdings in einer Literatur, deren „Jüdischkeit" zu untersuchen bleibt.

7.2.0 Das verlorene Adam-Buch

Als die Henoch- und Erzväterlegenden schon weit ausgebildet waren, begannen sich auch um Adam und Eva Legenden zu ranken, insbesondere um die Geschichte vom Paradies und von der Vertreibung. Hatten in unserem bisherigen Material das mehr oder weniger essenische *Jubiläen*-Buch (1.1.1) und das *Henoch*-Buch (1.5) zur Sündenfrage Stellung genommen, und zwar im Abweisen der Verantwortung auf die andere Seite – Engel waren es; wir wurden verführt! – so ist man jetzt bereit, über den Adam von Gen 3 sich selbst zu belasten. Das spiegelt eine Situation nach 70 und aus einer Zeit, als es schon die Paulusbriefe gab. Soviel war, was Schuldzuweisungen betrifft, nach dem Verlust des Tempels klar: Diesmal waren es nicht die Engel.

Die Frage, woher das Böse kommt und das Übel, die in den Jahrhunderten nach der Tempelzerstörung nicht zur Ruhe kam – zumal die Gnosis ihre Erfolge auf eine Antwort eigener Art gründete –, wird in der nun zu nennenden Literatur auf breiter Basis beantwortet, unbegrifflich freilich und rein erzählerisch. Im Versuch einer Antwort geht man in der Hierarchie der Bösewichter von den „Wachenden" aus Gen 6,4 höher zu Satan selbst; ihn sieht man in der Schlange von Gen 3 verkleidet.

Hier tut sich, was den Rückgriff auf die Schöpfungsgeschichte betrifft, ein Paradox auf. Während von der Gottesebenbildlichkeit des Menschen (Gen 1,26 f), aus der Philon

---

[11] G. VON RAD (Übers., Komm.): *Das erste Buch Mose* (ATD 2/4), 1972 (1979), 74.

so viel zu machen wusste, in der gesamten Pseudepigraphen-Literatur kaum die Rede ist, wird der Sündenfall umso ausgiebiger bedacht, gemäß einer fatalistischen, wo nicht gar apokalyptisch-deterministischen Sicht, wie sie seit der *Esra-Apk.* (2.5.1; bes. 7,119 ff) schon greifbar ist und mindestens in der Kirche dauerhaft heimisch wurde als Erbsündenlehre.[12]

Als Einführung in diesen Literaturzweig vgl. Robinson, *The Testament of Adam* (oben 6.3.4) 3–18 sowie Bauckham 393–419, dazu aber auch die literarkritischen Bemerkungen oben unter 6.3.4; die Tradition hat hier allzu Heterogenes zusammengehalten. John Levison, *Adam* unternimmt es, die wichtigsten vor- und außerchristlichen Würdigungen Adams (bzw. der *conditio humana* nach Gen 2–3) unabhängig von ihrer Indienstnahme durch Paulus[13] und auf das Neue Testament zu präsentieren.

Was die Forschung in den nun folgenden Schriften sucht, die nur ein kleiner Ausschnitt sind aus einer kaum übersehbaren Fülle, ist das darin verarbeitete Gedankengut des vor- und nichtrabbinischen Judentums. Vielen dieser Schriften fehlt die paulinische Adam-Christus-Typologie von Röm 5, und nicht alle sind so deutlich christlichen Ursprungs wie das *Chirographon Adams*, ein christlicher Midrasch zu Kol 2,14.[14] Die armenische Tradition, aus der wir dieses letztere kennen, ist zu großen Teilen dokumentiert bei W. L. LIPSCOMB (Hg., Übers.): *The Armenian Apocryphal Adam Literature* (UPATS 8), 1990; Konkordanzen des armenisch Vorhandenen s. 7.2.1 unter „Wortindex". Nicht weniger als vierzehn armenische Adam-Bücher werden hier erfasst. Eine fast doppelt so lange Liste bietet Stone, *Apocrypha* II XIX. Dazu gehören Texte wie ein Midrasch über die Tötung Abels, der manches 'aqeda-Motiv enthält, das sonst im Judentum eher zu Gen 22 gehört, etwa die Freiwilligkeit des zu Tötenden (Text bei Y. 314–319; engl. Iss. 53–61; Einleitung und krit. App. bei Stone, *Apocrypha* I 33–38; Verwandtes s. Denis 55 Anm. 133). All das sind christliche Aneignungen des Alten Testaments unter Verwendung jüdischer Motive. Ein georgisches *Adam-Buch* ist 1964 ediert worden; vgl. J.-P. MAHÉ (Übers.): „Le livre d'Adam géorgien" in: R. VAN DEN BROEK/M. J. VERMASEREN (Hg.): *Studies in Gnosticism and Hellenistic Religions*. FS Gilles Quispel (EPRO 91), 1981, 227–260.

---

[12] Eine Theologiegeschichte dieses weitläufiges Themas gibt M. HAUKE: *Heilsverlust in Adam* (KKTS 58), 1993, wo Parabiblisches ab *Sir.* 25,24 und *Sapientia* 2,23 f berücksichtigt ist (68 ff), allerdings nicht die *Esra-Apk.*, und Adam-Literatur nur einmal (*Vita Ad.* 16,4 auf S. 272). Die von Hauke aufgewiesene Lehrbildung in der offiziellen Theologie der Bischöfe und Kirchenväter erhält in unserem Material ihre populartheologische Parallele.

[13] Bemerkenswert ist an Paulus, dass er in Zeiten des noch stehenden Jerusalemer Tempels das Problem des Bösen im Menschen sehr radikal sieht: Röm 7. Seine Überlegungen geschehen im Blick auf den „neuen Adam" von 1Kor 15,22, der freilich in den hier zu behandelnden Schriften nicht genannt wird. Man bleibt in den Bedingungen des Noah- oder des Mose-Bundes – entweder weil es die eigene Religionsgemeinschaft ist, oder, kirchlicherseits, versuchsweise, als Besinnung auf Zeiten des Alten Bundes.

[14] Bei Denis 24 und 55 nur erwähnt. Erstausgabe (arm.-engl.) bei Stone, *Apocrypha* II 144–146; vgl. dens. (Hg., Komm.): *Adam's Contract with Satan. The Legend of the Cheirograph of Adam*, 2001. Dasselbe Motiv bereits in der slav. Fassung des *Lebens Adams* (7.2.1) 33 f und in der *ApkZeph.* (7.4.7 c) 11.

Übersichten über das an Texten vorhandene, denen man Vollständigkeit nicht abverlangen darf, geben Stegmüller Nr. 74–75 (61 Einträge), Denis 36–56 und Levison, *Adam* 29–31, v. a. M. STONE: *A History of the Literature of Adam and Eve* (SBL.EJL 5), 1992; vgl. Collins, *Identity* 246–248. Stone unterscheidet nach Gesichtspunkten der Ähnlichkeit und der Herleitbarkeit zwei Gruppen:

1) **primäre** Adam-Texte: So heißen bei ihm die Abwandlungen ein und desselben ursprünglichen *Adam*-Buchs, das er annimmt, ähnlich wie oben in 1.5 von einem ursprünglichen, aramäischen *Henoch*-Buch ausgegangen werden konnte. Von diesem Buch, wohl noch jüdisch, aber bereits in griechischer Sprache, dürften Worte und Gedankengut sich wiederfinden in *ApkMos.*, *VitaAd.* lat. und slav.; *Buße Adams* arm.; *Adam-Buch* georg.; dazu kommt ein kopt. Fragment der *ApkMos.* – alles hier unter 7.2.1 zu nennen;

2) **sekundäre** Adam-Texte, die sämtlich als Weiterverarbeitung der eben genannten erkennbar sind. Sie sind oftmals klar christlich oder auch schon gnostisch; einige aber könnten (meint Stone) auch noch jüdisch sein: versteht sich, als Entwurf, nicht als der schriftlich erhaltene Text. Deren Liste ist lang und unabgeschlossen.[15]

Gemeinsam ist den jetzt zu nennenden Schriften, dass sie sich einer Bezugnahme auf Christus enthalten oder aber eine solche nur in nicht strukturtragenden Zusätzen bieten, die man auch wegnehmen könnte. Wo weder christliche noch rabbinische Sühnemittel von Bedeutung sind – wo also auch kein himmlischer Abraham für Israel eintritt –, sind wir vielleicht auf der Spur eines „biblischen" Judentums, von dem wir sonst gar nicht wissen, ob oder wie sehr es an dieser Frage Anteil nahm.

7.2.1 Das *Leben Adams und Evas (Apokalypse des Mose)*

Die im folgenden vorzustellende Legende existiert in zwei sich überschneidenden Fassungen, deren eine als *Vita Adams und Evas* und die andere, wohl ältere, von ihren Herausgebern als *Apokalypse des Mose* bezeichnet wird. Letzterer Titel, von Tischendorf einst gewählt, ist insofern irreführend, als der Text weder mit Mose etwas zu tun hat noch eine Apokalypse ist; er gibt sich lediglich als „dem Mose offenbart" (so im Präskript). Man sollte also übersetzen: *Offenbarung an Mose*. Doch ist es gerade nicht die Tora der Gebote, auf die reflektiert wird, sondern der – dort immerhin berichtete – Sündenfall.

Das Verhältnis zwischen *VitaAd.* und *ApkMos.* lässt sich mit Nickelsburg tabellarisch so skizzieren:

---

15 Stone, *A History* 81–83 wiederholt in Kürze die einst von Fabricius 1713 und 1723 auf über hundert Seiten zusammengestellten Angaben als Spur für weitere Suche, die er selbst nicht mehr verfolgt. Eine Spezialbibliographie s. ebd. 125–153. Denis 28–47 („Der Adam-Zyklus") zählt jedenfalls die *Schatzhöhle* (8.3) noch hinzu. Vgl. das dort bis S. 58 Aufgezählte.

ApkMos. 29 ist expandiert zu VitaAd. 1 – 2
17 7,1 – 10,4
37,3 29,10; 42,2 – 5.

(Detailliertere Konkordanztabellen s. u.) Andrerseits sind die christlichen Einschläge in der *ApkMos.* zahlreicher; auf keinen Text ist also Verlass, als wäre er der ältere oder gar der jüdische. Levison, *Adam* bietet beide Texte in einem Anhangskapitel (163 – 190), weil auch er Zweifel hat, was daran jüdisch ist und was christlich. Gemeinsam ist den Texten die Nichterwähnung einer Sündentilgung durch Christus, u. z. selbst da, wo sie passend gewesen wäre (z. B. *VitaAd.* 47,1 = *ApkMos.* 39,2 bzw. 37,2). Vgl. Levison a.a.O., Schürer/V. 758; Merk/Meiser 764 – 769; Dochhorn 165 – 172.

Online-Index Nr. 52; eigens aufgeführt werden eine griechische (Nr. 41), eine lateinische (Nr. 51), eine armenische (Nr. 16), eine georgische (Nr. 36) und eine slavische Version (Nr. 74). Harnack I Nr. 66; Stegmüller Nr. 74 und 74.1 – 19; Schürer/V. 757 – 760. **Inhaltsangabe** mit Kommentar: Woschitz 293 – 300; Merk/Meiser in JSHRZ VI/1,2, 153 – 155.

Einleitung und Übersetzung: Charlesworth II 249 – 295 (M. D. JOHNSON; beide Versionen synoptisch gegenüber); Dupont-Sommer, *Ecrits intertestamentaires* 1767 – 1796 (D. BERTRAND); JSHRZ II/5 (O. MERK/ M. MEISER) 1998 (dito, in umgekehrter Verteilung der Seiten); dazu dieselben in JSHRZ VI/1,2, 151 – 194.

Einleitung: Denis 3 – 54; Nickelsburg 327 – 332; Hengel 443 f. **Nur Text:** Denis, *Conc.* 815 – 818); **lat.** (*VitaAd.*): Denis, *Conc. latine* 545 – 548.548 – 442 (2 Fassungen); Lechner-Schmidt, *Wortindex* 233 – 239. **Anmerkungen:** Rießler (138 – 155) 1273 f (zur *ApkMos.*); 668 – 681; 1311 f (zur *VitaAd.*).

Literatur: Lehnardt Nr. 4392 – 4535; DiTommaso 163 – 182. **Neuerer Kommentar:** M. ELDRIDGE: *Dying Adam with his Multiethnic Family* (SVTP 16), 2001; vgl. „Ausgaben": Knittel. **Neuere Studien:** G. ANDERSON/M. STONE/J. TROMP (Hg.): *Literature on Adam and Eve. Collected Essays* (SVTP 15), 2000 [darin bes. 215 – 231: G. Anderson: „The original form of the Life of Adam and Eve"; 239 – 249 M. de Jonge: „The literary development of the Life of Adam and Eve"; 347 – 363 ders.: „The Christian origin of the Greek Life of Adam and Eve"]; G. ANDERSON: *The Genesis of Perfection. Adam and Eve in Jewish and Christian Imagination,* 2001; J. DOCHHORN: „Warum der Dämon Eva verführte", JSHRZ.S 347 – 364.

Handschriften: Mailand (11.Jh.) und viele spätere (Denis 9 – 13); **lat.:** München (frühes 10.Jh.) und viele spätere (ebd. 14 f). Vgl. Dochhorn 28 – 75; Tromp 17 – 27; Knittel 75 – 77; Stone, *A History* 10. **Erstausgaben:** C. Tischendorf 1866; A. M. Ceriani 1868; **lat.** J.-P. Pettorelli 1998.1999.

Titel in den Handschriften (beide Texte): Διήγησις καὶ πολιτεία Ἀδὰμ καὶ Εὔας τῶν πρωτοπλάστων, ἀποκαλυφθεῖσα παρὰ Θεοῦ Μωυσῇ (...), mit Varianten. Folgt weiterer (ursprünglicher?) Titel (als 1,1 gezählt, weil mit dem Textanfang iden-

tisch): Αὕτη ἡ διήγησις Ἀδὰμ καὶ Εὔας. **Arm.:** *Girk' Adamay*[16] sowie für den u.g. Teiltext zur Buße Adams: *Apašḥarut'iun (...) Adamay.* **Andere Benennungen** vgl. Kopftext; bei Anastasios Sinaites (s. „Rezeption"): *Testamentum Protoplastorum.*
Neuere kritische Ausgaben: J. LEVISON (Hg., Übers., Komm.): *Texts in Transition. The Greek Life of Adam and Eve* (EJL 16), 2000; J. DOCHHORN (Hg., Übers., Komm.): *Die Apokalypse des Mose* (TSAJ 106), 2005 [Text mit Übers. u. Komm.: 175–572. Text allein: 647–656]; *Vita:* J. TROMP (Hg.): *The Life of Adam and Eve in Greek* (PVTG 6), 2005 [Text: 122–177; 178–181: alternative Passagen]. **Teiledition:** Th. KNITTEL (Hg., Übers., Komm.): *Das griechische Leben Adams und Evas* (TSHJ 88), 2002 [darin 102–299: *VitaAd*. 10–42]. **Arm.** Text der *Buße Adams:* M. STONE (Hg. bzw. Übers.): *The Penitence of Adam* (CSCO 429.430), 1981.
Textanfang (intakt?): Μετὰ τὸ ἐξελθεῖν αὐτοὺς ἐκ τοῦ παραδείσου. **Textschluss** (*VitaAd*. 51,3 = *ApkMos*. 43,4): ἀπῆλθεν εἰς τὸν οὐρανὸν δοξάζων καὶ λέγων· ἀλληλουϊά (weiteres variiert); lat. Zusatz: *tunc Seth fecit tabulas* (dazu 7.6.2 b); Schlussdoxologie in *ApkMos*. christlich erweitert: ἅγιος, ἅγιος, ἅγιος κύριος εἰς δόξαν θεοῦ πατρός, ἀμήν. Dies ist eine Montage von Jes 6,3 und Phil 2,11, bei welcher artikelloses *kyrios*, im NT noch Ersatz für das Tetragramm, auf den himmlischen Christus übergeht – typisch für den Ditheismus (oder „Binitarismus") christlichen Volksglaubens.
Wortindex: Wahl (Bauer), *Clavis* 583–604 (*ApkMos*. nach Tischendorfs Text); Siglum bei Denis, *Conc.:* „Adam", bei Denis, *Conc. latine:* „Ada1" bzw. „Ada2". Index besprochener gr. Wörter bei Dochhorn 641–643, hebr. 643 f. **Konkordanzen, arm.:** M. STONE: *Texts and Concordances of the Armenian Adam Literature*, Bd. 1 (SBL.EJL 12), 1996 (bietet auch den arm. Text von Gen 1–4, *Buße Adams* (arm.) und *Adam-Buch* (arm.), jeweils von der diesbezüglichen Konkordanz gefolgt; ein Bd. 2 ist angekündigt); ders.: *A Concordance of the Armenian Apocryphal Adam Books* (HUAS 1), 2001 (Liste der dort aufgenommenen Texte: XI; Konkordanz in arm. Sprache: 1–292). Diese drei Bände sollen die gesamte edierte arm. Adam-Literatur abdecken.
Alte Übersetzungen bzw. Bearbeitungen in allen in Frage kommenden Sprachen (Denis 16–25 mit Nachweis der Manuskripte). Armenisches bei Y. 1–26.307–332 = Iss. 8–89. Neuausgaben und Ausgaben weiterer Adam-Texte s. vorige Rubrik. Die lat. und slav. Fassung der *VitaAd*. sind Weiterentwicklungen griechischer Fassungen; Listen der betr. Handschriften bei Stone, *A History* 25–30.31–33. Ein Stück der kopt. Übers. fand sich auch auf einem Pergament des 7./8.Jh. (Denis 16 f; Dochhorn 55–60), nämlich *ApkMos*. 31,2–4; 32,1 f. **Stemma** der gesamten Überlieferung (gr. und übersetzt): Dochhorn 657 (Text dazu: 21–78); Tromp 106 f (Text dazu: 71–105).

---

[16] Deswegen forscht M. Stone, der Herausgeber der armenischen Texte, nach einem ursprünglichen *Adam-Buch*. – Der moderne Titel *Apokalypse* (...) gleitet unvermerkt über in christlichen Sprachgebrauch, jedoch ohne dass der Text eine Apokalypse nach theologischer oder religionswissenschaftlicher Terminologie wäre.

7.2.1 Das *Leben Adams und Evas (Apokalypse des Mose)* — 603

Synopse auf Englisch: G. ANDERSON/M. STONE: *A Synopsis of the Books of Adam and Eve* (SBL.EJL 3), 1994 (1999). **Konkordanztabelle** für *ApkMos.* par. *VitaAd.* bei Schürer/V. 758; Nickelsburg 330; Levison, *Adam* 163f. Umfangreichere Konkordanztabelle mit weiteren Vergleichstexten Merk/Meiser 755f.

Erwähnungen: nach einer vagen Angabe in den *Apostolischen Konstitutionen* (6, 16,3) deutlicher im *Decretum* (ps.-)*Gelasianum* (6.Jh.); Stone, *A History* 75–81.

Ähnliche oder ähnlich benannte Texte: s. 7.2.0; DiTommaso 182–196 („sekundäre Adam-Literatur"). Ältere Listen bei Harnack I 856f Nr. 66 a–f; II 580; Armenisches bei Stone, *Apocrypha* I 1–31.84–87; Slavisches in Menge bei Bonwetsch 913. Über eine *Tentatio Adae et Evae a Satanael* s. DiTommaso 291. Zur gnost. *Apokalypse Adams* s.u. 7.6.2 a. – Ein mandäisches *Adam-Buch*, auch *Codex Nazaraeus* und *Ginza (Thesaurus)* genannt, s. Stegmüller Nr. 74.35–40. – Zur Seth-Literatur s. außer den folgenden Rubriken auch 7.6.2 b.

Textsorte: Der Text nennt sich selbst eine „Diegese" (vgl. 7.4.8), ist dabei aber nicht nur eine Nacherzählung, sondern eine Expansion seiner Vorlage, Gen 3,23f. Vielleicht kann man ihn noch als Spätling eines hellenistisch-jüdischen Midrasch ansehen. – **Literarische Besonderheit:** Das Spiel der Phantasie gründet sich auf sehr genaue Beobachtungen am Bibeltext, u.z. auch am hebräischen (Dochhorn 191, 222, 247f, 275, 357, 407, 521f).

Zählung: *ApocMos.* konventionell in 43 Kapiteln (bei Tromp zusätzlich in 441 Druckzeilen), *VitaAd.* in 51 (eher kurzen) Kapiteln (bei Lechner-Schmidt als „Verse" bezeichnet), stark abweichend zwischen den Ausgaben bzw. Übersetzungen. Für die *VitaAd.* nimmt Johnson 29,7–17 (seiner Zählung) als Anfang voraus; 51,3b–9 gilt als später Anhang.

Gliederung: Merk/Meiser in JSHRZ VI/1,2, 155. Zur *ApkMos.* s. Dochhorn 105f. Zur *VitaAd.* Levison, *Adam* 174 mit Aufweis einer gewissen Symmetrie zwischen den beiden Teilen 1–29 und 30–48. Jeweils findet sich:

Problemstellung; Empfinden eines Mangels	1–8	30–36	40
Intervention Satans und sein Entweichen	9–17	37–39	
Antwort auf den Mangel	18–29		41–48.

Hier wird also ein intensives Gespräch mit Satan gewagt. – Detailgliederung nach Themen s. die angezeigten Tabellen.

Literarische Integrität: zweifelhaft; vgl. „Zählung". Probleme, die der Aufstellung eines Stemmas (wie Dochhorn es immerhin versucht) entgegenstehen, s. Merk/Meiser, JSHRZ VI/1,2, 158–166 und nochmals 170–185; Eldridge 92–133. Es sind Texte „im Fluss"; jedes Manuskript, jede Übersetzung ist eine Überarbeitung, und je nach Handschriftengruppe stehen an verschiedenen Stellen Exkurse, in engl. Übers. geboten in den längeren Fußnoten bei Charlesworth (vgl. Denis 16). Keine Fassung ist völlig kohärent. „So macht Adam in 14,2, das ein unauslöslicher Teil von Kap. 9–14 ist, Eva den Vorwurf, sie habe den Tod über alle Menschen gebracht. Kap. 15–30 aber scheint den Tod keineswegs als Folge des Vergehens der Eva aufzufassen" (Dochhorn 124 [verkürzt]; vgl. ebd. 145–147). Dochhorn a.a.O. 170 u.ö. nimmt eine diachrone Entwicklung der im Text vertretenen Anschauungen an und nutzt diese Annahme sogar als hermeneutischen Schlüssel.

Biblischer Bezug: Gen 3–4, bes. 3,23f (Vertreibung aus dem Paradies; dazu Dochhorn 351–360) und für *VitaAd.* zusätzlich V. 17–19 (der Nahrungsmangel). In *VitaAd.* 12–17 berichtet Satan von seiner Vertreibung aus dem Himmel; hier ist Jes 14 mit eingegangen. Zur Aufnahme von Ez 28 s. Anderson in Anderson/Stone/Tromp 133–147. – In *ApkMos.* 41 wird das Verdikt von Gen 3,19b ausgehebelt durch eine Verallgemeinerung von Dan 12,2 auf alle Adamsnachkommen.

Vorlage war ferner, schon ausweislich des Anfangs, das *Jub.*-Buch, ferner *Sirach* (Eldridge 21). Zu *Vita* 25–28 vgl. *1Hen.* (1.5.2) 14–16. Vermutungen über Mündliches bei Eldridge 57–74; vgl. auch Ginzberg unter „Rezeption".

Historischer Bezug: „Haus Gottes" in *VitaAd.* (lat.) 29,6 müsste immer noch den Jerusalemer Tempel meinen – doch zu welcher Zeit? Die Erwartung eines Tempelneubaus in einer der überlieferten Fassungen (Schürer/V. 759) besagt noch nicht, welcher Tempel gemeint ist: Geht es um eine Hoffnung der Zeit zwischen 70 und 135 n.Chr., wie in der *Baruch-Apk.* (2.5.2)?

Hebraismen sind häufig, aber stilisiert. Unbeschadet gelegentlicher Rückgriffe auf die Hebräische Bibel stellt gerade Dochhorn fest: „Die Abfassungssprache war durchweg das Griechische" (148). Der Gottesname „Jael" z.B. (*ApkMos.* 29,4) ist als Jaoel zu denken, wie der Namentragende Engel von Ex 23,20f öfters genannt wird (Schürer/V. 289 Anm. 2). – Biblisches wird nach der Septuaginta zitiert; 13,1 beruht auf einem gr. Wortspiel (s.u.). Die Zweisprachigkeit der Autoren (s.o. „Literarische Besonderheit") beschränkt sich auf exegetische Traditionen. – Das **Griechisch** ist unliterarisch und voller Unschärfen spätantiken Sprachverfalls. **Spezialgrammatik:** Tromp 28–66; vgl. 0.4.4 Anm. 97. – Ebenso das Latein; es beginnt: *Quando expulsi sunt...* (statt eines klassischen Temporalsatzes mit *cum* und *essent*).

Bemerkenswerte Stellen: Die Stelle *ApkMos.* 5,4ff gibt Seth, dem Ebenbild seines Vaters lt. Gen 5,3, eine besondere Rolle unter Adams dreißig Söhnen und dreißig Töchtern; so auch wieder Kap. 43. An diesem vermuteten Offenbarungsempfänger hat die sethianische Gnosis angeknüpft (vgl. 7.6.2 b). 14,2 betont die besondere Schuld Evas (vgl. *Sir.* 25,24; 1Tim 2,14f), so auch wieder Kap. 32 (in *VitaAd.* 3,1 u.ö., noch betonter). Rabbinisches zum Vergleich: Ginzberg, *Legends* 1, 64–69 (5, 86–90); zum Sündenfall überhaupt: 1, 71–83 (5, 94–109). – Was in *VitaAd.* Satan dem Adam neidet, ist die Gottesebenbildlichkeit: Sein Sturz bestand darin, dass er sich weigerte, Adam anzubeten (Kap. 12–16; vgl. Koran 38,71–76; Ginzberg, *Legends* 1, 64 oben; 5, 84). **Theologisch** markiert folgendes bereits einen Übergang zur Gnosis: „Der Zukunftsausblick in 39,1f setzt nicht an die Stelle des Todes das Leben, sondern lässt einen offenbar als Entmachtung empfundenen Erdenaufenthalt durch eine endzeitliche Inthronisation Adams auf dem Thron des Teufels abgelöst sein" (Dochhorn 521, gekürzt).

Christliches: Die Tora wird nie erwähnt (Denis 25). Dass alle Sünden aus dem Begehren kommen (ἐπιθυμία, *ApkMos.* 19,3), ist sonst aus Paulus bekannt (Röm 7,7 f; 13,14) sowie, nach ihm, aus der *Esra-Apk.* (2.5.1). Dass Ungehorsam gegenüber Gott Verlust der „Herrlichkeit" des Menschen ist (hier Evas zuerst), s. Röm 3,23 sowie *Baruch-Apk.* (2.5.2). – Zu „Den Geist aufgeben" (von Eva) *ApkMos.* 42,8 vgl. Joh 19,30 (von Jesus), in *ApkMos.* durch pleonastisches αὐτῆς zusätzlich hebraisiert. – Nach *VitaAd.* 9,1 vermag Satan sich in einen Engel des Lichtes zu verwandeln: s. 2Kor 11,14 (dort aber Traditionsgut, nur sehr ähnlich formuliert). 29,7 (Merk/Meiser) ist ein Bezug auf die Inkarnation, ganz ähnlich dem christlichen Vers *Bar.* 3,38 (2.5.4). Vgl. Eldridge 46–50 gegen de Jonge, *Pseudepigrapha* 181–240. – *Vita-Ad.* 41,1–42,2 ist aus dem *Nikodemus-Evangelium* 19 interpoliert und wird mit einem Christusbezug fortgeführt (42,3 f). Aus derselben Stelle kommt auch das „Öl des Erbarmens", das Adam in *VitaAd.* 9,3 sich aus dem Paradies erbittet, ein gr. Wortspiel mit ἔλαιον und ἔλεος.[17] Vgl. Stone (CSCO 430), XIV–XVI sowie ein slav. *Seth*-Buch, dem *Nikodemus-Evangelium* verwandt, bei Stegmüller 82.4.

Abfassungszeit: Dochhorn (51.172) plädiert für spätes 1. bis frühes 2.Jh. n.Chr. Überhaupt dürfte die Adam-Literatur parallel entstanden sein zu jener, die Trauer ausdrückt über die Zerstörung des Tempels. **Ort:** im semitischen Sprachraum: Palästina/Syrien. – Ein gewisser **Sitz im Leben** zeigt sich in *Vita* 29,10; 42,2–5 par. *Apk* 37,3 an der Erwähnung von Tauchbädern: Das weist auf Täufersekten des Ostens, auch auf Judenchristentum (vgl. βαπτισμοί Hebr 6,2; 9,10). *ApkMos.* 43 bietet diesen Gruppen eine gewisse Bestattungs- und Trauerhalacha.

Abfassungszweck: Nachdenken über die *conditio humana*; Bewältigung des Sündenproblems ohne die Sühnemittel des Tempels bzw. der Kirche.[18] In Dienst genommen wurde der Text als eine Art *praeparatio evangelica*: Dochhorn 347–350 findet als **Sitz im Leben** wenigstens der byz. Kirche die „Woche des Käsefastens" (direkt vor der großen Fastenwoche), wo dieser Text früher als Lesung diente (nicht mehr in *Synekdēmos* 330–336).

Rezeption: vgl. Merk/Meiser, JSHRZ VI/1,2, 194. Ginzberg, *Legends* 1, 34.86–89.94–102 (5, 84–86.114–117.120–131) bietet eine Nacherzählung der *VitaAd.* bzw. der *Apk.-Mos.* mit rabb. Parallelen, die (im Falle der *PRE* und anderer mittelalterlicher Schriften) von der *Vita Ad.* abhängen, partiell aber älter sind als diese; das allerdings nur in mündlicher Form (s.o. „Vorlagen"). – Anastasios Sinaites (um 700), *In Hexaëmeron* 8 (MPG 89, 967 D, nur lat. erhalten) bietet die Legende von Adams Entrückung noch während seiner außerparadisischen Lebzeiten; vgl. *VitaAd.* 25–29. Das Motiv von dem betrügerischen Vertrag (χειρόγραφον) Satans mit Adam und Eva, in der slav. *VitaAd.* enthalten (vgl. 7.2.0), ist sogar in das gr. Handbuch der Ikonographie des Dionysios v. Phourna eingegangen (Stone, *A History* 35). – Wei-

---

[17] Vgl. 7.3.1 (*GrBar.*) und viele chr. Quellen schon ab ClemAl., *Paed.* 2, 63,1 (Lampe, *Lexicon* 444b/445a).
[18] Vielleicht auch nur hypothetisch: Was wäre ohne sie?

teres aus Literatur und Kunst bei Anderson, *The Genesis of Perfection* (s. o.); vgl. Bocian 29–42 mit Hinweis auf mittelalterliche Verarbeitungen der *Vita Ad.* S. 32 f.

7.2.2 Der *Tod Adams* (Teil des syr. *Testaments Adams*)

Das Weitere ist eine Kostprobe aus dem Bereich der „sekundären" Adam-Texte. Wir kommen zurück auf die übrigen Bestandteile dessen, was man mit der syrischen Überlieferung das *Testament Adams* nennt und wovon das vollkommen eigenständige Horarium der Kap. 1–2 unter 6.3.4 gewürdigt wurde. Die Rede ist nunmehr von den bisher zurückgestellten Teilen (b) und (c). Die Botschaft ist jeweils klar christlich: Es geht in (b) um die Behebung der Folgen des Sündenfalls, und sie wird hier in einer durchaus anrührenden Fiktion dem Adam bereits zu erkennen gegeben als Leistung eines seiner Nachkommen, in welchem Gott selbst zur Welt kommen werde. Zu (c) s. Zusatz.

Dies sind „Pseudepigrapha des Alten Testaments" in einem sehr strikten Sinne, nämlich Besinnungen der Kirche auf ihr Altes Testament, bes. auf dessen Anfangskapitel. Die in 7.2.1 bewegten Fragen finden hier diejenige Antwort, auf welche sie wohl dort schon zulaufen sollten.

Online-Index Nr. 78 (auch zu 6.3.4); **Stegmüller** Nr. 75 und 75.1–13 (auch zu 6.3.4, wobei aber 75.11 nur den hier als Anhang bezeichneten Teil c betrifft). **Inhaltsangabe** mit Kommentar: Woschitz 428–431.

Einleitung und Übersetzung: Charlesworth I 989–995 (S. E. ROBINSON).[19]

Einleitung: Denis 40 (*Prophétie d'Adam*). **Anmerkungen:** Rießler (1084–1090) 1332 (auch zu 6.3.4).

Literatur: DiTommaso 205–220 (auch zu 6.3.4).

Handschriften: syr. London (zwei Hss. des 9.Jh.) und spätere; s. Robinson (6.3.4) 45–51; **Erstausgabe:** E. Renan 1853.

Titel in den Handschriften: syr. *Dijatiqi d-abun Ādām* (schon vor dem Horarium von 6.3.4 zu finden). **Andere Benennung:** *Testament of Adam: The Prophecy* (Robinson); *Prophétie d'Adam* (Denis 40).

Neuere kritische Ausgabe: Robinson (wie 6.3.4) 52–67.68–85.86–104 (drei Rezensionen).

Textanfang: *Amar Ādām l-Šet breh*; **Schluss:** 3,6: *l-Betḥem d-Ihudā lam'artā* („nach Bethlehem in Juda in die Höhle").

Alte Übersetzungen: arab. (auch karschunisch = arab. in syr. Schrift), äth., georg.

Früheste Erwähnung: gr. bei Georgios Kedrenos (11.Jh.); s. Stone 167; Text u. Übers.: Robinson 128 f. Jedoch soll bereits Niketas v. Remesiana (um 400) eine lat. Version gesehen haben (Robinson 138).

---

19 Greift zurück auf seine Ausgabe von 1982 (s. o. 6.3.4); nach letzterer wird hier zitiert.

Ähnliche oder ähnlich benannte Texte: Ein in vielem selbstständiger, in der Aussageabsicht aber vergleichbarer arm. Text ist erstediert bei Y. 24–26 (engl. Iss. 85–89; Identifizierung des Ms. bei Stone 15). Stone, *Apocrypha* I 15–31 bietet ihn erneut mit engl. Übers. nach einem Jerusalemer Ms. d.J. 1347 u.d.T. *Vasn mahwann Adamay,* „Über den Tod Adams".[20] Ein Präskript gibt als Quelle an: *Paralipomena der Griechen,* woraus Stone (S. 19 Anm.) rückschießt auf „eine Art von *Palaea*, die auf Griechisch existierte"; dazu s. hier 8.2.1. Hatte in der syr. Fassung (3,3) Gott angekündigt: „Ich werde geboren werden von der Jungfrau Maria", so bietet dieser arm. Text in V. 35f eine Marienvision, anonym wie jene von Apk 12, wobei die Anonymität des angeblich ja noch Zukünftigen hier viel besser motiviert ist. – Andere arm. Anreden Adams an Seth in Erstedition bei Stone 2–13. – Der Schluss eines *Testaments des Adam* ist auf Koptisch erhalten (Kölner Papyrus 3221; s. Denis 37 Anm. 91 sowie Schenke in 7.6.2, dort S. 4.6.48; Foto: 233); die zwei erhaltenen Blattfragmente sind aber noch unveröffentlicht. – Zu einem *Konflikt Adams und Evas* (sc. mit Satan), auch in der *Schatzhöhle* zu finden (8.2.3), s. Stegmüller Nr. 75.14–18 (auch *Liber Adam et Evae;* äth. *Qalamentos* = *[Brief des] Clemens*); Schürer/V. 760; DiTommaso 217–220; Denis 41–44. – Hinweis auf weitere chr. Adam-Lit. bei Schürer/V. 760, Punkt 2–4, wo der Titel *Testament Adams* z.T. wiederkehrt; Denis 44–54. Hinweis auf ein arab.-äth. *Testament Adams* bei Ri (8.2.3) S. VII. Gnostisches bei Schürer a.a.O. Punkt 5 sowie hier 7.6.2.
Textsorte: Prophetie *ex eventu*, christologische Allegorie.
Literarische Integrität: viele divergierende Rezensionen; Stemma der syr. Fassungen bei Robinson 104. Ein Gesamtstemma der diversen orientalischen Fassungen wäre noch nötig zur Klärung der wechselseitigen Einflüsse.
Biblischer Bezug: Ps 148 (Bauckham 399). Sach 1,18 wird im Syr. nach der Peschitta zitiert.
Christliches: Der Text beginnt und schließt mit einer „Voraussage" der Geburt in Bethlehem.
Abfassungszeit usw. s. 6.3.4.
Rezeption: hauptsächlich durch Einbezug in die *Schatzhöhle* (8.2.3), deren Titel in 3,6 auch schon genannt ist.

Zusatz: Die himmlische Hierarchie (syr. *Testament Adams,* Kap. 4)
In einem syr. Ms., nämlich Vaticanus Syr. 164, wird dem eben Beschriebenen noch ein Text von einer Druckseite Länge angehängt, überschrieben: „Auch aus dem Testament unseres Vaters Adam". Dieser Text ist von völlig anderer Art und ohne Zusammenhang mit Gen 1–3, es sei denn über die Erwähnung der Himmelskörper in Gen 1 und die der Cherubim in Gen 3,24. Es ist eine Aufzählung der himmlischen Hierarchie, also eher Jes 6, Ez 1 und Kol 1,16 verpflichtet. Sechs nummerierte Engelränge, über ihnen noch

---

[20] Ein Variantenapparat aufgrund zweier weiterer Handschriften bei Stone, *Apocrypha* II 209–212.

„Throne, Seraphim und Cherubim", verherrlichen mit dem Dreimalheilig den himmlischen Christus. Zählt man dies zusammen, kommt man auf die Neunzahl, die, in Überbietung selbst der Gnosis (NHC 6, 6), seit Ps.-Dionysios Areopagites (spätes 5.Jh.) propagiert wird.

Einleitung: Denis 40f (Titel dort: *Hiérarchie céleste*); Woschitz wie oben. Außer Adams Namen in der Überschrift und einer Erwähnung des Judas Makkabäus im Text (wo auf *2Makk.* 3,24–26 zurückgegriffen wird) hat dieses Schriftchen nichts Jüdisches an sich.

7.3 Weitere Texte über den Verlust des Tempels

Die folgenden, in der Antike unbezeugten Texte sind, wie sie vorliegen, christlich, wenn auch von stark jüdischem Inhalt. Sprachgeschichtlich haben sie die typischen Fehler eines so nicht mehr gesprochenen Griechisch an sich. Inhaltlich weisen sie mitunter immer noch in eine Situation der Zeit nach 70 zurück, als der Tempelgottesdienst unerwartet zum Erliegen kam.

Hier stellt sich die Frage, wer darüber trauerte und wie lange. Die Enttäuschung über den Fall Jerusalems scheint nicht nur für das Judentum des Mutterlandes und (vielleicht weniger) der Diaspora ein Problem für Generationen gewesen zu sein, sondern auch für die Christenheit, die ihren Platz in der Welt und in der hellenistisch-römischen Völkergemeinschaft erst noch suchte. Schon im Neuen Testament herrscht Betroffenheit vor, auch bei dem selber weder jüdischen noch besonders judenfreundlichen Lukas (Lk 19,41–46). In den Jakobus-Legenden eines Hegesipp (Preuschen, *Antilegomena* 107–113) bestätigt sich das Gefühl einer alle einstigen Tempelgänger verbindenden Schicksals- und Schadensgemeinschaft.[21]

Diese Texte geben ein Bild der Lage zunächst im späten 1.Jh., nach dem Brand und der Plünderung des Tempels durch das Heer des Titus, und mehr noch im 2.Jh., nach dessen Abtragenlassen durch Hadrian. Erst da wurde die Hoffnung auf einen Wiederbeginn des Tempelgottesdienstes von einer politischen zur eschatologischen. – Nimmt man hingegen, auf späte Merkmale gestützt (die allemal vorkommen können), eine nachantike Entstehung an, so ist die Trauer über Jerusalem nur noch ein literarischer Topos und dient als Metapher für das verlorene Paradies. Sie begegnet im Rahmen von Himmelsbetrachtungen im Sinne der bis dahin schon tausendjährigen Henoch-Literatur. Deren Jerusalem freilich liegt im Himmel.

---

21 U.z. in deutlichem Gegensatz zu der Tempelkritik der von Schoeps vor allem zugrunde gelegten ps.-clementinischen Schriften (Schoeps, *Theologie* 240f.264f), die schon durch ihre Art von Pseudepigraphie einen römischen Standpunkt einnehmen. Hier aber handelt sich's um ein orientalisches Judenchristentum, vor und außerhalb der gnostisierenden Elkesaiten.

7.3.1 Das *Griechische Baruch*-Buch *(3.Baruch)*

Dieses Buch setzt ein mit der Klage Baruchs über die [bereits zweite] Zerstörung Jerusalems, ja mit einem Vorwurf an Gott; die Situation von Ex 32,12 ist nunmehr eingetreten. Als Antwort nimmt ein Engel Baruch mit auf eine Himmelfahrt nicht durch drei Himmel (wie Paulus 2Kor 12,2), auch nicht durch sieben (wie in *TestLevi* 3,4–7), auch nicht (im Sinne der Über-Transzendenz der Gnostiker) durch acht oder neun, sondern durch ihrer fünf. Ein Grund für diese Zahl, die auch in 7.4.7 c nochmals begegnen wird, ist lange gesucht worden. Daniel Harlow, der den Text für jüdisch hält, sieht hierin ein Moment von Ironie: Es sei „eine gescheiterte Himmelsreise" (34). Die christlichen Zutaten, bes. am Anfang und am Ende, seien ohne Schaden für den Gesamtsinn zu entfernen. – Allerdings, der textinterne Mose zeigt keine Zeichen von Enttäuschung. Ein anderer Grund für nur fünf Himmel ist aus Platon, *Tim.* 38 C–D ersichtlich, jener klassischen Stelle, die von Sonne, Mond und fünf Planeten spricht, welche letztere hierbei erstmals die Namen olympischer Gottheiten erhalten: Hermes (Merkur) und Aphrodite (Venus) sind die „inneren", Mars, Jupiter und Saturn die „äußeren" Planeten dieses bis in die Neuzeit gültig gebliebenen Weltbilds. In dessen Sinne ist der Text jedenfalls verständlich geblieben, auch ohne dass man die Ironie, wenn es denn eine war, kirchlicherseits hätte wahrnehmen müssen.

Der Text ist formal vollständig; er schließt mit einer Heimkehr Baruchs nach der Erreichung des fünften Himmels.

Online-Index Nr. 39; Stegmüller Nr. 113.11–14 und 113.16–19; Schürer/V. 789–793.
Einleitung und Übersetzung: Charlesworth I 653–679 (H. E. GAYLORD); JSHRZ V/1 (W. HAGE) 1974, 1–44 [dt. Übers. der gr. Fassung: 22–34; der slav. Fassung: 35–41]; Dupont-Sommer, *Ecrits intertestamentaires* 1143–1164 (J. RIAUD).
Einleitung: Denis 749–771; Stone, *Writings* 410–412; Nickelsburg: nur 1. Aufl. (und Nachdrucke) 299–303; Stone, *Studies* 271–309 („The metamorphosis of Ezra"); Collins, *Identity* 255–259. **Nur Text:** Denis, *Conc.* 866–868.
Übersetzung mit Kommentar: A. KULIK (Übers., Komm.): *3 Baruch. Greek-Slavonic Apocalypse of Baruch* (CEJL), 2010 [89–388 gr. u. slav. Fassung in engl. Übers., abschnittsweise gefolgt von Anm. u. Komm.]. **Anmerkungen:** Rießler (40–54) 1269 f.
Literatur: Lehnardt Nr. 7531–7602; DiTommaso 283–291; dazu Kulik 63–85; Heininger, *Paulus* 127 f. Wichtig: D. HARLOW: *The Greek Apocalypse of Baruch (3 Bar) in Hellenistic Judaism and Early Christianity* (SVTP 12), 1996. **Neuere Studie:** Bauckham 317–320.
Handschriften: Andros (15.Jh.), BM Add. 10073 (15./16 Jh.); slav. 13./14.Jh. und spätere (Denis 760 f); Stemma: Kulik 8. Die Angaben bei Stegmüller 113,12 betreffen 2.5.2.
Erstausgabe: M. R.James 1897; vorher schon slav. 1886 (dt. Übers. 1896).

Titel in den Handschriften (1,1): Διήγησις καὶ ἀποκάλυψις Βαρούχ; weitere Überschrift (1,2): Ἀποκάλυψις Βαρούχ, ὅς ἐστιν (Var.: ἔστη) ἐπὶ ποταμοῦ Γέλ.[22] Slav. nur: „Offenbarung Baruchs", „Auferstehung Baruchs" o. ä. **Andere Benennungen:** *Griechische Baruch-Apokalypse; 2., 3.* oder *4.Baruch* (aber nicht identisch mit 2.5.2–4); *Paralipomena Jeremiae* (aber nicht identisch mit 7.3.2 a–c).

Neuere kritische Ausgabe: PVTG 2 (1967), S. 61–96 (J.-C. PICARD); **slav.:** E. TURDEANU in *Revue des Etudes Slaves* 48, 1969, 23–48.

Textanfang gr.: Ἥμην ἐγὼ Βαροὺχ κλαίων (so Stegmüller; Brock gibt das ungrammatische Οἳ νῦν ἐγὼ Βαροὺχ κλαίων). **Textschluss** gr. (17,3): Καὶ εἰς ἑαυτὸν (statt ἐμαυτόν, ein allerdings nicht seltener Sprachfehler) ἐλθὼν δόξαν ἔφερον τῷ θεῷ τῷ ἀξιώσαντί με τοιούτου ἀξιώματος. 17,4, an „Brüder" gerichtet (christliche Sprache), ist eine Schlussdoxologie.

Wortindex: Wahl (Bauer), *Clavis* 629–645; A.-M. DENIS/Y. JANSSENS: *Concordance de l'Apocalypse grecque de Baruch*, 1970; Siglum bei Denis: „Bar."

Alte Übersetzungen bzw. Bearbeitungen: arm., äth. (Stegmüller 113.10), slav. (dazu Bonwetsch 916; Denis 761–764; Proben bei Harnack II 566), rumänisch, neugriechisch.

Synopse der slav. mit der gr. Fassung (beides auf Engl.) bei Gaylord 662–679 wie bei Kulik (s. o.); die slav. Fassung ist kürzer. Es gibt unpublizierte längere.

Ähnliche oder ähnlich benannte Texte: Zu Baruch s. o. 2.5.2–4. Ferner *4.Baruch* = *Paralipomena Jeremiae* (7.3.2 a). Origenes, *De principiis* 2, 3,6 verweist auf einen *Baruch prophetae liber,* der näheres besage über die sieben (sic) „Welten" oder Himmel (Denis 759). Cyprian, *Testimonia* 3, 29 zitiert eine lat. Passage aus „Baruch", die keinem der hier zu nennenden Baruchbücher angehört; Stegmüller Nr. 113.15. – Das gnostische *Baruch*-Buch, woraus Hippolyt zitiert, s. Stegmüller Nr. 113.7–9.

Textsorte: Himmelsreise (vgl. *1Hen.* 17–36; *TestAbr.* 10–14). In 8,5 ein Lasterkatalog.

Zählung: 17 (kurze) Kapitel.

Gliederung: nach den 5 Himmeln (s. Gaylord 653).

Literarische Integrität: Zur Vollständigkeit s. Kopftext, zum möglichen Werdegang der diversen Fassungen Denis 766 f. Vorschlag einer Ausscheidung christlicher Interpolationen bei Denis 770. Die slav. Version scheint von einer kürzeren, öfters missverstandenen gr. Fassung zu kommen. Zu deren Erweiterungen vgl. „Christliches". **Textliche Integrität:** viele Korruptelen. Einige Emendationsvorschläge bei Stone, *Studies* 375 f.

Biblischer Bezug: 1,1 f vgl. Jes 5,5 f (der offen gelassene Weinberg); Ps 42,7 usw.; 4,17 vgl. Mi 7,6. In 16,2 Anspielung an das „Nicht-Volk" von Hos 2,25 (Röm 9,25 f). Zu

---

[22] Hage vermutet hier den Kidron-Bach. – Das Weitere in diesem Vorspann ist nostalgischer Unsinn, wie er nur aus christlicher Feder kommen kann, eine Erwähnung der Schönen Pforte des Jerusalemer Tempels, „wo das Allerheiligste lag".

deuten bleiben noch die Bezüge auf den Turmbau zu Babel (Gen 11) in 2,7; 3,5 – 8: Ob hier etwas Aktuelles gemeint ist, etwa in Jerusalem?

Historischer Bezug: Der Vorspann nennt (sekundär?) das „Landgut des Agrippa". Dazu s. 7.3.2.

Quellen und Vorlage: lt. Denis 767–770 nicht *Baruch* (1.7), aber doch Vorstufen, wo nicht der Text, der folgenden Bücher: *Esra-* und *Baruch-Apk.* (2.3.1–2); *ParJer.* (7.3.2); *2Hen.* (7.4.1); *Paulus-Apokalypse* (Hennecke 644–675; es ist nicht die von Nag Hammadi, NHC V 2), bes. Kap. 7–10.

Hebraismen: sekundär (so die *figura etymologica* im oben zit. Textschluss); 16,2 mit ἐν verstärkter Dativ u. dgl. Ein zwischen den Alphabeten changierendes Zahlenspiel hat Gideon BOHAK (*JSPs* 7, 1990, 119–121) in 4,7 ermittelt, wo δράκων, als דרקון geschrieben, den kontextgemäßen Zahlenwert 360 ergibt – der freilich auch anderweitig zu gewinnen wäre. Andere Beispiele, die er anführt, beruhen auf defektiver Schreibung der gr. *os*-Endung, wofür die nachweisbaren Beispiele aber Lehnwörter sind, keine Transkriptionen *ad hoc*. – **Gr. Stil:** Pseudo-Altgriechisch der Kirche.

Bemerkenswerte Stellen, Theologisches: Die Lehre vom Hades-Drachen (4,4–7), der die 360 Flüsse der Erde in sich verschlingt, dürfte ein hebr. Vorbild haben (*drakōn* hat, wie gesagt, in hebr. Umschrift den Zahlenwert 360).[23] Zu dem Phoenix-Mythos in 6,10 ff s. Denis 753–756. – In Kap. 11 ist es Michaels Aufgabe, Gebete zu übermitteln sowie (in der gr. Fassung) gute Taten (also Verdienste); über diese s. dann Kap. 15. Das ist der „Schatz" an guten Werken (vgl. Mt 6,20 f), der dort in himmlisches Öl umgewandelt wird, in einem bei den Kirchenvätern beliebten Wortspiel zwischen ἔλεος („Mitleid", Barmherzigkeit) und ἔλαιον (Öl).[24] – Die Frage des Anfangs erhält ihre Antwort in 16,2, wo Dtn 32,21 (vgl. Hos 2,25) ganz wie bei Paulus (Röm 10,19; vgl. 9,25) zur Übertragung des Titels „Volk Gottes" auf die Kirche verwendet wird – gerade dass das Wort ἐκκλησία vermieden ist. „Die Hoffnung auf eine Nation, neu begründet auf Land und Tempel, wird hier ersetzt durch eine individualisierte himmlische Eschatologie" (Nickelsburg, 1.Aufl., 303). – Negativ: Weder die Tora noch ein Messias kommen vor. Vielmehr soll in einem Zusatz der slav. Fassung (16,4b–8) der himmlische Mose Fürbitte einlegen für die Sünder. Dieser jedoch könnte im alten Judenchristentum als präexistenter Mose angesehen worden sein (2.4.2, Rezeption), ist doch der mt Jesus ein neuer Mose auf Erden gewesen (Mt 5,17 ff; 23).

Christliches: 15,4 zit. Mt 25,21.23. In 11,2 findet sich ein einziges Mal in dem bei Denis, *Conc.* verarbeiteten gr. Textbestand das aus Mt so bekannte βασιλεία τῶν οὐρανῶν (aber vgl. 1.3.3 für ähnliche Formulierungen); hier ist Michael ihr Schlüsselbe-

---

[23] Allerdings zieht selbst Denis 752 daraus nicht den Schluss, dass der ganze Text oder dass diese Partie aus dem Hebräischen übersetzt sein müsste.

[24] So die slav. Fassung. – Die Genitive ἐλαίου und ἐλέου (hier 15,2) klingen in gr. Aussprache seit der Spätantike völlig gleich.

wahrer; vgl. Mt 16,19; 23,13. – 4,15 spricht vom „Blut Gottes",[25] das in Jesus Christus den Fluch von den Menschen genommen habe: Zu dieser vulgärtheologischen Vergröberung der Abendmahlslehre s. die Varianten in den NT-Ausgaben zu Apg 20,28. – Mehr bei Hage 18 f; Denis 770 f und v. a. Harlow 77–108; der Schlussbefund des letzteren ist (205–212): Ein jüdisches Buch wurde verchristlicht im Dienste der Substitutionstheologie. Oder, judenchristlich gesagt. Ein kirchlicher Mose löst den jüdischen Mose ab. – Argumente für christlichen Ursprung der Gesamtkomposition bei Bauckham 478 f.

Abfassungszeit und -ort: Man vermutet zeitliche und räumliche Nähe zu *Esra*- und *Baruch-Apk.*, also um 100 n. Chr. im Umkreis Judäas. – Zum **Sitz im Leben**, auch kirchlich, einige Vermutungen bei Hage 19. Kap. 11–19: Judenmission?

Rezeption: Im gr. Osten gelegentlich gelesen (Hage 20), blieb diese Schrift im Westen so gut wie unbekannt (Spur einer möglichen Benutzung im lat. Westen: Denis 761) bis zum Ende des 19.Jh. Im Osten war sie verbreitet v. a. bei den slavischsprachigen Bogomilen. – Ginzberg, *Legends* 4, 323 (und 6, 412) erwähnt unseren Text nebst rabbinischen Parallelen, letztere wohl im Sinne des Weiterdenkens einer Erzähltradition.

7.3.2 Die *Paralipomena Jeremiae (4.Baruch)* und Verwandtes

Der folgende Text existiert in einer bekannten Fassung (a) und zwei unbekannten (b, c), nicht gerechnet diverse Abkömmlinge, die noch jünger sein dürften. Sie alle können höchstens in Teilen noch für jüdisch gelten sowie in ihrer Grunderzählung:

a) die griechischen *Paralipomena Jeremiae*;
b) dasselbe, kürzer und titellos, als Teil der *Palaea historica*;
c) die erheblich längeren koptischen *Paralipomena Jeremiae*.

Fassung (a) hat mit (b) weder Anfang noch Schluss gemeinsam, sodass die Identität des (mehr oder weniger) gemeinsamen Mittelstücks bisher unerkannt blieb. Fassung (c) ist die ausführlichste, was ihr Interesse keineswegs mindert, denn in ihr wird manches verständlich, was vorher nur Rätselrede war. Das gibt zu vermuten, dass viele dieser Midraschtexte – das mag auch für die rabbinischen gelten – nur Kurzfassungen sind und Skizzen zum Auserzählen. Die schriftstellerische Fiktion lässt hier über den Ersten Tempel gesagt sein, was man sich über den verlorenen Zweiten Tempel fragte. Der Grundgedanke dieser Fortschreibungen des Jer-Buches fällt demnach in die Zeit zwischen der Eroberung Jerusalems 70 n. Chr. und dem Abtragen des Tempels 135 n. Chr. Ja, im Blick auf die Person des Königs Agrippa (II.), die hier als Hoffnungsträger

---

[25] Auch in Tit 1,3 f und 2,13 wird, zumindest bei flüchtiger Lektüre, zwischen Gottvater und Christus nicht mehr unterschieden. All das sind innerchristliche Schieflagen, die mit der einstigen jüdischen Messiaserwartung nichts mehr zu tun haben.

jener Zeit sichtbar wird, ist auf die Jahre bis zu dessen Tod gegen 100 n. Chr. einzuschränken.[26] In diese Zeit kann der Text (a) mit kräftigen Abstrichen noch gerechnet werden; (b) und (c) hingegen sind sehr viel neuer und haben mit der Erwartung einer Wiederherstellung des judäischen Staatswesens nichts mehr zu tun.

In der christlichen Rezeption hat das jeremianische Corpus der Septuaginta außer jenem schon älteren *Brief Jeremias* (2.1.8) einige Reaktionen auf die Tempelzerstörung zugesetzt erhalten, nämlich Klag als – noch ganz jüdische – Reaktion auf die erste Zerstörung und das nicht unverändert gebliebene *Bar.*-Buch (2.3.4) als Reaktion auf die zweite.

Zusätzlich zu dem Unheilspropheten Jeremia und seinem Schreiber Baruch tritt im Folgenden sein einstiger Helfer und Retter „Abimelech" hinzu, nicht zu verwechseln mit anderen Personen dieses Namens in der Hebräischen Bibel. Gemeint ist Jeremias äthiopischer Diener Ebedmelech (Jer 38[45],7 ff; LXX: Abdemelech, mit Varianten), dessen hebräischer Name zumeist in „Abimelech" verschliffen wird. Abimelech wird gebraucht als Fortsetzer der Rolle Jeremias ab dem Moment, wo sowohl dieser wie auch Baruch von einer Gruppe von Jerusalemer Polit-Akteuren nach Ägypten verschleppt werden (Jer 43[50],6).[27] Jeremia hatte ihm die Gnade erbeten, die Zerstörung Jerusalems nicht ansehen zu müssen (*ParJer.* 3,13f), und so verschläft er, während er „im Landgut des Agrippa" Feigen erntet, in einer auch sonst bekannten Art von narrativem Wunder von 66 Jahren Dauer (ebd. 5,2) das Unglück der Stadt. Auch diese Zahl mag zunächst ein Ausdruck von Naherwartung gewesen sein, wie sie im Judentum ab 135 n. Chr. erlosch (einige Strohfeuer ausgenommen). Eine vollständige Fassung dieser Legende gibt nur der sehr viel spätere Text (c).

---

26 Agrippa II., der Bruder der Berenike und vom Senat zu Rom mit dem Titel „Großkönig" Geehrte (Josephus, *Vita* 33), verwaltete durch Beschluss des Senats von Rom die Tetrarchien der Herodessöhne Philippus und Lysanias (Josephus, *Bell.* 2, 247.252) und damit weite Gebiete der einstigen Nordstämme, dazu auch noch manches mehr (Schürer/V. I 471–483). Sein Einfluss reichte bis Jerusalem insofern, als er der Bewahrer der Hohenpriestergewänder war, also bei jeder Neuernennung ein Investiturrecht ausübte. Offenbar richteten sich auf ihn Hoffnungen, er könne ein neuer König der Juden werden; vgl. 3.6.1. Die (meist anonymen) Erwähnungen dieses Agrippa in Mischna und Talmud lassen von solchen messianischen Hoffnungen nichts mehr erkennen. Agrippas Geschick im Vermitteln zwischen römischen und judäischen Interessen illustriert Josephus, *Bell.* 2, 453–461 und seine Romtreue ebd. § 345–404. Seine Herrschaft begann i.J. 53 (als er, aus Rom kommend, in dem ihm zugewiesenen Territorium ansässig wurde) und wurde auch nach der Niederlage von 70 n.Chr. (die er in Gesellschaft des Titus mitzufeiern hatte) wieder bestätigt.– Dass Rom ihm keinen Nachfolger gab und auch nichts wie ein Hohenpriesteramt neu aufkommen ließ, mag mit dem damals in Jamnia gegründeten, seinerseits romtreuen und Autonomie nur für den jüdischen Innenraum beanspruchenden Rabbinat zusammenhängen.

27 In der LXX-Textfolge ist das klar die letzte (und erfolgloseste) Phase im Leben des Propheten. Diese zugleich auch kürzere Fassung des Jer-Buches hat alle Chancen, die ältere zu sein gegenüber dem MT. E. Tov: „Some aspects of the textual and literary history of the Book of Jeremiah", in: P.-M. BOGAERT (Hg.): *Le livre de Jérémie* (BETL 54), 1997, 145–167 (430) unterscheidet sie als „edition [Rezension] I" vom MT als „edition II".

Eine christliche Deutung dieser drei Rollen – Jeremias, Baruchs, Abimelechs – als Gottesboten, denen das Volk Israel den Glauben versagt und denen gegenüber es seinen eigenen Gott verleugnet, wird spätestens zu Text (c) zu bemerken sein.

a) Die griechischen *Paralipomena Jeremiae*

Korrekt buchstabiert, lautet der Titel des jetzt vorzustellenden Textes lat. *Paralipomena Jeremiae* (oder *Ieremiae*) bzw., in Transliteration des Griechischen, *Paraleipomena (H)ieremiou* (jedenfalls nicht mit J).[28] Mit *Paralipomena* (παραλειπόμενα, „Übergangenes") wird in den Septuaginta-Über- und Unterschriften von 1.2Chr das Verhältnis der *Chronik*-Bücher (die ja in Wahrheit alles andere sind als eine Chronik) zu deren Vorlage, den *Königs*-Büchern bezeichnet: Was in letzteren „übergangen worden" sei, stehe nun dort. – Etwa so soll nun die Leserschaft dieses Buches für den Verlust des Tempels durch die vorher noch nicht erhältlich gewesenen Äußerungen desjenigen Propheten getröstet werden, der als erster den Verlust des Tempels voraussah.

Ein jüdisches Element ist in diesem Text die Wichtigkeit des Sich-Abgrenzens gegen die Heidenwelt (8,2f). 6,21 formuliert dtr. Bundestheologie, 7,22f verheißt Rückkehr „in unsere Stadt". Das ist ja wohl Judenchristentum. Weiteres dann nur noch Christliche s.u.

Online-Index Nr. 59; Harnack I 852 Nr. 57; II 565f; Stegmüller Nr. 114 und 114.1–13; Schürer/V. 292–294.

Einleitung und Übersetzung: Charlesworth II 413–425 (S.E. Robinson); Dupont-Sommer, *Ecrits intertestamentaires* 1733–1763 (J. Riaud); JSHRZ I/8 (B. Schaller) 1988; dazu VI/1,1 (Mittmann-Richert) 139–155; **Inhaltsangabe** 139f.

Einleitung: Denis 681–718. **Text** auch Denis, *Conc.* 863–865. **Anmerkungen:** Rießler (903–919) 1323.

Übersetzung mit Anmerkungen: J. Herzer (Übers., Komm.): *4 Baruch (Paraleipomena Jeremiou). Transl. with an Introd. and Notes* (Writings from the Greco-Roman World, 22), 2005.

Literatur: Lehnardt Nr. 2922–2989; DiTommaso 293–305 (auch zu b und c); **Neuere Studien:** B. Schaller: „Die griechische Fassung der Paralipomena Jeremiou: Originaltext oder Übersetzungstext?" (2000) in: ders.: *Fundamenta Judaica* (StUNT 25), 2001, 67–103; R. Nir: „Appendix: The tidings of the Christian resurrection and its conditions in Paralipomena Jeremiae", in: dies., *The Destruction* (s.o. 2.5.2), 203–237; dazu der Faszikel *JSPs* 22/2, 2000.

Handschriften: Jerusalem (10.Jh.; 11. Jh.) und viele neuere; Liste bei Schaller 689–692; Denis 691–697. **Erstausgabe:** Venedig 1609.

---

[28] Das antike Griechisch hat den *j*-Laut nicht (s.o. 0.8.3); das Latein hatte ihn von Anfang an. Das Vermeiden von j, aber Setzen von v in der konventionellen Schreibweise kommt aus dem Italienischen.

Titel in den Handschriften: Τὰ παραλειπόμενα Ἱερεμίου τοῦ προφήτου und andere Titel in einiger Vielfalt (Schaller S. 711). **Andere Benennungen:** Die Angaben bei Schaller 711 lassen schließen auf gr. Διήγησις περὶ ἁλώσεως Ἱερουσαλήμ (dazu s.u.: b); *Rest der Worte Baruchs* (so äth.; s.u. „Rezeption"); *Chronicles of Jeremiah* (sehr irreführend). Dieses Buch wurde auch *2.Baruch, 3.Baruch* und (häufiger) *4.Baruch* genannt (Denis 681). Verwechslung mit 7.3.1 s.d. – Armenisch: *Geschichte des hl. Jeremia des Propheten und seiner Jünger Baruch und Abimelech.*
Neuere kritische Ausgabe: R. KRAFT/A.-E. PURINTUN (Hg., Übers.): *Paraleipomena Jeremiou* (SBL.TT 1 = PSS 1), 1972.
Textanfang: Ἐγένετο, ἡνίκα ᾐχμαλωτεύθησαν. **Textschluss** fließend, könnte 9,12 gewesen sein: ἡ ψυχὴ αὐτοῦ εἰσέρχεται εἰς τὸ σῶμα αὐτοῦ πάλιν. Schluss des letzten Anhangs (9,32): Οὗτός ἐστιν ὁ λίθος ὁ βοηθὸς τοῦ Ἱερεμίου (als Grabinschrift Jeremias).
Wortindex: Wahl (Bauer), *Clavis* 605–628; Siglum bei Denis, *Conc.:* „Jer."
Alte Übersetzungen: arm. (Y. 358–364 = Iss. 282–304; Denis 700; Stone, *Studies* 77–89), äth., slav., rumän., neugriechisch; kopt. inediert (Denis 690.698).
Als **Frühestes Zitat** gilt ein nichtbiblisches Jer-Zitat, das Irenaeos gleich viermal bringt (3, 20,4; 4, 22,1 und 33,1.12; 5, 31,1; s. Harnack I 850; Denis 714) und an erstgenannter Stelle für „Jesaja" hält (denn es ist eine Anspielung an Jes 6). Es entspricht 9,20 der Fassung (a) und S. 315 Z. 13 ff v.u. der Fassung (b). Man kann es genauso gut, wenn nicht besser, als Bezeugung einer Vorlage werten. Sonst: Schweigen (Denis 690).
Ähnliche oder ähnlich benannte Texte: Ein sog. Jer.-Apokryphon auf Hebräisch, schon im Qumran, s.o. 2.2.9; es befasst sich im Sinne der hebr. *Daniel*-Partien mit dem selbstverschuldeten Schicksal Israels und seiner Kultgeräte nach dem Exil – dort noch ein Spiegel der Situation freiwilligen Exils vom Jerusalemer Kult, in welches die Essener sich begeben hatten. Alt, aber mit unserem Text nicht verwandt ist der *Brief Jeremias* (2.1.8). Als *Gebet des Propheten Jeremia* wird in Vulgata und arm. Bibel das Kap. 5 der *Klagelieder* geführt.
Ein *Jeremiae apocryphum*, worin das angebliche Jeremia-Zitat Mt 27,9[29] bereits gestanden habe, erwähnt Hieronymus' *Mt-Kommentar* z.St. (MPL 26, 205 B), der die Stelle bei Jer nicht fand, wohl aber in einem „hebräischen" Buch, das ein Jude (*Hebraeus*) der Nazarenersekte ihm gebracht habe. Skeptisch Harnack I 856: Dieses Apokryphon ist „um jenes Zitats willen erdichtet".
Stegmüller Nr. 112 und 112.1 nennt ein *Apocryphon Jeremiae* auf Syrisch. Weiteres unter Jeremias Namen in diversen Sprachen ebd. Nr. 112.2–9: *Legenda Jeremiae*, eine sonst unbekannte *Prophetia Jeremiae* und eine *Professio Jeremiae et Baruch*. Bei Kuhn 96 f Hinweis auf ähnliche kopt. Texte. Zu alledem vgl. Denis 712–718. Eine armenische Jeremia-Legende, die gleichfalls das „Dorf Agrippas" erwähnt, stark dialogisiert, aber mehr als ein Gespräch unter Jeremia und seinen

---

[29] Vielmehr Sach 11,13. Die Mt-Redaktoren dachten möglicherweise an Jer 32,6–9. Ihre Vorliebe für den Propheten Jeremia ist daraus ersichtlich, dass alle drei Nennungen seines Namens im NT bei Mt stehen.

menschlichen Begleitern, ist betitelt *Über Jeremia, den Propheten, aus der Schrift Baruchs* (Y. 349–357 = Iss. 252–281; dort 2 Fassungen synoptisch gegenüber). – Eine rabb. Jeremia-Legende mit vielen Ähnlichkeiten ist L. Prijs (Hg., Übers., Komm.): *Die Jeremia-Homilie Pesikta Rabbati Kapitel 26* (Studia Delitzschiana 10), 1966 (hebr. Text: 81–96).

Textsorte: Prophetenlegende, Vision (6,4ff) und Brief (6,16ff) eingeschlossen. Kap. 7 soll ein Brief sein, zu versenden durch einen Adler (vgl. 6,15), der sprechen kann.[30]

Zählung: 9 Kapitel, Verszahlen in älterer Lit. nach Ceriani, anders bei Kraft/Purintun (und hier); Schaller hat beide Zählungen. Die Verszahlen können um einige Einheiten abweichen.

Gliederung: wenig Merkmale; es ist über weite Strecken eine über καί, καί fortgehende hebraisierende Erzählung. Vgl. oben „Textsorte" sowie Mittmann-Richert 141. Die Rahmenerzählung endet in 9,22–32 mit der Steinigung Jeremias.[31] Tabellarische Übersicht nach inhaltlichen Gesichtspunkten bei Schaller 663f.

Literarische Integrität: Zwei Rezensionen werden unterschieden; die kurze gilt als die jüngere. Einiges Christliche in der für älter geltenden längeren hat den Charakter einer Glosse (6,25) oder eines Zusatzes (8,12ff), wird also eingeklammert. – Angehängter Schlussteil: Schaller möchte jedenfalls 9,13-Schluss (der bereits gestorbene Jeremia lebt da nochmals und sieht das Kommen Christi und der Apostel voraus) als christliche Fortschreibung einklammern, Denis schon 9,1ff.

Biblischer Bezug sind 4Kön 24–25 und v. a. Jer 36–39, also die Berichte über Jerusalems Ende (das erste, da das zweite keine Bibel erzeugte, sondern bei Josephus nachgelesen werden musste, dort in umso größerer Ausführlichkeit: *Bellum* 6). Die Handlung beginnt 1 Tag vor der Zerstörung Jerusalems unter Nebukadnezar (sein Name in 7,29). 1,1 zitiert Jer 1,18; 7,33 zitiert Ps 137(136),3f.

Historischer Bezug: 3,14.21 und 5,22 nennt „den Weinberg" bzw. „das Gelände des Agrippa". Die sich an dieses Gelände knüpfende Legende ist am vollständigsten erhalten in Text (c). Agrippa II., der Bruder der Berenike und vom Senat zu Rom mit dem Titel „Großkönig" Geehrte (Josephus, *Vita* 33), hatte durch Beschluss des Senats von Rom die Tetrarchien der Herodessöhne Philippus und Lysanias (Josephus, *Bell.* 2, 247.252) und damit weite Gebiete der einstigen Nordstämme zugeteilt bekommen, dazu auch noch manches mehr (Schürer/V. I 471–483). Offenbar richteten sich auf ihn Hoffnungen, er könne ein neuer König der Juden werden (s. o. Kopftext vor a). – Der „gesetzlose *basileus* (Kaiser)" von 7,25 kann gut Hadrian sein, dem man Unterdrückung des Judentums sowie Zwang der Christen zum Kaiserkult zur Last legte. Weitere Anspielungen lassen sich auf den damals stattgehabten Bar-Kochba-Krieg (132–135) beziehen, bzw. sie suggerieren eine Nähe dieses Textes zu jenen Ereignissen. Unklar, was den Anlass betrifft, ist die

---

[30] Zur Symbolik des Adlers in früheren Texten dieser Art s. 1.1.2 und 2.5.3.
[31] Vgl. *VitProph.* (8.1.1), „Jeremia" 1, wobei eine Rückkehr Jeremias aus Ägypten (wo in Jer 43–44[50–51] seine Spur sich verliert) vorausgesetzt wird.

antisamaritanische Spitze in 8,12 (nicht in der Fassung b). Verhielten sich die Samaritaner auch diesmal als die Angepassten (vgl. 1.3.1 Anm. 101)?

Quellen und Vorlagen waren jedenfalls die biographischen Partien des Jer sowie *Bar.* und vielleicht auch die *Baruch-Apk.* (2.5.2; Denis 707). Schaller 670f gibt eine Liste der Parallelen zwischen *ParJer., Baruch-Apk.*, dem Jeremia-Midrasch von *Pesiqta Rabbati* 26 und dem *Jeremia-Apokryphon* (unten, c; es hat nicht den chr. Schluss), ohne die Einflussrichtung bestimmen zu können. Insbes. von *Pesiqta Rabbati* gibt er an, hier werde „aus traditionsgeschichtlich verwandten Quellen" geschöpft. Nachstehend (b) noch eine Fassung dieses Textes. Eine Intertextualität zu Irenaeos s. o. „Zitat".

Hebraismen: „Biblischer" Textanfang mit „Und" + Verb und sonstige konventionelle Hebraismen des Septuaginta-Stils. Die Bibelzitate gehen nach der Septuaginta (3,7 zit. 1Chr 9,28; 5,18 zit. 1Esr 8,8 f.19 u. ö.; 5,24 zit. Gen 7,11; 8,2). Näheres bei Schaller, „Die gr. Fassung". Die nächste Rubrik wird sogar ein Missverständnis des LXX-Griechischen aufweisen (9,7). – In 7,29 bieten manche Ausgaben die Wendung ὁ θεὸς Ζάρ, woraus auf ein hebr. Wort geschlossen wird. Doch keine gr. Handschrift bezeugt das; es ist eine Konjektur nach einer selbst schon unverständlichen Stelle in der äth. Übersetzung. – **Gr. Stil:** Septuagintismus mit spätgriechischen Casusfehlern (z. B. 9,5 nicht kongruierende Apposition). Merkmale späten Ursprungs bzw. neutestamentlichen Einflusses sind Wörter wie φωταγωγεῖν (5,35; vor dem 2.Jh. nicht nachgewiesen),[32] μισθαποδοσία (6,6; vgl. Hebr 2,2.10; 10,35; 11,6), ἀναζῆν (7,18; vgl. Lk 15,24; Röm 7,9).

Christliches: Sprachliche Beobachtungen wurden eben gemacht. Inhaltlich: Die Erwartung einer Auferstehung als Rückkehr in den alten Körper wird ausgedrückt in 9,12–14. Just dort dürfte aber ein alter Schluss abgeändert worden und der Übergang zu allerlei christlichen Zusätzen geschaffen worden sein. – 9,21 „Ich sah Gott und den Sohn Gottes" (zit. Jes 6,9) steht am Anfang eines Traditionsstrangs „binitarischer" Populärtheologie. In den *Quaestiones Veteris et Novi Testamenti* des Ambrosiaster (ediert unter Augustins Namen im CSEL, Bd. 50, hier S. 122.148) findet sich gleichfalls die Auffassung, die Vision Jesajas (Jes 6) sei eine Christusvision gewesen. So bezeugt es Origenes, *Princ.* 1, 3,4 (Schoeps, *Theologie* 82 Anm. 1) für einen *Hebraeus doctor* (das meint einen Judenchristen): Die zwei Seraphim seien Christus und der Heilige Geist gewesen.[33]

Kap. 9 ist der Übergang in allgemein-christliche Populärtheologie und besagt nichts mehr über das antike Judentum. Doch weit vorher schon, in 3,17, mag man

---

[32] Was mit dieser „Lichtführung" ins „obere Jerusalem" gemeint ist, erfährt man in *Barn.* 18,1; 19,1. Vgl. 7.1.1 c.

[33] Diese Auslegung, die in abendländischer Theologie Fuß gefasst hat bis dahin, dass in einem bc kannten Luther-Lied Christus selbst den Namen „Herr Zebaoth" erhält, stützt sich noch in der Altprotestantischen Orthodoxie (hier: Wilhelm BAIER: *Compendium theologiae positivae*, 1694, Nachdruck 1864, 1, 1 § 30,2) auf Joh 12,41, eine der „binitarischen" (dabei aber auch vorösterlichen) Stellen dieses Evangeliums.

sich wundern bei den Worten: „Dies gesagt habend, stieg der Herr auf von Jeremia in den Himmel." Merkwürdig, wie schlicht und umstandslos Gott hier den Himmel verlässt, um alsbald dahin zurückzukehren. Soll, kann man „der HERR" schreiben? – oder ist nicht schon an Christus zu denken? Die fragliche Stelle ist ein Archaismus, genauer gesagt, ein Biblizismus, genommen aus Gen 17,22: „Es stieg (auch hier: ἀνέβη) Gott auf von Abraham". Echt-jüdische Paraphrasen wie *Jub.* oder der *LibAnt.* (1.1.1– 2) übergehen diese Stelle. Sollte das „biblische Judentum" demgegenüber so naiv gewesen sein, JHWH selbst Himmelsdurchquerungen machen zu lassen? Wenn im Judentum, sei es vor- oder nachchristlich, eines nicht voraus- oder mitgedacht wurde, ist es der Gedanke der Inkarnation. Wir wissen hingegen – und Text (b) zeigt es wieder –, dass christliche Phantasie späterer Jahrhunderte sich in vorchristliche Zeiten und Vorstellungen versetzt hat. Vollends wird die Allegorie klar als eine christliche in Text (c).

In vielen Details des Sprachgebrauchs ist dieser Text christlich: 5,19 εὐαγγελίσασθαι αὐτοῖς (Röm 1,15 etc.) καὶ κατηχῆσαι αὐτοὺς τὸν λόγον (Luk 1,4; Gal 6,6); 5,32 ἡ ἀνάπαυσις τῶν ψυχῶν (Mt 11,29 + 1Petr 1,9); 5,35 ὁ θεὸς φωταγωγήσει (*TestAbr.* A 7; vgl. *Barn.* 18,1) σε εἰς τὴν ἄνω πόλιν Ἰερουσαλήμ (Gal 4,26). Die singuläre Wendung 6,12 τὸ ἐκλεκτὸν φῶς, auf Christus zu beziehen (so Lampe s.v. ἐκλεκτός), ist Fusion zweier Christusprädikate; 9,3 („das wahre Licht, das mich erleuchtet") zit. Joh 1,9. In 7,9 τῷ λαῷ καὶ τῷ ἐκλεκτῷ τοῦ θεοῦ müsste das καί fehlen, damit dies noch ein jüdischer Text ist. 7,18 f ist eine Anspielung an die Passion nebst Aufruf zum Glauben. Ab 9,7 überwiegen christliche Formulierungen; das beginnt mit dem missverstandenen Gebrauch von θυσιαστήριον i.S.v. „Opferraum". In 9,30 f meint οἰκονομία soviel wie „Fügung".

Der Versuch, auch gnostisches Sprachgut in den *ParJer.* nachzuweisen, wird abgewiesen von J. HERZER in *JSJ* 30, 1999, 25– 39; vielmehr handle es sich um ein spätes, „barockes" Stadium religiöser Sprache, um Phänomene der Abnützung (etwa 6,9: „das erwählte Licht, das aus seinem Munde kam").

Abfassungszeit: Die zugrunde liegende jüdische oder judenchristliche Legende dürfte noch aus dem 1.Jh. stammen (s. Kopftext). – Als **Ort** ist Judäa anzunehmen; vgl. 2.4.2.

Abfassungszweck: wie auch in den anderen Texten dieses Abschnitts 7.3: Verarbeitung der Flucht aus – und des Fernseins von – Jerusalem.

Rezeption: Das Weitergehen der oben unter „Zitate" genannten, von Irenaeos schon bezeugten Überlieferung, die v. a. 1Kor 2,9 erläutern sollte, s. Denis 714– 718 sowie unten 7.4.7 a. Die äth. Kirche hat die *ParJer.* in ihrer Bibel. Liturgische Bücher der Ostkirchen (Menologien, Synaxarien) bieten Kurzfassungen der *ParJer.* zum 4. November (Kraft/Purintun 4 f; nicht mehr im *Synekdēmos*). Die Langfassung wurde zur Lesung am 1. Mai bestimmt (ebd. 3; der *Synekdēmos* bestimmt diesen Tag immerhin zur Erwähnung Jeremias). – Das Schlafmotiv kehrt in der Legende von den Siebenschläfern wieder, die, nach Ende der Christenverfolgungen, unter Theodosios aufgewacht seien, aber auch an anderen Stellen, ganz unabhängig von unserem Text. Im Talmud, *Ta'anit* 23a, erzählt R. Joḥanan (3.Jh.) eine ausführliche, rührende Geschichte dieser Art von einem 70-jährigen Schlaf Ḥonis des Kreisziehers (1.Jh. v.Chr.),[34] im Anschluss an Ps 126,1, also auch als Reflexion auf den Verlust Jerusalems. Jüdische Jeremia-Legenden, die aus demselben Fundus kommen, bietet Ginzberg, *Legends* 4, 294–313 (6, 384–404); sie sind zahlreich. Unser Text wird bei Ginzberg 4, 318–320 nach der äth. Fassung nacherzählt; Anmerkungen mit Verweisen auf Ähnliches s. 6, 409 f. – Jüdisches und Christliches, auch aus Dichtung und Kunst, bei Bocian 207–211.

b) Die *Narratio de Jerusalem capta*

Der folgende Text, der ungefähr dieselbe Geschichte erzählt, ist nur einmal gedruckt worden, in Moskau, und seither unübersetzt, damit auch unbeachtet geblieben. Er ist der kürzere und weniger christianisierte; darum soll er hier schon, und nicht erst in Abschn. 8, erwähnt sein. – Die folgenden Angaben verstehen sich ergänzend zu (a).

Stegmüller Nr. 91.11; vgl. 91.7–10.
Handschriften: s. u. 8.2.1. **Titel in den Handschriften:** Διήγησις εἰς τὴν ἅλωσιν τῆς Ἰερουσαλὴμ καὶ εἰς τὸν θρῆνον τοῦ προφήτου Ἰερεμίου καὶ περὶ τῆς ἐκστάσεως Ἀβιμέλεχ; Vassiliev übersetzt: *Narratio de Jerusalem capta et de lamentatione Jeremiae et de ecstasi Abimelech.*
Ausgabe: Vassiliev (0.9.1) 308–316. **Zählung** nach Seiten bei Vassiliev.
Textanfang: Ὁ μέγας οὗτος Ἰερεμίας ὁ προφήτης. **Textschluss:** ὅταν ἔθνη πάντα προσκυνήσουσιν (sic) ξύλον (folgen Segensformeln).
Konkordanz mit Fassung (a):

Vassiliev	ParJer.
S. 310 Z. 8 v.u.	1,1
314 Z. 4	5,31, danach viele Unterschiede
314 Mitte	vgl. 6,15 (aber nichts wie die o.g. „Zar"-Stelle)
315 vor der Lücke	8,2
ebd. nach der Lücke	9,20 (Stichwort εὐαγγελίζεσθαι); folgt fast wörtlich 9,21: „Ich sah Gott und seinen Sohn" (*ParJer.* „…und den Sohn Gottes")
316 Z. 3	9,28
folgende 11 Zeilen (Schluss)	≠ 9,29–32 (Schluss).

Literarische Integrität: Dieser Text wirkt inhaltlich und sprachlich homogener als (a), was freilich auch an stärkerer Überarbeitung liegen kann. – Auf S. 315 ist das Fehlen eines ganzen Blattes vom Herausgeber angezeigt.
Biblischer Bezug und **historischer Bezug:** vgl. (a). Der Weinberg Agrippas ist auch hier erwähnt (S. 311, letzte Zeile).
Quellen und **Vorlage:** s.o. (a); mehr unter 8.2.1.

---

[34] Er starb in den hasmonäischen Flügelkämpfen d.J. 63 v.Chr. (Josephus, *Ant.* 14, 22–24).

Hebraismen (griechischer) Stil: Kirchengriechisch mit den typischen Fehlern (z. B. dem fast stets als Richtungscasus missbrauchten Dativ), jedoch ohne Schwulst. Unsicherheit im grammatischen Detail zeigt sich schon im wechselnden Partikelgebrauch des Titels. Im Schlusssatz ist das *schema Atticum* nicht beachtet. Fehler, die auf Abschreibversehen zurückgehen könnten, werden bei Vassiliev durch behutsame Konjekturen behoben.

Abfassungszeit und -ort (s. 8.2.1): byzantinisch. Für die **Rezeption** s. ebd., für Jeremia-Legenden in Judentum und Christentum s. o. (a).

c) Die koptischen *Paralipomena* Jeremias

Der folgende Text, auch ein Jeremia-Apokryphon (wie sein Herausgeber es sogar betitelt), ist ediert in einer Zeitschrift, die orientalisch-Christliches bringt, und seitens der Pseudepigraphenforschung so gut wie unbeachtet geblieben. Er ist so jüdisch und so christlich wie alle anderen in diesem 7. Abschnitt: christlich in seiner Endgestalt, zumal in einer nur von Christen geschriebenen Sprache; jüdisch aber in den Wunschvorstellungen, die sein – in der Zeit des Babylonischen Exils gelegener – Erzählinhalt transportiert. Dazu zählt etwa die Anbetung des Einen Gottes durch Israels Besieger Nebukadnezar (Kap. 21).

Gemäß diesem spätesten Stadium von Jeremia-Legenden spielt Abimelech eine Hauptrolle; den Propheten selbst haben gewisse Umstände gehindert. Ebenso ist der in Kap. 34 auftretende Esra hier nun schon ein Prophet, mit Daniel und Hesekiel in einem Atemzug genannt, und überdies ein Wundertäter (Kap. 32) mit einem Kunststück, das christliche Tradition sonst dem jungen Jesus zuschrieb. Dies ist also die weitererzählte Grundlegende von 2.5, parabiblisch zum Parabiblischen. Die Betrachtung der Vergangenheit dient hierbei einem Geltungsanspruch in der Gegenwart. Schon in 2.5 war die hermeneutische Regel, dass Texte über die erste Tempelzerstörung ein Kommentar sind zu der zweiten. Schon dort kommen wir in die Zeit des bereits entstandenen Christentums. Konnte dieses unter 2.5 vielleicht noch außer Betracht bleiben oder hatte man mit diesem noch eine gemeinsame Perspektive, so entsteht jetzt eine Geschichtsallegorie antijüdischer Art, ein narratives Pendant zu all den diskursiven oder häufig auch dialogisierten *Adversus-Judaeos*-Texten, deren Masse eine eigene Bibliographie füllt (0.7.2 Anm. 151). Woher dieses große Interesse an Jeremia, dem Warner Israels, und dem ihm ergebenen Personal? Man lese nur den hier angezeigten Text: Sein Jeremia ist ungenannterweise Jesus, und sein Schreiber und sein Diener verkörpern narrativ-singularisch die Evangelisten und Apostel. Das war die ideale Vorgabe, um eine Selbstdarstellung der Kirche auf den Ruinen des Judentums zu pflegen.

So gesehen, dürfte dieser Literaturzweig erst im 8. Abschnitt genannt werden. Er folgt jedoch wie so manches (etwa 2.2.2) weitgehend einer jüdischen Erzählung, die sich auch im Rabbinat wiederfindet (Ginzberg, *Legends* 4, 299 f. 318–320; 6, 389.409 f). Diese mochte ursprünglich, wie auch die *Esra-Apk.*, ein Ausdruck der Buße sein. Das war sie dann im Christentum, sobald sich dieses nicht mehr solidarisch fühlte, nicht mehr; ganz im Gegenteil. Das Motiv des 70-jährigen Schlafes, das ursprünglich wohl die Hoffnung ausdrücken sollte, die zweite Tempelzerstörung werde nicht länger währen als die erste, verliert nun diesen Sinn. Ginzberg vergleicht es mit anderweitigen Verwendungen quer durch Judentum, Christentum und Islam.

Hier aber, in den kopt. *Paralipomena Jeremias*, erfahren wir nun endlich, was es mit dem „Gelände des Agrippa" auf sich hat: Just dort soll Abimelech beim Heimbringen geernteten Obsts in einer Höhle eingeschlafen sein und jene siebzig Jahre verschlafen haben, in welchen Jerusalem wüst lag. Selbst die Feigen in seinem Korb blieben frisch, wird erzählt (Kap. 22; 38–40). So ist dieses Gelände ein gewisses Pendant zum Acker von Anathoth (Jer 39 [32]), der hier, paradiesesähnlich, zum Obstgarten wird und nicht mehr im Stammesgebiet von Benjamin liegt (im Süden), sondern in dem von Zebulon (im Norden). Diese und andere Eigenheiten des sonst christlichen kopt. Textes nötigen zu seiner Einbeziehung in den gegenwärtigen Abschnitt.

Einleitung: Denis 710–712.
Erstveröffentlichung des kopt. Textes mit **Einleitung und Übersetzung:** K. H. KUHN: „A Coptic Jeremiah apocryphon", *Le Muséon* 83, 1970, 95–135.291–350. **Paraphrase** bei Kuhn 98–100. Vgl. unten „Gliederung".
Literatur: Lehnardt und DiTommaso s. o. (a); Schaller 673 Anm. 53. Kraft 139 weist auf die eben genannten Esra-Passagen hin.
Handschriften: New York, Pierpont Morgan 578 (9.Jh.); andere Fragmente, gleichfalls koptisch (sahidisch), gehen zurück bis in 7.Jh. Eine fotografische Veröffentlichung von 1922 und frühere Übers. ins Engl. und Frz. s. Kuhn 95.
Titel in der Handschrift: *neParalypomēnon* (sic) *nIeremias pe-prophētēs* (= Παραλειπόμενα Ἰερεμίου τοῦ προφήτου); **andere Benennungen:** vgl. „Alte Übersetzungen". Zur Unterscheidung von (a), so scheint es, nennt der Herausgeber diesen Text *Jeremia-Apokryphon*.
Textanfang: *Pšače mpčojs afšōpe ša Ieremias* („Das Wort des HERRn geschah zu Jeremia"); **Textschluss:** *awi ehun epēi mpčojs nkesop* („sie gingen ins Haus des HERRn erneut"); folgt Übergang in eine trinitarische Schlussdoxologie.
Index der gr. Wörter bei Kuhn 340–350.
Alte Übersetzungen: äth., arab. und karschun. u.d.T. *Geschichte der Gefangenschaft in Babylon*.
Früheste Bezeugung: 7.Jh. (s. „Handschriften").
Ähnlich benannte Texte: siehe unter (a).
Textsorte: Bibelparaphrase, christlicher Midrasch, Erzählpredigt zum Jer-Buch. Eingeschaltet sind mehrere Briefe sowie Gebete (27: Jeremia; 34: Esra). Ungefähr so ist die Variationsbreite auch in *1.2Makk*.
Zählung seit Kuhn in 41 Kapiteln (keine Verse); Textüberschüsse aus anderen, fragmentarischen Fassungen sind bei ihm S. 327–336 abgedruckt, übersetzt S. 337–339.

Gliederung: rein narrativ, durch Zeitadverbien („und danach" o. ä.) und durch unvermittelt hinzukommende Personen (Kap. 5, Kap. 6), gelegentlich auch diskursiv (Redeeinleitung „und jetzt", 3,1). Kuhns Kapiteleinteilung richtet sich nach diesen Einschnitten. Eine noch zu wünschende Untersuchung dieses Textes könnte nach folgender Matrix verfahren (Angaben beispielhaft, unvollständig), aus welcher die Machart des Ganzen deutlich werden mag:

Kap.	Inhalt eingerückt: nichtbiblisches Element	Bibelstelle	ntl. Anspielung
1	Der HERR beauftragt Jeremia zu einem Bußappell an Israel	Jer 2,1 u.ö.	
2	Rückblick auf den Exodus	Ex 7–15 u.a.	
3	Unheilsankündigung	Jer 11,22; Dtn 32,30	
4	Sendung Jeremias zu König Zedekia	Jer 27,1 ff	
5	Hananja tritt gegen Jeremia auf und veranlasst seine Verhaftung	Jer 28(35)	
	Der König veranlasst Hananja zum Eingreifen		
6	Abimelech erwirkt Jeremias Herausholen aus der Zisterne	Jer 38(45),7 ff	
	„Er (Abimelech) ist Agrippa, der König von Sebulon"[35]		
7	Der HERR beauftragt Jer. erneut, Zedekia Unheil anzukündigen	Jer 52,9 ff	
	Zedekia wird neben Nebukadnezars Kriegswagen herlaufen müssen		
8	Jer. bittet, nicht gesandt zu werden; mahnt durch Baruch schriftlich	Jer 32(39)12 ff	
	Er schreibt selbst; Baruch ist nur Bote		Mt 23,37
9	Zedekia lässt Jeremia verhaften	vgl. 1Sam 17,44	
	Der Teufel fährt in Zedekia		Joh 13,27[36]
10	Jer. wendet sich um und bedroht den König mit Unheil (vgl. Kap. 7)	(Formel aus Gen 16,5 u.ö.)	
11	(Dublette) Jer. wird ins Gefängnis geworfen, bedroht das Volk;	Erinnerung an Ex 13 und 16	
	Der HERR will dem Volk nunmehr 70 Plagen senden		
12	Das Volk hört nicht; Ebedmelech mahnt; auf sein Bitten wird Jeremia aus der Zisterne geholt (wo er gar nicht war) und ins Gefängnis überstellt. Er empfängt von Jer. die Verheißung: „Du wirst die Zerstörung Jerusalems nicht sehen".		
13	Erneute Sünden Zedekias: Er lässt die zwei Säulen „die dem Tempel des HERRn Licht gaben" (?), in den Astarte-Tempel versetzen	vgl. 3Kön 7,21	Mt 2,16

---

35 *Ete Agrippas p-rro n-Sabulonos pe* (sic; ein Satzzeichen vor *pe* ist irrig): Hier wurde offenbar der Genitiv Ἀγρίππα nicht verstanden. In Kap. 12 ist dann klar, dass Abimelech ein Diener *des* Agrippa ist. Interessant ist aber die Bestimmung seines Herrschaftsgebiets als „Zebulon". Das paraphrasiert die oben gegebenen politischen Angaben in der Sprache des Mt (Mt 4,13–15 < Jes 8,23–9,1).
36 Kombiniert mit Joh 13,2, darum die Wortwahl *diabolos*.

An dieser Stelle, wo ihm auch noch ein Mord „aller Kinder von 2 Jahren und darunter" angelastet wird (zum Zweck von Menschenopfern), mag diese Wiedergabe abbrechen: Dies ist ein antijüdischer Traktat von der primitivsten Sorte, der sich aber jüdischer Materialien bedient.

Literarische Integrität: Das Werk ist zusammengesetzt. **Besonderheit:** die Legende von Ebedmelechs Schlaf (22.38–40) sowie diejenige vom Wasser, das vom Gewand gehalten wird (32.34), wird hier von Esra erzählt. Dies ist ein Wandermotiv; vgl. „Rezeption". – **Kap. 32–34** sind ein Esra-Midrasch, wohl im Nachgang zu bereits vorhandenen Apokalypsen im Namen dieses Schreibers (biblisch) und Sehers (nachbiblisch; vgl. 2.3.1); Inhaltsangabe hierzu und kurze Würdigung bei Kraft 139.

Biblische Bezüge sind genommen aus Jer (s. Tabelle) und überhaupt aus Pentateuch, Propheten und Dichtungen; Nachweise bei Kuhn in den Fußnoten. Rückgriffe auf Details der biblischen Geschichte geschehen ohne chronologische Rücksichten, als pure Typologie.

Historisches? Der Bezug auf das Babylonische Exil (wie auch der auf den Exodus) ist schriftgelehrte Reminiszenz, in ihrem historischen Gehalt überfremdet von Prophetenstellen, denen zufolge das Exil nicht 50, sondern 70 Jahre gedauert haben müsse (Jer 25,11–13; so auch Dan 9,2), und dient nur einer Typologie, bezogen auf die Zeit nach 70 n.Chr. – Zahlen können in diesem Text noch absurder sein als im *2Makk.*; Nebukadnezar führt ein Heer von über 12 Millionen Soldaten (21). – Aufschlussreich ist trotz des Anachronismus der Rückgriff auf König Agrippa (II.): Diesem Urenkel des Herodes, in Josephus' *Vita* nicht weniger als 17mal erwähnt und dem auch Paulus begegnet ist (Apg 25,13–26,32), hatte schon Claudius sein Königreich, das vorher nur eine der nördlichen Tetrarchien gewesen war, über Samarien und Judäa hin ausgeweitet (so jedenfalls Josephus, *Bell.* 2, 215f; *Ant.* 19, 274), und Vespasian belohnte ihn nach 70 n.Chr. für seine (in Josephus' *Bellum* ausführlich geschilderte) Romtreue mit einer Vergrößerung seines Herrschaftsgebiets (Photios, *Bibl.* 33, aus Justus v. Tiberias – 3.6.1).[37] Möglicherweise ist er für Juden wie für Judenchristen, solange er lebte, ein Hoffnungsträger gewesen in Bezug auf eine Wiederherstellung des Tempels. Aus seiner Zeit muss die Legende stammen, die eine seiner Plantagen mit Jeremias Acker in Anathoth identifiziert.

Quellen bzw. **Vorlage:** *ParJer.* 5 kehrt inhaltlich wieder in Kap. 22 und 38 f. Jüdisch ist vielleicht noch die Legende vom Verbergen und (mirakulösen) Wiederbekommen

---

37 Auch Cassius Dio 60, 8,2 (Stern II S. 367 f) u. a.; vgl. oben 7.3.2. Genaueres ist bis auf eine minimale Andeutung nicht bekannt (Schürer/V. I 477 f). Rechtlich war dieser Judäer zugleich römischer Bürger, zumal wenn er „consularische Ehren erhielt" (Cassius Dio a.a.O.). Vorher, unter Claudius, hatte er schon das Herrschaftsgebiet des Varus (im Libanon) erhalten; Schürer/V. I 472 Anm. 7; dieses ist hier also nicht gemeint. Nachmals wurde aus Agrippas gesamtem Gebiet ein Teil der Provinz Syrien.

der Priestergewänder und des Ephod (28; 41),[38] dann wohl auch die Esra-Legende in 32.

Hebraismen wie etwa ein Anfang mit „Und es geschah" und Formeln, die über die Septuaginta bekannt sind. **Stil:** schlichter biblischer Erzählstil. Das Koptische ist sehr voll mit Fremdwörtern, z. B. *n-angelos mpe-prosopon* (sic, 13) = οἱ ἄγγελοι τοῦ προσώπου; griechische Casus sind stehen geblieben;[39] dieser Text ist offenbar übersetzt. – **Stil:** Griechisches ist stark verderbt, ο und ω werden nicht mehr unterschieden, auch nicht ι, η und υ. Ein Wort wie *edēma* (20) lässt nicht erkennen, ob αἴτημα oder ἔνδυμα gemeint ist. Das freilich sind eher innerkoptische Übermittlungsfehler.

Christliche Zutaten (Anspielungen) sind häufig; s. obige Tabelle. Israeliten würden sich nicht in einem Grab aufhalten (9; 35), würden nicht irgendwo im Freien opfern (34) und sich keine Maultiere schenken lassen (37). Ein missverstandener Gebrauch des Wortes ὁμοούσιος (34: Gott sei der einzige *huma-usios*)[40] erweist diesen Text(-teil) als nicht älter als das 4.Jh. n.Chr. In Kap. 26 sind die Israeliten immer noch das Zwölfstämmevolk. Das Motiv des Suchens nach einem Menschen mit Lampe in der Hand am hellen Tag (28) geht auf Sokrates zurück. Ebd. ist – nach einigen klar christologischen Partien – die Rede von zwei Bünden, dem Alten und dem Neuen.

Abfassungszeit und -ort: Die gr. Vorlage ist zwischen dem 4. und dem 7.Jh. irgendwo im gr. Osten entstanden. **Adressaten, Sitz im Leben:** Texte dieser Art wurden zumindest in monastischen Gemeinden an Gottesdiensten und auch zu Mahlzeiten vorgelesen zwecks Erbauung. Der Gedenktag des Propheten Jeremia ist in der gr. Kirche der 1. Mai.

Abfassungszweck: Paränese, mahnendes Erinnern der biblischen Geschichte (so weit könnte es noch ein jüdischer Zweck gewesen sein); Verleumdung des Judentums als Verrat seines Gottes.[41]

Rezeption: Das Wunder von dem Gewand, das zum Ersatz eines fehlenden Kruges Wasser hält, steht auch im *Kindheitsevangelium des Thomas* 11 (bzw. 9, lat. Fassung) und ist wohl eher dorthin gewandert als von dort. – Zu Jeremia-Legenden, jüdischen wie christlichen, s. 7.3.2 vor (a). Zum Motiv des Schlafs über mehrere Lebensalter hinweg s. (a), „Rezeption".

---

38 Bekannt war demgegenüber aus 4Kön 24,13 und Dan 5,2f, dass die übrigen Tempelgeräte nach Babylon verloren gingen.
39 Z. B. in Kap. 2, letzter Satz: *če mn rro ndikaion hičōtn:* warum *dikaion,* nicht das übliche *dikaios?* Die Vorlage lautete offenbar: διὰ τὸ οὐκ εἶναι βασιλέα δίκαιον ἐφ' ὑμᾶς. Ebenso in Kap. 6 der stehen gebliebene Genitiv *Sabulonos* (sic) usw.
40 Hier erweist sich wieder, dass der HERR dieses Textes eigentlich nicht in Kapitälchen zu nennen wäre; gemeint ist der himmlische Christus des modalistischen Volksglaubens. Das Koptische kennt die Sprachregeln des LXX-Griechisch nicht; es muss immer *pčojs* sagen, wie das Dt. auch: „der Herr".
41 Dieser Gott sollte nach Meinung der hier schreibenden Mönche der himmlische Christus sein; s. vorige Anm.

7.4 Apokalypsen im Namen alttestamentlicher Personen

7.4.1 Das *Buch der Geheimnisse Henochs (2.Henoch, Slavischer Henoch)*

Der Name Henochs, des – von Abel abgesehen – ältesten Gerechten der biblischen Urgeschichte, durchzieht das parabiblische Schrifttum, und eine gewisse, besonders in Italien vertretene Forschungsrichtung rechnet mit einem sich durchhaltenden „Henoch-Judentum". Wie lange dieses in den Jahrhunderten nach dem Verlust des Tempels noch Judentum war, ist eine der hierbei offenen Fragen.

Die nun vorzustellende Apokalypse hieß bisher meist *Slavischer Henoch*, weil nur zwei kirchenslavische Rezensionen bekannt waren, eine kurze und eine lange, beide jeweils in divergierenden Fassungen. Mit dieser Benennung sollte nicht gesagt sein, dass sie erst im slavischen Christentum entstanden sei; dass sie wenigstens aus dem Griechischen übersetzt, vielleicht auch weiter bearbeitet war, davon konnte man ausgehen. Unlängst haben sich nun Fragmente eines koptischen Textes gefunden, der mit einiger Wahrscheinlichkeit (nur wenige Worte sind erhalten) aus diesem *Henoch*-Buch kommt, u.z. aus seiner kürzeren Fassung; das freilich passt gar nicht zu bisherigen Annahmen über dieses Buch. Eine griechische Vorlage für dieses Fragment ist grundsätzlich anzunehmen. Was in byzantinischer Zeit die Distanz von Nubien bis nach Nowgorod überbrückte, war die einstige Weltsprache und nunmehrige Kirchensprache Griechisch.

Von einer aramäischen Vorstufe fehlt hier jede Spur. Ja selbst für das Griechische kann ein vorchristlicher oder auch nur frühchristlicher Ursprung nicht belegt werden. Origenes sprach noch immer von „dem" *Henoch*-Buch im Singular (oben 1.5.2). Jene singuläre Stelle jedoch, wo er ausnahmsweise in den Plural geht, hat uns bereits als Hinweis gedient, wie das jetzt zu besprechende, wohl *nach* ihm erst entstandene Henochbuch zu seinem Titel kam (ebd., Kopftext). Es dürfte entstanden sein als Sammelbecken für das, was nach dem Zustandekommen des griechischen *Henoch*-Buchs (1.5.2) sich immer noch an Henoch-Traditionen fand. Alles ist freilich auch hier nicht erfasst; so bleibt noch Material für die Rubrik „ähnliche Texte".

Der slavische Text liegt vor in einer längeren Fassung A und einer kürzeren Fassung B, so benannt, weil man die kürzere, bisher wenigstens, für die jüngere hielt, also für gekürzt; dazu 0.2.7 und als immerhin gut gesichertes Beispiel das *Tobit*-Buch (1.2.1). Zur Vermeidung von Verwechslungen wird im Folgenden stets nur von „kurzer" und „langer" Fassung die Rede sein.

Online-Index Nr. 73; Harnack II 564, dazu Bonwetsch ebd. 913 f; Stegmüller Nr. 79 und 79.1–8; Schürer/V. 746–750. **Inhaltsangabe** z.B. bei Stone, *Writings* 407; mit Kommentar: Woschitz 687–704.

Einleitung und Übersetzung: Charlesworth I 91–221 (F. ANDERSEN); JSHRZ V/7 (Ch. BÖTTRICH) 1995; Dupont-Sommer, *Ecrits intertestamentaires* 1167–1223 (A. VAILLANT/M. PHILONENKO). Engl. Übers. der kurzen Rezension: A. PENNINGTON in: H. F. D. SPARKS (Hg.): *The Apocryphal Old Testament*, 1984, 321–362, zu vergleichen mit der jeweils rechten Seite bei Andersen. Ein Ordnungsproblem: Was bei Andersen 215–221 wie ein Anhang aussieht, sind nicht platzierte Reste aus den bei Charles einst unberücksichtigten Fassungen.

Einleitung: Denis 145–171; Stone, *Writings* 406–408; Nickelsburg 221–225; Collins, *Identity* 252–255. **Anmerkungen:** Rießler (452–473) 1297f (nur zu Kap. 1–67).

Literatur: Lehnardt Nr. 8921–8992; DiTommaso 431–448; vgl. 427–430 zum *Buch Noahs*; Orlov, *Studies* 222–243. – Grundlegend: Ch. BÖTTRICH: *Weltweisheit, Menschheitsethik, Urkult. Studien zum slavischen Henochbuch* (WUNT II/50), 1992, bei Andersen nicht berücksichtigt.

Neuere Studien: Bauckham 285–291; Orlov, *The Enoch-Metatron Tradition* 148–333; ders.: *From Apocalypticism*, Kap. 1–7; ders., *Studies* 93–164; ders.: „2Enoch 35,2 and Sefer Hekhalot 48 d:10" in: DiTommaso/Böttrich, *Apocrypha* 337–351. – **Zum kopt. Fragment** (s.u. „Handschriften"): A. ORLOV/G. BOCCACCINI (Hg.): *New Perspectives on 2 Enoch. No Longer Slavonic Only* (Studia Judaeoslavica, 4), 2012; Ch. BÖTTRICH: „The Angel of Tartarus and the supposed Coptic fragments of 2 Enoch", *Early Christianity* 4, 2013, 509–521.

Handschriften: Volltexte nur slavisch: Wien (14.Jh.) und über 20 spätere; Listen bei Böttrich, *Weltweisheit* 3 und Böttrich (JSHRZ) 791–795; Andersen 92; Orlov, *Enoch-Metatron Tradition* 357; bei Denis fehlerhaft.[42] – Auf **Koptisch** (Sahidisch) sind vier kleine Pergament-Fragmente in Qasr Ibrim (Nubien, Insel im Assuan-Stausee), 1972 gefunden, fotografiert (betrifft Frg. 1–3) und transkribiert worden; seither sind sie verschollen. Beschreibung und Fotos bei J. HAGEN: „No longer Slavonic only. 2 Enoch attested in Coptic from Nubia", in: Orlov/Boccaccini, *2 Enoch* (s.o.) 7–34. Datierung der Schrift nach: 4., spätestens 5.Jh. – Übersetzung von Frg. 1–3: Hagen 19f; Fotos: 32–34. Es lassen sich zuordnen (in dieser Reihenfolge) *2Hen.* 36,3f; 39,3–8; 37,1f (*sic*); 40,1–5.8–13; 41,1f; 42,1–3. Die wenigen Zeilen (-teile) von Frg. 4 sind noch nicht gelesen. – Das angebliche **lat.** Fragment s.u. „Ähnliche Texte".

Erstausgabe slav. z.T. durch A. N. Pypin 1862, erweitert durch A. N. Popov 1880; erste vollständige Ausgabe: Sokolov (übernächste Rubrik). Engl. Übers.: R. Morfill/R. H. Charles 1897.

Titel in den Handschriften: *Bücher der heiligen Geheimnisse Henochs* o.ä., mit vielen Varianten; Andersen bevorzugt, einzelnen Handschriften folgend (102 Anm. b), den Singular: *Buch der Geheimnisse Henochs*. **Kurztitel:** *2.Henoch; Slavischer Henoch*.

Neuere kritische Ausgabe: kurze Fassung: A. VAILLANT (Hg., Übers.): *Le livre des secrets d'Hénoch,* 1952 (slav.-frz.); beide Fassungen: M. I. SOKOLOV (Hg.): *Materialy*

---

[42] Für eine kritische Durchsicht dieses gegenwärtigen Abschnitts danke ich meinem Kollegen Christfried Böttrich und verweise für alle hier etwa vermissten oder unrichtigen Details auf dessen Veröffentlichungen.

i zametki po starinnoj slavjanskoj literature, Bd. 1: „Materialien" (Texte), 1899; Bd. 2: „Studien", 1910 (postum; vgl. Böttrich 823 f).

Textanfang in JSHRZ nach einem von V.1–6 reichenden Vorspann: „Zu jener Zeit, sprach Henoch, als...". **Textschluss** der kurzen Fassung (72,10) bei Andersen: „And there was great joy and great grief for Nir because he had the child in the place of a son". Textschluss der langen Fassung (73,9) bei beiden: Nach einem Ps.-Datum, dessen ägyptische mit der jüdischen Monatsangabe nicht übereinstimmt und das einfach nur „alt" klingen soll, folgt: „Er lebte im Ganzen 950 Jahre in dem Herrn, unserem Gott"; folgt Doxologie.

Index der Eigennamen bei Böttrich (JSHRZ) 1040.

Synopse der langen und der kurzen Fassung (engl.) bei Andersen.

Frühestes Zitat: nichts Sicheres aus der Antike (Denis 155 f gibt Späteres). Böttrich 802 nennt eine inhaltliche Parallele zwischen 30,13 f und Ps.-Cyprian, *De montibus Sina et Sion* 4 (vor 240 n. Chr.), wo letztere Stelle sich als Missverständnis dessen erklären lässt, was die erste bietet. Damit ist mindestens auf eine der Vorlagen dieses komplexen Werkes hingewiesen. Gnostisches s. u. „Rezeption". – **Früheste Erwähnung:** Schürer/V. 749 erwägt, Origenes, *Princ.* 1, 3,2(3) („in Enoch libro") auf *2Hen.* 24–30 zu beziehen, nämlich das Motiv der Reue der gefallenen Engel. – Spuren des Vorhandenseins der **gr.** Originalfassung noch im 13.Jh. nennt Denis 156; sie betreffen 8,4–6 und 11,4 f.

Ähnliche oder ähnlich benannte Texte: Reste griechischer *Henoch*-Texte, die auch im *2Hen.* nicht platzierbar sind, wurden in 1.5.2 aufgeführt. Für die Melchisedek-Kapitel vgl. Denis 216–220. – **Lateinisches:** 30,13 f der langen Fassung findet sich wieder in einem *Adam octopartitus* (Handschriften ab 9.Jh.), wo die gr. Vokabeln des dort zu findenden Wortspiels (s. u.: „Bemerkenswerte Stellen" zu *ADAM*) zitiert und zu Engeln gemacht werden. Text bei Denis, *Conc. latine* 629; Lechner-Schmidt, *Wortindex* 240 f; dazu Denis 150 und v.a. Ch. BÖTTRICH: *Adam als Mikrokosmos* (Judentum und Umwelt, 59), 1995; Weiterübersetzungen ins Rumänische und in slav. Sprachen sind erhalten. – DiTommaso 448 f verweist noch auf ein *De Adami compositione et nomine* auf Latein, Slavisch und Irisch. Dieses ist anders eingeordnet bei Stegmüller Nr. 75.20. Ebd. Nr. 81: Erwähnung einer (nicht auffindbaren) syr. *Henoch*-Apokalypse.

Textsorte: 1–37 Apokalypse des „kosmischen" Typs (Himmelsreise, mit Rückkehr);[43] damit narrativ verbunden: 38–67 Testament. Näheres bei Böttrich, *Weltweisheit* 209–211. Der Melchisedek-Text 71–72 ist eine typische Geburtslegende. – **Literarische Besonderheit:** Dieser Henoch präsentiert sich als Schreiber von 360 bzw. 366 Büchern (23,1.6; expandiert aus *1Hen.* 4,17–19; vgl. *Jub.* 4,17–22); er „weiß alles" (40,1). Allerlei Auskünfte von seiner Himmelfahrt gibt er, bes. in der langen Fassung, in Listenform; vgl. die Engellisten etc. im *3Hen.* (1.5.4 b).

---

[43] Für Henoch eigentlich erstaunlich angesichts der Reise ohne Rückweg von Gen 5,24. Das *3Hen.* hat wenigstens noch Rabbi Jišmaʻel als literarischen Boten der Vision.

Zählung: Die engl. Erstausgabe durch R. H. Charles gliederte in 73 Kapiteln; gewöhnlich richtet man sich, wie er, nach einer der langen Fassungen. Die slav. Kapitelüberschriften und -nummern, die es verschiedentlich gibt (dt. bei Böttrich [JSHRZ] 796–799), variieren stark. – Kurzfassung: 24 Kapitel (Vaillant nach den slav. Ausgaben). Näheres bei Böttrich, *Weltweisheit* 18–20.

Gliederung: Die Langfassung enthält: 1–2 Einleitung; 3–37 Reise Henochs durch die sieben Himmel; ihm wird der Gang der Welt offenbart; 38–66 ethische Ermahnungen (Testament) des auf die Erde zurückgekehrten Henoch; 67–68 Tod Henochs, mit Amen-Schluss. – Als „Kap." 69 ff zählen Teile aus älteren Fassungen, bes. die *Legende vom Priestertum der Nachkommen Henochs, Methuselah, Nir*[44] *und Melchisedek*; 71–73 ist ein eigenständiger Melchisedek-Midrasch; vgl. 2.2.6. Detaillierte Gliederung bei Böttrich 817 f. Aus entstehungsgeschichtlicher Sicht vgl. „Quellen und Vorlage".

Literarische Integrität: Der Begriff ist nicht anwendbar; jeder Abschreiber und vermutlich auch schon der Übersetzer (aus dem Gr.) waren hier zugleich Bearbeiter. Kap. 39 als Nahtstelle hat besonders viele Ungereimtheiten (Böttrich, *Weltweisheit* 112 f). Den Kurzfassungen fehlt ihrerseits oft der Zusammenhang, weshalb sie als Kürzung angesehen werden, zumal sie ihrerseits meist als Teile anderweitiger Kompositionen begegnen.[45] – Im koptischen Fragment ergibt sich eine Abfolge der Kapitel 36/39/37/40 ohne 38, auch ohne 40,6 f, jedoch mit 36,3 f. Das ist klar die kurze Fassung.

Böttrich (JSHRZ) übersetzt Ms. R (lange Fassung);[46] darüber Hinausgehendes ist in Kursivdruck kenntlich gemacht, mit eigener Herkunftsangabe. Andersen übersetzt synoptisch J und A. Daneben sind mehr als 20 Übersetzungen verschiedener Fassungen im Umlauf, und es ist nicht ratsam, als nicht-Experte daraus zu zitieren. Ebd. S. 803 benennt Böttrich als „jüdisch-mystische Interpolationen" in der Langfassung: 20,3; 21,6–22,3; 39,3–8 u. a. Letzteres ist aber gerade der älteste belegte Textteil; er findet sich in den koptischen Fragmenten. Die Redaktions- und Textgeschichte dieses Werkes ist heute unbekannter denn je.

Biblischer Bezug: Für die Erzählfolge: Gen 5,21–32 (Methusalem; Lamech); Gen 6,1–4 (Grundtext der Henoch-Tradition); sonst viel aus Gen 1–2. 35,1 zit. Gen 6,9 (Noah); 71–72 expandiert Gen 14,18–20 (Melchisedek), 73 resümiert Gen 6,9–9,29.

---

[44] Gr. „Nēr" zu schreiben, ein außerbiblisch für verschiedene nachsintflutliche Personen begegnender Name. Vgl. R. STICHEL: *Die Namen Noes, seines Bruders und seiner Frau* (AAWG, 3. Folge, 112), 1979, bes. 42–54: „Nir, der Bruder Noes" und 54–70: „Norea, die Frau Noes"; angereicherter Stammbaum von Adam bis Noah: 76.

[45] Dass in den slav. Codices *2Hen.* meist eingebunden ist in größere Zusammenhänge, entspricht auf christlicher Seite genau den Gegebeneiten, in denen auf jüdischer Seite sich das sog. *3Hen.* findet (1.5.4 b).

[46] Die drei Stellen, wo er davon abweicht, sind auf S. 820 (JSHRZ) Anm. 136 genannt.

Historischer Bezug: keiner. Dies ist eine Apokalypse des „kosmischen" Typs, die vom Weltgeschehen nicht mehr aussagt, als dass es auf himmlischen Tafeln bereits aufgeschrieben sei (ein häufiges Motiv; hier 33,8–12).

Quellen und **Vorlage:** Das *2Hen.* zeigt Kenntnis des griechischen *Henoch*-Buchs (1.5.2), auch vereinzelte Spuren des (im *ÄthHen.* nicht mehr enthaltenen) *Buchs der Giganten* (1.5.1, Zusatz) sowie auch der *Bilderreden* (1.5.3 b; Böttrich, „Konturen"). Wenn der in den Bilderreden noch namenlose Engel, der Henoch zum „Menschensohn" ernennt, in 22,10 u. ö. den Namen Uriel erhält (s. nächste Rubrik), so ist das aus dem unteren Kontext der *1Hen.*-Stelle genommen, nämlich 72,1 (Anfang des *Astronomischen Buchs*);[47] es lagen also, wie im äth. Text bis heute, Kap. 71 und 72 nacheinander. – Im Großen und Ganzen entsprechen sich:

1Hen. 12–71	*2Hen.* 3–37	Henochs Himmelsreise
1Hen. 81.91–105	*2Hen.* 38–66	Henochs Rückkehr und Lehre seiner Kinder
1Hen. 106–107	*2Hen.* 71–73	Methusalahs bzw. Melchisedeks wunderbare Geburt

Im Eingangsteil wird der Fall der „Wachenden" (die ihren gr. Namen ἐγρήγοροι behalten, 18,1 der langen Fassung) neu erzählt. 22,8–10 bietet eine Fassung der Meṭaṭron-Tradition (1.5.4 b), deren Alter von Böttrich und Orlov sehr hoch eingeschätzt wird, wenn auch (begreiflicherweise für Geheimlehren) ihr schriftlicher Niederschlag spät und spärlich ist.

Zur Legende von Melchisedeks wunderbarer Geburt (Kap. 71–72) vgl. 2.2.6 b. Sie kann so alt sein wie die Bemerkung über den „vaterlosen" Melchisedek in Hebr 7,3, dürfte aber nicht ohne Einfluss von Mt 1–2 und Lk 1–2 entstanden sein.

Spuren von einem alten Noah-Buch, betitelt *Buch aller Arten der Heilungen* (*Jub.* 10,13; vgl. 21,10) oder *Buch der Worte Noahs* (1Q 20 v 29; vgl. Levi-Frg. auf dem Athos in *Test.XII* ed. Hollander/de Jonge 465; s. u. 7.5.1), werden in unserem Text verschiedentlich vermutet: A. ORLOV: „'Noah's younger brother'. The anti-Noachic polemics in 2Enoch", *Henoch* 22, 2000, 207–221; ders.: „Noah's younger brother revisited. Anti-Noachic polemics and the date of 2(Slavonic) Enoch", *Henoch* 26, 2004, 72–187. Gegen ein solches *Buch Noah(s)*, das schon im 3.Jh. v.Chr. entstanden sein müsste, wendet sich nach dieser Hypothese die Abwertung auch des biblischen Noah durch Methusalah im *2Hen.* – Ähnlichkeiten mit *3Bar.* (7.3.1), die Nickelsburg bemerkt (1.Aufl. S. 303 mit Anm. 53 S. 307), müssten auf die Richtung des Einflusses noch näher geprüft werden.

---

47 Das mag typisch sein für das fusionierende Vorgehen dieses Bearbeiters. Im unmittelbar vorangegangenen Kontext dieser Ernennungsszene hatte der vierte Erzengel nämlich schon einen Namen, nur einen weniger bekannten: Phanuel (*1Hen.* 71,13). – Dass Henoch anschließend Bücher erhält und als Schreiber des Himmels dient, macht ihn zum „Zeugen" des Geschehens von Gen 6,1–4, nämlich seiner Notwendigkeit. Hier nun wird er Autor einer kosmischen Apokalypse.

Hebraismen in der langen Fassung: hebräische Ortsnamen (64,2 „Achuzan" für den Ort, wo Henoch entrückt wird; Wurzel '- ḥ-z) und Monatsnamen (die allerdings auch aus LXX-Est bekannt sind) sowie Engelnamen (20,1 Otanim für hebr. *Ofannim*, Ez 1,16 etc.), wobei man mit der doppelten Fehlerquelle eines Umsetzens erst ins Griechische, dann ins Slavische Nachsicht haben muss. Herausragendes Beispiel ist in 22,10 der Erzengel „Vrevoil", entstanden aus einer Fehllesung der Buchstabenfolge ΟΥΡΙΗΛ (Böttrich z.St.), die vielleicht schon im Gr. verschrieben war, sodass man ου für ein *w* nahm,[48] plus Itazismus; *Uriel* ist gemeint. Daraus wird aber auch klar, dass dies keine von Mund zu Mund weitergegebene, keine „lebendige" Mystik ist, sondern eine, die auf dem Papier die Zeiten durchquerte.

In 20,3 und 21,6 finden sich hebr. Wörter ausdrücklich als solche genannt.[49] Im Übrigen herrscht Septuaginta-Stil; Erzählsätze beginnen mit „und". Die Opferterminologie der Septuaginta ist gut bekannt (Böttrich, *Weltweisheit* 199); die ausschließliche Zweckbestimmung der Opfer zur Sündenvergebung (ebd. 200f) sowie die Erwähnung von Votivgaben, wie sie in Synagogen üblich waren, sind jedoch spätere Züge, die zwar Interesse am einstigen Tempelkult erweisen, aber Unkenntnis der tatsächlichen Praxis.

Hebraismus in Kalenderfragen: Als Beleg für jüdischen Ursprung gelten Anspielungen an den liturgischen Kalender des Zweiten Tempels; z. B. Böttrich (JSHRZ) 832.1004. Andersen greift je nach Bedarf auf den damit gerade konkurrierenden essenischen Kalender zurück, wenn er etwa das Datum des 6. Siwan (68,3) so sehr betont, der, in der Bibel nicht erwähnt, der Darbringung der Erstlingsfrüchte gedient haben soll (z.St.).[50] Zwar finden sich Reminiszenzen an die Essener und an ihren Versuch eines Solarkalenders in den christlichen Literaturen des Ostens noch bis ins Mittelalter; s. A. ADAM/Ch. BURCHARD (Hg): *Antike Berichte über die Essener* (KlT 182) (1961) 1972. Doch scheint unter den vielen Kalendertraktaten der

---

48 Schon in antikem Griechisch war ου die einzige Möglichkeit, anlautendes *w* wiederzugeben, sofern man es nicht wegließ: *Wašti* Est 1,9 wird Ἀστίν; Josephus hingegen schreibt Οὐάστη. Vgl. Οὐαφρῆς in 3.3.2. Beim Umschreiben ins kyrillische Alphabet wird aus solchem *w* (das es slavisch nicht gibt) automatisch *v*, wie aus η automatisch *i* wird (derselbe Buchstabe).

49 Der von Andersen wie von Böttrich zitierte russische Philologe N. A. Meščerskij meinte, daraus auf direkte Lektüre hebräischer Texte schließen zu können; doch sprechen die weit zahlreicheren Pseudo-Hebraismen wie „Adoil" dagegen (Kap. 25ff; das soll ein „Adam-El" sein). – Ein Fall von missverstandenem Hebräisch, das als solches allerdings Tradition hatte, ist der merkwürdige Umgang mit der hebr. Partikel *bi* in 21,4; vgl. Böttrichs Anmerkung (a) z.St. sowie Siegert, *Septuaginta* 136.

50 Die Schlüssigkeit dieses Verfahrens – was den Wechsel zwischen verschiedenen Kalendern betrifft, vgl. Böttrich, *Weltweisheit* 125–128 – ist gering; die Vielfalt der Varianten schon in den Handschriften erlaubt, wenn man nur will, den Bezug auf *jeden* Kalender. Klar erkennbar ist immer nur der Versuch, einen jüdischen Kalender ins Spiel zu bringen, wobei sich bereits fragt, ob das (Henochs wegen) ein vorexilisch-hebräischer (wie bei den Essenern) oder gar einen vormosaischer (wie die Erzählung fordert) hätte sein sollen. Dazu fehlen den Autoren bzw. Bearbeitern die Kenntnisse, sonst hätten sie nicht an der o.g. Stelle den Monat Siwan eingesetzt, der biblisch überhaupt erst im Est-Buch vorkommt, seinen Ursprung also nicht am Sinai hat und schon gar nicht vorher.

Vormoderne bis jetzt keiner gefunden zu sein, der geeignet wäre, die Wirrnis der Daten im *2Hen.* aufzulösen.

Bemerkenswerte Stellen: 61,2 bietet die Goldene Regel in einer positiven Formulierung, allerdings weniger griffig als Mt 7,12 (Q 6,31).[51] – Zum Visionären: In 22,1 berichtet Henoch schlicht: „Ich sah den HERRn" – so die kurze Rezension, was die lange dahingehend steigert, dass diese Vision im 10. Himmel stattfindet, der aber den hebr. Namen des bisherigen 7. Himmels, *'aravot*, behält: 20,3; 22. In V. 8–10 wird Henoch umgekleidet (vgl. 2Kor 5,3f) und in einen (Erz-)Engel verwandelt, ähnlich *3Hen.* 12,1–5; 15,1f (Meṭaṭron-Tradition; 1.5.4 b) und noch ursprünglicher wirkend; auch ist dies (noch?) nicht die spektakuläre Verwandlung Henochs in den Menschensohn der *Bilderreden Henochs* (1.5.3 b). – Ab 70,4 spielt sein Bruder Nir (gr. Nēr; s. Anm. 44) eine Rolle; er tröstet sich über den Tod seines Sohnes Melchisedek nach gerade 40 Tagen Lebenszeit anhand der Botschaft, ein neuer Melchisedek werde Priester einer neuen Generation sein. So in beiden Fassungen. – Ein später Zug ist die kaum mehr irdische Rolle Melchisedeks (72,6f). – Auf griechischen Ursprung einer der Erweiterungen weist das Anagramm *ADAM* für die vier Himmelsrichtungen (30,13f der langen Fassung), ein seit dem 2.Jh. literarisch belegtes gr. Wortspiel, vgl. hier *OrSib.* (5.3.1) 3, 25f; *Mysterium der Buchstaben* (8.2.4) 42.

Christliches: Harnack II 564 Anm. 1 bemerkt bereits: 49,1f vgl. Mt 5,34ff; 8–10 vgl. Mt 25; 25,1 und 34,2 vgl. Hebr 11,3. Dazu 63,1 vgl. Mt 25,35. Mehr bei Böttrich, *Weltweisheit* 219–221 (vgl. schon 118–125 zu *2Hen.* 71–72) und JSHRZ 803–805. „Heiliges Brot" in 71,21 hat weniger Anhalt an den Schaubroten des Bundeszelts als an der Eucharistie. Der Melchisedek von Kap. 72 wird nur geboren, um ins Paradies versetzt zu werden; dort wird er aufbewahrt, um in einer anderen Generation ein „Haupt von Priestern" zu werden (72,2f u.ö.): Das sind ja wohl Nachgedanken zu Hebr 7–8, wie der pleonastische Ausdruck ἀρχιερεὺς μέγας (Hebr 4,14) erweist. Ein himmlischer Henoch dient als Vorgänger des himmlischen Christus und ist es dann auch auf Erden im Sinne von Joh 1,4f (vgl. Gen 4,26) und der Annahme einer ursprünglichen Menschheitsreligion, die anfangs reiner war als später und einer Erneuerung durch weitere Himmelsboten bedurfte.

Abfassungszeit und -ort: Die Datierung „vor 70 n.Chr." für die gr. Vorlage beruht auf dem in 0.4.6 erwähnten Fehlschluss und wäre nur zu halten, wenn das „Kultgründungsfest" (nächste Rubrik) einer Praxis der Zeit vor 70 entspräche, wovon aber keine Spur ist. Böttrichs Versuch, das alexandrinische Judentum als Ursprungsmilieu namhaft zu machen (*Weltweisheit* 211–213; JSHRZ 810–812), wäre nur dann plausibel, wenn Ähnlichkeit bestünde mit all dem Alexandrinischen oder auch nur möglicherweise Alexandrinischen, was oben in Abschn. 2–5 ein-

---

[51] Von den angeblich vorchristlichen Belegen für die positive Formulierung der Goldenen Regel, die A. DIHLE: *Die Goldene Regel*, 1962, 10 angibt, bleibt, bis dieser als vorchristlich erwiesen ist, nur noch Isokrates, *Ad Nicoclem* 49: „So müsst ihr euch zu den anderen verhalten, wie ihr für richtig findet, dass ich mich zu euch verhalte."

schließlich 2.4.1 vorzustellen war. Ein Rätsel bliebe aber auch dann, warum weder Clem.Al. noch Origenes, die in Alexandrien bzw. Palästina wirkten, den Text kennen (sondern allenfalls darin verwendete Traditionen).

Manche Züge gerade der Langfassung sind überhaupt spät, etwa wenn dort die Zahl der Himmel, die Henoch zu durchqueren bekommt, bis auf 10 steigt: Das ist sowohl gegenüber der *Achtheit und der Neunheit* von Nag-Hammadi-Cod. VI 6 wie auch gegenüber der *Himmlischen Hierarchie* des Ps.-Dionysios (um 500) ein Überbietungsversuch, möge er auch (wie Böttrich glaubt) jüdisch sein. Insgesamt ist mit einem über Jahrhunderte gehenden Wachstumsprozess zu rechnen, von dem sich nur noch fragt, ob auch die slavische Redaktion noch etwas hinzugefügt hat.– **Zeit der Übersetzung** der Kurzfassung ins Kopt. spätestens 5.Jh., ins Slav. 10./11. Jh.

Sitz im Leben des Endtextes: monastische Abgeschiedenheit. An ein irdisches Israel ist nicht mehr gedacht; politische Absichten, Befürchtungen oder Hoffnungen sind nicht zu erkennen. Diejenigen Partien, für die jüdischer Ursprung vorgeschlagen werden kann, müssten im „Quetismus" der *ḥasidim* (s.o. 1.4.2; 3.4.2) entstanden sein. Böttrich (JSHRZ 813) rechnet mit einem „Kultgründungsfest" in der Zeit des Zweiten Tempels, an dessen Datum, den 17. Tammuz, in 68,7 (vgl. 1,2; 48,2) angespielt sei. Belegt ist dieser Tag freilich nur als Tag des Aufhörens des Tempelkults i.J. 70 n.Chr. (s.o. 1.1.2: „Historischer Bezug") und als Trauertag bei den Rabbinen. Da nach 70 eine positive Belegung dieses Kalendertags im Judentum nicht mehr denkbar ist, postuliert Böttrich ein Datum vor 70 und muss dann zusätzlich ein sonst nicht bekanntes Kultgründungsfest annehmen (ebd.). – Einfacher ist die Annahme christlicher Autorschaft: Wenn der Idealpriester des *2Hen.* just an diesem Tag ins Amt kommt (so 68,7 und 69 ganz), ist das ein Ausdruck jener von Lukas bis ins 20.Jh. gängigen Ablösungstheologie (Substitutionslehre, vgl. 0.7.3 Anm. 155), womit die Kirche – andeutungsweise schon ab Mk 15,38 parr., stärker ab Apg 28,26 – 28 und extrem (aber auch schon häretisch) im *Barnabasbrief* – sich als das einzige, wahre Israel ausgab.[52]

Rezeption: B. PEARSON in Stone, *Writings* 455 f gibt aus gnostischen Schriften einiges an Gedanken bzw. Formulierungen zu erwägen, in 474 f auch den 1.Traktat des *Corpus Hermeticum* (den *Poemandres*) im Ganzen.[53] Benutzung des gr. Textes von 8,4 – 6 und 11,4 f (längere Fassung) im 13.Jh. s. Denis 156. Im Übrigen beschränkte sich die Nachwirkung auf den slavischen Kulturkreis und ist dort umso reicher (Böttrich, *Weltweisheit* 108 – 133). Seit dieser Text im 19.Jh. wieder bekannt wurde,

---

[52] Dazu thematisch Simon, *Verus Israel*. Dass gerade Lukas ein Idealbild vom Jerusalemer Tempel und seinen einstigen Priestern zeichnet, passt zu der oben (0.6.6) schon erwähnten Tempelromantik, die sehr leicht umschlägt in Antijudaismus.

[53] Inhaltsangabe zu diesem Traktat und Strukturvergleich dort S. 474. Damit stellt sich die Prioritätsfrage. *CH* I lässt sich ins 2.Jh. n.Chr. datieren (schon der Traktattitel dürfte Anspielung sein an Joh 10); bekannt waren die Bestandteile dieses in byzantinischer Zeit zusammengestellten Corpus in der Antike wenig. Man könnte gut einen Einfluss von *CH* I auf das *2Hen.* annehmen.

lockt er zu Gedankenspielen mit der Vorstellung, dass hier etwas wie eine Uroffenbarung Gottes an die Menschheit sich ausspreche.

7.4.2 Die *Apokalypse Abrahams*

Dieser nur slavisch erhaltene Text ist ein inniges Gemisch aus Jüdischem, Christlichem und auch schon Gnostischem. Der Einbezug Asasels (Lev 16,8 ff) als handelnder Person „sucht innerhalb der apokalyptischen Literatur aufgrund des ihm inhärenten Surrealismus seinesgleichen" (Heininger 134). Als Offenbarungsempfänger gilt Abraham, der „Freund Gottes" (9,6; 10,6 u. ö.): Das war in Ex 33,11 LXX Mose gewesen (φίλος); fast synonym aber (in der Septuaginta über ἀγαπ-) war es, in freier Anwendung von Gen 18,17, auch schon Abraham: Jes 41,8; 2Chr 20.[54] Außerbiblisch vgl. *Jub.* 19,9; 30,20 f sowie die eben in der Anmerkung genannte Qumran-Stellen. Auf griechischer Seite haben wir Philon, *Sobr.* 56; *TestAbr.* A 1,6; 2,3 (2.2.8) und Jak 2,23.

Online-Index Nr. 3; Harnack I 857 Nr. 68; II 580; Bonwetsch 914; Stegmüller Nr. 83 und 83.1–7; Schürer/V. 288–292. **Inhaltsangabe:** Heininger, *Paulus* 134 f; mit Kommentar: Woschitz 717–730.
Einleitung und Übersetzung: Charlesworth I 681–705 (R. Rubinkiewicz); JSHRZ V/5 (B. Philonenko-Sayar/M. Philonenko) 1982; Dupont-Sommer, *Ecrits intertestamentaires* 1693–1730 (dieselben).
Einleitung: Denis 201–225; Nickelsburg 285–288; Stone, *Writings* 415–418. **Anmerkungen:** Rießler (13–39) 1267–1269.
Literatur: Lehnardt Nr. 8261–8330; DiTommaso 135–144; in de Santos Otero (8.2.2) vgl. S. 112 f. **Neuere Studien:** A. Kulik: *Retroverting Slavonic Pseudepigrapha. Toward the Original of the Apocalypse of Abraham*, 2005; Orlov, *Studies* 21–90.246–256; B. Lourié in DiTommaso/Böttrich, *Apocrypha* 267–277.
Handschriften: 14.Jh. und später; Liste bei Philonenko 415 f; Denis 205–208; die 33 bekannten, z.T. noch unausgewerteten Handschriften sind nunmehr besprochen bei A. de Santos Otero: „Die handschriftliche Überlieferung der Apokalypse Abrahams" in DiTommaso/Böttrich, *Apocrypha* 389–406. **Erstausgabe:** A. Tichonravov 1863.
Titel in den Handschriften: *Das Buch der Offenbarung Abrahams...* (usw., 4 Zeilen lang).

---

54 Im Hebräischen war die Entwicklung sogar umgekehrt: Mit Mose spricht Gott in Ex 33,11 „wie ein Mann zu seinem Gefährten (*reaʻ*)"; das ist weniger als in der Septuaginta. Dafür gilt Abraham in Essenerschriften als Gottes „Freund" (*ohev*): CD A III 2; 4Q 252 Frg. 1 II 8 (Hinweise aus M. Witte: „Mose, sein Andenken sei zum Segen", *BN* 107, 2001, 161–187). Letzteres ist ein Midrasch zu Gen 6–8, voller Berechnungen zu den Genealogien (vgl. 1.1.1) und einmal im erhaltenen Textbestand auch der Formel *pišro* (IV 5), die das Ganze als Pešer ausweist. Dieser Text, der in v 3 auch den „Messias der Gerechtigkeit" ankündigt, ist leider nie ins Griechische gekommen.

Neuere kritische Ausgabe: B. PHILONENKO-SAYAR/M. PHILONENKO (Hg.): *L'Apocalypse d'Abraham. Introduction, texte slave, trad. et notes* (Semitica 31), 1981; andere bei DiTommaso 135f; Denis 205f.

Textanfang: „An dem Tage, wo ich die Götter...". **Textschluss:** „durch die Lüfte der unterirdischen Abgründe zu fliegen".

Namenregister: Philonenko (dt.) S. 455.

Alte Übersetzungen: nur diese slav. Übersetzung ist bekannt.

Früheste Erwähnung: Schürer/V. 290 bietet eine Stelle aus Ps.-Clemens, *Recognitiones* 1, 32, die, Abraham nennend, den Inhalt von Kap. 9–31 zusammenfasst; das mag der Hinweis zumindest auf eine der Vorlagen sein. – Sonstige Bezugnahmen auf Abraham-Schriften (Schürer/V. 290; Denis 204f) lassen nicht erkennen, welcher Text konkret gemeint ist.

Ähnliche oder ähnlich benannte Texte: *Testament Abrahams* (2.2.8) und andere dort angezeigte Abraham-Texte. Die von Epiphanios, *Haer*. 39, 5,1 verworfene gnostische *ApkAbr*. dürfte nicht die unsere sein (Denis 205). Ein gr. *Leben Abrahams* in einem Cambridger Codex ist erwähnt bei Schmidt, *Le Testament* (2.2.8) 31f Anm. 4. Ein gr. *Leben... des Abramios* meint einen nachbiblischen Heiligen (Denis 205). Mögliche Verwechslungen Abrahams mit Amram, dem Vater Moses, s.d.

Textsorte: „Hagiographischer Midrasch" (Denis); Himmelsreise, gerahmt von einer Legende (Kap. 1–8) und schließend mit der Rückkehr auf die Erde (30–31). Stark dialogisiert. In 17,8–21 ein Gebet, von Abraham und dem Offenbarungsengel zugleich gesprochen. Ab Kap. 18 antwortet Gottes Stimme direkt, wie zunächst auch schon in 8,1f (dort Zitat von Gen 12,1) und 9,1f (Gen 15,1).

Zählung: 31 (meist kurze) Kapitel.

Gliederung: s. „Textsorte". Das Buch schließt mit der Ankündigung eines neuen Exodus (32), an Abraham gerichtet wie in Gen 15,13f.

Literarische Integrität: gering; schon die Kapitellängen bei Philonenko und Rubinkiewicz sind ungleich. Rezensionen können sich teilen: Kap. 7 wird von Rubinkiewicz zweispaltig wiedergegeben. 29,1 stellt eine in 28,3 soeben beantwortete Frage. Mindestens Kap. 29–31 können als Zusatz ausgeschieden werden.

Biblischer Bezug: v.a. Gen 12 und 15; Ez 1 und 10; 12,1 vgl. 3Kön 19,8. Der *angelus interpres* ab 10,4, Jahoel geheißen (eine sonst nicht bekannte Montage der beiden wichtigsten Gottesnamen), ist ganz eindeutig der „namentragende Engel" von Ex 23,20f und Jes 63,9. Zu 10,15 vgl. Dan 12,13; 11,2 vgl. Dan 7,9ff. Die 10 Plagen von Kap. 30 imitieren die von Ex 7–10; Einzelnachweis der Motive bei Philonenko. Was die Endzeitplagen betrifft, so ist auch, zumal im Blick auf die geraffte Formulierung, an die sieben Endzeitplagen von Apk 16 zu denken. – 29,3–11 geht auf die Passion Jesu (und darin V. 5 auf den Kuss des Judas, Mt 26,49). – Weiteres in Fülle aus AT und NT bei Rießler.

Historischer Bezug: Kap. 27 reflektiert die Plünderung und Verbrennung des Tempels i.J. 70 sowie die Versklavung der Bevölkerung. Die Antwort auf die Warum-Frage verweist in V. 7 auf einen Mord im Tempel: vgl. Mt 23,35, ein Ereignis während des Jüdischen Krieges.[55]

Quellen und Vorlagen: vgl. „Früheste Erwähnung". Die zu Gen 12,1 hinzutretende Legende vom Götzendienst in Abrahams Elternhaus und von dessen Vernichtung (hier Kap. 1–8) war im Judentum weit verbreitet; vgl. *LibAnt*. 6,15–17 (1.1.2; dazu Ginzberg, *Legends* 1, 175f; 5, 197f; vgl. ebd. 1, 201; 5, 212). Zu Abrahams Abkehr vom Polytheismus seines Elternhauses vgl. *Jub*. 11,16–12,31 (1.1.1). – Der 2. Teil nimmt Himmelsspekulationen der Henoch-Tradition auf (1.5). Kap. 18 beruht auf Ez 1. Weiteres bezeugt eine mit *Esra*- und *Baruch-Apk.*, aber auch schon mit Mk 13 par. und der in Lk und Apk verarbeiteten Proto-Apokalypse[56] gemeinsame apokalyptische Tradition.

Hebraismen s. Schürer/V. 289 unten, zu gewissen Namensbildungen. Sonst aber sind die Namensformen die der Septuaginta, und jedenfalls war die Vorlage des Slavischen eine griechische. **Stil:** sehr schlicht, Septuaginta-Sprache.

Bemerkenswert ist der Anflug von Ironie, mit dem hier die Erwartung eines ewigen Lebens behandelt wird (vgl. 0.7.3): Diesem Abraham – wie auch in 7.4.5c Daniels Gefährten Sedrach – erscheint das zeitliche Leben durchaus attraktiver als ein eventuelles ewiges. – 22,4–23,14 stellt die Frage nach dem Ursprung des Bösen, und warum Gott dem Azazel so viel Macht gelassen habe. Antwort (23,13, nicht bei Philonenko): Gott hasst diejenigen, von denen er schon weiß, dass sie sich zum Bösen entscheiden. – Weitere Besonderheiten, die die Frage der Zuordnung schwierig machen, bei Denis 211f.

Christliches: s.o. „Biblischer Bezug": das Mt liegt mit zugrunde. Allerdings, wieso wird in 29,3 Jesus (wenn er denn gemeint ist) bezeichnet als „von der linken, heidnischen Seite kommend"? Dazu vgl. 22,5. Der Verf. zählt sich ja wohl zu denjenigen, die „von der rechten Seite" kamen (27,1). Dieses abwertenden Zuges wegen könnte der Text für jüdisch gelten, als eine Selbstorientierung des „biblischen" Judentums in einem Weltgeschehen, das den Verehrern Jesu als Christus Erfolge gönnt; auch ihnen, sagt V. 11, droht das Gericht. 31,1 wäre dann eine *gegen* die Christen gerichtete Parusie-Erwartung.

Oder aber eine gegenüber beiden, Juden wie Christen, sich benachteiligt fühlende Religionsgemeinschaft versichert sich hier der göttlichen Rache; das wären nichtkirchliche Christen, etwa Gnostiker (Eindeutigeres von ihnen s.u. 7.6). In der Tat ist ein Aufstieg durch die Äonen (9,2.5ff) ein Urthema der **Gnosis**, und nicht wenige der Gottesepitheta in 17,8–16 sind (oder wurden) Lieblingswörter der Gnosis: „Selbstgeborener, Unverweslicher...". Wenn das stimmt, ist kein Grund vorhanden, das „achte Firmament" von 19,6 (vgl. Philonenko z.St.) in ein jüdisches

---

[55] Hier wurde innerhalb des NT das Jesuswort Q 11,51 von Mt aktualisiert und im Sinne antijüdischer Polemik aus dem Leben Jesu hinausverlegt in ein auch aus Josephus, *Bell*. 4, 335 bekanntes Geschehen d.J. 68 n.Chr. Mit dessen Aktualität für den Verf. dieser Apokalypse zu argumentieren und die *ApkAbr*. deswegen ins 1.Jh. zu datieren, ist nicht zwingend; das Mt war immer aktuell.

[56] Dazu Wittkowsky, oben 6.4.3. Anm. 41.

siebtes Firmament rückzukonjizieren, sondern wir hätten hier einen Zwischenschritt belegt zu der *Achtheit und Neunheit* von NHC VI 6 und dem byzantinisch-christlichen Himmel aus neun Sphären (Ps.-Dionysios Areopagites).

Dieser Text hat kein Interesse mehr an der Tora. Wenn dem Abraham in 28,4f angekündigt wird, der „vierte Ausgang" (die vierte Generation?) von Israeliten nach der Tempelzerstörung werde das Ende des Elends erleben, so liegt hierin nicht nur eine Anspielung an Gen 15,16 (Nickelsburg 287), sondern wohl auch die Selbstbezeichnung der Gnostiker als „viertes Geschlecht" (sc. nach Heiden, Juden und Christen).

Abfassungszeit: zwischen 70 n.Chr. und Ps.-Clemens (1.Hälfte 3.Jh.).

Rezeption der unter „Vorlagen" genannten Abraham-Legende s. Ginzberg, *Legends* 1, 216f (5, 217f) zu unserem Text mit weiteren Verweisen bis zum Koran 21,68–70. Das spätere Lesepublikum der *ApkAbr.* ist auf den slavischen Kulturkreis beschränkt. Sie ist in der Mehrzahl der Handschriften ein Bestandteil der sehr verbreiteten *Erzählenden Palaea* (8.2.2); vgl. Santos Otero, „Alttestamentliche Pseudepigrapha" (ebd.) 115f.

7.4.3 Die *Himmelfahrt Jesajas*

Der folgende Text, von dem nur die äthiopische Übersetzung für vollständig gilt (aber was heißt das hier? – jedenfalls ist es die längste), ist in seiner überlieferten Form klar christlich: Die Apostel sind erwähnt (3,21), Jesus Christus wird mit Namen genannt (10,7), und von da ab folgt eine (angebliche Voraus-)Darstellung seines Abstiegs, Wirkens auf Erden und Wiederaufstiegs. Es handelt sich hierbei um die Verschränkung zweier verschiedener Texte:

a) eine Legende vom gewaltsamen Tod Jesajas durch den bösen König Manasse;
b) eine *Vision Jesajas*, z.T. in 6,1 auch so betitelt und bis zum Ende (Kap. 11) reichend.

Schon August Dillmann machte in seiner Neuausgabe des äth. Textes 1877 den Vorschlag, 2,1–3,12 und 5,2–14 als eigene, jüdische Schrift separat zu nehmen, die seither den Konventionstitel *Martyrium Jesajas* trägt.[57] Gemeint ist v.a. die Legende vom gewaltsamen Tod des Propheten Jesaja durch Zersägen (vgl. 8.1.1: *VitProph.* zu Jesaja, V. 1). Jüdische Herkunft wird erwogen (maximal) für 1,1–3,12 und 5,1–16. Mündliche Tradition kann mit größerer Sicherheit angenommen werden als eine jüdische Schrift.

Erstaunlich ist an dem jüdischen Teil, wie die Selbstbeschuldigung, man habe seine Propheten mit dem Tod bedroht, ja sie getötet, statt sie zu hören und Buße zu tun (3Kön 19,9–14; 2Chr 24,21; so auch das Täuferwort Q 3,7–9 und die Jesusworte Q 6,22f; 11,47.49f; 13,34f), gesteigert wird bis zur Selbstverleumdung: Man habe sich dabei auch

---

[57] Kritik dieses Sprachgebrauchs als christlich s. o. 3.4.3. Er ist genauso christlich wie der Ausdruck „Himmelfahrt".

noch an Grausamkeit gesättigt. Von christlicher Seite aufgegriffen zur Disqualifikation des einstigen Gottesvolkes, war es ein wohlfeiler Antijudaismus. Die Frage ist jedoch: Unter welchen Umständen konnte man sich *jüdischerseits* die Tötung eines Propheten narrativ ausmalen – in einer Zeit, wo es der Hebr seinerseits[58] bezeugt? Das Motiv lag möglicherweise[59] in der Frage: Warum leiden wir unter fortdauernder Fremdherrschaft, statt nicht schon längst in dem angekündigten Gottesreich zu leben? Zu diesem Lebensgefühl vgl. 1.3.3 und 2.4.2, auch 2.1.3; 2.1.8.

Online-Index Nr. 44; Harnack I 854–858 Nr. 64; II 573–579; Stegmüller Nr. 111 und 111.1–22 (darin 111.12–16 für Separathandschriften der Kap. 6–11) ; Schürer/V. 335–341. **Inhaltsangabe** mit Kommentar: Woschitz 326–329.

Einleitung und Übersetzung: Charlesworth II 143–176 (M. A. KNIBB); Dupont-Sommer, *Ecrits intertestamentaires* 1019–1039 (A. CAQUOT); JSHRZ II/1 (E. HAMMERSHAIMB; nur 1,1–3,12 und Kap. 5) 1973; Kritik dazu in JSHRZ VI/1,2 (J. DOCHHORN); Schneemelcher 549–562.

Einleitung: Denis 633–657; Nickelsburg bespricht diesen Text nur in der 1. Aufl. (142–145) und eliminiert ihn sodann. **Nur Text:** Denis, *Conc.* 904f (1,1–3,12; danach [5],14.16–19); **lat. Text:** Denis, *Conc. latine* 630; Lechner-Schmidt, *Wortindex* 212–219 (bietet 2,4–3,13; 7,1–19 sowie aus einer anderen Fassung Kap. 6–11; für 7,1–19 sind das zwei Fassungen). **Anmerkungen:** Rießler (481–484) 1300f (nur zu 1,1–3,12 und Kap. 5).

Literatur: Lehnardt Nr. 3052–3182; DiTommaso 529–548. **Neuere Studie:** Ch. ROWLAND/ Ch. MORRAY-JONES: *The Mystery of God. Early Jewish Mysticism and the New Testament* (CRINT 3/12), 2009, 33–61; dies.: The Ascension of Isaiah and the road to Gnosticism", ebd. 189–201.

Handschriften: Vom gr. Text ist 2,4–4,4a als P. Amherst 1 (5./6. Jh.) erhalten (in der Ausg. Denis sowie in Denis, *Conc.* nur bis 3,19 wiedergegeben); Beschreibung des Papyrus bei Denis 646. **Lat.:** Vatikan, Cod. Gr. 5750 (5./6. Jh.) u. a. (Denis 647f); **äth.** (Liste bei DiTommaso 532)[60] frühestens im 14.Jh. (Denis 650–652). Ein älterer Text findet sich fragmentarisch auf mehreren **kopt.** Papyri (Denis 649f: 4.Jh.; eines der Fragmente war noch eine Rolle); hinzu kommen Handschriften in slavischen Sprachen. **Erstausgabe:** lat. (Kap. 6–11) Venedig 1522 (nach einem anderen Codex als dem vatikanischen); für 2,14–3,13; 7,1–19 A. Mai 1828; **äth.:** R. Laurence 1819.

---

[58] Wenn Hebr 8,13; 9,6ff wörtlich genommen werden kann, stammt dieser Brief noch aus der Zeit des Zweiten Tempels. Seine Pointe liegt darin, einen äußerlich noch funktionierenden Kultus für unwirksam zu erklären (7,18).
[59] Vermutung von Antti Laato (Åbo), mündlich. Das liegt in einer Linie mit jüdischen Selbstanschuldigungen wie Q 11,49 (ein Zitat aus unbekannter Quelle) und 13,34, jeweils Rückgriff auf 2Chr 24,20–22.
[60] Hier ist „Monaco, Bayerische Staatsbibliothek" aufzulösen in: München, Bayerische Staatsbibliothek.

Titel in den Handschriften: Ἀναβατικὸν Ἡσαΐου; Ὅρασις Ἡσαΐου; Ἀπόκρυφον Ἡσαΐου; *Ascensio Isaiae*. Man kann Kap. 1–5 irreführend überschrieben finden als *Testament Hiskias (Testamentum Ezechiae;* Harnack I 855); dieser Titel kommt von Georgios Kedrenos (11.Jh.); s. Denis 639. – **Andere Benennungen:** Den Titel *Martyrium Jesajas* für 2,1–3,12 und 5,2–14 s. Kopftext; Reserven gegen diesen chr. Sprachgebrauch s. 3.4.3.

Neuere kritische Ausgabe: P. BETTIOLO/A. GIAMBELLUCA KOSSOVA (u. a., Hg.): *Ascensio Isaiae* (CChr.SA 7), 1995 [diverse Fassungen in unterschiedlichen Sprachen; lat. Synopse S. 353–441].

Textanfang: 1,1: Ἐγένετο ἐν τῷ πέμπτῳ καὶ εἰκοστῷ ἔτει βασιλεύοντος Ἐζεκίου; **Ende** von (a) vermutlich (3[5],19): ἔπρισαν αὐτὸν διχῇ [πρίωνι ξυλίνῳ]; d. h. hier werden von Denis die Verse 14.16–19 aus Kap. 5 abzüglich zweier Wörter dem Kapitel 3 zugeschlagen.

Wortindex: Siglum bei Denis: „FIsa."

Alte Übersetzungen: Lat., äth., kopt.; Kap. 6–11 auch slavisch. – Gesamtedition und **Synopse** (auf Lat.) s. o. „Neuere kritische Ausgabe".

Frühestes Zitat: Nichts Antikes für den potentiell jüdischen Teil. Für Kap. 6–11 ist eine Verwendung in der Mitte des 3.Jh. bei Harnack II 579 (oben) genannt. – **Früheste Erwähnung:** Origenes erwähnt dieses (?) Buch oder seine Teile unter wechselnden Benennungen (Harnack I 854); es sei „bei den Juden" (= Judenchristen?) im Gebrauch und bei gewissen Gnostikern. Die *Apostolischen Konstitutionen* 6, 16,3 warnen vor einer apokryphen *Jesaja*-Schrift. Mehr bei Schürer/V. 337–340; Denis 636 Anm. 5 (Lit.) und 641–645. Insbesondere die im jüdischen Teil erzählte Zersägung Jesajas ist seit Hebr 11,37, Justin (*Dial.* 120) und Tertullian (*De patientia* 14; *Scorpiace* 8) in der Kirche bekannt, was freilich keiner schriftlichen Übermittlung bedurfte. Rabbinisches bei Denis 638; Ginzberg; *Legends* 4, 279; 6, 371.373–375.

Ähnliche oder ähnlich benannte Texte: Ähnlichen Inhalts wie die *Vision Jesajas* war anscheinend das *Buch Elchasai (Elchesai, Elkesai);* hierzu DiTommaso 548–551. Schon dem Titel nach gehört es den Elkesaiten zu, einem gnostisierenden Flügel des Judenchristentums. – Denis 657 erwähnt eine Jesaja-Legende in der *Epistula Titi de dispositione sanctimonii*, Stegmüller Nr. 111.23 eine inedierte arab. *Geschichte des Propheten Jesaja*.

Textsorte: zusammengesetzt. Beginnend wie eine in ein Prophetenbuch einbezogene Erzählung, geht sie mehrfach in eine Himmelsreise über; vgl. Gliederung.

Zählung: 11 Kapitel.

Als **Gliederung** diene hier die literarkritische Analyse (ausführlicher bei Dochhorn 2–5). Der Text ist doppelt verschränkt:

> 1,1–3,12 und 5,1–16 sind der Grundstock. Kap. 1 berichtet von König Hiskia; ab 2,1 ist es dessen vom wahren Gottesdienst abfallender Sohn Manasse mit seinen Nachstellungen gegenüber Jesaja.
>
> 3,13–4,22, manchmal auch *Testament Hiskias* genannt (s.o.), ist eine eigene christliche Apokalypse. 3,13a gibt zugleich einen Vorblick auf Kap. 6–11, die mithin dazugehören müssen.

5,1 greift den Erzählfaden von 3,12 wieder auf und führt die Geschichte von Jesajas Tod zu Ende. Nur V. 14 und 16–19 werden dort von Denis zum Grundstock gerechnet.

In Kap. 6–11 (*Vision Jesajas*, mit einem Datum aus Hiskias Regierungszeit versehen), lebt Jesaja wieder und hat eine Vision, ja geht auf Himmelsreise durch sieben Himmel hindurch. Diese gibt dem Ganzen schließlich den Charakter einer Apokalypse.

Das hier Ausgerückte gilt als der jüdische Teil, das Eingerückte als der christliche. Dass das Jüdische bereits eine Schrift gewesen sei, ist nicht erweisbar (Dochhorn).

Biblischer Bezug: im jüdischen Teil: 4Kön 20–21; im chr. Teil: Jes 6; Phil 2,6–11.

Historischer Bezug im christlichen Teil: 4,2 („Muttermörder") wohl Nero; 4,3 geht auf das Martyrium des Petrus in Rom.

Quellen und **Vorlage:** Nickelsburg gibt für 2,1–3,12 und 5,2–14 an: *2Makk* 6–7 (3.4.3). Daher auch der o.g. Titelvorschlag.

Hebraismen finden sich in Form außerbiblischer hebräischer Namen: 2,5; 2,12 ff.

Bemerkenswerte Stellen, Theologisches: Die Angabe in 9,16, Jesus habe sich nach seiner Auferstehung noch 545 Tage auf Erden aufgehalten, widerspricht den 40 Tagen von Apg 1,3, bestärkt aber die 550 Tage bzw. 18 Monate der gnostischen Überlieferung.[61] Das Sphärendurchschreiten Christi in Kap. 7–8 (vgl. Hebr 4,14) lässt den Kosmos in spätantik-gnostischer Weise dämonenbesetzt sein.

Christlicher Ursprung ist in den hier eingerückt genannten Partien evident. 10,7: „Und ich hörte die Stimme des Höchsten, des Vaters meines Herrn, als er zu meinem Herrn, Christus, der Jesus genannt werden wird, sprach: Geh hinaus und steig ab durch alle Himmel!" Vgl. Phil 2,6–11.

Abfassungszeit: Die Vermutungen gehen mitunter bis in vorchristliche Zeit zurück (Denis 636.655f). **Ort:** Das massive Vorurteil gegen Samarien (2,12) verrät einen judäischen Blickwinkel für diese Partien (Denis 657).

Rezeption: Eine Paraphrase der Kap. 1–11 findet sich in der sog. *Legenda Graeca*; Ausgaben s. Denis 646 Anm. 47. – Belege für die Rezeption der diversen Teile dieses Textes gibt Harnack I 855 aus Origenes, Tertullian u.a.; vgl. Denis 641–645.646f; Dochhorn 48. Das Motiv der Zersägung Jesajas durch den bösen König Manasse, auch in den *Vitae Prophetarum* (8.1.1) erwähnt, ist in rabbinischen Abwandlungen belegt (Bocian 216) sowie in kirchlicher Kunst (ebd. 218). Rabbinische Hiskia-Jesaja-Legenden s. Ginzberg, *Legends* 4, 266–277; 6, 361–370. Spuren in mittelalterlicher Agada bei Jellinek, *BHM* 6, xxxvııf. – Kap. 6–11 hatten eine besonders lebhafte Rezeption im nichtkatholischen Christentum von den Arianern bis zu den Bogomilen, d.h. in den Neo-Gnostizismus der slavischen Länder (Lit.: Knibb 155).

---

61 Bericht des Irenaeos 1, 3,2 und 1, 30,14 („18 Monate"), bestätigt durch NHC I 1, 2,19–24 („550 Tage"; ebd. 8,3 irrig: „18 Tage"), wobei das Gnostische, wovon Irenaeos meldet, nur in den Allegorien besteht, die an diese Zahlen geknüpft werden. Das kann eine urchristliche Erinnerung sein, in welcher die Berufung des Paulus (durch eine Christusvision: Gal 1,15f; Apg 9) mitgezählt ist – eine durchaus ansprechende Chronologie.

Was noch Hiskia betrifft: Dieser nächst David vorbildlichste König Israels findet in östlicher Liturgie seine Erwähnung am 28. August (*Synekdēmos* 957). Jüdisches und Christliches zu seiner Figur s. Bocian 171 f.

7.4.4 Zutaten zur *Esra-Apk.*: das sog. *5.* und *6.Esra*-Buch

Einen jeweils eigenen Ursprung haben Kap. 1–2 und 15–16 des *Liber quartus Esdrae* gehabt, wie ihr Fehlen in den orientalischen Überlieferungen erweist. Der Vulgata-Fassung dienen sie als Rahmen. Harnack hält erstere „gewiss", letztere „vielleicht" für christlich, also eher für jüdisch; diese Einschätzung hat sich gehalten. DeSilva wertet sie beide aus unter der Frage, wie die *Esra-Apk.* rezipiert werden konnte.

Einzig erhalten sind diese Texte auf Latein, wobei die Vorlage wenigstens für (b) griechisch gewesen sein dürfte. Die konventionelle Durchzählung von *5/4/6Esr.* in insgesamt 16 Kapiteln folgt den Vulgata-Ausgaben, wo diese Texte ja auch am leichtesten zu finden sind.

a) Das *5.Esra*-Buch

Die so bezeichneten zwei Kapitel aus dem Vulgata-Anhang sind, wie gesagt, die von Christen geschriebene Einleitung zur lat. Fassung der *Esra-Apk.*, vielleicht schon im Moment von deren Übernahme ins lateinische Christentum zu diesem Zweck verfasst. Einer der lateinischen Codices allerdings hat diesen Text erst *hinter* der *Esra-Apk.* (so Metzger in Charlesworth I 518; s. 2.5.1 „Einleitung und Übersetzung"). Alles Wissenswerte über diese zwei Kapitel ist von Robert Kraft in der Stendahl-FS 1986 (= ders., *Exploring* 149–162) gesagt worden. – Die folgenden Angaben verstehen sich ergänzend zu dem, was über die *Esra-Apk.* in 2.5.1 gesagt wurde.

Online-Index Nr. 32; Denis 870–872; Harnack I 852 Nr. 52; II 563; Stegmüller Nr. 96 und 96.1–3; Schürer/V. 302 f.
Einleitung und Übersetzung: JSHRZ III/7 (M. Wolter) 2001, 767–793 (Einleitung).794–819 (synopt. Übersetzung der „französischen" und der „spanischen" Rezension); Schneemelcher 581–586.
Einleitung: Denis 870–872; Nickelsburg 277; deSilva 347–351; detailliert: Kraft (s. o.).
Nur Text: Lechner-Schmidt, *Wortindex* 228–233. **Anmerkungen:** Rießler (310–317) 1285 f.
Literatur: Lehnardt Nr. 6765–6813; DiTommaso 507–510.
Handschriften: ab 9.Jh. (Paris, lat. Bibel von 821/22); Liste bei Wolter 768 f; Kraft 150 Anm. 5.

7.4.4 Zutaten zur *Esra-Apk.*: das sog. 5. und 6.*Esra*-Buch — 641

Titel in der Vulgata (trotz Zählung des Ganzen als 4. Esra-Buch):[62] *Liber Esdrae prophetae secundus* (sc. als 2. Band zum *1Esr.* der LXX = *3Esr.* der Vulgata); folgt ein Vorspann (1,1–3): Stammbaum Esras und Datierung unter Artaxerxes). Die Vielfalt alter und neuer Benennungen und Nummerierungen s. Wolter 767 f, mit Übersichtstabelle. **Andere Benennungen:** *2.Esra* (Hilgenfeld); die Benennung *5.Esra* seit Fritzsche.

Neuere kritische Ausgabe: Vulgata (ed. W./G.) S. 1931–1934 (hierzu Kraft 150); Th. Bergren (Hg.): *Fifth Ezra. The Text, Origin an Early History* (SBL.SCS 25), 1990.

Textanfang (1,4): *Et factum est verbum domini ad me*; **Textschluss** (2,48): *quanta mirabilia Domini Dei vidisti.*

Wortindex: bei Lechner/Schmidt, *Wortindex* sowie in Vulgata-Konkordanzen (dort als *4Esr*) mit erfasst.

Alte Übersetzung: äth. (Denis 871 Anm. 48), ohne Datum und ohne Angabe zum Übermittlungsweg: Gab es vielleicht doch eine gr. Fassung?

Frühestes Zitat (Erwähnungen von Esra-Büchern nur mit Titel besagen noch nichts) bei Ps.-Augustin, MPL 41, 1131.1139 (Wolter 770: vor 476 n.Chr.).

Ähnliche oder ähnlich benannte Texte: Eine Epitome dieses Textes ist nachgewiesen bei Wolter 769. Weiteres s. o. „Titel" sowie 1.4.1 und 7.4.5–7; Denis 872–876.

Textsorte: Polemischer Traktat, in Trostpredigt übergehend. In 2,42–48 ist eine kleine Apokalypse im Ich-Stil angehängt.

Zählung in der Vulgata als *4Esr.* 1–2.

Gliederung: Vorspann (1,1–3); narrativer Rahmen (1,4–14 und wieder 2,42–48, beides Visionsberichte); dazwischen öfters Botenformeln (1,15.29.33; 2,1.10). – Inhaltlich: 1,4–2,9 Schelte Israels; 2,10–14 Übergang zum Positiven; 2,15–48 Trost für die Kirche. Das Schema eines atl. Prophetenbuchs (Orakel gegen Fremdvölker/Warnungen an Israel/Trost für Israel) ist also, unter Wegfall des Mittelteils,[63] übertragen worden auf das Verhältnis Israel-Kirche.

Literarische Integrität: Unverbunden wirkt das Schlussstück (jetzt Übergangsstück zum Folgekapitel) 2,12–18. Es könnte einst als Abschluss angefügt worden sein, um den besagten Rahmen zu bilden. – Es werden eine „französische" und eine „spanische" Rezension unterschieden und bei Wolter z.T. zweispaltig wiedergegeben. Letztere ist länger und „christlicher", was aber darauf zurückgehen kann, dass erstere Kürzungen erhielt, um „jüdischer" auszusehen (Kraft 154). – **Textliche Integrität:** gering (Kraft 150–152 mit Beispieltabelle). In 1,38 wird Esra von Gott als „Bruder" angeredet (Vulg.), in Wolters beiden Kolumnen – nicht viel passender – als „Vater". Die Masse der Varianten machte es bisher unmöglich, zwischen Redaktionsabsicht und Abschreibversehen zu unterscheiden. Eine kritische Ausgabe unter Berücksichtigung des gesamten Materials fehlt.

---

[62] Und obwohl auch beim *Nehemia*-Buch dem Vulgata-Titel beigegeben ist: *qui et Esdrae secundus dicitur.*

[63] Diesen kann man immerhin durch die solchermaßen eingerahmte *Esra-Apk.* repräsentiert finden.

Biblischer Bezug: Mehrfach werden die Schriftpropheten namentlich genannt (1,39; 2,18), und manches ist aus ihnen genommen (Kraft 159), auch aus *Baruch* (2.3.4). Ntl. Anleihen sind weniger deutlich (ebd. 160). Anachronistisch ist der Bezug auf Esra, dem eine Gottesbegegnung auf dem Horeb zugemutet wird (2,33); dies mag aus *4Esr* 14 extrapoliert sein, wo Esras und Moses Rollen bereits verschmelzen.

Historischer Bezug: die Verwüstung des Tempels (1,33). In 1,6 wird behauptet, Israel habe fremden Göttern geopfert – ein biblischer Topos, historisch nicht verifizierbar.

Quellen und Vorlage: s. „Biblischer Bezug", wo auch das Nachkanonische bereits genannt ist.

Hebraismen, lat. Stil: imitierte Septuaginta-Sprache; so schon in 1,1 und 1,4: *Et factum est...*, 1,38: *Et nunc* + Imperativ. In 1,35 steht *requiem aeternitatis* für *requiem aeternam*, wie es dann auch liturgisch aufgenommen wurde (s.u.).

Abfassungszweck: Indienstnahme der *Esr-Apk.* für antijüdische Zwecke. Dem Judentum wird die Zerstörung seines Tempels von außen her vorgeworfen. Positiv dann: Selbstvergewisserung der Heidenkirche auf Kosten Israels. 2,10ff: Trost für die Kirche aus der Erwartung von Auferstehung und Parusie „des Hirten" (V. 34).

Bemerkenswerte Stellen: In 1,24.35; 2,10 und Kontext vertritt *5Esr.* in aller Härte die Substitutionstheologie: Die Kirche habe Israel abgelöst.

Abfassungszeit: jedenfalls nach 70 n.Chr.

Rezeption: In Kleindruck ist dieser Text nunmehr der Anfangsteil des *4Esr.* in der Vulgata. Verwendungen in lat. Liturgie und Judenpolemik bei Kraft 156. – 1,35f hat die Eingangsworte der röm.-kath. Totenmesse abgegeben; der vom Horeb zu Israel geschickte und dort nicht gehörte Esra sagt schließlich zu den Heiden: „Wartet auf euren Hirten; *requiem aeternitatis dabit vobis (...) quia lux perpetua lucebit vobis.*"

b) Das *6.Esra*-Buch

Anders als die *Esra-Apk.*, der es ursprünglich nicht zugehört, ist dieses Buch monologisch gehalten, als neue Beauftragung – wessen? Esra ist nicht genannt – mit Unheilsprophetien über zahlreiche, namentlich genannte Völker des Ostens. Gott wird sich von der ganzen Welt fürchten (auch „ehrfürchten") lassen (15,20–27), seinen Erwählten zum Trost. Als Motto ist Ez 3,19 darüber gesetzt.

Selbst nach der christlichen Aneignung dieser Schrift, die manches an ihr geändert haben mag, ist dies zunächst ein durchaus authentisch wirkender Ausdruck jüdischen Bußwillens, aber auch Selbstbewusstseins nach den Katastrophen von 70 und 135 n.Chr., vollkommen übereinstimmend mit der Haltung der Rabbinen. Wir finden hier die gängige jüdische Eschatologie, zu welcher eine Messiaserwartung hinzukommen kann, aber nicht muss. Nach dem Bar-Kochba-Krieg hat man ja auf letztere weitgehend, und auf lange Zeit, verzichtet.[64]

---

[64] E. BAMMEL: „Verzehrt haben die Israeliten..." [sc. ihren Messias schon unter Hiskia] in: ders., *Ju-*

Die einzige erhaltene Fassung dieses Texts ist eine lateinische. Dass sie aus dem Griechischen übersetzt ist, wird angenommen. – Die folgenden Angaben verstehen sich ergänzend zu (a).

Online-Index Nr. 71; Stegmüller Nr. 97 und 97.1–3; Schürer/V. wie (a).
Einleitung und Übersetzung: JSHRZ III/7 (M. WOLTER) 2001, 821–837 (Einleitung).838–868 (Übersetzung, beruhend auf Bergrens Text); Schneemelcher 586–591. **Einleitung:** Denis 872 sowie 870 Anm. 47. **Nur Text:** Lechner-Schmidt, Wortindex 228–233. **Anmerkungen:** Rießler (318–327) 1286 f.
Literatur: Lehnardt wie (a); DiTommaso 510–513.
Handschriften: 15,57–59 ist gr. belegt auf P. Oxy. 1010 (Pergament, ca. 4.Jh.; Denis 830; Bergren 30 f); weiteres wie (a) (Bergren 31–37).
Titel in der frühesten Erwähnung (s. u.): *Liber quintus Ezrae*.
Neuere kritische Ausgabe: Vulgata (ed. W./G.) S. 1967–1974; Th. BERGREN (Hg., Übers., Komm.): *Sixth Ezra. The Text and Origin* (sic), 1998 [221–225 lat. Text; 226–230 engl. Übers.; 43 Stemma der Rezensionen].
Textanfang (15,1): *Ecce loquere in aures plebis meae;* **Textschluss** (16,73): *et mittitur ad devorationem ignis.*
Wortindex: Bergren 233–262; auch erfasst in Lechner/Schmidt, *Wortindex* sowie in Vulgata-Konkordanzen (dort als *4Esr*). Bei Bergren 263 Index griechischer Wörter (aus Parallelen).
Alte Übersetzung: äth. (Denis 871 Anm. 48). Eine hebr. Übersetzung (Ms. des 16.Jh.) folgt der Vulgata; s. o. 2.5.1.
Synopse der diversen Rezensionen bei Bergren 161–220 (senkrecht zu lesen).
Früheste Erwähnung bei Gilda(s), *De excidio et conquestu Britanniae* (6.Jh; Wolter 770; Bergren 37–42).
Textsorte: Epistel; Mahnschreiben (wie 2.1.8); Imitation der Schriftpropheten. **Literarische Besonderheit:** cento-artige Aneinanderreihung von Reminiszenzen aus biblischen Prophetenschriften, hierin ganz der Apk ähnelnd (zu der darum viele Parallelen bestehen).
Zählung in der Vulgata als *4Esr*. 15–16.
Gliederung: Nach kurzem Vorspann (15,1–4), der vor Unglauben (sc. angesichts dieser Prophetie) warnt, folgt (15,5) die Botenformel „Es spricht der Herr", in der Wiederholung (15,20): „Es spricht Gott". Alle Gliederungssignale entsprechen der biblischen Prophetie (genauer: der Schriftprophetie): „Siehe" (15,5.20.28 u.ö.), Themenwechsel mit „Und du..." (15,46) oder als Weheruf (16,1); Aufruf zum Hören

---

daica et Paulina 125–132 zitiert in diesem Sinn *Sanh*. 98b und 99a (Kontext ist eine Zusammenfassung der eschatologischen Lehren der Rabbinen). Vgl. Schäfer, *Die Geburt* 17. – Was hingegen lebendig blieb, ist die Erwartung einer Völkerwallfahrt zum Zion i.S.v. Jes 60 (weniger in der gewaltsamen Weise von Sach 14): s. z.B. *Pesiqta* 20.

an die „Knechte des HERRn" (16,36) bzw. „mein Volk" (16,41) bzw. „meine Geliebten" (16,75).[65]

Literarische Integrität: Nebeneinander der Rezensionen wie in (a).

Biblischer Bezug: s. o. „Literarische Besonderheit".

Historischer Bezug: Jedenfalls ist eine Situation nach 135 n. Chr. angesprochen. Genaueres, v. a. aus dem 3.Jh., bei Wolter 829–833. Je später und je östlicher man die Schrift ansetzt, umso eher sind Bedrohungen des *Christ*entums der Hintergrund, wohingegen ja das Judentum im persischen Babylonien eine ruhige Existenz führte. Der Zwang, Unreines (nämlich Götzenopferfleisch) zu essen, der in *2Makk.* 6–7 (3.4.2–3) das große Thema war, hat sich *mutatis mutandis* als Zumutung an Christen wiederholt: *Martyrium Pionii* 3,1 u. ö. (Wolter 837).

Hebraismen, lat. Stil: imitierte Septuaginta-Sprache (*et..., et...*); Spätlatein: 15,20 *ad convertendos in se* z. B. hätte bei Hieronymus klassischer gelautet: *...in eum.* Näheres bei Bergren 93–102.

Adressaten, Abfassungszweck: Wenn in 16,1 „Babylonien und Asia, Ägypten und Syrien" bedroht werden, nicht aber Rom (oder „Moab"), so sind vermutlich die jüdischen Populationen des Ostens angeredet, die durch den Ausgang des Bar-Kochba-Krieges geschädigt waren und hier einen ähnlichen Trost wie in den Sibyllinen (5.3.1, Teile e, f, h, i) erhalten. Bei späterer Ansetzung ist an Trost in Christenverfolgungen zu denken (Wolter).

Abfassungszeit: zwischen 135 n.Chr. und dem o.g. Pergament. Wolter: 2.Hälfte 3.Jh.

Rezeption in lat. Liturgie: 16,53 wurde Antiphon und Vers zum Heiligen Abend. Durch seine Anfügung an die *Esra-Apk* füllt dieser Text in Kleindruck die letzten Seiten der Vulgata. – Dass in JSHRZ diese Schrift überhaupt geboten wird, obwohl sie nunmehr für christlich gilt, kommt aus dem ursprünglichen Veröffentlichungsplan, der selbst das *TestIsaaks* noch umfasste (7.5.2). In den früher erschienenen Faszikeln bis hin zu dem über die *VitaeProph.* (8.1.1) wurde bei gleicher Beweislage für jüdische, ja vorchristliche Autorschaft plädiert.

7.4.5 Die *Vision Esras*, die *Apokalypse Esdrams* und die *Sedrach-Apokalypse*

Für die folgenden drei Texte ist die *Esra-Apk.*, in welcher ihrer Entstehungsstufen es auch immer sein mag, die literarische Voraussetzung. Gemeinsam ist ihnen das geradezu komische Erzählmotiv der Weigerung des gerechten Israeliten, seine Seele dem Todesengel herzugeben, das in 2.2.8 schon auffiel und für jüdisch gilt.

---

[65] So in der Vulgata, was christlicher Redaktion verdächtig ist; vgl. 2.3.3 Anm. 158. Wolter bevorzugt die Lesart „Erwählte" (wie bereits in 15,21, als Bezug auf Israel).

7.4.5 Die Vision Esras, die Apokalypse Esdrams und die Sedrach-Apokalypse — 645

a) Die *Vision Esras (Exdra-Legende)*
Diese Schrift, nur lateinisch erhalten, wird vom Herausgeber der Kurzfassung, Otto Wahl, für älter gehalten als die *Apokalypse Esdrams* (unten: b). Sie hat eher den Charakter einer Höllenfahrt als einer Himmelsreise. Das ist untypisch für diese Textsorte, typisch allerdings für das Christentum, bes. das westliche, und dessen Orientierung am Sündenproblem.[66] Dass der Text nur noch auf Latein existiert, ist insofern kein Zufall. – Zwei Fassungen unterscheiden sich:

(*V*) die Kurzfassung, betitelt *Visio Esdrae*, gezählt in 66 Abschnitten;
(*L*) die Langfassung, betitelt *Legenda Exdrae*, gezählt in 117 Abschnitten.

In letzterer fällt die Veränderung des Esra-Namens auf, die aber nicht motiviert wird. Diese Fassung ist noch deutlicher christlich und wird darum meist übergangen. Der bei Denis, *Concordance latine* berücksichtigte, auch nochmals abgedruckte Text ist jedoch dieser, der längere.

Online-Index Nr. 89; Stegmüller Nr. 98.4–5 (nur *V*); nicht in Schürer/V. **Inhaltsangabe** mit Kommentar: Woschitz 828 f.
Einleitung und Übersetzung: Charlesworth I 581–595 (J. R. Mueller/G. A. Robbins) (nur *V*).
Einleitung: Denis 865–870; **nur Text:** L: Denis, *Conc. latine* 617–619 (nur *L*). **Anmerkungen:** Rießler (350–354) 1291 (nur *V*).
Literatur: DiTommaso 519–521.
Handschriften: für *V*: Linz (10./11.Jh.); Vatikan (12.Jh.) u. a.; für *L*: Vatikan (14./15. Jh.); Details bei Denis 866 f. **Erstausgabe** von *V*: G. Mercati 1901, von *L*: P. Bogaert 1984 (s. u.).
Titel in den Handschriften: *V: Visio Hesdrae* oder *Visio beati Esdrae*; Titel von *L: Legenda beati Exdrae* (sic) *prophetae*. **Benennung** bei Rießler: *Das Gesicht des Esdras*.
Neuere kritische Ausgabe: PVTG 4 (O. Wahl) 1977, S. 49–61 (Fassung *V* synoptisch in 2 Rezensionen); P. Bogaert (Hg.): „Une version longue inédite de la Visio beati Esdrae (Barberini Lat. 2318)", *Revue Bénédictine* 94, 1984, 50–70 (lat. Text: 59–64; dies ist die Erstausgabe der Fassung *L*).
Textanfang von *V* in PVTG: *Cum orasset beatus Esdras* bzw. *Oravit Esdras*, **Textschluss** (V. 66): *sic sunt* (andere Fassung: *sic et*) *iusti in regno caelorum*. **Textanfang** von *L*: *Cum orasset Exdra ad dominum Jesum Christum*, **Textschluss** (V. 116): *reddidit* (zu korrigieren aus *rediit*) *spiritum nono die intrante mense Julio* (folgt als V. 117 Empfehlung des Esra-Festes an diesem Tag und chr. Schluss).
Wortindex zu *L*: Siglum bei Denis, *Conc. latine*: „Edrl"; bei Bogaert: S. 64–70.
Alte Übersetzungen: *V* ist bereits eine Übersetzung (nämlich aus dem Gr.). Die Unterschiede der Formulierungen in Wahls beiden Kolumnen sind die typischen Unterschiede, wenn Gleiches zweimal unabhängig übersetzt wird; das zeigt schon

---

[66] Dantes Weltbild, das als für das Mittelalter typisch gilt, hat die Hölle sogar als Zentrum.

die unterschiedliche Aspirierung des Esra-Namens. Hinzu kommen die Freiheiten unterschiedlicher Bearbeitung. – Weitere antike Übersetzungen sind ebenfalls Bearbeitungen der verlorenen gr. Urfassung oder eines Abkömmlings: syr., arab., äth. – Der bei Wahl 18 oben genannte, bei Iss. 505–509 stehende arm. Text ist ein anderer; s. u. 7.4.6 a.

Erwähnung: aus der Antike nichts bekannt.

Ähnlich benannte Texte, die aber Kalenderfragen betreffen und inhaltlich nicht hierher gehören, sind bei Kraft 144 f genannt.

Textsorte und literarische Besonderheit: Himmelsreise, aber weitehend in umgekehrter Richtung, nämlich als Höllenfahrt.[67] Eine Himmelfahrt wird es erst ab V. 60 (von 66 der kürzeren Fassung). Die längere Fassung setzt die Himmelsreise fort bis V. 117 und ist insofern ausgewogener. – Eine Besonderheit in beiden Fassungen ist ferner der häufige, litaneiartige Refrain: „Herr, verschone die Sünder!"

Zählung für *V*: 66 Verse, für *L*: 117 Verse, jeweils seit der Erstausgabe. **Gliederung** von *V*: Wahl S. 10.

Literarische Integrität: *V* ist in zwei Rezensionen bekannt, *L* nur in einem Exemplar, länger, wie gesagt, aber ohne die Verse 17, 42 und 65 f der Kurzfassung. Wenn solchermaßen der Schluss von *V* in *L* fehlt, lässt sich natürlich an eine leichte Kürzung zwecks Fortschreibung denken, und *L* kommt als die spätere Fassung zu stehen. Das auch wegen der Innovation, Esras Namen mit *x* zu schreiben.

Quellen, Vorlage: *4Esr.* für das Sündenproblem; für die Höllenfahrt wohl 1Petr 3,19 (dort aber von Christus).

Stil: sehr schlichtes Bibellatein.

Bemerkenswerte Stellen, Theologisches: Hier wird Esras Himmmelfahrt von den drei biblischen Erzengeln bewerkstelligt. – In *L* 106 ff findet sich das im *TestAbr.* (2.2.8) schon auffällige, schwerlich jüdische Motiv eines Abstiegs Gottes auf Erden, um den Gerechten (hier: Exdra) zum Sterben zu überreden: *Descenditque Dominus...*, und Exdra redet ihn an: *Domine deus omnipotens.* Als Exdra zugibt: *timeo mortem*, antwortet der Allmächtige: *Ego mortuus fui et crucifixus et resurrexi.* Das ist der Modalismus christlicher Volkstheologie, die im selben Vers (110) den Abgestiegenen dann wieder „zur Rechten" seiner selbst sitzen lässt.

Christlicher Einfluss? Dieser Text ist unbestritten christlich und wird nur der jüdischen Motive wegen in PVTG und in Charlesworth unter Pseudepigrapha „des AT" gerechnet.

Abfassungszweck: Lesepredigt und/oder Litanei für einen Bußgottesdienst? Jedenfalls lassen sich nur christliche Verwendungen denken.

Rezeption: vgl. „Alte Übersetzungen". Wahl 22 f verweist noch auf eine von diesem Text abhängige, mittelalterliche Vision Albrechts v. Settefrati. – Der in *L* (und auch sonst) vertretene Modalismus hat heute seine Vertreter im Unitarismus.

---

67 Zu dieser Gattung vgl. G. STROUMSA: „Mystical descents" in Collins/Fishbane, *Death* 139–154.

b) Die *Apokalypse Esdrams (sog. Griechischer Esra)*

Zu den Eigentümlichkeiten dieses Textes gehört, dass der Name Esras dort die mehr-als-hebräisch scheinen wollende Schreibweise ΕΣΔΡΑΜ aufweist (dazu oben 0.4.3). Ausführliche Erwägungen, was an diesem Text jüdisch und was christlich sein dürfte, bei Wahl S. 5–8.

Online-Index Nr. 40; Harnack I 852 Nr. 52 Ende; II 563; Stegmüller Nr. 98.1. Nicht in Schürer/V. **Inhaltsangabe** mit Kommentar: Woschitz 773–782.
Einleitung und Übersetzung: Charlesworth I 561–580 (M. STONE); JSHRZ V/2 (U. MÜLLER) 1976, 85–102.
Einleitung: Denis 855–876. **Text** auch Denis, *Conc.* 871–873. **Anmerkungen:** Rießler (126–137) 1273.
Literatur: Lehnardt Nr. 7761–7781; DiTommaso 513–516.
Handschriften: Paris (15.Jh.) und eine Abschrift davon (Denis 858f). **Erstausgabe:** K. v. Tischendorf 1866.
Titel (1,1): Λόγος καὶ ἀποκάλυψις τοῦ ἁγίου προφήτου Ἐσδρὰμ καὶ (*sic*) ἀγαπητοῦ τοῦ θεοῦ, gefolgt von der liturgischen Formel Εὐλόγησον, πάτερ.
Neuere kritische Ausgabe: PVTG 4 (O. WAHL) 1977, S. 25–34 (Corrigenda: 35).
Textanfang (1,2): Ἐγένετο ἐν τῷ τριακοστῷ ἔτει. **Textschluss:** τοῖς προστρέχουσιν αὐτῷ ἐκ πόθου. Folgt liturgische Formel.
Wortindex: Wahl (Bauer), *Clavis* 799–814; Siglum bei Denis, *Conc.*: „Esdr."
Alte Übersetzungen: keine. – Keine **Erwähnung** aus der Antike bekannt.
Ähnliche oder ähnlich benannte Texte: s. 7.4.5–6. – Bonwetsch 917 nennt eine slav. Handschrift, die „drei Bücher Esras über Henoch und Leviatham" (*sic*) zitiert. Eine äth. *Esra-Apokalypse* ruht inediert im Britischen Museum (Stegmüller Nr. 98). Dort auch Nr. 99.3 Hinweis auf eine lat. *Offenbarung Esras,* MPL 78, 726–852.
Textsorte: Apokalypse des „kosmischen" Typs. **Literarische Besonderheit:** s. Kopftext.
Zählung seit Rießler: 7 Kapitel. Die **Gliederung** bei Wahl S. 8f kommt mit den Textsignalen so wenig überein wie die traditionelle in Kapiteln.
Literarische Integrität: 5,5–6,5, eine Höllenschilderung (statt einer Himmelfahrt eine Höllenfahrt!), ist thematisch isoliert und von der *Vision Esras* (oben: a) abhängig, in 4,26–33 auch von Apk 6–7. Müller 88 schlägt vor, dieses Stück samt 3,11–15 als christliche Zutat herauszunehmen. **Textliche Integrität:** Wahls Ausgabe lässt derbe Itazismen, wie sie erst im Mittelalter üblich sind, im Text; z.B. sinnloses 2,15 ὑπατίθη statt ἡπατήθη, beides gesprochen /ipatiθi/.
Biblische Bezüge: wenige. Die ῥάβδος στηράκη von 1,4 beruht auf Gen 30,37 LXX. Der Erzengel Raphael des *Tobit*-Buches tritt ab 1,4 in Aktion, versehen mit dem Archistrategen-Titel Michaels (vgl. 2.2.8). 1,21 spielt (über *4Esr.* 5,35) an Hi 3,3 an.
Vorlage: jedenfalls *4Esr.* (in welcher Situation?); wenigstens Schlüsselbegriffe des (im Gr. verlorenen) *4Esr.* müssten hier wiederzugewinnen sein (Denis 863). Für das Weigerungsmotiv vgl. *TestAbr.* (2.2.8). Vgl. noch „literarische Integrität".

Hebraismen: Erzählstil der Septuaginta (καί + Verb, καί + Verb). **Stil:** Imitation des NT, z. B. 1,9: οὐαί + Akk. (vgl. Apk 8,13), mit spätantiken Elementen wie γενάμενος (1,3 für γενόμενος) und Ignorierung des *schema Atticum* 1,22.

Bemerkenswerte Stellen: 6,2 bringt die Zahl der Erzengel auf 9; Namensdeutung bei Denis 857 f. Esras Weigerung zu sterben: 6,3–7,16. **Theologisches:** Gewisse Lehren, die im Christentum zumindest untypisch sind, s. Denis 861. Das o. g. Interesse an der Hölle jedoch dürfte christlich sein; vgl. Kopftext zu (a).

Christlicher Einfluss: in 2,1 befinden sich neben Michael und Gabriel im Himmel auch die Apostel; vgl. aber „literarische Integrität". Viel imitiertes NT: Der συμφέρει-Spruch 1,11 imitiert Mt 5,19; 1,14 fusioniert Mt 6,2 mit 5,12, usw. Denis 862 möchte hierin nur sekundäre Einsprengsel sehen.

Abfassungszeit: Denis 864 setzt eine jüdische Urschrift noch ins 2.Jh. n. Chr. Der Text in seiner überlieferten Gestalt ist später als *4Esr.*, rein sprachlich jedoch nicht so spät wie (c).

c) Die *Sedrach-Apokalypse*

Dieser Text, auf den ersten Blick eine Homilie (= Predigt ohne rhetorische Ansprüche) wie zahllose andere, gehört in seinen erzählenden und den in diese eingebetteten visionären Teilen in die Weiterverarbeitungen der *Esra-Apk.* Der Name „Sedrach" (hebr. Šadrach) begegnet in Dan 1,7; 2,49 und v. a. 3,12 ff für einen von Daniels Mitgefangenen, also eine Nebenfigur der Daniel-Legende, so wie zahlreiche Baruch-Texte sich einer Nebenfigur des Jer bedienen. Sedrach ist einer der jungen Männer, die im Feuer von Dan 3 auszuhalten hatten. Mit dieser Legende hat das Buch im Übrigen aber nichts zu tun, sodass man sich schon gefragt hat, ob „Sedrach" eine Verschreibung für „Esdras" oder auch für „Sirach" sein könnte.

Online-Index Nr. 9; Stegmüller Nr. 118 und 118.1; nicht in Schürer/V., nicht in den Bibliographien.

Einleitung und Übersetzung: Charlesworth I 605–613 (S. Agourides).

Einleitung: Denis 877–885. **Nur Text:** Denis, *Conc.* 873 f. **Anmerkungen:** Rießler (156–167) 1274.

Titel wohl von den Herausgebern. Der Text der Handschrift beginnt (1,1): Τοῦ ἁγίου καὶ μακαρίου Σεδρὰχ λόγος περὶ ἀγάπης καὶ περὶ μετανοίας καὶ ὀρθοδόξων Χριστιανῶν καὶ περὶ δευτέρας παρουσίας τοῦ κυρίου ἡμῶν Ἰησοῦ Χριστοῦ (folgt liturgische Formel).

Einzige Handschrift: Oxford (15.Jh.); Denis 881. **Erstausgabe:** M. R. James 1896.

Neuere kritische Ausgabe: PVTG 4 (O. Wahl) 1977, S. 37–46 (Corrigenda: 47 f).

Textanfang: Ἀγαπητοί, μηδὲν προτιμήσωμεν. **Textschluss** 16,9: μετὰ τῶν ἁγίων ἁπάντων. Folgt Schlussdoxologie.

Wortindex: Wahl (Bauer), *Clavis* 815–828; Siglum bei Denis, *Conc.*: „Sedr."

Alte Übersetzungen: keine. Keine **Erwähnung** aus der Antike bekannt.

Textsorte: Der erhaltene Text ist die Verschränkung einer Homilie mit einer Apokalypse, die ihre eigene Rahmenerzählung hat (2,1 ff).
Zählung seit James: 16 (kurze) Kapitel. **Gliederung:** Wahl 9.
Literarische Integrität: s. o. zur Textsorte. Vorschläge zu einer Herauslösung des Apokalyptischen bei Wahl 6 f; Denis 882 f. – Textkritisch werden Lücken vermutet.
Biblischer Bezug: s. Kopftext. **Vorlage:** wie (b).
Stil: Das Pseudo-Altgriechisch der Byzantiner mit manchmal sogar ungewöhnlichen Sprachfehlern (Denis 884: dialektal?), z. B. 8,12 ἐκ τὴν κόλασιν; 9,1 Καὶ εἶπεν ὁ Θεὸς τὸν υἱὸν αὐτοῦ. Hier wird gar nicht erst ein πρὸς hinzukonjiziert, sondern man weiß, dass der Unterschied zwischen Dativ und Akkusativ aus dem Sprachgefühl verschwunden war.
Bemerkenswertes: 5,2 Das gnostische, auch dem Islam bekannte Motiv des Niederfallens der Engel vor Adam; dazu Denis 879.
Christlicher Einfluss: Schon die Anrede am Textanfang kennzeichnet den Text als christliche Homilie; ἀγαπητοί hat bisher keinen jüdischen Beleg.[68] Im Weiteren findet sich außer NT-Anspielungen (z. B. 6,4: Lk 15,11; 7,9: Röm 12,17) auch Bizarres: In der Rolle des Todesengels, der Sedrachs Seele abholen soll, wird der „Einziggeborene Sohn" geschickt (9,1 f; in 12,1 auch „Christus" genannt), dem Sedrach sie herzugeben sich dann weigert (wie Abraham in 2.2.8). Der evtl. Anteil an Ironie ist heute nur noch schwer zu ermessen. Denis 883 versucht, Christliches als Interpolation zu nehmen.

7.4.6 Die *Fragen Esras* und die *Offenbarung Esras*

a) Die armenischen *Fragen Esras*

Für den folgenden Text, der Eschatologisches aus *4Esr.* präzisiert, gibt Michael Stone die ehrliche Auskunft: „Datum unbekannt". Auch ob es ein aus dem Griechischen übersetzter Text ist, muss offen bleiben; andernfalls wäre es die Erfindung eines Armeniers, also Christen. Es ist keine typische Übersetzungssprache; vieles aber scheint inhaltlich noch jüdisch zu sein (Bauckham 113). – Aus der längeren Fassung **A** ist die Kurzfassung **B**, Teil des armenischen Menologions, ausgezogen.

Online-Index Nr. 31; Stegmüller Nr. 99.4; nicht in Schürer/V. **Inhaltsangabe** mit Kommentar: Woschitz 830 f.
Einleitung und Übersetzung: Iss. 695–703; Charlesworth I 591–599 (M. STONE); JSHRZ.NF I/5 (J. LEONHARDT-BALZER) 2005.
Einleitung: Stone, *IV Ezra* (2.3.1) 40; Denis 872 f. **Literatur:** DiTommaso 521 f.

---

68 Das arm. Äquivalent *ov sirelikʻ* in Ps.-Philon, *De Sampsone* 10 (2.3.3 b) kann dem chr. Übersetzer geschuldet sein. Sonst müsste es als einziger Beleg dienen.

Handschriften: (A) Venedig, Mechitaristen, Ms. 570 (datiert 1208); (B) Oxford, Bodleian Library, Marsh 438, Bd. 3, S. 402 (17.Jh.). **Erstausgabe** (A): Y. 300–303; (B) Konstantinopel 1730.

Titel in den Handschriften: *Befragung Esras des Propheten gegenüber dem Engel des Herrn wegen der Seelen der Menschen.* **Gängige Benennung:** *Fragen Esras* (denn in „Befragung Esras" würde der Genitiv falsch verstanden; Esra ist der Fragende).

Neuere kritische Ausgabe: nur (B): M. STONE (Hg.): „Two new discoveries concerning the uncanonical Ezra books" (arm.), *Sion* [Zeitschrift des Arm. Patriarchats Jerusalem] 52, 1978, 54–60.

Textanfang: *Tesanēr Ezr margarēn zhreštak* („Es sah Esra der Prophet den Engel"); **Textschluss:** *noynpēs ew Daniēl ekac' i gub ar̄*[(„so lag auch Daniel in der Grube bei..." – der Text bricht hier ab).

Ähnliche oder ähnlich benannte Texte: Andere Befragungen in arm. Lit. s. Stone 592; eine lat. *Befragung Abrahams* s. 2.2.8 „ähnliche Texte". Stegmüller Nr. 98.2–3 verzeichnet unter dem Titel *Syrische Esra-Apokalypse* Fragen Esras des Schreibers, deren Beantwortung wiederum von seinem Sekretär Karpos notiert worden sei, veröffentlicht von E. BAETHGEN in *ZAW* 6, 1886, 204–210; vgl. J.-B. CHABOT: „L'Apocalypse d'Esdras", *Revue Sémitique d'Epigraphie et d'Histoire Ancienne* 2, 1894, 333–346; Kraft (0.9.5) 145.

Textsorte: Offenbarungsdialog. **Literarische Besonderheit:** Die Initiative kommt von unten: Esra sieht einen Engel und beginnt, ihn auszufragen. Das arm. *harc'ak'nnut'iun* entspricht ἐξέτασις,[69] was freilich einem Engel gegenüber ungewöhnlich ist.

Zählung seit Stone: 40 bzw. 14 Verse.

Gliederung: Die Fragen, gefolgt von z.T. mehrteiligen Antworten, sind: A 2; A 4; A 9 (Zwischenruf Esras A 18); A 22; A 31; B 10; mit einer Schlussbitte endet der Text in B 14.

Literarische Integrität: Text A bricht ab wegen Blattverlust. B ist eine Kurzfassung (Epitome) für liturgische Zwecke und muss eintreten für den verlorenen Schluss von A.

Biblischer Bezug: Ex 24,18 (par. Num 12,8); 4Kön 2,11f; Jes 6; Dan 6; Mt 13,22; 1Kor 15,53.

Quellen und **Vorlage:** *4Esr.* (2.5.1) einschließlich solcher Partien, die nur arm. erhalten sind (Stone 597 Anm. i); ferner *Esdram-Apk.* und *Sedrach-Apk.* (beides 7.4.5).

Bemerkenswerte Stellen, Theologisches: Die hier vorgetragene Auffassung vom Schicksal der Seelen nach dem Tod sieht ein dämonenbewachtes Gefängnis in der Atmosphäre vor (vgl. *4Esr.* 7,80), wohingegen die Seelen von Gerechten durch sieben Sphären höher steigen können, unterstützt durch Fürbitten von Christen. Zum Gebet für Tote vgl. schon 3.4.1.

---

[69] So nach dem arm. Thesaurus (0.9.2); zu erwägen ist aber auch ἐρώτησις, ἐρώτημα.

Christlich ist die Berufung auf Christus und die Fürbitte von Christen in A 31–36a, auch das Durchbeten des Psalters als Sühnemaßnahme. Gut jüdisch ist demgegenüber V. 36b: „Aber falls nicht, gib den Bedürftigen". B 9 erwähnt an dieser Stelle „Opfer"; vgl. 7.5.2 a.

b) Die *Offenbarung Esras*, eine lateinische Wetterkunde
Sollte dieses Werk auf Latein entstanden sein, wie wir es jetzt haben, und jüdisch sein, wäre es (neben 3.5.5 und 6.5.5) eines der wenigen Zeugnisse literarischer Aktivität im Bereich des lateinischsprachigen Judentums. Fiensy hält es aber für christlich, denn es benutzt den Ausdruck „Herrentag" für den Sonntag – Frage an die textliche Integrität.

Online-Index Nr. 58; Stegmüller Nr. 99 und 99.1–2; nicht in Schürer/V.
Einleitung und Übersetzung: Charlesworth I 601–604 (D. A. Fiensy)
Einleitung: Denis 875. **Literatur:** DiTommaso 523 f.
Handschriften: Vatikan (9.Jh.) und spätere. **Ausgabe:** G. Mercati: *Note di letteratura biblica e cristiana antica* (StT 5), 1901, 74–79.
Titel in den Handschriften: *Revelatio quae facta est Esdrae et filiis Israhel de qualitatibus anni.* **Anderer Titel:** Daraus verkürzt, nennt man sie *Revelatio Esdrae*.
Ähnliche oder ähnlich benannte Texte: Hinweis auf zahlreiche gr., engl. und altfrz. Texte ähnlichen Inhalts unter Esras Namen bei Fiensy 602 mit Anm. 11 f; (Neu-) Hebräisches und Aramäisches ebd. 601 Anm. 5. Vgl. Denis 875 Anm. 60.
Textsorte: καλανδολογία, verwandt den Stunden- und Monatskunden von 6.3.1 und 7.2.2; Nähe zur Astrologie.
Biblischer Bezug: außer Esras Namen keiner.
Rezeption: Eine kirchliche Warnung vor solchen Texten zitiert Fiensy 601 Anm. 8.

c) Sonstiges
Ein äth. *Esra*-Buch der Falaschas (der äthiopischen Juden), welches der *Apokalypse des* (Ps.-)*Methodios* nahesteht, wird bei Denis 873 und 1294 angezeigt, ebenso eine syr. *Esra-Apokalypse*, die bereits auf den Islam reagiert. Bekannt ist erstere als *Prophetie des* (Ps.-)*Methodios* bei Stegmüller Nr. 124.4–8.

7.4.7 Die *Elia-Apokalypsen* und die *Zephanja-Apokalypse*

Die nachfolgend zu nennenden Texte haben mit dem Judentum nur noch thematisch zu tun. Vollständigkeit ist nicht möglich; vieles schlummert noch in den Bibliotheken. Dinge wie eine *Apokalypse des Zacharias* (des Vaters Johannes des Täufers) gehören mit in diesen Umkreis; vgl. Denis 1270f. Der Elia der jetzt zu nennenden Texte ist Prophet des Alten Testaments und Gegenstand vieler Spekulationen im Talmud, ist zugleich ein Heiliger der Ostkirchen (Festtag: 20. Juli; *Synekdēmos* 921–928).

a) Die griechische *Elia-Apokalypse* (Fragmente)

Zunächst müssen zwei Elia-Apokalypsen unterschieden werden. Die griechische ist nur in einigen Zitaten bekannt. Eine inhaltlich verwandte, im Wortlaut von ihr unabhängige existiert in koptischer Übersetzung. Die Überlappungen sind gering; man vergleiche nur die Personenbeschreibung des Antichristen hier in Frg. (c) mit der in vielen Details abweichenden in der koptischen *Elia-Apk*. 3,15 – 18.

Als **Frg. a** gibt Denis 1Kor 2,9 (Zitierformel: καθὼς γέγραπται) und *1Clem*. 34,8 (λέγει γάρ = „denn es heißt") an, ein problematisches Mischzitat (man bemüht hierfür Jes 64,3; Jer 3,16 und *Sir*. 1,10), wofür sich im *Mt-Kommentar* des Origenes zu Mt 27,9 (MPG 13, 1769 C, nur lat. erhalten) der Hinweis findet, so stehe es *in secretis Eliae prophetae* (vgl. hier b; dort nicht im Text). Hieronymus, *Epist*. 57,9 *ad Pammachium* nennt den Titel: *Apocalypsis Eliae,* und in seinem *Jesaja-Kommentar* zu Jes 64,4 (MPL 24, 622 B/C) berichtet er, dass als weiterer Herkunftsort die *Himmelfahrt Jesajas* bemüht werde (s. 7.4.3; dort nicht im Text). Er verwahrt sich aber gegen die nichtkanonischen Ableitungen: Paulus paraphrasiere Bekanntes aus dem AT.

Frg. b ist dieselbe Stelle, anders eingeleitet, bei Clem.Al., *Protr*. 10, 94,4 und wieder anders in den *Apostolischen Konstitutionen* 7, 32,5. Nirgends nennt die Zitateinleitung einen Namen.

Frg. c, davon verschieden, ist eine Personbeschreibung des Antichristen bei (Ps.-)Methodios v. Patara unter der Zitierformel: Ἐμφέρεται ἐν ἀποκρύφοις ὅτι Ἠλίας ὁ προφήτης εἶπε περὶ τοῦ ἀντιχρίστου, οἷος μέλλει τότε φαίνεσθαι. Derselbe Text findet sich isoliert auch in einem Pariser Ms. des 13.Jh.; s. Schürer/V. 802; Denis 614. Seine überaus verzweigte Nachgeschichte ist dokumentiert bei Denis 615 f.

Online-Index Nr. 6; Harnack I 853 f Nr. 62; II 571 f; Stegmüller Nr. 90 und 90.1 – 6 (zu a–b) sowie Nr. 120 (zu c); Schürer/V. 799 – 803.
Einleitung und Übersetzung: JSHRZ V/3 (W. Schrage) 1980; Dupont-Sommer, *Ecrits intertestamentaires* 1799 – 1824 (J.-M. Rosenstiehl).
Einleitung: Charlesworth I 728 (O. S. Wintermute); Denis 609 – 618 (zu Frg. a); 618 – 624 (zu Frg. b); 624 f (zu Frg. c).
Literatur: Lehnardt Nr. 7921 – 7991; DiTommaso 341. Wichtig: Frankfurter, *Elijah in Upper Egypt* (0.9.5; zu Frg. a/b: 46 – 48 u.ö.; zu Frg. c: 49 u.ö.).
Titel und Zitierformeln s. Kopftext.
Neuere kritische Ausgabe: PVTG 3 (A.-M. Denis) 1970, S. 103 f; ebenso Denis, *Conc*. 904 oben. Text von Frg. c auch bei Schürer/V. 802 Mitte.
Wortindex: Siglum bei Denis, *Conc.:* „FEli".
Erwähnungen von Elia-Apokalypsen, von denen jeweils unklar ist, welche es sein soll, hat Harnack a.a.O. aus vornicänischen Kirchenschriftstellern zusammengetragen; ausführlicher (auch zu vermuteten Anspielungen) Denis 610 – 613 und wieder 614 – 617.
Ähnliche oder ähnlich benannte Texte: erschöpfende Angaben zu (a) und (b) bei Frankfurter. Darbietung von Auszügen auf Gr., Lat., Kopt., Äth., Arab. Arm. (mit

engl. Übers.) bei Stone/Strugnell, *Elijah* 42–73; sie reicht bis zu dem Hegesipp-Zitat bei Photios, *Bibl.* 232 § 13 (Text auch bei Preuschen, *Antilegomena* 113). Über den lediglich verschriebenen Elia-Namen bei Eupolemos (bzw. denen, die ihn zitieren) s. o. 3.3.2. Ein Elia-Kapitel enthält auch 8.1.1. – Unser Text ist überdies nicht zu verwechseln mit der hebräischen, unter 1.5.4 a schon erwähnten *Elia-Apokalypse* und ihren Verwandten. Die Verbindungslinien sind dünn (Frankfurter 50). – Ein sonst nicht verifizierbares Fragment aus einer lat. *Elia-Apk.* zitiert Stegmüller Nr. 90.1–2; Text (17 Ms.-Zeilen) bei Denis, *Conc. latine* 630 und bei Lechner-Schmidt, *Wortindex* 241, jeweils u.d.T. *Visio Eliae;* Anfang: *Ostendit, inqui(t), mihi angelus;* Ende: *propter hanc rem.*

Als *Elia-Apokalypse* wird auch die nachstehend unter (c) zu nennende *Zephanja-Apk.* bezeichnet, die sich auf demselben Papyrus befindet und vielleicht auch deren Fortsetzung ist; daher die Verwirrung bei Harnack und bei Stegmüller. – Der Verweis auf eine *Epistula Titi discipuli Pauli de dispositione sanctimonii* bei Di-Tommaso 352f gehört nur randlich hierher (wegen gleicher Motive); Auszug (lat. u. engl.) bei Stone/Strugnell, *Elijah* 14f. – Weitere *Elia-*Titel, außer dem unter (b) gleich noch zu nennenden, bei DiTommaso 353f, auch auf Arm., Äth., Arab. und Serbisch. Eine kopt. *Himmelfahrt Elias* (Auszug aus einer Homilie über 4Kön 2) und einen äth. *Abba Elia* s. Denis 631. – Stellen aus „dem Propheten" oder „einem anderen Propheten" bei Hippolyt, *De Antichristo* 15 und 54 s. Stone/Strugnell, *Elijah* 84f (gr./engl.). Einen gnostischen Mythos, wie ein weiblicher Dämon von Elia schwanger geworden sei, bietet Epiphanios, *Haer.* 26 (ebd. 88f gr./engl.).

Zu (c): Diverse Beschreibungen des Antichrists s. Harnack I 573 Nr. 63 Ende; solche auf Gr., Syr., Äth. und Arab. bei Stone/Strugnell, *Elijah* 28–39 (mit engl. Übers. und Anmerkungen).

Textsorte: Apokalypse. **Literarische Besonderheit:** Im Hinblick auf 1Kor 2,9 und die noch obskurere Stelle Eph 5,14 fragt Harnack II 571: „Ist dieses Buch ein christliches Produkt des 2. Jh., welches auf Grund der beiden paulinischen Stellen gefälscht worden ist, oder ist es eine alte vorpaulinische Apokalypse?" Etwa diese Frage verfolgte bereits der in den Tagen Hadrians schreibende Hegesipp und stellte jede Ableitung aus apokryphen Schriften in Abrede; das Jesuslogion Lk 10,23 sei die Grundlage (Text bei Preuschen, *Antilegomena* 113).

Quellen und **Vorlage:** Vieles hier unter 7.4 Genannte kommt als Vorlage in Betracht, ferner die Sibyllinen (5.3), bes. Buch 5ff. – Zu Frg. (c) vgl. 4Q 521 (Denis 625) als Sammlung ähnlicher Motive. Text (c) insgesamt trägt Elemente früherer Krisenschilderungen zu einer neuen zusammen; es ist ein Omnibus apokalyptischen Gedankenguts, wohl auch in Abhängigkeit von der *Petrus-Apokalypse* (Bauckham 116 unten).

Christlicher Einfluss? Das Wort „Antichristus" (= Christusfeind) in Frg. c hat seinen ältesten datierbaren Vorläufer in 1Joh 2,18.22 und 4,3.[70] Die *Elia-Apk.* ist jedenfalls jünger; um wieviel, lässt sich nicht sagen.

Rezeption: (Frg. a/b) Die Origenes-Notiz wird noch im *NT Graece* ed. Aland zu 1Kor 2,9 am Rand genannt, obwohl Hieronymus an mehreren Stellen (s. Harnack I 854 oben) die Vermutung des Origenes zurückweist, freilich aus theologischem Unwillen: Es sei unnötig, auf die *apocryphorum deliramenta* zurückzugreifen, wo Paulus doch nur frei zitiere „aus authentischen Büchern" (er meint Jes 64,4), und schon in diesen gebe es bemerkenswerte Unterschiede zwischen dem Hebräischen und der Septuaginta. Weiteres s. o.: „Erwähnungen": Welche *Elia-Apk.* nachwirkt, ist meist unklar.

b) Die koptische *Elia-Apokalypse*

Das Folgende, ein *mixtum compositum,* ist nicht in allen Teilen eine Apokalypse, hat auch nicht in allen Teilen mit Elia zu tun (der nur zweimal genannt wird, stets mit Henoch zusammen), sondern läuft auf eine Schilderung des Treibens des Antichrists hinaus, und wie dieser besiegt wird vor dem Ausbruch des Tausendjährigen Reiches. In diesem Text kommt der Wortlaut von 1Kor 2,9 nicht vor; er ist also unabhängig von den unter (a) genannten Texten und Problemen zu würdigen.

Die älteren Veröffentlichungen gehen nach einem unvollständigen Papyrus in achmimischem Dialekt; Steindorff (siehe c) publizierte den in Berlin angelangten Rest und zusätzlich ein erstes sahidisches Fragment. In den neueren Veröffentlichungen sind alle drei inzwischen bekannten sahidischen Papyri mit eingearbeitet, womit ein nahezu lückenloses Ganzes zurückgewonnen wurde.

Online-Index Nr. 6 (wie a); Harnack I 853f Nr. 62; II 571f; Stegmüller Nr. 90.3 und 90.5–6; Schürer/V. wie (a). **Inhaltsangabe** mit Kommentar: Woschitz 730–737.

Einleitung und Übersetzung: Charlesworth I 721–753 (O. S. Wintermute; S. 727 Tabelle über die Verschränkung der verwendeten Papyri); JSHRZ V/3 (W. Schrage) 1980. Vgl. unten „Synoptische Übersetzung".

Einleitung: Denis 618–628; Bauckham 107–109. **Anmerkungen:** Rießler (114–125) 1272 (nur zu den Seiten – er nennt sie „Kapitel" – des achmimischen Papyrus).

Literatur: Lehnardt wie (a); DiTommaso 342–351; wichtig: Frankfurter, *Elijah in Upper Egypt.* Über **ägyptische Apokalyptik** im Besonderen s. (außer J. Assmann in Hellholm, *Apocalypticism* 345–377 und J. Bergman ebd. 51–60; 0.2 Anm. 56) A. Blasius/B. Schipper (Hg.): *Apokalyptik und Ägypten. Eine kritische Analyse der*

---

[70] Von dort findet es sich sekundär (und syntaxwidrig) eingetragen in 2Joh 7; es handelt sich um antirömische Polemik seitens der (kleinasiatischen) Johannesschule. Gemeint war, neuesten Erkenntnissen zufolge, ursprünglich Kaiser Hadrian, gegen dessen Religionspolitik der Johannes-Kreis bes. in der Apk eine chiffrierte Polemik betreibt (Lit: Witulski, 0.9.5). Hier gilt er, wie überhaupt in der kirchlichen Rezeption dieser Stellen, als Agent eines noch zu erwartenden Endzeitdramas.

relevanten Texte aus dem gr.-röm. Ägypten (OLA 107), 2002; dort die Vergleichstexte in dt. Übersetzung:

75–90 *Demotische Chronik*   142–148 *Töpferorakel*
115–119 *Lamm des Bokchoris*   194–197 *Traum des Nektanebo.*

Tafeln I-III: Töpferorakel (gr. Papyrus). Ägyptische Bezüge der *Elia-Apk.*: 202 f.

Handschriften: Ein Fragment der **gr.** Vorlage, 5,30–32 umfassend, ist das eine in Florenz liegende Papyrusstück PSI 7 (4.Jh.; Denis 619); Foto der beiden Seiten und Transkription bei Pietersma u. a. (s. u.) 91–94. – Alles andere wird aus den beiden **kopt.** Übersetzungen zurückgewonnen, die auf einem achmimischen Papyrus gefunden wurden (Paris, P. copte 135, zu ergänzen aus Stücken in Berlin; 4.Jh.) sowie auf drei sahidischen (Denis 619–622; vgl. 796–799). Der längste von allen ist der Chester-Beatty-P. 2018 (4./5. Jh.; hg. Pietersma u. a. 69–90); ergänzt wird, wo dessen 20 Seiten zu Ende sind, durch den schon genannten Pariser P. copte 135 (3./4.Jh.). Vgl. Schrage (oben a), 198–200 mit Konkordanztabelle des in den Papyri Gebotenen; ausführlicher Pietersma u. a. 7–13. – **Erstausgabe:** U. Bouriant 1889 nach dem Pariser Teil des achmimischen Papyrus. Steindorff (unten c) bot den Text, am Anfang noch unvollständig, kopt. und dt. auf S. 34–107. – Erstausgabe des Chester-Beatty-P. 2018 s. übernächste Rubrik.
Titel in den Handschriften: *Ti-apokalypsis n-Hēlias.*[71]
Neuere kritische Ausgabe: A. PIETERSMA/S. TURNER COMSTOCK/H. W. ATTRIDGE (Hg.): *The Apocalypse of Elijah, based on Papyrus Chester Beatty 2018* (SBL.SP 9), 1981, dort 20–65 Text kopt. u. engl.; 69–90 Facsimiles.[72] – Für den achmimischen Papyrus s. Steindorff (unten c) 66–107.
Textanfang sahid.: *Pšače m[pč]ois a[fšōpe šaroi]* („Das Wort des Herrn erging an mich") = achmim. (Steindorff S. 66): *Pšače mpčais afḥōpe šarai.* – **Textschluss** achmim.: *mn pCh(risto)s nho nrampe* („bei Christus tausend Jahre"). Folgt Schlusstitel (s. o.).
Wortindex: Pietersma u. a. 95–98 (gr.).99–112 (kopt.).113 (Eigennamen); Glossar der achmimischen Vokabeln des gesamten Papyrus bei Steindorff (siehe c) 171–190.
Alte Übersetzungen: Nur diese beiden kopt. Übersetzungen sind bekannt.
Synoptische Wiedergabe aller drei Texte auf Englisch bei Frankfurter 301–328.
Erwähnung vielleicht bei Didymos dem Blinden (4.Jh.; Denis 626); andere Nennungen einer Elia-Apokalypse (Denis 628) gehen nicht auf unseren Text. Aus byz. Zeit vgl.

---

[71] Als Schlusstitel, achmimisch wie sahidisch bezeugt. Diese kopt. Schreibung belegt, wie man semitische Namen im Griechischen aussprach, nämlich in Analogie zu griechischen: Entsprechend zu „Helios" sagte man „Helias" (beide Male Ἡλι-). Ambrosius schrieb einen Traktat *De Helia et jejunio*. Entsprechend findet sich bei Clem.Al. in der kritischen Ausgabe Ἀβραάμ wegen ἁβρός.
[72] Das eigentümliche Punktierungssystem dieser Handschrift wird erklärt auf S. 2f: Es trennt jeweils Wortbestandteile.

oben (a), Frg. c. Eine rabbinische Elia-Apokalypse (hebr. Titel: *Sefer Elijahu*) s. o. 1.5.4 a.

Ähnliche oder ähnlich benannte Texte: vgl. unter (a); ferner die Hinweise bei Wintermute 728 und die Liste bei Bauckham 15 f; auch Denis 629–631. Lateinisches bei Schrage 196.

Textsorte: Apokalypse mit homiletischem Einstieg (Kap. 1). Zu der damit gegebenen paränetischen Ausrichtung vgl. Mk 13 parr. – **Literarische Besonderheit:** Der kopt. (achmimische) Papyrus verbindet diesen Text mit der *Zephanja-Apk.* als deren unmittelbare Fortsetzung. Der Schlusstitel (s. o. „Titel") scheint dann für beides zu gelten.

Zählung bei Rießler und Schrage: die aus der *Zephanja-Apk.* (s. u.: c) weiterlaufenden Seiten des achmimischen Papyrus, also von S. 19 Z. 1 bis S. 44 Z. 2 (folgt Schlusstitel). Zählung der fertigen Montage bei Wintermute (und hier): 5 Kapitel. Die folgende Nummernkonkordanz (vgl. Schrage 200; Denis 622) stellt die Seiten des achmimischen Papyrus denen des längsten sahidischen (Chester-Beatty 2018, in Klammern) und den Kapiteln und Versen bei Wintermute gegenüber:

Kol. 19	(1)	Kap. 1,1	28	(10)	2,35	37	(18)	4,26
20		1,4	29		2,39	38		4,31
21	(2)	1,9	30	(11)	2,44	39	(19)	5,2
22	(3)	1,13	31	(12)	2,49	40	(20)	5,8
23	(4)	1,18	32		3,2	folgt Lücke, zu füllen		
24		1,25	33	(13)	3,8	aus dem Pariser P., S. 13–14		
25	(5)	2,2	34	(14)	3,15	41		5,24
26	(6)	2,9	folgt Lücke, zu füllen			42		5,29
folgt Lücke, zu füllen aus			aus Ch.-B.-P. 15			43		5,33
Ch.-B.-P. S. 7–8			35	(16)		44		5,39
27	(9)	2,31	36	(17)	4,20			

Gliederung: s. Steindorff (unten c) 11 f; Woschitz 732; Pietersma u. a. 7–11; Wintermute 721–726. – Folgende Gliederungssignale lassen sich im kopt. Text ausmachen; sie sind z. T. Anzeichen einer literarischen Naht:

A) „Erinnert euch...!" 1,3.8.15 (dazwischen: „Hört...!" 1,13); Appelle bis Ende von Kap. 1.

B) „Betreffs..." 2,1 (von Wintermute als Überschrift eines ab hier verwendeten Dokuments gewertet). Dort „in jenen Tagen" 2,9.(singularisch: 24).29. 33.35.39.41.44.46; folgen Jahresangaben aus der Herrschaft künftiger Könige 2,47; 3,1.

C) Themenwechsel: 3,1 (eingeschaltete Prolepse des Schlusses: 3,2–4;) 4,1; 4,30.

D) „An jenem Tag" (singularisch): 5,1.2.7.14b.25.30.33.36. Der V. 32, mit eigenen Zeitangaben versehen, könnte darum Zusatz sein (und Wiederaufnahme von 4,7).

Literarische Integrität: Die publizierten Texte sind eine fast lückenlose Montage aus vier jeweils unvollständigen Papyri. Deren Zusammenpassen bestätigt einen relativ stabilen Text; doch ist dessen literarische Integrität (genauer: die der gr. Vorlage) sehr fraglich (Schrage 217–220), bzw. die Frage ist falsch gestellt; denn es handelt sich nicht um Literatur im Sinne hellenistisch-römischer Konvenion, sondern um einen Sammeltext. Trotz der internen Vielfalt und des Fehlens einer Rahmenhandlung muss darum nicht das Werk mehrerer Hände angenommen werden, wohl aber ein Zusammenschreiben von Heterogenem. So kann es denn auch Absicht sein, dass die Wiederkunft Christi zweimal vorkommt, 3,2–4 als Prolepse und 5,36–39 als Schluss des Ganzen. Das Gleiche gilt für Henoch und Elia als gemeinsame Vorläufer: In 4,7 helfen sie der Jungfrau (s.u.) kämpfen, in 5,32 erhalten sie fleischliche Unsterblichkeit (s.u.).

Biblischer Bezug besteht v.a. zum Neuen Testament (s.u.: „Christliches"). Was man „Antichrist" nennt („Christusfeind – s.o., a), begegnet hier sehr ausführlich als „Sohn der Gesetzlosigkeit" (Echo auf 2Thess 2,3). Für die das Ganze abschließende Hoffnung des Tausendjährigen Reiches s. Apk 20.

Ein **historischer Bezug**, wie Vorgängertexte ihn vielleicht hatten (Sammlung des in Frage Kommenden bei Denis 627f), wird imitiert in Bezugnahmen auf Invasionen aus Assyrien, Ägypten und Persien schon in biblischer Zeit (Kap. 2). Die Schilderung des „Sohnes der Gesetzlosigkeit" in 31,14–34,14 trägt Züge Domitians, wird vermutet (Schrage 211); doch waren diese vor- wie nachher Wandermotive.

Quellen und **Vorlage:** vgl. Schrage 204–217: Henoch-Motive (aber nicht das *Henoch-Buch*), Alexanderlegenden (so auch in 2.1.7 c; 2.3.3 a). Die besondere Bedrohung Ägyptens in 2,29–38 könnte zwar an Ex 7–11, auch an Sach 14,18f denken lassen, kommt aber eher aus autochthon-ägyptischer Tradition: Wintermute 723 weist auf das *Töpferorakel* hin.[73] Eine eventuelle Abhängigkeit vom hebr. *Buch des Elia* (1.5.4 a) ist weit weniger klar als eine von der *Petrus-Apokalypse* (Bauckham 116 zu 3,1–4 und 5,26–29).

Gräzismen des kopt. Textes erweisen ihn als Übersetzung (Denis 619). Der jüngere sahidische Text ist eine Anpassung des achmimischen.

Bemerkenswerte Stellen, Theologisches: Dies ist wohl die reichhaltigste aller erhaltenen Ausmalungen der „letzten Dinge", wie sie in christlicher Populärtheologie üblich waren. Ältere jüdische Hoffnungen sind mit aufgenommen, etwa in der Ankündigung einer Rückführung der ägyptischen Juden nach Jerusalem (2,39).

Christliches begegnet auf Schritt und Tritt, z.B. in 2,41; 3,1 u.ö. der „Sohn der Gesetzlosigkeit" von 2Thess 2,8, in Kap. 4 die Märtyrer von Apk 11,4–12 und in 20,6–10 ein Hinweis auf die Inkarnation. Parallelen aus dem *Brief an Diognet*, aus der (gnost.) *Paulus-Apokalypse* u.a. schon bei Rießler. „Christus" (so kopt.) in 3,2

---

[73] Die wenigen pagan-ägyptischen Apokalypsen, die es gibt (s. Blasius/Schipper) und zu denen streckenweise auch der hermetische Traktat *Asclepius* hinzugehört (lat. ganz erhalten, gr. nur in Zitaten, kopt. großenteils als NHC VI 8, das Schlussgebet zusätzlich gr. im P. Mimaut und kopt. als NHC VI 7), haben gemeinsam, dass ihre Autoren sich zurücksehnen in die Pharaonenzeit als Zeit ohne Fremdeinflüsse, wo sie ungestört mit ihren angestammten Göttern zusammenleben konnten. In der *Elia-Apk.* wie im *Asclepius* ist dieser Gedanke notdürftig christianisiert worden und offener Ausdruck von Polytheismus vermieden.

meint den (wieder-)kommenden Messias. In 3,15 ff leistet eine Jungfrau namens Tabitha (vgl. Apg 9,36–42) dem Christusfeind Widerstand (vgl. Apk 12). Das Zeugenpaar Henoch-Elia ist Ausweitung von Offb 11,3–13 (Bauckham 15). In 5,32 ist die Unsterblichkeit, die diesen beiden (wohl als Erstlingen der Menschheit) verliehen wird, nicht nur ein Geist-Leib (gemäß 1Kor 15,35ff: σῶμα πνευματικόν), sondern ein „Geist-Fleisch" (*nusarx mpneuma*, wohl aus *σάρξ πνευματική), was immer das heißen mag. – Bauckham 466 plädiert dafür (mit D. Frankfurter), diesen Text als im Entwurf schon christlich einzustufen.

Abfassungszeit: vorgeschlagen wird die 2.Hälfte des 3.Jh. n.Chr. Die kopt. Übersetzung gehört ins 4.Jh.

Rezeption, wie die Mss. beweisen, in der koptischen Kirche. Ähnliches Gedankengut in Judentum und Christentum s. Bocian 103f s.v. Elia; das dort erwähnte *Buch des Elia* ist unseres.

c) Die *Zephanja- (Sophonias-) Apokalypse(n)*

Zephanja, der beredte Schilderer des universalen Gerichtstages, erfährt hier eine Aufnahme im Sinne der kosmischen Apokalyptik. Zeph 1,15 (Vulg.) ist mit seinem *Dies irae, dies illa* Stichwortgeber der lateinischen Totenmesse geworden, wo das mit denselben Worten beginnende Gedicht des Thomas v. Celano als komplette Neuschreibung des Zeph-Buches den anschaulichen Höhepunkt darstellt. Hier begegnet uns ein tausend Jahre älterer, prosaischer Vorläufer – oder genauer deren drei; denn die Beziehung unter ihnen ist unklar.

A) Auf Griechisch existiert 1 Satz bei Clem.Al., *Strom.* 5, 77,2, dort irrig als Zeph-Stelle eingeführt; sie kehrt in den kopt. Fragmenten nicht wieder:

> Und es ergriff mich der Geist und trug mich empor in den fünften Himmel,[74] und ich sah Engel, die 'Herr' hießen (...), in Heiligtümern des Heils, lobsingend Gott, dem Unsagbaren, Höchsten.

B) Auf Koptisch (Sahidisch) existiert ein Fragment von 34 Papyrus-Zeilen, in dessen Mitte Zephanja sich als Empfänger dieser Vision bezeichnet (Z. 23 spricht mit der *figura etymologica*, also betont, von einem „Sehen"),[75] veröffentlicht bei Steindorff (s.u.) 110–113.

---

[74] Hierzu s.o. 7.3.1. Vermutlich ist die Gesamtheit der von Planeten bestückten Himmelssphären gemeint.

[75] Nach Steindorff 112 Anm. 2 wäre hier εἶδον ἐν τῇ ὁράσει zu vermuten [und mehr noch εἶδον ἐν (τῷ) ὁράματι Dan Θ 8,2]. Wörtlicher zu vergleichen ist indes ἰδὼν εἶδον Ex 3,7 oder, in einschlägigem Kontext, εἶδον καὶ ἰδού Ez 37,8; 44,4.

C) Auch auf Koptisch (diesmal Achmimisch) ist der Torso einer Apokalypse erhalten, die zwar Zephanja nicht nennt, aber inhaltlich einiges von ihm borgt (z. B. Zeph 1,10 – 13; weiteres s. u.). Er ist 44 Papyrusseiten lang (von denen aber einige fehlen), auf deren letzter ab Z. 3f die *Elia-Apk.* folgt (oben b).

Dieser letzte Text ist Steindorffs *unbekannte Apokalypse* (s. u.), konventionell als *Zephanja-Apokalypse* bezeichnet, bei ihm auf S. 34 – 65 als „erstes" und „zweites Stück" des Papyrus geboten (so benannt, weil dazwischen Seiten fehlen). Vorsichtigerweise nimmt Diebner in seiner dt. Übersetzung keinen literarischen Zusammenhang an zwischen A, B und C; er spricht im Plural von „Zephanjas Apokalypsen" (JSHRZ V/9).

Online-Index Nr. 11; Harnack I 854 Nr. 63; II 572f; Stegmüller Nr. 119 und 119.1 – 2; Schürer/V. 803f. **Inhaltsangabe** mit Kommentar: Woschitz 782 – 789.

Einleitung und Übersetzung: Charlesworth I 497 – 516 (O. S. WINTERMUTE); JSHRZ V/9 (J. DIEBNER) 2003; Text A: 1200; B: 1201 – 1203; C: 1203 – 1229.

Einleitung: Denis 793 – 802; Bauckham 106 – 108; Schneemelcher 625f. **Gr. Fragment** (nur 6 Zeilen) auch bei Denis, *Conc.* 907. **Anmerkungen:** Rießler (168 – 177) 1274f.

Literatur: Lehnardt Nr. 9198 – 9420; DiTommaso 977 – 982; **Neuere Studie:** Bauckham 291 – 294.

Handschriften: Text C steht in dem zu oben (b) erwähnten achmimischen Papyrus, u.z. ihm voran (Steindorff S. 34 – 65). **Erstausgabe:** U. Bouriant 1884 (nur der größere, Pariser Teil des Papyrus). Diebner 1160.1165 – 1168 bietet eine Übersicht über das insgesamt Enthaltene.

Titel in den Handschriften: nicht erhalten; vgl. Kopftext.

Neuere kritische Ausgabe: Das eine gr. Fragment (hier: **A**) bietet PVTG 3 (A.-M. DENIS) 1970, S. 129. Text **B:** G. STEINDORFF (Hg., Übers.): *Die Apokalypse des Elias, eine unbekannte Apokalypse und Bruchstücke der Sophonias-Apokalypse* (TU 17/3), 1899, 110 – 113 (kopt. und dt.; vgl. 169f: erneute dt. Übersetzung). Text **C:** Steindorff 34 – 65 (kopt. und dt.); die Textmontage der S. 147 – 169 ist überholt.

Text A ist oben mitgeteilt; **Textanfang B:** *ain]aw ew[psy]chē* („Ich sah eine Seele..."); der Text bricht ab: *o nnthe nnabhe n[...* („waren wie die Zähne des..."). **Textanfang C** (Frg.): *...]mu tnnakasf* („...stirbt, werden wir ihn begraben"); **Textschluss** (Frg.): *au* [für *awō*] *pyrgos nim etčase senaheje[...* („und alle hohen Türme werden fallen..."); Rest fehlt.

Wortindex der achmimischen Wörter von Frg. C bei Steindorff s.o. (b); sie sind von dialektologischem Interesse. Die griechischen Lehnwörter sind auf S. 149 – 170 in der zweiten Übersetzung des Textes als Klammereinträge sichtbar.

Frühestes Zitat: Text A ist nur als Zitat bekannt; s. Kopftext und Denis 796), dt. bei Diebner 1200, engl. bei Wintermute 508. Als **früheste Bezeugung** für Texte B und C kann evtl. eine Nennung von *Elia-* und *Zephanja-Apokalypse* (in dieser Reihenfolge) bei Ps.-Athanasios gelten: Steindorff S. 21 Nr. 6 und S. 23 Nr. 2.

Ähnliche oder ähnlich benannte Texte: s. Kopftext.

Textsorte: kosmische Apokalypse (Himmelsreise).

Zählung für Text C bei Steindorff und Diebner nach Papyrusseiten; bei Wintermute in 12 Kapiteln; Text bricht ab bei 12,8. Das bis dort reichende kopt. Ms. müsste ursprünglich noch 4 Seiten länger gewesen sein. Es entsprechen sich folgende Anfänge (senkrecht zu lesen):

Kapitel (Wintermute)											
1	2	3	4	5	6	7	8	9	10	11	12
Steindorff (kopt.) S.											
34	34	36	40	44	46	52	56	56	58	62	62
Ms.-Seite und -Zeile lt. Steindorff											
1,1	1,4	2,16	4,13	6,6	7,5	10,21	13,1	13,14	14,14	16,14	17,15
Rießler (ab S. 168 unten) Kap.											
1,1	1,3	2,5	4,3	6,2	7,2	11,1	13,1	13,5	14,5	16,8	17,6

Gliederung: Steindorff 10; Wintermute 498; detailliert Diebner 1159.

Literarische Integrität: Der Papyrus ist am Anfang wie am Ende unvollständig; auch zwischendurch (in Kap. 7) fehlen zwei Seiten, womit der Zusammenhang insgesamt in Frage steht (s. Kopftext). – Die „außergewöhnliche Inkohärenz des achmimischen Textes" wird bei Bauckham 108 auf Kürzungen zurückgeführt.

Biblischer Bezug: Vgl. Kopftext. Text (c) nimmt in 6,10 Bezug auf *Susanna* und auf das *Gebet der drei jungen Männer* (2.1.7 b). 10,8 vgl. Zeph 1,17; 12,5 f vgl. Zeph 1,3 f.

Zeitbezug: In Kap. 11 leisten Abraham, Isaak und Jakob himmlische Fürbitte für die verfolgten Gerechten. Andere Gerechte in diesem Himmel sind Henoch, Elia und David (so 9,5).

Vorlagen wie in (a) und (b).

Hebraismus liegt in den Gottesnamen *elōi pčais* (= HERR) *adōnai sabaōth* (6,7), die aber alle aus LXX und NT bekannt sind (*elōi* aus Mk 15,34). „Eremiel ist der *Hieremiel archangelus*, der [in] 4*Esr*. 4,36 erwähnt wird" (Steindorff zu 51 zu 6,15). – **Stil:** ein altertümliches, vorliterarisches Koptisch.[76] Der vielen gr. Wörter und auch der Konstruktionen wegen plädiert Steindorff 16 für Griechisch als Ursprache; natürlich war dies eine Art von Septuaginta-Griechisch.

Christliches: Der Text ist voll von christlichen Elementen wie NT-Zitaten (z. B. 1Kor 15,38 in 10,14 oder die Fusionierung von Mt 24,20 f und Lk 17,34 f in 2,2), der Erwähnung von Katechumenen (10,9)[77] usw.; s. Denis 800 f; Diebner 1176–1184.1230 (der in alledem nur chr. Redaktion sieht). Die Fixierung auf das Sündenproblem[78]

---

[76] Die normierte Literatursprache des Koptischen war bis zum 10. oder auch 11.Jh. das Sahidische. Das Koptisch der NHC, die aus dem 4.Jh. stammen (wobei die Übersetzung aus dem Gr. noch früher erfolgt sein kann), weist unterschiedliche Mischungen der Dialekte auf, jeweils mit unterschiedlich starkem Überwiegen des Sahidischen.

[77] Κατηχούμενος nach äg. Aussprache geschrieben *kathēkumenos*. – Bauckham 108 hält diese Stelle für die einzige (!) eindeutig christliche.

[78] Die Buchrolle mit dem Weltenplan von Apk 5 ff wird hier, so scheint es, verkleinert zum persönlichen Sündenregister der einzelnen Menschen (3,6–9), auch des Sehers in Kap. 7, das er dort „in seiner

ist jedoch weniger „pharisäisch" (Steindorff 18) als vielmehr christlich. Und vollends die Feier des Todes: Welche jüdische Beerdigung hätte wohl je mit Musik stattgefunden (Kap. 1)? „Wenn ein jüdisches Vorgängerdokument angenommen werden soll, muss es auf ein sehr bescheidenes Maß begrenzt werden" (Schürer/V. 804).

Die **Zeit** der Übersetzung ist sprachgeschichtlich nicht später anzusetzen als im 4.Jh. Die gr. Vorlage muss gleichalt oder älter sein.

Die **Rezeption** beschränkt sich auf die koptische Kirche. Alle Patriarchen und Propheten des Alten Testaments waren und sind Heilige der koptischen Kirche, fest verankert in ihrem Festkalender (vgl. 7.5.2). Als Gedenktag Zephanjas im Besonderen gibt *Synekdēmos* 725 den 3. Dezember.

7.4.8 Zusätzliche *Daniel*-Apokalypsen

Bei den folgenden Texten steht außer Frage, dass sie christlich sind. Eine Welle von *Daniel*-Fortschreibungen hat im nachkonstantinischen Christentum eingesetzt, als dessen beste Zeiten dem Ende zugingen. Auslösend wirkten auch hier wieder Krisen, nunmehr solche des byzantinischen Reiches bes. gegenüber dem Islam.

Eine Schneise durch die Fülle der – sämtlich erst spätbyzantinischen – Manuskripte schlug Klaus Berger. Der von ihm publizierte und für „altkirchlich" ausgegebene Text, ein Extrakt aus vielen gleichartigen, ist in einer der drei Handschriften, die ihn bieten, mit *Diegese* betitelt: Dieses Wort meint in antikem Sprachgebrauch eine detaillierte Inhaltsangabe, insbes. eine Nacherzählung,[79] dient aber – neben anderen Titeln – in byzantinischer Literatur für eine Neuschreibung, für Midrasch und *rewritten Bible* der erzählenden Art. Das Apokalyptische ist in dieser Benennung unterschlagen. Neugriechisch heißt διήγησις einfach nur „Erzählung, Bericht".

Online-Index Nr. 5; Harnack I 851 Nr. 46 und 856 Nr. 65 Ende; II 561f; Stegmüller Nr. 117 und 117.1–20; nicht in Schürer/V. – **Inhaltsangabe** mit Kommentar: Woschitz 899–906.
Einleitung und Übersetzung: Charlesworth I 755–770 (G. T. ZERVOS).
Einleitung: Denis 1291–1304.
Literatur: DiTommaso 317–329 (s.u.). **Neuere Studien:** Maier, „Israel" 57f: „Die Daniel-Fragmente" (zu 4Q 112f; 246); L. DITOMMASO: *The Book of Daniel and the Apocryphal Daniel Literature* (SVTP 20), 2005.

Sprache" lesen kann, und einer weiteren Buchrolle in seiner Sprache, die – hier fehlen zwei Seiten – wohl die Liste seiner Verdienste enthielt. Die folgenden Trompetenstöße begleiten seine Aufnahme unter die Engel.

79 Berger S. 43. Im *Ariastaeosbrief* (4.1) haben wir διήγησις mit „Bericht" übersetzt. Bei Origenes heißt es öfters so viel wie „Paraphrase". Gemeinsam ist jeweils das Moment des Sekundären, des Entlanggehens an etwas Vorgegebenem. Die *Apokalypse des Mose* (7.2.1) nennt sich auch „Diegese".

Handschriften: Oxford, Montpellier, Venedig (14./15. Jh.); **Erstausgabe:** W. Istrin 1897.
Titel in Ms. M: Διήγησις περὶ τῶν ἡμερῶν τοῦ ἀντιχρίστου τὸ πῶς μέλλει γενέσθαι, καὶ περὶ τῆς συντελείας τοῦ αἰῶνος. **Andere Benennungen:** *Traktat* (λόγος) *über die letzten Tage* des Bischofs Methodios (v. Patara, Pseudonym); *Daniels erste Vision* (Berger S. 8); *Apocalypse of Daniel* (Charlesworth/Zervos) u. a.
Neuere kritische Ausgabe: K. BERGER: *Die griechische Daniel-Diegese. Eine altkirchliche Apokalypse* (SPB 27), 1976 [gr. Text: 12–18; Apparat: 19–23; anderer gr. Text S. 24–26. Übers. mit Komm. ebd. S. 43–150, durchsetzt mit Übersichtstabellen über die Inhalte der übrigen Rezensionen.
Textanfang (hier nur Bergers Haupttext, Cod. M): Κατὰ τὴν θεόλεκτον φωνὴν τὴν λέγουσαν. **Textschluss:** καὶ βασιλεὺς τῆς δόξης.
Wortindex: Berger S. 151–159.
Ähnliche oder ähnlich benannte Texte: Als frühe jüdische Fortschreibungen des *Daniel*-Buchs, von diesen hier duch Äonen getrennt, seien erwähnt 4Q 242 (das *Gebet Nabonids*) und die Folgenummern bis 4Q 246, jeweils auf Aramäisch (Lit. bei DiTommaso 307–317).[80] Der berühmte Text 4Q 246, wo in Kol. II Z. 1 der Ausdruck „Sohn Gottes" auf Aramäisch begegnet (ironisch, auf den Herrschaftsanspruch eines allzu hellenisierten Hasmonäerkönigs zu beziehen), wird auch als *Daniel-Apokryphon* bezeichnet, ohne dass jedoch der Name „Daniel" oder ein Rückbezug auf das so benannte Buch darin vorkäme. Beyer II 105–107 bietet eine Montage aus 4Q 243–245 und 551 u.d.T. „Außerkanonische Danielüberlieferungen".
Eine *Syrische Danielapokalypse* ist als JSHRZ.NF I/4 (M. HENZE) 2006 in dt. Übers. veröffentlicht (29–73: Dt. Text in 40 Kapiteln). DiTommaso nennt auf S. 317–320 auch eine *Prophetie des Methodios*,[81] 323–327 *Visionen des Mönchs Daniel* u. a.m. Bonwetsch 916f nennt Handschriften einer slav. *Vision Daniels*. – Eine *Siebte Vision Daniels* arm. bei Y. 237–250 = Iss. 324–348 (ältere Ausg. mit dt. Übers.: G. KALEMKIAR in *WZKM* 6, 1892, 1–42).[82]
Hinweise auf spätere jüdische *Daniel*-Bücher in diversen Sprachen finden sich bei Jellinek, *BHM* 5, XXXVIf; der dort S. 117–130 abgedruckte hebr. Text (dt.: Wünsche II 57–80) ist Jellineks eigene, über das Deutsche vermittelte Übersetzung aus dem Judäo-Persischen; hierzu DiTommaso 327–329.
Textsorte: Die Überschriften geben die unterschiedlichsten Bezeichnungen (vgl. Kopftext). Apokalypsen sind es in dem Sinne, dass *Daniel* fortgeschrieben wird.
Zählung bei Berger: 14 Kapitel (z. T. sehr kurz); bzw. 85 Verse für den Text S. 24–26.
Gliederung: Berger S. 30f.
Literarische Integrität: Dies sind Texte „im Fluss". Wie die Autoren ihr Verhältnis zum textlich fixierten *Daniel* dachten, ist nicht bekannt. Eine Antwort war aber, anders

---

[80] Dessen Angaben „Stegmüller 117.21–29" und „Stegmüller 117.30–31,32" sind leider inexistent.
[81] Natürlich ist es Ps.-Methodios. Hierzu Bonwetsch 899 unten; Denis 1294–1296. – Der Verweis auf Stegmüller 124.4–8 bei DiTommaso führt in ein anderes Gebiet, das der Paraphrasen von Gen 3.
[82] Zur Einteilung des arm. *Daniel* in 6 Visionen s. o. 2.1.7 b.

als im Westen, insofern nicht nötig, als das Dan-Buch als Apokalypse keine Bedeutung hatte für die Liturgie (vgl. „Rezeption").

Biblischer Bezug: Der von Berger vor allem präsentierte Text knüpft in 1,1 an dem synoptischen Jesuswort Mk 13,7 f (par.) an. Das Eröffnen eines Buches mit einem Bibelzitat verrät seinerseits den Einfluss von Mk 1,2 f. – Weiteres vgl. Bibelstellenregister bei Berger 161–163.

Historischer Bezug: Bezüge auf Kaiser Leo III, die Kaiserin Irene und die Kaiserkrönung Karls d.Gr. in Kap. 9 bei Berger, S. 6.

Vorlage: Dan Θ (vgl. 2.1.7), Mk 13 und Apk; auch 1Joh 2,18 (der „Christusfeind").

Stil: schlicht gehaltenes Bibelgriechisch.

Alte Übersetzungen sind stets ihrerseits Bearbeitungen; s. o. unter „Ähnliche Texte". Es gibt solche in syr., kopt., hebr., arab., arm., judäo-pers. und sogar in (literarisch imitierter) aramäischer Sprache.

Frühestes Zitat, früheste Erwähnung: nichts aus der Antike.

Abfassungszeit für den Text des Ms. M: 9. Jh. Versuche, einzelne Traditionen und damit Textstücke älter sein zu lassen, bei Berger 6 f und 43 ff.

Rezeption: Irgendwann ist diese Fortschreibetätigkeit zum Erliegen gekommen. Liturgie und Theologie blieben kanonisch. Im *Synekdēmos* unter dem 17. Dezember wird Daniels und seiner Gefährten zwar noch gedacht (739 f), aber nur mit Bezug auf das Fast-Martyrium in Kap. 3.

7.5 Weitere Testamente

Nachdem unter 1.6 aramäische bzw. hebräische, unter 2.4.2 ein griechisches und in 7.2.2 auch ein syrisches „Testament" vorgestellt wurden, letzteres bereits eindeutig christlich, ist nun das Übrige zu dieser Testsorte Gehörige zu würdigen. Die *Testamente der Zwölf Patriarchen* stehen an der Spitze, weil sie seit ihrer Wiederentdeckung im Spätmittelalter als uralt gelten und jedenfalls als „frühjüdisch". Die Verbindung zum Judentum des Zweiten Tempels ist jedoch sehr dünn und nur in 1 Satz des *TestLevi* zu greifen (1.6.1). Die übrige Sammlung wird hier zur Disposition gestellt, und alles, was noch folgt, sind Texte, die im vorliegenden Wortlaut sich als christliche Kompositionen ausweisen.

7.5.1 Die *Testamente der Zwölf Patriarchen*

Von einem in Qumran fragmentarisch belegten, modern so benannten *Testament Levis* (1.6.1) führt ein dünner, in der Forschung jedoch überaus stark strapazierter Faden[83] in

---

[83] Exzessiv bei Dupont-Sommer, *Ecrits intertestamentaires* (0.9.1), wo fast alles auf die Hasmonäerzeit und auf die Qumran-Texte rückbezogen wird; dazu 0.1.3, Ende.

das Gebiet, das wir nunmehr betreten und dessen Weite das Vorhandensein der Septuaginta bereits voraussetzt. Die doppelte – nämlich primär priesterliche, in zweiter Linie auch königliche – Messiaserwartung zahlreicher Qumran-Texte scheint sich auf separaten Wegen noch lange erhalten zu haben und dient in christlichen Zeiten neuen Überlegungen, sei es christologischer, sei es ekklesiologischer Art: Man war ja wieder in einer Art Theokratie angekommen, nämlich derer von Byzanz.

„Die *TestXII* sind christliche Dokumente, die von jüdischen Quellen zehren. Das ist die traditionelle Ansicht, und sie ist mit Entschiedenheit auch in den letzten Jahren verfochten worden" (Collins 342). Das ist die komplementäre Herangehensweise zu jener älteren, die noch eine jüdische Grundschrift herausschälen wollte (s.u.: „Literarische Integrität"). Schürer/V. 772 hatte noch gesagt: „The Testaments are (...) best defined as a Jewish work, related to, but not necessarily depending from, Qumran, which has survived in a Christian version incorporating a limited amount of easily recognizable editorial modifications and glosses." Seit J. T. Milik hingegen besteht die These, die Verfasser seien Judenchristen (referiert ebd. 770; im selben Sinne referiert Bauckham 466 das Plädoyer David Satrans, die *TestXII* als im Entwurf christlich zu würdigen). Sie bedienten sich jüdischer Traditionen für eine Schrift, die dann aber doch ihnen eigen ist. Die unter 7.5.2 zu nennenden Patriarchentestamente sind ein noch deutlicheres Beispiel für diese Art der Zuordnung.

Vor hundert Jahren war Robert Henry Charles, dem wir die bis heute nützlichste Edition der *TestXII* verdanken, fest überzeugt, diese seien aus dem Hebräischen übersetzt und bot zahlreiche Belege dafür (s.u.: „Hebraismen"). Dieser Schluss ist zu modifizieren. Ähnlich wie in Abschn. 2.5 ist die Einschmelzung von tatsächlich übersetzten Bestandteilen nicht auszuschließen; eine Quellenscheidung ist jedoch noch schwerer als im Falle des *Baruch*-Buchs (1.7.1; 2.5.4). Schürer/V. 768 – 772 referiert, wie die ältere Forschung sich den Abschleifungs- und Anreicherungsvorgang dachte, von semitischsprachigen Vorlagen bis zu den auf Griechisch schließlich fassbaren, in viele Rezensionen zerfallenden Texten. Diese divergieren – was die Schwierigkeit noch erhöht – allesamt von den Nachrichten (Testimonien), die wir darüber haben und denen zufolge sie erheblich länger sein müssten.

Jenes *Testament Levis* aus Qumran, das sich in einem Halbsatz mit dem hier zu findenden *TestLevi* überschneidet, könnte immerhin der Kristallisationskern dieser Literatur gewesen sein, und im Griechischen dann wieder ein ausgeführtes *TestLevi* für die übrigen. M. STONE und J. GREENFIELD in *DJD* 22, 1996, S. 2f bieten das Ergebnis: „Es zeigt sich, dass der in 4Q 213 1 I als Quelle diente für das griechische *Testament Levis*", u. z. für dessen Kap. 12 – 13. Mehr s. Stone, *Studies* 259 – 270 sowie nachstehende Literaturangaben. Auch die Folgenummer unter den Qumranfunden, 4Q 213a, hat ihre wörtlichsten Entsprechungen in einem Zusatz zu *TestLevi* 2,3 im Athos-Ms. Koutloumousiou 39.[84]

---

[84] So Kee 775, wo als weitere Zusätze von einiger Länge in diesem Manuskript die Stellen 18,2 sowie *TestAsser* 7,2 benannt werden. Details über die Vorlagen bei DiTommaso 920.

Ob die Abfassung weiterer elf *Testamente* und damit die Vervollständigung zur Zwölfzahl auch schon jüdisch ist, lässt sich fragen. Inhaltlich ist in allen zwölf Texten der Unterschied zu den zwei in Qumran belegten *Testamenten* größer als die Gemeinsamkeit. Jedenfalls ist von den Auseinandersetzungen um die gescheiterte Kultreform der Essener (oben 1.1.1; 1.6) hier nichts mehr wahrzunehmen. Fern jeder erkennbaren Situation, ergehen sich die Texte in allgemeiner Moral, was man in Qumran nicht tat. Auf seine Weise verfolgt indes das *TestLevi* durchaus ein kultisches Interesse; aber gerade von diesem fragt sich, wie weit es noch jüdisch ist (s.u. „Abfassungszweck").

Im Fall des *TestNaph.* (vgl. 1.6.2) ist zwar das genealogische Interesse gemeinsam, dessen Ausführung jedoch verschieden insofern, als erst die gr. Fassung eine abrahamitische Abstammung der Jakobssöhne auch mütterlicherseits behauptet. Hierzu Stone/Greenfield a.a.O. 73–82: Zwischen 4Q 215 (= 4Q TestNaph, einziges Exemplar) und dem gr. *TestNaph.* sind punktuell Entsprechungen (S. 74; 81f). Für die Forschung ergibt sich damit die Frage, ob oder wie weit die übrigen Testamente, mit welchen die Zwölfzahl vervollständigt wurde, christliche Schöpfungen sind.

Online-Index Nr. 84; Harnack I 852f Nr. 58; II 566–570; Stegmüller Nr. 87 und 87.1–14; Schürer/V. 767–783. **Inhaltsangaben** z. B. bei Collins; Nickelsburg; Denis; **Paraphrase** und Kommentar: Woschitz 335–399.
Einleitung und Übersetzung: Charlesworth I 775–828 (H. C. KEE); JSHRZ III/1 (H.-J. BECKER) 1974 (dort 139–158 Anhänge mit zusätzlichen oder alternativen Texten); Dupont-Sommer, *Ecrits intertestamentaires* 813–944 (M. PHILONENKO).
Einleitung: Denis 228–289; J. Collins in Stone, *Writings* 331–344; ders., *Identity* 174–183; Nickelsburg 302–315 (und 300: Foto des arm. Ms. J 1927). **Nur Text:** Denis, *Conc.* 832–850. **Anmerkungen:** Rießler (1149–1250) 1335–1338.
Kommentar: H. W. HOLLANDER/M. DE JONGE (Komm.): *The Testaments of the Twelve Patriarchs* (SVTP 8), 1986.
Literatur: Lehnardt Nr. 4536–4840; DiTommaso 919–948.959–965.967–975; wichtig: M. DE JONGE: „The transmission of the Testaments of the Twelve Patriarchs by Christians", *VigChr* 47, 1993, 1–28. – Zum aram. Levi-Frg. (1.6.1) und dem *TestLevi* besonders: R. KUGLER: *From Patriarch to Priest. The Levi-Priestly Tradition from Aramaic Levi to Testament of Levi* (EJL 9), 1996. Zum hebr. Naphthali-Frg. (1.6.2) und *TestNaph.* besonders: DiTommaso 964–968. – **Neuere Monographie:** Ph. KUROWSKI: *Der menschliche Gott aus Levi und Juda. Die 'Testamente der zwölf Patriarchen' als Quelle judenchristlicher Theologie* (TANZ 52), 2010. **Neuere Aufsätze:** M. DE JONGE: „Sidelights on the Testaments of the Twelve Patriarchs from the Greek Catena on Genesis", in: E. CHAZON/D. SATRAN/R. CLEMENTS (Hg.): *Things Revealed*. FS Michael Stone, 2004 (JSJ.S 89), 303–315; Ch. BERNER: „TestLev 17 als christliche Neudeutung einer jüdischen Quellenschrift" in: ders., *Jahre* 480–486; de Jonge, *Pseudepigrapha* 71–177 [zum chr. Ursprung]; Dochhorn, „Zur Krise der Gerechtigkeit" (0.9.5) 77–83 [zum jüd. Ursprung].

Handschriften: Cambridge (10.Jh.; vgl. 8.1.2); Athos, Paris (11.Jh.); Venedig, Vatikan (13.Jh.) und viele spätere (Liste bei de Jonge XI–XXV; Schürer/V. 777f; DiTommaso 919f; Denis 250–256; armenische: ebd. 261f und Stone, *Studies* 132–137; slav. Denis 264–266). Die Stemmata bei Charles XXII und XXXIX, die auch den vermuteten vorgriechischen Entstehungsprozess abbilden sollen, sind wegen der Qumran-Funde und auch wegen dort noch unberücksichtiger gr. Hss. veraltet. Hinweis auf ungenutzte slav. Handschriften, meist (nicht immer) Teile der *Erklärenden Palaea* (8.2.2), bei de Santos Otero (ebd.) 113f. – Gr. **Erstausgabe:** Oxford 1698.
Titel in den Handschriften: Διαθῆκαι τῶν δώδεκα πατριαρχῶν τῶν υἱῶν Ἰακώβ; **andere Benennungen:** *Testamentum* (Sg.) *XII patriarcharum* (so bei Origenes); *Liber Patriarcharum* (Hieronymus); Kurztitel πατριάρχαι. Moderne Abkürzung: *TestXII*.
Neuere kritische Ausgaben: PVTG I/2 (M. DE JONGE) 1978 (ersetzt Fasz. I/1). Als Einarbeitung auch des Armenischen bleibt wichtig R. H. CHARLES (Hg.): *The Greek Versions of the Testaments of the Twelve Patriarchs*, 1908.[85] **Arm.** M. STONE (Hg., Übers., Komm.): *The Testament of Levi*, 1969; ders.: *The Armenian Version of the Testament of Joseph* (SBL.TT 6 = PsS 5), 1975; ders. (Hg., Übers.): *An Editio Minor of the Armenian Version of the Testaments of the Twelve Patriarchs* (HUAS 11), 2012.
Überschrift des *TestRuben:* Ἀντίγραφον διαθήκης Ῥουβήμ (*sic*). Die Fiktion ist also, Ruben (etc.) habe sich damals schon schriftlich geäußert (habe schriftlich „testiert"), und dies sei eine Abschrift. **Textanfang** des *TestRuben:* μετὰ δύο ἔτη τῆς τελευτῆς Ἰωσήφ; **Textschluss** des *TestBen.:* ἐξόδου αὐτῶν ἐκ γῆς Αἰγύπτου.
Wortindex: Charles 299–324; de Jonge S. 207–251; Siglum bei Denis, *Conc.:* „TRub." bis „TBen."
Alte Übersetzungen: arm. (viele Manuskripte), slav. (dazu Bonwetsch 915), serb., neugr.; lat. (13.Jh.; von dort in westliche Sprachen); auch hebr. (Jellinek, *BHM* 3, 1–3), auf das *TestJuda* zurückgehend (dazu Schürer/V. 777; Denis 250). Eine hebr. Übers. des *TestNaph.* ist abgedruckt bei Charles (s.o: „Ausgaben") 239–244; dazu DiTommaso 966 und Schürer/V. 776f. Auch in seinen Anhängen I–III, die diesen Text mit umfassen (S. 235–256), versucht Charles, Reste des von ihm postulierten hebr. Dokuments, das älter sein soll als der gr. Text, durch Unterstreichung kenntlich zu machen. – Ein syr. Frg. des *TestLevi*, geschrieben i.J. 874, s. Denis 247; eine lat. Übers. des 13.Jh. ebd. 260. Eine arm. **Epitome** der *TestXII* ist veröffentlicht, übersetzt und kommentiert bei Stone, *Studies* 145–183.
Frühestes Zitat: Hieronymus, *Tract. de Ps. XV* aus *TestNaph.* 2,8 (Schürer/V. 777).
Früheste Erwähnung: Origenes, *Hom. in Jos.* 15,6 (Anspielung an *TestRuben* 2–3).

---

[85] Diese Ausgabe bleibt bei allen inzwischen festgestellten Mängeln (auch ihre Stemmata sind durch Einbezug postulierter hebr. Texte eher spekulativ als überprüfbar) wichtig durch ihre Wiedergabe der armenischen Varianten. Noch eine Warnung: Die dort unter S^1 und S^2 angegebenen Varianten kommen aus einer Rückübersetzung (durch W. R. Morfill) aus dem Slavischen (dort S. 263–294); Kritik bei de Santos Otero (8.2.2) 113. Hingegen fehlen der Ausg. de Jonge alle slavischen Varianten.

– Das ist alles, was die Ausg. de Jonge XXX–XXXII zu nennen weiß; hinzu kommen Anspielungen, die aber noch auf Mündliches zurückgehen können und der Motivgeschichte angehören, und gewisse Kanonlisten, die den Titel *Patriarchen* aufführen (als apokryph); Denis 240 f.

Ähnliche oder ähnlich benannte Texte: Zu Joseph vgl. 2.2.2 f; zu Mose 2.4.2; andere Testamente s. u. „Quellen und Vorlagen". Über den Zusammenhang des hebr. *TestNaph.* (s. o.: „Übersetzungen") mit einer *Chronik des Jeraḥmeel* s. DiTommaso 966 und Denis 248 f, über hebr. *Worte Gads des Sehers* im Zusammenhang mit dem *TestGad* DiTommaso 968. – Erwähnt sei noch ein am Anfang unvollständiges, nur auf Arabisch erhaltenes *Testament Davids an Salomo*, bei Stegmüller Nr. 105.8 – 9, als *Instructio Davidis ad Salomonem* betitelt.

Textsorte: Testamente i.S.v. 1.6.0 (aber auch von Apg 20,17 – 38), hier als zwölfteilige Komposition. Jedes Testament beginnt als Midrasch über das Leben des betr. Patriarchen aufgrund des in Gen Berichteten; es folgt eine Paränese, dann (der Versuch einer) Prophetie. **Literarische Besonderheit:** In vielen Codices geben Überschriften den hebr. Namen gr. Begriffe bei, die allerdings erst sekundär sind (vgl. „Rezeption") und stark variieren können; sie kommen allesamt aus Moral und Pädagogik: *Ruben* περὶ ἐννοιῶν („Gedanken, Absichten"); *Simeon:* Neid; *Levi:* Priestertum und Hochmut;[86] *Juda:* Mut (Gen 49,9), Geldgier (woher?) und πορνεία (Gang zur Hure; Gen 38,6 – 24); *Issachar:* Einfalt; *Zebulon:* Erbarmen und Mitleid; *Dan:* Ungestüm und Lüge; *Naphtali:* natürliche Güte; *Gad:* Hass; *Asser:* „über die beiden Gesichter von Bosheit und Tugend"; *Joseph:* Neid (das dürfte, bestätigt durch die arm. Überlieferung, die ältere Akzentsetzung sein; vgl. 2.2.2 b und 2.2.3) bzw. Beherrschung (so dann das christliche Interesse);[87] *Benjamin:* reine Gesinnung.

Zählung und Zitierweise: nach Patriarchenname (Reihenfolge wie in Gen 49), also *TestRub., TestSim., TestLevi* usw., dazu Kapitel und Vers (nach Charles).

Gliederung: allgemeines Gliederungsschema s. Becker 28 f; Nickelsburg 302 (für das *TestLevi* im Besonderen: 306; *TestJuda:* 309; *TestAsser:* 311). – Was die Testamente untereinander zuordnet, u.z. um das *TestLevi* als ihr Zentrum, ist der Verweis im *TestRuben* – von Jakobs Erstgeborenem kommend – : „Ich weise euch an, Levi zu hören, denn er wird das Gesetz des Herrn erkennen" (6,8).

Literarische Integrität: Eine Vielzahl von Rezensionen (vgl. Denis 256 – 258) macht bei Charles öfters mehrspaltigen Druck nötig. De Jonge hat sich stets für nur eine entschieden; das nötigt ihn zu einem sehr großen Apparat unter dem Text und einem Endapparat auf S. 181 – 206. S. 46 – 48 bietet im Apparat einen zusätzlichen Levi-Midrasch, 69 Verse lang. – **Stemma** der Bearbeitungen: de Jonge S. XXXIII (kennt Stone noch nicht). – Zur Frage einer jüdischen Grundschrift: Ein Heraus-

---

[86] Zu diesem nichtbiblischen Detail vgl. unten „Abfassungszweck".
[87] In diesem Sinne ist der Name des Vaters Jesu in Mt 1,16 ff und Lk 1,27, der sein Vater gar nicht sein soll, sprechend. In jüdischen Ohren stand er primär für „Fülle" (j-s-p) an Gütern und Nachkommen und damit für das, was Neid erregt, wie in den Midrasch-Texten von 2.2.3.

nehmen des Christlichen aus einem vermeintlich jüdischen Text (Harnack II 566–570) wird mitunter auch heute noch versucht: J. ULRICHSEN: *Die Grundschrift der Testamente der zwölf Patriarchen*, 1991, bes. S. 24–26). Sehr jüdisch werden sie davon aber nicht, sondern bleiben seltsam situations- und zwecklos.

Biblischer Bezug: Gen 49. Die Bileam-Szene Num 24 ist verwendet in *TestLevi* 18. Zahlreiche andere Bezüge, bes. auf Erzähltexte, s. Kee am Seitenrand.

Historischer Bezug? Charles XLII wollte von der Erwähnung eines Priesterkönigtums in *TestRub.* 6,10 f (vgl. *TestSim.* 5,5) auf die Hasmonäerzeit schließen, bes. auf deren glorreiche Epoche im 2.Jh. v.Chr., Becker (JSHRZ) hingegen klammert den Messianismus dieser Texte als christliche Zusätze ein. Wenn auch der Hinweis auf Juda als „ewigen König" noch außerhalb der Klammer bleibt – hatten doch die Judäer in *1Makk* 14,41 Simon, den Bruder des Judas Makkabäus und ersten hasmonäischen Hohenpriester, als „Hohenpriester in Ewigkeit" gefeiert –,[88] so ist doch die Aufforderung, diesen König anzubeten, „denn er wird für euch sterben in sichtbaren und unsichtbaren Kriegen" (*TestRub.* 6,12) allzu christlich und damit einer anderen Zeit zuzurechnen. Nicht besser steht es mit der Vermutung von Falk (*Introduction to Jewish Law* 73), *TestLevi* 8,14 fordere den hasmonäischen Priesterkönig auf zur Gewaltenteilung zwischen Priester- und Königtum: Wie verträgt sich diese Forderung, das Königtum an Juda abzugeben (also den Stamm, dem David angehörte), mit V. 12, wonach alle drei Funktionen (*sic;* die erste bleibt unbestimmt) den Nachkommen Levis zufallen sollen? Hingegen kann man diese „messianische" Stelle, die auf die Parusie hinausläuft (παρουσία V. 15), anstandslos christlich lesen. – Klarer scheint in dieser Hinsicht *TestJuda* 21,6 zu sein; doch was soll man davon halten, dass das Königtum auf Erden geübt wird, das Priestertum jedoch im Himmel (ebd.; vgl. Hebr 8,1 etc.)?[89]

Quellen und Vorlagen: Über die Beziehungen von *TestLevi* und *TestNaph.* zu den unter 1.6.1–2 genannten Texten s. Kopftext. Ersteres hat auch Beziehungen zum Erzählgut von *Jub.* 30,1–32,9 (1.1.1). – Kraft 163–172 untersucht die manchmal ausdrücklichen Bezugnahmen auf Henoch-Schriften und bemerkt je nach Rezension eine Tendenz zu deren Verschwinden,[90] z.T. aber auch zusätzliche Fiktionen von Henoch-Wissen (Listen: 169f; 171f). – Ein Testament Abrahams war in *Jub.* 20–22 enthalten (1.1.1; *Jub.* zirkulierte auch auf Griechisch), ehe ein eigener

---

88 Das klingt an Ps 110,4 und damit an Gen 14,18–20 an, meint aber eine, wie man hoffte, unbegrenzte Dauer dieser Hohenpriester-Dynastie.

89 Ebenso verfehlt ist der Hinweis bei Falk S. 298, dass in *TestJoseph* 18,3 die Mitgift, die Joseph bei seiner Hochzeit mit der Heliopolitanerin (Aseneth also, Gen 41,45) erhält, sofort sein Eigentum wird und nicht, wie im Judentum nach der Elephantine-Zeit, über eine Ketubba (entsprechend einer alsbald nachweisbaren Halacha) der Braut reserviert bleibt. Darin liegt kein Altersbeweis für unseren Text; denn in römischem Recht, welches auch im griechischsprachigen Osten galt und in Byzanz, gab es keine Ketubba. Selbst eine bis dahin vermögensfähige („emanzipierte") Frau wurde durch die Heirat vermögenslos; alles fiel dem Mann zu (M. KASER: *Römisches Privatrecht*, 1992, S. 271).

90 Anscheinend gab es Schwierigkeiten, Bezüge auf „himmlische Tafeln" Henochs u.dgl. in vorhandener Literatur zu verifizieren, und so wurde manches getilgt.

Buchtitel daraus wurde (2.2.8). – Der Fall der „Wachenden" von Gen 6,1–4 ist wie in 1.5 aufgefasst in *TestRub.* 5,6f. – Die Nennung eines *Noah*-Buches in einer Fassung des *TestLevi* 18,2 macht aufmerksam auf alte und älteste Midrasch-Elemente in der Testamenten-Literatur, die Spuren sogar in Qumran haben können (Schürer/V. 332f; s.o. 1.6.1).

Hebraismen: überaus zahlreich (Charles XXIII–XXXIX, mit Rückübersetzungen) und nicht nur konventionell, sollten aber noch von Imitiertem unterschieden werden: ἀγνοεῖν ἔν τινι „etwas nicht wissen" (dieses Beispiel nicht bei Charles) imitiert eine Konstruktion mit *b*-, wie sie aus Sir 3,15 LXX bekannt sein kann (vgl. noch 2Chr 16,9 ἀγνοεῖν ἐπί für „töricht sein angesichts..."). **Gr. Stil:** sehr schwerfällige Septuaginta-Sprache, aber durchsetzt mit idiomatisch-griechischen Wendungen (Charles XL–XLII). Was im lukanischen Schrifttum nebeneinander vorkommt, je nach Sprecher und Thema, wird hier zu einer neuen Sorte von Feierlichkeit gemischt.[91]

Bemerkenswerte Stellen, Theologisches: Die Gesamtkonzeption, soweit sie über moralische Gemeinplätze hinausreicht, ist heilsgeschichtlich (De Jonge in *VigChr* 1993, 27f). – In *TestJos.* 18,1 begegnet im Arm. die Gottesbezeichnung *el šaddai*, in Transkription aus dem Gr., wo die Hss. allenfalls ein verschriebenes „Israel Šaddai" bieten. *TestJuda* 20,1 unterscheidet im Menschen „zwei Geister, den der Wahrheit und den der Verirrung"; dazu Becker 26f (nur die Sprache ist essenisch).

Christliches: Ausführliche Stellenliste bei Schürer/V. 771, Anm. 16 (z. B. *TestDan* 7,3; *TestAsser* 7,6; am auffälligsten die Jungfrauengeburt in *TestJos.* 19,3; *TestBen.* 9,2 erwartet das Heil von einem „einziggeborenen Propheten. Das „Liebt euch von Herzen..." (*TestGad* 6,3) verbindet in steigernder Absicht eine Reihe von Logien der Evangelien (nämlich Mt 5,43 etc.; sodann Mt 5,25 [Q 12,58] und Mt 5,34)); dazu De Jonge, *Pseudepigrapha* 141–159; ebd. 160–177 Paulinisches. Die Ankündigung der „Parusie des Gottes der Gerechtigkeit" entspricht genau dem Sprachgebrauch der modalistischen Populärtheologie. – Für das mehrfach begegnende Wort δικαιοκρισία ist der älteste datierbare Beleg Röm 2,5; danach wird das Wort bei Euseb häufig. – Mehr bei Becker 23–26; Nickelsburg 314f.

Gegenprobe: Der Tempel ist kaum erwähnt (ἱερόν kommt nicht vor, ναός nur wenige Male), Mose einmal genannt (*TestSab.* 1). Was allerdings die Tora betrifft, so wären immerhin 29 Kontexte zu prüfen, wo νόμος vorkommt: Dies ist ein toragebundenes Christentum, ähnlich 7.1.0–1.

Abfassungszeit und -ort: Zum *TestLevi*, dem alten Kern der Sammlung, wird eine Verbindung zurück zu dem unter 1.6 Genannten vermuten; dort finden sich Anspielungen an Missstände der Hasmonäerzeit (Schürer/V. 774). Die Komposition der *TestXII* ist jedoch weit jünger und ist auch nicht in Palästina anzusetzen (Denis

---

[91] Hier mag erwähnt werden, dass auch byzantinische Poesie, so wenig differenziert (außerhalb der immer noch imitierten Hexameter) ihre Metrik war, v. a. im Schmuck seltener Wörter bestand. Dieser Trend beginnt schon im *Hiob*-Buch der Septuaginta (Siegert, *Septuaginta* 181.324f.

287). So ist die gedankliche Kontinuität sehr dünn und ist nicht auf die übrigen *Testamente* übertragbar. Ansatz bei Collins (343f): 2.Hälfte 2.Jh. oder frühes 3.

Abfassungszweck: Bei der Annahme christlicher Autorschaft wird aus dem *TestLevi* und auch aus einigen anderen dieser Testamente eine irenisch vorgetragene Kirchenkritik, auch Selbstkritik des Christentums, und die verhaltene Polemik des *TestLevi* geht auf den christlichen Klerus, den einzigen, den es nunmehr gab. Insofern ist die Intention, die einst essenische Kreise in diese Textsorte investiert hatten (1.6), gewahrt geblieben.

Rezeption: Im gr. Osten waren diese Texte eines der verbreitetsten Moralbücher (Harnack I 853). Man nahm sie, wie die Überschriften (s.o. „Literarische Besonderheit") zeigen, insgesamt im Sinne einer an persönlichen Vorzügen („Tugenden") orientierten und deren Gegenteil kritisierenden Ethik. – Über die westliche Rezeption seit Robert Grosseteste (der die lat. Übers. im 13.Jh. veranlasste) s. Yoshiko Reed, „Pseudepigrapha" 411 und De Jonge, „The Transmission" 18–28: Das Interesse war auf das Judentum gerichtet, ihm nämlich dessen eigene Christus-Prophezeiungen werbend vorzuhalten; so auch in der Barockzeit und weiter (Denis 268–276; vgl. auch de Santos Otero [8.2.2] zur slav. Fassung). – Zu einer früh einsetzenden, wenn auch nicht starken jüdischen Rezeption bei R. Moše had-Daršan (Narbonne, 11.Jh.) s. M. HIMMELFARB: „R. Moses the Preacher and the Testaments of the Twelve Patriarchs" (1984) in: dies., *Essays* 329–349.

7.5.2 *Testament Isaaks* und *Testament Jakobs*

Fast einig ist sich die Fachwelt darin, dass die beiden folgenden Texte, die mit dem *TestAbr.* (2.2.8) eine Patriarchen-Trilogie bilden, dessen christliche Ergänzungen sind. Es sind Schulbeispiele dafür, wie christliche Populärtheologie sich jüdischer Themen zu ihren eigenen Zwecken bedient. In diesem Fall dürfte es sich sogar um einen auf Koptisch (genauer: Sahidisch) konzipierten Text handeln, vielleicht einen der ältesten, die wir haben. Seine Umsetzung ins Bohairische (also das im Mittelalter gängige Koptisch) diente der arabischen Übersetzung als Vorlage. Deren Verfertiger vermutete zwar griechischen Ursprung;[92] doch hat sich dieser in seitheriger Forschung nicht bestätigt.

Diese beiden *Testamente* sind nicht nur eine Ergänzung zu dem *des Abraham*, sondern auch eine Tendenzkorrektur: Es fehlt ihnen jede Ironie. Isaak (a) vermag immerhin den Überbringer seiner Todesnachricht in ein längeres Gespräch zu verwickeln; Jakob sodann (b) stimmt sofort zu. Beide Texte laufen hinaus auf Verehrung

---

[92] Lt. Graf (s.u.: „Sitz im Leben") 204 lautet das Präskript der drei Patriarchentestamente im Arabischen: „Der Tod des Abraham, Isaak und Jakob, ihre Unterredungen mit einem Engel und ihre Testamente, aus griechischen Quellen abgeleitet".

des betr. Patriarchen an seinem jährlichen Gedenktag (vgl. „Sitz im Leben"), welches der (angenommene) Todestag ist.

Beide sind nur in orientalischen Fassungen bekannt; ob es eine griechische Vorlage gab, ist mehr als fraglich. Denis hält unter den erhaltenen Fassungen jeweils die koptische für die ursprünglichste; und jedenfalls ist sie die Vorlage der arabischen (s. dessen Missverständnisse, was das *TestIs.* betrifft, in 4,19 f. 26; 5,7; 6,15; 10,6.8). Auch die äthiopische kommt von ihr. Fassungen in Sprachen nördlich des Mittelmeeres existieren nicht, was nochmals gegen das Vorhandensein einer griechische Vorlage spricht.

a) Das *Testament Isaaks*

Online-Index Nr. 80; Stegmüller Nr. 86 und 86.1–6; Schürer/V. 766. Nicht in den Bibliographien. **Inhaltsangabe** mit Kommentar: Woschitz 423–425.

Einleitung und Übersetzung: Charlesworth I 903–911 (W. F. STINESPRING); Delcor, *Testament* (s. 2.2.8) 78–83 (Einl.).196–205 (Übers. der kopt. Fassung).224–233 (äth.).252–261 (arab.); **dt. Übers.:** E. ANDERSSON: „Isak's Vermächtnis, aus dem Koptischen übersetzt", *Sphinx* 7, 1903, 77–94 (nach der damals bekannten bohair. Fassung); engl. Übers. der sahid. Fassung bei Kuhn in *JThS* 18 (s. u. „Krit. Ausgabe".

Die einzig brauchbare dt. Übers. ist die von Andersson. Was Rießler bietet, ist die dt. Übers. einer engl. Übers. einer arab. Übersetzung einer bohair. Bearbeitung eines sahid. Originals.[93] Der „Baldachin des Vaters" bei Rießler 8,2 wäre kopt. ein *katapetasma* (Ex 26,31 ff); Andersson: „Vorhang des Allerheiligsten des Vaters".[94] Zur Benutzung dieser Übersetzung s. u.: Zählkonkordanz.

Einleitung: Denis 220 f;[95] **Anmerkungen:** Rießler (1135–1148) 1334 f.

Literatur: Lehnardt Nr. 6742–6764.

Handschriften: kopt. Rom und New York (jeweils 9.Jh.) und jüngere; arab. Paris (datiert 1269).[96] **Erstausgabe** (kopt.): W. E. Barnes/M. R. James 1892.

Titel in den Handschriften: sahidisch: *Pai pe piebol hn sōma mpenjōt Isaak pipatriarchēs...* („Das ist die Entkörperlichung unseres Vaters Isaak, des Patriarchen); bohairisch: *Pai pe pijini ebol hen sōma nte Isaak pipatriarchēs...* („Dies ist Isaaks, des Patriarchen, Hinausfinden aus dem Körper..."), vgl. (b). Diese Ausdrucksweise scheint original-koptisch zu sein; es gibt im Gr. zu „Ensomatose" keinen Gegen-

---

93 Auch Stinespring folgt einer arab. Fassung (nicht derselben wie bei Rießler) und produziert aus ihr mit Hilfe der beiden kopt. Fassungen seine eigene Rezension.
94 Weniger periphrastisch hätte man sagen können: „Tempelvorhang des Vaters". In chr. Rezeption wurden der äußere und der innere Vorhang des einstigen Jerusalemer Tempels nicht unterschieden (z. B. Mk 15,38 parr.). Hier handelt sich's ohnehin um das himmlische Heiligtum.
95 Er bezeichnet diese beiden Testamente als „späte christliche Legenden" in Imitation des *TestAbr*. Als Beispiel original-koptischer Literatur sind sie hingegen „früh".
96 Stinespring S. 903: Das Datum dieser Übersetzung ist um 800 n.Chr. anzusetzen.

begriff.[97] – „Vater" heißen die Patriarchen des AT auch in Bezug auf die koptische Christenheit.

Kritische Ausgabe (kopt.): sahidisch: K. H. KUHN: „The Sahidic version of the Testament of Isaac", *JThS* (NF) 8, 1957, 225–239; engl. Übers. ebd. 18, 1967, 325–336; bohairisch: Guidi (wie unten, b) 223–244; **arab., äth.:** M. HEIDE (Hg., Übers.): *Die Testamente Isaaks und Jakobs. Edition und Übersetzung der arabischen und äthiopischen Versionen*, 2000.

Textanfang: *Isaak de pipatriarchēs efshai* (bohair. korrigiert zu: *afsḥai) ntefdiathēkē* („Isaak aber, der Patriarch, schrieb sein Testament"). **Textschluss** (10,12): *mpenčois awō pennute awō pensōtēr Iē(su)s pCh(risto)s* („unseres Herrn und Gottes[98] und Retters Jesus Christus"). Folgt Doxologie.

Wortindex (nur gr. Lehnwörter des Kopt.): Guidi 261–264; Kuhn 238 f.

Alte Übersetzungen: Der Text ist nur kopt. (sahid. und bohair.) erhalten, wobei die sahid. Fassung das Original sein dürfte. Hinzu kommt eine arab. (wird um 800 datiert) und eine äth. Fassung.

Synopse der verschiedenen Fassungen: J. DOCHHORN (Hg., Komm.): „Das Testament Isaaks nach den sahidischen Textzeugen und dem bohairischen Paralleltext. Eine synoptische Übersicht mit kritischen Anmerkungen", in: D. BUMAZHNOV (Hg.): *Christliches Ägypten in der spätantiken Zeit*, 2013, 261–329.

Früheste Bezeugung: Die *Apostolischen Konstitutionen* 6, 16,3 erwähnen Testamente „der drei Patriarchen", die mithin ein griechischer Text gewesen sein müssen; doch ob von diesem etwas in die hier zu besprechenden Texte eingegangen ist, bleibt unklar. Bis ins 10.Jh. ist sonst keine Bezeugung.

Ähnliche oder ähnlich benannte Texte: nichts unter dem Namen „Isaak", auch nicht im Rabbinat. Was Ginzberg, *Legends* 1, 416 und 5, 320 bietet (Index s.v. „Isaac, testament of"), ist schwerlich einschlägig.

Textsorte: Hagiographie, angelehnt an Testamente i.S.v. 2.2.8. Kap. 6,1–9,3 (Rießler) bzw. 5,1–6,28 (Stinespring) bieten eine Himmelsreise (nicht „Himmelfahrt" wie bei Rießler; Isaak kommt kurz wieder zurück). Auch ein Blick in die Hölle gehörte dazu.

Zählung: bei Rießler 10 Kapitel, z.T. willkürlich (5 ist kein Neueinsatz; 7 sollte schon bei 6,6 stehen, 10 bei 9,13); 6,6 „Er sprach" (Rießler) fehlt im Koptischen. – Besser bei Stinespring: 9 Kap. (das 9. allerdings nur aus einem Vers bestehend).

---

97 H. FÖRSTER: *Wörterbuch der griechischen Wörter in den koptischen dokumentarischen Texten* (TU 148), 2002, bietet zusammengesetzte Verben mit *sōma*, aber keine gr. Äquivalente dazu. Es gibt allerdings noch kein umfassendes Wörterbuch des gr. Wortschatzes der kopt. Sprache. Für die NHC vgl. immerhin Siegert, *Nag-Hammadi-Register* (unten 7.6.2) 201–328.

98 Hier ist, wie oft in unserem Material, die Trinitätslehre der großen Konzilien nicht rezipiert. Zu den Wurzeln dieses „Ditheismus" noch im Judentum vgl. oben 2.1.7 a.

Zählkonkordanz:

Andersson S.	Rießler	Stinespring
77	–	1,1
78	1,1	1,7
79	1,6	2,9
80	2,4	2,21
81	3,5	3,8
82	4,3	3,18
83	4,17	4,13
84	5,2	4,37
85	5,12	4,50
86	6,10	5,16
87	7,7	5,27
88	8,6	6,8
89	8,14	6,16
90	9,4	6,29
91	9,7	8,3.

Zahlen im Folgenden nach Stinespring.

- **Gliederung:** (a) Vorspann: Stinesprings Kap. 1, nur arab. erhalten. (b) Erzählung: Kap. 2 (= 1 Rießler); sie hat einen förmlichen Schlusssatz. (c) 8,1ff Schlussbetrachtung. Das dort nochmals genannte Datum „28. Misri" war sowohl im Vorspann wie im Anfangssatz der Erzählung bereits verankert.
- **Literarische Integrität** kann angenommen werden. Gleicher Formelgebrauch verbindet aber diesen Text mit dem folgenden (b); gemeint sind beide als Bestandteil einer Trilogie (mit 2.2.8).
- **Biblischer Bezug:** 6,5 und 6,24 zit. Jes 6,3.[99] Die Fesselung Isaaks ('aqeda, Gen 22,1–19) wird nur im Rückblick erwähnt (8,2.4). Der „Schluck kalten Wassers" in 6,21 kommt bereits aus Mt 10,42, die Verdienstlichkeit des Speisens der Hungrigen für den Eingang ins Himmelreich in 6,14 aus Mt 25,35.
- **Hebraismen, Stil:** schlichter Erzählstil der Bibel. Idiomatisches Koptisch.
- **Bemerkenswerte Stellen, Theologisches:** Die Himmelsreise Isaaks in 6,1–23 schildert, vom himmlischen Gottesdienst ausgehend, eine absteigende Stufenleiter von Frömmigkeitsübungen, als „Opfer" bezeichnet (von Weihrauch und von Liebeswerken). Die „Opfer" von 4,10.18ff, wo die Patriarchen in Priesterrolle gesehen werden, sind Gebete, vorzubereiten durch internes Bußgebet. – Menschlich bemerkenswert ist der Dialog Isaaks mit seinem Sohn Jakob 3,7–14, wo dieser ihn über seinen bevorstehenden Tod tröstet. – Als Zielsätze s. 6,33f, Isaaks letzte Worte und Testament i.e.S.; sie zielen auf seine Erdbestattung; Feuer würde das

---

[99] Die angebliche Zitierung von Jes 44,6 in 6,35, die sogar nach dem Hebräischen gehen müsste (denn die LXX ist hier in all ihren Zeugen abweichend), ist irrig. Der Satz lautet im Koptischen: „Dies [neutrisch] ist der Anfang und das Ende." Der Zusatz: „as the prophets have said" und die maskulinische Auffassung „dieser" müssen aus dem Arab. kommen.

„Ebenbild Gottes" vernichten. Sein „moralisches Testament" stand aber schon in 4,11 ff.[100] – Die kultisch-kirchliche Absicht des Ganzen ist formuliert im Nachwort 8,5 f. Was im Judentum die Verheißung des Gesetzesgehorsams gewesen war, ist hier der himmlische Lohn für christlich motivierte Mitmenschlichkeit.

Christlich ist z. B. die Rede von himmlischen „Heiligen", die Handhabung von Weihrauch oder die Verdienstlichkeit von Nachtwachen (hier: Vigilien im Gedenken Isaaks) für das Himmelreich. 5,1 zitiert das Messformular: „Würdig und recht![101] Wahrheiten sind es." Erwähnung Jesu in 3,18 und 8,6, Marias in 3,18; „Seelenrettung" in 4,2 (vgl. 1Petr 1,9). Das „verlorene Schaf" von 4,36 kommt aus Lk 15,3–7.

Abfassungszeit und -ort: Dies ist ein Werk der koptischen Kirche. Produktiver Gebrauch des Koptischen (also nicht nur zu Übersetzungen) ist erst ab dem 4.Jh. belegbar. **Adressaten:** Die Gemeinden der kopt. Kirche. **Sitz im Leben:** Der 28. Mesorē (Misri), Festtag der drei Patriarchen, als Anlass zur Wohltätigkeit.[102] Man hielt diesen Tag für den Todestag Abrahams und für den der einstigen Translation der Reliquien Isaaks und Jakobs (eigentlich: Josephs) nach Gen 50,25 und Jos 24,32: So das arab. Synaxarion, CSCO 90, S. 281–285; vgl. *PO* 17/3, S. 757–764; Details bei G. GRAF: *Geschichte der christlichen arabischen Literatur*, Bd. 1: *Die Übersetzungen* (StT 118), 1944, 204.

Abfassungszweck: Ermutigung der christlichen Gemeinde zum Gottesdienst und zu Liebeswerken; Kap. 5: Berufsethik der Kleriker.

Rezeption: Dieser Text ist Bestandteil des kopt. wie des arab. Synaxars, war also Jahr für Jahr eine Art Lesepredigt. – Von der reichen Nachwirkung der Isaak-Perikope Gen 22,1–19 als solcher (dazu in Kürze Bocian 176–180) ist hier nur das Wenigste zu finden.

b) Das *Testament Jakobs*

Auch dieser Text ist nur in orientalischen Fassungen bekannt. Stinespring gibt seine Übersetzung nach der aus dem Koptischen übersetzten arabischen, für die er, wie seine Anmerkungen bekunden, eine Vorliebe hat. – Die folgenden Angaben verstehen sich ergänzend zu (a).

Online-Index Nr. 81; Stegmüller wie (a). Nicht in Schürer/V., nicht in den Bibliographien. **Inhaltsangabe** mit Kommentar: Woschitz 425–428.

---

[100] Noch zur Moral: Als schlimmste aller Sünden gilt die „Sünde Sodoms" (5,27). Das ist wohl das zu 5.2.2 notierte Klerusproblem. Aus einem Luxus einsitger Oberschichten wurde ein Laster des Klerus.
[101] Im Kopt. (Bohair.) sogar unverändert griechisch: *axion ke dikeon*. Die gedruckten Übersetzungen lassen das nicht erkennen.
[102] Der Mesore war in dem rings ums Jahr wandernden Kalender der Ägypter der 12. Monat. Dementsprechend platziert die gr. Liturgie den „Sonntag der heiligen Vorväter" (*Synekdēmos* 310: zweiter vor Weihnachten).

Einleitung und Übersetzung: Charlesworth I 913–918 (W. F. STINESPRING, nach dem Arab.); Delcor, *Testament* (s. 2.2.8) 205–213 (kopt. Fassung).233–241 (äth.).261–267 (arab.).
Einleitung: Denis 220–222.
Dt. Übersetzung: E. ANDERSSON in *Sphinx* 7, 1903, 129–142; nicht bei Rießler.
Handschriften: Kap. 1–6 wie (a); Rest s. u. **Erstausgabe:** I. GUIDI: „Il Testamento di Isacco", *Rendiconti della Reale Accademia dei Lincei, scienze morali, serie 5*, Bd. 9, 1900, 245–261.
Titel in der Handschrift bei Guidi: *Pai hōf on pe pijini ebol ḫen sōma nte Iakōb pipatriarchēs...* („Dies wiederum ist Jakobs, des Patriarchen, Hinausfinden aus dem Körper...").
Textanfang (= 1,4 Stinespring): *Asšōpi de etawḫōnt eḫun nte penmenrit njōt Iakōb pipatriarchēs...* („Es geschah, als nahe kam unseres geliebten Patriarchen Jakob..."); **Textschluss:** *ḫen thmeturo mpenj̄(oi)s woh pennuti woh pensōtēr Iē(su)s pCh(risto)s* („im Königreich unseres Herrn und Gottes und Heilandes Jesus Christus"); folgen Doxologien und Schreiberbitte.
Alte Übersetzungen: kopt. (bohair.), arab., äth.
Ähnliche oder ähnlich benannte Texte s. 6.3.2; ferner Denis 222–225. Als *Segen Jakobs* (gr.) oder *Testament Jakobs* (arm.) sind auch Auszüge vom Ende der *Genesis*, nämlich Gen 47,27 (bzw. 48,8) bis 50,26 (bzw. 49,27) in diversen Handschriften zu finden; s. M. STONE: „The Testament of Jacob" (1968), in: ders.: *Selected Studies* 112–120 und ders.: „Two additional notes" (1969), ebd. 122f; dies ist nicht unser Text. Auch die *Palaea Historica* (8.2.1) bietet nichts Vergleichbares.
Textsorte usw. wie (a). **Zählung:** 8 Kapitel.
Gliederung: 1,1–3 Präskript; 1,4–3,1 Dialog Jakobs mit einem Engel (der Isaak gleicht, 2,4); 3,2–11 Ansprache Jakobs an seine Familie; 4 Jakobs mündlicher letzter Wille an Joseph, 5,1–6 dito an seine übrige Familie; 5,7–9 visionäre Vorführung der Höllenqualen; 5,10–13 (nur bohairisch erhalten) Jakobs Einkehr ins himmlische Paradies; 5,14–6,11 provisorische Beerdigung des einbalsamierten Leichnams; 6,12–16 zweite Beerdigung im Land Kanaan. – Anhang (Kap. 7–8): ethische Ermahnungen.
Literarische Integrität: Kap. 7–8 sind ein eigener Text, mit eigener Einleitung, aber wohl als Anhang konzipiert, aus islamischer Zeit (s. 7,12).
Biblischer Bezug: Gen 46–48, auch 50, am wenigsten 49 (wofür die *TestXII* ja bereits vorliegen, 7.5.1).
Vorlage: Mit dem *Test.Isaaks* bildet dieser Text ein Paar, mit dem *TestAbr.* eine Trilogie und sollte es wohl nach Absicht der koptischen Erweiterer.
Theologisches: Jakob, auch „Israel" genannt, gilt dem Erzähler, wie auch den koptischen Christen, als „unser Vater" (1,2). Empfohlen wird, wie schon im *TestIs.*, Höllenstrafen zu vermeiden durch Wohltätigkeit. – **Christliches:** Zitat von Mt 8,12 in 7,9; 1Kor 6,9 in 7,19 (in diesem ethisierten Sinn ist dann auch von einem „Reich Gottes" die Rede). Anspielung an 1Kor 2,9 in 5,11. – In 7,2 „Altes Testament" (3Kor 3,14); in 8,2 „Jesus Christus", 8,7 „Rettung unserer Seelen" (wie 1Petr 1,9).

Abfassungszeit und -ort, Adressaten usw. wie oben (a); zeitliche Ansetzung zumindest für Kap. 7–8 später.

7.6 Übergang zur Gnosis

7.6.0 Jüdisches in der Gnosis

Die folgenden Texte werden der christlichen Gnosis zugeteilt, auch wenn Charlesworth gerade den ersten lieber dem großkirchlichen (oder wenigstens einem damit kommunizierenden) Christentum zutrauen möchte. Das ist letztlich eine Benennungsfrage, da religionssoziologisch über die meisten Arten von Gnosis nichts bekannt ist. Sie hat sich, außer im späten Valentinianismus und in der „Kirche" (wie sie sich selbst nannte) der Manichäer nur wenig organisiert und hat sich, schon ihrer Programmatik wegen, am öffentlichen Leben nicht beteiligt. Aus demselben Grund hat sie, soweit wir wissen, ihre Geschichte nicht geschrieben. Ihr Programm ist der Weg hinaus aus dieser Welt, die keinen Einsatz mehr wert sei. Partiell konnte sie sich zu diesem Zweck jüdische Traditionen zu eigen machen, zumal solche, die ihrerseits den Erdboden verlassen. Zieht man ferner in Betracht, dass vieles an der Gnosis, insbesondere die Kosmologie, verneintes Judentum ist,[103] so lässt sich damit rechnen, dass manches Nichtrabbinisch-Jüdische über mündliche oder schriftliche Kanäle in die Gnosis eingegangen ist (Kraft 19 – 21).

Wie schwierig die Verhältnisse zu überblicken sind, erweisen unter vielem anderen die Beiträge einiger maßgeblicher Vertreter der Gnosisforschung in K.-W. Tröger: *Altes Testament, Frühjudentum, Gnosis,* 1980. Dort musste das Gespenst einer „vorchristlichen Gnosis" wie auch das einer „jüdischen Gnosis" anhand der 1947 gefundenen, inzwischen verlässlich edierten gnostischen Originaltexte aus Nag Hammadi erst einmal gebannt werden. Jüdisches wie Christliches verschmilzt in diesen Dokumenten – wie auch in allem, was man vorher schon aus Zitaten und Referaten kannte – mit einer Art von Vulgärplatonismus, so lautet jetzt das Ergebnis. Es ist ein wenig terminologischer, vielmehr remythisierter Platonismus, der sich, was jüdische Anregungen betrifft, der Grundidee des *Buchs der Wachenden* (1.5.0 – 2) bedient: Himmelsmächte waren es, die das Böse in die Welt gebracht haben.

---

103 Carl B. Smith II.: *No Longer Jews. The Search for Gnostic Origins,* 2004. Robert Grants These, die Gnosis sei antijüdisch (genauer: gegen den Gott des Judentums) gewendete jüdische Spekulation, reicht mindestens bis zu Hengel 417 zurück, der sich wiederum auf Karl Georg Kuhn beruft und auf erste Rezeption der Qumran-Funde 1950. Vgl. J.-E. Ménard: „Le judaïsme alexandrin et les gnoses", in: Kuntzmann/Schlosser, *Etudes* 95 – 108 (97 ff). Insbesondere Grant sieht den Fall Jerusalems als mitursächlich an (98). Ménards Schlusssatz: „La gnose est une révolte née dans des régions démilitarisées et marginales de l'Empire et, pour s'exprimer, elle a fait flèche de tout bois" (sie hat sich alles für ihren Protest zunutze gemacht).

Birger Pearson, „Jewish sources in Gnostic literature"[104] hat das Judentum als Vorstufe der gnostischen Religion (die man ruhig so nennen kann, auch wenn man sie als zusammengesetzt erkennt)[105] ausgiebig gewürdigt und ist dabei auch den leider nicht sehr klaren, ja eher absichtlich obkuren literarischen Verhältnissen nachgegangen. Vom Pentateuch ist den gnostischen Autoren immerhin die *Genesis* bekannt und manches aus Propheten und Psalmen, dient aber eher als Hintergrund für eine Verhöhnung des Schöpfergottes und seiner missratenen Produkte.[106] Das schließt nicht aus, dass Nebenpersonen der *Genesis* wie Ham (bei Clem.Al., *Strom.* 6, 53,5, aus Isidor, dem Sohn des Basilides; Stegmüller Nr. 82.16) oder Norea (Noahs Frau,[107] ebd. 82.12–13) jetzt Ungesagtes offenbaren dürfen, ja auch solch gänzliche Neulinge wie die Propheten Barkabba und Barkoph, auf die Basilides sich bezog (Euseb, *H.e.* 4, 7,7). Auf viele Arten beanspruchte die Gnosis, ein vorsintflutliches, ja vorweltliches Wissen zu sein, als eine mythisch aufgeladene, quasi-platonische Anamnese. Schriften im Namen von Personen aus der *Genesis* waren da wichtig, weil „älter" als alles Griechische. Melchisedek wird erneut bemüht, Seth, ein gewisser Sēem, eine genealogisch unterschiedlich platzierte Norea und schließlich auch Adam – letzterer nicht etwa der Schuldfrage halber (die hat man an den Schöpfergott zurücküberwiesen), sondern als Namensträger einer Menschheitsreligion, die damit propagiert werden soll.

7.6.1 Die *Oden Salomos*

„Ode" ist im Griechischen ein „Gesang", metrisch, wenn auch oft nur mit geringen Ansprüchen und ohne strenge Formkonvention. Mehrere Septuagintahandschriften und -ausgaben bieten, wie unter 2.1.2 dargestellt, im Anschluss an die *Psalmen* eine Sammlung von ᾠδαί aus verschiedenen Teilen der Bibel. Älter als diese Zusammen-

---

104 „Jewish sources in Gnostic literature" in: Stone, *Writings* 443–481, wo dieses Kapitel befremdlicherweise noch vor demjenigen über die Qumran-Schriften eingefügt ist. Ähnlich anachronistisch sind nicht wenige *ThWNT*-Artikel in Bezug auf Gnostisches und Hermetika.
105 „Synkretismus" nennt man eine Mischung aus vorgegebenem, solange sie nicht in sich homogen geworden ist, und so sind auch die diversesten Formen von Gnosis schon bezeichnet worden. Ebenso aber auch das Christentum oder auch die mosaisch-platonische Religion eines Philon, wobei aber im exakten Wortsinn ein Gemisch aus immer noch Unverträglichem gemeint wäre, wie viele Zeugnisse antiker Volksreligion es durchaus vor Augen führen. In unserer Sammlung ist das besonders in 6.3 der Fall. Im Übrigen haben aber sowohl Christentum wie Gnosis in ihren meisten Formen recht klare Anfangsthesen, und nur deren Durchführung, bes. die Vermittlung mit konkreter Geschichte, kann Schwierigkeiten erweisen. Gnosis ist bestimmt durch die These vom Fall der Sophia (s.u.). Diese ist zweifellos originell.
106 Ein dutzendmal wird Jes 45,5 (vgl. Ex 20,5) zitiert: „Ich bin der Herr, Gott, und es ist kein Gott außer mir", um von der Stimme eines „Menschen" höhnisch zurückgewiesen zu werden; Stellen bei Siegert, *Nag-Hammadi-Register* (s.u.) S. 3 unter *anok*. Vgl. Irenaeos 1, 5,4; Hippolyt, *Haer.* 6, 33.
107 Über sie s.o. 1.5.2 „Ähnliche Texte" sowie den Zusatz unten direkt vor Abschn. 8. Als „Nir" begegnet sie in 7.4.1, Anm. 44.

stellung ist die nunmehr zu besprechende Sammlung von gnostisch gefärbten Prosagedichten, deren Überschriften sie von vornherein als etwas Jüngeres zu erkennen geben als der davidische Psalter.[108] Auf Griechisch ist nur 1 Fragment erhalten, überschrieben ΩΔΗ ΣΟΛΟΜΩΝΤΟΣ (= Nr. 11 der ganzen Sammlung), fünf weitere, ΩΔΗ überschrieben (sic), auf Koptisch und ab Nr. 3 das Ganze auch in der – heute meist angenommen – Ursprache Syrisch. Jedenfalls handelt sich's um ganz schlichte semitische Zweizeiler; die griechische Probe, die wir haben, müsste schon jeden Hellenismus und jede Ästhetik des Griechischen perfekt verleugnen, um auf Griechisch geschrieben zu sein.

So ist dieser Text nur ein sehr randliches Anhängsel der hellenistisch-jüdischen Literatur, soll aber hier vorgestellt sein, weil er in Parabiblica-Sammlungen Eingang gefunden hat. Der Bestand:

syr.: *zmirtā* (= ᾠδή) Ode 3 – 42 (so nummeriert in den Handschriften);

gr.: Ode 11 (in einer christlichen Anthologie, zwischen *3.Korintherbrief* und *Judasbrief*);[109]

kopt.: Ode 1, 5, 6, 22, 25 (in unregelmäßiger Folge zit. in der gnostischen *Pistis Sophia*; Lattke I 27– 29).

Ode 1 ist also nur koptisch erhalten, Ode 2 gar nicht. – Im syr. Text folgen ohne erneute Überschrift die *Psalmen Salomos* (1.3.3), nummeriert als Ode 43 ff. Adolf Harnack hat sie, als Rendel Harris' Text erschien, mit dem Judenchristentum in Verbindung gebracht, wobei die häufige Bezugnahme auf die Taufe auch an den Einfluss von halbjüdischen Täufersekten denken lässt; auch von einer Beschneidung „durch den Geist" ist die Rede (11,2 f); zu dieser seit Justin häufigen christlichen Metapher s. Lampe, *Lexicon* s.v. περιτομή C.

Rudolf BULTMANN hat 1925 die *Oden Salomos* mit herangezogen, um den „gnostischen" Mythos hinter dem Joh zu belegen.[110] Er zitierte Stellen wie 10,25; 11,18 f; 12,1 f; 17,12–14; 18,6; 21,5; 22,6–11; 31,1 f; 42,14–19 u. a. m. In berichtigter Chronologie wird man darin heute eine gnostisierte johanneische Frömmigkeit erkennen. James Charlesworth hat 1967 seine Dissertation über die *OdSal.* geschrieben, hat sie dabei auch erneut ediert und überhaupt für das kirchliche Christentum in Anspruch genommen; „Gnosis" wäre es nur in einem sehr vagen Sinn. Wie weit man es für Judentum halten kann, wird damit noch unsicherer. Michael Lattke (Bd. 1, S. VII) plädiert

---

108 Wobei auffällt: Vordavidische Psalmen sind offenbar nicht beansprucht worden, anders als vormosaische Prophetie (bei Henoch nämlich). Trotz der Anreize von Ex 15,1–18 und Ex 15,21 sind weder Mose noch seine Schwester Miriam jemals für die Benennung pseudepigrapher Dichtung bemüht worden.

109 Diese Anthologie enthält auch antignostische Texte, woraus Charlesworths Reklamation der *OdSal.* für das kirchliche Christentum Verstärkung bekommt. Jedoch handelt sich's um ein Miszellenmanuskript privaten Charakters (und in abenteuerlicher Orthographie), und *OdSal.* 11 vertritt eine sanfte, inoffensive Gnosis.

110 „Die Bedeutung der neuerschlossenen mandäischen und manichäischen Quellen für das Verständnis des Johannesevangeliums", wiederabgedruckt in: ders., *Exegetica*, 1967, 55–100 (hier: 75 ff).

dafür, die *OdSal.* zu den neutestamentlichen Apokryphen zu rechnen. Dass das antike Judenchristentum offene Übergänge hin zur Gnosis aufweist, ist schon erwähnt worden (3.4.3 Anm. 66).

Online-Index Nr. 57; Harnack I 851 Nr. 51; II 562; Stegmüller Nr. 107 und 107.1–11; Schürer/V. 787–789. **Inhaltsangabe** mit Kommentar: Woschitz 567–584.

Einleitung und Übersetzung: Charlesworth II 725–771 (J. CHARLESWORTH); M. LATTKE (Übers.): *Oden Salomos, übersetzt und eingeleitet* (FChr 19), 1995 [dt. Text: 91–216; Bibliographie: 226–254].

Einleitung: Denis 531–536; M. LATTKE: „Die Oden Salomos. Einleitungsfragen und Forschungsgeschichte", *ZNW* 98, 2007, 277–307.

Literatur: DiTommaso 851–872 (darin 870f über *OdSal.* und das Joh). **Neueres** s. vorige Rubriken.

Handschriften: gr.: Papyrus Bodmer (Genf) 9 (3.Jh.); **syr.:** London (9./10.Jh.), Manchester (15./16.Jh.); **kopt.** s. „Früheste Zitate". **Erste komplette Ausgabe** (syr.): R. Harris 1909.

Titel vgl. Kopftext; er ist erschließbar als ᾠδαὶ Σολομῶντος (in dieser pluralischen Form allerdings nicht überliefert).

Neuere kritische Ausgaben: J. CHARLESWORTH (Hg., Übers.): *The Odes of Solomon. The Syriac Texts* (SBL.TT 13 = PsS 7), 1977; M. LATTKE (Hg., Übers.): *Die Oden Salomos in ihrer Bedeutung für Neues Testament und Gnosis*, Bd. 1 [Einl., Texte u. Übers.].1a [syr. Text in syr. Schrift; 60–64: Fotos des gr. Textes] (OBO 25/1.1a), 1979; Bd. 3: *Oden 29–42; Transkription des Syrischen* von K. BEYER, 2005; M. LATTKE (Hg., Übers.): *Die Oden Salomos, gr.-kopt.-syr. mit dt. Übers.*, 2011.

Textanfang (kopt.): *pčoeis hičn taape* („Der Herr ist auf meinem Haupte" – ein im Schlussvers, 42,20a wiederkehrendes Motiv); **Textschluss** 42,20b (syr.): *w-dil(j) itajhun. hallelujā* („und sie sind mein. Halleluja").

Wortindex: Lattke (s. „Ausgaben"), Bd. 2: *Vollständiger Wortindex* (OBO 25/2), 1980.

Alte Übersetzungen: keine weiteren.

Früheste Zitate in der *Pistis Sophia* (kopt. Handschrift des 4.Jh.), Kap. 58.59.65.69.71. **Früheste Erwähnung** bei Lactantius, *Inst.* 4, 12. – Nennungen von ᾠδαὶ Σολόμωνος in altkirchlichen Apokryphenlisten sind nicht sicher auf diesen Text zu beziehen. Selbst DiTommaso 851 (unten) unterläuft die Verwechslung mit den *PsSal.* (1.3.3).

Ähnliche oder ähnlich benannte Texte: s. vorige Rubrik sowie Kopftext.

Textsorte: Psalmen nach atl. Vorbild. Der schlichte *parallelismus membrorum* überträgt sich mühelos in jede Sprache. Vorkommende Untergattungen s. Lattke I 212–216.

Zählung nach den syr. Manuskripten als Nr. 1–42 (wobei 1–2 im Syr. fehlen). Abweichungen: Lactantius zitiert *OdSal.* 19 als „21." Die *Pistis Sophia* 59 zitiert *OdSal.* 1 als „19"; daraus wird geschlossen, dass die ihr vorliegende Oden-Sammlung sich als Verlängerung der *PsSal.* präsentierte. – Die konventionelle Verszählung trennt regellos mal einfache, mal Doppelzeilen.

Gliederung: in 42 Gesängen, im Syr. mit (allerdings inkonsequent gesetzten) Versteilern.

Literarische Integrität: Ode 2 ist nicht überliefert. In Ode 11 hat das gr. Fragment einige Verse mehr (gezählt 11,16a–f).

Biblischer Bezug für den Titel: Nach 3Kön 5,12 LXX soll Salomo außer 3000 Rätselsprüchen auch 5000 Oden verfasst haben.

Quellen und **Vorlagen:** Nachweise aus AT und NT bei Charlesworth am Rand bzw. in den Fußnoten (dort Nichtbiblisches). 12,5 z. B. scheint die Materialität des Ausdrucks von *Sapientia* 7,22 zu korrigieren. Für den Gedichtanfang „Ich preise dich..." vgl. Mt 11,25 par. Lk 10,21 (Q). Die *OdSal* dürften neuer sein als all dies.

Hebraismus liegt in der schlichten Form der Zeilenpaare oder -triplette von geringer, aber deswegen kaum geregelter Länge.[111] Rückgriff auf semitische Ausdrucksformen als literarische Mode ist ausdrücklich belegt in den *Thomasakten* 6–8,[112] wo es heißt, der Apostel Thomas habe „auf Hebräisch" gesungen.

Christliches s. „Quellen und Vorlagen".

Abfassungszeit und -ort: lt. Hengel (s. o. 0.5.2) spätes 2.Jh. n.Chr. Lattke Bd. 1, S. 7 hält die gesamte im P. Bodmer repräsentierte Anthologie für ein Werk bereits des 2.Jh. n.Chr. **Sitz im Leben:** Christlich-gnostischer Gottesdienst. Das ist allerdings vermutlich eher der Sitz im Leben, *aus* dem die Texte kommen, als derjenige, *in* den sie eingehen sollen. Denn es soll ja charismatisches Beten wiedergegeben werden, und das braucht keine Vorlagen.

Rezeption: gering; wenig Manuskripte. Eine positive Aufnahme ist nur in der Gnosis feststellbar.

7.6.2 Gnostische Apokalypsen

Es sollen nun noch Proben gnostischer Texte folgen, die nach alttestamentlichen Personen benannt sind. Sie werden zumindest belegen, dass nicht alles, was jüdische Titel trägt, auch jüdisch ist. Gnosis ist eher das Gegenteil – tendenziell; materiell bewahrt sie uns Reste jüdischer Tradition, die sonst verloren gegangen sein mögen.

Ein Fund koptischer Papyrus-Codices unweit Nag Hammadi (arab. *Nagʿ ḥammadi*, am Nilknick, an der Grenze des alten Ober- und Unterägyptens) hat seit 1945 der Al-

---

[111] Spätere syrische Dichtung führte das Abzählen von Volltonsilben ein sowie die genaue Symmetrie zwischen den Halbversen. Variationen in der Zahl mussten sich strophenartig wiederholen, usw.: Diese Kunst ist dann in das byzantinische Griechisch übernommen worden als Regel für die (druck-)akzenttragenden Silben. Beispiele davon sind nicht unter den für „jüdisch" geltenden Texten.

[112] Vgl. oben 3.4.2. Die Ursprache der *Thomasakten* mag offen bleiben: immerhin ist das heute meistbeachtete *Perlenlied* (Kap. 108–113) klar ein auf Syrisch verfasster Text, in metrischen Zeilen von gleicher Länge, die im Gr. ungleich werden, dort aber immerhin Prosarhythmen zugesetzt erhalten. Vgl. F. SIEGERT: „Analyses stylistiques portant sur les Actes de Jean et les Actes de Thomas", in: *Apocrypha* 8, 1997, 231–250.

tertumswissenschaft die ältesten noch im (Leder-)Einband befindlichen Codices beschert, manche davon sogar vollständig, sofern nicht Würmer davon gezehrt hatten, zwölf an der Zahl und ein herausgerissenes Stück aus einem dreizehnten. Geschrieben wurden sie im 4.Jh., wie aus der in den Einbänden verwendeten Kartonage erwiesen ist. Die gebotenen Texte sind jedoch sämtlich Übersetzungen aus dem Griechischen (das wir teilweise, dank Zitaten, noch nachweisen können), u.z. aus Schriften, die bis ins 2.Jh. rückdatiert werden können, im Falle des *Thomasevangeliums* sogar ins frühe 2.Jh. Zitiert wird nach Codex (konventionell nummeriert: I bis XIII), Nummer des Traktats innerhalb jedes Codex (in Kursive), Seite des Codex und Zeile.

Diese Funde belegen eine intensive, wenn auch eher ablehnende Beschäftigung v. a. „sethianischer" Gnostiker mit Texten der Septuaginta, und da nun wieder hauptsächlich mit der *Genesis*, Quelle der Inspiration schon seit unserem 1. Abschnitt. Die Schöpfungsgeschichte wird umgeschrieben zum Bericht von einem kosmischen Unfall. Jaldabaoth[113] hat Schliff gebacken. Die vorgetragene Erlösungslehre ist denn auch nichts als eine Flucht der Seele (bzw. des in ihr wohnenden Lichtfunkens) aus dieser missratenen Welt. Sie zeigt auch, in welch hohem Maße noch im 2. und 3.Jh. mythisches Denken virulent war. Historische Erinnerung ist demgegenüber im ganzen Nag-Hammadi-Bestand die große Ausnahme. Auch da wo solche vorzuliegen scheint, etwa in Angaben über den Jerusalemer Tempel im *Philippusevangelium* (NHC II *3*, 69,14 ff), ist sie merkwürdig verzerrt und überformt von Aussageabsichten polemisch-symbolischer Art.

Zugleich ruht diese ganze Literatur auf Vorgaben aus dem Christentum, auch da, wo andersnamige Erlösergestalten im Mittelpunkt stehen. Das sieht man schon an den Buchtiteln, die sich von christlichen jener Zeit kaum unterscheiden. Insbesondere für den Buchtitel „Apokalypse" ist ja die ntl. *Apokalypse des Johannes* der älteste Beleg. Hier gibt es nun eine *Apokalypse des Petrus* (VII, *3*), eine *des Paulus* (V, *2*), zwei *des Jakobus* (V, *3.4*) und eben auch die hier vorzustellende *Apokalypse Adams* in dem oben vor 7.6.1 genannten Sinne.

Neueste Gesamtausgabe der Nag-Hammadi-Texte: J. ROBINSON (Hg.): *The Coptic Gnostic Library. A Complete Edition of the Nag Hammadi Codices*, 5 Bde. (kopt.-engl.), 2000 [Koptisches in Reproduktion vorhandener kritischer Ausgaben] sowie die kopt.-frz. Reihe: Bibiothèque Copte de Nag Hammadi, section „textes" (hg. Université Laval, Canada), 32 Bde., 1977 ff; daneben: section „études", 8 Bde., 1981 ff.

---

113 Das ist der Spottname für JHWH in VII *2* 53,13; 68,29 und auch sonst oft, neben *Adōnaios*, *Kosmokratōr* und anderen Namen bzw. Anspielungen. Der unaussprechliche Name musste sich mit *jalda* „Mädchen, junge Pflanze" kreuzen lassen, kombiniert mit *-baoth* von „Zebaoth" (um einer der möglichen Etymologien zu folgen). So ist denn auch hier wieder auf Ironie, insbes. auf Spott und Sarkasmus zu achten. Das Verkehrteste, was ein Gnostiker tun konnte, war sich fortzupflanzen: Das verlängerte diese elende Schöpfung und die Gefangenschaft der Geister in ihr.

Gesamtübersetzung dt.: Schenke u. a., *NH deutsch* [im Folgenden benutzt: die 1-bändige Ausgabe 2007]; engl.: J. ROBINSON (Hg.): *The Nag Hammadi Library in English* (1977, 1981), 1984; dort 478–493 Namenindex. Neuauflagen ohne diesen: 1988, 1996.

Wortindex: F. SIEGERT: *Nag-Hammadi-Register* (WUNT 26), 1982 [kopt., gr. und dt.; dt. Index: 345–383]. **Namenindex** s. vorige Rubrik; auch bei Schenke u. a., *NH deutsch*, 1.Aufl., Bd. 2, S. 855–918 [Stellenregister; Namens- und Sachregister].

Bibliographie: D. SCHOLER: *Nag Hammadi Bibliography 1995–2006*, 2009 [und Vorgängerbände: *1948–1969*, 1971; *1970–1994*, 1997]. Für Interpretationsfragen: C. COLPE: *Einleitung in die Schriften aus Nag Hammadi* (Jerusalemer Theologisches Forum, 16), 2011.

a) Die *Apokalypse Adams* aus Nag Hammadi (NHC V 5)

„1945 wurde unter den Codices der Nag-Hammadi-Bibliothek eine *Apokalypse Adams* gefunden (...). Dieses Dokument hat enge Verwandtschaft zum *Testament Adams* und zu den jüdischen Traditionen um Adam und Seth, die Josephus anführt. Es ist Konsens, dass dieses Werk nichtchristlich ist und ursprünglich jüdischen Charakters, wenn es auch in seiner Endgestalt sicherlich gnostisch ist" – so S. E. Robinson in seinem unter 6.3.4 genannten Werk, S. 8, mit Bezug auf die Stelen der Adamssöhne (nicht nur des Seth) in Josephus, *Ant.* 1, 69–71; vgl. hier (b) sowie Hengel 443 f. Im Wissen um eine künftige Vernichtung alles Irdischen, von Adam angekündigt, habe man das Wissen der ersten Menschen auf zwei Stelen eingeschrieben, eine aus Lehmziegeln und eine aus Stein, damit im Falle einer Vernichtung durch Feuer die eine, bei einer Flut die andere bestehen bleibe und „vorsintflutliches" Wissen einer künftigen Menschheit aufbewahre; s. van der Horst, *Japheth* 139–158 mit Hinweis auf das *Buch der Wachenden* und das *der Giganten* (1.5.1 mit Zusatz) und die lateinische *VitaAd.* (7.2.1) § 51 (zit. auf S. 152 f; Lit.). Rabbinisches hierzu s. Ginzberg, *Legends* 1, 120–122 (5, 148–150).

Online-Index Nr. 4; Schürer/V. 761 Punkt 5. **Stegmüller** hat den Nag-Hammadi-Fund noch nicht gekannt. **Inhaltsangabe** bei Pearson (übernächste Rubrik) 471; mit Kommentar: Woschitz 711–717.

Einleitung und Übersetzung: Charlesworth I 707–719 (G. MACRAE); W. BELTZ in Schenke u. a., *NH deutsch* 318–324.

Einleitung: Denis 48–50; B. Pearson in Stone, *Writings* 470–474; Levison, *Adam* 30.

Literatur: DiTommaso 197–203; dazu Robinson (wie 6.3.4) 8 f.

Titel in der Handschrift (Anfang wie Schluss): *t-Apokalypsis n-Adam*. **Erstausgabe:** A. Böhlig/P. Labib 1963.

Textanfang: *Ti-apokalypsis eta-Adam tame pefšēre Sēth* („Dies [ist die] Apokalypse, die Adam seinen Sohn Seth lehrte"). **Textschluss:** *pim]ow et[onh* („das lebendige Wasser"; vgl. Joh 4,10 ff).

Ähnliche oder ähnlich benannte Texte: In Barn. 2,10 findet sich ein am Ende verändertes Zitat von Ps 51(50),17, zu dessen Veränderung der Konstantinopeler (jetzige Jerusalemer) Codex v.J. 1056 (es ist derselbe, der auch die *Did.* enthält) am Rande anmerkt: „Ps 50 und in der *Apokalypse Adams*." Da diese Stelle in der Nag-Hammadi-Literatur nicht wiederzufinden ist (und übrigens auch gar nichts Gnostisches an sich hat), vermutet man ein Nebeneinander mehrerer Adam-Apokalypsen in byzantinischer Zeit. – Anderes an gnostischer, mandäischer, islamischer Adam-Lit. bei Denis 50–54.

Textsorte: Apokalypse, hier ausdrücklich so benannt. Eine (rudimentäre) Rahmenerzählung rahmt auch in diesen Schriften einen Offenbarungsdialog. **Literarische Besonderheit:** Exkurs über 14 verschiedene Erlösungslehren (oder eher: Erlösermythen) in 77,27–83,4, kulminierend im „königslosen Geschlecht" (sc. der Gnostiker).

Zählung: S. 64 Z. 1 bis S. 85, Z. 32 des Codex. Vorschlag einer Einteilung in 66 § bei W. Beltz (theol. Habil. Berlin 1970).

Gliederung: 64,2–67,14 Rahmenerzählung mit Offenbarungsszenerie; mit *tinu qe* („Nun aber", wie hebr. *wᵉ'ata*) Adams Mitteilung an Seth über den Gang der Welt ab der Sintflut, öfters mit τότε unterteilt. Ab 76,8 Eingreifen des „Leuchters" (φωστήρ); 77,27–83,4 Exkurs (s. o.); 83,4–85,18 Schilderung des Endkampfs; 85,19–31 Epilog.

Literarische Integrität: S. 68 des Codex ist unbeschrieben, doch ohne Schaden: Dem Schreiber war hier der Papyrus zu schlecht. **Textliche Integrität:** gelegentlich gestört durch Lücken im Papyrus.

Biblischer Bezug: Seth: Gen 4,25 und 5,3 („Ebenbild" Adams); er war der Gnosis auch wichtig als Vater einer Menschheit, die weder von einem Mörder (Kain), noch von einem Ermordeten (Abel) abstammen sollte, sich vielmehr, in bewusster Ablehnung der kirchlichen Erbsündenlehre, sündlos fühlte. – Die Sintflut (Gen 6,5ff) und das Feuer über Sodom (Gen 19,24ff) gelten als untaugliche Versuche des Schöpfers, die zur Gnosis gelangten Adamsabkommen zu vernichten. Zur Rehabilitation der Sodomiter/Sodomiten s. u. (d).

Vorlagen: v. a. *VitaAd./ApkMos.* (7.2.1).

Bemerkenswerte Stelle, Theologisches: In 14,6ff deutliche Absetzung vom Judentum und seinem Gott Pantokrator.

Christlicher Einfluss? Nichts Eindeutiges; vgl. aber die Rolle des „großen Leuchters" in 82,27ff und das in 0.2.13 zum Titel *Apokalypse* Bemerkte. Allgemein gesprochen, ist dies Enterbungstheologie: Nicht Sems, sondern Seths Nachkommen (Selbstbezeichnung der Gnostiker) werden gerettet.[114]

Abfassungszeit: Das Fehlen klarer Bezüge auf das Christentum wird heute kaum noch als Beweis einer vorchristlichen Gnosis gewertet; eher ist es eine schon wieder

---

[114] Dass diese Schrift ihren „religionsgeschichtlichen Ort" im Judentum der Diaspora, v. a. derjenigen Alexandriens habe (Beltz 318), ist inhaltlich wie chronologisch höchst unwahrscheinlich. Letzteres hat 115–117 seine physische Auslöschung erfahren. Bleibt nur die Möglichkeit, dass jüdische Populationen anderwärts gnostisch wurden – aus Trotz vielleicht und aus Enttäuschung.

entchristlichte Gnosis wie in *Zostrianos* (NHC VIII *1*), *Marsanes* (NHC X), *Allogenes* (NHC XI *3*) u. a. Terminus ad quem ist die Handschrift des 4.Jh.

Abfassungszweck: Der gnostische Leser vergewissert sich der überkosmischen Herkunft seines eigentlichen Selbst.

b) Die *Drei Stelen des Seth* (NHC VII 5)

Wir kommen hier auf den unter 7.2 und eben auch unter (a) schon gewürdigten Seth zurück, dessen Geburt das erste Menschenpaar zu trösten hatte über das Aufkommen der Gewalt in der Menschheit. Seine Rolle als Offenbarungsvermittler über die Sintflut hinaus materialisiert sich auch hier anhand der Stelen, die er rechtzeitig gesetzt haben soll. Hier wird der uralte parabiblische Mythos variiert, wonach die Menschheit der Zeit vor der Sintflut jener danach eine Botschaft hinterlassen habe (oben: a). Im Wege der Steigerung (vgl. unten) werden aus zwei Stelen nunmehr drei, wie auch im Epilog des *Zostrianos* (NHC VIII *1*, 130,2). Dass dabei auch Zauberlehren die nachsintflutliche Menschheit erreicht haben könnten, wurde in *Jub.* 8,1f geargwöhnt: Solches ist der ideale Wurzelboden für gnostische Weiter- und Umdichtungen des Überlieferten.

In einem Präskript noch vor dem Titel (118,10) gibt sich der Text als „Offenbarung des Dositheos", das wohl in Anspielung an einen Samaritaner dieses Namens, bei Hegesipp (Euseb, *H.e.* 4, 22) und bei Origenes (*C.Cels.* 1, 57 u.ö.) erwähnt, der sich für den Endzeit-Propheten von Dtn 18,18, für den Messias und Sohn Gottes gehalten haben soll und von der Gnosis mitunter zu ihren Anregern gezählt wurde. „Die Vorstellung ist, dass Dositheos vor kurzem die in der Urzeit geschriebenen und an unzugänglicher Stelle (man denkt am besten [...][115] an einen hohen Berg) sicher deponierten Stelen auf wunderbare Weise und wohl unter himmlischer Führung entdeckt hat, dass er ihre archaische Schrift lesen und die alte Sprache verstehen, den Text also übersetzen konnte" (Schenke 434).

Denis 55–58 (über Seth-Literatur überhaupt), bes. 57f.
Einleitung und Übersetzung: H.-M. Schenke in Schenke u. a., *NH deutsch* 433–438.
Erstausgabe: M. Krause/V. Girgis 1973 in: F. Altheim/R. Stiehl (Hg.): *Christentum am Roten Meer*, Bd. 2, 1973. Dort auch die folgenden (c–d).
Titel in der Handschrift (118,11f): *Tišomte nstēlē nte Sēth (...)*. Kein Schlusstitel, aber Kolophon 127,28–37: Preis des „Vaters"; „der Sohn" habe das Buch geschrieben (entweder auf diesen Traktat oder auf den ganzen Codex zu beziehen).
Textanfang: *Pjōt nte tigenea etonh* („Der Vater des lebenden Geschlechts"; Seth ist gemeint). **Textschluss:** *etnhrai nhētu mn piwōnh ebol* („...die in ihnen ist, und die Offenbarung").

---

[115] Verweis auf NHC III *2*/IV *2*; XI *3*. Sollte diese Gnosis, was Schenke erwägt, ihren Ursprung in Samarien haben, wäre natürlich der Garizim gemeint.

Früheste Erwähnung: Epiphanios berichtet in seinem Kapitel über die Sethianer, sie hätten sieben ihrer Schriften unter dem Namen Seths ausgehen lassen, andere Bücher aber ἀλλογενεῖς genannt (*Haer.* 39,5 vgl. 40,7; ein Traktat unter letzterem Titel ist NHC 11, 3), andere sogar nach Mose und nach weiteren. Genauere Titel erfahren wir von ihm nicht, erhalten jedoch einen Hinweis auf inhaltliche Nähe zum *Jubiläen*-Buch (39,6 vgl. *Jub.* 4,7–16).

Ähnliche oder ähnlich benannte Texte: Verweise auf anderes vielleicht ähnlich Alte, aber doch Christliche bei Stegmüller Nr. 82.2–4; DiTommaso 183.185 und M. STONE: „Report on Seth traditions in the Armenian Adam books" (1981), in: ders., *Studies* 41–53.

Textsorte: Nach einigen kryptischen Vorbemerkungen (darunter dem Wort ΙΧΘΥΣ) bezeichnet der Text sich selbst als *wōnh ebol* = ἀποκάλυψις. Hier ist das in einem besonderen, halb platonischen Sinn gemeint, als Erinnerung an früher Gelesenes.

Zählung: S. 118 Z. 8 bis S. 127, Z. 32 des Codex.

Gliederung: ab 118,24 „Erste Stele"; ab 121,18 „Zweite Stele"; ab 124,14 „Dritte Stele", jeweils mit Über- und Untertitel, deren letzter der Untertitel des ganzen Werkes ist. Folgt Segensbitte und Segnung im Gegenzug, bemerkenswert für die Zweiseitigkeit jüdischer *bᵉrachot*, die hier wohl Vorbild war.[116]

Literarische Integrität: ohne Frage. **Textliche Integrität:** gelegentlich gestört durch Lücken im Papyrus.

Quellen und **Vorlage:** Der Gedanke einer Übermittlung menschlichen Wissens über eine Sintflut hinweg dank verschieden beschaffener Stelen ist aus älterer, nicht nur jüdischer Überlieferung bezeugt bei Josephus (s. Kopftext zu a). Die göttliche Trias aus Sein, Leben und Bewusstsein ist ebenso christlich wie neuplatonisch gefärbt; Plotins Vortrag *Gegen die Gnostiker* (*Enneaden* 2, 9) v.J. 265/266 (vgl. Anm. 119) blickt bereits auf derlei Fusionen zurück.

Besonderheit: Die Einleitung ist in ihrer Mehrstufigkeit (Sehen und Verstehen; Lesen und Erinnern; Weitergeben an Erwählte) ein Nachklang zu Platon, *Tim.* 28 C, der in der Antike meistzitierten Platon-Stelle.

Christlich ist diese Gnosis nicht mehr, hat vielmehr die Trinität ersetzt durch eine Dreiheit aus Vater, Sohn (Autogenes, der „Selbstentstandene") und – dann doch – einer Mutter mit dem Namen Barbelo, welche in den NHC eine große Rolle spielt als positiver Ersatz der einstigen Sophia. Sowohl Judentum wie Christentum werden hier, dem Anspruch nach, abgelöst.

c) Die *Zweite Rede des Großen Seth* (NHC VII 2)

Inwiefern dies die „zweite" sein soll (oder der 2. Band eines Werkes in mehreren Buchrollen – auch dafür steht λόγος), lässt sich nicht mehr ermitteln; es besteht kein

---

[116] 127,27–32: „Dieses Buch gehört der Vaterschaft. Der Sohn ist es, der es geschrieben hat. Segne mich, Vater. Ich segne dich [sic], Vater, in Frieden. Amen."

Bezug zu dem im Codex vorangehenden Text (hier: d) oder zu anderen Vorgängern. Auch bestätigt sich hier nichts, was über Denksysteme der „sethianischen" Gnosis sonst bekannt ist.

Einleitung und Übersetzung: S. PELLEGRINI in Schenke u. a., *NH deutsch* 399–409.
Titel in der Handschrift nur als Schlusstitel, unübersetzt griechisch: Δεύτερος λόγος τοῦ μεγάλου Σήθ. **Erstausgabe:** M. Krause 1973 (wie b).
Textanfang unvermittelt: *Efmotn de mmof nqi pmegethos etčēk* („Es ruht aber die vollkommene Größe"). **Textschluss:** *nasnēw nša eneh* („meine Brüder bis in Ewigkeit").
Früheste Erwähnuung, ähnliche oder ähnlich benannte Texte: siehe (b).
Textsorte: Der Schlusstitel bezeichnet den Text als λόγος, also „Rede" oder „Traktat". Näherhin ist es eine Offenbarungsrede: Der Offenbarer, ab 49,27 klar genannt, ist Christus (64,19: „Ich bin Christus, der Menschensohn"), gedacht vielleicht als Wiedergänger Seths. Zugleich ist das Ganze eine Polemik gegen die kirchliche Lehre von Inkarnation und sündentilgendem Sterben des Gottessohnes.
Zählung: S. 49, Z. 10 bis S. 70, Z. 12 des Codex.
Gliederung: Der Text bietet nur schwache Gliederungssignale. Pellegrini unterscheidet zwei Hauptteile: 50,1– 60,6 und 60,7– 69,20.
Literarische Integrität: Der Textanfang (wenn er denn original ist) scheint an etwas Vorhergehendes anzuknüpfen, das der Codex selbst allerdings nicht bietet und das auch sonst nicht überliefert ist. Das Ganze wirkt gestückelt; Pellegrini markiert zahlreiche Unterbrechungen und Nachträge. – **Textzustand** vom Papyrus her sehr gut; der Text aber hat einige Korruptelen.
Bemerkenswert: Eine Gegendarstellung zum kirchlichen Evangelium geht über in Polemik gegen deren Träger, die Kirche. Lt. 56,9f soll Christus (der in 66,19; 69,21f immerhin den Menschensohn-Titel trägt) nicht am Kreuz gestorben sein, sondern es war infolge Verwechslung Simon v. Kyrene, und er stand lachend dabei – eine auch aus Irenaeos (1, 19,5)[117] bekannte Lehre, die Christus zum bloßen Sprecher vorsintflutlichen Menschheitswissens (daher der Name Seth) werden lässt. – Ab 62,34 refrainartig „Wir haben nicht gesündigt" (sechsmal).[118] Der „Christus, Sohn des Menschen" von 65,18f trägt diesen Titel als Gestaltwerdung des überkosmischen, der Weltschöpfung vorausliegenden „Menschen".
Abfassungszeit: Pellegrini 399 vermutet hier Auseinandersetzung mit dem kirchlichen Christentum Alexandriens im 3.Jh.

---

[117] Dort wie auch bei Epiphanios, *Haer.* 24,3 als Lehre der Basilidianer: Die „sethianische" (sich auf Seth als Uroffenbarer berufende) Gnosis vieler Nag-Hammadi-Schriften muss eine besondere Richtung davon sein.

[118] Die einzige Sünde, die man in diesem Bezugsrahmen begehen kann, ist die Weitergabe des geschöpflichen Lebens. In NHC VII heißt sie konstant ἡ τριβὴ ἡ ἀκάθαρτος („der unreine Zeitvertreib/die unreine Reibung"), als gr. und gr.-kopt. Ausdruck belegt bei Siegert, *Nag-Hammadi-Register* 314 unter *tribē*.

d) Die *Paraphrase des Sēem* (NHC VII 1)

Dieser sonst nicht bekannte Name – Sēem – wird besser nicht in biblisches „Sem" vereinfacht. Dass der biblische Sem von Gen 10 hier titelgebend wäre, käme nach dem zu (a) Gesagten, dem spezifischen „Anti-Semitismus" der meisten Gnostiker, ausgesprochen überraschend. Es ist aber auch vom Text her auszuschließen, denn dieser Text lässt Sēem den ersten Menschen auf Erden, also doch eine Art Adam, sein (1,20 f). Auch 26,24 f situiert die hier geschehende Offenbarung vor der Sintflut. Das angesprochene „Geschlecht" sind nicht die Semiten und schon gar nicht das Volk des Bundes, sondern eher das „vierte Geschlecht" (NHC II 5, 125,6), das sich durch Erkenntnis seines übergöttlichen Ursprungs für erlöst hält (erlöst von dieser Welt und ihrem Gott) und von kirchlicher wie paganer Seite (Plotin)[119] kurz „Gnostiker" genannt wurde.

Der Titel *Paraphrase*, in 32,27 auch im Text verankert, erklärt sich schwerlich im Sinne einer Intertextualität; der Text ist vielmehr in sich eine Montage. Der „Ungezeugte (soll vielleicht heißen: Ungewordene – s. u. Anm. 120) Geist", auch „die Größe" genannt, spricht zu Sēem mittels einer Offenbarerperson namens Derdekeas (wohl von aram. *dard^{e}qa'* „Knabe"). Die aus vielem, auch manichäisch-Orientalischem, gemischte Herkunft dieser Gnosis ist nicht mehr zu durchschauen. Früher als in Manis Jahrhundert (dem 3.) lässt sie sich nicht ansetzen, aber auch nicht später als im 4.Jh. dieser Handschrift.

Einleitung und Übersetzung: H.-M. SCHENKE in Schenke u. a., *NH deutsch* 377–398.
Inhaltsangabe mit Kommentar: Woschitz 889–893.
Handschrift: NHC VII 1,1–42,9; **Erstausgabe:** M. Krause 1973 (wie b).
Titel in der Handschrift: *Tparaphrasis nSēem*. Kein Schlusstitel. Ein früherer Schlusstitel könnte in 32,26 (wo das Wort wiederkehrt) durch Fortschreiben funktionslos geworden sein. **Präskript 1:** *T]paraphrasis eršōpe etbe <p>pneuma nagennēton* [sic, wohl in *nagenēton* zu verbessern][120] („Die Paraphrase, die über den ungezeugten [ungewordenen] Geist gegeben wurde"). **Präskript 2:** *Anok Sēem nentafqolpu ebol nqi Derdekea kata pwōš mpmegethos* („Ich, Sēem, was mir offenbart wurde von Derdekea<s> nach dem Willen der Größe" – letzteres dann eine häufig wiederkehrende Formel).
Textanfang: *Apameewe ethm pasōma torpt ebol hn tagenea* („Das Denken, das in meinem Leib [eingeschlossen] ist, riss mich heraus aus meinem Geschlecht"). –

---

119 Enneaden 2, 9 (wobei offen bleiben muss, gegen welche Spielarten von Gnosis sich diese für Plotins Verhältnisse heftige Ablehnung richtet); als Einführung und Übersetzung vgl. W. MARG (Hg.): *Plotin: Ausgewählte Schriften* (Reclam), 1973, 95–129. Was Plotin sehr stört, ist die Weltablehnung dieser angeblichen Platonschüler. Für ihn gibt es keinen Gegensatz zwischen jenseitiger Vollkommenheit und dem Irdischen, sondern seine ganze Philosophie befasst sich mit den Übergängen.
120 Die Verwechslung von „ungezeugt" und „ungeworden" ist auch außerhalb der NHC häufig, bedingt durch das Verschwinden der Konsonantendoppelung in gr. Aussprache.

Textschluss: *senafi ampto etsiōw awō etrsymphōni* („sie werden das Land einnehmen, das gut ist[121] und übereinstimmt").
Früheste Erwähnung: vgl. (c).
Ähnliche oder ähnlich benannte Texte: Hippolyt, *Haer.* 5, 22 kennt eine *Paraphrase des Seth*.
Textsorte: Apokalypse (nämlich empfangen von Sēem in nächtlicher Ekstase). Vielleicht nannte man eine bestimmte Art von Apokalypsen damals „Paraphrase". Vorbild ist jedenfalls auch das *Daniel*-Buch: Zu 43,27 f „all dies muss geschehen" vgl. Dan 2,28 (LXX wie Theodotion). Alles geschieht „nach dem Willen der Größe" (Refrain in 1,6 und noch 13mal; in 12,15 f „nach dem Willen des großen Lichts").
Zählung: S. 1, Z. 1 bis 49, Z. 9 des Codex.
Gliederung: wenig Gliederungsmerkmale, dafür viele Brüche. Im Großen und Ganzen geht der Traktat von Kosmologie über Soteriologie zur Eschatologie über.
Literarische Integrität: keine; dies ist ein Konvolut. Das „Ich, Sēem" in 45,31 f z. B. kommt unerwartet; das Ich in 36,2 war Derdekeas. Schenke 378 kommt zu dem Ergebnis, „dass der Text wohl am besten als das Endstadium einer ziemlich langen Traditionsgeschichte zu verstehen ist. Es ist weniger ein Text als eine Summe von Texten." Zu konstatieren ist eine „Unordnung der einzelnen Episoden". Es handelt sich vielleicht um „die Umschreibung des Inhalts eines Textes, der den Titel *Der ungezeugte Geist* trug". So erklärt sich ab besten die Doppelheit von Titel und Präskript: Es waren zwei alte Titel. – **Textliche Integrität:** Der Erhaltungszustand des Papyrus ist sehr gut bis auf gelegentliche Lücken.
Bemerkenswerte Stellen: Den zwei Prinzipien, Licht und Finsternis, wird hier ein drittes, der Geist (*pneuma*), vermittelnd beigesellt (1,32–2,6, im selben zeitlosen Imperfekt gehalten wie Joh 1,1–10a). Derdekeas unterzieht sich einer Art Inkarnation zum Zweck der Tarnung und riskiert eine Höllenfahrt (= Aufenthalt auf Erden), nach welcher er sich in seine „Ruhe" zurückzieht (43,29 ff; ἀνάπαυσις wie in Mt 11,29 und in Ablösung von κατάπαυσις Hebr 3,11 ff zit. Ps 95[94],11). Der Weg dahin ist damit geöffnet. – In 28,34–29,32 vollständige Rechtfertigung der Sodomiter (Gegentext zu Gen 19; vgl. oben: a).[122]
Abfassungszeit: s. Kopftext.

e) *Melchisedek* (NHC IX 1)
Der wie aus dem Nichts auftauchende, der historischen Stadt Jerusalem und dem aaronitischen Priestertum vorausliegende (und es damit auch überdauern dürfende) Priester Melchisedek von Gen 14,18–20 (und Ps 110,4) hat die Phantasie der Bibel-

---

121 Das Wort *siōw* entspricht *sajow* (bzw. bohair. *saiōw*), dem Qualitativ von *saje* „schön sein", und gibt hier offenbar καλός wieder. – Bei dem Verbum „übereinstimmt" ist nicht gesagt, womit – so wie die ganze *Paraphrase* nicht angibt, wovon.
122 Sie ist verständlich im Zuge der grundsätzlichen Abwertung der Schöpfung: Sodomie ist nun mal *keine* Fortpflanzung.

deuter und -nacherzähler schon in Zeiten der Qumran-Bibliothek beflügelt (11Q 13), desgleichen im Judenchristentum des Neuen Testaments (Hebr 5,6ff; 7 ganz). Die Gnosis steht nun, wie man sieht, nicht zurück. Allerdings ist dieser Text isoliert; alle sieben Nennungen von Melchisedeks Name im Nag-Hammadi-Bestand stehen hier.

Einleitung und Übersetzung: H.-M. SCHENKE in Schenke u. a., *NH deutsch* 474–483.
Einleitung: B. Pearson in Stone, *Writings* 457.
Handschrift: NHC IX 1,1–27,10; **Erstausgabe:** B. Pearson 1981.
Titel in der Handschrift: *Melčisedek*. Kein Schlusstitel.
Textanfang: *Iēsus pe-Christos pšē]re* („Jesus Christus, der Sohn"); **Textschluss:** *nmpēwe tēru, [ha]mēn* („in allen Himmeln, amen").
Frühere Erwähnung: keine.
Ähnlich benannte Texte s. 2.2.6.
Textsorte: Apokalypse; das Wort findet sich ausdrücklich, wenn auch im Plural, gegen Schluss, 27,3 f.
Zählung: S. 1,1–27,10 des Codex.
Gliederung: 1,1–14,15 erste Offenbarung an Melchisedek, seine künftige Mittlerrolle im Himmel betreffend, vermittelt durch einen in den NHC auch sonst bekannten Engel Gamaliel. 14,15–18,7: Melchisedeks irdische Weihen; er wird hier „ein weit in die Vorzeit zurück verlegter Johannes der Täufer" (Schenke 475). 18,7–27,10: zweite Offenbarung an Melchisedek und Entrückung, auch seine Identifizierung mit dem zu kreuzigenden und aufzuerweckenden Christus. Zwischenschlüsse: 16,16 schließt mit Amen, danach bis 18,7 Gebete (bei Schenke in Strophenform abgesetzt), die jeweils mit Amen schließen.
Literarische Integrität: anzunehmen. **Textliche Integrität:** Teilweise große Lücken im Papyrus. Die Zusammenhänge sind oft nur noch zu ahnen.
Quellen und **Vorlage:** jedenfalls der *Hebräerbrief* (Schenke 475), dazu aber jüdische bzw. samaritanische Traditionen (ebd.), wie sie auch in *2Hen.* (7.4.1) und in der *Schatzhöhle* (8.2.3) bezeugt sind.
Bemerkenswerte Stellen: Das Motiv der Identifizierung mit Christus findet sich hier wie in den *Bilderreden 2Hen.* 71,14 (s. o. 1.5.3; Zusatz b). Das dürften Versuche sein, die Präexistenz Christi zu veranschaulichen, in einer für viele Pseudepigrapha typischen Vermischung von Mythos und (biblischer) Geschichte. Auf der leider nur sehr fragmentarisch erhaltenen S. 25 wird ein Bezug auf die Kreuzigung Christi vermutet, u.z. ein ganz undoketischer. Ein **Sitz im Leben** ist im Zusammenhang mit gewissen Taufzeremonien zu vermuten. Schenke 475 sieht hier (entgegen sonst zu beobachtender Entchristlichung) eine Verchristlichung des genannten Mythenguts.
Die **Abfassungszeit** kann noch im 2.Jh. liegen, sonst 3.Jh.

Zusatz: NHC IX 2, 27,11–29,5, titellos, ist ein Gebet oder Hymnus, gesprochen von – bzw. im Namen der – Norea (27,21; 29,3), die in anderen außerbiblischen Texten als Tochter Evas, Frau Seths oder auch Frau Noahs (in NHC II 4, 92,14: Orea) genannt wird; Konventionstitel: *Gedanke der Norea* (nach 29,3) oder *Ode über Norea* (so U. U. KAISER/U.-K. PLISCH in Schenke u.a., *NH deutsch* 484–486). Andere Nennungen dieses Namens in den NHC: II 4, 91[34]; 92,21; 93,6. Über Nir, den Bruder Noahs, Norea, seine Frau und in anderen Überlieferungen seine Tochter s. Stichel, *Beiträge* (oben 1.3.2 „Literatur") 42–54.54–66.67–82. Ein *Erstes Buch* bzw. eine *Erste Rede der Noraea* ist in II 5, 102,10 f.25 f erwähnt; es habe zu den männlichen Aeonennamen der *Archangelikē* („Erzengellehre") *Moses des Propheten* auch die weiblichen geboten.

8 Jüdisches Erzählgut in kirchlichen Sammelwerken und Kompendien

Eine abschließende Nachlese gilt kirchlichen Werken des griechischen oder noch ferneren Ostens, die über viele Jahrhunderte hinweg die Tradition des biblischen Midrasch fortführten. Deren erstes (8.1.1) gilt der Forschung noch als jüdisch; doch allein schon die Frage, wie es ursprünglich hieß, deckt Wissenslücken auf, derethalben von einem Konsens noch nicht geredet werden kann. Welchem Zweck dienten diese *Vitae* (oder vielmehr *mortes*) *prophetarum?* Das nächste in Frage kommende Vergleichsobjekt, von viel größerer Länge zwar, aber sich nicht damit berührend (8.1.2), ist ein klar kirchliches Werk. Ihm können wir sie am ehesten vergleichen, mehr jedenfalls als den Onomastika des einstigen zweisprachigen Judentums (2.0.2).

Übereinstimmungen mit der rabbinischen Literatur können bequem überprüft werden in Louis Ginzbergs *Legends of the Jews*, insbesondere anhand des sehr detaillierten Index in Bd. 7. Von einer Ausbeutung dieser unerschöpflichen Fundgrube, aus der schon bisher sporadisch Proben gegeben wurden, wird hier Abstand genommen, u.z. aus methodischen Gründen. Was aus diesem Fundus zu erhalten wäre, sind doch nur „Parallelen" (zu deren Problematik s. 0.7.2 Anm. 150). Der Textfluss ist hier noch weniger zu erkennen als sonst schon; was bisher floss, stagniert hier sozusagen. Diese Texte entstanden abseits großer historischer Ereignisse; keine Krise gibt Zäsuren bezüglich der möglichen Entstehungzeit. Noch nicht mal die römisch-persischen Kriege oder der Einfall des Islam (der in 7.4.8 zu spüren war) helfen uns hier; dies ist keine auf Krisen reagierende Literatur. Was hier auf verschiedene Arten Text wird, ist ein immerhin religionsübergreifender Gedankenaustausch in den weiten Gefilden der byzantinischen bzw. talmudischen und nachtalmudischen Welt.

Rein geographisch liegen in dieser Welt Syrien und Armenien in der Mitte; und so ist es kein Zufall, dass eine syrische Kompilation mit in Betracht kommt (8.2.3). Armenische gäbe es natürlich auch; doch sind diese, bedingt durch die Erfindung der armenischen Schrift erst im 5.Jh., noch ein Stück neuer. Einen Einblick gibt das in den folgenden Rubriken mit ausgezogene Werk von Michael Stone, *Apocrypha*.

8.1 Nachschlagewerke zum Alten Testament

Die beiden folgenden Werke, ein kurzes Lexikon und ein längeres, bieten Grundkenntnisse der Bibelkunde – hier darf nun mit Bedacht gesagt werden – des *Alten Testaments;* denn das Interesse, aus dem heraus sie zusammengestellt sind, beruht auf einer eusebianischen Theologie. Was David Satran für die *Vitae prophetarum* herausgefunden hat (8.1.1), darf *a fortiori* für den späteren und sehr viel ausführlicheren Ioseppos gelten (8.1.2): Hier besteht die Tendenz, „den Unterschied zwischen jüdischer Vergangenheit und christlicher Gegenwart zu verwischen" (120), und einen Text zu verfassen, der, wenn er auch jüdisch aussieht, „tatsächlich zutiefst christlich zu sein vermag" (ebd.) – nämlich in der Verankerung der eigenen Religionsgemeinschaft als einzig legitimer in jener, einzig legitimen, der Zeit Moses und der Propheten.

Anders gesagt: So sicher das Traditionsgut, das hier verarbeitet wird, meistenteils noch jüdisch ist, so sicher ist die Absicht, es so zusammenzustellen, christlich – als Vergewisserung des eigenen Platzes in der Heilsgeschichte.

8.1.1 Notizen über die Propheten (sog. *Vitae prophetarum*)

Der kürzeste und einfachste der nun noch vorzustellenden Texte besteht aus Notizen über die Propheten des Alten Testaments, Schriftpropheten sowohl wie solche, die in den Geschichtsbüchern vorkommen. Mose ist in den griechischen Fassungen nicht dabei; er ist nur vertreten mit einer Einzelnotiz der armenischen Überlieferung.

Der Titel *Vita* oder *Vitae prophetarum* für diese Texte oder auch ihre Sammlung ist weder alt noch passend. Das Hauptinteresse liegt jeweils weniger auf der Lebensgeschichte, Botschaft und Aktivität der Propheten als auf den Umständen ihres Todes und dem Ort ihrer Bestattung. Der Herausgeber der armenischen Fassung, Sargis Yovsēpʻean, überschreibt sie mindestens ebenso passend als *Tod der Propheten*. Hans Joachim Schoeps sagt auch: *Die jüdischen Prophetenmorde* (Denis 577 Anm. 3). Es steckt nämlich in dieser Sammlung etwas von dem Vorwurf von Mt 23,29 ff: Sechsmal erfolgen die zu berichtenden Tode gewaltsam, nämlich durch Mitisraeliten, die nicht zu schätzen wussten, was sie in diesen Gottesmännern hatten. Dieser Vorwurf hat seine jüdische Vorgeschichte: Schon Josephus, *Ant.* 10,38 lässt König Hiskia täglich (*sic*) Propheten umbringen und überhaupt „alle Gerechten unter den Hebräern"; Jerusalem sei „von Blut geflossen". Die Zelotenherrschaft (an die er dabei wohl denkt) schilderte er zuvor im *Bellum* bereits ähnlich. Das kann also jüdische Selbstkritik sein; doch ist eine solche in den *Vitae proph.* nur unter Abstrich zahlreicher christlicher Züge zu gewinnen.

Bei Texten, die so deutlich auf bereits Gesagtes bzw. Geschriebenes zurückgreifen, ist es nötig, den Ursprung der Überlieferungen getrennt zu sehen von der Verfasserschaft des schriftlichen Textes. Man hat aus der Nichterwähnung Jesu und aus dem Fehlen christlicher Anwendungen des Alten Testaments auf eine jüdische Grundschrift geschlossen. Doch was auf Einzeltraditionen zutreffen mag, von denen nicht wenige ohne weitere Bezeugung sind und sehr originell wirken, das ist noch nicht eine Aussage über die literarische Komposition als solche. Was diese betrifft, so wird sie von David Satran mit guten Gründen christlichem Interesse zugewiesen.[1]

Entgegen dem Trend der Forschung, der von den ersten Renaissance-Drucken bis ins Supplement von JSHRZ anhält, sei hier gemahnt: Eine korrekte Einordnung in die Geschichte der griechischen Literatur ist nicht möglich, solange nicht auch das Werk

---

[1] Insbesondere die armenischen Fassungen diverser Einzelberichte können sogar sehr deutlich christlich sein, gerade in dem Mose-Eintrag.

des Ioseppos (8.1.2) dabei in Betracht gezogen wird wird. Dieses in vielen Kapiteln völlig gleich beschaffene Lexikon ohne jeden literarischen Anspruch ist der nächste Verwandte, was die Textsorte angeht, und nicht etwa „hellenistisch-römische Biographie" – worunter Diogenes Laërtios einschließlich seiner Quellen, Sallust, Plutarch und andere Literaten zu verstehen wären. Für Vorbilder nichtliterarischen Kleinschrifttums, die immerhin noch aus der römischen Epoche stammen, ist auf das *Onomastikon* des Julius Pollux (2.Hälfte 2.Jh. n. Chr.) und anderes unter 2.0.2 Genannte, Jüngere zu verweisen. Ioseppos, der an eine pagane wie hellenistisch-jüdische Tradition anknüpft, gehört längst nicht mehr dem Hellenismus an und auch nicht dem Judentum des Zweiten Tempels, sondern ist ein Byzantiner. Sein Werk ist in mancher Hinsicht neuer, jedenfalls besser geordnet und kenntnisreicher als die *Vitae proph.*; es ist und bleibt aber innerhalb der Textsorte der engste Verwandte.

Die religionsgeschichtliche Frage, wie weit eine Verehrung verstorbener Gottesmänner und Hoffnung auf postmortale Hilfe von ihrer Seite (auch Juden konnten bei Besuch an ihren Gräbern ihre Fürbitte erwarten – b*Ta'an.* 16a) noch jüdisch sein könnte, wurde oben anlässlich des *4Makk.* anhand ihres ältesten Belegs, Mt 23,29, und einiger Josephus-Stellen schon diskutiert (6.5.3, mit Marcel Simon). Sie ist, so war dort der Befund, eine Angleichung des palästinischen Judentums an das im Lande koexistierende Christentum, so wie vorher (vgl. 3.4.3) das Errichten von Denkmalen auf Grabstätten eine Angleichung an den Hellenismus gewesen war, ironischerweise sogar seitens der Makkabäer-Kämpfer selbst (ebd.). So bleibt die These zu erwägen, dass die *Vitae* (oder vielmehr *mortes*) *prophetarum* einen praktischen Zweck hatten als Führer zu diesen Stätten religiöser Verehrung oder doch wenigstens als Hilfe zu deren Ermittlung.

Daneben aber, und überhaupt, sollten diese Texte offenbar Ergänzungsinformationen liefern zur Lektüre der Propheten – so als erste bezeugte Verwendung im Cod. Q der Septuaginta; sie dienten zumindest den Christen zu näherer Kenntnis dieser Personen, die Meilensteine gewesen waren in der Geschichte der *ekklēsia* Alten wie Neuen Bundes. Die zugrundeliegende Auffassung von Heilsgeschichte[2] ist in einer klassischen, leider auch stark antijüdischen Form niedergelegt im Prolog von Eusebs *Kirchengeschichte*.

Als Autor (Redaktor) nennen die Manuskripte häufig Epiphanios v. Salamis, einen für seine Kenntnis der Realien berühmten Exegeten der antiochenischen Schule. Seine

---

2 Dieser im 19.Jh. noch problemlose Begriff soll hier mehr nicht meinen als ein in der Geschichte konkretes, insofern auch in ihre Kontinuität eingehendes Handeln Gottes. Als Siegeszug der Kirche(n) kann es nicht aufgefasst werden; dazu fehlt, gerade dem Judentum gegenüber, die Verantwortung einer Unheilsgeschichte zwischen Christen- und Judentum. Zu ihren Ursachen zählt, dass die (paulinisch-)lukanisch-eusebianische Theologie dem Judentum keinen anderen Platz zu geben wusste als nur in der Kirche. Zu der andersartigen joh. Position vgl. meinen Exkurs in *Das Evangelium des Johannes* (0.9.5), 786–795.

materialreichen Kommentare sollen hier wohl ergänzt werden oder sollen jedenfalls der Glaubwürdigkeit der *Vitae proph.* Unterstützung geben.³

Online-Index Nr. 90; **Stegmüller** Nr. 110 und 110.1–9; Schürer/V. 783–786. **Inhaltsangabe** mit Kommentar: Woschitz 314–326.

Einleitung und Übersetzung: Charlesworth II 379–399 (D. R. A. HARE); JSHRZ I/7 (A. M. SCHWEMER) 1997; dazu VI/1,1 (MITTMANN-RICHERT) 156–171; vgl. Satran 121–128.

Einleitung: Denis 577–607. **Nur Text:** Denis, *Conc.* 868–871 (nach Cod. Q; s. „Handschriften"). **Anmerkungen:** Rießler (871–880) 1321f.

Literatur: Lehnardt Nr. 2990–3051; DiTommaso 755–763; wichtig: D. SATRAN: *Biblical Prophets in Byzantine Palestine. Reassessing the Lives of the Prophets* (SVTP 11), 1995. Neueres: P. VAN DER HORST: „Die Prophetengräber im antiken Judentum" (2001) in: de Vos/Siegert, *Interesse* 55–71.

Handschriften: Vatikan, cod. Gr. 2125 (6.Jh.); das ist der sog. Codex Marchalianus (Cod. Q der LXX), alle Propheten und zusätzlich die *VitProph*. enthaltend, aus Ägypten; hinzu kommen viele spätere (Denis 585–590; Satran 10f; Stone, *Apocrypha* 132f). **Syr.** ab 8.Jh. (Denis 591f); **lat.** ab 11.Jh. (ebd. 595); **arm.** Jerusalem (datiert 1194) und ca. 70 weitere (10 davon bei Denis 598; Stone, *Apocrypha* I 130f.158), oft als Beigabe in Bibelhandschriften; die Übersetzung selbst ist aus dem 6./7. Jh. – **Erstausgabe:** Basel 1529 (Satran 10f); lat. Basel 1557 (Denis 595).

Titel in den Handschriften: Denis gibt Cod. Q so wieder:' Ὀνόματα προφητῶν καὶ πόθεν εἰσὶ καὶ ποῦ ἀπέθανον καὶ πῶς, καὶ ποῦ κεῖνται, Schwemer, *Synopse* (s.u.) S. 3*–4* bietet noch elf andere gr. Titel bzw. Präskripte; vgl. Schwemer (JSHRZ) 561. Armenisch bei Stone: *Anwank' ew gorck' ew mah srboc' margarēic'n* („Namen und Taten und Tod der heiligen Propheten").⁴ **Andere Benennungen:** Die arm. Handschriften überschreiben jeden Eintrag mit *mah* und folgendem Namen, also *Tod des* (soundso); vgl. *Tod des Propheten Nathan* (Stone 136). Andere Einzelüberschriften: *Über Elia, aus welchem Stamm er war* (ebd. 140), *Tod des Propheten Elisa* bzw. *Sacharja* (ebd. 144.146), *Eli, der auch Selum (heißt)* (ebd. 150), *Joad* (so heißt dort, aber auch im gr. Text,⁵ der anonyme, ungehorsame Prophet von 3Kön 13,11–32),⁶ *Mose* (mit trinitarischem Kommentar zu Dtn 34,5), *die drei Jünglinge* (die dort enthauptet werden, ebd. 152.154.154), *Sacharja ben Jehojada* aus 2Chr

---

3 Dies ist Pseudepigraphie im gemeinantiken – also auch griechischen – Sinne; vgl. 0.1.1.
4 So am Anfang dieser Fassung, die Jesaja nur ganz kurz behandelt, wohl weil die Legende von der Zersägung Jesajas auch in der *Himmelfahrt Jesajas* (7.4.3) begegnet. Es folgt (in einer Glosse?) dessen Datierung „700 Jahre vor Christus". Als Abkömmling einer lat. Vorlage ist dieser Text erst hochmittelalterlich.
5 Die Konjektur „Joēd" bei Schermann ist unnötig.
6 Er wird auch identifiziert mit dem Iddo von 2Chr 9,29; 12,15; 13,22, Großvater des Propheten Sacharja (Sach 1,1), einem Propheten, der Bücher vom Typ *Midrasch* schrieb (so 2Chr 13,22 hebr.). Ioseppos (8.1.2) nennt ihn Jadon oder auch Jaod.

24,20 (156). **Lat.**: *De ortu et obitu prophetarum* („Über Herkunft und Lebensende der Propheten", ein lat. Wortspiel; bzw. *De vita et obitu prophetarum*; Denis 594 Anm. 54 f mit Hinweis auf weitere Mss.). Der moderne Konventionstitel *Vitae prophetarum* = *Leben der Propheten* (*Prophetenleben* bei Rießler) verkürzt die lat. Titelgebung.

Neuere kritische Ausgabe: Th. SCHERMANN (Hg.): *Prophetarum vitae fabulosae* (Teubner), 1907; danach: Ch. T. TORREY (Hg., Übers.): *The Lives of the Prophets* (JBL.MS 1), 1946. Der Elia-Eintrag ist separat wiedergegeben bei Stone/Strugnell, *Elijah* 93–97 u.d.T. *Vita Eliae*. – **Arm.**: Stone, *Apocrypha* I 158–173 (ein später Text der Gesamtsammlung, von Y. und Iss. verschieden; er muss einiger klarer Latinismen wegen aus einer lat. Vorlage kommen. Diese Fassung ist bei Schwemer nicht ausgewertet, weil Stone die chr. Redaktion klar zugibt).[7]

Zusätzliche Texte im Armenischen: Stone, *Apocrypha* I 136–153 bietet einige sonst nicht erhaltene Texte nebst Rückübersetzung ins Griechische,[8] und zwar:

a) Alternativtexte zu bisher bekannten, aus dem Bereich der nicht-Schriftpropheten: „Nathan", „Elia", „Elisa", „Sacharja" (sc. ben Berechja), „Eli", „Joad";

b) sonst gar nicht überlieferte Texte: „Mose", „Die drei Kinder",[9] „Sacharja" (textlich nicht mit Vorigem identisch); diese Notiz lautet (übers.): „Sacharja, Sohn Berechjas, welchen König Joad[10] tötete: In der *Chronik* ist verzeichnet, dass auf Befehl Joads die Menge Sacharja, den Sohn des Jojada, steinigte. Doch fanden wir in den Büchern der Juden, dass die Menge Jeremia steinigte und Sacharja, Sohn des Berechja." Die Belege hierfür wären: 2Chr 24,20–22; für Jeremia keiner; sodann Mt 23,35 (sic). – Vgl. „Bemerkenswerte Stellen".

Textanfang in Cod. Q: Ἡσαΐας ἀπὸ Ἱερουσαλήμ; **Textschluss** von Nr. 22 („Elisa"): ὁ νεκρὸς εὐθὺς ἀνέζησεν; in der Ausg. Torrey hingegen: θανὼν ἐτάφη ἐν Σαμαρείᾳ. Viele Unterschiede je nach Rezension.

Wortindex zur Fassung des Cod. Q: Siglum bei Denis, *Conc.*: „Prop." mit Nummerierung der einzelnen Propheten: 1 = „Jesaja" (usw.); 23 „Sacharja" (2Chr 24); 24 „Jadok" (identisch mit Joad; s.o.); 25 „Simeon" (Lk 2,29–32); 26 sonstige.

Synopse: A. M. SCHWEMER: *Studien zu den frühjüdischen Prophetenlegenden*, Bd. 2, *Beiheft: Synopse zu den Vitae Prophetarum*, o.J. (1996) bietet sechs gr. Fassungen, deren erste – bis auf die Überschrift und bis auf das hinter der Elisa-Vita Folgende – dem Text bei Denis, *Conc.* 868–870 entspricht, also dem Cod. Q.

---

7 Mit diesem Argument hätten auch die griechischen und alle übrigen Fassungen fortbleiben können.
8 Die Überschriften hat er denen der anderen gr. Texte angeglichen. Oben zitiert wurden jedoch die armenischen Überschriften.
9 Die νεανίσκοι („Jünglinge", Jugendliche) von Dan 1–3 LXX sind über arm. *manuk* (unspezifisch, wie lat. *pueri*) zu „Kindern" geworden.
10 Geschrieben *Yovat,* mit mittelarmenischer *d/t*- Vertauschung. Gemeint ist König Joas (2Chr 24,20–22), auf welchen der nächste Satz korrigierend Bezug nimmt. Der dritte Satz, von unbekannter Herkunft, wiederholt den Fehler.

Alte Übersetzungen: lat. (noch unter Verwendung der Vetus Latina), syr. (auch dort öfters unter dem Namen des Epiphanios v. Salamis), äth., arm. (Y. 207–227 = Iss. 178–202; andere Fassungen bei Stone s. o.), arab.; s. Denis 594f. Übersetzungen ins Georg., Slav., Hebr. und Irische sind lt. DiTommaso 755 unediert. Wichtig ist die armenische Übersetzung (Denis 598), schon weil sie nunmehr in verlässlicher Edition vorliegt (s. o.) und einiges Zusätzliche bietet, allerdings, sprachlichen Anzeichen nach, aus dem Latein. – Hebräisches, wohl auf der lat. Ausgabe beruhend, bei Denis 595f.

Frühestes Zitat: Texte dieser Art zitierte man nicht; man verwendete sie. Eine mögliche, aber vage Bezugnahme bei Origenes s. Schürer/V. 785; Denis 585.

Ähnliche oder ähnlich benannte Texte: Hinweise auf Prophetentraditionen in chr. Literatur außerhalb der *Vitae proph.* bei Denis 601f.604. Schon das Neue Testament bietet solche: Mt 5,12; 23,29–31.34f.37; Lk 6,23; 13,34. – Ioseppos (8.1.2) hat keine an Tod und Begräbnissen der Propheten interessierte Liste, sondern zunächst drei andere, sehr kurze (Kap. 14–15), die unter dem Gesichtspunkt der Schriftlichkeit oder Nichtschriftlichkeit ihre Namen aufführt – und an dritter Stelle, als nichtschriftliche, die Prophetinnen –, sodann aber eine längere, welche ihre Taten und ihre Prophetien zusammenfasst: Kap. 75–95.[11]

Textsorte: zwischen Legende und Lexikoneintrag; Lexikon aus Legendengut. Literarisch am ähnlichsten, aber ohne inhaltliche Überschneidung, ist auf weite Strecken Ioseppos (8.1.2), zu dem dies geradezu eine Ergänzung sein könnte.

Literarische Besonderheit: Orientierung des Darbietungsschemas an der Todesart und den Grabstätten der betr. Personen.

Zählung: am sichersten nach Namen des jeweils gemeinten Propheten (Prophetinnen sind nicht dabei), bei Denis auch durchgezählt (nach Cod. Q; vgl. „Wortindex"); dazu jeweils Vers- (eher: Paragraphen-) Einteilung.

Gliederung: In jeder der sechs Rezensionen ist die Anordnung anders; so verfahren die Herausgeber nach Wahl: Auf die 12 Kleinen Propheten (gezählt als Kap. 1–12, mit unterschiedlicher Anordnung intern) können die vier großen folgen (Kap. 13–16) gemäß der Konvention in den Septuaginta-Codices, oder man beginnt mit den Großen Propheten, also „Jesaja" (so in Vatikanischen Codex und in der ausführlichen Paraphrase bei Denis 578–584; vgl. 599f; so auch der arm. Text bei Stone, wo aber hinter „Jeremia" erst noch „Baruch" kommt).[12] Jeweils folgt „Daniel" als

---

11 Die Überschriften in dieser Partie variieren: Betr. Jesaja wird nach seinen Wundern gefragt und sein Zersägen am Schluss erwähnt; es habe in seinem 115. Lebensjahr stattgefunden. Bei Jeremia ist nach seinen Prophetien und seinem Leiden gefragt, bei den meisten sodann nur nach Prophetien, bei Elia und Elisa natürlich wieder nach Wundern, immer je nachdem. Die Reihe setzt sich über Johannes den Täufer bis zur Prophetie des Kaiphas fort (Joh 11,49–51), welcher die unfreiwilligen Prophetien Bileams (Num 24) und einiger anderer (1Sam 19,19–24; 24,21) als Ironie der Geschichte angehängt werden.
12 Wieder anders ist die Reihenfolge in dem bei Y. und Iss. wiedergegebenen arm. Text: Jesaja, Hosea, Amos, Micha, Joel, Obadja, Jona, Nahum, Habakkuk, Zephanja, Haggai, Sacharja, Maleachi, Daniel, Jeremia, Hesekiel.

vierter Großer Prophet (vgl. 2.1.7 c). „Jeremia" kann „Baruch" beigesellt erhalten (arm.). Als Kap. 17–24 oder schon als Vorspann kann eine Reihe von biblischen Propheten gezählt sein, die nicht Namensträger von Büchern wurden. Bei Hare und bei Schwemer folgen auf die vier Großen Propheten (Kap. 1–4) die 12 Kleinen (Kap. 5–16) sowie weitere biblische Propheten in chronologisch gemeinter Folge von „Nathan" bis zu dem „Sacharja" von 2Chr 24,20–22, sodann eine Schlussnotiz (Kap. 24). – Es gibt aber auch die Reihenfolge: Nichtschriftliche Propheten/Große Propheten/Kleine Propheten. Details bei Denis 599.

Literarische Integrität: Bis zu sechs Rezensionen werden allein im Griechischen unterschieden, dazu Untergruppen. Dies sind „Texte im Fluss", nichts Literarisches. Gelegentliche Zuschreibung an Epiphanios oder auch an einen gewissen Dorotheos ist im einen Fall sekundär, im anderen nichtssagend; den Text geschützt haben sie beide nicht. – Nötig, wenn auch umfangreich wäre ein Gesamtstemma der Überlieferungen.

Biblischer Bezug: Was die biblischen Geschichts- und Prophetenbücher an Daten liefern, ist ausgezogen, meist aber auf Geburt und Tod (Ort und Zeitpunkt) reduziert und gelegentlich midraschartig angereichert. – Baruch ist nicht erwähnt; das entspricht noch dem Prophetenbestand der Hebräischen Bibel.[13]

Historischer Bezug: „Jeremia" 5 beruft sich auf „Diener des Antigonos und des Ptolemaeos" für die Nachricht, Alexander der Makedone habe das Grab Jeremias zu Verehrungszwecken besucht. Völlig Anderes berichtet indes, wohl vom selben Anlass, Josephus, *Ant.* 12, 2–6 (aus Agatharchides, also von paganer Seite).

Quelle für das biblisch nicht Belegte war entweder die Phantasie oder immer noch mündliche Tradition. Ein spektakuläres Beispiel für letztere wird in der eben zitierten Notiz beansprucht. In „Daniel" 19 begegnet das Ich eines Schreibers (verschiedentlich auch als 3.Pers.), als wäre dieser noch ein Zeitgenosse des Geschehens. Eine mehreren Fassungen angefügte Schlussnotiz beruft sich auf „Bücher der Namen Israels", worin die Genealogien der Propheten niedergelegt seien. Da werden die Priestergenealogien, die Josephus in *C.Ap.* 1, 29 und sonst erwähnt[14] und die es bis zum Ende des Zweiten Tempels sicherlich gab, im Sinne von Esr 2 für Register ganz Israels gehalten. Das ist nicht weniger geflunkert als bei Josephus, der diese (ihm in Rom überhaupt nicht zugänglichen) Listen als seine Geschichtsquellen gelten lassen will. – **Vorlagen:** Klärungsbedürftig ist u. a. das Verhältnis zwischen der „Jesaja"-Notiz und der *Himmelfahrt Jesajas* (7.4.3). An den „Sacharja"-Einträgen ist zu sehen, dass die klare Unterscheidung von vier Trägern dieses Namens, die Ioseppos 135 gibt (chronologisch geordnet), nicht zur Verfügung stand.

---

[13] Auch bei Ioseppos (8.1.2) ist Baruch übergangen, und Ioseppos ist gewiss ein christlicher Autor, der *Baruch* in seiner Bibel hatte. Doch arbeitet er mit älteren Listen (s.d.).
[14] Belege in *Josephus, Vita* (oben 0.9.1) S. 164. Zweck dieser Register war die Sicherstellung der Reinheit (also Diensttauglichkeit) der Aaroniten nach Lev 21.

Hebraismen: Einige hebr. Namen (auch Ortsnamen) bzw. Namensschreibungen können als Niederschlag außergriechischer Tradition gedeutet werden (Denis 603f). **Gr. Stil:** Septuaginta-Sprache; schmucklose Kurzsätze. Ein Optativ kann vorkommen („Jeremia" 15 bei ἵνα, direkt neben einem Konjunktiv in gleicher Funktion) und *participium conjunctum* in obliquem Casus („Jona" 6), daneben aber auch schon Dativ als Richtungscasus und undekliniertes Partizip ἐχόμενα (statt klassisch ἐχομένως) für „nahe bei" (beides ebd.).

Bemerkenswerte Stellen: Der „Jesaja"-Eintrag beginnt mit der in Hebr 11,37 schon erwähnten, in der *Himmelfahrt Jesajas* (7.4.3) erzählten Zersägung Jesajas (also schon mit seinem Tod) und nennt als Beerdigungsstätte die „Eiche Rogel nahe bei der Furt über die Wasser, die Hiskia zerstörte, indem er sie zuschüttete". Dieser Ort ist in Jes 36,2 (= 4Kön 18,17) erwähnt, das Zuschütten (als Verteidigungsmaßnahme gegen die Assyrer) in 4Kön 20,20 u. ö. Hebr. *rogel* „Fellabzieher" unterscheidet sich allerdings von *koves* „Wäscher" an den Bibelstellen, ohne dass sich dafür eine Erklärung fände. Diese Eiche wurde später[15] identifiziert mit der Beerdigungsstätte der Mutter Jonas, die in „Jona" 6 „Eiche Deboras" heißt (aus Gen 35,8 LXX). Das mag als Beispiel dafür dienen, wie biblische Details vernetzt werden in der Hoffnung, noch etwas mehr an Realien zu gewinnen.

In „Jeremia" 1 wird Jeremia in Ägypten von den (dortigen) Israeliten gesteinigt; und so lässt sich von seinem dortigen Grab einiges berichten. Am Ende (V. 15) hingegen „gab Gott dem Jeremia Gnade (...), dass er Schicksalsgenosse (συγκοινωνός, Wort 4x im NT, nicht in der Septuaginta) Moses würde, und sie sind zusammen bis heute": Das kann doch wohl nur heißen, dass er ohne menschliches Begräbnis Himmelsbürger wurde; vgl. 2.4.2.

In „Jona" 3.6f (schon erwähnt) steht eine von vielen noch erhaltenen Forterzählungen des *Jona*-Buchs:[16] Jona kehrt nicht ins Land Israel zurück, sondern wandert aus, um dem Vorwurf zu entgehen, er sei wegen Nichteintreffen seiner Prophetie ein Falschprophet. (Tatsächlich ist Ninive in der Antike nie zerstört worden.) Hier wird die feine Ironie des biblischen *Jona*-Buchs, von der dessen Erzählung lebt, gänzlich ignoriert, bzw. man wendet sich an ein Auditorium, das sie missversteht, jedoch ohne das Missverständnis zu beheben. Vielmehr münden diese Fortsetzungen teils in eine jüdische Selbstanklage (als gönne man den Heiden das Heil nicht), teils in christlichen Antijudaismus (eben deswegen – so z. B. Ephraem) und schließlich jüdischerseits in Apologetik: Die Buße der Niniviten sei geheuchelt gewesen, und Jonas Kummer sei gerechtfertigt.[17] Das ist Apologetik „zur Seite",

---

15 In einer armenischen Jona-Legende; s. Siegert, *Hellenistisch-jüdische Predigten* (s.o. 2.3.3) II 225.
16 Hierüber Siegert (vorige Anm.) 113–115.210–213; B. Ego: „Denn die Heiden sind der Umkehr nahe. Rabbinische Interpretationen zur Buße der Leute von Ninive" in: R. Feldmeier/U. Heckel (Hg.): *Die Heiden. Juden, Christen und das Problem des Fremden* (WUNT 70), 1994, 158–176 (164ff.174).
17 So seit jTa'an. 2,1, 65b 30ff (Bill. I 648; dt. auch bei Ego [vorige Anm.] 164f). Der dort zitierte R. Šim'on ben Laqiš wird Mitte 3.Jh. angesetzt; das ist eine Zeit, wo das *Jona*-Buch unter den Rabbinen an Sympathie verloren hatte.

aber ein Vorwurf „nach oben". In *Vitae proph.* klingt es noch wie eine Selbstanklage Jonas. Er wenigstens tut Buße von seiner „Lüge"; was man von den Niniviten halten soll, bleibt offen.

Christlicher Einfluss: „Jesaja" 2 zitiert Joh 9,7.[18] In „Jeremia" ist es die Jungfrauengeburt und das Krippenkind (8) sowie die „Parusie"-Erwartung (10; vgl. Röm 11,26). „Jona" 8: „Und er gab ein Warnzeichen (τέρας) gegen Jerusalem und die ganze Erde: Wann sie erleben würden (ἴδωσιν), dass ein Stein kläglich schrie, würde das Ende nahen, und wann sie erblicken würden (auch ἴδωσιν) in Jerusalem alle Völker; denn die Stadt wird bis zum Erdboden vernichtet werden". Angesichts aller altorientalischen Ableitungen, die für dieses neuerliche Zeichen Jonas möglich wären, und aller Versuche, hier eine echte Prophetie zu sehen (Schwemer), kommt dieser schreiende Stein doch wohl eher aus Lk 19,40, dort in einschlägigem Kontext.

Im „Daniel"-Eintrag sind die Juden als die „anderen" genannt. Demgegenüber wird hingewiesen auf die Konzentration auf Dan 4, ein im Christentum sonst nicht wichtiges Kapitel. Doch gerade „Daniel" veranlasste David Satran zu seinem Kapitel „The Vita of Daniel: An Early Byzantine Legend" (79–96).

Abfassungszeit: Was die verarbeiteten Traditionen betrifft, so weist manches noch auf Ende des 1.Jh. n.Chr. (Schürer/V. 784).[19] Die Abfassung der schriftlichen Sammlung, ehe sie dann wieder in Rezensionen auseinanderläuft, wird von Satran ins 5.Jh. gesetzt. Der o.g. ägyptische Codex des 6.Jh. ist jedenfalls der *terminus ad quem*. Merkwürdig ist, das Ioseppos diese Schrift nicht zu kennen scheint. – Als **Ort** wird das Land Israel (Palästina) angenommen, dessen Lokaltraditionen hier gesammelt sein dürften. Sie lebten in den Klöstern des Landes ja weiter. **Abfassungszweck** s. Kopftext.

Rezeption: Ausdrückliche Belege sind nicht zu erwarten, denn aus Notizen dieser anspruchslosen Art wurde nicht zitiert, sie wurden höchstens benutzt. Die Vielfalt an Rezensionen verrät einiges Interesse der Rezipienten, doch war das Werk nicht überall in der gr. Kirche bekannt: Ioseppos, wie gesagt, scheint es, obwohl es ihn interessiert haben müsste, nicht zu kennen. Aus späterer Zeit aber haben wir eine bemerkenswerte Fülle von Handschriften. Gedruckt wurde der Text dementsprechend schon in der Renaissancezeit. Was sich von dieser Rezeption aus Zeiten längst vor der historisch-kritischen Philologie (7.5.1 ist zu vergleichen) gehalten hat, ist die bis heute unbewiesene Meinung, dies sei eine vor- und außerchristliche literarische Schöpfung. – Zur Nachwirkung bei bei den Syrern s. Denis 593; wei-

---

18 A. M. Schwemer (JSHRZ z.St.) hingegen befindet: „nicht von Joh abhängig"; es sei eine „Jerusalemer Ortslegende". Ob das Joh sie christologisch erweitert (Schwemers Argument, Joh für sekundär zu halten) oder ob der Jesaja-Eintrag Joh 9,7 verkürzt, mögen andere entscheiden.
19 Mit Vorsicht zu nehmen! Die analoge Argumentation bei van Henten (s.o., 59) stützt sich auf Belege wie *Jub.* 19,6 (wo aber nichts über Gen 23 Hinausgehende zu finden ist), *TestRub.* 7,2 (was nach dem Befund von 7.5.1 in chr. Zeit gehört) und das Fehlen eines Hinweises auf die Zerstörung des Tempels – wo ein solcher doch in „Jona" 8 klar zu lesen steht.

teres Christlich-Orientalische und Islamische ebd. 605f. – Zur modernen Rezeption bis in archäologische Verifikationsversuche hinein s. Satran 22–28.

8.1.2 Das *Hypomnēstikon* des Ioseppos

Die nun zu erwähnende *Erinnerungsschrift* (wie sie sich betitelt) ist ein vergleichsweise umfagreiches Nachschlagewerk, weitgehend in Listenform gehalten, manchmal aber auch erzählend. Es ist benannt nach einem Iōsēppos, wohl einem Mönch dieses Namens, der sich ähnlich schreibt (Ἰώσηππος) wie einst Flavius Josephus (jener aber mit -π-). Freilich könnte er sich von diesem auch den Namen geliehen haben bzw. könnte dieser für ihn geliehen worden sein. Seinen bekannteren Namensvetter zitiert er jedoch als einen anderen (63,3; 120,4), und einmal nennt die Rubrik (die Kapitelüberschrift) ihn dementsprechend den „anderen" Ioseppos (125). Doch kann gerade dieser Abschnitt insgesamt ein Zusatz sein; auch waren die Rubriken konventionell Schreibersache.

Ioseppos, sei dies nun ein bürgerlicher oder ein Schriftstellername, hatte Kenntnis vieler jüdischer Traditionen, aber nicht des Hebräischen. Deshalb passt leider die Personenbeschreibung nicht auf ihn, die wir von einem palästinischen Mönch namens Joseph v. Tiberias haben (Menzies 16–26); auch läge dieser chronologisch zu früh (vgl. unten). Wenn unser Autor hebräische Namen anders schreibt und vokalisiert als die erhaltenen Septuaginta-Handschriften, nämlich eher wie Josephus, aber ohne dessen Gräzisierungen, so liegt das an den Vorlagen, die er benutzte und die wir nicht mehr haben.

Nun ist die Frage nach einem Autor (besser: Kompilator) allemal schwierig bei einem Werk, das sich aus Materialien vieler Jahrhunderte zusammensetzt und das auch nach seiner ersten Komposition noch weiter wuchs. Aus den in dem Werk gleichfalls enthaltenen Listen christlicher Irrlehren bzw. doktrinärer Abweichungen lässt sich jedoch erschließen, dass der Autor oder Endredaktor den Stand der kirchlichen Debatten bis zum Jahre 390 kennt, nicht jedoch die Konzilsentscheidung von Ephesus 431; dies ist somit der Zeitraum für die Datierung der vorhandenen Fassung (Menzies 20). Zutaten, die bis ins 9.Jh. reichen, sind daran kenntlich, dass sie nur sporadisch angebracht wurden; das war keine planmäßige Überarbeitung mehr.

Handschrift: Cambridge, Univ. Libr. Ff I.24 (10.Jh.). Dies ist zugleich die Haupthandschrift der *TestXII* (7.5.1). **Erstausgabe:** J. A. Fabricius, Hamburg 1723, als Anhang zu Bd. 2 seines *Codex pseudepigraphus Veteris Testamenti*. Eine dt. Übersetzung, die einzige nachgewiesene, wurde 1742 dem letzten Band der sog. Berleburger (Berlenburger) Bibel beigegeben.

Titel in der Handschrift: Ὑπομνηστικὸν βιβλίον; **andere Benennungen:** *Josippus: Liber memorialis*. Dieser Titel begegnet auch für ein sehr viel kürzeres lat. Werk eines Lucius Ampelius (Nordafrika, 2.Jh.): Es ist eine „Gedächtnishilfe" für Schullehrer, Namen und Fakten aufzählend.

Neuere kritische Ausgabe: G. MENZIES (Hg., Übers.): *Joseph's Bible Notes (Hypomnestikon)* (SBL.TT 41; ECS 9), 1996. **Kommentar:** sporadisch gegeben in der Ausg. Menzies, rechte Seite, in Einrückung.[20] **Neuere Studie:** S. MIMOUNI: „L'Hypomnesticon de Joseph de Tibériade, une œuvre du IVème siècle?", *StPatr* 32, 1997, 346–357.
Textanfang: Ὅσαι γεγόνασιν ἀπὸ τοῦ Ἀδάμ. **Textschluss:** Λιγύριος, Ὀνύχειος. Folgt Kolophon in byzantinischen Jamben.[21]
Index der Namen bei Menzies 361–369; Index ausgewählter gr. Wörter ebd. 370 f.
Früheste Erwähnung s. „Rezeption".
Ähnliche oder ähnlich benannte Texte: Listen dieser Art, oft nur wenige Zeilen lang, durchziehen die theologischen Handschriften aller christlichen Kulturen. Die arm. Fassung der Prophetennotizen (8.1.1) endet mit einer solchen (Stone, *Apocrypha* I 173), und erratische Listen von Prophetennamen finden sich ebd. S. 174 f, solche der sechs Millennien der Welt und sämtlicher atl. Patriarchen bei dems., *Apocrypha* II 135–140. Das nur als Probe aus unübersehbar vielem. – Ein in Ioseppos nicht vorhandenes Kapitel betrifft die Namen der Frauen der Patriarchen; dazu weiß Stegmüller Nr. 82.8–11 Syrisches und Äthiopisches zu nennen. Stone, *Apocrypha* I 174f bietet arm. Listen von Prophetennamen ähnlich wie Ioseppos (8.1.2) 14f bzw. (als Liste von Falschpropheten) 18. Ders. (Hg.), *Signs of the Judgment* (s. o. 2.0.2: Ausgabe) bietet weitere Beispiele bibelkundlicher Listenwissenschaft.
Ein ganz anderer Ps.-Josephus ist derjenige, unter dessen Namen ein Πρὸς Ἕλληνας καὶ πρὸς Πλάτωνα ἢ καὶ περὶ τοῦ παντός (*De universo*) überliefert ist; vgl. Menzies 23 Anm. 104 sowie E. CASTELLI: *Un falso letterario sotto il nome di Flavio Giuseppe. Richerche sulla tradizione del* ΠΕΡΙ ΤΟΥ ΠΑΝΤΟΣ (JbAC.E, Kleine Reihe, 7), 2010. – Der Titel *Hypomnesticon* (mit c geschrieben) wurde noch einmal vergeben, u. z. an ein Werk Ps.-Augustins, enthaltend Auszüge aus seinen Schriften und gerichtet *gegen die Pelagianer und die Coelestiner* (5.Jh.; Menzies 3f).
Autor: s. Kopftext. Zur Unterscheidung von Flavius Josephus nennt man ihn auch Josephus Christianus.
Textsorte: Dies ist ein Vorläufer dessen, was man als *Lexikon* bezeichnen könnte in Abgrenzung gegen ein nur sprachlich interessiertes *Wörterbuch* (etwa das *Lexikon* des Alexandriners Aristophanes v. Byzanz, um 200 v. Chr.) oder gegen die noch einfacheren hebr.-gr. *Onomastika* (2.0.2). Vergleichbar, wenn auch thematisch sehr viel breiter und in der Anordnung alphabetisch, ist die frühbyzantinische (und damit zeitgenössische) *Suda*. Dort wie bei auch bei Ioseppos gelegentlich können einzelne Einträge sich zu Lesetexten ausweiten, wie etwa bei Ioseppos in Kap. 73,

---

20 Dort erfährt man auch, dass der Fettdruck einzelner Wörter im engl. Text auf einem Textvergleich beruht: Es sind die aus einer noch identifizierbaren Vorgängerliste genommenen Wörter.
21 Also nach Akzenten zu skandieren, wobei gleich in Z. 1 ein Hiatus zugelassen wird: ἐνταῦθα Ἰωσήπου muss ∪ – ∪ – ∪ – ∪ entsprechen, mit Iota aber immer noch als Vokal.

der zehn (Halb-)Seiten lange Bericht der Großtaten Davids, der, wie auch das Folgende, in die Gattung der Bibelparaphrase übergeht.
Zählung: 167 durchlaufende Kapitel (Rubriken im Codex) in der Cambridger Fassung; bei Menzies als fette Ziffern im laufenden Text wiedergegeben. Andere Fassungen müssen deren mehr gehabt haben (Details bei Menzies 3). Die Listen sind in sich oft nummeriert. Übersicht der Kapitel bei Menzies 28–34 (S. 29, untere Hälfte, ist versehentlich unbeschrieben). Im Text gibt er zusätzlich in Klammern die Codex-Seiten und -kolumnen.
Gliederung ursprünglich in fünf Büchern, als wären es einmal fünf Buchrollen gewesen (was sich aber ausschließen lässt) und trotz der Menge des Mitgeteilten fragmentarisch:

Buch 1 (Kap. 1–64): Geschichtliches aus dem AT (Patriarchengenerationen, Hohepriester, Richter, Könige, Völker, 22 Bücher des AT, Monate, vergleichbare Schicksale u. ä.); 63 und 64 mit ntl. Erweiterungen;
Buch 2 (Kap. 65–67): Ein Gott, zwei Naturen, Trinität (Torso, nur 2 Seiten);
Buch 3 (Kap. 68): Stationen des Exodus (47 an der Zahl;[22] hätten in Buch 1 gehört, hinter Kap. 19 – auch dies ist nur ein Torso);
Buch 4 (Kap. 69–101): Wunder und Prophetien (ab 97 aus dem NT);
Buch 5 (Kap. 102–167): Wissenswertes aus der Regierung Davids und Salomos, verlorene Bücher, Übersetzungen des AT (122), Schicksale Jerusalems, jüdische Feste, ab 131 Neutestamentliches und Christliches, auch Allgemeines (144: Arten von Orakeln); ab 154 Nachlese zum AT.

Schema eines Kapitels: Überschrift (meist in Frageform), Liste. – Ein Prolog ist nicht erhalten. Als Epilog dienen 6 Verse in byzantinischen Trimetern.
Literarische Integrität: Fehlstellen sind eben genannt; gegenüber anderen Fassungen, von denen wir noch Spuren haben, fehlen mindestens 38 Kapitel. Andrerseits wurde dieses „Notizbuch" auch zum Nachtragen genutzt. Nachweis später und spätester Nachträge bei Menzies 21–23. Das Schlussgedicht, das uns – zusätzlich zum Anfangstitel – Ioseppos' Namen nennt, ist sprachlich das späteste Stück.
Textliche Integrität: Die Handschriften sind voll von Nachlässigkeiten (bes. im Setzen von Nummern) und von Versuchen, solche wieder zu beheben, also alten Konjekturen. Konjekturen seitens des Hg. Menzies betreffen gelegentliche Zufügungen <...> bzw. Streichungsvorschläge [...]. In Kap. 136 hat der aus Hippolyt v. Theben gebotene Auszug Textüberschüsse gegenüber der direkten Tradition. Veränderungen gegenüber den zitierten Texten, wie wir sie sonst haben, sind bei Menzies im Apparat angemerkt.
Biblischer Bezug: Erfasst sind Altes und Neues Testament in aller Breite, aber nur im Hinblick auf Namen und Fakten. Für den Rückgriff auf divergierende Textformen der Septuaginta s. Menzies 362 unter „Bible text"; hier dürften sich Unterschiede in den Vorlagen spiegeln.

---

[22] Die „schönere" Zahl 48 in anderen Traditionen ist offenbar neuer.

Historischer Bezug: vereinzelt nennt der Text Dinge aus der frühen Kirchengeschichte (bes. Kap. 139 ff), darunter die zur Datierung so wichtigen Ketzerlisten. Spuren der Religionspolitik Julians s. Menzies 20–22. In Kap. 147 („Welche und wieviele Nationen kamen aus Abraham") Bezug auf die Gründungslegende des Islam, jedoch in einer vorislamisch-nabatäischen Fassung.

Quellen und **Vorlagen:** Erkennbar sind Josephus (*Bell., Ant.*), Hippolyt (v.a das *Chronicon,* dessen Anhänge der Ideengeber des ganzen Werkes gewesen sein können), Euseb (v. a. *H.e.*), Epiphanios (nach einer Epitome) und Paganes: Porphyrios (s. u.) und Mythographen (Menzies 8–14). 143 (Ende) nennt Heraklides den Pythagoreer, *Über die Schulenbildung in der Philosophie,* 144 bietet Auszüge aus Porphyrios' (heute verlorenem) *Brief an Anebo.* Josephus wird auch ungenannt exzerpiert, z. B. für die Hohenpriesterliste in Kap. 2. – Quellen später Zusätze: 136 nennt die *Chronik* des Hippolyt v. Theben (9.Jh.).

Hinzu kommt viel Anonymes, worin der eigentliche Wert dieser Listen steckt. In Kap. 25 hat das AT noch 22 Bücher, und als „außerhalb" werden Est und 1Makk. erwähnt, nichts weiter; das ist noch der Stand des 2.Jh. Dass Namen manchmal anders geschrieben werden als in der Septuaginta, weist auf Vorlagen hin, die sonstwie aus dem „biblischen" Judentum kommen.

Stil: gattungsgemäß anspruchslos, aber korrekte Koinē.

Bemerkenswerte Stellen: Für Historie in unserem Sinne ist hier wenig Sinn; diese Bibelkunde fragt nicht nach dem Unterschied zwischen Tatsache und Fiktion. Theologisch bemerkenswert ist das Fehlen von Antijudaismus z. B. in Kap. 147, wo es um Abrahamskindschaft geht. Israel ist für diesen Autor einfach „das Volk" (ὁ λαός, 22 u. ö.; Menzies 27). – Kap. 120 nennt Bücher, die in der Bibel erwähnt werden, aber nicht mehr erhalten sind, 121 unbelegte AT-Zitate im NT: Mt 2,23; Eph 5,14; 1Kor 15,46; Apg 20,35 (vgl. 6.4.3). Über Henoch ist hier nicht mehr zu erfahren als in der Bibel auch, und von Esra auch nur die Legende von seinem Neuschreiben der Heiligen Schriften (*4Esr.* 14,37–47; hier wohl aus Irenaeos 3, 21,2) in 41,9. Zusätzlich wird Esra nun auch Verfasser von 1.2Chr (130,12): er habe in den Büchern der *Königtümer* (1Sam–4Kön) Lücken bemerkt und sie nunmehr gefüllt.

Christliches: Ein Teil der Einträge ist klar christlich (bei Menzies im Inh.-verz. auch so gekennzeichnet; vgl. bei ihm S. 4), das Werk als Gesamtanlage auch. Nach Anteilen aber überwiegt sicher das Jüdische.

Abfassungszeit: zwischen 390 und 431 (s. Kopftext). **Ort** kann nur eines der mit Büchern gut bestückten Zentren der gr. Christenheit gewesen sein: Menzies 26 f findet Hinweise sowohl auf Konstantinopel wie auf Alexandrien. Von ersterem Ort dürfte (als Abschrift) der Cambridger Codex kommen. **Adressaten:** Kleriker (Menzies denkt bes. an Diakone), die zum Zweck ihrer Unterrichtstätigkeit bibelkundig zu machen waren.[23] **Abfassungszweck** und **Sitz im Leben** demgemäß:

---

[23] Allerdings hält er die Frageform der Rubriken (im Gr. setzt sie mit Rubrik 3 ein, als indirekte Frage) eher für redaktionell (28 u. ö.), womit auch dieser Verwendungszweck eher sekundär wäre.

Kathedralunterricht. Dies ist eine Frühform von Bibelwissenschaft. Menzies 14 betont auch den moralischen Wert dieser *exempla*.

Rezeption: Gelegentlich wird das *Hypomnēstikon* in mittelalterlichen Catenen zitiert, u.z. nach einer anderen Textüberlieferung als der des Codex von Cambridge. Dieser, wohl durch Robert Grossetestes Bemühungen erworben (vgl. 7.5.1), war ab dem 13.Jh. in England bekannt; doch ist dieser Text erst von Fabricius veröffentlicht worden (s.o.). Die o.g. Berleburger Bibel zeigt Interesse des Pietismus an erweiterter Bibelkunde. Migne bot den Text in *PG* 106, 15–176. Benutzungen in neuerer Zeit sind spärlich. Die erste Ausgabe seit Mignes Nachdruck ist offenbar die von Menzies.

8.2 „Biblische Geschichte" des Alten Testaments

Nunmehr ist zu sprechen von Nacherzählungen des Alten Testaments, wie kirchliche Autoren sie – immer noch anhand jüdischer Traditionen bzw. uns nicht mehr nachweisbarer Lektüre – als gefälligere Parallele zur Septuaginta erstellten. Ähnlich ist ja auch im lateinischen Westen selten die Vulgata im Volltext gelesen worden, sondern man hatte seine Historienbibeln, in der Neuzeit dann unter dem Titel *Biblische Geschichte*.

Manches der jetzt zu nennenden Titel ist nur auf Syrisch, manches nur auf Kirchenslavisch greifbar; selbst das Griechisch dieser Zeit ist ein sonderbares Kunstprodukt, das wie Altgriechisch aussehen soll, aber in fast jedem Satz gegen dessen Grammatikregeln verstößt. Schon deswegen können das keine Äußerungen des hellenistischen Judentums mehr sein. Als Verarbeitung aber von solchen mögen sie hier ihren Platz finden.

8.2.1 Die *Palaea Historica*, Nacherzählung der Geschichtsbücher der Septuaginta

Von Gen 1 bis 4Kön 15, mit anschließenden Abstechern zu Dan und Hab, reicht eine Schrift der griechischen Kirche, die v.a. in ihrer slavischen Fassung bekannt ist als *Istoričeskaja Paleja*, also *Erzählende Palaea* oder freier: „Das Alte Testament erzählt". Man datiert sie ins 11.Jh. und unterscheidet sie von der nachstehend (8.2.2) auch noch zu erwähnenden *Erklärenden Palaea* aus dem 13.Jh.; weiteren Derivate rein slavischen Ursprungs liegen später.[24] Die *Erzählende Palaea* ist voll von Elementen jüdischer Agada, seien sie nun originär oder nachempfunden. Vassiliev würdigt es in seiner Einleitung: Diese Nacherzählung ist (so gut wie) frei von Polemik.

---

24 Hierzu E. VODOLAZKIN: „Zu einer Rohfassung der Polnaja Chronografičeskaja Paleja und zum Verhältnis zwischen den verschiedenen Paleja-Redaktionen" in DiTommaso/Böttrich, *Apocrypha* 453 – 470 (bes. 453–456). Der dort gebrauchte Plural von *Paleja* ist *Paleji*.

8.2.1 Die *Palaea Historica*, Nacherzählung der Geschichtsbücher der Septuaginta

Stegmüller Nr. 126.2–3 sowie 85 und 85.1–3 (für Auszüge betr. *Lot* und *Melchisedek*).
Einleitung: Vassiliev S. XLII–LI (lat.); Denis 189 Anm. 48 (Lit., Ausgaben des slav.); Ch. BÖTTRICH: „Palaea/Paleja. Ein byzantinisch-slavischer Beitrag zu den europäischen Historienbibeln", in: K. SCHIFFNER/K. WENGST/W. ZAGER (Hg.): *Fragmentarisches Wörterbuch. Beiträge zur biblischen Exegese und christlichen Theologie*. FS Horst Balz 2007, 304–313. Vgl. Böttrich (2.2.6) 8 f.
Literatur s. Orlov, *Studies* 299 f; bes. D. FLUSSER: „Palaea Historica. An unknown source of biblical legends", in: J. HEINEMANN/D. NOY (Hg.): *Studies in Aggadah and Folk-Literature* (ScrHie 22), 1971, 48–79.
Handschriften: Wien, theol. 247 (16.Jh., gilt als beste);[25] Vatikan, Ottobonianus 205 (15.Jh.) und ca. 20 andere, bisher unkollationierte; vgl. 2.2.6 b. **Einzige Ausgabe** des gr. Textes: A. VASSILIEV (Hg.): *Anecdota Graeco-Byzantina*, Bd. 1, Moskau 1893 (m.n.e.), 188–308 (gr. Text, aus einem späten, aber wenig überarbeiteten und fast schon volkssprachlichen Codex, mit Ergänzung der Lücken [...] aus einem älteren, aber stärker überarbeiteten).
Titel in den Handschriften: Ἱστορία τοῦ Παλαιοῦ (*sic*) περιέχων (*sic*) ἀπὸ τοῦ Ἀδάμ; hier zeigt das undeklinierte Partizip bereits das nachantike Griechisch an. **Andere Benennungen:** s. Kopftext.
Textanfang: Prolog: Πρὸ πάντων καὶ σὺμ πάντων (*sic*) [καὶ] διὰ πάντων. Beginn der Diegese (189,1): Πόσα ἔργα ἐποίησεν ὁ θεός (Jes 6,1a). **Textschluss** vor Verlassen des Enneateuch (288,4): τὸν Κύριον καθήμενον (Jes 6,1a). Textschluss des letzten Zusatzes: ὅτι λέγεται ἀποπομπῆς (*sic*).
Alte Übersetzung: slavisch (wird von Stegmüller für das Original gehalten). Eine armenische Bearbeitung s. u.: Zusatz.
Früheste Bezeugung: nicht älter als die Handschriften.
Ähnliche oder ähnlich benannte Texte: Ein armenisches Werk ähnlichen Charakters s. „Zusatz". Zur *Erklärenden Palaea* und deren Verarbeitungen s. 8.2.2.
Textsorte: Bibelparaphrase. Sie schwankt zwischen fast wörtlichem Zitat und midraschartigen Einlagen.
Zählung: nach Seiten (hier auch Zeilen)[26] bei Vassiliev.
Gliederung durch häufige Zwischenüberschriften: Περί... (mit Abweichungen zwischen den Codices; manchmal zu spät gesetzt, manchmal vergessen). Hier folgt eine Inhaltsübersicht mit Nachweis der Überschriften (in „....") und der wichtigsten Zitate:

---

[25] Wie an vielen Stellen zu sehen, hatte die Vorlage dieses Manuskripts noch keine Worttrennung. Sprachlich ist es neuer als die auf alt korrigierten späteren, deren Korrekturen nicht selten kontextwidrig sind. – S. 188 Anm. 3 ist aus S. L, Anm. 1 zu korrigieren, was die Benennungen der Handschriften betrifft.
[26] Ähnlich wie beim Lesen des Jerusalemer Talmuds in der verbreiteten Krotoschin-Ausgabe, fertigt man sich am besten ein Lineal aus Papier mit aufgetragenen Zeilenzahlen.

S.	Überschrift bzw. Inhalt; Bibelstelle	zitiert wird
188	Prolog (christliches Glaubensbekenntnis)	
189,1	„Wieviele Werke Gott tat an den sechs Tagen" (Gen 1)	
189,28	„Über Adam" (Gen 2,4 ff)	„die heiligen Schriften" (Gen 3,22); „der Schriftsteller" (Andreas v. Kreta); „die Genesis" (Gen 2,16 f); Gregor (v. Nazianz)
192,1	„Über Kain" (Gen 4,1.5 ff)	Andreas v. Kreta (ausdrücklich)
192,18	(statt 192,10)[27] „Über Abel" (Gen 4,2 ff)	Gen 4,10 f, später 4,12
193,21	Genealogie	Gen 4,18 f
193,25	„Über Lamech"	(Gen 5,25 ff)
194,9	„Über den Tod Kains" (legendär); eingesetzt: Lamech-Lied	(Gen 4,23 f)
195,30	Seth (Gen 4,25)	Josephus (*Ant.* 1, 67 f?); „Christus in den Evangelien" (Mt 24,28); Andreas v. Kreta; Ps 88[87],5
196,20	Genealogie	Gen 5,6 ff
196,24	„Über Henoch" (Gen 5,18 ff)	Gen 5,24
196,29	„Über Noah"	(Gen 5,32 ff); die zwei Stelen Henochs
198,13	„Über die Arche" (Gen 7,1 ff)	Gen 7,23 u.a.; „ein Weiser" (zweimal, mittelgriechisch)
199,23	„Über die Taube" (Gen 8,20 ff)	Röm 9,4; Gen 9,9
200,25	Aufteilung der Welt (Gen 10)	„im Buch des Josephus" (*Ant.* 1, 109 ff)
200,29	„Über den Turmbau" (Gen 11)	
201,18	„Über Nimrod" (Gen 10,8 f) (vgl. 207,1 ff)	
201,27	„Über Abraham" (Gen 12,1 ff)	Gen 12,1–4; Gen 17,5
206,26	„Über Melchisedek" (Gen 14,17 ff)	„der selige Paulus" (Hebr 7,8 f) (ebenso 214,2)
	(Reprisen: 209,23 ff; 211,1 ff; 213,27 ff)	(210,24:) Gen 14,20
	typologisch darauf bezogen: 210,28 „Über Christus"	(Lk 2,24 als Opfer Christi)
	– hierzu und zu Parallelfassungen des ab 206,26 Erzählten s.o. 2.2.6 b –	
211,12	„Über Abimelech" (Gen 20,1 ff)	
212,3	„Über Ismael" und die Beschneidung (Gen 16,4 ff)	Gen 17,10.27; 15,9.12; 25,8[28]
213,8	„Über die Gefangenschaft Lots" (Gen 19,1 ff)	Ps 110(109),4
214,6	„Über die heilige Dreiheit"[29] (Gen 18,1 ff)	
215,28	„Über Sodom und Gomorrha" (Gen 18,20 ff)	
217,13	„Über die Flucht Lots" (Gen 19,22 ff)	Andreas; Theodor v. Studion (gest. 826); Johannes Chrysostomos
219,20	„Über Isaak und seine Beschneidung" (Gen 21,8 ff)	Gen 22,18
220,29	„Über Abrahams Opfer" (Gen 22,1 ff)	Gen 22,13
222,3	Brautwerbung für Isaak (Gen 24,1 ff)	Gen 24,3 f

---

27 Häufig werden Überschriften zu spät gesetzt. Es ist, als hätte nur eine der Vorlagen Überschriften gehabt.
28 Mit dem bekannten LXX-Schreibfehler τραφείς statt ταφείς.
29 Die fast gleichlautende Überschrift auf Z. 27 ist eine Dublette.

8.2.1 Die *Palaea Historica*, Nacherzählung der Geschichtsbücher der Septuaginta

223,13	Beerdigung Saras (Gen 23,1 ff)	
223,28	Isaaks Söhne (Gen 25,19 ff)	
224,10	„Über Jakob" (Gen 27,1 ff)	Gen 27,41; auch Gen 28,12
226,5	„Über das Königtum Josephs" (Gen 46,1 ff)	Andreas
226,30	„Über das Ende Josephs" (Ex 1,6) (hier beginnt ein Mose-Zyklus)	
229,20	„Über den Dornbusch, den Mose sah" (Ex 3,1 ff), auch seinen Auftritt vor Pharao (Num 7,8–13), Iannes und Iambres	Ex 4,10.14; 3,14 f
232,4	„Über die Zehnplagen" (Ex 7,14 ff)	
234,6	„Über das Passa" (= den Auszug) (Ex 12,1 ff)	Ex 12,3–5.11; 11,4 statt 12,12; 15,21
237,4	„Über Amalek" (Ex 17,1 ff, mit Ortsverwechslungen)	Ps 9,16 (Erfüllungszitat)
238,11	„Über die zwölf Quellen" (Ex 16,1 ff)	
240,4	„Über die Gesetzgebung (statt 238,19 und 239,20); Ex 19,1 ff	
240,15	„Über den Dekalog des Gesetzes"; Ex 20 (auch Ex 32; Ex 34,29 ff)	
242,20	Die Bundeslade; Ex 25,10 ff	
243,22	„Über die Einweihung des (Bundes-)Zeltes" (Ex 40,34 ff)	Andreas[30]
244,18	Aufstände gegen Mose (Num 16; Num 12)	
245,19	„Über die Lade, die Mose machte" (Ex 25,10 ff)	
246,10	Israel in der Wüste Kadesch; die eherne Schlange (Num 21,8 f)	Ps 29(28),8
246,31	Die Kundschafter (Num 13)	Ps 95(94),11; 107(106),40
249,6	Usa[31] berührt die Lade (2Sam 6,6–8)	„der Weise schreibt..." (Andreas)
249,30	„Über das Manna" (Ex 16,4 ff)	
250,12	„Über Moab" (Num 21,11 ff) (bes. Bileam)	Andreas (zweimal); Ps 106(105),28
255,3	Pinhas (Num 25,6 ff)	Ps 106[105],31 (vgl. Gen 15,6)[32]
255,30	Mose sündigt aus Ungeduld (Num 20)	Ps 81(80),16; Dtn 32,13, später 32,1 = Ode 2
257,30	„Über das Ende Moses" (Dtn 34)	Sach 3,1 (vgl. Jud 9)
258,12	„Über Jesus, Sohn des Navi" (Jos 1,1–2) (bes. Rahab)	
259,22	„Über die Erscheinung des Archistrategen" (Jos 6–7)	
260,21	„Über Jericho und Gais (Ai)" (Jos 8)	
261,12	Die List der Gibeoniten (Jos 9)	

---

30 Auf S. 243 f kann man beobachten, wie ein parabiblisches Wunder erfunden wird, um einem missverstandenen Dichterwort Recht zu geben. Was dort als mirakulöse Bestätigung des Priestertums der Aaroniden erzählt wird, muss bei Andreas, der hier verarbeitet ist, ein – numehr missverstandener – Rückgriff auf Ex 4 gewesen sein (vgl. S. 244 Z. 14–17).
31 LXX: Οζα, hier aber: Ζαν.
32 Dort von Abraham. Das Zitat hier ist umso auffälliger, als es im Abraham-Abschnitt nicht vorkam.

262,25	„Über Aëdor (Endor)" und seine Besiegung des Perserkönigs Got (aus Ri 4)	Ps 83(82),11[33]
264,3	(statt 263,30) „Über Jephthah" (Ri 10,6 ff)	Ps 105(104),11; „der Weise" (Andreas)
265,12	„Über Manoah" und Simson (Ri 13 – 16)	(Anfangszeilen wohl aus Andreas), Schluss („der Weise") auch
267,11	„Über Simson" (thematische Dublette)	(Schluss:) „der Weise" (Andreas)
269,13	„Über das Ende Simsons" (Teildublette)	Andreas
269,27	„Über die Prophetin Hanna" (1Sam 1 – 3)	1Sam 3,4; 271,3 – 8 „aus dem Gesetz des HERRN" eine in der Tora nicht enthaltene Opferregel
271,26	„Über Jael" (Ri 4)	beginnt und endet mit Andreas; eingeschaltet:
271,28	„Über Sisera" (Dublette zum Vorigen; vgl. unten)	
272,26	„Über die Richter Levi(s)" (Ri 19 – 21) (ab 273,15 Dublette)	Ps 78(77),55; Dtn 32,9 Andreas; „Jeremia" (Gen 35,19 nach Mt 2,18)
275,10	„Über Debora" (Ri 4 – 5), nochmals ein Perserkrieg	
276,27	„Über Saul" (1Sam 9,1 ff)	
277,25	Saul sucht Trost; David kommt an seinen Hof (1Sam 16,14 ff) (280,5 ff Dublette)	
278,23	Sauls Schlacht und Ungehorsam (1Sam 15)	
279,8	„Über das Königtum Davids" (1Sam 16,1 ff)	
279,24	Saul und die Totenbeschwörerin (1Sam 28)	
280,4	David und Jonathan (1Sam 18,1 bzw. 20); David und Goliath (1Sam 17)	
281,17	Saul stellt David nach (1Sam 24 bzw. 26)	1Sam 24,7 bzw. 26,11
282,2	David und die Schaubrote (1Sam 21,1 ff)	
282,8	Saul und Abjathar (1Sam 22,20 ff)	
282,17	„Über die Frau Urias und den Mord (an ihm)" (2Sam 11 – 12)	Ps 51(50); 2Sam 12,10
283,33	„Über Ahitophel" und Absaloms Aufstand (2Sam 16,15 ff)	Andreas
286,17	„Über die Volkszählung" (2Sam 24)	Andreas
287,19	„Über König Usia" (4Kön 15)	Jes 6,1
288,5	„Über <To>bit"	
290,16	„Über den Propheten Daniel" (Dan)	
291,11	„Über den Propheten Habakkuk" (Hab)	
291,21	[Zusatz] „Aus der Gesetzgebung" (Ex 20,4). Apostrophe an die Juden, dass sie keine Mittel der Sündenvergebung besäßen	Lev 16,5.

Literarische Integrität: Vom Ursprung her ist dies ein Sammelwerk, aus den verschiedensten Vorlagen zehrend (s. u.), die nur notdürftig homogenisiert wurden, v. a. in sprachlicher Hinsicht. Dieses Werk war im osteuropäischen Christentum in

---

[33] Diese Psalmstelle ist auch schon auf Jos 17,11 und 1Sam 28,7 bezogen worden, wegen des Namens „Endor". – Hier wird hinter diesem Namen eine Person vermutet.

gewisser Weise klassisch, was sich daran zeigt, dass die Rezensionen weniger unter sich zerfallen als etwa bei Testamenten und Apokalypsen. – Über Dubletten größeren Ausmaßes s.u. „Quellen und Vorlagen". In 283,23 ist ein Satz zu entfernen, der die Pointe des Nathan-Gleichnisses verdirbt. Textlücken vermerkt Vassiliev gelegentlich im Apparat; hier mögen die bisher unkollationierten Handschriften eines Tages aushelfen. – Unklar ist, wo der ursprüngliche Schluss lag; vgl. „Textschluss".

Biblische Bezüge: s. obige Liste. Die biblische Folge der Perikopen wird nur sehr ungefähr eingehalten. Biblisches geht nach der Septuaginta, meist in freier Paraphrase; einzige namentlich genannte Bücher sind die *Genesis* und „der Gesang im *Deuteronomium*", zugleich „*Ode* 2". „Der Psalmensänger" steht für Ps-Zitate; hingegen steht „der Hymnograph", „der Weise" o. ä. für den gelegentlich auch mit Namen genannten Andreas v. Kreta.

Historischer Bezug: 191,29 Ablehnung der Fundaiten, einer den Bogomilen nahen, halbgnostischen Sekte des 12.Jh. – In 262, 27 und 275,10 ff werden die Perser in die biblische Geschichte eingetragen.

Quellen und **Vorlagen** außer den in der obigen Liste bereits genannten: Die jüdischen sind bis jetzt unbekannt; es sind solche aber schon wegen den von der Septuaginta mitunter abweichenden Namensformen zu vermuten.[34] In 245,11–14 ist von einem Vorgängertext die Schlussansage stehen geblieben (zum Mosesgesetz), ähnlich in 287,17 f (zum Davidszyklus). Die Benutzung einer Mehrzahl von Vorlagen erhellt aus Unterschieden innerhalb der zwei- oder mehrmaligen Würdigung Nimrods, Melchisedeks, Bileams, Deboras[35] sowie aus kleineren Dubletten.[36] Der Name „Mose" wird mal mit, mal ohne eingeschobenes y geschrieben. – Der (christliche) Midrasch „Über Melchisedek" (206,26–214,5) ist in korrekterem Griechisch auch unter den Werken des Athanasios erhalten: *Historia Melchisedec,* MPG 28, 523– 530; dazu 2.2.6 b.

Hebraismen: milde Septuagintismen, etwa die Formel ἄνθρωπος ὃς ἄν = „jeder, der" 243,13. Ein starker Semitismus ist S. 242 Z. 1: „Es opferten die Israeliten dem Kalb εἰς ὄνομα θεοῦ (= als wäre es ein Gott)." Pseudo-Hebraismus ist der mit ἐν verstärkte Dativ in 227,23, der weder dem Hebr. noch dem Gr. entspricht. – **Griechischer Stil:** Pseudo-Altgriechisch voller Casusfehler und nichtklassisch gebildeter Verbformen (διήλθωσαν 246,11). Vieles ist verhört und verschrieben; so wurde aus Sach 3,1 ἐπιτιμήσαι σοι Κύριος, in Jud 9 noch korrekt zitiert, nach dem Verlust sowohl des Optativs wie des Dativs ein ἐπιτιμᾷ σε Κύριος, in anderen Handschriften verbessert in halbrichtiges ἐπιτιμᾷ σοι Κύριος (S. 258). Konjunktive werden statt Optativ

---

34 Freilich sind Verschreibungen wie „Rachiel" für „Rachel", „Methel" für „Bethel" (280,22) eher innergriechisch zu erklären.
35 Andere Unterschiedlichkeiten hingegen wie „Gaidad" vs. „Kainan" sind in der Septuaginta schon vorgegeben (Gen 4,18 vs. 5,9).
36 Auch im Detail, so der zweimalige Einsatz mit ἀνδριθέντος 227,20 ff/228,12 (beide Male von Mose), mehrere Satzdubletten im Abschnitt über David u. a.m.

gesetzt, Perfekte statt Aorist. In 275,23 ist ἀπίῃ als ἀπῄει zu lesen, in 225,2 ἡρετήσατο für ᾑρετίσατο, in 292,7 τανεῖν (Vassiliev: sic) als τὰ νῦν („jetzt"), u.v.a.m.

Bemerkenswerte Stellen, Elemente jüdischen Midraschs: 189,27 Bezug zwischen der Schöpfung und den 22 Buchstaben des Alphabets „bei den Hebräern". Kain war ein Nichtsnutz von vornherein. Lamech war von Geburt blind. „Reue" Gottes in Gen 9. Nimrod habe die Mitte der Erde „in Palästina" gefunden. An zwei Stellen Legendenreste über Nimrod. Abraham wurde in Astronomie unterwiesen; sein Vater war Bildhauer (sc. von Götzenbildern). Melchisedek wird als eine Art Waldschrat dargestellt, wie Gilgamesch. Ismael habe seinen jüngeren Halbbruder Isaak verprügelt. Dieser sei bei seiner Opferung bereits 18 Jahre alt gewesen. Aaron erhält als Bruder Hur (nach Ex 24,14). Ein ausgiebiger *Exodus*-Midrasch lässt Mose sogar die Inder bekämpfen; Schlangen lässt er durch Störche verschlingen.[37] Die mosaische Gesetzgebung geschah „zur Erziehung" des Gottesvolkes (239,21). Die Zählung der Zehn Gebote nimmt das Bilderverbot als 2., das Elterngebot also als 5., fasst aber die drei folgenden zusammen und hat als 8. Gebot, mit neuer Zitierformel, Lev 19,12 (vgl. 22,32; in Bibelsprache neu formuliert), als 9. Lev 19,32 und als 10. Ex 21,15. Bileam gilt volksetymologisch als Bel-Priester; Bel seinerseits wird mit Kronos identifiziert (255,14). Jos 6 ist legendär erweitert um eine Erscheinung des Erzengels (Michael). Die Kämpfe von Ri 4–7 sind umerzählt zu einem Perserkrieg. Das Opfer Jephthahs, obwohl Menschenopfer, gilt als „rein" und „ohne Sünde". Die Totenbeschwörerin von 1Sam 28 benutzt einen Spiegel. – Negativ: Das Problem der – evtl. von außen verursachten – menschlichen Sündhaftigkeit (Gen 6,5), Gegenstand so vieler Henoch- und Adam-Texte, wird nur wenig dargestellt. Auch der Josephs-Zyklus ist sehr verkürzt.

Christliches, z. B. der Name „Andreas" für den Knecht von Gen 24, das Wortspiel „Ölberg"/„Mitleid", ἔλαιον/ ἔλεος (208,22f; vgl. 210,18f), die Setzung von βωμός statt θυσιαστστήριον für den einen legitimen Schlachtopferaltar, die Bezeichnung Israels als ἔθνος (261,12, immerhin ἔθνος Θεοῦ; vgl. Gen 12,2), die Verwendung von „Palästina" für das Land Israel u. a. m. Reichlich zitiert werden die Hymnen des Andreas v. Kreta (Mönch in Jerusalem, um 700), bekannt v. a. aus seinem *Megas Kanōn*.[38] Bis hin zum letzten Zusatz fehlt fast jeder Antijudaismus,[39] der doch die andere *Palaea* (8.2.2) so stark prägt.

Abfassungszeit und -ort: Datierung ins 11.Jh. bei R. STICHEL: „Die Inschriften des Samson-Mosaiks in Mopsuestia", ByZ 71, 1978, 50–61 (und Taf. 9–10), 52.

Adressaten: Dies war ein Text der kirchlichen Bildungsarbeit, auch gottes-

---

[37] Hier kehren wohl, europäisiert, die Ibisse aus Artapanos (2.2.1) bzw. (eher) aus Josephus, *Ant.* 2, 246f wieder, ein jüdisches Traditionsstück mit der Paraphrase der Zauberszene von Num 7,8–13 mit Motiven aus den ägyptischen Plagen und der Schlangenplage von Num 21,8f.

[38] Mit κανών bezeichnete Andreas mehrstrophige Gedichte in Prosa. Sein Μέγας κανών hat 250 Strophen. Der gr. Text steht in *Synekdēmos* 356–384.

[39] Ausnahme ist die Motivierung der Kundschafter von Num 13 aus einem Unwillen des Volkes, das Verheißene Land zu betreten.

dienstlich. **Sitz im Leben:** Der *Megas Kanōn* des Andreas v. Kreta wurde vorgetragen in der 5. Fastenwoche. Mindestens hier dürfte Gelegenheit gewesen sein, auch aus der *Palaea* vorzutragen.

Abfassungszweck: Popularisierung des Alten Testaments; Hintergrundwissen für die Dichtungen des Andreas v. Kreta.

Rezeption: Im byz. Kulturraum war dieses Werk weit mehr verbreitet als die Septuaginta, deren Bekanntheit im Wortlaut sich auf die liturgisch verwendeten Auszüge beschränkte. Die Ikonographie zehrt v. a. aus ihm (s. z. B. R. STICHEL: „Außerkanonische Elemente in byzantinischen Illustrationen des AT", *RQ* 69, 1974, 159–181; Tafel 1–16). – Ähnlichen Erfolg gegenüber der Vulgata hatte die Historienbibel des Petrus Comestor (12.Jh.).

Zusatz: Eine armenische Paraphrase des Alten Testaments

Ein etwas kürzeres, in seiner Machart aber ganz ähnliches Werk bei den Armeniern ist in denjenigen Auszügen, die möglicherweise Jüdisches bieten, bei Stone, *Apocrypha* I 81–126 arm. und engl. aus zwei Handschriften des 15.Jh. veröffentlicht. Ein Gesamttitel ist nicht erhalten; vermutlich (gilt für Cod. A) und sicherlich (in Cod. B) fehlt alles zu den früheren Kapiteln der Genesis Gehörige. Da mochte zu viel doktrinär Gewagtes dabei gewesen sein. – Stone überschreibt den Gesamttext mit *Biblical Paraphrases;* so kann nun hier vorgeschlagen werden: *Armenische Bibelparaphrase* – sogar im Singular, denn die Divergenz der beiden Fassungen ist kaum größer als die bei Vassiliev erkennbare zwischen den seiner beiden Handschriften, neben denen es noch unedierte andere gibt. Stone selbst vermutet auf S. 19 eine „griechischsprachige Art von *Palaea*" hinter dem im Präskript des arm. *Todes Adams* Gemeinten (s. o. 7.2.2).

Dass dieses Werk von einem Christen redigiert wurde, geht hervor aus der durchgehenden Benutzung der armenischen Bibel[40] (sie wird in Auswahl zitiert, auch paraphrasiert) sowie aus zahlreichen typologischen Exegesen, worüber Stone nur summarisch berichtet. Was er wörtlich wiedergibt (nach Hs. A und teilweise alternativ auch nach Hs. B) und was auf jüdischen Ursprung noch zu prüfen wäre, schließt sich an die folgenden Passagen an (wobei, wie in der *Palaea*, die biblische Reihenfolge des Berichteten nicht genau eingehalten wird und auch die Bezugsstelle der Einfügungen um einiges früher liegen kann, als sie tatsächlich platziert ist). Konkordanztabelle:

---

[40] Hierin liegt ein gewisser Unterschied zur *Palaea*, die die Septuaginta nur wenig zitiert und dabei auch meist verändert. Das liegt freilich daran, dass die Sprache der Septuaginta schon stark veraltet war; nicht so die Sprache der arm. Bibel, die für die Folgezeit klassisch war.

Bibelstelle lt. Zwischen- überschrift bei Stone	vgl. Vass. S.	Bibelstelle	Vass. S.	Bibelstelle	Vass. S.
Gen 6,1–3	84	Gen 30,39	102	Ex 16,34	113
Gen 6,16.18; 7,1	88	Gen 31,17	102	Ex 20,11	114[42]
Gen 9,11.28	90	Gen 35,2.7	103	Ex 32,20	115
Gen 11,2.9	91	Gen 37,14.19.22.27	104	Num 1,25.37.50	115
Gen 11,30	93	Gen 40,14	105	Dtn 34,6	116
Gen 18,26	96	Gen 42,2	106	Jos 1,1; 3,8	117
Gen 16,15	97[41]	Gen 45,11.14	106	Jos 4,5.7; 6,1.3	118
Gen 16,16; 18,11	98 (zit. Q 3,8)	Gen 47,6	107	Jos 6,20.21	119
Gen 17,27	98	Ex 9,28	109	1Sam 8,5	121
Gen 24,7	99	Ex 11,2; 12,13	110	1Sam 9,2; 10,1	121
Gen 27,10.27.35	99	Ex 14,23	111	1Sam 16,1.4.12	122
28,18	100	15,27	112	1Sam 18,7	123
29,1	101	16,4.20	112	2Sam 18,33	124

Mit 3Kön 11,43 endet diese Bibelparaphrase; über die Reichsteilung und was weiter folgte sagt sie nichts mehr.

Typologische Exegesen, die ins Christentum führen, sind eingestreut, aber nicht überall zu finden, wo man sie aufgrund von Kirchenväterlektüre erwarten würde. Einige Standardtexte christlicher Auslegung sind unkommentiert und unerweitert geblieben, etwa Gen 12,1 ff oder Gen 18,1–16. Das Ganze ist aber eine Anschauung für die Machart solcher christlichen, aus jüdischen Vorlagen zehrenden Populärbibeln.

8.2.2 Aus der *Erklärenden Palaea*: Die *Jakobsleiter* u. a.

Der nun vorzustellende, nur slavisch erhaltene Text ist überliefert als Teil der *Tolkovaja Paleja* (etwa: „Erklärender Durchgang durch das AT"; Kürzel: *TP*). „Dieser Kommentar enthält nicht nur Glossen zu dem jeweiligen Text, sondern auch zahlreiche Entlehnungen aus den verschiedensten Quellen, die dem Zweck dienen sollen, die alttestamentlichen Ereignisse im Lichte des Neuen Testaments zu interpretieren und somit 'die Blindheit der ungläubigen Juden' vor Augen zu führen" (de Santos Otero 108). Nicht zufrieden mit der Legitimität, ja Notwendigkeit solchen Interpretierens für die Kirche, reibt sich der Autor an der Existenz eines nichtchristlichen Judentums, wo solche Hermeneutik nicht gilt. In dem eusebianischen, ja auch schon lukanischen Geschichtsentwurf (s. o. 0.7.3 Anm. 155) war ein solches nicht vorgesehen. Tadelnd, in rhetorischer Apostrophe, wendet er sich an einen fiktiven Juden (vgl. 6.4.4 b).

---

41 Hier ist die Hinzufügung der Kurden zu den Ismailiten klar eine armenische Zutat.

42 Die Verflechtung von Dekalog, *Šᵉmaʿ* (Dtn 6,5) und Liebesgebot (Lev 19,18) an dieser Stelle dürfte christlich sein, so sehr sie sich auch innerhalb der atl. Textvorgaben hält. Auf S. 86 schließt ein Text mit ganz AT-immanenten Überlegungen dann doch mit einem Lob auf Christus. Dass solches Christentum nicht nur Zusatz sein muss, sondern auch Kompilatoreninteresse von vornherein gewesen sein kann, dazu s. 0.6.3.

8.2.2 Aus der *Erklärenden Palaea*: Die *Jakobsleiter* u. a.

Unter Kennern der kirchenslavischen Literatur herrscht Einigkeit, „dass die *TP* keine direkte Übersetzung einer schon vorhandenen griechischen Vorlage ist, sondern eine Kompilation, die als solche im slavischen Raum – höchstwahrscheinlich in Russland – entstanden ist. Es bleibt auch unbestritten, dass der slavische Kompilator recht verschiedene Quellen, die bereits in slavischer Übersetzung vorlagen, exzerpiert und mit einem antijüdischen Kommentar ausgestattet hat" (de Santos Otero 109). „Solche Texte wurden in der Regel vollständig und ohne wesentliche Änderungen des Wortlauts in die Kompilation aufgenommen", leider stets ohne Über- oder Unterschrift (ebd. 112). Unter ihnen befinden sich auch die *TestXII* (7.5.1) und die *ApkAbr.* (7.4.2).

Auf diesem Wege, und nur auf diesem, ist ein Text überliefert, den man *Jakobsleiter* nennt. Er gehört noch in den Strom der jüdischen Mystik (Engelspekulation) sowie der Apokalyptik (man hofft auf ein Ende „Edoms" = Roms), wie wir sie in der Spätantike entstehen sahen. Himmelspekulation schlägt auch hier um in Namen-Magie (s. u.: „Hebraismen"). Jakob als Stammvater Israels steht, so darf vermutet werden, für jenen gleichnamigen Erzengel, von dem unter 2.2.3 c schon die Rede war. – Von dieser *Jakobsleiter* werden zwei Rezensionen, A und B, unterschieden. Näheres v. a. bei Lunt und bei Woschitz.

Online-Index Nr. 46 (zur *Jakobsleiter*); Stegmüller Nr. 86.7–11 (zur *Jakobsleiter*) sowie 126 und 126.1 (zur *Erklärenden Palaea* überhaupt); Bonwetsch (in Harnack, *Geschichte* I/2) 915 (zur *Jakobsleiter*). **Inhaltsangabe** und Kommentar zur *Jakobsleiter:* Woschitz 300–306.
Einleitung und Übersetzung: Charlesworth II 401–411 (H. G. Lunt).
Einleitung: Schürer/V. 805; Denis 223f (zur *Jakobsleiter*).
Einleitung und Übersetzung: N. Bonwetsch: „Die apokryphe 'Leiter Jakobs'", in: *Mitteilungen der Akad. d. Wiss. Göttingen* 1900, 76–87 [S. 77–81.81.–85 dt. Übers. zweier slav. Fassungen].
Literatur s. Orlov, *Studies* 259–261.300–303; wichtig: A. de Santos Otero: „Alttestamentliche Pseudepigrapha und die sog. 'Tolkovaja Paleja'", in: D. Papandreou/ W. Bienert/K. Schäferdiek (Hg.): *Oecumenica et Patristica*. FS Wilhelm Schneemelcher, 1989, 107–122. **Neuere Studie:** Böttrich (s. o. 8.2.1, „Einleitung").
Handschriften: Sergiev 38 (datiert 1406; in Moskau; sog. Kolomna-Paleja) und spätere; Liste bei Woschitz 303; Empfehlung noch unbeachteter Handschriften bei de Santos Otero 122 Anm. 61–64. – **Erstausgabe:** A. N. Pypin 1862 (Denis 223; de Santos Otero 120 Anm. 18); Erstausgabe der *TP* im Ganzen 1892 (de Santos Otero 109f). – Eine neuere kritische Ausgabe, die sehr viele Handschriften erst einmal in ein Stemma bringen und Kap. 2–4 in längerer Fassung bieten müsste, existiert nicht.
Titel in den Handschriften: keiner; auch die hintere Abgrenzung ist unsicher.
Textanfang nach Zitat von Gen 28,12: „Und die Spitze der Leiter war wie ein Angesicht eines Menschen" bzw. „Und ihre Spitze war ein Angesicht wie eines Menschen".
Schluss: „...Macht und Jahre werden in Ewigkeit nicht aufhören."

Ähnliche oder ähnlich benannte Texte: Bei Epiphanios, *Haer.* 30, 16,7 (Text bei Schürer/V.) u. a. wird eine judenchristliche Schrift namens Ἀναβαθμοὶ Ἰακώβου erwähnt; das meint aber die *(Tempel-)Stufen des Jakobus.* – Bonwetsch 87 verweist noch auf 3 Seiten eines Athos-Ms. (im Kloster Esphigmenon) mit einer gr. *Didaskalia Iakōbou.*

Textsorte: Agada (erzählender Midrasch) mit apokalyptischen und magischen Einschlägen (Gottes- und Engelnamen), wie in der Hechalot-Literatur.

Zählung: bei Bonwetsch wie bei Lunt 7 Kapitel (das 7. abgesetzt).

Gliederung: s. Lunt 401; im Text selbst kaum Gliederungsmerkmale.

Literarische Integrität: Das Herauskürzen christlicher Zutaten in kritischen Editionen bzw. Weiterübersetzungen lässt den Textbestand auf etwa die Hälfte schrumpfen (de Santos Otero 116). Lunt vermutet darüber hinaus Kürzungen im jüdischen Textbestand; so auch de Santos Otero 117 bes. im Blick auf den Sergiev-Codex: Er biete Kap. 2–4 nur als Epitome. Die hier genannten Übersetzungen von Bonwetsch und von Lunt sind demnach unvollständig. – Kap. 7, nicht in allen Textzeugen geboten und manchmal so lang wie Kap. 1–6 zusammen, ist insgesamt Zutat. Eine Quelle hierfür war die aus chr. Zeit stammende gr. *Erzählung des Aphroditian,* Teil einer *Deutung der Ereignisse in Persien.*

Biblischer Bezug: Gen 28,3–16. Die in 6,15 erwartete Vernichtung von Edom und Moab ist Reminiszenz an die negative Rolle dieser Völker in Num 20,14ff und 22,6ff. In byz. Zeit mag an das Römische Reich des Westens und die Kalifate des Ostens gedacht worden sein.

Historischer Bezug: 5,7, eine vielfach manipulierte Stelle, meint vielleicht die Zerstörung Jerusalems 70 n. Chr.

Quellen und **Vorlage:** nach Schürer/V. das *Henoch*-Buch (1.5.2), *ApkEsr.* (2.5.1); *ApkAbr.* (7.4.2).

Hebraismen: In 2,18f und 5,15 finden sich hebr. Sätze und Wörter transkribiert, in einer freilich durch das Griechische hindurchgegangenen, korrupten Schreibweise.

Bemerkenswerte Stellen: 2,12.14 sind anti-astrologisch gehalten, ganz im Sinne von Gen 1,14f.

Abfassungszweck: nicht bekannt. Zweck der slav. Übersetzung in ihrem jetzigen Rahmen: „Die Bekehrung der Juden zu fördern" (de Santos Otero 112).

Rezeption: Die Stellung der russischen Kirche zum Judentum ist von diesem Text geprägt worden (de Santos Otero 111).

8.2.3 Die syrische *Schatzhöhle* und ihre Derivate

Dieses auf Syrisch verfasste Buch, dessen erste Entstehung mitunter schon im 3.Jh., eher aber im 4.Jh. vermutet wird, sich dann aber bis ins frühe 6.Jh. hingezogen hat, ist v. a. im nestorianischen (also ostsyrischen) Christentum beliebt gewesen; es gibt aber auch westsyrische Handschriften. Es nennt sich nach einer Höhle, wo Adam und Eva nach der Vertreibung aus dem Paradies sich mit einigen Schätzen aus demselben, nämlich Gold, Weihrauch und Myrrhe, vorgefunden haben sollen. Ähnlich wie im Falle des in 7.2 vermuteten jüdischen Adam-Buchs, wird hinter gewissen Überscheidungen der *Schatzhöhle* mit der *Erklärenden Palaea* ein judenchristliches Adam-Buch vermutet.

Dieses Werk ist, wie alle seiner Art, anonym; es gibt sich als uralte, vorbiblische Weisheit. Dabei bestand nie ein Zweifel, dass es auf Syrisch geschrieben wurde. Die Tradition hat es dann, wie fast alles, was sonst keinen Namen hat, Ephraem zugeschrieben. Ein anderer Traditionsstrang hingegen unterstellt es dem Namen des Clemens (v. Rom), versetzt es also, wenn auch nachträglich, in die Nachbarschaft der judenchristlichen Pseudo-Clementinen.

Harnack I 857 Nr. 66 d; Stegmüller Nr. 76 und 76.1–8; Schürer/V. 760.
Einleitung und Übersetzung: C. Bezold (Übers.): *Die Schatzhöhle übersetzt*, 1883; W. Budge (Übers.): *The Book of the Cave of Treasures*, 1927.
Einleitung: Denis 30–36; Ri II (s.u. „Neuere Ausgabe") S. XII–XXVI; C. Leonhard: „Die Beschneidung Christi in der syrischen Schatzhöhle. Beobachtungen zu Datierung und Überlieferung des Werks", in: M. Tamcke (Hg.): *Syriaca II* (Studien z. Oriental. Kirchengesch., 33), 2004, 11–28; ältere Lit. dort Anm. 4. **Anmerkungen:** Rießler (942–1013) 1325 f.
Literatur: DiTommaso 211–217; Bauckham 394 Anm. 3 und 7. Nicht alles, was sich darüber hinaus nennen ließe, ist seriös.
Handschriften: London (16.Jh.) und zahlreiche neuere; s. Ausg. Ri VI–XXV. **Erstausgabe** syr./arab.: C. Bezold 1888; dt. Übers. bereits 1883 (s.o.); beides im Nachdruck 1981.
Titel in den Handschriften: *Ktab da-mʿarrat gazze*, mit diversen Untertiteln; **andere Benennungen:** lat. *Caverna thesaurorum;* arab. Bearbeitung (erweitert): *Kitab al-magall* (Buch der Rollen, 8.Jh.).
Neuere kritische Ausgabe: A. S.-M. Ri (Hg., Übers.): *La Caverne des trésors. Les deux recensions syriaques* (CSCO 486.487 = script. Syri 207.208), 1987 [hier zit.: Ri I/Ri II]; georg.: C. Kourcikidzé/J.-P. Mahé (Hg., Übers.): *La Caverne des Trésors. Version géorgienne* (CSCO 526.527 = Script. Iber. 23.24), 1993.
Textanfang: *Brešit bjawma* bzw. *Brešit w-itaw(hj)*. Die Textschlüsse divergieren; gemeinsames Element ist nur die nochmalige Nennung des Buchtitels.
Index der Namen und Bibelstellen bei Ri II 181–196.197–202; ebenso in CSCO 527, S. 99–112.113–118.
Alte Übersetzungen: georg., kopt. (Fragmente), äth., arab. (karschunisch), arm. (unediert); s. Ri II XXIV–XXVI. Übersicht über seitherige Ausgaben in diversen Sprachen bei Ri XXIII–XXVI.
Frühestes Zitat, früheste Erwähnung: nichts aus der Antike.
Ähnliche oder ähnlich benannte Texte: U. Weisser (u. a., Hg.): *Das „Buch über das Geheimnis der Schöpfung" von Pseudo-Apollonios von Tyana* (Ars medica 3,2), 1980.

- Zur ps.-clementinischen Lit. s. Kopftext. – Hinweis auf ein arab.-äth. *Testament Adams* bei Ri VII. – Das Adam-Buch der Mandäer heißt auch *Ginza*.

Textsorte: Bibelparaphrase (AT und Beginn des NT). **Zählung** (seit Bezold): 54 Kapitel.

Gliederung nach Themen bei Ri XIX–XXI: 1–6 Schöpfung, Fall und Tod des ersten Menschenpaares; 7–19 die vorsintflutlichen Patriarchen, 20–34 Abraham und Mose, 35–41 Richter und Könige, 42–43 die Rückkehr vom Exil; 44–54 der Messias (meint, ohne Namensnennung, Jesus; man könnte von vornherein „Christus" übersetzen).

Literarische Integrität: Auch dies war ein Text „im Fluss", und er wurde bei der Weiterverwendung seinerseits in größere Einheiten eingebaut. Analyse bei Ri II XIX–XXII. 34,11–41,22 sind die jüngste Zutat. – Die von Bezold zunächst fusionierten Rezensionen werden von Ri in fünf Gruppen geschieden (Stemmata: Ri I XXIIIf). Synoptisch gibt er je eine Handschrift des „westlichen" und eine des „östlichen" Typs wieder, ebenso synoptisch übersetzt mit Varianten im Apparat.

Biblischer Bezug: Gen–4Kön in Auswahl; Prophetisches und Neutestamentliches nur in Andeutung, etwa in Bezügen (schon bei der Opferung Isaaks) auf den Berg Golgatha. NT: v. a. Mt 1–3; 23; 27. Textgrundlage ist die Peschitta Alten und Neuen Testaments.

Zeitbezug: In Kap. 27, unter Nennung Nimrods, Bezug auf den Feuerkult der Perser. – In 44–54 spiegelt sich eine Auseinandersetzung um die eheliche Abkunft Jesu; Ri II XXIIf sieht hierin einen Streit aus der Zeit des Origenes (1.Hälfte 3.Jh.), der sich zu Eusebs Zeiten (gest. 339) schon wieder gelegt hatte. Sicherer sind die Nachweise bei Leonhard, Lehrstreitigkeiten aus der Zeit des Severus v. Antiochien (frühes 6.Jh.) betreffend. Der Text selbst nennt keine historischen Namen, soll doch die Fiktion hohen Alters gewahrt sein.

Quellen und **Vorlage:** Einzelnachweise von Antikem und Orientalischem bei Rießler; weitere Vermutungen über Vorlagen bei Ri II XVII. Eine Detailstudie zu 29,8–13 gibt Leonhard.

Christliches findet sich v. a. am Anfang und am Schluss; s. Rießlers Anmerkungen. Vgl. „Zeitbezug". Syr. *mšīḥā* entspricht, wie in der Peschitta überhaupt, ntl. „Christus".

Abfassungszeit: Ri XVII vermutet hinter diesem Text einen Ebioniten der 2.Hälfte des 4.Jh. Die erhaltene schriftliche Fassung datiert jedoch aus dem 1.Viertel des 6.Jh. – **Ort:** Nachweisbar ist der Text nur östlich der byz. Christenheit.

Rezeption: Zum Einbezug der *Schatzhöhle* in diverse spätere Sammelwerke des Orients s. Denis 35f.

8.3 Ps.-Sabas, *Das Mysterium der Buchstaben*

Mit diesem byzantinischen, aber doch wohl im Lande der Bibel entstandenen Werk schließt sich ein Ring: Ein Gedanke der nacherzählten Schöpfungsgeschichte von *Jub.* 2,1–25 (1.1.1) wird hier näher ausgeführt. Hebräische Buchstabenmystik, auf der

Zahl 22 beruhend, begegnet hier in griechisch-christlichem Gewande, wobei dieser griechische Text erst in allerjüngster Zeit ediert wurde. Er verfolgt dieselbe vermutete Verbindung zwischen den στοιχεῖα (Buchstaben) des Alphabets mit den den στοιχεῖα (Elementen) des Kosmos, die auch in dem weit bekannteren mittelalterlich-hebr. *Sefer Jeṣira* der Gegenstand ist. Im Hebräischen, das die Polysemie von στοιχεῖον „Element/Buchstabe" nicht kennt (Buchstaben heißen dort *ot*, „Zeichen"), war der Anlass zu solcher Spekulation insofern doch gegeben, als Hebräisch ja – in *Jub.* 12,26 ebenso wie bei den Christen – für die Sprache der Schöpfung galt.

Innerhalb der Tora werden in Ex 24,4 Schrift und Schreiben erstmals erwähnt, als Tätigkeit des gesetzgebenden Schöpfers: Hierzu ist diese Schrift (bzw. ihr zu vermutendes jüdisches Substrat) geradezu der Midrasch (Bandt 68), ohne allerdings diese Stelle explizit zu nennen. Insgesamt ähnelt er ganz merkwürdig der Zahlenmystik des judentumsaffinen Gnostikers Markos, wie sie bei Irenaeos 1, 14 ausgebreitet wird, wobei dieser aber schon die 24 Buchstaben des griechischen Alphabets zugrunde legt, eingeteilt in neun stumme Konsonanten, acht Halbvokale und sieben Vokale (so 1, 14,5).[43] Das *Mysterium der Buchstaben* kennt nur 7 Vokale (diese allerdings zuerst genannt und nicht aus dem Hebräischen hergeleitet) und 15 Konsonanten. – Gemeinsam ist beiden eine besondere Spekulation über Form und Wert des Buchstaben Δ (Kap. 12; Markos: 1, 14,2).

Hier ist mit einer kulturellen Fusion zu rechnen. In Apk 1,8 und 21,6 (eine *inclusio*) ist der himmlische Christus „A und O" des Weltgeschehens, was hier oft zitiert wird. Hebräisch würde man hier „A und T" sagen, und genau dafür liefert schon Josephus, *C.Ap.* 2,190 einen Beleg, wo er Gott den Schöpfer „Anfang, Mitte und Ende" aller Dinge sein lässt: Von Hebräischkundigen wird das zumindest heute recht plausibel auf das Wort אמת bezogen. א ist ja der erste, ת der letzte und מ ein mittlerer (wenn auch nicht der mittlere) Buchstabe des hebräischen Alphabets."[44] Die Bibel des Josephus hat 22 Bücher (ebd. 1, 38). Bei Markos wiederum gibt es eine Buchstaben-Anthropologie, die nach dem Verfahren des *atbaš* (א + ת, ש + ב usw.) jedem Körperteil ein entgegengesetztes Buchstabenpaar zuschreibt (1, 14,3).

Eine Sprachfusion ist am *Mysterium der Buchstaben* die besagte Einteilung der 22 semitischen Zeichen in Vokale (A E H I O Y Ω)[45] und Konsonanten, ferner die Einbeziehung jener drei in hellenistischer Zeit nicht mehr geschriebenen altgriechischen Buchstaben, die nur noch als Zahlzeichen Verwendung fanden. Daraus werden trinitarische und aus dem Wert des Digamma (6 = 2 × 3) auch christologische Symbole

---

43 Was er darin an Spekulationen oder auch Aberglauben antiker Völker zusammenführt, ist von Niclas FÖRSTER dargelegt worden: *Marcus Magus* (WUNT 114), 1999, 232–248. Auch der *Marsanes* (NCH X 1, 26,18 ff) hat derartiges.
44 Dazu vgl. das jüdisch-orphische Lehrgedicht (5.2.1), V. 39; rabbinisch: *BerR* 81,1 u. a. (Bill. III 789).
45 In Nag Hammadi dann sehr oft als Aeonenmusik wiederholt. Auch in Zeiten, wo η wie ι und ω wie ο ausgesprochen wurde, hielt man an dieser Theorie der 7 Vokale fest. Das υ, damals immerhin noch ein ü (was allerdings Ägypter nicht aussprechen konnten), steht hierbei ungünstig zwischen zwei dunkleren Vokalen; so wird denn auch die Reihenfolge symbolisch nicht überbelastet.

gewonnen. Gegenstand dieser Geheimlehre, die sich für eine dem Mosegesetz vergleichbare Offenbarung gibt (ἀποκάλυψις, Prolog S. 104,3; vgl. kopt. S. 102,13 mit Bezug auf Apk 1,8), sind desweiteren die Formen der Buchstaben im Griechischen (deren jede soll an eines der 22 Schöpfungswerke erinnern) und ihre Zahlenwerte. Weniger belangreich ist hingegen die Reihenfolge der Buchstaben.

Einleitung, Text, Übersetzung: C. BANDT (Hg., Übers., Komm.): *Der Traktat Vom Mysterium der Buchstaben* (TU 162), 2007.
Handschriften: Oxford (nach 1343) und drei spätere (Bandt 88–93), jeweils am Anfang unvollständig; **kopt.** Oxford (Bodleian Library, Ms. 1393, mit arab. Weiterübersetzung) und Abschriften (Bandt 93f; Stemma: 97). **Erstausgabe:** kopt. A. HEBBELYNCK 1900–1901; gr. Bandt (s.o.) 104–205 (mit dt. Übers.).
Titel in den Handschriften: Περὶ τοῦ μυστηρίου τῶν γραμμάτων; **andere Benennung:** *Mysteria litterarum* (Abkürzung bei Bandt: *ML*).
Ausgabe des gr. Textes: Bandt (bes. S. 106–207, jeweils linke Seite), mit Übers.; folgt Kommentar. Vorgeschaltet ist S. 102–105 der Prolog auf Kopt. und Dt.
Textanfang nach zweierlei Vorspann (102,11): *Asšōpe de mmoi* („Es widerfuhr mir"); davon verschieden, aber unvollständig gr.: ...]καὶ ὁ ἀνοίξας μου τοὺς τῆς ψυχῆς ὀφθαλμούς. Textanfang nach dem Prolog (106): Πρῶτον· ὅτι στοιχεῖα. **Textschluss** (204,5f): ἰδοὺ τὰ πάντα μς΄.
Alte Übersetzung: koptisch, davon arabisch; s. „Handschriften".
Ähnliche oder ähnlich benannte Texte: Ioseppos (8.1.2) 26 bietet den Kern: 22 Buchstabennamen mit jeweiligen Bedeutungen. – Irenaeos 2, 24 referiert Buchstabenspekulationen gewisser Gnostiker, auf dem Hebräischen beruhend, die er allerdings selbst nicht verstanden zu haben scheint. – Hebr.: L. GOLDSCHMIDT (Hg., Übers.): ספר יצירה (*Sepher Jeṣirah*). *Das Buch der Schöpfung*, 1894 (1969).
Als **Autor** wird in einer späten Handschrift Johannes v. Damaskus genannt (der für Doktrinäres so beliebt war wie Johannes Chrysostomos für Homiletisches), kommt aber nicht in Frage. Kopt. wird Apa Seba genannt, was St. Sabas v. Jerusalem sein könnte. Die Forschung denkt an „einen griechischsprachigen Christen, vorzugsweise aus Palästina" (Bandt 5), d.h. an „einen der Mönche einer sabaitischen Gemeinschaft" (ebd. 7). Es könnte der Kalligraph Eustathios der Galater gewesen sein oder dessen Schule (ebd. 8).
Textsorte: Traktat, eingeleitet als Apokalypse (s. Kopftext), empfangen auf einem visionären Sinai. **Literarische Besonderheit:** Rückgriff auf das semitische Alphabet und erst in Kombination damit auf das griechische. In 23 (156,24f) syrische Vokabeln in Transkription; Syrisches auch sonst: Kap. 18 (146,14f).
Zählung in 42 Kapiteln, gewissen Ansätzen zur Kapitelzählung in den Codices folgend; genauere Zählung möglich nach Seite und Zeile bei Bandt.
Gliederung: s. Bandt S. 9–11.
Literarische Integrität: Von den beiden unterschiedlichen Prologen ist nur der koptische komplett erhalten.

Biblischer Bezug: Im gr. Prolog (104,4) „die Schrift der *Genesis*", in Kap. 1 (106,19) „die göttliche Schrift des Mose" (zit. Gen 1,2). Ntl. Anlass, in Kap. 2 (106,23) u. ö. zitiert, ist Apk 1,8. Der kopt. Prolog nennt ferner Mt 5,18b.a (vgl. Lk 16,17) in 102,19 f; vgl. (gr.) Kap. 17 (140,11 f). Weiteres s. Bibelstellenregister bei Bandt 251–253.

Historischer Bezug: In Kap. 9 Rückblick auf die Christenverfolgungen Diokletians usw. bis hin zu Julian. – Eine sehr entfernte Reminiszenz ist demgegenüber in Kap. 19 die Erwähnung des Kadmos, im Griechentum bekannt als Bringer der Buchstaben aus dem semitischen Osten: Nunmehr sind es „syrische" Buchstaben,[46] und Kadmos kommt aus der Provinz *Palaestina prima*, wohl ein schlichter Ausdruck von Lokalpatriotismus (Bandt 6).

Quellen und **Vorlage:** Wie der Bericht des Irenaeos über Markos erweist, waren Theorien dieser Art schon im 2.Jh. schriftlich geworden. – Für Details vgl. *Jub.* 2 (s. Kopftext), wo nicht nur die 7 eine Zahl ist, die einen Weltrhythmus angibt (den der Woche, jüdisch: des Sabbat), sondern auch „22 Häupter der Menschen (...) von Adam bis Jakob" gezählt werden (2,23). Vermutlich standen dort im hebr. Urtext einige Angaben mehr, die im Äthiopischen mangels Plausibilität entfielen;[47] vgl. Bandt 75 Anm. 115 (mit Abb. 2 hinter S. 260: Foto von 4Q 216 VII). – Auf Henoch-Traditionen wird zurückgegriffen in Kap. 19 (148,12).

Hebraismen inhaltlicher Art sind die Zählung von 22 Buchstaben und in Kap. 24 die Etymologien ihrer Benennungen.[48] **Gr. Stil:** Trotz seiner Verachtung griechischer Bildung (v. a. in Kap. 9) schreibt dieser Autor ein leidlich korrektes Altgriechisch, allerdings ohne Beibehaltung des *schema Atticum* (s. Anfangssatz von Kap. 1).

Bemerkenswerte Stellen: Ein besonderes Mysterium liegt hier in den drei Zeichen ohne Lautwert, die höchstens als Zahlzeichen gebraucht werden: das Koppa (für 90), das Sampi (für 900) und bes. das „Zusatzzeichen" (ἐπίσημον), in der gr. Philologie Digamma genannt (auch Stigma)[49] mit dem Zahlwert 6 (Kap. 28; 31; 33). War dieses Zeichen bei Markos schon mit Jesus verbunden (Iren. 1, 14,4), so symbolisieren sie hier nun insgesamt die Trinität in ihrer Transzendenz und das *episēmon* im Besonderen die Person Christi als Person der Trinität und als aus zwei Naturen bestehend (6 = 3 x 2). **Theologisches:** Diese Schrift ist in ihrer Aufnahme

---

46 Das ist eine Verchristlichung: Das einzige semitische Alphabet, das bei Christen in Gebrauch war, war damals das syrische.

47 Umgekehrt müssen beim Nachzählen der Schöpfungswerke in *Jub.* 2 sowohl die Engelscharen als auch die Gewässer jeweils als eines gezählt werden: ist hier expandiert worden? Beides ist aber auch schon in 4Q 216 bezeugt.

48 Diese Namen sind tatsächlich noch hebräisch (nicht syrisch), jedoch in später Umschrift, die neuer ist als die noch von Hieronymus angewandte der Septuaginta: Hatte für diesen das χ noch כ transkribiert (mit κ nur für ק), so dient es jetzt (was allerdings bei Josephus auch schon vorkommen kann) für ה, und κ muss sowohl für כ wie für ק aufkommen. – Die Etymologien, die hier gegeben werden, ignorieren oft den dritten Radikal (wie im Aramäischen des Talmud, dem *amer* ein *ame* werden kann, usw.).

49 Das Digamma (von der Form eines althebr. *waw*, ähnlich F) wurde der Formgleichheit wegen mit der σ-τ-Ligatur der Kleinschrift verwechselt. Deren Verwechslung mit dem Schluss-ς ist noch jünger.

der Zwei-Naturen-Lehre (auch Kap. 41) jedenfalls orthodox. Christlich im Sinne der Zeit ist die Polemik gegen pagane Kultur wie auch gegen das Judentum (z. B. Kap. 21; Bandt 7: Anti-Origenismus).

Abfassungszeit: ca. 6.Jh. (Bandt 7); die Vorlage(n) (s. o.) müssen freilich viel älter gewesen sein. **Ort:** vermutlich Palästina, insbes. das Sabas-Kloster bei Jerusalem (Bandt 7).

Adressaten: klösterliche Schreiber. **Sitz im Leben, Abfassungszweck:** Schreiben zur meditativen Übung werden zu lassen (Bandt 86 f).

Rezeption: Die Handschriften sind nicht zahlreich, Zitate nicht bekannt. Bandt 206 f bietet aus einem Wiener Ms. nochmals das Kap. 3 als Exzerpt, nämlich eine Aufzählung von 22 „(Schöpfungs-)Werken Gottes" (22. ist der Mensch) und 22 Etappen der Inkarnation, des Lebens und der Inthronisation Christi. – Die Grundidee ist auch bei Ioseppos 26 ausgedrückt, der hebr. Buchstabennamen übersetzt. Andere Nebenlinien der Tradition über die 22 Buchstaben führen an andere Stellen, z. B. zu Isidor v. Sevilla, *Etymologiae* 16, 26,10 (Bandt 75).

* * *

Die hier angewandte Wissenschaft war vor allem mit dem Finden beschäftigt und mit dem Nebeneinanderstellen des Vergleichbaren. Vieles hier Dargestellte ist bisher noch nicht gesehen worden und bedarf der Überprüfung. Mögen die Schlüsse aus den ermittelten Daten auch anders zu ziehen sein, so sollte dabei doch möglichst die gesamte Dokumentation im Blick bleiben. Momentane Lieblingsthesen der Parabiblica-Forschung, die nur für Teilbereiche oder gar nur für Einzelschriften zutreffen, mussten dahinter zurücktreten.

„Schneller erhebt sich die Wahrheit aus dem Irrtum als aus der Verwirrung": Dieser Einsicht eines der ersten Wissenschaftstheoretiker der Neuzeit[50] dürfte die vorliegende *Einleitung* mehr als einmal recht gegeben haben.

---

50 Francis BACON: *Instauratio magna* (1622), „Novum organon", Buch 2, Aphorismus 20; s. o. 6.3.1 Anm. 22.

Register

Buchtitel*

Ἀληθής λόγος 560
Ἀναβαθμοὶ Ἰακώβου 714
Ἀναβατικὸν Ἡσαΐου 638
Ἀνάληψις Μωσέως 339
Ἀντίγραφον διαθήκης 666
Ἀποκάλυψις ἀποκαλυφθεῖσα τῷ πατρὶ ἡμῶν Ἀβραάμ 304
Ἀποκάλυψις Βαρούχ 610
* Ἀπόκρυφον Ἐζεκιήλ 309
Ἀπόκρυφον Ἡσαΐου 638
Ἀποτελέσματα, Ἀποτελεσματικὴ πραγματεία 534
Ἀριστέας Φιλοκράτει 466

Βαρούχ (τοῦ προφήτου) 384
Βίβλος ἀναλήψεως Μωσέως 339
Βίβλος (βιβλίον) διαθήκης 111
Βίβλος (βιβλίον) Ἐνώχ (του δικαίου) 204
Βίβλος Ἰὼβ τοῦ καλουμένου Ἰωβάβ 585
Βίβλος λόγων Ἰάννου καὶ Ἰάμβρου τῶν μάγων 294
Βίβλος λόγων Ἰώβ 585
Βίβλος λόγων μυστικῶν Μωσέως 339
Βίβλος λόγων Τωβὶτ... 122
Βίβλος σοφίας καὶ συνέσεως ἀποτελεσμάτων
Βίβλος τῆς διαθήκης
Βίος Ἀλεξάνδρου τοῦ Μακεδόνος καὶ πράξεις 481
Βίος καὶ ἐξομολόγησις Ἀσενέθ 283

Γνῶμαι μονόστιχοι 596
Γνῶμαι Φωκυλίδου 496
γραφὴ νόμου Ἐνώχ 205
γραφὴ Ἐνώχ 204, Punkt 5

Δανιήλ 136
Δεύτερος λόγος τοῦ μεγάλου Σήθ 686
Διαθῆκαι τῆν δώδεκα πατριαρχῶν 666
Διαθήκη Μωυσέως 339
Διαθήκη Σολομῶντος 526
Διαθήκη τοῦ ὁσίου πατρὸς ἡμῶν πατριάρχου Ἀβραάμ 304
Διάταξις τοῦ Ἰώβ 585
διήγησις Ἀδὰμ καὶ Εὔας 602
Διήγησις εἰς τὴν ἅλωσιν τῆς Ἱερουσαλὴμ καὶ εἰς τὸν θρῆνον τοῦ προφήτου Ἱερεμίου καὶ περὶ τῆς ἐκστάσεως Ἀβιμέλεχ 619
Διήγησις Ζωσίμου εἰς τὸν βίον τῶν μακάρων 301
Διήγησις καὶ ἀποκάλυψις Βαρούχ 610
Διήγησις καὶ πολιτεία Ἀδὰμ καὶ Εὔας 601
* Διήγησις περὶ ἁλώσεως Ἱερουσαλήμ 615
Διήγησις περὶ τῆς διαθήκης (...) Ἀβραάμ 304
Διήγησις περὶ τοῦ προφήτου καὶ σοφωτάτου... Σολομῶντος 527
Διήγησις περὶ τῶν ἡμερῶν τοῦ ἀντιχρίστου 662

Ἑβραϊκὸς λόγος 529
Ἐλδὰδ καὶ Μωδάδ 296
(τοῦ) Ἐνὼχ βιβλίον (γραφή) 204
Ἐξαγωγή 490
Ἐπιστολὴ Ἐνώχ 205
Ἐπιστολὴ Ἱερεμίου 274
... ἐπιτομή 425
Ἑρμηνεία (Ἑβραϊκῶν) ὀνομάτων 235
Ἑρμηνεία τοῦ τῶν Ἰουδαίων νόμου 467
Ἔσδρας (ὁ ἱερεύς) 172
* Ἔσρα ἀποκάλυψις 355
Εὐλογία Ἐνώχ 205

---

* Griechisch, lateinisch, deutsch sowie in modernen Fremdsprachen (Auswahl). Bei vorgesetztem *biblos, logos* o.dgl. wird der Titel sowohl mit wie ohne diesen Zusatz gegeben. Artikel im Nominativ sind weggelassen. Viele der in diesem Register genannten Titel beziehen sich auf ein jeweils identisches Buch. Von vielen Büchern ist nichts überliefert als nur der Titel. In **Fettdruck**: Bücher, denen hier eine Überschrift gilt. Einiges Frühchristliche ist, schon der Überschneidungen und der schwierigen Unterscheidbarkeit halber, eingeschlossen. Für Schriften nichtjüdischer Autoren vgl. das Autorenregister. Das Sternchen * steht für erschlossene, so nicht belegte Buchtitel.

Εὐχή 530
(ζητήματα) 398

Ἱερὰ ἀναγραφή 300
Ἱερογλυφικά 450
Ἱερὸς λόγος 493
(ἡ τοῦ) Ἰησοῦ Σοφία 146
Ἰούδα Μακκαβαίου πράξεων ἐπιτομή 425
Ἰουδαϊκά 279
Ἰουδαϊκὴ ἱστορία 458
Ἰουδίθ 130
Ἱστορία Ἀσενέθ 283
* Ἱστορία Ἰουδίθ 130
Ἱστορία τοῦ Παλαιοῦ 705
Ἱστορίαι 460
Ἰωβηλαῖοι 106

Καμινογραφία 451
* (Τὰ) κατ' Ἰούδαν τὸν Μακκαβαῖον 417
Κατὰ Ἄβραμον καὶ τοὺς Αἰγυπτίους 478
Κατὰ Κέλσου 560
Κλειδίον τῆς πάσης τέχνης τῆς ὑγρομαντείας 527

Λεπτὴ Γένεσις 106
Λιθικά 449
Λόγοι μυστικοὶ Μωσέως 339
Λόγος δεύτερος τοῦ μεγάλου Σήθ 686
Λόγος Ἑνώχ 204
Λόγος εὐλογίας Ἑνώχ 205
Λόγος καὶ ἀποκάλυψις τοῦ ἁγίου προφήτου Ἐσδρὰμ 647
Λόγος περὶ ἀγάπης καὶ περὶ μετανοίας 648

Μακκαβαϊκά 181, 417
Μακκαβαϊκὸν (βιβλίον) 570
Μακκαβαϊκῶν ἐπιτομή 425
Μακκαβαίων [λόγος] πρῶτος, Μακκαβαίων [βιβλίον] πρῶτον 181
Μακκαβαίων [λόγος] δεύτερος, Μακκαβαίων [βιβλίον] δεύτερον 438
Μακκαβαίων τρίτον, Μακκαβαίων λόγος τρίτος 331
Μακκαβαίων δ' (=βιβλίον τέταρτον) 571
Μέγας κανών 710
(γραφή) Νόμου Ἑνώχ 205

Νόμος Μωσαϊκός 496

Ὀνειραίτητον 531
Ὀνομασίαι ὡρῶν 534
Ὀνόματα προφητῶν καὶ πόθεν εἰσίν... 694
Ὅρασις Ἠσαΐου 638

Πανάρετος Σοφία 547, 548
(ὁ) Παρ'Ἑβραίοις νόμος 464
Παραλειπόμενα 614
(τὰ) Παραλειπόμενα ' Ἱερεμίου τοῦ προφήτου 615, 621
Πατριάρχαι 666
Περὶ ἀγάπης καὶ περὶ μετανοίας 648
Περὶ ἀρχαιότητος Ἰουδαίων 404
Περὶ αὐτοκράτορος λογισμοῦ 570
Περὶ βασιλείας 473
Περὶ θεοῦ 504
Περὶ Ἱεροσόλυμα, Περὶ Ἱεροσολύμων 485
Περὶ Ἰουδαίων 279, 405, 406, 408, 475, 486
Περὶ κόσμου 3
Περὶ μοναρχίας (sc. θεοῦ) s. Autoren: Ps.-Justin
* Περὶ Σικίμων 486
Περὶ τῆς ἐκστάσεως Ἀβιμέλεχ 619
Περὶ τῆς ἑρμηνείας τοῦ τῶν Ἰουδαίων νόμου 467
Περὶ τῆς ΗΛΙΟΥ προφητείας 410
Περὶ τοῦ Ἰακώβ 403
Περὶ τοῦ Μελχισεδέκ 298
Περὶ τοῦ μυστηρίου τῶν γραμμάτων 718
Περὶ τοῦ παντός 701
* Περὶ τῶν βασιλέων τῶν ἐν τοῖς στέμμασιν 458
Περὶ τῶν δώδεκα λίθων 449
Περὶ τῶν ἐγρηγόρων 202
Περὶ τῶν ἐν τῇ Ἰουδαίᾳ βασιλέων 403, 410
Περὶ ὕπνου 479
Περὶ ὕψους 444ff
Πρὸς Ἕλληνας καὶ πρὸς Πλάτωνα 701
Προσευχὴ Ἀσενέθ 283
Προσευχὴ Ἰακώβ 529
Προσευχὴ (τοῦ) Ἰωσήφ 292
Προσευχὴ Μανασσῆ 242
Προτρεπτικός 572

ΣΑΛΑΘΙΗΛ ΕΣΔΡΑΣ 351, 356
ΣΑΡΒΗΘΣΑΒΝΑΙΕΛ 181
Σ(ε)ιράχ 143, 147
Σιβυλλιακοὶ χρησμοί 504
* Σούδα s. Suda

Σουσάννα 136
Σοφία Ἰησοῦ υἱοῦ Σειράχ 145
Σοφία Σαλωμῶνος 547
Στέμμα, Στέμματα 458

Ὕμνος ἐξομολογήσεως Ἀσενέθ 283
Ὑπομνήματα 426
Ὑπομνηστικὸν βιβλίον 700

Φυσικά 527

Χρονικόν 458
Χωρογραφία 450

Ψαλμοὶ Σολομῶντος (-όμωνος) 163

* Ὠιδαὶ Σολομῶντος 679

Im Folgenden erscheinen die hier bevorzugten Zitiertitel in Fettschrift. Der evtl. Zusatz *Buch des...* bleibt unberücksichtigt, außer bei wörtlich übersetzten Buchtiteln.

Abba Elia 653
Abhandlung des Sem 531
Abschied Moses 340
Achikar, Buch des 140
Adam-Buch (postuliertes) 598 ff; vgl. 36, 502, 593, 677, 715 sowie folgendes
Adam-Buch (georgisch) 599
Adam-Buch (mandäisch) 603
Adam et Evae, Liber 607
Adam octopartitus 627
Adversus Judaeos 620
Äthiopisches Henoch-Buch 208 ff
Agrapha, prophetische 537
Aḥiqar, Buch des 140; vgl. 125, 132, 152
Alexanderroman 480
Alphabet des Ben Sira 147
Alphabet des Rabbi ʿAqiva 222
An die Tyrannen 547
An Philokrates 465 ff
Anderes Buch der großen Weisheit 547
Antiquitatum Biblicarum, Liber 22, 113
Apocalypse of Daniel 662
Apocalypsis Eliae 652
Apocryphal Ezra 173
Apocryphal Syriac Psalms 158
Apocryphe relatif à Jacob et à Joseph 291

Apocryphon Jeremiae (syr.) 615
„Apokalypse" 26 ff, 347 ff
Apokalypse Abrahams 603, 633 ff
Apokalypse Abrahams (gnost.) 634
Apokalypse Adams 682 ff
Apokalypse des Enos 206
Apokalypse des Jakobus 681
Apokalypse des Johannes 26, 681; vgl. Bibelstellenregister
Apokalypse des Methodios 651
Apokalypse des Mose 107
Apokalypse des Paulus 588
Apokalypse des Petrus 544, 653, 657, 681
Apokalypse des Zacharias 651
Apokalypse des Zosimos s. Erzählung des Z.
Apokalypse Esdrams 647
Apokrypher Johannes 308
Apokryphon des Serubbabel 174
Apokryphon Jakobs und Josephs 530
Apostolische Konstitutionen 9, 93, 159, 241 ff, 308, 383, 385, 388, 538, 603, 638, 652, 672;
– jüdische Gebete in den 319 ff
Archangelikē Moses des Propheten 690
Aristaeosbrief, Aristeasbrief 26, 31, 104, 276 ff, 281, 285, 315, 465 ff, 513, 515 f, 577
Armenische Bibelparaphrase 711
Arten der Heilungen, Buch aller 629
Asatir 408
Ascensio Isaiae 638
Aseneth, Geschichte der 281 ff
Astronomisches Buch (Henochs) 194 ff
Außerkanonische Psalmen 157 ff

Barnabasbrief 62, 205, 296, 563, 594 f, 596, 632
Baruch 228 ff
2.Baruch s. Baruch-Apokalypse; 610, 615
3.Baruch s. Baruch-Buch, Griechisches; 610, 615
4.Baruch s. Paralipomena Jeremiae; 610, 615
5.Baruch 373
Baruch prophetae liber 610
Baruch-Apokalypse 369 ff
– **(1.) Brief Baruchs** 378 ff
– **2. Brief Baruchs** 382 ff
Baruch-Buch, Griechisches 609 ff
Baruch-Buch (des Gnostikers Justin) 610
Befragung Abrahams 650
Befragung Esras des Propheten 650

Bel (und der) Drache 266
Ben Sira s. *Weisheit des Ben Sira*
Benennungen der Stunden 533
Bibelparaphrase, Armenische 711
Bible Notes s. *Hypomnēstikon*
Biblical Paraphrases s. *Bibelparaphrase*
Biene, Buch der 373
Bilderreden des Henoch 194, 211ff
Bittgebet des Propheten Esra 355
Book of Decans 532
Book of Wisdom 547
Brief an Diognet 657
Brief an Philokrates 465ff
Brief Baruchs, Erster/Zweiter 378ff; 382ff
Brief Baruchs (ohne Zahl, =1. *Brief Baruchs*) 378ff
Brief Baruchs (ohne Zahl, =2. *Brief Baruchs*) 385
Brief des Hannas an Seneca 519f
Brief des Mordechai an Alexander 520ff
Brief Henochs 194
Brief Jeremias 273ff
Brief vgl. *Letter*
Buch vgl. *Book*
Buch Adams 598ff
Buch der Geheimnisse Henochs 625ff
Buch der großen Weisheit 547
Bücher der heiligen Geheimnisse Henochs 626
Bundesbuch, Buch des Bundes 111, 188
Buße Adams 612
Buße Salomos 164, 548

Canticum (Esdrae) 358
Caverna thesaurorum 715
CD s. *Damaskusschrift*
Chirographon Adams 599
Chronicles of Jeremiah 615
Chronik vgl. Autoren (Hippolyt v. Theben, Malalas, Tzetzes)
Chronik der judäischen Könige 458
Chronik des Jeraḥmeel 113, 667
Chronik des Mose 340
Clavicula Salomonis 29
Codex Nazaraeus 603
Collatio Mosaicarum et Romanarum legum 454
Comparatio Menandri et Philistionis 597
Computus finalis 301
Confession of Ezra 358

Damaskusschrift 89, 107, 539
Daniel-Buch, gr. Fassungen des 257ff; vgl. **Bibelstellen**
Daniel-Buch, vorkanonisches 263
Daniel-Apokalypsen, zusätzliche (*Daniel-Diegesen*) 661
(dito, syr.) 662
(dito, slav.) 662
Daniel-Apokryphon 662
Daniels erste Vision 662
David-Apokalypse 223f
David-Buch 159
De Adami compositione et nomine 627
De Jona 323ff
De monarchia s. **Autoren:** Ps.-Justin
De ortu et obitu prophetarum 695
De Sampsone 323ff
De sublimi, *De sublimitate* 446
De vera religione 540
De vita et obitu prophetarum 695
Dialogus cum Tryphone 540, 543
Didachē (Kap. 1–6) 595f
Diegese und Didaskalie der heiligen Apostel 243
Diognet(os), Brief an 657
*Dispositio Abrahae 305
*Dispositio Adae 305
Dormitio Joseph filii Jacob 292
Dositheos, Offenbarung des 684
Draco s. *Bel*
Drei Bücher über Henoch und Leviatham 467
Drei Jünglinge, die 694; vgl. 265ff
Drei Stelen des Seth 684f

Ecclesiastes 146
Ecclesiasticus 145
Elchasai (Elchesai, Elkasai), Buch des 638
Eldad und Modad, *Eldad had-Dani* 296
Eli, der auch Selum (heißt) 694
Elia-Apokalypse (gr.) 651ff
(dito, nicht platzierte Reste) 655
Elia-Apokalypse (kopt.) 654ff
Elia-Apokalypse (lat.) 653
Elia, Buch des 657
Elkasai s. *Elchasai*
Entkörperlichung unseres Vaters Isaak 671
Epistle of Baruch 385
Epistula Annaei Senecae 519
Epistula ad Philocratem 466

Epistula Titi de dispositione sanctimonii 114, 638, 653
Epitomē der Makkabaïka 423 ff
Erinnerungsschrift des Ioseppos 700
Erklärende Palaea 712 ff
Ermahnungen Henochs 194 ff
Erstes/Zweites Buch der Noraea 680
Erzählung des Zosimos 296, 300, 302, 481
Esdram, Apokalypse des 647 f
Esdras s. Esra
Esra, Drei Bücher -s über Henoch und Leviatham 467
– *1. Esra* 171 ff
– *2. Esra* 173, 355, 641
– *3. Esra* 171, 355
– *4. Esra* 355
– **5. Esra** 640 ff
– **6. Esra** 642 ff
Esra-Apokalypse 350 ff
Esra-Apokalypse (äth.) 647; vgl. 651
Esra-Apokalypse (syr.) 650, 651
Esra-Buch (unidentifiziert) 106, 173 f
Esras des Schreibers, Buch 355
Esther-Buch, gr. Fassungen des 247 ff
Evangelium nach Matthäus 592 ff; vgl. **Bibelstellen**
Evangelium nach Petrus 202
Exagōgē 488 ff
Exdrae, Legenda 645
Exodus-Drama 490
Ezechiel der Prophet 310; vgl. Hesekiel
Ezra s. Esra

Fastenrolle (aram.) 422
Fragen Esras 649 f
(Frauen der Patriarchen) 701

Gebet Asarjas 265
Gebet Aseneths 282
Gebet der drei jungen Männer 265 f
Gebet des Propheten Jeremia 615
Gebet Esras 355, 358
Gebet Esthers 256 f
Gebet Jakobs 529 f
Gebet Josephs 291 f
Gebet Manasses 241 ff
Gebet Moses 340
Gebet Nabonids 662
Gebet unseres Vaters Jakob 224, 530
Gedanke der Norea 206, 690

Geheimnis der Schöpfung, Buch über das 715
Geheimnisse des Mose 408
Geheimnisse Henochs, Buch der 625 ff
Genesis-Apokryphon 107
Geschichte der Aseneth 281 ff
Geschichte der Gefangenschaft in Babylon 621
Geschichte der Rechabiten 301
Geschichte des hl. Jeremia des Propheten 615
Geschichte des Jüdischen Krieges 458
Geschichte des Propheten Jesaja 638
Geschichte Josephs 290
Geschichte Melchisedeks 297 ff
Geschichte Moses 340
Geschichte von den Zehn Märtyrern 571
Gesetz der Hebräer, das 464
Gesicht des Esdras 645
Gespräche Moses mit Gott 340
Giganten, Buch der 194 ff, 201
Ginza 603
Gleichnisse des Henoch 194
Greek Ezra 173
Griechischer Esra 647 f
Griechisches Baruch-Buch 609 ff

Habakuk-Apokryphon 310
Heavenly Luminaries, Book of the 194 ff
Hechalot 216 ff, 222 f
Hellenistische Synagogengebete 320
Henoch-Apokalypse (syr.) 627
Hesekiel-Apokryphon 308 ff
Henoch-Buch (aram.) 190 ff
Henoch-Buch (gr.) 202 ff
Henoch-Buch (äth.) 208 ff; vgl. *Ein anderes Buch, das Henoch für seinen Sohn Methusala ... schrieb* 216
2. Henoch-Buch 625 ff
3. Henoch-Buch 220 ff
(Henoch-Fragmente, unplatziert) 204, Punkt 5
Hiérarchie céleste 607 f
Himmelfahrt Elias 653
Himmelfahrt Jesajas 222, 636 ff
Himmelfahrt Moses 336 ff, 340
Himmelslichter (Himmlischen Leuchter), Buch der 194 ff
Himmlische Hierarchie, Hiérarchie céleste 607 f
Hiob-Paraphrase 587
Hiob-Postskript 245
Historia Alexandri Magni 412

Historia Joseph 290f
Historia Joseph filii Jacob 292
Historia Melchisedec(h) 298, 709
Historiae 477
„Horarium" 533
Hygromantia Salomonis 527
Hypomnesticon 701
Hypomnēstikon 700

Iason v. Kyrene s. *Makkabaïka*
Imitierte Epiker- und Tragikerverse 499ff
In pulcherrimum Joseph 284
Inquisitio Abrahae 305
Inschriften und Papyri (Gebete auf) 318f
Instructio Davidis ad Salomonem 667
Ioseppos s. *Hypomnēstikon*
Isaaks, des Patriarchen, Hinausfinden aus dem Körper 672
Itinerar von Eden bis ins Land der Römer 301

Jakobs, des Patriarchen, Hinausfinden aus dem Körper 675
Jakobsleiter 530,
Jamnes et Mambres 294
Jannes und Mambres 293ff
Jeremia-Apokryphon (diverse, in versch. Sprachen) 174, 310, 615, 620
Jeremia-Homilie 616
Jeremiae apocryphon (nazoräisch) 615
Jesus Sirach 145
Joad 694
Johannes-Apokryphon 308
Joseph und Aseneth 283
Joseph-Apokrypha 292
Joseph's Bible Notes 701
Josippon 173, 253, 266
Josippus 700
Josua-Apokryphon 310
Jubiläen 103ff
Judith 128ff
Judith-Midraschim 131

Kairoer Damaskus-Dokument s. *Damaskusschrift*
Kaminographie 451
Kindheitsevangelium des Thomas 624
Kleine Genesis 106
Konflikt Adams und Evas 607

LAB s. *Liber Antiquitatum*
Leben vgl. *Vita*
Leben Abrahams (gr.) 634
– Leben des Abramios ebd.
Leben Adams (slav.) 599
Leben Adams und Evas 600ff
Leben der Propheten 695
Leben Moses 340
Lebenslauf und Lebensweise des heiligen und gerechten Hiob 585
Legenda (beati) Exdrae 645
Legenda Jeremiae 615
Lehre der Zwölf Apostel 595
Lehrgedicht des Ps.-Phokylides 495ff
Leiter Jakobs 713
Leptogenèse 106
Letter of Solomon to Roboam 532
Levi-Midrasch 667
Levi-Texte (aram.) 225ff
Lex Dei 452ff
Lexikon 238, 691, 693, 696, 701
Liber Adam et Evae 607
Liber Antiquitatum (Biblicarum) 111ff
Liber Esdrae (Ezrae) quartus 355
Liber Ezrae prophetae secundus 355
Liber memorialis 700
Liber poenitentiae Jamnes et Mambre 294
Liber Tobi 123

Machabaei 181
1.Makkabäerbuch 177ff
2.Makkabäerbuch 430ff
3.Makkabäerbuch 330ff
4.Makkabäerbuch 564ff
Makkabaïka 415ff
„Martyrium" (allg.) 431ff
Martyrium des Pansophios 295
Martyrium des Pionios 63
Martyrium Jesajas 638
Megas Kanōn 710f
Megillat Anṭiochos 182
Melchisedek 298, 688f
Memoiren 462
memorialis, Liber 700
Menandros der Weise 596ff
Methusalem, Vom Priestertum -s 216
Midrasch von Semjaza und ʽAzazel 206
Miriam s. *Kaminographie*
Mithrasliturgie 316

Mosaicarum et Romanarum legum collatio 454
Mose-Apokryphon 310, 340; vgl. 7, 694
Mysteria litterarum s. folgendes
Mysterium der Buchstaben 716 ff

Namen und Taten und Tod der heiligen Propheten 694
Narratio de Jerusalem capta 619 f
Narratio Gerasimi 301
Narratio Joseph 289 f
Neues-Jerusalem-Texte 311
Nichtbiblische Psalmen 158
Nimrod: Buch Nimrod(s) 536
Noah: Buch Noahs 626; vgl. 629
Nomos Mōsaïkos 454, 496
Norea, Gedanke der vgl. Erstes; Gedanke
Noria, Buch der 206

Ode über Norea 690
Oden der Septuaginta 240 f
Oden Salomos 163 f, 677 ff
Offenbarung Abrahams 633
Offenbarung Baruchs 372, 610
Offenbarung des Dositheos 684
Offenbarung Esras 647, 651
Offenbarung Moses 340
Ogs des Riesen, Buch 202
Ohne Vorbereitung über Simson 325
On Plants and the Zodiac 532
„Onomastikon" 233, 693
Oracula Sibyllina 504
Orakel des Hystaspes 505
Orakel (Prophetie) des Lammes 502
Orakel des Töpfers 502, 655, 657
Oratio ad Graecos 540
Oratio Esdrae 358
Oratio Joseph 289 f
Oratio Manasse 242

Palaea, Erklärende 712 ff
Palaea Historica 607, 704 ff
Parabeln des Henoch 194, 211 ff
Paralipomena Jeremiae 610 ff
Paralipomena der Griechen 607
Paralipomena Jeremiae (gr.) 614 ff
Paralipomena Jeremiae (kopt.) 620 ff
Paraphrase des Sēem 687 f
Paraphrase des Seth 688
Passio sanctorum Machabaeorum 71

(Patriarchen, Frauen der) 701
Patriarchen, Testamente der drei 308
Patriarchen, Testamente der zwölf s. Testamente der zwölf Patriarchen
Petrus, Apokalypse des 202
Petrus, Evangelium nach 202
Pistis Sophia 164
„Physika" 527
Poemandres (Poimandres) 321, 632
Poenitentia Jannes et Mambre 294
Priestertum Methusalems 216
Professio Jeremiae et Baruch 373, 615
Prophet Esra, der 355
Prophetarum vitae fabulosae 695
Prophetenleben 695
Prophetenmorde 692
Prophetia Jeremiae (nichtkanonisch) 615
„Prophetie Abrahams" 305
Prophétie d'Adam 606
Prophetie des Methodios 651, 662
Psalmen Salomos 161 ff
Pseudo-Hekataeos s. **Autoren**
Pseudo-heraklitische Briefe 522 f
Pseudo-Philons Chronik 113

Qalamentos 607
„Quaestiones" 398, 399
Qumran s. **Stichwörter**

Rechabiten-Erzählung 300 ff
Rede, verfasst von Sem 531
Reden Sirachs 147
Rerum Judaicarum historia 458
Rest der Worte Baruchs 615
Revelatio quae facta est Esdrae 651
Rollen, Buch der 715

Sacharja ben Jehojada 694
SAB 372
Sagesse, la 547
Salathiel Esra 355
samaritanischer Anonymus s. **Autoren:** Ps.-Eupolemos
Sapientia (Ps.-Salomo) 544 ff
Schatzhöhle 607, 714 ff
Schlüsselchen 527
Schöpfung, Buch der 718
Seder 'Olam 403
Sedrach-Apokalypse 648 f
Seefahrt des hl. Brendan 301

Sefer Elijahu   219
Sefer Jeşira   718
Segen Jakobs   675
Segenswort Henochs   209
Selenodromion   527
Sem, Abhandlung (Schrift) des   531
Sententiae (Menandri)   597
Serubbabel, Buch des   174, 223 f
Seth-Buch (slav.)   605
Shem s. Sem
Sibylla Tiburtina   505
Sibyllinische Orakel   501 ff
Siebte Vision Daniels   662
Signs of the Judgment   701
Sirach   141 ff
Slavischer Henoch   625 ff
Sophonias s. Zephanja
Sprüche des weisen Menander   597
Stelen des Seth, Drei   684 f
Stemmata s. στέμμα
Stücke in Ester   253
Suda (früher: Suidas):   17, 96, 238, 280, 390, 444, 458, 242, 493, 495, 701
Sündenbekenntnis-Hymnus Aseneths   283
Susanna   134 ff, 265
Susanna, Buch der seligen   136
Synagogengebete, hellenistische   320
Synagogenpredigten   323 ff
Syrische Esra-Apokalypse   650
Syrische Psalmen   158
Syrischer Baruch   369
Syrischer Menander   596 ff

Tentatio Adae et Evae a Satanael   603
„Testament"   224 f
Testament Abrahams   302 ff
Testament Adams   533, 606, 607
Testament Adams (kopt.)   607
Testament Davids an Salomo   667
Testament des Schweinchens   588 ff
Testament Hiobs   583 ff
Testament Hiskias   542, 638
Testament Isaaks   670 ff
Testament Jakobs   530, 674 ff
Testament Levis   226
Testament Moses   336 ff
Testament Naphthalis   227
Testament Salomos   525 f, 548
Testament unseres Vaters Adam   534

Testamente der Zwölf Patriarchen   7, 62, 79, 663 ff
Testamentum XII (dodecim) patriarcharum   666
Testamentum Ezechiae   638
Testamentum porcelli   589
Testamentum Protoplastorum   602
Thesaurus (Ginza)   603
Thobis   120
Tierapokalypse   194 ff
Tobiadenerzählung   514 ff
Tobias, Tobit   120 ff
Tod Adams   606
Tod Adams (arm.)   607
Tod des Propheten Elisa (usw.)   694
Tod Josephs   290
Tod Moses   340
Töpferorakel s. Orakel des Töpfers
Tol'dot Ješu   561, 564
Tolkovaja Paleja   704
Traktat des Sem   531 ff
Traktat über die letzten Tage   662
Traumgesichte Henochs   184 ff

Über das Erhabene   444
Über das Passa   463
Über die Juden/Judäer   390, 408
Über die sittsame Susanna   136
Über die Ursprünglichkeit des Judentums   94, 501, 513
Über Elia, aus welchem Stamm er war   694
Über Henoch und Leviatham   467
Über Jeremia, den Propheten, aus der Schrift Baruchs   616
Über Jerusalem   484 f
Über Jona   325, 329
Über Melchisedek   709
Über Pythagoras   482
Über Sichem   487
Über Simson   325
Ungezeugte Geist, der   688

Verba Esdrae priusquam adsumeretur   358
Verkündigung Jonas in Ninive   326
Visio Dorothei   222
Visio Eliae   653
Visio (beati) Esdrae (Hesdrae)   645
Visio Zosimi   301
Vision Amrams   225
Vision Baruchs   373

Vision Esras 645
Vision Daniels 662
Vision des Mönchs Daniel 662
Vision Henochs des Gerechten 357
Vision Jesajas 636 ff
Vita vgl. Leben
Vita Aesopi 141
Vita Alexandri (Magni) 481
Vita Eliae 695
Vita Mosis (slav.) 340
Vitae prophetarum 691 ff
Vom Erhabenen 446
Von der Selbstherrschaft der Überlegung (Über die Vernunft als Selbstherrscher) 564 ff

Wachenden, Buch der 104, 194 ff, 629, 676, 682
Wächter s. voriges
Weisheit der Sibylle 505
Weisheit des Ben Sira 141 ff
Weisheit Salomos 544, 548
Weisheit Sirachs 141 ff, 548
Weisheitsschrift aus der Kairoer Geniza 141, 497

Weitere Psalmen Davids 158
Weiteres Buch Henochs, Ein 195
Wisdom, Book of 547
Wochenapokalypse 194 ff
Wohnung der Seligen 301
Worte Gads des Sehers 667
Worte Noahs 629
Wunder bei der Geburt Noahs 194

Zehn Märtyrer s. *Geschichte* 571
Zehn-Wochen-Apokalypse 194 ff
Zeit, Buch der 534
Zephanja-Apokalypse 658 ff
Zosimos, Apokalypse (Erzählung) des 300 ff, 599
Zusätze zu *Daniel* 257 ff
Zusätze zu *Esther* 247 ff
Zusätze zu *Hiob* 245 f
Zusätze zu den *Sprüchen* 246 f
Zusätzliche *Daniel*-**Apokalypsen** 601 ff
Zweite Rede des Großen Seth 685 f
Zweite Vision (Henochs) 212
Zweiter Brief (Baruchs) 384
Zwei-Wege-Lehre 594, 595

Textanfänge*

Ἀβράμης ἐβασίλευσεν ἔπηλυς 478
Ἀγαπήσατε δικαιοσύνην 548
Ἀγαπητοί, μηδὲν προτιμήσωμεν 648
...ἁγνὴν τινα καὶ σεμνήν 479
Αἰώνιε σῶτερ ἡμῶν 320
Ἀλλὰ τὰ μὲν πολλὰ μακρὸν ἂν εἴη 480
Ἀξιολόγου διηγήσεως 467
Ἀρχομένη πρώτης γενεῆς 505
Αὕτη ἡ διήγησις Ἀδὰμ καὶ Εὔας 602
Ἀφ' οὗ δ' Ἰακώβ 490

Βασιλεύς τις ἐν τῇ αὐτοῦ βασιλείᾳ 310
Βουλόμενος ὁ Σολομῶν 527

Γίνωσκέ με παρειληφότα 410

Διὰ τὰς ἁμαρτίας, ἃς ἡμαρτήκατε 274

Ἐβόησα πρὸς κύριον 163
Ἐγένετο ἐν τῷ πέμπτῳ καὶ εἰκοστῷ ἔτει βασιλεύοντος Ἐζεκίου 638
Ἐγένετο ἐν τῷ τριακοστῷ ἔτει 647
Ἐγένετο, ἡνίκα ᾐχμαλωτεύθησαν 615
Ἐγὼ Τωβὶτ(θ) ὁδοῖς ἀληθείας ἐπορευόμην 123
Ἔζησεν Ἀβραὰμ τὸ μέτρον τῆς ζωῆς αὐτοῦ 305
Εἰ τὸ περὶ τὴν ἀνάγνωσιν 505
Εἰ τοῦτο λέγεις 561
Εἶτα Ἰωναχείμ 411
Ἐκ τῆς Χετούρας Ἀβραάμῳ ἐγένοντο 405
Ἔκλυον ἀρχεγόνοισι 485
Ἐμοῦ γοῦν ἐπὶ τὴν Ἐρυθρὰν θάλασσαν βαδίζοντος 476
Ἐν ᾗ γὰρ ἡμέρᾳ νοσήσας 585
Ἐξορκίζω σε κατὰ τῆς Ἑβραϊκῆς φωνῆς 530

---

* Griechisch, lateinisch und deutsch (letzteres beides nur, sofern griechisch nicht erhalten; vorangesetzte Formeln und Zitate nicht berücksichtigt).

Ἐργαζομένων δὲ τῶν τεχνιτῶν 527
Ἠσαΐας ἀπὸ Ἱερουσαλήμ 695
Ἔτους δευτέρου βασιλεύοντος Ἀρταξέρξου 248
Ἔτους δωδεκάτου τῆς βασιλείας Ναβουχοδονόσορ 131

Ἡ δ' ἄρ' ἔην 486
Ἤδη μηκέτι τοῖς ἑαυτοῦ χαλέπαινε 523
Ἤμην ἐγὼ Βαροὺχ κλαίων 610

Θεόφιλος δέ φησι τὸν περισσεύσαντα χρυσόν 414

Καὶ ἀναλαβὼν τὴν παραβολὴν αὐτοῦ εἶπεν Ἐνώχ 205
Καὶ βασιλεὺς Δαρεῖος ἐποίησεν 173
Καὶ ἐγένετο ἐν τῷ πρώτῳ ἔτει 283
Καὶ ἐγένετο μετὰ ταῦτα 288
Καὶ ἐγένετο μετὰ τὸ πατάξαι 182
Καὶ ἤγαγεν Ἰωσίας τὸ πάσχα 173
Καὶ ἦν ἀνὴρ οἰκῶν ἐν Βαβυλῶνι 136
Καὶ ἰδοὺ οἰκοδομουμένου τοῦ ναοῦ 527
Καὶ καταλαμβάνει τὴν Ἰουδαίαν 481
...] καὶ ὁ ἀνοίξας μου τοὺς τῆς ψυχῆς ὀφθαλμούς 718
Κατ' ἐκεῖνον τὸν καιρόν 301
Κατὰ τὴν θεόλεκτον φωνὴν τὴν λέγουσαν 662
Κυρίῳ θεῷ ἡμῶν ἡ δικαιοσύνη 385 mit Anm. 254 und LXX-Ms. 198

Μανασσῆς υἱὸς Ἐζεκίου 242
Μετ' οὐ πολὺν δὲ χρόνον 302
Μετὰ δύο ἔτη τῆς τελευτῆς Ἰωσήφ 666
Μετὰ τὴν ἐν Γάζῃ μάχην 476
Μετὰ τὸ ἐξελθεῖν αὐτοὺς ἐκ τοῦ παραδείσου 602
Μηδὲν προτιμήσωμεν 648

Ὁ γὰρ λαλῶν πρὸς ὑμᾶς ἐγώ 292
Ὁ δὲ Φιλοπάτωρ 332
Ὁ μέγας οὗτος Ἱερεμίας ὁ προφήτης 619
Ὁ μὲν Σοφοκλῆς 478
Ὅσαι γεγόνασιν ἀπὸ τοῦ Ἀδάμ 701

Πᾶσα σοφία παρὰ κυρίου 145
Πάτερ πατριάρχων, πατὴρ ὅλων 529
Περὶ ὕπνου 479
...πλὴν ἱκανῶς εἰρημένων πρὸς τὰ προκείμενα ζητήματα ἐπεφώνησας καὶ σύ, βασιλεῦ

Πόσα ἔργα ἐποίησεν ὁ Θεός 705
Πρὸ πάντων καὶ σὺμ πάντων καὶ διὰ πάντων 705
Πρῶτον· ὅτι στοιχεῖα 718

Ταῦτα δίκησ' ὁσίῃσι 496
„τῆς Ἀσσυρίας" φησὶ „πόλιν (...)" 408
Τὸ μὲν τοῦ Καικιλίου συγγραμμάτιον 446
Τοῖς ἀδελφοῖς τοῖς κατ' Αἴγυπτον Ἰουδαίοις 425
τὸν Ἠσαῦ γήμαντα 406
τὸν περισσεύσαντα χρυσόν 414
Τοὺς μὲν Ἰουδαίους 279
Τῷ κυρίῳ θεῷ ἡμῶν ἡ δικαιοσύνη 385

Ὑψιβρεμέτα, μάκαρ, οὐράνιε 505
Φθέγξομαι οἷς θέμις ἐστί 493
Φιλοσοφώτατον λόγον ἐπιδείκνυσθαι μέλλων 571

Ὥρα α' (=πρώτη) 535

Cum orasset beatus Esdras 645
Cum orasset Exdra 645
Diu est, quod infra mentis 520
Ecce loquere in aures plebis meae 643
Et factum est verbum domini ad me 641
In diebus Assueri 248
Initio mundi Adam genuit tres filios 114
M(arcus) Grunnius Corocotta 589
Moyses Dei sacerdos haec dicit 454
Oravit Esdras 645
Ostendit, inquit, mihi angelus 653
Postquam Alexander Philippi 520
Principium meum philosophico quidem sermone 571
...]qui est bis millesimus et quingentesimus
Summo principi Alexandro 520

Also, wie er von den Strömen
Am Anfang, am Tage 715
Am Anfang, da gab es 715
Am Anfang der Worte eines Menschen 597
An dem Tage, wo ich die Götter... 634
Buch der Worte Tobi(t)s, des (Sohnes) des Tobiel
Das Denken, das in meinem Leib ist, riss mich heraus aus meinem Geschlecht 687
Das Wort des HERRN erging an mich 655
Das Wort des HERRN geschah zu Jeremia 621

Der HERR ist auf meinem Haupte 679
Der Vater des lebenden Geschlechts 684
Die erste Wache 535
Diejenigen, welche die Propheten loben 325
Dies ist die Apokalypse, die Adam seinen Sohn Seth lehrte 682
Dies ist die Rede von der Einteilung der Tage 107
Ein anderes Buch, das Henoch für seinen Sohn Methusala ... schrieb 216
Erste Stunde 535
Es geschah aber eines Tages 290
Es geschah, als nahe kam unseres geliebten Patriarchen Jakob 675
Es ruht aber die vollkommene Größe 686
Es sah Esra der Prophet den Engel 650
Es sprach Adam zu Seth, seinem Sohn (606)
Es widerfuhr mir 718
Hört, ihr Alten, und seht, ihr Letztgeborenen 212

Ich sah eine Seele 659
Ich, Salathiel, der ich auch Esra genannt wurde 355
Im 30. Jahr des Falles unserer Stadt 355
Isaak aber, der Patriarch, schrieb sein Testament 672
Jesus Christus, der Sohn 689
So spricht Baruch, Sohn des Neria 380
...]stirbt, werden wir ihn begraben 659
Und auf dem Meer war zu sehen 329
Und die Spitze der Leiter war wie ein Angesicht eines Menschen 713
Und es geschah im 25. Jahr 373
Und es redete und sprach Henoch, ein gerechter Mann 210
Und ihre Spitze war ein Angesicht wie eines Menschen 713
Wenn im Widder das Jahr beginnt 532
Zu jener Zeit, sprach Henoch, als... 627

Autoren

Antike Autoren[*]

Achilleus Tatios 284
Aeschylos 331f, (500)
Aesop(os) 2, (140f, 597)
Agobard v. Lyon 564
Alexander Polyhistor 16, 69, 278f, 390f, 397, 402–413, 420, 460, 463f, 484–492, 505f, 560
Ambrosius 123, 127, 287, (293), 356, 368, 533, 655
Ampelius 700
Andreas v. Kreta 706ff
Anastasios Sinaites 5, 602, 609
Anatolios 397f, 463
Antonius Julianus 458
Apollonios Rhodios 420
Aphrahat 50, 541
Apion 289, (290), 334, 425, 540
Appian(us) 348
Ps.-Aristaeos s. Buchtitel: *Aristaeosbrief*
Aristeas s. Buchtitel: *Aristaeosbrief*
Aristeas „der Exeget" 406f
Aristides (Apologet) 276
Aristobul(os) 17, 392, 395f 397ff, 424, 447, 463, 465, 482, 492ff, 499f
Aristoteles 2f, 26, 142, 150, 396ff, 411, 419, 448f, 452, 479f, 491, (492), 521, 532
Artapanos 277ff, 465, 503, 513f, 524, 710
Athanasios 140, (297f), 471, 530, (659), 709
– *39. Festbrief* 5f, 102, 190, 537, 544, 547
– Ps.-Athanasios 297, 471, 659
Athenaeos v. Naukratis 179, 436, 444
Athenagoras 382, 385, 389, 505

Bardaişan 50
Ben Sira s. Buchtitel

Caecilius v. Kale Akte 444ff, 491
Cassiodor(us) 49

Catull(us) 446
Celsus s. Kelsos
Chariton v. Aphrodisias 284
Choeroboskos, Georgios 45
Cicero 28, 162, 242, 432, 444, 448, 502, 511, 551f, 559
(Clemens v. Rom) Ps.-Clemens 61, 540, 634, 636, 715
Clemens v. Alexandrien 4f, 90, 211, 278f, 338, 391f, 397, 478, 484f, 545, 564, 572, (607)
Corpus Hermeticum 210, 312, 318, 321, 449, 632, 657
Cyprian(us) 4, 146, 156, 174, 373, 438, 443, 548, 610
– Ps.-Cyprian 330, 627
Cyprianus Gallus 487

Demetrios v. Phaleron 456, 468ff
Demetrios 11, 399, 401ff, 409ff, 459, 484
Didymos der Blinde 107, 111, 233, 655
Diodor(os) v. Sizilien 279, 474
Diodor(os) v. Tarsus 236
Diogenes (v. Sinope) 142, 521, (523)
Diogenes v. Babylon 30, 436, 457
Diogenes Laërtios 693
Dionysios v. Halikarnass 44ff, 444, (445), 446, 501f, 601
Dionysios Areopagites 608, 632, 636
Dionysios v. Phurna 605

Ephraem 54, 243, 284, 325, 542, 698
– Ps.-Ephraem 389, (715)
Epiktet 45, 440, 443, 522f
Epikur 142
Epiphanios 206, 237, 469, 471, (481), 693, 696f, 703
– *De gemmis* 449

---

[*] Autoren und Autorinnen (Maria, Moso, Sappho), unter Einschluss von Kirchenschriftstellern und Byzantinern bis ins 12. Jh. Indirekte Nennungen in Klammern. Die hier behandelten jüdischen Autorinnen und Autoren in Fettschrift. Träger gleicher Namen sind chronologisch geordnet. Pseudonyme sind bei ihren echten Namensträgern eingruppiert. Anonymes wird nach Titeln zitiert. Solche Namen, die zugleich Bestandteil eines Buchtitels sind, s.o.: **Buchtitel.**

– *De mensuris* 110
– *Haer.* 62, 106 f, 110, 280, 309 ff, 337, 340 f, 432, 489 ff, 539, 541, 634, 653
Euagrios 309
Euhemeros (208), 300, 409
Eulogios 341
Eupolemos 185, 275, 400, 404, 409 ff, 413, 456, 484, 653; vgl. Ps.-Eupolemos
– Ps.-Eupolemos 407 ff, 413, 456, 508
Euripides 307, 419, 491
Euseb(ios) 21, 54, 72, 90, 190, 344, 438, 463, 472, 478, 541, 716
– *Chron.* 332, 402, 457 ff, 461
– *H.e.* 102, 121, 181, 394, 397 ff, 424, 458, 463, 548, 555, 570 ff, 581, 677, 684, (691, 693), 703, 712
– *Onomast.* (238), 567
– *Praep.* 192, 278 ff, 291, 293, 390 ff, 402 – 414, 459, 467, 478, 484 – 493, 500 f, 517, 540 ff, 559
Ezekiel(os) 488 ff; anderes vgl. Buchtitel: Hesekiel

Faustus (Manichäer) 593

Gelasius Cyzicenus 337 f
Gelasius (Pp.), *Decretum Gelasianum* 202, 338, 585, 603
Gellius, Aulus 411 f, 501, 503
Georgios s. Choeroboskos bzw. Synkellos

(Hannas) Ps.-Hannas 519 f
Hegesipp(os) 4, 66, 458, 608, 652, 684
Hekataeos (v. Abdera) 474 f
– Ps.-Hekataeos (v. Abdera) 31, 143, 230, 299, 461, 474 ff
– Ps.-Hekataeos (v. Milet) 477 ff
Heraklit (v. Ephesus) 505, 522
– Ps.-Heraklit 522 f
Heraklit d. Stoiker 156, 399
Hermas 5, 269, 296, 358, 378, 505, 545
Hermippos 482
Herodot(os) 9, 300, 326, 419, 421, 460, 468, 477
Hesiod(os) 27, 193, 500, 502
Hesychios 238
Hieronymus 4 f, 8, 49, 54, 73, 131, 136 f, 145 f, 178, 233, 235 ff, 245, 253, 265, 276, 369, 385, 389, 404, 448, 471, 541, 654, 666
– *De situ* 567

– *Quaest.Gen.* 541
– *In Tob.* 121 ff
– *In Is.* 588 f
– *In Ez.* 223
– *In Dan.* 272, 272
– *In Mt.* 615
– *In Tit.* 541
– *Vir. ill.* 457 f, 572
– *Ep.* 33 f, 107, 652
Hippolyt(os) v. Rom 107, 368, 438, 531, 595
– *Chron.* 110, 459, 703
– *Haer.* 373, 610, 677, 688
– *In Dan.* 181, 539
– *Antichr.* 182, 425, 538 f, 653
Hippolyt(os) v. Theben 702 f
Homer 2, 34, 238, 326, 392 ff, 397, 483, 496, 505, 555, 597
– *Ilias* 521
– *Odyssee* 288, 345, 501, 549
Horapollon 450
Horaz (Horatius) 275

Iason v. Kyrene 14 f, 19, 30, 92, 261, 321, 343, 415 ff, 568, 581
– *Epitome* 41, 333, 336, 423 ff
Ioseppos 181, 443, 538, 691, 693 f, 696 f, 700 ff, 718, 720
Irenaeos 59, 92, 266, 286, 350, 385, 522, 548, 593, 615, 618, 639, 677, 686, 703, 717 ff
Isokrates 469, 631

Johannes Chrysostomos 330, 565, 706, 718
Johannes Stobaeus 495 f
Johannes Malalas 459 f
Johannes v. Damaskus 140, 329, 718
Johannes Klimakos 309
Josephus 2 f, 7, 11, 14, 92, 94 und *passim*; vgl. Ps.-Josephus
– Quellenstücke 513 ff
– slavischer 518 f
– *Josippon* 173, 253, 266
– Ps.-Josephus 544, 546, 570 ff
– Ps.-Josephus (Christianus) 540, 701
Julian(us Apostata) 81, 425, 503, 703, 719
Julianus, Antonius 458
Julius Pollux (Iulios Polydeukes) 236, 693
Julius Africanus 95, 404, 457 ff
Justin(us Martyr) 471, 507, 540, 678
– *Apol.* 505, 555

– *Dial.* 65, 173f, 528, 543, 590
– Ps.-Justin 539f, 471, 492
– *Cohort.* 460, 471, 492f
– *De monarchia* 499, 501, 539ff
Justin(us) (Gnostiker) 373
Justin(us) (Epitomator d. Pompeius Trogus) 180
Justinian 13, 15, 401, 455
Justus v. Tiberias 36, 457ff, 623

Kallimachos 23
Kallisthenes: Ps.-Kallisthenes 480f
Kelsos 203, 206, 213, 528, 595
– Jude bei Kelsos 560ff
Kleanthes 546
Klearchos: Ps.-Klearchos 479f
Kleodemos/Malchas 390, 405ff, 460, 503

Longin: Ps.-Longinos s. Buchtitel: *De sublimi*
Longos 284
Lukian(os) v. Samosata 28, 580, 595
Lukian(os) v. Antiochien 149, 249, 333, 439, 442
Lykophron 508

Malchas, Malchos s. Kleodemos
Manethon 293, 408, 411, 514, 562
Mani 201, 206f, 687
Maria s. Miriam
Markos (Gnostiker) (286), 717, 719
Meliton v. Sardes 102, 463, 541, 555
Menander 488, 499
– Ps.-Menander 500; s. Buchtitel: *Menandros der Weise*
Methodios (v. Olympos = v. Patara) 272, 489
– Ps. Methodios 651f, 662
Miriam (Maria Hebraea) 449ff
Moso 391, 420, 452, 454, 464

Nikolaos v. Damaskus 185, 230, 461f, 477, 513
Numenios 281, 293, 448, 464, 524, 542, 559

Oekumenios v. Trikka 338
Origenes 4, 34, 121, 291ff, 337f, 341, 443, 495, 540ff, 610, 617, 627, 652, 666, 684
– *Hexapla* 52, 234, 581
– *C.Cels.* 203, 206, 213, 293, 401, 475, 482, 528, 560ff
– *Ep. ad Afric.* (24), 140, 255, (270)

– Ps.-Origenes s. Diodor v. Tarsus
Orpheus: Ps.-Orpheus 400, 492ff

Papias 207, 343, 373
Parmenides 28, 74
Persius 284
Petrus Comestor 452, 481, 711
Petrus Diaconus 284
Philipp(os) v. Opus 3
Philon v. Alexandrien 6f, 15, 24, 31, 35, 49, *passim*
– *Hypothetica* 516
– *Gig.* 192, 196
– *QG* 49, 102, 112, 576, 587
– *QE* 399, 463
– Ps.-Philon (diverse) 233ff; s. Buchtitel: *De Jona, De Sampsone, Liber antiquitatum, Sapientia*
Philon der Epiker (Philon d. Ä.) 456, 484ff
Phokylides: Ps.-Phokylides 495ff, 506, 509, 597
Photios 201, 238, 341, 357, 458f, 474, 548, 623, 654
Platon 150, (368), 400, 432, 448, 457, 542
– *Rep.* 23, 307, 394, 472
– *Tim.* 281, 609, 685
– Ps.-Platon s. Philipp v. Opus
Plinius d. Ä. 295, 393, 448f, 524, 553
Plinius d. J. 572
Plotin(os) 345, 530, 685, 687
Plutarch(os) 28, 35, 317, 345, 393, 406, 420, 436, 444, 450, 502, 505, 510
Pollux, Julius (Iulios Polydeukes) 693, 236
Polybios 179, 182, 333, 419, 462
Polyhistor s. Alexander
Porphyrios 5, 24, 137, 255, 261, 270ff, 394, 432, 500, 530, 703
Priscillian(us) 305
Ptolemaeos v. Mendes 402, 410, 413

Rufinus 156, 292, 294, 399, 544, 589

Sabas: Ps.-Sabas 716ff
Samaritanischer Anonymus 407f, 537
Sappho 446
Simeon Metaphrastes 45
Sirach s. *Ben Sira*
Sosates 483f
Sueton(ius) 348, 502, 558
Sulpicius Severus 132

Synkellos   96, 110, 202 ff, 208, 457 ff

Tacitus   65, 393, 461 f
– Hist.   189, 342, 347 f, 374, 423, 430, 443
Tertullian(us)   4, 59, 208, 276, 309, 553, 585, 638 f
– Adv. Jud.   182
– Apol.   456, 459
Thallos   459 ff
Theodoret(os)   163, 172, 208, 237, 336
Theodotos   408, 485 ff, 503
Theokrit(os)   160
Theophilos   413 f, 559
Theophilos, S. d. Theogenes (derselbe?)   450
Theophilos v. Antiochien   344, 459, 493, 499, 506, 509 f
Thomas v. Celano   658
(Titus) Ps.-Titus s. Buchtitel: Epistula Titi
Tzetzes, Johannes   328

Vergil   447, 503, 509
– 4.Ekloge   504, 511

Xenophon (v. Athen)   332, 446, 566
Xenophon v. Ephesus   17

Zacharias v. Babylon   448 f
Zonaras   110, 348
Zosimos v. Panopolis   301, 450 f, 526
Zosimos (alius) s. Buchtitel: Erzählung des Zosimos

Moderne Autorinnen und Autoren*

ABLES, W.   529
ACHELIS, H.   242
ADAM, A.   630
ADRIAEN, M.   236
AGOURIDES, S.   648
ALAND, B.   97
ALAND, K.   97
ALBERTZ, R.   98
ALEXANDER, L.   331
ALEXANDER, Ph.   221, 331, 519
ALKIER, S.   314

ALLISON, D.   304
ALTANER, B.   238
ALTHEIM, F.   684
AMELING, W.   33, 417, 570
ANDERSEN, F.   625
ANDERSON, G.   601, 603
ANDERSON, H.   331, 570
ANDERSSON, E.   671, 675
ARCARI, L.   202, 204
ARENHOEVEL, D.   98
ASSAN-DHÔTE, I.   384
ASSMANN, J.   396, 654
ATKINSON, K.   162, 339
ATTRIDGE, H. W.   278, 484, 500, 655
AUCHER, J. B.   324
AUNE, D.   395
AVERY-PECK, A.   100
AWETIK'EAN, G.   97

BAARDA, T.   291, 596
BAARS, W.   158, 163, 173, 242
BAETHGEN, E.   650
BAKHOS, C.   98, 395
BALI, J.   380
BALLHORN, E.   384
BAMMEL, E.   98, 453, 537, 561, 525, 642
BANDT, R.   446
BARDTKE, H.   252
BAR-KOCHVA, B.   277, 475
BASMADJIAN, K. J.   327
BATSCH, Ch.   417
BAUCKHAM, R.   98
BAUER, W.   97
BECKER, E.-M.   143, 198, 278
BECKER, H.-J.   665
BECKER, M.   354
BECKWITH, R.   106
BEDENBENDER, A.   98
BELENKIY, A.   271
BELTZ, W.   682
BENSLY, R. L.   355
BERGER, K.   105, 141, 356, 373, 662
BERGER, P.-R.   267
BERGLER, S.   18

---

* Das Folgende ist ein Register nur zu den Literaturangaben. Aufgenommen sind auch Herausgeber und Herausgeberinnen in weitreichender Auswahl. Ein hier registrierter Name kann auf derselben Seite mehrfach vorkommen. Fremdsprachige Namensbestandteile wie „le" (frz. Artikel), „de" (niederländ. Artikel) zählen alphabetisch mit; ä zählt als ae (usw.). Hier etwa vermisste Namen s. Stichwörter.

BERGMAN, J.   654
BERGREN, Th.   641, 643
BERNER, Ch.   99, 665
BERNSTEIN, A.   98
BERTHELOT, K.   395, 450 f, 473
BERTRAND, D.   601
BETTIOLO, P.   638
BEYER, K.   93, 679
BEZOLD, C.   715
BICKERMAN(N), E.   47, 179, 416
BIDAWID, R. J.   355
BIENERT, W.   713
BIRNBAUM, E.   395
BLAISE, A.   98
BLASIUS, A.   654
BLOCH, R.   396, 489
BLÖNNIGEN, C.   395
BOCCACCINI, G.   12, 198, 212, 354, 626
BOCIAN, M.   98
BODA, M.   314
BÖHLIG, A.   201
BÖTTRICH, Ch.   99, 212, 298, 519, 625–627, 705
BOGAERT, P.-M.   263, 613, 645
BOHAK, G.   318, 611
BONWETSCH, N.   99, 713
BORGEAUD, Ph.   396
BOUSSET, W.   28, 320
BOVON, F.   6
BRANDENBURGER, E.   338
BRENNER, A.   130
BRENNER, J.   417
BROCK, S.   99, 585
BROOKE, G.   410
BROX, N.   433
BUDGE, (E.) W.   93, 715
BUFFIÈRE, F.   399
BULTMANN, R.   523, 678
BUMAZHNOV, D.   672
BURCHARD, Ch.   282 f, 630
BURNS, J.   130
BUSCH, P.   526

CALZOLARI BOUVIER, V.   283
CALDUCH-BENAGES, N.   145, 278
CALLSEN, B.   654
CANZIK, H.   503
CAPES, D. B.   314
CAQUOT, A.   103, 209, 637
CARLETON PAGET, J.   277
CAROZZI, C.   301, 536

CARSON, D.   99
CASTELLI, E.   701
CAZEAUX, J.   113, 395
CAULLEY, Th. S.   6, 593
CHABOT, J.-B.   650
CHAMBERLAIN, G. A.   98
CHARLES, R. H.   9, 382, 466, 532, 666
CHARLESWORTH, J. (H.)   69, 94, 158, 242, 300 f, 313, 529, 531 f, 679
CHAZON, E.   300, 665
CLARKE, E. G.   536
CLAUSS, M.   277
CLAUSSEN, C.   314
CLEMENTS, R.   665
COBLENTZ BANTEL, N.   106
COHEN, B.   99
COHEN, N.   314
COHEN, Sh.   65, 98, 484
COLAUTTI, F.   311
COLLINS, J.   27, 69, 99, 198, 225, 278, 283, 354, 439, 496, 504
COLORNI, V.   13
COLPE, C.   682
COSTA, J.   145, 347
COUSLAND, J. R. C.   331
COWE, P.   266
CROOK, Z.   596
CULLMANN, O.   270

DAHL, A.   113
DAHMEN, U.   133, 384
DALBERT, P.   99
DARNELL, D.   320
DAVIES, D. D.   70
DAVILA, J.   88
DAVILA, R.   242
DECHARNEUX, B.   24, 392
DEDERING, S.   373
DEEG, A.   324
DEINES, R.   526
DEISSMANN, A.   530
DEISSMANN, M.   47
DE JONG, D.   417
DE JONGE, M.   95, 99, 665 f
DE LAGARDE, P. (A.)   95, 236, 242, 542
DELAMARTER, S.   93
DE LANGE, N.   255, 540
DEL BELLO, D.   235
DELCOR, M.   304
DEL VERME, M.   202

Den Hertog, C.   231
Denis, A.-M.   97f, 106f, 141, 242, 279, 291f, 295f, 310, 339, 355, 373, 399, 403, 405f, 408, 410, 476, 485f, 490, 493,, 496, 500, 522, 530, 610, 652, 659
De Santos Otero, A.   243, 633, 713
DeSilva, D.   97, 570
de Troyer, K.   99, 172, 252
de Vos, C.   99, 539
de Waard, J.   231
Diehl, J.   27
Dieterich, A.   316
Dietzfelbinger, Ch.   113
Di Lella, A.   125
Dimant, D.   212, 310
DiTommaso, L.   97, 99
Docherty, S.   282
Dochhorn, J.   99, 289, 298, 300, 601f, 637, 672
Doeker, A.   314
Doran, R.   405f, 408, 439, 475, 477–479
Dorandi, T.   99
Dormeyer, D.   402, 417
Dupleix, A.   345
Draper, J.   596
Dreyer, O.   400
Droge, A.   431
Duling, D. C.   526
Dupont-Sommer, A.   94

Ebenbauer, P.   314
Eckhardt, B.   99, 129, 162, 315, 440
Eckhart, K.-G.   309
Edrei, E.   13
Egger-Wenzel, R.   122
Ego, B.   99, 122, 198, 698
Eissfeldt, O.   71, 112f
Elbogen, I.   99
Eldridge, M.   601
Emmanuel (Pseud.)   3
Endres, J.   107
Epstein, I.   569
Eshel, E.   104, 226
Evans, C.   339
Eynikel, E.   98

Fabricius, J. A.   8, 81
Falk, D.   314, 539
Falk, Z.   99
Fallon, F.   410, 486

Feder, F.   274
Feldman, L.   7, 69, 542
Feldmeier, R.   31, 99, 324, 698
Festugière, A.-J.   450f, 494, 524
Feuerstein, R.   384
Fiensy, D.   320, 651
Fine, S.   314
Fink, U. B.   283
Finkelstein, L.   70
Fishbane, M.   99
Fitzgerald, J.   277
Fitzmyer, J.   122
Flacelière, R.   510
Flemming, J.   205, 242
Flusser, D.   511, 596, 705
Förster, H.   672
Förster, N.   99, 115, 717
Fohrer, G.   5
Fraenkel, D.   89, 136, 264, 574
Frankfurter, D.   99
Franzmann, M.   236
Frerichs, E.   99
Freudenthal, J.   69

Gager, J. G.   396
Gambetti, S.   277
García Martínez, F.   94f, 286, 496, 539
Gardner, G.   278
Gardner, I.   236
Gathercole, S.   123
Gauger, J.-D.   417, 504
Gaylord, H. E.   609
Geerlings, W.   596
Geffcken, J.   504
Geny, E.   324
Geoltrain, P.   6, 354
Gera, D. L.   130
Gerhard, J.   207
Gerhards, A.   314
Giambelluca Kossova, A.   638
Giannantoni, G.   94
Ginzberg, L.   99
Giradet, M.   511
Goldschmidt, L.   718
Goodblatt, D.   129
Goodenough, E.   115
Goodman, M.   100
Grabbe, L.   33, 235
Graf, G.   56, 674
Graupner, A.   396, 489

Greenberg, G. 380
Greenfield, J. 226, 664
Grenfell, B. P. 90
Gruen, E. 72, 99, 466
Gryson, R. 96
Guidi, I. 675
Gunkel, H. 355
Gunneweg, A. 274, 384
Gurtner, D. 99, 372f
Guyot, G. 582

Haag, E. 130, 180
Haaland, G. 521
Hacham, N. 331
Hadot, J. 113, 372
Haehling, R. v. 324
Hage, W. 609
Hagen, J. 626
Hahn, J. 354
Hallermayer, M. 122
Hammershaimb, E. 637
Hanhart, R. 123 m 130, 173, 248, 332, 438
Hansen, G. 338
Hanson, J. 402
Hare, D. R. A. 694
Harland, Ph. 596
Harlow, D. 609
Harnack, A. (v.) 99
Harrington, D. 113f, 554
Hatch, E. 98
Hauke, M. 599
Hauspie, K. 98
Hayward, C. T. R. 238
Hebbelynck, A. 718
Heckel, U. 313, 324, 698
Heide, M. 672
Heil, Ch. 94
Heiligenthal, R. 594
Heinemann, I. 574
Heinemann, J. 705
Heininger, B. 100
Hellholm, D. 99
Helms, D. 266
Hengel, M. 23, 99f, 131, 575
Henze, M. 82, 354, 662
Herzer, J. 519, 614, 618
Hieke, Th. 180
Hilgenfeld, A. 94
Hilhorst, A. 278

Himmelfarb, M. 100, 105, 110, 31, 197, 226, 416, 670
Hirschberger, M. 100, 294
Hirst, A. 277
Höffken, P. 153
Hoffmann, F. 27
Hoffmann, P. 94
Hofmann, H. 221
Hofmann, N. J. 339
Holladay, C. 94, 277
Hollander, H. W. 665
Homolka, W. 324
Horbury, W. 100, 546
Houtman, A. 417
Hüttenmeister, F. 313
Hun, K. T. 271
Hunt, A. S. 90

Ilan, T. 100, 130, 154, 453
Inowlocki, S. 24, 392, 398, 463
Israeli, E. 339
Issaverdens, J. 94
Isser, S. J. 341

Jacobson, H. 489, 278
Jacoby, F. 19, 94
Janowski, B. 144, 316
Janssens, E. 304
Janssens, Y. 98, 107, 610
Jellinek, A. 94
Jördens, A. 334
Johnson, M. D. 601
Junod, E. 255

Kaestli, J.-D. 283
Kaiser, O. 71, 144, 162, 546, 564
Kaiser, U. U. 95, 690
Kalemkiar, G. 662
Kalms, U. 113, 130, 219, 300, 402, 421, 518f, 521, 589
Kamesar, A. 238
Kamlah, J. 523
Kapelrud, A. 113
Karrer, M. 95f, 100
Kautzsch, E. 95
Kee, H. C. 665
Kellermann, U. 122
Kerkeslager, A. 551
Khan, G. 392
Kiraz, G. 380

Kirschner, R.   219, 349
Klauck, H.-J.   570, 583
Klein, G.   100
Klein, R.   582
Klijn, F.   355, 372f
Kloppenborg, J.   313, 596
Klostergaard Petersen, A.   289
Knapp, F. P.   564
Knibb, M.   100, 210, 585, 637
Knittel, Th.   602
Knöbl, R.   398
Koch, D.-A.   100
Konradt, M.   594
Koskenniemi, E.   396, 539
Kottek, S.   525
Kottsieper, I.   135, 252, 263
Kourcikidzé, C.   715
Kraemer, R. Sh.   283
Kraft, R.   100, 177, 350, 565, 615
Kramer, B./Kramer, J.   233
Kraus, W.   95, 100
Kratz, R.   135, 274
Kreuzer, S.   100, 248, 264
Krüger, G.   93
Küchler, M.   597
Kümmel, W. G.   94
Kugler, R.   278, 665
Kuhn, H.-W.   621, 672
Kuhn, K. H.   539
Kulik, A.   26, 609, 633
Kuntzmann, R.   100
Kurfess, A.   504
Kurowski, Ph.   665

Laato, A.   354
Lagarde, P. (A.) de   95, 236, 242, 542
Lambers-Petry, D.   129
Lampe, G. W. H.   98
Lange, A.   99, 425, 526
Laperrousaz, E.-M.   338f
Lattke, M.   679
Lebram, J. C. H.   123, 173
Lechner-Schmidt, W.   98
Le Déaut, R.   193, 231, 536
Lehnardt, A.   97
Leicht, R.   243
Lekkos, E.   6
Leonhard, C.   715
Leonhardt-Balzer, J.   649
Lesch, J. P.   100

Levine, L.   180, 314
Levison, J.   100, 602
Lewy, H.   325
Lichtenberger, H.   6, 95, 100, 144, 526, 593
LiDonnici, L.   100, 529
Lieber, A.   100
Lieberman, S.   66
Lied, L. I.   372
Liesen, J.   145, 278
Lipscomb, W. L.   599
Littman, R.   122
Loftus, F.   343
Lourié, B.   633
Lührmann, D.   111
Lunt, H. G.   713
de Lusignan, G.   327
Lust, J.   98
Lutz, R. T.   294

Macatangay, F.   122
MacRae, G.   682
Mactoux, M.-M.   324
Mahé, J.-P.   599, 715
Maier, J.   66, 97, 100, 103, 133, 378, 540
Malherbe, A.   522
Malina, B.   100
Manson, T. W.   270
Marcus, R.   480
Marguerat, D.   349
Martin, E. G.   296
Martin, M.   313
Martin Hogan, K.   354
Maser, P.   314
Mason, S.   177, 270
Mastrocinque, A.   536
Matusova, E.   398
Mayer, G.   1, 190
McCown, C. C.   527
Medina-Lechtenberg, R.
Meiser, M.   100, 417, 601
Mélèze-Modrzejewski, J.   31, 232, 331
Mell, U.   113
Mendels, D.   13, 180
Menoud, Ph.   270
Menzies, G.   701
Mercati, G.   651
Merk, O.   601
Merkel, H.   504
Metzger, B.   354
Metzger, M.   93

MILETTO, G.   230
MILIK, J. T.   198
MILLAR, F.   101
MILLER, T. A.   314
MIMOUNI, S.   61, 701
MISSET-VAN DE WEG, M.   417
MITTMANN-RICHERT, U.   95, 130, 144, 172, 180, 252, 263, 278, 331, 405, 408, 410, 414, 425, 437, 475, 614, 694
MOATTI-FINE, J.   384
MONACO, D.   507
MONSHOUWER, D.   314
MOR, M.   417
MORFILL, R.   626
MORIN, G.   236
MORRAY-JONES, Ch.   637
MOSSHAMMER, A.   96
MÜLKE, M.   398
MUELLER, J.   645
MÜLLER, H.-P.   53
MÜLLER, U.   647
MUNNICH, O.   136, 264
MURAOKA, T.   98, 173
MYERS, J.   172, 354

NAU, F.   300
NEUSNER, J.   100, 541
NEWMAN, J.   96, 198, 242, 292, 529
NICKELSBURG, G.   97, 209, 439
NICKLAS, T.   425
NIEBUHR, K.-W.   594
NIEHOFF, M.   100, 392, 561
NIKIPROWETZKY, V.   504
NIKOLSKY, R.   300
NIR, R.   372, 614
NODET, E.   180, 519
NORDEN, E.   100, 446
NORDHEIM-DIEHL, M. v.   298
NORELLI, E.   6
NOY, D.   705

O'BRIEN, P.   99
OEGEMA, G.   95, 219
OLBRICHT, Th.   277
O'NEILL, J. C.   508
ORLOV, A.   97, 100, 489, 626, 629
OSTERLOH, K. 278
OSWALD, E.   242
OUTTIER, B.   55, 283

PAPADOPOULOS-KERAMEUS, A.   328
PAPANDREOU, D.   713
PAPATHANASIOS, K.   6
PARENTE, F.   270
PARKER, V.   180
PAUL, A.   332
PAYNE SMITH, R./J.   92
PEARSON, B.   632, 677
PELLEGRINI, S.   686
PENN, M.   283
PENNA, A.   182, 438
PENNINGTON, A.   625
PERNIGOTTI, C.   597
PERROT, Ch.   314
PHILONENKO, M.   282f, 511, 584, 625, 63f, 665
PHILONENKO-SAYAR, B.   633f
PICARD, J.-C.   610
PIERCE, Ch.   117
PIETERSMA, A.   294, 655
PILHOFER, P.   62, 98f
PIOTRKOWSKI, M.   331
PLISCH, U.-K.   690
POPOVIC, M.   220
PORTER, S.   324, 515
PREUSCHEN, E.   95
PRIDIK, K.-H.   421
PRIEST, J.   338
PRIGENT, P.   64, 162
PRIJS, L.   616
PROCOPÉ, J. F.   395
PUMMER, R.   407
PURINTUN, A.-E.   615

QUAST, U.   264, 574

RAD, G. v.   100
RADICE, R.   399
RAHLFS, A.   89, 95
RAJAK, T.   314, 331, 437, 466, 473
RAKEL, C.   130
REDPATH, H.   98
REINMUTH, E.   283
REITERER, F.   144, 148, 180
RENOUX, Ch.   345
REVENTLOW, H. Graf   395
REYNOLDS, B.   263
RI, A. S.-M.   715
RIAUD, J.   609, 614
RICHARDSON, P.   314

Riessler, P.   95
Robbins, G. A.   645
Robinson, J.   681f
Robinson, S.   309, 534f, 606, 614
Roddy, N.   304
Römer, Th.   396, 410
Römheld, D.   526
Rösel, M.   317
Rokeah, D.   235
Rooke, D. W.   403
Rordorf, W.   433, 565
Rosenstiehl, J.-M.   652
Rowland, Ch.   637
Royse, J.   314, 325
Rubinkiewicz, R.   633
Rudolph, K.   208
Ruelle, M.-E.   450f
Ruhbach, G.   93
Runesson, A.   314
Rydbeck, L.   395

Sabatier, P.   96
Sæbø, M.   100
Saltman, A.   238
Sanders, E.   158, 304
Sandmel, S.   60, 70
Satran, D.   305, 665, 694
Schäfer, P.   100, 221f, 224
Schäfer, R.   523
Schäferdiek, K.   713
Schalit, A.   337
Schaller, B.   574, 584, 614
Schenke, H.-M.   95, 585, 684, 687, 689
Schermann, Th.   695
Schiffman, L. H.   69, 106
Schiffner, K.   705
Schimanowski, G.   101, 560
Schipper, B.   109, 654
Schlosser, J.   100
Schmeller, T.   417
Schmid, G.   184
Schmid, K.   354
Schmid, W.   71
Schmidt, F.   304
Schmidt, G.   184
Schmidt, W.   470
Schmitt, R.   523
Schneemelcher, W.   95
Schneider, H.   241f
Schnocks, J.   133, 384

Schöllgen, G.   596
Schoeps, H. J.   101
Schöttler, H.-G.   324
Scholer, D.   682
Schrage, W.   652, 654
Schreckenberg, H.   70, 94
Schreiber, S.   339
Schreiner, J.   144, 354
Schreiner, P.   398
Schüngel-Straumann, H.   122
Schürer, E.   101
Schwartz, D.   180, 416, 425, 568
Schwartz, S.   144, 181
Schwemer, A. M.   100, 223, 575, 694f
Schwemer, D.   316
Scott, I.   466
Scott, J.   106
Seeley, D.   545
Segal, M.   106
Segal, M. Š.   145
Seifrid, M.   99
Seland, T.   395
Sellin, E.   5
Sellin, G.   395
Siegert, F.   18, 20, 24, 53, 72, 87, 92, 94, 99–101, 113, 130, 156, 219, 233, 235, 276, 315, 324, 347, 349, 392, 395, 421, 449, 492, 518, 520f, 560, 680, 682
Sievers, J.   92, 270, 439
Silk, M.   277
Simon, D.   496
Simon, M.   101
Smith, C. B.   676
Smith, J. Z.   292
Söding, Th.   347
Sokolov, M. I.   626
Sparks, F. D.   625
Spieckermann, H.   99
Spinoza, B. de   101
Sprey, Th.   266
Starobinski-Safran, E.   277
Steck, O. H.   135, 384
Stegmüller, E.   97
Steindorff, G.   659
Stendahl, K.   87
Sterling, G.   395
Stern, M.   96
Stewart-Sykes, A.   328
Stichel, R.   158, 628, 710f
Stiehl, R.   684

STINESPRING, W. F. 671, 675
STÖKL, J. 106
STONE, M. 96, 197, 226 f, 236, 309, 340, 354 f, 535, 541, 600–603, 647, 649 f, 664, 666, 675, 685
STROTHMANN, W. 98
STRUGNELL, J. 96
STUCKENBRUCK, L. 6, 123, 197 f, 546
STUIBER, A. 238
SWARAT, U. 347
SWETE, H. B. 95

TAMCKE, M. 715
TEETER, A. 108 f
TERVANOTKO, H. 402
THOMPSON, H. 96, 130, 248
TIGCHELAAR, E. 82, 95
TIMM, S. 567
TOMASINO, A. 349
TORIJANO, P. 525 f
TORRES, J. 417
TORREY, Ch. T. 695
TOUATI, Ch. 307
TOV, E. 228, 247, 593, 613
TRAUBE, L. 233
TREU, K. 291
TREU, U. 511
TRÖGER, K.-W. 676
TROIANI, L. 592
TROIANOS, S. 496
TROMP, J. 44, 339, 601 f
TROPPER, A. 101
TURNER COMSTOCK, S. 655

ULRICHSEN, J. 395, 668
USENER, K. 231

VAILLANT, A. 625 f
VAN DAMME, D. 330
VAN DEN EYNDE, S. 130
VAN DEN HOEK, A. 235
VAN DER HORST, P. W. 96, 101, 318, 320, 407, 450, 496, 537, 582, 694
VANDERKAM, J. 101, 107, 109, 198, 209
VAN DE SANDT, H. 596
VAN HENTEN, J. W. 130, 417, 431, 437, 570
VAN KOOTEN, G. 278, 318
VAN RUITEN, J. 105 f, 354
VASSILIEV, A. 96
VERHEULE, A. 320

VERMES, G. 101
VIOLET, B. 356
VISOTZKY, B. 395
VOGEL, C. 511
VOGEL, M. 94, 113, 277, 466
VONACH, A. 78

WACHOLDER, B.-Z. 101
WAGNER, Ch. 123, 152
WAHL, Ch. A. 98
WAHL, O. 357, 645, 647 f
WALLRAFF, M. 95, 460
WALTER, D. 380
WALTER, N. 70, 278, 398, 402, 405 f, 408, 410, 414, 475, 478, 484, 486, 493, 496, 500
WANDER, B. 15
WASSMUTH, O. 504
WEBER, M. 156
WEBER, R. 96
WEBER, R. (alius) 395
WEEKS, S. 123
WEINREICH, O. 316
WEISSER, U. 715
WEITENBERG, J. 283
WEITZMAN, M. 50
WENGST, K. 705
WERLINE, R. 314
WERMAN, C. 37, 106
WESSELY, C. 290
WEVERS, J. W. 264, 574
WHITE, M. 277
WHITTERS, M. F. 380
WILLIAMS, D. 180, 417
WILLIAMS, L. 151
WILLS, L. 118
WILPERT, G. v. 529
WINTERMUTE, O. S. 105, 652, 654, 659
WITTKOWSKY, V. 101
WITULSKI, Th. 101
WOLTER, M. 396, 489, 640, 643
WOSCHITZ, K. M. 97
WRIGHT, B. 309, 466, 473
WRIGHT, E. 29
WRIGHT, R. 162 f
WRIGHT, S. 460
WÜNSCHE, A. 96
WUTZ, F. 234

XERAVITS, G.   101, 122, 135, 144, 158, 546

YARBRO COLLINS, A.   398
YOSHIKO REED, A.   101, 197, 408
YOVSĒPʻEAN, S.   96

ZAGER, W.   705
ZAHN, Th.   5
ZANDEE, J.   289
ZELLENTIN, H.   278

ZELLER, D.   346
ZENGER, E.   130
ZERVOS, G. T.   290, 661
ZIADÉ, R.   101
ZIEGLER, J.   136, 145, 274, 385, 547
ZŌHRAPEAN, Y.   96
ZOLLSCHAN, L.   180, 417
ZSENGELLÉR, J.   101, 546
ZUNTZ, G.   330

Stichwörter

Stichwörter (griechisch)*

ἀγαπητός 328, 647f
ἄγγελος 192, 207, 580
– ἄγγελοι τοῦ προσώπου 624
ἀγένητος „ungeworden" 687
ἀγέννητος „ungezeugt" ebd.
ἅγιος 429, 434, 556, 580
– ἅγιοι 556, 587, 648
– ὁ ἅγιος 126
– ἅγιος, ἅγιος, ἅγιος 602
ἀγνοεῖν 669
ἁγνός 479, 571, 579
ἀγωγή „Halacha" 254, 576
ἀγών 570, 574, 579
ἀδελφός 425
ἀδέσποτος 407
ἀθανασία, ἀθάνατος 571, 575, 579
ἀθλητής 577
ἀιδιότης 550
αἰδοῖα 447
αἴνιγμα 394
αἱρεῖσθαι 468
αἵρεσις 400
αἱρετίζεσθαι: ᾑρετίσατο 710
αἴσθησις 132
αἰών 123, 133, 155, 188, 283, 578
– πρὸ τοῦ αἰῶνος 155
αἰώνιος 320
ἀκάθαρτος 686
ἀκοινώνητος 559
ἀκριβής 37
ἀκύματος 250
ἀκωλύτως 587
ἀλήθεια 123
– αἱ ἀλήθειαι 440
ἀληθινός 335
ἀλλογενής 685
ἄλλος 460
ἀλλόφυλος (327)
– ἀλλοφυλισμός 420
ἅλωσις „Eroberung" 615, 619
ἁμαρτάνειν, ἁμαρτία 274, 434
– περὶ ἁμαρτίας 441

ἀμφίβολος 348
ἄν 468, 479, 709
ἀναβαίνειν 618
ἀναγγέλλειν 274
ἀνάγκη 420
ἀνάγνωσις 505
ἀναγνώστης 176
ἀναγραφή 300
ἀναζῆν 617, 695
ἀνάλη(μ)ψις 169, 337ff, 345
ἀναλόγως 552
ἀνάπαυσις 618, 688
ἀνάστασις, ἀνιστάναι 436f, 441
ἀνατάσσεθσαι 350
ἀνεξικακία 557
ἄνθρωπος: υἱὸς ἀνθρώπου 259f
ἀνθρωπάρεσκος 165
ἄνομος 167
ἀντίγραφον 176, 666
ἀντίλη(μ)ψις 166, 169
ἀντιπαραγωγή 250
ἀντίχριστος 508, 652ff, 662f
ἀντίψυχος 579
ἄξιον καὶ δίκαιον 674
ἀπάθεια 327
ἀπανθρωπία 327
ἀπαύγασμα 553
ἀπειθεῖν 152
ἀπευθανατίζειν 431, 435
ἁπλότης 139
ἀπόδειξις τῆς ἱστορίας 572
ἀποθέωσις 552
ἀποθνήσκειν 154, 431
ἀποικία 335
ἀποκαθιστάναι 350
ἀποκαλύπτειν, ἀποκάλυψις 74, 358, 601, 610, 685, 718
ἀπόκρυφος 8ff, 308ff, 652
ἀπολαμβάνειν 580
ἀπόνοια 443
ἀποπομπή 705
ἀποργίζεσθαι 440

---

* Ohne diejenigen, die im Register der Buchtitel bereits erfasst sind.

ἀπόρρητος 447
ἀποσκηνοῦν 165
ἀποστασία 207
ἀρετή 435
ἀριθμός 159
ἀρχαιότης 404
ἀρχή 151
ἀρχιερεύς 631
ἀρχιστράτηγος
ἄρχων 166, 256
ἀρωγός 491
ἀσέβεια 335
Ἀσιδαῖοι 155, 179, 418
ἀσκεῖν 468
ἀστεῖος 139, 420, 440f
ἀττικίζειν 542
αὐτογένητος 500
αὐτοκράτωρ 327, 570ff
αὐτοσχεδίαστος 325
ἀφθαρσία, ἄφθαρτος 347, 360, 548, 553, 575, 577
ἀφορολόγητος 477
β 105
βαπτισμοί 605
βᾶρις 176
βασιλεία 310, 554
 – θεοῦ 554
 – τῶν οὐρανῶν 29, 611
βασιλεύειν 478
βασιλεύς 256, 310, 403, 410, 458, 552, 558, 616, 624, 662
 – β. βασιλέων 342
βδέλυγμα 186, 282
Βελιάρ 539
βῆλον 587
βιβλίδιον 516
βιβλίον, βίβλος 9, 181, 200, 203, 308, 312f, 339, 385ff, 700
 – ἡ βίβλος „Bibel" 470
 – ἱερὰ βίβλος 313
 – βιβλιοθήκη 429, 474
 – βιβλιοφυλάκιον 176
βιοτεύειν 155
βοηθός 615
βωμός 146, 186, 710
γάρ 585
γενεαλογία 292
γενέσθω φῶς 447
γενεσιάρχης 552
γενναιότης 435, 577

γένος 578
γερουσία 132
γῆ 117, 205, 365, 447
γίγας 193
γιγνώσκειν 204
γνήσιος 3
γνῶσις 322f, 556
 – ἁγία γνῶσις 429, 434
γράμμα 718
γραμματεύς 147, 154
γράφειν: γέγραπται 205, 339, 652
γραφή 127, 146, 204f, 537, 538
γρηγορεῖν vgl. ἐγρήγοροι
γρηγόρησις 168
δέ 332, 551
δεῖ 269
δεσπότης 139, 280
δευτεροῦν, δευτέρωσις, δευτερωτής 15, 34
δῆμος 132
διάβολος 622; vgl. Βελιάρ
διαγωγή 250
διάθεσις 470
διαθήκη 111, 154, 224, 322, 234, 554
διαλέγεσθαι 562
διάληψις 400
διαλογή 165
διαλογίζεσθαι 441
διανοεῖσθαι, διάνοια 275, 468, 470
διαρρυθμίζειν 419
διατριβή 45
διαφορά, διάφορος 143, 420
διαφυλάττειν 554
διάψαλμα 166
διδασκαλεῖον 313
διήγησις 467, 661f; vgl. Buchtitel
δικαιοκρισία 326
δίκαιος 204, 624
δικαιοσύνη 125, 169, 385, 548
δικαίωμα 206
δίκη 553
δογματίζειν 176
δόξα, δοξάζειν 242, 602, 662
 – δόξα „Meinung, Denken" 445
δοῦλος 163, 169, 552
δράκων 611
δύναμις 517
δυνάστης 265
δύσχρηστος 556f
δωδεκαετηρίς 531f

Ἑβραῖος 538
Ἑβραϊκός, -ιστί 119, 529f
ἐγείρειν 363
ἐγκώμιον 325, 572
ἐγρήγοροι 194, 202, 629
ἐγώ εἰμι 263
ἐθνάρχης 184
ἔθνος 581
– ἔθνος ἅγιον, ἔ. τοῦ θεοῦ 556, 710
– τὰ ἔθνη 578
ει 92, 147
εἰκών 549
εἰρημένον, τό 538
εἰρηνεύειν 581
εἰρήνη 185
εἷς 492
εἴσοδος 169
Ἐκ Διὸς vs. Ἐκ θεοῦ 499
ἐκδικεῖν 578
ἔκδοσις 563
ἔκθυμος 440
ἐκκαλεῖν, ἔκκλησις 317, 346, 530
ἐκκλησία, -άζεσθαι 132, 538, 611, 693
ἐκλεκτός 618
ἐκλογή 169, 458, 460
ἐκμαρτυρεῖν 434
ἔκστασις „Dauerschlaf" 619
ἔλαιον 286, 611
ἐλέγχειν 562
ἐλεεῖν, ἔλεος 286, 710
ἐλεημοσύνη 125, 385
Ἕλληνες 347
ἑλληνισμός 30, 420
ΕΛΟΙΜ 317
ἐμπιστεύειν 440
ἐμπνεῖν, ἔμπνους 350, 440
ἐμφανιστής 472
ἔμφυτος 322, 594
ἔνι 150
ἐννόημα 363
ἔννοια 393, 667
– φυσικαί vs. ἠθικαὶ ἔννοιαι 393, 465
ἐννόμως 155
ἔνσαρκος 507
ἐντολή 292, 358
ἐξεγείρειν 437
ἐξέτασις 650
ἐξιχνιάζειν 551
ἔξοδος 666
ἐξομολόγησις 283

ἐξορκίζειν 530
ἐξόρκωσις 525
ἔξω, ἔξωθεν 159, 189, 545
ἑορτή 388
ἐπαγγελία, ἐπαγγέλλεσθαι 320, 365
ἔπαινος 468
ἔπηλυς 478
ἐπί: ἐφ' ᾧ 365
ἐπιγράφειν 443, 570
ἐπιδείκνυσθαι 571f
ἐπιείκεια 468, 477, 557
ἐπευφημίζεσθαι 556
ἐπιθυμία 576, 605
ἐπίσημον 719
ἐπισκοπή 555
ἐπιστήμη 386
ἐπιστολή 203, 205, 224, 425
ἐπιστρέφεσθαι 296
ἐπιταγή 169
ἐπιτέμνειν 423
ἐπιτιμᾶν 709
ἐπίτιμος, -ιος 149
ἐπιτομή 425
ἐπιφάνεια 415
ἐπιφημίζεσθαι 556
ἐποργίζεσθαι 440
ἐπουράνιος 587
ἐπῳδή 525
ἔργον 156, 247, 400, 594, 705
ἐρημοῦν, ἐρήμωσις 168, 186
ἐριθεύεσθαι 125
ἑρμηνεία 467
ἐρώτησις, -μα 650
ευ 92
εὐαγγελίζεσθαι 169, 618f
εὐδοκία 169
εὐεργετεῖν 361
εὐκοπία 430
εὐλογεῖν, εὐλογία 123, 205, 647
εὐλογημένος, εὐλογητός 256, 266, 332
εὐπραξία 335
εὑρετής, πρῶτος 193
εὐσέβεια, εὐσεβεῖν, -ής 135, 478, 576ff
εὐτολμία 419
εὐχαριστεῖν 320
εὐχή 530
ἕως (räumlich) 262
ζ 42, 172
Ζαν 707
ζῆν τῷ θεῷ 577

ζήτημα 399
– ζητήματα καὶ λύσεις
ζωή 169, 437, 577
– ζωὴ αἰώνιος 305
ζωτικός 322
η 44, 92, 624
ἤ 440
ἥλιος 117
ΗΛΙΟΥ 410, 539, 655
θ 120
θάπτειν 695, 706
θεῖος 479, 553
– θεῖος ἀνήρ 396; vgl. ἱερός
θειότης 553
θέμις 493, 553
θεοκρατία 517
θεόκτιστος 419
θεόλεκτος 662
θεομαχεῖν 333, 419
θεόπνευστος 498
θεοπρεπές 400
Θεός 192, 335, 421, 447, 499
– θεοί 498
– ἄνθρωπος θεοῦ 396
– παῖς θεοῦ 396
– υἱὸς θεοῦ 286, 289, 557
θεότης 553
θεοῦν, θέωσις 498
θεραπεία 312
θεράπων 552
θεωρία 479
θίασος, θιασώτης 313, 563
θρῆνος 619
θρησκεία „Religion" 553
θυμήρης 549, 555
θυσιαστήριον 186, 618
ι 91
ΙΑΥΕ, ΙΑΩ 317
ἰδιόγραφος 158
ἱερεύς 172, 335, 429
ἱερογραμματεύς 293
ἱερόδουλος 176
ἱερός 313, 487, 580; vgl. λόγος
– ἱερόν 313
– ἱερὸν ἄστυ 487
– ἱερὸς ἀνήρ 580
ἱκετεύειν 299
ἱλαστήριον 578
ἵνα 698
ἵνα (Konjunktivpartikel) 132, 428

Ἰουδαία 109
– Ἰουδαῖος 560 ff
ἰουδαΐζειν, ἰουδαϊσμός 254, 420, 444, 487
ἱστορεῖν 405
ἱστορία 458, 572; vgl. Buchtitel
ἱστορικός 240
ΙΧΘΥΣ 511
ἰωβηλαῖον 106 f
καθαρεύουσα 46
καθεστήριον 587
καθὼς γέγραπται 652
καὶ ἐγένετο 283 f, 648
καὶ ἐρεῖτε 228, 385
καὶ νῦν 244, 251
καινόσπουδος 227
καιρός 187, 258, 301, 388
καλανδολογία 651
καλεῖν s. ἐκκαλεῖν
καλλονή 552
καλός 688
κανών 710
καρδία 551
καταβολή 345
κατάγελως 186
καταλύειν 576
κατάπαυσις 688
καταστηρισμός 578
κατηχεῖν, κατηχούμενος 618, 660
καυχᾶσθαι 317
κίβδηλος 557
κληρονομεῖν, -ία 153, 169
κλῆρος 555 f
κολάζειν, κόλασις 552, 649
κοσμεῖν 153
κοσμοκράτωρ 681
κοσμοπολίτης 322
κόσμος 322, 345
– κόσμου κόσμος 322
κρατεῖν 286
κτίζειν 155, 345, 553
κύριος, Κύριος 32, 139, 150, 168 ff, 242, 256, 296, 385, 421, 434, 587, 709
– ὁ κύριος (JHWH) 318, 385, 434, 587, 705
– ὁ κύριος (Christus) 246, 318, 421
– παῖς κυρίου 396
κωθωνίζεσθαι 173 ff
λαλεῖν 292
λαός 132, 166, 556, 593, 618
– λαὸς ὅσιος 552, 554
λατρεία 312

λέγει „es heißt" 537, 652
– ἔλεγεν 573
ληρώδης 441
λίθος 615
λόγιον 474
λογισμός 570 ff, 576, 581
λόγος 156, 294, 491, 537, 552, 554; vs. νόμος 561, 331, 618
– λόγος „Traktat, Band" 107, 204 f, 504, 529, 662, 685 f
– λόγοι 339, 385
– ἱερὸς λόγος, θεῖος λόγος 493 f
– ῥητὸς λόγος 400
– ὁ λόγος (Taufkatechese); vgl. ἔμφυτος
λοιπός 204
λυτροῦσθαι 145
μάκαρ(ιος), μακαρίζειν 301, 505, 557, 578
μακροθυμεῖν 387
μάντις 405
μαρτυρία, μαρτύριον 523, 566, 577 ff
μάρτυς 344, 433
μεγαλειότης 447
μεγαλόδοξος 335
μεγαλοφροσύνη 447
μεγιστάν 265
μεριδαρχία 176
μεσίτης 345
*μετάθρονος 221
μεταλλάσσειν 256
μετάνοια 193, 256, 320
μέτρον 497
μισθαποδοσία, μισθός 146
μνημεῖον 566 f
μνημόσυνον 435
μοῖρα 446
μουσικός 173 ff, 298
μυθολογία 396
μῦθος 292
μυστήριον 26, 718
μύστης 339
μυστικός 339
μωρός 153
Μωυσῆς, Μωϋσῆς 280, 709
ναός 527, 555, 669 vgl. νεώς
νεκρότης 587
νεφέλη 259 f
νεώς 576 f
νὴ Δία 447
νῖκος 165
νόθος 3

νομοθεσία 479
νόμος 127, 156, 205, 232, 312, 397, 464, 466 ff, 545, 575, 669
– νόμοι 435
νουθετικός 497
ξύλον 199, 508, 557, 619
ὁδός 123, 386
οι 44, 92
οἶκος 587
οἰκονομία 618
οἶκος 186
οἰκουμένη 280
ὁλορριζεί 250
ὁμιλία 329
ὁμοδοξεῖν 347
ὁμολογία 365
ὁμοούσιος 624
ὀνειραίτητος 531
ὄνομα 138, 169, 175, 235 f, 585
– ὄνομα „Substantiv" 471
ὀνοματογραφία 176
ὁραματισμός 322
ὁρᾶν 658
– ἑώρακα 204
– ἰδεῖν „erleben" 699
ὅρασις 28, 269, 658
ὀργή 435
ὀρθόδοξος
ὅσιος 169, 400, 496
– ὅσιοι 432, 552
ου (Halbvokal/Konsonant) 630
οὐαί 48
οὐθείς 334
οὐκ ἐξ ὄντων 442
οὐρανός, οὐράνιος 29, 192 f, 259, 505, 523, 602
– οὐρανοί 29, 193
ΟΥΡΙΗΛ 630
παγανός 311
πάγκαλος 291
πάθος 572
παιδαγωγός 35, 576
παιδεία, παιδεύειν 152, 166, 568, 576
παιδεραστία 495
παιδευτής 576
παῖς 556; vgl. θεός, Κύριος
παλαιός 259 ff
παλιγγενεσία 322
παμβασιλεύς 155
παμφάγος 306 f

πανάγιος 580
πανήγυρις 325
παντεπόπτης 421
παντοκράτωρ 242, 335, 386, 683
παραβολή 205, 358
παράδεισος 602
παραδιδόναι 480
παράκλησις 165
παραλειπόμενα 614
παράστασις, παρεστηκότες 259 ff
πάρεδρος 553
παρθένος 78
παρουσία 648, 668
Πάσχα 173, 252
πάσχειν 434
πατήρ 529, 602, 647
– πάτερ 335, 554
πατριάρχης 666
πάτριος 417
παύειν 116
περιτομή 678
πιστεύειν, πίστις 554, 576 f
πλάσις, πλάσμα 116, 553
πλάτος τοῦ μηροῦ 403
πνεῦμα, -τικός 285, 306, 322, 587, 658
ποίημα νουθετικόν 497
πόλις 553, 587
– ἡ ἄνω πόλις 618
πολιτεία „Lebenswandel" 601
πολιτεία „Verfassung" 431, 517
πολίτευμα 277, 469
πολύαθλος 588
πολυμαθής 390
πολύνους 390
πορνεία 667
πρᾶξις 425, 481
πρεσβεία 14
πρεσβύτεροι 138
πρόβλημα 399
πρόγνωσις 133, 365
προθεᾶσθαι 345
πρόνοια 196, 335, 552, 554
προσευκτήριον 313
προσευχή 312
προσκυνεῖν 619
πρόσταγμα 127, 169
προσφωνεῖν 176, 469
πρόσωπον 244, 624
προσωποποιεῖν 561

προφήτης, -εύειν, εία, -ικός 206, 384, 405, 537 f, 619 ff, 647, 652
πρωτόπλαστος 549, 601
πρῶτος εὑρετής 193
πρωτότοκος 289
πυργόβαρις 169
ῥῆμα „Verbum" 471
ῥητὸς λόγος 400; vgl. φωνή
ῥήτωρ, ῥητορικός 230, 444
ΡΟΥΑ ΔΑ ΚΟΥΣΤΑ 286
ῥύστης 332
Ῥωμαϊστί 33
σ 234
σσ 254
σάλπιγξ, σαλπίζειν 116
σάρξ 658
σεβαστός 506
σεμνός 479
σκηνοπηγία 423
σοφία 76, 145, 156, 568, 573; vgl. Sophia
σοφός 34
σπάδων 495
σπέρμα ἄμεμπτον 552
στέμμα 458
στήλη 684
στηλιτεύειν 240
στοιχεῖον 717 f
στοιχείωσις 419
σύγγραμμα 464
συγγραμμάτιον 446
συγγραφή 125
συγκεντεῖν 419
συγκοινωνός 698
συμβαίνειν: συνέβη δέ 440
συμμαχία 185
συμφέρει 648
συμφωνία „Dudelsack" 179
συναγωγή 313, 360
– τῆς πόλεως 312
συναγώγιον 313
συναρχία 250
συνείδησις 554
σύνεσις, συνιέναι 168, 474
συνθήκη 322
σύνταξις 390
συντέλεια 258
συντρίβων πολέμους 133
σῴζειν 594
σῶμα 615, 658
σωτήρ 169, 320

σωτηρία 327
– τῆς ψυχῆς 587
τ 120
τάραχος 142
τάφος 566
ταχυγράφος 121
τέκνον 148, 551
τελειότης 594
τελευτή 425, 666
τέχνη 444
τέρας 699
τομώτερος 498
τόπος 377
τριβή 686
τυμπανίζειν, τύμπανον 425
(Τωβί) Τωβίν 120
υ 44, 624, 647, 717
ὕβρις 508
ὕλη 552
ὑμνεῖν, ὕμνος 116, 118, 165, 283
ὑπεραγόντως 419
ὑπεραποθνῄσκειν 432
ὑπόδειγμα 193, 435
ὑπόμνημα 462
ὑπόνοια 393
ὑφηγητής 35
ὕψιστος 155
ὕψος 444 ff
(φάναι) ἔφη vs. ἔφησεν 420
ΦΑΣΣΑ 252, 322
ΦΕΛΜΟΥΝΙ 322
φέρειν: φέρεται 204
φιλανθρωπία 327
φιλομάθεια, φιλομαθής 468
φίλος 265, 328, 544
φιλοσοφία, φιλόσοφος 142, 568 f
φιλοσοφώτερος, -τατος 324, 479
φόβος 142, 434
   φοβούμενοι Κύριον 170
φρόνησις 199
φυλακή 117
φυλακτήριον 523
φύλαξ 195
φυλάττειν 195
φωνή 169, 662

– τῇ πατρίῳ φωνῇ 417
–' Εβραϊκή φωνή 530
φῶς 618
φωστήρ 683
φωταγωγεῖν, -ία, -ός 580, 595, 617 f
χαρακτήρ 204
χάριν 152
χάρις 433
χαριστήριον 441
χαροποιός, χαροπός 296
χείριος 32
χειρόγραφον 125, 599, 605
χοοπλαστεῖν, χοοπλάστης 530
χρῆσις 203
χρησμός 348, 504 f
χρηστός 246, 558
χριστός 169, 429, 558
χώρα 450, 469
χῶρος 573
ψάλλειν, ψαλμός 163 f
ψευδεπίγραφος 8
ψυχαγωγία 329, 425, 442
ψυχή 346, 486, 571, 579, 618
– ψυχῆς ὀφθαλμοί 718
ω 624
ᾠδή 166, 439, 677 ff
– ἡ μείζων ᾠδή 240
ὥρα 533 f

Stichwörter (deutsch u. a.)*

Aaron, Aaroniden (-iten) 48, 65, 152 f, 178 f, 217, 252, 257, 297, 419 429, 451, 554, 469, 688, 697, 707, 710
Abbajje 43
Abraham 57, 105, 108 f, 117, 180, 182, 244, 279 f, 300, 308, 391, 405 ff, 413, 459, 477, 486 f, 508, 567, 573, 576 f, 594, 674, 703, 707, 710; vgl. Buchtitel
– Abrahamskindschaft 188, (246, 584, 665), 703
– Kulturbringer 409, 508; vgl. 117
– Verdienst A.s 353, 364, 600, 660
– „Abraham, Isaak und Jakob" 244, 306, 319, 353, 528, 576 f, 660, 670
Achtzehngebet 65, 316

---

* Einschließlich solcher Namen, die in den vorigen Registern nicht enthalten sind. Die Anordnung von Trägern gleicher Namen erfolgt chronologisch. Stammverwandte Wörter sind jeweils mitgemeint. Motive sind in einer Auswahl dessen aufgeführt, worin Entwicklungslinien sichtbar werden.

Adam   109, 193, 237, 261, 300, 346, 364 ff,
   375 ff, 411, 450, 494; vgl. Buchtitel
– ADAM   627, 631
– Adam-el   630
– unsterblich   154, 307, 347, 360, 436, 553
Adiabene   13, 37, 140
Adler   115, 262 f, 344, 357–368, 379, 381
Ägypten   1, 27, 29 f, 202, 273, 277–282,
   287 ff, 293 ff, 316 f, 333 ff, 412, 450, 465,
   491, 507, 517,
– Juden in   14, 32, 155, 312, 422 ff, 430, 502,
   532, 584, 515
– ägypt. Sprache   44, 52, 531, 717
– ägypt. Apokalyptik   502, 645 f, 655
Agathobulos   399, 463
Agrippa I. (von Judäa)   249
Agrippa II. (von Judäa)   457 f, 513, 518, 611–
   623
– Landgut des   611, 613
– Messias?   518
Ahas   77, 261
Ahasver(us)   174, 254
Aldus Manutius   40
Alexander (d. Gr.)   30 f, 183, 199, 250, 270 f,
   411 f, 461, 475 ff, 506, 513 f, 520 f, 697
Alexander Balas   183, 187
Alexander Jannai   129, 13, 138, 146, 189, 271,
   421
Alexander Polyhistor s. Autoren
Alexander Severus   126
Alexander, Ti. Julius   177, 348
Alexandra (Salome)   36, 129, 133, 138, 161,
   179, 247, 252, 254 f, 257
Alexandrien   276 ff; passim
Alityros   452
Allegorie   27, 66, 777 u. ö., bes. 213, 329
– Allegorisierung, Allegorese   392 ff
Alphabet   1, 52, 92, 147, 159, 221 f, 234 ff, 344,
   412, 518, 611, 701, 710, 717 ff; vgl. Guttura-
   le; Sibilanten
– Alphabetisierung   35
Ambrosianus (Codex):
– B 21 inf. (=Peschitta)   51, 172, 181, 372, 384,
   438, 547
– C 313 inf. (=Syro-Hexapla)   52, 136
Amoräer   43, 52, 543
Amram   225, 634
Antigonos (Diadoche)   697
Anachronismus   70, 174, 456, 470, 623, 642,
   677

– als Lesesignal   30, 125, 268, 384, (465)
Anathoth   621, 623
Anthropomorphismus   192, 259 f, 336, 447
Antichrist   220, 359, 652 f, 654, 657
Antijudaismus   54, 59, 62, 70, 393, 432, 541,
   591, 593, 620, 623, 632, 635, 637, 642,
   676, 693, 698, 703, 713
Antinoos   555
Antinoupolis   144, 547
Antiochien   14, 31, 179, 184, 222, 435, 480,
   563 f, 567 ff, 575 ff
Antiochos II.   151, 416
Antiochos III.   195
Antiochos IV. (Epiphanes)   107, 153, 179–183,
   189, 199, 261, 270, 272, 341, 387, 416,
   419, 423–435, 506, 546, 573, 582
Antipas:
– (Herodessohn)   342
– (chr. Märtyrer)   433
Antoninus Caracalla   36, 311
Aorist   256, 264, 420, 485, 549, 573
– und Imperfekt   256, 573
– und Perfekt   47, (128), 286, 710
apocryphus   8, 585, 615, 654
Apokalypse   26 ff; 347 ff u. ö.
– ägypt. Apokalyptik s. Ägypten
Apollon   471, 500 f
Apollonios v. Tyana   353, 534, (715)
Apollos   325, 562
Apologetik   12, 37 f, 271, 349, 353, 392, 400 f,
   414, 447, 453–456, 471, 474, 478 f, 480,
   493, 513 f, 698
– christliche   207, 400 f, 409, 478, 480, 499,
   501, 510 f, 540, 545
'Aqiva (Akiba), Rabbi   220 ff, 433, 525, 537,
   569
Aquila   13, 34, 149, 206, 217, 231 f, 322, (527)
– und Priscilla   558, 579
Aramäisch   32 ff, 119 f, 499
– Aramaismus   43, 175, 264, 387
Archiv   176, 186, 229, 419, 421, 462, 514
Aristobul(os) II. (Hasmonäer)   130, 162, 167
Artaxerxes   174 ff, 250 ff, 350, 641
Artemisia v. Halikarnass   129
Asdod   133
Aseneth (Asenath)   252, 281 ff
Asianismus   162, 323, 326, 334, 428, 440,
   444, 470, 480, 574, 580 f
Assueros s. Ahasver
Assyrien   13, 128, 372, 524, 657

Athen 6, 35, 393, 396, 01, 436, 471, 522
Athene 28, 281
Attizismus 238, 444ff, 470
Autorenschutz (2), 56, 370, (697)

Babylonien 14, 36, 115, 127f, 179, 233, 251, 266, 274f, 379, 429, 448, 502, 507, 537, 644
Bagdad 51, 158
Bar Ḥanina 541, 543
Bar Kochba 62, 378, 433, 507, 583, 616, 642, 644
Barbelo 685
Baruch 16
Basedow, J. B. 80
Basilides 677, (686)
Belial, Beliar 109, 506, 508, 539
Belsazar 72, 265, 268, 384, 386
Bengel, J. A. 273
Berleburg 171, 700, 704
„Binität" 61, 79, 241, 259ff, 602, 617, (672)
birkat ham-minim 65
Brendan, St. 301
Bukolik 159f
Bundeslade 217, 413, 452, (624), 707

Caesar 388, 433, 465, 470, 510; vgl. Caligula
Caesarea a. Meer 318, 581
Caesarea Philippi 342
Caligula 72, 342, 348
Caracalla s. Antoninus
Chosrau (Chosroes) II. 218, 220
Christologie 62, 78, 211, 215, 263, 302f, 366, 396, 436, 570, 578f, 607, 624, 717
Chronik 103, 110, 183ff, 189, 229, 241, 408, 461f, 510; vgl. Buchtitel
Chronologie, -graphie 11, 103ff, 132, 170, 180, 185, 202, 350, 412–413, 418, 458ff, 697; vgl. 47 Anm.
Clemens VIII. 49
Coccejus, J. 154
Creticus, versus s. Prosarhythmus

Daḥle (Oase) 235f
Daniel 27, 699 u. ö.; vgl. Buchtitel
Dante 645
Darios 171, 174f
Dativ 44ff, 286, 299, 574, 611, 620, 649, 698, 709
David 9, 114, 117, 131, 151, 158ff, 166, 187f, 239, 241, 244, 257, 288, 293, 297, 302, 429, 486, 572, 588

– und Goliath 131, 158, 708
– und Orpheus 494f
– Erbauer Jerusalems 507
– Erbauer des Tempels 176, 321
– Grab D.s 566, 569
– Davididen 172, 177f, 180
– „Sohn Davids" 163, 526
Debora 116, 137, 321, 698, 708f
Delphi 500, 502, 510
Dialog 222, 284, 302, 305, 325, 340, 353, 428, 434, 439, 468, 463, 483, 490, 492, 562, 672, 586, 597, 615, 620, 634, 673
– Offenbarungsdialog 25, 107, 113, (210, 213), 261, 356, 371ff, 650, 675, 683
Diokletian 719
Ditheismus s. Binität
Domitian 344, 362, 367, 495, 522, 657
Dositheos:
– (Priester) 252
– (Apostat) 334
– (Samaritaner) 341, 487, 684
Drama 483, 488ff
Drusilla 551

Ebioniten 59, 63ff, 124, 287, 596, 716
Edessa 37, 50f
El'azar, Eleazar:
– (Sohn Aarons) 343
– (Vater Sirachs) 145, 147
– (Bruder des Judas Makk.) 178
– (Jerus. Priester) 185
– (idealer Priester od. Weiser) 178, 225, 321, 333, 335, 392, 427–443, 472, 564, 572, 574
Elephantine 140f, 316, 469, 668
Elia 4, 28f, 117, 193, 208, 223, 274, 303, 344, 369, 410, 569, 694ff; vgl. Buchtitel
– „bei Elia" (9), 539
– „Elia" (Paulus) 64
Elkesaiten 63, 608, 638
Enkomion 324, 549, 572, 595
Ephesus 160, 522, 564
– Konzil v. 700
Epistel 23, 274, 316, 382ff, 427, 465, 467, 21, 596, 643
Epitome (Kurzfassung) 17, 47, 283ff, 309, 415ff, 423ff, 430, 460, 517f, 596, 641, 612, 618, 628, 632, 645f, 649f, 666, 703, 714
Erbrecht, mosaisches 109, 224, 453, 583
Erbsünde 365f, 555, 599, 683
Erevan 354

Esoterik s. Okkultismus
Esra   1, 11, 16, 147f, 207, 281, 312, 348, 369ff, 435, 469, 620ff, 703; vgl. Buchtitel
- (Namensformen)   172, 357
- (fehlend)   148, 153
Essener   13, 15, 62ff, 103, 110, 177, 183, 196, 257, 312, 338, 344, 347, 431, 513, 615, 630; vgl. Qumran
Etymologie   205, 235, 237, 275, 681, 719f; vgl. *figura*
- Volksetymologie   286, (299), 710
Eva   92, 154, 193, 207, 300, 450, 598, 603ff, 689, 714
Ezechiel s. Hesekiel
Ezekiel(os) s. antike Autoren

Fabricius, J. A.   8, 69, 80f, 87, 600, 700, 704
figura etymologica   116, 186, 363, 611, 658
Fiktion   3, 9, 61, 72, 104, 116, 125, 128, 132, 174, 185, 191, 223, 253, 270, 272, 300, 382, 367, 392, 417, 456, 465, 475, 479, 516, 519ff, 545, 568, 606, 612, 666, 668, 703, 712, 716; vgl. Anachronismus
Fiscus Judaicus   63
Florilegium   203, 397, 400, 596f
Fürbitte   108, 145, 255, 306, 381, 386
- für Tote   306ff, 359, 650f
- himmlische   117, 357, 364, 443, 570, 611, 660, 693

Gabriel   214, 261, 648
Galiläa   32, 37, 22, 220, 312, 342, 457, 472
- galiläische Aussprache   234
Galilei, G.   3, 81
Gamli'el II.   33
Garizim   153, 409, 486, 684
Gebet   107, 130, 244, 253, 316–323, 373, 375, 525, 531, 611, 621, 673, 689
- synagogales   319ff, 530
- Tischgebet 320, 595
Geniza (*g*ᵉ*niza*) s. Kairo
Gerhard, J.   219
Gericht s. Werke
Geschichtsschreibung   11, 79,, 119, 198, 404, 417, 421, 461f, 513
- pragmatisch   131, 182, 408, 411, 478, 481
- pathetisch   332ff; 417–426
- dokumentarisch   190, 424
Geschichtstheologie   113–117, 154, 273, 322, 354, 401, 488, 503, 576
Gilgamesch   710

Gizeh-Papyrus   202ff
Gloria (Teil der Messe)   5, 240f
Gnosis   4f, 34, 80, 142, 201, 207f, 223, 263, 293, 435, 488, 500, 530, 542, 553, 575, 598, 604, 608, 635, 676ff
Goethe, J. W.   452, 528f
Gottesfürchtige   13, 15, 444, 481
Griechisch:
- Zweitsprache in Judäa   12, 32,f, 412, 551
- Aussprache   43ff, 92, 147, 285, 399, 556, 558, 611, 655, 660, 687; vgl. 531
- „Kirchengriechisch"
Gutturale (hebr.)   234
Hadrian   13, 27, 318, 342, 348f, 362, 387, 450, 452, 495, 505–510, 538, 580ff, 598, 608, 616, 653f

Hagiographa   231, 240, 272
Hagiographie   17, 61, 140, 284, 298, 308, 328, 572, 592, 672
- „hagiograph. Midrasch"   586, 634
Halacha   15, 59, 104, 108f, 117f, 120 122, 127, 140, 153, 224, 227, 253f, 271, 313, 337, 381, 414, 420f, 470, 518, 569, 583, 605, 668
- Halachischer Brief (4Q MMT)   104, 151
- judenchristliche   63f
Ḥanukka s. Tempelweihfest
hapax legomenon, Hapax (gr.)   125, 152, 165, 176, 250, 285, 292, 419, 425, 434, 441, 555, 559
Harklensis (Biblia)   52
ḥasidim   155, 169, 179, 419, 424, 552, 632
Hasmonäer   29, 32, 35, 105, 129f, 133, 139, 151ff u. ö., bes. 178–189, 250–258, 271, 662, 668; s. Judas Makkabäus, Joḥanan, Jonatan, Simon
„Hebräer"   65, 272, 290, 420, 450, 464, 500, 502, 511, 530, 540, 541f, 692, 710
Hebräisch   32ff u. ö.
- Sprache der Schöpfung   107, 191, 233, 717
- Wiederbelebung   (13), 32, 128, 181, 218, 362
- Hebraismus   42f, 116, 165, 185f, 188, 192, 344, 387, 630; vgl. *figura*
- Ps.-Hebraismus   43, 204, 264, 285, 306, 551, 709
hechalot s. Buchtitel
Hellenismus   12, 29f-37, 78, 86, 110, 132, 143f, 155, 193, 199ff, 255, 271, 275 u. ö.
- Hellenisierung   105, 139, 153, (178), 185, (189), 191, 199, 393 u. ö.

Henoch 3, 9, 28f, 56, 75f, 79 u.ö.; 256f, 262, 303, 319, 348, 352, 364, 369, 408, 491, 524, 534, 598, 600, 608, 625ff, 647, 654, 657f, 660, 668, 678; vgl. Buchtitel
– Erfinder 193
Heraklea, Thomas v. 52
Herakles 326, 345, 396, 405f, 503
Hermeneutik 3, 30, 66, 68, 71ff u.ö.
– hellenistische 292ff; vgl. Allegorisierung
Hermes 3, 210, 412, 450, 503, 609; vgl. *Corpus Hermeticum* (Buchtitel)
Herodes (I., d.Gr.) 29, 115, 126, 138, 161, 178, 230, 321, 341f, 461f, 495, 566f
– Messias? 518
– Herodeshaus 29, 343, 348, 441, 459, 518, 613; vgl. Antipas
Hexameter 275, 328, 483–487, 492–498, 501–508, 669
Hieroglyphen 280, 293, 450
Ḥijja bar Abba 12
Hillel 14, 126, 361
Himmel 28f, 74f, 116, 126, 167, 192 u.ö.
– „Himmel" (Gott) 28, 188, 192
– *heaven* vs. *sky* 28f
– Himmelsreise, „Himmelskunde" 27f, (76), 83, 93f, 200, 216, 221f, 225, 305, 340, 348, 609f, 627f, 634, 638f, 645f, 659, 672f
– Himmelfahrt 29, 164, 218, 336ff, 569, 636ff, 646f
Hiskia 131, 158, 256f, 542, 638–642, 692, 698
Hölle 114, 200, 307f, 365, 647, 672, 675
– Höllenfahrt 645ff, 688
Hoherpriester s. Priester
Homilie 53, 287, 290, 329f, 565, 572, 616, 648f, 653
Horologion 241f, 291
Humor 72, 124, 131, 426; vgl. Ironie, Komik
Ḥuqoq 189
Hymnus 116, 165f, 283f, 291, 316, 492, 507, 546, 586, 589, 709f
Hyrkan s. Joḥanan
Hystaspes 505
Iambres s. Mambres

IAO 223, 318
Ibis 280, 710
Ibn Ezra 81
Ich-Perspektive 124, 141, 301, 549, 641
Imperfekt 256, 573, 688

In tyrannos 547, 558
Inspiration 151, 238, 270, 350, 400, 447, 466
– Verbal- 351, 470f
interpretatio Graeca 393
Ironie 82, 166, 179, 248, 303ff, 308, 311, 474, 479f, 566, 584f, 588, 609, 635, 649, 662, 670, 681, 698
– der Geschichte 30,, 179, 693, 696
Isaak 109, 224f, 279, 293, 305f, 353, 404, 485, 573ff, 660, 670, 710, 716; vgl. Abraham
Isis 154, 507, 546
Ismael 279, 706, 710
Isochronie 46, 243
Izat(es) v. Adiabene 37

Jabne, Javne s. Jamnia
Jaddua' 177, 270, 513ff
Jael 321, 708
Jael (masc.) s. Jahoel
Jaffa 183
Jahoel 604, 634
Jakob 103, 109, 227f, 279, 284, 289, 487, 489, 529f, 549, 554, 571f, 587, 665, 667, 670ff, 707, 712ff, 719; vgl. Abraham
– Grab -s 567
– (kollektiv f. Volk Israel) 154, 378
– Jakob (Engel) 286, 291ff, 525, (538)
Jakobus 63, 459, 608, 681; vgl. Judenchristen
Jaldabaoth 263, 681
Jamnia 133, 613
Jannes 203ff, 301, 524
Jaoel s. Jahoel
Jehud 175
Jehuda hal-Levi 537
Jeremia s. Bibelstellen
Jeremiel 632f
Jerusalem 5, 13f, 33, 52 u.ö.
– „Jerusalemer Publizistik" 14, 29–37, 72, 85, 129, 134, 254–257, 349, 352f, 430
Jeschiva (*jᵉšiva*) 452
Jesus, *Jēšu* 33, 57, 59, 61, 67, 73ff, 77ff, 150, 153f, 168, 262f, 338, 343, 377, 459, 511, 526, 528, 530, 557ff, 562, 595, 620, 635, 639, 672, 675, 689, (716), 719
– himmlischer 193, 259ff, 366
– und Mose 611
– und Josua 508
– und Jeremia 369, 620
Jesus (Hoherpriester, AT) 341
Jesus Sirach s. Ben Sira

Jesus (Jehošua' b. Ḥananja, Unheilsprophet) 348
JHWH 26, 52, 90, 115, 120, 133, 145, 148, 159, 192, 223, 239, 246f, 255, 316, 396f, 415, 530, 618, 681; vgl. IAO
Jišma'el, Rabbi 220ff, 627
Joachim v. Fiore 161
Johanan (Hasmonäer) 178
Johanan Hyrkanos I. (Priesterkönig Johannes) 129, 153, 183–189), 229, 375, 487, 536
– Grab des 569
Johanan Hyrkanos II. 130, 162
Johanan b. Zakkai 11
Johanan, R. (Amoräer) 618
Johannes der Täufer 164, 223, 292, 459, 561, 563, 651, 689, 696
– (Zebedaide) 63
– (Evangelist) 593
Jojachin 172, 374
Jonat(h)an (AT) 708
– (Hasmonäer) 151, 178, 183–187, 420
– d. Weber 422
Joseph (Sohn Jakobs) 31, 76, 225f, 278, 281–292, 302, 491, 515, 530, 538, 549, 554, 572, 584, 666ff, 674f, 707, 710
Joseph (Tobiade) s. Tobiaden
Joseph v. Tiberias 700
Josia 111, 239, 347, 375f
Josua (Nachfolger Moses)
Josua (Partner Serubbabels)
Juda (Sohn Jakobs) 109, 184, 262, 362, 667f
Juda (Jehuda), Rabbi 33, 119, 311, 499
Judäa 7, 12ff, 29–37, 103, 105, 108ff, 128f, 132f, 142ff, 153, 167, 175ff, 183, 191ff, 254, 312, 358, 387, 392, 435, 472, 477, 480, 514ff, 567, 581, (606), 639
– König von 161f, 166, 178, (187), 342
– Königin von 129
Judäer *passim*; vgl. Hebräer; für Judenchristen: 63
Judas Makkabäus 178–185, 199, 232, 319, 321, 332, 344, 375, 411, 418–429, 441, 566, 608
Judas Iskariot 73, 563, 634
Juden, Judentum
– „biblisches" 12
– „formatives" 12
– *common Judaism* 15
– rabbinisches s. Rabbinen

Judenchristen 15, 43, 59, 61–66, 79, 134, 201, 286f, 290, 292, 307, 322, 330, 350, 360, 366, 369, 371, 377, 388, 432, 435, 495, 540f, 560, 562, 584, 587, 592ff, 605, 608, 611–618, 623, 628, 664f, 678f, 689, 414f; vgl. Ebioniten; Nazoräer; Petrus
Julian(us Apostata) s. Autoren

Kadmos (Bringer des Alphabet aus dem Osten) 719
Kairoer Geniza 106, 141, 144, 221f, 224, 226, 243, 311, 497, 530f
Kalender 15, 103–108, 196, 315, 328, 349, 388, 422, 513, 630, 632, 535, 551
– (äg.) 674
– (gr.) 388
– (chr.) 60
Kambyses 176
Kanon 79ff
– rabb. 122, 146
– der LXX 24; vgl. Athanasios; Trient
Kanzlei, Kanzleistil 13, 396, 334, 424
Karthago 406
Kassandra 502
Kepler, J. 81
Ketubba (k^{e}tubba) 125, 668
Kleopatra II. 333f
Kleopatra VII. 416, 451, 506
Koinē 45, 47, 150, 231, 285, 295, 299, 322, 419, 470, 476, 481, 523, 703
Kolophon s. Nachschrift
Komik 131, 252, 303, 589, 644; vgl. Humor, Ironie
Komödie 488
Koptisch 23, 32, 52–56, 83, 92 und *passim*
Korah 306
Korinth 420, 539, 558
Kult (am Tempel) s. Tempel
Kultur vgl. Hellenismus
– Kulturbringer s. Henoch, Kadmos, Nimrod, Noah, Abraham, Mose
– Kulturkritik 193, 199, 207, 537
Kunstprosa 46, 448; vgl. Asianismus
Kurden 712
Kurzfassung, Kürzung 17, 123f, 150, 265, 274, 278, 371, 628, 641, 646, 660, 714; vgl. Epitome
Kyrene, Kyrenaika 14f, 32
– Simon von 686

Lachmann, K. 83; vgl. stemmatische Methode
Lapidarien 450
Lapidarstil 233, 448
Laskaris, K. 445
Legende 4, 56, 64 und *passim*
– Geburtslegende 627
– Ortslegende 699
Lehrbrief s. Epistel
Lehrhaus 118, 155, 223, 313, 559
Leontopolis s. Tempel des Onias
Lesungen 314, 328
– synagogale 217, 231, 312, 314, 383 (!), 388
– kirchl. 45, 161, 443, 605, 618
– rabb. 312
Levi 109, 188, 225ff, 284, 288f, 663ff, 708
– Levit 109, 119, (132), 170, 343, 351
Leviathan 360, 647
Literarkritik 18ff, 41 u. ö.
Luther, M. 60, 80, 127f, 154, 156, 190, 233, 245, 315, 355, 368, 442f, 617
– Lutherbibel 42, 53, 119, 126, 147f, 253, 259, 267, 365, 547, 558ff
Lydda 541
Lysimachos 249, 252

Märtyrer, Martyrium 59, 63, 187, 197, 225, 306, 343, 415f, 429–443, 564–582, 639, 657; vgl. *Martyrium* (Buchtitel)
Magie 124, 126, 217, 280, 286, 291, 293ff, 301, 303, 315–318, 337, 393, 448ff, 518, 523–535, 538, 580, 713f
Mahnschreiben s. Epistel
Mailand 50ff u. ö.
Maimonides 81
Makarios 301
Makkabäer(brüder):
– (Kämpfer) s. Hasmonäer
– (Märtyrer) s. Märtyrer
Mambres (Jambres) 293ff
Manasse (König) 159, 636ff; vgl. *Gebet Manasses*
Mandäer 189, 603, 678, 683, 715
Mantik 455, 482, (527), 532
Maria Hebraea 449ff
Maria Magdalena 451
Martyrium s. Märtyrer; *Martyrium* (Buchtitel)
Masada-Papyrus 143ff
Matja b. Ḥereš 452
Mattathias 180, 182f, 188, 225
– Grab des 568
Medad 112, 296

Melanchthon, Ph. 147, 190, 219, 443, 456
Melchisedek 214, 257, 297ff, 337, 409, 627ff, 677, 688f, 705ff
– Melchisedekianer 299
Menelaos (Hoherpriester) 185, 419, 427, 574
Menschensohn 3, 75, 165, 211–215, 259–263, 285, 339, 352, 358f, 578, 590, 629, 631, 686
Meščerskij, N. A. 519, 630
Messias, messianisch 14, 20, 29, 62f, 79, 109, 117, 139, 157, 162–172, 178, 183ff, 188, 215, 219f, 226, 239, 261f, 289, 311, 341, 346, 349, 354, 360, 364–367, 371, 378, 504–507, 633, 642, 658, 664, 668, 684, 716; vgl. salben
– präexistenter 67
– sterbender 376, (433), 509
Metapher, metaphorisch 126, 133, 186f, 214, 346, 397, 436, 509, 545, 569, 578f, 608, 678
Metatron 109, 221ff, 262, 626, 629, 631
Methusalem, Methuselah 194f, 208f, 216, 628f
Michael 207, 214f, 303ff, 337f, 611, 647f, 710
Midrasch 26, 107, 109, 112, 131, 138, 174, 218, 227, 231, 2443f, 325, 341, 346, 378, 395, 433, 440, 537, 540, 542, 549f, 569, 583, 512, 617, 623, 633, 661, 667, 694
– exegetischer 114f, 314
– homiletischer 327
– hellenistisch-jüdischer 11, 117, 247, 276–311, (487), 603, (691)
– „hagiographischer" 586, 634
– christlicher 325, 599, 621, 709
Missverständnis 180f, 237, 280, (322), 365, 376, 385, 407, 415, (425, 447), 451, 464, (485, 510), 530, 544, 556, 567, 610, 617f, 624, 627, 630, 671, 698, 707
Moab 131, 151, 644, 707, 714
Modad 296
Mode'in, Modi'im 566–569
Montanus 59
Mordechai 250, 520f
Mose 16, 53, 107f, 116ff, 277 u. ö.; vgl. Musaeos
– Erfinder, Kulturbringer 280, 397, 412
– (fehlend) 187, 225
– und Christus 65; vgl. Jesus
Moše had-Daršan 227, 670
Mossul 51, 157f, 380, 384f

„Moyses" 280
Mündlichkeit 3, 21, 25f, 50, 57, 114, 174, 178, 194, 217, 225f, 296, 313, 325–327, 338, 373, 390, 412, 440, 471, 487, 514, 572f, 595, 604f, 36, 667, 676, 697; vgl. Tora
Muratori 544, 547f
Musaeos 494, 524
– Mose und 280f, 503
– (jüd. Autor?) 463f
Mystik 34, 126, 201, 220, 222, 253, 262, 282ff, 327, 339, 345, 491, 501, 630, 713, 716f
Mythos 193, 196, 199, 201, 206f, 214, 280, 299, 307, 324, 326, 334, 402, 432, 449, 489, 513, 575, 578, 611, 653, 676ff, 681, 683f, 689, 703; vgl. μῦθος
– Mythenkritik 142, 393f, (396), 493, 521, 540

Nabatäer 405, 703
Nachschrift (Kolophon) 248f, 251ff, 356, 380, 422, 684, 701
Nachschrift (Verschriftlichung) 45; vgl. Stenographie
Nag Hammadi 207, 261, 308, 317, 611, 632, 672, 676ff, 717
Name s. Etymologie, ὄνομα
– Name Gottes 316f, 559; vgl. IAO
Naphtha 429
Naphthali 43, 120, 122, 125, 227f, 665, 667
Nazarener, Nazoräer 15, 59, 62ff, 287, 615
Nebukadnezar 128, 131, 133, 258, 84, 386f, 616, 620–623
Nehemia 171, 428, 515; vgl. Bibelstellen
Ner, Nir (Frau Noahs) 627ff, 677; vgl. Norea
– (Bruder Noahs) 690
Nereus 586
Nero 65, 344, 440, 491, 495, 507, 522, 580, 639
Neuschreibung 10, 112, 261ff, 350, 358, 368, 658, 661, 703; vgl. Redaktionskritik; *rewritten Bible*
Nicaea, Konzil v. 337, 345, 463, 495, 511
Nikanor 131, 419, 422f, 426ff
Nimrod 505, 536f, 706, 709f, 716
– Städtegründer 536
Nir s. Ner
Noah 194, 200, 205, 208, 213, 503, 507, 530, 557, 706
– Kulturbringer 537
– Bund mit 116, 599

– (abgewertet) 629
Norea (Noraea, Noria) 206, 628, 677, 689f; vgl. Ner
nomina sacra 233
Notar 147, 588
notarius 121, 326
Novelle 118, 120ff, 281ff
Novelle 246 (Justinians) 13, 15, 401

Ode 240ff, 677ff
Offenbarung 28, 73–77, 86, 191, 207, 312, 272, 345, 381, 421, 503, 534, 559, 628, 717; vgl. folgendes
– Offenbarungsmittler 364, 367, 394, 600, 604, 633, 684, 687, 689
– Offenbarungsrede 213, 686; vgl. Dialog
– Uroffenbarung 633, 686
– (als Buchtitel, = Ἀποκάλυψις) 372, 610
Okkultismus 7, (223), 270, 449, 523ff
Onias (div. Hohepriester)
– (Nachf. Jaddua's) 515
– (Nachf. Simons d. Ger.) 418, 443
– (exiliert) 152, 331ff, 416; vgl. Leontopolis
Orakel 27, 203, 270, 272, 313, 317, 348, 405, 421, 474, 485, 500ff, 641, 655, 657, 702
Orpheus 280, 393, 463, 482, 495, 503, 524
Ošaʻja Rabba (R. Hošaʻja I.) 543

Paneas 463
Pandora 450
Panopolis 202f, 301, 450f, 487
Papyrus 7, 23, 25, 37, 89f u. ö.
parallelismus membrorum 78, 152, 164, 679
participium futuri 273
Parusie 58, 62, 260, 273, 307, 371, 376, 378, 635, 642, 668f, 699
Pathos: pathetisch 283; vgl. Geschichtsschreibung
Paulus (Apostel) 28, 58f, 64, 74, 109, 168 u. ö., bes. 240, 313, 529, 575ff
– Pharisäer 58, 254, 584
Paulus v. Tella 52, 581
Pergament 25, 602, 626, 643
Perser 52, 176, 218, 220, 254, 270, 350, 416, 425, 429, 472, 505, 708ff, 716
Personenbeschreibung 652, 700
pešer 276, 633
Petrus 63f, 109, 254, 576, 639; vgl. Judenchristen
Phanuel 214, 629

Pharisäer 12, 37, 59, 129, 133, 138, 151, 157, 161–170, 179, 187, 189, 254, 269, 271, 338, 347, 470, 518, 556 ff, 584, 593; vgl. Paulus
Philippus (Herodessohn) 342, 613, 616
Pico della Mirandola 368
Pinhas 117, 184, 376, 707
– Bund des 145
– (anderer) 432
Polemik 12, 26, 37, 58, 62–67, 70, 133 und *passim*
Pompejus 13, 29, 161 f, 167, 170, 375, 424
Pragmatik: Textpragmatik 71, 139, 233, 268, 275, 428, 573
pragmatische Geschichtsschreibung s. Geschichtsschreibung
Priester 30, 64, 105, 141, 161, 178 f, 204, 225 f u. ö.
– Hoherpriester 62, 108, 132, 41, 143, 148, 150 ff, 162, 177, 183 ff, 229 u. ö., bes. 411–427
– Priesterkönig 13, 129, 178, 187–189, 271, 297, 335, 421, 668; vgl. Theokratie
– himml. Hoherpriester 62
Priscillian (114), 305
Prophet, Prophetie 3, 5, 11, 26 ff, 73–80, 125, 139 u. ö., bes. 267, 537
– Prophetenbücher 6, 16, 34, 126 f, 135 u. ö., bes. 692 ff
– imitierte (*ex eventu*)
Prosarhythmus (*versus Creticus*) 46, 91, 164, 170, 183, 244, 273, 285, 287, 289, 320, 420, 467, 551, 596, 680
Proselyten 13, 128, 132, 134, 217, 285, 287, 322, 424
„Proselytenkatechismus" 498, 517
Protestexegese 488
protreptische Rede 253, 386, 454, 548, 572, 581
pseudepigraphus, -on 8, 276, 385, 700
Ptolemäer 195, 332 ff, 472, 514
– Ptolemaeos I. 30 f, 697
– Ptolemaeos II. 30, 465 ff
– Ptolemaeos IV. 332 f, 404
– Ptolemaeos VI. 17, 397, 401, 509, 516
– Ptolemaeos VII. 506
– Ptolemaeos VIII. 332 ff
– Ptolemaeos XII. 483
– (Judäer) 249, 252
Publizistik s. Jerusalem

Purim 130, 247 ff, 336, 421 f, 428
Quietus 14, 32
Qumran 5 ff, 10, 19, 25, 32, 58, 76, 120 ff, 179, 183, 191–215, 255, 260, 264, 276, 286, 387, 421, 526, 615, 633, 663 ff, 676 f
– 1Q 104, 124, 201, 225, 310, 315, 508, 629
– 2Q 104, 144, 201, 292, 310 f
– 3Q 104
– 4Q 82, 104 ff, 121 ff, 151, 157 ff, 192, 196 ff, 203, 215, 217, 220 f, 225 ff, 239, 243, 271, 292, 310 ff, 402, 533, 653, 661 f, 664 f, 719
– 5Q 310 f
– 6Q 201
– 7Q 202 f, 273 f
– 11Q 104, 144, 157 ff, 217, 221, 297, 311 f, 317, 689
– Griechisches in– s. 7Q; vgl. 539
Rabbinen 3, 6, 11–15, 33 f, 58 f, 63–67, 86, 102 f, 111, 117 f, 126 ff, 133 f u. ö.; bes. 216 ff
Raphael 125, 215 f, 647
recensio 17
Redaktionskritik 18 f, 427, 439, 468, 549
Regina, Inschrift der 15
Reimarus, H. S. 80
Reinach, Th. 41
Reiseroman s. Roman
relecture 10; vgl. Neuschreibung
Religion, kosmische 494 f
– „wahre" (15), 478
Rettung 109, 131, 251, 333 ff, 365, 428, 554
– der Seele 674 f
– Retter (Abimelech) 613
– Retter (Gott) 554, 557
– Retter (Christus) 672
rewritten Bible 10, 106, 395 u. ö.; s. Neuschreibung
Rezension 17, 122, 131, 148 ff u. ö.; vgl. Lukian; Kurzfassung
Rhetorik 26, 46, 125, 141, 230 ff, 287, 323 ff, 444 ff, 461, 562 ff, 573 ff, 596, 712; vgl. Enkomion; Kunstprosa
– Ironisierung der 252, 476, 479
Rhythmus, rhythmisch s. Prosarhythmus
Rolle (Buchrolle) 6, 17, 23 f, 230, 232, 240, 270, 310, 382, 422, 425, 660 f, 685, 702, 715
– Tora-Rolle 247, 250, 312, 317, 469, 474
– Esther-Rolle 247, 250
– Rotulus 297, 526

Rom, Römer   15, 29, 32, 36f, 45, 64f, 189, 249, 271f, 301, 313, 347, 402, 453, 521, 524 u. ö.
Roman   118, 129ff, 276–290, 300f, 582
- *Alexanderroman* s. Buchtitel
- Reiseroman   123, 300
Ruben   43, 666f
Rückübersetzung (in der Antike)   186, 230, 393
- ins Hebr. (Mittelalter, frühe Neuzeit)   113f, 122, 131, 163, 253, 385

Saba, Königin von   302
Sacharja (Prophet) s. Bibelstellen
- (andere)   538, 694–697
Sachliteratur, -prosa   330, 395, 397, 399f, 404, 409, 444ff
Sadduzäer   105, 107, 135, 161, 179, 557, 569
salben, Salbung   62, 129, 187, 424
- (metaphor.)   286
- Gesalbter   166, 168f, 366, 375f; vgl. χριστός
Salomo   117, 147, 156, 159, 172, 239, 275, 301f, 316, 337, 400, 410–414, 449ff, 525ff, 528, 544, 546f, 702; vgl. Buchtitel
- Grab -s   566
Samaritaner   15f, 150, 153, 223, 234, 407ff, 456, 460f, 486ff, 506, 516, 617, 684, 689; vgl. Dositheos
Sammael   (341)
Samuel   117, 188, 239, 256f, 302, 341, 367
Satan   59, 109, 308, 326f, 346, 580, 586, 598, 603–607
- Satanael   603
Scheschbazzar   172
Schöpfung, gefallene   364
Schreiber (=Sekretär, auch: Gottes)   1, 13, 16, 76, 91, 119, 141, 147, 153, 173, 293, 348ff, 356, 369f, 380ff, 627, 729, 650
- (Abschreiber)   24, 45, 54, 147, 170, 202, 232, 234, 246, 299, 317f, 322, 425, 445, 527, 535, 628, 700, 720; vgl. Stenographie
Seele   28, 292, 306, 315, 324, 336, 338, 340, 345ff, 442, 498, 521, 534f, 573, 578f, 644, 649f, 659, 681; vgl. Rettung
Seleukiden   143, 152, 178, 183, 187, 200, 333, 409, 411, 419, 421
Š^{e}ma' Jiśra'el   229, 316, 362, 387, 712; vgl. Dtn 6,4–6
Seneca   519f
sensus plenior   77, 263, 557

Serubbabel   148, 163, 171–176, 223ff, 321, 351
Seth   112, 208, 535, 602ff, 677, 706
- sethianische Gnosis   604, 681–689
Sibilanten   234
Sibylle(n) s. Buchtitel: *Sibyllinische Orakel*
Sichem   153, 408, 487f, 503
Sidon   138, 153
Siebenschläfer   618
Simon (I. oder II., Hoherpriester)   152, 271
- „der Gerechte" (wohl II., Hoherpriester)   108, 142ff, 179, 317, 321, 333, 411, 416, 483, 515
Simon (Hasmonäer, auch Hoherpiester)   178, 183–189, 420, 566, 668 668
Simon (Aufrührer gegen Rom)   342
Simon v. Kyrene   686
Simon Magus   207
Šim'on b. Šeṭaḥ   146
Šim'on b. Gamli'el, R.   33
Šim'on b. Joḥaj, R.   220, 223f, 452
Šim'on b. Laqiš, R.   698
Sixtus v. Siena   9
Sohn Gottes, Gottessohn
- (pagan-polit.)   30, 82, 215, 271, 412, 503, 662
- (metaphor., bes. vom Logos)   286, 345, 450, 563
- (jüd., kollektiv)   117, 169, 545, 554
- (jüd.-chr., individuell)   286, 289, 366, 450, 557, 563, 617ff, 649
- (gnost.) 684, 689
- Söhne Gottes (Engel)   191f, 208
- (Israel)   335, 556
Sokrates   46
Sophia   142, 453, 488, 548, 568f, 575, 677, 685; vgl. σοφία
Sophonias s. Zephanja
Sparta   184f, 396, 406, 424, 515
Spinoza, B. de   28, 80f, 173, 177, 273, 435
Stemma, stemmat. Methode   54 u. ö.; vgl. Lachmann
- (Buchtitel) s. στέμμα
Stenographie   121, 326
Stoa, Stoizismus   142, 144, 156, 190, 327, 392ff, 494, 522f, 544, 551ff, 576
Synagoge (Gemeinde wie Gebäude)   1, 15, 31, 61ff, 189, 277, 368, 388f, 420, 446, 494f, 567, 570, 581, 630; vgl. συναγωγή

- Gottesdienst der 4, 471, 492, 517, 573, 581; vgl. folgendes
- Gebet in der 312–323, 530
- Lesungen s. o. unter L
- Predigt 323–330, 563, 572
- judenchr. 66

Synkretismus 65, 318, 451, 506, 531, 677
Syrien 237, 342, 388, 409, 417, 463, 479f, 574, 623, 644, 691
Syrisch 33, 50ff, 92 u. ö.

Tannaiten 12, 223
Tarfon, Rabbi 543
Targum 13, 96, 175, 193, 321, 296, 528, 536
Tempel (Jerusalemer), Erster 105, 117, 413f, 526ff
- Tempelweihgebet 316, 321, 548
- Tempelgeräte s. Bundeslade
- Tempelsteuer 37, (132), 472, 476
- Zweiter Tempel 1, 11ff, 34, 48, 62f und *passim*
- Tempelkult 105, 115, 120, 141, (151f), 168, 170, 199, 313, 317, 323, 441, 486, 555
- Kultreform 11, 105, 108, 155, 177ff, 184, 268, 273, 293, 416, 418, (427)
- Neuweihe, Tempelweihfest 271, 333, 420, 423, 430
- Tempel des Onias 32, 315, 331–336, 416, 424, 430, 501, 516
- Tempelerweiterung (unter Herodes) 126, 321, 518
- Tempelzerstörung 35, 64, 118, 244, 311, 347–389, 488, 507, 594, 608–624, 642
- künftiger Tempel 34, 377, 604, 623
- „Tempel" (Metapher) 64, 346, 671; vgl. *hechalot*
- Tempelromantik 17, (57), 60, 62, 70, 591, 632

„Testament" s. Erbrecht
Tetragramm 107, 170, 224, 310, 317, 361, 421, 602; vgl. JHWH
Text (Def.) 25
Textkritik 41, 52 u. ö.
Textsorte (Def.) 25
Thabor 299
Thanatos 303
Theater 328, 596; vgl. Drama
Theodosios 453, 455, 618
Theodotion 28, 106, 129, 134ff, 258, 260, 267f, 688
Theodotos-Inschrift 313

Theokratie 152, 178ff, 184, 341, 344, 371, 375, 516f, 664; vgl. Priester
Therapeuten 312, 584
Thoth (Tot, Tat) 210, 412, 450, 530
Thronwagen 217, 262, 587
Tiberias 312, 541; Justus v. Tiberias s. Autoren
Tiberius Julius Alexander 177, 348
Titel 1, 9, 21f u. ö.
- *titulus* 24, 425, 487
- *titulus* (jur.) 454
Titus 13, 349, 362, 387, 538, 608, 613
Titus Flavius Clemens 522
Tobiaden 397, 461, 513ff
Tora *passim*; vgl. νόμος
- „mündliche" 86, 470
Totenbuch 202
Traditions-, Tradentenkette 16, 143, 147, 223
Tragödie 488–491
Trajan 14, 458, 510, 580, 582
„Trennung der Wege" 58
Trient, Konzil von 5, 49, 190, 241, 443
Trimeter 478, 483, 440f, 446, 702
Trinität 6, 241, 571, 672, 685, 694, 702, 717, 719
- nichttrinitarisch 571
Typologie 77, 114, 117, 289, 297, 337, 599, 623, 706, 711f

Unsterblichkeit 154f, 307, 360, 366, 437, 442, 552f, 556, 558, 575–580; vgl. folgendes
- der Seele 346, (431), 521
- des Fleisches 657f
Unverderblichkeit 286, 347, 360, 553f, 575, 579
Urheberschutz s. Autorenschutz
Uriel 194, 216, 356, 361ff, 629f

Väterkatalog 146, 182, 225, 320, 357, 364, 548
Valerian 218
Verheftung 143, 148f, 155
Versöhnungstag 162, 317f, 328, 367, 492
versus Creticus s. Prosarhythmus
Vespasian 11, 348, 362, 387, 457, 525, 623
Vetus Latina 14f, 49–52, 83, 96, 116, 118 u. ö.
Vorsehung, Vorsorge 196, 255, 285, 335, 508, 552, 554, 583
Vrevoil 630
Vulgata 5, 8, 49f, 55, 96 u. ö., bes. 233

Wachende 108, 192–213, 223, 534, 598, 629, 669; vgl. Buchtitel
Wächter 192, 195f, 534
wajjiqtol 32, 43, 51, 128, 132, 227, 264, 311
Walton, Polyglotte -s 51, 123, 136, 380, 384f
Weltbild 3, 29, 81, 104, 492, 609, 645
Werke, Gerechtigkeit aus den/Gericht nach den 263, 366, 593f, 611, 673f
Wittenberg 50, 81, 287

Xerxes 174ff, 254, 279

Zadok, Zadokiden (-iten) 105, 150, 155, 183, 187
z^echut 306, 363

Zedekia 266, 622
Zeitrechnung s. Chronologie
Zeloten 431, 692
Zerubbavel s. Serubbabel
Zeuge (persönlicher), Zeugnis 74, 77, 116f, 193, 198, 432f, 566, 577; vgl. Märtyrer
Zeus 492
Zion 129, 159, 381, 413, 485, 643
Zionismus 119, 190
Zitierformel 204f, 222, 292, 309, 320, 333, 339, 345, 356, 408, 414, 537, 561f, 652, 710
zweisprachig 43, 232ff, 237, 337, 344, 403, 409, 411, 413, 548, 587, 604, 691

Bibelstellen*

Altes Testament

Genesis

1,1ff	115, 320	6,5ff	213, 683
1,2	124, 719	6,6ff	236
1,3	400, 447	6,7ff	507
1,4ff	115	6,9ff	628
1,5	535	6,17	154
1,14	291, 535	7,11	617
1,14f	532, 714	9,1f	634
1,14ff	199	10	408
1,16	293	10,8ff	536
1,26f	598	10,11	36
1,28	361	1011f	505
2,1f	501	11	505
2,7	285, 322, 346, 519, 530	12	408
2,9	508	12,1	634f
2,17	199	12,1ff	485, 712
3,3	553	12,2	710
3,19	604	13,12	165
3,22	154, 553	15,1	322, 634
3,23f	603	15,1f	374
3,24	607	15,1–6	485
4,17	112, 191	15,6	307
4,18	709	15,13f	634
4,25	683	15,16	636
4,26	540, 631	17,22	618
5,3	604	18,1–16	712
5,18–24	199	18,10	535
5,21ff	628	18,17	633
5,22.24	191, 213, 222, 627	19,24ff	683
5,22ff	199	22,1–19	673f
5,32	532	22,18	44
6,1	43	24	710
6,1–4	105, 108, 191, 196, 199, 201, 208, 213, 376, 408, 550, 628f, 669	24,29	227
		24,36	224
		24,49	126
		25,1–4	406
6,2	192	25,7–10	203, 206
6,4	598	26,5	109
6,5	363, 710	27,27–29	225

---

* in der Reihenfolge der Septuaginta (Rahlfs). Dieses Register betrifft nur die unbestritten kanonische Bibel, nicht die hier behandelten Schriften. Angaben wie „1,1a" meinen hier keine Vershälften, sondern zusätzliche Verse, die nur griechisch überliefert sind. Aus diesem Register ist u.a. zu ersehen, dass die im Christentum meistdiskutierten messianischen Stellen (2Sam 7, Jes 7,14, Jes 52,13 – 53,12 – dazu 436; 540; 545) im hellenistischen Judentum nicht von Bedeutung waren.

28,3–16	714	13,21	595
28,12	713	14,20	175
29,34	226	14,31	552
30,37	647	15,1–18	678
32,23–33	577	15,3	133
32,26	403	15,18	256
32,28	291f, 531	15,20	451
33,18f	487	15,21	678
35,6	403	16,10	428
35,8	698	19,4	115
35,10	531	19,6	299, 439
3516	403	20,4–6	276
36,33	406	20,5	677
36,33f	586	20,8–11	321
37,9	491	20,17	576
37,20.25	290	20,21	343
38,6–24	667	20,22ff	111
39,7ff	554	21,15	710
41,12	474	23,20f	109, 604, 634
41,25ff	7	23,21	223
41,34–45	584	23,22	439
41,38–40	474	24,1	469
41,45	281, 285, 668	24,4	717
42	291	24,12–18	343
43,32	282	24,14	710
47,27ff	675	24,18	650
47,29	126	26,31ff	671
47,29ff	225	28,17–21	449
49,8–10	109	32	217
49,8–12	184	32,12	609
49,9	364, 667	32,32f	200
49,9f	262, 362	33,11	633
49,12	286	34,2–29	343
50	vgl. 47,27ff.29ff	34,6	285, 365
50,15–21	288	38,12–201239	
50,24f	225	39,12	239
50,25	674		

Exodus

Leviticus

2,2	139	4,3	491
2,10	280	8–10	179
2,11–21	514	11,29	272
2,12	341	16	578
3,4	362	16,8ff	633
3,7	658	17,17–20	497
3,14	263	18,5	568
7,11	294f	18,12	710
7,11–23	293f	19,13	587
10,4	535	19,18	153, 712
11,4f.29	334	19,26.31	525
		19,32	710

20,10	138	23,1	555
21	697	23,3	133
22,27	473	24,10–22	126
24,15	317	24,15	587
25	103	26	240
26,11f	539	26,5ff	362
26,44	333	27,23	454
		27,26	434
Numeri		28	200
11–12	403	28,49	115
11,26	112	29,18	556
11,26–30	296	30	387
12,8	650	30,14	361
13	710	3019	116, 362, 365
13,22	237	31–34	341
16,15	316	31–33	225
16,22	214	31,10	323
16,26f	554	31,14	341
20,14ff	714	32	240
21,8f	554, 710	32,11	611
21,33	202	32,36	439
22	184	33,1	396
24	668, 696	33,3	574
26,59	451	33,11	536
27,1–11	224	34,1–7	341
36	583	34,5	338, 694
		34,5f	336
Deuteronomium		35,10	205
1,4	202		
4,2	468	*Josua*	
5,21	576	1,1	43
6,4	387f	1,2	337
6,4ff	316, 362, 471	1,13	396
6,5	712	2,9	429
7,3	403	2,14	126
9,26	256	6	710
9,26–31	124	9,2a–f	239
12,32	468	10,12	509
16,18–20	142	10,12f	169
18,9–11	525	11,12	396
18,10f	454f	15,6	666
18,18	684	17,11	708
18,21f	77	23–24	225
19,15–21	138	24,1f	116
21,15–17	224	24,32	674
21,16f	153	24,33a.b	239
21,23	540		
22,5	152	*Richter*	
22,6f	495	1,1	43
22,22	138	1,13	117

3,12–31	131	5,5	183
3,17	139	5,9–14	525
4–7	710	5,12	680
4,17–23	321	5,14a.b	239
5,20	116	5,15–23	275, 412
7,22	429	6,1a-d	239
8,28	503	6,7	526, 528
13,2–14,20	326	8	316, 548
16,16	326	8,53a	239
18,2	551	9,9a	239
20,31	239	9,10–14	414
		10,22a-c	239
Ruth	128, 285, 375	10,26a	239
1,1	43	11	414
		12,24a-z	239
1.Samuel		13	269
1–2	239, 256	13,11–32	694
1,13	286	16,28a-h	239
2,6	125, 442, 574	17 bis 4Kön 2	302, 550
7,10	334	17,4–6	115
10,1b	239	17,18	396
14,23f	239	19,5	220
15,22	315	19,8	634
16,1–13	160	19,9–14	636
16,12	288	22,22ff	587
17	131, 288		
17,8ff.34ff.51	160	*4.Könige*	
18,10	584	1,17	239
19,9	584	1,18	229
19,19–24	696	1,18a-d	239
24,21	696	2	28, 218, 569
25,1	567	2,11f	650, 653
28	710	10,15f	302
28,7	708	10,34	229
		13,8	229
2.Samuel		13,20	567
1,9	115	17	124
7,23	415	17,24–41	15
14,30b	239	18	183
16–23	187	18–19	160
24,25	239	18,17	698
		18,31	183
3.Könige	239	19,35	334
2,10	566	20	256
2,12	413	20,20	698
2,35a-k	239	20–21	639
2,35 l-o	239	21,1–16	243f
2,46a-g	239	23	374f
2,46 h-l	239	23,2	111
3–10	166	23,15	567

23,16–20	269	8,17	175
23,21	173	9,20–32	275
23,21	111, 173	Zusätze und Kolophon s. hier 2.1.5–6	
24,12	374		
24,13	624	*Judith* s. hier 1.2.2	
24–25	386, 616		
25,8–11	32	*Tobit* s. hier 1.2.1	

1.Chronik 50, 703 — *1.Makkabäer* s. hier 1.4.2

1	109		
1,10	536	*2.Makkabäer* s. hier 3.4	
1,11–116	239		
1,16–24	239	*3.Makkabäer* s. hier 2.4.1	
3,17	351		
9,28	617	*4.Makkabäer* s. hier 6.5.3	
28,18	217		
29,10–19	321	*Psalmen*	157
		(LXX-Nummern in Klammer)	

2.Chronik 50, 175, 703

		1	108
2,2–15	275	2	157, 341
3	485f	5,10	569
16,9	669	6,8f	327
18,21	587	9,12	351
20	131, 633	10,1 (9,22)	157
21,12–15	274	10,16 (9,38)	256
24,20ff	538, 637, 695, 697	12(11),2	440
24,21	636	12(11),3	44
32	131	15(14),4	170
33	241ff	15–18 (14–17)	550
35,19a-d	239	19(18),1	223
36,2a ff	239	21(20),5	574, 582
		22–28 (21–27)	550
1.(3.)Esra s. hier 1.4.1		23(22),6	574
		30(29),9f	387
2.Esra (Esr./Neh.)		31(30)20	219
Esr 1	254	33(32)	494
1,8	172	33(32),9	447
10,14	435	34(33),19	296
Neh 1–7	16	40(39),8	200
12–13	250	40(39),14–18	64
12,5.18	419	42(41),7	610
12,11	177, 514	44(43),14	186
12,22	514	47(46),5	222
		51(50)	244, 683
4.Esra s. hier 2.5.1 + 7.4.4		51(50),6	169
		51(50),7	555
Esther		51(50)17	682
1,1ff	520	51(50)19	265, 315
2,23	429	51(50)21	315
3,15	175	60(59),9	232

63(62),2–12	241	8,22	247, 341, 345
65(64)	310	8,22–31	400, 521, 550
67(66)	188	8,27	550
70(69)	64	9,6	559
72(71).1	163	10–11	141
72(1).17	20	11,7	246 f
73(72)	200	15,33	142, 568
77(76).18	223	16,1–9	246
78(77),18	346	19,17	538
86(85),15	285, 365	21,1	255
90(89),2	214	21,3	315
90(89),4	78, 219	26,27	326
95(94),11	688	30,14	362
97(96),3	223	Diverse Zusätze s. hier 2.1.4 b	
101(100)	157 f		
103(102),5	115	*Qohelet*	120, 145, 231, 326, 544, 548, 560
104(103)	494	1,12 ff	548
104(103),13	223	3	76
110(109),4	298, 668, 688	10,8	326
111(110)10	151		
113(112),9	433	*Hoheslied*	34, 138, 232, 544
115(114)4–8	275	4,14 f	232
116,15 (115,6)	432	5,1	232
118(117),22 f	63, 587		
119(118), 100	135, 138	*Hiob*	
119(118),108	315	1	308
126(125),1	619	1,1	583
127(126)	159	1,3	407
127(126),1	77, 163	2,11	407
135(134),14	439	3,1 ff	588
136(135),1	184	3,3	647
137(136),3 f	616	28	228, 387
141(140),2	315	38	519
144(143),4	223	38,7	223
144(143),15	222	38–42	325, 351
148(147)	265, 535, 607	42,14	587
151–155 s. hier 1.3.2		42,15	583
		42,17b.c (Kolophon) 407	
Oden s. hier 2.1.2		Zusätze s. hier 2.1.4 a	
12 (*Gebet Manasses*) s. hier 2.1.3			
		Sapientia (Weisheit Salomos)	
Sprüche			
1,2	142	*Sirach* s. hier 1.3.1	
1,7	151, 577	Prolog	
1,7d	550		
1,28 ff	386	*Psalmen Salomos* s. hier 1.3.3	
2	155		
2,21	246		
6,8a-c	287, 497		
8	154		

Zwölfprophetenbuch (Dodekapropheton) 124, 151, 270

Hosea
2,25	610f
6,6	315

Amos
1,3.5	138
8,2	137
8,10	124

Micha
1,1	385
1,10	186
4,2f	138
4,4	183
7,6	10

Joel
1,8	33

Jona
1,8.11f	323ff
	329f
2	256, 325
3,4	54, 325

Habakuk (266, 310), 708

Zephanja
1,3f	660
1,10–13	659
1,15	658
1,17	660

Sacharja
1,1	694
1,8ff	27
1,12	269
1,18	607
3,1	709
3,1f	341
9,9	78, 263
11,13	615
14	643
14,9	223
14,18f	657

Maleachi
3,16	200

4,6	270

Jesaja
1,11	315
1,18	311
2,3	138
3,10	336f
4,3	200
5,5f	610
5,7	137
6	28, 199, 607, 615, 639, 650
6,1	705
6,5	319, 323
6,6f	261
6,9	617
7,1–9	77, 261
7,13	579
7,14	77, 309
8,11–15	15
8,23–9,1	622
11,1	577
11,1–10	188
11,2	139, 326
11,6–8	187
14	604
14,12–15	132
24,19f	223
24–27	26
26,1	199
26,19	311, 567
28,7–13	78
29,16	550
30,8	16
31,9b	240
36,2	698
38,18	387
40,4–7	387
40,9	169f
40,13	134
40,31	115
41,8	633
42,1	396
42,10–13	241
42,13	133
44,6	673
44,9–20	275
44,28	271
45,1	174f
45,5	677
45,8	241

46,1	266
48,13	326
49,16	376
52,13	396
52,13ff	366
52,13–53,6	550
53,10	226
55,3	154
56,3–7	555
57,17	385
60	643
60,1	539
63,9	109, 634
63,16	155
64,3f	652, 654
65,6	200
65,21–25	188
65,25	187
66,1	494
66,16	223
66,24	131, 133

Jeremia
(die ältere LXX-Zählung in Klammern)

1,18	616
2,20	138
3,16	652
5,15	115
9,22	239
10	26, 275
10,23	223
11,11f	386
5,9	343
23,9–40	78
23,19	223
25,11–3	623
27(34),44	550
29(36)	26, 275, 387
32(39),6–9	615
35(42)	300, 302
36(43),2	16
36(43),26	113
36–39 (43–46)	616
38(45),7ff	613
39(32)	621
40(33),9	447
42(49)	273
43(50),6	613
44(51),30	412
45,1ff (51,31ff)	387
50f (43f)	616

Baruch s. hier 1.7.1 + 2.5.4

Klagelieder 1,16 633

Brief Jeremias s. hier 2.1.8

Hesekiel (Ezechiel)

1–2	26ff, 34, 199, 217, 223, 262, 379, 607, 634f
1,7	217
1,8	261
1,16	630
1,24	362
2,.3.6	261
3,12	222, 319, 323
3,19	642
10	26f, 217
18,21f.30	311
20,6	374
28	04
28,3	135, 268
33,11	311
34,4–18.22f	311
34,23f	309
37	574
37,8	658
37,27	539
40–48	34, 105, 311, 518
44,4	658
44,15ff	105

Susanna s. *Daniel:* Zusätze

Daniel s. hier 2.1.7 a
Zusätze s. hier 2.1.7 b

Neues Testament

Matthäusevangelium (Synoptisches s. bei Markus, Q-Stellen bei Lk)

1–2	629
1–3	716
1,1–17	459
1,16ff	667
1,29	109
2,13ff	562
2,23	703
3	270
3,24.27	265

4,13–15	622	25,35	631, 673
5,3	124	26,24	377
5,5	246, 365	26,49	634
5,12	648, 696	27	716
5,13	365	27,9	293, 615, 652
5,17ff	611	27,24	137
5,18	719	27,25	593
5,19	648	27,51ff	461
5,20	594		
5,34	669	*Markusevangelium*	
5,34ff	631	(einschl. synoptischer Parallelen)	
5,43	669	1,2f	663
6,1	126	1,23.25	524
6,1f	125	2,27	421
6,2	648	3,6	518
6,9	29, 378	3,11	524
6,19	169	3,15	528
6,20	363	4,1–9	367
6,20f	611	4,3	78
7,12	126, 361, 631	4,11	26
7,13f	307, 594	4,39	150
8,12	675	6,3	286
10,42	673	6,29	44
11,3	276	7,3.5	59
11,25	680	9,1	254
11,28	154, 309	9,2–13	344
11,29	618, 688	9,48	133
13,22	650	10,17	169
16,14	276	10,19	156
16,19	612	10,47	526
19,12	555	11,7–10	263
20,16	366	12,10	63
21,2f	78	12,13	518
21,2f	78	12,27	266
22,16	518	12,34	587
23	611, 716	13	558, 635, 656, 663
23,3	59	13,7	269
23,5	523	13,7f	663
23,13	612	13,14	168, 189, 272
23,15	3,7	13,20	376
23,21	565	13,26	258
23,27	569	14–15	536
23,29	569ff	14,22	263
23,29ff	692f, 696	14,62	260, 263
23,35	635, 695	15	550
24–25	593	15,26	166
24,20f	660	15,34	660
24,28	115	16,38	632, 671
25	376, 593, 631	15,46	44
25,21.23	611		

Lukasevangelium (einschl. Q)		17,34f	660
1–2	629	Q 17,37	115, 263
1,3	17	19,40	699
1,5ff	42	19,41–44	369
1,17	270	19,41–46	308
1,27	78, 667	20,38	577
1,46–55	60	21,28	377
1,54	117, 169	22,26	168
1,69	109	22,29	559
2,1	522	23,24	366
2,7	44	23,41	580
2,22–39	62	23,43	577
2,29	276	23,45	461
2,29–32	695	24,4	578
Q 3,7–9	636	24,12	442
Q 3,16	187		
3,23–38	459	Johannesevangelium	
Q 6,22f	636	1	83
6,23	696	1,1–10	688
Q 6,31	126, 361, 631	1,4f	631
Q 6,39	309	1,5	512
7,17	44	1,6	291
Q 8,10	26	1,7	431
9,34	447	1,14	154
10,1	469	1,21	359
Q 10,18	207	1,51	165
10,21	680	1,18	508, 654
Q 10,23	548, 653	1,51	165
11,47	565	2,18	508, 654
Q 11,49	637	2,22	654
Q 11,51	635	3,3ff	347
Q 12,4f	346	3,10	11
12,30	556	3,16–18	593
Q 12,33	363	3,21	126
Q 12,58	669	4,3	654
Q 13,24	594	4,10ff	682
13,4	43	4,14	286
13,33	341	4,14f	154
Q 13,34	696	4,19	359
Q 13,34f	369	4,26f	341
15,3–7	674	5,36	126
15,11	649	6,50.58	577
15,24	617	6,51f	590
16,9.11	124	6,63	590
16,17	719	7,13	254
16,19.31	306	7,17	126
16,22	576f	7,35	562
16,24	306	8,37–59	69
16,25	580	8,44	208
16,27–31	356	9,7	43, 699

9,11	699	6,9	422
9,22	65	7,5	556
10	632	7,16	103
10,1–8	160	7,22	277
10,22	423	7,52	557
10,30	259	7,55f	578
11,25f	577	7,59	577
11,49–51	696	8	545
12,3	232	8,9ff	207
12,20	652	8,26–40	555
12,41	617	9	639
12,42	65	9,36–42	658
13,2	622	10,45	63
13,31–16,33	371	11,20	422
14,2ff	376	11,36	58
14,17	286	12,21f	328
15,25	170	12,23	425
16,2	65	13–28 (= 2. Teil)	109
16,13	286	13,1	422
18,6–8	280	13,4–12	524
18,10	405	13,33	157
19,20	33	13,38	545
19,30	605	15	59
19,38	254	15,29	109
20,17	126	16,13.16	312
20,19	254	17,18	437, 569
21,19	432	17,23	436
		17,32	437
Apostelgeschichte		18,2	558
1.1	17	18,24	325, 562
1,3	639	19,13–17	528
1,4	442	19,23–40	522
1,9	343	20,17–38	667
1,19	147	20,26	137
2,9–11	109	20,28	612
2,46	62	20,35	703
3,1ff	62f	21,23ff	63
3,6	169, 530	21,27ff	58
3,12	366	22,14	557
3,13	396	23,2	556
3,14	557	23,6–9	58
3,16	169	23,11	577
3,26	366	23,16	240
4,2	437	24,1–8	125, 230
4,7.10	169	24,5	59
4,24	276	25,13–26,32	623
4,30	530	26,5	553
4,33	437	26,18	556
5,39	333	28,17–31	559
6,2	313	28,26–28	632

28,31	587	11,26	699
		11,32–36	377
Römerbrief		11,33–35	134
1,7	377, 558	12,1 ff	315
1,15	618	12,17	649
1,16	109	12,19	579
1,16 f	592	13,11	366
1,18–30	552	14,4	214
1,19 f	519	14,7 f	577
1,20	553	16	579
1,21–23	519	16,3 f	558
1,27	580	16,16	286
2,5	326, 669		
2,19	545, 554	*1.Korintherbrief*	
3–4	579	1,6	577
3,1	377	1,21	519
3,4	169	2,4	448
3,13	569	2,9	4, 549, 618, 652 ff
3,20	435	2,10	587
3,23	375, 605	2,10–11,116	134
3,25	578	3,10–15	579, 593
3,28	435	3,13 f	307
3,31	434	4,9	579
4	307, 363, 576	4,15	580
4,15	377	6,2 f	168
4,17	377, 442	6,9	675
5	599	7,20	156
5,1	579	7,29	428
5,7 f	432	9,9	473
5,12	365, 375	9,24–27	577
5,18	206	10,1	286
6,7	579	10,11	117
6,10 f	577	11,10	201
7	134, 554, 599	11,224	263
7,7	576	11,24 f	578
7,7 f	605	11,25	65
7,9	617	12,2–4	28
7,14	553, 587	12,28	169
8,18	377	13,2	587
8,32	255	13,3	580
9,4	62, 154	13,12	587
9,4 f	381	13,13	364
9,5	321	15,15	577
9,7 ff	576	15,19	377
9,25 f	610	15,20	208
10,8	361	15,22	599
10,19	611	15,23	307
11,2–4	64	15,24 f	377
11,7	169	15,35–46	345, 376 f, 658
11,25	26, 377	15,38	660

15,40–43	578		*Philipperbrief*	
15,46	703		1,23	377
15,53	347, 650			
15,53 f	578		*Kolosserbrief*	
			1,12	556
2. Korintherbrief			1,16	607
1,12	577		1,22	206
2,6–16	539		2,11	206
3,14	65		4,16	377
4,6	552			
4,17	377		*1. Thessalonicherbrief*	
5,3 f	631		1,3	577
5,8	577		4,13	377, 580
5,10	214		4,14	366
5,17	347		4,17	303, 577
5,19	577			
6,14–7,1	539		*2. Thessalonicherbrief*	
6,15	109, 508		1,7	377
7,11	579		2,3	170, 657
11,14	605		2,8	657
11,22	420			
12,2	609		*1. Timotheusbrief*	
12,4	366		1,2	381
12,7	580		1,4	292
			2,2	320
Galaterbrief			2,14 f	604
1,6 ff	592		2,15	154
1,13	420		5,11	579
1,13 f	254		6,16	578
1,15 f	639			
1,15–17	109		*2. Timotheusbrief*	
2,7	109		1,2	381
2,9	63		1,10	416, 553
2,12 ff	58 f		3,6	579
2,14	65, 254		3,8	293 f
2,16–18	576		3,15	34
2,19	577		3,16	498
3,6–14.24	576			
3,28	579		*Titusbrief*	
4,4	377		1,3 f	612
4,5.19	580		1,9	541
4,26	618		1,10	63
5,3	575		1,14	292
5,6	577		2,13	612
6,6	618			
6,16	340		*Hebräerbrief*	
			1,3	553
Epheserbrief –			2,2	617
			2,10	298, 617
			3,11 ff	688

4,12	498	1,5f	435
4,14	631, 639	2,4	207
4,15	168, 302	3,9	377
5,6–10	297, 689		
6,1ff	594	*Judasbrief*	
6,2	495, 605	2	381
7	689	6	207
7–8	631	9	337ff, 539, 709
7,1–10,18	297	10	338
7,3	297f	14f	206
7,22	65		
8,1	668	*1.Johannesbrief*	
8,6	65	1,8–2,1	554
8,6ff	549	2,18	663
8,13	637	5,19	366
9,6ff	637		
9,10	495, 605	*2.Johannesbrief*	
9,15	65	3	381
10,35	617	7	654
11	321, 436, 577, 583		
11,3	442, 631	*Apokalypse des Johannes* 370	
11,6	617	1,8	717ff
11,8	307	1,12	587
11,35f	425	2–3	381
11,37	638, 698	2,7ff	207
11,39	433	2,9	59, 65, 509
12,1ff	433	2,13	59, 433, 510
12,24	65	3,5	200
		3,9	s. 2,9
Jakobusbrief		4ff	376
1,13	146	4,7	115
1,17	214	4,8	232
1,21	322	4,36	553
1,26f	553	5ff	660
2,2	66	5,5	262
2,10	576	6–7	647
2,14–24	577	6,17	214
2,23	633	8,1	536
2,31	307	8,13	648
4,5	296	11,1–13,10	263, 370, 538
5,11	583	11,3–13	344, 657
		12	607, 658
1.Petrusbrief		12,4	115
1,9	587, 618, 674f	13	362
2,4–7	63f, 587	13,1	364
3,19	117, 295, 646	13,18	344
5,8	263	14,6f	161
		14,13	366
2.Petrusbrief	287, 596	14,35	365
1,1	530	16	634

20	268, 590, 657	21,1	364
20,6–10	657	21,6	717
20,12.15	200	21,10ff	126
21	346	22,6	214

www.ingramcontent.com/pod-product-compliance
Lightning Source LLC
Chambersburg PA
CBHW080116020526
44112CB00037B/2749